Rhetorische Figur	Beispiel	Erklärung
die **Klimax** (< gr. Klimax = Leiter, Treppe)	„veni, vidi, vici" (= ich kam, sah, siegte); „Wie habe ich ihn nicht gebeten, gefleht, beschworen." (G. E. Lessing: *Philotas*)	Anordnung einer Wort- oder Satzreihe in kunstvoller Steigerung vom schwächeren zum stärkeren Ausdruck hin. Fällt die Reihe (inhaltlich oder die Eindrücklichkeit betreffend) deutlich ab, liegt eine Antiklimax vor.
die **Litotes** (< gr. = Einfachheit, Schlichtheit)	„nicht übel" (= gut); „nicht gerade einer der Tapfersten": (= ironisch für feige)	Durch untertreibende Ausdrucksweise (Understatement) oder Verneinung des Gegenteils wird etwas betont.
die **Metapher** (< gr. metaphora = Übertragung)	Stuhlbein; Redefluss; Fuß des Berges; Auge des Gesetzes	Sprachlicher Ausdruck, bei dem ein Wort oder eine Wortgruppe aus dem ursprünglichen Bedeutungszusammenhang in einen anderen übertragen wird.
die **Metonymie** (< gr. metonymia = Umbenennung, Namensvertauschung)	Das Weiße Haus, der Kreml meldet …, „Schiller lesen" statt in Schillers Werken lesen	Ersetzt das eigentliche Wort durch ein anderes, das zu ihm in enger Beziehung steht.
die **Onomatopoesie** oder **Onomatopöie** (< gr. von onoma = Name und poiein = schöpfen)	„stocksteif", „knistern und knastern"; „So heult es verworren, und ächzet und girrt, und brauset und sauset und krächzet und klirrt." (H. Heine: *Buch der Lieder*)	Laut- und Klangmalerei bei Wortbildungen, wobei vor allem akustische Eindrücke durch Sprache wiedergegeben werden.
das **Oxymoron** (< gr. oxys = scharf, moros = dumm)	alter Knabe; bittere Süße; traurigfroh; helldunkel „Ein dunkler Ehrenmann" (J. W. Goethe: *Faust 1*, Vor dem Tor)	Verbindung zweier sich logisch ausschließender Begriffe, die in pointierter Absicht eng miteinander verbunden werden.
das **Paradoxon** (< gr. paradoxos = unerwartet, unmöglich)	„Wer sein Leben gewinnen will, der wird es verlieren." (Matth. 10, 39) „Es ist merkwürdig, wie wenig im Ganzen die Erziehung verdirbt." „Das Leben ist der Tod und der Tod ist das Leben."	Eine zunächst scheinbar widersinnige Behauptung, die aber bei genauerer Betrachtung auf eine höhere Wahrheit hinweist.
der **Parallelismus** (< gr. parallelos = gleichlaufend)	„Heiß ist die Liebe, kalt ist der Schnee." „Gottes ist der Orient! Gottes ist der Okzident!" (J. W. Goethe: *Westöstlicher Divan*)	Im Gegensatz zum Chiasmus Wiederkehr derselben Wortreihenfolge in symmetrischer syntaktischer Konstruktion.
die **Parataxe** (< gr. parataxis = Danebenstellen)	„Der König sprach's, der Page lief; Der Knabe kam, der König rief: […]" (J. W. Goethe: *Der Sänger*)	Im Gegensatz zur Hypotaxe das Nebeneinanderstellen gleichberechtigter Hauptsätze, wodurch ein charakteristischer Rhythmus entsteht.
die **Parenthese** (< gr. paranthesis = Einschub)	„So bitt ich – ein Versehen war's, weiter nichts – Für rasche Tat dich um Verzeihung." (H. v. Kleist: *Penthesilea*)	Grammatikalisch selbstständiger Einschub in einen Satz, der dessen Zusammenhang unterbricht, ohne die syntaktische Ordnung zu verändern.
die **Periphrase** (< gr. periphrasis = Umschreibung)	„Jenes höhere Wesen, das wir verehren" für Gott (H. Böll) „Ein Land, darinnen Milch und Honig fließt." für Israel (2. Mose 3,8)	Umschreibung einer Person, einer Sache, eines Begriffs durch mehrere kennzeichnende Wörter.
die **Personifikation** (< lat. persona = Maske, Gestalt und facere = machen)	„Frau Welt"; „Gevatter Tod"; „Vater Rhein"; „[…] es kam die Nacht und blätterte gleichgültig in den Bäumen." (R. M. Rilke: *Der Ölbaum-Garten*)	Vermenschlichung abstrakter Begriffe und lebloser Dinge, indem sie als sprechende und handelnde Personen auftreten.
die **rhetorische Frage** (< gr. rhetor = Redner)	„Wer bist du, Fürst, dass …?" (G. A. Bürger) Seid ihr richtige Männer?	Scheinbare Frage, weil keine Antwort erwartet wird. Sie verstärkt die Eindringlichkeit der Aussage.
das **Symbol** (< gr. symbolon = Kennzeichen, Merkmale, Wahrzeichen; < symballein = zusammenfügen, vergleichen)	Anker = Symbol der Hoffnung Ring = Symbol der Treue	Im übertragenen Sinne ein bildhaftes Zeichen (Sinnbild), das über sich hinaus auf höhere geistige Zusammenhänge verweist, ein sinnlich fassbares Zeugnis für eine Idee ist bzw. einen abstrakten Begriff veranschaulicht.
die **Synästhesie** (< gr. synaisthesis = das Zugleichempfinden)	1. Umgangssprache: schreiendes Rot; heiße Musik; coole Nummer 2. Dichtung: Die Brillengläser „waren so dick, dass die Augen ganz leise aussahen". (W. Borchert: *An diesem Dienstag*)	Verschmelzung verschiedener Sinnesbereiche (Geruchs-, Gesichts-, Gehör- und Tastsinn) zur Steigerung der Aussage.
der **Vergleich**	Ein Mann wie eine Eiche! (Das *tertium comparationis* ist hier die Größe bzw. Mächtigkeit.)	Der Vergleich setzt zwei Bereiche durch den Vergleichspartikel „wie" in Beziehung, die sich in einem dritten Punkt (dem sog. *tertium comparationis* = das Dritte des Vergleichs) gleichen. Durch den Vergleich wird die Anschaulichkeit einer Aussage erhöht.
die **Wiederholung** (< lat. repetitio)	„O Mutter! Was ist Seligkeit? O Mutter! Was ist Hölle?" (G. A. Bürger: *Lenore*)	Steigerung der Eindringlichkeit
das **Wortspiel** (die Paronomasie) (< gr. paronomasie = Wortumbildung zur Erreichung eines Nebensinns)	„Der Rheinstrom ist geworden zu einem Peinstrom,/Die Klöster sind ausgenommene Nester,/ Die Bistümer sind verwandelt in Wüsttümer, […]" (F. Schiller: *Wallensteins Lager*)	Zusammenstellung gleichlautender oder ähnlicher Wörter von verschiedener oder entgegengesetzter Bedeutung, die irritieren und zum Nachdenken anregen soll.

Schöningh

Oberstufe

Blickfeld Deutsch

Herausgegeben von:
Wolfgang Aleker, Kirsten Krebsbach, Elfriede Kuntz

Erarbeitet von:
Wolfgang Aleker, Hans-Martin Blitz,
Cornelia Blochmann, Antje Fizia,
Joachim Held, Kirsten Krebsbach,
Elfriede Kuntz, Michael Polty, Claudia Schuler,
Barbara Stewens, Irmgard Wiederspahn

Unter Mitarbeit von:
Sabine Bentrop, Christiane Rabe-Vogt,
Klaus Roth, Dieter Schrey

Schöningh

Blickfeld Deutsch wurde begründet von Peter Mettenleiter und Stephan Knöbl.

© 2010 Bildungshaus Schulbuchverlage
Westermann Schroedel Diesterweg Schöningh Winklers GmbH
Braunschweig, Paderborn, Darmstadt

www.schoeningh-schulbuch.de
Schöningh Verlag, Jühenplatz 1–3, 33098 Paderborn

Das Werk und seine Teile sind urheberrechtlich geschützt.
Jede Nutzung in anderen als den gesetzlich zugelassenen Fällen bedarf der
vorherigen schriftlichen Einwilligung des Verlages.
Hinweis zu § 52a UrhG: Weder das Werk noch seine Teile dürfen ohne eine
solche Einwilligung gescannt und in ein Netzwerk gestellt werden.
Das gilt auch für Intranets von Schulen und sonstigen Bildungseinrichtungen.

Auf verschiedenen Seiten dieses Buches befinden sich Verweise (Links) auf
Internet-Adressen. Haftungshinweis: Trotz sorgfältiger inhaltlicher Kontrolle wird
die Haftung für die Inhalte der externen Seiten ausgeschlossen. Für den Inhalt
dieser externen Seiten sind ausschließlich deren Betreiber verantwortlich. Sollten
Sie dabei auf kostenpflichtige, illegale oder anstößige Inhalte treffen, so bedauern
wir dies ausdrücklich und bitten Sie, uns umgehend per E-Mail davon in Kenntnis
zu setzen, damit beim Nachdruck der Verweis gelöscht wird.

Druck 5 4 3 2 1 / Jahr 2014 13 12 11 10
Die letzte Zahl bezeichnet das Jahr dieses Druckes.

Umschlaggestaltung und Illustrationen: Franz-Josef Domke, Hannover,
unter Verwendung einer Illustration von Wolfgang Freitag
Druck und Bindung: westermann druck GmbH, Braunschweig

ISBN 978-3-14-028235-2 (kart. Ausgabe)
ISBN 978-3-14-028236-9 (geb. Ausgabe)

Vorwort

Liebe Schülerinnen und Schüler,

das neue BLICKFELD DEUTSCH wird Sie in der Kurs- bzw. Oberstufe beim Kompetenzerwerb für die aktuellen Abituranforderungen begleiten.

Es ist ein Deutschbuch mit drei Funktionen:

- BLICKFELD DEUTSCH ist ein leserfreundliches **Arbeitsbuch**, das nicht nur vielfältige Anregungen für einen abwechslungsreichen Unterricht bereithält, sondern Sie darüber hinaus anhand von zahlreichen Texten, Bildern, Grafiken, Sachinformationen, Referat- und Projektvorschlägen zur Selbsttätigkeit im Unterricht und zum Selbststudium anregen will.

- BLICKFELD DEUTSCH ist zudem ein **Informationsmedium**, das Ihnen Grundwissen über Literatur und Sprache sowie über Sprech- und Schreibformen, Studiertechniken und Methoden schrittweise erschließt, diese an konkreten Beispielen erläutert und durch vielseitige Anwendung sicher vermittelt.

- BLICKFELD DEUTSCH ist darüber hinaus ein **Nachschlagewerk**, in dem Sie sich mithilfe des Inhaltsverzeichnisses sowie des differenzierten Sachregisters (vgl. S. 512) gezielt und zuverlässig orientieren und auf Klausuren bzw. die Abiturprüfung vorbereiten können.

Zum Aufbau von BLICKFELD DEUTSCH:

- Das **erste Kapitel** leistet eine **grundlegende Einführung** in die Oberstufenarbeit, wobei sich die gezielte Wiederholung von Inhalten der Mittelstufe und die Vorstellung neuer Inhalte und Methoden so ergänzen, dass Sie eine zuverlässige Arbeitsgrundlage für die kommenden Schuljahre vermittelt bekommen. Wesentliche Aspekte der Interpretation von Prosa, Lyrik und Dramatik stehen dabei im Vordergrund.

- Im **zweiten bis elften Kapitel** werden die wichtigsten **Epochen der Literaturgeschichte** in ihrer chronologischen Abfolge vorgestellt. Dies ermöglicht Ihnen die historische Einordnung von Texten und öffnet viele Ausblicke auf gesamtkulturelle Aspekte, die in fächerverbindenden Zusammenhängen, z. B. mit Bildender Kunst, Musik etc. vertieft werden können. Dabei werden bewusst immer wieder Bezüge zur Gegenwart hergestellt bzw. Widersprüche und Gegensätze innerhalb der Epoche thematisiert, um die fachwissenschaftlich umstrittene Epocheneinteilung aufzubrechen und zu problematisieren.

- Ergänzend bieten Ihnen **fünf** eingeschobene **Module** die Möglichkeit, sich produktionsorientiert mit einem speziellen Thema vertiefend zu beschäftigen, z. B. mit dem Schreiben eines Essays (Modul Essay) oder einer Abiturrede (Modul Rhetorik).

Zum Layout von BLICKFELD DEUTSCH:

- Alle **Arbeitsmaterialien** (Texte, Grafiken, Bilder) stehen in der breiteren Hauptspalte und sind innerhalb eines Teilkapitels nummeriert. **Jahreszahlen unter den Texten** geben das Datum der Entstehung (e 2008) oder der Veröffentlichung (v 2009) an.

- **Arbeitsanregungen** erscheinen in blauer Schrift in der schmaleren Randspalte neben dem jeweiligen Arbeitsmaterial, auf das sie sich beziehen. Wenn innerhalb einer Arbeitsanregung eine spezifische Methode verlangt wird, so ist diese markiert (▶ Placemat) und wird im **Methodenanhang** (vgl. S. 495 ff.) ausführlich erläutert.

- Das CD-Symbol zeigt an, dass es zu einem Thema weiteres **Text-, Bild-, Film- oder Audiomaterial auf CD bzw. DVD** gibt. (Das Medienpaket liegt dem Schülerband BLICKFELD DEUTSCH nicht bei, sondern kann zusätzlich erworben werden.)

- Weitere Symbole, die in der Haupt- oder Randspalte stehen können, sind:

     = **Lexikoneinträge** zu wichtigen Fachbegriffen;

     = **Schreibtipps** mit konkreten Hinweisen zum erfolgreichen Verfassen von Aufsätzen – die Ausführungen sind mit gelber Unterlegung hervorgehoben;

     u. = Vorschläge für **Projekte** bzw. **Referate**, die Sie z. B. als Anregungen zum eigenständigen Arbeiten sowie für besondere Lernleistungen und Präsentationsprüfungen nutzen können.

- Viele Kapitel enthalten zudem grau unterlegte **Doppelseiten**, auf denen Anregungen zur handlungs- und produktionsorientierten Erschließung spezieller Themen (z. B. literarische Exkursionen oder Dichter-Porträts) vorgestellt werden.

Bei Ihrer Arbeit mit dem neuen BLICKFELD DEUTSCH wünschen wir Ihnen viel Freude und Erfolg!

Das Herausgeber- und Autorenteam

Inhaltsverzeichnis

Vom Unterwegssein 8

I. Reisefieber 10
1. Wohin soll's denn gehen? – Unterschiedliche Vorstellungen vom Reisen diskutieren 10
2. „Kennst du das Land, wo die Zitronen blühn?" (Goethe) – Das Motiv des Aufbruchs deuten 14
   - „Wenn ein Reisender ...": Fingerübungen zu Grundbegriffen der Epik 20
3. „Auch ich in Arkadien ..." (Goethe) – Intertextuelle Bezüge erkennen und deuten 22
4. Auf der Reise zu sich selbst – Moderne Prosa gestaltend und analytisch interpretieren 27

II. „Weh dem, der keine Heimat hat!" (Nietzsche) 36
1. „Heimat" – Einen strittigen Begriff untersuchen 36
2. Heimat suchen – Ein Motiv erfassen und Gedichte interpretieren 39
3. Heimat verlieren und Heimat finden – Gedichte vergleichen 43
   - Ein Leben im Exil: Hilde Domin 50
4. „Ich suche Ruhe und finde Streit" (Biermann) – Über Gedichte in essayistischer Form schreiben 52

III. Das Leben als Reise – „Peer Gynt" 54
1. Wer ist Peer Gynt? – Figurencharakterisierungen im Drama erschließen 54
   - „Peer, du schwindelst": Selbst- und Fremdcharakterisierung im Drama 58
2. Ein Protagonist auf der Suche – Äußere und innere Handlung im Drama erschließen 60
3. Gründe für eine lebenslange Reise – Eine Dramenszene interpretieren 63
4. Der Weg ist das Ziel? – Die Symbolik der Reise dechiffrieren 72

Mittelalter 78

I. Leitbilder des mittelalterlichen Menschen 80
1. Die Ordnung der Welt aus der mittelalterlichen Perspektive – Sich mit einem Weltbild vergangener Zeiten auseinandersetzen 80
2. Der tugendhafte Ritter als Erziehungs- und Bildungsideal – Höfische Literatur kennenlernen 85

II. Minnedienst und Liebesglück 89
1. Das Spiel mit der Liebe – Mittelalterliche Gedichte übersetzen und interpretieren 89
2. Walther von der Vogelweide – Einen mittelalterlichen Dichter kennenlernen 95

Barock 98

I. Zwischen Lebenslust und Lebensqual 100
1. Der Dreißigjährige Krieg – Texte in ihrem historischen Kontext interpretieren 100
2. Der Mensch zwischen *carpe diem* und *memento mori* – Antithetik in der Lyrik erschließen 107
   - „Ein wahrhaftiges Phänomen des Barockzeitalters": Die Dichterin Sibylle Schwarz 110

II. Identität durch Sprache 112
1. Den „Madensäcken" predigen (Sancta Clara) – Rhetorik untersuchen 112
2. „Wider alle Sprachverderber" – Sich mit Sprachwandel auseinandersetzen 114

Modul: Sprache 118
1. „Fress oder sterbe!" – Entwicklungen des aktuellen Sprachgebrauchs erkunden 118
2. Sprachkritik hat Konjunktur – Tendenzen der Gegenwartssprache reflektieren 120
3. Sprachverfall? – Sprachwandel bewerten 123

Aufklärung, Empfindsamkeit, Sturm und Drang 126

I. Aufklärung: Aufbruch in ein neues Zeitalter 128
1. Vom Rad der Fortuna zum Recht auf persönliches Glück – Dem Wandel eines zentralen Begriffs nachgehen 128
2. Der Kampf der Vernunft – Typische Gestaltungsmittel einer Epoche erkennen und deuten 131
3. Selbst denken und selbst handeln – Das Menschenbild der Aufklärung aus grundlegenden Texten herausarbeiten 140
   - „Lachend sehr ernsthaft sein": Gotthold Ephraim Lessing 150

II. Empfindsamkeit und Sturm und Drang 152
1. Die Grenzen der Vernunft – Neuorientierungen bestimmen 152
2. Das „heilig glühend Herz" (Goethe) – Gefühlswelten erschließen 153
   Goethes Sesenheimer Lieder: Über Anfang und Ende einer Liebe nachdenken 156
3. Die Schaubühne als Richterstuhl – Ein Drama in seiner geschichtlichen Bedingtheit reflektieren 159
   Schillers „Räuber" mal ganz anders ...: Einen Klassiker als Bänkellied präsentieren 168

III. Aufklärungskritik 170
1. „Der Traum der Vernunft gebiert Ungeheuer" (Goya) – Einblicke in die Rezeption einer Epoche gewinnen

Modul: Essay und essayistisches Schreiben 176
1. „Zur Auferweckung des in jedem Menschen schlafenden Systems" (Montaigne) – Essayistisches Schreiben als Ausdruck individueller Erkenntnis erfassen 176
2. „Ein Spaziergang, ein Lustwandeln, keine Handelsreise" (Hamburger) – Den Essay als literarische Gattung kennenlernen 177
3. „Beginne das Sonnensystem zu sehen" (Dürrenmatt) – Das essayistische Schreiben an literarischen Vorbildern schulen 181
   Einen Essay verfassen: Textgestaltung auf der Grundlage eines Dossiers 187

Klassik 188

I. „Edel sei der Mensch, hilfreich und gut!" (Goethe) 190
1. Bildung zur Humanität – Über Personen und Schlüsselbegriffe einen Zugang zu einer Epoche gewinnen 190
2. „Verteufelt human" (Goethe) – Das Humanitätsideal und seine Grenzen am Beispiel einer Dramenfigur bewerten 198
   „Ich will nicht mehr Medea sein!": Auseinandersetzung mit einer reiz-vollen Frauenfigur des antiken Mythos 204

II. Die Antike als Leitbild 209
1. Aneignung der Antike – Grundlagen klassischer Kunstauffassung kennenlernen 209
2. „... auf klassischem Boden begeistert" (Goethe) – Die Rezeption antiker Formen verstehen und deuten 211
   Literarische Spurensuche in Weimar: Eine Studienfahrt aktiv mitgestalten 214

III. Die Rezeption der Klassik 216
1. Mensch oder Barbar? – Sich mit der Wirkungsgeschichte der Klassik auseinandersetzen 216
2. Klassiker in unserer Zeit – Einen Begriff hinterfragen 221

Romantik 224

I. Umbrüche um 1800 226
1. Junge Autoren um 1800 – Eine Zeitstimmung erfassen 226
2. Veränderungen in Politik, Wirtschaft und Wissenschaft – Den Kontext eines Epochenbegriffs erschließen 227
3. Normalität und „Wahnsinn" – Dem Motiv des Außenseiters in verschiedenen Textgattungen nachgehen 230

II. Überall Sehnsucht! 237
1. Sehnsuchtsland „Heimat" – Gedichte von Joseph von Eichendorff interpretieren 237
   Sehnsuchtsort Wiepersdorf: Eine virtuelle Exkursion vorbereiten 240
2. „Es waren schöne glänzende Zeiten ..." (Novalis) – Die Hinwendung zur Vergangenheit nachvollziehen 242
3. Liebes- und Todessehnsucht – Die Vertonung von Lyrik als Schlüssel zum Verständnis nutzen 246
   Sehnsucht nach anderen Lebensformen: Romantische Geselligkeit inszenieren 250
4. „Mein Herz, mein Herz ist traurig" – Heinrich Heines Spiel mit der Romantik 252

Realistische Literatur des 19. Jahrhunderts 256

I. Handeln durch Literatur 258
1. „Ideenschmuggel" (Gutzkow) – Ironische Darstellungen entschlüsseln 258
2. „Friede den Hütten! Krieg den Palästen!" (Büchner) – Politische Lyrik interpretieren 261
3. Georg Büchners „Woyzeck" – Aktuelle Bühnenrealisierungen eines Dramentextes erschließen und bewerten 266

II. Selbstbehauptung und Selbstbescheidung 275
1. Zwischen Verborgenheit und weiblichem Protest – Die Individualität im Gedicht erfassen 275
2. Der Künstler zwischen Fantasie und Wirklichkeit – Eine Künstlernovelle erschließen 278
3. Zwischen individuellem Glücksanspruch und gesellschaftlichen Konventionen – Literatur als Auseinandersetzung mit gesellschaftlicher Realität deuten 282
4. „War Effi Briest blond?" – Effi Briest-Verfilmungen vergleichen 289
   Effis letzter unbeschwerter Tag: Die Einführung in eine Filmhandlung analysieren 290

Literatur der Jahrhundertwende 296

I. Themen, Bilder und Spannungsfelder der Jahrhundertwende 298
1. Aufbruch und Verfall – Widersprüche und Gegensätze der Zeit erkennen 298
2. Friedrich Nietzsche – Eine wesentliche philosophische Grundlage für die Moderne kennenlernen 302

II. Mensch – Masse – Technik 304
1. „Man wird ganz zum Vieh bei solchem Leben!" (Holz/Schlaf) – Künstlerische Bearbeitungen sozialer Themen im 19. und 20. Jahrhundert vergleichen 304
2. Der Moloch Stadt – Expressionistische Lyrik im Kontext der Zeit erschließen und präsentieren 311
   „Ich ersticke noch [...] in dieser banalen Zeit" (Heym): Einen Zusammenhang zwischen Lebensumständen von Autoren und ihren Werken herstellen 318
3. Janusköpfige Technik – Reaktionen von Schriftstellern auf den technischen Fortschritt kennenlernen 320

III. Der Schriftsteller und sein Medium, das Wort 324
1. „Worte [...] zerfielen mir im Munde wie modrige Pilze" (von Hofmannsthal) – Die Sprachkritik der Moderne reflektieren 324
2. „jolifanta bambla" (Ball) – Spielerisch mit Sprache umgehen 328
   „Sind wir nicht alle ein bisschen DADA?": Einen dadaistischen Vortragsabend gestalten 330

Literatur in der Weimarer Republik und im Exil 334

I. Eine Welt aus den Fugen 336
1. Blick in eine bewegte Welt – Sich über die Widersprüchlichkeiten einer Epoche informieren 336
2. Rätselhaftigkeit der Welt und Sinnverlust des Lebens – Sich mit dem Menschen- und Weltbild der Zwanzigerjahre auseinandersetzen 338

II. Der Tanz auf dem Vulkan 343
1. Der lange Schatten des Krieges – Literarische Verarbeitungen einer Katastrophe kennenlernen 343
2. „Was darf die Satire?" – Kurt Tucholsky als einen Vertreter engagierter Literatur kennenlernen 348
3. Döblins „Berlin Alexanderplatz" – Ein literarisches Werk im Medienverbund erfassen 352

III. Deutsche Literatur im Exil 358
1. „Vertriebene sind wir, Verbannte" (Brecht) – Perspektiven der sog. Emigration kennenlernen 358
2. Botschaften aus der Fremde – Leseanregungen aufnehmen 363

Modul: Rhetorik 368

1. Rhetorik als Waffe oder als Kunst – Die Wirkungsmacht der Rhetorik ergründen 368
2. „Rede weniger, sage mehr!" (Franken) – Abiturreden aus verschiedenen Zeiten vergleichen 372
   „Liebe Eltern, liebe Lehrer, liebe Mitschüler ...": Eine eigene Abiturrede verfassen 380

Literatur nach 1945 — 382

I. Auf der Suche nach einem anderen Anfang 384
1. „Die Ruine lebt in uns wie wir in ihr" (Richter) – Lebensentwürfe in der „Stunde Null" vergleichen 384
2. „Für Semikolons haben wir keine Zeit" (Borchert) – Kurzprosa in ihrem zeitgeschichtlichen Kontext interpretieren 390
3. „Nach Auschwitz Gedichte zu schreiben, ist barbarisch" (Adorno) – Hermetische Lyrik erschließen 394
4. Das Unbeschreibliche in Worte gefasst – Formen der literarischen Auseinandersetzung mit dem Holocaust betrachten 399

II. Politische Gegenwelten 406
1. „Mit wechselndem Schlüssel/schließt du das Haus auf" (Celan) – Neue Formen in der westdeutschen Literatur untersuchen 406
2. Schreiben zwischen Parteilichkeit und kritischer Distanz – Reaktionen auf politische Vorgaben und Ereignisse in der DDR-Literatur untersuchen 412
4. „Denn Kunst ist immer Widerspruch zu dem, was ist" (Schütz) – Facetten des Widerspruchs an ausgewählten literarischen Beispielen erörtern 418
   Deutsch-deutsche Lebensläufe: Wolf Biermann 426
   Deutsch-deutsche Lebensläufe: Reiner Kunze 432

Modul: Liebeslyrik — 440

1. Liebe, was ist das? – Annäherungsversuche 440
2. Liebesbegegnung – Alles an mir will zu dir 442
3. Ansichten von der Liebe – Zwischen Ideal und Ernüchterung 443
4. „Mein süßes Mädchen ..." – Liebeskonzeptionen und Liebeskonstellationen im Spiegel von Liebesbriefen 446
5. Liebe im Alltag = Langeweile? 448
6. Bittrer Trennung Schmerz – Liebesverlust und Liebesverrat 450
7. „Eröffne mir das Feld der Lüste" (Günther) – Nimmersatte Liebe 453

Literatur nach 1989 — 454

I. Die „Wende" im Spiegel der Literatur 456
1. Die Nacht, in der die Mauer fiel – Die historische Bedingtheit von Literatur reflektieren 456
2. „Was bleibt?" (Wolf) – Das Schicksal einer Autorin im Kontext der Wende kennenlernen und bewerten 464

II. Auf der Suche nach *dem* „Wende-Roman" 468
1. „Simple Storys" – Zugänge zu einem Montageroman der Gegenwartsliteratur finden 468
2. „Der Turm" – Den Umgang mit einem modernen Roman schulen 478

Modul: Medienwelten — 484

1. Massenmedium Fernsehen – Sich ein eigenes Bild von der Bedeutung des Mediums erarbeiten 484
2. Mediennutzung – Den Stellenwert von Medien im täglichen Leben reflektieren 486
3. Mails, SMS, Chats und Co – Sich kritisch mit neuen Kommunikationsmöglichkeiten auseinandersetzen 487
4. Print- und Online-Medien – Tendenzen einer sich wandelnden Informationskultur diskutieren 488
5. Informations- und Wissensvermittlung durch neue Medien – Möglichkeiten und Grenzen einschätzen 491
6. Bildmedien – Sich der „Macht der Bilder" bewusst werden 492

Anhang — 495

I. Methodenverzeichnis 495
II. Basiswissen Literatur 501
III. Basiswissen Sprache 505

Sachregister 511
Autoren- und Textquellenverzeichnis 513
Bildquellenverzeichnis 523

Vom Unterwegssein

Paul Klee (1879–1940):
Segelschiffe, den Sturm abwartend, 1917

I. Reisefieber

1. Wohin soll's denn gehen? – Unterschiedliche Vorstellungen vom Reisen diskutieren

1 Ermitteln Sie Ihren Reisetyp!

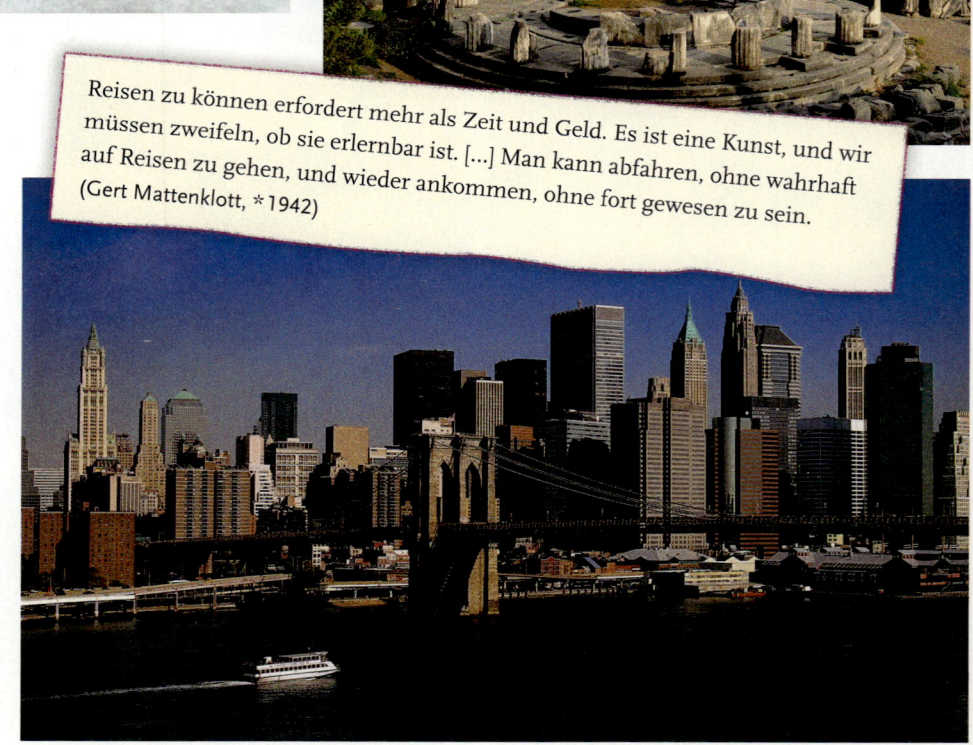

> Wir freuen uns auf eine Reise, vielleicht jahrelang, und an Ort und Stelle besteht die Freude größtenteils darin, daß man sich um eine Erinnerung reicher weiß. […] Man gleicht einem Film, der belichtet wird; entwickeln wird es die Erinnerung.
> (Max Frisch, 1911–1991)

> Das Reisen setzt stets ein Stück Freiheit voraus.
> (Klaus Bergmann, *1943, Heiner Boehncke, *1944)

> Die Fremde […] lässt] den Reisenden sich selber fremd werden.
> (Günter Kunert, *1929)

> „Weg-von-hier", das ist mein Ziel.
> (Franz Kafka, 1883–1924)

> Reisen zu können erfordert mehr als Zeit und Geld. Es ist eine Kunst, und wir müssen zweifeln, ob sie erlernbar ist. […] Man kann abfahren, ohne wahrhaft auf Reisen zu gehen, und wieder ankommen, ohne fort gewesen zu sein.
> (Gert Mattenklott, *1942)

1. a) Entscheiden Sie sich für das Foto, das Ihren Vorstellungen von einer Urlaubsreise am meisten entspricht.
b) Wählen Sie außerdem das Zitat zum Reisen aus, das Sie am meisten anspricht.

2. a) Bilden Sie mit den Mitschülern, die das gleiche Foto gewählt haben, eine Gruppe.
b) Besprechen Sie in dieser Gruppe Ihre Erwartungen an eine gelungene Reise.
c) Tauschen Sie auch Ihre Einschätzungen zu den Zitaten aus.
d) Teilen Sie ein ➤ Wandplakat (Mindestgröße DIN-A2) diagonal und gestalten Sie eine Hälfte zu Ihren Vorstellungen vom Reisen: Verwenden Sie eigene Reisefotos, nennen Sie Vorzüge, entwerfen Sie eine Überschrift in Form eines Werbeslogans …

2 Die zis-Stiftung sponsert Jugendlichen den Urlaub

Die zis-Idee: Wir fördern junge Menschen, die neugierig und mit offenen Augen ins Ausland reisen und dort mit wenig Geld und viel Engagement ein selbst gewähltes Thema bearbeiten. Dafür stellen wir nicht nur ein Reisestipendium zur Verfügung, sondern auch eine intensive Betreuung während der gesamten Projektphase.

Die zis-Bedingungen: Eine zis-Reise muss mindestens vier Wochen dauern, allein unternommen werden und ins Ausland führen. Der Stipendienbetrag von 600 Euro muss dabei alle mit der Reise verbundenen Kosten decken. Während und nach der Reise bearbeiten die Stipendiaten ein Thema und fertigen nach der Rückkehr einen Studienbericht an. Die Bedingungen mögen hart klingen. Doch unzählige Male haben sie sich als geeigneter Rahmen für ein Abenteuer erwiesen, von dem Jugendliche für sich selbst enorm profitiert haben und ihre Kreativität beweisen konnten. zis-Stipendien stehen allen Jugendlichen zwischen 16 und 20 Jahren offen, die noch kein Studium begonnen haben. Schulbildung und Nationalität spielen keine Rolle.

Die zis-Reisen: Jedes Jahr brechen etwa 50 junge Menschen mit zis-Stipendien ins Ausland auf. Die Themen sind so bunt wie die Stipendiaten selbst: Von den „Nordseekrabben in Marokko" über „zeitgenössische Musik in Italien", von der „Rolle der Frau in Syrien" bis zum „Polarlicht in Norwegen" reicht das Spektrum der vergangenen Jahre. Dabei kommt es nicht auf möglichst exotische Themen an: Viel wichtiger ist das Interesse an einem Thema und die Bereitschaft, dieses zielstrebig, mit Fantasie und Courage zu erforschen.

(www.zis-reisen.de – Stand: 1. Mai 2009)

3 Warum fordert zis, dass …

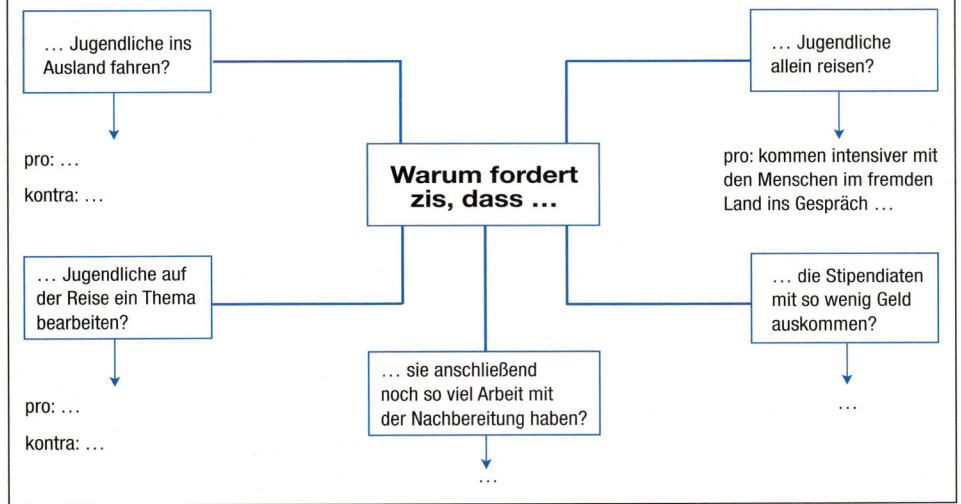

3. a) Informieren Sie sich unter der Internetadresse *www.zis-reisen.de* genauer über die zis-Reisestipendien.
b) Überlegen Sie, welches Land Sie mit solch einem Stipendium bereisen würden, und formulieren Sie ein Thema, das Sie im Rahmen der Reise bearbeiten könnten.

4. a) Hängen Sie die verschiedenen Reisethemen im Klassenzimmer aus und ermitteln Sie mithilfe einer ► Punktabfrage die fünf Vorschläge, die Ihnen am interessantesten erscheinen.
b) Die Verfasser der fünf gewählten Themen stellen ihr Projekt in einem zweiminütigen Kurzvortrag der Klasse vor.
c) Die Mitschüler vergeben wiederum per Punktabfrage das kursinterne „Reise-Stipendium".

5. Ergänzen Sie die nebenstehende ► Mindmap, indem Sie Pro- und Kontra-Argumente zu den einzelnen Fragen notieren.

6. Verfassen Sie eine zusammenhängende Stellungnahme aus Sicht der Stiftung für Studienreisen (zis).

7. Beurteilen Sie auf der Basis der gesammelten Argumente das zis-Konzept. Verfassen Sie einen kritisch abwägenden Beitrag für die Schülerzeitung.

S Freie Erörterung

Alle schriftlichen Arten des Erörterns (freie Erörterung, Texterörterung, literarische Erörterung) sind verwandt mit den mündlichen Formen Fachgespräch und Diskussion. Ihr gemeinsames Ziel ist die Betrachtung eines Problems von verschiedenen Seiten. Diese **Mehrperspektivität** ist in der schriftlichen Fassung nur durch Rollensimulation und Perspektivenübernahme des Verfassers zu erreichen. Im Unterschied zur literarischen Erörterung und zur Texterörterung, denen fiktionale und nichtfiktionale Texte zugrunde liegen, stützt sich der Verfasser beim **freien Erörtern** ausschließlich auf seine Allgemeinbildung und sein Fachwissen. **Themen** der freien Erörterung können fachspezifische Fragen (z. B. *Wertung von Dialekt vs. Hochsprache*), aber auch Probleme aus dem Erfahrungsbereich Jugendlicher sein (z. B. *Bewertung des zis-Stipendiums*).

Das **methodische Vorgehen** kann als Trias (< gr. = Dreiheit, hier i. S. eines Dreischritts) beschrieben werden: Eine **These** (Behauptung) muss durch **Argumente** (Begründungen) gestützt und durch **Beispiele** bzw. **Belege** veranschaulicht werden, so dass sich im Ergebnis eine logisch schlüssige und vielfach konkretisierte Gedankenführung ergibt:

	Argumentation			
These	**Argument**	**Ausbau des Arguments: Beleg + Beispiel**		**Folgerung**
Ich halte ein zis-Stipendium für eine große Chance,	<u>denn</u> meistens wählen die Jugendlichen das fremdsprachige Ausland und vertiefen so ihre Sprachkenntnisse.	<u>Insbesondere</u> die Bearbeitung ihres selbst gewählten Studienthemas erfordert intensive Kontakte zu den Menschen des fremden Landes.	So schreibt <u>zum Beispiel</u> Helen Hofmann, die zum Thema „Armut in England" recherchiert hat, in ihrem Reisebericht: „Zum ersten Mal in meinem Leben habe ich mich mit Obdachlosen unterhalten, was mich anfangs einige Überwindung gekostet hat."	<u>Daher</u> bieten die zis-Reisestipendien eine gute Möglichkeit, die in der Schule gelernte Fremdsprache vor Ort zu vertiefen.
	Signalwörter *weil, da, denn …*	**Signalwörter** *denn, nämlich, insbesondere …*	**Signalwörter** *zum Beispiel, beispielsweise, dies belegen …, als Beleg lässt sich anführen …*	**Signalwörter** *daher, deshalb, also, folglich, demnach …*

Beim Aufbau der Erörterung unterscheidet man folgende **Strukturmodelle**:

1. Die **linear-steigernde Erörterung** strebt vom Einfachen zum Schwierigeren, vom Naheliegenden zum Entfernteren (= Klimaxstruktur). Themenbeispiel:
   - *Viele Jugendliche finden die zis-Reisestipendien faszinierend, aber sie bewerben sich nicht. Verfassen Sie eine Darstellung der zis-Idee, die zur Ermutigung dieser Jugendlichen beiträgt.*

2. Die **dialektische Erörterung** ergibt sich aus einer Pro-Kontra-Aufgabenstellung; durch eine Argumentation in Gegensätzen soll eine Klärung erreicht werden.
   Themenbeispiele:
   - *Erörtern Sie die Vor- und Nachteile eines zis-Reisestipendiums.*
   - *„Die zis-Stiftung für Studienreisen ermöglicht Jugendlichen zwischen 16 und 20 Jahren eine einmalige Erfahrung." – Setzen Sie sich mit dieser Selbstdarstellung der Organisation kritisch auseinander.*

   Bei der dialektischen Erörterung sind zwei Formen des Aufbaus üblich:
   a) Beim **diachronen Aufbau** ist die Erörterung in zwei Blöcke gegliedert, wodurch es allerdings beim Fazit leicht zu umfangreichen und unnötigen Wiederholungen kommen kann;
   b) beim **synchronen Aufbau** folgen Pro- und Kontra-Argumente immer unmittelbar aufeinander, wobei die logische und sprachliche Verknüpfung relativ schwierig ist.

Wichtig ist zunächst eine sorgfältige **Analyse der Aufgabenstellung**. Hilfreich ist dabei ein Blick auf die in der Aufgabenstellung verwendeten Operatoren. **Operatoren des Erörterns** sind: *sich auseinandersetzen, Stellung nehmen, diskutieren, prüfen, bewerten, beurteilen*. Oftmals fehlt jedoch ein solcher Operator und es ist daher nicht auf den ersten Blick zu erkennen, ob eine dialektische oder eine lineare Erörterung verlangt ist (z. B. „Sollte der Reisebericht eines zis-Stipendiaten in die Abiturnote einfließen?" oder „Warum sollte der Reisebericht eines zis-Stipendiaten in die Abiturnote einfließen?"). Hilfreich ist es in diesem Fall, zu prüfen, ob auf die Themenfrage mit Ja und Nein geantwortet werden kann. Wenn dies der Fall ist, liegt eine dialektische Erörterungsaufgabe vor.

Die Beherrschung des schriftlichen Erörterns ist im Studium und im Beruf sowie in vielen alltäglichen Lebensbereichen unerlässlich. ◢

Strukturmodelle zum Aufbau einer freien Erörterung:

1. **linear-steigernde Erörterung:**

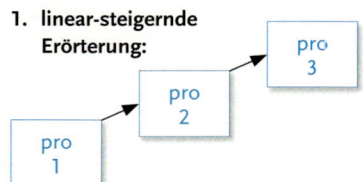

2. **dialektische Erörterung:**
   a) **diachroner Aufbau**
      (< gr. diá = durch, chrónos = Zeit; hier: Trennung der Pro- und Kontra-Argumente in zwei aufeinanderfolgende Blöcke):

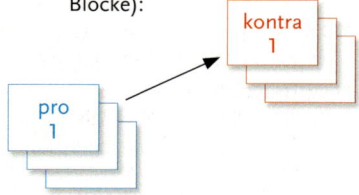

   b) **synchroner Aufbau**
      (< gr. syn = mit, chrónos = Zeit; hier: direkte Gegenüberstellung der Pro- und Kontra-Argumente):

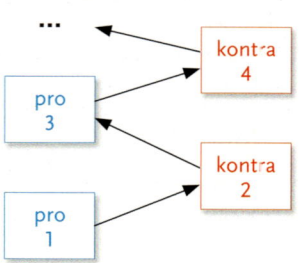

4 Günter Kunert: Vom Reisen (Auszug)

[...] Reisen, wie ich es verstehe, ist kein Hintersichbringen einer Entfernung zwischen zwei näher oder entfernter gelegenen Orten, um so rasch wie möglich einen Zweck zu erfüllen, was Zusammensetzungen wie „Geschäftsreise", „Dienstreise" falsch und widersprüchlich benennen. Reisen meint weder das Verlassen des Heimes noch der Heimatstadt, noch des sogenann-
5 ten Vaterlandes, sondern vor allem: der Gewohnheit. Selbst noch im letzten, von keiner Einsicht getrübten Touristen schimmert im Unterbewusstsein etwas vom existenziellen Motiv des Reisens, das Metamorphose¹ heißen könnte. Man weiß zwar, Reisen hat sich aus nackten ökonomischen Notwendigkeiten ergeben; wer nicht im weitesten Sinne wirtschaftlich betroffen war, blieb von der Steinzeit an hinterm Ofen hocken, doch trotz dieser realen Ursprünge und
10 neben ihnen (und das ist ein Gesetz, von Gültigkeit auch für andere Bereiche) bedeutet es keineswegs nur Pfefferimport, Austausch von Tonwaren und Bernstein. [...]
Verwandlung hießen wir das geheime und ungenannte Ziel jedes wirklichen Reisens und nicht irgendwo ankommen. Selbst jemand, der in ausschließlich utilitaristischer² Absicht sich von einem geografischen Punkt zum andern bewegt, transzendiert unwillkürlich sein
15 Unternehmen, indem er dessen Begleitumstände betont und hervorhebt und so unfreiwillig eingesteht, wie sehr auch ihn die Mittel der Verwandlung erfasst haben.
Verwandlung – aber wie? Das Wort ist nun oft genug gefallen, somit die Erläuterung fällig. Gemeint ist keineswegs die Zunahme an Kenntnissen und Wissen, keine Steigerung von Fähigkeiten, unterschiedliche Situationen reibungsloser zu bewältigen – gemeint ist, dass die
20 *Fremde* (und ich benutze bewusst den altertümlichen, doch treffenden Ausdruck) den Reisenden sich selber fremd werden lässt. Woanders ist man ein anderer. Welcher einigermaßen empfindsame Reisende merkte nicht beispielsweise unter südlicherem Himmel an sich selber eine stärkere Bereitschaft zu größerer Lebhaftigkeit, gar zur ungewohnten Gestikulation? Dem anderen Lebensrhythmus sich anpassend, verliert er merklich von der eigenen, ohnehin
25 unsicheren Individualitätssubstanz, gewinnt jedoch fremdartig neue hinzu, die aus der Kollektiv-Individualität, von welcher er eingehüllt wird, auf ihn übergeht. Man meint, die abweichende, sogar gegensätzliche Daseinsweise durch ein Minimum an Mimesis³ zu begreifen, nachzufühlen, und in diesem Nachfühlen (etwas wie ein emotionales Bewusstsein, und das ist bloß ein scheinbarer Widerspruch) liegt bereits, da wir ja damit schon von uns selber abse-
30 hen und anderes Leben in uns aufzunehmen trachten, die Verwandlung beschlossen. Beteiligt sich noch unsere Fantasie, unser Vorstellungsvermögen an dem Vorgang, erhöht sich seine Intensität: Jede Landschaft bietet uns plötzlich Heimat und glückliche Geborgenheit, jedes Haus die Möglichkeit, eine Existenz hineinzuprojizieren, welche die unsere sein könnte, sein müsste. [...]
35 Auf solche Weise wurde ich in New Mexico zum Indianer. Ich bin sowohl der etwas suspekte, vermutlich im Grenzbereich der Kriminalität operierende Kramhändler vom sonnabendlichen Krammarkt in Brighton, wie auch jener Postangestellte im abgelegenen Tiroler Inntal-Dorf, wo fünfhundert Meter von der Autostraße weg die Kalender einige Menschenjahre hindurch nicht erneuert wurden. Der Stärkegrad freilich des Sichverwandelns schwankte. Das hängt von der
40 Eindrucksmächtigkeit der bisher unbekannten Umgebung ab, von der hinterbliebenen Kraft örtlicher Vergangenheit, von der Vitalität ihrer Bewohner, die heftiger oder geringer spürbar, sinnlicher oder abstrakter sein kann; ihre Anwesenheit, ihre Geschichte und ihre Geschichten, ob den Gesichtern hypothetisch entnommen oder tatsächlich gehört, es sind die kostenlosen Mittel, derer wir bedürfen, unser eigenes Ich auszutauschen – freilich: Es handelt sich nur um
45 einen scheinbaren Austausch, und doch: Etwas bekommen wir und etwas geben wir fort dabei, ohne dass wir genau zu definieren vermögen, was es eigentlich ist. Auf jeden Fall sensibilisieren uns solche Pseudo-Morphosen: Sie öffnen unsere Poren. Unser Bewertungssystem wird korrigiert: Wir erkennen, was Leben sein kann und was nicht und welches von beiden mehr wert wäre, gelebt zu werden.
50 So außer sich und seinem persönlichen Alltag geraten, in einer Art gezügelter, doch permanenter Ekstase, erfährt der Reisende auch das eigene Ich, da er nach allen Wandlungen und Verwandlungen erneut und immer wieder zu sich selber zurückkehrt. Weil es jedoch bei dieser

---
¹ die Metamorphose (< gr. metamorphein = umgestalten, verwandeln): Verwandlung
² utilitaristisch (< lat. utilitas = Nutzen): lediglich auf das Nützliche beschränkt
³ die Mimesis (< gr. mimesis = Nachahmung): nachahmende Darstellung

---

Definition Reisen:

Verlassen der Gewohnheit

Ziel des Reisens: individuelle Verwandlung

1. Reisen als Verlassen der Gewohnheit – überlegen Sie, inwiefern Sie mit Kunerts Definition vom Reisen eigene Reise-Erfahrungen und -Vorstellungen verbinden.

2. Spielen Sie an Kunerts Essay „Vom Reisen" die ➤ Erschließung eines Sachtextes durch:
a) Formulieren Sie Erwartungen ausgehend vom Titel.
b) Überfliegen Sie den Text und notieren Sie danach Ihren ersten Eindruck vom Thema bzw. der Fragestellung des Textes.
c) Lesen Sie den Text erneut und besprechen Sie, inwiefern Ihnen die Markierungen und Randnotizen zum ersten Abschnitt Z. 1–16 sinnvoll erscheinen.
d) Bearbeiten Sie den restlichen Text in einer eigenen Kopie.
e) Fertigen Sie eine ➤ Strukturskizze des Textes an.

14 Vom Unterwegssein

3. Fassen Sie in eigenen Worten zusammen, was Kunert unter Reisen versteht und worin er den eigentlichen Sinn des Reisens sieht.

4. Erörtern Sie die Bedeutung des Reisens für den modernen Menschen.

Eine weitere Übungsmöglichkeit zur textgebundenen Erörterung finden Sie auf der DVD (Gert Mattenklott: „Vorgestellte Reisen – Reisevorstellung"). **DVD Texte**

Rückkehr kaum mehr der ganz Gleiche ist wie vordem, findet er sich selber fremd und verfremdet vor, sich selber deutlicher erkennbar, eingebettet im Gelee seiner sozialen und gesellschaftlichen Lage.

Derart vollzieht sich an Reisenden die Goethische Sentenz „Reisen bildet", was, dem Sprachgebrauch des Alten zufolge, wahrscheinlich mehr enthält als nur Bildungserlebnis und wohl eher und glaubhafter besagt, dass, wer da reise, zum Menschen gebildet werde. Was eben auf andere Weise das Gleiche verheißt: Verwandlung – aus rohem Stoff zu einem Wesen, das (potenziell) die Gesamtheit, meinetwegen: die Gattung, mitenthält. Eine Literatur, die sich mit dem Reisen befasst und sich solcher Möglichkeiten trotzdem nicht bewusst ist, darf getrost als „Reise-Literatur" bezeichnet werden: Ihr bleibt alles unverwechselbar exotisch und außerhalb des Begreifbaren, Begriffenen, sogar Begrifflichen.

Wo aber die Reise zum Zentrum der Dinge, der irdischen Dinglichkeit geht und die Reflexion am Steuer sitzt, von solcher Reise erwarten wir, wenn einer eine tut, dass er was davon erzählen kann, dessen wir nicht mehr entraten möchten, nachdem wir es erfuhren.   (v 1981)

2. „Kennst du das Land, wo die Zitronen blüh'n?" (Goethe) – Das Motiv des Aufbruchs deuten

1 Frank Hentschel (* 1964): Aufbruch

1. a) Beschreiben Sie das Bild (► Bildbeschreibung).
b) Deuten Sie das Bild ausgehend vom Titel.

2. a) Bringen Sie die Konnotationen, die der Begriff „Aufbruch" für Sie persönlich beinhaltet, in einer Skizze bzw. Collage oder in einem Standbild zum Ausdruck.
b) Tauschen Sie sich über Ihre Produkte aus und sammeln Sie stichwortartig die angesprochenen Konnotationen zu dem Begriff „Aufbruch" an der Tafel.

Denotation und Konnotation

Bei der Klärung einer Wortbedeutung unterscheidet man zwischen der lexikalischen Grundbedeutung eines Begriffs (= **Denotation**) und den vom Kontext der Äußerung abhängigen Nebenbedeutungen (= **Konnotationen**). Letztere bezeichnen somit die vom Sprecher gemeinten bzw. die vom Adressaten je nach Weltsicht und Erfahrungen aktualisierten Vorstellungen, Überzeugungen, Emotionen und Assoziationen.
Beispiel: *Nacht = Zeitraum von Sonnenuntergang bis Sonnenaufgang* (Denotation) + *bedrohliche Dunkelheit* oder *Zeit des erholsamen Schlafs* oder ... (Konnotationen)

2 Johann Wolfgang Goethe (1749–1832): Italienische Reise
(Auftakt)

Den 3. September 1786.

Früh drei Uhr stahl ich mich aus Karlsbad, weil man mich sonst nicht fortgelassen hätte. Die Gesellschaft, die den achtundzwanzigsten August, meinen Geburtstag, auf eine sehr freundliche Weise feiern mochte, erwarb sich wohl dadurch ein Recht, mich festzuhalten; allein hier war nicht länger zu säumen. Ich warf mich ganz allein, nur einen Mantelsack und Dachsranzen aufpackend, in eine Postchaise und gelangte halb acht Uhr nach Zwota, an einem schönen stillen Nebelmorgen. Die obern Wolken streifig und wollig, die untern schwer. Mir schienen das gute Anzeichen. Ich hoffte, nach einem so schlimmen Sommer einen guten Herbst zu genießen. Um zwölf in Eger, bei heißem Sonnenschein; und nun erinnerte ich mich, dass dieser Ort dieselbe Polhöhe habe wie meine Vaterstadt, und ich freute mich, wieder einmal bei klarem Himmel unter dem funfzigsten Grade zu Mittag zu essen. (e 1813–1816)

3 Johann Gottfried Seume (1763–1810): Spaziergang nach Syrakus im Jahre 1802 (Auftakt)

Dresden, den 9ten Dez. 1801

Ich schnallte in Grimme meinen Tornister, und wir gingen. Eine Karawane guter gemütlicher Leutchen gab uns das Geleite bis über die Berge des Muldentals, und Freund Großmann sprach mit Freund Schnorr sehr viel aus dem Heiligtume ihrer Göttin, wovon ich Profaner sehr wenig verstand. Unbemerkt suchte ich einige Minuten für mich, setzte mich oben Sankt Georgens großem Lindwurm gegenüber und betete mein Reisegebet, dass der Himmel mir geben möchte billige, freundliche Wirte und höfliche Torschreiber von Leipzig bis nach Syrakus, und zurück auf dem andern Wege wieder in mein Land; dass er mich behüten möchte vor den Händen der monarchischen und demagogischen Völkerbeglücker, die mit gleicher Despotie uns schlichten Menschen ihr System in die Nase heften, wie der Samoiete seinen Tieren den Ring. (v 1803)

4 Rolf Dieter Brinkmann (1940–1975): Rom, Blicke (Auftakt)

Freitag, 14. Oktober, Köln Hbf 0 Uhr 12, der Zug fährt an; (:Maleen auf dem düster verstaubten Bahnsteig neben leeren Karren und dem erloschenen Kiosk macht Abschiedszeichen in die ausgelaugte schmutzige Luft unter den weißen Neonlichtlampen/in schwarzem kurzem Samtmäntelchen und darunter Jeans – was konnten wir noch sagen?/zu oft in der vergangenen Zeit hatten wir spät abends über diesen Augenblick gesprochen, über das Weggehen, Träume von einem ruhigeren ungestörteren Leben/der Atem ist im Brustkorb gestaut – ein Leben mit angehaltenem Atem – war alltäglich – Angst durchzuatmen?und ab und zu ein lautes tiefes Atemholen, ein Durchatmen/ein anhaltender Schreck/immer in der Gegenwart bombardiert von grässlichen Motorengeräuschen, ein schreckhaftes Zusammenziehen innen im Körper, der zähe, klebrige Nebeldunst, vermischt mit den Abgasen der Wagen abends/:ich sah mich noch einmal kurz um, blickte in die Engelbertstraße, sah die auf dem Gehweg aufgereihten Wagen, die Texaco-Tankstelle mit den Plastikspiralen, irgendeine sinnlose Werbung, die sinnlos die Aufmerksamkeit erregt/schwarze Ölflecken unter der Straßenbeleuchtung und ein paar welke Platanenblätter in den Rinnstein geweht/ (v 1979)

Die „Annehmlichkeiten" einer Reise mit der Postkutsche, Holzstich, um 1840, Frankreich

> **Das literarische Motiv**
>
> Unter einem literarischen Motiv versteht man eine strukturelle inhaltliche Einheit, wie z.B. *Aufbruch* oder *Heimkehr* (= **Situationsmotiv**), den *Geizigen* oder den *Intriganten* (= **Typusmotiv**), *Ruine* oder *Insel* (= **Raummotiv**) oder *Herbst* bzw. *Mitternacht* (= **Zeitmotiv**). Das Motiv wird oft gegenüber dem Stoff abgegrenzt: Der **Stoff** enthält einen Handlungskern und ist an feststehende Namen und Ereignisse gebunden, die zu unterschiedlichen Zeiten immer wieder etwas anders ausgestaltet werden (vgl. *Brutus-Stoff*). Demgegenüber bezeichnet das Motiv nur einen Handlungsansatz, der mit anonymen Personen und Gegebenheiten vielseitig ausgestaltet werden kann (z.B. *Motiv des Tyrannenmordes*). Hilfreich ist zudem die Abgrenzung des Motivs gegenüber dem **Thema** eines literarischen Textes. Die innere Spannkraft unterscheidet ein Motiv (z.B. *Freundschaftsbeweis* oder *Aufbruch*) von einem Thema (*Freundschaft* bzw. *Reisen*).
> Je nach Bedeutsamkeit des Motivs innerhalb eines literarischen Werkes spricht man von einem **Haupt-** bzw. **Leitmotiv** oder einem **Nebenmotiv**.

3. a) Lesen Sie die Texte 2–4 und entscheiden Sie spontan, welcher Sie am ehesten zum Weiterlesen anregt.
b) Besprechen Sie Ihre Wahl im Plenum.
c) Entscheiden Sie, zu welcher Aufbruchsstimmung in den Texten 2–4 Hentschels Gemälde (S. 14) am besten passt.

4. Tauschen Sie zunächst zu zweit, dann im Plenum Vermutungen darüber aus, wie die jeweils begonnene Reise Ihrer Meinung nach verlaufen wird: Gelingt oder scheitert das Reisevorhaben? Belegen Sie Ihre Vermutungen mit Textsignalen.

5. Recherchieren Sie die persönliche und historische Situation, in der die Autoren Goethe, Seume und Brinkmann nach Italien aufbrechen.

6. Vergleichen Sie die dargestellten drei Aufbruchssituationen in inhaltlicher und formaler Hinsicht.

Vom Unterwegssein

5 Friedrich Christian Delius (* 1943): Der Spaziergang von Rostock nach Syrakus (Auftakt)

VEB Ferngasleitungsbau Engelsdorf
(Bezirk Leipzig, 1987)

Der gelernte Schlosser Klaus Müller startete im Juni 1988 nach mehrjähriger Vorbereitung zu einer Italienreise auf den Spuren seines Landsmannes Johann Gottfried Seume.
1995 veröffentlichte der Schriftsteller F. C. Delius den Roman *Der Spaziergang von Rostock nach Syrakus*, der auf Müllers Geschichte basiert. Die Romanfigur Paul Gompitz entspricht weitgehend dem authentischen Klaus Müller.

– *Heute wäre die Geschichte einfach zu erzählen, ungefähr so:*
In der Mitte seines Lebens, im Sommer 1981, beschließt der Kellner Paul Gompitz aus Rostock, nach Syrakus auf der Insel Sizilien zu reisen. Der Weg nach Italien ist versperrt durch die höchste und ärgerlichste Grenze der Welt, und Gompitz ahnt noch keine List, sie zu durchbrechen. Er weiß nur, dass er Mauern und Drähte zweimal überwinden muss, denn er will, wenn das Abenteuer gelingen sollte, auf jeden Fall nach Rostock zurückkehren.
An einem wolkenarmen Augustabend im Hafen von Wolgast auf der „Seebad Ahlbeck", einem Schiff der Weißen Flotte, fällt der Entschluss, dem Fernweh endlich nachzugeben und das Land, um bleiben zu können, einmal zu verlassen. Gompitz ist müde, er hat den ganzen Tag die Urlauber zwischen Rügen und Usedom bedient mit Kaffee, Bier, Bockwurst, Käsekuchen. Die Abrechnung ist fertig, die Tische sind gewischt, er schaut auf das Wasser, Feierabend. Alles ist wie immer, nur im Kopf eine stürmische Klarheit. [...]
Italien! Syrakus! Mit so viel guter Laune ist Gompitz noch nie über das Holperpflaster von Demmin gefahren. Drei Burschen suchen das Licht einer HO-Gaststätte, ein Alter sperrt mit seinem Fahrrad die halbe Straße, im Sommer sieht das Städtchen nicht einladender aus als im Winter. Du wirst wiederkommen, sagt sich Paul, und wieder durch Demmin fahren, aber mit Italien im Kopf! Ohne die mecklenburgischen Nester, ohne die Küste und Dresden und Berlin kannst du nicht leben. Aber einmal musst du es schaffen, dich an irgendwas festhalten und hochziehen, was hinter der Grenze liegt. Lange genug versucht, die Mauer zu vergessen, dich abzufinden und einzurichten, die Wohnung mit Helga, die alten Möbel, das Auto, die Kunstbücher, hast tapeziert und gewerkelt und ein paar Sachen um dich herum aufgehäuft. Das dulden sie, das fördern sie, die Habgier hätscheln und nach Besitz streben, obwohl das auch nicht gerade sozialistisch ist, die bürgerliche Anschafferei bis zur Datsche und all dem Ramsch, aber was nützt dir das, wenn du eingemauert bleibst! [...]
Mit mir nicht mehr. Die Mauer abtragen, das schaffst du nicht, aber das Schlupfloch finden, irgendwo wirst du ein Schlupfloch finden. „Noch eins, Paul!" Ein mieser Beruf, das Kellnern, aber du kriegst zweimal so viel Geld wie die meisten und bist freier als die meisten. Bloß keine Illusionen mehr auf dem Tablett. Die Farbe blättert überall, aber du kriegst keine Farbe. Zwanzig Jahre steht die Mauer, zwanzig wird sie noch stehn, und die Welt zerrt dir an den Nerven, das Westfernsehen, die Bücher, die Kinderträume. Die sollen mich nicht mehr fertigmachen, ich geh jetzt meinen Weg, sagt sich Gompitz. Mein ganz persönlicher Fünfjahresplan: Ich geh meinen Weg allein, dahin, wo ich immer hin wollte, nach Syrakus wie Seume, und niemand darf davon wissen, auch nicht Helga!
Während er den Trabant über die F 110 durch Warrenzin, Zarnekow und Dargun steuert, versucht er sich an Seumes Route durch Italien zu erinnern. Das Buch mit dem witzigen Titel „Spaziergang nach Syrakus im Jahr 1802" hat er als Schüler gelesen und nie vergessen: ein Spaziergang! Auch ein Sachse, der Seume! Fast dreitausend Kilometer nach Italien und zurück!
Ohne Italien geht's nicht in die Kiste! Das ist die neue Parole. Weit, verrückt weit muss das Ziel sein, Seume das richtige Vorbild. Und gegen das Motorengeräusch des Zweitakters brüllt er die Namen der Städte, durch die Seume getippelt ist, schmeckt sie ab und wiederholt sich immer wieder: „Triest! Venedig! Ancona! Terni! Rom! Neapel! Palermo! Syrakus!" (v 1995)

HO-Gaststätte (Abkürzung für staatliche Handelsorganisation) in der ehemaligen DDR

1. Lesen Sie den Romanauszug und geben Sie Ihren ersten Leseeindruck mit drei aussagekräftigen Adjektiven wieder. Belegen Sie jedes Adjektiv mit einer Textstelle.

2. a) Recherchieren Sie die Situation des Protagonisten Paul Gompitz. Beziehen Sie dabei auch die Fotos mit ein.
b) Vergleichen Sie dessen Motive zum Aufbruch mit denen Goethes, Seumes und Brinkmanns.
c) Stellen Sie Vermutungen an, warum Gompitz „auf jeden Fall nach Rostock zurückkehren" will (Z. 7).

3. „*Heute wäre die Geschichte einfach zu erzählen, ungefähr so:*" Besprechen Sie, wer diesen Satz sagt.

4. a) Vergegenwärtigen Sie sich mithilfe der Sachinformation auf S. 17 die Grundbegriffe der Epik.
b) Zeichnen Sie ein möglichst genaues Bild des Er-Erzählers in Delius' Roman (Standort? Erzählverhalten? Darbietungsarten?).
c) Begründen Sie anhand Ihrer Analyse, wie Ihr erster Leseeindruck zustande gekommen ist bzw. welche Wirkung diese Art des Erzählens auf Sie als Leser hat.
Oder:
Schreiben Sie einen Textabschnitt in Ich-Form um und beschreiben Sie die veränderte Wirkung.

Grundbegriffe der Epik: Die Rolle des Erzählers

Im Unterschied zu den beiden anderen Grundformen literarischer Darstellung, der Lyrik und Dramatik, sind epische Texte durch einen **Erzähler** bzw. eine Erzählerin geprägt. Dieser Erzähler darf jedoch nicht einfach mit dem realen Verfasser des Textes, dem **Autor** bzw. der Autorin, gleichgesetzt werden, z. B. kann eine weibliche Autorin eine männliche Erzählerfigur verwenden. *„Der Autor erfindet und der Erzähler erzählt, was geschehen ist. […] Der Autor erfindet den Erzähler und den Stil der Erzählung, welcher der des Erzählers ist."* (J. P. Sartre)

Bei der **Interpretation** eines epischen Textes (< lat. textus = Gewebe, Geflecht) ist es wichtig, auf unterschiedliche Aspekte zu achten und das komplexe Zusammenwirken der verwendeten erzähltechnischen Elemente zu beschreiben und zu deuten: Wer erzählt? Kommentiert und bewertet der Erzähler das Geschehen? Wie wird Figurenrede wiedergegeben? …

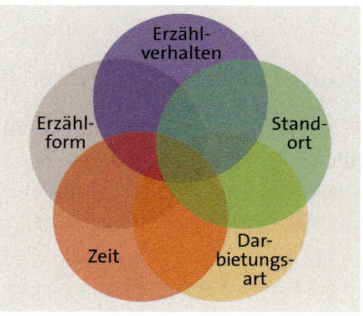

Die folgenden Erzählkategorien können als Orientierungspunkte bei einer Interpretation dienen. Es geht dabei jedoch nicht darum, alle Aspekte in einer Interpretation abzuarbeiten. Vielmehr gilt es, die erzähltechnischen Mittel, die den Text bestimmen, die für ihn konstitutiv (< lat. constituere = bestimmen) sind, für die Interpretation zu nutzen und diese in Bezug zum Inhalt des Prosatextes zu setzen.

1. Erzählform:
Erzählt der Erzähler von sich selbst (Ich-Form) oder von Dritten (Er-Form)? Während der **Er-Erzähler** dem Leser oft gar nicht als konkrete Person vor Augen tritt und dem Geschehen unbeteiligt gegenübersteht, gewinnt der **Ich-Erzähler** häufig eigene Konturen, besitzt individuelle Eigenschaften (vgl. auch S. 19).

2. Erzählverhalten (oft auch als Erzählsituation bezeichnet)
Unabhängig von der Erzählform (Er-Erzähler oder Ich-Erzähler) unterscheidet man folgendes Erzählverhalten:

a) Ein Erzähler, der spürbar den Erzählvorgang lenkt und sich mit eigenen Meinungen, zusätzlichen Überlegungen und Kommentaren selbst ins Spiel bringt, verhält sich **auktorial**.
   Beispiel: *„Lebewohl, Hans Castorp, des Lebens treuherziges Sorgenkind! Deine Geschichte ist aus. Zu Ende haben wir sie erzählt; sie war weder kurzweilig noch langweilig, es war eine hermetische Geschichte. Wir haben sie erzählt um ihretwillen, nicht deinethalben, denn du warst simpel."* (Thomas Mann: *Der Zauberberg*)

b) Im Gegensatz dazu steht ein Erzähler, der strikt aus Sicht einer Figur erzählt (**personales Erzählverhalten**). Der Leser verfolgt das Geschehen sozusagen mit den Augen dieser Figur. Typisch für personales Erzählen ist die Darstellung von Gedanken und Gefühlen, oft in Form des inneren Monologs, oder auch die Verwendung der erlebten Rede.
   Beispiel: *„Jemand musste Josef K. verleumdet haben, denn ohne dass er etwas Böses getan hätte, wurde er eines Morgens verhaftet. Die Köchin der Frau Grubach, seiner Zimmervermieterin, die ihm jeden Tag gegen acht Uhr früh das Frühstück brachte, kam diesmal nicht. Das war noch niemals geschehen. K. wartete noch ein Weilchen, sah von seinem Kopfkissen aus die alte Frau, die ihm gegenüber wohnte und die ihn mit einer an ihr ganz ungewöhnlichen Neugierde beobachtete, dann aber, gleichzeitig befremdet und hungrig, läutete er. Sofort klopfte es und ein Mann, den er in dieser Wohnung noch niemals gesehen hatte, trat ein."* (Franz Kafka: *Der Process*)

c) Wird das Geschehen weder aus der Sicht einer handelnden Figur dargestellt noch mit subjektiven Kommentaren des Erzählers verknüpft, spricht man von **neutralem Erzählverhalten**. Typisch ist hierbei ein hoher Anteil an direkter Rede (= szenische Darstellung). Das neutrale Erzählverhalten suggeriert jedoch nur ein Höchstmaß an Objektivität.
   Beispiel: *„Da sprach sie von ihren Schülern. Wir gingen vom Marx-Engels-Platz zum Alex. Wir standen am Zeitungskiosk und ließen die Hunderte von Gesichtern an uns vorbeitreiben, wir kauften uns die letzten Osterglocken am Blumenstand. Vielleicht sind wir ein bisschen vom Frühling betrunken, sagte ich. Aber sie bestand darauf, nüchtern zu sein und zu wissen, was sie sagte."* (Christa Wolf: *Nachdenken über Christa T.*)

Für alle Formen des Erzählens gilt, dass der vom Autor gestaltete Erzähler durch Auswahl und Arrangement des Erzählten den Blick des Lesers auf die Handlung bestimmt.

3. Arten der Darbietung

a) Der **Erzählerbericht** bezeichnet das eigentliche Erzählen, bezogen auf die Handlung und die Figuren. Der Begriff ist jedoch etwas irreführend, da – im Unterschied zum Bericht – Tempus und Stil nicht festgelegt sind.

b) Der **Erzählerkommentar** meint dagegen die auktorialen Kommentare, Abschweifungen und Ergänzungen.

c) Bei der **Wiedergabe von Figurenrede** gibt es für den Erzähler unterschiedliche Möglichkeiten, die seine Nähe bzw. Distanz zum Erzählten deutlich werden lassen:

Redewiedergabe	Beispiel	Unmittelbarkeit
Direkte Rede (bzw. innerer Monolog)	Diener: „Wohin reitest du, Herr?" „Ich weiß es nicht", sagte ich.	↓
Erlebte Rede (Form zwischen direkter und indirekter Rede: 3. Pers., Präteritum)	Wusste er es?	
Indirekte Rede (Konjunktiv)	Er sagte, er wisse es nicht.	
Erzählte Rede	Er wich aus.	Distanz

Vom Unterwegssein

1. a) Nähern Sie sich Kafkas Parabel „Der Aufbruch" mit der ➤ Placemat-Methode, indem Sie Fragen zum Text notieren, diese diskutieren und die wichtigste Frage an den Text ins Zentrum Ihrer Placemat übertragen.
b) Vergleichen Sie Ihre Ergebnisse im Plenum und besprechen Sie ausgehend von diesen Fragen Kafkas Parabel.
Berücksichtigen Sie bei Ihrem Interpretationsgespräch über den Text auch Ihre Konnotationen zum Begriff „Aufbruch" (vgl. S. 14).

6 Franz Kafka (1883–1924): Der Aufbruch

Ich befahl mein Pferd aus dem Stall zu holen. Der Diener verstand mich nicht. Ich ging selbst in den Stall, sattelte mein Pferd und bestieg es. In der Ferne hörte ich eine Trompete blasen, ich fragte ihn, was das bedeute. Er wusste nichts und hatte nichts gehört. Beim Tore hielt er mich auf und fragte: „Wohin reitest du, Herr?" „Ich weiß es nicht", sagte ich, „nur weg von hier, nur weg von hier. Immerfort weg von hier, nur so kann ich mein Ziel erreichen." „Du kennst also dein Ziel?", fragte er. „Ja", antwortete ich, „ich sagte es doch: ‚Weg-von-hier', das ist mein Ziel." „Du hast keinen Essvorrat mit", sagte er. „Ich brauche keinen", sagte ich, „die Reise ist so lang, dass ich verhungern muss, wenn ich auf dem Weg nichts bekomme. Kein Essvorrat kann mich retten. Es ist ja zum Glück eine wahrhaft ungeheure Reise." (e vermutlich 1922, v 1936)

7 Interpretationsbausteine zu Kafka „Der Aufbruch"

A) „Der Prosatext ist von einer konsequenten Begrenzung der Perspektive auf das Bewusstseinszentrum der Figur geprägt. Die handelnde Figur ist nicht situationsüberlegen und ist auch dem Leser nicht voraus."

B) „Eine aufschlussreiche Kategorie zur Deutung des Textes ist das Paradoxe."

C) „In der zweiten Erzählsequenz geht der Erzählerbericht in den Dialog über."

D) „Im Unterschied zum Erzähler ist die Argumentation des Dieners von praktischen Erwägungen bestimmt."

E) „Die Aussparung von Hintergrundinformationen und die Begrenzung auf ein äußerst knapp erzähltes Ereignis gewichten dieses sehr stark."

F) „Der Bruch mit der bisherigen Existenzweise scheint so radikal zu sein, dass jede Kommunikation scheitern muss."

G) „Im ersten Erzählschritt wird vornehmlich das Herr-Diener-Verhältnis entwickelt. Dabei dominiert ein parataktischer Satzbau, der nur wenige Elemente der erzählten Wirklichkeit nennt und stattdessen die Unbedingtheit im Handeln des Ich-Erzählers unterstreicht."

H) „Das Trompetensignal ‚in der Ferne' (Z. 2) wird nur vom Erzähler, nicht aber vom Diener wahrgenommen. Die Konnotationen des Schlüsselwortes Trompete, nämlich ‚Signal, Ruf, Aufforderung', geben erste Hinweise auf Gründe für den Aufbruch: …"

2. Diskutieren Sie die Deutungsansätze, die in den Interpretationsbausteinen enthalten sind. Belegen bzw. widerlegen Sie diese mit Textzitaten.

3. Exzerpieren Sie die in den Bausteinen verwendeten Fachbegriffe der Prosatextinterpretation und rufen Sie sich deren Bedeutung in Erinnerung.

4. Verfassen Sie eine Interpretation zu Kafkas Text „Der Aufbruch". Verwenden Sie dabei die Interpretationsbausteine, die Ihnen sinnvoll und hilfreich erscheinen, und berücksichtigen Sie die Hinweise zur Textsorte Parabel.

5. a) „Heimkehr" – Notieren Sie vor dem Lesen des Textes eine Farbe, ein Musikstück und einen Geschmack bzw. Geruch, den Sie persönlich mit dem Begriff „Heimkehr" verbinden.
b) Bilden Sie Vierergruppen und tauschen Sie Ihre Assoziationen aus.

6. Diskutieren Sie in dieser Gruppe nach dem Lesen des Textes, welche Farbe, welches Musikstück und welchen Geschmack der Ich-Erzähler mit dem Begriff „Heimkehr" verbinden könnte. Begründen Sie Ihre Vermutungen am Text.

> **Die Parabel**
> Die Parabel (< gr. parabole = die Vergleichung, das Gleichnis) ist traditionell eine lehrhafte Beispielgeschichte, die von *einem* Vergleichspunkt aus (dem **tertium comparationis**) durch Analogie auf den gemeinten Sachverhalt zu übertragen ist. Im Gegensatz zum verwandten **Gleichnis**, das v. a. im biblischen Zusammenhang begegnet, enthält die Parabel keine direkte Verknüpfung (so … wie) mit dem zu erörternden Sachverhalt. Im 20. Jahrhundert verändert die Parabel ihren Charakter, die Übertragung ist oft nicht mehr eindeutig möglich und sie dient vorrangig dem Ausdruck von Befindlichkeiten.

8 Franz Kafka (1883–1924): Heimkehr

Ich bin zurückgekehrt, ich habe den Flur durchschritten und blicke mich um. Es ist meines Vaters alter Hof. Die Pfütze in der Mitte. Altes, unbrauchbares Gerät, ineinander verfahren, verstellt den Weg zur Bodentreppe. Die Katze lauert auf dem Geländer. Ein zerrissenes Tuch, einmal im Spiel um eine Stange gewunden, hebt sich im Wind. Ich bin angekommen. Wer wird mich empfangen? Wer wartet hinter der Tür der Küche? Rauch kommt aus dem Schorn-

stein, der Kaffee zum Abendessen wird gekocht. Ist dir heimlich, fühlst du dich zu Hause? Ich weiß es nicht, ich bin sehr unsicher. Meines Vaters Haus ist es, aber kalt steht Stück neben Stück, als wäre jedes mit seinen eigenen Angelegenheiten beschäftigt, die ich teils vergessen habe, teils niemals kannte. Was kann ich ihnen nützen, was bin ich ihnen und sei ich auch des
10 Vaters, des alten Landwirts Sohn. Und ich wage nicht, an der Küchentür zu klopfen, nur von der Ferne horche ich, nur von der Ferne horche ich stehend, nicht so, dass ich als Horcher überrascht werden könnte. Und weil ich von der Ferne horche, erhorche ich nichts, nur einen leichten Uhrenschlag höre ich oder glaube ihn vielleicht nur zu hören, herüber aus den Kindertagen. Was sonst in der Küche geschieht, ist das Geheimnis der dort Sitzenden, das sie vor mir
15 wahren. Je länger man vor der Tür zögert, desto fremder wird man. Wie wäre es, wenn jetzt jemand die Tür öffnete und mich etwas fragte. Wäre ich dann nicht selbst wie einer, der sein Geheimnis wahren will. (e 1920/1921)

7. Analysieren Sie arbeitsteilig mithilfe des ➤ Gruppenpuzzleverfahrens die erzähltechnische Gestaltung des Textes, indem Sie Expertengruppen zu folgenden Aspekten bilden:
- erlebendes/erzählendes Ich (s. u.)
- Erzählverhalten (vgl. S. 17)
- Standort (s. u.)
- Zeit (s. u.)

Grundbegriffe der Epik: Der Ich-Erzähler

Im Gegensatz zum Er-Erzähler, der nur von Dritten berichtet, ist es für den Ich-Erzähler charakteristisch, dass er auch von sich selbst berichtet. Dies erfordert eine sorgfältige Auseinandersetzung mit der Ich-Erzählform: Ist der Erzähler selbst Teil der erzählten Welt oder blickt er von außen auf das Geschehen? Hat der Erzähler Einblick ins Innere der Figuren? Wie ausführlich bzw. gerafft werden die Ereignisse dargestellt? …
Deshalb ist es auch beim Ich-Erzähler wichtig, die Erzählform, das Erzählverhalten etc. genau zu analysieren (vgl. S. 17).

1. Erzählform: Ich-Erzähler

Bei einem Ich-Erzähler, der ja selbst Teil der erzählten Welt ist, unterscheidet man zwischen dem Ich, das die Geschichte erzählt (**erzählendes Ich**), und dem Ich, das das Geschehen erlebt (**erlebendes Ich**). Unter Umständen besteht ein deutlicher zeitlicher Abstand zwischen dem Geschehen und dem Erzählen darüber. Eventuell hat ein Reflexionsprozess stattgefunden, so dass zwischen erlebendem und erzählendem Ich eine deutliche Differenz entstanden ist:

2. Erzählverhalten

Auch beim Ich-Erzähler unterscheidet man heute zwischen den bereits genannten drei Formen des Erzählverhaltens (vgl. S. 17).
   a) auktorial   b) personal   c) neutral

3. Standort des Erzählers

Der Er-Erzähler ist nicht Teil der erzählten Welt und nimmt daher eine **Außenperspektive** ein. Besitzt er einen uneingeschränkten Überblick über Zeit (kennt auch Vorgeschichte und Zukunft) und Raum (kennt alle Schauplätze und Figuren), dann spricht man von einem **olympischen Standort** des Erzählers.

Der Ich-Erzähler ist dagegen immer selbst Teil der erzählten Welt (**Innenperspektive**), kann aber unterschiedlich stark am Geschehen beteiligt sein (vgl. Grafik).

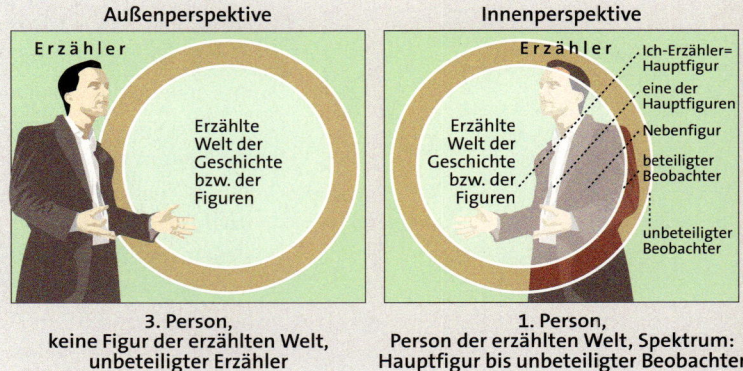

4. Arten der Darbietung (vgl. S. 17)
   a) direkte Rede   b) erlebte Rede   c) indirekte Rede
   d) erzählte Rede

5. Zeit

Bei der Betrachtung der Zeitverhältnisse in einem erzählenden Text, unabhängig davon, ob es sich um einen Er- oder einen Ich-Erzähler handelt, stehen zwei Aspekte im Vordergrund:
   a) In welcher Reihenfolge wird erzählt? Wird die chronologische Abfolge der Ereignisse beibehalten (= **chronologisches Erzählen**) oder verwendet der Erzähler **Rückwendungen** bzw. **Vorausdeutungen**?
   b) Welche **Dauer** beansprucht die Darstellung des Geschehens? Dazu unterscheidet man zwischen **Erzählzeit** (= Zeit, die der Erzähler zum Erzählen benötigt und die sich am Seitenumfang des Textes bemessen lässt) und **erzählter Zeit** (= Dauer der erzählten Geschichte). Wichtige Grundformen im Verhältnis zwischen Erzählzeit und erzählter Zeit sind
   - **Raffung** (die Erzählung ist deutlich kürzer als das Geschehen),
   - **Dehnung** (die Erzählung dauert länger als das Geschehen, eine Art Zeitlupentechnik),
   - **zeitdeckendes Erzählen** (annähernde Übereinstimmung von Erzählzeit und erzählter Zeit; eigentlich nur möglich bei der unkommentierten und ungekürzten Wiedergabe einer Dialogszene, sog. **Szene**).

20 „Wenn ein Reisender …":

Nähern Sie sich den folgenden drei Romanauszügen, in denen es in ganz unterschiedlicher Weise um das Thema Reisen geht, über Umgestaltungen und eigene Schreibversuche an:

- Besprechen Sie Ihren Eindruck von den drei Romanauszügen: Welcher weckt Ihre Neugier?
- Tragen Sie 10 Zeilen der drei Romanauszüge in einer anderen **Erzählform** (Er- bzw. Ich-Form) vor. Besprechen Sie, inwiefern sich die Wirkung des Textes verändert.
- Wählen Sie aus den Originaltexten eine Textstelle (ca. 10 Zeilen) aus, in der das jeweilige **Erzählverhalten** (auktorial, personal, neutral) deutlich wird, und verändern Sie dies. Besprechen Sie die entstandenen Produkte.
- Suchen Sie Textbeispiele für unterschiedliche **Formen der Redewiedergabe** (direkte Rede, erlebte Rede, indirekte Rede und erzählte Rede). Schreiben Sie diese ebenfalls in andere Formen um und diskutieren Sie davon ausgehend die Wahl der Redewiedergabe im Originaltext.

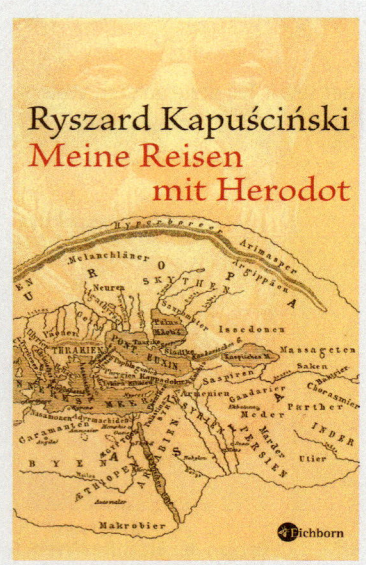

Ryszard Kapuściński (1932–2007): Meine Reisen mit Herodot (Auszug)

Die Handlung spielt im Jahre 1995 im sozialistischen Polen …

Eines Tages traf ich auf dem Gang der Redaktion meine Chefredakteurin. Eine stattliche, hübsche Blondine mit üppigem, zur Seite gekämmtem Haar. Sie hieß Irena Tarkowska. Sie sagte etwas über meine letzten Texte, und dann befragte sie mich über meine künftigen Pläne. Ich nannte ein paar Dörfer, in die ich fahren wollte, und Angelegenheiten, die mich erwarteten, und dann nahm ich all meinen Mut zusammen und sagte: „Irgendwann einmal würde ich gern ins Ausland fahren." – „Ins Ausland?", sagte sie verwundert und leicht erschrocken, denn damals war es noch keine Selbstverständlichkeit, ins Ausland zu fahren. „Wohin? Wozu?", fragte sie. „Ich habe an die Tschechoslowakei gedacht", antwortete ich. Es ging mir nicht darum, etwa nach Paris oder London zu reisen, o nein, solche Ziele versuchte ich mir gar nicht erst vorzustellen, und sie interessierten mich auch nicht, ich wollte nur irgendwo die Grenze überschreiten, egal, welche, denn wichtig war für mich nicht der Ort, das Ziel, das Ende, sondern der beinahe mystische und transzendentale Akt des Überschreitens der Grenze.
Seit diesem Gespräch war ein Jahr vergangen. In unserem Reporterzimmer läutete das Telefon. Die Chefin bat mich zu sich. „Weißt du, was?", sagte sie, als ich vor ihrem Schreibtisch stand. „Wir schicken dich ins Ausland. Du fährst nach Indien." (v 2004)

Daniel Kehlmann (* 1975): Die Vermessung der Welt (Auszug)

Auftakt eines Romans über die Zeitgenossen Carl Friedrich Gauß und Alexander von Humboldt und ihr Wirken am Ende des 18. Jahrhunderts.

Im September 1828 verließ der größte Mathematiker des Landes zum ersten Mal seit Jahren seine Heimatstadt, um am Deutschen Naturforscherkongress in Berlin teilzunehmen. Selbstverständlich wollte er nicht dorthin. Monatelang hatte er sich geweigert, aber Alexander von Humboldt war hartnäckig geblieben, bis er in einem schwachen Moment und in der Hoffnung, der Tag käme nie, zugesagt hatte.
Nun also versteckte sich Professor Gauß im Bett. Als Minna ihn aufforderte aufzustehen, die Kutsche warte und der Weg sei weit, klammerte er sich ans Kissen und versuchte seine Frau zum Verschwinden zu bringen, indem er die Augen schloss. Als er sie wieder öffnete und Minna noch immer da war, nannte er sie lästig, beschränkt und das Unglück seiner späten Jahre. Da auch das nicht half, streifte er die Decke ab und setzte die Füße auf den Boden.
Grimmig und notdürftig gewaschen ging er die Treppe hinunter. Im Wohnzimmer wartete sein Sohn Eugen mit gepackter Reisetasche. Als Gauß ihn sah, bekam er einen Wutanfall: Er zerbrach einen auf dem Fensterbrett stehenden Krug, stampfte mit dem Fuß und schlug um sich. Er beruhigte sich nicht einmal, als Eugen von der einen und Minna von der anderen Seite ihre Hände auf seine Schultern legten und beteuerten, man werde gut für ihn sorgen, er werde bald wieder daheim sein, es werde so schnell vorbeigehen wie ein böser Traum. Erst als seine uralte Mutter, aufgestört vom Lärm, aus ihrem Zimmer kam, ihn in die Wange kniff und fragte, wo denn ihr tapferer Junge sei, fasste er sich. Ohne Herzlichkeit verabschiedete er sich von Minna; seiner Tochter und dem jüngsten Sohn strich er geistesabwesend über den Kopf. Dann ließ er sich in die Kutsche helfen. (v 2005)

Fingerübungen zu Grundbegriffen der Epik

Italo Calvino (1923–1985):
Wenn ein Reisender in einer Winternacht (Auszug)

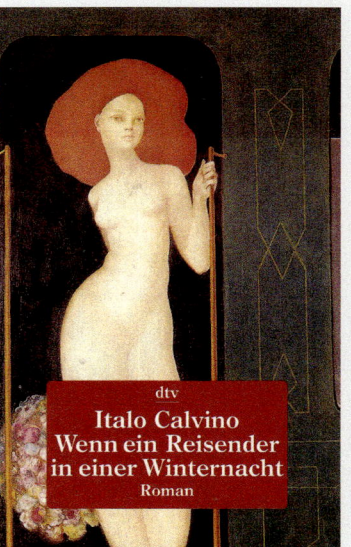

Der Roman beginnt auf einem Bahnhof, eine Lokomotive faucht, Kolbendampf zischt über den Anfang des Kapitels, Rauch verhüllt einen Teil des ersten Absatzes. In den Bahnhofsgeruch mischt sich ein Dunstschwaden aus dem Bahnhofscafé. Jemand schaut durch die beschlagenen Scheiben, öffnet die Glastür des Cafés, alles ist diesig, auch drinnen, wie mit kurzsichtigen oder von Kohlenstäubchen gereizten Augen gesehen. Die Buchseiten sind beschlagen wie die Fenster eines alten Zuges, der Rauch legt sich auf die Sätze. Es ist ein regnerischer Abend; der Mann betritt das Café, knöpft sich den feuchten Mantel auf, eine Wolke von Dampf umhüllt ihn; ein Pfiff ertönt über die Gleise, die vom Regen glänzen, so weit das Auge reicht.

Ein Pfiff wie von einer Lokomotive und ein Dampfstrahl lösen sich aus der Kaffeemaschine, die der alte Wirt unter Druck setzt, als gebe er ein Signal. So scheint es zumindest im Fortgang der Sätze des zweiten Absatzes, worin die Spieler an den Tischen ihre aufgefächerten Karten vor der Brust zusammenschieben und sich mit dreifacher Drehung – des Halses, der Schultern, des Stuhls – dem Neuankömmling zuwenden, während die Gäste am Tresen ihre Tässchen heben und auf die Kaffeeoberfläche blasen, Lippen und Augen halb geschlossen, oder mit übertriebener Vorsicht, um nichts zu verschütten, die Schaumkrone von ihren Biergläsern schlürfen. Die Katze buckelt, die Kassiererin schiebt ihre Registrierkasse zu, es macht pling. All diese Zeichen vereinen sich zu der Auskunft, dass es hier um einen kleinen Provinzbahnhof geht, wo jeder Ankommende sofort bemerkt wird.

Alle Bahnhöfe gleichen einander; es macht nichts, wenn die Lampen kaum über ihren fahlen Lichthof hinausleuchten, allzu gut kennst du dieses Milieu mit seinem Geruch von Zügen, der hängen bleibt, auch wenn alle Züge schon abgefahren sind, mit seinem eigentümlichen Bahnhofsgeruch nach der Abfahrt des letzten Zuges. Die Lichter des Bahnhofs und die Sätze, die du hier liest, sollen anscheinend eher trüben als klären, was da auftaucht aus einem Schleier von Nebel und Dunkelheit. Ich bin heute Abend auf diesem Bahnhof zum ersten Mal in meinem Leben ausgestiegen, und schon kommt es mir vor, als hätte ich hier ein ganzes Leben verbracht, während ich dieses Café betrete und wieder verlasse, vom Geruch des Bahnsteigs hinüberwechsle zum Geruch nassen Sägemehls in den Toiletten, all dies vermischt zu einem einzigen Geruch: dem des Wartens, dem Geruch der Telefonzellen, wenn einem nichts anderes übrigbleibt, als die Münzen wieder herauszuholen, weil die gewählte Nummer kein Lebenszeichen gibt.

Ich bin der Mann, der da zwischen Café und Telefonzelle hin- und herläuft. Oder besser gesagt, dieser Mann heißt hier „ich", und sonst weißt du nichts von ihm, wie auch dieser Bahnhof nur einfach „Bahnhof" heißt, und außer ihm gibt es nichts als das unbeantwortete Läuten eines Telefons in einem dunklen Zimmer in einer fernen Stadt. Ich hänge den Hörer ein, warte auf das Scheppern der Münzen durch den metallenen Schlund, drehe mich um, drücke die Glastür auf und strebe wieder den Tassen zu, die sich zum Trocknen in einer Dampfwolke türmen.

(v 1979)

- Entscheiden Sie sich für eine eigene Reise (z. B. Studienfahrt, letzter Urlaub mit den Eltern, erster Urlaub ohne die Eltern, eine unfreiwillige Reise, eine Fantasiereise, …). Verfassen Sie am Computer den Auftakt eines Prosatextes (ca. eine Seite), in dessen Mittelpunkt diese Reise stehen könnte, und treffen Sie ganz bewusste Entscheidungen bezüglich der Erzählform, des Erzählverhaltens und das Standorts Ihres Erzählers.
- Bauen Sie mindestens an einer Stelle direkte Rede ein. Verfassen Sie dann drei Textvarianten, in denen diese direkte Rede jeweils durch indirekte Rede, erlebte Rede und erzählte Rede ersetzt wird.
- Tauschen Sie alle Varianten Ihres Schreibprodukts mit denen eines Mitschülers. Bestimmen Sie zunächst die von Ihrem Mitschüler gewählte Erzählform, das Erzählverhalten und den Standort des Erzählers. Entscheiden Sie dann, welche Form der Redewiedergabe (Textvariante 1–4) Ihrer Meinung nach am wirkungsvollsten ist.
- Besprechen Sie Ihre Beobachtungen mit Ihrem Mitschüler.

3. „Auch ich in Arkadien …" (Goethe) – Intertextuelle Bezüge erkennen und deuten

1 Johann Wolfgang Goethe (1749–1832): Italienische Reise
(Auszüge)

Als Goethe im Alter von 37 Jahren nach Italien aufbrach, besaß er aufgrund von Bildern in seinem Frankfurter Elternhaus sowie der Reiseerfahrungen seines Vaters bereits konkrete Vorstellungen von dem Land seiner Sehnsucht. Die 1500 km von Karlsbad nach Rom legte er in 57 Tagen per Kutsche zurück. Dabei reiste er nicht als Weimarer Hofbeamter oder als Autor des berühmten *Werther*, sondern incognito. Die Motive seiner Reise lagen in einer vielschichtigen Krise Goethes: Unzufriedenheit mit seiner Tätigkeit in der Weimarer Staatsverwaltung, eine verfahrene Beziehung zu der verheirateten Charlotte von Stein sowie fruchtlose Jahre als Literat mögen den heimlichen Aufbruch bedingt haben. In Rom fand Goethe Aufnahme bei dem Maler Tischbein. Während der Reise führte Goethe akribisch Tagebuch und schrieb zahlreiche Briefe. Erst 1813/14 begann er, die Erfahrungen der *Italienischen Reise* im Überblick darzustellen. Dieser zeitliche Abstand zwischen der Reise und der kunstvollen Komposition des Werkes lässt erkennen, welche Bedeutung die Italienreise für Goethe über das unmittelbare Erleben hinaus hatte.

Johann Heinrich Wilhelm Tischbein (1751–1829): Goethe am Fenster seiner römischen Wohnung

Arkadien
Arkadien geht auf Arcadia zurück, eine auf der Peloponnes liegende Gebirgslandschaft, die als Land der Jäger und Hirten und des Hirtengottes Pan gilt. Seit Vergils (70–19 v. Chr.) *Bucolica* ist Arkadien für viele Künstler und Dichter zur fiktiven Naturlandschaft geworden, einem Wunschbild, in dem sich Mythos und Wirklichkeit so verbinden, dass ein Ort vollkommener und zeitloser Schönheit, des idyllischen Friedens (ein locus amoenus = lieblicher Ort), der Freundschaft und Liebe sowie des Glücks in einem goldenen Zeitalter entsteht.

Rom, den 1. November 1786.

Ja, ich bin endlich in dieser Hauptstadt der Welt angelangt! Wenn ich sie in guter Begleitung, angeführt von einem recht verständigen Manne, vor funfzehn Jahren gesehen hätte, wollte ich mich glücklich preisen. Sollte ich sie aber allein, mit eignen Augen sehen und besuchen, so ist es gut, dass mir diese Freude so spät zuteil ward.

Über das Tiroler Gebirg bin ich gleichsam weggeflogen, Verona, Vicenz, Padua, Venedig habe ich gut, Ferrara, Cento, Bologna flüchtig und Florenz kaum gesehen. Die Begierde, nach Rom zu kommen, war so groß, wuchs so sehr mit jedem Augenblicke, dass kein Bleiben mehr war, und ich mich nur drei Stunden in Florenz aufhielt. Nun bin ich hier und ruhig und, wie es scheint, auf mein ganzes Leben beruhigt. Denn es geht, man darf wohl sagen, ein neues Leben an, wenn man das Ganze mit Augen sieht, das man teilweise in- und auswendig kennt. Alle Träume meiner Jugend seh' ich nun lebendig; die ersten Kupferbilder, deren ich mich erinnere (mein Vater hatte die Prospekte von Rom auf einem Vorsaale aufgehängt), seh' ich nun in Wahrheit, und alles, was ich in Gemälden und Zeichnungen, Kupfern und Holzschnitten, in Gips und Kork schon lange gekannt, steht nun beisammen vor mir; wohin ich gehe, finde ich eine Bekanntschaft in einer neuen Welt; es ist alles, wie ich mir's dachte, und alles neu. Ebenso kann ich von meinen Beobachtungen, von meinen Ideen sagen. Ich habe keinen ganz neuen Gedanken gehabt, nichts ganz fremd gefunden, aber die alten sind so bestimmt, so lebendig, so zusammenhängend geworden, dass sie für neu gelten können. […]

Goethes Reiseroute

Rom, den 7. November.

Nun bin ich sieben Tage hier, und nach und nach tritt in meiner Seele der allgemeine Begriff dieser Stadt hervor. Wir gehn fleißig hin und wider, ich mache mir die Plane des alten und neuen Roms bekannt, betrachte die Ruinen, die Gebäude, besuche ein und die andere Villa, die größten Merkwürdigkeiten werden ganz langsam behandelt, ich tue nur die Augen auf und seh' und geh' und komme wieder, denn man kann sich nur in Rom auf Rom vorbereiten. Gestehen wir jedoch, es ist ein saures und trauriges Geschäft, das alte Rom aus dem neuen herauszuklauben, aber man muss es denn doch tun und zuletzt eine unschätzbare Befriedigung hoffen. Man trifft Spuren einer Herrlichkeit und einer Zerstörung, die beide über unsere Begriffe gehen. Was die Barbaren stehen ließen, haben die Baumeister des neuen Roms verwüstet.

Wenn man so eine Existenz ansieht, die zweitausend Jahre und darüber alt ist, durch den Wechsel der Zeiten so mannigfaltig und vom Grund aus verändert und doch noch derselbe Boden, derselbe Berg, ja oft dieselbe Säule und Mauer, und im Volke noch die Spuren des alten Charakters, so wird man ein Mitgenosse der großen Ratschlüsse des Schicksals, und so wird es dem Betrachter von Anfang schwer, zu entwickeln, wie Rom auf Rom folgt, und nicht allein das neue auf das alte, sondern die verschiedenen Epochen des alten und neuen selbst aufeinander. [...]

Rom, den 10. November 1786.

[...] Der Geist wird zur Tüchtigkeit gestempelt, gelangt zu einem Ernst ohne Trockenheit, zu einem gesetzten Wesen mit Freude. Mir wenigstens ist es, als wenn ich die Dinge dieser Welt nie so richtig geschätzt hätte als hier. Ich freue mich der gesegneten Folgen auf mein ganzes Leben.

Und so lasst mich aufraffen, wie es kommen will, die Ordnung wird sich geben. Ich bin nicht hier, um nach meiner Art zu genießen; befleißigen will ich mich der großen Gegenstände, lernen und mich ausbilden, ehe ich vierzig Jahre alt werde.

Den 24. November.

Von der Nation wüsste ich nichts weiter zu sagen, als dass es Naturmenschen sind, die unter Pracht und Würde der Religion und der Künste nicht ein Haar anders sind, als sie in Höhlen und Wäldern auch sein würden. Was allen Fremden auffällt, und was heute wieder die ganze Stadt reden, aber auch nur reden macht, sind die Totschläge, die gewöhnlich vorkommen. Viere sind schon in unserm Bezirk in diesen drei Wochen ermordet worden. Heute ward ein braver Künstler Schwendimann, ein Schweizer, Medailleur, der letzte Schüler von Hedlinger, überfallen, völlig wie Winckelmann[1]. Der Mörder, mit dem er sich herumbalgte, gab ihm an die zwanzig Stiche, und da die Wache hinzukam, erstach sich der Bösewicht selbst. Das ist sonst hier nicht Mode. Der Mörder erreicht eine Kirche, und so ist's gut.

Und so sollte ich denn, um auch Schatten in meine Gemälde zu bringen, von Verbrechen und Unheil, Erdbeben und Wasserflut einiges melden, doch setzt das gegenwärtige Ausbrechen des Feuers des Vesuvs die meisten Fremden hier in Bewegung, und man muss sich Gewalt antun, um nicht mit fortgerissen zu werden. Diese Naturerscheinung hat wirklich etwas Klapperschlangenartiges und zieht die Menschen unwiderstehlich an. Es ist in dem Augenblick, als wenn alle Kunstschätze Roms zunichte würden; die sämtlichen Fremden durchbrechen den Lauf ihrer Betrachtungen und eilen nach Neapel. Ich aber will ausharren in Hoffnung, dass der Berg noch etwas für mich aufheben wird.

Den 3. Dezember.

[...] Auch die römischen Altertümer fangen mich an zu freuen. Geschichte, Inschriften, Münzen, von denen ich sonst nichts wissen mochte, alles drängt sich heran. Wie mir's in der Naturgeschichte erging, geht es auch hier, denn an diesen Ort knüpft sich die ganze Geschichte der Welt an, und ich zähle einen zweiten Geburtstag, eine wahre Wiedergeburt, von dem Tage, da ich Rom betrat.

---

[1] Johann Joachim Winckelmann (1717–1768), dt. Archäologe. Im Herbst 1755 ging Winckelmann nach Rom, wo ihm 1763 das Amt eines Oberaufsehers aller Altertümer in und um Rom übertragen wurde. In Triest fiel er auf der Rückreise von einem Deutschlandbesuch einem Raubmord zum Opfer. Zu dieser Zeit galt er als der bedeutendste Kenner der antiken Kunst in Europa.

---

1. Lesen Sie die Auszüge aus Goethes Bericht über seine Italienreise 1786/87, die den Untertitel „Auch ich in Arkadien" trägt. Stellen Sie Vermutungen an, warum Goethe diesen Untertitel gewählt hat.

2. Arbeiten Sie erneut in der Gruppe, mit der Sie die Wandplakathälfte zu Ihren persönlichen Reisevorstellungen erstellt haben (vgl. S. 10):
a) Besprechen Sie, welche Reiseerfahrungen Goethe in Rom gemacht hat.
b) Wählen Sie drei aussagekräftige Zitate aus und übertragen Sie diese auf die freie Hälfte Ihres ➤ Wandplakates.
c) Bringen Sie Goethes Vorstellung vom Reisen in einem griffigen Slogan zum Ausdruck und verwenden Sie diesen als Überschrift.
d) Ergänzen Sie eigene Skizzen oder passende Darstellungen aus Goethes Zeit (Bildrecherche im Internet).
e) Stellen Sie durch Symbole oder Kommentare einen Bezug zwischen Ihren beiden Plakathälften her.

3. Hängen Sie die fertigen Wandplakate aus und betrachten Sie die Ergebnisse der anderen Gruppen zu Goethes Italienreise.

Autobiografisches Schreiben

Die Autobiografie ist eine Darstellung des eigenen Lebenslaufs im Rückblick. Charakteristisch ist der Wechsel von Narration und Reflexion des Erlebten. Dabei entsteht ein hoch subjektives Produkt, das keineswegs die historische Realität widerspiegelt, sondern eine Auswahl des Verfassers darstellt, die dieser bewusst (zur Herausstellung bestimmter Zusammenhänge, Beschönigung, Übertreibung etc.) und unbewusst (Selektion durch das Gedächtnis) trifft. Das autobiografische Schreiben hat unterschiedliche Funktionen, es dient z. B. der Identitätsfindung, der Selbstdeutung, der Rechtfertigung oder der Schuldzuweisung.

24 Vom Unterwegssein

Medusa, eines der drei Ungeheuer mit Schlangenhaaren, die als Gorgonen bekannt waren. Der Anblick des grässlichen Gesichts der Medusa ließ jeden Menschen zu Stein erstarren.

4. „Der in Italien reisende Goethe wird zur autobiografischen Kunstfigur." (Grimm, 1990)
a) Erläutern Sie, was mit dieser These gemeint ist.
b) Diskutieren Sie diese These im Kurs und belegen Sie Ihre Meinungen mit Textzitaten.

5. Die Online-Enzyklopädie beruht darauf, dass alle Nutzer unmittelbar Artikel erstellen oder verändern können, so dass die Artikel im Idealfall permanent überarbeitet und verbessert werden.
Vergleichen Sie die beiden Fassungen des Wikipedia-Artikels „Italienische Reise":
a) Inwieweit wird deutlich, dass die zweite Fassung eine Überarbeitung ist, die auf der ersten Fassung aufbaut?
b) Beurteilen Sie den Zugewinn an Informationen.

6. a) Der erste Satz eines Lexikonartikels enthält in der Regel die Definition des Begriffs in seiner allgemeinen Bedeutung.
Vergleichen Sie die ersten Sätze in Text 2a–c.
b) Nehmen Sie einen genaueren Vergleich von Text b und c hinsichtlich des Informationsgehaltes, der Darstellungsform sowie der Sprache vor.
c) Erläutern Sie, an welchen Benutzer sich der jeweilige Artikel wendet.

7. Bearbeiten Sie einen der beiden Artikel (Text 2b/c), indem Sie entweder
a) in den Wikipedia-Artikel Ihre Überlegungen zu Grimms These einfügen (vgl. Aufgabe 4) *oder*
b) den Eintrag aus Kindlers Literatur-Lexikon zu Goethes erstem Rom-Aufenthalt fortsetzen. Achten Sie dabei auf korrektes ➤ Zitieren.

Den 25. Dezember.

Ich fange nun schon an, die besten Sachen zum zweiten Mal zu sehen, wo denn das erste Staunen sich in ein Mitleben und reineres Gefühl des Wertes der Sache auflöst. Um den höchsten Begriff dessen, was die Menschen geleistet haben, in sich aufzunehmen, muss die Seele erst zur vollkommenen Freiheit gelangen.

Der Marmor ist ein seltsames Material, deswegen ist Apoll von Belvedere im Urbilde so grenzenlos erfreulich, denn der höchste Hauch des lebendigen, jünglingsfreien, ewig jungen Wesens verschwindet gleich im besten Gipsabguss.

Gegen uns über im Palast Rondanini steht eine Medusenmaske, wo in einer hohen und schönen Gesichtsform über Lebensgröße das ängstliche Starren des Todes unsäglich trefflich ausgedrückt ist. Ich besitze schon einen guten Abguss, aber der Zauber des Marmors ist nicht übrig geblieben. Das edle Halbdurchsichtige des gelblichen, der Fleischfarbe sich nähernden Steins ist verschwunden. Der Gips sieht immer dagegen kreidehaft und tot. [...]

Unterwegs, am 4., 5. und 6. Juni. [1787]

Da ich diesmal allein reise, habe ich Zeit genug, die Eindrücke der vergangenen Monate wieder hervorzurufen; es geschieht mit vielem Behagen. Und doch tritt gar oft das Lückenhafte der Bemerkungen hervor, und wenn die Reise dem, der sie vollbracht hat, in einem Flusse vorüberzuziehen scheint und in der Einbildungskraft als eine stetige Folge hervortritt, so fühlt man doch, dass eine eigentliche Mitteilung unmöglich sei. Der Erzählende muss alles einzeln hinstellen: Wie soll daraus in der Seele des Dritten ein Ganzes gebildet werden? [...]   (e 1813–1816)

2 Lexikoneinträge zu Goethe: „Italienische Reise"

a) Wikipedia (Online-Enzyklopädie), Stand: 6. Februar 2008

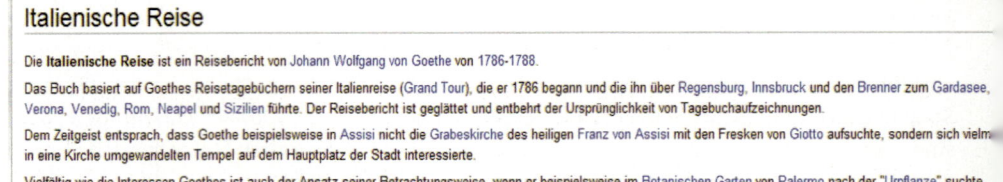

b) Wikipedia (Online-Enzyklopädie), Stand: 30. Oktober 2008

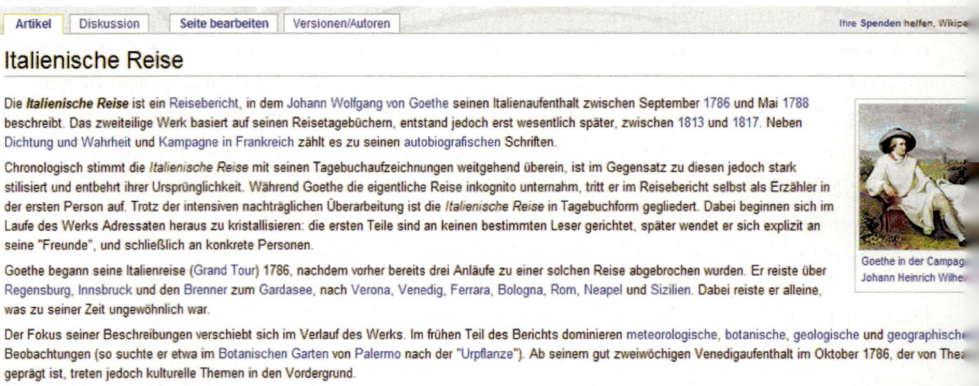

c) Kindlers Literatur-Lexikon: Italienische Reise (Auszug)

ITALIÄNISCHE REISE. Autobiografisches Werk von Johann Wolfgang von GOETHE (1749 bis 1832), nach Briefen und Tagebuchaufzeichnungen aus der Zeit der Reise (Anfang September 1786 bis Ende April 1788) zusammengestellt und unter Hinzufügung von späteren „Berichten" über den zweiten römischen Aufenthalt erstmals vollständig veröffentlicht 1829 in den Bänden
5 27 bis 29 der Ausgabe letzter Hand[1]. Teil 1 und 2 (Reise von Karlsbad nach Rom, erster römischer Aufenthalt, Neapel und Sizilien) waren schon 1816 und 1817 in der Autobiografie *Aus meinem Leben* als der zweiten Abteilung erster und zweiter Teil unter dem später weggelassenen Motto „Auch ich in Arkadien" erschienen. – Goethe, dem nach den Worten seiner Mutter *„von früher Jugend an ... der Gedanke, Rom zu sehen, in seine Seele geprägt"* war, hatte der immer
10 wieder auftauchenden Versuchung, nach Italien zu reisen, in der Meinung, es sei noch zu früh, lange Jahre widerstanden. *„Nur die höchste Notwendigkeit konnte mich zwingen, den Entschluss zu fassen."* Dieser Entschluss wurde heimlich und wie auf der Flucht ausgeführt, als die Problematik seiner privaten und öffentlichen Weimarer Existenz zur lebensbedrohenden Krise geworden war. [...]
15 Die Flucht wird in der von allzu Persönlichem gereinigten Buchfassung damit begründet, dass er *„rein zugrunde gegangen"* wäre, wenn er *„die Begierde, diese Gegenstände mit Augen zu sehen"*, nicht endlich hätte befriedigen können. [...]
„Die Gegenstände" – das ist das eine der immer wiederkehrenden Schlüsselworte, die Ziel und Sinn dieser Unternehmung erschließen. *„Ich mache diese wunderbare Reise nicht, um mich selbst*
20 *zu betriegen, sondern um mich an den Gegenständen kennenzulernen."* Diese Reise sollte also in viel persönlichere Bereiche führen, als sie von Bildungsreisen des 18. Jh.s sonst erreicht oder auch nur angestrebt wurden. So wichtig ist es, die Gegenstände kennenzulernen, wichtiger ist es, das eigene Ich an ihnen zu prüfen, sich über ihre Struktur, ihre Größe und Bedeutung klar zu werden, um aus dem intensiven Umgang mit ihren Formen die eigene Form zu gewinnen.
25 [...] Rom, die Hauptstadt der Welt, wird ihm zum Ort ... (v 1986)

> **R** „Auch ich in Arkadien!"
> Bekannte deutsche Italienreisende waren Gotthold Ephraim Lessing, Johann Gottfried Herder, Johann Gottfried Seume, Johann Joachim Winckelmann, Ingeborg Bachmann, Heinrich Böll, Angelika Kauffmann, Ulrike Mayröcker und Uwe Timm. Recherchieren Sie zur Italiensehnsucht deutscher Schriftsteller, Gelehrter und Künstler vom 18. bis ins 20. Jahrhundert:
> - Motive für die unternommene Italienreise;
> - Stationen der Reise, Reisemittel, Dauer der Reise ...;
> - Werke, die im Zusammenhang dieser Reise entstanden oder von ihr geprägt wurden;
> - Bedeutung der Reise für die jeweilige Person.

3 Hanns-Josef Ortheil (* 1951): Faustinas Küsse (Auszug)

In der fiktiven Geschichte beobachtet ein aufgeweckter römischer Tagelöhner, wie Johann Wolfgang Goethe am 29. Oktober 1786 auf der Piazza del Popolo incognito aus einer Kutsche steigt.

Am frühen Abend des 29. Oktober 1786 sah der junge Giovanni Beri, der eben auf einem herbeigerollten Stein Platz genommen hatte, um in Ruhe einen Teller Makkaroni zu verzehren, einen Fremden dem aus nördlicher Richtung auf der Piazza del Popolo eingetroffenen Reisewagen entsteigen. Beri hatte gerade die Finger seiner Rechten in die noch heißen Nudeln ge-
5 taucht, um sie bündelweise, wie weiße Würmer, in den Mund zu schieben, als der Fremde seinen Reisehut lüftete und ihn immer wieder hoch in der Luft schwenkte, sich dabei im Kreise drehend, als wollte er sich der ganzen Stadt Rom als Liebhaber und Freund präsentieren.
Der junge Beri hatte schon viele Reisende aus dem Norden auf diesem ehrwürdigen Platz ankommen sehen, doch noch selten hatte sich einer so merkwürdig benommen wie dieser statt-
10 lich gewachsene Mann in weitem Überrock, dem sich jetzt eine Gruppe von Wachbeamten näherte, um seinen Namen in die dafür vorgesehenen Listen einzutragen. Das Betragen des Fremden ähnelte einem Auftritt im Theater, es hatte etwas von Leidenschaft und großer Aktion, und doch fehlten ihm auf dem weiten Platz, der durch die Parade der Kutschen beinahe vollgestellt war, die passenden Zuschauer.
15 ‚Mach weiter so, mach nur weiter!', dachte Beri, insgeheim belustigt, während er mit Daumen und Zeigefinger nach den entwischenden ölgetränkten Nudeln griff und sie langsam durch den über den Teller verstreuten Käse streifte. Jetzt riss sich der Fremde den Überrock vom Leib, warf den Hut auf den kleinen Koffer, breitete die Arme aus und dehnte den ganzen Körper wie eine gespannte Feder. Beri grinste, vielleicht hat man es mit einem Schauspieler zu
20 tun! Doch das Grinsen verschwand augenblicklich, als er bemerkte, dass ihn das merkwürdige Gebaren zur Unachtsamkeit verführt hatte. Für einen Moment hatte sich der Teller offensicht-

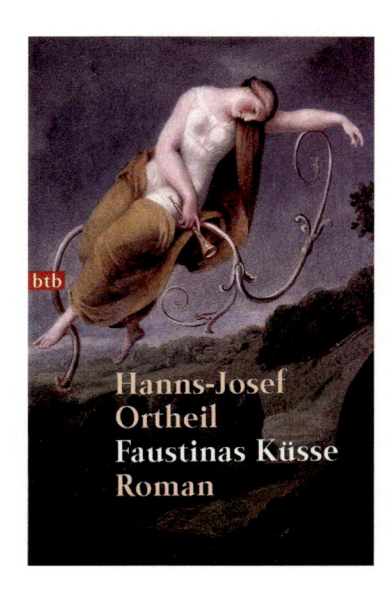

---
[1] die Ausgabe letzter Hand: Bezeichnung für die letzte zu Lebzeiten eines Dichters erschienene, von ihm betreute bzw. begleitete und somit authentische Ausgabe seiner Werke

> **8.** Der Roman wird in Rezensionen häufig als „geistreich und humorvoll" beschrieben. Erklären Sie, inwiefern sich dieser Gesamteindruck bereits im Romanauftakt ankündigt.
>
> **9.** Analysieren Sie die erzählerische Gestaltung des Romans: Erzählverhalten? Arten der Darbietung des Geschehens?

10. Beri beschattet Goethe in Rom, um mehr über die wahre Identität des Fremden herauszufinden. Verfassen Sie im Stile Ortheils eine Romanpassage. Gehen Sie dabei von den Auszügen aus Goethes *Italienischer Reise* (S. 14 f. und 22 ff.) aus.

lich in Schräglage befunden, ein kleinerer Haufen der köstlichen Makkaroni lag schon auf dem Boden.

„Daran bist du schuld!", entfuhr es Beri, der sich jedoch gleich darüber wunderte, wie brüderlich er den Fremden insgeheim anredete. Irgendetwas Anziehendes hatte dieser Tänzer, irgendetwas, das einen noch schlummernden Teil seiner Seele berührte! Beri hielt den Teller für einen Augenblick mit der Rechten und fuhr sich mit der Linken durchs Gesicht. Träumte er? Hatte ihm das Glas Weißwein zugesetzt, das er an diesem warmen Nachmittag getrunken hatte? [...]

Beri hustete. Der Teller war zersprungen, über die Nudeln machten sich die Katzen her. „Du bist mir was schuldig", dachte er und wischte sich mit der Linken über den Mund. Dann stand er langsam auf, streckte sich, scharrte die Scherben des Tellers mit der Fußspitze zusammen und ging quer über den Platz, dem Fremden seine Dienste anzubieten. (v 1998)

4 Rolf Dieter Brinkmann (1940–1975): Rom, Blicke (Auszug)

Rom, Blicke ist eine Collage aus Texten, Fotos, Skizzen etc., die Brinkmanns Rom-Aufenthalt (14. Oktober 1972 bis 9. Januar 1973) als Stipendiat der Villa Massimo dokumentiert. Die Buchfassung erschien erst nach seinem frühen Tod und war in dieser Form von Brinkmann nicht zur Veröffentlichung vorgesehen.

Halb 9 kam dann Rom.
Als ich aus dem Zug gestiegen war und an der langen Reihe Wagen entlangging zur Halle hin, verlängerte sich wieder der Eindruck einer schmutzigen Verwahrlosung beträchtlich, wieder überall Zerfall, eine latente Verwahrlosung des Lebens, die sich in der riesigen Menge der winzigen Einzelheiten zeigt – und vielleicht hatte ich immer noch Reste einer alten Vorstellung in mir, dass eine Weltstadt wie Rom funkelnd sein würde, bizarr, blendend und auch gefährlich für die Sinne – eben ein wirbelnder Tagtraum und voll rasanter Betriebsamkeit, stattdessen war da ein grauer Zug erschlaffter Reisender, die stumpfe Monotonie der Bahnhofshalle, zwischen den Ankommenden die italienischen Kulis mit großen eisernen Schubkarren – ich hatte vielleicht gedacht, ich würde bereits am Hauptbahnhof in ein verwirrendes Miniatur-Labyrinth kommen – schließlich ist Rom doch eine Weltstadt – ich fragte mich, ob inzwischen Italien eigene italienische Gastarbeiter einstelle – unterwürfig im Verhalten, wirklich Kulis: Diese Atmosphäre habe ich weder in London gesehen, auch nicht in Amsterdam oder einem sonstigen großen Bahnhof – ratternde Eisengestelle, serviles Verhalten, bettelnde Angebote, die aus faden, verblassten Gestalten kamen. Sie drangen vom Rand des Blickfeldes her ein und erhielten tatsächlich bei näherem Hinsehen keine eindeutige Kontur. – So etwas gibt es tatsächlich! – „Auch ich in Arkadien!", hat Göthe geschrieben, als er nach Italien fuhr. Inzwischen ist dieses Arkadien ganz schön runtergekommen und zu einer Art Vorhölle geworden. –
[...]
„Auch ich in Arkadien!", Göthe. Dieses Arkadien ist die reinste Lumpenschau. Seien es die modischen Lumpen oder die antiken Lumpen, ein Mischmasch, das so weit von Vitalität entfernt ist. Tatsächlich, das Abendland, lieber Henning, geht nicht nur unter – es ist bereits untergegangen, und nur einer dieser kulturellen Fabrikanten taumelt noch gefräßig und unbedarft herum, berauscht sich an dem Schrott – was ist das für ein Bewusstsein, das das vermag!
[...]
– „Jubelruf in Stein?": ach, Quatsch! – „Ewiges Rom?": Na, die Stadt jetzt ist das beste Beispiel dafür, dass die Ewigkeit auch verrottet ist und nicht ewig dauert – Rom ist, das habe ich schnell begriffen, eine Toten-Stadt: Vollgestopft mit Särgen und Zerfall und Gräbern – wie kann man da von Ewigkeit faseln? – Und zwischen den Gräbern, auf den Gräbern, durch die zerfallenen Körper, die verbrannten Körper, die eingesperrten Körper, vermodertem Leben schaukelt sich die Gegenwart hindurch – was sind das für Perspektiven?
[...]
Man müsste es wie Göthe machen, der Idiot: Alles und jedes gut finden/was der für eine permanente Selbststeigerung gemacht hat, ist unglaublich, sobald man das italienische Tagebuch liest: Jeden kleinen Katzenschiss bewundert der und bringt sich damit ins Gerede. (v 1979)

1. Bereiten Sie zu zweit einen Textvortrag vor, bei dem Sie Brinkmanns Rom-Stimmung in den Vordergrund stellen. Erstellen Sie dazu eine ▶ Textcollage und tragen Sie diese ausdrucksstark vor.

2. Vergleichen Sie Brinkmanns Rom-Notizen mit Ihren Erwartungen angesichts seines Aufbruchs aus Köln (vgl. S. 15).

3. a) Beschreiben Sie Brinkmanns Stil, achten Sie dabei v. a. auf Satzbau, Satzzeichen und Wortwahl.
b) Erfinden Sie einen eigenen „Fachbegriff", um Brinkmanns eigenwilligen Stil treffend zu benennen.

4. a) Beschreiben und bewerten Sie das Buchcover.
b) Entwerfen Sie ein eigenes Cover.

5. Zeigen Sie am Beispiel der Texte auf S. 14–26 Formen von Intertextualität auf.

Intertextualität

Intertextualität bezeichnet alle bewusst oder unbewusst eingesetzten Bezüge eines literarischen Textes zu anderen literarischen oder außerliterarischen Texten, z. B.:
- Der Bezugstext wird im Titel oder Untertitel genannt;
- Zitate werden mit Quellenangabe vorangestellt;
- markierte oder auch unmarkierte Zitate werden eingefügt, deren Zuordnung zum Bezugstext beim Leser vorausgesetzt wird;
- der Bezugstext kommt in der Handlung vor, z. B. indem Figuren den Bezugstext lesen oder über ihn sprechen;
- Personen haben ähnliche oder gleiche Namen wie im Bezugstext;
- Personen oder Gegenstände aus dem Bezugstext tauchen auf;
- sprachliche Eigenheiten des Bezugstextes werden nachgeahmt ...

Der Gedanke der Intertextualität geht davon aus, dass der Autor vom Rezipienten erwartet, dass dieser die Beziehung zwischen dem vorliegenden Text und dem Bezugstext erkennt und auch deren Funktion zu deuten weiß.

Villa-Massimo-Stipendium

Rolf Dieter Brinkmanns Werk *Rom, Blicke* spiegelt Rom-Eindrücke des Autors wieder, die während seines Villa-Massimo-Stipendiums entstanden sind. Informieren Sie Ihren Kurs über dieses Stipendium. (Welche Institution steht dahinter? Wer sind die Stipendiaten? Zielsetzung?)

4 Auf der Reise zu sich selbst – Moderne Prosa gestaltend und analytisch interpretieren

1 Burkhard Müller: Mit Mut und Vernunft durch die Welt tornistern (Auszug aus einer Buchrezension)

„Ich schnallte in Grimme meinen Tornister, und wir gingen." Mit so knapper Geste beginnt eine der bemerkenswertesten Reisen der deutschen Literatur, der „Spaziergang nach Syrakus" des Johann Gottfried Seume. Jahrelang hat er als Lektor und Druckaufseher im Verlag des Georg Joachim Göschen, der in der sächsischen Kleinstadt Grimma saß, gearbeitet und gespart,
5 und nun, im Dezember des Jahres 1801, macht er sich auf. Warum? „Meine meisten Schicksale lagen in den Verhältnissen meines Lebens; und der letzte Gang nach Sizilien war vielleicht der erste ganz freie Entschluss von einiger Bedeutung."
Die sicht- und fühlbarste Form der Freiheit ist allemal die Reisefreiheit; sie ist wichtiger sogar als die Reise selbst. Nicht als ob Seume früher keine Gelegenheit zum Reisen gehabt hätte: Als
10 englischer Söldner war er nach Amerika gegangen, wo die dreizehn Kolonien um ihre Unabhängigkeiten kämpften, und in russischen Diensten hatte er den polnischen Aufstand von 1794 miterlebt samt der dritten, endgültigen Teilung des Landes. Aber das, wie gesagt, gehörte den „Verhältnissen" an, die es eben auch mit sich brachten, dass er sich zweimal auf der Seite der Unfreiheit fand. Nun ist er ganz Privatmann und mit Lust auf dessen physischen Leib redu-
15 ziert. Dem steht es an, zu gehen, und zwar allein zu gehen (die Reisebegleiter verabschiedet er bald) – nicht etwa zu fahren: Denn Fahren verstrickt sofort in Zusammenhänge, es ist das Privileg der höheren Stände und führt auch bloß wieder mit anderen Privilegierten zusammen, es isoliert den Reisenden in einem geschlossenen System der Kutschwagen und Posthaltereien; es bestimmt sich durch seinen Zweck, und sei dieser Zweck selbst die „Bildung".
20 Seume will gerade keine Bildungsreise machen, an den Sehenswürdigkeiten zieht er vorüber oder äußert sich „skoptisch" über sie, spöttisch also: eins seiner Lieblingswörter. [...] Obwohl der Name nicht fällt, betreibt Seume das trotzige Gegenprojekt zu Goethes Italienischer Reise. „Die Herren waren ganz verblüfft zu hören, dass ich von Leipzig nach Agrigent tornistern wollte, bloß um an dem südlichen Ufer Siziliens etwas herumzuschlendern und etwa junge Man-
25 deln und ganz frische Apfelsinen dort zu essen." Dies sind die Augenblicke, in denen sich die Freiheit rein genießt. [...]
Man sollte, wenn man mit diesem Buch fertig ist, gleich das andere von Friedrich Christian Delius lesen, „Der Spaziergang von Rostock nach Syrakus". Es handelt davon, wie der Kellner Paul Gompitz, noch hartnäckiger als sein Vorbild, sieben Jahre lang nicht ruht, bis er es in einer
30 abenteuerlichen Flucht geschafft hat, aus der DDR der Achtziger auf den Spuren Seumes bis nach Sizilien zu gelangen – und wieder heimzukommen. Was ihn gepackt hatte, war Seumes Wendung vom „ersten ganz freien Entschluss". (v 2002)

1. Belegen Sie mit Textzitaten, dass es sich bei der Rezension um eine positive Besprechung der Neuausgabe von Seumes Buch aus dem Jahr 1803 handelt.

2. a) Skizzieren Sie Aufbau und Inhalte der Rezension.
b) Nennen Sie stilistische Besonderheiten und erklären Sie deren Funktion.

Die (Buch-)Rezension

Im Unterschied zu einer Buchempfehlung handelt es sich bei einer Buchrezension (< lat recensio = Musterung) um die kritische Besprechung eines literarischen Werks. Der **Rezensent** bringt darin seine persönliche Meinung dem Buch gegenüber zum Ausdruck. Eine besonders scharf formulierte negative Rezension wird als **Verriss** bezeichnet.
In einer gründlichen Rezension finden sich folgende Angaben: Autor, Titel, Verlag, Ausstattung (z. B. Einband, Illustrationen), eingehende Kommentierung von Inhalt/Form/Zielsetzung und Gelingen sowie eine abschließende Bewertung.

2 Friedrich Christian Delius (* 1943): Der Spaziergang von Rostock nach Syrakus (Auszüge)

a) Vorbereitung auf die „Bildungsreise" mit Seume

Während sie in der Bücherei Warnemünde arbeitet, studiert er jeden Vormittag drei Stunden lang das Segellehrbuch, lernt Begriffe wie Want und Ducht, Schwert und Pinne, segelt durch die Theorie Hoch am Wind, Vor dem Wind und mit Halbem Wind. Danach liest er zum zweiten Mal Seume, jeden Tag zehn bis zwanzig Seiten. Er spaziert mit ihm von Grimma über Dresden nach Prag und Znaim und Wien und durch die Alpen, im Januar durch die Alpen!, verfolgt den Weg von einer Stadt zur andern, immer den Atlas neben dem Buch, bis er die Route auswendig weiß und die wichtigsten Erlebnisse seines sächsischen Landsmannes im Gedächtnis hat.

Er stärkt seinen Mut an der Furchtlosigkeit Seumes, der vor seiner großen Wanderung in Amerika, in Russland und als russischer Offizier in Polen gewesen ist, dieser gescheite Abenteurer hatte einige Erfahrungen auf dem Buckel, die Paul gut zu brauchen meint. Er studiert genau, wie Seume Gefahren meisterte, wie er das Gerede der Leute über wirkliche Gefahren zu unterscheiden wusste von dummer Angstmacherei. Die Räuber und Mordbuben, die dir auflauern, hocken nicht in Italien, sie sprechen deine Sprache!

Einen Satz aus dem Vorwort streicht er an: „Meine meisten Schicksale lagen in den Verhältnissen meines Lebens; und der letzte Gang nach Sizilien war vielleicht der erste ganz freie Entschluss von einiger Bedeutung." Vorsicht, denkt er, das ist eine Spur, und radiert den Strich weg, schämt sich sogleich seiner Feigheit und setzt nach kurzem Überlegen den Bleistift neu an, markiert die Stelle wieder und unterstreicht die letzten Wörter deutlicher als vorher. *Der erste ganz freie Entschluss von einiger Bedeutung.* So ist es, das sollen sie ruhig wissen, falls sie dir mal auf die Schliche kommen, diese Typen!

So geht der Winter dahin, und neben Helga liegend denkt er: Ich kehre ja wieder, mein Lieb! Wenn ich es schaffe rauszukommen, bin ich ein halbes Jahr später wieder hier, ich kann mir nicht vorstellen, irgendwo anders auf der Welt zu leben als hier!

Eingesperrt oder an der Grenze erschossen zu werden, von solchen Ängsten lässt er sich nicht einschüchtern. Am meisten fürchtet er, nicht wieder in die DDR hereingelassen zu werden. Darum muss alles so sorgfältig und legal wie möglich geplant werden. Nie den Eindruck erwecken, einfach türmen zu wollen, um am Konsumrausch des Westens teilzunehmen, sondern strikt dabei bleiben: Ich ertrotze mir eine Bildungs- und Pilgerreise nach Italien auf den Spuren meines Landsmanns Seume, ich versuche alle legalen Wege, aber wenn man mich nicht lässt, dann such ich meinen Weg über das Meer!

b) „Du musst nicht weg …"

Da für Paul Gompitz eine legale Ausreisegenehmigung aus der DDR sehr unwahrscheinlich ist, bereitet er seine illegale Flucht sieben Jahre lang ohne Wissen seiner Frau akribisch vor: Er lernt Segeln, schafft auf verschlungenen Wegen Devisen in die BRD, informiert sich über Radareinrichtungen, beobachtet Wetterlagen. Im Juni 1988 steht seinem Aufbruch über den Seeweg in den Westen nichts mehr im Wege, aber das Unterfangen ist angesichts der starken Grenzbewachung und der drohenden Folgen, falls er erwischt würde, sehr riskant.

Sieben Kilometer läuft er mit der Proviantasche auf dem Deich entlang nach Süden. Der frische Wind reinigt sein aufgeregtes Gemüt, grün liegt das Land, die Freiheit des Himmels klärt die Gedanken. Ja, es ist schön hier, ja, du musst nicht weg, du kannst bleiben, hier, am schönsten Flecken der Welt. Ja, gib dich zufrieden, warum das Leben riskieren, du kannst kuschen, viele Jahre kuschen, wie alle, wie viele Leute, die zu ihrer Arbeit, zu ihrem Dienst schleichen und kuschen, damit sie irgendwann nach Westen reisen und ihre Tanten und Cousinen besuchen können, ja, es lohnt sich zu kuschen, aber deine Sache ist das nicht, für dich ist es zu spät zum Kuschen, du kannst nicht mehr heucheln, du kannst sie täuschen, aber du kannst nicht heucheln, du hast dich zu oft mit diesen Leuten herumgeschlagen seit Jahrzehnten. Ja, alles kannst du aushalten, die leeren Geschäfte, die kaputten Dächer, die dreckigen Bahnen, den Gestank des Sozialismus, aber was du nicht aushalten kannst, dass sie dich einsperren für immer, dass du nie was sehen wirst von der Welt, unter dieser Last kannst du nicht leben, ja, und deshalb wird dich heute keiner mehr aufhalten, keiner!

---

1. a) Erklären Sie, warum Paul Gompitz sich so intensiv mit dem Reisebericht von Seume beschäftigt.
b) Tauschen Sie sich darüber aus, inwieweit ein Buch für Sie schon einmal ähnliche Bedeutung gewonnen hat oder in bestimmten Situationen gewinnen könnte.

2. Informieren Sie sich, welche Konsequenzen ein gescheiterter Fluchtversuch aus der DDR nach sich zog.

3. a) Tragen Sie Paul Gompitz' inneren Monolog (Z. 3–13) sinnbetonend vor.
b) Tragen Sie die im Text enthaltenen Merkmale des inneren Monologs zusammen.

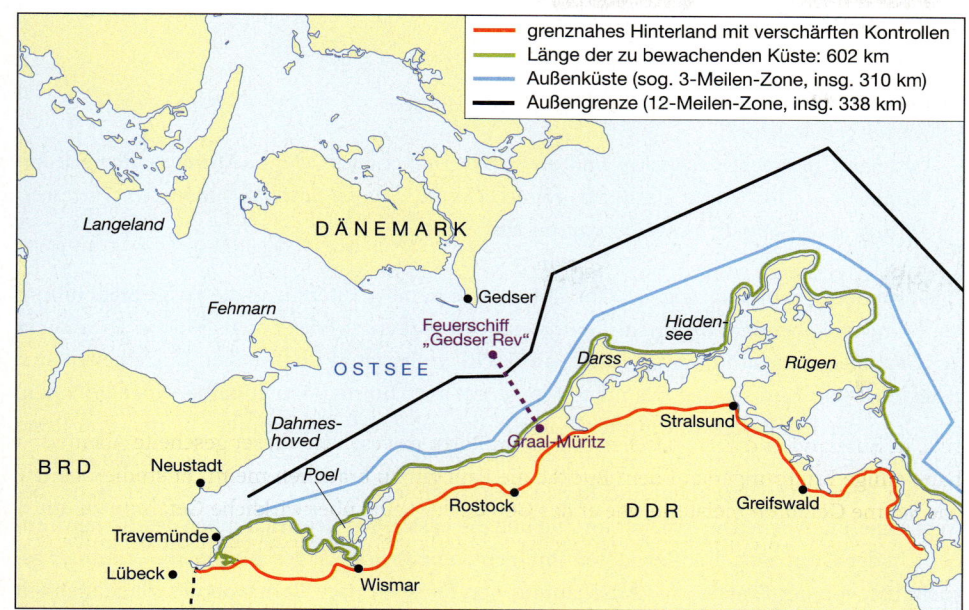

> **Innerer Monolog**
> Erzählverfahren, mit dessen Hilfe der Autor versucht, den inneren Zustand einer Person wiederzugeben. Im Unterschied zur erlebten Rede (3. Person und Präteritum) verwendet er dabei meist Präsens und Ich-Form, um so die oft zusammenhanglose Folge von Empfindungen, Wahrnehmungen, gedanklichen Assoziationen und ersten augenblicksverhafteten Reaktionen festzuhalten. Dadurch verringert sich die Distanz zwischen dem Leser und der handelnden Person, Identifikation wird wesentlich erleichtert.
> Selten steht der innere Monolog in der Du-Form, die bereits die reflektierende Distanz der Figur zu sich selbst zum Ausdruck bringt.

c) Lebensgefühl in Italien (1): Triest

In Triest gefällt ihm alles, die Lage, die Sehenswürdigkeiten, das Meer, die freundlichen Leute, und es ist nicht nur der Stolz, dieses Ziel erreicht zu haben, der ihm das Bild vergoldet. Schon nach einem Tag fühlt er, dass Italien ihn verwandelt, ja, dass er ein anderer Mensch zu werden beginnt. Er ist plötzlich kein DDR-Bürger mehr, kein Mitteldeutscher, kein Ostdeutscher, kein
5 Zoni, kein Sachse. Er ist, was er nie gewesen ist, ein Tedesco, ein Deutscher, ganz einfach. Abends schreibt er an Helga „Nun bin ich endlich in Italien, es erscheint mir noch immer wie ein Traum. Jahrzehntelang hatte ich das Wort Italien unter der Zunge, um es einer Zauberfee, die mir einen Wunsch offen gelassen hätte, entgegenschleudern zu können. Der Rat der heidnischen Götter hatte beschlossen, mich in seinem Herrschaftsbereich freundlich zu empfan-
10 gen. Der Windgott Aiolos ließ einen leichten Seewind über die dalmatinische Küste streichen, die Luft war klar, ich sah auf der Adria den scharfgeschnittenen Horizont. Über der Ebene Venetiens standen glasklar die Schneegipfel der Julischen Alpen. Die strenge Schutzherrin des Gastrechts, Juno, hatte die Hoteliers angewiesen, mich freundlich und wohlfeil zu beherbergen. Und Mercurius, der Gott der Händler und der Diebe, hat seine Klientel straff am Zügel.
15 Sie haben mich bisher geschont. Nun hoffe ich, dass die weise Minerva meine Feder führt, wenn ich Dir von meinen Erlebnissen in Italien erzähle." Ausführlich berichtet er, was er seit Wien erlebt hat, und schließt: „Mein Liebes, wenn meine Reise nach Italien auch weiterhin so schön wird wie der Besuch in dieser Stadt, dann hat sich der Aufwand gelohnt und ich komme als glücklicher, ausgeglichener Mensch zu Dir zurück."

4. Erklären Sie, inwiefern Paul Gompitz sich durch Italien verwandelt fühlt.

5. a) Beschreiben und erklären Sie den Stil des Briefes, den Gompitz an seine Frau schreibt.
b) Versetzen Sie sich in Helga: Was könnte ihr beim Lesen des Briefes durch den Kopf gehen?

> **Gestaltende Interpretation**
> Im Unterschied zum analytischen Interpretationsaufsatz (vgl. S. 32 ff.) entsteht bei einer gestaltenden Interpretation kein Text *über* einen Text (Metatext), sondern eine Art Zusatztext auf der Ebene des Ausgangstextes. Typische Gestaltungsformen sind Brief, Tagebucheintrag, innerer Monolog und Dialog. Dabei geht es darum, dass der Schreiber sein Textverständnis in seinem Schreibprodukt zum Ausdruck bringt und dadurch Interpretationsarbeit leistet. Dies geschieht, indem „Leerstellen" des Originaltextes, also z. B. ausgesparte Überlegungen und Motive der Figuren oder offene Fragen, ausgestaltet werden. Wichtige Bewertungskriterien sind:
> – deutlicher Bezug zum Originalwerk (allerdings Gefahr der bloßen Paraphrase!);
> – Stimmigkeit und Widerspruchsfreiheit gegenüber dem Originalwerk (sog. Adäquanz);
> – erkennbarer Gestaltungswille (z. B. im sprachlichen Ausdruck);
> – Beachtung der Textartenspezifik (im Brief: z. B. Adressatenorientierung, Aufbau, Stilebene).

Friedrich Christian Delius *wurde am 13.2.1943 in Rom geboren und wuchs als Sohn eines Pfarrers in Wehrda (Hessen) auf. Als Abiturient nahm er an einer Studienfahrt in seine Geburtsstadt teil: „Alles erregte mich, alles idealisierte ich, alles machte mich rombesoffen." Der anschließende Aufsatz über die Reise wurde mit „mangelhaft" benotet: „Die Haltung des Verfassers ist lauschend, erkennend – aber auch verzerrend; er gibt sich selten bescheiden, oft genug anmaßend." Rückblickend empfand Delius, der in Berlin Germanistik studierte und sein Studium 1970 mit einer Promotion zum Thema „Der Held und sein Wetter" abschloss, das harsche Urteil seines Deutschlehrers als berechtigt.*
Nach seinem Studium war Delius als Lektor im Wagenbach-Verlag sowie im Rotbuch-Verlag tätig. Kritiker waren auf ihn jedoch bereits 1965 aufmerksam geworden und in der Folgezeit zählte er zu den bekanntesten Lyrikern seiner Generation. Auf die Frage, warum er schreibe, gibt er auf seiner Homepage die Antwort: „Weil ich ein schlechter Schwimmer bin."
Themen seiner zeitgeschichtlichen Romane und Erzählungen sind vor allem die Studentenunruhen 1968, der deutsche Herbst sowie die Wiedervereinigung.
Neben dem Spaziergang von Rostock nach Syrakus *(1995) stellt die Erzählung* Die Birnen von Ribbeck *(1991) einen viel rezipierten Beitrag zur deutschen Einigung dar. Delius beschreibt darin in einem Satz, der sich über 73 Seiten zieht, ein Stück Alltagsgeschichte der DDR. Das erste autobiografisch geprägte Werk ist die Erzählung* Der Sonntag, an dem ich Weltmeister wurde *(1994), in der er den Mythos der Fußballweltmeisterschaft 1954 aufarbeitet.*

d) Lebensgefühl in Italien (2): Rom

– *Weiter!*
– *Ravenna, Adria, Terni.*
– *Warum gerade Terni?*
– *Dort haben alle großen deutschen Italienreisenden Halt gemacht, ehe die Metropole Rom wie mit Hämmern auf ihr Gemüt einstürzte, Herder, Goethe, Seume, Schinkel, Mommsen, Nietzsche. Also legt auch Gompitz hier einen Ruhetag ein.*

[...]

Noch vor Sonnenaufgang, gegen 6 Uhr, fährt er in einem Arbeiterzug in die Ewige Stadt hinunter. Er möchte über dem Latium die Sonne aufgehen sehen, so wie er es als Kind in Dresden in der Gemäldegalerie auf dem Gemälde von Tischbein bestaunt und in allen Einzelheiten sich eingeprägt hat. Nun sieht er das matte Morgenrot am Himmel, Pinienhaine, einzelne Villen, das Grün der Landschaft mit sanften Hügeln, dazwischen Ruinen antiker Bauten und Reste von Aquädukten, dazu im Hintergrund die Albaner Berge. Das Land zeigt sich ihm so, wie es auf den Bildern von Tischbein und Rayski vorgezeichnet ist, und er, das Kind, der Mann, bewegt sich mitten drin. Die Arbeiter im Zug und die hässlichen Betonschuppen des 20. Jahrhunderts in der Campagna draußen stören ihn nicht, eine Brücke ist geschlagen, die er immer gesucht hat, von der Fantasie zur Anschauung, von Dresden nach Rom, von der Vergangenheit zur Gegenwart, gesteigert in vier stolzen Silben: Ich! Bin! Jetzt! Hier! [...]

Der chaotische Straßenverkehr macht ihm zu schaffen, keiner hält sich an Regeln oder Verkehrsschilder, jeder fährt oder parkt nach Belieben, Verbote gelten offenbar als Relikte der Tyrannei, ständig muss man als Fußgänger auf der Hut sein, all das geht dem DDR-Bürger, der selbst einige Verbote übertreten hat, um bis Rom zu kommen, entschieden zu weit. Dazu die Hitze von 35 Grad, das Hupen und Lärmen, mehr Dreck als im Norden, er flieht zur Engelsburg und in den Petersdom, der Atheist sieht die Menschen zu Hunderten zusammenströmen, die einen mit Kindern und Krüppeln, die andern mit Fotoapparaten, er sieht Schwarze, Weiße, Japaner, Philippinos, Polen, Deutsche. Es rührt ihn, wie sie sich bekreuzigen, niederknien und an etwas glauben oder so tun. [...] Er hat das Höchste erreicht, was ein DDR-Bürger erträumen kann, ist auf eigene Faust bis an die Quellen der abendländischen Zivilisation vorgestoßen, hat etwas Zeit, etwas Geld und keinen Stasi-Aufpasser, kann die Seele baumeln lassen oder sich bilden, er ist frei wie nie, fort von allen lästigen Zwängen, und gleichzeitig völlig erschöpft und allein mit nie erwarteten Eindrücken und Erlebnissen. Alles schweigend aufzunehmen, überfordert ihn, und alles nur in Briefen festzuhalten, scheint ihm ungenügend. Er fühlt sich provoziert von dem lustigen Völkchen der Italiener, die ihre Zufriedenheit und ihr Glück aller Welt zeigen. [...]

Er schläft wenig in der heißen Nacht. Die Grenztruppen überlisten, überlegt er, das ist eigentlich relativ einfach gewesen, du musstest dich nur in ihre Psyche und ihre Technik hineindenken. Und einfach war es, sich das Scheitern vorzustellen, wenn sie dich geschnappt und in den Knast geschmissen hätten, auch darauf warst du vorbereitet, ruhig bleiben, keine Angst zeigen, damit du nicht durchdrehst. Schwieriger ist es schon, seit du es gepackt hast, mit der Furcht, die Frau und die Freunde und die Heimat zu verlieren. Tag und Nacht von der Frage belästigt werden: Wie kommst du wieder zurück? Das ist anstrengender als du dachtest, aber damit war zu rechnen. Nur auf ein Problem warst du nicht vorbereitet: Wenn du kein Problem mehr hast. Wie sieht es in deiner Psyche aus, wenn du es gepackt hast? Wenn du monatelang weg bist von zu Hause? Wenn du hier in Italien von Stadt zu Stadt rauschst und die Italiener siehst bei ihrem ständigen Augengeficke? Und je weiter es weggeht von Rostock, desto schwerer werden dir die Schritte, desto unangenehmer das Gefühl in der Herzkruste, dich immer wieder von dir selbst zu entfernen, das alles war nicht geplant!

Nach dem Aufwachen beschließt er, Rom in 24 Stunden zu verlassen und die Italienreise so schnell wie möglich hinter sich zu bringen. In der Frühe am Forum geht es ihm besser, er fühlt sich am Geburtsort des Abendlandes, denkt an Cicero und all die berühmten Römer, die zwischen diesen Steinen gelebt haben, an die Horatier, die hier geschworen haben, nie wieder einen Tyrannen über die Stadt herrschen zu lassen, und an die tyrannischen Greise in Berlin und Moskau. [...]

e) Lebensgefühl in Italien (3): Mantua

Mantua ist immer ein Ort seiner Sehnsüchte und Wünsche gewesen, seit er als achtzehnjähriger Maschinenschlosser in Dresden eine „Rigoletto"-Verfilmung gesehen hat. Ein italienischer

Film, in Farbe, voller schöner Frauen mit tiefen Dekolletés, dazu das Panorama einer exotischen, herrlich gelegenen Stadt, die gewaltige Musik [...].
Es beruhigt ihn, dass alles so ähnlich aussieht wie im Film.
Paul schlendert durch die leeren Straßen, früher Nachmittag, die Mantuaner stecken in ihren Häusern und halten Siesta, auch kein Tourist auf den Beinen, und bald steht er allein in der Hitze mitten auf der weiten Piazza vor dem herzoglichen Palais und erinnert sich, wie der Film begonnen hat: Voll im Bild das riesige Renaissance-Portal, vor dem er nun steht, dazu die ersten Takte des Preludio, die Sonne ging unter, die Schatten des Reliefs der Giebelwand wurden immer länger, die Musik immer tragischer, und als es dunkler geworden war und die Sonne untergegangen, war mit dem Vorspann auch die Ouvertüre verklungen. Jetzt bemerkt er, dass die Sonne abends das Portal gar nicht bescheinen kann, dass der schlaue Regisseur diese Bilder also bei Sonnenaufgang aufgenommen hat und dann alles rückwärts laufen ließ.
Er sieht sich wieder im Kino in Dresden sitzen und später im Rostocker Wohnzimmer die Platte auflegen, hört die Musik, hört sie wirklich, die Blechbläser, immer deutlicher die getragenen, dann schnellen, aufgeregten Takte, den elektrisierenden Rhythmus, das Vibrato der Streicher, er glaubt sich zu täuschen, aber die Geigen und Oboen kommen nicht aus seinem Gedächtnis, die Musik schwebt aus einer bestimmten Richtung heran, aus einer offenen Bar an der Stirnseite der Piazza, aber so klar und im richtigen Moment, als habe jemand das Band oder die Platte extra aufgelegt und die Lautsprecher und das ganze Orchester samt den Pauken und Hörnern in seine Richtung gedreht, und Paul, allein unter der Sonne mit Verdis Musik auf der Piazza, nun dem herztreibenden Pianissimo ausgesetzt, fühlt sein Glück: Da errät jemand deine Gedanken! Da erkennt jemand, was in dir vorgeht, da ist einer wie du! Stehst vor dem historischen Portal des Schlosses der Herzöge von Mantua, und extra für dich wird die Ouvertüre gespielt! Die drohenden Paukenschläge, die heftigen, fast disharmonischen Orchesterklänge, all die drängenden, schnellen Takte rühren ihn so, dass ihm die Tränen kommen, er wehrt sich gegen die Tränen, legt die Hand vor sein herabgebeugtes Gesicht, und als er wieder aufschaut, steht der Wirt der Bar in seiner Tür und grüßt herüber, sich diskret verneigend, und verschwindet in seinem Laden, als wolle er ihn in seiner Andacht nicht stören. Selbst wenn es nur ein ganz normaler Touristen-Gag ist, erlaubt Paul sich in seiner tiefen Rührung zu denken, dieser Mantuaner hat das speziell für dich getan, das ganze wunderschöne Theater ist allein für dich, den Kellner aus Rostock, inszeniert! Es ist ihm, als fiele mit den wenigen Tränen etwas vom Druck der Jahrzehnte von ihm ab, als habe er die sieben Jahre nicht umsonst gearbeitet, als habe er sein Leben riskiert, Frau und Freunde belogen und den allmächtigen Staat überlistet, um diese drei Minuten in Mantua zu erleben, als sei dieser Augenblick seine höchste Belohnung, als fielen erst jetzt die tieferen der vielen Grenzen, gegen die er, verzweifelt oder frech, müde oder geduldig, angerannt ist.
Er schämt sich zu sehr, nun mit feuchten Augen in der Bar dem Wirt zu danken und einen Espresso mit Wasser zu trinken. Sprachlos gemacht von der Musik, mag er sich nicht auf die fällige Konversation einlassen. Er rettet sich auf eine Bank im Schatten. Die Augen werden trocken, aber er kommt über dies Erlebnis nicht hinweg. Wie schwach bist du, dass diese paar Takte Verdi dich plötzlich umhauen vor Glück!

— *Die Tränen des Kellners aus Rostock in Mantua, schön! Damit endet die letzte klassische Italienreise?*
— *Nicht ganz. Aber nach diesen Minuten hat Italien keine Höhepunkte mehr zu bieten.* [...]

(v 1995)

6. Diskutieren Sie, inwiefern Paul Gompitz' Reise gelungen oder misslungen ist. Arbeiten Sie mit Textbelegen.

7. a) Setzen Sie sich intensiv mit der Erzählerfigur auseinander: Welche Funktion haben die kursiv gedruckten Kapitelauftakte? Was denkt der Erzähler über den Protagonisten Paul Gompitz (emotionale Nähe, ironische Distanz)? Belegen Sie Ihre Beobachtungen mit Zitaten.
b) Interpretieren Sie die Mantua-Episode (Textauszug e).

8. Paul Gompitz schreibt seiner Frau Helga mehrfach während seiner Reise. Verfassen Sie einen Brief aus Rom und einen Brief aus Mantua.

9. Paul Gompitz tritt im Oktober 1988 die Rückreise in die DDR an. Verfassen Sie einen Brief an Egon Krenz, den stellvertretenden Staatsratsvorsitzenden, in dem Gompitz um die Erlaubnis bittet, wieder in die DDR einreisen zu dürfen.

10. a) Paul Gompitz trifft auf Rolf Dieter Brinkmann (vgl. S. 26) – verfassen Sie einen Dialog.
b) Paul Gompitz trifft auf Johann Gottfried Seume (vgl. S. 15, 27) – verfassen Sie einen Dialog.
c) Paul Gompitz liest Gert Mattenklotts Gedanken zum Reisen (vgl. DVD). Verfassen Sie einen Brief, in dem Gompitz auf den Text reagiert und dabei seine eigenen Erfahrungen einbezieht.

3 Botho Strauß (* 1944): Wann merkt ein Mann

WANN MERKT EIN MANN, dass er auf einem stillgelegten Bahnhof sitzt und vergeblich seinen Zug erwartet? Es gibt auf dem Land etliche Bahnhöfe, die ohne Personal, ohne Aufsicht sind, wo Kartenschalter mit Pappe verschlossen, die Rollläden vor dem Kiosk heruntergelassen, keine Zeitung, keine Fahrkarte zu kaufen sind, und dennoch hält ein- oder zweimal am Tag ein Zug, der Dörfer mit der Kreisstadt verbindet.
Nun hängen aber in der Bahnhofshalle auch keine Fahrpläne mehr hinter der Glasscheibe im Kasten. Die Scheibe ist vielmehr herausgebrochen und auf dem hölzernen Grund kleben ein

1. a) Formulieren Sie vor der Lektüre ausgehend von der Überschrift Erwartungen an den Inhalt des Prosatextes.
b) Der Handlungsort der Geschichte ist ein Bahnhof. Legen Sie in einer Gruppe eine ➤ Mindmap zu dieser Örtlichkeit an (Denotationen und Konnotationen: Funktion des Ortes? Eigene Erfahrungen und Assoziationen?)

2. a) Lesen Sie den Text für sich zweimal und notieren Sie „Stutzpunkte", das heißt Textstellen, die Sie irritieren.
b) Tauschen Sie sich in Ihrer Gruppe über diese Textstellen aus.
c) Ergänzen Sie in Ihrer Mindmap in einer anderen Farbe Aspekte, die den „Bahnhof" in der Geschichte von Botho Strauß charakterisieren.

3. a) Schreiben Sie Ihre Deutungshypothese in einem Satz nieder.
b) Überlegen Sie, um welche Textart es sich handelt:
Kurzgeschichte – Parabel – Kalendergeschichte – moderne Fabel?

---

paar Sticker, Reklame einer Brauerei. Auch die großen Plakate mit Landschaftsaufnahmen, Werbung des Fremdenverkehrs, sind zur Hälfte abgerissen oder mit schwarzen politischen Malen übersprüht. Kein Anzeichen findet sich, dass diese Station noch in Betrieb wäre. Und doch hat sich der müde Wanderer auf einer Bank niedergelassen, nachdem er alten Abfall beiseitegekehrt und den Rucksack abgestreift hat. Er wartet gegen jede Wahrscheinlichkeit auf Ankunft und Halt seines Zugs. Innerhalb der ersten Stunde brausen ein Güterzug und ein Schnellzug draußen vorbei, ohne dass eine Durchsage sie vorher angekündigt hätte. Das verwundert den Mann aber nicht und lässt ihn am Sinn seines Wartens nicht zweifeln. Er hat den Bahnhof erreicht nach vielen Stunden einsamen Fußwegs – und dieses Gebäude, freistehend an doppelten Gleisen, ohne zugehörige Ortschaft, bietet ihm Gewähr genug, dass er sich am rechten Ort befinde, von wo er auf bequeme Weise nach Hause gelangen wird. Auch wird er einer Logik folgen und einen sicheren Trugschluss ziehen: Wenn kein Zug hielte, gäbe es den geöffneten Bahnhof nicht mehr, er wäre zumindest verschlossen, um keine falsche Versprechung für müde Wanderer darzustellen.

Also bleibt er sitzen und hört über die Stunden einige Züge vorbeifahren, ohne in der Überzeugung nachzulassen, dass sein Zug noch kommen und anhalten werde. Denn es ist schwer, vielleicht unmöglich, in einem Wartesaal einzukehren, um seine erschöpften Beine auszuruhen, und gegen den Raumsinn zu empfinden, dass hier kein Warten mehr belohnt wird. Er hat sich auf der harten Bank ausgestreckt und seinen Rucksack unter die Schläfe geschoben. Er schlummert im Großen und Ganzen des Bahnhofs ein. Seine tiefe Geduld, das allein herrschende Gefühl für die bevorstehende Heimfahrt hat seine Sinne erfolgreich von jedem Detail abgelenkt, das ihm lästig, seiner Stimmung abträglich werden könnte. (v 1994)

S   Prosainterpretation: Fünfschrittmethode

Das Verstehen eines Textes vollzieht sich sukzessive und daher ist auch die schriftliche Interpretation Ergebnis eines mehrschrittigen Prozesses: Mehrmaliges Lesen – am besten laut – lässt bereits Auffälligkeiten des Inhalts und der Form erkennen, die auch spontan notiert werden sollten. Im Anschluss daran wird der Text einer systematischen Analyse unterzogen, bei der u. a. folgende Aspekte berücksichtigt werden:

– Titel des Textes
– Inhalt (Personenkonstellation, Thema …)
– Aufbau
– Gattung
– Erzähler/erzähltechnische Mittel
– sprachlich-stilistische Gestaltungsmittel

Der Weg zur schriftlichen Interpretation erfolgt am besten in fünf Schritten:

1. Analyse der Aufgabenstellung

> Interpretieren Sie den Text „Wann merkt ein Mann …" von Botho Strauß.
> – Schreiben Sie einen einleitenden Übersichtssatz.
> – Untersuchen Sie das Verhältnis von Inhalt, Aufbau und Stil.
> – Werten Sie zum Schluss den Text.

Für die Analyse der Aufgabenstellung spielen die verwendeten **Operatoren** und **Schüsselbegriffe** eine zentrale Rolle:

– *Interpretieren Sie …* ➔ Basisoperator des Interpretationsaufsatzes, der die Untersuchung von Textinhalt und Textform sowie ihrer Wechselbeziehung mithilfe textanalytischer Mittel und Verfahren verlangt, an deren Schluss eine Synthese der gewonnenen Ergebnisse steht. Oftmals besteht die Aufgabenstellung nur aus dieser ersten Aufforderung, die dann die folgenden Aspekte impliziert:

– *Schreiben Sie … Übersichtssatz* ➔ Titel des Textes, Gattung (Genre), Name des Autors, Entstehungsjahr, Gesamteindruck oder Kernaussage

– *Untersuchen Sie …* → Operator, der ein strukturiertes Erschließen der genannten Einzelaspekte und ihrer Wechselbeziehungen erfordert:

Inhalt	Aufbau	Stil
Ereignisse, Geschehen, Probleme …	chronologisches Erzählen oder Montage? Verhältnis der Teile …	– Syntax – Wortwahl – Bildlichkeit – Perspektive – Modalität – …

– *Werten Sie …* → Textinhalte und Textgestaltungen reflektieren, prüfen und in ein ästhetisches Wertesystem begründend einordnen. Dies ist mehr als eine bloße Geschmacksäußerung, verlangt sind Begründungen und Belege.

2. Textanalyse
Bearbeiten und Erschließen des Textes im Sinne der Aufgabenstellung:

a) **Einzelbeobachtungen im Text markieren und Randnotizen erstellen:**

> auktoriales Erzählverhalten → WANN MERKT EIN MANN, dass er auf einem stillgelegten Bahnhof ← trister, verlassener Ort!
> sitzt und vergeblich seinen Zug erwartet? Es gibt auf dem Land etliche
> Bahnhöfe, die ohne Personal, ohne Aufsicht sind, wo Kartenschalter
> mit Pappe verschlossen, die Rollläden vor dem Kiosk heruntergelassen,
> keine Zeitung, keine Fahrkarte zu kaufen sind, und dennoch hält ein-
> oder zweimal am Tag ein Zug, der Dörfer mit der Kreisstadt verbindet.
> → Erzählzeit: Präsens

b) **Einzelbeobachtungen deuten** und z. B. in Form einer **tabellarischen Stoffsammlung** (DIN-A4-Blatt im Querformat) festhalten:

Zeile	Inhalt/Aufbau/Sprache	→ Deutung
1	– „Wann merkt …"	auktorialer Er-Erzähler, der der Figur überlegen ist → geradezu Experimentcharakter!
1 f.	– „seinen" (Possessivpronomen)	es geht nicht um irgendeinen Zug, sondern um einen bestimmten, der dem Mann zugewiesen ist → existenzielle Dimension?
1–10	– Häufung der Anzeichen für Verfall und Stilllegung („ohne Personal", „keine Fahrpläne" …)	triste, abweisende Atmosphäre → Einsamkeit und Verlorenheit des Mannes
…	…	…

4. Vervollständigen Sie die Stoffsammlung.

c) Eine **Arbeitshypothese formulieren**, die den Interpretationsansatz verdeutlicht, z. B.: Darstellung der Hoffnungslosigkeit des modernen Menschen, der einsam in einer unübersichtlich gewordenen Welt dahinscheidet.

3. Gliederung
Die Beobachtungen müssen nach Aspekten geordnet und in eine sinnvolle Reihenfolge gebracht werden. Dabei sollten Einleitung, Hauptteil und Schluss deutlich voneinander unterschieden werden. Auch die Interpretationshypothese muss noch einmal überprüft werden.

4. Ausarbeitung des Interpretationsaufsatzes
a) Die **Einleitung** beginnt üblicherweise mit einem Übersichtssatz, der den Namen des Autors sowie Titel und Gattung enthält und auf zweierlei Art schließen kann:
   – … mit dem ersten Gesamteindruck, der noch einseitig, ja sogar fehlerhaft sein darf. In dieser Form dokumentiert die Einleitung den ersten Schritt eines Verstehensprozesses, der im Fortgang der Interpretation erweitert, aber auch korrigiert werden kann.
   – … mit der Kernaussage, die i. d. R. erst als letzter Schritt des Interpretationsverfahrens entsteht, weil sie das gesicherte Gesamtverständnis voraussetzt.

b) Im **Hauptteil** müssen die sachgerechte Textbeschreibung und -deutung nach den Schwerpunkten erfolgen, die durch die Aufgabenstellung vorgegeben sind. Dabei ist darauf zu achten, dass nicht bloß der Inhalt des Textes paraphrasiert wird oder Einzelbeobachtungen unverbunden aneinandergereiht werden. Vielmehr geht es darum, das Wechselspiel zwischen Inhalt und Form herauszuarbeiten und immer wieder mit passenden Textzitaten zu belegen.

c) Als **Schluss** können – je nach Aufgabenstellung – verschiedene Lösungen gewählt werden:
- die persönliche Wertung des Textes, die aber begründet sein muss
- der Vergleich mit einem anderen Text des Autors
- die Zuordnung des Textes zum Gesamtwerk des Autors unter der Frage, wie charakteristisch er im Blick auf das Ganze ist
- die Beurteilung des Textes danach, inwieweit er für Tendenzen (Themen, Stileigenarten) seiner Entstehungszeit bzw. Epoche repräsentativ ist
- der Hinweis auf Wertungsaspekte, die am Text noch geprüft werden könnten, die jedoch die vorgegebene Aufgabenstellung überschreiten bzw. den zeitlichen Rahmen sprengen würden

5. Überarbeitung

Die Niederschrift des Interpretationsaufsatzes stellt lediglich den ersten Entwurf dar, der nach Möglichkeit sorgfältig überarbeitet werden sollte. Neben Korrekturen an der **Oberflächenstruktur** des Aufsatzes (v. a. Rechtschreibung, Zeichensetzung, Stil) können evtl. auch Veränderungen in der **Tiefenstruktur** notwendig sein (z. B. die Umstellung von Abschnitten oder auch die Zurücknahme einzelner Deutungen).

4 Schülerinterpretation zu Botho Strauß: „Wann merkt ein Mann ..." (Auftakt)

Wenn sich Stiller in Max Frischs gleichnamigem Roman über sein „Nie-Ankommen" (S. 186) beklagt, so gilt dieses Lamento in anderer Weise für die vorliegende Kurzgeschichte „Wann merkt ein Mann ..." von Botho Strauß, die im Jahre 1994 erschienen ist.
Sie erweitert das in Stiller angedeutete Problem um den Aspekt des Nie-Abgeholtwerdens, des vergeblichen Wartens auf die Rückkehr in die Heimat, die bei Strauß meiner Ansicht nach keinen konkreten Ort darstellt.
Die vorliegende Kurzgeschichte wartet mit einer erschreckenden Handlungsarmut auf. Ein nicht näher benannter Mann kommt nach einer Wanderung zu einem verlassenen Bahnhof in der Provinz, wo er auf einen Zug nach Hause wartet. Die Atmosphäre ist trostlos, keine Menschenseele lässt sich blicken. Ab und zu sausen Züge durch den Bahnhof, der offensichtlich keine Haltestation mehr ist.
Dennoch lässt sich der Mann nicht beirren in seinem Glauben, hier werde noch ein Zug halten. Er sitzt beharrlich auf einer Bank und lehnt jeden Gedanken daran ab, keine Verbindung zu bekommen. Schließlich schläft der wartende Wanderer ein, er hegt noch immer die Erwartung zurückzukehren.
Wie in vielen Kurzprosatexten wird hier eine existenzielle Situation eines Menschen geschildert. Obwohl die Handlung recht karg ist, steckt eine ungemeine Substanz in dem Text, die die Absurdität menschlichen Tuns und Seins offenbart.
Im ersten Satz wird die im Titel nur angedeutete Frage „Wann merkt ein Mann ..." in zweifacher Hinsicht konkretisiert. Zum einen werden die drei Auslassungspunkte durch ein Fragezeichen ersetzt und es wird somit explizit eine Frage aufgeworfen. Der Inhalt der nun konkret gewordenen Frage findet sich in dem angehängten Objektsatz, „dass er auf einem stillgelegten Bahnhof sitzt und vergeblich seinen Zug erwartet." (Z. 1)
Der erste Satz fungiert quasi als Motto zu dem folgenden Gedankenspiel, in dem der allwissende Erzähler die Parameter setzt, an denen sein Protagonist scheitert.
Einige wenige Wörter in diesem Eingangssatz erzeugen etwas, das man bei einem Drama tragische Ironie nennt. Der Leser weiß damit mehr als die Hauptfigur und ist sich deren Scheiterns von vornherein bewusst. Es heißt ja „Wann [!] merkt ein Mann [...]" (Z. 1). Das unscheinbare Fragepronomen zerstört jegliche Aussicht darauf, dass ein Zug hält, der den

---

5. Besprechen Sie in Ihrer Gruppe, welche Aspekte der Interpretation Sie überzeugen und an welchen Stellen Sie der Interpretation nicht folgen.

6 a) Beurteilen Sie den Auftakt der Schülerinterpretation in einem kurzen Kommentar.
b) Prüfen Sie, ob die Zitierweise sachgerecht und formal richtig ist.

7. Setzen Sie die begonnene Interpretation fort.

Mann „nach Hause" (Z. 18) bringt. Sein Streben wird dadurch als absurd entlarvt. Man kann dies eine Determiniertheit der Katastrophe nennen, die in dem Adjektiv „stillgelegt" und dem Adverb „vergeblich" (beide Z. 1) gipfelt. Deutlicher kann die Auswegslosigkeit der Situation nicht gemacht werden. [...]

5 Schülerinterpretation zu Botho Strauß: „Wann merkt ein Mann ..." (Schluss)

Kommen wir zum Schluss: Botho Strauß, der mit seinem Essay „Anschwellender Bocksgesang" im Spiegel 6/1993 für Furore sorgte und ein Beben im deutschen Feuilleton auslöste, präsentiert sich mit dieser gleichnishaften Kurzgeschichte als Meister der Knappheit und des Stils. Seine erzählerische Kargheit und die an Vorbilder wie Kafka und Beckett angelehnte Wahl des Sujets offenbaren erst auf den zweiten Blick den enormen Gehalt des Textes.
Das Warten auf den Zug wird zur mächtigen Metapher für das Leben, das einen oft in Zwangslagen bringt, denen man nicht entrinnen kann. Die Welt erscheint dem Ich gegenüber allmächtig und undurchschaubar, das Subjekt verloren in der Totalität des Seienden, jenem Großen und Ganzen des Bahnhofs (Z. 27). – Das bloße Prinzip Hoffnung hat ausgedient.

8. a) Diskutieren Sie, ob Sie dem Fazit der Interpretation zustimmen können.
b) Beschreiben Sie, auf welche Art der Schluss gestaltet ist.

6 Peter Bichsel (* 1935): San Salvador[1]

Er hatte sich eine Füllfeder gekauft.
Nachdem er mehrmals seine Unterschrift, dann seine Initialen, seine Adresse, einige Wellenlinien, dann die Adresse seiner Eltern auf ein Blatt geschrieben hatte, nahm er einen neuen Bogen, faltete ihn sorgfältig und schrieb: „Mir ist es hier zu kalt", dann, „ich gehe nach Südamerika", dann hielt er inne, schraubte die Kappe auf die Feder, betrachtete den Bogen und sah, wie die Tinte eintrocknete und dunkel wurde (in der Papeterie[2] garantierte man, dass sie schwarz werde), dann nahm er seine Feder erneut zur Hand und setzte noch seinen Namen Paul darunter.
Dann saß er da.
Später räumte er die Zeitungen vom Tisch, überflog dabei die Kinoinserate, dachte an irgendetwas, schob den Aschenbecher beiseite, zerriss den Zettel mit den Wellenlinien, entleerte seine Feder und füllte sie wieder. Für die Kinovorstellung war es jetzt zu spät.
Die Probe des Kirchenchores dauert bis neun Uhr, um halb zehn würde Hildegard zurück sein. Er wartete auf Hildegard. Zu all dem Musik aus dem Radio. Jetzt drehte er das Radio ab.
Auf dem Tisch, mitten auf dem Tisch, lag nun der gefaltete Bogen, darauf stand in blauschwarzer Schrift sein Name Paul.
„Mir ist hier zu kalt", stand auch darauf. Nun würde also Hildegard heimkommen, um halb zehn. Es war jetzt neun Uhr. Sie läse seine Mitteilung, erschräke dabei, glaubte wohl das mit Südamerika nicht, würde dennoch die Hemden im Kasten zählen, etwas müsste ja geschehen sein. Sie würde in den „Löwen" telefonieren.
Der „Löwen" ist mittwochs geschlossen.
Sie würde lächeln und verzweifeln und sich damit abfinden, vielleicht.
Sie würde sich mehrmals die Haare aus dem Gesicht streichen, mit dem Ringfinger der linken Hand beidseitig die Schläfe entlangfahren, dann langsam den Mantel aufknöpfen.
Dann saß er da, überlegte, wem er einen Brief schreiben könnte, las die Gebrauchsanweisung für den Füller noch einmal – leicht nach rechts drehen – las auch den französischen Text, verglich den englischen mit dem deutschen, sah wieder seinen Zettel, dachte an Palmen, dachte an Hildegard.
Saß da.
Und um halb zehn kam Hildegard und fragte: „Schlafen die Kinder?"
Sie strich sich die Haare aus dem Gesicht. (v 1964)

1. Notieren Sie vor dem Lesen der Kurzgeschichte Erwartungen an den Inhalt ausgehend von der Überschrift.

2. Stellen Sie nach der Lektüre einen Bezug zwischen der Überschrift und dem Text her. Beziehen Sie dabei die Fußnote zu „San Salvador" mit ein.

---

[1] San Salvador (< span. Salvador = der Erlöser, der Erretter): Bezeichnung für das erste Festland, das Christoph Columbus bei seiner Fahrt über den Atlantik 1492 erreicht hat
[2] die Papeterie (< frz.): Schreibwarengeschäft

Vom Unterwegssein

3. Betrachten Sie zu zweit oder dritt die Strukturskizze zu Bichsels Kurzgeschichte.
a) Stellen Sie den Inhalt der ➤ Strukturskizze in eigenen Worten dar.
b) Erläutern Sie, welche Deutung der Kurzgeschichte der Skizze zugrunde liegt.
c) Beurteilen Sie Inhalt und Aufbau der Skizze.
d) Entwerfen Sie eine eigene Strukturskizze, in der die wesentlichen Aspekte Ihrer Deutung des Textes enthalten sind.

4. Verfassen Sie eine schriftliche Interpretation der Kurzgeschichte.

Ein weiteres Übungsangebot zur Interpretation von Kurzprosa finden Sie auf der DVD (Kurt Marti: „Neapel sehen"). *(DVD Texte)*

7 Strukturskizze zu „San Salvador"

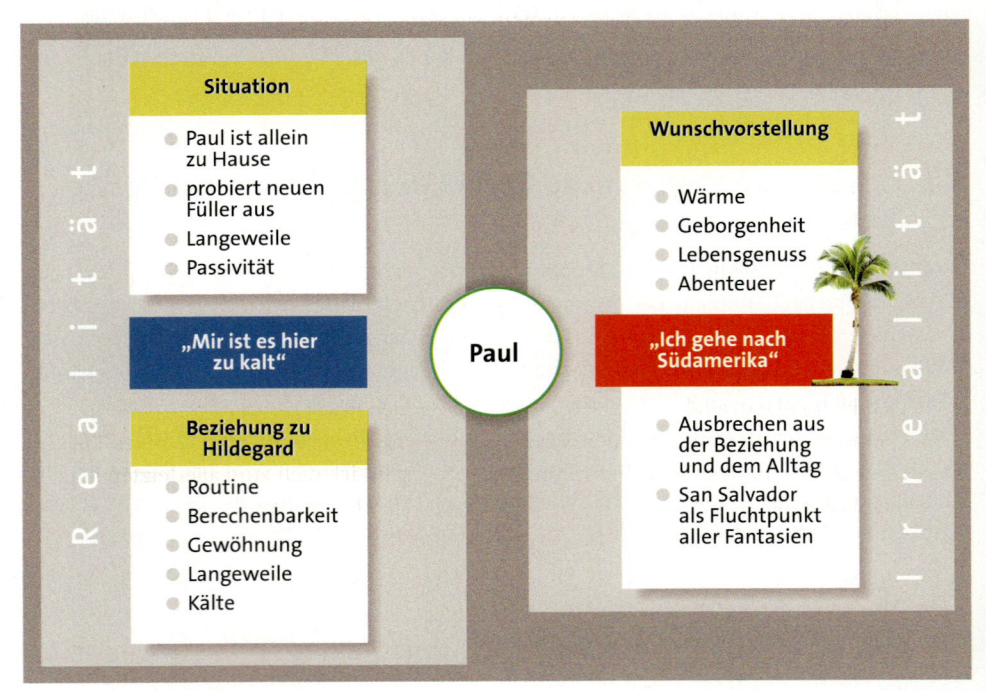

Realität

Situation
- Paul ist allein zu Hause
- probiert neuen Füller aus
- Langeweile
- Passivität

„Mir ist es hier zu kalt"

Beziehung zu Hildegard
- Routine
- Berechenbarkeit
- Gewöhnung
- Langeweile
- Kälte

Paul

Irrealität

Wunschvorstellung
- Wärme
- Geborgenheit
- Lebensgenuss
- Abenteuer

„Ich gehe nach Südamerika"

- Ausbrechen aus der Beziehung und dem Alltag
- San Salvador als Fluchtpunkt aller Fantasien

Nach: http://www.teachsam.de (Stand: 2. Mai 2009)

II. „Weh dem, der keine Heimat hat!" (Nietzsche)

1. „Heimat" – Einen strittigen Begriff untersuchen

1 Heimat!?

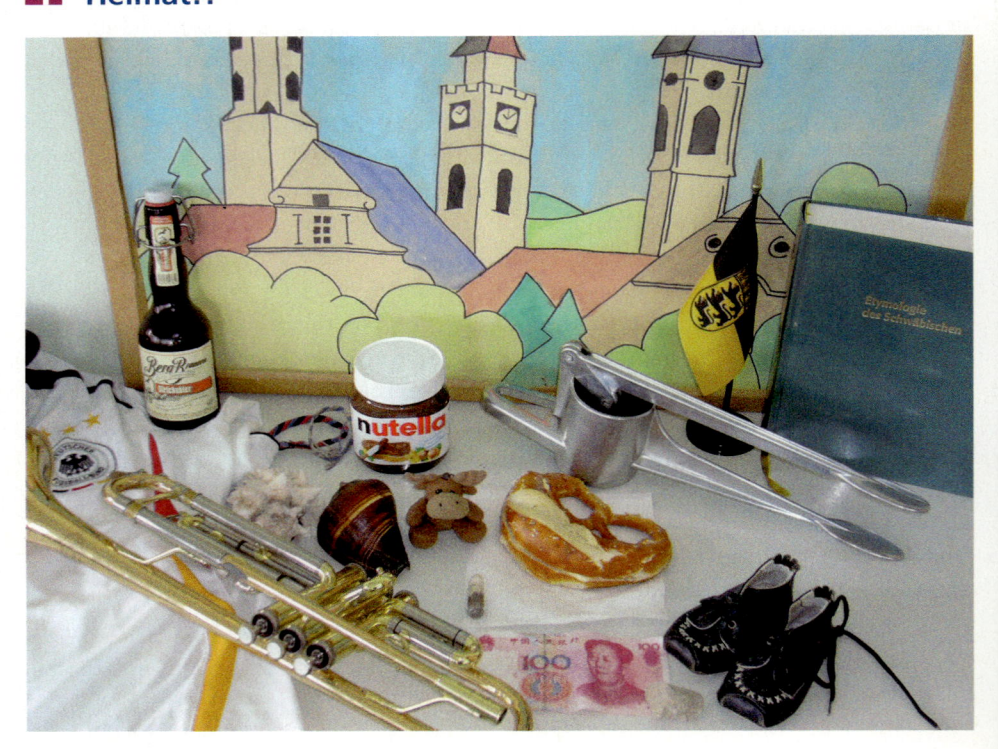

1. Stellen Sie sich vor, Ihr Deutschkurs möchte eine Tombola zum Thema „Heimat" veranstalten. Benennen Sie Gegenstände, die Sie bei dieser Tombola verlosen würden.

2. Sprechen Sie darüber, inwiefern diese Gegenstände für Sie etwas mit „Heimat" zu tun haben.

II. „Weh dem, der keine Heimat hat!" (Nietzsche)

2 August Disselhoff (1829–1903): Nun ade, du mein lieb Heimatland

Nun ade, du mein lieb Heimatland,
Lieb Heimatland, ade!
Es geht jetzt fort zum fernen Strand,
Lieb Heimatland, ade!
5 Und so sing ich denn mit frohem Mut,
Wie man singt, wenn man wandern tut,
Lieb Heimatland, ade!

Wie du lachst mit deines Himmels Blau,
Lieb Heimatland, ade!
10 Wie du grüßest mich mit Feld und Au,
Lieb Heimatland, ade!
Gott weiß, zu dir steht stets mein Sinn,
Doch jetzt zieht mich's zur Ferne hin,
Lieb Heimatland, ade!

Begleitest mich, du lieber Fluss,
15 Lieb Heimatland, ade!
Bist traurig, dass ich wandern muss,
Lieb Heimatland, ade!
Aus der Ferne noch, du stilles Tal,
grüß ich dich zum allerletzten Mal:
20 Lieb Heimatland, ade!   (v 1851)

3 Zillertaler Schürzenjäger: Starkes Land, das Heimat heißt

Wo auf Wäldern Reif gefriert
Wo man atmet reinste Luft
Wo der Bach ganz friedlich fließt
Und mein Herz geborgen ist
5 Ja da liegt am stillen Ort
Meiner Kindheit Glück und Hort
Und da ruf voll Stolz ich aus
Ja hier ist mein Herz zu Haus

Starkes Land, das Heimat heißt
10 Du bist einer Mutter gleich
Die ihrem Kind das Leben gibt
Und viel mehr als alles liebt
Starkes Land, dem Himmel gleich
Ist an wilder Schönheit reich
15 Orchidee und Edelweiß
Starkes Land, das Heimat heißt

Wo die Menschen friedlich sind
Und der Adler kreist im Wind
Wo die stolzen Berge steh'n
20 Und es Wälder gibt und Seen
Ja da liegt das Sonnenlicht
Dieses Land vergess ich nicht
Und ich bin so stolz darauf
Ja hier ist mein Herz zu Haus

25 Starkes Land, das Heimat heißt
Du bist einer Mutter gleich
Die ihrem Kind das Leben gibt
Und viel mehr als alles liebt
Starkes Land, dem Himmel gleich
30 Ist an wilder Schönheit reich
Orchidee und Edelweiß
Starkes Land, das Heimat heißt

Starkes Land, das Heimat heißt

Text: Schaller, Hans; Copyright: Koch Musikverlage GmbH, Planegg/München   (v 1994)

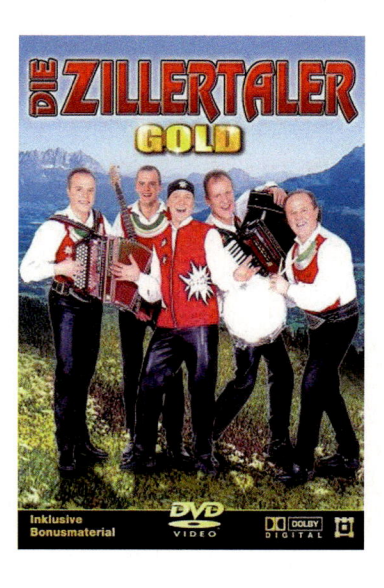

4 Wolfgang Diehl (* 1940): Zum Abschied von Ernst Bloch

Heimat –
mehr als Heim, abbrechbar,
wie die Brücken
zu sprengen sind,
5 Häuser verdorren
oder werden kühl und gefräßig.

Nicht der Flüchtende
durchwandert
die Mehrzahl von Heimat –
10 Das Denken wagt sich hinaus
und findet immer wieder
zu sich zurück.

Wächst aus der Hoffnung
mehr als kurzer Mut,
15 erobert der aufrechte Gang
die Heimat.

Heimat ist dort,
wo das Böse weniger wird,
zuweilen,
20 Heimat ist
Samariterland,
wo die nicht miteinander
verwandten Brüder
hausen
25 nicht nur in Häusern ...   (v 1987)

5 Herbert Keller, Hans Naumilkat (1919–1994): Unsre Heimat

Uns-re Hei-mat, das sind nicht nur die Städ-te und Dör-fer, uns-re Hei-mat sind auch all die Bäu-me im Wald. Uns-re Hei-mat ist das Gras auf der Wie-se, das Korn auf dem Feld, und die Vö-gel in der Luft und die Tie-re der Er-de und die Fi-sche im Fluss sind die Hei-mat. Und wir lie-ben die Hei-mat, die schö-ne und wir schü-tzen sie, weil sie dem Vol-ke ge-hört, weil sie un-se-rem Vol-ke ge-hört.

Text: Keller, Herbert; Copyright: BARBArossa Musikverlag, Kleinmachnow
Melodie: Naumilkat, Hans; Copyright: Friedrich Hofmeister Musikverlag, Leipzig

(e vor 1958)

1. Legen Sie für die Texte 2–5 je ein ▶ Textblatt an und erproben Sie verschiedene Rezitationsformen. (CD 1 Track 1)

2. a) Erarbeiten Sie das Verhältnis des jeweiligen lyrischen Ichs zu seiner Heimat.
b) Überlegen Sie, für welches Publikum die Texte geschrieben worden sein könnten.

3. a) Heimatgedichte sind kitschig! Setzen Sie sich mit dieser Behauptung auseinander. Beziehen Sie sich dabei auf die vorliegenden Texte.
b) Überlegen Sie, warum diese Art von Texten so intensiv rezipiert wird.

R Heimatroman/Heimatfilm – Kunst oder Kitsch?

Lesen und analysieren Sie einen Heimatroman oder einen Heimatfilm. Achten Sie dabei besonders auf die Personen, Handlungsstränge und das Ende (v. a. Problemlösungen). Präsentieren Sie die Ergebnisse Ihrem Kurs und beziehen Sie dabei einen aussagekräftigen Auszug des Originals mit ein.

L Kitsch

Der Begriff Kitsch (Herkunft ungeklärt, vielleicht abgeleitet von „Kitsche", einem Instrument, mit dem man Straßenverunreinigungen zusammengescharrt hat) wird dazu verwendet, literarische Werke als Scheinkunst abzuwerten. Als Merkmale von Kitsch gelten z. B. Realitätsflucht, Verlogenheit, Sentimentalität, Übertreibung, Effekthascherei und Klischeehaftigkeit. „Im Kitschwerk (ist) das Edle nur und ausschließlich edel, das Gemeine nur und ausschließlich gemein, das Süße nur süß, das Bittre nur bitter" (Andreas Belwe). Auffallend ist vor allem die übertriebene Darstellung von Gefühlen. Als sprachlich-stilistische Merkmale werden oft die Tendenz zu gekünstelten Formen, überladenen Bildern, ungewöhnlichen Wortschöpfungen, Archaismen (veralteten Formen, Wörtern und Wendungen), Diminutiv- und Superlativformen, starrer Typisierung bei der Darstellung von Menschen, erbaulichen Betrachtungen, die eine Scheintiefe suggerieren, und zu unrealistischen Lösungen dargestellter Probleme genannt.
Letzten Endes ist Kitsch, sieht man von ganz offensichtlichen Beispielen ab, weniger ein objektives Stil- als ein subjektives Geschmacksphänomen.

6 Ernst Bloch (1885–1977): Das Prinzip Hoffnung (Auszug)

Die wirkliche Genesis¹ ist nicht am Anfang, sondern am Ende, und sie beginnt erst anzufangen, wenn Gesellschaft und Dasein radikal werden, das heißt sich an der Wurzel fassen². Die Wurzel der Geschichte aber ist der arbeitende, schaffende, die Gegebenheiten umbildende und überholende Mensch. Hat er sich erfasst und das Seine ohne Entäußerung und Entfremdung
5 in realer Demokratie begründet, so entsteht in der Welt etwas, das allen in die Kindheit scheint und worin noch niemand war: Heimat. (v 1959)

4. a) Sprechen Sie über das Besondere an Blochs Vorstellung von Heimat.
b) Überlegen Sie, wie die verschiedenen Ansichten von „Heimat" Ihre Haltung beeinflussen, und versuchen Sie eine Definition des Begriffs.

2. Heimat suchen – Ein Motiv erfassen und Gedichte interpretieren

1 Peter Härtling (* 1933): Der Wanderer (Auszug)

Mit fünfzehn Jahren hörte ich zum ersten Mal *mein* Lied. Ein heruntergekommener, seiner Stimme nicht mehr mächtiger Bariton sang es vor wenigen Zuhörern. Alle sahen ihm die Schwächen nach: Es war eines der ersten Konzerte seit Kriegsende in Nürtingen. In dem Saal der ehemaligen Aufbauschule, in dem das Konzert stattfand, waren wenige Jahre zuvor Lieder
5 zum Ruhme Hitlers geschmettert worden.
„Fremd bin ich eingezogen,/Fremd zieh ich wieder aus."
Als der Sänger einsetzte – für ihn, er trat im Frack auf, begann eine zweite Winterreise: Draußen stäubte der Januarschnee im Frost, der Raum war so gut wie nicht geheizt –, als er einsetzte, traf seine Stimme das „Fremd" nur ungenau. Selbst ich, der ich das Lied noch nicht
10 kannte, merkte es. Aber gerade dieses suchende und gesuchte FREMD bewegte mich tief. Es sprach von mir, das ganze Lied erzählte von mir.
Von nun an befand ich mich mit jenem Sänger unterwegs, hatte selber eine Wanderung begonnen, die im Lied deutlicher und schmerzlicher wiederholt wurde. Ich lauschte hingegeben und vergaß den Gesang. Die Verse schienen ihre Musik hervorzurufen. Ohne sie hätten sie keine
15 Bedeutung gehabt. Der Wanderer, der Fremde war ich. In Nürtingen hatte er für einige Zeit Zuflucht gefunden. Ich war wie er als Flüchtling gekommen und von der Stadt und ihren Bürgern „fremd" gemacht worden.
„Ich kann zu meiner Reisen/Nicht wählen mit der Zeit."
Wie ungezählte andere hatte auch ich nicht wählen können. Wir hatten unsere Wanderschaft
20 unvorbereitet begonnen. Das ist fast vierzig Jahre her. (v 1988)

1. „Es sprach von mir, das ganze Lied erzählte von mir." (Z. 10 f.): Erklären Sie die Erfahrung, die der Erzähler hier wiedergibt.

2. Tauschen Sie sich über vergleichbare eigene Erfahrungen mit einem Kunstwerk aus.

Das Motiv des Wanderns

Das Motiv des Wanderns ist eines der bedeutendsten in der Literatur und der Bildenden Kunst. Dabei werden typische Grundhaltungen wie Weggehen, Suchen und Zurückkehren variiert. Innere Ruhelosigkeit, Suche nach Ordnung, unsicheres Dasein, Streben nach gesellschaftlicher Neuordnung, Sich-Verlieren in einer Innenwelt, gewaltsame Vertreibung wie auch unbeschwertes Umherziehen in der Welt sind charakteristisch. Oft sieht man den Wanderer als Beispiel für ein Verlangen nach Freiheit, aber auch als Warnung vor der Fremde. Die begrenzte Enge der Heimat steht im Kontrast zur offenen Ferne. Heimatverlust bedeutet immer auch Sprachverlust, für Schriftsteller ein besonderes Problem. Manche Motive in der Literatur und in der Bildenden Kunst, z. B. die Lebensfahrt, sind so gebräuchlich geworden, dass man sie auch als **Topoi** (Sing. der Topos, < gr. topos = Ort, Gemeinplatz) bezeichnet.

---

¹ die Genesis (< gr. genesis = Entstehung): das Werden, der Ursprung, die Entstehung; Titel des 1. Buches Mose mit dem Schöpfungsbericht
² Das Adjektiv radikal stammt vom lateinischen Substantiv radix = die Wurzel.

3. Lesen Sie das Gedicht und bereiten Sie es zum ➤ sinngestaltenden Vortrag vor.

4. a) Erarbeiten Sie die Situation, in der sich das lyrische Ich befindet.
b) Verfassen Sie ein Gegengedicht des „Mädchens" (V. 5).

5. Interpretieren Sie das Gedicht.

6. Verdeutlichen Sie sich Peter Härtlings Situation nach dem Ende des 2. Weltkriegs und erläutern Sie vor diesem Hintergrund die intensive Rezeption des Liedes.

7. Versuchen Sie, über ➤ sinnerschließendes Lesen Eigenarten der Klanggestalt des Gedichts zu erfassen und diese zu beschreiben.

8. Besprechen Sie die Beziehung zwischen der Überschrift und der Kernaussage des Gedichts.
a) Wie wird der Rückwärtsschauende beschrieben und eingeschätzt? (Vgl. die Frau Lots beim Untergang Sodoms, 1. Moses 19.)
b) Wie erscheinen die Bereiche der Natur?
c) Aus welcher Sicht (Perspektive) wird gesprochen?

9. Betrachten Sie das Zusammenspiel von Sinn und Form: Achten Sie auf
– Metrum und Rhythmus des Gedichts (z. B. das Verhältnis von Zeilenstil und Zeilensprüngen, sog. Enjambements),
– die Reimformen (z. B. die Stabreime und die Endreime),
– die Wortwiederholungen,
– das Verhältnis von erster und sechster Strophe.

10. Beziehen Sie Informationen zu Nietzsches Leben und Ideen (vgl. S. 302 f.) in die Deutung mit ein.

2 Wilhelm Müller (1794–1827): Gute Nacht

Fremd bin ich eingezogen,
Fremd zieh ich wieder aus.
Der Mai war mir gewogen
Mit manchem Blumenstrauß.
5 Das Mädchen sprach von Liebe,
Die Mutter gar von Eh' –
Nun ist die Welt so trübe,
Der Weg gehüllt in Schnee.

Ich kann zu meiner Reisen
10 Nicht wählen mit der Zeit:
Muss selbst den Weg mir weisen
In dieser Dunkelheit.
Es zieht ein Mondenschatten
Als mein Gefährte mit,
15 Und auf den weißen Matten
Such ich des Wildes Tritt.

Was soll ich länger weilen,
Bis man mich trieb hinaus?
Lass irre Hunde heulen
20 Vor ihres Herren Haus!
Die Liebe liebt das Wandern, –
Gott hat sie so gemacht –
Von einem zu dem andern –
Fein Liebchen, Gute Nacht!

25 Will dich im Traum nicht stören,
War schad um deine Ruh,
Sollst meinen Tritt nicht hören –
Sacht, sacht die Türe zu!
Ich schreibe nur im Gehen
30 Ans Tor noch „Gute Nacht",
Damit du mögest sehen,
Ich hab an dich gedacht. (v 1824)

3 Friedrich Nietzsche (1844–1900): Vereinsamt

Die Krähen schrein
Und ziehen schwirren Flugs zur Stadt:
Bald wird es schnein. –
Wohl dem, der jetzt noch – Heimat hat!

5 Nun stehst du starr,
Schaust rückwärts, ach! wie lange schon!
Was bist du Narr
Vor Winters in die Welt entflohn?

Die Welt – ein Tor
10 Zu tausend Wüsten stumm und kalt!
Wer das verlor,
Was du verlorst, macht nirgends halt.

Nun stehst du bleich,
Zur Winter-Wanderschaft verflucht,
15 Dem Rauche gleich,
Der stets nach kältern Himmeln sucht.

Flieg, Vogel, schnarr
Dein Lied im Wüstenvogel-Ton! –
Versteck, du Narr,
20 Dein blutend Herz in Eis und Hohn!

Die Krähen schrein
Und ziehen schwirren Flugs zur Stadt:
Bald wird es schnein, –
Weh dem, der keine Heimat hat! (v 1884)

S Gedichtinterpretation: Fünfschrittmethode

Die **Gedichtinterpretation** folgt wie die Prosainterpretation dem Fünf-Phasen-Modell:

1. Für die **Analyse des Themas und der Aufgabenstellung** spielen die verwendeten Operatoren und Schlüsselbegriffe die zentrale Rolle (vgl. auch S. 32 f.).
Bei einer Gedichtinterpretation lautet die Aufgabenstellung in der Regel: *Interpretieren Sie das Gedicht*. Das heißt, dass eine Analyse von Inhalt und Form zu einer schlüssigen Deutung des Gedichts führt.

2. Textanalyse

a) Notieren von Leseeindrücken und einem ersten Gesamtverständnis
- Über **Assoziationen** zum Titel oder zu Begriffen, die ins Auge fallen, lässt sich eine bestimmte Erwartungshaltung aufbauen, z. B.: „Vereinsamt" = Isolation, Not, Leid, Elend, Kälte.
- **Leises und ggf. lautes Lesen** erschließen den Rhythmus sowie die Klanggestalt und zeigen inhaltliche und formale Auffälligkeiten, deren Einschätzung noch ganz subjektiv gefärbt und spontan sein darf. Diese ersten Leseeindrücke sollten dennoch unbedingt schriftlich als vorläufige Deutungshypothese festgehalten werden. Auch Irritationen und Fragen zum Text sind zu notieren, z. B.: Parallelen zwischen „Krähen" (V. 1) und „Narr" (V. 7)?

- Im Anschluss daran wird das Gedicht einer **systematischen Analyse** unterzogen, bei der u. a. folgende Aspekte beachtet werden sollten:
  Inhalt: Thema und Motive,
  Form: Aufbau (Strophenform und -zahl), Rhythmus, Metrum, Lautmalerei und Melodie, Reim, Bildlichkeit (Bilder, Metaphern, Symbole, Chiffren) sowie Sprache und Stil.

b) Eine tabellarische **Stoffsammlung** verdeutlicht die Wechselbeziehung inhaltlicher und formaler Elemente, sodass ein erster Gesamteindruck differenziert begründet werden kann.

Strophe	Merkmale von Inhalt und Aufbau	Formmerkmale (Stilmittel)	Wirkung/Deutung
1	V. 1–3 Beschreibung einer Situation: nahender Winter (V. 4) Ausruf des lyrischen Ichs (Lobpreis oder Klage?)	„Krähen"/Schnee = Todessymbole? „Stadt" = Metapher für Geborgenheit? „Heimat" als Abstraktion (Schutz?) Gedankenstriche (V. 3 und 4)	kalte, abweisende Atmosphäre Stadt als Siedlungsort im Kontrast zum freien Feld, Natur? Nachdenklichkeit des lyrischen Ichs, Zäsur?
2	…	…	…

Analyse des Wechselspiels von Inhalt ⇔ Form

Thema/Probleme → Motive, Sprache
Aufbau/Stil → Sprache, Metrum, Rhythmus, Reim etc. → Bilder, Metaphern, Symbole etc.

c) Die vorläufige Synthese der Beobachtungen ergibt die **Arbeits- bzw. Deutungshypothese**, z. B.: Friedrich Nietzsches Gedicht „Vereinsamt" vermittelt den Eindruck von grenzenloser Verlorenheit.

3. Gliederung

Die Gliederung kann **chronologisch** oder **aspektorientiert** erfolgen. Bei einem überschaubaren Text, wie einem Gedicht, bietet sich die aspektorientierte Form an, d. h., zentrale Gestaltungsmittel, die das Gedicht in besonderer Weise prägen, werden zusammenhängend in den Blick genommen. Man kann z. B. auf die Rahmenstruktur der Strophen eins und sechs abheben oder dem Motiv der Kälte/Einsamkeit im Gesamtgedicht nachgehen. Diese Form ist anspruchsvoller als die rein chronologisch angelegte Interpretation, die Vers nach Vers analysiert.

4. Ausarbeitung der Interpretation im beschreibenden und begründenden Textzusammenhang

Wenn die tabellarische Stoffsammlung und die Gliederung vorliegen, kann das Verhältnis der **Interpretationsteile** abgestimmt werden:
- Die **Einleitung** als Übersichtssatz mit dem Namen des Autors, dem Titel, der Gattung und dem ersten Gesamteindruck, z. B.: Friedrich Nietzsches Gedicht „Vereinsamt" vermittelt den Eindruck von grenzenloser Verlorenheit.
- Der **Hauptteil** in chronologischer Abfolge der Interpretation – also Strophe für Strophe – oder in aspektorientierter Deutung, z. B. empfiehlt sich bei „Vereinsamt" eine Kombination von struktureller und problembezogener Interpretation: Die Strophen eins und sechs bilden eine Rahmenstruktur (mit entscheidender Variation in Vers 24), in den Strophen 1–6 ergibt sich eine deutliche Steigerung der existenziellen Not (Klimaxstruktur).
- Der **Schluss** kann u. a. den Bezug zur Einleitung herstellen (bestätigend, erweiternd oder korrigierend), eine persönliche Wertung des Gedichts enthalten oder offene Fragen zum Text bzw. über ihn hinausführende Überlegungen äußern.

5. Die Überarbeitung sollte sehr sorgfältig geschehen und verschiedene Ebenen berücksichtigen:
- Ist die Aufgabenstellung im Hinblick auf Text, Themenanalyse und Stoffsammlung erfüllt?
- Ist die Großgliederung von Einleitung, Hauptteil und Schluss stimmig?
- Ist die Darstellungsform korrekt im Hinblick auf äußere Gestaltung (Schrift, Gliederung), Wortwahl und Grammatik, Rechtschreibung und Zeichensetzung, Zitiertechnik?

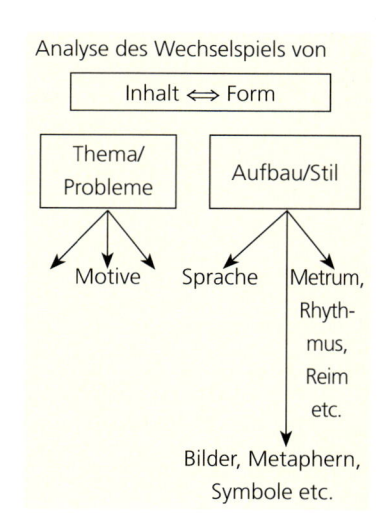

Die Hermeneutik

Die **Hermeneutik** (< gr. hermeneuein = auslegen), benannt nach Hermes, dem Vermittler zwischen Göttern und Menschen, ist die Kunst der sinngerechten Auslegung (Deutung, Interpretation). Sie bedient sich der hermeneutischen Methode, die als verstehend-deutendes Verfahren der sog. Geisteswissenschaften sich gegen das kausalgesetzlich-erklärende Verfahren der Naturwissenschaften abgrenzt. Mit dem Begriff des **hermeneutischen Zirkels** wird ein Verfahren beschrieben, das vom ersten (vorläufigen) Gesamtverständnis (dem Primärverständnis) über die Analyse von Einzelheiten zu einem reflektierten neuen Gesamtverständnis führt.

Vom Unterwegssein

> **Die Interpretation**
> Die **Interpretation** (< lat. interpretari = erklären, deuten) ist die meist schriftliche Untersuchung, Beschreibung und Deutung eines Textes. Sie erfolgt planvoll, in sich gegliedert, in stilistisch geschlossener Form und berücksichtigt die innere Seite eines Textes (= **immanente Interpretation**) sowie äußere Bedingungsfaktoren (= **textexterne Interpretation**).
>
> *Schema:*
> - **Stoff, Quelle** (oben)
> - **Biografie des Autors** (links)
> - **Wirkung auf Leser** (rechts)
> - **Zeit, Epoche der Entstehung** (unten)
>
> Die sog. **textimmanente Interpretation** betrifft
> - Inhalt und Probleme,
> - Aufbau (Struktur),
> - Stil (Syntax, Lexik: Wortwahl),
> - Gattung,
> - erkennbare oder vermutete Absicht des Autors.
>
> Die sog. **textexterne Interpretation** berücksichtigt Sachverhalte außerhalb des Textes, z. B. Biografie, Geschichte, Gattung.

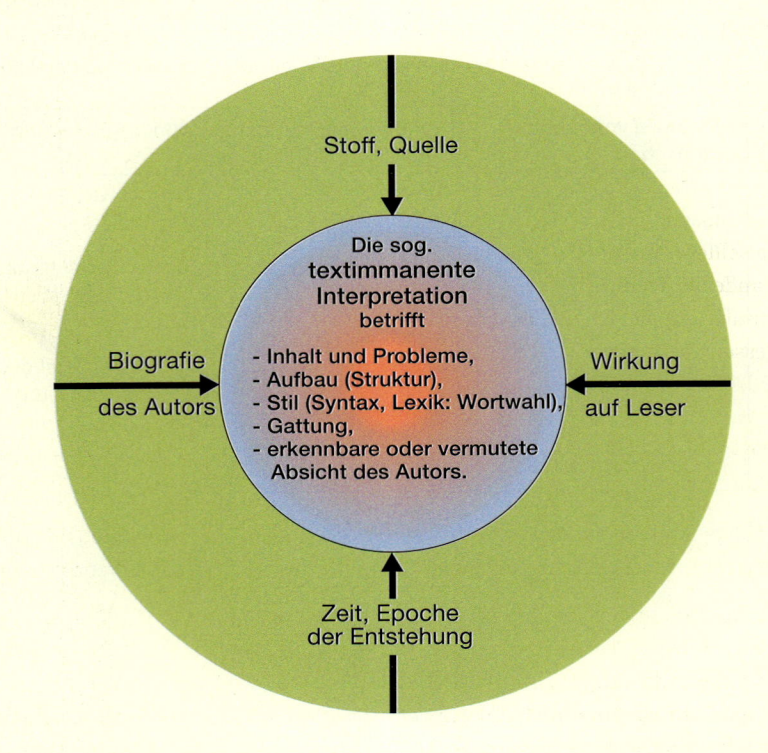

4 Der Anfang einer Gedichtinterpretation (Schülerbeispiel)

Friedrich Nietzsches Gedicht „Vereinsamt" vermittelt den Eindruck grenzenloser Verlorenheit. Die Verwendung des Partizip Perfekt im Titel des Gedichts deutet darauf hin, dass der Prozess der Vereinsamung für das lyrische Ich abgeschlossen ist. Es hat keine Hoffnung mehr, Geborgenheit in einer „Heimat" zu finden, wie die erste und die sechste Strophe in einer Art Rahmen verdeutlichen.
Das Gedicht besteht aus sechs Strophen, die alle gleich gebaut sind. Jede besteht aus vier jambischen Verszeilen. Auf einen zweihebigen Vers folgt im Wechsel ein vierhebiger. Beide Verse verbinden sich jeweils zu einem festen Teil in der Strophe, so dass fast immer ans Ende jedes zweiten Verses, in der Mitte und am Ende der Strophe also, ein syntaktischer Einschnitt fällt. Dieser gleichmäßige Aufbau des Gedichts deutet auf eine unaufgeregte Haltung des lyrischen Ichs hin. Es scheint nach langem Nachdenken und Beobachten seine Einsichten in Worte zu fassen. Zusammengehalten werden diese syntaktischen Einheiten von den Kreuzreimen, die dafür sorgen, dass sich die Zeilen eins und drei bzw. zwei und vier miteinander reimen. Dieses einfache Metrum sowie das einfache Reimschema scheinen mir die angemessene Form für das bedeutsame Thema ‚Einsamkeit' zu sein.
Das Gedicht beginnt mit einer lapidaren Feststellung: „Die Krähen schrein" (V. 1). Dieses Bild aus der Natur weckt Assoziationen: Die Krähen – Totenvögel? – suchen vor dem herannahenden Winter Schutz in der „Stadt" (V. 2). Die Stadt wird zum Inbegriff des Glücks der Heimat, für die Vögel und wohl auch für den Menschen.
In scharfem Kontrast zu „Heimat" folgt in der zweiten Strophe die Flucht. Das lyrische Ich wendet sich in dramatischer Anrede an ein „Du" (V. 5). Wer ist damit gemeint? Diese Ansprache scheint wie eine Klage bzw. eine Anklage („ach", V. 6). [...]

1. Sprechen Sie über das Interpretationsbeispiel.

2. Setzen Sie die Interpretation fort.

3. Heimat verlieren und Heimat finden – Gedichte vergleichen

1 Psalm 137: Lied der Verbannten

¹ An den Flüssen von Babylon saßen wir und weinten, /
da wir deiner gedachten, o Zion.
² An den Weiden in jenem Lande, /
da hängten wir unsere Harfen auf.
³ Denn Lieder wollten hören, die uns hinweggeführt; /
die uns bedrückten, forderten Freudengesang: /
„Singet uns von Zion ein Lied!"
⁴ Wie sollten wir singen die Lieder des Herrn /
im Lande der Fremden!
⁵ Jerusalem, wollte ich deiner vergessen, /
vergessen auch sei meine Rechte.
⁶ Es klebe mir die Zunge am Gaumen, /
sollte ich deiner nimmer gedenken;
Wollte ich nicht erheben Jerusalem /
über all meine Freude.
⁷ Vergiss nicht, Herr, an den Söhnen von Edom /
den Tag von Jerusalem;
Da sie schrien: Reißt nieder, reißt nieder, /
hinab mit ihm bis auf den Grund!
⁸ Tochter Babylon, Verwüsterin du, /
gesegnet, wer dir vergilt, was du uns Böses getan!
⁹ Gesegnet, wer deine Kinder ergreift /
und sie zerschellet an dem Felsen!

Erentrud Trost (1923–2004): Kirchenfenster

2 Verfasser unbekannt: Abschied

Innsbruck, ich muss dich lassen,
Ich fahr dahin mein Straßen,
In fremde Land dahin,
Mein Freud ist mir genommen,
5 Die ich nit weiß bekommen,
Wo ich im Elend bin.

Groß Leid muss ich ertragen,
Das ich allein tu klagen
Dem liebsten Buhlen mein.
10 Ach Lieb, nun lass mich Armen
Im Herzen dein erbarmen,
Dass ich muss dannen sein!

Mein Trost ob allen Weiben,
Dein tu ich ewig bleiben,
15 Stet, treu, der Ehren frumm,
Nun muss dich Gott bewahren,
In aller Tugend sparen,
Bis dass ich wiederkumm. (v 1539)

3 Heinrich Heine (1797–1866): In der Fremde (Auszug)

III

Ich hatte einst ein schönes Vaterland.
Der Eichenbaum
Wuchs dort so hoch, die Veilchen nickten sanft.
Es war ein Traum.

5 Das küsste mich auf deutsch und sprach auf deutsch –
(Man glaubt es kaum,
Wie gut es klang) das Wort: „Ich liebe dich!"
Es war ein Traum. (v 1834)

4 Johannes R. Becher (1891–1958): Exil

Ihr, die ihr in die Heimat wiederkehrt,
Verbannte, ihr, die ihr den jahrelangen
Endlosen Weg zu Ende seid gegangen
Und habt nur eins, der Rückkehr Tag, begehrt –

5 Und ihr, Verbannte auch, die ihr voll Bangen
Habt ausgeharrt und habt euch still gewehrt,
Von langem Warten müd und ausgezehrt,
Inmitten eures eigenen Volks gefangen –

Seid hier gewarnt und seht das Transparent:
10 „Lasst, die ihr eingeht, alle Hoffnung fahren!
Wenn der Verbannung Fluch ihr nicht erkennt,

Treibt ihr wie vormals ein verlorenes Spiel.
Bevor aus Deutschland wir vertrieben waren,
Wir lebten schon seit Jahren im Exil." (v 1967)

5 Bertolt Brecht (1898–1956): Zufluchtsstätte

Ein Ruder liegt auf dem Dach. Ein mittlerer Wind
Wird das Stroh nicht wegtragen.
Im Hof für die Schaukel der Kinder sind
Pfähle eingeschlagen.
5 Die Post kommt zweimal hin
Wo die Briefe willkommen wären.
Den Sund herunter kommen die Fähren.
Das Haus hat vier Türen, daraus zu fliehn. (e 1937)

6 Rose Ausländer (1901–1988): Biografische Notiz

Ich rede
von der brennenden Nacht
die gelöscht hat
der Pruth

5 von Trauerweiden
Blutbuchen
verstummtem Nachtigallsang

vom gelben Stern
auf dem wir
10 stündlich starben
in der Galgenzeit

nicht über Rosen
red ich

Fliegend
15 auf einer Luftschaukel
Europa Amerika Europa

ich wohne nicht
ich lebe (e 1976)

7 Rose Ausländer: Mutterland

Mein Vaterland ist tot
sie haben es begraben
im Feuer

ich lebe
5 in meinem Mutterland
Wort (e 1977)

8 Rose Ausländer: Daheim

In der Fremde
daheim

Land meiner Muttersprache
sündiges büßendes Land
5 ich wählte dich
als meine Wohnung
Heimatfremde

wo ich viele
fremde Freunde
10 liebe (e 1980)

9 Rose Ausländer: Heimatlos

Mit meinem Seidenkoffer
reise ich in die Welt
Ein Land nüchtern
eines toll
5 Die Wahl fällt mir schwer

ich bleibe heimatlos   (e 1985)

10 Mascha Kaléko (1907–1975): Emigranten-Monolog

Ich hatte einst ein schönes Vaterland –
So sang schon der Flüchtling Heine.
Das seine stand am Rheine,
Das meine auf märkischem Sand.

5 Wir alle hatten einst ein (siehe oben!),
Das fraß die Pest, das ist im Sturm zerstoben.
O Röslein auf der Heide,
Dich brach die Kraftdurchfreude.

Die Nachtigallen wurden stumm,
10 Sahn sich nach sicherm Wohnsitz um.
Und nur die Geier schreien
Hoch über Gräberreihen.

Das wird nie wieder, wie es war,
Wenn es auch anders wird.
15 Auch, wenn das liebe Glöcklein tönt,
Auch wenn kein Schwert mehr klirrt.

Mir ist zuweilen so, als ob
Das Herz in mir zerbrach.
Ich habe manchmal Heimweh.
20 Ich weiß nur nicht, wonach ...   (e 1945)

11 Paul Celan (1920–1970): Espenbaum

Espenbaum, dein Laub blickt weiß ins Dunkel.
Meiner Mutter Haar ward nimmer weiß.

Löwenzahn, so grün ist die Ukraine.
Meine blonde Mutter kam nicht heim.

5 Regenwolke, säumst du an den Brunnen?
Meine leise Mutter weint für alle.

Runder Stern, du schlingst die goldne Schleife.
Meiner Mutter Herz ward wund von Blei.

Eichne Tür, wer hob dich aus den Angeln?
10 Meine sanfte Mutter kann nicht kommen.   (e 1944)

12 Reiner Kunze (* 1933): Deutsche Ballade

Das hohe alter der mutter sei
kein grund, zu ihr zu reisen

Gehirnschlag sei
kein grund

5 Nun durfte er reisen, er hat
einen grund ganz aus tod

13 Wolf Biermann (* 1936): Es senkt das deutsche Dunkel

Es senkt das deutsche Dunkel
Sich über mein Gemüt
Es dunkelt übermächtig
In meinem Lied

5 Das kommt, weil ich mein Deutschland
so zerrissen seh
Ich lieg in der bessren Hälfte
und habe doppelt Weh (e 1967)

14 Gino Chiellino (* 1946): Verstummung

für Celan

Meine Sprache
grenzt mich ab
ich habe sie aufgegeben

mit deiner
5 verfaulen mir
die Gefühle (v 1983)

15 Yüksel Pazarkaya (* 1940): deutsche sprache

die ich vorbehaltlos liebe
die meine zweite heimat ist
die mir mehr zuversicht
die mir mehr geborgenheit
5 die mir mehr gab als die
die sie angeblich sprechen

sie gab mir lessing und heine
sie gab mir schiller und brecht
sie gab mir leibniz und feuerbach
10 sie gab mir hegel und marx
sie gab mir sehen und hören
sie gab mir hoffen und lieben
eine welt in der es sich leben lässt

die in ihr verstummen sind nicht in ihr
15 die in ihr lauthals reden halten sind nicht in ihr
die in ihr ein werkzeug der erniedrigung
die in ihr ein werkzeug der ausbeutung sehn
sie sind nicht in ihr sie nicht
meine behausung in der kälte der fremde
20 meine behausung in der hitze des hasses
meine behausung wenn mich verbiegt die bitterkeit
in ihr genoss ich die hoffnung
wie in meinem türkisch. (v 1985)

16 Elisabeth Gonçalves: Der ewige Auswanderer

In meiner Sprache
fehlte mir das Wort AMOR,
und ich wanderte aus zu dir
und lernte LIEBE kennen.
5 Doch ich kannte nicht
die Abgründe deiner Sprache,
noch die Kälte in deinem Land
und ich kehrte zurück in die Heimat ...
wieder in dein Land,
10 wieder zurück,
immer wieder hin
und zurück.
Ich bin jetzt der ewige Auswanderer
in zwei Sprachen
15 ohne Liebe. (v 1983)

---

1. Erstellen Sie in Ihrem Klassenzimmer auf einer Wandzeitung einen Zeitstrahl, der 587 v. Chr. mit der Zerstörung Jerusalems durch die Babylonier beginnt.

2. Bearbeiten Sie die Gedichte 1–16 im ➤ Gruppenpuzzleverfahren:
a) Bereiten Sie „Ihr" Gedicht zum ➤ sinngestaltenden Vortrag vor.
b) Erarbeiten Sie stichwortartig Ihr Verständnis des Gedichts.
c) Sammeln Sie Informationen zur Autorin bzw. zum Autor, gehen Sie dabei besonders auf die Gründe ein, die zum jeweiligen Heimatverlust geführt haben.
d) Greifen Sie bei der Präsentation Ihrer Ergebnisse unterstützend zu verschiedenen Mitteln, z. B. Visualisierung, Nutzen des Raumes, Musik etc.
e) Tragen Sie abschließend Ihre Erkenntnisse an der entsprechenden Stelle in den Zeitstrahl ein.

17 Hilde Domin (1909–2006): Herbstzeitlosen

Für uns, denen der Pfosten der Tür verbrannt ist,
an dem die Jahre der Kindheit
Zentimeter für Zentimeter
eingetragen waren.

5 Die wir keinen Baum
in unseren Garten pflanzten,
um den Stuhl
in seinen wachsenden Schatten zu stellen.

Die wir am Hügel niedersitzen,
10 als seien wir zu Hirten bestellt
der Wolkenschafe, die auf der blauen
Weide über den Ulmen dahinziehn.

Für uns, die stets unterwegs sind
– lebenslängliche Reise,
15 wie zwischen Planeten –
nach einem neuen Beginn.

Für uns
stehen die Herbstzeitlosen auf
in den braunen Wiesen des Sommers,
20 und der Wald füllt sich
mit Brombeeren und Hagebutten –

Damit wir in den Spiegel sehen
und es lernen
unser Gesicht zu lesen,
25 in dem die Ankunft
sich langsam entblößt.   (v 1955)

18 Rose Ausländer (1901–1988): Wanderschaft

Du wanderst
durch die Welt

Landschaften laden dich ein
Bäume Hügel Flüsse
5 begrüßen dich
winken Aufwiedersehn

Städte heißen dich willkommen
Paläste Gemälde Statuen
grüßen dich
10 sagen Aufwiedersehn

Du wanderst
durch die Zeit
sie winkt dir zu
drei Buchstaben
15 liegen auf ihren Lippen
kannst du sie lesen   (v 1979)

3. Interpretieren und vergleichen Sie die beiden Gedichte von Domin und Ausländer (Texte 17 und 18).

S Gedichtinterpretation: Gedichtvergleich

Der Gedichtvergleich ist mehr als die Kombination zweier Einzelinterpretationen. In einem Vergleich sollten alle Beschreibungen und Deutungen in einem Vergleichsrahmen (z. B. Abschied, Liebe, Exil etc.) erfolgen. Es lassen sich Gedichte mit gleichem oder ähnlichem Thema bzw. Motiv aus derselben Zeit oder aus verschiedenen Epochen vergleichen. Dabei kann der Vergleichsaspekt einmal stärker auf Gemeinsamkeiten gerichtet sein, so dass sich Variationen eines Themas bzw. Motivs ergeben, zum anderen vor allem Unterschiede (Kontraste) herausstellen. Selbstverständlich ist im Vergleich auch die Untersuchung von Gemeinsamkeiten und Unterschieden möglich. Bei einem Vergleich wird in der Regel nicht nur die Bewältigung eines größeren Textumfangs verlangt, sondern es ist auch eine besonders differenzierte Wahrnehmungsgenauigkeit gefordert.

Der Gedichtvergleich erfolgt ebenfalls nach dem Fünf-Phasen-Modell:

1. Analyse des Themas und der Aufgabenstellung
Beim Gedichtvergleich kann der Vergleichsaspekt durch die Aufgabenstellung vorgegeben sein. Im anderen Fall ist es Aufgabe des Interpretierenden, die Vergleichsaspekte bzw. den Vergleichsrahmen festzulegen.

2. Textanalyse
a) Notieren von Leseeindrücken und einem ersten Gesamtverständnis (Auffälligkeiten des Inhalts und der Form)

b) **Tabellarische Stoffsammlung** zur systematischen Analyse beider Gedichte, die textimmanente und textexterne Aspekte von Inhalt, Aufbau und Form erfasst sowie Hinweise zur Deutung gibt. Dies erfolgt zunächst für jedes Gedicht getrennt (vgl. S. 40 f.). Folgende Beobachtungsaspekte sind beim Gedichtvergleich hilfreich:

Inhalt	Aufbau	Stileigenarten

– Beziehung von Titel und Inhalt
– Thema bzw. Problem
– Motiventfaltung oder Abstraktheit (sog. „Entfabelung")
– zeittypische Thematik (z. B. „Aufbruch in der Romantik") oder eher zeitüberdauernde Themen (z. B. Liebe, Krieg, Not etc.)
– Ort und Zeit nach Stimmung und Kolorit
– Denotation und Konnotationen der Schlüsselbegriffe (z. B. Heimat, Frühling)
	– Gedichtform (z. B. Sonett)
	– Strophen- oder Blockgliederung bzw. unregelmäßig lange Abschnitte
	– Gliederung in
	  • chronologischer,
	  • logischer,
	  • assoziativer Abfolge oder
	  • Montagetechnik
		– einer Gattung, der Epoche
		– Sprechsituationen (z. B. lyrisches Ich, Anrede, Rollengedicht)
		– Klangwirkung durch
		  • Metrum/Rhythmus,
		  • Melodie,
		  • Reimformen
		– Zeilenstil oder Zeilensprünge
		– Syntax (z. B. Para- oder Hypotaxe, Ellipse)
		– Wortwahl (z. B. Dominanz einzelner Wortarten)
		– Bildlichkeit (z. B. Metapher, Vergleich, Allegorie, Symbolik, Personifizierung)
		– Tempus und Tempuswechsel
		– rhetorische Mittel (z. B. Ironie, Kumulation, Parallelismus, Anapher, Chiffre, Zitat etc.)

c) **Festlegung eines gemeinsamen Aspekts** beider Texte (z. B. lebenslanges Unterwegssein), der einen Vergleichsrahmen ergibt

3. Ganz entscheidend ist die **Gliederung** der vergleichenden Interpretation:
Das strukturell einfachere **diachrone Verfahren** birgt die Gefahr durch Wiederholungen, die durch den Rückverweis auf den ersten Text entstehen, eine Darstellung zu ergeben, die redundant (weitschweifig-wiederholend) und langweilig wirken kann. Deshalb muss früh eine klare Entscheidung getroffen werden, welches der Gedichte den Schwerpunkt bilden soll, von dem aus der Vergleich dann konzentriert anzustellen ist. Bei **synchroner** Darstellung wird der Vergleichsaspekt – oder werden die Vergleichsaspekte – unmittelbar auf beide Texte bezogen. Positiv dabei ist, dass die Rückgriffe entfallen und der Kontrast bzw. die Gemeinsamkeit pointiert herausgestellt werden kann. Fragwürdig wird dieses Verfahren, wenn es nicht gelingt, problemorientiert in größeren Zusammenhängen zu schreiben, sondern wenn ein ständiges Hin- und Herspringen den Vergleich kurzatmig und unübersichtlich werden lässt.

4. **Ausarbeitung der Interpretation**, die **synchron** verfährt. Am Beispiel der vorgegebenen Gedichte kann z. B. folgenden Aspekten nachgegangen werden:
– Menschen, deren Lebensschicksal im Gedicht von Hilde Domin in einfachen und verständlichen Bildern gezeichnet wird, gegen die Bilanz, die ein lyrisches Ich zieht, das mit sich selbst einen Dialog führt, indem es ein Du anspricht, bei Rose Ausländer;
– Formeigenarten, wie die Klarheit des Aufbaus und die Einfachheit der Sprache in beiden Gedichten, sind bezogen auf den Inhalt zu sehen;
– Einbeziehung textexterner Fakten, wie des biografischen Hintergrunds der Exilerfahrung beider Autorinnen.

5. **Überarbeitung**

Grafische Darstellung der zwei Vorgehensweisen beim Gedichtvergleich:

a) **diachrone Gliederung**

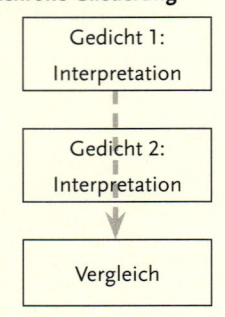

Gedicht 1: Interpretation
↓
Gedicht 2: Interpretation
↓
Vergleich

b) **synchrone Gliederung:**

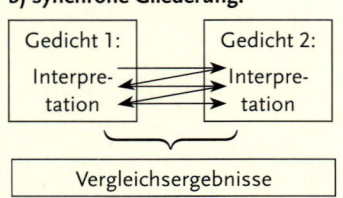

Gedicht 1: Interpretation ⇄ Gedicht 2: Interpretation
→ Vergleichsergebnisse

19 Ein Gedichtvergleich (Auszug aus einem Schülerbeispiel)

Die beiden Gedichte, Hilde Domins „Herbstzeitlosen" und Rose Ausländers „Wanderschaft", verbindet das gemeinsame Thema des Unterwegsseins und der Wanderschaft durch das Leben, die zum Tod hinführt.
[...]
Bei der Interpretation von Hilde Domins Gedicht möchte ich vom Aufbau ausgehen. Die ersten vier Strophen, die aus jeweils vier ungleich langen Zeilen bestehen, sprechen von einem „Wir", von Menschen, deren Lebensschicksal in einfachen, verständlichen Bildern dargestellt wird: Das Haus, in dem das lyrische Ich die Zeit seiner Kindheit verbracht hat, gibt es nicht mehr („Pfosten der Tür verbrannt", V. 1). Diese Menschen haben keinen Ort, an dem sie sich auf Dauer zu Hause fühlen können, sie haben „keinen Baum [...]/, um den Stuhl/in seinen wachsenden Schatten zu stellen" (V. 5 ff.). Sie fühlen sich wie Hirten der flüchtigen „Wolkenschafe" (V. 11), „stets unterwegs" (V. 13), auf einer „lebenslängliche(n) Reise" (V. 14) zu einem Ziel hin, das aber nicht als endlich erreichte Heimat gesehen wird, sondern als ein stets „neue(r) Beginn" (V. 16).
Diese vier Strophen setzen immer wieder neu an, das erkennt man leicht an ihrer syntaktischen Struktur: „Für uns, denen ..." (V. 1), „Die wir ..." (V. 5 und V. 9) und „Für uns, die ..." (V. 13). Die erste der beiden fünfzeiligen Schlussstrophen enthält den lange vorbereiteten Hauptsatz; er sagt, was in den bisherigen vier Strophen ausgespart blieb: „Für uns/stehen die Herbstzeitlosen auf" (V. 17 f.).
[...]
Auch in Rose Ausländers Gedicht „Wanderschaft" wird die Erfahrung einer äußeren Heimatlosigkeit sichtbar. Ein lyrisches Ich zieht Bilanz. Es hält mit sich selbst Zwiesprache, indem es ein Du anspricht. Der Aufbau des in vier Strophen gegliederten Gedichts ist klar und durchsichtig. Die ersten beiden Verse enthalten die einfache Feststellung einer Wanderschaft durch die Welt. Die beiden folgenden vierzeiligen Strophen sind gleich gebaut. Sie folgen den Prinzipien von Parallelität und Variation. Die oben bereits angesprochene Wanderschaft durch die Welt wird entfaltet als Wandern durch Landschaften (Aufzählung: „Bäume Hügel Flüsse" [V. 4]) und durch Städte (auch hier eine Aufzählung: „Paläste Gemälde Statuen" [V. 8]). Einladung, Begrüßung und Abschied erfolgen jedes Mal so rasch, dass Eile und Ruhelosigkeit eines solchen Lebens erfahrbar werden.
[...]
Den Vergleich der beiden Gedichte möchte ich mit Hinweisen auf den gemeinsamen biografischen Hintergrund der Exilerfahrungen der beiden Autorinnen beginnen. Wichtig erscheint mir dann aber vor allem, die Gemeinsamkeit des Motivs der lebenslangen Reise bzw. Wanderschaft herauszuarbeiten.
[...]
Abschließend möchte ich bemerken, dass mich beide Gedichte vor dem Hintergrund der Biografie ihrer Autorinnen stark berührt haben, denn ...

4. a) Beurteilen Sie das Schülerbeispiel.
b) Verfassen Sie einen eigenen Aufsatz.

Themen und Motive von Exillyrik

Analysiert man themengleiche Gedichte, stellt man fest, dass die Dichterinnen und Dichter oft ähnliche Motive, Bilder und Inhalte verarbeiten. Im Bereich der Exillyrik sind dies besonders:
– Sehnsucht, Heimweh und Schmerz über den Verlust der Heimat, auch möglicher Umschlag in Hass,
– Einsamkeit und Isolation,
– Identitätskrisen und Identitätsverlust,
– Heimat als verlorenes Paradies,
– Heimat als Objekt kritischer Betrachtung,
– Hinwendung zur neuen Heimat, Blick auf neue Möglichkeiten und Chancen,
– Sprachverlust als Heimatverlust,
– das dichterische Wort als Heimat,
– Reflexion über die Rückkehr in die Heimat.

Ein Leben im Exil:

Hilde Domin in jungen Jahren

- Recherchieren Sie Hilde Domins Biografie und hören Sie den Auszug aus den *Autobiografischen Schriften* auf der CD. **CD 1 Track 2**

  Gehen Sie dabei besonders folgenden Aspekten nach:
  – Lebensstationen
  – Lebensumstände im Exil
  – Begegnungen
  – Aufgaben, Tätigkeiten
  – Exil als Lebens- und Arbeitsinhalt

- Wählen Sie aus den abgedruckten Gedichten das aus, das Sie am stärksten anspricht. Bilden Sie mit Mitschülern, die am gleichen Gedicht interessiert sind, eine Gruppe.
- Setzen Sie sich in Ihrer Gruppe intensiv mit dem Gedicht auseinander. Erarbeiten Sie eine ansprechende Präsentation für Ihre Ergebnisse, z. B. als Hörfeature, als PowerPoint-Präsentation, als Wikipedia-Artikel, als Wandzeitung etc. Ihre Präsentation kann Folgendes enthalten:
  – sinnbetonender Gedichtvortrag
  – Begründung der Textwahl
  – Auswahl des „schönsten" Verses
  – Bezug des Gedichts zur Biografie Hilde Domins
  – zwei sprachliche Gestaltungsmittel und ihre Funktion innerhalb des Gedichts
  – …

Unterwegs

Von Herberge zu Herberge
Vergessenheit.
Der eigene Name
wird etwas Fremdes.

5 Deine Mutter
lebt nirgendwo,
ist längst dein Kind geworden,
das du nicht gebierst.

Und dass dich einer liebt,
10 dass man dich anders lieben kann
als im Vorübergehn,
das nimmt dich wunder. (e 1959)

Hilde Domin: Exil **CD 1 Track 3**

Der sterbende Mund
müht sich
um das richtig gesprochene
Wort
5 einer fremden
Sprache. (v 1964)

Mit leichtem Gepäck

Gewöhn dich nicht.
Du darfst dich nicht gewöhnen.
Eine Rose ist eine Rose.
Aber ein Heim
5 ist kein Heim.

Sag dem Schoßhund Gegenstand ab
der dich anwedelt
aus den Schaufenstern.
Er irrt. Du
10 riechst nicht nach Bleiben.

Ein Löffel ist besser als zwei.
Häng ihn dir um den Hals,
du darfst einen haben,
denn mit der Hand
15 schöpft sich das Heiße zu schwer.

Es liefe der Zucker dir durch die Finger,
wie der Trost,
wie der Wunsch,
an dem Tag
20 da er dein wird.

Du darfst einen Löffel haben,
eine Rose,
vielleicht ein Herz
und, vielleicht,
25 ein Grab. (v 1962)

Hilde Domin (1909–2006)

Nur eine Rose als Stütze

Ich richte mir ein Zimmer ein in der Luft
unter den Akrobaten und Vögeln:
mein Bett auf dem Trapez des Gefühls
wie ein Nest im Wind
5 auf der äußersten Spitze des Zweigs.

Ich kaufe mir eine Decke aus der zartesten Wolle
der sanftgescheitelten Schafe die
im Mondlicht
wie schimmernde Wolken
10 über die feste Erde ziehen.

Ich schließe die Augen und hülle mich ein
in das Vlies der verlässlichen Tiere.
Ich will den Sand unter den kleinen Hufen spüren
und das Klicken des Riegels hören,
15 der die Stalltür am Abend schließt.

Aber ich liege in Vogelfedern, hoch ins Leere gewiegt.
Mir schwindelt. Ich schlafe nicht ein.
Meine Hand
greift nach einem Halt und findet
20 nur eine Rose als Stütze.   (v 1959)

Aufbruch ohne Gewicht

Weiße Gardinen, leuchtende Segel
an meinem Fenster
am Hudson,
im zehnten Stock des Hotels
5 hell in die Sonne gebläht und knatternd im Meerwind.

Versprechen, Ausfahrt
nachhause,
zum Stelldichein mit mir selbst.
Aufbruch ohne Gewicht,
10 wenn das Herz den Körper verbrannt hat.

Segel so möwenleicht
über das offene Blau.
Das Zimmer ist unterwegs.
Aber das Meer
15 ist abgesteckt wie ein Acker.   (v 1959)

- In der gleichen Art können Sie Ihre Mitschülerinnen und Mitschüler auch über andere Exilautoren informieren, z. B. über Ludwig Börne, Georg Herwegh, Georg Büchner, Lion Feuchtwanger, Oskar Maria Graf, Rose Ausländer, Mascha Kaléko, Bertolt Brecht, die Familie Mann etc.

Hilde Domin bei einer Lesung im Jahr 2004

Hilde Domin: Wozu Lyrik heute? (Auszug)

Darüber hinaus ist jede Interpretation nichts anderes als eine Annäherung. Die Interpretation führt hin an das Gedicht, sie lehrt zunächst einmal genau lesen. Ganz wie der Betrachter eines Bildes zunächst einmal sehen lernen muss, was „da" ist. Es
5 ist keineswegs selbstverständlich, dass ein jeder das kann oder tut. Sehen lernen, hören lernen, lesen lernen, „was da ist", ist die erste Übung.
Abgesehen davon, dass die Interpretation den Leser lesen lehrt, was da steht, macht sie ihn hellhörig für das, was im Gesagten
10 mitschwingt, was also nicht – oder so nicht – da steht, sondern mit angeschlagen ist. Und sie macht darauf aufmerksam, wie das Gedicht es erreicht, dass das eine gesagt, aber etwas anderes oder mehr gemeint ist. Interpretation führt den Leser bis hin an das Gedicht, sie zeigt ihm, wie er lesen könnte. Dann lässt sie ihn
15 los. Im besten der Fälle steht der Leser nun ein wenig weniger hilflos vor dem Gedicht. Lesen kann er nur für sich allein. Es ist ein Hic Rhodos[1], Springen kann man vormachen. Springen muss jeder selbst. Das Lesen des Gedichts, ganz wie das Schreiben – wenn auch um Intensitätsgrade verschieden –, ist ein so-
20 wohl gedanklicher wie emotioneller Vorgang.
[...] Wir stellen also hier ab auf das interpretierende Lesen. Grob gesagt, auf die Benutzung des Kunstwerks, auf diejenige Art des Umgangs mit ihm, die ihm eine größtmögliche Wirksamkeit sichert. Die es also seiner Bestimmung zuführt. Die Fragestellung
25 ist hier: Wie habe ich etwas von dem Gedicht, was will das Gedicht von mir, was kann ich von ihm wollen?   (v 1968)

---

[1] Der vollständige Spruch lautet: „Hic Rhodus, hic salta!" (< lat., auf Deutsch: Hier ist Rhodos, hier springe!) und bedeutet: Zeige hier auf der Stelle, was du kannst. Die Worte stammen ursprünglich aus der Fabel „Der Fünfkämpfer als Prahlhans" von Äsop (griechischer Fabeldichter um 600 v. Chr.). Ein Fünfkämpfer, der wiederholt auf herausragende Leistungen beim Weitsprung in Rhodos hingewiesen hatte, wurde mit diesen Worten von seinem Gesprächspartner aufgefordert, das Geleistete hier und jetzt zu wiederholen, weil dieser genug von dessen Angebereien hatte.

4. „Ich suche Ruhe und finde Streit" (Biermann) – Über Gedichte in essayistischer Form schreiben

1 Wolf Biermann (* 1936): Heimat

Ich suche Ruhe und finde Streit
Wie süchtig nach lebendig Leben
Zu kurz ist meine lange Zeit
Will alles haben, alles geben
5 Weil ich ein Freundefresser bin
Hab ich nach Heimat Hunger – immer!
Das ist der Tod, da will ich hin
Ankommen aber nie und nimmer

Tief schlafen, träumen ohne Schrei
10 Aufwachen und noch bisschen dösen
Schluck Tee, Stück Butterbrot dabei
Leicht alle Menschheitsfragen lösen
Im ewig jungen Freiheitskrieg
Das Unerträgliche ertragen:
15 Die Niederlage steckt im Sieg
Trotz Furcht: die Liebe tapfer wagen!

Zur Nacht ein Glas Rioja-Wein
Weib! Weib, du bist mein Bacchanalchen
Lass Tier uns mit zwei Rücken sein!
20 Flieg du nochmal und ich nochmalchen
Dir bau ich den Balladen-Text
Wenn meinem Salamander wieder
Der abgebissne Schwanz nachwächst
Und so, ihr Lumpen, macht man Lieder

25 Ich suche Ruhe und finde Streit
Wie süchtig nach lebendig Leben
Zu kurz ist meine lange Zeit!
Will alles haben, alles geben
Weil ich ein Feindefresser bin
30 Hab ich nach Rache Hunger – immer!
Das ist der Tod, da will ich hin
Ankommen aber nie und nimmer (v 2006)

*Niemand verkörpert das deutschdeutsche Schicksal so wie **Wolf Biermann**. Am 15.11.1936 in Hamburg geboren, siedelte der Sohn eines 1943 in Auschwitz ermordeten jüdischen Vaters 1953 in die DDR über. Neben dem Studium der Politischen Ökonomie und der Philosophie arbeitete er als Regieassistent bei Brechts „Berliner Ensemble". Als Liedermacher kritisierte er permanent den Widerspruch zwischen kommunistischer Theorie und sozialistischer Praxis. Dafür wurde er 1963 aus der SED ausgeschlossen, 1965 erhielt er ein Auftrittsverbot, 1976 wurde Biermann zu einer Konzertreise in die Bundesrepublik Deutschland eingeladen, wofür ihm die Behörden der DDR eine Reisegenehmigung erteilten. Das erste Konzert fand, vom Dritten Fernsehprogramm des WDR live übertragen, am 13. November in der Kölner Sporthalle statt. Dieses Konzert – Biermann hatte die DDR mehrfach kritisiert, bei anderen Anlässen wie etwa einer Diskussion über den 17. Juni aber auch verteidigt – diente dem Politbüro der SED als Vorwand für die Ausbürgerung wegen „Staatsfeindlichkeit". Namhafte Autorinnen und Autoren sowie Künstler haben dagegen protestiert (vgl. S. 426f.). In den Jahren seit der Wiedervereinigung wurde Wolf Biermann mit vielen Preisen ausgezeichnet (vom Büchner-Preis bis zur Ehrenbürgerwürde Berlins), sein Einsatz für seine Überzeugung ist ungebrochen.*

1. Setzen Sie sich mit dem Gedicht „Heimat" mithilfe der ▶ Placemat-Methode intensiv auseinander.

Die Lyrik

Seit dem 18. Jahrhundert wird die **Lyrik** (< gr. lyra = die Leier) neben Epik und Dramatik als dritte Hauptgattung der Dichtung angesehen. Neben der sog. **Erlebnislyrik**, die stark durch subjektiven Gefühlsausdruck geprägt ist, sind die mehr gesellschaftlich bedingte **Rollenlyrik**, bei der die Dichterin bzw. der Dichter ihre bzw. seine Empfindungen und Gedanken einer typischen Gestalt als Ichaussage in den Mund legt, und die überwiegend weltanschaulich bestimmte **Ideen-** oder **Gedankenlyrik** zu unterscheiden. Selbstverständlich gibt es aus den Grundarten zahlreiche Mischformen. Unabhängig von den Arten der Lyrik, die sich einfach auch nach den jeweiligen Gegenständen bezeichnen lassen (**Liebes-**, **Natur-** und **Gesellschaftslyrik**, **politische Lyrik** etc.), sind die folgenden inneren Merkmale charakteristisch: Konzentration (Verdichtung) der Aussage, sprachliche Verknappung (Ökonomie), ausgeprägte künstlerische Formgebung in Stil, Bildhaftigkeit, Musikalität und struktureller Dichte.

2 Günter Kunert (* 1929): Er überwindet die Widersprüche, er will sie vereinen

Heimat sei, wo wir nie waren, hatte einst Ernst Bloch behauptet, doch das scheint mir ein grundlegender Irrtum zu sein. Die Sehnsucht des Einzelnen, des Vereinzelten, würde sich nicht auf Heimat richten, besäße er keine Vorstellung von jenem verlorenen Paradies, aus dem das zwanzigste Jahrhundert Millionen Menschen vertrieb. Nur versteht man unter dem fragwürdig gewordenen, verdorbenen Begriff jeweils etwas anderes, nachdem sich der Brunnen 5
vor dem Tore und der Lindenbaum daselbst als Kulissen, nach vielerlei Tragödien in den Fundus verbracht, entpuppt hatten.
In Wolf Biermanns neuestem Gedichtband, der mit dem nur im Deutschen existierenden Wort daherkommt, folgen wir dem Entdecker auf seiner Heimatsuche. Als schlösse sich der Kreis, erscheint ihm Heines Hammonia[1], aus dem ja auch unser Barde stammt, nun heimatlich, 10
sprich anheimelnd. Doch das ehemalige Aufgehobensein in einem uns zugehörigen Umfeld ist uns längst vergangen. So finden Entwurzelte eine neue Heimat. Bei Biermann war es zuerst der Kommunismus, der das Versprechen von Geborgenheit und mitmenschlicher Gemein-

---

[1] Hammonia: nlat. Name von Hamburg

schaft, den primären Voraussetzungen von Heimat, zu bieten schien. Dem Verlust dieser Illusion eröffnete sich eine zweite Möglichkeit, das eigene Ich wiederum in einen umfassenden Bezug zu setzen: das Jüdische. Wie manche enttäuschten Genossen kehrte auch Biermann „back to the roots". Was ihm umso leichter fiel, als sein Vater nicht nur Kommunist, sondern auch Jude gewesen ist.

Aber zur Heimat gehört ebenso alles Private, ja Intime, soll sie nicht ein bloßer Schemen bleiben. Daher besteht Biermanns Heimat aus einem ganzen Konglomerat von ihm Nahestehenden und Fernstehenden, welche das Netz für diesen Seiltänzer des liedhaften Gedichtes bilden. Seine Frau Pamela, seine vielen Kinder, seine Freunde und – last, but not least – seine Feinde, deren er ebenfalls zur Inspiration bedarf.

In dem Gedicht „Heimat" ist alles, das Konkrete wie das Allgemeine, auf dialektische Weise versammelt und ineinander verschränkt: Es lebt vom Widerspruch, indem es auf unnachahmliche Art diese Widersprüche zu überwinden und zu vereinen sucht. Darin liegt Biermanns Stärke: die Antinomien „zum Tanzen", nein, zu Gehör zu bringen. Aus dem Amalgam von Villon und Heinrich Heine ist in neuer, besonderer Form die in Deutschland seltene Gestalt eines Barden entstanden, gekennzeichnet von Leibhaftigkeit, Leibheftigkeit und Liedhaftigkeit. Esoterik, Metaphysik sind seine Sachen nicht. Es ist stets das Leben, sein Leben, das thematisiert, das besungen wird. Er hat, dank eines ungebärdigen Temperaments, sein frühes Trauma in Kreativität verwandelt. Und wir können seine Texte insgesamt als eine poetisch geformte Autobiografie lesen. Der zitierte Hunger nach Heimat zeigt sich als starke Antriebskraft, bedeutet keineswegs Nostalgie, sondern die Verwandlung der persönlichen Vergangenheit in die gegenwärtige Existenz. Er begräbt nicht seine Toten, er erweckt sie zum Dasein in seinem Werk. Wie er bei ihnen, so sind sie bei ihm immer präsent und schauen ihm über die Schulter.

Ungewohnt ist der Anruf des Todes. (Kein Wunder, wenn man siebzig Jahre alt geworden ist.) Aber hier hat der Tod keinen Schrecken, er ist ein Wink, eine Einladung, der zu folgen sich keiner entziehen kann. „Da [sic!] ist der Tod, da will ich hin/Ankommen aber nie und nimmer." Freilich: Das Ticket zu dieser Endstation haben wir mit unserer Geburt kostenlos mitbekommen. Immerhin wird von uns, und von Biermann auf jeden Fall, Nennenswertes bleiben: das Geschaffene, das künstlerisch Gelungene, das die Epoche mit der Persönlichkeit ihres Dichters verbindet. Unsterblichkeit? Da fällt uns der polnische Satiriker Lec ein, der meinte, um unsterblich zu werden, müsse man erst einmal tot sein. Damit, mein guter Wolf, soll es jedoch noch ein Weilchen dauern. (v 2007)

Günter Kunert *wurde 1929 in Berlin geboren und als Halbjude im Dritten Reich für „wehrunwürdig" erklärt. Kunert studierte nach 1945 in Berlin an der Hochschule für Angewandte Kunst. Er lebte dann als freier Schriftsteller, Zeichner und Maler in Ostberlin, gefördert von J. R. Becher und B. Brecht. Als Mitunterzeichner einer Petition gegen die Ausbürgerung Wolf Biermanns (1976) wurde Kunert 1977 aus der SED ausgeschlossen. Seit Herbst 1979 lebt er in der Bundesrepublik. Kunert schreibt in allen Gattungen mit starkem zeitkritischem Engagement. Der Titel seines ersten Lyrikbandes Wegschilder und Mauerinschriften (1950) kann als programmatisch für sein umfangreiches Gesamtwerk gelten.*

2. Lesen und ➤ erschließen Sie den Text.

3. Vergleichen Sie Kunerts Text mit einer schulischen Gedichtinterpretation. Achten Sie dabei besonders auf
– die Gedankenfolge,
– die Sprache und
– den Aufbau.

4. Wählen Sie eines der Gedichte (S. 43–47) und versuchen Sie in ähnlicher Weise wie Günter Kunert darüber zu schreiben.

Das essayistische Schreiben

Ein **Essay** (< altfrz. Essai = Probe, Versuch) ist ein subjektiv reflexiver Text über ein Thema, das unterschiedlichsten Bereichen entstammen kann. Dabei soll der Leser nicht nur von einer Meinung überzeugt, sondern auch unterhalten werden. Anders als bei einer Erörterung oder einer Interpretation muss sich der Verfasser nicht an einer festen Systematik oder Vollständigkeit orientieren, er hat mehr Gestaltungsspielraum; denn es geht eher um das Durchspielen von Möglichkeiten und um das Schaffen von Denkanstößen. So darf der Schreiber seinen Einfällen folgen, er muss keine Fachbegriffe verwenden, er muss nicht alle Behauptungen begründen und belegen, er darf abschweifen. Er will nämlich seine persönliche Sichtweise darstellen, nicht ein Thema wissenschaftlich oder erschöpfend behandeln.

III. Das Leben als Reise – „Peer Gynt"

1. Wer ist Peer Gynt? – Figurencharakterisierungen im Drama erschließen

1 Besetzungsvorschläge für die Hauptrolle

Peer Gynt gilt als Inbegriff des sorglosen jungen Mannes, der seine Wege geht, unabhängig von den gesellschaftlichen Anforderungen, die an ihn gestellt werden. Das Schauspiel Leipzig erfand im März 2009 den Begriff der „Generation Peer", um jugendlichen Egoismus, Realitätsvermeidung und Flucht aus der Wirklichkeit mit einem Begriff zu verbinden, der auf die literarische Vorlage von Henrik Ibsen zurückgeht. So griffig die Formulierung „Generation Peer" auch ist, so zweifelhaft erscheint diese Form der Typisierung vor dem Hintergrund der literarischen Tradition, die Henrik Ibsen im ausgehenden 19. Jahrhundert geschaffen hat: Wer war Peer Gynt bei Ibsen tatsächlich?

a) Peer Gynt aus der Verfilmung 2007
[Regie: Uwe Janson, 2006]

b) Peer Gynt aus der Freiburger Inszenierung
[Regie: Jarg Pataki, 2007]

1. Beschreiben Sie die unterschiedlichen Besetzungen im Film (Bild a) und im Theater (Bild b) nach folgenden Kategorien:
– Alter,
– Aussehen,
– Körpersprache.

2. Beziehen Sie Aspekte der „Generation Peer" auf die unterschiedlichen Besetzungen.

3. Begründen Sie, welcher Schauspieler Ihr Interesse auf besondere Weise weckt.

2 Henrik Ibsen (1828–1906): Peer Gynt (Auszug) – Streit zwischen Mutter und Sohn –

ERSTER AKT

Eine Leite[1] mit Laubbäumen bei Åses Gehöft. Ein Bach schäumt nieder. Eine alte Mühle auf der andern Seite. Heißer Sommertag.

Peer Gynt, ein stämmiger Bursch von zwanzig Jahren, kommt den Steig herunter. Åse, die Mutter, klein und fein, folgt hintennach. Sie ist böse und schimpft.

5 ÅSE. Peer, du schwindelst!
PEER GYNT (*ohne einzuhalten*). Nie und nimmer!
ÅSE. Dass es wahr ist, schwör mir drauf!
PEER GYNT. Wozu schwören?
ÅSE.   Wehr dich immer!
10   Lug und Trug ist's doch zuhauf!
PEER GYNT (*bleibt stehn*).
    Wahr ist's – jedes Wort hält Stich[2]!
    […]

---

[1] die Leite (< mhd. lite): steiler Berghang
[2] jedes Wort hält Stich: (sinngemäß) jedes Wort hält stand

ÅSE *(gallig).* Ja, 'ne Lüge lässt sich wenden,
15   Putzt man sie nur prächtig her,
   Legt ihr ein neu Fell um – wer
   Kennt sie noch, die magern Lenden?
   Das ist dein Werk – hast vertauscht,
   Alles riesig aufgebauscht.
20   Ausgeschmückt mit Adlerrücken
   Und mit all den andern Tücken,
   Was nicht passen wollte, weg-
   Schwadroniert[1] – vor lauter Schreck
   Weiß man schließlich ganz betört
25   Nimmer: hab's ja längst gehört!
PEER GYNT. Drösch' ein andrer solchen Schrot,
   Schlüg' die Knochen ich zu Brei ihm!
ÅSE *(weinend).* Ach, wollt' Gott, ich läge tot,
   Hinter Gottesackers Toren!
30   Fleh und flenn –: 's ist einerlei ihm. –
   Peer, du bist und bleibst verloren!
PEER GYNT. Liebes Mütterchen, du hast
   Recht mit jedem Worte fast –
   Sei nur nett und froh –
35 ÅSE.   So schweig du!
   Wie ich froh sein sollte, zeig du –
   Ich, die hat solch Schwein zum Sohn?
   Soll's mir keinen Kummer machen,
   Bettlerswitwe mir, der schwachen,
40   Krieg ich stetig Schmach für Lohn? *(Weint wieder.)*
   Liegt das Erbe nicht zerschlagen
   Aus Großvaters Wohlstandstagen?
   Sag, wo sich ein Kreuzer find't
   Von dem alten Rasmus Gynt?
45   [...]
   Hoh! fidel ging's immer her:
   Propst, Kap'tän und sonst 'ne Menge
   Soff sich voll und ward geatzt[2],
   Tag für Tag, sind schier geplatzt.
50   Wer dein Freund, zeigt Not und Enge.
   Still ward's hier und menschenleer
   Seit dem Tag, da ‚Jon der Reiche'
   's Ränzel nahm und ließ die Streiche.
   (Trocknet sich die Augen mit der Schürze.)
55   Ach, bist groß und stark, mein Sohn,
   Wärest du mir Stab und Stütze,
   Deiner alten Mutter Lohn –
   Jung, zum Werk im Hof mir nütze,
   Dass dein Erbteil nicht verkomme – *(Weint von Neuem.)*
60   Oh, du Tunichtgut, Gott schütze,
   Wenn du jemals mir gefrommt!
   Faul am Herde liegst nur immer,
   Stocherst in der Glut und mampfst du,
   In die vollen Schenken stampfst du,
65   Scheuchst hinaus die Frauenzimmer –
   Machst zum Spott mich, 's ist zum Ekeln,
   Balgst dich mit den ärgsten Flegeln –
PEER GYNT *(geht von ihr).* Lass mich ledig.[3]   (v 1867)

Grundbegriffe des Dramas

- **Akte und Szenen** ersetzen beim Drama die Kapiteleinteilungen des Romans. Das klassische Drama verfügt über drei oder fünf Akte; die Szenen dienen als Untergliederung und markieren Orts- bzw. Personenwechsel der Akte.
- Der **Nebentext** bezeichnet alles, was im Drama in kursiver Schrift oder in Klammern zur wörtlichen Rede ergänzt wird (Hinweise auf Ort, Zeit, Figuren).
- Der **Haupttext** beinhaltet die wörtliche Rede der auftretenden Figuren.
- Der **Dialog** umfasst als Fachbegriff für die wörtliche Rede nicht nur den Dialog zweier Figuren, sondern jegliches Gespräch zwischen den auftretenden Figuren unterschiedlicher Anzahl.
- **Vers und Reim**: Ähnlich wie bei der Lyrik dominiert bei älteren Dramen die verdichtete Kunstsprache in gereimter Form. Erst zur Zeit des Sturm und Drang (vgl. S. 162) setzt sich die Prosasprache als Ausdruck eines neuen Realismus durch.
- **Tragödie und Komödie** sind Hauptspielarten der Handlung, welche entweder die Erschütterung oder die Belustigung des Zuschauers hervorruft. Lange Zeit war das Personal der Komödie für niedere Schichten, der Tragödie dagegen für höhere Schichten reserviert. Diese **Ständeklausel** fällt, ähnlich wie die Verssprache des Dramas, mit dem Sturm und Drang. ▲

4. ➤ Lesen Sie den vorliegenden Dramenauszug mit verteilten Rollen.

5. Fassen Sie die Charakterisierung Peers durch seine Mutter zusammen.

6. Sprechen Sie über Peers Reaktion auf die Vorwürfe seiner Mutter.

7. Diskutieren Sie jetzt noch einmal Ihren anfänglichen Eindruck der Besetzungsvorschläge (S. 54): Wer würde vom Text her die Rolle bekommen, wenn Sie Regie führen dürften?

---

[1] schwadronieren: lebhaft und wortreich erzählen
[2] ward geatzt (< mdh. atzen): wurde gefüttert
[3] Lass mich ledig: (sinngemäß) Lass mich allein

3 Henrik Ibsen: Peer Gynt (Auszug)
– Fortsetzung des Gespräches mit der Mutter –

ÅSE (*folgt ihm*).　　　　　　　Wolltest gar es
　　Leugnen: Vormann warst du neulich,
　　Als ihr euch so ganz abscheulich
　　Zugerichtet habt, zu Lunde,
5　Fielt euch an wie tolle Hunde?
　　Warst nicht du es – wer sonst war es? –
　　Der den Arm entzwei dem Schmied
　　Aslak brach, zumindst sein rares
　　Rechtes Zeigefingerglied?
10 PEER GYNT. Wer trug dir den Blödsinn bei?
　　ÅSE (*hitzig*). Heulen hörte man 's 'ne Meile!
　　PEER GYNT (*reibt sich den Ellenbogen*).
　　　Ja, nur war es *mein* Geschrei.
　　ÅSE. Deins?
15 PEER GYNT. Ja – kriegte *ich* doch Keile.
　　ÅSE. Und was gab's?
　　PEER GYNT. Der haut für drei.
　　ÅSE. Wer haut?
　　PEER GYNT. Aslak, und das deftig.
20 ÅSE. Pfui – und pfui! grad speien möcht' ich's,
　　So ein Saufloch, niederträchtigs,
　　So 'ne geile Schnapserfratze
　　Legt auf meinen Peer die Pratze? (*Weint wieder.*)
　　Manche Schande traf mich heftig:
25　Aber dieser Schimpf und Graus
　　Schlägt dem Fass den Boden aus.
　　Schmettert dreimal er so jach –
　　Wär' drum deine Pranke schwach?
　　PEER GYNT. Hämmr' ich oder werd gehämmert –
30　Einer ist allweil belämmert. (*Lacht.*)
　　Tröst dich –
　　ÅSE.　　　　　Was? Hast mich schon wieder
　　　Angeschmust?
　　PEER GYNT. Ja, diesmal nur.
35　Wisch die Äuglein ab fein bieder – (*Ballt die Linke.*)
　　Schau – mit dieser Zangenkur
　　Hielt den ganzen Schmied ich nieder;
　　Hier die Rechte war mein Schlägel –
　　ÅSE. Ja, so schmiedest du die Nägel,
40　Balger du, für meinen Sarg!
　　PEER GYNT. Nein; das wär' für dich zu arg;
　　Zwanzigtausendfach, mein Engel!
　　Klein, lieb, hässlich Muttchen, hör,
　　Trau dem Wort, das ich dir schwör:
45　Glaub's, dich ehrt der ganze Sprengel,
　　Wart nur, bis ich über Nacht
　　Recht 'ne – große Tat vollbracht!

8. Stellen Sie sich vor, die Mutter ginge nach dem Gespräch zur Dorfpolizei.
Sprechen Sie darüber,
a) welche Geschichte sie wohl erzählen könnte –
b) und wen sie wohl anzeigen würde.

9. Diskutieren Sie die Frage, ob Peer Opfer oder Täter ist.

Lesen eines Dramentextes

Dramentexte zu lesen, ist eine Herausforderung, weil sie eigentlich als Textgrundlage für eine Theateraufführung gedacht sind. Diese Aufführung ist sinnlich: Sie bietet dem Auge ein Bühnenbild, einen konkreten Besetzungs- und Kostümvorschlag für die Schauspieler, zudem Bühnenmusik und Geräusche für das Ohr. Der gesprochene Text ist daher nur *eine* Dimension dieser Aufführung, wenn auch die entscheidende.

Wer Dramen liest, muss sich die Bühne, die Kostüme, den konkreten Charakter des Schauspielers, seine Physiognomie, seine Körpersprache selbst hinzudenken. Das ist beim Lesen eines Romans ja nicht anders, könnte man einwenden. Aber hier fällt das Vorstellen viel leichter, denn im Roman findet sich ein Erzähler, der Hinweise gibt auf Ort, Zeit und Handlung. Dieser Erzähler fällt beim Drama weg; man spricht deshalb auch von der **Abwesenheit des Erzählers im Drama**. Deshalb müssen die Leser des Dramas lernen, sich am geäußerten Wort zu orientieren. Das ist im doppelten Sinne anspruchsvoll: Zum einen, weil das, was gesagt wird, nicht unbedingt der Wahrheit entspricht; zum anderen, weil die reine Inhaltsebene des Gesagten gerade im Drama von den vielfältigen Anforderungen der **Kommunikationssituation** überlagert wird. Der Gesprächsinhalt kann nur vordergründig wichtig sein, wenn die Beziehung der Sprechenden nicht stimmt; und diese Beziehungsebene wiederum kann dafür sorgen, dass das, was gesagt wird, gar nicht stimmt (z. B. wenn eine Figur der anderen Informationen vorenthält, sie bewusst täuscht etc.). Deshalb ist es bei der Dramenanalyse unumgänglich, die Deutungen über ein **Kommunikationsmodell** abzusichern.

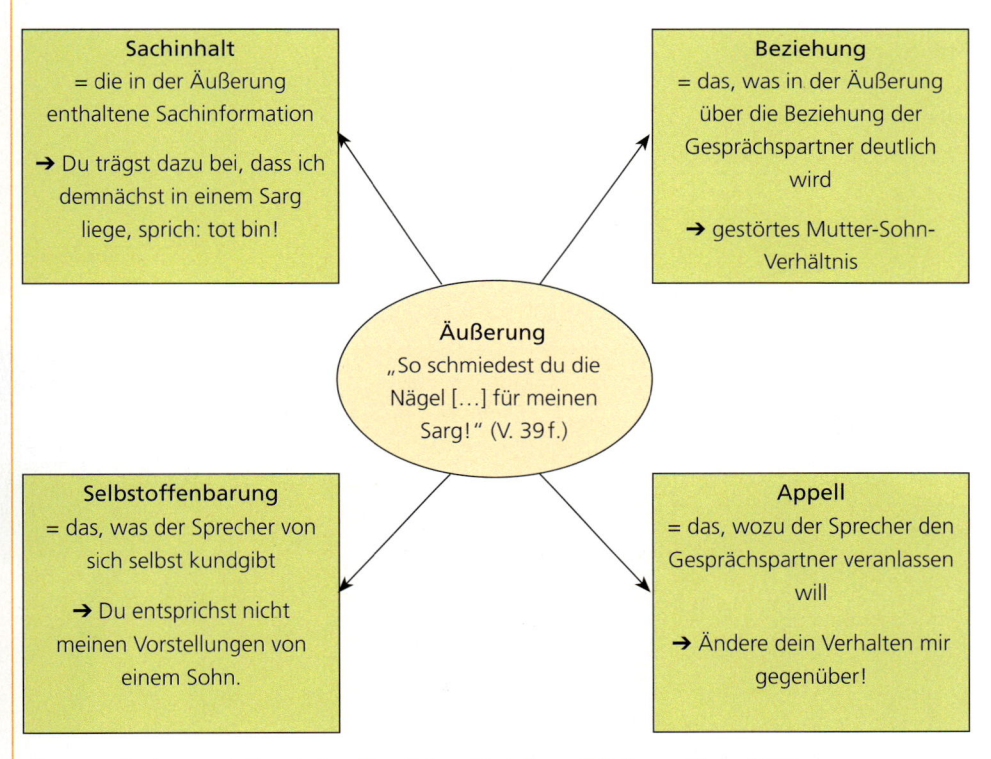

Sachinhalt
= die in der Äußerung enthaltene Sachinformation

➔ Du trägst dazu bei, dass ich demnächst in einem Sarg liege, sprich: tot bin!

Beziehung
= das, was in der Äußerung über die Beziehung der Gesprächspartner deutlich wird

➔ gestörtes Mutter-Sohn-Verhältnis

Äußerung
„So schmiedest du die Nägel […] für meinen Sarg!" (V. 39 f.)

Selbstoffenbarung
= das, was der Sprecher von sich selbst kundgibt

➔ Du entsprichst nicht meinen Vorstellungen von einem Sohn.

Appell
= das, wozu der Sprecher den Gesprächspartner veranlassen will

➔ Ändere dein Verhalten mir gegenüber!

(Kommunikationsmodell nach dem Vier-Seiten-Modell von Schulz von Thun, 1981)

In jedem Drama unterscheidet man zwischen **Haupt- und Nebentext**. Der Haupttext bezeichnet die Dialoge der sprechenden, damit handelnden Figuren. Der Nebentext, meist in kursiver Schrift oder in Klammern vor den Dialogen oder zu Beginn des geäußerten Wortes eingefügt, gibt knappe Hinweise auf den Ort des Geschehens, auf die Körpersprache beziehungsweise die Gefühlswelt der Sprechenden und auf die Auf- oder Abtritte. Diesen seltenen Nebentext gilt es, beim Lesen des Dramentextes zum Leben zu wecken. Die sinnliche Dimension einer möglichen Inszenierung sollte immer im Blick bleiben und damit die Frage, wie die Bühne aussehen könnte, wie die Schauspieler in ihrer je eigenen Ausstattung und ihren je eigenen Kostümen. Auch die Stimmen, die Geräusche, überhaupt der gesamte Bereich der Bühnenmusik sowie der Bühnenbeleuchtung können beim Lesen nicht wahrgenommen werden; es lassen sich aber Überlegungen anstellen, welche Musik, welche Beleuchtung passen könnte.

58 „Peer, du schwindelst":

Selbstcharakterisierung im Drama

Als Selbstcharakterisierung lassen sich alle **Ich-Botschaften** im Drama verstehen: Immer dann, wenn eine Dramenfigur sich selbst beschreibt, spricht man von Selbstcharakterisierung. Diese Ich-Botschaften können das Äußere und das Verhalten der Figur betreffen; sie enthalten oft Rechtfertigungen für unternommene oder unterlassene Handlungen, zudem Selbsteinschätzungen, welche Beziehung ein Ich zu seinen Mitspielern einnimmt. Diese **direkten Formen der Selbstcharakterisierung** („Ich bin …", „Das habe ich getan, weil ich dachte …") werden ergänzt von **indirekten Formen**: Wie jemand etwas sagt, mit welcher Körperhaltung, welcher Sprache, welcher Stimme, das sagt oft mehr aus als das, was er sagt. Zu dieser indirekten Form der Selbstcharakterisierung gehören schließlich sämtliche Handlungen einer Figur, die auch deshalb so wichtig sind, weil nur sie Auskunft darüber geben, ob jemand nur über Worte vorgibt, gut zu handeln – oder ob er das dann auch tatsächlich tut …

Selbstcharakterisierung im Klassenzimmer:

„Ich habe viele Hobbys, reise gerne und langweile mich immer ein bisschen, wenn ich nur zu Hause lebe. Reisen bildet, so heißt es, und das finde ich auch: Der Kontakt zu fremden Menschen und Kulturen erweitert meinen Blick, und die Energie, die ich aus Reisen ziehe, trägt mich noch wochenlang im Alltag …"

- Charakterisieren Sie sich selbst zunächst auf allgemeine Art. Legen Sie dabei einen Schwerpunkt auf das Zusammenspiel von äußerer und innerer Charakterisierung.
- Verbinden Sie diese Charakterisierung mit dem Schwerpunkt Reisen und Sesshaftigkeit.

Selbstcharakterisierung: Peer Gynt

„Schau – mit dieser Zangenkur/Hielt den ganzen Schmied ich nieder"

„Wahr ist's – jedes Wort hält Stich!"

„Wart nur, bis ich über Nacht/Recht 'ne große Tat vollbracht!"

- Suchen Sie in Text 2 und 3 die drei hier zitierten Selbstcharakterisierungen Peers.
- Deuten Sie, welche Charaktereigenschaften Peer sich selbst zuschreibt.

Albert Friedl als Peer, Eva Spott als Åse

Selbst- und Fremdcharakterisierung im Drama

Fremdcharakterisierung im Klassenzimmer:

„Mein Sitznachbar ist äußerst sesshaft und verbringt selbst seine Urlaube meist in heimatlichen Gefilden. Dort ist er durch permanentes Jobben so stark in die Berufswelt eingebunden, dass ihm eigentlich gar keine Zeit bleibt, in fremde Länder zu reisen. Vielleicht hängt diese Heimatverbundenheit auch mit seiner Treue zusammen, die ihn mehr an seine Freunde bindet, als er wahrhaben will. Auf ihn kann ich mich deshalb immer verlassen, und das schätze ich unendlich …"

Fremdcharakterisierung im Drama

Fremdcharakterisierungen sind im Drama alle **Du-Botschaften**, mit denen eine Figur eine andere Figur beschreibt und bewertet. Ob Lob oder Tadel, Liebe oder Hass – sämtliche direkten Äußerungen über einen Mitspieler gehören zur **direkten Fremdcharakterisierung**. Ohne das Zusammenspiel von Selbst- und Fremdcharakterisierung lässt sich keine Person umfassend einordnen, da sich Selbst- und Fremdcharakterisierung ja oft unterscheiden. Wie eine Person im Drama zu beurteilen ist, das erschließt sich deshalb meist erst aus der Kontrastierung zwischen Worten und Taten einer Figur im Zusammenspiel mit der Summe der Bewertungen, die die Figur durch ihre Mitspieler im gesamten Dramenverlauf erfährt …

- Charakterisieren Sie Ihren Sitznachbarn zunächst allgemein. Achten Sie dabei auf das Zusammenspiel von äußerer und innerer Charakterisierung.
- Verbinden Sie diese Charakterisierung mit dem ausgewählten Schwerpunkt des Reisens und der Sesshaftigkeit.
- Vergleichen Sie Ihre Ergebnisse in Partnerarbeit, indem Sie zunächst mit der Fremdcharakterisierung beginnen und diese um die Selbstcharakterisierung ergänzen: Notieren Sie Übereinstimmungen und Unterschiede.

Fremdcharakterisierung: Peer Gynt

„Peer, du schwindelst!"

„So schmiedest du die Nägel […] für meinen Sarg!"

„Ach, bist groß und stark, mein Sohn"

- Suchen Sie in Text 2 und 3 die drei hier zitierten Fremdcharakterisierungen Peers.
- Deuten Sie, welche Charaktereigenschaften Peer von seiner Mutter zugeschrieben werden.
- Vergleichen Sie nun Selbst- und Fremdcharakterisierungen, indem Sie Gemeinsamkeiten und Unterschiede benennen und versuchen, ein objektivierendes Bild entstehen zu lassen: Wer ist Peer Gynt wirklich?

Henrik Ibsen (1828–1906), der norwegische Dramatiker, hat mit seinen Stücken das moderne Theater maßgeblich geprägt. Er machte eine Apothekerlehre und bereitete sich gleichzeitig auf das Abitur vor. Er war Dramaturg in Bergen und Theaterleiter in Oslo. Von 1864 bis zu seiner Heimkehr nach Norwegen 1891 lebte er in Deutschland und Italien.
„Nehmen Sie einem Menschen die Lebenslüge und Sie nehmen ihm zugleich sein Glück", heißt es im Drama Wildente – damit wird ein zentrales Thema von Ibsens Stücken bezeichnet. Werke: Peer Gynt *(1867)*, Die Stützen der Gesellschaft *(1877)*, Nora oder ein Puppenheim *(1884)*, Hedda Gabler *(1890)*, John Gabriel Borkman *(1896)*.

2. Ein Protagonist auf der Suche – Äußere und innere Handlung im Drama erschließen

1 Stationen einer Reise

Ibsens Schauspiel *Peer Gynt* beginnt und endet in Norwegen. Der Protagonist, der diesem Drama seinen Namen gibt, bereist zu Lebzeiten die Welt. Diese Reise dauert das ganze Leben an. Damit bearbeitet Ibsen einen in der Literatur beliebten Stoff: den der lebenslangen Suche eines Menschen nach sich selbst. Die Erarbeitung der einzelnen Stationen dieser Reise (äußere Handlung) ist deshalb grundlegend für die Charakterisierung der Hauptfigur (innere Handlung). Der Unterschied zwischen äußerer und innerer Handlung verschwimmt, wenn Fantasiegeschichten, wie das Aufeinandertreffen Peers mit den Trollen im Wald, eine Trennung von äußerer und innerer Handlung praktisch unmöglich machen.

Peer Gynt bei den Trollen (Theater Freiburg 2006, Regie: Jarg Pataki)

Spätestens wenn Peer seine Heimat Norwegen verlässt, scheinen die äußeren Handlungsorte allerdings geografisch verortbar. Auskunft darüber geben die zahlreichen Nebentexte Ibsens, die im Folgenden in der Chronologie des Dramas aufgelistet sind:

a) Inmitten der Ronde-Berge. Sonnenuntergang. Gleißende Schneegipfel rundum.
b) Tief drinnen im Nadelwald. Graues Herbstwetter. Schneefall. *Peer Gynt steht in Hemdsärmeln und fällt Nutzholz.*
c) Vor einer Neusiedlerhütte im Wald. Rentiergeweih über der Tür. Tiefer Schnee. Es dämmert. *Peer Gynt steht vor der Tür und schlägt einen großen Holzriegel an.*
d) An der Südwestküste von Marokko. Palmenwald. Gedeckter Mittagstisch, Sonnensegel und Schilfläufer. Weiter drin im Hain Hängematten. Vor Land liegt eine Dampfjacht mit norwegischer und amerikanischer Flagge. Am Strand eine Jolle. Es ist gegen Sonnenuntergang. *Peer Gynt, ein schmucker Herr von mittleren Jahren in elegantem Reiseanzug, mit goldener Lorgnette[1] auf der Brust, präsidiert als Wirt am Tischende. [...]*
e) Eine andere Stelle an der Küste. Mondschein und treibende Wolken. Die Jacht läuft weit draußen unter Volldampf. *Peer Gynt rennt den Strand entlang. Bald kneift er sich in den Arm, bald starrt er hinaus aufs Meer.*
f) Nacht. Marokkanisches Lager an der Grenze gegen die Wüste. Wachfeuer und rastende Krieger.

Äußere und innere Handlung

Das, was jemand tut, sagt immer etwas über einen Menschen aus. Zudem ist es mit eigenen Gedanken und Gefühlen verbunden. Erst das Zusammenspiel von erkennbaren Handlungen und Taten (äußere Handlung) mit den meist geheimen Gefühlen und Gedanken bei diesen Taten (innere Handlung) erlaubt es, eine Figur umfassend zu charakterisieren.

---

[1] die Lorgnette: (< franz.: lorgner = anschielen): eine mit Stiel versehene Brille

III. Das Leben als Reise – „Peer Gynt"   61

g) Früher Morgen. Steinige Gegend mit Aussicht auf die Wüste. Auf der einen Seite eine Felskluft und eine Höhle.

h) Zelt bei einem Araberhäuptling, einsam in einer Oase. *Peer Gynt in seiner orientalischen Tracht auf Polstern lagernd. Er trinkt Kaffee und raucht aus einer langen Pfeife. Anitra und eine Schar Mädchen tanzen und singen vor ihm.*

i) Mondscheinnacht. Palmenhain vor Anitras Zelt. *Peer Gynt mit einer arabischen Laute in der Hand sitzt unter einem Baum. Sein Bart und Haar sind gestutzt; er sieht beträchtlich jünger aus.*

j) Karawanenstraße. Die Oase weit hinten in der Ferne. *Peer Gynt, auf seinem weißen Ross, jagt durch die Wüste. Er hat Anitra vor sich auf dem Sattelknauf.*

k) Ebenda. Eine Stunde später. Peer Gynt, gesetzt und bedächtig, zieht die Türkenkleider aus, Stück für Stück. *Zuletzt nimmt er seine kleine Reisemütze aus der Rocktasche, setzt sie auf und steht wieder in seiner europäischen Tracht.*

l) In Ägypten. Morgendämmerung. Die Memnons-Säule steht im Sande. *Peer Gynt kommt gegangen und sieht sich eine Weile um.*

m) Beim Dorfe Disez. Der große Sphinx, aus dem Fels gehauen. Weit weg Kairos Türme und Minarette. *Peer Gynt kommt; er betrachtet den Sphinx aufmerksam bald durch die Lorgnette, bald durch die hohle Hand.*

n) In Kairo. Ein großer Hofraum mit hohen Mauern und Gebäuden ringsum. Vergitterte Fenster; eiserne Käfige. *Drei Wärter im Hof. Ein vierter kommt.*

o) An Bord eines Schiffes in der Nordsee vor der norwegischen Küste. Sonnenuntergang. Stürmisches Wetter. *Peer Gynt, ein kräftiger alter Mann mit eisgrauem Haar und Bart, steht achtern auf der Kampanje. Er ist halb seemännisch gekleidet, in Jacke und hohen Stiefeln. Die Tracht etwas abgenutzt und mitgenommen; er selbst wettergebräunt und ziemlich harten Ausdrucks. Der Schiffskapitän am Steuerrad beim Rudergast[1]. Die Mannschaft vorn.*

p) Vor Land zwischen Schären und Brechern. *Das Schiff geht unter. Im Nebel sieht man undeutlich die Jolle mit zwei Mann. Eine Sturzsee schlägt sie voll; sie kentert; man hört einen Schrei; darauf eine Weile ganz still. Etwas später kommt das umgeschlagene Boot zum Vorschein. Peer Gynt taucht in der Nähe des Bootes auf.*

q) Gottesacker[2] in einer Gebirgsgegend. *Leichenbegräbnis. Pfarrer und Kirchvolk. Die letzte Choralstrophe wird gesungen. Peer Gynt geht vorn auf dem Weg vorbei.*

---

[1] der Rudergast: Matrose, der nach Anleitung das Ruder bedient
[2] der Gottesacker: Friedhof außerhalb des Dorfes

1. Vergleichen Sie die fotografierten Szenenbilder mit den jeweiligen Nebentexten und diskutieren Sie Übereinstimmungen sowie Unterschiede in der szenischen Konkretisierung.

2. Erarbeiten Sie, wie viele Schauplatzwechsel es Ihrer Meinung nach gibt.

3. Fertigen Sie eine „literarische Landkarte" an, auf der Sie zentrale Stationen der Reise des Protagonisten Peer Gynt stichpunktartig eintragen.

Verweischarakter von Orten und Landschaften

Jede Handlung braucht einen Ort, an dem sie spielt. Wo ein Autor die Handlung ansiedelt, lässt sich interpretieren: Ortswechsel sind dabei genauso aufschlussreich wie die Art der Orte. So ist es ein Unterschied, ob ein Protagonist sein Leben lang das Haus der Eltern überhaupt nicht verlässt, ob er zweimal innerhalb seines Heimatlandes umzieht oder ob er sein Leben lang die Welt bereist. Aber auch die Art der jeweiligen Orte sind für eine Interpretation von Bedeutung: Ein Leben im Dorf unterscheidet sich deutlich von einem Leben in der Stadt. Selbst die Besonderheiten der Natur geben Raum für Charakterisierungsmöglichkeiten: Wer sich in den höchsten Bergen behauptet, wer in der Weite der Wüste, wird ein je anderer Mensch sein.

4. Versuchen Sie, zwischen äußerer Handlung (z. B. Schiffsuntergang bei der Heimkehr) und innerer Handlung (Peer steht z. B. während seiner Reise immer kurz vor dem Scheitern) mithilfe der Nebentexte punktuelle Zusammenhänge herzustellen.

5. Zeichnen Sie abschließend eine Lebenskurve Peers, in die Sie die wesentlichen Schauplätze und das vermutete Alter der Hauptfigur eintragen.

6. Peers Reise: Stellen Sie sich vor, ein Reporter würde nach Peers Rückkehr in die Heimat eine Reportage über diese Reise verfassen. Wählen Sie einen Schwerpunkt dieser Reportage aus.

7. In seinem Leben „man selbst" gewesen zu sein: Problematisieren Sie diese Forderung.

8. Vergleichen Sie die Inhaltsangabe des Theaterprogramms mit den Ihnen bekannten Vorgaben für diese Schreibform:
a) Erarbeiten Sie die Übereinstimmungen und die Unterschiede zu diesen Vorgaben.
b) Beschreiben Sie, mit welchen sprachlichen Mitteln Handlungszusammenhänge hergestellt werden.

r) Anhöhe mit einem ausgetrockneten Bachbett. Eine zusammengestürzte Mühle am Bach; der Grund aufgerissen; Verheerung ringsum. Höher oben ein großer Hof. *Oben am Hof wird Versteigerung abgehalten. Große Volksansammlung. Trinkerei und Lärm. Peer Gynt sitzt unten auf einem Trümmerhaufen auf dem Mühlengrundstück.*
s) Nacht. – Mit Kiefern bestandene Heide. Ein Waldbrand hat gewütet. Meilenweit hinein verkohlte Baumstämme. Weiße Nebel da und dort überm Waldboden. *Peer Gynt eilt über die Heide.*
t) An einem Kreuzweg.
u) Mit Heide bestandener Hügel. Der Weg windet sich den Höhenzug entlang.

2 Inhaltsangabe im Freiburger Programmheft zu „Peer Gynt"

Peer Gynt ist der Sohn des einstmals wohlhabenden und angesehenen Jon Gynt. Doch der Vater trank, verlor sein Geld und nun – nach dem Tod des Vaters – leben Peer und seine Mutter Åse in ärmlichen Verhältnissen. Peer möchte zurückgewinnen, was der Vater verlor, aber er verliert sich in Prahlereien und Tagträumen. Er wird in Schlägereien verwickelt und raubt die Braut Ingrid vom Hofe Haegstad an ihrem Hochzeitstag. Deshalb wird er für vogelfrei erklärt und muss aus dem Dorf fliehen. Während der Flucht begegnet er erst drei liebestollen Sennerinnen, dann „der Grüngekleideten", der Tochter des Dovre-Alten, die er heiraten will, und schließlich „dem Krummen".
Solvejg, die Peer auf der Hochzeit zu Haegstad traf und in die er sich verliebte, kommt zu seiner Waldhütte, um mit ihm zu leben. Er aber verlässt sie und begibt sich auf eine Reise. Viele Jahre bleibt er der Heimat fern, ergreift eine Reihe verschiedener Berufe und schlüpft in die unterschiedlichsten Rollen. Er wird Geschäftsmann und betreibt zwielichtige Geschäfte an der Küste Marokkos, wandert durch die Wüste, sieht die Memnonssäule und die Sphinx, wird Beduinenhäuptling und Prophet, versucht, die Beduinentochter Anitra zu verführen und endet als Gast im Irrenhaus von Kairo, wo er als Kaiser verehrt wird. Als er sich schließlich als alter Mann auf den Heimweg begibt, erleidet er Schiffbruch. An Bord hat er zuvor den „fremden Passagier" getroffen, der über seinen Leichnam verfügen möchte, um herauszufinden, wo die Träume ihren Sitz haben.
In sein Heimatdorf zurückgekehrt wohnt er dem Begräbnis eines Bauern bei und einer Auktion, bei der er alles aus seinem früheren Leben feilbietet. Er begegnet auch „dem Knopfgießer", der Peers Seele zusammen mit dem übrigen Ausschuss umschmelzen will.
Diesem Schicksal kann er nur entgehen, wenn es ihm gelingt, zu beweisen, dass er in seinem Leben „er selbst" gewesen ist ...   (v 2007)

Offenes und geschlossenes Drama
Die räumliche Begrenztheit der Theaterbühne sorgt dafür, dass viele Dramen die **Einheit von Ort und Zeit** bevorzugen: Ortswechsel sind auf der einen Bühne des Theaters nicht ohne Aufwand vorzunehmen, und Theaterstücke werden ja in erster Linie gesehen und nicht gelesen. Ein Stück, das nur ein Bühnenbild braucht, ist ein **geschlossenes Drama**, insofern die Einheit des Ortes vorherrscht (berühmtes Beispiel: Goethes *Iphigenie auf Tauris*, vgl. S. 198 ff.).
Das **offene Drama** zeichnet sich durch eine Fülle von Ortswechseln aus. Einher geht diese räumliche Öffnung mit dem Aufbrechen der Figureneinheit: Unterschiedliche Orte setzen oft unterschiedliche Figuren, die an den jeweiligen Orten handeln, voraus. Offene Dramen haben deshalb eine weit größere **Figurenvielfalt** als geschlossene.
Ibsen – das zeigt allein ein Blick auf dessen zahlreiche Schauplätze – gestaltet seinen *Peer Gynt* **als offenes Drama** der besonderen Art, dessen Nähe zum Roman auf den ersten Blick größer zu sein scheint als zum Drama: „Die dargestellte Zeit [in Ibsens *Peer Gynt*], die Jugend, Reife und Alter eines Menschen umfasst, ist eigentlich Stoff eines Bildungsromans [...], und die Handlungsfülle umschließt die bunte Palette eines reichen Abenteurerlebens, dem weder die Enge des bäuerlichen Daseins noch die exotische Ferne des Orients, weder Liebe noch Wahnsinn, weder skrupellose Geschäftswelt noch die mythischen Höhen der Trollsphäre fremd geblieben sind. Ein Zusammenhang der Bühnenhandlung wird nur durch die Ausrichtung auf die zentrale Bühnenfigur geschaffen, deren Lebensweg durch die zahllosen Etappen hindurch das strukturbildende Prinzip dieses Dramas darstellt und somit ein Drama der offenen Form schafft." (R. Volz)

3. Gründe für eine lebenslange Reise – Eine Dramenszene interpretieren

1 Henrik Ibsen (1828–1906): Peer Gynt (Auszug) – Reaktionen auf die Brautentführung –

Von zu Hause in die Welt aufbrechen, das hat einen verführerischen Klang. Wir assoziieren damit heute ein selbstbestimmtes Leben in reinster Form, das neben den Lebenszielen auch den eigenen Wohnort, sogar das jeweilige Land, in dem man leben will, als frei auswählbar erscheinen lässt.

Die Heimat zu verlassen, hat meist aber ganz andere Gründe. Das „Wollen" und das „Müssen" liegen dabei oft näher zusammen, als wir uns das heute im freiheitlichen Europa vorstellen können. So auch bei Peer: Der erste Anstoß für sein Weggehen aus der unmittelbaren Heimat ist eine Hochzeit. Peer hat Ingrid, die Braut, geliebt. Auf der Hochzeit gelingt es dem eigentlichen Bräutigam nicht, ins verschlossene Brautzimmer vorzudringen, weshalb er Peer um Hilfe bittet. Doch der hilft anders, als sich das der Bräutigam vorgestellt hat: Er entführt die Braut.

Entsetzte Gesichter während der Brautentführung (Theater Freiburg; als Bräutigam ohne Hose: Ricardo Frenzel)

    Der Bräutigam (*kommt gelaufen*).
                  Oh, Gotts Tod und Plagen!
    Kommt, Vater, Mutter und –!
    Der Vater.   Was ist geschehen?
5 Der Bräutigam. Denkt, Peer Gynt –!
    Åse (*schreit*).   Haben sie ihn erschlagen?
    Der Bräutigam.
    Nein, Peer Gynt –! Da hinauf müsst ihr sehen –!
    Die Menge. Mit der Braut!
10 Åse (*lässt den Stock sinken*). Das Biest auch!
    Der Schmied (*wie aus den Wolken gefallen*).
                    Am schroffesten Steine
    Steigt er, beim Gott, wie die Berggeiß klimmt!
    Der Bräutigam (*flennend, zur Mutter*).
15   Der fasst sie, wie einer ein Ferkel nimmt!
    Åse (*droht zu ihm hinauf*).
        Oh, fielst du bloß runter –! (*Schreit in Angst.*)
                  Setz achtsam die Beine!
    Der Haegstadbauer (*kommt barhäuptig und weiß*
20 *vor Zorn*). Für diesen Brautraub bring ich ihn um!
    Åse. Gott straf' mich, macht ihr ein Haar ihm krumm!

---

1. „Der fasst sie, wie einer ein Ferkel nimmt!" (V. 15)
a) Botenbericht oder Teichoskopie? Entscheiden und begründen Sie.
b) Diskutieren Sie den Zusammenhang zwischen „Eigenem und Fremden" an diesem Beispiel aus einer dörflichen, bäuerlichen Lebenswelt.

Mauerschau und Teichoskopie

Um auf einer Theaterbühne Ereignisse zu vermitteln, die sich außerhalb der Szene abspielen oder auf der Bühne eigentlich nicht darstellbar sind, gibt es zwei dramaturgische Mittel: den Botenbericht und die Teichoskopie (< gr. teichoskopia = Mauerschau). Im **Botenbericht** werden Geschehnisse mitgeteilt, die zeitlich vor der dargestellten Handlung stattgefunden haben, und es können so zeitgleiche Ereignisse an anderen Schauplätzen eingefangen werden. Über die anschauliche Sprache der Boten können wir uns als Leser oder Zuschauer die Szene vorstellen.

Ähnlich wie der Botenbericht arbeitet die **Teichoskopie**, allerdings mit dem Unterschied, dass die Teichoskopie für zeitlich parallel stattfindende Ereignisse gebraucht wird. Ein Augenzeuge berichtet auf der Bühne, was er zeitgleich sieht, den Blicken der Mitspieler und auch der Zuschauer aber verborgen bleibt. Durch diese Gleichzeitigkeit werden Spannung und Dramatik erhöht.

2 Henrik Ibsen: Peer Gynt (Auszug)
– Das morgendliche Gespräch zwischen Ingrid, der Braut, und Peer –

Peer Gynt (Albert Friedl) und Ingrid (Melanie Lüninghöner) in der Freiburger Inszenierung 2007

ZWEITER AKT

Ein schmaler Bergsteig hoch oben. Es ist früher Morgen.

Peer Gynt geht eilends und unwillig den Steig entlang. Ingrid, halb im Brautputz, sucht ihn zurückzuhalten.

5 PEER GYNT. Weg von mir!
   INGRID.   Nach *dem*? Wohin jetzt?
   PEER GYNT. Fort, auf Nimmerwiedersehn.
   INGRID (*ringt die Hände*).
          Falschheit!
10 PEER GYNT. Zank hat keinen Sinn jetzt.
       Jedes muss allein gehn.
   INGRID. Schuld – und Schuld eint uns indessen!
   PEER GYNT. Teufelskram – ich will's vergessen!
       Alle Weiber sind besessen – –
15   Außer *einer* –!
   INGRID.   Welcher einen?
   PEER GYNT. Du bist's nicht.
   INGRID.   So sag, wer's ist?
   PEER GYNT. Geh! Geh hin, von wo du bist!
20   Aus den Augen mir!
   INGRID.   Aus deinen –!
   PEER GYNT. Schweig!
   INGRID.   Du kannst unmöglich meinen,
       Was du sagst.
25 PEER GYNT. Ich kann und will.
   INGRID. Locken, ja – und dann verjagen!
   PEER GYNT. Was hast du mir anzutragen?
   INGRID. Haegstads Hof und andres viel.
   PEER GYNT. Trägst 's Gesangbuch in der Linken?
30   Ist dein Haar von Gold und Seide?
       Lässt den Blick zur Schürze sinken?
       Hältst dich fest an Mutters Kleide?
       Sprich!
   INGRID. Nein; doch –?
35 PEER GYNT.   Bist vor zwölf Wochen
       Eingesegnet?
   INGRID.   Nein; doch, Peer –?

Stichomythie

(< gr. stichos = Reihe und mythos = Wort, Rede): Rede und Gegenrede folgen Zeile auf Zeile als Ausdruck einer heftigen Auseinandersetzung, in der die Gesprächspartner ihre Positionen „Schlag auf Schlag" einander gegenüberstellen.

PEER GYNT. Blickt dein Auge fromm und schüchtern?
  Weigerst mir, was ich begehr?
40 INGRID. Kreuz; ich glaub, er ist nicht nüchtern –!
PEER GYNT. Ist's wie Sonntag um dich her?
  Sprich!
INGRID. Nein, doch –
PEER GYNT.   So sei gebrochen! (*Will gehn.*)
45 INGRID (*tritt ihm in den Weg*). Hör: die Todesstrafe steht
  Auf der Untat.
PEER GYNT.   Dank der Lehre.
INGRID. Doch gewinnst du Gut und Ehre,
  Nimmst du mich –
50 PEER GYNT.   Bin nicht verdreht.
INGRID (*bricht in Tränen aus*).
  Oh, du locktest –!
PEER GYNT.   Du warst willig!
INGRID. Trostlos war ich!
55 PEER GYNT.   Toll war ich.
INGRID (*drohend*). Teuer kommt die Buße dich!
PEER GYNT. Noch die teuerste heißt billig.
INGRID. Bleibst du fest dabei?
PEER GYNT.   Wie Stein.
60 INGRID. Gut; dein Maß ist zugemessen! (*Geht hinab.*)
PEER GYNT (*schweigt einen Augenblick; mit eins schreit er*).
  Teufelskram – ich will's vergessen!
  Alle Weiber sind besessen!
INGRID (*wendet den Kopf und ruft höhnisch hinauf*).
65   Außer einer!
PEER GYNT. Die ist rein.
  (*Sie gehn, ein jedes seiner Wege.*)

2. Erschließen Sie sich den morgendlichen Dialog zwischen der entführten Braut Ingrid und ihrem Entführer Peer über drei ➤ Standbilder:
a) Notieren Sie sich zur Vorbereitung Ihrer Standbilder drei unterschiedliche Dialogzeilen, denen Ihre Standbilder zugrunde liegen sollen.
b) Bauen Sie diese drei unterschiedlichen Standbilder, welche über „Abstand und Nähe" sowie „Körperhaltungen" Einblick in die Beziehung zwischen Ingrid und Peer in dieser Szene geben.

3. Vergleichen Sie Ihre Standbilder mit den Szenenfotos (Theater Freiburg) auf der DVD.

4. Suchen Sie Textstellen, an denen mit dem Stilmittel der Stichomythie gearbeitet wird, und deuten Sie deren Funktion.

3 Ingrids Verzweiflung

Melanie Lüninghöner als Ingrid (Theater Freiburg)

5. a) Charakterisieren Sie Ingrid über ihre Körperhaltung, ihre Kleidung, ihr Äußeres, so wie es im Szenenfoto der Freiburger Inszenierung deutlich wird.
b) Begründen Sie die dargestellte Verzweiflung Ingrids.

6. Diskutieren Sie Peers Verhalten in der Brautentführungs-Szene und beziehen Sie dabei mögliche alternative Verhaltensweisen mit ein.

S Drameninterpretation: Dialoganalyse

Die Interpretation einer Dramenszene folgt den bekannten fünf Schritten der Interpretation:

1. Analyse der Aufgabenstellung
2. Textanalyse (hier: Dialoganalyse)
   2.1 Untersuchung des Nebentextes
   2.2 Untersuchung des Haupttextes
   2.3 Beziehung der Sprechenden
3. Gliederung und Stichwortkonzept
4. Ausarbeitung
5. Überarbeitung

Im Folgenden wird der zweite Schritt der Drameninterpretation (Textanalyse als Dialoganalyse) beispielhaft ausgeführt:

2.1 Untersuchung des Nebentextes
- **Ort der Handlung**: in den Bergen, fernab der Zivilisation, und damit in einem Fluchtraum jenseits der Verfolger (Hochzeitsgesellschaft, die durch die Brautentführung gedemütigt wurde)
- **Zeitpunkt**: früher Morgen, und damit nach der Hochzeitsnacht
- **Verknüpfung mit der Vorgeschichte**: Die Protagonisten der Entführung, die in der vorherigen Szene nur im Stile der Mauerschau eingefangen wurden, stehen jetzt im Zentrum der Handlung.

2.2 Untersuchung des Haupttextes
- Analyse der **Dialoganteile**: Ingrids und Peers Dialoganteile halten sich ungefähr die Waage; Peer spricht im Laufe des Dialoges etwas mehr.
- Zusammenfassung des **Gesprächsinhalts**: Das Thema ist natürlich die Zukunft des Paares – Ingrid muss versuchen, ihren Entführer zur Hochzeit zu überreden, weil sie sonst jegliche Ehre verliert und als unehrenhafte Frau aus der dörflichen Gemeinschaft vertrieben wird. Peer widersetzt sich diesem Anliegen und stößt Ingrid brüsk von sich, was diese fassungslos macht.

2.3 Beziehung der Sprechenden
- Entschlüsselung der **Kommunikationsart**: Die Dialogteile sprechen für eine **symmetrische Kommunikation** – Peer hat in der selbstbewussten Art, mit der Ingrid ihm begegnet, eine gleichwertige Gegnerin im Streitgespräch gefunden. Von einer verbalen Asymmetrie kann keine Rede sein.
- **Länge der jeweiligen Redebeiträge**: Die Kürze der jeweiligen Redebeiträge spricht für die Härte der Auseinandersetzung. Das Stilmittel der Stichomythie erscheint hier sehr funktional eingesetzt.
- **Analyse des Nebentextes**: Der Nebentext zeigt, wie ungleich das Interesse der Sprechenden an einer Beziehung verteilt ist: Peer „will gehen", Ingrid versucht, ihn „zurückzuhalten". Sie hat als Frau mehr zu verlieren.
- **Deutung des Figurenverhaltens**: Wandlung Ingrids am Ende des Dialoges – sie findet, nachdem sie fast alle Emotionen (Weinen, Drohen, Schweigen) durchlaufen hat, ihre Würde, wenn sie auf stolze Weise ebenfalls ihres Weges geht. Noch in der Trennung zeigt sich so die Gleichrangigkeit von Peer und Ingrid.

---

7. Verfassen Sie mithilfe des vorliegenden Stichwortkonzeptes zur Dialoganalyse die Ausarbeitung einer Interpretation zum morgendlichen Streitgespräch zwischen Ingrid und Peer. Beziehen Sie auch das Kommunikationsmodell (S. 57) mit ein.

4 Henrik Ibsen: Peer Gynt (Auszug)
– Die Jagd auf den Räuber –

Niedrige baumlose Anhöhen unterhalb der Bergödnis; weiter weg die Gipfel. Die Schatten fallen lang; es ist spät am Tage.

PEER GYNT (*kommt in vollem Lauf und bleibt auf der
    Höhe stehen*). Hinter mir her ist ein ganzes Schock!
5   Jeder hat sich bewaffnet mit Flinte und Stock.
    Vorn hört man den Haegstad-Alten toben. –
    Allum wird es ruchbar: Peer Gynt ist da droben!
    Das ist mehr denn Gebalg mit 'nem Schmied. Das ist toll!
    Das ist Leben! Ha – ein Bär jeder Zoll!
10 (*Schlägt um sich und macht einen Luftsprung.*)
    Brechen, wälzen, den Wasserfall staun!
    Hei! Kiefern roden und Klötze zerhaun!
    Das ist Leben! Das macht das Blut wallen und schäumen!
    Zur Hölle mit alle den windigen Träumen!

8. Besprechen Sie Peers Reaktion auf seine Verfolgung.

5 Henrik Ibsen: Peer Gynt (Auszug)
– Der Tod der Mutter –

Peer kehrt noch einmal nach Hause zurück, bevor er gänzlich in die Ferne zieht. Seine Mutter ist dem Tode nahe und bettlägerig; sie wird von einer Häuslerin betreut. Peer verspricht, sie – wie einst in den gemeinsamen Fantasiewelten, die er zusammen mit der Mutter entworfen hatte – zum „Schlosse westlich vom Monde" mitzunehmen.

PEER GYNT. Zum Schlosse westlich vom Monde,
    Zum Schlosse östlich der Sonn',
    Zum Soria-Moria-Schlosse
    Ging's im Hui in die Höh' und hinab.
5   Du schwangest 'nen Stab überm Rosse,
    Der peitschte das Vieh in Trab.
ÅSE. Ich machte den Kutscher, den dreisten –
PEER GYNT. Ja, ja; ganz famos warst du,
    Und wandtest dich, wenn wir so reisten,
10 Und decktest mich sorgsam zu.
    Gott segne dich, komm, lass dich drücken –
    Du warst doch gar lieb und nett –!
    Was stöhnst du so?
ÅSE.   Ach, der Rücken;
15 Das macht das steinharte Brett.
PEER GYNT. Reck dich; ich werd dir's weisen:
    Sieh, so; nun lagerst du weich.
ÅSE. (*unruhig*). Nein, Peer, ich will reisen.
PEER GYNT.   Reisen?
20 ÅSE. Ja, reisen; und das möcht' ich gleich.
PEER GYNT. Nein! Du wirst dich ins Fell vergraben.
    Ich sitz neben dir; ich und du,
    Wir kürzen uns nun den Abend,
    Singen ein Lied dazu.
25 ÅSE. Hol lieber die Bibel, die große;
    Ich bin so unruhigen Sinns.
PEER GYNT. Im Soria-Moria-Schlosse
    Ist Gelage bei König und Prinz.
    Im Schlitten, da wirst du gut rasten;
30 Ich fahr dich dahin übers Moor –

Peer (Albert Friedl) und seine Mutter (Eva Spott) zu Beginn der Sterbeszene in der Freiburger Inszenierung 2007

ÅSE. Doch rief mich wer hin, zu gasten?
PEER GYNT. Uns beide luden sie vor.
    (*Wirft eine Schnur um den Stuhl, auf dem der Kater
    liegt, nimmt einen Stock in die Hand und setzt sich vor
35 ans Fußende vom Bett.*)
    Hopp, nun ins Zeug gelegt, Rappe!
    Mutter, ob dich nicht friert?
    Ja, ja; das ist nicht von Pappe,
    Wenn Grane dahergaloppiert.

40 ÅSE. Lieber Peer, was ist das für 'n Tönen –?
PEER GYNT. Der Schellen muntres Geläut!
ÅSE. Hu, nein doch, wie hohl die dröhnen!
PEER GYNT. Grad quer'n wir 'nen Fjord, und der dräut.
ÅSE. Mir ist bang! Was ist das für 'n Brausen,
45 Das ächzt ja so wunderlich schrill?
PEER GYNT. Nur die Tannen sind's, Mutter, die sausen
Im Moorwald. Sitz du bloß still.
ÅSE. Was glastet und schimmert denn dorten?
Woher kommt der Flammenschein da?
50 PEER GYNT.
Vom Schloss sind's die Scheiben und Pforten.
Ob du's hörst, wie sie tanzen?
ÅSE.   Ja.
PEER GYNT. Außen, da steht Sankt Peter
55 Und bittet dich stracks hinein.
ÅSE. Grüßt er?
PEER GYNT.   Ehrfürchtig geht er
Und beut dir den süßesten Wein.
ÅSE. Wein! Hat's Gebäck desgleichen?
60 PEER GYNT. So viel, dass die Schüssel bricht.
Die Pröpstin wird Kaffee reichen
Und hinterher 's Hauptgericht.
ÅSE. Und sehn wir uns dort bisweilen?
PEER GYNT. Sooft du's begehrst und so viel.
65 ÅSE. Oh, nein doch, Peer, lass uns eilen!
Du fährst mich ans schöne Ziel.
PEER GYNT *(knallt mit der Peitsche)*.
Hopp; fest ins Zeug gelegt, Rappe!
ÅSE. Lieber Peer, sag, fährst du auch recht?
70 PEER GYNT *(knallt wieder)*. Er ist breit, der Weg.
ÅSE.   Vom Getrappe
Und Stoßen wird mir ganz schlecht.
PEER GYNT. Da seh ich 's Schloss schon aufschießen;
Gleich endigt das Fahren sich.
75 ÅSE. Ich will liegen, die Augen schließen
Und trauen, mein Bub, auf dich!
PEER GYNT. Sput dich, Grane, mein Traber!
Im Schloss drin ist große Hast;
Zur Pforte hin drängen die aber:
80 Peer Gynt kommt mit Muttern zu Gast!
Was sagst du da, Herr Sankt Peter?
Da hätt' sich Mutter verschaut?
Pah, such nur, du findest später
Lang mehr keine so ehrliche Haut.
85 Von mir will ich gar nicht schwätzen;
Ich kann umkehrn noch vor der Pfort'.
Wollt ihr gastlich sein, weiß ich's zu schätzen;
Wo nicht, geh ich stillvergnügt fort.
Ich war tüchtig im Lügendichten,
90 Wie der Teufel im Predigtstuhl,
Schalt Muttern, um sie zu schwichten,
'ne Gackerhenne im Pfuhl.
Doch sie sollt ihr achten und ehren
Und alles tun, dass ihr's behag;
95 Nie kommen, die besser wären,
Vom Kirchspiel her heutzutag. –

Hoho – Gott Vater! Sankt Peter,
Jetzt mach dich gehörig klein! *(Mit tiefer Stimme.)*
„Halt ein mit dem Schaffergezeter;
100 Mutter Åse tritt frei herein!"
(Lacht laut und wendet sich um nach der Mutter.)
Ja, war das nicht, was ich wusste?
Das nenn ich 'nen andern Tanz! *(Voll Angst.)*
Was stierst du so –? Fehlt dir die Puste?
105 He, Mutter –! Du bist ja so ganz –!
(Geht hinauf ans Kopfende des Bettes.)
Du sollst nicht so liegen und starren –!
Sprich, Mutter; ich bin's, dein Peer! *(Fühlt behutsam ihre Stirn und Hände an; darauf wirft er die Schnur auf den*
110 *Stuhl und sagt mit gedämpfter Stimme.)*
Ja so! – Du kannst ausruhn vom Karren,
Nein, Grane, dich braucht's nicht mehr.
(Schließt ihr die Augen und beugt sich über sie.)
Hab Dank fürs Hätscheln und Schelten;
115 Nie hast du mit Liebe gespart! –
Doch musst du auch mir nun vergelten –
(Presst die Wange an ihren Mund.)
So, das war der Lohn für die Fahrt.
DIE HÄUSLERIN *(kommt)*.
120 Was? Peer! Na, so wich der Kummer,
Der schwerste, zusamt der Not!
Gott, wie schläft sie guten Schlummer – –
Oder ist sie –?
PEER GYNT.   Pst! sie ist tot.
125 *(Kari weint bei der Leiche. Peer Gynt geht lange in der Stube umher; endlich bleibt er am Bett stehen.)*
Gib Mutter das Ehrengeleite.
Ich muss Reißaus nehmen. Sofort.
DIE HÄUSLERIN. Wohin gehst du?
130 PEER GYNT.   Ans Meer, ans weite.
DIE HÄUSLERIN. So weit!
PEER GYNT.   Und weiter von dort. *(Er geht.)*

1. Der Tod als Thema in der Kunst: Tauschen Sie sich über Ihre Empfindungen beim Lesen der Textstelle aus.

2. a) Suchen Sie in Ihrer privaten Musiksammlung mindestens zwei Musikbeispiele, die Ihrer Ansicht nach die Grundstimmung des Dialoges musikalisch ausdrücken.
b) Benennen Sie die jeweiligen Zeilen des Dialoges, zu denen Sie Ihre Musikbeispiele einspielen würden, und begründen Sie Ihre musikalische Zuordnung.

3. Charakterisieren Sie Peer in dieser Szene, indem Sie den Schwerpunkt auf die Nebentexte legen.

4. Analysieren Sie den Dialog stichpunktartig, indem Sie die Redeanteile zwischen Sohn und Mutter zueinander in Verhältnis setzen.

5. Tod und Aufbruch – Erklären Sie diesen Zusammenhang.

Drameninterpretation: Fünfschrittmethode

Ohne genaue Lektüre der Aufgabenstellung lässt sich keine Interpretation anfertigen. Wenn im Folgenden eine interpretatorische Musterlösung für die Sterbeszene im Mittelpunkt stehen soll, so lohnt sich zunächst einmal der Blick auf die konkrete Aufgabenstellung (Schritt 1 der Drameninterpretation):

1. Analyse der Aufgabenstellung

„Analysieren Sie den Dialog zwischen Mutter und Sohn. Achten Sie dabei besonders auf die Ausgangssituation, den besprochenen Weg und das Ende des Dialogs."

→ Die Aufgabenstellung erfordert eine Gliederung des Textauszugs:
- Worin besteht die „Ausgangssituation"?
- Was könnte mit dem „besprochenen Weg" zwischen Mutter und Sohn konkret gemeint sein?
- Wie entfaltet sich das „Ende des Dialoges" in der Reaktion von Peer?

→ Die Bedeutung des Operators „Analysieren" muss geklärt werden:
- Bedeutet der Operator, dass der Verfasser beschreiben und deuten muss?
- Wie lässt sich der Haupttext mit dem Nebentext auf der Analyseebene verschränken?
- Gibt es Beispiele für sprachliche Mittel, die sich auf funktionale Weise deuten lassen?

2. Textanalyse als Dialoganalyse

→ Unterstreichungen und Stichpunkte an beiden Rändern des Textausdrucks helfen, die Ausgangssituation des Dialoges vor der schriftlichen Ausarbeitung zu klären:

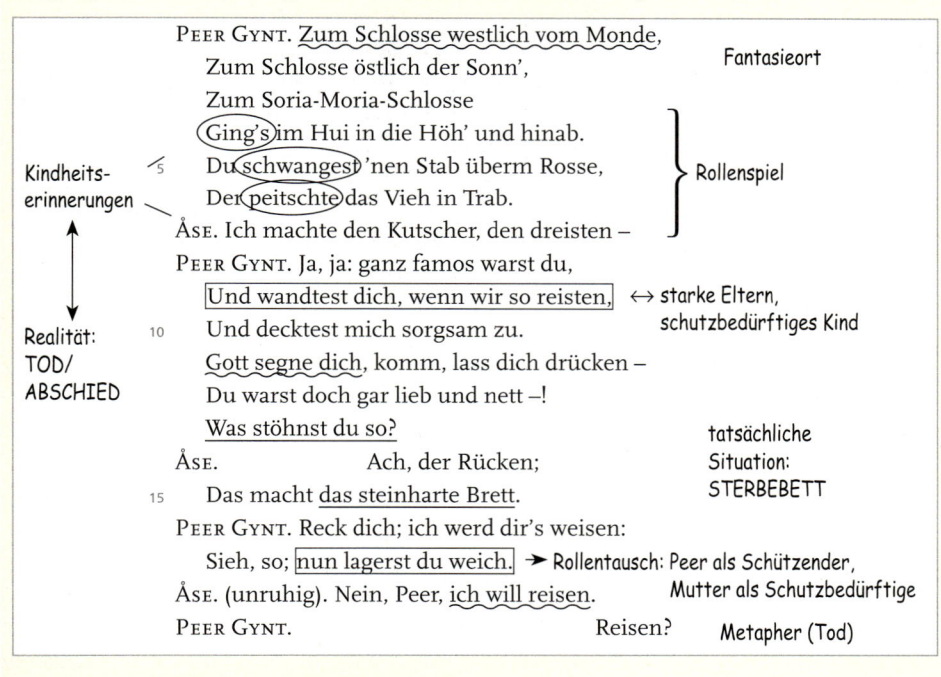

Kindheits-
erinnerungen

Realität:
TOD/
ABSCHIED

PEER GYNT. Zum Schlosse westlich vom Monde,
    Zum Schlosse östlich der Sonn',
    Zum Soria-Moria-Schlosse   — Fantasieort
    Ging's im Hui in die Höh' und hinab.
5   Du schwangest 'nen Stab überm Rosse,   } Rollenspiel
    Der peitschte das Vieh in Trab.
  ÅSE. Ich machte den Kutscher, den dreisten —
  PEER GYNT. Ja, ja: ganz famos warst du,
    Und wandtest dich, wenn wir so reisten, ↔ starke Eltern,
10 Und decktest mich sorgsam zu.   schutzbedürftiges Kind
    Gott segne dich, komm, lass dich drücken –
    Du warst doch gar lieb und nett –!
    Was stöhnst du so?
  ÅSE.   Ach, der Rücken;   tatsächliche
15   Das macht das steinharte Brett.   Situation:
  PEER GYNT. Reck dich; ich werd dir's weisen: STERBEBETT
    Sieh, so; nun lagerst du weich. → Rollentausch: Peer als Schützender,
  ÅSE. (unruhig). Nein, Peer, ich will reisen.   Mutter als Schutzbedürftige
  PEER GYNT.   Reisen?   Metapher (Tod)

---

3. Gliederung und Stichwortkonzept

→ Vorüberlegungen zum Aufbau der zu verfassenden Interpretation:
- Dem Inhalt vom Beginn bis zum Ende der Textpassage folgend? (Textchronologie)
- Unterschiedliche Motive jenseits der Textchronologie anordnend? (Motivdominanz)
- In einer Mischung aus Textchronologie und Motivdominanz eine eigene Gliederung des Textes erstellen und diese selbst gefundenen Sinnabschnitte nacheinander entwickelnd?

4. Ausarbeitung

6 Interpretationsbeispiel

Realität und Fiktion gehen in der vorliegenden Dramenszene eine kunstvolle Verschränkung ein. Das harte Bett der Mutter, die Pritsche des Todes, ist der Ort des Geschehens und das Sterben der Mutter die Handlung. Peer begleitet die Mutter auf dieser letzten Reise vom Leben in den Tod.

Während zu Beginn der Szene noch ein Dialog zwischen Mutter und Sohn vorherrscht, geht dieser schließlich in einen Monolog Peers über. Dass die Einwürfe der Mutter seltener und schwächer werden, lässt das Sterben der Mutter als Sterben ihrer Sprache erfahrbar werden. Peer füllt diese sprachliche Lücke und hält am Ende fast einen Monolog. Die Funktion dieses Monologes kann zweifach gedeutet werden: Zum einen will er den Tod der Mutter nicht wahrhaben; zum anderen deutet er von Anfang an die Reise in den Tod als Fantasiereise um, was der Mutter und ihm dabei helfen soll, das Grausame und Endgültige ihres Verlöschens als etwas Tröstliches zu erfahren.

Die Metaphorik der Reise umschmeichelt das Todesthema, ohne es zu verneinen: Das Ziel ist Petrus im Himmel; Peer ist der Kutscher, der seine Mutter auf einer letzten, tollkühnen Schlittenfahrt dorthin bringt und Einlass für sie begehrt. Der Trost besteht darin, dass der sündhafte Peer selbstbewusst einen Platz im Himmel für seine Mutter fordert und ihr für ihre Liebe aufs Herzlichste dankt. Die Spannung ergibt sich innerhalb der atemlosen Erzählung aus der Schnelligkeit, mit der der Tod eintritt – wird es Peer schaffen, seine Mutter rechtzeitig im Himmelspalast unterzubringen?

In den Nebentexten verschränkt sich die Metaphorik der erfundenen Reise mit dem tatsächlichen Sterben der Mutter: Während Peer innerhalb seiner Fantasiegeschichte „lacht" und dort absolutes Selbstbewusstsein ausstrahlt, um seine Mutter im Gefühl zu belassen, alles werde gut – spricht er „voll Angst", als er die brechenden Augen der Mutter sieht, als er fühlt, dass ihr Leben tatsächlich zu Ende geht. In der Regieanweisung („Schließt ihr die Augen"/V. 114) finden sowohl die erzählte Fantasiereise als auch der Todeskampf der Mutter ihr gemeinsames, versöhnliches Ziel. Die im Nebentext geforderte körperliche Nähe („Presst die Wange an ihren Mund"/V. 118) versinnbildlicht die Liebe des Sohnes zu seiner Mutter, die ihn zu Lebzeiten immer gescholten hat. Bisher, vor dem Tod der Mutter, ist Peer aus dem Heimatdorf in die Naturweite Norwegens geflohen. Jetzt, nach dem Tod, wird die Flucht grundsätzlich und führt aus Norwegen weit hinaus. Peers Reise in die Welt verdeutlicht dabei auch, wie sehr ihn der Tod tatsächlich überfordert.

5. Überarbeitung
→ Kritische Lektüre der eigenen Ausarbeitung vor allem unter dem Gesichtspunkt der interpretatorischen Ambivalenz:
– Lässt sich die vorgelegte Interpretation halten?
– Ist die vorgelegte Deutung allzu eindeutig?
– Wurden widersprechende Textbelege übergangen?
– Ist ein Gesamtbild erkennbar und plausibel – oder erschöpft sich die Interpretation in reiner Nacherzählung und paraphrasierenden Einzelbeobachtungen?

6. a) Suchen Sie Textpassagen, in denen deutlich wird, dass Peer das Sterben seiner Mutter nicht ernst nimmt.
b) Erweitern bzw. verändern Sie, ausgehend von diesen Textstellen, das Interpretationsbeispiel.

7 Gerd Enno Rieger: Ibsen (Auszug) – Peer Gynt als Künstler? –

Die Fantasie ist zum zweiten Ich Peer Gynts geworden, sie macht aber auch seinen besonderen Charme aus. Peer ist nicht nur ein Lügner, der vor der Wirklichkeit flieht, sondern auch ein Dichter, der sie zu gestalten weiß. Wirklichkeit kann jederzeit in Dichtung umschlagen, aber auch umgekehrt. Die Verantwortlichkeit des Künstlers für sein Tun scheint Ibsen in den Sechzigerjahren, besonders nachdem er Abstand zu seiner Heimat gefunden hatte, immer deutlicher ins Bewusstsein getreten zu sein. Wenn Peer Gynt als gesellschaftlich verantwortliches Wesen scheitert […], dann schlagen sich hier Schuldgefühle nieder, ohne die Ibsen nicht der Gesellschaftsanalytiker des 19. Jahrhunderts geworden wäre. (v 1981)

7. Zeigen Sie am Beispiel der Sterbeszene, wie Peer zum Künstler wird.

8 Griegs Musik – Musikalische Grundatmosphäre

Ibsens Drama wurde als sinfonische Dichtung uraufgeführt: Edvard Grieg (1843–1907) verband in seiner Bühnenmusik sowohl philharmonische als auch opernhafte Elemente. So braucht es zur Aufführung der sinfonischen Dichtung neben einem Schauspielensemble sowohl ein philhar-

III. Das Leben als Reise – „Peer Gynt" 71

monisches Orchester als auch Sänger. Auch wenn vor allem Auszüge aus Griegs Bühnenmusik als „Peer Gynt-Suite" weltberühmt wurden: Das eigentliche Gesamtwerk seiner Komposition ist vom gedichteten Wort Ibsens nicht zu trennen und bildet mit ihm eine Einheit. Das gilt auch und gerade für die berühmte Komposition Griegs, Åses Tod.

CD 1 Track 4

8. Hören Sie „Åses Tod" aus der „Peer Gynt-Suite":
a) Beschreiben Sie die musikalische Grundstimmung: Tröstlich? Traurig? Dramatisch? Leicht?
b) Besprechen Sie das Vorherrschen der Streicher.
c) Hören Sie die Vertonung ein zweites Mal und überlegen Sie, an welcher Stelle der Vertonung die Mutter stirbt.
d) Suchen Sie diesen Todeszeitpunkt in der Textfassung.

9 Die Freiburger Umsetzung: Das Sterben der Mutter

9. Suchen Sie die Textpassagen, bei denen die Bilder Ihrer Ansicht nach aufgenommen wurden, und begründen Sie Ihre Entscheidung.

10. Innere und äußere Handlung – entfalten Sie diesen Zusammenhang an zwei konträren Bildern Ihrer Wahl.

4. Der Weg ist das Ziel? – Die Symbolik der Reise dechiffrieren

1 Henrik Ibsen: Peer Gynt (Auszug)
– Zwei Arten des Weges –

Auf seinem Weg nach der von ihm gesprengten Hochzeit, noch vor dem Tod der Mutter, begegnet Peer Gynt dem „Krummen", dessen Aussagen für ihn lebenslange Gültigkeit besitzen werden …

Völlige Finsternis.

Man hört Peer Gynt mit einem großen Ast um sich hauen und schlagen.

PEER GYNT. Gib Antwort! Wer bist du?
5 EINE STIMME IN DER FINSTERNIS.   Ich selbst.
PEER GYNT.   Beiseite!
DIE STIMME.
   Geh außen rum, Peer! Groß genug ist die Leite.
PEER GYNT (*will auf einer andern Seite hindurch,*
10 *stößt aber an*). Wer bist *du*?
DIE STIMME.   Ich selbst. Kannst du gleicherweis reden?
PEER GYNT.
   Ich red, was ich will; und mein Schwert rammt jeden!
   Hab Acht! Hu, hei, der Hagel, der sausende.
15 König Saul schlug Hunderte, Peer Gynt schlug Tausende!
   (*Schlägt und haut.*)
   Wer bist du?
DIE STIMME.   Ich selbst.
PEER GYNT.   Das dumme Wort
20 Kannst du sparen; das bringt uns nicht weiter fort.
   Was bist du?
DIE STIMME.   Der große Krumme.
PEER GYNT.   Schau, schau!
   Erst war's Rätsel schwarz; nun dünkt es mich grau.
25 Beiseite, Krummer!
DIE STIMME.   Geh außen rum, Peer!
PEER GYNT.
   Mittendurch! (*Schlägt und haut.*)
                 Er fiel! (*Will vorwärts, stößt jedoch an.*)
30   Oho! Sind hier mehr?
DIE STIMME.
   Der Krumme, Peer Gynt! Eine einzige Eins.
   Der Krumme, den's trifft; nur versehrt ihn keins.
   Der Krumme, der tot ist und gleichwohl lebendig.
35 PEER GYNT (*wirft den Ast weg*).
   Ist die Wehr verhext, brauch ich Fäuste beidhändig!
   (*Schlägt sich durch.*)
DIE STIMME.
   Ja, wag's, deine Faust, deine Kraft zu erproben.
40 Hihi, Peer Gynt, so kommst du nach oben.
PEER GYNT (*kommt wieder*).
   Hinter und vor, das ist je gleich lang –
   Aus und ein, das ist gleich gedrang.
   Hier ist er! Und *da*! Wie im Netz die Spinne!
45 Bin ich heraus, steh ich mitteninne. –
   Nenn dich, offenbar dich! Was bist du für einer?
DIE STIMME.   Der Krumme.

PEER GYNT (*tappt umher*).
                 Nicht tot! Nicht lebend! Gar keiner?!
50 Nebliger Schleim! Man prallt drauf, als wären
   Um einen knurrende halb wache Bären! (*Schreit.*)
   Schlag um dich!
DIE STIMME.   Der Krumme ist nicht verrückt.
PEER GYNT. Schlag!
55 DIE STIMME.   Der Krumme schlägt nicht.
PEER GYNT.   Die Faust gezückt!
DIE STIMME.
   Der große Krumme siegt, ohne zu streiten.
PEER GYNT.
60 Wär' bloß, mich zu zwacken, ein einziger Wicht da!
   Bloß ein jähriger Troll, der sich in mich krallt!
   Was, mit dem man sich schlüg'. Aber nein, es ist nichts da.
   Nun schnarcht er noch! Krummer!
DIE STIMME.   Was ist?
65 PEER GYNT.   Brauch Gewalt!
DIE STIMME. Der große Krumme kriegt alles beizeiten.
PEER GYNT (*beißt sich in Arme und Hände*).
   Klauen und Zähne ins Fleisch, ins warme!
   Weil ich triefen mein eigenes Blut spüren muss! (*Man hört*
70 *etwas wie den Schwingenschlag von großen Vögeln.*)
VOGELSCHREIE. Kommt er nun, Krummer?
DIE STIMME IN DER FINSTERNIS. Ja, Fuß vor Fuß.
VOGELSCHREIE.
   All ihr Schwestern weit weg! Rauscht heran im Schwarme!
75 PEER GYNT.
   Kind, willst du mich bergen, sei's bald getan!
   Demut, gebückte, ist fehl am Platze. –
   's Gesangbuch! Schleuder's ihm grad in die Fratze!
VOGELSCHREIE. Er taumelt.
80 DIE STIMME.   Wir haben ihn.
VOGELSCHREIE.   Schwestern! Kommt an!
PEER GYNT. Zu teuer tauscht sich das Leben ein
   Um solcher Stunde zehrende Pein. (*Sinkt zusammen.*)
DIE VÖGEL.
85 Krummer, da fiel er! Los! Mach ihn zuschanden!
   (*Glockengeläut und Choralgesang hört man von weit weg.*)
DER KRUMME (*schwindet in nichts und sagt keuchend*).
   Er war zu stark, weil ihm Weiber beistanden.

1. Charakterisieren Sie sich mithilfe der Antonyme „außen herum" vs. „auf direktem Weg" selbst.

2. Charakterisieren Sie Peer Gynt, indem Sie alle bisherigen Szenen zurate ziehen.

3. Erläutern Sie, wie Sie den „Krummen" für eine Verfilmung inszenieren würden.

4. Wer ist Ihrer Meinung nach der „Krumme"?

2 Szenenfoto der Freiburger Inszenierung 2007: Der Krumme und Peer

Jarg Pataki als Regisseur der Freiburger Inszenierung griff zu den Möglichkeiten des Figurentheaters, um den fantastischen Kern des Ibsen-Dramas zu verbildlichen: Sowohl bei der Begegnung Peers mit den Trollen als auch bei der Konfrontation Peers mit dem Krummen halfen die Möglichkeiten des Figurentheaters dabei, fiktive Inhalte sinnlich-konkret werden zu lassen.

So inszenierte Pataki den Krummen als überlebensgroße mythische Gestalt, halb Mensch auf Stelzen, halb Tier mit Geweih. Sie könnte Peer zerschlagen, dessen Knochen brechen. Dieser Krumme mit seiner übermenschlichen, riesigen Gestalt steht in allegorischer Form für ein Über-Ich, ein Alter Ego, an dem Peer nicht vorbei kommt, der Peer aber einen wichtigen Tipp für sein weiteres Leben gibt.

Puppenbau: Hagen Tilp

Allegorisches Sprechen

Im ausgehenden Mittelalter gab es feste Allegorien für inhaltliche Sachverhalte: Der Tod etwa wurde durch einen Sensenmann (ein Gerippe mit einer Sense als Waffe) allegorisch eindeutig verkörpert. Ein Allegorielexikon half nicht zuletzt dabei, die Bibel im allegorischen Sinne deuten und verstehen zu können.

In der Moderne hat das metaphorische Sprechen die Eindeutigkeit des allegorischen Sinnbezuges abgelöst: Sinn- und Bildebene sind nicht mehr lexikalisch eindeutig aufeinander zu beziehen.

5. Das Theaterstandbild: Peer und der Krumme in Freiburg
a) Beschreiben Sie die Umsetzung.
b) Besprechen Sie, was Sie überrascht.
c) Diskutieren Sie die Wirkung auf den Theaterzuschauer.

3 Viola Hasselberg (* 1970): Außer sich – über „Peer Gynt" (Auszug) – Charakterisierung des Protagonisten –

Im Gegensatz zu späteren Stücken Ibsens, die ein realistisches Abbild der Mechaniken und Zwänge der bürgerlichen Gesellschaft bieten, ist „Peer Gynt" einer völlig anderen Schaffensperiode Ibsens zuzuordnen. Dieses Stück ist nicht „aus einem Guss", es enthält eine Menge an Märchen-, Literatur-, und Polit-Zitaten, es verwischt ständig die Grenze zwischen innerer und äußerer Welt. Vieles ist nicht logisch, vieles wird nicht zu Ende erzählt. Sinn erhält die Gesamterzählung nur als Erzählung eines Lebens mit ihren „Blackouts", Sprüngen und Diskontinuitäten. Realistische Gesellschaftsbilder wechseln mit allegorischen Figuren, wie z. B. dem „großen Krummen", der Peer Gynt dazu anhält, „immer außen herum" zu gehen, einen Umweg zu machen. Die Flucht vor sich selbst und die dazugehörende Verdrängung ist das eigentliche Thema des Stücks. Peer Gynt hat Angst, vom ersten Augenblick an, aber er hat auch einen enormen Überlebenswillen und eine gut trainierte Fantasie. „Hineingehalten ins Nichts", „Peer Gynt" ist ein Stück, in dem „Gott" sich schwer zurückhält, versucht er sich durchzumogeln, sich immer einen Rückweg freizuhalten. Dabei geht er manchmal äußerst brutal vor: Der geraubten Braut Ingrid vermasselt er ihr ganzes Leben und hat am „Morgen danach" nichts mehr für sie übrig. In seinen Tagträumen ist es stets die Macht, die ihn anzieht: „Kaiser sein" will er über alle in seinem eigenen Land. Seine Ausgangsposition ist allerdings keine gute, ein Sozialfall, würde man heute sagen. Der Vater hat alles Geld verspielt und ist aus dem Leben verschwunden, die Mutter hat keinen Widerstand zu leisten vermocht und sich mit ihrem Sohn stets in eine Fantasiewelt geflüchtet. So gut – so schlecht. Sie mag ihn nur, wenn er „stark" ist, und nicht, dass er „stark" nur in der Fantasie ist. Das lässt sie ihn spüren, Liebe gibt es hier nicht umsonst. Peer ist kein genialer Künstler, sondern ein Jedermann, der nicht mehr viel zu verlieren hat. „Könnt ich mit einem Schlachtergriff ihnen die Missachtung aus der Brust reißen!", stöhnt er einmal, bevor er auf eine Hochzeit geht, zu der er nicht eingeladen ist. Wirkliche Gespräche sind selten in seinem monadischen Leben, meistens entführt ihn sein Träumen in einen inneren Monolog oder er manipuliert seine Gegenüber mit ganz bestimmten Erwartungen. Die Grenzen seiner Sozietät sind die Grenzen seines Ichs. Rund achtzig Jahre umfasst Ibsens „dramatisches Gedicht". Am Ende stehen Verbitterung und Erschrecken ob der Leere, aber auch eine unwahrscheinliche Erlösung. (v 2007)

6. a) Beschreiben Sie, wie Peer im Freiburger Programmheft charakterisiert wird.
b) Beziehen Sie Stellung zu dieser Charakterisierung.

7. Benennen Sie epische Elemente (vgl. S. 366 f.) in Ibsens *Peer Gynt*.

4 Henrik Ibsen: Peer Gynt (Auszug) – Das Dramenende –

Am Ende trifft Peer auf Solvejg, die er bereits während der Hochzeit zum ersten Mal getroffen hatte. Schon nach dem Tode der Mutter war sie zu ihm gekommen, hatte mit ihrer Familie gebrochen, um dauerhaft mit Peer zusammen zu sein. Während Peer nur kurz etwas erledigen wollte, wartete sie in der Hütte. Dieses Warten sollte ein Leben lang andauern ...

PEER GYNT (*näher zum Haus hin*).
　Hinter und vor, das ist je gleich lang.
　Aus und ein, das ist gleich gedrang. (*Bleibt stehn.*)
　Nein! – eine wild-unendliche Klage
5　Ist dies Hineingehn, Heimgehn, das ich wage.
　(*Geht ein paar Schritte; doch steht wieder still.*)
　Auß rum, sprach der Krumme!
　(*Hört Gesang im Haus.*)　　Nein; dieses Mal
　Grad mittendurch, wär' der Weg noch so schmal!
10　(*Er läuft aufs Haus zu; im nämlichen Augenblick kommt
　Solvejg heraus unter die Tür, zum Kirchgang gekleidet
　und mit dem Gesangbuch in einem Tuch; einen Stab in der
　Hand. Sie steht rank und mild.*)
PEER GYNT (*wirft sich nieder auf die Türschwelle*).
15　Ein Sünder will hier sein Urteil empfahn!
SOLVEJG. Da ist er! Da ist er! Gott löste den Bann!
　(*Tastet nach ihm.*)

PEER GYNT. Wie sündig ich mich vergangen, klag an!
SOLVEJG. Mein Junge, nichts Übles hast du getan!
20 (*Tastet wieder und findet ihn.*)
[...]
SOLVEJG (*setzt sich zu ihm*).
    Das Leben schufst du mir zum schönen Gesang.
    Gesegnet dein Kommen, ich harrte dein lang!
25 Gesegnet, gesegnet dies Pfingst-Wiedersehen!
PEER GYNT. So bin ich verlorn.
SOLVEJG.   Einer wehrt allem Bösen.
PEER GYNT (*lacht*).
    Verlorn! Du könntest denn Rätsel lösen!
30 SOLVEJG. Nenn sie.
PEER GYNT.   Nenn sie! Heißa! Wo ist
    Peer Gynt gewesen die ganze Frist?
SOLVEJG. Gewesen?
PEER GYNT.   Auf der Stirn der Bestimmung Zeichen;
35 Gewesen, so wie Gottes Geist ihn gedacht!
    Kannst du's sagen? Wo nicht, muss ich in die Nacht –
    In die nebligen Lande von hinnen weichen.
SOLVEJG (*lächelt*). Oh, das Rätsel ist leicht.
PEER GYNT.   Was du weißt, sag im Nu!
40 Wo war ich, ich selbst, keinem sonst zu vergleichen?
    Wo war ich, auf der Stirn meines Gottes Zeichen?
SOLVEJG.
    In meinem Glauben, Hoffen und Lieben warst du.
PEER GYNT (*fährt zurück*).
45 Was sagst du da –! Schweig! Das ist Gaukelei!
    Zur Mutter des Jungen machst du dich dabei.
SOLVEJG. Das bin ich; doch wer ist sein Vater und Leiter?
    Das ist Er; weil die Mutter ihm fleht, verzeiht er.
PEER GYNT (*ein Lichtstrahl geht über ihn hin, er ruft*).
50 Meine Mutter; meine Gattin; Weib, rein im Minnen! –
    O birg mich, birg mich da drinnen!
    (*Er klammert sich fest und birgt sein Gesicht in ihrem
    Schoß. Langes Stillschweigen. Die Sonne geht auf.*)
SOLVEJG (*singt leise*).
55   Schlaf, mein teuerster Junge, schlaf!
        Ich will dich wiegen, ich will wachen. –
        Der Junge saß auf seiner Mutter Schoß.
        Zeitlebens war sie sein Spielgenoss.
        Der Junge lag an seiner Mutter Brust,
60   Sein Lebtag. Gott segne dich, meine Lust!
        Der Junge hat mir am Herzen geblüht,
        Das Leben hindurch. Nun ist er so müd.
        Schlaf, mein teuerster Junge, schlaf!
        Ich will dich wiegen, ich will wachen!
65 DES KNOPFGIESSERS STIMME (*hinterm Haus*).
    Am letzten Kreuzweg sei es dann, Peer;
    Und da sehn wir dann, ob – ich sage nicht mehr.
SOLVEJG (*singt lauter im Tagesglanz*).
        Ich will dich wiegen, ich will wachen –
70   Schlaf und träum, mein Junge, schlaf!

Das Stationendrama

Das Stationendrama ist eine Unterform des offenen Dramas und lässt sich deshalb vor allem über die Vielfalt der Figuren und Schauplätze charakterisieren. Die Bühnenhandlung des Stationendramas wird meist allein durch die Hauptfigur zusammengehalten. Dies geschieht im Fall von *Peer Gynt* durch die Wege und zeitlichen Lebensstationen des Protagonisten, seine Begegnungen mit anderen Menschen und seine Abenteuer. Damit besteht ein elementarer Unterschied zum klassischen Drama: „Erst am Ende der irdischen Wanderung erschließen sich Ziel und Sinn der vorausgehenden Handlung, und vom Ende her gewinnt die einzelne Szene im Bewusstsein des Zuschauers nachträglich ihre eigentliche Bedeutung." (R. Volz)

---

1. Hören Sie auf der CD aus Griegs Vertonung den Anfang von Solvejgs Lied:
a) Beschreiben Sie die musikalische Grundstimmung.
b) Charakterisieren Sie Solvejg über das Lied.

2. Erarbeiten Sie die Selbstcharakterisierung Peers.

3. Kontrastieren Sie diese mit der Fremdcharakterisierung Solvejgs.

4. Die Frau als Erlöserin: Problematisieren Sie diese Rolle aus heutiger Sicht.

5. Hat Peer die Erlösung verdient? – Diskutieren Sie.

5 Munchs Theaterplakat für die Aufführung von „Peer Gynt" im Théâtre de l'Œuvre (Paris) in den 1890er-Jahren

6. Mutter und Geliebte: Besprechen Sie die Doppelung in Munchs Bild und beziehen Sie dabei den Textauszug mit ein.

7. Ein Regisseur überlegt, beide Figuren durch eine einzige Schauspielerin darstellen zu lassen: Diskutieren Sie diesen Regieeinfall.

8. Vergleichen Sie die beiden Stufen der Inszenierung:
a) Diskutieren Sie, welche Maske Sie für die Schlussszene angemessener finden.
b) Solvejgs Lied bei Grieg (vgl. CD) wird auch Wiegenlied genannt – diskutieren Sie diesen Zusammenhang über die Szenenfotos.

6 Konkretisierungen der Freiburger Inszenierung

Während der Proben zur Freiburger Inszenierung gab es auch die Idee, Solvejg am Dramenende – ähnlich wie Peer – altern zu lassen und mithilfe massiven Maskeneinsatzes zu einer alten Frau werden zu lassen.
Bei der Premiere des Stückes wurde davon allerdings Abstand genommen. Solvejg, wie das folgende Szenenfoto zeigt, blieb hier zeitlos jung; auf einen Maskeneinsatz wurde also bewusst verzichtet.

Elisabeth Hoppe als Solvejg, Albert Friedl als Peer

7 Gerhard Danzer (* 1956): Dieser Eingang war nur für dich bestimmt (Auszug)
– Interpretationsbeispiel –

Peer Gynts Existenz wäre um ein Haar ein [tragischer] Schluss beschieden gewesen. Vor dem Schicksal des „Umgegossen-Werdens" bewahrt ihn die blind gewordene Solvejg, die ihn erkennt und die die Frage nach seiner Identität beantworten kann: „In meinem Glauben, in meinem Hoffen und in meinem Lieben warst du immer da." Nur wenn ein Mensch an uns glaubt, finden wir den Mut, zu uns selber aufzubrechen. Wir brauchen demnach die anderen als Gegenüber und „Dusagende-Iche", um an ihnen unser eigenes Ich bauen zu können. Identität und Selbstrealisation gibt es nur um den „Preis" der Akzeptanz dieser Gesetzmäßigkeit. Diese Akzeptanz fordert von uns auch eine Begrenzung unserer Allmachtsfantasien, die uns bisweilen vorgaukeln, wir könnten einzig aus uns selbst heraus und vermöge unserer eigenen Vorstellungen uns schaffen und zum Individuum reifen. Ibsen beschreibt mit Peer den zentralen Konflikt der conditio humana[1]: den permanenten Widerstreit zwischen Akzeptanz und Begrenzung einerseits sowie Revolte und Grenzüberschreitung andererseits. Eventuell streiten in uns wie bei Peer die uralten Stimmen des Knopfgießers und Åses, der Trolle und des Dovre-Alten, Solvejgs und Doktor Begriffenfeldts und der vielen anderen miteinander und flüstern uns zu: „Mensch, sei dir selbst genug!" oder „Mensch, werde du selbst!" (v 2007)

9. Erläutern Sie, welche Funktion Gerhard Danzer der Solvejg-Figur zuschreibt.

8 Das Thema Reisen in der Literatur

1. Das Leben als Reise?
a) Tauschen Sie sich darüber aus.
b) Blättern Sie noch einmal durch die Seiten 10 bis 77. Wählen Sie Texte aus, die Sie in besonderer Weise angesprochen haben.
c) Erarbeiten Sie die Funktionen des Reisens in diesen unterschiedlichen Texten sowie in *Peer Gynt*.

2. Diskutieren Sie, welcher Gewinn sich aus der Lektüre literarischer Texte zum Thema „Reisen" ziehen lässt.

---
[1] die conditio humana (< lat. conditio = Bedingung, humana = menschlich): Fragen, die Grundbedingungen des menschlichen Lebens betreffend

Mittelalter

Ebstorfer Weltkarte, um 1230

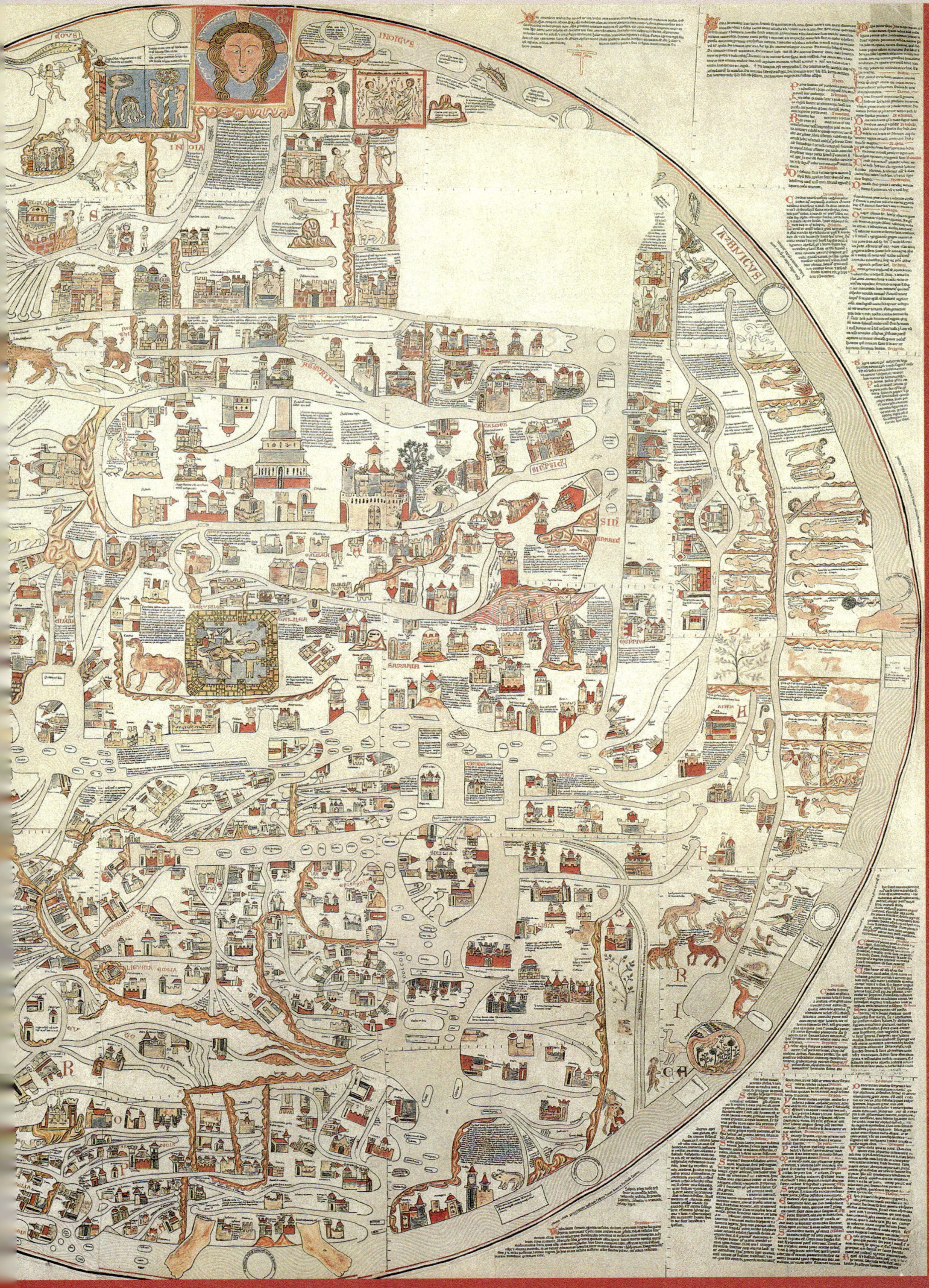

/ Mittelalter

I. Leitbilder des mittelalterlichen Menschen

1. Die Ordnung der Welt aus der mittelalterlichen Perspektive – Sich mit einem Weltbild vergangener Zeiten auseinandersetzen

1 Sakramentar aus der Kirche S. Salvatoris zu Fulda: Szenen aus dem Leben des Bonifatius

(e um 975)

2 Das Wessobrunner Gebet

De poeta

Dat gafregin ih mit firahim   firiuuizzo meista,
Dat ero ni uuas   noh ufhimil,
noh paum,   noh pereg ni uuas,
ni *sterro* nohheinig,   noh sunna ni *scein*,
5 noh mano ni liuhta,   noh der mareo seo.
Do dar niuuiht ni uuas   enteo ni uuenteo,
enti do uuas der eino   almahtico cot.
manno miltisto,   enti dar uuarun auh manake mit inan
cootlihhe geista,   enti cot heilac.
10 Cot almahtico, du himil enti erda gauuorahtos enti du mannun so
manac coot forgapi: forgip mir in dina ganada rehta galaupa enti
cotan uuilleon, uuistóm enti spahida enti craft, tiuflun za uuidar-
stantanne enti arc za piuuisanne enti dinan uuilleon za gauurchanne.   (e um 814)

Von einem Dichter

Das habe ich bei den Menschen als größtes Wunder erfahren: Dass es die Erde nicht gab und nicht den Himmel, es gab nicht den Baum und auch nicht den Berg, es schien nicht ein einziger Stern, nicht die Sonne, es leuchtete weder der Mond noch die glänzende See. Als es da also nichts gab, was man als Anfang oder als Ende hätte verstehen können, gab es schon lange
5 den einen allmächtigen Gott, den reichsten an Gnade. Bei ihm waren auch viele Geister voll Herrlichkeit, früher (als sie aber war) der heilige Gott.
Allmächtiger Gott, du hast Himmel und Erde erschaffen und den Menschen so manches Gut verliehen: Verleihe mir rechten Glauben an deine Gnade und guten Willen, Weisheit, Klugheit und Kraft, den Teufeln zu widerstehen und das Böse zu meiden und deinen Willen zu tun. –

1. a) Informieren Sie sich über Bonifatius und die Christianisierung der germanischen Stämme.
b) Erläutern Sie die Darstellung aus dem 10. Jahrhundert.

2. Lesen Sie den althochdeutschen Text zunächst leise, dann laut. Welche Leseweise erleichtert Ihnen das Verständnis?

3. Sammeln Sie in der Klasse bzw. im Kurs die Wörter, Ausdrücke und Sätze, die Sie ohne Zuhilfenahme der Übersetzung entziffern können.

4. Hören Sie die Lesung des Textes. Notieren Sie Unterschiede zu Ihrem eigenen Leseversuch. (CD 1 Track 6)

5. Informieren Sie sich über das Wessobrunner Gebet und seine Geschichte.

6. Ein christliches Gebet setzt sich in der Regel aus Gottesanrede (Allmächtiger, ewiger Gott, du hast ...) und Bittformel (Hilf uns ...) zusammen. Stellen Sie die Unterschiede zum klassischen Gebetsaufbau dar und versuchen Sie, diese zu erklären.

3 Weißenburger Katechismus: Fater unsêr

Fater unsêr, thu in himilom bist, giuuîhit sî namo thîn. quaeme rîchi thîn. uuerdhe uuilleo thîn, sama sô in himile endi in erthu. Broot unseraz emezzîgaz gib uns hiutu. endi farlâz uns sculdhi unsero, sama sô uuir farlâzzêm scolôm unserêm. endi ni gileidi unsih in costunga, auh arlôsi unsih fona ubile. *(e 1. Hälfte 9. Jh.)*

1. Lesen Sie die ahd. Fassung des Vaterunsers und tragen Sie zusammen, was Ihnen an sprachlichen Besonderheiten auffällt.

2. Vergleichen Sie den Satzbau des ahd. Textes mit dem Anfang seiner lateinischen Vorlage:
Pater noster, qui es in caelis: sanctificetur nomen tuum. Adveniat regnum tuum. Fiat voluntas tua, sicut in caelo, et in terra.
Zeigen Sie den Einfluss des Lateinischen.

Das Althochdeutsche und die Abschwächung der Endsilben im Mittel- und Neuhochdeutschen

Als **Althochdeutsch** (Ahd.) bezeichnet man die Sprache der ältesten schriftlichen Zeugnisse in hochdeutscher Sprache zwischen 750 und 1050. Das Wort „deutsch" ist zum ersten Mal im Jahre 786 in lateinischer Form als *theotisce* „volkstümlich, zum Volk gehörig" belegt. Charakteristisch für das Althochdeutsche sind die noch vokalisch volltönenden Endungen, zum Beispiel *namo* „Name", in *himilom* „im Himmel", *sunna* „Sonne". Seit etwa 1050 kann man in der Literatur die **Abschwächung der Endsilben** beobachten. Dieses Phänomen dient als Hauptkriterium zur Abgrenzung des Mittel- vom Althochdeutschen. Die im Althochdeutschen noch vokalisch volltönenden Endsilben werden zum sog. schwa-Laut (z. B. in [gehən]) abgeschwächt, der in der Schrift als „e" wiedergegeben wird: der ein*o* almahtic*o* cot (> nhd. der ein*e* allmächtig*e* Gott), dem*o* balder*es* uol*on* (> mhd. dem*e*, nhd. dem_ Fohl*en* Balth*ers*). Daneben gibt es das Phänomen, dass abgeschwächte Vokale verloren gehen, entweder am Wortende (**Apokope**) oder zwischen Konsonanten (**Synkope**): per*e*g (> mhd. ber*c*, nhd. Ber*g*), ganad*a* (> mhd. genâd*e*/gnâd*e*, nhd. Gn*a*de), g*a*laupa (> mhd. g*e*loube/gloube, nhd. Glaube). Dieser Prozess dauert noch in der Gegenwart an (*dem Kinde – dem Kind_; unserem – unsrem*).
Als Begründung für diese Entwicklung wird die Festlegung des im Indogermanischen noch freien Wortakzents auf die erste bzw. die Stammsilbe (**Initialakzent**) im Germanischen genannt. Da weniger Atemdruck auf die nachfolgende Nebensilbe wirkt, wird deren Vokal abgeschwächt: *wázzar* wird zu *Wásser*. Das hat weitreichende Folgen für die Entwicklung des Deutschen. So fallen durch die Endsilbenabschwächung Indikativ- und Konjunktivformen zusammen, was heute zu großer Unsicherheit beim Gebrauch des Konjunktivs führt.

4 Die Merseburger Zaubersprüche

Die Merseburger Zaubersprüche wurden 1841 in der Dombibliothek zu Merseburg auf dem Vorsatzblatt eines lateinischen Sakramentars, einer Sammlung von Gebeten, gefunden. Die Namen im Text, z. B. Idisen für dämonische weibliche Wesen, Wodan, der germanische Hauptgott, Balder, Freia usw. weisen auf die Zeit vor der Christianisierung zurück. Die Verse wurden wahrscheinlich als Beschwörungs- und Zauberformeln verwendet. Charakteristisch für diese Relikte aus heidnischer Zeit ist die Verwendung des Stabreims (Alliteration). Darunter versteht man den Gleichklang der Anlaute besonders betonter Silben in einem Vers. Alliterieren können entweder gleiche Konsonanten oder beliebige Vokale, z. B.: suma **h**apt **h**eptidun, suma **h**eri lezidun.

3. Hören Sie sich die Merseburger Zaubersprüche in althochdeutscher Sprache an. *(CD 1, Track 7)*

4. Stellen Sie Vermutungen darüber an, zu welchem Zweck sie verwendet wurden.

5. Untersuchen Sie den Aufbau des Textes und erläutern Sie ihn.

6. Nennen Sie die sprachlich-stilistischen Mittel, die dem Text seinen magisch-beschwörenden Charakter verleihen. Belegen Sie Ihre Ergebnisse am Text.

7. Stellen Sie Vermutungen darüber an, warum sich die Zaubersprüche auf dem Vorsatzblatt eines Sakramentars befinden.

a) Erster Merseburger Zauberspruch

Eiris sazun idisi,   sazun hera duoder.
suma hapt heptidun,   suma heri lezidun,
suma clubodun   umbi cuoniouuidi:
insprinc haptbandun,   inuar uigandun! – *(v 10. Jh.)*

Einst ließen sich die Idisen nieder, setzten sich hierhin und (setzten sich) dorthin. Einige fesselten (die Feinde), andere hemmten (das feindliche) Heer, wiederum andere lösten die Fesseln (des Freundes): Löse dich aus den Fesseln, entflieh den Feinden! –

8. Hören Sie die musikalische Umsetzung der Gruppe „In Extremo". *(CD 1, Track 8)*
a) Beurteilen Sie die Angemessenheit der Umsetzung.
b) Erklären Sie, warum moderne Bands Interesse an althochdeutschen Texten haben.

R Das *Hildebrandslied* – Fragment einer germanischen Heldendichtung

Beschaffen Sie sich in einer Bibliothek oder über das Internet das ahd. *Hildebrandslied*. Informieren Sie in Ihrem Referat über Inhalt, historischen Hintergrund (Völkerwanderungszeit), Form und Entstehung der Dichtung. Zeigen Sie, dass die Dichtung nur oberflächlich an das Christentum angepasst wurde und bei der Konfliktgestaltung Schicksalsglaube und Ehrbewusstsein prägend waren. Der Text ist als Fragment überliefert: Schreiben Sie ihn als Bericht weiter und begründen Sie Ihre Fortsetzung.

1. Versuchen Sie, den Zweck von Text 5 zu bestimmen.

2. Zeigen Sie am Inhalt, dass dem Segen ein vorchristlicher Text zugrunde liegt, der im Sinne des Christentums umgeformt wurde.

3. Der christliche Einfluss zeigt sich auch in der Form:
a) Vergleichen Sie die Versgestaltung mit der der Merseburger Zaubersprüche.
b) Neben einzelnen Stabreimen findet sich bereits der Endreim, der mit dem Christentum in die Dichtung gelangt. Geben Sie Beispiele für beide Reimarten. Beziehen Sie Binnenreime und unreine Reime mit ein.

b) Zweiter Merseburger Zauberspruch

Phol ende Uuodan   uuorun zi holza.
du uuart demo Balderes uolon   sin uuoz birenkit.
thu biguol en Sinthgunt,   Sunna era suister,
thu biguol en Friia,   Uolla era suister,
5 thu biguol en Uuodan,   so he uuola conda:
sose benrenki,   sose bluotrenki,
        sose lidirenki,
ben zi bena,   bluot zi bluoda,
lid zi geliden,   sose gelimida sin! –   (v 10. Jh.)

Phol und Wodan ritten in den Wald. Da verrenkte sich Balders Fohlen einen Fuß. Da besprach ihn Sindgund (und) Sunna, ihre Schwester, da besprach ihn Frija (und) Volla, ihre Schwester, da besprach ihn Wodan, so gut wie (nur) er es konnte: wie die Verrenkung des Knochens, so die des Blutes, so die des ganzen Gliedes! Knochen an Knochen, Blut zu Blut, Glied an Glied, als 5 ob sie zusammengeleimt wären!

5 Der Lorscher Bienensegen

Kirst, imbi ist huze!   nu fliuc du, uihu minaz, hera
fridu frono in *godes munt*   *heim zi commone gisunt*.
sizi, sizi, bina: inbot dir sancte Maria
hurolob ni habe du   zi holce ni fluc du,
5 noh du mir nindrinnes,   noh du mir nintuuinest.
sizi uilu stillo,   uuirki godes uuillon! –

Christus! das Bienenvolk ist ausgeschwärmt! Nun fliegt, meine Tiere, (wieder) her, damit ihr im Frieden des Herrn, in Gottes Schutz gesund heimkommt! Sitz, sitz, Biene! Das hat dir die heilige Maria befohlen: Du sollst keine Erlaubnis haben, in den Wald zu fliegen, du sollst mir weder entwischen noch entweichen! Sitz ganz still und tu, was Gott will! –

L Die althochdeutsche Literatur (um 750 bis ca. 1050)

Die Literatur des frühen Mittelalters steht weitgehend unter dem Einfluss des Christentums und der Christianisierung. So haben wir die Überlieferung der althochdeutschen Volkssprache, genauer gesagt der Schriftsprachen Alemannisch, Bairisch und Fränkisch, im Wesentlichen der Missionierung der Deutschen durch irische Mönche seit dem 8. Jahrhundert zu verdanken. Denn für die Bekehrung der Heiden wurden die christlichen Grundlagen in deren Sprache aufgeschrieben, damit sie im neuen Glauben unterwiesen werden konnten. Überwiegend vermitteln die althochdeutschen Handschriften deshalb religiöse Inhalte: Sie sind Übersetzungen der wichtigsten Gebete (Vaterunser, Glaubensbekenntnis), Taufgelöbnisse, Nacherzählungen biblischer Stoffe usw.
Dennoch sind einige wenige Texte aus germanischer Zeit überliefert, und zwar nur deshalb, weil Mönche sie auf den noch freien Pergamentseiten der großen Handschriften festgehalten haben. Zu ihnen gehören einige Zaubersprüche, wie z. B. die Merseburger Zaubersprüche, und vor allem ein Bruchstück aus dem „Hildebrandslied", einem Heldenlied, das noch stark von germanischem Gedankengut geprägt ist.
Literatursprache des frühen Mittelalters war aber weiterhin das Lateinische, das sich als Universalsprache für die Verbreitung von Gedankengut unter den Gebildeten Europas anbot.

6 Aus dem „Liber Divinorum Operum": Der Mensch innerhalb des Kosmos

Im *Liber Divinorum Operum* (Das Buch der Gotteswerke) hat Hildegard von Bingen, die bekannteste Ordensfrau des Mittelalters, zehn ihrer Visionen niedergeschrieben. Die bildliche Darstellung illustriert die zweite Vision:

I. Leitbilder des mittelalterlichen Menschen

1. Verfassen Sie eine ➤ Bildbeschreibung und arbeiten Sie dabei
a) die Beziehung zwischen Gott und dem Menschen,
b) die Stellung des Menschen im Kosmos,
c) die Rolle der Hildegard von Bingen (links unten im Bild) heraus.

2. Beschreiben und analysieren Sie die Ebstorfer Weltkarte (S. 78 f.) und vergleichen Sie die beiden Weltbilder.

3. Lassen Sie sich von der Illustration zu einer eigenen künstlerischen Darstellung heutiger Weltbilder anregen.

(e um 1240)

Hildegard von Bingen *(1098–1179) war eine für das Mittelalter bemerkenswerte Frau. Schon als Kind hatte die Tochter des Adligen Hildebert von Bermersheim Visionen. Sie kam als 8-Jährige zur Erziehung und Ausbildung ins Benediktinerkloster auf dem Disibodenberg, in dem sie ab ihrem 16. Lebensjahr als Nonne weiterlebte. 1136 wurde sie zur Äbtissin gewählt. Sie war eine bedeutende Mystikerin, belesene Naturwissenschaftlerin und Ärztin, Verfasserin heilkundlicher Schriften und Komponistin geistlicher Lieder und mischte sich aktiv in die Politik ein. Persönlich und in Briefen ermahnte sie sowohl Kaiser als auch geistliche Würdenträger und forderte diese wie auch das gewöhnliche Volk zu Sittenstrenge und Bußbereitschaft auf. Sie wird deshalb auch als das „Gewissen der Zeit" bezeichnet.*

7 Hildegard von Bingen (1098–1179): Buch der Gotteswerke
(Auszug)

Mitten im Weltenbau steht der Mensch. Denn er ist bedeutender als alle übrigen Geschöpfe, die doch abhängig von jener Weltstruktur bleiben. An Statur ist dieser Mensch zwar klein, an Kräften des seelischen Vermögens jedoch gewaltig. Sein Haupt nach aufwärts gerichtet, die Füße auf festem Grund, vermag er sowohl die oberen als die unteren Dinge in Bewegung zu versetzen. Was er mit seinen Werken rechter und linker Hand auch bewirkt, das durchdringt jenes All, weil er in der Kraft seines inneren Menschen die Möglichkeit hat, solches ins Werk zu setzen. Wie nämlich der Leib des Menschen das Herz an Größe übertrifft, so sind auch die Kräfte der Seele gewaltiger als die des Körpers, und wie das Herz des Menschen im Körper verborgen ist, so ist auch der Körper von den Kräften der Seele umgeben, da diese sich über den gesamten Erdkreis hin erstrecken. So hat auch der fromme Mensch sein Dasein im Wissen Gottes und strebt in seinen geistlichen wie weltlichen Lebensnotwendigkeiten auf seinen Gott hin. Geht es mit seinen Unternehmungen gut vorwärts oder glücken sie auch nicht: Immer geht sein Trachten auf Gott, da er mit seinem Tun ununterbrochen seine Ehrfurcht vor ihm zum Ausdruck bringt. Denn wie der Mensch mit seinen leiblichen Augen allenthalben die Geschöpfe sieht, so schaut er im Glauben überall den Herrn: Er ist es, den der Mensch in jedem Geschöpf erkennt. (e um 1240)

4. Erläutern Sie, welche Stellung Hildegard von Bingen dem Menschen in der Welt zuerkennt. Beachten Sie dabei, dass für sie die Seele ein „Hauch" ist, der bei der Geburt „von Gott in den Menschen gesandt" wird.

5. Verdeutlichen Sie die Möglichkeiten und die Grenzen des Menschen bei Hildegard von Bingen.

6. Zeigen Sie, wie der Illustrator das Menschen- und Weltbild Hildegards im „Buch der Gotteswerke" künstlerisch umgesetzt hat.

8 Der Mensch in der Gesellschaft

a) Bischof Adalbero von Laon (977 – ca. 1030): Carmen ad Rotbertum regem

Das Haus Gottes, das man für eins hält, ist also in drei geteilt: Die einen beten, die anderen kämpfen, die dritten schließlich arbeiten. Diese drei Teile, die miteinander leben, dürfen nicht auseinandergerissen werden; die Dienste des einen sind die Voraussetzung für die Werke der anderen beiden. Jeder verpflichtet sich für sein Teil, das Los der Gesamtheit zu erleichtern. So ist diese dreifache Einheit darum doch nicht weniger einheitlich, und so hat das Gesetz obsiegen und die Welt sich des Friedens erfreuen können.   (e um 1025)

b) Äbtissin Hildegard von Bingen (1098 – 1179) in einem Brief an die Äbtissin von Andernach

Gott achtet bei jedem Menschen darauf, dass sich der niedere Stand nicht über den höheren erhebe, wie es einst Satan und der erste Mensch getan […] Wer steckt all sein Viehzeug zusammen in einen Stall: Rinder, Esel, Schafe, Böcke? Da käme alles übel durcheinander! So ist auch darauf zu achten, dass nicht alles Volk in eine Herde zusammengeworfen werde […] Es würde sonst eine böse Sittenverwilderung einreißen […], wenn der höhere Stand zum niedrigen herabgewürdigt und dieser zum höheren aufsteigen würde. Gott teilt sein Volk auf Erden in verschiedene Stände, wie die Engel im Himmel in verschiedene Gruppen geordnet sind. […]   (e 1148–1150)

c) Holzschnitt von 1492

1. Arbeiten Sie aus den Texten a) und b) den Aufbau der mittelalterlichen Gesellschaftsordnung heraus. Achten Sie darauf, wie diese jeweils begründet wird.

2. Beschreiben Sie möglichst genau die Darstellung und zeigen Sie, welche Vorstellung von der mittelalterlichen Gesellschaft dem Holzschnitt zugrunde liegt.

I. Leitbilder des mittelalterlichen Menschen

Die Weltsicht des Mittelalters

Die germanischen Völkerschaften, die sich nach dem Untergang des Römischen Reichs auf dessen Gebiet nördlich der Alpen angesiedelt hatten, lebten in feudalen Strukturen: Adelige Heerführer bzw. Grundherren standen ihrer Gefolgschaft aus freien und abhängigen Bauern bzw. Kriegern gegenüber. Beide Parteien waren einander durch ein Treueverhältnis mit gegenseitigen Rechten und Pflichten verbunden. Die Annahme des Christentums prägte die frühmittelalterliche Epoche: Christus wird dort als der heilbringende Anführer betrachtet, dem man nun Gefolgschaft leistet. Die Vermittlung seines Willens übernahmen die Kleriker, die als dritte Gruppierung in die entstehende Ständegesellschaft eingingen. Letztlich wurde mehr Hierarchie in der Welt als gottgewollt dargestellt, als aus der Bibel und ihrer Tradition abgeleitet werden kann. Weil soziale Mobilität kaum möglich war, richteten sich die Gedanken der Menschen auf die Endzeit, das bevorstehende Weltende. Sie wandten sich von der diesseitigen Welt ab, richteten ihr Augenmerk auf das Jenseits und sahen das Leben als eine Vorbereitung auf den Tod an: Hier erlittene Mühen würden dort belohnt werden. Damit wurde das diesseitige Leben nicht nur erträglicher, sondern Unrecht und Qual auf Erden erhielten einen Sinn.

2. Der tugendhafte Ritter als Erziehungs- und Bildungsideal – Höfische Literatur kennenlernen

Zu Beginn des 12. Jahrhunderts ging der Einfluss von Mönchen und Geistlichen in der Öffentlichkeit zurück. Die Klöster blieben indessen Zentren der Buchproduktion, wo weiterhin Literatur mit geistlichem, zunehmend aber auch mit weltlichem Inhalt entstand. An die Stelle der Geistlichkeit traten nun als Kulturträger nach und nach die Ritter, die zur herrschenden Gesellschaftsschicht aufgestiegen waren, nachdem sie für die erfolgreiche Abwehr fremder Reiterheere mit Land belohnt und geadelt worden waren. Die Literatur diente nun nicht mehr nur der Verbreitung des Christentums, sondern auch der Bildung, Unterhaltung und Selbstdarstellung des neuen ehrgeizigen und selbstbewussten Standes.

1 Die Stifterfiguren im Naumburger Dom

Den Höhepunkt mittelalterlicher Plastik, nicht nur in Mitteldeutschland, sondern weit darüber hinaus, bilden die zwölf sogenannten Stifterfiguren im Westchor des Naumburger Doms aus der Mitte des 13. Jahrhunderts. Mit diesen Standbildern sollte den Stiftern ein Denkmal gesetzt und ihr Andenken gewahrt werden. Gerühmt wird die individuelle Gestaltung der Figuren. Diese stellen jedoch keine Porträts im heutigen Sinne dar, sondern zeigen das Bild, das sich der Künstler von den dargestellten Persönlichkeiten und ihrem Stand gemacht hat.

Graf Thimo  — Graf Dietrich  — Markgraf Ekkehard II.

Die Bezeichnung „Mittelalter"

Die Zeit, die heute allgemein als das Mittelalter bezeichnet wird, sah sich selbst als „aetas christiana" („christliches Zeitalter"), das mit Christi Geburt begonnen hatte und mit dem Jüngsten Tag enden werde. Der Begriff „medium aevum" („mittleres Zeitalter") tauchte erstmals im 14. Jahrhundert bei italienischen Humanisten auf. Da die humanistische Geschichtsbetrachtung die Weltgeschichte nicht christlich definierte, erkannte sie eine Unterbrechung der Traditionslinie vom hochkultivierten römischen Reich durch die Völkerwanderung und das sich daraus entwickelnde Mittelalter und betrachtete diese Zeit daher als „aetas obscura" („dunkles Zeitalter"). Ihr Anliegen war es, die Antike wiederzuentdecken (Renaissance = Wiedergeburt der Antike).
Positiv, aber dadurch auch verklärt, sah dagegen die Romantik das Mittelalter, weshalb sich seit dem ausgehenden 18. Jahrhundert viele Gelehrte um eine philologische und historische Aufarbeitung dieser Zeit bemühten. Die heutige Forschung anerkennt originäre Leistungen des sog. Mittelalters und sieht in dieser Zeit die Geburt eines kulturpolitisch zusammengehörigen Europas.

1. Beschreiben Sie die drei Stifterfiguren. Achten Sie dabei auf Gemeinsamkeiten und Unterschiede.

2. Arbeiten Sie die Vorstellung des Künstlers vom idealen Ritter heraus, wie Sie in den Statuen zum Ausdruck kommt.

Die Aussprache des Mittelhochdeutschen

Für die Aussprache des Mittelhochdeutschen gelten folgende Regeln:

Vokale:
- Bei einfachen Vokalen wird deutlich zwischen langen und kurzen Vokalen unterschieden: Vokale mit dem Längenzeichen ^ (â, ê, î, ô, û) und æ (wie ä), oe (wie ö), iu (wie ü) werden lang gesprochen. Alle anderen Vokale, auch die in offener Silbe, werden kurz gesprochen.
- Die Diphthonge ei, ie, ou, öu, öi, uo und üe sind als zwei Vokale zu sprechen: zwei = zwe-i, dienen = di-enen.

Konsonanten
- c wird am Silbenende wie k gesprochen: sluoc = slu-ok
- h wird am Silbenende und vor s und t wie ch gesprochen: niht = nicht.
- Der Konsonant f wird sowohl mit f (fürste) als auch mit v (vürste) wiedergegeben.
- z wird im Anlaut wie im Neuhochdeutschen gesprochen: zuht wie nhd. Zucht.

1. Hören Sie sich mehrfach die Lesung des Textausschnitts an. (CD 1 Track 9)

2. Versuchen Sie mithilfe der Ausspracheregeln einen eigenen Vortrag des Textes.

3. Übersetzen Sie zunächst die Verse 1–6. Vergleichen Sie Ihre Ergebnisse.

4. a) Übersetzen Sie arbeitsteilig den restlichen Text.
b) Fassen Sie mit eigenen Worten die Ratschläge der Mutter zusammen.

5. Überlegen Sie, wie diese Ratschläge, von einem unerfahrenen jungen Menschen wörtlich genommen, zu Fehlhandlungen führen könnten.

6. Informieren Sie sich in einer nhd. Nachdichtung oder -erzählung über Parzivals weitere Geschichte. Achten Sie dabei vor allem auf die Fehlhandlungen.

7. a) Vergleichen Sie Ihre Übersetzung der Verse 1–6 mit der Nachdichtung.
b) Beschreiben Sie die wesentlichen Unterschiede und erklären Sie sie.

8. Bewerten Sie Simrocks Nachdichtung.

2 Wolfram von Eschenbach (1170–1220): Parzival (Auszug) – Die Ratschläge der Mutter –

Das höfische Epos Wolfram von Eschenbachs gehört zu den im Mittelalter bekanntesten Werken der Literatur. Davon zeugen über 90 Handschriften und Fragmente und die Übernahme einiger Personennamen aus der Dichtung durch den Adel.

Da sie ihren Gatten im ritterlichen Krieg verloren hat, zieht die Königswitwe Herzeloyde, von der Welt enttäuscht, mit ihrem kleinen Sohn Parzival in eine Waldeinöde. Dort lässt sie das Kind bewusst in Unwissenheit und Unkenntnis der höfischen Welt aufwachsen. Als er endlich zum ersten Mal in seinem Leben auf Ritter trifft, hält er sie zunächst für Engel und will dann auch Ritter werden. Seiner Mutter gelingt es nicht, ihn von diesem Vorsatz abzubringen. Als sie ihn ziehen lassen muss, kleidet sie ihn in ein Narrengewand, das sie als ritterliches Kleid bezeichnet, überlässt ihm einen alten Ackergaul, den sie als Streitross ausgibt, und stattet ihren Sohn mit einem Jagdspieß aus, von dem sie behauptet, es sei eine Lanze. Außerdem gibt sie ihm Ratschläge mit auf den Weg, die ihn später allerdings in große Schwierigkeiten bringen.

›dune solt niht hinnen kêren,   *(Du sollst nicht von hier weggehen)*
ich wil dich list ê lêren.   *Weisheit, Klugheit, Schlauheit/*
an ungebanten strâzen   *zuvor, vorher*
soltu tunkel vürte lâzen: *Plural von mhd. vurt: Furt; Flussbett; Bahn, Weg*
5 die sîhte und lûter sîn,
dâ soltu al balde rîten in.
du solt dich site nieten,   *Sitte, Brauch; Anstand/*
der werlde grüezen bieten.   *eifrig sein, streben*
Ob dich ein grâ wîse man
10 zuht wil lêren als er wol kan,
dem soltu gerne volgen,
und wis im niht erbolgen.   *gewiss, sicher, zuverlässig/*
sun, lâ dir bevolhen sîn,   *anschwellen, zornig werden gegen*
swa du guotes wîbes vingerlîn   *Fingerring*
15 mügest erwerben unt ir gruoz,   *freundl. Ansprechen, Begrüßung, Gruß*
daz nim: ez tuot dir kumbers buoz.   *Besserung, Abhilfe*
du solt ze ir kusse gâhen   *(durch)eilen*
und ir lîp vast umbevâhen: *fest, stark*
daz gît gelücke und hôhen muot,
20 ob si kiusche ist unde guot.
   du solt ouch wizzen, sun mîn,
der stolze küene Lähelîn
dînen vürsten abe ervaht zwei lant,   *mhd. ervehten: er-, bekämpfen*
diu solten dienen dîner hant,
25 Wâleis und Norgâls.
ein dîn vürste Turkentâls
den tôt von sîner hende enpfienc:
dîn volc er sluoc unde vienc.‹   *(v 1. Jahrzehnt des 13. Jhs.)*

3 Original und Nachdichtung

Der Anfang der Ratschläge   *Nachdichtung*
(Originaltext)   *(Simrock)*

›dune solt niht hinnen kêren   „Du darfst dich nicht von hinnen heben,
ich wil dich list ê lêren.   Ich muss dir erst noch Lehren geben:
an ungebanten strâzen   Du sollst auf ungebahnten Straßen
soltu tunkel vürte lâzen: Dich nicht auf dunkle Furt verlassen;
5 die sîhte und lûter sîn,   5 Ist sie aber seicht und klar,
dâ soltu al balde rîten in.   So hat der Durchritt nicht Gefahr.

I. Leitbilder des mittelalterlichen Menschen

4 Duden, Etymologie der deutschen Sprache (Auszug) – Artikel „List" –

List: Das gemeingerm. Wort mhd., ahd. *list*, got. *lists,* aengl. *list*, schwed. *list* gehört zu der unter ↑leisten dargestellten Wortgruppe. Es bedeutete ursprünglich „Wissen" und bezog sich auf die Techniken der Jagdausübung und des Kampfes, auf magische Fähigkeiten und auf handwerkliche Kunstfertigkeiten. Allmählich entwickelte ‚List' einen negativen Nebensinn und
5 wurde im Sinne von „Trick, geschickte Täuschung, Ränke" gebräuchlich, beachte die Zusammensetzungen ‚Arglist' und ‚Hinterlist'. (v 2006)

1. Der Artikel zum nhd. Wort „List" stammt aus einem etymologischen Wörterbuch. Fassen Sie die wesentlichen Informationen aus dem Lexikonartikel mit eigenen Worten zusammen.

2. Erläutern Sie den Aufbau des Artikels.

5 Bedeutungswandel

nhd. Wort	ahd./mhd. Form	Bedeutung im Mittelalter	heutige Bedeutung	Art des Bedeutungswandels (Bedeutungserweiterung, -verengung, -verbesserung, -verschlechterung)
List	list	Wissen, Weisheit, Klugheit, Schlauheit	geschickte Täuschung	Bedeutungsverengung
Schalk				
Dirne				
Frau				
Weib				
Hochzeit				
Milde				
Bräutigam				

3. Schlagen Sie die Wörter „Schalk", „Dirne" usw. in einem etymologischen Wörterbuch nach und ergänzen Sie die Tabelle.

6 Wolfram von Eschenbach: Parzival (Auszug) – Gournemans' Lehren –

Die Ratschläge der Mutter, die nach seinem Weggang aus Schmerz tot zusammenbricht, ohne dass es der Sohn merkt, bringen Parzival bei seinem Zusammentreffen mit der höfischen Welt der Ritter in große Schwierigkeiten. Ohne es zu wollen, stürzt er andere Menschen in Leid und Not. Um zu einer Rüstung zu kommen, tötet Parzival auf unritterliche Weise mit seinem Jagdspieß den „Roten Ritter". Später unterweist ihn der alte Ritter Gournemans in den ritterlichen Tugenden.

„Haltet Euch an meine Lehre,
denn so macht Ihr keine Fehler.
Ich fange an, erlaubt es mir:
Verliert nur nie den Sinn für Scham.
5 Wer sich nicht schämt, was taugt der noch?
Das ist wie Mauser, Federfall:
Wert und Würde sinken nieder,
zeigen ihm den Weg zur Hölle.
Mit Eurem Aussehn, Eurer Schönheit
10 könntet Ihr ein Herrscher werden.
Seid Ihr edel, strebt nach oben,
so bleibt Euch in dem Punkte treu:
Helft den vielen in der Not,
kämpft gegen ihre Armut an
15 mit Güte, Generosität[1],

gebt niemals Eure Demut auf.
Gerät ein edler Mann in Not,
so hat er mit der Scham zu kämpfen
(und das ist ein bitterer Kampf!) –
20 seid bereit, auch ihm zu helfen.
Er ist noch übler dran als jene,
die vor Fenstern Brot erbetteln.
Rettet Ihr ihn aus der Not,
kommt Gottes Gnade auf Euch zu.
25 Doch ob Ihr arm seid oder reich –
zeigt stets das rechte Augenmaß.
Ein Herr, der den Besitz verschleudert,
benimmt sich gar nicht wie ein Herr;
doch wenn er dauernd Schätze häuft,
30 so ist dies auch nicht ehrenvoll.

---
[1] die Generosität (< lat. generosus = adelig; von edler Abkunft): Großmut

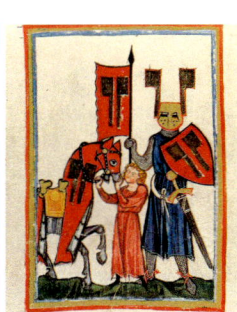

Wolfram von Eschenbach
*Die Lebensdaten des bekannten mittelalterlichen Dichters (ca. 1170–1220) sind nicht völlig gesichert, sein Grab ist verschollen. Er stammte wohl aus einer armen Adelsfamilie in Obereschenbach bei Ansbach in Franken (Bayern), das sich heute Wolframs-Eschenbach nennt. Auf die Unterstützung reicher Gönner angewiesen, trat er im Laufe seines Lebens an verschiedenen Höfen in Dienst.
Bekannt ist vor allem sein Versroman* Parzival, *der die eigenständige Bearbeitung einer französischen Vorlage darstellt.*

1. a) Gliedern Sie den Text.
b) Verdeutlichen Sie in einer Tabelle,
– welche Eigenschaften bzw. Verhaltensweisen einen idealen Ritter ausmachen,
– wie Gournemans Parzival zu motivieren versucht, ritterliches Verhalten einzuüben.

Eigenschaften eines idealen Ritters	Textbeleg	Motivation
Schamhaftigkeit	„verliert nur nie den Sinn für Scham" (V. 4)	Verlust von Wert und Würde, Drohung mit der Hölle (V. 7 f.)

2. Fassen Sie die Idealvorstellungen vom Ritter schriftlich zusammen.

3. Beurteilen Sie das Erziehungskonzept, das Gournemans' Belehrung zugrunde liegt, auf der Basis heutiger Erziehungsvorstellungen.

4. Der Bamberger Reiter fasziniert die Besucher des Doms bis in unsere Zeit. Versuchen Sie zu erklären, warum.

5. Es ist nicht mit letzter Sicherheit geklärt, wen die Plastik darstellt. Zeigen Sie, dass man in dieser Figur auch das Idealbild eines mittelalterlichen Herrschers sehen kann.

R Der Bamberger Reiter: König der Könige?
Informieren Sie sich über verschiedene Deutungen des Bamberger Reiters, insbesondere über die Deutungshypothese von Hannes Möhring (2004), die in Auszügen auf der DVD nachzulesen ist. Stellen Sie Ihren Mitschülern zentrale Forschungsansätze vor und begründen Sie, welcher Sie persönlich am meisten überzeugt. *DVD Texte*

Haltet immer Maß und Ziel.
Ich habe Anlass, festzustellen,
dass Ihr Unterweisung braucht.
Seid nicht mehr so ungehobelt!
35 Ihr sollt nicht viele Fragen stellen!
Gewöhnt Euch an zu überlegen,
was Ihr zur Antwort geben wollt;
sie geh auf dessen Frage ein,
der etwas von Euch hören will.
40 Ihr könnt doch hören, sehen,
schmecken, riechen – all dies bringe
Euch so langsam zu Verstand!
Verbindet mit Mut das Mitleid –
so befolgt Ihr meine Lehre.
45 Wenn einer sich Euch unterwirft,
per Ehrenwort, so nehmt es an
und lasst ihn leben – falls er Euch
nichts antat, was das Herz zerbricht.
Ihr werdet oft die Rüstung tragen;
50 sobald die von Euch abgelegt ist,
wascht Euch Hände und Gesicht –
sobald sich Rost zeigt, wird es Zeit!
Ihr wirkt dann wieder angenehm –
und das bemerken Frauen gleich!
55 Seid mutig und seid hochgestimmt,
das fördert Euren schönen Ruhm.
Und haltet stets die Frauen hoch –

so steigt ein junger Mann im Rang.
Bleibt hier fest, an jedem Tag –
60 hier zeigt sich männliche Gesinnung.
Wenn Ihr sie belügen wollt,
da könnt Ihr viele leicht betrügen!
Doch Betrug ist nicht von Dauer –
anders als der Ruhm, die Liebe.
65 Der Mann der Seitensprünge klagt
das dürre Holz im Walde an,
weil es zerbricht und dabei knackt –
und schon wacht der Wächter auf!
Im Versteck und im Verhau
70 gerät man häufig aneinander.
Doch vergleicht dies mit der Liebe:
Ist sie echt, so hat sie Mittel
gegen Finten des Betrugs.
Ist Euch die Liebe nicht mehr hold,
75 verliert Ihr unvermeidlich Ehre,
leidet in der Schande Not.
Nehmt Euch diesen Rat zu Herzen.
Ich sag noch etwas zu den Frauen.
Mann und Frau sind völlig *eins* –
80 wie die Sonne, die heut schien
und das, was man als ‚Tag' bezeichnet,
hier lässt sich keins vom andren trennen:
Aus *einem* Kerne blühn sie auf!
Merkt Euch das, denkt drüber nach."

(Original: v um 1200)

7 Der Bamberger Reiter

Der Bamberger Reiter ist eine aus Stein gemeißelte lebensgroße Plastik aus der Zeit zwischen 1230 und 1240, die einen auf einem Pferd thronenden Fürsten oder König darstellt. Sie befindet sich im Bamberger Dom, der im Jahre 1237 geweiht wurde. Die Figur zählt zu den bekanntesten Bauplastiken der Gotik.

Höfisch-ritterliche Kultur – eine europäische Erscheinung

Die Entwicklung höfischer Kultur nahm ihren Ausgang in Frankreich und gelangte über den niederländischen Raum ins deutsche Reich, bis in ganz Deutschland die ritterlichen Ideale galten. So sind viele Wörter der Rittersprache französischen Ursprungs: *kurteis* (= höfisch), *lanze*, *melodîe*, *palas* und *turnei*. Häufig dienten auch französische Romane als Vorlagen für mittelhochdeutsche Dichtungen (z. B. *Parzival*). Der Kontakt mit der hoch entwickelten arabischen Kultur im Verlauf der ersten Kreuzzüge im 11. und 12. Jahrhundert trug zur Verfeinerung der eher rustikalen Lebensweise der europäischen Adeligen bei (z. B. Schachspiel). Ein kultiviertes Auftreten sollte nun den Stand der Ritter, der ursprünglich ein Berufsstand war und nun zu einem Geburtsstand geworden war, gesellschaftlich legitimieren und gegen den niederen der Bauern abgrenzen, wie die Verbreitung von Schriften über höfische Tischsitten zeigt. Die in den Artusromanen geschilderte feine Welt des Hofes, die sicher nicht der Realität entsprach, diente der neuen Schicht der Ritter als Spiegel der Selbstdarstellung und Exempel der Selbsterziehung.
Ihre Leitbilder und Werte waren vor allem:
hoher muot, froide: Hochgestimmtsein, Freude über die Existenz als Ritter, Tapferkeit
zuht: Anstand, Beherrschung, Erziehung
mâze: Mäßigung, Zügelung der Leidenschaften
êre: Würde, Ansehen in der Gesellschaft
triuwe, staete: Treue, Aufrichtigkeit, Beständigkeit, Zuverlässigkeit
milte: Freigebigkeit, Großzügigkeit in materiellen Dingen

Eifersucht und Rache – Das Nibelungenlied

- Erläutern Sie den Gang der Handlung mithilfe eines Zeitstrahls.
- Stellen Sie die ➤ Personenkonstellation des Versepos in einem Schaubild oder mithilfe eines Standbildes dar und erläutern Sie.
- Arbeiten Sie die Werte und Motive heraus, die die Handlungen der Figuren bestimmen.
- Nennen Sie Beispiele für die Faszination des Nibelungenlieds bis in unsere Zeit und erklären Sie diese.

II. Minnedienst und Liebesglück

1. Das Spiel mit der Liebe – Mittelalterliche Gedichte übersetzen und interpretieren

1 Figuren von Stifterinnen im Naumburger Dom

Die Stifterfiguren im Naumburger Dom (siehe auch S. 85) stellen vier Ehepaare und drei einzelne männliche Personen dar. Von den Frauenfiguren ist besonders die der Markgräfin Uta berühmt geworden.

Gräfin Gepa    Markgräfin Uta    Markgräfin Reglindis

1. Beschreiben Sie den Eindruck, den diese Figuren auf Sie machen bzw. welche Vorstellungen sie in Ihnen wecken. Wählen Sie passende Adjektive.

2. Beschreiben Sie die drei Stifterfiguren. Achten Sie dabei auf Gemeinsamkeiten und Unterschiede.

3. Arbeiten Sie die Vorstellung des Künstlers von der idealen adligen Frauengestalt heraus.

4. Man hat die Statue der Uta als eine Ikone bezeichnet. Erklären Sie ihre Faszination.

1. Fertigen Sie mithilfe der Glossen eine Übersetzung oder eine Nachdichtung an. Nutzen Sie dazu den Gedichtvortrag auf der CD.

2. Zeigen Sie, dass die Verse Vergangenheit, Gegenwart und Zukunft umfassen.

3. Die meisten Interpreten sehen im Falken einen Mann und im lyrischen Ich eine Frau. Stützen Sie diese Deutung.

4. Arbeiten Sie die Vorstellung von Liebe heraus, die hier zum Ausdruck kommt. Welche Rolle hat der Mann, welche die Frau?

2 Der von Kürenberg (Mitte 12. Jh.): Ich zôch mir einen valken

zog
„Ich zôch mir einen valken
zähmte
dô ich in gezamete
Gefieder
und ich im sîn gevidere

er huop sich ûf vil hôhe
sah
5 Sît sach ich den valken
führte
er fuorte an sînem fuoze
war (ihm)
und was im sîn gevidere

got sende si zesamene

mehr als/über ... lang
mêre danne ein jâr.
haben
als ich in wolte hân
umwandt
mit golde wol bewant,
andere Länder
und floug in anderiu lant.
schön
schône fliegen:
seidene Riemen/Bänder
sîdîne riemen,
ganz rotgold
alrôt guldîn.
einander gerne lieb haben wollen
die gerne geliep welle sîn!"   (e zw. 1150 und 1180)

Die Kürenbergstrophe
- Sie besteht aus vier **Langzeilen**, von denen je zwei durch Paarreim verbunden sind.
- Jede Langzeile besteht aus zwei **Kurzzeilen**, Reihen genannt, die man wiederum als An- und Abvers bezeichnet.
- Der **Anvers** weist jeweils vier Hebungen auf, der **Abvers** dagegen drei, wobei der letzte in der vierten Langzeile eine Ausnahme bildet und ebenfalls aus vier Hebungen besteht, wodurch ein Abschluss der aus vier Langzeilen bestehenden Sinneinheit geschaffen wird.

„Ich zôch mir éinen válkèn   mêre dánne ein jâr.

er huóp sich ûf vil hôhè   und floúg in ánderiú lánt.

5. Tragen Sie das Gedicht mit verteilten Rollen vor. Achten Sie auf den Gefühlsausdruck von Mann und Frau.

6. Kommen Sie der Bedeutung dieses mittelalterlichen Minnespiels mithilfe der Information zum „Tagelied" auf die Spur.

7. Interpretieren Sie „Slâfst du, friedel ziere?" nach dem vorgeschlagenen Lösungsweg (S. 91).

3 Dietmar von Aist (1139–1171): Slâfst du, friedel ziere?

„Slâfst du, friedel ziere?
man weckt uns leider schiere:
ein vogellîn sô wol getân
daz ist der linden an daz zwî gegân."
5   „Ich was vil sanfte entslâfen:
nu rüefstu kint Wâfen.
liep âne leit mac niht gesîn.
swaz du gebiutst, daz leiste ich, friundin mîn."
    Diu frouwe begunde weinen.
10 „di rîtst und lâst mich eine. [du rîtest hinnen und lâst mich eine.]
wenne wilt du wider her zuo mir?
owê du füerst mîn fröide sament dir!"   (e 12. Jh.)

Die Darstellung in der Manessischen Liederhandschrift weist Dietmar von Aist als fahrenden Sänger aus.

Das Tagelied
Das Tagelied (< mhd. tageliet, tagewîse) Dietmar von Aists zählt wie das Falkenlied des Kürenbergers zum frühen Minnesang. Im Gegensatz zur späteren rein platonischen Verehrung einer adeligen Dame im klassischen Minnesang bekennt sich das Tagelied zur körperlichen Beziehung zwischen Mann und Frau. Das lyrische Ich schildert im Tagelied eine ganz bestimmte Situation, und zwar den Augenblick, in dem die beiden unverheirateten Liebenden nach einer Liebesnacht Abschied nehmen müssen. Gefährlich kann die Situation dadurch werden, dass die beiden den betrogenen Ehegatten der Dame fürchten müssen. Daher weckt die beiden nicht selten der Ruf eines Wächters. Aber auch der Morgenstern, der Sonnenaufgang oder der Gesang der Vögel kann den anbrechenden Tag ankündigen. Geprägt ist die Situation meist durch die Abschiedsklage und

den Gegensatz zwischen illusionärem Festhalten an der Scheinwirklichkeit und den unerbittlichen Forderungen der Realität, die mit dem beginnenden Morgen die Liebesidylle zerstören. Interessanterweise kommen meist beide Partner zu Wort, die äußere Form ist also ein Dialog. Weitere Merkmale sind Refrain und Dreistrophigkeit. Damit stellt diese Gattung einen wichtigen Schritt auf dem Weg zum lyrischen Dialog dar, der auch in der modernen Dichtung noch gepflegt wird.

Gedichtinterpretation: Mittelhochdeutsche Lyrik

Aufgabenbeispiel: Interpretieren Sie das Gedicht „Slâfst du, friedel ziere?" von Dietmar von Aist.

1. Analyse der Aufgebenstellung (vgl. Hinweise S. 40).

2. Textanalyse

Zur Erschließung eines mhd. Gedichts ist folgende Herangehensweise hilfreich:

a) Nehmen Sie die sprachliche Fremdheit des Originals als „Denksportaufgabe":
- Orientieren Sie sich zunächst an den im Nhd. **vertraut erscheinenden Textelementen**!
  Z. B.: *Schläfst du, …?/Man weckt uns leider …*
- Lesen Sie das Gedicht mehrfach leise und laut. Fassen Sie dann Ihr erstes Textverständnis mit eigenen Worten zusammen.
  Z. B.: Situation, in der Liebende erwachen
- Führen Sie eine erste **Ersatzprobe** durch, indem Sie versuchen, die unbekannten Wörter sinngerecht zu ersetzen!
- Klären Sie über die **Kontextprobe**, ob Ihre Ersatzprobe zu einer überzeugenden Gesamtlösung führt.

b) Stellen Sie ein gesichertes Textverständnis her:
- Schlagen Sie die unbekannten Wörter in einem **mhd. Lexikon** nach!
  Z. B.: *friedel* oder *vriedel*: Geliebter, Buhle, Bräutigam, Gatte bzw. Geliebte, Buhlin, Braut, Gattin
  ziere: prächtig, schön
  schiere: schnell, sogleich, schon bald
- Verwenden Sie die Worterklärungen für eine **zweite Ersatzprobe**!

Überprüfen und ergänzen bzw. korrigieren Sie Ihre Ausgangshypothese zur Sinnrichtung des Gedichts!
Z. B.: Erwachen und Abschied der Liebenden sind das Thema.

c) Legen Sie eine tabellarische Stoffsammlung an:

Die Sprecher	Inhalt/Aufbau	Stilmerkmale	Deutung
Die Frau	• liebevolle Anrede • …	• Fragesatz (V. 1) • …	• sanftes Wecken • …
Der Mann	• Erklärung (V. 5) • …	• Kontrast (V. 5/6) • Schlaf ↔ Lärm	• leidvolles Erwachen • …

3./4. Gliederungsvorschlag und Hinweise zur Ausarbeitung der Interpretation
- Als **Einleitung** könnte neben dem Namen des Autors, dem Titel und dem Genre (Tagelied) z. B. der Primäreindruck mitgeteilt werden, der dann im Hauptteil der Interpretation verifiziert oder falsifiziert werden muss.
- Im **Hauptteil** dient die Liebessituation des Tagelieds als Rahmen: Das Verhältnis der Liebenden in Rede und Gegenrede innerhalb der Einbettung in eine Naturschilderung („weckt […] ein vogellîn […]", V. 2–4) ist als Schwerpunkt zu beschreiben und zu deuten. Dabei sind die Perspektivität (Rollengedicht), Metrum und Reim sowie die Schlüsselwörter („friedel", V. 1; „kint", V. 6; „liep âne leit", V. 7; „friundin", V. 8; „frouwe", V. 9; „fröide", V. 12) zu beachten.
- Als **Schluss** bieten sich verschiedene Möglichkeiten an:
  – die Reflexion des Verstehensprozesses,
  – die persönliche Wertung des Gedichts,
  – der Vergleich mit anderen Texten Dietmar von Aists bzw. mit Beispielen nhd. Liebeslyrik oder
  – der Vergleich mit anderen Minneliedern.

4 Friedrich von Hausen (um 1150–1190): Ich denke under wîlen

Ich denke under wîlen,
ob ich ir nâher wære,
waz ich ir wolte sagen.
daz kürzet mir die mîlen,
5 swenn ich ir mîne swære
sô mit gedanken klage.
mich sehent mange tage
die liute in der gebære
als ich niht sorgen habe,
10 wan ichs alsô vertrage.

Het ich sô hôher minne
nie mich underwunden,
mîn möhte werden rât.
ich tete ez âne sinne:
15 des lîde ich zallen stunden
nôt diu nâhe gât.
mîn stæte mir nu hât
daz herze alsô gebunden,
daz siz niht scheiden lât
20 von ir als ez nu stât.

Ez ist ein grôzez wunder:
diech aller sêrest minne,
diu was mir ie gevê.
no müeze solhen kumber
25 niemer man bevinden,
der alsô nâhe gê.
erkennen wânde i'n ê,
nu kan i'n baz bevinden:
mir was dâ heime wê,
30 und hie wol drîstunt mê.

Swie kleine ez mich vervâhe,
sô vröuwe ich mich doch sêre
daz mir sîn niemen kan
erwern, ichn denke ir nâhe
35 swar ich landes kêre.
den trôst sol si mir lân.
wil siz für guot enpfân,
daz fröut mich iemer mêre,
wan ich für alle man
40 ir ie was undertân. (v zweite Hälfte des 12. Jhs.)

Ich stelle mir manchmal vor, was ich zu ihr sagen würde, wenn ich ihr näher wäre. Das verkürzt mir die Meilen, wenn ich ihr meinen Kummer so in Gedanken klage. So manchen Tag sehen die Leute, dass ich mich verhalte, als wäre ich frei von Sorgen, (aber nur) weil ich sie auf diese Weise ertrage.

Wenn ich mich einer Liebe von solch hohem Anspruch nie ausgesetzt hätte, dann könnte mir geholfen werden. Ich war von Sinnen, dies zu tun. Deshalb leide ich nun immerzu eine Not, die mich hart bedrängt. Meine Beständigkeit hat mein Herz so gefesselt, dass sie ihm keine Trennung von ihr erlaubt, wie es jetzt steht.

Es ist höchst sonderbar: Diejenige, die ich geradezu schmerzlich liebe, die war mir immer feindselig gesinnt. Möge keiner eine solch bedrängende Not jemals mehr erfahren. Ich glaubte, sie früher zu kennen, jetzt habe ich sie noch tiefer erfahren. Ich habe zu Hause gelitten und hier noch dreimal mehr.

Wie wenig es mir auch hilft, ich freue mich doch schrecklich, dass mich niemand daran hindern kann, nahe zu ihr hinzudenken, in welchem Land ich auch immer reise. Den Trost muss sie mir lassen. Will sie das gar gnädig aufnehmen, so wird mich das immer freuen, denn ich war und bin ihr mehr als alle anderen Männer ergeben.

---

1. a) Schlagen Sie die unbekannten Wörter in einem mhd. Lexikon nach und bewerten Sie die abgedruckte Übersetzung.
b) Hören Sie sich den Gedichtvortrag an und halten Sie fest, was Sie inhaltlich verstanden haben. (CD 1 Track 11)

Die **Lieder des Hohen Minnesangs** weisen stereotype Elemente auf:
- Preis der edlen Dame (**Frauenlob**),
- Unterordnung des Sängers unter die höher stehende Dame (**Frauendienst**),
- Klage über seine unerhörte Liebe (**Minneklage**),
- Hoffnung auf ein Zeichen der Gunst (**Minnelohn**),
- Akzeptanz der unerfüllten Liebesbeziehung (**Minneleid**).

2. a) Weisen Sie diese Elemente im nebenstehenden Gedicht nach.
b) Im Minnedienst werden Begriffe aus dem Lehenswesen angewandt: *dienst, hulde, genâde, lôn, triuwe*. Überprüfen Sie, ob diese Begriffe wörtlich oder sinngemäß in diesem Gedicht auftauchen.

5 Codex Manesse: Miniatur Albrechts von Johansdorf und Miniatur Reinmars des Alten

Die mehr als 700 Jahre alte Handschrift gilt als eines der kostbarsten und wertvollsten Bücher der Welt. Sie ist um 1300 bis 1340 in der Schweiz entstanden und vermutlich nach dem Auftraggeber der Handschrift, der aus der bekannten Züricher Patrizierfamilie Manesse stammte, benannt. Der Codex besteht aus 426 Pergamentblättern mit Liedern und anderen lyrischen Dichtungen von 140 Autoren aus der Zeit von etwa 1160 bzw. 1170 bis etwa 1330. Er gilt als eine der wichtigsten Quellen der höfischen und nachhöfischen Lyrik und stellt ein einzigartiges Quellendokument für den Minnesang dar. Die Anordnung der Handschrift folgt der Hierarchie der mittelalterlichen Ständeordnung: Kaiser Heinrich IV. eröffnet die Sammlung; ihm folgen die Beiträge von Königen, Herzögen, Markgrafen usw. Am Ende findet sich die Lyrik der fahrenden Spielleute und gelehrten „Meister".

(e um 1300–1340)

3. Zeigen Sie, wie die Konzeption der Hohen Minne in den Darstellungen der Manessischen Liederhandschrift umgesetzt worden ist.

Die Auffassung von „Minne" im Hochmittelalter

In seinem Jugendwerk, dem sog. *Büchlein*, erläutert der mittelalterliche Dichter Hartmann von Aue, was „hôhe minne" bedeutet: Die *frouwe* weckt *froide* und *hôhen muot* (Hochstimmung). Ihr wird eine höhere sittliche Kraft als dem Mann zugesprochen, deshalb kann sie ihn zu höfischer Vollkommenheit führen. Dieser idealisierten Überhöhung der Minne begegnen wir in der Dichtung und in der Kunst.

Im Mittelpunkt steht das stetige **Werben um eine hochstehende edle Dame**, der der Sänger dienen will, deren Schönheit und Edelmütigkeit er preist, von der er sich einfache Gunstbezeugungen, wie z. B. einen freundlichen Blick oder Gruß, ein Lächeln, ihre Aufmerksamkeit erhofft. Ansonsten bleibt die **Liebe** jedoch **unerfüllt**, da die Dame in der Regel verheiratet ist und damit unerreichbar bleibt. Dennoch steht der Sänger in unverbrüchlicher Treue zu seiner Herrin. Dieses **rein platonisch angelegte Verhältnis** hat seinen Ursprung vermutlich im Hohenlied der Liebe (Altes Testament), wo in Liebesmetaphern die wechselseitige Beziehung zwischen Gott und dem Menschen geschildert wird. Der Minnebegriff verweist damit weniger auf eine erotische Beziehung als auf die Gottes- und Nächstenliebe. Die ritterlichen Ideale verbinden in sich das weltliche und geistliche Streben, sich in der Liebe zu den Mitmenschen und zu Gott zu vervollständigen und damit zur Selbsterkenntnis zu gelangen. Auf diesem **Weg zur Verwirklichung der männlichen Rittertugenden** wird die metaphorische Liebesbeziehung zu einer edlen Frau als zivilisierende Kraft betrachtet, die den unbändigen Mann zähmen, ihn im Diesseits zu einem treuen Lehensmann machen und seine Seele für die Ewigkeit retten kann. Somit überrascht es auch nicht, dass in diesem Zusammenhang zentrale Begriffe des Feudalwesens auftauchen: Der *frouwe* als Herrin dient der Ritter als *man*, als Lehensmann. Sein Werben ist *dienst*, den er ihr leistet. Ihre *hulde* bzw. *genâde*, die lediglich in einem freundlichen Blick oder Gruß, ihrer Aufmerksamkeit, einem Lächeln oder in der Erlaubnis, ihr dienen zu dürfen, besteht, ist sein *lôn*, den er anstrebt und für seine *triuwe* beansprucht.

Der Minnesang ist die erste deutsche Dichtung, in der Affekte und Emotionen eines Individuums scheinbar subjektiv ausgesprochen werden. Dennoch ist diese Gattung ein **typisierter Teil der Geselligkeit**. Er wird öffentlich am Hof, dem der Dichter angehört, vorgetragen. Durch diese Kunstform soll der Ritter letztendlich zu höheren Werten geführt bzw. erzogen werden, wodurch sein realer Herrschaftsanspruch legitimiert werden kann.

Wir begegnen im Minnesang also nicht den tatsächlichen gesellschaftlichen Verhältnissen des Hochmittelalters, sondern der idealisierten Überhöhung der herrschenden Vorstellungen.

6 Albrecht von Johansdorf (vor 1180 – nach 1209): Ich vant âne huote

Ich vant âne huote
die vil minneclîchen eine stân.
sâ dô sprach diu guote
„waz welt ir sô eine her gegân?"
5 „frouwe, ez ist alsô geschehen."
„saget, war umbe sît ir her? des sult ir
          mir verjehen."

„Mînen senden kumber
klage ich iu, vil liebe frouwe mîn."
„wê, waz saget ir tumber?
10 ir mugt iuwer klage wol lâzen sîn."
„frouwe, ichn mac ir niht enbern."
„sô wil ich in tûsent jâren niemer iuch
          gewern."

„Ich bin ouch vil stæte,
ob ir ruochet mir der wârheit jehen."
15 „volget mîner ræte,
lât die bete diu niemer mac geschehen."
„sol ich alsô sîn gewert?"
„got der wer iuch anderswâ des ir an mich
          dâ gert."

„Sol mich dan mîn singen
20 und mîn dienst gegen iu niht vervân?"
„iu sol wol gelingen:
âne lôn sô sult ir niht bestân."
„wie meinet ir daz, frouwe guot?"
„daz ir deste werder sît und dâ bî
          hôchgemuot."

Ich fand sie ohne Aufsicht
Allein dastehen, die so Liebenswerte.
Wahrhaftig, da sprach die Schöne:
„Was wollt ihr so alleine hier?"
5 „Herrin, es ist eben so geschehen."
„Sagt, warum seid ihr hergekommen? das sollt
          ihr mir gestehen."

„Meinen sehnsuchtsvollen Kummer
klage ich, meine liebe Herrin."
„Weh, was sagt ihr, Unbesonnener,
10 ihr könnt eure Klage wohl sein lassen!"
„Herrin, ich kann sie nicht unterdrücken."
„So werde ich in tausend Jahren euch niemals
          erhören!"

„Ich bin ebenfalls sehr standhaft,
wenn ihr geruht, mir die Wahrheit zuzugestehen."
15 „Folget meinem Rat,
unterlasst die Bitte, die nimmer erfüllt werden kan
„Soll ich so belohnt sein?"
„Gott, der gewähre euch anderswo, was ihr von
          mir da begehrt."

„Soll mir also mein Singen
20 und mein Dienst für euch nichts einbringen?"
„Euch soll wohl Erfolg werden,
ohne Lohn sollt ihr nicht bleiben."
„Wie meint ihr das, edle Herrin?"
„Dass ihr desto edler seid und dabei
          hochgemut."

(e um 1200)

1. Lesen Sie den Text mit verteilten Rollen so, dass die Befindlichkeit von Mann und Frau deutlich wird.

2. Charakterisieren Sie das Verhältnis von Mann und Frau mit wenigen Sätzen.

3. Stellen Sie den Verlauf des Dialogs grafisch dar (▶ Strukturskizze).

4. Veranschaulichen Sie die Beziehung zwischen den beiden in einem ▶ Standbild.

7 Ulrich von Etzenbach (ca. 1250 – 1290): Wîp sint voller urhap vollekomener dinge guot

Wîp sint voller urhap vollekomener dinge guot
wîp gebent tugentlîchen muot,
wîp hôhe fröude erweckent, [...] (e zwischen 1418 und 1430)

Frauen sind durchaus der Ursprung des Vollkommenen und des Guten,
Frauen vermitteln tugendhafte Gesinnung,
Frauen [...]
[...]
Edle Frauen sind also [...]

5. Schreiben Sie das Loblied Ulrich von Etzenbachs auf die adeligen Frauen im Sinne der Hohen Minne weiter (etwa sechs Verse). Sie können dabei Verben wie z. B. *vermitteln/wecken/führen/geben/ bewirken/lassen* verwenden.

6. Setzen Sie in Gruppenarbeit aus den gelungensten Versen ein Gedicht von zwölf Versen zusammen.

8 Hartmann von Aue (ca. 1168 – 1220): Manger grüezet mich alsô

Manger grüezet mich alsô
(der gruoz tuot mich ze mâze frô),
„Hartman, gên wir schouwen
ritterlîche frouwen."
5 mac er mich mit gemache lân
und île er zuo den frowen gân!
bî frowen triuwe ich niht vervân,
wan daz ich müede vor in stân.

Mancher begrüßt mich so
(und das freut mich gar nicht):
„Hartmann, komm, lass uns
vornehme Damen anschauen gehen."
5 Er möge mich doch in Frieden lassen
und alleine zu den Damen rennen!
Bei Damen getraue ich mich nicht mehr auszuric
als dass ich verdrossen vor ihnen stehe.

7. Tragen Sie das Gedicht so vor, dass die Befindlichkeit des lyrischen Ichs deutlich zum Ausdruck kommt.

8. Dieses Gedicht ist auch als „Unmutsgedicht" bekannt. Erklären Sie die Benennung.

II. Minnedienst und Liebesglück 95

Ze frowen habe ich einen sin:	Bei Damen kenne ich nur eines:
10 als sî mir sint als bin ich in;	10 So wie sie sich zu mir verhalten, so verhalte ich mich zu ihnen.
wand ich mac baz vertrîben	Denn ich kann mir viel besser
die zît mit armen wiben.	die Zeit mit Frauen niederen Standes vertreiben.
swar ich kum dâ ist ir vil,	Wohin immer ich komme, gibt es viele von ihnen.
dâ vinde ich die diu mich dâ wil;	Dort finde ich eine, die mich haben will.
15 diu ist ouch mînes herzen spil:	15 Die ist dann auch meine Liebste.
waz touc mir ein ze hôhez zil?	Was nützt mir ein zu hoch gestecktes Ziel?
In mîner tôrheit mir geschach	Törichterweise ist es mir unterlaufen,
daz ich zuo zeiner frowen sprach	dass ich zu einer Dame sagte:
„frow, ich hân mîne sinne	„Gnädige Frau, ich habe mein ganzes Trachten
20 gewant an iuwer minne."	20 auf eure Liebe gerichtet."
dô wart ich twerhes an gesehen.	Da wurde ich scheel angesehen.
des wil ich, des sî iu bejehen,	Darum will ich, das lasst euch sagen,
mir wîp in solher mâze spehen	mir jetzt solche Frauen aussuchen,
diu mir des niht enlânt geschehen.	die mir das nicht antun. (e 12. Jh.)

9. Arbeiten Sie das Frauenbild und die Liebeskonzeption Hartmann von Aues in diesem Gedicht heraus.

10. Vergleichen Sie die Minnekonzeption mit der Albrecht von Johansdorfs in dem Gedicht „Ich vant âne huote".

11. Die Liebeskonzeption, wie Sie in Hartmann von Aues Gedicht zum Ausdruck kommt, wird auch als „niedere Minne" bezeichnet. Erklären Sie, warum.

> **Niedere Minne**
> Der Minnesang unterscheidet Hohe und Niedere Minne. In der Hohen Minne blickt der Mann voller Verehrung zur Geliebten auf, von der er weiß, dass er sie nie erringen wird. In der Niederen Minne streben die Liebenden zur körperlichen Vereinigung, zu sinnlichem Vergnügen, zum Liebesgenuss. Die erotische Ausrichtung solcher Minnelieder erklärt sich mit der häufig unnatürlichen Situation auf den ritterlichen Burgen, wo eine Gruppe junger Männer, um die Schlossherrin versammelt, wenig Gelegenheit hatte, dem anderen Geschlecht zu begegnen.

9 Das Wortfeld „Frau" im Mittelalter und heute

mhd.	Bedeutung im MA	nhd.	Bedeutung
frouwe	erwachsene adelige Frau, Herrin, Dame	Frau	wertneutrale Geschlechtsbezeichnung im Gegensatz zu „Mann"
wîp			
maget			
dierne			

2. Walther von der Vogelweide – Einen mittelalterlichen Dichter kennenlernen

1 Biografisches zu Walther von der Vogelweide

Sucht man nach Lebensspuren Walthers von der Vogelweide, so findet man, wie bei den meisten mittelalterlichen Dichtern, nur wenige gesicherte Daten. Man ist daher auch auf Selbstaussagen aus den Dichtungen angewiesen, die im Werk Walthers ungewöhnlich häufig vorhanden sind.

Walther von der Vogelweide gilt als der bedeutendste Minnesänger und Dichter politischer Lieder im Mittelalter. Urkundlich ist er nur ein einziges Mal nachweisbar: Am 12. Oktober 1203 wird mit den Reisekosten des Passauer Bischofs auch ein Pelzmantel für „Walthero cantori de Vogelweide" für fünf Schilling abgerechnet. Er dürfte um 1170 geboren worden sein und entstammte wohl
5 dem niederen Dienstadel (Ministerialen), der nicht viel besser angesehen war als die freien Bauern. Sein Geburtsort lässt sich nicht mehr lokalisieren, seine Sprache verweist jedoch auf den österreichischen Donauraum. Nach 1190 trat er als Dichter am Wiener Hof der Babenberger Herzöge hervor, wo er wohl bei dem bedeutenden Minnesänger Reinmar dem Alten (siehe S. 92 f.) lernte. Der eigenwillige junge Mann entzweite sich mit seinem Lehrer und dem Herzog,
10 verließ 1198 Wien und ging an den Hof des Staufers Philipp von Schwaben. Er führte seitdem ein unstetes Wanderleben und hielt sich an verschiedenen Fürstenhöfen auf, z. B. bei Kaiser Friedrich II. Von diesem erhielt er 1220 ein Lehen. In seinen Minneliedern passt er sich anfangs in Form und Inhalt ganz dem höfischen Minnesang an. Später entwickelt er in seinen sog. „Mädchenliedern" eine neue Konzeption: eine „minne", die auf gegenseitiger Zuneigung beruht und
15 nicht die Unterwerfung unter die „frouwe" verlangt. Hier ist die Rede von erfülltem Liebesglück,

Manessische Liederhandschrift: Walther von der Vogelweide

Mittelalter

der Schönheit der geliebten Frau und der Natur, die auf reizvolle Weise miteinander verglichen werden. In seiner politischen Lyrik setzt er sich in der zeitgenössischen Auseinandersetzung um die Vorherrschaft zwischen Kaiser und Papst für den weltlichen Herrscher ein, der Streit schlichten und die Kirche mithilfe seiner Ritter verteidigen könne. Dabei entwirft er das Idealbild eines geistlichen und weltlichen Herrschertums, an dem er die realen Verhältnisse misst.

Anders als die politische Lyrik Walthers, in der politische Ereignisse und geschichtliche Personen genannt werden, ist die Minnelyrik nicht mit Sicherheit zu datieren. Alle Versuche, eine Chronologie seiner Minnelieder herzustellen, sind umstritten. Veröffentlicht wurden Walthers Lieder in den großen mittelalterlichen Handschriften, z. B. in der Manessischen Liederhandschrift aus der Zeit um 1300 (S. 92).

1. „Ich hân mîn lêhen, al die werlt, ich hân mîn lêhen", ruft Walther von der Vogelweide voller Begeisterung in einem Gedicht, nachdem er von Kaiser Friedrich II. ein Lehen erhalten hat. Erklären Sie mithilfe der Biografie, warum ihm dieses Geschenk so viel bedeutet.

2 Walther von der Vogelweide: Wol mich der stunde, daz ich sie erkande

Wol mich der stunde, daz ich sie erkande,
diu mir den lîp und den muot hât betwungen,
sît deich die sinne sô gar an sie wande,
der si mich hât mit ir güete verdrungen.
5 daz ich gescheiden von ir niht enkan,
daz hât ir schœne und ir güete gemachet,
und ir rôter munt, der sô lieplîchen lachet.

Ich hân den muot und die sinne gewendet
an die reinen, die lieben, die guoten.
10 daz müez uns beiden wol werden volendet,
swes ich getar an ir hulde gemuoten.
swaz ich noch fröiden zer werlde ie gewan,
daz hât ir schœne und ir güete gemachet,
und ir rôter munt, der so lieplîchen lachet.

Gesegnet die Stunde, da ich sie fand, die mir Leib und Seele bezwungen hat seit jenem Tag, da all meine Gedanken zu ihr gingen; sie hat sie mir geraubt in ihrer Reinheit und Vollkommenheit. Ich kann nicht mehr von ihr: Das hat ihre Schönheit und Vollkommenheit getan und ihr roter Mund, der so schön und freundlich lacht.

All mein Fühlen und Denken gehört der Reinen, Lieben, vollendet Guten. Was ich von ihrer Gunst verlangen darf, das soll für sie und mich zu gutem Ende führen. Alle Freude, die die Welt mir gab: Das hat ihre Schönheit und Vollkommenheit getan und ihr roter Mund, der so schön und freundlich lacht.

3 Walther von der Vogelweide: Under der linden (Auszug)

Under der linden
an der heide,
dâ unser zweier bette was,
dâ mugt ir vinden
5 schône beide
gebrochen bluomen unde gras.
vor dem walde in einem tal,
tandaradei,
   schône sanc diu nahtegal.

10 Ich kam gegangen
zuo der ouwe:
dô was min friedel komen ê.
dâ wart ich enpfangen,
hêre frouwe,
15 daz ich bin sælic iemer mê.
kuster mich? wol tûsentstunt:
tandaradei,
   seht wie rôt mir ist der munt.

Unter der Linde
auf der Heide,
wo unser beider Lager war,
da könnt ihr finden
5 beides:
geknickte Blumen und Gräser.
Vor dem Wald im Tal,
tandaradei,
sang schön die Nachtigall.

10 Ich kam
zu der Aue.
Dorthin war mein Liebster schon vorher gekom
Da wurde ich empfangen
wie eine vornehme Dame,
15 dass ich davon immer glücklich sein werde.
Ob er mich küsste? Wohl tausendmal,
tandaradei,
seht wie rot mein Mund ist.

2. „Wol mich der stunde ..." und „Under der linden" – Zeigen Sie am Inhalt, inwiefern es sich bei den Texten um Beispiele Hoher und Niederer Minne handelt.

3. a) Erläutern Sie, wie sich der unterschiedliche Inhalt auch in Sprache und Stil niederschlägt. Berücksichtigen Sie dabei die Wortwahl und die ironischen Anspielungen im zweiten Gedicht, z. B. Ausdruck *gebrochen bluomen* sowie die Schlussstrophe.

b) Hören Sie die Vertonung auf der CD und untersuchen Sie, ob Inhalt und Stimmung des Gedichts treffend wiedergegeben werden.

CD 1 Track 12

4 Walther von der Vogelweide: Ich saz ûf eime steine

Ich saz ûf eime steine
und dahte bein mit beine.
dar ûf satzt ich den ellenbogen.
ich hete in mîne hant gesmogen
5 daz kinne und ein mîn wange.
dô dâhte ich mir vil ange,
wie man zer welte solte leben.
deheinen rât kond ich gegeben,
wie man driu dinc erwurbe,
10 der keinez niht verdurbe.
diu zwei sint êre und varnde guot,
daz dicke ein ander schaden tuot:
daz dritte ist gotes hulde,
der zweier übergulde.
15 die wolte ich gerne in einen schrîn:
jâ leider desn mac niht gesîn,
daz guot und weltlich êre
und gotes hulde mêre
zesamene in ein herze komen.
20 stîg unde wege sint in benomen:
untriuwe is in der sâze,
gewalt vert ûf der strâze,
fride unde reht sint sêre wunt.
diu driu enhabent geleites niht,
25 diu zwei enwerden ê gesunt.

Ich saß auf einem Stein,
und schlug ein Bein über das andere.
Darauf stützte ich den Ellenbogen.
Ich hatte in meine Hand geschmiegt
5 das Kinn und meine eine Wange.
So erwog ich in aller Eindringlichkeit,
wie man auf dieser Welt zu leben habe.
Keinen Rat wusste ich zu geben,
wie man drei Dinge erwerben könne,
10 ohne dass eines von ihnen verloren ginge.
Zwei von ihnen sind Ehre und Besitz,
die einander oft Abbruch tun;
das dritte ist die Gnade Gottes,
weit höher geltend als die beiden andern.
15 Die wünschte ich in *ein* Gefäß zu tun.
Aber zu unserm Leid kann das nicht sein,
dass Besitz und Ehre in der Welt
und dazu Gottes Gnade
zusammen in ein Herz kommen.
20 Weg und Steg ist ihnen verbaut,
Verrat lauert im Hinterhalt,
Gewalttat zieht auf der Straße,
Friede und Recht sind todwund:
bevor diese beiden nicht gesunden,
25 haben die Drei keine Sicherheit.

(v zw. 1198 und 1201)

4. a) Beschreiben Sie die bildliche Darstellung Walthers (s. S. 95). Welchen Eindruck gewinnen Sie dabei?

b) Hören Sie den gesprochenen Text auf der CD und achten Sie dabei auf den Gestus des Vortrags. Untersuchen Sie, ob die Vortragsweise mit der Illustration korrespondiert. (CD 1 Track 13)

5. Zeigen Sie, dass sich das Gedicht „Ich saz ûf eime steine" auf die Miniatur aus der manessischen Liederhandschrift bezieht.

6. Stellen Sie mit eigenen Worten das Problem dar, das Walther hier behandelt: Worin sieht er die Schwierigkeit, das Problem zu lösen? Welche Voraussetzung muss gegeben sein, dass eine Lösung möglich ist?

7. „Walthers Spruch, so die Bezeichnung für Walthers politische Gedichte, ist von einer überraschenden Aktualität." Setzen Sie sich mit dieser Meinung auseinander.

Die mittelalterliche Literatur

Die Traditionen der Antike, des Christentums und der ins römische Imperium einfallenden Germanen mischten sich in Mitteleuropa und brachten ein neues Zeitalter hervor, das später Mittelalter genannt wurde, weil es zwischen dem Altertum und der Neuzeit liegt. Die Literatur dieser Zeit ist anfangs noch jenen drei Wurzeln stark verpflichtet. Es existiert einerseits eine lateinische Literatur religiösen Inhalts (Bibeldichtungen, Gebete, Predigten), andererseits werden nach germanischem Muster Heldenepen, Spruchdichtung, Geschichtsdichtung und Legenden in der Volkssprache überliefert. Die Blütezeit deutscher Dichtung des Mittelalters, die als **mittelhochdeutsche Klassik** bezeichnet wird, begann nach 1170 und endete um 1250. Sprache, Gattungsformen, Stoffe, Dichterpersönlichkeiten und Publikum heben sich deutlich von allem Vorangehenden ab.
Im 12. Jahrhundert verlor die Geistlichkeit ihr Bildungsmonopol, als sich besonders reiche Adelige um einen gehobenen Lebensstil bemühten, der nicht zuletzt durch die Erfahrungen, die auf den Kreuzzügen im kulturell hochstehenden Orient gemacht wurden, erstrebenswert erschien. Ein höfischer Lebensstil, den Kaiser, Fürsten und auch kleinere Herren pflegten, entwickelte sich, wozu (höfische) Dichtung, Gesang, Tanz und Spiel ebenso gehörten wie ritterliche Kampfspiele und die Jagd. Jedoch spielte sich das weltliche Leben weiterhin im religiösen Kontext ab, der Mensch blieb vom Bewusstsein seiner Vergänglichkeit geprägt, weshalb er auf Erlösung und ewiges Leben im Jenseits hoffte.
Die großen Dichter dieser Zeit, Walther von der Vogelweide, Reinmar der Alte, Hartmann von Aue und Wolfram von Eschenbach, gehörten dem oberdeutschen Sprachraum an. Die Hauptformen der höfischen Dichtung sind der **Minnesang, der höfische Roman** (z. B. *Parzival*) und das deutsche **Heldenepos** (z. B. *Nibelungenlied*).

Barock

David Bailly (1584–1657):
Selbstporträt mit Vanitas-Symbolen

VANITAS. VANITVM.
ET. OMNIA. VANITAS.
David. Bailly. pinxit.
Aº. 1651.

Humanismus und Renaissance

Das ausgehende **Mittelalter** war geprägt vom Zerfall des Rittertums und dem Erstarken des Bürgertums in den Städten. Zunehmend erfasste nun die Menschen die Sehnsucht nach geistiger und religiöser Erneuerung. Gelehrte, die nach der Eroberung durch die Türken (1453) aus Konstantinopel vertrieben worden waren und sich in Italien niedergelassen hatten, trugen dazu bei, dass man sich wieder stärker der Antike und deren Welt- und Menschenbild zuwandte (**Renaissance**). Das führte zu einer stärkeren Diesseitsorientierung. Damit rückte nun auch der Mensch in den Mittelpunkt, der sich als Herr der Welt fühlte. Nicht die Religion, sondern die Gestaltungskraft des Menschen spielte nun eine Rolle (**Humanismus**). Es ging deshalb auch nicht mehr darum, das irdische Dasein zu überwinden, sondern es zu gestalten. Die Erfindung des Buchdrucks (1455) trug dazu bei, die neuen Ideen zu verbreiten. Dieser Entwicklung setzte jedoch der **Dreißigjährige Krieg** in Deutschland ein Ende: Der Mensch wurde sich seiner Hinfälligkeit wieder bewusst und suchte seelischen Trost und Schutz in der Religion.

Hans Jakob Christoph von Grimmelshausen (um 1622–1676) wurde als Sohn einer protestantischen Familie, die ursprünglich „ritterbürtig" (adlig) war, in Gelnhausen (Hessen) geboren. Nach dem Tod des Vaters (wohl 1626) blieb Hans Jakob beim Großvater in

I. Zwischen Lebenslust und Lebensqual

1. Der Dreißigjährige Krieg – Texte in ihrem historischen Kontext interpretieren

Für die Menschen des 17. Jahrhunderts war der Dreißigjährige Krieg (1618–1648) eine traumatische Erfahrung, die sich tief ins kollektive Gedächtnis einbrannte. Die Feldzüge und Schlachten, die überwiegend auf dem Boden des Reiches stattfanden, brachten Not und Elend über die Bevölkerung, die hilflos den Gräueln des Krieges ausgesetzt war. Mord und Totschlag, Plünderung, Brandschatzung und Vergewaltigung waren über lange Zeit hinweg an der Tagesordnung, große Teile des Landes wurden vollkommen verwüstet. Dazu kamen die durch den Krieg verursachten Hungersnöte und Seuchen, vor allem die Pest, die ganze Landstriche entvölkerten. In Süddeutschland etwa überlebte nur ein Drittel der Bevölkerung. Die durch den Krieg betroffenen Territorien und das Reich als Ganzes brauchten mehr als ein Jahrhundert, um sich von den Kriegsfolgen zu erholen.

1 Hans Jakob Christoph von Grimmelshausen (um 1622–1676): Der abenteuerliche Simplicissimus, I. Buch, 4. Kapitel (Auszug)

Ein Junge erzählt seine mit dem Dreißigjährigen Krieg eng verbundene Lebensgeschichte. Als er seine Eltern und sein Heim verliert, weiß er noch nicht einmal seinen eigenen Namen und wird von einem Einsiedler, der ihm einige Jahre Heimat gibt, daher „Simplicissimus"[1] genannt.

Als Erstes stellten die Reiter ihre Pferde in den Stall. Dann hatte jeder seine besondere Aufgabe zu verrichten, und alles, was sie taten, verhieß Untergang und Verderben. Einige begannen zwar, zu schlachten, zu sieden und zu braten, so dass es aussah, als sollte ein lustiges Bankett veranstaltet werden. Andere jedoch durchwühlten das Haus von unten bis oben. Selbst das heimliche Örtchen war nicht sicher, als wäre dort das Goldene Vlies von Kolchis[2] versteckt. Andere packten   5
Stoffe, Kleider und allerlei Hausrat in großen Ballen zusammen, als wollten sie damit auf einen Trödelmarkt. Was sie aber nicht mitnehmen mochten, wurde zerschlagen. Einige durchstachen das Heu und das Stroh mit ihren Degen, als ob sie nicht Schafe und Schweine genug zu stechen gehabt hätten. Einige schüttelten die Federn aus den Betten und füllten stattdessen Speck, Dörrfleisch und irgendwelche Gerätschaften hinein, als ob man nachher besser darauf hätte schlafen   10
können. Andere zerschlugen Öfen und Fenster, als wollten sie einen ewigen Sommer ankündigen. Kupfer- und Zinngeschirr schlugen sie platt und packten die zertepperten Stücke zusammen. Betten, Tische, Stühle und Bänke verbrannten sie, obwohl viele Klafter trockenes Holz im Hof lagen. Alle Töpfe und Schüsseln schlugen sie entzwei, sei es, dass sie lieber Braten vom Spieß aßen, sei es, dass sie nur eine einzige Mahlzeit bei uns abhalten wollten.   15
Es ist eine Schande, davon zu berichten – aber unsere Magd wurde im Stall dermaßen traktiert, dass sie nachher nicht mehr herauskommen konnte. Den Knecht legten sie gefesselt auf die Erde, sperrten ihm mit einem Holz das Maul auf und schütteten ihm einen Melkeimer voll Jauchewasser in den Leib. Das nannten sie einen Schwedischen Trunk. So zwangen sie ihn, eine Abteilung von ihren Leuten an einen Ort zu führen, wo sie mehr Menschen und Vieh ge-   20
fangen nahmen, die sie in unseren Hof brachten, unter ihnen auch mein Knan[3], meine Meuder[4] und unser Ursele[5].
[...]

---

[1] Simplicissimus (substantivierter Superlativ; < lat. simplex = einfach, bescheiden, ehrlich, dumm, aufrichtig): der Einfachste, Aufrichtigste
[2] das gülden Fell von Kolchis: Anspielung auf das goldene Vlies der griechischen Sage; hier: metaphorisch für etwas außerordentlich Wertvolles
[3] Knan: dialektaler Ausdruck aus dem Schwarzwald für „Vater"
[4] Meuder: dialektal für „Mutter"
[5] Ursele: Simplicissimus' Schwester

Kurz, jeder hatte seine eigenen Erfindungen, um die Bauern zu peinigen, und so bekam jeder Bauer seine eigene Marter.

Nur mein Knan hatte, wie mir damals schien, großes Glück, weil er mit lachendem Mund gestand, was andere unter Schmerzen und jämmerlichen Wehklagen sagen mussten. Diese Ehre wurde ihm ohne Zweifel deshalb zuteil, weil er der Hausvater war. Sie setzten ihn zu einem Feuer, fesselten ihn so, dass er weder Hände noch Füße regen konnte, und rieben seine Fußsohlen mit angefeuchtetem Salz ein, das unsere alte Geiß ihm wieder ablecken und ihn dadurch so kitzeln musste, dass er vor Lachen beinah geplatzt wäre. Es klang so fröhlich, dass ich, um ihm Gesellschaft zu leisten oder weil ich es nicht besser verstand, von Herzen mitlachen musste. Unter solchem Gelächter gestand er seine Schuld und öffnete den verborgenen Schatz, der an Gold, Perlen und Schmuckstücken viel reicher war, als man es bei einem Bauern erwartet hätte. Von den gefangenen Frauen, Mägden und Töchtern weiß ich nichts Genaues zu sagen, weil mich die Krieger nicht zusehen ließen, wie sie mit ihnen umgingen. Ich weiß nur, dass man sie aus den Winkeln des Hauses immer wieder erbärmlich schreien hörte, und schätze, dass es auch meiner Meuder und unserem Ursele nicht besser ergangen ist als den anderen. Inmitten all dieses Elends drehte ich den Bratspieß und half nachmittags die Pferde tränken, wodurch ich zu unserer Magd in den Stall kam. Sie sah so wunderlich zerzaust aus, dass ich sie kaum erkannte. Sie aber sprach zu mir mit kränklicher Stimme: „O Bub, lauf weg, sonst werden dich die Reiter mitnehmen. Guck, dass du fortkommst. Du siehst ja, wie schlimm ..." Mehr konnte sie nicht sagen. (Original: v 1669)

Gelnhausen, wo er wohl von 1627 bis 1634 die Lateinschule besuchte. Dann geriet er in die Wirren des Dreißigjährigen Krieges. Er muss sich als Trossjunge, später als Soldat durchgeschlagen haben und um 1639 Schreiber in der Offenburger Kanzlei des Schauenburgischen Regiments geworden sein. 1649 heiratete er und arbeitete als Schaffner (Verwalter) für seinen ehemaligen Regimentskommandeur und dessen Vetter in der Ortenau. Nach kurzer Verwaltertätigkeit an anderer Stelle wurde Grimmelshausen 1665 Gastwirt, gab diesen Beruf aber schon 1667 auf, um das Amt des Schultheißen im Gericht Renchen zu übernehmen, das er dann bis zu seinem Tod am 17. August 1676 innehatte.

1. a) Grimmelshausen wählt als Erzähler die Perspektive eines Kindes. Begründen Sie dieses Vorgehen.
b) Zeigen Sie, wie der Roman inhaltlich und stilistisch durch die Wahl des Erzählers bestimmt wird.

2. a) Untersuchen Sie den Schreibstil des Autors. Beachten Sie dabei auch den Namen des Ich-Erzählers.
b) Schreiben Sie die Passage Z. 16–22 aus der Sicht eines erwachsenen auktorialen Erzählers (vgl. S. 17 und 19).

3. Begründen Sie anhand des Textes, welche Intention Grimmelshausen mit seinem Roman verfolgt.

Sprechende Namen in literarischen Werken

Oft verwenden Schriftsteller sprechende Namen für wichtige Figuren ihrer Werke. Damit sollen bestimmte Eigenschaften oder Ansprüche deutlich gemacht werden. Solche sprechenden Namen sind als Stilmittel der Metapher verwandt.
Grimmelshausen bedient sich eines einfachen, simplen Menschen als Erzähler. Heinrich von Kleist nennt seinen menschlich fehlbaren Dorfrichter „Adam". In Schillers *Kabale und Liebe* macht ein Hofbeamter mit seiner Unterwürfigkeit seinem Namen „Wurm" alle Ehre.

2 Hans Jakob Christoph von Grimmelshausen (um 1622–1676): Der abenteuerliche Simplicissimus, II. Buch, 27. Kapitel (Auszug)

Man sah nur dicken Rauch und Staub, der den grauenhaften Anblick der Verwundeten und Toten verdecken zu wollen schien. Darin hörte man das jämmerliche Wehklagen der Sterbenden und das beherzte Geschrei derer, die noch voller Mut waren. Die Pferde schienen, je länger die Schlacht währte, zur Verteidigung ihrer Reiter immer frischer zu werden – so heißblütig zeigten sie sich bei der Erfüllung ihrer Aufgabe. Manche sah man tot unter ihren Herren zusammenbrechen, übersät mit Wunden, die sie unverschuldet, zum Lohn für ihre treuen Dienste empfangen hatten. Andere stürzten aus der gleichen Ursache auf ihre Reiter und hatten so im Tod die Ehre, von denen getragen zu werden, die sie in ihrem Leben hatten tragen müssen. Wieder andere, nachdem ihnen die tapfere Last abgenommen war, die sie zuvor kommandiert hatte, ließen die Menschen in ihrer Wut und Raserei hinter sich, rissen aus und suchten ihre erste Freiheit auf dem offenen Feld.
Die Erde, die doch sonst die Toten deckt, war an diesem Ort nun selbst mit Toten übersät, die ganz unterschiedlich zugerichtet waren. Da lagen Köpfe, die ihre natürlichen Herren verloren hatten, und Leiber, denen die Köpfe fehlten. Manchen hingen grausiger-, beklagenswerterweise die Eingeweide aus dem Leib, anderen war der Kopf zerschmettert und das Hirn zerspritzt. Da sah man entseelte Leiber blutleer liegen, während lebendige von fremdem Blut trieften. Da lagen abgeschossene Arme, an denen sich noch die Finger regten, als wollten sie in den Kampf zurück, während anderswo Kerle, die noch keinen Tropfen Blut vergossen hatten, das Weite suchten. Da lagen abgetrennte Schenkel, die, obwohl der Bürde ihres Körpers entledigt, trotzdem viel schwerer waren als zuvor. Da sah man verstümmelte Soldaten um die Beschleunigung ihres Todes flehen und andere um Gnade und Verschonung ihres Lebens. *Summa summarum* war da nichts als ein elender, jammervoller Anblick! (Original: v 1669)

4. a) Arbeiten Sie heraus, aus welcher Perspektive in Text 2 der Krieg geschildert wird.
b) Skizzieren Sie verschiedene denkbare Erzähler und diskutieren Sie, welche Konsequenzen dies jeweils für die Textgestaltung hat.
c) Diskutieren Sie, welche Form der Darstellung den Kriegsgräueln am ehesten gerecht wird.

5. Die Forschung hat Grimmelshausen verschiedene Motive für sein Schreiben unterstellt:
– Verarbeitung traumatischer Kriegserlebnisse,
– Kritik an der Politik, die sich des Krieges bedient,
– Kritik an den Zeitgenossen, die solche Gräuel zulassen oder gar verüben.
Setzen Sie sich mit den verschiedenen Ansätzen auseinander. Beziehen Sie dabei die Biografie des Autors mit ein.

Möglichkeiten und Grenzen der biografischen Methode

Ein Werk wird bei der Interpretation auch immer in Bezug zur Biografie des Autors gesetzt. Damit können Themen, die den Autor beschäftigen, deutlich werden. Andere Zugänge zum Werk dürfen aber nicht ausgeklammert werden, denn ein rein biografisches Vorgehen verführt zu Rückschlüssen auf den Dichter, die nicht immer zulässig sind. Das Werk ist ein in sich geschlossenes Kunstprodukt, das nicht einfach die Realität abbildet.

1. Notieren Sie die Verse 1–8 jeweils auf einem Plakat und sammeln Sie Assoziationen mithilfe der ▶ Brainwalking-Methode.

2. Der Dichter beginnt den ersten Satz mit dem Akkusativ-Objekt. Erklären Sie, warum. Experimentieren Sie dazu mit einem veränderten Satzbau.

3. Interpretieren Sie das Gedicht.

4. a) Spielen Sie mit den drei Sätzen die Möglichkeiten der deutschen Satzstellung durch.
b) Tauschen Sie sich darüber aus, welche Einstellung und welche Intention jeweils hinter der Satzstellung stehen könnten.

Der kindliche Ich-Erzähler

Die Wahl des Erzählers ist für die Gestaltung eines Prosatextes von großer Bedeutung (vgl. S. 17 und 19). Für seinen Roman *Simplicissimus* hat der Autor einen Ich-Erzähler gewählt, der sich aus größerer zeitlicher Distanz an die schrecklichen Ereignisse während des Dreißigjährigen Krieges erinnert. Dabei tritt die Perspektive des erlebenden Ichs, das zur Zeit der Geschehnisse noch ein Kind war, stark in den Vordergrund. Dies führt immer wieder zu einer Verharmlosung und Verfremdung des Dargestellten, z. B. bei der Schilderung der Folter des Vaters, welche den Ich-Erzähler zum „Mitlachen" bringt, S. 101, Z. 31. Bei genauem Lesen wird jedoch deutlich, dass hinter dieser kindlichen Perspektive der erwachsene Ich-Erzähler steht, z. B. „wie mir damals schien", S. 101, Z. 25 f. Die Wahl eines naiven, kindlichen Erzählers kann auch ein Mittel des Autors sein, um drohender Zensur zu entgehen.

3 Friedrich von Logau (1604–1655): Abgedanckte Soldaten

Würmer im Gewissen /
Kleider wol zerrissen /
Wolbenarbte Leiber /
Wolgebrauchte Weiber /
5 Ungewisse Kinder /
Weder Pferd noch Rinder /
Nimmer Brot im Sacke
Nimmer Geld im Packe /
Haben mit genummen
10 Die vom Kriege kummen:
Wer dann hat die Beute?
Eitel fremde Leute.   (v 1654)

4 Schüleräußerungen zur Literatur des Barock

> Die Sprachkunst der barocken Dichter verdient unseren Respekt.

> Die Literatur des Barock ist meiner Meinung nach langweilig und öde.

> Man sollte anstelle der barocken Dichter moderne Schriftsteller lesen.

Die inhaltlich-stilistischen Möglichkeiten der Satzgliedstellung

Die Satzstellung des Deutschen ist im Vergleich zu anderen Sprachen relativ frei. In einem Satz können die Satzglieder deshalb meistens an unterschiedlichen Stellen stehen.

	Vorfeld (Ausdrucksstelle/Anschlussstelle)	Mittelfeld	Nachfeld (Eindrucksstelle)
A	Grimmelshausen	wurde in Gelnhausen als Sohn eines ursprünglich adligen Bäckermeisters geboren.	
B	Grimmelshausen	wurde in Gelnhausen geboren	als Sohn eines ursprünglich adligen Bäckermeisters.
C	In Gelnhausen	wurde Grimmelshausen als Sohn eines ursprünglich adligen Bäckermeisters geboren.	
D	Als Sohn eines ursprünglich adligen Bäckermeisters	wurde Grimmelshausen in Gelnhausen geboren.	

Die Abfolge der Satzglieder ist jedoch nicht beliebig, sondern ist mit unterschiedlichen Absichten des Sprechers oder Schreibers verbunden:

1. Wenn man ein Satzglied **besonders betonen** will, kann man es aus der Grundstellung (A) herausnehmen und im **Vorfeld** bzw. auf der **Ausdrucksstelle** positionieren (C, D). Das ist vor

allem der Fall bei einer **emotionalen Sprech- und Schreibweise**. Die Wirkung entsteht dadurch, dass man das nach vorne gezogene Satzglied an anderer Stelle erwartet hätte.

2. Folgende Satzglieder oder Wörter stehen dagegen im Vorfeld, ohne dass sie dadurch betont werden:
- das Subjekt (A)
- Bindewörter wie *deshalb, daher, folglich*, die die Aufgabe haben, den folgenden Satz an den vorausgegangenen anzuschließen: *Die Mutter hatte 1672 wieder geheiratet. Deshalb zog sie nach Frankfurt.*

3. **Hervorgehoben** werden aber auch die Satzglieder **im Nachfeld** bzw. auf der **Eindrucksstelle** (B). Das sind in der Regel nachgestellte Erläuterungen, die mit den Ausdrücken *zum Beispiel, das heißt, vor allem* eingeleitet werden. Als letztes Inhaltselement eines Satzes prägt es sich beim Zuhörer oder Leser besonders ein.

5 Andreas Gryphius (1616–1664): Ebenbild unseres Lebens. Auff das gewöhnliche Königs-Spiel

DEr Mensch das Spil der Zeit / spilt weil er allhie lebt.
Im Schau-Platz diser Welt; er sitzt / und doch nicht feste.
Der steigt und jener fällt / der suchet die Päläste /
Vnd der ein schlechtes Dach / der herrscht und jener webt.
5 Was gestern war ist hin / was itzt das Glück erhebt;
Wird morgen untergehn / die vorhin grünen Aeste
Sind numehr dürr und todt / wir Armen sind nur Gäste
Ob den ein scharffes Schwerdt an zarter Seide schwebt.
Wir sind zwar gleich am Fleisch / doch nicht von gleichem Stande
10 Der trägt ein Purpur-Kleid / und jener grabt im Sande /
Biß nach entraubtem Schmuck / der Tod uns gleiche macht.
Spilt denn diß ernste Spil: weil es die Zeit noch leidet /
Vnd lernt: dass wenn man von Pancket des Lebens scheidet:
Kron / Weißheit / Stärck und Gut / bleib ein geborgter Pracht. (v 1663)

Friedrich von der Pfalz auf dem Rad der Fortuna, Flugblatt von 1621

Andreas Gryphius *(= Andreas Greif) wurde 1616 in Groß-Glogau a. d. Oder (Schlesien; heute Głogów, Polen) als Sohn eines lutherischen Pastors geboren; seine Jugend war geprägt vom Dreißigjährigen Krieg. Mit fünf Jahren verlor er den Vater, mit elf die Mutter, die sich mit einem Pastor wiederverheiratet hatte. Weil er aus seiner Vaterstadt fliehen musste, büßte er sein Erbe ein. Seine Schulausbildung wurde durch Feuer und Pest behindert. Mit siebzehn Jahren besuchte er das Gymnasium academicum in Danzig und erlebte hier 1634–36 zwei glückliche Jahre. Beim schlesischen Hofpfalzgrafen Georg Schönborner in Schönborn wurde Gryphius mit zwanzig Jahren Hauslehrer und erfuhr einen Aufschwung der „Fortuna": Der 21-Jährige wurde 1637 von Schönborner zum Poeta laureatus gekrönt, erhielt die Magisterwürde und das Dozentenrecht. Mit den Söhnen des Grafen machte er mitten im Krieg eine große Bildungsreise: Stationen waren Holland (1638–44) mit juristischen Studien und einer Dozentur in Leiden, dem damaligen Zentrum europäischer Bildung. In Holland gab es eine große Theatertradition. In Frankreich (1645) erlebte Gryphius u. a. den Dichter Jean-Baptiste Molière (1622–1673), in Italien den Aufstieg der Oper (Florenz, Rom, Venedig). Über Straßburg (1646), Amsterdam und Stettin erfolgte die Rückreise nach Fraustadt zu seinem Stiefvater (1647): Gryphius*

heiratete 1647 und hatte seit 1650 als Syndikus schwierige politisch-diplomatische Aufgaben für die protestantischen Landstände des Fürstentums Glogau. Er arbeitete als Hauslehrer und lehnte ehrenvolle Berufungen an die Universitäten Frankfurt a. d. Oder, Upsala und Heidelberg ab. 1662 wurde er in die „Fruchtbringende Gesellschaft" (oder „Palmorden") aufgenommen. 1664 verstarb er während einer Ratssitzung in Glogau an einem Schlaganfall.

Der poeta doctus

Als **poeta doctus** (< lat. poeta = der Dichter, doctus = gelehrt) bezeichnet man seit der Antike einen Schriftsteller, der sowohl die Literatur seiner Zeit als auch die der Vergangenheit kennt und seine gebildeten Leser durch seine Belesenheit und seine rhetorischen und poetischen Kenntnisse beeindruckt. Er beherrscht die jeweils gültigen Regeln der Poetik und Rhetorik, was jedoch nicht bedeutet, dass er sie sklavisch anwendet. Ihm bleibt ein begrenztes Maß an künstlerischem Freiraum, den er bei entsprechender Begabung zu nutzen weiß.

Die Vorstellung vom poeta doctus steht im Gegensatz zu der des **poeta vates** (< lat. vates = der Seher), der sein Werk aus göttlicher Inspiration heraus schafft, und der des **Genies**, das aus der Kraft der eigenen Subjektivität heraus künstlerisch tätig ist. Das Bild vom poeta doctus begegnet uns z. B. im Barock, das des Genies im Sturm und Drang und das vom poeta vates in der Romantik.

Gedichtinterpretation: Sonett

Das Sonett ist ein Gedicht, das einem besonders strengen Aufbau folgt. Die Vorgehensweise bei der Interpretation entspricht dem Fünf-Phasen-Modell (vgl. S. 40 ff.):

1. Analyse des Themas und der Aufgabenstellung
2. Textanalyse
   a) Leseeindrücke, ggf. erstes Gesamtverständnis
   b) Tabellarische Stoffsammlung
   c) Arbeits- bzw. Deutungshypothese
3. Gliederung
4. Ausarbeitung
5. Überarbeitung

Im Folgenden wird das Festhalten der ersten Leseeindrücke beispielhaft vorgestellt (▶ Lesen mit Bleistift):

2. Textanalyse – Erster Leseeindruck

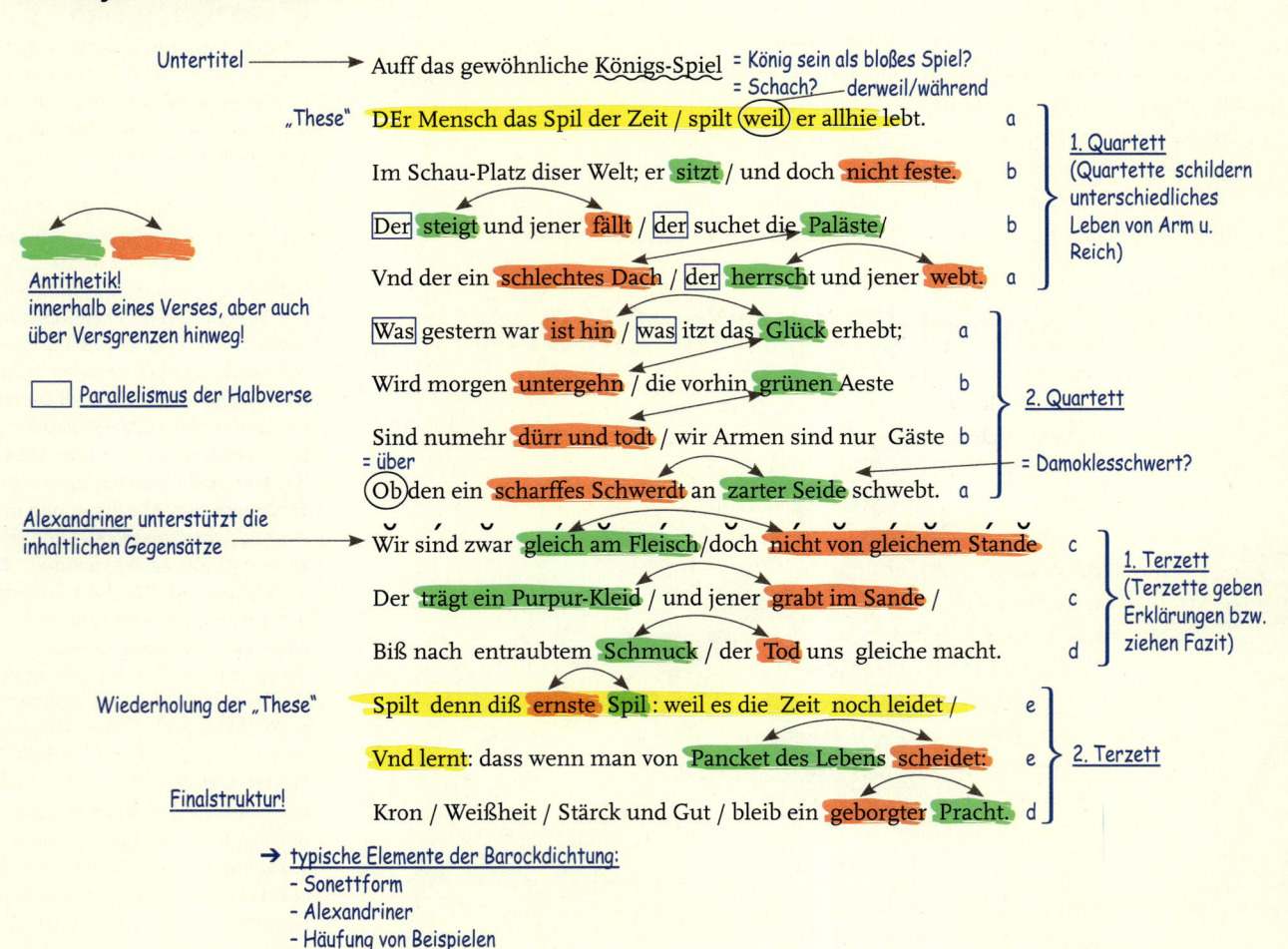

Untertitel → Auff das gewöhnliche Königs-Spiel   = König sein als bloßes Spiel?
                                                 = Schach?   derweil/während

„These" DEr Mensch das Spil der Zeit / spilt (weil) er allhie lebt.   a ⎫
         Im Schau-Platz diser Welt; er sitzt / und doch nicht feste.   b ⎪ 1. Quartett
         Der steigt und jener fällt / der suchet die Paläste /   b ⎬ (Quartette schildern
         Vnd der ein schlechtes Dach / der herrscht und jener webt.   a ⎪ unterschiedliches
                                                                         ⎭ Leben von Arm u. Reich)

Antithetik! innerhalb eines Verses, aber auch über Versgrenzen hinweg!

         Was gestern war ist hin / was itzt das Glück erhebt;   a ⎫
         Wird morgen untergehn / die vorhin grünen Aeste   b ⎬ 2. Quartett
         Sind numehr dürr und todt / wir Armen sind nur Gäste   b ⎪
= über (Ob) den ein scharffes Schwerdt an zarter Seide schwebt.   a ⎭ = Damoklesschwert?

Parallelismus der Halbverse

Alexandriner unterstützt die inhaltlichen Gegensätze →
         Wir sind zwar gleich am Fleisch / doch nicht von gleichem Stande   c ⎫
         Der trägt ein Purpur-Kleid / und jener grabt im Sande /   c ⎬ 1. Terzett
         Biß nach entraubtem Schmuck / der Tod uns gleiche macht.   d ⎭ (Terzette geben Erklärungen bzw. ziehen Fazit)

Wiederholung der „These" Spilt denn diß ernste Spil: weil es die Zeit noch leidet /   e ⎫
                          Vnd lernt: dass wenn man von Pancket des Lebens scheidet: e ⎬ 2. Terzett
Finalstruktur!   Kron / Weißheit / Stärck und Gut / bleib ein geborgter Pracht. d ⎭

→ typische Elemente der Barockdichtung:
   - Sonettform
   - Alexandriner
   - Häufung von Beispielen
   - Finalstruktur
   - typische Leitbegriffe („Tod", V. 11; „Paläste", V. 3) und Bilder („Mensch als Spil der Zeit", V. 1; Welt als „Schau-Platz", V. 2)
   - ...

6 Beispiel für den Hauptteil der Gedichtinterpretation zu Gryphius: „Ebenbild unseres Lebens"
(Auszug aus einem Schülerbeispiel)

[...]
Die Überschrift bereitet den Leser schon darauf vor, dass sich der Autor nicht Gedanken um das Leben im Allgemeinen, sondern um das menschliche Leben im Besonderen macht. Er spricht dabei vom „Ebenbild unseres Lebens", wodurch er den Leser bzw. Hörer in seinen Gedankengang mit einbezieht. Gryphius vergleicht das irdische Dasein („Ebenbild") mit dem „gewöhnliche[n] Königs-Spiel", worunter man seit altersher das Schachspiel versteht. Ob hier ein Doppelsinn versteckt ist, der das menschliche Leben als königliches und damit wichtiges oder großartiges Unternehmen empfindet, muss offen bleiben. Bereits im ersten Vers wird die dem Sonett zugrunde liegende These vorgestellt: Hier auf Erden existiert der Mensch, um das „Spil der Zeit" zu spielen. Die Wortwiederholung wird bewusst als Stilmittel der Doppelung eingesetzt, um die Wirkung zu vertiefen. Warum bezeichnet das lyrische Ich dieses Leben als Spiel? So leichtfüßig und harmlos, wie es diese Wortwahl suggeriert, war das Dasein der Menschen im Dreißigjährigen Krieg keineswegs, wie auch die Biografie des Dichters selbst zeigt, da er mit schweren Schicksalsschlägen fertig werden musste. Doch soll hier nichts verharmlost werden, denn schon im zweiten Teil des ersten Verses deutet sich an, dass das menschliche Leben einer großen Veränderung unterworfen ist, sowohl was die Zeit („weil", V. 1: im Sinne von „während") als auch was den Ort („allhie", V. 1: im Sinne von „hier auf Erden") angeht. Als Christ glaubt Gryphius an ein ewiges Leben, das seinen Anfang hier auf Erden nimmt, jedoch im Tod seine Fortführung und Vollendung in der Ewigkeit Gottes findet. Hier wird gesät, damit dort geerntet werden kann. Wer sich hier bewährt und treu im Glauben bleibt und die Gebote Gottes erfüllt, wird dort zu den Auserwählten gehören. Der im zweiten Halbvers angedeutete Gegensatz wird aber nicht konkret ausgestaltet, denn es wird nur vom Hier und Jetzt gesprochen, der Zusammenhang zum Jenseits und Später jedoch als allgemein bekannte Assoziation vorausgesetzt. Es ist deutlich, dass hier die großen Barockthemen „vanitas" bzw. „memento mori" anklingen. [...]

1. Besprechen Sie den Auszug aus einer Schülerinterpretation.

2. a) Vervollständigen Sie den Hauptteil des Interpretationsaufsatzes.
b) Ergänzen Sie eine passende Einleitung und einen angemessenen Schluss.

7 Andreas Gryphius (1616–1664): Thränen des Vaterlandes Anno 1636

Wir sind doch nunmehr gantz / ja mehr denn gantz verheeret!
   Der frechen Völcker Schaar / die rasende Posaun
   Das vom Blutt fette Schwerdt / die donnernde Carthaun /
Hat aller Schweiß / und Fleiß / und Vorrath auffgezehret.
Die Türme stehn in Glutt / die Kirch ist umgekehret.
   Das Rathauß ligt im Grauß / die Starcken sind zerhaun /
   Die Jungfern sind gschänd't / und wo wir hin nur schaun
Ist Feuer / Pest und Tod / der Hertz und Geist durchfähret.
   Hir durch die Schantz und Stadt / rinnt allzeit frisches Blutt.
Dreymal sind schon sechs Jahr / als unser Ströme Flutt /
Von Leichen fast verstopfft / sich langsam fort gedrungen.
   Doch schweig ich noch von dem / was ärger als der Tod /
   Was grimmer denn die Pest / und Glutt und Hungersnoth/
Das auch der Seelen Schatz / so vilen abgezwungen. (e 1636)

3. a) Nennen Sie Bilder, die Ihnen besonders eindrucksvoll erscheinen.
b) Diskutieren Sie, wie man V. 14 für das Jahr 1636 deuten muss.
c) Notieren Sie den Inhalt und die Aussage des Gedichts.
d) Analysieren Sie seine Form.
e) Interpretieren Sie das Gedicht, indem Sie Inhalt und Form zueinander in Bezug setzen.

4. Vergleichen Sie die Darstellung des Krieges in Gryphius' Gedicht mit der in Grimmelshausens Schilderungen (Texte 1, 2) und mit der in Logaus Gedicht (Text 3).

8 Johannes R. Becher (1891–1958): Tränen des Vaterlandes Anno 1937

I

O Deutschland! Sagt, was habt aus Deutschland ihr gemacht?!
Ein Deutschland stark und frei?! Ein Deutschland hoch in Ehren?!
Ein Deutschland, drin das Volk sein Hab und Gut kann mehren,
Auf aller Wohlergehn ist jedermann bedacht?!

5 Erinnerst du dich noch des Rufs: „Deutschland erwacht!"?
Als würden sie dich bald mit Gaben reich bescheren,
So nahmen sie dich ein, die heute dich verheeren.
Geschlagen bist du mehr denn je in einer Schlacht.

Dein Herz ist eingeschrumpft. Dein Denken ist missraten.
10 Dein Wort ward Lug und Trug. Was ist noch wahr und echt?!
Was Lüge noch verdeckt, entblößt sich in den Taten:
Die Peitsche hebt zum Schlag ein irrer Folterknecht,

Der Henker wischt das Blut von seines Beiles Schneide –
O wie viel neues Leid zu all dem alten Leide!

II

15 Du mächtig deutscher Klang: Bachs Fugen und Kantaten!
Du zartes Himmelsblau, von Grünewald gemalt!
Du Hymne Hölderlins, die feierlich uns strahlt!
O Farbe, Klang und Wort: geschändet und verraten!

Gelang es euch noch nicht, auch die Natur zu morden?!
20 Ziehn Neckar und der Rhein noch immer ihren Lauf?
Du Spielplatz meiner Kindheit: wer spielt wohl heut darauf?
Schwarzwald und Bodensee, was ist aus euch geworden?

Das vierte Jahr bricht an. Um Deutschland zu beweinen,
Stehn uns der Tränen nicht genügend zu Gebot,
25 Da sich der Tränen Lauf in so viel Blut verliert.

Drum, Tränen, haltet still! Lasst uns den Hass vereinen,
Bis stark wir sind zu künden: „Zu Ende mit der Not!"
Dann: Farbe, Klang und Wort! Glänzt, dröhnt und jubiliert!

(e 1937, v 1938)

---

5. Zwei Gedichte werden unter einem Titel als Doppelsonett geführt. Notieren Sie Gemeinsamkeiten und Unterschiede.

6. Der Titel legt einen Bezug zu Gryphius nahe. Vergleichen Sie Form, Sprache, Stilmittel, die zeitgeschichtlichen Hintergründe und die Biografien der beiden Dichter.

7. Diskutieren Sie, ob die Sonettform ins 20. Jahrhundert passt oder eher altertümlich wirkt.

Das Sonett

Beim Sonett (< lat. sonare = tönen, in der dt. Lehnübersetzung aus dem 17. Jahrhundert „Klinggedicht") handelt es sich um eine aus 14 Versen bestehende Gedichtform, die in **zwei Quartette** und **zwei Terzette** gegliedert ist. Diesem äußeren Aufbau des Sonetts entspricht die strenge gedankliche und syntaktische Struktur:
Die **Quartette** stellen in These und Antithese die meist sehr anspruchsvollen Aussagen des Gedichts über Liebe, Schicksal, Geschichte und Politik, vor allem aber über Tod und Religion dar.
Die **Terzette** konzentrieren diese Themen und führen die Gegensätze zu einer Bilanz, einer Synthese. Das Sonett ist somit auf das pointierte Ende hin angelegt; es besitzt dadurch eine sog. **Klimax-** oder **Finalstruktur**.
Antithetik ist das vorherrschende Grundprinzip der Barockliteratur. Leitmotive sind: Diesseits und Jenseits, Spiel und Ernst, Schein und Sein, leidenschaftliche Lebensgier (**carpe diem** = pflücke den Tag) und quälendes Todesbewusstsein (**memento mori** = denke daran, dass du sterblich bist!), Wollust und Tugend, Erotik und Askese, irdische **vanitas** (= Eitelkeit i. S. v. Vergeblichkeit und Nichtigkeit) und himmlische Seligkeit in Gott. Typisch für das Sonett des 17. Jahrhunderts sind ferner die klare Symmetrie, Parallelismus der Satzglieder und Häufung (**Kumulation**) der Beispiele (**Exempla**).
Häufig findet im 17. Jahrhundert der **Alexandriner** Verwendung. Er ist ein 12- bis 13-silbiger jambischer Vers mit einer festen **Zäsur** nach der dritten Hebung, z. B.:

```
    x  x́ | x  x́ | x  x́ ‖ x  x́ | x  x́ | x  x́
    Was gestern war ist hin / was itzt das Glück erhebt;
```

Nicht zufällig dominiert die strenge Sonettform im Zeitalter des Barock, in einer Epoche des Krieges und des Chaos. Das Widersprüchliche und Chaotische des Lebens sollte in strengster dichterischer Form „gebändigt" und somit gestaltbar werden. In der Romantik erlebt das Sonett eine zweite Blüte. Auch die Lyrik der Jahrhundertwende (19./20. Jahrhundert) und des frühen 20. Jahrhunderts greift diese Form wieder auf.

2. Der Mensch zwischen carpe diem und memento mori – Antithetik in der Lyrik erschließen

1 Martin Opitz (1597–1639): carpe diem

Ich empfinde fast ein Grauen,
dass ich, Plato[1], für und für
bin gesessen über dir.
Es ist Zeit hinauszuschauen
5 und sich bei den frischen Quellen
in dem Grünen zu ergehn,
wo die schönen Blumen stehn
und die Fischer Netze stellen!

Wozu dienet das Studieren
10 als zu lauter Ungemach!
Unterdessen lauft die Bach
unsers Lebens, das wir führen,
ehe wir es inne werden,
auf ihr letztes Ende hin,
15 dann kömmt ohne Geist und Sinn
dieses alles in die Erden.

Holla, Junger, geh und frage,
wo der beste Trunk mag sein,
nimm den Krug und fülle Wein!
20 Alles Trauren, Leid und Klage,
wie wir Menschen täglich haben,
eh uns Clotho[2] fortgerafft,
will ich in den süßen Saft,
den die Traube gibt, vergraben.

25 Kaufe gleichfalls auch Melonen
und vergiss des Zuckers nicht,
schaue nur, dass nichts gebricht!
Jener mag der Heller schonen,
der bei seinem Gold und Schätzen
30 tolle sich zu kränken pflegt
und nicht satt zu Bette legt;
ich will, weil ich kann, mich letzen!

Bitte meine guten Brüder
auf die Musik und ein Glas!
35 Nichts schickt, dünkt mich, nichts sich bass
als gut Trank und gute Lieder.
Lass ich gleich nicht viel zu erben,
ei, so hab ich edlen Wein!
Will mit andern lustig sein,
40 muss ich gleich alleine sterben. (v 1624)

2 Peter Paul Rubens (1577–1640): Bacchus

(e 1636–40)

3 Paul Fleming (1609–1640): Wie er wolle geküsset seyn

Nirgends hin / als auff den Mund /
da sinckts in deß Hertzen grund.
Nicht zu frey / nicht zu gezwungen /
nicht mit gar zu fauler Zungen.

5 Nicht zu wenig nicht zu viel.
Beydes wird sonst Kinder-spiel.
Nicht zu laut / und nicht zu leise /
Beyder Maß' ist rechte Weise.

Nicht zu nahe / nicht zu weit.
10 Diß macht Kummer / jenes Leid.
Nicht zu trucken / nicht zu feuchte /
wie Adonis Venus reichte.

Nicht zu harte / nicht zu weich.
Bald zugleich / bald nicht zugleich.
15 Nicht zu langsam / nicht zu schnelle.
Nicht ohn Unterscheid der Stelle.

Halb gebissen / halb gehaucht.
Halb die Lippen eingetaucht.
Nicht ohn Unterscheid der Zeiten
20 Mehr alleine / denn bey Leuten.

Küsse nun ein Iedermann
wie er weiß / will / soll und kan.
Ich nur / und die Liebste wissen /
wie wir uns recht sollen küssen. (v 1642)

---

[1] Plato (428/427–348/347 v. Chr.): griechischer Philosoph; hier als Studiengegenstand gemeint
[2] Klotho ist eine der drei Moiren, d. h. Schicksalsgöttinnen (< gr. moirai; vgl. lat. Parcae = Parzen; nordisch Nornen), die jedem sein Schicksal zuteilen: Klotho spinnt den Lebensfaden, Lachesis bestimmt dessen Länge, Atropos schneidet ihn ab.

4 Christian Hofmann von Hofmannswaldau (1617–1679): Auf den Mund

Mund! der die Seelen kann durch Lust zusammen hetzen.
Mund! der viel süßer ist als starker Himmelswein,
Mund! der du Alikant[1] des Lebens schenkest ein,
Mund! den ich vorziehn muss der Juden reichen Schätzen.
5 Mund! dessen Balsam uns kann stärken und verletzen.
Mund! der vergnügter blüht als aller Rosen Schein,
Mund! welchem kein Rubin kann gleich und ähnlich sein,
Mund! den die Grazien mit ihren Quellen netzen:
Mund! ach, Korallenmund, mein einziges Ergetzen,
10 Mund! lass mich einen Kuss auf deinen Purpur setzen! (e frühes 16. Jahrhundert)

5 Christian Hofmann von Hofmannswaldau: Sonnet – Vergänglichkeit der schönheit

Es wird der bleiche tod mit seiner kalten hand
Dir endlich mit der zeit umb deine brüste streichen /
Der liebliche corall der lippen wird verbleichen;
Der schultern warmer schnee wird werden kalter sand /

5 Der augen süsser blitz / die kräffte deiner hand /
Für welchen solches fällt / die werden zeitlich weichen /
Das haar / das itzund kan des goldes glantz erreichen /
Tilgt endlich tag und jahr als ein gemeines band.

Der wohlgesetzte fuß / die lieblichen gebärden /
10 Die werden theils zu staub / theils nichts und nichtig werden /
Denn opfert keiner mehr der gottheit deiner pracht.

Diß und noch mehr als diß muss endlich untergehen /
Dein hertze kan allein zu aller zeit bestehen /
Dieweil es die natur aus diamant gemacht. (v 1695)

6 Memento Mori an einem Rosenkranz[2]

(e frühes 16. Jahrhundert)

7 Andreas Gryphius (1616–1664): An sich selbst

MIr grauet vor mir selbst / mir zittern alle Glider
  Wenn ich die Lipp' und Nas' und beyder Augen Klufft /
  Die blind vom wachen sind / des Athems schwere Lufft
Betracht' / und die nun schon erstorbnen Augen-Lieder.
5 Die Zunge / schwartz vom Brand fällt mit den Worten nider /
  Vnd lalt ich weiß nicht was; die müde Seele rufft /
  Dem grossen Tröster zu / das Fleisch reucht nach der Grufft /
Die Aertzte lassen mich / die Schmertzen kommen wider /
  Mein Cörper ist nicht mehr als Adern / Fell' und Bein.
10 Das Sitzen ist mein Tod / das Ligen meine Pein.
Die Schenckel haben selbst nun Träger wol vonnöthen!
  Was ist der hohe Ruhm / und Jugend / Ehr und Kunst?
  Wenn dise Stunde kompt: wird alles Rauch und Dunst.
Vnd eine Noth muss uns mit allem Vorsatz tödten. (v 1663)

Bearbeiten Sie die Gedichte (Texte 1, 3, 4, 5 und 7) arbeitsteilig:

1. a) Nähern Sie sich Ihrem Gedicht mithilfe der ➤ Placemat-Methode.
b) Halten Sie im Zentrum des Blattes Ihre gemeinsame Deutungshypothese fest.

2. Notieren Sie auf einer Kopie Ihres Gedichts zentrale Stilmittel (➤ Lesen mit Bleistift, vgl. S. 104). Beziehen Sie dabei die Informationen zum Sonett (s. S. 106) mit ein.

3. a) Bereiten Sie einen ➤ sinngestaltenden Vortrag Ihres Gedichts vor oder
b) hören Sie die Lesung Ihres Gedichts (Texte 1, 3, 5) auf der CD und beurteilen Sie die Vortragsweise. *CD 1 Tracks 14–16*

4. Stellen Sie Ihre Ergebnisse den Mitschülern in geeigneter Form vor, z. B. durch ein Ergebnisplakat, eine Folie etc.

5. Entscheiden Sie, welchem Gedicht Sie die beiden bildlichen Darstellungen (Texte 2 und 6) zuordnen würden.

6. Interpretieren Sie eines der Gedichte.

7. Diskutieren Sie, ob die in diesen Gedichten geäußerten Haltungen gegenüber dem Leben (*memento mori* bzw. *carpe diem*) auch für unsere heutige Zeit bestimmend sind.

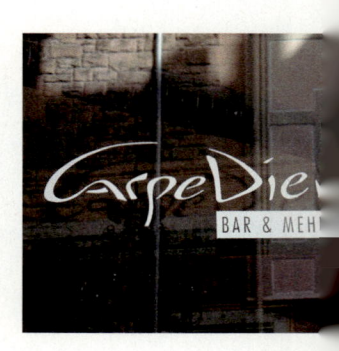

[1] Alikant: tiefdunkler spanischer Süßwein (aus der Umgebung von Alicante)
[2] Der Rosenkranz bezeichnet im engeren Sinne eine katholische Gebetskette, die aus einem Kreuz und vielen Perlen in zweierlei Größen besteht, die in bestimmten Gruppen angeordnet sind. Jede Perle steht für ein Gebet, wobei das Ave Maria (Gegrüßet seist du, Maria) und das Vaterunser dominieren. Das Mitzählen der Gebete anhand der Perlen verhindert ein Abschweifen der Gedanken und hilft dem Betenden, seine meditative Stimmung zu bewahren.

I. Zwischen Lebenslust und Lebensqual

8 David Bailly (1584–1657): Selbstporträt mit Vanitas-Symbolen

(e 1651)

Die Allegorie und die Allegorese

Die **Allegorie** (< gr. allegorein = anders, d. h. bildlich reden) veranschaulicht in der bildenden Kunst wie auch in der Literatur abstrakte Begriffe durch ein gedanklich fassbares Bild. Z. B. wird „Vergänglichkeit" durch eine Sanduhr, eine Seifenblase etc. dargestellt, „Jugend" erscheint als Kind, „das Alter" als Greis, „der Krieg" als Mars, „die Liebe" als Amor etc.
Häufig tritt die Allegorie in Form der **Personifikation** auf, z. B. steht Justitia für die Gerechtigkeit, mit Waage und verbundenen Augen, weil sie ohne Ansehen der Person richtet.
Unter **Allegorese** versteht man die Form der Interpretation, die darauf angelegt ist, hinter Dingen und Namen einen verborgenen Sinn aufzudecken.

1. Finden Sie passende Deutungen zu den einzelnen Bildelementen der Auftaktbilder zu diesem Kapitel (S. 98 f.), z. B. Glas = Zerbrechlichkeit; …

2. Eine Besonderheit der Barockdichtung stellen die sog. Figuren- oder Bildgedichte dar.
a) Lesen Sie die beiden Figurengedichte und fassen Sie deren Hauptgedanken thesenartig zusammen.
b) Zeigen Sie den Zusammenhang zwischen Inhalt und Form auf.

3. Hören Sie die Lesung des Gedichts „Todten-Bahre" (CD 1 Track 17) und beurteilen Sie die Vortragsweise.

4. Erstellen Sie ein Bildgedicht zu einem Barockthema Ihrer Wahl.

9 Figurengedichte des Barock

a) Johann Christoph Männling (1658–1723): Todten-Bahre

Mein Wanderer steh still allhier /
Es liegt der Tugend=glantz und Zier /
Auf dieser schwartzen Todten=Baare /
Das Leich=Tuch deckt die muntren Jahre /
Jedoch der Nach=Klang / rufft noch aus:
Hier ist der Ruh ihr sicheres Hauß /
Dahin der Seelige den matten Leib verstecket /
Biß einsten Sand und Grauß /
Wird durch den Lebens=Geist des Höchsten stehn erwecket
    Da wird der Tod /   Gleich Phoenix Bruth /
    Und sein Geboth /   In frischem Muth /
    Wie Eyß zergehn /   Jtzt bleibt der Ruhm /
    Er aber stehn /   Sein Eigen=Thum /

(Erstdruck 1704)

b) Urban Wyss: Labyrinth

(e 1646)

„Ein wahrhaftiges Phänomen des Barockzeitalters":

Blake Lee Spahr: Biografie der Sibylle Schwarz

Mit siebzehneinhalb Jahren gestorben, war ‚die pommersche Sappho'[1], Sibylle Schwarz, ein wahrhaftiges Phänomen des barocken Zeitalters. Ihre ersten dichterischen Versuche schrieb sie mit wahrscheinlich knapp elf Jahren, aber trotz ihrer Jugend und aller Kriegsstrapazen, die sie zeit ihres Lebens auszustehen hatte, weisen ihre Gedichte (zwei stattliche Bände) die sichere Hand eines geübten, sensitiven Dichters auf. Im pommerschen Greifswald 1621 als Tochter eines der vornehmsten Geschlechter der Gegend geboren, wuchs sie in einer frommen Atmosphäre auf. Ihr Vater, ein tief religiöser Mann, Stadtrat und geheimer fürstlicher Rat zum Bürgermeister Greifswalds, heiratete die Professorentochter Regina Volschow [...]. Im Jahre 1627 jedoch rückten wallensteinische Truppen in Greifswald ein, und die Familie musste auf das Landgut Fretow übersiedeln, wo die sechsjährige Sibylle eine ländliche Idylle erlebte – ihre ersten Gedichte besingen die Natur, die Freundschaft und die naiven Freuden des Landlebens. Stark im Banne ihres Vorbildes Opitz, zeigt sie in ihren Gedichten kaum große formale Neuerungen, aber sie beherrscht die Sprache und Formen ihres Meisters auf eine erstaunliche Weise [...]. Als Sibylle neun Jahre alt war, starb ihre Mutter, kurz danach wurde das Landgut durch die einrückenden Schweden unter Gustav Adolf zerstört, und ihr Vater – „in fürstlichen Diensten" – ließ die Familie drei volle Jahre allein. Nach weiterer Flucht nach Stralsund erkrankte das schwer verfolgte Mädchen 1638 an einer „hefftigen Dysenteria" und starb eine Woche später. Zwölf Jahre nach ihrem Ableben gab ihr Freund, der Dichter Samuel Gerlach, die erste und einzige Ausgabe ihrer Dichtung heraus. (v 1979)

---

[1] Sappho: gr. Dichterin um 600 v. Chr., berühmt für ihre Liebesgedichte

- Erklären Sie mithilfe der Biografie, inwiefern Sibylle Schwarz ein „wahrhaftiges Phänomen des barocken Zeitalters" darstellt.
- Formulieren Sie mit eigenen Worten, worin sich für Sibylle Schwarz wahre Freundschaft zeigt.
- Zeigen Sie, dass das Gedicht „Wahre Freundschaft ist beständig" eine argumentative Struktur aufweist (These, Argument, Folgerung), wie sie häufig in Barockgedichten begegnet.
- Zeichnen Sie die Argumentationslinie mit eigenen Worten nach.
- Vergleichen Sie die Gedanken von Sibylle Schwarz zur Freundschaft mit Ihren eigenen Vorstellungen.

Wahre Freundschaft ist beständig

EIn Freund / ders treulich meint / kan seinen Freund nicht lassen /
er lieb ihn mundlich dan / und tuh ihn herzlich hassen;
Kein Strick ist ihm zu stark / sol er zum Freunde gehn /
das zugeschlossne Tohr wird allzeit offen stehn;
5 Wenn er nuhr durch Begier wil zu dem Freunde dringen /
so hålt ihn nichtes auff / kein Seitenspiel / kein singen /
das sonsten angenehm in allen Ohren klingt:
Kein Tod ists / der ihn auch vohn seinem Feinde dringt;
Der süssen Liebe Gifft kan manchen zwahr betöhren /
10 dass er / auß böser Lust / nicht will vohn Freundschafft hören /
ohn / derer er begehrt; doch lis't man weit und breit /
dass einer eines mahls / nuhr auß Vertraulichkeit /
dem anderen sein Weib / sein Lieb / sein Liecht / sein Leben /
als ers vohn ihm begehrt / selbselbsten hab gegeben;
15 drumb gläub ich / dass kein Ding so stark es immer sey /
ohn Gottes Macht / den Band der Freundschaft reiß' entzwei.

(Erstdruck 1650)

Die Dichterin Sibylle Schwarz (1621–1638)

[11. Sonett]

Die Lieb ist billich ja in allem keusch zu schätzen,
sie ist das Guhte selbst; wer ihr sich ganzt ergiebt,
der wird geliebt, und liebt, der liebt und wird geliebt,
er kan sich ewiglich mit süßer Lust ergetzen,
5 zu letzt entkompt er auch des Todes grimmen Netzen,
und lebt noch einst so lang, er wird gahr nicht betrübt,
weil er die Frewde hat; im fall er Lieben übt,
kan ihn das Unglück auch zu keiner Zeit verletzen,
er lebt in wahrer Ruh, in stehter Einigkeit,
10 darff nicht zu Felde ziehn, er führt den süßen Streit.
Wem wil dan nicht dis Tuhn, diß süße Tuhn gefallen,
das uns wie Brodt ernehrt? der muss ein Unmensch seyn,
der stirbet, weil er lebt, er ist ein Klotz und Stein,
er ist ein höltzern Bild, sein Hertz ist vohn Metallen.

(Erstdruck 1650)

[4. Sonett]

Die Lieb ist blind, und gleichwohl kan sie sehen,
hat ein Gesicht, und ist doch stahrenblind,
sie nennt sich groß, und ist ein kleines Kind,
ist wohl zu Fuß, und kan dannoch nicht gehen.
5 Doch diss muss man auff ander' art verstehen:
sie kan nicht sehn, weil ihr Verstand zerrint,
und weil das Aug des Herzens ihr verschwindt,
so siht sie selbst nicht, was ihr ist geschehen.
Das, was sie liebt, hat keinen Mangel nicht,
10 wie wohl ihm mehr, als andern, offt gebricht.
Das, was sie liebt, kan ohn Gebrechen leben;
doch weil man hier ohn Fehler nichtes find,
so schließ ich fort: Die Lieb ist sehend blind:
sie siht selbst nicht, und kans Gesicht geben.

(Erstdruck 1650)

- Zeigen Sie, wie das lyrische Ich im Gedicht „Die Lieb ist blind …" die paradoxe These „Die Lieb ist sehend blind" (V. 13) entfaltet.
- Erklären Sie, warum für Sibylle Schwarz die Liebe „das Gute" schlechthin darstellt.
- Beschreiben Sie den Aufbau des Gedichts „Die Lieb ist billich …".
- Verfassen Sie ein Parallelgedicht entsprechend Ihrer Liebesvorstellungen. Beginnen Sie mit den Worten „Die Liebe ist das … schlechthin, wer …".

II. Identität durch Sprache

1. Den „Madensäcken" predigen (Sancta Clara) – Rhetorik untersuchen

1 Illustration zu Abraham a Sancta Clara (1644–1709): Mercks Wienn

Abraham a Sancta Clara (alias Ulrich Megerle) predigte in Wien zur Zeit der großen Pestepidemie von 1679. Von der unübersehbaren Menge der Predigtsammlungen des 17. Jahrhunderts sind nur die Werke dieses redegewaltigen Wiener Hof- und Stadtpredigers auch später wieder gedruckt und gern gelesen worden.

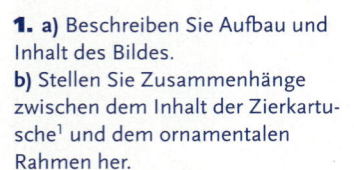

1. a) Beschreiben Sie Aufbau und Inhalt des Bildes.
b) Stellen Sie Zusammenhänge zwischen dem Inhalt der Zierkartusche[1] und dem ornamentalen Rahmen her.

*Der Prediger **Abraham a Sancta Clara** wurde mit dem bürgerlichen Namen Ulrich Megerle in Kreenheinstetten bei Meßkirch als achtes Kind eines Gastwirts geboren und besuchte die Lateinschule in Meßkirch, das Jesuitengymnasium in Ingolstadt sowie die Benediktinerschule in Salzburg. Seit 1662 Mitglied des Augustinerordens in Wien, 1666 Priesterweihe, seit 1670 Prediger u. a. in Taxa bei Augsburg, Wien und Graz; 1677 von Kaiser Leopold I. (1658–1701) zum Hofprediger ernannt, 1680 Prior seines Ordens. Abraham a Sancta Clara wurde der bedeutendste katholische Prediger des deutschen Barock, weil er ebenso bildmächtig unterhaltsam wie leidenschaftlich kämpferisch und lehrhaft war, aber stets volkstümlich blieb.*

2 Abraham a Sancta Clara: Mercks Wienn – Predigt zur Pestepidemie in Wien 1679 (Auszug)

Mercks Wienn /
Das ist:
Deß wütenden Tods ein umständige
Beschreibung
In
Der berühmten Käyserlichen Haupt- und Residentz-
Statt in Oesterreich /
Im sechzehen hundert / und neun und siebenzigsten Jahr /
Mit Beyfügung so woll Wissen als Gewissen
antreffender Lehr.

---

[1] die Zierkartusche: eine vor allem im Barock verbreitete Kombination aus ornamentaler Einfassung und Schriftfeld, in das Bilder, Inschriften, Wappen u. a. eingefügt werden.

Im sechszehen hundert / und neun und siebenzigsten Jahr /
Mit Beyfügung so woll Wissen als Gewissen
antreffender Lehr.
Zusammen getragen mitten in der betrangten
Statt und Zeit /
Von
Pr. Fr. ABRAHAM à S. Clara, Augustiner.

Also wann ich schon stirb an der Pest / so ist diß kein elender Todt / dafern nur die Gnad Gottes in mir lebet / ist doch der H. Ludovicus König in Franckreich an dieser leydigen sucht gestorben. Æmil. Dahero laß sterben den Leib im Feuer / oder im Lufft / oder im Wasser / oder auff Erden / was ligt daran? Laß sterben diesen Madensack / diesen Mist Fincken / dieses Wurm-Nest / dieses Leim-Hauß / diesen Knoll Fincken / diese Koth-Butten / dieses Ayter-Geschirr / diesen Erdschrollen; laß sterben / ein mächtigs Wesen! Dieses garstige Rath-Hauß / diesen lebendigen Wuest / diesen Leim-Lümmel / diesen Wildfang / diesen Sau Winckel / diese Gestanck-Büchsen / diesen zierlichen Unflath / diß lebendige Aaß / diesen Aprillanten / diese verhühlte Senck-Gruben / diesen Geschwersichtigen Dalcken / diesen Krezen-Marckt / dieses sechs schuh lange Nichts / laß sterben / laß verderben / er ist nicht zubetauren / müst nur seyn / daß man etwan einer Mist-Butten einen schwartzen Flohr solt anhängen / damits für ihn die Klag trage / Si consideras, quid per os, quid per nares, quid per aures cæterolqúe corporis meatus exit, vilius sterquilinium non vidisti, spricht gar schön von dem schandlichen Leib der Clarevallensische Abbt Bernhardus. „Mein Mensch / wann du erwögest / was du durch das „Maul / und durch die Nasen / durch d'e Ohren / und durch die übrige Leibs-Porten für ein „Unflath außführest / kanst doch kein garstigern Misthauffen nit antreffen / als dich

Laß demnach sterben den Leib / dieses Krancken-Spital / dieses Spott-Muster / diese kleine Portion der Erden / laß sterben / laß verderben wie / wo / wann / wöerdurch er stirbt / ligt nichts daran / aber das bitt ich dich umb das Blut JEsu Christi / das bitt ich dich umb deiner Seelen Seeligkeit willen / mit auffgehebten Händen schreye ich vor dir / ja in beyde Ohren / du wollest die Seel nicht sterben lassen / die Seel / dieses künstliche und köstliche Ebenbild Gottes / die Seel dieses schöne und scheinende Contrafeh der allerheiligsten Dreyfaltigkeit / die Seel / dieses kostbare und schatzbare Kleynod Gottes / die Seel / diese friedliche und freundliche Schwester der Engeln / diese O Mensch! laß nicht sterben / welches da geschicht durch ein freywillige Todsünd / dieser Todt allein ist ein Elend.

(v 1679)

2. a) Wählen Sie Passagen (ca. 5 Zeilen) aus dieser Predigt aus, die Sie für besonders eindrucksvoll halten.
b) Bereiten Sie einen ➤ sinngestaltenden Vortrag dieser Passage vor.
c) Zeigen Sie für Ihren Textauszug, mit welchen sprachlich-stilistischen Mitteln der Prediger seine Zuhörer zu überzeugen versucht.

Barocke Rhetorik

Im Zeitalter der Renaissance (etwa vom Ende des 15. Jahrhunderts bis 1600) erfuhr die **antike Rhetorik** (< gr. rhetorike techne = Redekunst) einen Aufschwung, der sich im 17. Jahrhundert fortsetzte. In der Nachfolge des bedeutenden römischen Dichters Horaz (65–8 v. Chr.) wurden im Nutzen und der Unterhaltung (*prodesse et delectare*) die eigentlichen Funktionen der Literatur gesehen.

Besonders im kirchlichen Bereich wurde seit der Spaltung in ein evangelisches/reformiertes und ein katholisches Bekenntnis die Redekunst in Form der Predigt (< lat. praedicare = öffentlich ausrufen, laut verkünden) verstärkt zur Unterweisung der Gläubigen im rechten Glauben eingesetzt. Berühmtester Prediger im Barockzeitalter war Abraham a Sancta Clara.

Die **Barockpredigt** ist gekennzeichnet durch eine blumige, bilderreiche Sprache. Ihre bevorzugten Stilmittel sind Wiederholung bzw. Variation (*repetitio, variatio*), Häufung, Metapher, Symbol und Allegorie. Eine besondere Rolle spielen eindrucksvolle Beispiele (*exempla*), die den Inhalt der Predigt veranschaulichen und untermauern. Die Verwendung von Stilmitteln der Ironie (Übertreibung, Verzerrung), Sprichwörtern und volkstümlichen Wendungen trugen zum Unterhaltungswert der Predigten bei.

Barock

2. „Wider alle Sprachverderber" – Sich mit Sprachwandel auseinandersetzen

1. Stellen Sie dar, was der „teutsche Michel" kritisiert und wie er seine Kritik begründet.

2. Zeigen Sie, mit welchen sprachlichen Mitteln der Autor seine Kritik kurzweilig und zugleich eindringlich gestaltet. Beziehen Sie die bildliche Darstellung mit ein.

1 Ein schön new Lied genannt Der Teutsche Michel

Der deutsche Michel, eine bekannte nationale Personifikation der Deutschen, vermutlich im 16. Jahrhundert entstanden, verkörperte im 17. Jh. den einfältigen, aber gutmütigen Deutschen, der nur seine Muttersprache spricht und sich nicht in fremden Sprachen verständigen kann. Im vorliegenden Text erscheint er jedoch in einer neuen Rolle.

Ein schön new Lied genannt Der Teutsche Michel, &c.

Wider alle Sprachverderber/Cortisanen/Concipisten und Concellisten/welche die alte teutsche Muttersprach mit allerley frembden/Lateinischen/Welschen/Spannischen und Frantzösischen Wörtern so vielfältig vermischen/verkehren und zerstöhren/daß Sie ihr selber nicht mehr gleich sihet/ und kaum halber kan erkant werden.

Im Thon: Wo kombt es häre/ daß zeitlich Ehre/ &c.

1.
ICH teutscher Michel/versteh schier nichel/
In meinem Vatterland/es ist ein schand.
Man thut jetzt reden/als wie die Schweden/
In meinem Vatterland/pfui dich der schand.
2. Fast jeder Schneider/will jetzund leyder/
Der Sprach erfahren sein/und red Latein:
Welsch und Frantzösisch/halb Jponesisch/
Wann er ist voll und toll/der grobe Knoll.
3. Der Knecht Matthies/spricht bona dies/
Wann er gut morgen sagt/und grüßt die Magd:
Sie wend den Kragen thut ihm dancksagen/
Spricht Deo gratias/Herr Hippocras.
4. Ihr fromme Teutschen/man solt euch beutschen/
Daß ihr die Muttersprach/so wenig acht.
Ihr liebe Herren/das heißt nicht mehren/
Die sprach verkehren/und zerstöhren
5. Ihr thut alles mischen/mit faulen Fischen/
Und macht ein misch gemäsch/ein wüste wösch:
Ein faulen Haffentäsch/ein wunderseltzambs gfräs/
Ein gantzes A. B. C. Ich nicht versteh.
6. Was ist armiren/was auisiren/
was avancieren/was attaquiren/
Was approchiren/archibusieren/
was arriuiren/accordiren?
7. Was ist blocquiren/was bastoniren?
Benedicieren/blateriren/
Was blasphemiren/was bucciniren/
was balsamiren/blandiren?
8. Was ist campieren/was cortesiren/
Contribuiren/crepiren?
Was ist citiren/was callopieren/
was convoyieren/charscheiren?
9. Was ist Armada/was retirada/
was palisfada/steggada?
Was ist intrada/was della spada/
was canalcada/prouada?
10. Wj ist ein Guberniren/verkaufft er Mertzen Bier/
was ist ein Commentat/für ein Trabant?
Was ist Colonell/ein Müller oder Meel/
was ist Major/ein news Stadlthor?

Was ist die gantze Armee/nur lauter ach und weh/
was ist der Randefuß/ein Habermuß.
18. Wer ist der Beluider/ein Schneyber oder scher?
Ist dann Escurial/ein Schusteraal?
Was ist Constabel/vos Endeschnabel/
was ist parabel/für ein Gabel?
19. Wer seind die Dame krumb oder lahme/
wer seind die Cauallier/ oi oi monsieur.

16. Was ist logiren/was lamentiren/
was laboriren/was lediren/
Was licenciren/was liberiren/
was liquidiren/lustrieren?
27. Was ist Marschieren/was molestieren/
was mantenieren/mundieren?
Was ist mouieren/was meritieren/
was mantenieren/mancieren?

Was ist parlieren/was perdoniren/
Parlamentiren/possiren/
35. Was ist quartiren/was quiesciren/
Qualificieren/queriren?
Was quadrupliciren/quadripartiren/
was querulieren/cassiren?
36. Was sein recuriren/Höcht oder Rutten/
was sein staturen/für Dutten?
Was sein recuriren/für alte Kutten/
was sein patiren für Flutten?
37. Was ist contento was fünff percento/
Was ist auff interim/doch für ein Stim?
Was hast basta/ich mag nit fasta/
Ich wohn beim Susmulter/trinck Wein für
38. Wo bleibt das Proviant/ist keins mehr i
wer gibt vns dan Biuers? vonNiuers? ?
Commiß nimb hin vnd friß es ist ein guter B
Seruiß ist gantz kein nutz/schweig still ich fr
39. Was ist der Hugenot? gar ein stoltze Kr
wie bestehet der Floriot? mit schand und sp
Wer ist der Idiot/ist er dein Patriot/
was ist Piscot für gsod/ach lieber Gott.
40. Was ist regiren/was retiriren
was reconteriren/refrescheiren?
Was ruiniren/recommandiren/
was rebellieren/reformiren?
41. Was ist spediren/was strapicziren/
was succuriren secundiren?
Was scharmizieren/was simuliren/
was sinceriren/verführen.
42. Was ist Gran Duca/was ist Baruce
wer ist der Admiral ein Futterval/
Wer ist der Gran Prior/er geht gantz in mat
Ist ein Serutor/vnd sucht fauor.
43. Was ist ein Pruniol/ein schöner Capr
was ist das Vitriol/was Spaniol/
Was ist Alteza/was ist grandeza/
was ist forteza/del meza/
44. Was ist ein Pannatel/ist es ein Schrif
was ist der cerebel/nur für ein Gsell?
Was ist der Mirabel/ein junges Lämble Je
was ist der Dilledell für ein Rebell?

(v 1642)

3. Beschreiben Sie die Rolle, die der „teutsche Michel" hier übernommen hat.

4. a) Schreiben Sie nach dem Muster des „Teutschen Michel" einen kürzeren Text, der ebenfalls mit *Ich deutscher Michel, verstehe nichel, ...* beginnt und sich auf unsere Zeit bezieht.
b) Suchen Sie auch eine passende Illustration.

2 Albrecht von Wallenstein (1583–1634): Aus einem vertraulichen Brief an den Obristen von Arnimb

Aus einem eigenhändigen vertraulichen Brief an den Obristen v. Arnimb aus Lauban vom 30.11.1627: „*Aus Warschau werde ich bericht das die Polen bewilligt haben dem Künig auf 3 jahr eine starcke* contribucion *den krieg wieder Sschweden zu* continuiren*, der Sschwed sucht unser freundtschaft nicht* virtutis amore *sondern* coactus necessitate *dahero wir ihn müssen mitt worten* nutriren
5 *denn an den wercken zweifl ich das er sich hoch umb uns annemmen solte undt da man ja ein* acord *mit ihm machen thete* [...] *sonsten bitte ich der herr wende allen müglichen fleiß an ihm die schief zu verbrennen die Pomrische* porti *das der herr alle undt alle wirdt besezt haben* [...] *denn ich hab meine* consideracionem *drin warumb ichs thue* [...]" (e 1627)

5. Exzerpieren Sie die Wörter, die Ihnen unbekannt sind, und stellen Sie ihre Herkunft und Bedeutung fest.

6. Schreiben Sie den Text so um, dass die Fremdwörter nach Möglichkeit durch deutsche Wörter ersetzt werden, und vergleichen Sie Ihre Ergebnisse mit der Vorlage.

7. Suchen Sie Erklärungen dafür, dass manche Menschen mehr Fremdwörter verwenden als andere.

3 Gottfried Wilhelm Leibniz (1646–1716): Unvorgreifliche[1] Gedanken betreffend die Ausübung und Verbesserung der Teutschen Sprache (Auszug)

Allein wie der Dreißigjährige Krieg eingerissen und überhand genommen, da ist Teutschland von fremden und einheimischen Völkern wie mit einer Wasserflut überschwemmet worden und nicht weniger unsere Sprache als unser Gut in die Rappuse[2] gangen; und siehet man wie die Reichs-Acta solcher Zeit mit Worten angefüllet sein, deren sich freilich unsere Vorfahren
5 geschämet haben würden.
Bis dahin nun war Teutschland zwischen den Italienern, so Kaiserl. und den Franzosen, als Schwedischer Partei, gleichsam in der Waage gestanden. Aber nach dem Münsterschen[3] und Pyrenäischen Frieden[4] hat sowohl die Französische Macht als Sprache bei uns überhand genommen. Man hat Frankreich gleichsam zum Muster aller Zierlichkeit aufgeworfen, und un-
10 sere junge Leute, auch wohl junge Herren selbst, so ihre eigene Heimat nicht gekennet und deswegen alles bei den Franzosen bewundert, haben ihr Vaterland nicht nur bei den Fremden in Verachtung gesetzet, sondern auch selbst verachten helfen und einen Ekel der teutschen Sprach und Sitten aus Ohnerfahrenheit angenommen, der auch an ihnen bei zuwachsenden Jahren und Verstand behenken blieben; und weil die meisten dieser jungen Leute hernach, wo
15 nicht durch gute Gaben, so bei einigen nicht gefehlet, doch wegen ihrer Herkunft und Reichtums oder durch andere Gelegenheiten zu Ansehen und fürnehmen Ämtern gelanget, haben solche Franz-Gesinnete viele Jahre über Teutschland regieret und solches fast, wo nicht der Französischen Herrschaft (daran es zwar auch nicht viel gefehlet) doch der Französischen Mode und Sprache unterwürfig gemacht: ob sie gleich sonst dem Staat nach gute Patrioten geblie-
20 ben, und zuletzt Teutschland vom Französischen Joch[5], wiewohl kümmerlich, annoch erretten helfen. (e um 1680, v 1717)

8. Arbeiten Sie die Gründe heraus, die nach Leibniz zur Vernachlässigung und Verachtung der deutschen Sprache geführt haben.

9. Der Dreißigjährige Krieg, „eingerissen und überhand genommen", Deutschland von einer „Wasserflut überschwemmet" – Zeigen Sie, wie der Krieg dargestellt wird, und versuchen Sie, eine Erklärung dafür zu finden.

10. Die Überschwemmungsmetapher (Z. 2) ist Ausdruck nationaler Abgrenzung. Diskutieren Sie, ob das auch für die Gegenwart gilt.

11. Schreiben Sie einen Paralleltext zu Leibniz' „Unvorgreifliche Gedanken ..." über die deutsche Sprache nach 1945. Entscheiden Sie zuerst, ob Sie
a) einen neutralen und sachlichen Text oder, wie Leibniz, eher
b) einen polemischen, d. h. kritischen und ablehnenden Artikel schreiben wollen.

4 Vom Beizimmer zur Zeugemutter – Eindeutschungsversuche im 17. Jahrhundert

Schon zu Beginn des 17. Jahrhunderts protestierten zahlreiche Dichter gegen das Überhandnehmen des Fremdwörtergebrauchs und versuchten, das Deutsche, das für viele Bereiche keinen adäquaten Wortschatz besaß, gegenüber den Kultursprachen Latein und Französisch konkurrenzfähig zu machen. Im Jahre 1617 wurde in Weimar nach italienischem Vorbild die erste Gesellschaft, die „Fruchtbringende Gesellschaft", gegründet, die es sich zur Aufgabe machte, die deutsche Sprache zu pflegen. Ein wichtiges Ziel dieser und anderer Gesellschaften war neben dem Bemühen um eine deutsche Grammatik die Eindeutschung zahlreicher Fremdwörter.

---

[1] unvorgreiflich: ohne jemandem vorgreifen zu wollen, ohne jemandem etwas vorschreiben zu wollen (Ausdruck der Höflichkeit)
[2] die Rappuse (< tschech.): Plünderung, Raub
[3] Der Friede von Münster ist Teil des Westfälischen Friedens, der den Dreißigjährigen Krieg beendete.
[4] Der Pyrenäenfrieden beendete die kriegerischen Auseinandersetzungen zwischen Frankreich und Spanien, die den Westfälischen Frieden überdauert hatten.
[5] Besonders der Südwesten Deutschlands war im Pfälzer Erbfolgekrieg (1688–1697) verwüstet worden.

Emblem der Fruchtbringenden Gesellschaft (auch Palmenorden)

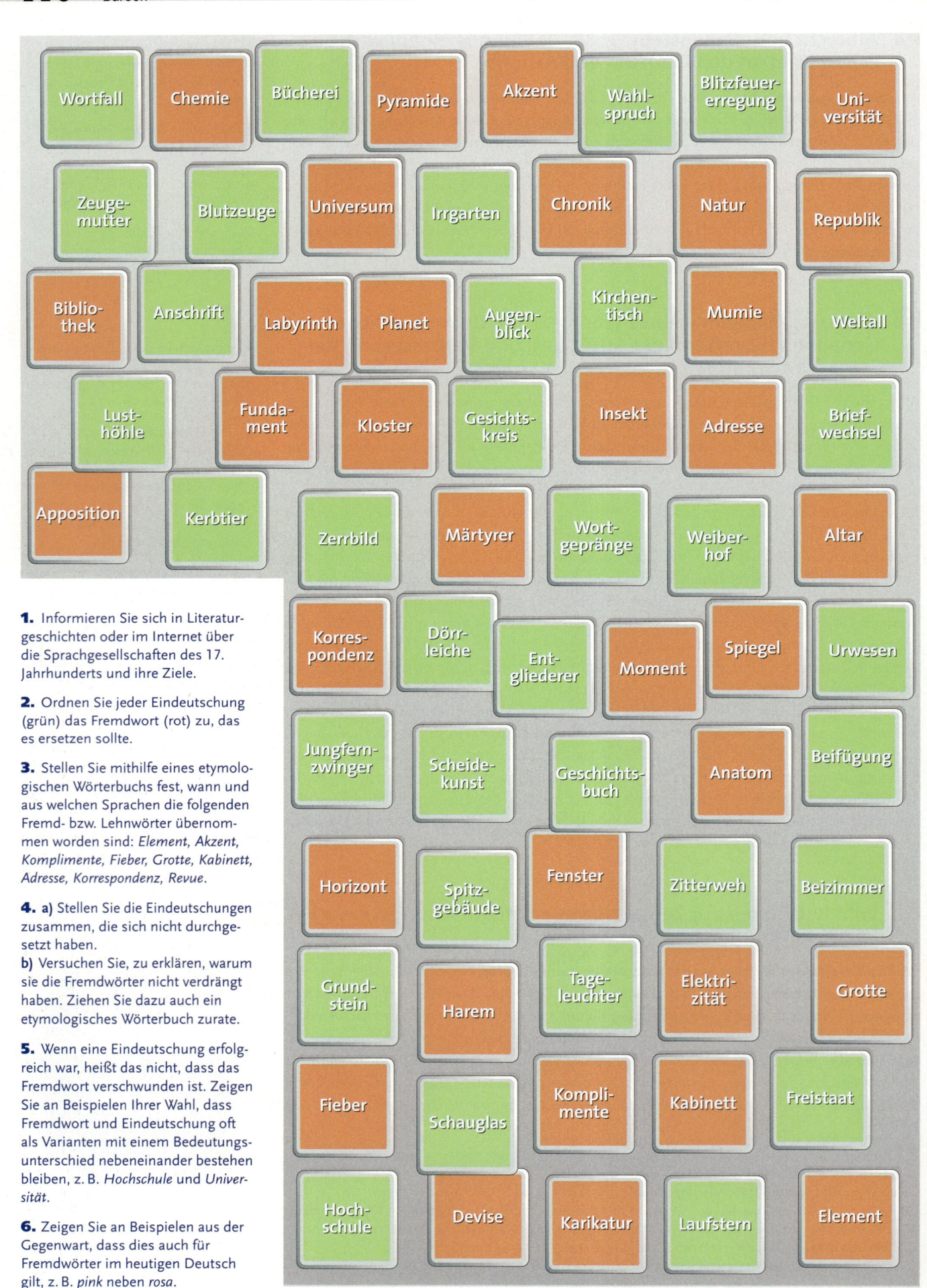

Barock

Wortfall · Chemie · Bücherei · Pyramide · Akzent · Wahlspruch · Blitzfeuererregung · Universität

Zeugemutter · Blutzeuge · Universum · Irrgarten · Chronik · Natur · Republik

Bibliothek · Anschrift · Labyrinth · Planet · Augenblick · Kirchentisch · Mumie · Weltall

Lusthöhle · Fundament · Kloster · Gesichtskreis · Insekt · Adresse · Briefwechsel

Apposition · Kerbtier · Zerrbild · Märtyrer · Wortgepränge · Weiberhof · Altar

Korrespondenz · Dörrleiche · Entgliederer · Moment · Spiegel · Urwesen

Jungfernzwinger · Scheidekunst · Geschichtsbuch · Anatom · Beifügung

Horizont · Spitzgebäude · Fenster · Zitterweh · Beizimmer

Grundstein · Harem · Tageleuchter · Elektrizität · Grotte

Fieber · Schauglas · Komplimente · Kabinett · Freistaat

Hochschule · Devise · Karikatur · Laufstern · Element

---

1. Informieren Sie sich in Literaturgeschichten oder im Internet über die Sprachgesellschaften des 17. Jahrhunderts und ihre Ziele.

2. Ordnen Sie jeder Eindeutschung (grün) das Fremdwort (rot) zu, das es ersetzen sollte.

3. Stellen Sie mithilfe eines etymologischen Wörterbuchs fest, wann und aus welchen Sprachen die folgenden Fremd- bzw. Lehnwörter übernommen worden sind: *Element, Akzent, Komplimente, Fieber, Grotte, Kabinett, Adresse, Korrespondenz, Revue.*

4. a) Stellen Sie die Eindeutschungen zusammen, die sich nicht durchgesetzt haben.
b) Versuchen Sie, zu erklären, warum sie die Fremdwörter nicht verdrängt haben. Ziehen Sie dazu auch ein etymologisches Wörterbuch zurate.

5. Wenn eine Eindeutschung erfolgreich war, heißt das nicht, dass das Fremdwort verschwunden ist. Zeigen Sie an Beispielen Ihrer Wahl, dass Fremdwort und Eindeutschung oft als Varianten mit einem Bedeutungsunterschied nebeneinander bestehen bleiben, z. B. *Hochschule* und *Universität*.

6. Zeigen Sie an Beispielen aus der Gegenwart, dass dies auch für Fremdwörter im heutigen Deutsch gilt, z. B. *pink* neben *rosa*.

Sprachwandel und Sprachverfall

Eine lebendige Sprache unterliegt auch immer dem Wandel. Da dieser von den Mitgliedern einer Sprachgemeinschaft meistens nicht wahrgenommen wird, wird er, wenn er ins Bewusstsein dringt, häufig negativ bewertet und als „Sprachverfall" angesehen.

Die negative Bewertung von Sprachwandel beruht jedoch auf falschen Voraussetzungen. Dazu gehört die Vorstellung, dass die Sprache der Gegenwart einen idealen Sprachzustand darstellt. Dabei wird nicht bedacht, dass Sprachen sich immer im Austausch mit anderen Sprachen entwickeln. So werden neue Dinge aus anderen Ländern häufig mit der Bezeichnung übernommen. Der deutsche Wortschatz aus dem Bereich des Hausbaus geht weitgehend auf das Lateinische zurück. Mit den neuen Dingen (Mauer, Dach, Ziegel) wurden auch die lateinischen Begriffe übernommen und an die Lautlichkeit der eigenen Sprache angepasst.

Im Hinblick auf die kommunikative Funktion von Sprache ist jedoch zu bedenken, dass durch einen exzessiven Fremdwortgebrauch möglicherweise ein Teil der Sprachgemeinschaft aus der Kommunikation ausgeschlossen wird.

„Neue Fruchtbringende Gesellschaft"

Seit Januar 2007 gibt es eine „Neue Fruchtbringende Gesellschaft". Informieren Sie sich im Internet über deren Ziele und stellen Sie diese in Form eines Kurzreferats der Klasse vor. Bewerten Sie die Ziele und die Vorgehensweise dieser Gesellschaft.

Barock

Wesentliches Kennzeichen des Barock ist die Spannung zwischen Jenseitsorientierung und Diesseitsfreude, Weltflucht und Weltsucht, **memento mori** und **carpe diem**. Das Diesseits erscheint auf der einen Seite als Ort der Sündhaftigkeit und Zerstörung, als Spielfeld der teuflischen Macht, dem der fromme Mensch nur durch den Tod entrinnen kann. Auf der anderen Seite übt die Welt mit ihren Verlockungen einen starken Reiz aus und verleitet zu euphorischem Lebensgenuss und Sinnenfreude. Davon zeugt vor allem die Prachtentfaltung in der höfischen Gesellschaft des Absolutismus.

Dieses **antithetische Lebensgefühl** resultiert aus der Präsenz unterschiedlicher Tendenzen in dieser Zeit: Einerseits wirkte das humanistische Menschenbild des 16. Jahrhunderts nach, das die Menschen aufgerufen hatte zur selbstbewussten Gestaltung von Welt und Schicksal, andererseits entwickelte sich im Gefolge der Reformation eine neue religiöse Innerlichkeit, die den Blick wieder aufs Jenseits lenkte. Dazu kam das Erleben des Dreißigjährigen Krieges, das die Menschen zutiefst erschütterte, ihnen die Hinfälligkeit alles Irdischen vor Augen führte und sie Trost im Glauben suchen ließ.

Das Lebensgefühl des barocken Menschen ist deshalb zerrissen und antithetisch. Es findet seinen adäquaten Ausdruck im dichterischen Stil, der auf der einen Seite schwungvoll und bewegt sein kann („Komm, Liebste, lass uns eilen"), aber auch starr (**Sonettform, Alexandriner** mit Zäsur usw.), rhetorisch und traditionell-bildhaft: „Das Leben ist/ein Laub, das grünt und falbt geschwind/ein Staub, den leicht vertreibt der Wind". Für die Dichter der Zeit war Dichtung weitgehend „gelehrte Kunst für Gelehrte" (**poeta doctus**) bzw. für die Mitglieder einer kleinen Oberschicht.

Die Erfahrungen im Dreißigjährigen Krieg spiegeln sich z. B. im Roman *Der abenteuerliche Simplicissimus* von Hans J. Ch. von Grimmelshausen, in den gewaltigen Mahnpredigten des Augustiners Abraham a Sancta Clara und in zahlreichen Gedichten der Zeit, z. B. bei Andreas Gryphius („Tränen des Vaterlandes"), die den Menschen an die Vergänglichkeit (**vanitas**) alles Irdischen erinnern sollen (memento mori). Zu Lebensfreude und Sinnenlust, zu carpe diem (Nutze den Tag) und carpe florem (Pflücke die Blume) wird z. B. bei Hofmann von Hofmannswaldau („Auf den Mund") aufgerufen.

Die Dichter des Barockzeitalters haben mit ihrem Kampf gegen die Vernachlässigung der Muttersprache und ihrem Bemühen um die Aufwertung des Deutschen als Kultursprache (z. B. in den zahlreichen **Sprachgesellschaften** wie der „Fruchtbringenden Gesellschaft") einen wichtigen Beitrag zur Entwicklung des Deutschen geleistet.

118 Modul: Sprache

Modul: Sprache

1. „Fress oder sterbe!" – Entwicklungen des aktuellen Sprachgebrauchs erkunden

1 Die deutsche Gegenwartssprache in unterschiedlichen Kontexten

A HOTEL ZUR MÜHLE – BOARDING SUITE

B
Uuuuuh alles dreht sich Honey
wat für ne hammer Party
die Konversationen bestehen aus „Schallala" und „Ladidadi"
ick frach mich warum die L-L-Leute jehn
um 6 Uhr früh sind doch die B-B-Bräute schön
(upps) mein Drink is leer zack ab an die Bar
allet jeht heut Abend auf mich
doch es is keener mehr da
und zu guter Letzt kommt vor dem Club der DJ vorjefahrn
ick ruf rinn in seinen Wagen
„Alter bring den Tune nochma!!!"

Aus: Ey DJ – Text: Don Cali/Estilo, Chino, Con/Itchyban/Lafrotino/Larsito/Mr. Reedoo/Müler-Lerch, Simon/Strange, Johnny; Copyright: Styleheads Gesellschaft für Entertainment GmbH EMI Music Publishing Germany GmbH & Co. KG, Hamburg

C
Hi du, kann heut vllt ned, sry. :-(
thx für die karte. <3
Hdl Rami

??? Deutsch ???

D
„Was guckst du? Bin isch Kino oder was?"
„Was geht, Alder? Isch schwör, isch hab dem!"
„Hier, Alder, hab isch neue Handy besorgt!"

E We kehr for you – BSR – Wir bringen das in Ordnung

1. a) Ordnen Sie die Texte unterschiedlichen Textsorten, Verfassern bzw. Situationen zu.
b) Beschreiben Sie die auffallenden sprachlichen Besonderheiten der Texte und versuchen Sie, diese zu erklären.

2. „Das ist doch kein Deutsch mehr!" Diskutieren Sie diese Einschätzung.

Modul: Sprache **119**

2 Duden und Wahrig in neuer Auflage

In den *Duden* und den neuen *Wahrig* von 2009 wurden insgesamt mehr als 5 000 Wörter neu aufgenommen, z. B.:

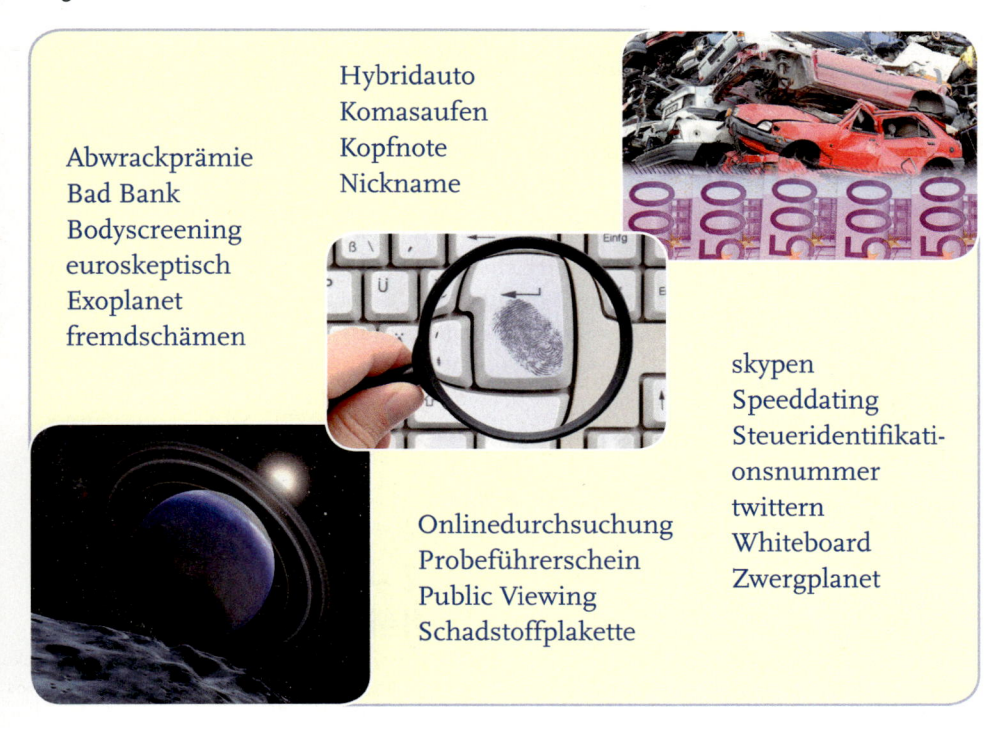

Abwrackprämie
Bad Bank
Bodyscreening
euroskeptisch
Exoplanet
fremdschämen

Hybridauto
Komasaufen
Kopfnote
Nickname

skypen
Speeddating
Steueridentifikationsnummer
twittern
Whiteboard
Zwergplanet

Onlinedurchsuchung
Probeführerschein
Public Viewing
Schadstoffplakette

1. a) Informieren Sie sich über die Bedeutung und die Herkunft der in die beiden Nachschlagewerke zur Rechtschreibung aufgenommenen neuen Wörter.
b) Ordnen Sie die Fotos den entsprechenden Wörtern zu.

2. a) Diskutieren Sie darüber, ob Sie diese Wörter auch in ein Wörterbuch aufgenommen hätten.
b) Überlegen Sie sich mögliche Eindeutschungen für die fremdsprachlichen Begriffe.

3. Erklären Sie, warum der Wortschatz der deutschen Sprache sich so stark verändert und warum er so rasant anwächst.

4. Die Entwicklung des deutschen Wortschatzes wird von vielen als problematisch betrachtet. Sammeln Sie Gründe für diese Einschätzung.

3 Interview mit dem Sprachforscher Matthias Wermke

Der folgende Text ist ein Auszug aus einem Interview zur 25. Auflage des Rechtschreibdudens mit dem Leiter der Dudenredaktion Matthias Warnke.

Mit rund 135 000 Stichwörtern präsentiert die Jubiläumsausgabe den aktuellen Wortschatz der deutschen Gegenwartssprache so umfassend wie nie zuvor. Vor dreizehn Jahren waren es noch 115 000. Nimmt der Wortschatz ständig zu?

Das ist in der Tat so. Je komplexer die Lebensumstände auf allen Ebenen werden, desto stärker
5 muss die Sprache reagieren. Das betrifft in erster Linie den Wortschatz. Als 2006 der letzte Duden erschienen ist, waren „Bodyscreening" und „Schadstoffplaketten" noch kein öffentliches Thema. Mittlerweile sind sie es. Ein anderes Beispiel ist der Internetservice „Twitter", der erst im März 2006 der Öffentlichkeit vorgestellt und danach sehr schnell erfolgreich wurde. Mit der immer stärker werdenden Nutzung hat sich auch das Wort schnell verbreitet. Immer mehr
10 Menschen „twittern" heute – auch in Deutschland.
Aber es ist noch etwas anderes entscheidend: In den letzten Jahren haben sich die technischen Hilfsmittel für unsere Sprachbeobachtung erheblich verbessert. Eine Datenbank wie das ständig aktualisierte Dudenkorpus mit seinen mehr als 1,5 Milliarden Wortformen liefert uns in Sekundenschnelle eine breite Palette von Informationen und gibt uns die Möglichkeit, viel si-
15 cherer und schneller als früher Veränderungen im Wortschatz und im Wortgebrauch zu erkennen und zu dokumentieren. […]
„Abwrackprämie", „fremdschämen", „Hybridauto", „twittern" und „Zwergplanet" zählen zu den mehr als 5 000 Wörtern, die neu in den Duden aufgenommen worden sind. Wann und wie kommt ein Wort in den Duden?
20 Wesentliches Kriterium ist, dass die in den Duden aufzunehmenden Wörter sich als fester Bestandteil der deutschen Allgemeinsprache etabliert haben. Das haben sie in unseren Augen genau dann, wenn sie in Texten unterschiedlichster Art, die vom Zeitungstext bis hin zum literarischen Text reichen, in großer Zahl nachweisbar sind. Sprachliche Eintagsfliegen haben im Duden keinen Platz. (v 2009)

5. Stellen Sie die Kriterien dar, die für die Aufnahme eines Wortes in den Duden eine Rolle spielen.

6. Schreiben Sie auf der Grundlage des Interviews einen Zeitungsbericht über die Aufnahme neuer Wörter in den Duden. Denken Sie daran, die wörtliche Rede im Bericht indirekt wiederzugeben.

1. Beschreiben Sie möglichst genau, wie die Verben „simsen", „mailen" und „chatten" von den Substantiven SMS, Mail und Chat abgeleitet worden sind.

2. a) Formulieren Sie die SMS-Nachrichten arbeitsteilig in Standardsprache um.
b) Vergleichen Sie beide Fassungen und arbeiten Sie die Besonderheiten der SMS-Sprache heraus.

3. Untersuchen Sie in gleicher Weise E-Mails, die Sie erhalten haben, und Beiträge eines Blogs.

4. Zeigen Sie den Zusammenhang zwischen den sprachlichen Besonderheiten und dem jeweiligen Medium.

5. „Weithin drohen sprachliche Fähigkeiten auf SMS-Niveau abzusinken." (Meinhard Miegel) Stellen Sie Vermutungen darüber an, ob die Schreibgewohnheiten, die sich im Zusammenhang mit der Nutzung der neuen Medien (E-Mails, SMS, Chatrooms, Blogs usw.) entwickeln, die Schriftsprache langfristig beeinflussen. Begründen Sie Ihre Meinung.

4 Cool und knapp: simsen, mailen, chatten

A „Huhu ich bins steffen! hab dei numma vom sascha bekomme! War luschdig heut abnd ;) Habt ihr morge nachmittagschul? Könne uns ja mit Fabie und Marcel und Mikey treffe? Hdgdl"

B „Schatz ich schreib vom robin seim handy ;) kannstu pls kurz nach da 5. zum medienraum kommn? Lysm"

C „Bistu sauer auf mich? eben bistu so einfach an mir vorbeigelaufn? Und Fabie an Robin au. Hab ka was los is :("

D „Haaaaaaaaaaaii ... jaaah heut hab ich zeit ... abba kp was wir mache solln ... heut wars voll lol inda school ... bei euch im lwg [= Abkürzung eines Gymnasiums] au? ich muss echt sage, lwg isch bessa un schöna un tolla alses tg [Abkürzung eines Gymnasiums] &'nd wenn ich könnt wär ich aufs lwg gegange, aba mia komme ja jede mittagspause ;) Nwly"

E „Omg die fahrt isch ja eeewig lang ... abba in na std sinn ma da. Ly"_

F „Saaaaleeey.. wat jeht heut so ab bei dia? Hasch time? Mbp"

2. Sprachkritik hat Konjunktur – Tendenzen der Gegenwartssprache reflektieren

1 Pellegrino Ritter (* 1957): Collage

(v 2000)

2 Burckhard Garbe (* 1941): Goodbye Goethe – Bleib mal cremig, Alter! (Auszug)

„Die war mir doch fremdgegangen, Alter!", beschwerte sich ein 18-jähriger Gast bei der Talkshowmoderatorin Britt in deren Mittagssendung im Fernsehen über seine Freundin. „Sag mal, hast du mich da eben mit ‚Alter' angeredet?", fragte die ihn und bestand darauf, weder *alt-* noch *-er* zu sein. Aber aus seiner Antwort („Na klar, Alter, voll krass!") war dann doch zu entnehmen, dass er über seine eigene Sprache nicht nachdenken konnte. Und auch jeder spätere Gesprächspartner wurde von ihm geradezu ritualisiert „Alter!" tituliert, eine *Alter*-native dazu gab es nicht. In seiner Sprache wurde also weder flektiert (*Alter, Alte*) noch reflektiert. Dieses *Alter* hört man von Jugendlichen jetzt oft als Anrede, meist allerdings von Junge zu Junge. Und es kommt mir schon merkwürdig vor, dass z. B. Sechzehnjährige einander so anreden. Es klingt nicht gerade freundlich, eher grob. Jedenfalls für uns Ältere. Die Jugendlichen widersprechen da. Sie finden das gut, empfinden es gerade als freundschaftlich, kumpelhaft. *Hey, Alter!* Auch andere Wörter der Jugendsprache klingen grob, erschrecken, verschrecken. Die Älteren jedenfalls. Besonders, wenn sie zu *Gruftis* oder sogar *Kompostis* erklärt werden. Das dünkt uns dann doch gar zu derb. Nun ja, Grab und Gruft warten auf uns alle. Aber: Wollen wir wirklich so verletzend angesprochen werden? Auch wenn das freundliche, kosende *-i* am Ende steht? Hier wird in den Jugendsprachen ein gesellschaftliches Tabu der Sprache bewusst angegriffen.

(v 2007)

3 Burkhard Spinnen (* 1956): Gut aufgestellt – Kleiner Phrasenführer durch die Wirtschaftssprache (Auszug)

Gewinnwarnung mit schwarzer Null

Es wäre ja möglich: dass nämlich eine Gewinnwarnung tatsächlich von Unternehmen ausgegeben wird, um anzukündigen, man müsse demnächst einen namhaften Bilanzgewinn verkünden. Das ergäbe doch Sinn?
Die Aktienbesitzer hätten dann etwas Zeit, sich gute Ausreden einfallen zu lassen, wenn ihre Gläubiger mit Hinweis auf satte Renditen ihre Kredite zurückforderten. Oder Zeit, zu überlegen, was sie mit ihrem neuen Reichtum anstellen sollen. Und wenn die Gewinnwarnung dem Konkurrenten gilt, so könnte der sich in Ruhe auf die Insolvenz vorbereiten. Oder vorher verkaufen. Natürlich stimmt das nicht. Die Gewinnwarnung ist schlicht das Gegenteil von dem, was das Wort zu bedeuten scheint. Man warnt nicht vor dem Gewinn, sondern vor einem sich abzeichnenden Verlust; man kündigt an, dass Erwartungen enttäuscht werden und Geld verloren geht. Gewinnwarnung ist bloß einer der vielen landläufigen Euphemismen, ähnlich wie *entsorgen* für *wegwerfen*, *genießen* für *essen*, *freistellen* und *verschlanken* für *entlassen* und so weiter. Man kennt das. Kein Grund zur Aufregung. Oder etwa doch?
Tatsächlich beklage ich mich nicht über einzelne Schönrednereien, doch das Prinzip erscheint mir gefährlich. Denn die Verwendung und das Anwachsen von Euphemismen im öffentlichen Sprachgebrauch folgen einem mafiotischen Prinzip: Ich schaue dir nicht so genau aufs Maul, wenn du schönst, schmirgelst und aufputzt – und also bleibst auch du fein ruhig, wenn ich eine schmackhafte Soße aus positiven Vokabeln über meinen verschmorten Sachbraten kippe.

(v 2008)

4 Eike Christian Hirsch (* 1937): Gnadenlos gut (Auszug)

Ein Mahner für gutes Deutsch

Von meiner Sparkasse bekam ich zum Jahreswechsel einen freundlichen Formbrief, in dem es am Schluss hieß: „Wir grüßen Sie mit dem Wunsch für viel Erfolg im neuen Jahr." Meist liest man über solch eine Konstruktion hinweg, und gewiss hat ein Dutzend Augen in der Sparkasse den Text des Kundenbriefes geprüft, niemandem ist etwas aufgefallen. Mir schon, da hatten diese Leute Pech. Wirklich: „... Wunsch für viel Erfolg"? Zumindest ist einem das fremd. Üblich und elegant wäre es ja, würde man statt des Substantivs „Wunsch" einfach das Wünschen einsetzen. Dann hieße es: „Wir wünschen Ihnen viel Erfolg."

1. Untersuchen Sie die verschiedenen Formen der Sprachkritik in den Texten 1–5. Legen Sie dazu nach dem vorgegebenen Muster eine Tabelle an und ergänzen Sie diese.

Text/Collage/Bild	1. Pellegrino Ritter: Collage	2. Hirsch: Gnadenlos gut
Welcher Sprachgebrauch wird kritisiert?	...	
Wie versucht der Autor, seine Leser für sein Anliegen zu interessieren?	...	
Wie ist der Ton seiner Kritik? (scharf, freundlich, entschieden, ...)	...	
Persönliche Bewertung der Sprachkritik: berechtigt, nicht berechtigt, übertrieben, überzeugend, ...	...	
Gründe für die Bewertung	...	

In Deutschland gibt es verschiedene Wettbewerbe zur deutschen Sprache, z. B.:
– das Wort des Jahres (2008: Finanzkrise),
– das Unwort des Jahres (2008: notleidende Banken),
– das schönste eingewanderte Wort (2008: Tollpatsch),
– das schönste „ausgewanderte Wort" (deutsch-finnisch: Kaffepaussi),
– das „meistbedrohte Wort" (2007: Kleinod),
– das Jugendwort des Jahres (2009: Gammelfleischparty).

2. Informieren Sie sich im Internet über diese Wettbewerbe.

3. Führen Sie in Ihrem Kurs oder an Ihrer Schule entsprechende Wettbewerbe durch.

4. Suchen Sie Erklärungen für die Attraktivität solcher Wettbewerbe.

5. „Sozial verträgliches Frühableben", „Gotteskrieger", „Humankapital", „Herdprämie", „Wohlstandsmüll", „Rentnerschwemme" – Wählen Sie ein „Unwort des Jahres" aus und verfassen Sie dazu im Stil von Sick (Text 5), Hirsch (Text 4) oder Garbe (Text 2) eine Sprachglosse.

Oder wenn man schon das Wort Wunsch verwenden will, könnte man mit einem Nebensatz fortfahren: „Wir grüßen Sie mit dem Wunsch, dass Sie viel Erfolg haben." Aber wer liebt heutzutage schon Sätze? Es geht um Substantive, und die müssen irgendwie mit einer Präposition zusammengeklebt werden. Herauskommt: „Wunsch für viel Erfolg." Das Dumme ist nur, dass man leider an viele Substantive nicht – bloß mit einer Präposition – schon das nächste anhängen kann.

In einer Zeitung wurde gemeldet, ein Oberbürgermeister habe „die Notwendigkeit zur Sparsamkeit" unterstrichen.

Man begreift es ja und weiß, so entstehen eben die schnell verfassten Texte. Aber „Notwendigkeit zur Sparsamkeit" ist doch etwas hart. Einfach weil sich das Wort „Notwendigkeit" nicht konstruieren lässt. „Sparsamkeit ist eine Notwendigkeit", das geht. Oder einfach: „Sparsamkeit ist notwendig."

Ich finde immer neue Beispiele, seit mir aufgefallen ist, wie heutzutage Hauptwörter zusammengeklebt werden, als sei alles möglich. „Geringe Erwartung auf Ergebnisse beim Gipfeltreffen" ist eine typische Schlagzeile. Ich meine, „Erwartung auf Ergebnisse", das läuft eigentlich nicht. Auch keine andere Präposition will passen. Wenn man so in Hauptwörtern denkt, wie es üblich ist, muss man wohl manchmal scheitern. „Erwartung" und „Ergebnisse" lassen sich nicht zusammenfügen. Doch auch hier geht es elegant mit einem Verb: „Kaum Ergebnisse erwartet".

Nun sagen Sie hoffentlich nicht von mir: „Seine Sorgfalt für die Sprache ist doch übertrieben." Nein, obwohl das Kleben immer wieder versucht wird, auch „Sorgfalt" und „Sprache" kommen so schnell nicht zusammen. Es muss schon ein wenig mehr sein als eine einzige Präposition. Nett klänge doch: „Seine Sorgfalt im Umgang mit der Sprache ..." So viel Zeit müsste sein.

Wenn Sie jetzt auch noch spotten: „Hirsch, der Mahner für ein sauberes Deutsch", sollte ich wohl bescheiden protestieren. Denn, Sie merken schon, auch das Wort „Mahner" halte ich für nicht konstruierbar. Man ist ein Mahner, basta. Und was der Kerl anmahnt, das folgt in einem Satz. Vielleicht bittet er ja mahnend um gutes Deutsch? (v 2004)

5 Bastian Sick (* 1965): Der Dativ ist dem Genitiv sein Tod
(Auszug)

Fress oder sterbe!

Befehl ist Befehl, das hat jeder irgendwann schon mal gehört. Doch längst nicht jeder Befehl ist richtig formuliert. Einige provozieren mit unsachgemäßer Grammatik Gehorsamsverweigerung. Ein Kapitel über den viel geschundenen Imperativ.

Nach dem Tod der alten Frau Schlötzer kam ihr Hündchen „Tuffy" zu Werner und Annegret. Werner wollte ja schon immer einen Hund haben, allerdings keinen „Tuffy", sondern eher einen „Hasso" oder einen „Rocko", aber man kann es sich im Leben eben nicht immer aussuchen. Nun steht Werner in der Küche und macht zwei Dosen auf, zunächst eine mit Hundefutter für Tuffy, dann eine mit Stärkungsbier für sich selbst, denn Dosenöffnen macht durstig. Er stellt Tuffy den Napf vor die Nase und sagt: „Da, dat is' für dich! Nu fress mal schön!" Tuffy blickt sein neues Herrchen neugierig an, macht aber nicht die geringsten Anstalten, der Aufforderung Folge zu leisten. „Wat is' denn?", knurrt Werner. „Haste keinen Appetit? Los, fress!" Tuffy wedelt mit dem Schwanz, doch er rührt den Napf nicht an. „Anne, der Hund will nich' fressen!", ruft Werner. „Vielleicht isser krank?" Die Gerufene kommt herbeigeeilt, kniet sich zu Tuffy hinab, streichelt ihn und sagt: „Komm, Tuffy, friss!" Und sofort steckt der Hund seine Schnauze in den Napf und beginnt mit großem Appetit zu fressen. „Komisch", wundert sich Werner, „bei mir hat er sich nich' gerührt. Vielleicht hört er nur auf Frauen?"

Was Werner nicht weiß: Die alte Frau Schlötzer hat ihrem Tuffy nicht nur feine Hundemanieren beigebracht, sondern ihn auch in tadellosem Deutsch erzogen. Daher reagiert Tuffy nur auf den Befehl „Friss!" und nicht auf die umgangssprachliche Form „Fress!". (v 2005)

3. Sprachverfall? – Sprachwandel bewerten

1 Peter von Polenz (* 1928): Geschichte der deutschen Sprache – Sprachwandel und Sprachgeschichte –

Schon seit uralten Zeiten sind die Menschen über den Sprachwandel und die damit zusammenhängende Sprachverschiedenheit beunruhigt gewesen. Sie haben das unfassliche Phänomen der Wandelbarkeit und Zersplitterung der doch unbedingte Gültigkeit beanspruchenden Sprache mythologisch gedeutet als eine Strafe für Sünden, die die Menschen vom göttlichen
5 Ursprung der einen und wahren Sprache entfernt habe (Babylonische Sprachverwirrung). Die Vorstellung von der göttlichen ‚Ursprache' und der Heillosigkeit der Menschensprachen und ihrer Geschichte wirkt teilweise noch bis in die Zeit der Romantik nach; und die Klage über den ständigen ‚Sprachverfall' ist noch heute ein beliebter Topos in der kulturpessimistischen Sprachkritik, nicht zuletzt weil man gewohnt ist, die lebende Sprache der Gegenwart am Vor-
10 bild des ‚Klassischen' oder des ‚Urtümlichen' zu messen. Seit der Aufklärung werden Sprachwandel und Sprachverschiedenheit mehr und mehr als selbstverständliche Erscheinungen der menschlichen Sozialgeschichte anerkannt. (v 1970)

1. Formulieren Sie mit eigenen Worten die These, die hier vertreten wird, und die sie stützenden Argumente.

2. Charakterisieren Sie Schreibers Einstellung zum Sprachwandel in der Gegenwart (Text 2).

3. „Er hat ihn wohl (= vermutlich, schon) behütet, aber nicht in ausreichendem Maße!"/„Er ist wohlbehütet aufgewachsen!" Untersuchen Sie, ob der Bedeutungsunterschied zwischen „wohl behütet" und „wohlbehütet" verloren ginge, wenn man auch im zweiten Fall getrennt schriebe. Achten Sie dabei auf klärende Signalwörter.

4. Untersuchen Sie die Syntax von Sätzen in Zeitungstexten sowie in Radio- und Fernsehsendungen und überprüfen Sie, ob „Miniaturhauptsätze" außerhalb der Titel zunehmen.

5. Diskutieren Sie darüber, ob die Zunahme der schwachen Verbformen (backte) statt der starken (buk) zu einer „klanglichen Verarmung" des Deutschen führt.

6. Zeigen Sie mithilfe einer semantischen Analyse (vgl. S. 436 f.), welche Stimmung in Schreibers Text erzeugt wird.

7. a) „Müller meinte, Meier sei ein Schuft." – Versuchen Sie, auf andere Weise als mit dem Konjunktiv der indirekten Rede auszudrücken, dass man nicht weiß, ob Meier so „ist".
b) Diskutieren Sie, ob Ihre Lösung das Gleiche leistet wie der Konjunktiv.

8. Beschreiben Sie die Gestaltungsmerkmale des Titelbilds und seine intendierte Wirkung. Halten Sie das Titelblatt für gelungen?

Der Topos

Unter Topos (Plural *Topoi*; > gr. *topos* = Ort, Gemeinplatz) versteht man ein festes Denk- und Ausdrucksschema, eine feste Vorstellung oder ein vorgeprägtes Bild oder Motiv. Bekannte Topoi sind z. B. die Lebensfahrt auf dem Meer der Welt oder die liebliche Landschaft (eine Landschaftskulisse mit Schatten spendenden Bäumen, bunten Wiesen, frischen Bächen und Vogelsang) als ein der Liebe würdiger Ort. Weitere Topoi sind das Lob früherer Zeiten („Früher war alles besser!"), die Klage über die verderbte Jugend und das Bild vom Welttheater, auf dessen Bühne der Mensch seine Rolle spielt. Auch die Klage vom Verfall der jeweiligen Sprache ist ein solcher Topos: Noch nie sei die Sprache so vom Niedergang bedroht gewesen wie jetzt!

2 Mathias Schreiber (* 1943): Deutsch for sale (Auszug)

Verkürzung, Vereinfachung, Vergröberung bilden die Trias einer gespenstischen Abwärtsdynamik der gesprochenen und geschriebenen Sprache. Allenfalls als trotzige Flucht aus dem tückischen Geschling der jüngsten Rechtschreibreform, die um ein Haar den Unterschied zwischen „wohl behütet" und „wohlbehütet", wie so vieles andere, vernichtet hätte, ist die zunehmende Privilegierung des filmtitelartigen Miniaturhauptsatzes verständlich. Muster: „Ein Mann dreht durch." Da kann man ja kaum einen Fehler machen!
Zur Entdifferenzierung des Sprachbilds, die etwa vor hundert Jahren einsetzte und sich seitdem bedrohlich beschleunigt hat, gehören auch Erscheinungen wie das allmähliche Verschwinden des Konjunktivs, der wichtige Nuancierungen ermöglicht – in der indirekten Rede „Müller meinte, Meier sei ein Schuft" steckt die kritische Frage, ob Meier auch wirklich so „ist"; ferner die schleichende Schwächung der starken Verbformen („backte" statt „buk"), eindeutig eine klangliche Verarmung. (v 2006)

3 Peter von Polenz: Sprache braucht kein Gesetz (Auszug)

Herr von Polenz, braucht Deutschland ein Sprachschutzgesetz?
Nein, wir brauchen kein Sprachschutzgesetz wie in Frankreich, wo der Gebrauch von Fremdwörtern mit gerichtlichen Strafen verfolgt wird und Sprachzensur sowie Sprachschnüffelei betrieben werden. Eher bräuchten wir ein Gesetz für die Förderung der sprachlichen Bildung, mit dem sowohl die Beherrschung der Muttersprache als auch das Erlernen von Fremdsprachen gefördert wird.
Was haben Sie für Argumente gegen ein solches Gesetz?
Mein sprachgeschichtliches Argument gegen einen radikalen Sprachschutz ist, dass die deutsche Sprache seit mehr als tausend Jahren, seit der Römerzeit, seit der Einführung des Christentums, durch sprachliche Vorbilder, vom Latein, vom Griechischen, Französischen, vom Englischen bereichert worden ist. Ein Drittel unseres heutigen Deutsch besteht aus Lehnwörtern oder Lehnbildungen nach Vorbild anderer Kultursprachen. Daran hat unsere Sprache keinen Schaden genommen. (v 2001)

4 Cyprian Koscielniak (* 1948): Deutsche Sprache

1. Arbeiten Sie These, Argumentation und Schlussfolgerung des Sprachwissenschaftlers heraus und diskutieren Sie diese.

2. Beschreiben und interpretieren Sie die Illustration.

5 Umfrageergebnis des Instituts für deutsche Sprache

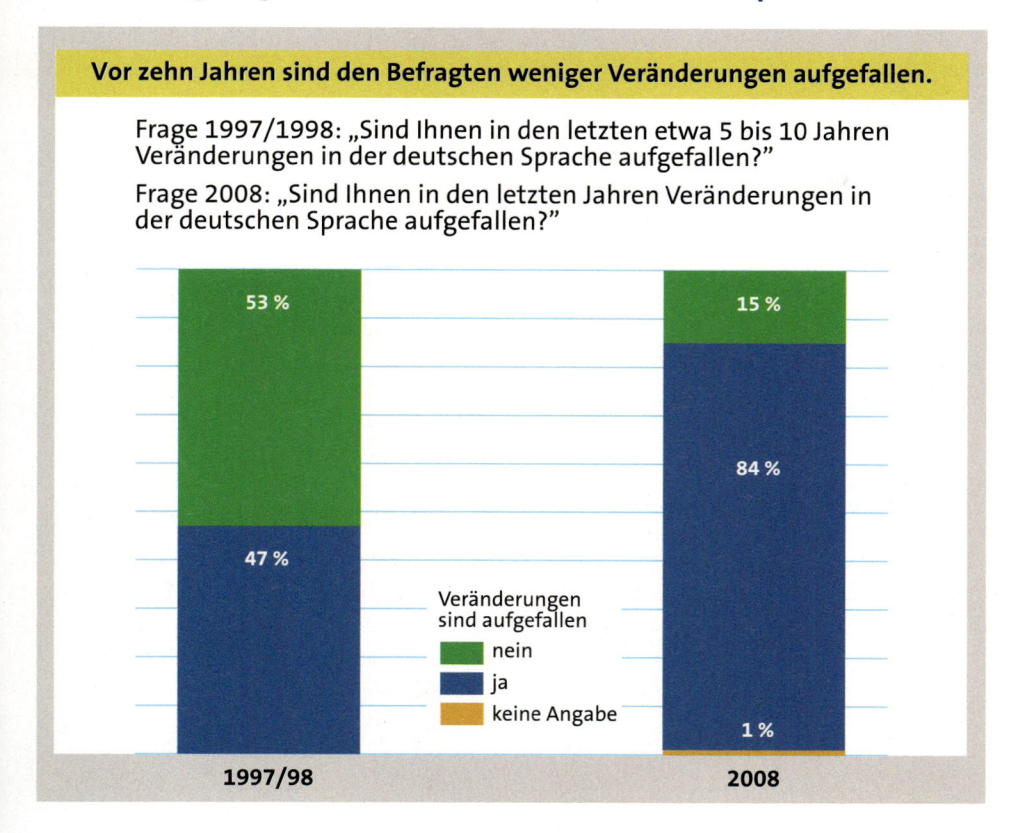

Vor zehn Jahren sind den Befragten weniger Veränderungen aufgefallen.

Frage 1997/1998: „Sind Ihnen in den letzten etwa 5 bis 10 Jahren Veränderungen in der deutschen Sprache aufgefallen?"

Frage 2008: „Sind Ihnen in den letzten Jahren Veränderungen in der deutschen Sprache aufgefallen?"

1997/98: nein 53 %, ja 47 %
2008: nein 15 %, ja 84 %, keine Angabe 1 %

Veränderungen sind aufgefallen:
- nein
- ja
- keine Angabe

1. Fassen Sie das Ergebnis der Umfrage in einem kurzen Begleittext zusammen.

2. Stellen Sie Vermutungen darüber an, wie die Ergebnisse in zehn Jahren ausfallen. Diskutieren Sie Ihre Einschätzungen.

Der Einfluss fremder Sprachen auf das Deutsche

Durch Migration, Fernhandel oder Kriegszüge begegnen sich Menschen verschiedener Muttersprachen. Ist der Kontakt nicht nur von kurzer Dauer, beeinflussen sich die Sprachen gegenseitig. So werden beispielsweise fremde Dinge mit der fremdsprachigen Bezeichnung übernommen. Für das Deutsche sind folgende Begegnungen von Bedeutung:

1. Der römische Spracheinfluss (vor allem im 6.–9. Jahrhundert) führte durch die engen Berührungen zwischen Römern und Germanen zu zahlreichen Übernahmen, z. B. *Wein, Markt, Ziegel, Küche, Spiegel, Kissen*.

2. Die mittelalterliche ritterlich-höfische Gesellschaft in Deutschland übernahm zahlreiche Ausdrücke der Adelskultur in Frankreich, wie z B. *Lanze, Turnier, Plan, Preis, Tanz, Flöte*.

3. Durch den spätmittelalterlichen und frühneuzeitlichen Fernhandel fanden auch italienische Wörter Eingang in das Deutsche: z. B. *Kredit, Bank, Konto, Kapital, Risiko*.

4. Im 17. Jahrhundert, vor allem nach Beendigung des Dreißigjährigen Krieges, wurde Frankreich das Vorbild in Kunst, Mode und Sprache (Alamodezeit). Entlehnungen sind z. B. *Mama, Papa, Tante, Onkel, Garderobe, elegant, Puder, Parfüm, Frisur*.

5. Im 19. Jahrhundert gewann England als Vorbild in Industrie und Handel auch sprachlich Einfluss in Deutschland. Entlehnt wurden in dieser Zeit Wörter wie *Kartell, Partner, Lokomotive, Tunnel, Waggon, radikal, lynchen, Mob*. Die Zeit des Imperialismus im 19. Jahrhundert spiegelt sich z. B. in der Übernahme des chinesischen Wortes *Kotau* („demütige Ehrerweisung" aus dem chinesischen Hofzeremoniell) oder des malaiischen amuk „wütend, rasend" als *Amok* wider.

6. Heute ist die Weltsprache Englisch von überragender Bedeutung und beeinflusst das Deutsche in starkem Maße, z. B. *Laser, Computer, Test, Team, Notebook, Screen*. Die Eindeutschung, besonders auffällig bei Verben (z. B. *mailen, scannen*), ruft immer wieder Kritiker auf den Plan, die eine Vermischung der beiden Sprachen unter dem Schlagwort „Denglisch" beklagen. Wie im 17. Jahrhundert engagieren sich heute Sprachvereine, Sprachgesellschaften und andere Vereinigungen gegen die Anglisierung.

Aufklärung, Empfindsamkeit, Sturm und Drang

Max Beckmann (1884–1950):
Ballonwettfahrt, 1908

Aufklärung, Empfindsamkeit, Sturm und Drang

I. Aufklärung: Aufbruch in ein neues Zeitalter

1. Vom Rad der Fortuna zum Recht auf persönliches Glück – Dem Wandel eines zentralen Begriffs nachgehen

1 „Glück – welches Glück?"

Im Jahre 2008 fand in Dresden eine Ausstellung zum Thema „Glück" statt. Das Foto zeigt den Eingangsbereich zur Ausstellung, wo die Besucherinnen und Besucher vor dem Gang durch die Räume ihre persönliche Glücksvorstellung auf kleinen Klebezetteln festhielten.

1. Sammeln Sie in ähnlicher Weise die individuellen Vorstellungen Ihres Kurses vom Glück.

2. Diskutieren Sie die verschiedenen Glücksvorstellungen und bringen Sie sie in eine Ordnung.

3. In der oben genannten Ausstellung wurden themenorientierte Räume zum Thema „Glück" eingerichtet. Machen Sie Gestaltungsvorschläge für Räume zu folgenden Themen:
– Liebe und Paradies
– Wohlstand
– Sport
– Neuronen
– Musik
– Körper

2 Glücksvorstellungen vom Mittelalter bis zur Aufklärung

Das Thema „Glück" beschäftigt im 18. Jahrhundert die Menschen in besonderer Weise. Zahlreich sind Veröffentlichungen, die Titel tragen wie „Réflexions sur le bonheur", „De la félicité publique", „Della felicità", „Die Glückseligkeit", „Versuch über die Kunst stets fröhlich zu sein", „Of Happiness". Sie dokumentieren eine neue Sicht auf den einzelnen Menschen und die Gesellschaft, die einhergeht mit einer neuen Vorstellung von Glück. Die folgenden Texte und Bilder zeigen den Wandel, den das Bild vom Glück seit dem Mittelalter erfahren hat.

> **Fortuna**
> Fortuna (< lat. fortuna = Glück, Schicksal) ist die Schicksalsgöttin der römischen Mythologie, der in der griechischen Mythologie Tyche entspricht. Sie wird im Allgemeinen als eine wankelmütige, vielschichtige Göttin charakterisiert, welche die Gaben ihres Füllhorns, d.h. gutes wie schlechtes Schicksal, Glück und Unglück, ohne Ansehen der Person verteilt.

a) „Fortuna mit Glücksrad", Astronomische Sammelhandschrift, Prag 1392/93

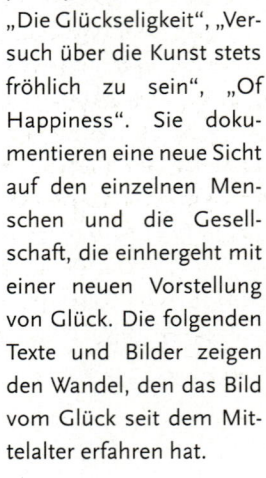

b) Georg Penzc (* um 1500/02 – 1550):
„Rad der Fortuna", Holzschnitt um 1534

c) Marc Antonio Raimondi:
„Die herkulische Tugend züchtigt die lasterhafte Fortuna", frühes 16. Jahrhundert

d) Niccolò Machiavelli (1469 – 1527):
Wie viel Fortuna in den menschlichen Dingen vermag und wie man ihr entgegenwirken kann (Auszug)

Mir ist wohl bekannt, dass viele der Meinung waren und noch sind, die Dinge in der Welt würden von Fortuna und von Gott so gelenkt, dass die Menschen mit ihrer Klugheit nichts daran ändern können und dass es kein Mittel dagegen gebe; daraus könnte man den Schluss ziehen, es sei sinnlos, sich mit vielen Dingen abzuquälen, man solle sich vielmehr der Leitung des
5 Schicksals überlassen. Diese Anschauung hegen viele in unserer Zeit infolge des starken Wechsels der Dinge, den man täglich wider alle menschliche Erwartung erlebt. Angesichts dieser Tatsache habe ich auch manchmal dieser Anschauung beigepflichtet. Trotzdem ist unser freier Wille nicht ausgeschaltet; deswegen meine ich, es könne so sein, dass das Schicksal über die Hälfte unserer Handlungen entscheidet und dass es die andere Hälfte oder fast so viel uns
10 überlässt. Ich vergleiche die Macht Fortunas einem der reißenden Ströme, die, wenn sie anschwellen, die Ebenen überschwemmen, die Bäume und Häuser niederreißen, hier Erdstücke fortführen und dort anspülen: Jeder flieht alsdann vor ihnen, jeder weicht ihrem Ungestüm aus, ohne ihnen irgendwie Widerstand leisten zu können. Obwohl es so ist, hindert das die Menschen nicht, in ruhigen Zeiten Vorkehrungen zu treffen und mithilfe von Deichen und
15 Dämmen die angeschwollenen Flüsse entweder durch einen Kanal zu leiten oder ihr Ungestüm zu hemmen, dass es nicht so wild und schadenbringend wird. Ähnlich steht es mit dem Schicksal; es zeigt seine Macht, wo keine Kraft zum Widerstand bereitgestellt ist, und es wälzt dorthin seine Macht, wo keine Deiche und Dämme da sind, es aufzuhalten. (v 1532)

e) Paul Fleming (1609 – 1640):
Auf der Fürstlichen Holsteinischen Gesandtschaft […] glückliche Zurückkunft
(Auszug)

Mein liebster Freund, es mag nach deinem Rath auch gehen,
wie es nur gehen will,
ich will awffs Ende sehen
und immer stille seyn / wenn das Verhängnüß schilt /
5 Fortuna wüte fort / verfolge wie du wilt.
Es eilet jedes Ding zu seinem Ziel und Ende /
und läufft der Eitelkeit doch letztlich in die Hände.

4. a) Beschäftigen Sie sich mit den Texten und bildlichen Darstellungen (a–h) zum Thema Glück. Arbeiten Sie die unterschiedlichen Vorstellungen heraus und halten Sie das Charakteristische auf dem Zeitstrahl fest.
b) Vergleichen Sie Ihre Lösungen.

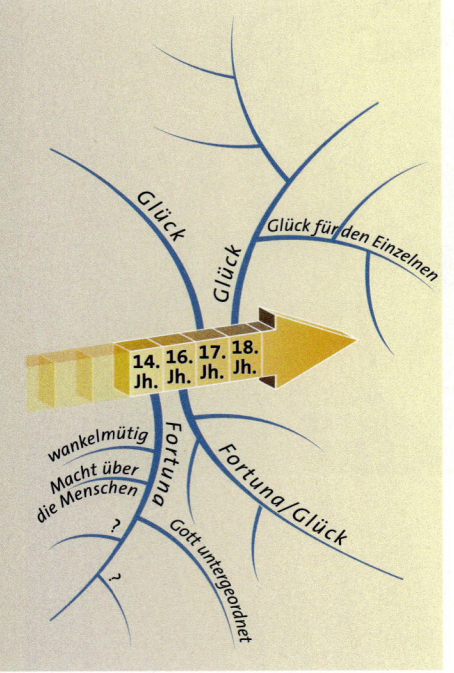

5. Beschreiben Sie den Wandel der Vorstellungen vom Glück. Worin besteht „das Neue" bei Johann Peter Uz (Text f)?

> **Die Encyclopédie**
> Die Encyclopédie, eines der wichtigsten Werke der Aufklärung (1771–1780), herausgegeben u. a. von Denis Diderot, wurde von über 100 Autoren bearbeitet. Sie war nicht nur ein Universallexikon, das das Wissen der Zeit enthielt, sondern auch eine Waffe im philosophischen Kampf gegen Aberglaube, Intoleranz, Fanatismus, politische Missstände usw. und für den wissenschaftlichen Fortschritt.

f) Johann Peter Uz (1720–1796):
Versuch über die Kunst stets fröhlich zu sein (Auszug)

Er sah ein lustig Tal, das mit Gebüsch umschlossen,
ein Garten Gottes war, wo Bäche silbern flossen.
Balsamischer Geruch durchstrich den kleinen Raum,
und unter Cedern ging ein Mensch im tiefen Traum.
5 Die Lilje buhlt umsonst nach seinen starren Blicken;
Die süße Feige sprach: tritt her, dich zu erquicken!
Umsonst! er sah sie nicht, er sah nur in den Sand,
nach einem schnöden Kies, der glänzt und schnell verschwand.

Er kam zum Rosenstrauch; die raschen Finger brachen
10 begierig Rosen ab, und ihre Dornen stachen.
Er sah durch hohes Gras die bunte Schlange fliehn:
Mutwillig kroch er nach, und sie verwundet' ihn.
Wehklagend schrie der Mensch: ach! wär ich nie geboren!
hat eine ganze Welt sich wider mich verschworen?
15 O Aufenthalt der Qual! ... Halt ein! was zürnest du,
wenn du dich elend machst? rief ihm die Stimme zu.
Du, den die Freude sucht, fliehst, was du suchen solltest:
und könntest glücklich sein, wenn du vernünftig wolltest:
Genieße deines Glücks! Die Kunst sich zu erfreun
20 ist, für den Sterblichen, die Kunst beglückt zu sein. (v 1749)

g) Jean Le Rond d'Alembert (1717–1783)/Denis Diderot (1713–1784) u. a.:
Encyclopédie (Auszug)
– Stichwort Glück –

Alle Menschen sind sich einig in dem Wunsch nach Glück. Die Natur hat uns allen ein Gesetz für unser eigenes Glück gegeben. Alles, was kein Glück ist, ist uns fremd; einzig das Glück hat eine unverkennbare Macht über unser Herz. Wir fühlen uns zu ihm durch eine plötzliche Neigung, einen starken Zauber, eine unwiderstehliche Lockung hingezogen; es ist ein unauslösch-
5 licher Eindruck der Natur, die es unserem Herzen eingeprägt hat, es bedeutet dessen Entzücken und Vollkommenheit.
[...] Hat nicht jeder das Recht, auf seine Weise glücklich zu werden? [...] (v 1752)

h) Einleitung zur amerikanischen Unabhängigkeitserklärung vom 4. Juli 1776 (Auszug)

Wir erachten diese Wahrheiten als unzweifelhaft:
Dass alle Menschen gleich geschaffen sind,
dass sie vom Schöpfer mit gewissen unveräußerlichen Rechten begabt sind, so mit Leben, Freiheit und dem Streben nach Glück;
5 dass ferner zur Sicherung dieser Rechte unter den Menschen Regierungen eingesetzt sind, die ihre gerechten Befugnisse von der Einwilligung der Regierten ableiten, und dass, falls irgendeine Regierungsform diesen Zwecken gefährlich wird, das Volk das Recht hat, sie zu ändern oder abzuschaffen und eine neue Regierung einzusetzen, die sich auf Prinzipien gründet und deren Macht derart geregelt ist, dass dem Volk Sicherheit und Glück am ehesten verbürgt
10 erscheinen.

2. Der Kampf der Vernunft – Typische Gestaltungsmittel einer Epoche erkennen und deuten

Ausschnitt aus dem Titelbild der *Encyclopédie*, „Die Apotheose [Verherrlichung] der Vernunft": Die Wahrheit wird von der gekrönten Vernunft entschleiert, darunter sieht man (mit der Bibel) die Theologie, die vom höchsten Platz vertrieben worden ist, und daneben die Philosophie mit der Geistesflamme.

1 Paul Hazard (1878 – 1944): Die Krise des europäischen Geistes
(Auszug)
– Die Vernunft tritt auf –

„In Anbetracht dessen, dass seit einiger Zeit eine Unbekannte, die sich Vernunft nennt, es unternommen hat, mit Gewalt in die Hörsäle der Universitäten einzudringen, dass sie mithilfe gewisser obskurer Spaßvögel, die sich Gassendisten[1], Cartesianer[2], Malebranchianer[3] benamsen, von ganz dunklen Existenzen, Aristoteles nachprüfen und vertreiben will ..."

5 Das stimmte: Die Vernunft erschien tatsächlich voll Angriffslust auf dem Plan und wollte nicht allein Aristoteles nachprüfen, sondern jeden, der jemals gedacht oder geschrieben hatte. Sie maßte sich an, mit allen früheren Irrtümern aufzuräumen und das Leben von Neuem zu beginnen. Sie war keine Unbekannte, denn man hatte sie zu allen Zeiten immer angerufen, aber sie hatte ein neues Gesicht.

10 Was war sie, diese Vernunft? Die Ursache und insbesondere die letzte Ursache? Das zu sein, beanspruchte sie nicht mehr. – Eine Fähigkeit, „von der man annimmt, der Mensch unterscheide sich durch sie von den Tieren, und in der er sie ganz augenscheinlich weit übertrifft"? Ohne Zweifel, aber nur, wenn man dem Machtbereich dieser hochwertigen Fähigkeit keine Grenzen setzt und ihr ein äußerstes Maß von Kühnheit zubilligt. Ihr Vorrecht war, klare und

15 wahrhafte Grundsätze aufzustellen und daraus nicht minder klare und nicht minder wahrhafte Schlussfolgerungen zu ziehen. Ihr Wesen war, nachzuprüfen, und ihre vornehmste Aufgabe,

---

[1] Gassendisten: Anhänger von Pierre Gassendi (1592 – 1655), eines französischen Theologen, Naturwissenschaftlers und Philosophen, der mit vielen berühmten Wissenschaftlern seiner Zeit, z. B. mit Galileo Galilei, korrespondierte, die naturwissenschaftlichen Forschungen mit großem Interesse verfolgte und sich an ihnen beteiligte
[2] Cartesianer: Rationalisten, Anhänger von René Descartes (1596 – 1650)
[3] Malebranchianer: Anhänger von Nicolas Malebranche (1638 – 1715), französischer Philosoph

1. Stellen Sie dar, wie die Vernunft im vorliegenden Text charakterisiert wird. Vervollständigen Sie dazu folgende Liste:
Die Vernunft
- fasst Fuß in den Kreisen der Gelehrten,
- ...

2. Zeigen Sie an stilistischen Eigenheiten des Textes den Optimismus und die Begeisterung, die den Autor erfüllen.

3. Erklären Sie mit eigenen Worten, warum die Epoche der „Aufklärung" so benannt wird, und vergleichen Sie den Begriff mit den englischen (*enlightenment, age of reason*), französischen (*siècle des lumières*) und italienischen (*secolo illuminato, Illuminiso*) Bezeichnungen. Beziehen Sie den Kupferstich Chodowieckis ein.

4. Der französische König Ludwig XIV. (1638–1715) nannte sich selbst „Roi Soleil", Sonnenkönig. Erklären Sie die Verwendung des Sonnensymbols durch den absolutistischen König und vergleichen Sie sie mit der aufklärerischen Vorstellung.

René Descartes (1596–1650) stammte aus einem alten Adelsgeschlecht und wurde im angesehenen Jesuitenkolleg La Flèche erzogen. Nach dem Jurastudium war er ab 1618 in Kriegsdiensten in Deutschland; es folgten Reisen in Europa, von 1625–28 ein Aufenthalt in Paris. Descartes emigrierte 1629 in die Niederlande. Als vielseitig interessierter Gelehrter verfasste er mathematische, physikalische, medizinische und

alles Geheimnisvolle, Unerklärte, Dunkle anzugreifen und so die Welt durch ihr Licht aufzuhellen. Die Welt war voller Irrtümer: Die trügerischen Kräfte der Seele hatten sie hervorgerufen, unkontrollierte Autoritäten hielten sie aufrecht, Leichtgläubigkeit und Faulheit halfen sie verbreiten, und mit der Zeit gewannen sie an Kraft.

So musste die Vernunft sich denn zunächst ans Aufräumen machen. All diese unzähligen Irrtümer zu zerstören, war ihre Sendung, und sie beeilte sich, diese Sendung zu erfüllen, die sie aus sich selbst herleitete, aus der Würde ihres eigentlichen Wesens.

Die Rationalisten eilten auf ihren Ruf voll Tatenlust, Eifer und Kühnheit herbei.

Franzosen waren darunter, Engländer, Holländer, Deutsche; ein dem Getto verhasster Jude, Spinoza[1], lieh ihnen die Unterstützung seines Genius. Wie verschieden waren sie! Von welch entgegengesetzten Standpunkten waren sie ausgegangen und trafen sich doch am gleichen Ziel! Diese Konzentration der Kräfte hat etwas Packendes. (v 1939)

2 Daniel Chodowiecki (1726–1801): Die Aufklärung

Daniel Chodowiecki zu diesem Kupferstich:

Dieses höchste Werk der Vernunft [...] hat bis jetzt noch kein allgemeines verständliches allegorisches Zeichen (vielleicht weil die Sache selbst noch neu ist) als die aufgehende Sonne. Es wird auch wohl lange das Schicklichste bleiben, wegen der Nebel, die immer aus Sümpfen, Rauchfässern und von Brandopfern auf Götzenaltären aufsteigen werden, die sie so leicht verdecken können. Indessen wenn die Sonne nur aufgeht, so schadet Nebel nichts.

(e 1791)

3 René Descartes (1596–1650): Abhandlung über die Methode (Auszug) – Der Gebrauch der Vernunft –

Die Epoche der Aufklärung, in der das Denken sich verändert und alles im Lichte der Vernunft geprüft wird, beginnt nicht unvermittelt. Die Weichen für das neue Verhältnis des Menschen zur Welt werden schon im 17. Jahrhundert vor allem in Frankreich gestellt. Eine besondere Bedeutung kommt dabei René Descartes zu. In seinem Werk geht es darum, den Wissenschaften eine feste Grundlage zu geben. Dies geschieht zunächst durch den methodischen Zweifel, der darin besteht, alles infrage zu stellen, was auch nur den geringsten Grund zum Zweifeln gibt, und nur das gelten zu lassen, was klar und deutlich einsichtig ist. Eine weitere wichtige Voraussetzung für eine gesicherte Erkenntnis ist nach Descartes die rationale Analyse auf der Basis einer geordneten Gedankenführung.

a) Die Vernunft ist in allen Menschen gleich

Der gesunde Verstand ist die bestverteilte Sache der Welt; denn jedermann glaubt, so wohl damit versehen zu sein, dass selbst einer, der in allen anderen Dingen nur sehr schwer zu befrie-

---

[1] Baruch de Spinoza (1632–1677): niederländischer Philosoph, der mit 25 Jahren aus der jüdischen Gemeinde verbannt wurde

digen ist, für gewöhnlich nicht mehr davon wünscht, als er besitzt. Dass sich hierin alle täuschen, ist nicht wahrscheinlich; vielmehr beweist es, dass die Kraft, gesund zu urteilen und Wahres von Falschem zu unterscheiden – was man recht eigentlich „gesunden Verstand" oder „Vernunft" nennt – von Natur gleich ist bei allen Menschen, ebenso wie die Verschiedenheit unserer Meinungen nicht daher rührt, dass die einen vernünftiger sind als die anderen, sondern nur daher, dass wir unser Denken in verschiedenen Bahnen bewegen und nicht dieselben Dinge berücksichtigen.

b) Die vier Grundregeln der Methode

Ich entschloss mich aber, wie ein Mensch, der sich allein und in der Dunkelheit bewegt, so langsam zu gehen und in allem so umsichtig zu sein, dass ich, sollte ich auch nicht weit kommen, mich doch wenigstens davor hütete, zu fallen. Auch wollte ich nicht damit anfangen, irgendeine meiner Überzeugungen völlig zu verwerfen, die sich früher in meinen Glauben einschleichen konnten, ohne von der Vernunft vorgestellt worden zu sein, bevor ich nicht genügend Zeit darauf verwendet hätte, den Plan meines Unternehmens auszuarbeiten und die wahre Methode zu suchen, die zur Erkenntnis aller Dinge führt, die meinem Geist fassbar wären. [...]

Und so wie die Menge der Gesetze häufig als Entschuldigung für Laster dient, so dass ein Staat weit besser eingerichtet ist, wenn es in ihm nur wenige gibt, diese aber sehr genau befolgt werden, ebenso glaubte auch ich statt jener großen Zahl von Vorschriften, aus denen die Logik besteht, an den vier folgenden genug zu haben, vorausgesetzt, ich fasste den festen und unabänderlichen Entschluss, sie nicht ein einziges Mal zu übertreten.

Die erste besagte, niemals eine Sache als wahr anzuerkennen, von der ich nicht evidentermaßen erkenne, dass sie wahr ist: d.h. Übereilung und Vorurteile sorgfältig zu vermeiden und über nichts zu urteilen, was sich meinem Denken nicht so klar und deutlich darstellte, dass ich keinen Anlass hätte, daran zu zweifeln.

Die zweite, jedes Problem, das ich untersuchen würde, in so viele Teile zu teilen, wie es angeht und wie es nötig ist, um es leichter zu lösen.

Die dritte, in der gehörigen Ordnung zu denken, d.h. mit den einfachsten und am leichtesten zu durchschauenden Dingen zu beginnen, um so nach und nach, gleichsam über Stufen, bis zur Erkenntnis der zusammengesetztesten aufzusteigen, ja selbst in Dinge Ordnung zu bringen, die natürlicherweise nicht aufeinander folgen.

Die letzte, überall so vollständige Aufzählungen und so allgemeine Übersichten aufzustellen, dass ich versichert wäre, nichts zu vergessen.

c) Ich denke, also bin ich

Ich weiß nicht, ob ich Sie mit den ersten Betrachtungen unterhalten soll, die ich hier anstellte; denn sie sind so metaphysisch und liegen dem gewöhnlichen Denken so fern, dass sie vielleicht nicht nach jedermanns Geschmack sein werden. Und doch finde ich mich gewissermaßen gezwungen, davon zu reden, damit man beurteilen kann, ob die Grundlagen, die ich gewählt habe, fest genug sind. Schon vor langer Zeit hatte ich bemerkt, dass man, was das Tun und Lassen betrifft, manchmal Meinungen, von denen man weiß, dass sie sehr ungewiss sind, gerade so folgen müsse, als wären sie unzweifelhaft [...].

Da ich mich aber damals nur auf die Suche nach der Wahrheit begeben wollte, glaubte ich, ich müsse ganz das Gegenteil tun und all das als völlig falsch verwerfen, wofür ich mir nur den geringsten Zweifel ausdenken könnte, um zu sehen, ob danach nicht irgendeine Überzeugung zurückbliebe, die gänzlich unbezweifelbar wäre. Daher wollte ich, da unsere Sinne uns manchmal täuschen, voraussetzen, dass es nichts Derartiges gäbe, wie sie es uns glauben machen. Und da es Menschen gibt, die sich beim logischen Schließen selbst bei einfachsten geometrischen Fragen täuschen und sich Fehlschlüsse zuschulden kommen lassen, so verwarf ich in dem Gedanken, dass ich ebenso wie jeder andere der Täuschung unterworfen wäre, alle Begründungen als völlig falsch, die ich zuvor für Beweise gehalten hatte. Endlich erwog ich, dass uns genau die gleichen Vorstellungen, die wir im Wachen haben, auch im Schlafe kommen können, ohne dass in diesem Falle eine davon wahr wäre, und entschloss mich daher zu der Fiktion, dass nichts, was mir jemals in den Kopf gekommen, wahrer wäre als die Trugbilder meiner Träume. Alsbald aber fiel mir auf, dass, während ich auf diese Weise zu denken versuchte, alles sei falsch, doch notwendig ich, der es dachte, etwas sei. Und indem ich erkannte,

---

philosophische Werke und hatte Kontakte zu vielen Gelehrten seiner Zeit. 1649 lud ihn die schwedische Königin Christine, selbst hochgebildet, nach Stockholm ein, wo er vier Monate später starb. Descartes wurde als Mathematiker und Philosoph zum ersten systematischen Denker der Neuzeit: Ansatz seiner Philosophie war der Zweifel als Methode. Einzige sichere Gewissheit war für ihn die Erkenntnis: „Cogito, ergo sum" (Ich denke, also bin ich.) Sie vermittelte Descartes die Gewissheit über die eigene Existenz als res cogitans („denkendes Ding"). Er war überzeugt, dass alle Erscheinungen in der Natur rational erfassbar und damit erklärbar sind. Mit seiner Philosophie beeinflusste Descartes über ein Jahrhundert lang die Philosophen Westeuropas.

1. Für Descartes' Ausführungen bzw. für das Selbstverständnis der Aufklärung ist der Satz „Die Vernunft ist allen Menschen gleich" eine wichtige Voraussetzung.
a) Erläutern Sie diese Aussage über den Menschen mit eigenen Worten.
b) Diskutieren Sie das Menschenbild, wie es im ersten Abschnitt des Textes zum Ausdruck kommt.

2. Fassen Sie die vier Grundregeln der Methode mit jeweils einem Satz oder einer Wortgruppe zusammen.

3. Erläutern Sie, wenn möglich an Beispielen, warum die Regeln für die Wahrheitsfindung förderlich sind und wie sich deren Missachtung negativ auf das Denken und Forschen auswirkt.

4. Beurteilen Sie, was Descartes' Zweifel von dem uns allen bekannten Zweifel in Alltagssituationen unterscheidet.

5. Erklären Sie mit eigenen Worten, wie Descartes trotz aller Zweifel an der Existenz der sinnlich wahrnehmbaren Welt zur Überzeugung gelangt, dass das Ich existiert.

6. Erklären Sie, warum Descartes für seine wissenschaftliche Darstellung die Ich-Form gewählt hat.

"Weil unsere Sinne uns bisweilen täuschen …" (Descartes)

dass diese Wahrheit: „ich denke, also bin ich" so fest und sicher ist, dass die ausgefallensten Unterstellungen der Skeptiker sie nicht zu erschüttern vermöchten, so entschied ich, dass ich sie ohne Bedenken als ersten Grundsatz der Philosophie, die ich suchte, ansetzen könne.

(v 1637)

Fata Morgana

Verrückte Lattenkiste

Zwei Gesichter oder ein Pokal?

Sind die schmalen Balken ein- oder zweifarbig?

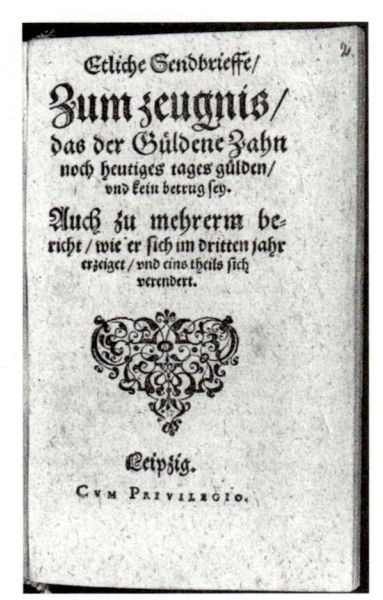

Schrift zum Wunder vom goldenen Zahn aus dem Jahr 1596

4 **Bernard le Bovier de Fontenelle (1657 – 1757): Geschichte der Orakel** (Auszug) **– Gegen Irrtümer und Aberglaube –**

Im Jahre 1593 lief ein Gerücht um, einem siebenjährigen Kind in Schlesien sei, nachdem ihm die Zähne ausgefallen seien, an Stelle eines seiner Backenzähne ein goldener Zahn gewachsen. Horstius, ein Professor der Medizin an der Universität Helmstedt, schrieb im Jahre 1595 die Geschichte dieses Zahnes und behauptete, er sei zur Hälfte natürlich, zur Hälfte auf ein Wunder zurückzuführen und sei dem Kind von Gott gesandt worden, um die von den Türken heim- 5 gesuchten Christen zu trösten. Man male sich aus, welch ein Trost dieser Zahn für die Christen gewesen sein muss und welche Beziehung er zu ihnen und den Türken gehabt haben kann. Damit es dem Zahn nur ja an Historikern nicht fehle, schrieb Rullandus im selben Jahre ebenfalls seine Geschichte. Zwei Jahre später tritt ein anderer Gelehrter, Ingolsteterus, der Ansicht, die Rullandus hinsichtlich dieses Goldzahns geäußert hat, entgegen, und Rullandus verfasst 10 sogleich eine schöne gelehrte Erwiderung. Ein weiterer bedeutender Mann, Libavius, sammelt alles, was bisher von dem Zahn geschrieben worden ist, und fügt seine eigene Meinung hinzu. Diese schönen Arbeiten hatten alle nur den einen Fehler, dass nämlich der Zahn tatsächlich nicht aus Gold war. Als ein Goldschmied ihn untersuchte, stellte sich heraus, dass ein Blatt Gold mit viel Geschick auf dem Zahn angebracht worden war; aber man schrieb zunächst Bü- 15 cher, und dann erst befragte man den Goldschmied.
Nichts ist natürlicher, als in allen möglichen Angelegenheiten ebenso zu verfahren. Die bestehenden Dinge, deren Ursachen wir nicht kennen, überzeugen mich nicht so sehr von unserer Unwissenheit wie diejenigen, die gar nicht existieren und deren Ursachen wir auffinden. Das bedeutet, dass wir nicht nur der Prinzipien ermangeln, die zur Wahrheit führen, sondern sogar andere haben, die sich ausgezeichnet mit 25 dem Falschen in Einklang bringen lassen.
Große Physiker haben sehr gut herausgefunden, woran es liegt, dass es unter der Erde im Winter 30 heiß und im Sommer kalt ist. Noch größere haben seitdem entdeckt, dass es nicht zutrifft. 35
Die historischen Diskussionen sind derartigen

1. „Heute wäre eine solche Geschichte undenkbar!" – Oder vielleicht doch nicht? Tauschen Sie sich über Aberglauben bzw. Leichtgläubigkeit in unserer Zeit aus.
2. a) Geben Sie die zentralen Gedanken des Fontenelle-Textes ab Z. 17 in Form von knapp und präzise gefassten Thesen wieder.
b) Zeigen Sie an Inhalt und Aufbau des Textes, dass sich Fontenelle als Aufklärer an ein breiteres Publikum wendet.
c) Weisen Sie die Ironie in Fontenelles Text nach und erläutern Sie sie.
3. Gestalten Sie ein Streitgespräch zwischen einem kritischen, aufgeklärten Zeitgenossen Fontenelles und einem Anhänger des Wunderglaubens.

Boizot und Chapuis: Die Freiheit, bewaffnet mit dem Zepter der Vernunft schleudert Blitze gegen den Fanatismus und die Unwissenheit.

Irrtümern noch mehr ausgesetzt. Man disputiert über das, was die Historiker gesagt haben, aber waren diese Historiker denn weder von Leidenschaften geblendet, noch leichtgläubig,
40 noch schlecht unterrichtet, noch nachlässig? Man müsste einen finden, der bei allem dabei gewesen ist und dabei unvoreingenommen und gründlich.

Besonders wenn man von Tatsachen schreibt, die in Beziehung zur Religion stehen, ist es ziemlich schwer – je nach der Partei, der man angehört –, nicht einer falschen Religion Vorzüge zuzusprechen, die ihr nicht zukommen, oder der wahren Religion falsche Vorzüge zu lei-
45 hen, deren sie nicht bedarf. Indessen sollte man überzeugt sein, dass man einer wahren Religion keine Wahrheit hinzufügen und der falschen keine verleihen kann. (v 1687)

5 Der Geist der Wissenschaft

Die Philosophen des 18. Jahrhunderts sind vor allem Wissenschaftler. Voltaire betreibt mathematische Studien, Rousseau beschäftigt sich mit Astrologie und Chemie, Diderot mit Anatomie. Die Bildungselite Europas begeistert sich für die Wissenschaft. Die Salons diskutieren die Theorien Newtons oder Buffons und widmen sich unterhaltsamen Experimenten.
5 Wodurch wird das wissenschaftliche Denken und Forschen der Zeit bestimmt?
Neben dem neuzeitlichen Rationalismus, den Descartes begründet hat und der davon ausgeht, dass man nur durch streng logische Schlüsse, durch die deduktive Methode zur Wahrheit gelangen könne, d. h., alles Wissen seinen Ursprung allein im Verstand habe, entwickelt sich, v. a. in England, die Philosophie des Empirismus, der von Erfahrung, Beobachtung, sinnlicher
10 Wahrnehmung ausgeht: *Nihil est in intellectu, quod non fuerit in sensu* (Nichts ist im Verstand, das nicht vorher durch die Sinne erfasst worden wäre). Alle Erkenntnis wird damit aus der Erfahrung der Sinne abgeleitet; der Verstand übernimmt die Aufgabe des Ordnens. Besonders wirksam werden der Empirismus und die induktive Methode in Bezug auf die entstehenden Naturwissenschaften.

Montgolfière (1783)

Versuch Abbé Nollets: „Die tanzenden Mönche"

Lavoisier (1743–1794) bei seinen Studien

Réaumur (1683–1757)

Celsius (1701–1744)

1. Informieren Sie sich gegenseitig über wissenschaftliche Entwicklungen, Entdeckungen und Erfindungen des 18. Jahrhunderts, z. B. über

- die Konstruktion von Heißluftballons,
- die Experimente des Abbé Nollet mit Elektrizität,
- die Forschungen von Lavoisier,
- die Bedeutung von Réaumur, Celsius und Fahrenheit.

2. In einem Salon des 18. Jahrhunderts unterhält man sich über den Abbé Nollet (1700–1770) und seine Experimente, die Brüder Montgolfière und ihre Erfindung oder andere Naturwissenschaftler und ihr Werk. Gestalten Sie das Gespräch einiger Zeitgenossen, die von den naturwissenschaftlichen Errungenschaften der Zeit begeistert sind.

Volksaufklärung

Unter Volksaufklärung versteht man eine praktische Reform- und Erziehungsbewegung ab der Mitte des 18. Jahrhunderts, die darauf zielte, das Gedankengut der Aufklärung zu popularisieren, d. h. einfachen und weniger gebildeten Bevölkerungsschichten nahezubringen. Dabei ging es zunächst v. a. darum, an die Bauern neue naturwissenschaftliche Kenntnisse weiterzugeben, um die landwirtschaftliche Produktion zu steigern. Neben ökonomischen, technischen und hygienisch-medizinischen Erkenntnissen sollten aber auch sittlich-moralische, religiöse und politische Inhalte vermittelt werden. Träger dieser Volksaufklärung waren in erster Linie Privatleute, z. B. Gutsbesitzer, Geistliche, Ärzte, Schriftsteller und Beamte. Sie stützten sich auf literarische Formen wie „Unterhaltsame Volksbücher", Zeitungen und Zeitschriften, Kalender, Romane und Erzählungen, um „das Volk" zu erreichen. Angesichts der nach wie vor niedrigen Alphabetisierungsrate spielte das Vorlesen eine wichtige Rolle.

1. Fertigen Sie zum Thema „Buch- und Zeitschriftenmarkt im 18. Jahrhundert" ein anschauliches Plakat oder eine PowerPoint-Präsentation an. Beziehen Sie auch die Informationen zur Volksaufklärung mit ein und stellen Sie das Thema insgesamt in den Kontext der Aufklärung.

2. „Die Vernünftigen Tadlerinnen", „Der Vernünftler", „Der Mann ohne Vorurtheil" lauten drei Titel moralischer Wochenzeitschriften der Aufklärung.
Schreiben Sie ein Vorwort für die erste Ausgabe einer der Zeitschriften.

6 Buch- und Zeitschriftenmarkt im 18. Jahrhundert

Die Aufklärung erfasst zunächst nur eine Minderheit: Die Masse der Bevölkerung kann weder lesen noch schreiben. Ihren Horizont prägen, neben Marktgerüchten und Alltagsgerede, die Predigt des Pfarrers und die sonntäglichen Bekanntmachungen der Obrigkeit. Für die Aufklärer ist es aber von großer Bedeutung, neben den gebildeten Bürgern auch die weniger gebildeten Bevölkerungsschichten zu erreichen.

Gesamtzahl der gedruckten Schriften:
→ im 17. Jahrhundert 200 000
→ im 18. Jahrhundert 500 000

Verhältnis lateinische Titel : deutsche Titel:
→ vor 1740: 38 : 62
→ bis 1800: 4 : 96

Buchproduktion:
→ 1740: theologische Schriften 38 %, gelehrte Literatur 49 %, haus- und landwirtschaftliche sowie technische Bücher 3 %, schöngeistige Literatur 6 (mit Zeitschriften 10) %
→ 1800: theologische Schriften 14 %, gelehrte Literatur 41 %, haus- und landwirtschaftliche sowie technische Bücher 14 %, schöngeistige Literatur 22 (mit Zeitschriften 30) %

Anzahl der Zeitungen in der zweiten Hälfte des 18. Jahrhunderts: 200 bis 250 (mit insgesamt mehr als 300 000 Exemplaren wöchentlich)

Moralische Wochenschriften:
→ englische Vorbilder: „Spectator", 1711/12; „Guardian", 1713
→ Adressaten: Männer und Frauen des gebildeten Bürgertums
→ Ziele: Belehrung und Erziehung
→ Darbietungsformen: Gespräch, Fabel, Brief, Abhandlung

Memorabilien. Eine philosophisch-theologische Zeitschrift der Geschichte und Philosophie der Religionen, dem Bibelstudium und der morgenländischen Litteratur gewidmet von Heinr. Eberh. Gottlob Paulus, der Theologie und der morgenländ. Litteratur Professor zu Jena. Fünftes Stück. Leipzig, bey Siegfr. Lebrecht Crusius 1793.

Zeitschriften:
→ bis 1700: 58 Zeitschriften
→ zwischen 1700 und 1710: 64 neue Zeitschriften kommen dazu
→ bis 1720: noch einmal 119 neue Zeitschriften
→ zwischen 1741 und 1765: 754 neue Zeitschriften
→ zwischen 1765 und 1790: mehr als 2 000 neue Zeitschriften

Vom 16. Jahrhundert bis zum Zeitalter der Aufklärung im 18. Jahrhundert

Die Entdeckung Amerikas und neue wissenschaftliche Erkenntnisse, wie z. B. die des Kopernikus' und Galileis, stellten zu Beginn der Neuzeit (etwa ab 1500) die Gültigkeit des tradierten, bisher nicht in Zweifel gezogenen Wissens infrage und führten zur **Entwicklung des technisch-naturwissenschaftlichen Denkens** und zu einem neuen Welt- und Menschenbild. Der Mensch versuchte nun, sich aus alter, vor allem religiöser Gebundenheit zu lösen und sich dem Diesseits zuzuwenden. Im Zentrum standen nicht mehr die Ausrichtung des Lebens auf das Jenseits und die Forderung, das irdische Dasein zu überwinden, sondern das Bemühen, autonom Welt und Schicksal zu formen. War der Mensch im Mittelalter meistens unselbstständig, geführt und geleitet von kirchlichen und ritterlichen Gesetzen, so wurde er sich zunehmend seines eigenen Wertes und auch seiner gestalterischen Möglichkeiten bewusst. So wird in zahlreichen Werken der Zeit, vor allem in Italien und Frankreich, der eigentlich freie, **nach Selbstbehauptung strebende, emanzipierte Mensch** dargestellt.

Dieser Prozess wurde durch den Dreißigjährigen Krieg und die Epoche des Barock unterbrochen, am Ende des 17. Jahrhunderts und im 18. Jahrhundert aber neu in Gang gesetzt und fortgeführt. Von zentraler Bedeutung wurde nun die Vernunft, mit der die alten Autoritäten kritisch betrachtet und infrage gestellt wurden. Mit kritischem Geist durchdrangen die Aufklärer alle Bereiche des gesellschaftlichen Lebens, z. B. Wissenschaft, Politik, Religion und Literatur.

7 Gotthold Ephraim Lessing (1729–1781): Der Tanzbär

Ein Tanzbär war der Kett' entrissen,
kam wieder in den Wald zurück
und tanzte seiner Schar ein Meisterstück
auf den gewohnten Hinterfüßen.
5 „Seht", schrie er, „das ist Kunst; das lernt man in der Welt.
Tut mir es nach, wenn's euch gefällt
und wenn ihr könnt!" – „Geh", brummt ein alter Bär,
„dergleichen Kunst, sie sei so schwer,
sie sei so rar sie sei,
10 zeigt deinen niedern Geist und deine Sklaverei."

Ein großer Hofmann sein,
ein Mann, dem Schmeichelei und List
statt Witz und Tugend ist;
der durch Kabalen steigt, des Fürsten Gunst erstiehlt,
15 mit Wort und Schwur als Komplimenten spielt,
ein solcher Mann, ein großer Hofmann sein,
schließt das Lob oder Tadel ein? (v 1771)

8 Gotthold Ephraim Lessing: Der Löwe mit dem Esel

Als des Aesopus Löwe mit dem Esel, der ihm durch seine fürchterliche Stimme die Tiere sollte jagen helfen, nach dem Walde ging, rief ihm eine nasenweise Krähe von dem Baume zu: Ein schöner Gesellschafter! Schämst du dich nicht, mit einem Esel zu gehen? – Wen ich brauchen kann, versetzte der Löwe, dem kann ich ja wohl meine Seite gönnen. (v 1759)

1. Erläutern Sie, warum die Fabel als literarische Form im Zeitalter der Aufklärung bei Dichtern und Lesern so beliebt war.

2. Interpretieren Sie Lessings Fabeln.

9 Magnus G. Lichtwer (1719–1783): Die beraubte Fabel

Magnus G. Lichtwer, bekannter Fabeldichter des 18. Jahrhunderts, gehört nach Goethe zu den „besten Köpfen" seiner Zeit. Die Fabel mit dem Titel „Die beraubte Fabel" hat der Autor seinem Fabelwerk von 1762 vorangestellt.

Es zog die Göttin aller Dichter,
die Fabel, in ein fremdes Land,
wo eine Rotte Bösewichter
sie einsam auf der Straße fand.
5 Ihr Beutel, den sie liefern müssen,
befand sich leer; sie soll die Schuld
mit dem Verlust der Kleider büßen,
die Göttin litt es mit Geduld.

Mehr, als man hoffte, ward gefunden,
10 man nahm ihr alles; was geschah?
Die Fabel selber war verschwunden,
es stand die bloße Wahrheit da.

Beschämt fiel hier die Rotte nieder,
vergib uns Göttin das Vergehn,
15 hier hast du deine Kleider wieder,
wer kann die Wahrheit nackend sehn?

(v 1762)

3. Arbeiten Sie heraus, welche Bedeutung der Fabel in Lichtwers Text zukommt.

4. Setzen Sie sich kritisch mit der Schlussfrage „Wer kann die Wahrheit nackend sehn?" auseinander.

5. Schreiben Sie eine eigene Fabel, in der Sie ein gesellschaftliches Problem oder ein menschliches Fehlverhalten in unserer Zeit kritisch darstellen.

138 Aufklärung, Empfindsamkeit, Sturm und Drang

Bleistiftzeichnung von G. H. W. Blumenbach, 1780–1855 (Zuschreibung unsicher, etwa doch ein Selbstporträt?)

Die Fabel im 18. Jahrhundert

Mit der Aufklärungsbewegung im 18. Jahrhundert erreichte die Fabeldichtung ihren Höhepunkt. Für den Zeitraum von 1740 bis 1800 werden z. B. mehr als 50 Fabeldichter genannt. Die Vorliebe für die Fabel liegt im optimistischen Menschenbild der Aufklärung und im Glauben an die Erziehbarkeit des Menschen begründet: Der Mensch, nach Meinung der Aufklärer mit einem selbstständig denkenden, erkenntnisfähigen Geist ausgestattet, gilt als von Natur aus gut; es genüge, ihm das Richtige zu zeigen, um ihn dahin zu bringen, es auch zu tun. Dazu boten sich besonders die Fabeln an mit ihrem lehrhaften Gehalt und ihrem Anspruch, nicht nur zu belehren, sondern auch zu unterhalten (*fabula docet et delectat*).

10 Georg Christoph Lichtenberg (1742–1799): Aphorismen

Die folgenden Aphorismen stammen aus den sog. *Sudelbüchern* des Gelehrten Lichtenberg. Dabei handelt es sich um Wachstuchhefte, von ihm auch „waste-book", Klitterbuch oder Schmierbuch genannt, in die er Einfälle, Beobachtungen, Notizen u. a. m. eintrug, die nicht für die Veröffentlichung bestimmt waren. Erst 1901 wurden sie vollständig ediert.

1. Informieren Sie sich über Georg Christoph Lichtenberg.

2. Wählen Sie jeweils zwei Aphorismen aus, denen Sie spontan zustimmen können und von deren Aktualität Sie überzeugt sind. Begründen Sie Ihre Meinung.

3. Zeigen Sie, dass die Aphorismen typische Merkmale und Stilmittel aufweisen. Legen Sie dazu folgende Tabelle an und ergänzen Sie diese:

Merkmal	Funktion	Text
Originalität	…	…
Subjektivität	…	…
Antithese	…	…
Parallelismus	…	…
Paradoxon	…	…
…	…	…

4. Diskutieren Sie, ob die Aktualisierungen des Illustrators Robert Gernhardt auf seinen „Sudelblättern" dem jeweiligen Aphorismus gerecht werden.

5. Versuchen Sie Ihrerseits, einen Aphorismus Lichtenbergs zu illustrieren.

Der Aphorismus

Der Aphorismus (< griech. *aphorizein* = abgrenzen) ist der sprachliche Ausdruck einer Beobachtung, eines Einfalls, einer Erkenntnis oder eines Gedankens in Form eines knappen, geistreich, witzig und prägnant formulierten Prosasatzes. Der Aphorismus erweckt oft den Eindruck, als drücke er eine endgültige Wahrheit aus. In Wirklichkeit aber regt er den Leser gerade dadurch provokativ zum Weiterdenken an. Bevorzugte Stilmittel sind Antithese, Parallelismus, Chiasmus und Paradoxon.

a) Der Mann hatte so viel Verstand, dass er fast zu nichts mehr in der Welt zu gebrauchen war.

b) Wenn ein Buch und ein Kopf zusammenstoßen und es klingt hohl, ist das allemal im Buch?

c) Heutzutage machen drei Pointen und eine Lüge einen Schriftsteller.

d) Die größten Dinge in der Welt werden durch andere zuwege gebracht, die wir nichts achten, kleine Ursachen, die wir übersehen, und die sich endlich häufen.

e) Wir bilden uns oft etwas auf Leute ein, die sich unserer schämen würden.

f) Was ist der Mensch anders als ein kleiner Staat der von Tollköpfen beherrscht wird pp?

11 Christian Fürchtegott Gellert (1717–1769): Leben der schwedischen Gräfin von G*** (Auszug)

Die verwitwete Gräfin von G... hält im Alter Rückschau auf ihr Leben. Noch einmal geht sie im Geiste die „wunderbaren Wege", die die „Vorsehung" sie geführt hat. Als Tochter eines livländischen Landedelmannes geboren, heiratet sie mit sechzehn Jahren einen schwedischen Grafen.

Nicht lange nach unserer Vermählung musste mein Gemahl zu seinem Regimente. Sein Vater, der bei seinem hohen Alter noch munter und der angenehmste Mann war, wollte mir die Abwesenheit meines Gemahls erträglich machen und reisete mit mir auf seine übrigen Güter. Auf dem einen traf ich eine sehr junge und schöne Frau an, die man für die Witwe des Oberaufsehers der Güter ausgab. Diese Frau hatte so viel Reizendes an sich und so viel Gefälliges und Leutseliges in ihrem Umgange, dass ich ihr auf den ersten Anblick gewogen und in kurzer Zeit ihre gute Freundin ward. Ich bat, sie sollte mich wieder zurückbegleiten und bei mir leben. Sie sollte nicht meine Bediente, sondern meine gute Freundin sein. Und wenn sie nicht länger bei mir bleiben wollte, so wollte ich ihr eine ansehnliche Versorgung schaffen. Sie nahm diesen Antrag mit Tränen an und schützte bald ihren kleinen Sohn, bald die Lust zu einem stillen Leben vor, warum sie mir nicht folgen könnte. Sie ging mir indessen nicht von der Seite und bezeigte so viel Ehrerbietung und Liebe gegen mich, dass ich sie hundertmal bat, mir zu sagen, womit ich ihr dienen könnte. Allein sie schlug alle Anerbietungen recht großmütig aus und verlangte nichts als meine Gewogenheit. Der alte Graf wollte wieder fort, und indem mich die junge Witwe an den Wagen begleitete, so sah ich ein Kind in dem untersten Gebäude des Hofes am Fenster stehen. Ich fragte, wem dieses Kind wäre. Die gute Frau kam vor Schrecken ganz außer sich. Sie hatte mich beredt, dass ihr Sohn unlängst die Blattern gehabt hätte. Und damit ich mich nicht fürchten sollte, so hatte sie mir ihn bei meinem Dasein, ungeachtet meines Bittens, nicht wollen sehen lassen. Allein ich sahe, dass diesem Knaben nichts fehlete, und ich ließ nicht nach, bis man ihn vor mich brachte. Hilf Himmel! wie entsetzte ich mich, als ich in seinem Gesichte das Ebenbild meines Gemahls antraf. Ich konnte kein Wort zu dem Kinde reden. Ich küsste es, umarmte zugleich seine Mutter und setzte mich den Augenblick in den Wagen. Der alte Graf merkte meine Bestürzung und entdeckte mir mit einer liebreichen Aufrichtigkeit das ganze Geheimnis. „Die Frau", sprach er, „die Sie gesehen haben, ist die ehemalige Geliebte Ihres Gemahls. Und wenn Sie dieses Geständnis beleidiget, so zürnen Sie nicht sowohl auf meinen Sohn, als auf mich. Ich bin an der Sache schuld. Ich habe ihn von Jugend auf mit einer besondern Art erzogen, die Ihnen in manchen Stücken ausschweifend vorkommen dürfte. Mein Sohn musste in mir nicht sowohl seinen Vater, als seinen Freund lieben und verehren. Er durfte mich nicht fürchten, als wenn er mir etwas verschwieg. Daher gestund er mir alles, und ich erhielt dadurch Gelegenheit, ihn von tausend Torheiten abzuziehen, ehe er sie beging, oder doch, ehe er sich daran gewöhnete. Ich wusste, ehe ich meinen Sohn auf Reisen schickte, dass er ein gewisses Frauenzimmer vom bürgerlichen Stande liebte, welches meine Schwester als eine Waise sehr jung zu sich genommen und, weil das Kind viel Lebhaftigkeit besaß, in der Gesellschaft ihrer einzigen Tochter wohl hatte erziehen lassen. Mein Sohn hatte mir aus dieser Liebe nie ein Geheimnis gemacht. Er bat mich, da er seine Reisen antrat, dass ich ihm erlauben möchte, dieses Frauenzimmer als seine gute Freundin mitzunehmen. Kurz, ich war entweder zu schwach, ihm diese Bitte abzuschlagen, oder ich willigte mit Fleiß darein, um ihn von den gefährlichen Ausschweifungen der Jugend durch ihre Gesellschaft abzuhalten. Und dieses ist eben das Frauenzimmer, das Sie itzt gesehen und nach der gemeinen Rede für eine Witwe gehalten haben. Sie besitzt sehr gute Eigenschaften, und ich habe ihr zehntausend Taler ausgesetzt, damit sie heiraten kann, wenn es ihr beliebt. Für ihren Sohn habe ich auch etwas Gewisses zu seiner Erziehung bestimmt. Und wenn Ihnen diese Frau gefährlich scheint, so will ich sie binnen wenig Tagen nach Livland auf meine Güter schicken und ihr daselbst alle mögliche Versorgung verschaffen."

Man glaube ja nicht, dass ich die ehemalige Geliebte meines Gemahls zu hassen anfing. Nein, ich liebte sie, und die Liebe besänftigte die Eifersucht. Ich bat, dass er sie mit einer anständigen Heirat versorgen und sie entfernen möchte. Bei unserer Zurückkunft traf ich meinen Gemahl schon an. So sehr ich von der Gewissheit seiner Liebe versichert war, so konnte ich doch nicht ruhig werden, bis ich ihn durch allerhand kleine Kaltsinnigkeiten nötigte, ein Geheimnis aus mir herauszulocken, das mein Herz nicht umsonst entdecket haben wollte. Er erschrak und

1. Christian Fürchtegott Gellert war einer der meistgelesenen Autoren der Zeit. Versuchen Sie, die Popularität Gellerts am Beispiel des Romanauszugs zu erklären.

2. a) Beschreiben Sie die Krise, in die die Gräfin durch ihre Entdeckung gerät, wie sie darauf reagiert und wie sie sie meistert.
b) Zeigen Sie, dass es sich bei dem Modell der Krisenbewältigung um ein aufklärerisches Modell handelt.
c) Zeigen Sie auch am Beispiel der anderen Figuren die aufklärerische Grundhaltung.

3. a) Schreiben Sie eine Erzählung mit vergleichbarer Handlung, die in unserer Zeit spielt.
b) Vergleichen Sie Ihre Ergebnisse miteinander und stellen Sie fest, in welchen Punkten sich Ihre Geschichten von der Gellerts unterscheiden.

Die Kalendergeschichte

Der **Kalender** spielte in früheren Zeiten eine große Rolle. Er diente nicht nur als Terminverzeichnis und damit als Planungshilfe im Alltag, sondern auch als Zeitung, die Neuigkeiten aus aller Welt präsentierte und praktische Informationen und Ratschläge für den Alltag bot. Darüber hinaus enthielt er kurze Erzählungen, sog. **Kalendergeschichten**, die seit dem 18. Jahrhundert Wissen und Unterhaltung in breiteste Volkskreise trugen. Als Meister der Kalendergeschichte gilt Johann Peter Hebel, der auch zu Beginn des 19. Jahrhunderts noch stark den Ideen der Aufklärung verpflichtet war. Mit dem Begriff „Kalendergeschichte" fasst man alle epischen Formen zusammen, die im Kalender stehen können. Hebel selbst hat über 300 Kalenderbeiträge geschrieben, darunter vor allem Schwänke, Parabeln, Anekdoten und Schelmengeschichten.

---

beklagte sich über die Unvorsichtigkeit seines Vaters, dass er mich an einen Ort geführt hätte, der unsrer Zärtlichkeit so nachteilig sein könnte. Er gab den Augenblick Befehl, dass man dieses Frauenzimmer nebst ihrem Sohne entfernen und alles, was sie verlangte, zu ihrem Unterhalte ausmachen sollte. Dieses geschah auch binnen acht Tagen. Ich konnte keine deutlichere Probe von seiner Treue verlangen, und es war mir unmöglich, ihn wegen dieser Sache auch nur einen Augenblick zu hassen, ob ich mich gleich von aller Unruhe nicht freisprechen will.

Er gestund mir, dass er dieses Frauenzimmer gewiss zu seiner Gemahlin erwählet haben würde, wenn er die Einwilligung vom Hofe hätte erhalten können. In der Tat verdiente sie dieses Glück so wohl als ich. Ich sah beinahe keinen Vorzug, den ich vor ihr hatte, als dass ich adlig geboren war. Und wie geringe ist dieser Vorzug, wenn man ihn vernünftig betrachtet! Sie hatte sich gar nicht aus Leichtsinn ergeben. Die Ehe war der Preis gewesen, für den sie ihm ihr Herz und sich überlassen hatte. Der Vater des Grafen hatte die Liebe und die Wahl seines Sohnes gebilliget. Sie kannte das edelmütige Herz ihres Geliebten. Sie war von der Aufrichtigkeit seiner Zärtlichkeit überzeugt. Ein Frauenzimmer, das sich unter solchen Umständen in eine vertrauliche Liebe einlässt, verdienet eher Mitleiden als Vorwürfe. Mein Gemahl erzählte mir einen Umstand, der Carolinens Wert, so will ich seine Geliebte künftig nennen, sehr verschönert. Sobald sie gesehen, dass er die Einwilligung, sich mit ihr zu vermählen, nicht würde erhalten können, ohne dabei sein Glück in Gefahr zu setzen und die Gnade des Hofes zu verlieren, so hatte sie sich des Rechts auf sein Herz freiwillig begeben. (v 1747/48)

3. Selbst denken und selbst handeln – Das Menschenbild der Aufklärung aus grundlegenden Texten herausarbeiten

1 Johann Peter Hebel (1760–1825): Moses Mendelssohn

Moses Mendelssohn war jüdischer Religion und Handlungsbedienter bei einem Kaufmann, der das Pulver nicht soll erfunden haben. Dabei war er aber ein sehr frommer und weiser Mann, und wurde daher von den angesehensten und gelehrtesten Männern hoch geachtet und geliebt. Und das ist recht. Denn man muss um des Bartes willen den Kopf nicht verachten, an dem er wächst. Dieser Moses Mendelssohn gab unter anderm von der Zufriedenheit mit seinem Schicksal folgenden Beweis. Denn als eines Tages ein Freund zu ihm kam und er eben an einer schweren Rechnung schwitzte, sagte dieser: „Es ist doch schade, guter Moses, und ist unverantwortlich, dass ein so verständiger Kopf, wie Ihr seid, einem Manne ums Brot dienen muss, der Euch das Wasser nicht bieten kann. Seid Ihr nicht am kleinen Finger gescheiter als der am ganzen Körper, so groß er ist?" Einem andern hätt' das im Kopf gewurmt, er hätte Feder und Tintenfass mit ein paar Flüchen hinter den Ofen geworfen und seinem Herrn aufgekündet auf der Stelle. Aber der verständige Mendelssohn ließ das Tintenfass stehen, steckte die Feder hinter das Ohr, sah seinen Freund ruhig an und sprach zu ihm also: „Das ist recht gut, wie es ist, und von der Vorsehung weise ausgedacht. Denn so kann mein Herr von meinen Diensten viel Nutzen ziehn, und ich habe zu leben. Wäre ich der Herr und er mein Schreiber, ihn könnte ich nicht brauchen." (v 1809)

2 Zwei unterschiedliche Deutungen von Hebels Anekdote

Die beiden folgenden Basis- oder Einleitungssätze zu einer Inhaltsangabe spiegeln ein unterschiedliches Verständnis der Anekdote wider:

a) Beim vorliegenden Text, einer Anekdote, geht es darum, beispielhaft typische Charakterzüge von Mendelssohn sichtbar zu machen. Das Interesse gilt primär der Persönlichkeit des jüdischen Intellektuellen.

b) Beim vorliegenden Text geht es darum, Moses Mendelssohn als Musterbeispiel einer richtigen Lebenseinstellung vorzuführen. Das Interesse gilt primär der Botschaft Hebels, sich mit seinem Schicksal, dem Werk der göttlichen Vorsehung, in Einklang zu wissen.

---

1. Informieren Sie sich über Moses Mendelssohn (vgl. S. 141).

2. Weisen Sie am Text nach, dass Hebel als Aufklärer schreibt.

3. a) Zeigen Sie am Text die Erzählkunst Hebels. Untersuchen Sie hierzu den Aufbau und die sprachlichen Mittel.
b) Vergleichen Sie dabei auch die Sprechweise des Freundes im Text mit der von Moses Mendelssohn.

4. Entscheiden Sie sich für eine Lösung und begründen Sie Ihre Meinung.

I. Aufklärung: Aufbruch in ein neues Zeitalter

3 Moses Mendelssohn – Eine außergewöhnliche Persönlichkeit der deutschen Aufklärung

Moses Mendelssohn war einer der berühmtesten Philosophen seiner Zeit und einer der einflussreichsten Träger und Vorkämpfer der deutschen Aufklärung.
Im Jahre 1729 wurde er als Sohn einer armen jüdischen Familie in Dessau geboren. Sein Vater Mendel war dort Gemeindeschreiber und Schulmeister. Obwohl die Verhältnisse im Elternhaus sehr bescheiden waren, sollte das Kind sorgfältig erzogen werden. Ab 1735 erhielt deshalb der begabte Junge, der durch eine Rückgratverkrümmung missgestaltet war und an einer Nervenkrankheit litt, Unterricht an der höheren Schule für Talmud-Studien bei dem berühmten Rabbiner David Fränkel. Als dieser Oberrabbiner in Berlin wurde, folgte Mendelssohn ihm im Herbst 1743. Neben seinen Talmud-Studien begann er, sich auch die moderne europäische Kultur zu erarbeiten. Zuerst eignete er sich die deutsche Sprache an, seine Muttersprache war nämlich Jiddisch, später Latein, Französisch, Englisch und Griechisch. Außerdem studierte er Mathematik und Philosophie. Dabei lernte er die Philosophen Leibniz, Locke und Wolff kennen, die sein Denken prägten. Nachdem der ehrgeizige junge Mann sich seinen Unterhalt zunächst durch Abschreiben hebräischer Texte verdient hatte, wurde er 1750 Hauslehrer bei dem Seidenwarenhändler Isaak Bernhard, der ihn 1754 zum Buchhalter seiner Seidenmanufaktur machte. Diese leitete Mendelssohn nach Bernhards Tod 1768 zusammen mit dessen Witwe und führte sie erfolgreich weiter. 1754 lernte er den gleichaltrigen Pfarrerssohn und ehemaligen Theologie- und Medizinstudenten Gotthold Ephraim Lessing kennen. Mit diesem spielte er Schach und führte philosophische Diskussionen. Später (1762) heiratete er Fromet Guggenheim, mit der er zusammen sieben Kinder hatte, von denen eines der Vater des berühmten Komponisten Felix Mendelssohn-Bartholdy war. Einen Bekehrungsversuch Lavaters (sog. Lavater-Streit 1769/70) wies er entschieden zurück. Im Jahre 1771 schlug die Berliner Akademie den bekannten Philosophen zu ihrem ordentlichen Mitglied vor, Friedrich der Große aber verweigerte die Ernennung. Im Jahr 1779 setzte Lessing dem Freund in seinem berühmten Ideendrama *Nathan der Weise* ein bleibendes Denkmal.
Moses Mendelssohn starb im Januar 1786 in Berlin und wurde auf dem Berliner Jüdischen Friedhof beerdigt, wo ein Grabstein an ihn erinnert.

Moses Mendelssohn

1. Erläutern Sie den beachtlichen Aufstieg Moses Mendelssohns vom Sohn armer jüdischer Eltern zum angesehenen Philosophen. Welche Umstände bzw. Charaktereigenschaften und Haltungen haben vermutlich dabei eine Rolle gespielt?

4 Moritz Daniel Oppenheim (1800–1882): Lavater und Lessing bei Moses Mendelssohn

Moritz Daniel Oppenheim erhielt als erster jüdischer Maler eine akademische Ausbildung und war als Jude und Maler in seiner Zeit eine Ausnahmeerscheinung. Das Bild, das den sog. Lavater-Streit thematisiert, zeigt Lavater (rechts im Bild sitzend) und Lessing (hinter den beiden stehend) bei Moses Mendelssohn (links sitzend).

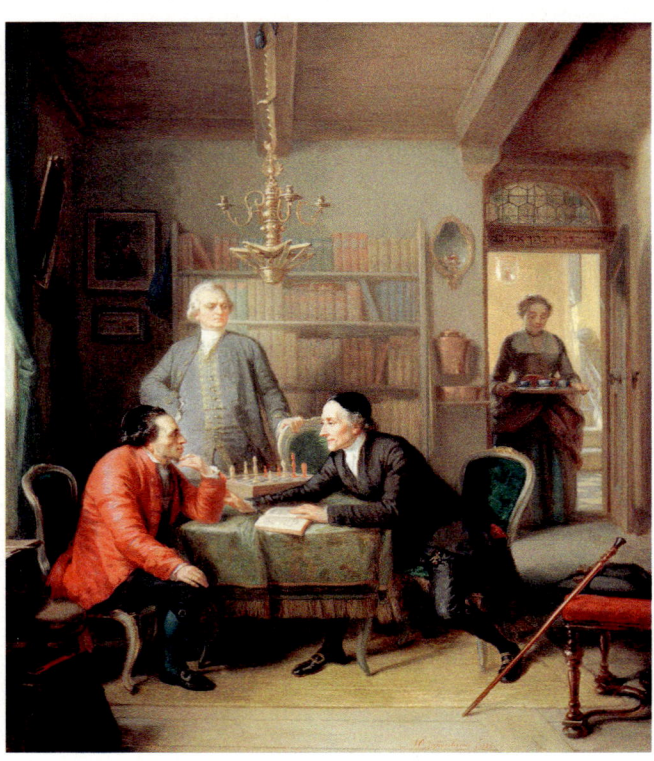

(e 1856)

2. a) Beschreiben Sie, was der Maler im Vorder- und Hintergrund darstellt. Achten Sie auf die Mimik, Gestik und Haltung der Personen und berücksichtigen Sie auch die Farbgebung und die Verwendung von Licht.
b) Stellen Sie die Szene nach und beschreiben Sie, wie Sie sich in der jeweils eingenommenen Haltung fühlen.
c) Arbeiten Sie heraus, wie Oppenheim die Personen und ihr Verhältnis zueinander bzw. ihre Rolle beim Gespräch über den rechten Glauben darstellt.

Verweismittel

In einem Text ist in der Regel wiederholt von bestimmten Personen, Orten und Dingen die Rede, die miteinander in thematischem Zusammenhang stehen. Um diese Zusammenhänge zu verdeutlichen, verwendet man verweisende Ausdrücke (**Vor- und Rückverweise**). Auf diese Weise entstehen **Verweisketten**, die sich durch den Text hindurchziehen und das Textverständnis erleichtern. Die sprachlichen Mittel, die den Textzusammenhang sichern, nennen wir **Verweismittel**. Eine besondere Rolle als Verweismittel spielen die **Pronomen**. Sie stehen, um Wiederholungen zu vermeiden (z. B. statt „Moses Mendelssohn" → „er"). Neben den Pronomen werden vor allem **Adverbien** verwendet, die auf zuvor genannte Orte (z. B. „dort"), zurückliegende oder zukünftige Zeitpunkte (z. B. „damals", „zuvor", „später") und andere Inhalte verweisen sowie **Substantive** oder Ausdrücke, die die Personen, Orte oder Dinge mit anderen Begriffen benennen, z. B. für Moses Mendelssohn „der begabte Junge".

5 Verweismittel in einem Text

Verweismittel	Beispiel
Personalpronomen	**Moses Mendelssohn** war einer der berühmtesten Philosophen der deutschen Aufklärung. Im Jahre 1729 wurde **er** als Sohn einer armen jüdischen Familie in Dessau geboren.
Possessivpronomen	...
Demonstrativpronomen	...
Relativpronomen	...
Adverbialpronomen (pronominales Adverb)	1729 wurde er als Sohn einer armen jüdischen Familie **in Dessau** geboren. Sein Vater Mendel war **dort** Gemeindeschreiber und Schulmeister.
bedeutungsähnliche Substantive	Moses Mendelssohn – der begabte Junge
...	

3. Übertragen Sie die Tabelle auf ein Blatt und ergänzen Sie diese, so dass möglichst zu jedem Verweismittel zwei Beispiele aus Text 3 vorhanden sind.

Bindemittel

Zwischen den einzelnen Sätzen eines Textes besteht in der Regel eine Gedankenbrücke. Um Missverständnisse zu vermeiden, werden diese **Gedankenbrücken** meistens explizit ausgedrückt. Dazu dienen bestimmte Wörter, die den Zusammenhang inhaltlich näher charakterisieren (z. B. „deshalb" = Begründungszusammenhang zwischen zwei Aussagen). Zu diesen Wörtern gehören **Konjunktionen**, **Adverbien**, **Präpositionen** und **Ausdrücke**, z. B. „aus diesem Grund". Man nennt sie Bindewörter oder Bindemittel. Auch umfangreichere Ausdrücke können diese Funktion übernehmen, z. B.: „Das ist ein wichtiger Grund für …". Für den Leser sind die Bindemittel besonders hilfreich. Sie sichern das Textverständnis und ermöglichen eine schnellere Textaufnahme. Deshalb sollte man sie beim Lesen besonders beachten.

6 Bindemittel in einem Text

Bindemittel	Beispiel
Konjunktion (hier Nebensatzkonjunktion, einen Gegensatz betonend)	Sein Vater Mendel war dort Gemeindeschreiber und Schulmeister. **Obwohl** die Verhältnisse des Elternhauses sehr bescheiden waren, sollte das Kind sorgfältig ausgebildet werden.
Adverbialpronomen (pronominales Adverb, hier: den Grund betonend)	Ab 1735 erhielt der begabte Junge **deshalb** Unterricht an der höheren Schule für Talmud-Studien bei dem berühmten Rabbiner David Fränkel.

4. Suchen Sie weitere Beispiele im Text 3 für die Verwendung von Bindewörtern.

5. Zeigen Sie exemplarisch an jeweils drei Beispielen, wie Verweis- und Bindemittel den gedanklichen Zusammenhang des Textes bzw. der Sätze verdeutlichen. Benennen Sie dazu das jeweilige Mittel und bestimmen Sie seine Funktion, z. B.:

Bindemittel	Beispiel
Bindeadverb (hier: den Grund betonend)	Zuerst eignete er sich die deutsche Sprache an, seine Muttersprache war **nämlich** Jiddisch, …
Adverb (hier: den zeitlichen Zusammenhang betonend)	**Zuerst** eignete er sich die deutsche Sprache an, seine Muttersprache war nämlich Jiddisch, …
Präposition (hier: den zeitlichen Zusammenhang betonend)	**Neben** seinen Talmud-Studien begann er, sich auch die moderne europäische Kultur zu erarbeiten.

Verweismittel:
„vormals": Das Zeitadverb verweist auf eine zurückliegende Zeitspanne, die im folgenden Satz („seit zwölf bis fünfzehn Jahren") präzisiert wird.

Bindemittel:
„nämlich": Das Adverb macht deutlich, dass jetzt eine Begründung für die vorausgegangene Feststellung geliefert wird, dass der Text sich auf Inhalte und Gedanken bezieht, die er vor vielen Jahren gelesen und gedacht hat.

7 Immanuel Kant (1724–1804): Beantwortung der Frage: Was ist Aufklärung? (Auszug)

Aufklärung ist der Ausgang des Menschen aus seiner selbst verschuldeten Unmündigkeit. Unmündigkeit ist das Unvermögen, sich seines Verstandes ohne Leitung eines anderen zu bedienen. Selbst verschuldet ist diese Unmündigkeit, wenn die Ursache derselben nicht am Mangel des Verstandes, sondern der Entschließung und des Mutes liegt, sich seiner ohne Leitung eines
5 *andern zu bedienen. Sapere aude!*[1] *Habe Mut, dich deines eigenen Verstandes zu bedienen! ist also der Wahlspruch der Aufklärung.*
Faulheit und Feigheit sind die Ursachen, warum ein so großer Teil der Menschen, nachdem sie die Natur längst von fremder Leitung freigesprochen (naturaliter majorennes[2]), dennoch gerne zeitlebens unmündig bleiben; und warum es anderen so leicht wird, sich zu deren Vormün-
10 dern aufzuwerfen. Es ist so bequem, unmündig zu sein. Habe ich ein Buch, das für mich Verstand hat, einen Seelsorger, der für mich Gewissen hat, einen Arzt, der für mich die Diät beurteilt usw., so brauche ich mich ja nicht selbst zu bemühen. Ich habe nicht nötig zu denken, wenn ich nur bezahlen kann; andere werden das verdrießliche Geschäft schon für mich übernehmen. Dass der bei Weitem größte Teil der Menschen (darunter das ganze schöne Ge-
15 schlecht) den Schritt zur Mündigkeit außer dem, dass er beschwerlich ist, auch für sehr gefährlich halte: Dafür sorgen schon jene Vormünder, die die Oberaufsicht über sie gütigst auf sich genommen haben. Nachdem sie ihr Hausvieh zuerst dumm gemacht haben und sorgfältig verhüteten, dass diese ruhigen Geschöpfe ja keinen Schritt außer dem Gängelwagen, darin sie sie einsperreten, wagen durften, so zeigen sie ihnen nachher die Gefahr, die ihnen drohet,
20 wenn sie es versuchen, allein zu gehen. Nun ist diese Gefahr zwar eben so groß nicht, denn sie würden durch einigemal Fallen wohl endlich gehen lernen; allein ein Beispiel von der Art macht doch schüchtern und schreckt gemeiniglich von allen ferneren Versuchen ab.
Es ist also für jeden einzelnen Menschen schwer, sich aus der ihm beinahe zur Natur gewordenen Unmündigkeit herauszuarbeiten. Er hat sie sogar liebgewonnen und ist vorderhand
25 wirklich unfähig, sich seines eigenen Verstandes zu bedienen, weil man ihn niemals den Versuch davon machen ließ. Satzungen und Formeln, diese mechanischen Werkzeuge eines vernünftigen Gebrauchs oder vielmehr Missbrauchs seiner Naturgaben, sind die Fußschellen einer immerwährenden Unmündigkeit. Wer sie auch abwürfe, würde dennoch auch über den schmalesten Graben einen nur unsicheren Sprung tun, weil er zu dergleichen freier Bewegung
30 nicht gewöhnt ist. Daher gibt es nur wenige, denen es gelungen ist, durch eigene Bearbeitung ihres Geistes sich aus der Unmündigkeit herauszuwickeln und dennoch einen sicheren Gang zu tun.
Dass aber ein Publikum sich selbst aufkläre, ist eher möglich; ja es ist, wenn man ihm nur Freiheit lässt, beinahe unausbleiblich. Denn da werden sich immer einige Selbstdenkende,
35 sogar unter den eingesetzten Vormündern des großen Haufens, finden, welche, nachdem sie das Joch der Unmündigkeit selbst abgeworfen haben, den Geist einer vernünftigen Schätzung des eigenen Werts und des Berufs jedes Menschen, selbst zu denken, um sich verbreiten werden. Besonders ist hiebei: dass das Publikum, welches zuvor von ihnen unter dieses Joch gebracht worden, sie hernach selbst zwingt, darunter zu bleiben, wenn es von einigen seiner

---
[1] Sapere aude! (< lat.): Wage zu wissen!
[2] naturaliter majorennes (< lat.): volljährig im Hinblick auf die Natur

Immanuel Kant, in Königsberg 1724 geboren und 1804 gestorben, war nicht nur einer der großen Denker der Aufklärung, sondern auch einer der bedeutendsten Philosophen der Neuzeit. Berühmt ist die Art und Weise, wie er die großen Fragen der Philosophie formuliert hat:
– Was kann ich wissen?
– Was soll ich tun?
– Was darf ich hoffen?
– Was ist der Mensch?
Über sein Leben sind nur wenige Zeugnisse verfügbar. Das Bild vom pedantischen, starr nach Regeln handelnden Kant, nach dessen Spaziergang sich Nachbarn die Uhr stellen konnten, trifft allenfalls auf den älteren Kant zu und wird nach neueren Forschungen der Persönlichkeit des Philosophen nicht gerecht.

1. Kants Text fehlt in keiner Darstellung der deutschen Aufklärung. Erklären Sie, wie er mit seinem Aufsatz zum Verständnis des Zeitalters der Vernunft beiträgt.

2. Weisen Sie den gedanklichen „roten Faden" nach, der den Text durchzieht.

3. Erklären Sie mit eigenen Worten, was Kant meint, wenn er die Freiheit fordert, „von seiner Vernunft in allen Stücken *öffentlichen Gebrauch* zu machen".

4. a) Erschließen Sie in Partner- oder Gruppenarbeit den Kant-Text mithilfe der Leitfragen auf dieser Seite unten und vergleichen Sie Ihre Ergebnisse.
b) Arbeiten Sie mit einer Einlegfolie oder Fotokopie und setzen Sie die Analyse des Textes mit Textmarkierungen und Annotationen nach der unten vorgegebenen Weise fort.
c) Markieren Sie farbig die Bindemittel im Text ab Z. 23 („Es ist also für jeden einzelnen Menschen") auf einer Folie und zeigen Sie, wie sie den Textzusammenhang herstellen.

Vormünder, die selbst aller Aufklärung unfähig sind, dazu aufgewiegelt worden; so schädlich ist es, Vorurteile zu pflanzen, weil sie sich zuletzt an denen selbst rächen, die, oder deren Vorgänger, ihre Urheber gewesen sind. Daher kann ein Publikum nur langsam zur Aufklärung gelangen. Durch eine Revolution wird vielleicht wohl ein Abfall von persönlichem Despotism und gewinnsüchtiger oder herrschsüchtiger Bedrückung, aber niemals wahre Reform der Denkungsart zustande kommen; sondern neue Vorurteile werden, ebensowohl als die alten, zum Leitbande des gedankenlosen großen Haufens dienen.

Zu dieser Aufklärung aber wird nichts erfordert als *Freiheit*; und zwar die unschädlichste unter allem, was nur Freiheit heißen mag, nämlich die: von seiner Vernunft in allen Stücken *öffentlichen Gebrauch* zu machen. [...]

Wenn denn nun gefragt wird: Leben wir jetzt in einem *aufgeklärten* Zeitalter? so ist die Antwort: Nein, aber wohl in einem Zeitalter der *Aufklärung*. Dass die Menschen, wie die Sachen jetzt stehen, im Ganzen genommen, schon imstande wären oder darin auch nur gesetzt werden könnten, in Religionsdingen sich ihres eigenen Verstandes ohne Leitung eines andern sicher und gut zu bedienen, daran fehlt noch sehr viel. Allein, dass jetzt ihnen doch das Feld geöffnet wird, sich dahin frei zu bearbeiten, und die Hindernisse der allgemeinen Aufklärung oder des Ausganges aus ihrer selbst verschuldeten Unmündigkeit allmählich weniger werden, davon haben wir doch deutliche Anzeigen. In diesem Betracht ist dieses Zeitalter das Zeitalter der Aufklärung oder das Jahrhundert *Friederichs*. [...]   (v 1784)

S **Textgebundene Erörterung ausgehend von einem philosophischen Text**

Die textgebundene Erörterung besteht aus zwei Teilen:

1. Texterschließung nach Problemstellung und Hauptgedanken, Aufbau, Argumentationsstruktur (nach Thesen, Argumenten, Beispielen) und unter Umständen auch unter Einbeziehung der rhetorischen Mittel, z. B. Syntax, Wortwahl, Stilfiguren, Bilder etc., in Form einer gegliederten Textwiedergabe

2. Problemerörterung im Sinne einer kritischen Auseinandersetzung; diese kann zwei Akzentsetzungen haben:
– **textimmanente Erörterung** = kritische Stellungnahme zu den im vorliegenden Text vertretenen Thesen und Argumenten;
– **textübergreifende Erörterung** = über den Text hinausgehend die kritische Auseinandersetzung mit dem Thema oder die Auseinandersetzung mit einem Teilaspekt bzw. einer weiterführenden Fragestellung.

Zu Teil 1 (Texterschließung):
Wichtig bei der textgebundenen Erörterung ist für den Schreiber, dass er sich nicht vorschnell mit dem Text identifiziert, sondern dass er innerlich Abstand zu ihm bewahrt. Nur aus diesem Abstand heraus gelingt die ordnende Überschau über das im Text Gesagte.

Die Texterschließung manifestiert sich in einer klaren Wiedergabe des Textes, indem der gedankliche Aufbau des Textes (Thesen, Argumente, Beispiele) offengelegt wird. Dabei kommt es darauf an, zwischen wesentlichen und unwesentlichen Textinhalten klar zu unterscheiden.

Zu beachten ist,
– dass man nicht vom Text abschweift, sondern diszipliniert bei der Sache bleibt;
– dass man den Text in eigenen Worten wiedergibt, denn nur in der eigenen Formulierung, nicht in der paraphrasierenden Wiederholung erweist sich das wirkliche Verständnis;
– dass man in dieser Wiedergabe so knapp wie möglich bleibt und nicht den Text „auswalzt".

a) Leitfragen, die helfen, einen Text zu erfassen:
● Worüber spricht der Verfasser eigentlich? Zu welchem aktuellen oder allgemeinen Problem äußert er sich?
● Wie lautet die These, lauten die Thesen, die er vertritt?
● Wie würde(n) die Gegenthese(n) lauten?
● Welche Argumente werden angeführt?
● Mit welchen Beispielen werden sie verdeutlicht?
● Welche Lösung des Problems vertritt der Autor?

---

b) Texterschließung durch Textmarkierung und Annotationen zu Aufbau und Begrifflichkeit

8 Immanuel Kant (1724–1804): Beantwortung der Frage: Was ist Aufklärung? (Auszug)

inhaltlich-strukturelle Analyse

Stilistisch-rhetorische Analyse: <u>Aufklärung ist der Ausgang des Menschen aus seiner selbst verschuldeten Unmündigkeit</u>. Unmündigkeit ist das Unvermögen, sich seines Verstandes ohne Leitung eines anderen zu bedienen. <u>Selbst verschuldet</u> ist diese Unmündigkeit, wenn die Ursache derselben nicht am Mangel des Verstandes, sondern der Entschließung und des Mutes liegt, sich seiner ohne Leitung eines andern zu bedienen. Sapere aude! <u>Habe Mut, dich deines *eigenen* Verstandes zu bedienen!</u> ist also der Wahlspruch der Aufklärung.

„Aufklärung" = Denken ohne Vorurteile
„Ausgang" = das Heraustreten
Imperativ

← 1. These
← 2. Erläuterung
← 3. ethischer Appell

} 1. Definition des Begriffs „Aufklärung"

I. Aufklärung: Aufbruch in ein neues Zeitalter

ethische Kategorien → Faulheit und Feigheit sind die Ursachen, warum ein so großer Teil der Menschen, nachdem sie die Natur längst von fremder Leitung freigesprochen (naturaliter majorennes), dennoch gerne zeitlebens unmündig bleiben; und warum es anderen so leicht wird, sich zu deren Vormündern aufzuwerfen. Es ist so bequem, unmündig zu sein. ← 1. Bequemlichkeit

Habe ich ein Buch, das für mich Verstand hat, einen Seelsorger, der für mich Gewissen hat, einen Arzt, der für mich die Diät beurteilt usw., so brauche ich mich ja nicht selbst zu bemühen. Ich habe nicht nötig zu denken, wenn ich nur bezahlen kann; andere werden das verdrießliche Geschäft schon für mich übernehmen. Dass der bei Weitem größte Teil

2. Ursachen der Unmündigkeit

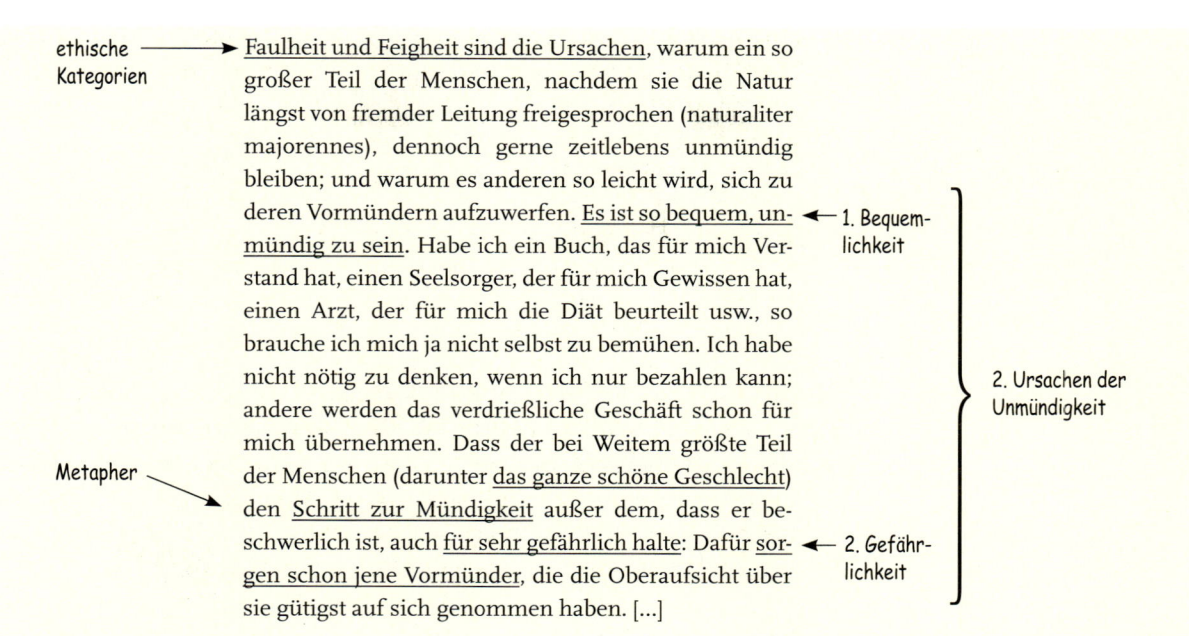

Metapher → der Menschen (darunter das ganze schöne Geschlecht) den Schritt zur Mündigkeit außer dem, dass er beschwerlich ist, auch für sehr gefährlich halte: Dafür sorgen schon jene Vormünder, die die Oberaufsicht über sie gütigst auf sich genommen haben. [...] ← 2. Gefährlichkeit

c) gegliederte Wiedergabe des Textes:

Die Erschließung führt zur gegliederten Wiedergabe des Textes. Gegliedert nennt man sie deshalb, weil bei der Wiedergabe die gedankliche Anlage des Textes verdeutlicht wird. Dabei kann man aber auch von der Gedankenfolge der Vorlage abweichen. Die Inhaltsangabe beginnt, wie jede Inhaltsangabe, mit einem Basissatz bzw. Übersichtssatz, der den Titel des Textes, den Autor, das Thema und eventuell die Textsorte und das Jahr der Entstehung bzw. Veröffentlichung benennt sowie einen Überblick über das Textganze gibt.

Zu Teil 2 (Problemerörterung):

Die textimmanente Erörterung stellt in der Regel die Fortsetzung der im Text begonnenen Diskussion und die Hinführung zu einer Lösung dar. Die Aufgabenstellung lautet gewöhnlich „Setzen Sie sich kritisch mit ... auseinander" oder „Nehmen Sie kritisch Stellung".

Hilfreich können folgende vorbereitende Fragen sein:
- Ist der Text ausgewogen oder einseitig?
- Fehlen wichtige Gesichtspunkte zum Thema?
- Unterlaufen dem Autor logische Fehler?
- Manipuliert der Autor seine Leser?
- Sind die Thesen des Autors (einsichtig) begründet?
- Sind die Behauptungen des Autors richtig?
- Sind die Beispiele gut gewählt?
- Ist der Stil dem Thema angemessen?
- Welche Meinung des Autors teile ich oder teile ich nicht? Warum?

Die textübergreifende Erörterung knüpft an den Text an, verlangt aber eine weitgehend freie Auseinandersetzung. So schließt die Aufgabe „Beantworten Sie für unsere Zeit Kants Frage: Leben wir jetzt in einem *aufgeklärten* Zeitalter? an Kants Text an, führt aber darüber hinaus. Wie bei der freien Erörterung empfiehlt es sich, das Thema sorgfältig zu erschließen, z. B. die Frage zu klären, ob eine lineare oder dialektische Erörterung verlangt ist, und mit einer Stoffsammlung zu beginnen.

9 Lösungsvorschläge für die gegliederte Inhaltsangabe

a) In seinem Text „Beantwortung der Frage: Was ist Aufklärung?" von 1784 gibt Immanuel Kant, einer der bedeutendsten deutschen Philosophen, nicht nur eine Antwort auf die im Titel enthaltene Frage, sondern er appelliert an die Menschen seiner Zeit, ihren Verstand bewusst bei der Gestaltung des Lebens zu gebrauchen.

Gleich zu Beginn erklärt er, was er unter „Aufklärung" versteht. Dabei geht er von einer Definition aus, die gleichzeitig These ist, nämlich dass die Aufklärung „der Ausgang des Menschen aus seiner selbst verschuldeten Unmündigkeit" (Z. 1) sei. Dann erklärt er zunächst, was er unter „Unmündigkeit" versteht, nämlich nicht die Unmündigkeit eines Minderjährigen, dem es noch an Reife und Erfahrung fehlt, sondern „das Unvermögen, sich seines Verstandes ohne Leitung eines andern zu bedienen" (Z. 2). Anschließend erklärt er, warum Unmündigkeit seiner Meinung nach selbst verschuldet ist. Selbst verschuldet sei sie dann, wenn die Ursache der Unmündigkeit „nicht am Mangel des Verstandes" liege, „sondern der Entschließung und des Mutes" (Z. 3/4), „sich seiner ohne Leitung eines anderen zu bedienen" (Z. 4/5). Darum, so Kant, sei der Wahlspruch der Aufklärung: „Sapere aude! Habe Mut, dich deines eigenen Verstandes zu bedienen!" (Z. 5). [...]

b) Aufklärung ist laut Kant „der Ausgang des Menschen aus seiner selbst verschuldeten Unmündigkeit" (Z. 1). Dies bedeutet, dass es primär die Aufgabe des Einzelnen, des Individuums ist, seine eigene Aufklärung zu betreiben und voranzubringen. Jedoch erwähnt der Aufklärer Kant auch deutlich, dass es schwer sei, das Erwünschte zu erreichen, nämlich sich selbst aufzuklären (Z. 23 ff.). Kant spricht vielmehr von einer gesellschaftlichen Aufklärung, einer Gruppentätigkeit (Z. 33 ff.).

Nach Kant ist die Aufklärung in seiner Zeit schon zugange, doch eine großflächige, wahre Aufklärung müsse noch kommen. Laut Kant ist die Unmündigkeit, die Unfähigkeit, sich

1. Setzen Sie sich mit den beiden gegliederten Inhaltsangaben, die Vorzüge und Schwächen aufweisen, kritisch auseinander.

2. Überprüfen Sie, ob Text b) alle wesentlichen Aspekte des Kant-Textes aufnimmt.

selbstständig seines Verstandes zu bedienen, frei zu denken, selbst verschuldet, da die Ursache derselben nicht mangelnder Intelligenz, sondern dem Mangel an Mut und Entschlossenheit entspringe, selbstständig zu denken, Barrieren und Dogmen zu sprengen und zu überwinden (Z. 3 ff.). Er nennt auch die Gründe für die oben genannte Unfähigkeit: die dem Menschen oft eigene Trägheit, über sich selbst zu bestimmen, seine Bequemlichkeit und Feigheit (Z. 7).

Zugrunde liegt nach Kant eine das Individuum unterdrückende Erziehung, die auf Autorität und Vorschriften basiert (Z. 16).

10 Schülerbeispiel zur Aufgabe: „Beantworten Sie für unsere Zeit Kants Frage: ‚Leben wir jetzt in einem *aufgeklärten* Zeitalter?'"

In deutschen Gymnasien spielt die Aufklärung eine zentrale fächerübergreifende Rolle. Sie wird z. B. in Deutsch, Geschichte, Gemeinschaftskunde behandelt.

Heutzutage scheint der Prozess der Aufklärung noch viel weiter vorangeschritten zu sein als zu Zeiten des „siècle des lumières"; die Nachrichten informieren uns über alles, was in der Welt geschieht, wir sind freie Menschen, keine Leibeigenen mehr, und unser Denken scheint so frei wie nie zuvor. Wir verfügen über ein großes Wissen und die Bildung erlaubt vielen, selbstständig zu denken, zu wählen, zu entscheiden. Und doch stellt sich die Frage: Leben wir Menschen heute, im Jahr 2009, in einem aufgeklärten Zeitalter? Sind wir aufgeklärt?

Von der Aufklärung besonders profitiert hat das „schöne Geschlecht", die Frauen. Sie hatten früher kein Recht, ein eigenständiges Leben zu führen, geschweige denn, politische oder gesellschaftliche Macht zu besitzen – der öffentliche Bereich war alleinige Domäne des Mannes. Heutzutage sind Frauen viel aufgeklärter als früher, da sie nun Schulen besuchen, Berufe ausüben und Machtpositionen innehaben, den Männern dem Gesetz nach gleichberechtigt sind. Angela Merkel ist hierfür ein hervorragendes Beispiel: Laut einem US-Magazin ist sie die mächtigste Frau der Welt.

Auf der anderen Seite sind noch viele traditionelle Stereotypen und Erwartungen den Frauen gegenüber wirksam. Vielerorts werden Frauen noch unterdrückt oder in traditionelle Rollen gedrängt, sei es aus religiösen oder wirtschaftlichen Gründen. Vielen Frauen wird in unserer Gesellschaft immer noch nicht zugestanden, ein selbstbestimmtes Leben zu führen. [...]

3. a) Prüfen Sie, ob der Schüler die Aufgabe richtig verstanden hat.
b) Untersuchen Sie, wie der Schüler zur Erörterung hinführt.
c) Legen Sie die gedankliche Anlage des Aufsatzes offen: Wie hat der Schüler seinen Text aufgebaut?

4. Bewerten Sie den vorliegenden Teil der Arbeit.

5. Schreiben Sie den Aufsatz weiter, indem Sie eigene Gesichtspunkte anführen.

Eine Aufgabe für eine vollständige Texterörterung finden Sie auf der DVD (Neil Postman: Die zweite Aufklärung).

11 Gotthold Ephraim Lessing (1729–1781): Die Ringparabel

Der vorliegende Text ist dem dramatischen Gedicht *Nathan der Weise* entnommen, das zur Zeit der Kreuzzüge in Jerusalem spielt. Der reiche Jude Nathan erfährt nach seiner Rückkehr von einer Handelsreise, dass seine Tochter Recha, ein ursprünglich christlich getauftes Waisenkind, das er an Kindes statt angenommen hatte, von einem Tempelherrn vor dem Verbrennungstod gerettet worden ist. Dieser war zuvor als Einziger von zwanzig Ordensrittern vom muslimischen Herrscher Sultan Saladin begnadigt worden, weil er den Sultan an dessen verschollenen Bruder Assad erinnert hat. Als Saladin in finanziellen Schwierigkeiten steckt, vor allem, weil er sein Vermögen großzügig an Arme und Bedürftige verteilt, schickt er nach Nathan. Aber anstatt um Geld zu bitten, gibt er vor, den „weisen" Nathan prüfen zu wollen, und fragt ihn, welches nach seiner Ansicht die „wahre" Religion sei. Als Begründung führt er an:

Ein Mann, wie du, bleibt da
Nicht stehen, wo der Zufall der Geburt
Ihn hingeworfen: oder wenn er bleibt,
Bleibt er aus Einsicht, Gründen, Wahl des Bessern.
[...] Lass mich die Gründe hören [...].

1. Tauschen Sie sich nach der Lektüre des einleitenden Textes über die Aktualität des Themas und des Inhalts aus.

SECHSTER AUFTRITT

Nathan allein.

NATHAN.   Hm! hm! – wunderlich! – Wie ist
Mir denn? – Was will der Sultan? was? – Ich bin
Auf Geld gefasst; und er will – Wahrheit, Wahrheit!
Und will sie so, – so bar, so blank, – als ob
10   Die Wahrheit Münze wäre! – Ja, wenn noch
Uralte Münze, die gewogen ward! –
Das ginge noch! Allein so neue Münze,
Die nur der Stempel macht, die man aufs Brett
Nur zählen darf, das ist sie doch nun nicht!
15   Wie Geld in Sack, so striche man in Kopf
Auch Wahrheit ein? Wer ist denn hier der Jude?
Ich oder er? – Doch wie? Sollt er auch wohl
Die Wahrheit nicht in Wahrheit fodern? – Zwar,
Zwar der Verdacht, dass er die Wahrheit nur
20   Als Falle brauche, wär auch gar zu klein! –
Zu klein? – Was ist für einen Großen denn
Zu klein? – Gewiss, gewiss: er stürzte mit
Der Türe so ins Haus! Man pocht doch, hört
Doch erst, wenn man als Freund sich naht. – Ich muss
25   Behutsam gehn! – Und wie? wie das? – So ganz
Stockjude sein zu wollen, geht schon nicht. –
Und ganz und gar nicht Jude, geht noch minder.
Denn, wenn kein Jude, dürft er mich nur fragen,
Warum kein Muselmann? – Das war's! Das kann
30   Mich retten! – Nicht die Kinder bloß speist man
Mit Märchen ab. – Er kömmt. Er komme nur!

SIEBENTER AUFTRITT

Saladin und Nathan.

SALADIN. (So ist das Feld hier rein!) – Ich komm dir doch
Nicht zu geschwind zurück? Du bist zu Rande
Mit deiner Überlegung. – Nun so rede!
35   Es hört uns keine Seele.
NATHAN.   Möcht auch doch
Die ganze Welt uns hören.
SALADIN.   So gewiss
Ist Nathan seiner Sache? Ha! das nenn
Ich einen Weisen! Nie die Wahrheit zu
40   Verhehlen! für sie alles auf das Spiel
Zu setzen! Leib und Leben! Gut und Blut!
NATHAN. Ja! ja! wann's nötig ist und nutzt.
SALADIN.   Von nun
45   An darf ich hoffen, einen meiner Titel,
Verbesserer der Welt und des Gesetzes,
Mit Recht zu führen.
NATHAN.   Traun, ein schöner Titel!
Doch, Sultan, eh ich mich dir ganz vertraue,
Erlaubst du wohl, dir ein Geschichtchen zu
50   Erzählen?
SALADIN. Warum das nicht? Ich bin stets
Ein Freund gewesen von Geschichtchen, gut
Erzählt.

---

2. Arbeiten Sie die Situation heraus, in der sich Nathan befindet.

3. Verfolgen Sie den Gedankengang in Nathans Monolog (V. 6–31): Zeigen Sie an Inhalt und Sprache, wie er dazu gelangt, dem Sultan mit einem „Märchen" zu antworten.

4. Ordnen Sie die Inszenierungsfotos (Bild a–g) einer der folgenden Stellen der Ringparabel zu:
- V. 6–31
- V. 60–66
- V. 83–88
- V. 100–102
- V. 135–146
- V. 176–181
- V. 198–206

Begründen Sie Ihre Entscheidung.

5. Gliedern Sie den Text in fünf Abschnitte und fassen Sie mit jeweils einem Satz zusammen, um was es in dem jeweiligen Absatz geht.

6. a) Bereiten Sie in Gruppen den Text zur ➤ szenischen Lesung vor.
b) Besorgen Sie sich geeignete orientalische Musik, die Sie an bestimmten Stellen im Hintergrund abspielen oder mit der Sie stellenweise die Lesung unterbrechen.
c) Tragen Sie Ihre Ergebnisse vor. Vergleichen Sie, wie die verschiedenen Gruppen zentrale Textpassagen umgesetzt haben.

7. Übertragen Sie die Tabelle auf ein Blatt und ergänzen Sie sie, so dass die Inhalte der Märchenerzählung und deren Deutung nebeneinander stehen.

	Bildebene/ Märchen	Deutung
1. Teil	Vater/Söhne, liebster Sohn, →	Gott/Völker, Menschen, …
	Ring →	macht beliebt bei Gott und Menschen
	Opal →	…
2. Teil	drei Ringe, Liebe des Vaters →	…
	nicht unterscheidbar →	…
3. Teil	…	…

8. Formulieren Sie das, was Nathan mit der Ringparabel über die drei großen Religionen und ihre Aufgabe aussagen will, mit eigenen Worten. Ziehen Sie dabei die Bildebene der Parabel nicht heran.

9. Diskutieren Sie, ob Lessings Botschaft zur Verbesserung des Miteinanders der großen Weltreligionen beitragen kann.

NATHAN. Ja, gut erzählen, das ist nun
55 Wohl eben meine Sache nicht.
SALADIN.   Schon wieder
So stolz bescheiden? – Mach! erzähl, erzähle!
NATHAN.
60 Vor grauen Jahren lebt' ein Mann in Osten,
Der einen Ring von unschätzbarem Wert
Aus lieber Hand besaß. Der Stein war ein
Opal, der hundert schöne Farben spielte,
Und hatte die geheime Kraft, vor Gott
65 Und Menschen angenehm zu machen, wer
In dieser Zuversicht ihn trug. Was Wunder,
Dass ihn der Mann in Osten darum nie
Vom Finger ließ; und die Verfügung traf,
Auf ewig ihn bei seinem Hause zu
70 Erhalten? Nämlich so. Er ließ den Ring
Von seinen Söhnen dem geliebtesten;
Und setzte fest, dass dieser wiederum
Den Ring von seinen Söhnen dem vermache,
Der ihm der liebste sei; und stets der liebste,
75 Ohn Ansehn der Geburt, in Kraft allein
Des Rings, das Haupt, der Fürst des Hauses werde. –
Versteh mich, Sultan.
SALADIN.   Ich versteh dich. Weiter!
NATHAN. So kam nun dieser Ring, von Sohn zu Sohn,
80 Auf einen Vater endlich von drei Söhnen;
Die alle drei ihm gleich gehorsam waren,
Die alle drei er folglich gleich zu lieben
Sich nicht entbrechen konnte. Nur von Zeit
Zu Zeit schien ihm bald der, bald dieser, bald
85 Der dritte, – so wie jeder sich mit ihm
Allein befand und sein ergießend Herz
Die andern zwei nicht teilten, – würdiger
Des Ringes; den er denn auch einem jeden
Die fromme Schwachheit hatte zu versprechen.
90 Das ging nun so, solang es ging. – Allein
Es kam zum Sterben, und der gute Vater
Kömmt in Verlegenheit. Es schmerzt ihn, zwei
Von seinen Söhnen, die sich auf sein Wort
Verlassen, so zu kränken. – Was zu tun? –
95 Er sendet in geheim zu einem Künstler,
Bei dem er, nach dem Muster seines Ringes,
Zwei andere bestellt und weder Kosten
Noch Mühe sparen heißt, sie jenem gleich,
Vollkommen gleich zu machen. Das gelingt
100 Dem Künstler. Da er ihm die Ringe bringt,
Kann selbst der Vater seinen Musterring
Nicht unterscheiden. Froh und freudig ruft
Er seine Söhne, jeden insbesondre;
Gibt jedem insbesondre seinen Segen, –
105 Und seinen Ring, – und stirbt. – Du hörst doch, Sultan?
SALADIN (der sich betroffen von ihm gewandt).
Ich hör, ich höre! – Komm mit deinem Märchen
Nur bald zu Ende. – Wird's?
NATHAN.   Ich bin zu Ende.
110 Denn was noch folgt, versteht sich ja von selbst. –
Kaum war der Vater tot, so kömmt ein jeder
Mit seinem Ring, und jeder will der Fürst
Des Hauses sein. Man untersucht, man zankt,
Man klagt. Umsonst; der rechte Ring war nicht
115 Erweislich; –
(nach einer Pause, in welcher er des Sultans Antwort erwartet)
Fast so unerweislich, als
Uns itzt – der rechte Glaube.
SALADIN.   Wie? das soll
120 Die Antwort sein auf meine Frage? ...
NATHAN.   Soll
Mich bloß entschuldigen, wenn ich die Ringe
Mir nicht getrau zu unterscheiden, die
Der Vater in der Absicht machen ließ,
125 Damit sie nicht zu unterscheiden wären.
SALADIN. Die Ringe! – Spiele nicht mit mir! – Ich dächte,
Dass die Religionen, die ich dir
Genannt, doch wohl zu unterscheiden wären.
Bis auf die Kleidung; bis auf Speis und Trank!
130 NATHAN. Und nur vonseiten ihrer Gründe nicht. –
Denn gründen alle sich nicht auf Geschichte?
Geschrieben oder überliefert! – Und
Geschichte muss doch wohl allein auf Treu
Und Glauben angenommen werden? – Nicht? –
135 Nun, wessen Treu und Glauben zieht man denn
Am wenigsten in Zweifel? Doch der Seinen?
Doch deren Blut wir sind? Doch deren, die
Von Kindheit an uns Proben ihrer Liebe
Gegeben? die uns nie getäuscht, als wo
140 Getäuscht zu werden uns heilsamer war? –
Wie kann ich meinen Vätern weniger
Als du den deinen glauben? Oder umgekehrt. –
Kann ich von dir verlangen, dass du deine
Vorfahren Lügen strafst, um meinen nicht
145 Zu widersprechen? Oder umgekehrt.
Das Nämliche gilt von den Christen. Nicht? –
SALADIN. (Bei dem Lebendigen! Der Mann hat Recht.
Ich muss verstummen.)
NATHAN.   Lass auf unsre Ring'
150 Uns wieder kommen. Wie gesagt: die Söhne
Verklagten sich; und jeder schwur dem Richter,
Unmittelbar aus seines Vaters Hand
Den Ring zu haben. – Wie auch wahr! – Nachdem
Er von ihm lange das Versprechen schon
155 Gehabt, des Ringes Vorrecht einmal zu
Genießen. – Wie nicht minder wahr! – Der Vater,
Beteu'rte jeder, könne gegen ihn
Nicht falsch gewesen sein; und eh er dieses
Von ihm, von einem solchen lieben Vater,
160 Argwohnen lass: eh müss er seine Brüder,
So gern er sonst von ihnen nur das Beste
Bereit zu glauben sei, des falschen Spiels
Bezeihen; und er wolle die Verräter
Schon auszufinden wissen; sich schon rächen.
165 SALADIN. Und nun, der Richter? – Mich verlangt zu hören,
Was du den Richter sagen lässest. Sprich!
NATHAN. Der Richter sprach: Wenn ihr mir nun den Vater
Nicht bald zur Stelle schafft, so weis ich euch

170 Von meinem Stuhle. Denkt ihr, dass ich Rätsel
Zu lösen da bin? Oder harret ihr,
Bis dass der rechte Ring den Mund eröffne? –
Doch, halt! Ich höre ja, der rechte Ring
Besitzt die Wunderkraft beliebt zu machen;
Vor Gott und Menschen angenehm. Das muss
175 Entscheiden! Denn die falschen Ringe werden
Doch das nicht können! – Nun; wen lieben zwei
Von euch am meisten? – Macht, sagt an! Ihr schweigt?
Die Ringe wirken nur zurück? und nicht
Nach außen? Jeder liebt sich selber nur
180 Am meisten? – Oh, so seid ihr alle drei
Betrogene Betrüger! Eure Ringe
Sind alle drei nicht echt. Der echte Ring
Vermutlich ging verloren. Den Verlust
Zu bergen, zu ersetzen, ließ der Vater
185 Die drei für einen machen.
SALADIN.   Herrlich! Herrlich!
NATHAN. Und also, fuhr der Richter fort, wenn ihr
Nicht meinen Rat, statt meines Spruches, wollt:
Geht nur! – Mein Rat ist aber der: ihr nehmt
190 Die Sache völlig, wie sie liegt. Hat von
Euch jeder seinen Ring von seinem Vater:
So glaube jeder sicher seinen Ring
Den echten. – Möglich; dass der Vater nun
Die Tyrannei des e i n e n Rings nicht länger
195 In seinem Hause dulden wollen! – Und gewiss;
Dass er euch alle drei geliebt und gleich
Geliebt: indem er zwei nicht drücken mögen,
Um einen zu begünstigen. – Wohlan!
Es eifre jeder seiner unbestochnen
200 Von Vorurteilen freien Liebe nach!
Es strebe von euch jeder um die Wette,
Die Kraft des Stein in seinem Ring an Tag
Zu legen! komme dieser Kraft mit Sanftmut,
Mit herzlicher Verträglichkeit, mit Wohltun,
205 Mit innigster Ergebenheit in Gott

Zu Hilf! Und wenn sich dann der Steine Kräfte
Bei euern Kindes-Kindeskindern äußern:
So lad ich über tausend tausend Jahre
Sie wiederum vor diesen Stuhl. Da wird
210 Ein weiserer Mann auf diesem Stuhle sitzen,
Als ich und sprechen. Geht! – So sagte der
Bescheidne Richter.
SALADIN.   Gott! Gott!
NATHAN.   Saladin,
215 Wenn du dich fühlest, dieser weisere
Versprochne Mann zu sein: ...
SALADIN (*der auf ihn zustürzt und seine Hand ergreift, die er bis zu Ende nicht wieder fahren lässt.*)
                    Ich Staub? Ich Nichts?
220 O Gott!
NATHAN. Was ist dir, Sultan?
SALADIN.   Nathan, lieber Nathan! –
Die tausend tausend Jahre deines Richters
Sind noch nicht um. – Sein Richterstuhl ist nicht
225 Der meine. – Geh! – Geh! – Aber sei mein Freund.   (v 1779)

Die Parabel

Die Parabel ist eine Beispielgeschichte, die eine abstrakte Aussage in ein konkretes Bild übersetzt (vgl. S. 18).
Man unterscheidet deshalb zwischen

- der in sich geschlossenen Geschichte, dem Erzählten, Dargestellten, auch als **Bildebene** bezeichnet,
- und der „Wahrheit", dem Gemeinten, auch **Sachhälfte** bzw. **Übertragungsebene** genannt.

Wenn deutliche Hinweise zum Textverständnis gegeben werden, spricht man auch von **Gleichnis**, z. B. „Das Himmelreich ist einem Sauerteig gleich". Die Ringparabel enthält einen solchen Hinweis in V. 114 ff: […]; „der rechte Ring war nicht/Erweislich; – Fast so unerweislich, als/Uns itzt – der rechte Glaube." Sie wird deshalb auch als Gleichnis betrachtet.

12 Theaterplakat zu Lessings „Nathan der Weise" in Leipzig 1992

1. Beschreiben und beurteilen Sie die Collage, mit der das Leipziger Schauspielhaus für seine Inszenierung von Lessings Drama geworben hat.

2. Diskutieren Sie, ob die dargestellte Szene dem Geist der Ringparabel entspricht.

150 „Lachend sehr ernsthaft sein":

Gotthold Ephraim Lessing, Gemälde von Anton Graff, 1771

Bibliothek in Wolfenbüttel, Wirkungsstätte Lessings

In der Person Lessings trat dem erstaunten Aufklärungsjahrhundert das eigene Wunschbild vom ‚ganzen Menschen' leibhaftig entgegen. Der am 22. Januar 1729 geborene Pfarrerssohn aus dem sächsischen Kamenz vermochte seiner Zeit vorzuleben, wie man nicht nur jederzeit selbst denkt (Kant), sondern auch selbst empfindet und selbst handelt. Das, und nicht seine Kunst der Kritik, sein pädagogischer Eros oder sein definitorischer Witz, ließ ihn für die Deutschen zu einer uneinholbaren, fast mythischen Größe werden. Wie Lessing sein? Das hieße (Anton Graffs Porträt von 1771 ins Auge gefasst), immer schon Vernunft und stets noch Jugend zu besitzen. Ein Wunschbild bis heute. – Mit der Last eines stupenden Schulwissens beginnt der 17-Jährige sein Studium in Leipzig (1746). Wird es einen Professor geben? Nein, es gibt einen Theatermann. Ein neues Genre (das bürgerliche Drama) und eine neue Institution aufklärerischen Wirkens (ein Nationaltheater) nehmen in seinem Kopf Gestalt an. 1752 geht er nach Berlin. Wird er sich einen Platz an der berühmten Tafelrunde des königlichen Philosophen sichern? Nein, es wird ein Platz im Caféhaus neben einem jüdischen Laienphilosophen (Mendelssohn) und einem Verleger (Nicolai). Mit wem könnte man besser über die Psychologie des bürgerlichen Publikums diskutieren? 1756 bricht der Krieg in seine Pläne ein. Wird sich Lessing in die Studierstube zurückziehen? Nein, er wird Sekretär eines preußischen Generals in Breslau, studiert (selbst trinkend, spielend und fechtend) das Offiziersleben und schreibt die Komödie der preußischen Beamtenethik (‚Minna von Barnhelm'). Und so geht es fort: Hamburg, Wolfenbüttel; ein unternehmerisches Projekt, eine Ehe, ein theologischer Streit. Manches gelingt, manches scheitert. Ein Zufallsleben, wie es scheint.

Doch alles hat seine Logik, denn alles unterstellt sich der Arbeit an einem literarischen Organon der geselligen Bürgertugenden und an neuen Formen eines freien Zusammenlebens. Ein Emanzipationsprogramm. Die Tragödie wird das soziale Mitleid schulen, die Komödie die Fertigkeit des erleichternden Lachens, die Fabel die praktische Moral und der vernünftige Umgang mit der christlichen Offenbarung den Sinn für die geschichtliche Bestimmung des Menschen. Den skeptischen Zeitgenossen schenkt Lessing 1779 im ‚Nathan' einen theatralischen Vorgeschmack seiner konkreten Utopie. Die Uraufführung des Stückes erlebt er freilich nicht mehr. Am 15. Februar 1781 stirbt er im Alter von 52 Jahren in Wolfenbüttel.
Conrad Wiedemann
(e 1980)

- Im 18. Jh. entwickelte sich mit dem Interesse am Individuum auch das an der Physiognomie, d. h. an der äußeren körperlichen Erscheinung, besonders an den Gesichtszügen eines Menschen. Verbunden damit war die Überzeugung, dass der Charakter eines Menschen sich in der Physiognomie spiegle. Der Maler Anton Graff hat in diesem Sinne versucht, Lessings Wesen in seinem Porträt festzuhalten. Welche Eigenschaften lesen Sie heraus? Vergleichen Sie Ihre Eindrücke.

- Conrad Wiedemann begnügt sich nicht mit einer Auflistung der Lebensdaten Lessings. Erläutern Sie, auf welche Weise er versucht, dem Dichter ein deutliches Profil zu verleihen.
- Stellen Sie dar, welche Aktivitäten im Sinne von Lessings aufklärerischem „Emanzipationsprogramm" zu sehen sind.
- Arbeiten Sie die Mittel heraus, mit denen der Autor des biografischen Textes die Eigenständigkeit von Lessings Denken und Handeln betont.

Gotthold Ephraim Lessing (1729–1781)

Aus Werken und Briefen Lessings:

Ich zweifle, ob viel Christen sich rühmen können, mit einem Juden aufrichtig verfahren zu sein: Und sie wundern sich, wenn er ihnen Gleiches mit Gleichem zu vergelten sucht? Sollen Treu und Redlichkeit unter zwei Völkerschaften herrschen, so müssen beide gleich viel dazu beitragen. Wie aber, wenn es bei der einen ein Religionspunkt, und beinahe ein verdienstliches Werk wäre, die andre zu verfolgen?

Der größte Fehler, den man bei der Erziehung zu begehen pflegt, ist dieser, dass man die Jugend nicht zum eigenen Nachdenken gewöhnet …

Nicht die Wahrheit, in deren Besitz irgendein Mensch ist, oder zu sein vermeinet, sondern die aufrichtige Mühe, die er angewandt hat, hinter die Wahrheit zu kommen, macht den Wert des Menschen. Denn nicht durch den Besitz, sondern durch die Nachforschung der Wahrheit erweitern sich seine Kräfte, worin allein seine immer wachsende Vollkommenheit bestehet. Der Besitz macht ruhig, träge, stolz –
Wenn Gott in seiner Rechten alle Wahrheit, und in seiner Linken den einzigen immer regen Trieb nach Wahrheit, obschon mit dem Zusatze, mich immer und ewig zu irren, verschlossen hielte, und spräche zu mir: wähle! Ich fiele ihm mit Demut in seine Linke, und sagte: Vater gib! die reine Wahrheit ist ja doch nur für dich allein!

Das Herz nimmt keine Gründe an, und will in diesem, wie in andern Stücken, seine Unabhängigkeit von dem Verstande behaupten. Man kann es tyrannisieren, aber nicht zwingen.

Die Beredsamkeit

Freunde, Wasser machet stumm:
Lernet dieses an den Fischen.
Doch beim Weine kehrt sichs um:
Dieses lernt an unsern Tischen.
Was für Redner sind wir nicht,
Wenn der Rheinwein aus uns spricht!
Wir ermahnen, streiten, lehren;
Keiner will den andern hören.

Ihre Blätter können gründlich und schön sein. Muss ich sie aber deswegen lesen? Ich müsste viel Zeit auf das Studieren zu wenden haben, wenn ich alle Schriften von dieser Gattung lesen wollte. Was ich lesen soll, muss mich vergnügen können.

Wolfenbüttel, den 31. Dezember 1777

Mein lieber Eschenburg,

Ich ergreife den Augenblick, da meine Frau ganz ohne Besonnenheit liegt, um Ihnen für Ihren gütigen Anteil zu danken. Meine Freude war nur kurz: Und ich verlor ihn so ungern, diesen Sohn! denn er hatte so viel Verstand! so viel Verstand! – Glauben Sie nicht, dass die wenigen Stunden meiner Vaterschaft mich schon zu so einem Affen von Vater gemacht haben! Ich weiß, was ich sage. – War es nicht Verstand, dass man ihn mit eisern Zangen auf die Welt ziehen musste? dass er so bald Unrat merkte? – War es nicht Verstand, dass er die erste Gelegenheit ergriff, sich wieder davonzumachen? – Freilich zerrt mir der kleine Ruschelkopf auch die Mutter mit fort! – Denn noch ist wenig Hoffnung, dass ich sie behalten werde. – Ich wollte es auch einmal so gut haben wie andere Menschen. Aber es ist mir schlecht bekommen.

Lessing

- Lesen Sie die Zitate aus Werken und Briefen Lessings und wählen Sie die beiden kurzen Texte aus, die Sie am meisten ansprechen. Erläutern Sie im Plenum oder in der Gruppe Ihre Wahl.
- Zeigen Sie, dass Lessing zu Recht als Kritiker und Lehrer gilt.
- Lessings Witz ist nicht der eines Humoristen, der einen zum Schmunzeln bringen will. Charakterisieren Sie seine Art von Witz. Beziehen Sie sich dabei auf die hier vorliegenden Texte, beziehen Sie aber auch die Ringparabel (vgl. S. 146 ff.) mit ein.

II. Empfindsamkeit und Sturm und Drang

1. Die Grenzen der Vernunft – Neuorientierungen bestimmen

Ab der Mitte des 18. Jahrhunderts tauchen neben den Schriften der Aufklärer zunehmend Texte auf, die neue Fragen aufwerfen und neue Akzente setzen: Sie thematisieren einerseits ein Unbehagen an der Aufklärung, sind aber andererseits auch Folge der Aufklärungsgesinnung selbst, da man die Diskrepanz zwischen Anspruch und Wirklichkeit, z. B. die Erfahrung von Grenzen rationaler Erkenntnis, schmerzlich zu empfinden beginnt.

1 Adam Friedrich Oeser: Waldlichtung mit Urne

3 Friedrich Schiller (1759–1805): Über die Grenzen der Vernunft

Die Vernunft hat geleistet, was sie leisten kann, wenn sie das Gesetz findet und aufstellt; vollstrecken muss es der mutige Wille und das lebendige Gefühl. Wenn die Wahrheit im Streit mit Kräften den Sieg erhalten soll, so muss sie selbst erst zur *Kraft* werden und zu ihrem Sachführer im Reich der Erscheinungen einen *Trieb* aufstellen; denn Triebe sind die einzigen bewegenden Kräfte in der empfindenden Welt. Hat sie bis jetzt ihre siegende Kraft noch so wenig bewiesen, so liegt dies nicht an dem Verstande, der sie nicht zu entschleiern wusste, sondern an dem Herzen, das sich ihr verschloss, und an dem Triebe, der nicht für sie handelte.
[...]
Nicht genug also, dass alle Aufklärung des Verstandes nur insoferne Achtung verdient, als sie auf den Charakter zurückfließt; sie geht auch gewissermaßen von dem Charakter aus, weil der Weg zu dem Kopf durch das Herz muss geöffnet werden. Ausbildung des Empfindungsvermögens ist also das dringendere Bedürfnis der Zeit, nicht bloß weil sie ein Mittel wird, die verbesserte Einsicht für das Leben wirksam zu machen, sondern selbst darum, weil sie zu Verbesserung der Einsicht erweckt. (v 1795)

2 Adam Friedrich Oeser (1717–1799): Landschaft mit Felsen

4 Ludwig Christoph Heinrich Hölty (1748–1776): Die Mainacht

Wenn der silberne Mond durch die Gesträuche blickt,
Und sein schlummerndes Licht über den Rasen geußt,
    Und die Nachtigall flötet,
        Wandl' ich traurig von Busch zu Busch.

5 Selig preis' ich dich dann, flötende Nachtigall,
Weil dein Weibchen mit dir wohnet in einem Nest,
    Ihrem singenden Gatten
        Tausend trauliche Küsse giebt.

Überschattet von Laub, girret ein Taubenpaar
10 Sein Entzücken mir vor; aber ich wende mich,
    Suche dunkle Gesträuche,
        Und die einsame Thräne rinnt.

Wann, o lächelndes Bild, welches wie Morgenroth
Durch die Seele mir strahlt, find' ich auf Erden dich?
15   Und die einsame Thräne
        Bebt mir heißer die Wang herab. (e 1774)

5 Friedrich Gottlieb Klopstock (1724–1803): Die frühen Gräber

Willkommen, o silberner Mond,
   Schöner, stiller Gefährt der Nacht!
      Du entfliehst? Eile nicht, bleib, Gedankenfreund!
         Sehet, er bleibt, das Gewölk wallte nur hin.

5 Des Maies Erwachen ist nur
   Schöner noch, wie die Sommernacht,
      Wenn ihm Tau, hell wie Licht, aus der Locke träuft,
         Und zu dem Hügel herauf rötlich er kömmt.

   Ihr Edleren, ach es bewächst
10   Eure Male schon ernstes Moos!
      O wie war glücklich ich, als ich noch mit euch
         Sahe sich röten den Tag, schimmern die Nacht. (e 1764)

1. a) Beschreiben Sie, welchen Eindruck die Werke Oesers auf Sie machen.
b) Stellen Sie Verbindungen her zu Schillers, Klopstocks und Höltys Texten.

2. a) Zeigen Sie an Inhalt, Sprache und Stil der Texte, dass hier gegenüber dem bisher vorherrschenden Rationalismus „neue Töne" angeschlagen werden.
b) Erklären Sie, wie Schiller, Klopstock und Hölty auf die Bewegung der Aufklärung im 18. Jahrhundert reagieren: Was verbindet sie mit der Aufklärung? Welche neuen bzw. anderen Akzentuierungen nehmen sie vor? Welche Gemeinsamkeiten und Unterschiede gibt es zwischen Schiller, Klopstock und Hölty?

Empfindsamkeit

Die gefühlsbetonte Literatur der Empfindsamkeit übernahm ab 1740 im Rahmen der Aufklärung eine führende Rolle. Friedrich Gottlieb Klopstock war ihr herausragender Vertreter. Sein biblisches Epos *Der Messias* (1748) bildete den Höhepunkt der literarischen Strömung. Die Empfindsamkeit ergänzte die rationale Seite der Aufklärung durch eine verstärkte Hinwendung zu einer vom Gefühl getragenen, oft enthusiastischen Weltsicht, die zuerst den religiösen Bereich erfasste (**Pietismus**) und dann die übrigen Lebensbereiche ergriff. Seelische Regungen und innere Ergriffenheit wurden in der Begegnung mit der Natur und im Freundeskreis erlebt und in der Dichtung dargestellt. Ein Dichterkreis, der Freundschaftskult mit Natur- und Vaterlandsliebe verband, war der 1772 von Ludwig Hölty, Johann Heinrich Voß, Johann Martin Miller und weiteren Studenten in einem Eichenwäldchen bei Göttingen gegründete **„Göttinger Hain"** (auch **„Hainbund"**). Klopstock war verehrtes und gefeiertes Vorbild.

2. Das „heilig glühend Herz" (Goethe) – Gefühlswelten erschließen

1 Johann Wolfgang von Goethe (1749–1832): Die Leiden des jungen Werthers (Auszüge)

Im Jahre 1774 veröffentlicht Goethe einen viel gelesenen und einflussreichen Briefroman, *Die Leiden des jungen Werthers*. Der Roman spiegelt die neuen Wertorientierungen wider, die an der Person und am Schicksal Werthers dargestellt werden. Er zeigt uns Werthers Suche nach eigenen Wertvorstellungen und sein Erleben der Natur sowie der Liebe.

W. Amberg: Vorlesung aus „Werther"

Herzog Ernst Ludwig von Sachsen-Gotha in „Werther"-Kleidung

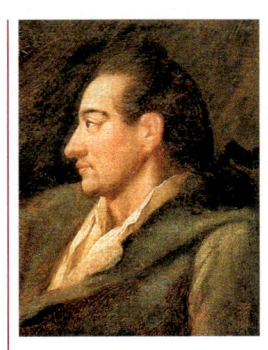

Der junge Goethe

„Die Konstellation war glücklich", schrieb **Johann Wolfgang von Goethe** (1749–1832) selbst über den 28. August 1749, den Tag, an dem er in der Freien Reichsstadt Frankfurt am Main das Licht der Welt erblickte. Goethe wuchs in einem vornehmen bürgerlichen Elternhaus heran, bis er mit 16 Jahren in Leipzig das Studium der Rechte aufnahm – ein Studium allerdings, zu dem er wenig echte Neigung verspürte; er zeichnete und malte (Unterricht erhielt er von Adam Friedrich Oeser, vgl. S. 152) und schrieb Gedichte. Beendet hat Goethe sein Studium erst im Jahr 1771 in Straßburg: Leipzig verließ er nach drei

Jahren, schwer erkrankt, „gleichsam als Schiffbrüchiger", ein krisenbedingter Aufenthalt in seiner Heimatstadt folgte, bevor er 1770 nach Straßburg ging. Dort kam es zur prägenden Begegnung mit Johann Gottfried Herder, der Goethe für Shakespeare und die Volkspoesie begeisterte.
1774 wurde Goethe, 25 Jahre alt, mit einem Schlag zu einem der bekanntesten Autoren; Grund dafür war die Veröffentlichung des Briefromans „Die Leiden des jungen Werthers", mit dem er auch eigene Erlebnisse verarbeitet hatte (1772 hatte er sich in Wetzlar in Charlotte Buff, die Verlobte eines Freundes, verliebt).
Doch sein freies Leben gab Goethe schon wenig später auf, als er der Einladung des Erbprinzen Carl August von Sachsen-Weimar folgte und in den Weimarischen Staatsdienst eintrat. Dies entsprach einem Bedürfnis nach Tätigkeit und er suchte Besänftigung und Mäßigung – auch unter dem Einfluss der verheirateten Hofdame Charlotte von Stein. Seine praktischen Aufgaben nahm er ernst. Dennoch empfand er dieses Leben zunehmend als einengend und belastend: Nach elf Jahren am Weimarer Hof (1782 war er von Kaiser Joseph II. geadelt worden) glich sein Aufbruch nach Italien im Jahre 1786 einer Flucht (vgl. S. 14f.). Der Aufenthalt im Süden wurde für Goethe zu einer produktiven Zeit, auch wenn er erkannte, dass er nicht zum bildenden Künstler bestimmt sei. Nach knapp zwei Jahren kehrte er nach Weimar zurück.
(Fortsetzung der Goethe-Biografie im Kapitel „Klassik", S. 195)

J. A. B. Nothnagel:
Die „Werther"-Leserin

Viele junge Leser und Leserinnen identifizieren sich nach Erscheinen des Romans mit den Figuren. Junge Männer tragen wie Werther gelbe Hosen, lange braune Stiefel und einen blauen Rock. Das „Werther-Fieber" steigert sich so sehr, dass Werthers Ende – er bringt sich in Folge der unglücklichen Liebe zu der bereits verlobten Lotte um – nachgeahmt wird und sich einige junge Männer in Werther-Kleidung erschießen. So wird der Roman zugleich zum „Kult- und Skandal-Roman".

a) Erstes Buch/Am 10. Mai

Eine wunderbare Heiterkeit hat meine ganze Seele eingenommen, gleich den süßen Frühlingsmorgen, die ich mit ganzem Herzen genieße. Ich bin allein, und freue mich meines Lebens in dieser Gegend, die für solche Seelen geschaffen ist wie die meine. Ich bin so glücklich, mein Bester, so ganz in dem Gefühle von ruhigem Dasein versunken, dass meine Kunst darunter leidet. Ich könnte jetzt nicht zeichnen, nicht einen Strich, und bin nie ein größerer Maler gewesen als in diesen Augenblicken. Wenn das liebe Tal um mich dampft, und die hohe Sonne an der Oberfläche der undurchdringlichen Finsternis meines Waldes ruht, und nur einzelne Strahlen sich in das innere Heiligtum stehlen, ich dann im hohen Grase am fallenden Bache liege, und näher an der Erde tausend mannigfaltige Gräschen mir merkwürdig werden; wenn ich das Wimmeln der kleinen Welt zwischen Halmen, die unzähligen unergründlichen Gestalten der Würmchen, der Mückchen näher an meinem Herzen fühle, und fühle die Gegenwart des Allmächtigen, der uns nach seinem Bilde schuf, das Wehen des Allliebenden, der uns in ewiger Wonne schwebend trägt und erhält; mein Freund! wenn's dann um meine Augen dämmert, und die Welt um mich her und der Himmel ganz in meiner Seele ruhn wie die Gestalt einer Geliebten; dann sehne ich mich oft und denke: ach könntest du das wieder ausdrücken, könntest du dem Papiere das einhauchen, was so voll, so warm in dir lebt, dass es würde der Spiegel deiner Seele, wie deine Seele ist der Spiegel des unendlichen Gottes! – Mein Freund – Aber ich gehe darüber zugrunde, ich erliege unter der Gewalt der Herrlichkeit dieser Erscheinungen.

b) Erstes Buch/Am 16. Junius

[...]

Einen Engel! – Pfui! das sagt jeder von der Seinigen, nicht wahr? Und doch bin ich nicht imstande, dir zu sagen, wie sie vollkommen ist, warum sie vollkommen ist; genug, sie hat allen meinen Sinn gefangen genommen.
So viel Einfalt bei so viel Verstand, so viel Güte bei so viel Festigkeit, und die Ruhe der Seele bei dem wahren Leben und der Tätigkeit. –
[...]
Wie ich mich unter dem Gespräche in den schwarzen Augen weidete! wie die lebendigen Lippen und die frischen muntern Wangen meine ganze Seele anzogen! wie ich, in den herrlichen Sinn ihrer Rede ganz versunken, oft gar die Worte nicht hörte, mit denen sie sich ausdrückte! – davon hast du eine Vorstellung, weil du mich kennst. Kurz, ich stieg aus dem Wagen wie ein Träumender, als wir vor dem Lusthause stille hielten, und war so in Träumen rings in der dämmernden Welt verloren, dass ich auf die Musik kaum achtete, die uns von dem erleuchteten Saal herunter entgegenschallte.
[...]
Der Tanz war noch nicht zu Ende, als die Blitze, die wir schon lange am Horizonte leuchten gesehn, und die ich immer für Wetterkühlen ausgegeben hatte, viel stärker zu werden anfingen, und der Donner die Musik überstimmte. Drei Frauenzimmer liefen aus der Reihe, denen ihre Herren folgten; die Unordnung wurde allgemein und die Musik hörte auf. Es ist natürlich, wenn uns ein Unglück, oder etwas Schreckliches im Vergnügen überrascht, dass es stärkere Eindrücke auf uns macht als sonst, teils wegen des Gegensatzes, der sich so lebhaft empfinden lässt, teils und noch mehr, weil unsere Sinne einmal der Fühlbarkeit geöffnet sind und also desto schneller einen Eindruck annehmen. Diesen Ursachen muss ich die wunderbaren Grimassen zuschreiben, in die ich mehrere Frauenzimmer ausbrechen sah.
[...]
Einige unserer Herren hatten sich hinabbegeben, um ein Pfeifchen in Ruhe zu rauchen; und die übrige Gesellschaft schlug es nicht aus, als die Wirtin auf den klugen Einfall kam, uns ein Zimmer anzuweisen, das Läden und Vorhänge hätte. Kaum waren wir da angelangt, als Lotte

beschäftigt war, einen Kreis von Stühlen zu stellen, und als sich die Gesellschaft auf ihre Bitte gesetzt hatte, den Vortrag zu einem Spiele zu tun.
50 Ich sah manchen, der in Hoffnung auf ein saftiges Pfand sein Mäulchen spitzte, und seine Glieder reckte. – Wir spielen Zählens, sagte sie. Nun gebt Acht! Ich geh im Kreise herum von der Rechten zur Linken, und so zählt ihr auch ringsherum, jeder die Zahl, die an ihn kommt, und das muss gehen wie ein Lauffeuer, und wer stockt, oder sich irrt, kriegt eine Ohrfeige, und so bis tausend. – Nun war das lustig anzusehen. Sie ging mit ausgestrecktem Arm im Kreis
55 herum. Eins, fing der Erste an, der Nachbar zwei, drei der Folgende und so fort. Dann fing sie an, geschwinder zu gehn, immer geschwinder; da versah's einer, patsch! eine Ohrfeige, und über das Gelächter der Folgende auch patsch! Und immer geschwinder. Ich selbst kriegte zwei Maulschellen, und glaubte mit innigem Vergnügen zu bemerken, dass sie stärker seien, als sie sie den Übrigen zuzumessen pflegte. Ein allgemeines Gelächter und Geschwärm endigte das
60 Spiel, ehe noch das Tausend ausgezählt war. Die Vertrautesten zogen einander beiseite, das Gewitter war vorüber, und ich folgte Lotten in den Saal. Unterwegs sagte sie: Über die Ohrfeigen haben sie Wetter und alles vergessen! – Ich konnte ihr nichts antworten. – Ich war, fuhr sie fort, eine der Furchtsamsten, und indem ich mich herzhaft stellte, um den andern Mut zu geben, bin ich mutig geworden. – Wir traten ans Fenster. Es donnerte abseitwärts, und der herr-
65 liche Regen säuselte auf das Land, und der erquickendste Wohlgeruch stieg in aller Fülle einer warmen Luft zu uns auf. Sie stand, auf ihren Ellenbogen gestützt, ihr Blick durchdrang die Gegend, sie sah gen Himmel und auf mich, ich sah ihr Auge tränenvoll, sie legte ihre Hand auf die meinige, und sagte – Klopstock! – Ich erinnerte mich sogleich der herrlichen Ode, die ihr in Gedanken lag, und versank in dem Strome von Empfindungen, den sie in dieser Losung über
70 mich ausgoss. Ich ertrug's nicht, neigte mich auf ihre Hand und küsste sie unter den wonnevollsten Tränen. Und sah nach ihrem Auge wieder – Edler! hättest du deine Vergötterung in diesem Blicke gesehn, und möcht' ich nun deinen so oft entweihten Namen nie wieder nennen hören!

c) Erstes Buch/Am 18. August

Musste dann das so sein, dass das, was des Menschen Glückseligkeit macht, wieder die Quelle
75 seines Elendes würde?
[…]
Es hat sich vor meiner Seele wie ein Vorhang weggezogen, und der Schauplatz des unendlichen Lebens verwandelt sich vor mir in den Abgrund des ewig offnen Grabs. Kannst du sagen: Das ist! da alles vorübergeht? da alles mit der Wetterschnelle vorüberrollt, so selten die ganze Kraft
80 seines Daseins ausdauert, ach! in den Strom fortgerissen, untergetaucht und an Felsen zerschmettert wird? Da ist kein Augenblick, der nicht dich verzehrte und die Deinigen um dich her, kein Augenblick, da du nicht ein Zerstörer bist, sein musst; der harmloseste Spaziergang kostet tausend armen Würmchen das Leben, es zerrüttet ein Fußtritt die mühseligen Gebäude der Ameisen, und stampft eine kleine Welt in ein schmähliches Grab. Ha! nicht die große selt-
85 ne Not der Welt, diese Fluten, die eure Dörfer wegspülen, diese Erdbeben, die eure Städte verschlingen, rühren mich; mir untergräbt das Herz die verzehrende Kraft, die in dem All der Natur verborgen liegt; die nichts gebildet hat, das nicht seinen Nachbar, nicht sich selbst zerstörte. Und so taumle ich beängstigt! Himmel und Erde und ihre webenden Kräfte um mich her! Ich sehe nichts, als ein ewig verschlingendes, ewig wiederkäuendes Ungeheuer. (v 1774)

Jugendprotest am Ende des 18. Jahrhunderts

Zunehmend begehrte die Jugend auf gegen die Autoritäten von Staat und Kirche: Sie rebellierte gegen staatliche und gesellschaftliche Zwänge und überkommene Moralvorschriften. Äußerer Ausdruck ihres Protestes war, dass die in Locken gelegte, gepuderte Perücke mit Zopf abgelegt und das Haar offen und lang getragen wurde; unkonventionell war die Kleidung mit offenem Hemd, Halstuch, Weste mit einer ledernen Hose und hohen Stiefeln statt Schnallenschuhen und darüber einem einfarbigen Frack. Die höfische Gesellschaft schockierten die Jungen durch öffentliches Baden in Seen und Flüssen. Sie zeigten ihre Gefühle: Begeisterung für die Natur, heftige und tränenreiche Gefühlsausbrüche, Umarmungen und Küsse bestimmten den täglichen Umgang dieser jungen Leute.

Briefroman

Eine besondere literarische Kunstform stellt der Briefroman dar: Er entwickelte sich in der Neuzeit parallel zum literarischen Brief, in dem politische, philosophische oder moralische Probleme diskutiert wurden, z. B. in den Briefen von Lessing, Herder, Goethe und Schiller.
Seinen Ursprung hatte der Briefroman in England im 18. Jahrhundert.
Im Briefroman können seelische Erfahrungen differenziert und nuanciert dargestellt werden und durch die Zuwendung an einen Adressaten objektiv wirken.

1. a) Entscheiden Sie, welchen der drei Werther-Briefe Sie auswählen würden, wenn Sie sich bei einer Lesung auf einen beschränken müssten.
b) Bereiten Sie den ausgewählten Brief für eine Lesung vor, indem Sie eine bestimmte Lesart (gefühlsbetont, aufgewühlt, aggressiv, enttäuscht, …) wählen.

2. Werther sieht und erlebt die Natur und die Liebe neu im Vergleich zu den frühen Aufklärern.
a) Beschreiben Sie, was diese neue Sichtweise kennzeichnet.
b) Überprüfen Sie dazu Werthers Motivwahl und Sprache (Wortwahl, Satzbau und Bildlichkeit).
c) Erläutern Sie, auf welche Autoritäten er sich beruft.

3. Der Literaturwissenschaftler Erich Trunz schreibt zum *Werther*:
„Goethe ist der Einzige, der einerseits gefühlsgetragen ist wie die Empfindsamen, aber andererseits sieht, dass hier jede Sicherheit fehlt und dass es zur Katastrophe kommen muss. Er tadelt nicht von außen her wie die Rationalisten, sondern stellt von innen her die Gefahr und Tragik dieser Lage dar." Überprüfen Sie die Aussage von Erich Trunz an den Textauszügen.

4. Gestalten Sie Werthers Naturerfahrung in einer Collage, indem Sie Werther-Zitate und geeignete Bilder kombinieren.

156 Goethes Sesenheimer Lieder:

Goethe setzt im März 1770 sein in Leipzig begonnenes Jura-Studium in Straßburg fort. Der Aufenthalt in der elsässischen Stadt wird für ihn gleichsam zu einem neuen Aufbruch, denn er trifft dort auf eine Gruppe junger Dichter, von denen vorgegebene Regeln und alte Formen als Fesseln empfunden werden, die es abzustreifen gilt. Für sie zählen Natürlichkeit, Einfachheit, Gefühl und Ausdruckskraft. Mit seinem dichterischen Schaffen in dieser Zeit bildet Goethe einen neuen Stil der Lyrik aus.

Literarisch bedeutsam dabei wird seine Liebe zur elsässischen Pfarrerstochter Friederike Brion aus Sesenheim. In einer Reihe von Gedichten, die als Sesenheimer Lieder bekannt geworden sind, bringt er seine Gefühle zum Ausdruck. Die Beziehung zu Friederike, die vermutlich im Oktober 1770 begonnen hat, endet jedoch mit dem Abschluss seines Studiums im August 1771. Über die Gründe kann man nur spekulieren. Vermutlich will sich Goethe nicht auf Dauer binden.

Beschriftete Seidenbänder

Kleine Blumen, kleine Blätter

Kleine Blumen, kleine Blätter
Streuen mir mit leichter Hand
Gute junge Frühlings-Götter
Tändlend auf ein luftig Band.

5 Zephir[1], nimm's auf deine Flügel,
Schling's um meiner Liebsten Kleid!
Und dann tritt sie für den Spiegel
Mit zufriedner Munterkeit.

Sieht mit Rosen sich umgeben,
10 Sie wie eine Rose jung.
Einen Kuss, geliebtes Leben,
Und ich bin belohnt genung.

Schicksal, segne diese Triebe,
Lass mich ihr und lass sie mein,
15 Lass das Leben unsrer Liebe
Doch kein Rosen-Leben sein!

Mädchen, das wie ich empfindet,
Reich mir deine liebe Hand!
Und das Band, das uns verbindet,
20 Sei kein schwaches Rosen-Band![2]

Ach, wie sehn' ich mich nach dir

Ach, wie sehn' ich mich nach dir,
Kleiner Engel! Nur im Traum,
Nur im Traum erscheine mir!
Ob ich da gleich viel erleide,
5 Bang um dich mit Geistern streite,
Und erwachend atme kaum.

Ach, wie sehn' ich mich nach dir,
Ach, wie teuer bist du mir
Selbst in einem schweren Traum.

Es schlug mein Herz

Es schlug mein Herz. Geschwind, zu Pferde!
Und fort, wild wie ein Held zur Schlacht.
Der Abend wiegte schon die Erde,
Und an den Bergen hing die Nacht.
5 Schon stund im Nebelkleid die Eiche
Wie ein getürmter Riese da,
Wo Finsternis aus dem Gesträuche
Mit hundert schwarzen Augen sah.

Der Mond von einem Wolkenhügel
10 Sah schläfrig aus dem Duft hervor,
Die Winde schwangen leise Flügel,
Umsausten schauerlich mein Ohr.
Die Nacht schuf tausend Ungeheuer,
Doch tausendfacher war mein Mut,
15 Mein Geist war ein verzehrend Feuer,
Mein ganzes Herz zerfloss in Glut.

Ich sah dich, und die milde Freude
Floss aus dem süßen Blick auf mich.
Ganz war mein Herz an deiner Seite,
20 Und jeder Atemzug für dich.
Ein rosenfarbes Frühlingswetter
Lag auf dem lieblichen Gesicht
Und Zärtlichkeit für mich, ihr Götter,
Ich hofft' es, ich verdient' es nicht.

25 Der Abschied, wie bedrängt, wie trübe!
Aus deinen Blicken sprach dein Herz.
In deinen Küssen welche Liebe,
O welche Wonne, welcher Schmerz!
Du gingst, ich stund und sah zur Erden
30 Und sah dir nach mit nassem Blick.
Und doch, welch Glück, geliebt zu werden,
Und lieben, Götter, welch ein Glück!

---
[1] der Zephir: milder Wind
[2] Zur Zeit Goethes waren bemalte Bänder in Mode gekommen.

Über Anfang und Ende einer Liebe nachdenken

Maifest

Wie herrlich leuchtet
Mir die Natur!
Wie glänzt die Sonne!
Wie lacht die Flur!

5 Es dringen Blüten
Aus jedem Zweig
Und tausend Stimmen
Aus dem Gesträuch

Und Freud und Wonne
10 Aus jeder Brust.
O Erd', o Sonne,
O Glück, o Lust,

O Lieb', o Liebe,
So golden schön
15 Wie Morgenwolken
Auf jenen Höhn,

Du segnest herrlich
Das frische Feld,
Im Blütendampfe
20 Die volle Welt!

O Mädchen, Mädchen
Wie lieb' ich dich!
Wie blinkt dein Auge,
Wie liebst du mich!

25 So liebt die Lerche
Gesang und Luft,
Und Morgenblumen
Den Himmelsduft,

Wie ich dich liebe
30 Mit warmen Blut,
Die du mir Jugend
Und Freud' und Mut

Zu neuen Liedern
Und Tänzen gibst.
35 Sei ewig glücklich,
Wie du mich liebst.

Erlebnislyrik

Als Erlebnislyrik bezeichnet man Gedichte, die von subjektiven Erlebnissen des Autors ausgehen und den künstlerischen Ausdruck einer persönlichen Erfahrung darstellen. Kennzeichnend ist einerseits die unmittelbare Gefühlsaussprache, andererseits die bewusste poetische Gestaltung. Was also als unmittelbarer Gefühlsausdruck erscheint, ist der Niederschlag dichterischen Gestaltungswillens. Deshalb darf das lyrische Ich auch hier nicht mit dem Autor gleichgesetzt werden.

- Das Gedicht „Kleine Blumen, kleine Blätter" markiert den Übergang von der unpersönlichen, verspielten **Gesellschaftslyrik** der Zeit, die traditionellen Formen verpflichtet war und versuchte, mit Leichtigkeit und Witz zu brillieren, zur sogenannten **Erlebnislyrik**. Ziel ist der Ausdruck eines persönlichen, tiefen inneren Erlebens. Dafür müssen entsprechende Formen gefunden werden. Zeigen Sie an ausgewählten Textstellen, wie traditionelle Elemente in persönlichen ernsthaften Gefühlsausdruck übergehen.
- Nennen Sie das Gedicht, das Ihrer Meinung nach am überzeugendsten den Gefühlen Ausdruck verleiht.
- Stellen Sie die formalen Eigenheiten, besonders die sprachlich-stilistischen Mittel, zusammen, die zur Darstellung der Gefühle eingesetzt werden.
- In der Goethe-Forschung bemüht man sich schon lange um eine Chronologie der Gedichte. Versuchen Sie sich an einem Vorschlag zur zeitlichen Anordnung der lyrischen Texte, indem sie von einem möglichen Verlauf der Liebesgeschichte ausgehen.
- **DVD Texte** Das Gedicht „Es schlug mein Herz" hat Goethe später überarbeitet und 1789 unter dem Titel „Willkommen und Abschied" veröffentlicht. Vergleichen Sie diese zweite Fassung mit der ersten: Stellen Sie die Unterschiede zusammen und beurteilen Sie, ob die Änderungen Auswirkungen auf die Aussage des Gedichts und die Darstellung der Beziehung der Liebenden haben.

Sturm und Drang

Die Bewegung des Sturm und Drang umfasste die Jahre 1770 bis 1785 und wurde bestimmt von einer Gruppe jugendlicher Schriftsteller, wie Johann Gottfried Herder, Friedrich Maximilian Klinger, Christian Friedrich Daniel Schubart, Heinrich Leopold Wagner, Jakob Michael Reinhold Lenz, Johann Wolfgang Goethe und als Nachzügler Friedrich Schiller.
Diese forderten eine neue Freiheit im Denken, Empfinden und Leben. Auf der Grundlage eines ganzheitlichen Menschenbildes, in dessen Sinne Leidenschaften nicht mehr als zu unterdrückende, sondern vielmehr als produktive Kräfte galten, wurden „Kraft", „Gefühl", „Herz" zu zentralen Schlagworten der Bewegung. Die Stürmer und Dränger waren davon überzeugt, dass der Mensch dazu lebe, um all seine Anlagen zu entwickeln. Mit fast enthusiastischer Begeisterung forderten sie die Originalität jedes Einzelnen. Dies führte zur Verherrlichung des **Genies**, des „Kraft-Genies".

Federzeichnung Goethes, „Prometheus"

1. Die beiden Goethe-Hymnen „Prometheus" und „Ganymed" sind sogenannte Rollengedichte, d. h. es sprechen Prometheus bzw. Ganymed.
a) Informieren Sie sich über die mythologischen Figuren Prometheus und Ganymed.
b) Rezitieren Sie die Hymnen „Prometheus" und „Ganymed" und notieren Sie Hinweise für einen ▶ sinngestaltenden Lesevortrag.
c) Grenzen Sie die beiden Hymnen von der Erlebnislyrik ab.

2 Johann Wolfgang Goethe: Prometheus

Bedecke deinen Himmel, Zeus,
Mit Wolkendunst!
Und übe, Knaben gleich,
Der Disteln köpft,
5 An Eichen dich und Bergeshöhn!
Musst mir meine Erde
Doch lassen stehn,
Und meine Hütte,
Die du nicht gebaut,
10 Und meinen Herd,
Um dessen Glut
Du mich beneidest.

Ich kenne nichts Ärmer's
Unter der Sonn' als euch Götter.
15 Ihr nähret kümmerlich
Von Opfersteuern
Und Gebetshauch
Eure Majestät
Und darbtet, wären
20 Nicht Kinder und Bettler
Hoffnungsvolle Toren.

Da ich ein Kind war,
Nicht wusst', wo aus, wo ein,
Kehrte mein verirrtes Aug'
25 Zur Sonne, als wenn drüber wär'
Ein Ohr, zu hören meine Klage,
Ein Herz wie meins,
Sich des Bedrängten zu erbarmen.

Wer half mir wider
30 Der Titanen Übermut?
Wer rettete vom Tode mich,
Von Sklaverei?
Hast du's nicht alles selbst vollendet,
Heilig glühend Herz?
35 Und glühtest, jung und gut,
Betrogen, Rettungsdank
Dem Schlafenden dadroben?

Ich dich ehren? Wofür?
Hast du die Schmerzen gelindert
40 Je des Beladenen?
Hast du die Tränen gestillet
Je des Geängsteten?
Hat nicht mich zum Manne geschmiedet
Die allmächtige Zeit
45 Und das ewige Schicksal,
Meine Herrn und deine?

Wähntest du etwa,
Ich sollte das Leben hassen,
In Wüsten fliehn,
50 Weil nicht alle Knabenmorgen-
Blütenträume reiften?

Hier sitz' ich, forme Menschen
Nach meinem Bilde,
Ein Geschlecht, das mir gleich sei,
55 Zu leiden, weinen,
Genießen und zu freuen sich,
Und dein nicht zu achten,
Wie ich. (e 1774)

3 Johann Wolfgang Goethe: Ganymed

Wie im Morgenrot
Du rings mich anglühst,
Frühling, Geliebter!
Mit tausendfacher Liebeswonne
5 Sich an mein Herz drängt
Deiner ewigen Wärme
Heilig Gefühl,
Unendliche Schöne!

Dass ich dich fassen möcht'
10 In diesen Arm!

Ach, an deinem Busen
Lieg' ich, schmachte,
Und deine Blumen, dein Gras
Drängen sich an mein Herz.
15 Du kühlst den brennenden
Durst meines Busens,
Lieblicher Morgenwind,
Ruft drein die Nachtigall
Liebend nach mir aus dem Nebeltal.

20 Ich komme! Ich komme!
Wohin? Ach, wohin?

Hinauf, hinauf strebt's,
Es schweben die Wolken
Abwärts, die Wolken
25 Neigen sich der sehnenden Liebe,
Mir, mir!
In eurem Schoße
Aufwärts,
Umfangend umfangen!
30 Aufwärts
An deinem Busen,
Allliebender Vater! (e 1774)

4 Peter Paul Rubens (1577–1640): Ganymed

2. a) Gliedern Sie die Hymne „Prometheus" in Sinnabschnitte und kennzeichnen Sie die jeweilige Sprechhaltung des lyrischen Ichs. Achten Sie dabei auf rhetorische Figuren und sprachliche Merkmale wie Personalpronomina und Tempora.
b) Vergleichen Sie das Gedicht „Prometheus" in inhaltlicher und stilistischer Hinsicht mit dem Brief vom 10. Mai aus dem Roman *Die Leiden des jungen Werthers*.

3. Vergleichen Sie das Bild von Ganymed und seiner Situation, das das Gedicht entwirft, mit dem Gemälde von Rubens.

4. Machen Sie am Text „Ganymed" deutlich, welches Verhältnis das lyrische Ich zur Natur entwickelt. Gehen Sie dabei besonders auf die Sprache des Gedichts ein.

5. Erklären Sie den Sachverhalt, dass Goethe zunächst fürchtete, man könne ihm aufgrund der „Prometheus"-Hymne Atheismus vorwerfen, und deshalb später „Prometheus" immer nur zusammen mit „Ganymed" veröffentlichte.

6. Interpretieren Sie eine der beiden Hymnen schriftlich.

3. Die Schaubühne als Richterstuhl – Ein Drama in seiner geschichtlichen Bedingtheit reflektieren

1 Friedrich Schiller (1759–1805): Die Räuber (Auszüge) – Die feindlichen Brüder –

a) Szene I,1 (Auszug) – Franz von Moor

Franz, der Zweitgeborene im Hause Moor, hat soeben seinem Vater den fingierten Brief eines Leipziger Korrespondenten vorgelesen, in dem von ungeheuren Verfehlungen des Erstgeborenen Karl, der sich zum Studium in Leipzig befindet, die Rede ist. Mittels dieser Intrige veranlasst Franz den Vater dazu, Karl zu verstoßen.

DER ALTE MOOR. Tu das, mein Sohn. – Ach! es hätte mir doch das Herz gebrochen! Schreib ihm – –
FRANZ (*schnell*). Dabei bleibts also?
DER ALTE MOOR. Schreib ihm, dass ich tausend blutige Tränen, tausend schlaflose Nächte –
5 Aber bring meinen Sohn nicht zur Verzweiflung!
FRANZ. Wollt Ihr Euch nicht zu Bette legen, Vater? Es griff Euch hart an.
DER ALTE MOOR. Schreib ihm, dass die väterliche Brust – ich sage dir, bring meinen Sohn nicht zur Verzweiflung. (*Geht traurig ab*)
FRANZ (*mit Lachen ihm nachsehend*). Tröste dich, Alter, du wirst ihn nimmer an diese Brust
10 drücken, der Weg dazu ist ihm verrammelt wie der Himmel der Hölle – Er war aus deinen Armen gerissen, ehe du wusstest, dass du es wollen könntest – da müsst ich ein erbärmlicher Stümper sein, wenn ichs nicht einmal so weit gebracht hätte, einen Sohn vom Herzen des Vaters loszulösen, und wenn er mit ehernen Banden daran geklammert wäre – Ich hab

Der junge Friedrich Schiller

„Die Schiller'sche Wette: Das wollen wir doch einmal sehen, wer wen über den Tisch zieht, der Geist den Körper oder der Körper den Geist." (Safranski, 2004) – Äußerlich waren es Krankheiten und widrige Umstände, die das Leben von **Friedrich Schiller** (1759–1805) prägten, tatsächlich war es jedoch sein Enthusiasmus, mit dem er sein Leben, vor allen Dingen aber sein literarisches Werk, erfüllte. Schiller wurde am 10. November 1759 in Marbach am Neckar in kleinbürgerliche Verhältnisse hineingeboren: Er war der Sohn eines herzoglich-württembergischen Leutnants und Wundarztes und als solcher wurde er von Herzog Carl Eugen auserwählt, die „Militärische Pflanzschule" des

Landesherrn, die Militärakademie und spätere Hohe Karlsschule, zu besuchen. Schiller sollte Jura studieren, doch seine Interessen waren die Literatur und die Philosophie. 1776 wechselte er vom Jura- zum Medizinstudium. Heimlich arbeitete er an seinem Stück „Die Räuber", das 1782 in Mannheim uraufgeführt wurde. Als der Herzog erfuhr, dass Schiller zweimal unerlaubt nach Mannheim gereist war, verhängte er einen zweiwöchigen Arrest und verbot ihm das Schreiben – Schiller floh. Sein Erstlingswerk wies ihm so zwar den Weg in eine neue Welt jenseits der herzoglichen Restriktionen, aber was folgte, war eine äußerst unsichere Existenz. In den nächsten Jahren war Schiller immer wieder auf die finanzielle Unterstützung von Freunden und Gönnern angewiesen. Im Jahr 1788 bekam er eine Professur für Geschichte in Jena, jedoch zunächst ohne festes Gehalt; er widmete sich seinen historischen Schriften, doch „oft regt[e] sich's wieder in [s]einer Brust" und es drängte ihn zur Dichtung. Nach einer lebensbedrohlichen Lungenentzündung im Jahr 1791 wurde Schiller von seinen Vorlesungspflichten entbunden. (Fortsetzung der Biografie im Kapitel „Klassik", S. 211)

„Die Räuber"

Mit ungeheurem Erfolg wurden *Die Räuber* in Mannheim am 13. Januar 1782 uraufgeführt. Ein Zeitgenosse berichtet: „Fremde Menschen fielen einander schluchzend in die Arme, Frauen wankten, einer Ohnmacht nahe, zur Thüre. Es war eine allgemeine Auflösung wie im Chaos, aus dessen Nebeln eine neue Schöpfung hervorbricht!" Schillers Stück *Die Räuber* ist eines der sogenannten **Bruderkonflikt-Dramen**. Es stellt sich als solches in Gegensatz zum Freundschafts- und Bruderschaftskult des 18. Jahrhunderts. Neu an der Umsetzung dieses Themas im Drama des Sturm und Drang ist die Radikalität der Aussage: Möglichkeiten des Ausgleichs und der Lösung scheint es nicht zu geben. Bedingt ist das nicht nur durch die Vorführung großer Leidenschaftsnaturen, die sich nicht einzupassen vermögen, sondern auch durch die Darstellung eines Risses, der durch Familie und Gesellschaft geht.

einen magischen Kreis von Flüchen um dich gezogen, den er nicht überspringen soll – Glück zu, Franz! Weg ist das Schoßkind – Der Wald ist heller. Ich muss diese Papiere vollends aufheben, wie leicht könnte jemand meine Handschrift kennen! (*Er liest die zerrissenen Briefstücke zusammen*) – Und Gram wird auch den Alten bald fortschaffen – und ihr muss ich diesen Karl aus dem Herzen reißen, wenn auch ihr halbes Leben dran hängen bleiben sollte.

Ich habe große Rechte, über die Natur ungehalten zu sein, und bei meiner Ehre! ich will sie geltend machen. – Warum bin ich nicht der Erste aus Mutterleib gekrochen? Warum nicht der Einzige? Warum musste sie mir diese Bürde von Hässlichkeit auflegen? Gerade mir? Nicht anders, als ob sie bei meiner Geburt einen Rest gesetzt hätte. Warum gerade mir die Lappländersnase? Gerade mir dieses Mohrenmaul? Diese Hottentottenaugen? Wirklich, ich glaube, sie hat von allen Menschensorten das Scheußliche auf einen Haufen geworfen und mich daraus gebacken. Mord und Tod! Wer hat ihr die Vollmacht gegeben, jenem dieses zu verleihen und mir vorzuenthalten? Könnte ihr jemand darum hofieren, eh er entstund? Oder sie beleidigen, eh er selbst wurde? Warum ging sie so parteilich zu Werke?

Nein! nein! Ich tu ihr Unrecht. Gab sie uns doch Erfindungsgeist mit, setzte uns nackt und armselig ans Ufer dieses großen Ozeans *Welt* – Schwimme, wer schwimmen kann, und wer zu plump ist, geh unter! Sie gab mir nichts mit; wozu ich mich machen will, das ist nun meine Sache. Jeder hat gleiches Recht zum Größten und Kleinsten, Anspruch wird an Anspruch, Trieb an Trieb und Kraft an Kraft zernichtet. Das Recht wohnt beim Überwältiger, und die Schranken unserer Kraft sind unsere Gesetze.

Wohl gibt es gewisse gemeinschaftliche Pakta, die man geschlossen hat, die Pulse des Weltzirkels zu treiben. Ehrlicher Name! – Wahrhaftig, eine reichhaltige Münze, mit der sich meisterlich schachern lässt, wers versteht, sie gut auszugeben. Gewissen, – o ja freilich! ein tüchtiger Lumpenmann, Sperlinge von Kirschbäumen wegzuschröcken! – auch das ein gut geschriebener Wechselbrief, mit dem auch der Bankerottierer zur Not noch hinauslangt.

In der Tat, sehr lobenswürdige Anstalten, die Narren im Respekt und den Pöbel unter dem Pantoffel zu halten, damit die Gescheiten es desto bequemer haben. Ohne Anstand, recht schnackische[1] Anstalten! Kommen mir für wie die Hecken, die meine Bauren gar schlau um ihre Felder herumführen, dass ja kein Hase drübersetzt, ja beileibe kein Hase! – Aber der gnädige Herr gibt seinem Rappen den Sporn und galoppiert weich über der weiland[2] Ernte. Armer Hase! Es ist doch eine jämmerliche Rolle, der Hase sein müssen auf dieser Welt – Aber der gnädige Herr braucht Hasen!

Also frisch drüber hinweg! Wer nichts fürchtet, ist nicht weniger mächtig als der, den alles fürchtet. Es ist itzo die Mode, Schnallen an den Beinkleidern zu tragen, womit man sie nach Belieben weiter und enger schnürt. Wir wollen uns ein Gewissen nach der neuesten Façon[3] anmessen lassen, um es hübsch weiter aufzuschnallen, wie wir zulegen. Was können wir dafür? Geht zum Schneider! Ich habe Langes und Breites von einer sogenannten *Blutliebe* schwatzen gehört, das einem ordentlichen Hausmann den Kopf heiß machen könnte – Das ist dein Bruder! – das ist verdolmetscht: Er ist aus eben dem Ofen geschossen worden, aus dem du geschossen bist – also sei er dir heilig! – Merkt doch einmal diese verzwickte Konsequenz, diesen possierlichen Schluss von der Nachbarschaft der Leiber auf die Harmonie der Geister, von ebenderselben Heimat zu ebenderselben Empfindung, von einerlei Kost zu einerlei Neigung.

Aber weiter – es ist dein Vater! Er hat dir das Leben gegeben, du bist sein Fleisch, sein Blut – also sei er dir heilig. Wiederum eine schlaue Konsequenz! Ich möchte doch fragen, *warum* hat er mich gemacht? doch wohl nicht gar aus Liebe zu mir, der erst ein *Ich* werden sollte? Hat er mich gekannt, ehe er mich machte? Oder hat er mich gedacht, wie er mich machte? Oder hat er *mich* gewünscht, da er mich machte? Wusste er, was ich werden würde? Das wollt ich ihm nicht raten, sonst möcht ich ihn dafür strafen, dass er mich doch gemacht hat! Kann ichs ihm Dank wissen, dass ich ein Mann wurde? So wenig, als ich ihn verklagen könnte, wenn er ein Weib aus mir gemacht hätte. Kann ich eine Liebe erkennen, die sich nicht auf Achtung gegen mein *Selbst* gründet? Konnte Achtung gegen mein Selbst vorhan-

---

[1] schnackisch (< nordd. Schnack = leeres Gerede, witziger Ausspruch): spaßhaft
[2] weiland (< mhd. wîlent, wîlen = manchmal, ehemals) = einst, früher
[3] die Façon (< frz. façon <lat. factio = das Machen, Verfahren): Form

den sein, das erst dardurch entstehen sollte, davon es die Voraussetzung sein muss? Wo stickt dann nun das Heilige? Etwa im Aktus selber, durch den ich entstund? – Als wenn dieser etwas mehr wäre als viehischer Prozess zur Stillung viehischer Begierden! Oder stickt es vielleicht im Resultat dieses Aktus, der doch nichts ist als eiserne Notwendigkeit, die man so gern wegwünschte, wenns nicht auf Unkosten von Fleisch und Blut geschehn müsste. Soll ich ihm etwa darum gute Worte geben, dass er mich liebt? Das ist eine Eitelkeit von ihm, die Schoßsünde aller Künstler, die sich in ihrem Werk kokettieren, wär es auch noch so hässlich. – Sehet also, das ist die ganze Hexerei, die ihr in einen heiligen Nebel verschleiert, unsre Furchtsamkeit zu missbrauchen. Soll auch ich mich dadurch gängeln lassen wie einen Knaben?

Frisch also! mutig ans Werk! – Ich will alles um mich her ausrotten, was mich einschränkt, dass ich nicht *Herr* bin. *Herr* muss ich sein, dass ich das mit Gewalt ertrotze, wozu mir die Liebenswürdigkeit gebricht. (*Ab*) (v 1782)

b) Szene I, 2 (Auszug) – Karl von Moor

Karl, der sich in Leipzig zwar einige kleinere, aber keineswegs die von Franz dem Vater mitgeteilten Vergehen zuschulden hat kommen lassen, möchte nach Hause zurückkehren und hat zu diesem Zweck dem Vater einen Brief, in dem er um Verzeihung bittet, geschrieben. Die väterliche Antwort erwartet er nun – und erhält die von Franz abgefasste Nachricht, verstoßen zu sein.

Schenke an den Grenzen von Sachsen. Karl von Moor in ein Buch vertieft. Spiegelberg trinkend am Tisch

KARL VON MOOR (*legt das Buch weg*). Mir ekelt vor diesem tintenklecksenden Säkulum[1], wenn ich in meinem Plutarch[2] lese von großen Menschen.

SPIEGELBERG (*stellt ihm ein Glas hin und trinkt*). Den Josephus[3] musst du lesen.

MOOR. Der lohe[4] Lichtfunke Prometheus' ist ausgebrannt, dafür nimmt man itzt die Flamme von Bärlappenmehl – Theaterfeuer, das keine Pfeife Tabak anzündet. Da krabbeln sie nun wie die Ratten auf der Keule des Herkules, und studieren sich das Mark aus dem Schädel, was das für ein Ding sei, das er in seinen Hoden geführt hat? Ein französischer Abbé doziert, Alexander sei ein Hasenfuß gewesen, ein schwindsüchtiger Professor hält sich bei jedem Wort ein Fläschchen Salmiakgeist vor die Nase und liest ein Kollegium über die *Kraft*. Kerls, die in Ohnmacht fallen, wenn sie einen Buben gemacht haben, krittln über die Taktik des Hannibals – feuchtohrige Buben fischen Phrases aus der Schlacht bei Cannä, und greinen[5] über die Siege des Scipio, weil sie sie exponieren[6] müssen.

SPIEGELBERG. Das ist ja recht alexandrinisch geflennt.

MOOR. Schöner Preis für euren Schweiß in der Feldschlacht, dass ihr jetzt in Gymnasien lebt und eure Unsterblichkeit in einem Bücherriemen mühsam fortgeschleppt wird. Kostbarer Ersatz eures verprassten Blutes, von einem Nürnberger Krämer um Lebkuchen gewickelt – oder, wenns glücklich geht, von einem französischen Tragödienschreiber auf Stelzen geschraubt, und mit Drahtfäden gezogen zu werden! Hahaha!

SPIEGELBERG (*trinkt*). Lies den Josephus, ich bitte dich drum.

MOOR. Pfui! Pfui über das schlappe Kastratenjahrhundert, zu nichts nütze, als die Taten der Vorzeit wiederzukäuen und die Helden des Altertums mit Kommentationen zu schinden und zu verhunzen mit Trauerspielen. Die Kraft seiner Lenden ist versiegen gegangen, und nun muss Bierhefe den Menschen fortpflanzen helfen.

SPIEGELBERG. Tee, Bruder, Tee!

MOOR. Da verrammeln sie sich die gesunde Natur mit abgeschmackten Konventionen, haben das Herz nicht, ein Glas zu leeren, weil sie Gesundheit dazu trinken müssen – belecken den Schuhputzer, dass er sie vertrete bei Ihro Gnaden, und hudeln[7] den armen Schelm, den sie nicht fürchten. – Vergöttern sich um ein Mittagessen und möchten einander vergiften um ein

Josef Kainz als Franz v. Moor

Hans-Jochen Wagner als Franz v. Moor in Szene I,1

Adalbert Matkowsky als Karl v. Moor

---

[1] das Säkulum (< lat. saeculum): Jahrhundert, Zeitalter
[2] Plutarch: griechischer Historiker (ca. 45–125)
[3] Flavius Josephus: jüdischer Geschichtsschreiber (ca. 37–100)
[4] loh (< mhd. lohe = Flamme, Feuer): brennend
[5] greinen (< mhd. grînen = lachend oder weinend den Mund verziehen): jammern
[6] exponieren (< lat. exponere = herausstellen): auslegen
[7] hudeln (< mhd. Hudel = Lumpen): jemanden schlecht behandeln

1. Erarbeiten Sie arbeitsteilig eine Rollenbiografie zu Franz und Karl von Moor.

2. Entwerfen Sie eine mögliche Vorgeschichte beider Brüder durch prägende Erlebnisse und Ereignisse.

3. a) Analysieren Sie die Sprache Karls in Z. 106–Z. 116 („Da verrammeln sie sich die gesunde Natur" – „Hölle und Teufel!").
b) Vergleichen Sie damit Franz' Sprache in Z. 20–34 („Ich habe große Rechte" – „und die Schranken unserer Kraft sind unsere Gesetze.").
c) Zeigen Sie (auch an der Sprache), dass beide Brüder die Haltung der Rebellion einnehmen.

Die Sprache des Sturm und Drang

Ausgehend von der Gefühlsbetonung und der Authentizität der persönlichen Erfahrung, wie sie z. B. in Goethes *Werther* und der Erlebnislyrik zum Ausdruck kommen, entwickelten sich die Leidenschaftlichkeit und Ausdrucksstärke der Sturm und Drang-Sprache. Typisch dafür sind Interjektionen, Ausrufe, Fragesätze, die Verwendung zahlreicher Bilder und sogenannter „Kraftausdrücke".

4. a) Franz und Karl haben ein sehr unterschiedliches Welt- und Menschenbild. Dabei wird Franz oft als Vertreter einer radikalisierten, kalten Aufklärung und Karl als Stürmer und Dränger gesehen. Überprüfen Sie diese Zuordnungen, indem Sie besonders auf Franz' und Karls Äußerungen zur „Blutliebe", der Liebe zu den Blutsverwandten, eingehen.
b) Beziehen Sie die Ergebnisse zu Karl auf die Szenenfotos, die Patrick Heyn in der Rolle Karls zeigen.

5. Auf der Bühne begegnen sich Franz und Karl kein einziges Mal.
a) Lassen Sie Franz und Karl aufeinandertreffen: Gestalten Sie einen Dialog der beiden noch vor der Entwicklung des eigentlichen dramatischen Geschehens. Verwenden Sie dabei auch die Sprache des Sturm und Drang.
b) Schätzen Sie ein, warum Schiller eine solche Begegnung vermieden hat.

Unterbett, das ihnen beim Aufstreich[1] überboten wird. – Verdammen den Sadduzäer[2], der nicht fleißig genug in die Kirche kommt, und berechnen ihren Judenzins am Altare – fallen auf die Knie, damit sie ja ihren Schlamp[3] ausbreiten können – wenden kein Aug von dem Pfarrer, damit sie sehen, wie seine Perücke frisiert ist. – Fallen in Ohnmacht, wenn sie eine Gans bluten sehen, und klatschen in die Hände, wenn ihr Nebenbuhler bankerott von der Börse geht. – – So warm ich ihnen die Hand drückte: – „nur noch einen Tag" – Umsonst! – Ins Loch mit dem Hund! – Bitten! Schwüre! Tränen! (*Auf den Boden stampfend*) Hölle und Teufel!

SPIEGELBERG. Und um so ein paar tausend lausige Dukaten –

MOOR. Nein, ich mag nicht daran denken. Ich soll meinen Leib pressen in eine Schnürbrust und meinen Willen schnüren in Gesetze. Das Gesetz hat zum Schneckengang verdorben, was Adlerflug geworden wäre. Das Gesetz hat noch keinen großen Mann gebildet, aber die Freiheit brütet Kolosse und Extremitäten aus. Sie verpalisadieren[4] sich ins Bauchfell eines Tyrannen, hofieren der Laune seines Magens und lassen sich klemmen von seinen Winden. – Ah! dass der Geist Hermanns[5] noch in der Asche glimmte! – Stelle mich vor ein Heer Kerls wie ich, und aus Deutschland soll eine Republik werden, gegen die Rom und Sparta Nonnenklöster sein sollen. (*Er wirft den Degen auf den Tisch und steht auf*)

[...]

(*Schwarz tritt auf*)

MOOR (*fliegt ihm entgegen*). Bruder! Bruder! den Brief! den Brief!

SCHWARZ (*gibt ihm den Brief, den er hastig aufbricht*). Was ist dir? Wirst du nicht wie die Wand?

MOOR. Meines Bruders Hand!

[...] ([...] *Moor lässt den Brief fallen und rennt hinaus. Alle fahren auf.*)

ROLLER (*ihm nach*). Moor! wo 'naus, Moor? was beginnst du?

GRIMM. Was hat er, was hat er? Er ist bleich wie die Leiche.

SCHWEIZER. Das müssen schöne Neuigkeiten sein! Lass doch sehen!

ROLLER (*nimmt den Brief von der Erde und liest*). „Unglücklicher Bruder!" Der Anfang klingt lustig. „Nur kürzlich muss ich dir melden, dass deine Hoffnung vereitelt ist – du sollst hingehen, lässt dir der Vater sagen, wohin dich deine Schandtaten führen. Auch, sagt er, werdest du dir keine Hoffnung machen, jemals Gnade zu seinen Füßen zu erwimmern, wenn du nicht gewärtig sein wollest, im untersten Gewölb seiner Türme mit Wasser und Brot so lang traktiert zu werden, bis deine Haare wachsen wie Adlersfedern und deine Nägel wie Vogelsklauen werden. Das sind seine eigene Worte. Er befiehlt mir, den Brief zu schließen. Leb wohl auf ewig. Ich bedaure dich –

Franz von Moor".

SCHWEIZER. Ein zuckersüßes Brüderchen! In der Tat! – Franz heißt die Kanaille?

[...]

MOOR (*tritt herein in wilder Bewegung und läuft heftig im Zimmer auf und nieder, mit sich selber*). Menschen – Menschen! falsche, heuchlerische Krokodilbrut! Ihre Augen sind Wasser! Ihre Herzen sind Erzt! Küsse auf den Lippen! Schwerter im Busen! Löwen und Leoparden füttern ihre Jungen, Raben tischen ihren Kleinen auf dem Aas, und Er, Er – Bosheit hab ich dulden gelernt, kann dazu lächeln, wenn mein erboster Feind mir mein eigen Herzblut zutrinkt – aber wenn Blutliebe zur Verräterin, wenn Vaterliebe zur Megäre[6] wird, o so fange Feuer, männliche Gelassenheit, verwilde zum Tiger, sanftmütiges Lamm, und jede Faser recke sich auf zu Grimm und Verderben.

ROLLER. Höre, Moor! Was denkst du davon? Ein Räuberleben ist doch auch besser, als bei Wasser und Brot im untersten Gewölbe der Türme?

MOOR. Warum ist dieser Geist nicht in einen Tiger gefahren, der sein wütendes Gebiss in Menschenfleisch haut? Ist das Vatertreue? Ist das Liebe für Liebe? Ich möchte ein Bär sein, und die Bären des Nordlands wider dies mörderische Geschlecht anhetzen – Reue, und keine

---

[1] der Aufstreich (schwäb.): Versteigerung
[2] Sadduzäer: Angehöriger einer elitären konservativen jüdischen Gruppe von Tempelpriestern, für die der Tempeldienst den Schwerpunkt jüdisch-religiösen Lebens bildete.
[3] der Schlamp (< mhd. slampen = schlaff herunterhängen): Schleppe
[4] verpalisadieren (< frz. palissade = Pfahl): verbarrikadieren
[5] Hermann der Cherusker (17 v. Chr.–21. n. Chr.): nationale Mythen- und Symbolfigur; bereitete 9 n. Chr. in der sog. Varusschlacht den römischen Legionen eine verheerende Niederlage.
[6] die Megäre (< griech. Megaira = die Missgönnende): wütende Frau, Rachegöttin

Gnade! – Oh ich möchte den Ozean vergiften, dass sie den Tod aus allen Quellen saufen! Vertrauen, unüberwindliche Zuversicht, und kein Erbarmen!
ROLLER. So höre doch, Moor, was ich dir sage!
MOOR. Es ist unglaublich, es ist ein Traum, eine Täuschung – So eine rührende Bitte, so eine lebendige Schilderung des Elends und der zerfließenden Reue – die wilde Bestie wär in Mitleid zerschmolzen! Steine hätten Tränen vergossen, und doch – man würde es für ein boshaftes Pasquill[1] aufs Menschengeschlecht halten, wenn ichs aussagen wollte – und doch, doch – oh, dass ich durch die ganze Natur das Horn des Aufruhrs blasen könnte, Luft, Erde und Meer wider das Hyänengezücht ins Treffen zu führen!
GRIMM. Höre doch, höre! vor Rasen hörst du ja nicht.
MOOR. Weg, weg von mir! Ist dein Name nicht Mensch? Hat dich das Weib nicht geboren? – Aus meinen Augen, du mit dem Menschengesicht! – Ich hab ihn so unaussprechlich geliebt! so liebte kein Sohn, ich hätte tausend Leben für ihn – (*Schäumend auf die Erde stampfend*) Ha! wer mir itzt ein Schwert in die Hand gäb, dieser Otterbrut eine brennende Wunde zu versetzen! wer mir sagte, wo ich das Herz ihres Lebens erzielen, zermalmen, zernichten – *er* sei mein Freund, mein Engel, mein Gott – ich will ihn anbeten! (v 1781)

1 c) Patrick Heyn als Karl von Moor in Szene I,2

> **Gestaltende Interpretation: Dialog**
>
> Der **Dialog** als mündliche Kommunikation zwischen Personen charakterisiert sowohl die Sprechenden selbst als auch die Art ihres Verhältnisses – und zwar inhaltlich und formal. Bei der Gestaltung eines Dialoges im Sinne des gestaltenden Interpretierens (vgl. S. 29) kommt es deshalb darauf an, die jeweilige **Figurensprache**, also die spezifische Ausdrucksweise einer literarischen Figur (Wortwahl, Syntax, Stilebene, Eigenheiten im Ausdruck), nicht nur zu treffen, sondern auch der Situation und dem Verhältnis zum Gesprächspartner anzupassen. Nur wenn die Sprechenden aufeinander *reagieren* – in dem, was gesagt oder nicht gesagt wird, in dem, wie es gesagt wird, und in dem, was über **Regieanweisungen** mitgeteilt wird –, ist die Dialogebene erreicht. Unter Umständen kann dazu aber auch gehören, dass ein echtes Gespräch gerade nicht zustande kommt.

2 Bühnenbilder

a) Bühnenbildentwurf von Paul Walter für die Neuinszenierung der „Räuber" am Nationaltheater Mannheim 1957

---

[1] das Pasquill (< ital. pasquillo): Schmäh-, Spottschrift

Aufklärung, Empfindsamkeit, Sturm und Drang

b) Bühnenbild von Klaus Gelhaar für die Inszenierung in Mannheim 1971

c) Bühnenbildentwurf von Robert Schweer für die Freiburger Inszenierung 2005

1. Beschreiben und deuten Sie die Bühnenbildentwürfe für Schillers *Räuber*: Welche Hinweise auf eine Auslegung des Dramas lassen sich den Entwürfen entnehmen?

2. Entwerfen Sie ein eigenes Bühnenbild.

3 Friedrich Schiller: Die Räuber (Auszug) – Der Räuberhauptmann –

Karl von Moor, mittlerweile Hauptmann einer Räuberbande, „haust teufelmäßig, als wenn jede Faser an ihm eine Furie wäre", wenn er es mit Vertretern einer ungerechten Obrigkeit zu tun bekommt. Als bei der Befreiung eines Kameraden jedoch zahlreiche unbeteiligte Menschen sterben und sich einige Räuber sogar des Kranken-, Greisen- und Kindermordes schuldig machen, fängt Karl an zu zweifeln und will sogar fliehen. Doch in dieser Situation sehen sich die Räuber plötzlich von feindlichen Truppen umzingelt. Im Gespräch mit einem von der Obrigkeit geschickten Pater äußert sich Karl zu seinem Räubertum:

MOOR. Weg von ihm! Wag es keiner, ihn anzurühren! – (*Zum Pater, indem er seinen Degen zieht*) Sehen Sie, Herr Pater! hier stehn neunundsiebenzig, deren Hauptmann ich bin, und weiß keiner, auf Wink und Kommando zu fliegen oder nach Kanonenmusik zu tanzen, und draußen stehn siebenzehnhundert, unter Musketen ergraut – aber hören Sie nun! so redet Moor, der Mordbrenner Hauptmann: Wahr ists, ich habe den Reichsgrafen erschlagen, die Dominikuskirche angezündet und geplündert, hab Feuerbrände in eure bigotte[1] Stadt geworfen, und den Pulverturm über die Häupter guter Christen herabgestürzt – aber das ist noch nicht alles. Ich habe noch mehr getan. (*Er streckt seine rechte Hand aus*) Bemerken Sie die vier kostbare Ringe, die ich an jedem Finger trage – gehen Sie hin, und richten Sie Punkt für Punkt den Herren des Gerichts über Leben und Tod aus, was Sie sehen und hören werden – diesen Rubin zog ich einem Minister vom Finger, den ich auf der Jagd zu den Füßen seines Fürsten niederwarf. Er hatte sich aus dem Pöbelstaub zu seinem ersten Günstling emporgeschmeichelt, der Fall seines Nachbars war seiner Hoheit Schemel – Tränen der Waisen hu-

---

[1] bigott (< frz. bigot): übertrieben glaubenseifrig, frömmelnd

ben ihn auf. Diesen Demant zog ich einem Finanzrat ab, der Ehrenstellen und Ämter an die Meistbietenden verkaufte und den trauernden Patrioten von seiner Türe stieß. – Diesen Achat trag ich einem Pfaffen Ihres Gelichters zur Ehre, den ich mit eigener Hand erwürgte, als er auf offener Kanzel geweint hatte, dass die Inquisition so in Zerfall käme – ich könnte Ihnen noch mehr Geschichten von meinen Ringen erzählen, wenn mich nicht schon die paar Worte gereuten, die ich mit Ihnen verschwendet habe –

PATER. O Pharao! Pharao!

MOOR. Hört ihrs wohl? Habt ihr den Seufzer bemerkt? Steht er nicht da, als wollte er Feuer vom Himmel auf die Rotte Korah[1] herunterbeten, richtet mit einem Achselzucken, verdammt mit einem christlichen *Ach!* – Kann der Mensch denn so blind sein? Er, der die hundert Augen des Argus[2] hat, Flecken an seinem Bruder zu spähen, kann er so gar blind gegen sich selbst sein? – Da donnern sie Sanftmut und Duldung aus ihren Wolken, und bringen dem Gott der Liebe Menschenopfer wie einem feuerarmigen Moloch[3] – predigen Liebe des Nächsten, und fluchen den achtzigjährigen Blinden von ihren Türen hinweg; – stürmen wider den Geiz und haben Peru um goldner Spangen willen entvölkert und die Heiden wie Zugvieh vor ihre Wagen gespannt – Sie zerbrechen sich die Köpfe, wie es doch möglich gewesen wäre, dass die Natur hätte können einen Ischariot[4] schaffen, und nicht der Schlimmste unter ihnen würde den dreieinigen Gott um zehn Silberlinge verraten. – O über euch Pharisäer, euch Falschmünzer der Wahrheit, euch Affen der Gottheit! Ihr scheut euch nicht, vor Kreuz und Altären zu knien, zerfleischt eure Rücken mit Riemen, und foltert euer Fleisch mit Fasten; ihr wähnt, mit diesen erbärmlichen Gaukeleien demjenigen einen blauen Dunst vorzumachen, den ihr Toren doch den Allwissenden nennt, nicht anders, als wie man der Großen am bittersten spottet, wenn man ihnen schmeichelt, dass sie die Schmeichler hassen; ihr pocht auf Ehrlichkeit und exemplarischen Wandel, und der Gott, der euer Herz durchschaut, würde wider den Schöpfer ergrimmen, wenn er nicht eben der wäre, der das Ungeheuer am Nilus[5] erschaffen hat. – Schafft ihn aus meinen Augen!

PATER. Dass ein Bösewicht noch so stolz sein kann!

MOOR. Nicht genug – itzt will ich stolz reden. Geh hin und sage dem hochlöblichen Gericht, das über Leben und Tod würfelt – Ich bin kein Dieb, der sich mit Schlaf und Mitternacht verschwört, und auf der Leiter groß und herrisch tut – was ich getan habe, werd ich ohne Zweifel einmal im Schuldbuch des Himmels lesen, aber mit seinen erbärmlichen Verwesern[6] will ich kein Wort mehr verlieren. Sag ihnen, mein Handwerk ist Wiedervergeltung – Rache ist mein Gewerbe. (*Er kehrt ihm den Rücken zu.*)

4 Friedrich Schiller: Die Räuber (Auszug) – Der Dramenschluss –

Karl kehrt – zunächst inkognito – nach Hause ins Moor'sche Schloss zurück, um seine Geliebte Amalia nach langen Jahren wiederzusehen. Dort erfährt er nicht nur von der Intrige seines Bruders gegen ihn, sondern auch davon, dass Franz den Vater hat umbringen wollen.
Franz bringt sich nun selbst um. Der Vater, den Karl aus einem unterirdischen Gewölbe befreit hat, stirbt, als er erfährt, dass Karl Räuberhauptmann ist. Und Amalia wird auf eigenes Verlangen hin von Karl ermordet, nachdem die Räuber sich einem Weggang der beiden in den Weg gestellt haben.

RÄUBER MOOR. Halt – noch ein Wort, eh wir weitergehn – Merket auf, ihr schadenfrohe Schergen[7] meines barbarischen Winks – Ich höre von diesem *Nun* an auf, euer Hauptmann zu sein. Mit Scham und Grauen leg ich hier diesen blutigen Stab nieder, worunter zu freveln ihr euch berechtigt wähntet, und mit Werken der Finsternis dies himmlische Licht zu besudeln – Gehet hin zur Rechten und Linken – Wir wollen ewig niemals gemeine Sache machen.

---

[1] die Rotte Korah: vgl. 4. Mose 16,5 (Korah, der mit anderen einen Aufstand gegen Moses geplant hatte, wurde von Gott vernichtet.)
[2] der Argus: vieläugiger Riese
[3] der Moloch: grausame, immer wieder neue Opfer fordernde Macht
[4] Ischariot: Judas (der Jesus verraten hat)
[5] das Ungeheuer am Nilus: das Krokodil, das als falsch galt
[6] der Verweser: Verwalter
[7] der Scherge (< mhd. scherge = Gerichtsdiener): Handlanger

---

1. a) Äußern Sie sich spontan zu dem von Karl vorgetragenen Räuber-Programm.
b) Formulieren Sie das Selbstverständnis Karls in eigenen Worten.

2. Schiller schreibt in der sogenannten unterdrückten Vorrede zu den *Räubern* über Karl: „Falsche Begriffe von Tätigkeit und Einfluss, Fülle von Kraft, die alle Gesetze übersprudelt, mussten sich natürlicherweise an bürgerlichen Verhältnissen zerschlagen, zu diesen enthusiastischen Träumen von Größe und Wirksamkeit durfte sich nur eine Bitterkeit gegen die unideale Welt gesellen, so war der seltsame Don Quixote fertig, den wir im Räuber Moor verabscheuen und lieben, bewundern und bedauern. Ich werde es hoffentlich nicht erst anmerken dörfen, dass ich dieses Gemälde so wenig nur allein Räubern vorhalte, als die Satire des Spaniers nur allein Ritter geißelt."
a) Informieren Sie sich über den Roman „Don Quijote" von Miguel de Cervantes und begründen Sie, warum Schiller in seinen Ausführungen zu Karl auf ihn Bezug nimmt.
b) Diskutieren Sie, worin die Faszination und die Problematik der Karl-Figur besteht.
c) Schiller weist ausdrücklich darauf hin, dass sich sein „Gemälde" nicht allein auf das Räuberwesen beziehe. Finden Sie weitere Bereiche und Beispiele, an denen das Spannungsverhältnis von Idealismus und Wirklichkeit deutlich wird.

1. Fassen Sie in eigenen Worten zusammen, wie Karl seinen Entschluss, sich auszuliefern, begründet.

2. Die Räuber bewerten Karls Abgang als „Großmannsucht": Karl wolle „sein Leben an eitle Bewunderung" setzen. Füllen Sie Karls Nachsinnen als Reaktion auf diesen Vorwurf mit einem inneren Monolog.

> **S Gestaltende Interpretation: Innerer Monolog**
>
> Im inneren Monolog werden die eigentlich unausgesprochenen Gedanken und Gefühle einer Figur „zum Sprechen gebracht". Man notiert in Ich-Form und im Präsens, was in der angegebenen Situation in der Figur vor sich gehen könnte, so dass eine Art Selbstgespräch der Figur entsteht.
>
> Syntaktisch sollte der innere Monolog den Bewusstseinszustand der Figur widerspiegeln, indem z. B. Einzelwörter, Ellipsen und Satzabbrüche vorkommen oder umgekehrt auch hypotaktische Satzkonstruktionen verwendet werden. Im Unterschied zum Brief wird beim inneren Monolog eine Stringenz der Gedankenführung gerade nicht erwartet, es kann durchaus auch zu logischen Brüchen kommen.

RÄUBER. Ha Mutloser! Wo sind deine hochfliegende Plane? Sinds Seifenblasen gewesen, die beim Hauch eines Weibes zerplatzen?

RÄUBER MOOR. O über mich Narren, der ich wähnete die Welt durch Gräuel zu verschönern, und die Gesetze durch Gesetzlosigkeit aufrechtzuhalten. Ich nannte es Rache und Recht – Ich maßte mich an, o Vorsicht, die Scharten deines Schwerts auszuwetzen und deine Parteilichkeiten gutzumachen – aber – O eitle Kinderei – da steh ich am Rand eines entsetzlichen Lebens, und erfahre nun mit Zähnklappern und Heulen, dass *zwei Menschen wie ich den ganzen Bau der sittlichen Welt zugrund richten würden*. Gnade – Gnade dem Knaben, der *Dir* vorgreifen wollte – *Dein* eigen allein ist die Rache. *Du* bedarfst nicht des Menschen Hand. Freilich stehts nun in meiner Macht nicht mehr, die Vergangenheit einzuholen – schon bleibt verdorben, was verdorben ist – was ich gestürzt habe, steht ewig niemals mehr auf – Aber noch blieb mir etwas übrig, womit ich die beleidigte Gesetze versöhnen, und die misshandelte Ordnung wiederum heilen kann. Sie bedarf eines Opfers – eines Opfers, das ihre unverletzbare Majestät vor der ganzen Menschheit entfaltet – dieses Opfer bin ich selbst. Ich selbst muss für sie des Todes sterben.

RÄUBER. Nimmt ihm den Degen weg – Er will sich umbringen.

RÄUBER MOOR. Toren ihr! Zu ewiger Blindheit verdammt! Meinet ihr wohl gar, eine Todsünde werde das Äquivalent gegen Todsünden sein, meinet ihr, die Harmonie der Welt werde durch diesen gottlosen Misslaut gewinnen? (*Wirft ihnen seine Waffen verächtlich vor die Füße*) Er soll mich lebendig haben. Ich geh, mich selbst in die Hände der Justiz zu überliefern.

RÄUBER. Legt ihn an Ketten! Er ist rasend worden.

RÄUBER MOOR. Nicht, als ob ich zweifelte, sie werde mich zeitig genug finden, wenn die obere Mächte es so wollen. Aber sie möchte mich im Schlaf überrumpeln, oder auf der Flucht ereilen, oder mit Zwang und Schwert umarmen, und dann wäre mir auch das einige Verdienst entwischt, dass ich mit Willen für sie gestorben bin. Was soll ich gleich einem Diebe ein Leben länger verheimlichen, das mir schon lang im Rat der himmlischen Wächter genommen ist?

RÄUBER. Lasst ihn hinfahren! Es ist die Großmannsucht. Er will sein Leben an eitle Bewunderung setzen.

RÄUBER MOOR. Man könnte mich darum bewundern. (*Nach einigem Nachsinnen*) Ich erinnere mich, einen armen Schelm gesprochen zu haben, als ich herüberkam, der im Taglohn arbeitet und eilf lebendige Kinder hat – Man hat tausend Louisdore geboten, wer den großen Räuber lebendig liefert – dem Mann kann geholfen werden. (*Er geht ab*)

5 Zwei Literaturwissenschaftler über den Schluss von Schillers Drame „Die Räuber"

a) Hans Mayer (1907–2001)

Der Autor billigt der Rebellion in der Selbsterkenntnis des Räubers Moor nicht einmal mehr eine Legitimität der Absichten zu, welche bloß durch unangemessene Mittel entstellt worden seien. […]

Damit aber wird vom Autor die gewaltsame Erhebung nachträglich als solche verurteilt. Der Widerspruch mitten im Werk ist offensichtlich, denn er gehört zu den damaligen deutschen Zuständen. Wie die etablierte Ordnung aussah, das hat Karl Moor an der Geschichte der vier Ringe demonstriert. Nun jedoch wird alles wieder zurückgenommen. Passion, Opfer, Sühne – zu wessen Gunsten? Doch offensichtlich jener Ordnung, die als schmählich enthüllt worden war. Wenn Karls Schuld darin bestand, selbsthelferisch an die Stelle der Vorsehung getreten zu sein, so ist gleichzeitig die Vorsehung schuldig, die über schändlichen Zuständen zu wachen schien. Schillers „Räuber" enden als völlige Verwirrung. Die moralische Individuallösung des Opfers, selbst wenn Schiller niemals an ein Weiterleben des Räubers Karl gedacht hätte, bietet keinen Abschluss, sondern eine empörende Wirrnis: Eine schändliche Obrigkeit obsiegt über den, der auszog, mit unangemessenen Mitteln, fragwürdiger Anhängerschaft und wirren Absichten, sie zu bekämpfen. Das revolutionäre Stück eines echten Stürmers und Drängers endet als Apologetik[1] schlechter und unwürdiger Zustände. (v 1968)

---

[1] die Apologetik (< gr. apologia): Verteidigung

b) Rüdiger Safranski (* 1945)

Was bedeutet in diesem Zusammenhang Freiheit? Es wäre keine Freiheit, wenn Karl, von Verzweiflung getrieben und vom Elend gezwungen, sich den Tod geben würde. Es wäre dies eben darum kein Freitod. Freiheit ist nur im Triumph des Stolzes über die Qual. Das ist ein Triumph ohne transzendente[1] Beglaubigung. An dieser Stelle kommt Karl und mit ihm Schiller ganz
5 ohne die göttliche Weltordnung aus. *Sei wie du willst namenloses Jenseits – bleibt mir nur dieses mein Selbst getreu.* Freiheit ist, wenn sich ein Ich mit seinem Selbst zusammenschließt. Dieser Gedanke, der hier zum ersten Mal aufblitzt, wird Schiller noch ein Leben lang beschäftigen, und er wird ihn grandios ausarbeiten.

Wer, wie Karl, seine Freiheit entdeckt, ist schließlich auch bereit, Verantwortung für das zu
10 übernehmen, was er getan hat. Freiheit und Verantwortung gehören zusammen. Die Übernahme dieser Verantwortlichkeit ist nicht gleichbedeutend mit der Wiederherstellung einer zerbrochenen Weltordnung. Tatsächlich wird im letzten Akt nichts wiederhergestellt. Der Vater stirbt vor Entsetzen, Amalia wird von Karl getötet, die Räuberbande löst sich nicht auf und wird wohl ihr verbrecherisches Treiben fortsetzen, und Karl gibt sich in die Hände einer Justiz, über deren
15 Korruption wir zuvor durch seine anklägerischen Reden in Kenntnis gesetzt wurden. Es gibt am Ende keine Versöhnung, sondern nur den Triumph der stolzen Freiheit bei Karl, der seinem *Selbst getreu* bleibt. Mit dem Pathos dieser Freiheit, nicht mit den Pathos einer wiederhergestellten Ordnung endet das Stück. (v 2004)

3. a) Exzerpieren Sie zentrale Gedanken der beiden Literaturwissenschaftler.
b) Nehmen Sie begründet dazu Stellung.

6 Friedrich Schiller: Die Schaubühne als moralische Anstalt betrachtet (Auszug)

In seiner im Jahr 1784, also zwei Jahre nach der Uraufführung der „Räuber" gehaltenen Rede beantwortet Schiller die Frage „Was kann eine gute stehende Schaubühne eigentlich wirken?" und zeigt damit, dass das Gedankengut der Aufklärung im Sturm und Drang fortwirkt.

Die Gerichtsbarkeit der Bühne fängt an, wo das Gebiet der weltlichen Gesetze sich endigt. Wenn die Gerechtigkeit für Gold verblindet und im Solde der Laster schwelgt, wenn die Frevel der Mächtigen ihrer Ohnmacht spotten und Menschenfurcht den Arm der Obrigkeit bindet, übernimmt die Schaubühne Schwert und Waage und reißt die Laster vor einen schrecklichen
5 Richterstuhl. [...]
So gewiss sichtbare Darstellung mächtiger wirkt als toter Buchstabe und kalte Erzählung, so gewiss wirkt die Schaubühne tiefer und daurender als Moral und Gesetze.
[...]
Die Schaubühne ist die Stiftung, wo sich Vergnügen mit Unterricht, Ruhe mit Anstrengung,
10 Kurzweil mit Bildung gattet, wo keine Kraft der Seele zum Nachteil der andern gespannt, kein Vergnügen auf Unkosten des Ganzen genossen wird. Wenn Gram an dem Herzen nagt, wenn trübe Laune unsre einsame Stunden vergiftet, wenn uns Welt und Geschäfte anekeln, wenn tausend Lasten unsre Seele drücken und unsre Reizbarkeit unter Arbeiten des Berufs zu ersticken droht, so empfängt uns die Bühne – in dieser künstlichen Welt träumen wir die wirkliche
15 hinweg, wir werden uns selbst wiedergegeben, unsre Empfindung erwacht, heilsame Leidenschaften erschüttern unsre schlummernde Natur und treiben das Blut in frischeren Wallungen. Der Unglückliche weint hier mit fremdem Kummer seinen eigenen aus – der Glückliche wird nüchtern und der Sichere besorgt. Der empfindsame Weichling härtet sich zum Manne, der rohe Unmensch fängt hier zum ersten Mal zu empfinden an. Und dann endlich – welch ein
20 Triumph für dich, Natur – so oft zu Boden getretene, so oft wieder auferstehende Natur – wenn Menschen aus allen Kreisen und Zonen und Ständen, abgeworfen jede Fessel der Künstelei und der Mode, herausgerissen aus jedem Drange des Schicksals, durch *eine* allwebende Sympathie verbrüdert, in *ein* Geschlecht wieder aufgelöst, ihrer selbst und der Welt vergessen und ihrem himmlischen Ursprung sich nähern. Jeder Einzelne genießt die Entzückung aller, die
25 verstärkt und verschönert aus hundert Augen auf ihn zurückfallen, und seine Brust gibt jetzt nur *einer* Empfindung Raum – es ist diese: ein *Mensch* zu sein. (e 1784)

1. a) Listen Sie auf, welche Wirkung Schiller dem Theater zuschreibt.
b) Arbeiten Sie heraus, worin das Aufklärerische an diesem Ansatz besteht.
c) Setzen Sie Schillers Ausführungen in Beziehung zu seinem Drama *Die Räuber*.

2. Diskutieren Sie, ob und wie man heutzutage mit einer *Räuber*-Inszenierung Aktualität herstellen könnte.

---

[1] transzendent (< lat. transcendere = hinübergehen): die Grenzen der Erfahrung und des sinnlich Wahrnehmbaren überschreitend

168 Schillers „Räuber" mal ganz anders …:

Für zusätzliche Lernleistungen im Fach Deutsch kommen nicht nur analytische Aufgabenstellungen infrage, wie z.B. „Recherchieren Sie zum Räuberwesen im 18. Jahrhundert und vergleichen Sie die historische Realität mit der Darstellung der Räuberbande in Schillers Drama". Vielmehr ist es auch möglich, gestalterisch tätig zu werden und z. B. das Drama als Bänkellied oder als Puppenspiel zu präsentieren:

- Machen Sie sich zunächst kundig, was man traditionell unter einem Bänkellied bzw. einem Puppenspiel versteht.
- Überlegen Sie gemeinsam, welche Aufgaben zu vergeben sind, und teilen Sie diese untereinander entsprechend Ihren Begabungen auf.
  Beim Bänkellied z.B.:
  – balladeske, möglichst gereimte, reduzierte Textfassung verfassen;
  – eingängige, stimmungsvolle Begleitmusik komponieren;
  – Illustrationen zu zentralen Handlungsschritten anfertigen;
  – falls moderne Medien verwendet werden sollen: technische Ausstattung besorgen.
- Einigen Sie sich auf einen Zeitplan mit regelmäßigen Treffen, bei denen Sie sich Ihre Ideen bzw. ersten Entwürfe gegenseitig vorstellen und kommentieren.

Schiller: „Die Räuber" als Bänkelsang

präsentiert von:
- Sven König
- Daniel Mitschang-Manda
- Tobias Möller
- Thomas Wagner

(Humboldt-Gymn. KA / 2007)

- Planen Sie genügend Zeit für mehrfache Probedurchläufe ein: Für eine Leistungsbeurteilung ist es wichtig, dass alle Beteiligten auch bei der Präsentation aktiv in Erscheinung treten. Musik, Textvortrag und Bilder (Zeichnungen bzw. Bühnenbild) müssen also gut aufeinander abgestimmt sein.

Musik-Ideen

- Moll-Akkorde für traurige und bedrückende Situationen
- Dur-Akkorde für heitere Stimmungen (Liebe, Hoffnung)
- Klassische Gitarre: Hoffnungen und Gedanken an Amalia
- Gitarrenverzerrer und „Bandings" auf der Gitarre als Ausdruck für Gewalt, Schmerz und Dramatik
- Instrumentalparts einfügen, um Bilder stärker wirken zu lassen
- Kombination mehrerer Musikstile: z. B. …

Umsetzung der *Räuber* von Abiturienten des Helmholtz-Gymnasiums Karlsruhe in ein Puppenspiel für Unterstufenschüler (2009). (Regie: Mona Stock und Catherina Gils; im Bild: Eduardo Mori Monteiro)

Einen Klassiker als Bänkellied präsentieren   169

- Lesen Sie den Auftakt der Textfassung und besprechen Sie, welche Ideen Thomas bei der Textgestaltung umgesetzt hat.
- Betrachten Sie die Bilder und beschreiben Sie, wie Daniel bei der Bildgestaltung vorgegangen ist.
- Beurteilen Sie, inwiefern Text und Bilder zusammenpassen und inwiefern die Umgestaltung des Schiller'schen Dramas in ein Bänkellied gelungen ist.

Kommet Bürger, hört euch an,
Was ich euch berichten kann:
Im weit bekannten Hause Moor
Ging unlängst schröcklich Gräuel vor.

Karl war seinem Bruder Franz
Stets überlegen voll und ganz.
So war er nicht der Ältre nur,
Sondern schönerer Statur.

Dies sollt' ihm sein Verhängnis sein,
Der Jüngre wollt' die Macht allein.
Ein Lebemann, der zu nichts tauge,
War dem Franz ein Dorn im Auge.

Es kam, wie's kommen sollte,
Franz erreichte, was er wollte:
Intrigant und voller Neid
Bracht' er Vater Moor so weit,
Bis dieser schwachen Muts und scheu
Dem Karl entsagt die Vatertreu.
…

- Setzen Sie den Text fort, indem Sie Schillers Drama auf wesentliche Linien kürzen und die Balladenform einhalten.
- Skizzieren Sie passende Bilder für den Bänkelvortrag.
- Beschreiben Sie, wie Sie sich eine passende Musik zu diesem Bänkellied vorstellen.
- DVD Filme Hören Sie das komplette Bänkellied an und beurteilen Sie die Gesamtleistung der Schülergruppe.

III. Aufklärungskritik

1. „Der Traum der Vernunft gebiert Ungeheuer" (Goya) – Einblicke in die Rezeption einer Epoche gewinnen

Fast so alt wie die Aufklärung selbst ist auch die Aufklärungskritik. Schon bald äußern Dichter und Philosophen ihr Unbehagen an der starken Betonung von Verstand und Vernunft. Sie verweisen auf deren Grenzen und sind der Überzeugung, dass „der Weg zu dem Kopf durch das Herz muss geöffnet werden" (Schiller, S. 152, Text 2). Andere, vor allem junge Dichter um Goethe in Straßburg, leiden unter der Regelhaftigkeit der Aufklärung und verlangen, dass der Dichter, befreit von Regeln und Bindungen, aus dem Herzen und dem Gefühl heraus sein Werk schaffe. Auf diese Weise entstehen im Kontext der Aufklärung Werke, die wir der Empfindsamkeit und dem Sturm und Drang zuordnen (siehe S. 152 ff.).

Die Aufklärung hat nicht nur die Welt verändert, sondern wirkt noch bis in die Gegenwart. Aktuelle politische und gesellschaftliche Forderungen wie Freiheit, Menschenrechte, Toleranz und Pressefreiheit haben dort ihre Wurzeln. Das Erbe der Aufklärung wurde aber auch immer kritisch gesehen.

1 Francisco Goya (1746–1828):
El sueño de la razón produce monstruos

1. Beschreiben Sie Goyas Radierung.

2. Das spanische Wort *sueño* kann sowohl „Schlaf" als auch „Traum" bedeuten. Welche Deutungsmöglichkeiten des Bildes eröffnet der Titel, je nach dem, ob man ihn mit „Der Traum der Vernunft gebiert Ungeheuer" oder mit „Der Schlaf der Vernunft gebiert Ungeheuer" übersetzt?

2 Günter Grass (* 1927): Rede an der Akademie der Künste (Auszug) – Der Traum der Vernunft –

Die Unterschrift „Der Traum der Vernunft erzeugt Ungeheuer" hat Goya einer Aquatinta-Radierung beigegeben, die einen über seinem Schreibwerkzeug schlafenden Mann zeigt, hinter dem Nachtgetier, Eulen und Fledermäuse flattern und ein Raubtier lagert: fast Luchs, noch Katze. Doch da das spanische Wort für Traum auch Schlaf bedeuten kann, könnte der Unterti-
5 tel des beängstigenden Bildes auch heißen: „Der Schlaf der Vernunft erzeugt Ungeheuer." Und schon ist der Streit entfesselt, tritt das Elend der Aufklärung zutage, sind wir beim Thema. Zweierlei wird bildhaft der Vernunft unterstellt: indem sie träumt, gebiert sie Ungeheuer, ihre Träume sind Ungeheuer – oder: weil die Vernunft schläft, ist den nächtlichen Ungeheuern Freiraum gegeben, macht sich Unvernunft breit, wird das mühsame Werk der Aufklärung
10 überschattet, mit Dunkelheit überzogen, zunichte.

Die erste Deutung spricht für sich: Die Vernunft, des Menschen besondere, ihn auszeichnende Gabe, ist gleichwohl fähig, sobald sie träumt, Ungeheuer, sprich, erschreckende Visionen und Utopien als Schreckensherrschaften zu entwerfen. Vergangenheit und Gegenwart bestätigen diese Deutung, denn alle bis heute wirksamen Ideologieentwürfe sind Träume aufklärender
15 Vernunft und haben – hier als Verelendung produzierender Kapitalismus, dort als mit Zwang herrschender Kommunismus – ihre Ungeheuerlichkeit bewiesen.

Die zweite Deutung wirft Fragen auf, die, sobald sie beantwortet werden, neue Fragen hecken. Etwa: Darf die Vernunft, weil sie schlafend den Ungeheuern, also dem Irrationalismus das Feld überläßt, niemals schlafen? Natürlich nicht, sagen wir. Wo kommen wir hin, wenn die Ver-
20 nunft schläft. Nie wieder darf die Vernunft schlafen, darf uns die Vernunft einschlafen. Wehret den Anfängen! Nicht einmal ermüdet blinzeln darf sie. Eine allzeit wache Vernunft fordern wir als gebrannte Kinder einer Epoche, in der die Vernunft schlief und das Ungeheuer, Faschismus genannt, geboren wurde.

Dennoch gibt die Gegenfrage nicht Ruhe: Was ist das für eine Vernunft, die nicht schlafen, den
25 Traum nicht zulassen darf? Ist diese immerwache Vernunft nicht gleichfalls schrecklich und tagheller Ungeheuerlichkeiten fähig? Wird diese Vernunft, die aufklären, erhellen, erleuchten soll, nicht letzten Endes – und schon tut sie es – uns alle durchleuchten, durchsichtig, gläsern, erfaßbar machen, auf daß wir ohne Geheimnis und Nachtseite sind? Hat nicht diese überwache, sich wissenschaftlich nennende Vernunft den vormals weitgefaßten Begriff von Fortschritt
30 auf technisches Maß, auf einzig das technisch Machbare reduziert? Eine Vernunft, die nicht schlafen darf, die mittlerweile, selbst wenn sie schlafen wollte, Schlaf nicht mehr fände, eine schlaflose Vernunft gibt kaltes Licht und macht frösteln: dabei wären Träume vonnöten. Nachtflüge der Einbildungskraft und Märchen, aus deren Getier – Fledermaus, Eule und Luchs – gleichwohl Vernunft spräche. (v 1984)

(Aus lizenzrechtlichen Gründen ist dieser Text nicht in reformierter Rechtschreibung abgedruckt.)

3. Vergleichen Sie Ihre eigene Deutung der Goya-Radierung mit der Deutung, die Günter Grass gibt.

3 Max Horkheimer (1895–1973)/Theodor W. Adorno (1903–1969): Dialektik der Aufklärung (Auszüge)

Seit je hat Aufklärung im umfassendsten Sinn fortschreitenden Denkens das Ziel verfolgt, von den Menschen die Furcht zu nehmen und sie als Herren einzusetzen. Aber die vollends aufgeklärte Erde strahlt im Zeichen triumphalen Unheils. [...]
Was dem Maß von Berechenbarkeit und Nützlichkeit sich nicht fügen will, gilt der Aufklärung
5 für verdächtig. Darf sie sich einmal ungestört von auswendiger Unterdrückung entfalten, so ist kein Halten mehr. Ihren eigenen Ideen von Menschenrecht ergeht es dabei nicht anders als den älteren Universalien[1]. An jedem geistigen Widerstand, den sie findet, vermehrt sich bloß ihre Stärke.
[...] Als Gebieter über Natur gleichen sich der schaffende Gott und der ordnende Geist. Die
10 Gottesebenbildlichkeit des Menschen besteht in der Souveränität übers Dasein, im Blick des Herrn, im Kommando.

---

[1] die Universalie (< spätlat. universalis = allgemein): abstrakte Gegenstände, allgemeine Ideen

4. a) Formulieren Sie die einzelnen Thesen von Horkheimer und Adorno in eigenen Worten.
b) Ziehen Sie Beispiele heran, z. B. aus dem 20. Jahrhundert, die Ihrer Meinung nach für oder gegen die Aussagen sprechen.
c) Stellen Sie Zusammenhänge her zwischen dem Goya-Bild und den Thesen von Horkheimer und Adorno.

[...] Die Menschen bezahlen die Vermehrung ihrer Macht mit der Entfremdung von dem, worüber sie die Macht ausüben. Die Aufklärung verhält sich zu den Dingen wie der Diktator zu den Menschen. Er kennt sie, insofern er sie manipulieren kann. Der Mann der Wissenschaft kennt die Dinge, insofern er sie machen kann. (v 1947)
(Aus lizenzrechtlichen Gründen ist dieser Text nicht in reformierter Rechtschreibung abgedruckt.)

4 August Wilhelm Schlegel (1767–1845): Vorlesungen über schöne Literatur und Kunst (Auszug)

Mit der *Toleranz*, die als Zubehör der Aufklärung betrachtet zu werden pflegt, verhält sich's ungefähr ebenso. Als politische Maxime betrachtet, dass nämlich Glieder verschiedner Religionsparteien in einem Staate ungestört ihren Gottesdienst ausüben dürfen, kann sie sehr empfehlenswert sein, außer wo Staat und Kirche durch höhere Verknüpfung wieder eins werden, ist aber insofern keinesweges eine Erfindung der neuesten Zeiten. [...]
Als Gesinnung hingegen fragt sich, ob sie nicht, bloß verkleideter Indifferentismus[1] ist; denn unmöglich kann es einem gleichgültig sein, ob Menschen, für die er sich interessiert, über die wichtigsten Angelegenheiten mit ihm gleich denken. Dazu, das Gültige und Gute hierin auch in einer von der unsrigen sehr verschiednen Form und Denkart zu erkennen, gehört philosophische Universalität des Geistes; alsdann wird es aber auch nicht mehr bloße Duldung sein, sondern wahre Schätzung. Überhaupt liegt in dem Worte Toleranz, so bescheiden und friedlich es klingt, eine große Anmaßung. Lasst uns doch erst fragen, inwiefern die andern, verschieden Gesinnten, uns dulden und ertragen mögen. So viel ist ausgemacht, dass von Toleranz noch gar nicht die Rede sein sollte, wo man sich das Recht anmaßt, irgendeine religiöse Ansicht mit dem Namen Schwärmerei, d. h. nur schonender ausgedrückt, Verrücktheit zu belegen. Die so gepriesene Toleranz unserer Zeiten darf aber nicht auf die mindeste Probe gesetzt werden, etwa dass jemand Ernst mit dem Christentum macht, oder religiösen Glauben an sonst etwas, den Toleranten wunderbar Scheinendes, hegt, so kommt sie in ihrer wahren Gestalt zum Vorschein, und verrät die ihr eigentlich zugrunde liegende Maxime: Alles soll toleriert werden außer die Religion. (e 1802/03)

5. a) Lesen Sie arbeitsteilig die Texte 4–6. Arbeiten Sie die jeweilige Kritik an der Aufklärung heraus, indem Sie
- die Aspekte der Aufklärung benennen, die im Zentrum der Kritik stehen;
- aufschlussreiche Formulierungen zitieren;
- Sprache und Stil der Kritik charakterisieren;
- prüfen, ob die Kritik Ihnen berechtigt erscheint.

b) Übertragen Sie Ihre Ergebnisse in eine Tabelle und stellen Sie sie im Plenum vor.
c) Diskutieren Sie im Plenum die unterschiedlichen Ansatzpunkte der Aufklärungskritik.

5 Reiner Kunze (* 1933): Nach einer unvollendeten Mathematikarbeit

Alles
durchdringe die mathematik, sagt
der lehrer: medizin
        psychologie
        sprachen

Er vergißt
meine träume

In ihnen rechne ich unablässig
das unberechenbare

Und ich schrecke auf wenn es klingelt
wie du (v 1972)
(Aus lizenzrechtlichen Gründen ist dieser Text nicht in reformierter Rechtschreibung abgedruckt.)

---

[1] der Indifferentismus (< lat. indifferens = keinen Unterschied habend): Gleichgültigkeit, Interesselosigkeit

6 Walter Helmut Fritz (* 1929): Sie werden sich wehren

Das schwarz und weiß gefleckte Pony,
der Regenpfeifer und der Bitterling,
der Distelfalter auf seinen Wanderungen,
die Natter und die Schnecke –
5 sie alle werden eines Tages beginnen
sich zu wehren
gegen die Klassifikationen
der Zoologen. (v 1979)

7 Daniel Kehlmann (* 1975): Die Vermessung der Welt (Auszug)

Im Mittelpunkt des Romans stehen Begebenheiten, Episoden, Anekdoten und Abenteuer aus dem Leben zweier berühmter Wissenschaftler, des Mathematikers Carl Friedrich Gauß (1777–1855) und des Naturforschers und Entdeckers Alexander von Humboldt (1769–1859), die mit ihrem Lebenswerk einen entscheidenden Beitrag zur systematischen Erschließung der Welt durch den Menschen im ausgehenden 18. und beginnenden 19. Jahrhundert geleistet haben. Im folgenden Textauszug befindet sich Alexander von Humboldt mit seinem Mitarbeiter, dem Biologen Aimé Bonpland (1773–1858), auf einer Forschungsreise in Südamerika.

Während die beiden Indianer das Boot für sie durch die Katarakte lenkten, bestiegen Humboldt und Bonpland die Granitfelsen oberhalb der Mission. In der Höhe sollte es eine alte Grabhöhle geben. Man konnte kaum Tritt fassen, nur herausragende Feldspatkristalle boten Halt. Als sie oben waren, brachte Humboldt mit einer Konzentration, die bloß nachließ, wenn er wieder
5 nach Moskitos schlagen musste, ein Stück perfekter Prosa über den Anblick der Stromschnellen, der sich über dem Fluss türmenden Regenbogen und des feuchten Silberglanzes der Weite zu Papier. Dann balancierten sie über den Grat zum Nebengipfel und dem Eingang der Höhle. Es mussten Hunderte Leichen sein, jede in ihrem eigenen Korb aus Palmblättern, die Knochenhände um die Knie gelegt, den Kopf auf den Brustkorb gedrückt. Die ältesten waren schon
10 vollständig zu Skeletten geworden, andere in unterschiedlichen Stadien der Verwesung: pergamentene Hautfetzen, die Eingeweide zu Klumpen vertrocknet, die Augen schwarz und klein wie Obstkerne. Vielen hatte man das Fleisch von den Knochen gekratzt. Das Geräusch des Flusses drang nicht herauf; es war so still, dass sie ihren Atem hörten.
Friedlich sei es hier, sagte Bonpland, gar nicht wie in der anderen Höhle. Dort seien Tote gewe-
15 sen, hier nur Körper. Hier fühle man sich sicher.
Humboldt zerrte mehrere Leichen aus ihren Körben, löste Schädel von Wirbelsäulen, brach Zähne aus Kinnladen und Ringe von Fingern. Eine Kinderleiche und zwei Erwachsene wickelte er in Tücher und schnürte sie so fest zusammen, dass man das Bündel zu zweit tragen konnte.
20 Bonpland fragte, ob das sein Ernst sei.
Er solle schon anfassen, sagte Humboldt ungeduldig, allein könne er sie nicht zu den Maultieren schaffen!
Erst spät kamen sie in der Mission an. Die Nacht war klar, die Sterne leuchteten besonders hell, Insektenschwärme verbreiteten rötliches Licht, es roch nach Vanille. Die Indianer wichen
25 schweigend zurück. Alte Frauen glotzten aus den Fenstern, Kinder liefen davon. Ein Mann mit bemaltem Gesicht trat ihnen in den Weg und fragte, was in den Tüchern sei.
Verschiedenes, sagte Humboldt. Dies und das.
Gesteinsproben, sagte Bonpland. Pflanzen.
Der Mann verschränkte die Arme.
30 Knochen, sagte Humboldt.
Bonpland zuckte zusammen.
Knochen?
Von Krokodilen und Seekühen, sagte Bonpland.
Von Seekühen, wiederholte der Mann.
35 Humboldt fragte, ob er sie sehen wolle.
Besser nicht. Der Mann trat zögernd zur Seite. Lieber glaube er ihnen.

---

1. „Bonpland fragte, ob das sein Ernst sei." (Z. 20) – Erklären Sie, was Bonplant mit seinem Satz ausdrückt, und setzen Sie sich damit auseinander.

2. a) „[E]in Stück perfekter Prosa über den Anblick der Stromschnellen" (Z. 5) – Beschreiben Sie in eigenen Worten, wie Humboldt die Natur erlebt.
b) Skizzieren Sie auf der Grundlage des Textauszuges ein Charakterbild Humboldts.

3. a) Stellen Sie sich vor, dass Humboldt den Brief an seinen Bruder Bonplant in Auszügen vorliest. Im Anschluss daran stellt dieser die Frage, was Humboldt damit meine, „[d]iese Leute seien allesamt so abergläubisch, [...] man merke, welch weiter Weg es noch sei zu Freiheit und Vernunft" (Z. 39 f.).

b) „Humboldt ist im Interesse des Fortschritts den richtigen Weg gegangen." Oder: „Humboldt ist ein typisches Beispiel für die zerstörerische Wirkung der Aufklärung." – Sammeln Sie Argumente für beide Thesen.
c) Formulieren Sie eine eigene These.

An den nächsten zwei Tagen hatten sie es nicht leicht. Sie fanden keine indianischen Führer, die ihnen die Umgebung zeigen wollten, und selbst die Jesuiten hatten es immer eilig, wenn Humboldt sie anredete. Diese Leute seien allesamt so abergläubisch, schrieb er an seinen Bruder, man merke, welch weiter Weg es noch sei zu Freiheit und Vernunft. Wenigstens sei es ihm gelungen, einige kleine Affen einzufangen, die noch kein Biologe beschrieben habe.
[...]
Der Häuptling des Dorfes fragte, was in den Stoffballen sei. Er habe einen furchtbaren Verdacht.
Seekuhknochen, sagte Bonpland.
So rieche es nicht, sagte der Häuptling.
Na schön, rief Humboldt, er gebe es zu. Aber diese Toten seien so alt, dass man sie eigentlich nicht mehr Leichen nennen könne. Die ganze Welt bestehe schließlich aus toten Körpern! Jede Handvoll Erde sei einmal ein Mensch gewesen und vorher ein anderer Mensch, jede Unze Luft sei tausendfach von inzwischen Verstorbenen geatmet worden. Was hätten sie nur alle, wo sei das Problem?
Er habe ja nur gefragt, sagte der Häuptling schüchtern. (v 2005)

Die Rezeption einer literarischen Strömung bzw. einer literarischen Epoche

Nicht nur einzelne Werke erfahren im Laufe ihrer Wirkungsgeschichte neue Deutungen und Einschätzungen, sondern auch literarische Strömungen und Epochen. Zum einen liegt das an der Heterogenität der Epochen selbst: Literarische Strömungen entwickeln sich nämlich nicht nacheinander, sondern immer in Auseinandersetzung mit Gegenströmungen und Gegenpositionen und damit neben anderen geistigen und literarischen Tendenzen. Zum anderen wandelt sich der Blick späterer Generationen auf eine literarische Strömung, je nach der Art der Erfahrungen, die die Menschen dieser Zeit gemacht haben.
So gab es von Anbeginn Widerstand gegen zentrale Ideen der Aufklärung (Vernunft, Toleranz, Freiheit und Menschlichkeit), vor allem vonseiten der Kirchen und der religiösen Denker. Die Auseinandersetzung Lessings mit dem Pastor Goeze, der dem Aufklärer vorwarf, er kämpfe gegen den Glauben, ist in die Literaturgeschichte eingegangen. Später führten z. B. die Erfahrungen der Französischen Revolution zu einer weiteren Polarisierung unterschiedlicher Positionen und teilweise zu vehementer Ablehnung aufklärerischer Ideen.
Die Aufklärung als Ursprung unserer rational geprägten westlichen Zivilisation und der modernen Naturwissenschaften fordert immer wieder zur kritischen Auseinandersetzung mit aufklärerischen Gedanken und Forderungen heraus. Es überrascht deshalb nicht, dass die Kritik an der Aufklärung bis heute nicht verstummt.

Aufklärung – Empfindsamkeit – Sturm und Drang

Als geistige Bewegung übte die **Aufklärung** in Europa **zwischen 1720 und 1785** einen entscheidenden Einfluss auf die Denkstrukturen und Verhaltensnormen der Zeit aus. Das galt besonders für Frankreich, wo die Ideen der Aufklärung sich auch politisch-sozial auswirkten (Französische Revolution).

Ausgangspunkt war eine bereits bei René Descartes (1596–1650) eingeleitete **Neubewertung der Vernunft** als das eigentlich Wesentliche und Charakteristische des Menschen. Hinzu kam, dass Vernunft, Geist und Verstand allen Menschen gleichermaßen zugesprochen wurden. Daraus resultiert die unerschütterliche Zuversicht, durch Belehrung, Erbauung und Erziehung den Menschen und damit die Welt verbessern zu können.

Während das Barockzeitalter sich im Spannungsfeld von Diesseits und Jenseits gefangen sah, erfolgte nun wieder eine deutliche Hinwendung zum Diesseits. Der Mensch der Aufklärungszeit sah es als seine Aufgabe an, im „Hier und Jetzt" zu planen, zu wirken und sein Glück zu suchen. Gott war für viele Denker der Aufklärungszeit nun nicht mehr über oder hinter der Welt, sondern *in* ihr: Sein positives Wesen konnte in der Natur erkannt werden (**Pantheismus**). Die Welt war deshalb nicht mehr die Wirkungsstätte des Bösen, der bösen Triebe und Leidenschaften, sondern ein Ort der Harmonie, des Friedens und des Glücks. Häufig wurde Gott aber auch als Baumeister der Welt begriffen, der diese nach vernünftigen Gesetzen geschaffen habe, nach denen sie nun unabhängig von ihm ihren Gang nehme (**Deismus**).

Während sich der Mensch im Zeitalter des Barock eher als Objekt fühlte, hilflos seinem Schicksal und seinen Trieben ausgeliefert, erkannte der Mensch der Aufklärung zusammen mit der Entdeckung der Vernunft seine Individualität, seinen eigenen Wert und seine Gestaltungskraft und leitete daraus sein **Recht auf Selbstbestimmung** ab.

Im Barockzeitalter hatte der Mensch das Diesseits, z. B. während des Dreißigjährigen Krieges, als ein Chaos erlebt. Die Welt war für ihn ein Ort der Sünde und der Zerstörung, ein „Spielfeld teuflischer Macht". Gleichzeitig gab man sich dem Sinnlichen hin, dem Erotischen und dem Prächtigen, vor allem in der Baukunst, der Malerei und der Poesie. Der Mensch der Aufklärungszeit hingegen gebrauchte die Ratio, Verstand und Vernunft, um das Diesseits zu durchschauen und zu verstehen, und gewann so Einblicke in die Gesetzmäßigkeit und Ordnung des Lebens und der Welt. Er war der Überzeugung, in der „besten aller Welten" (Gottfried Wilhelm Leibniz) zu leben, in der jeder das Recht hat, auch für sich selbst das Beste zu gewinnen, nämlich **Glück** und (vernünftigen) Lebensgenuss.

Die Anhänger der Aufklärung als einer europäischen Bewegung verstanden sich über alle nationalen Grenzen hinweg als Weltbürger und waren überzeugt, alle Probleme der Philosophie, Wissenschaft und Gesellschaft mithilfe der Vernunft erklären und auch lösen zu können (**Vernunftoptimismus**).

Träger dieser Bewegung war das wirtschaftlich aufstrebende Bürgertum, das, von politischer Verantwortung weitgehend ausgeschlossen, den Privilegien des Adels zunehmend kritisch gegenüberstand und auf gesellschaftliches Unrecht aufmerksam machte.

Empfindsamkeit (ab 1740) und Sturm und Drang (1770–1785) sind als literarische Bewegungen innerhalb der Aufklärung zu verstehen, welche die Leitung durch Vernunft, Geist und Verstand vielfach als dominant empfanden. Sie lenkten die Aufmerksamkeit auf Bereiche, welche die Aufklärung bisher zu wenig zu beachten schien: Empfindung und Gefühl.

Angeregt durch die Werke von Jean-Jacques Rousseau und englische Werke (so geht auch der Begriff „Empfindsamkeit" auf Lessings Übersetzung des Wortes „sentimental" mit „empfindsam" zurück), entwickelte sich mit der **Empfindsamkeit** eine Strömung, die eine regelrechte „Gefühlskultur" vertrat. Dies bedeutete jedoch nicht, dass man die aufklärerischen Gedanken abgelehnt hätte, vielmehr sollte das Subjekt jetzt auch das eigene Innere erschließen und sich von zärtlich-moralischen Empfindungen, wie z. B. Freundschaft, Liebe oder Naturgefühl, leiten lassen.

Der **Sturm und Drang** setzte zeitlich später ein und war eine ausgesprochene Jugendbewegung. Der Titel des Dramas *Sturm und Drang* von Friedrich Maximilian Klinger diente zur Bezeichnung und stand auch für die Zielsetzung: Der Aufklärung entsprechend, ging es auch den Stürmern und Drängern um Selbstbestimmung, akzentuiert wurde jedoch nun die Befreiung des Individuums als Ganzheit, betont wurden nun besonders Gefühl, Sinnlichkeit und Spontaneität. Schriftsteller des Sturm und Drang lehnten ein Leben nach gesellschaftlichen Normen und praktischen Vernunftregeln weitgehend ab, zum Ideal wurde das Genie, das alle von außen vorgegebenen Regeln zurückweist und die Regeln, denen es folgt, in der Natur bzw. in sich selbst findet.

Die **Verherrlichung der Natur** zeigt sich auch in den religiösen Vorstellungen der Vertreter des Sturm und Drang: Gott existiere dann, wenn er als konkrete Kraft in der Welt und im Menschen wirke, wenn er sich den Sinnen und dem Gefühl offenbare. Dieser Pantheismus der Stürmer und Dränger beschränkte sich nicht auf ein bloßes Erkennen des Göttlichen in der Natur, sondern feierte die Allgegenwart des Göttlichen in persönlich ergriffener bzw. enthusiastischer Weise.

Und auch für die Literatur galt die Natur als Maßstab: Unmittelbar und ursprünglich sollte der sprachliche Ausdruck sein. Aufgabe der Literatur war es darüber hinaus, sich mit gesellschaftlichen Normen – und Missständen – auseinanderzusetzen. Brennende Fragen der Gesellschaft wurden von den jungen Dichtern aufgegriffen: die Schranken der Ständeordnung, an denen das Bürgermädchen zerbricht (z. B. Schiller, *Kabale und Liebe*), die drückende Last der Bauern, das Eheverbot für Offiziere (z. B. Lenz, *Soldaten*) und das Recht des starken Einzelnen, des „Kerls", auf Selbstverwirklichung gegen die bestehende gesellschaftliche Ordnung (z. B. Schiller, *Die Räuber*, Goethe, *Götz von Berlichingen*). Politisch wirksam wurde diese Gesellschaftskritik auf deutschem Boden indessen nicht. Kennzeichnend für einige Sturm und Drang-Werke ist es gar, dass sie vorführen, wie die Helden an der Verwirklichung ihrer Ideale scheitern.

Modul: Essay und essayistisches Schreiben

1. „Zur Auferweckung des in jedem Menschen schlafenden Systems" (Montaigne) – Essayistisches Schreiben als Ausdruck individueller Erkenntnis erfassen

1. a) Reflektieren Sie Ihre eigenen Schreiberfahrungen: Notieren Sie in zwei Spalten private und schulische Schreibanlässe sowie Textformen.
b) Besprechen Sie in Kleingruppen, inwieweit Ihnen eigene Texte zur Systematisierung von Gedanken oder Klärung von Problemen gedient haben.

1 Georg Christoph Lichtenberg (1742–1799): Aphorismus über das Schreiben

Zu Aufweckung des in jedem Menschen schlafenden Systems ist das Schreiben vortrefflich, und jeder, der je geschrieben hat, wird gefunden haben, dass Schreiben immer etwas erweckt was man vorher nicht deutlich erkannte, ob es gleich in uns lag. (e 1789)

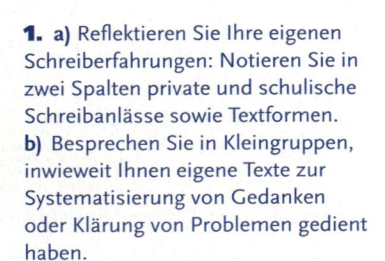

2 Anne Frank (1929–1944): Tagebuch (Auszüge)

a) Eintrag vom 20. Juni 1942

Es ist für jemanden wie mich ein eigenartiges Gefühl, Tagebuch zu schreiben. Nicht nur, dass ich noch nie geschrieben habe, sondern ich denke auch, dass sich später keiner, weder ich noch ein anderer, für die Herzensergüsse eines dreizehnjährigen Schulmädchens interessieren wird. Aber darauf kommt es eigentlich nicht an, ich habe Lust zu schreiben und will mir vor allem alles Mögliche gründlich von der Seele reden. [...]

b) Eintrag vom 15. Juli 1944

[...] Ist es denn wahr, dass die Erwachsenen es hier schwerer haben als die Jugend? Nein, bestimmt nicht. Ältere Menschen haben eine Meinung über alles und schwanken nicht mehr, was sie tun sollen oder nicht. Wir, die Jüngeren, haben doppelt Mühe, unsere Meinungen in einer Zeit zu behaupten, in der aller Idealismus zerstört und kaputtgemacht wird, in der sich die Menschen von ihrer hässlichsten Seite zeigen, in der an Wahrheit, Recht und Gott gezweifelt wird. Jemand, der dann noch behauptet, dass die Älteren es hier im Hinterhaus viel schwerer haben, macht sich nicht klar, in wie viel stärkerem Maß die Probleme auf uns einstürmen. Probleme, für die wir vielleicht noch viel zu jung sind, die sich uns aber so lange aufdrängen, bis wir endlich eine Lösung gefunden zu haben meinen, eine Lösung, die meistens den Tatsachen nicht standhält und wieder zunichte gemacht wird. Das ist das Schwierige an dieser Zeit: Ideale, Träume, schöne Erwartungen kommen nicht auf, oder sie werden von der grauenhaftesten Wirklichkeit getroffen und vollständig zerstört. [...]
Inzwischen muss ich meine Vorstellungen hochhalten, in den Zeiten, die kommen, sind sie vielleicht doch noch auszuführen! [...]

Annelies Marie Frank, verkürzt meist Anne Frank genannt (* 12. Juni 1929 in Frankfurt am Main; † Anfang März 1945 im KZ Bergen-Belsen), war ein jüdisches deutsches Mädchen, das während des Zweiten Weltkriegs im niederländischen Exil seine deutsche Staatsangehörigkeit verlor und kurz vor dem Kriegsende dem nationalsozialistischen Völkermord zum Opfer fiel. Zuvor hatte sie sich mit ihrer Familie in einem Hinterhaus in Amsterdam versteckt gehalten, wo sie ihre Erlebnisse und Gedanken in einem Tagebuch niederschrieb.

3 Friedrich Dürrenmatt (1921–1990): Die vier Verführungen des Menschen durch den Himmel (Auszug)

Zugegeben, ich war auf das größte Ereignis des Jahrhunderts denkbar schlecht vorbereitet: Zwölf Wochen aufgezwungene Beschäftigung mit der Weltgeschichte – um mich nicht über Literatur aufzuregen – regten mich doch auf: die Eseleien, von denen ich las, waren zu gewaltig, um nicht ernüchternd zu wirken. Der Mensch ist offenbar ein Pechvogel, nicht weil er nicht fliegen könnte – das kann er ja inzwischen –, sondern weil er immer wieder vom Himmel verführt wird, mehr als ein Mensch sein zu wollen: etwas Absolutes. Kaum hatte zum Beispiel die römische Republik die alte Welt geordnet, verwandelte sie sich in ein Imperium und den Kaiser in einen Gott; die Menschen lassen sich zwar von Menschen regieren, aber wollen diese Menschen als Götter sehen. Das ist die erste Verführung des Menschen durch den Himmel. [...]

10 Und nun stellte uns der Himmel zum viertenmal eine Falle, und prompt wie eine Maus liefen wir in sie hinein: In die gigantische Mausefalle des Weltalls. Ich gestehe, daß ich die Nacht vom 20. auf den 21. Juli 1969 am deutschschweizerischen Fernsehen als ausgesprochen komisch empfand.

Gewiß, die Wissenschaftler, die man bisweilen sah, waren in Ordnung, besonders Bruno Sta-
15 nek; sicher, der Mondstaub, den man so lange nicht sah, weil es eben so lange dauern mußte, bis man ihn sehen konnte, war auch in Ordnung; er verschluckte das LEM[1] nicht, wie man noch vor Jahren befürchtet hatte [...]. Zu einer technischen Perfektionsleistung sollte man keine Schöngeister beiziehen; da die Naturwissenschaften immer noch unter ihrem Denkniveau liegen, bestaunen sie die Technik, wie Neandertaler ein Fahrrad bestaunen würden: sie beten sie
20 an. So übertraf denn ein Schöngeist den anderen an unfreiwilliger Komik: ein Theologe glaubte irgendwie doch noch an Gott und an den Teufel, und ein Geschichtsprofessor ließ meine mühsam bewältigte Weltgeschichte zu einer unbedeutenden Weltsekunde zusammenschrumpfen und im Namen des heiligen Konrad Lorenz die menschliche Aggression für immer in den Weltraum sausen: Von jetzt an können wir hienieden gut sein, weil wir oben die Planeten in
25 Stücke schlagen dürfen.

Die Hunderte Millionen von Menschen getöteten Menschen, die die Eseleien der Weltgeschichte kosteten, schrumpften mit Lichtgeschwindigkeit zu einer Lappalie zusammen, im Bewußtsein, einmal keine Eselei begangen zu haben. Während der Kontrollraum in Houston im Fernsehschirm wie ein Nationalratssaal bei einer Debatte über das deutschschweizerische Fernsehen
30 aussah, machte man im deutschschweizerischen Fernsehstudio auf Spannung, nichts dämpfte die Ausgelassenheit, nicht einmal die Möglichkeit, die Landung könnte schiefgehen; es ging zu wie bei der Schlußfeier eines sommerlichen Volkshochschulkurses [...].

Sicher, die ganze Übertragung war ein Ereignis. Gewiß, es war das teuerste Ferngespräch der Weltgeschichte, das sich der amerikanische Präsident da leistete, doch gar so teuer war es nun
35 wieder nicht, verglichen mit den Unternehmungen, die sich die Vereinigten Staaten sonst noch leisten. Zwar geben sie für ein Programm, das sich über viele Jahre erstreckt, der NASA 25 Milliarden Dollar, aber so viel leisten sie sich in Vietnam in einem Jahr für einen Krieg, in den sie hineingestolpert sind und den sie aus Gründen des Prestiges nicht zu beenden wissen; während der Flug der Apollo 11 etwa 350 Millionen Dollar kostete, kommt die USA-Strategen
40 die Tötung eines Vietcong-Soldaten auf 350 000 Dollar zu stehen, so daß, umgerechnet, der Apollo-11-Flug so viel kostet wie der Tod von tausend Vietcongs. Eine makabre Berechnung einer makabren Wirklichkeit, doch muß man nicht nur im Weltraum mit Zahlen kommen, will man die Wirklichkeit erkennen.

Am 20. Juli 1969 begann nicht ein neues Zeitalter, sondern der Versuch, sich aus dem unbewäl-
45 tigten 20. Jahrhundert in den Himmel wegzustehlen. (v 1969)

(Aus lizenzrechtlichen Gründen ist dieser Text nicht in reformierter Rechtschreibung abgedruckt.)

2. a) Verfassen Sie einen eigenen Tagebucheintrag, in dem Sie Ihre Gedanken beim Lesen des Textes von Anne Frank oder von Friedrich Dürrenmatt festhalten.
b) Lesen Sie sich Ihre Texte (z. B. in Kleingruppen) gegenseitig vor.

3. a) Erstellen Sie einen Katalog von Kriterien, anhand dessen sich die Texte von Anne Frank und Friedrich Dürrenmatt vergleichen lassen, z. B.: Schreibanlass, Intention des Autors, Adressat(en), ...
b) Ergänzen Sie den Katalog um sprachliche Kriterien, z. B. Syntax, Stil(mittel), ...
c) Halten Sie Gemeinsamkeiten und Besonderheiten der beiden Texte fest.

2. „Ein Spaziergang, ein Lustwandeln, keine Handelsreise" (Hamburger) – Den Essay als literarische Gattung kennenlernen

1   Doris Sanders: Der natürliche Knigge – Die sanfte Revolution der Ellbogengesellschaft –

Formen an sich sind ein nicht zu unterschätzender Aspekt im gemeinsamen Leben und können den sozialen Umgang sehr erleichtern. Manchmal hört man herablassende Äußerungen über den Wert von Formen und von „Konventionen", als handele es sich dabei um hohles Geschwätz, wenn nicht gar um Betrug. Wer dies so sieht, macht sich nicht klar, dass jedes Ding untrennbar
5 aus einem Inhalt und einer Form besteht. Woher soll mein Partner wissen, dass mir meine verletzende Äußerung leidtut, wenn ich es ihm nicht mitteile: „Es tut mir leid"? In unserer Sprache gibt es feste Wendungen für solche Akte, und dass diese „form"-uliert sind, macht sie nicht un-

1. a) Fassen Sie mit eigenen Worten zusammen, warum (Umgangs-)Formen nach Meinung der Autorin wichtig sind.
b) Untersuchen Sie den Aufbau der Argumentation und veranschaulichen Sie mithilfe einer ➤ Textskizze die Argumentationsstruktur.

---
[1] LEM (Lunar Excursion Module): Mondlandefähre, ab 1963 für die NASA entwickelt

2. Sammeln Sie – z. B. mit der ➤ Brainwalking-Methode – Assoziationen zum Thema „Höflichkeit".

3. Recherchieren Sie mit einem entsprechenden Fachwörterbuch die Etymologie des Begriffs „Höflichkeit".

4. Schreiben Sie einen kurzen Text über eine Situation, in der für Sie Höflichkeit (oder Unhöflichkeit) eine Rolle gespielt hat (oder spielen würde).

5. Lesen Sie sich Ihre Texte in Arbeitsgruppen gegenseitig vor; wählen Sie pro Gruppe einen Text aus, der Ihnen besonders ansprechend erscheint, und präsentieren Sie ihn dem Kurs.

gültig. Wenn ich die Redewendung „Es tut mir leid" benutze, bedeutet dies nicht, dass es mir nicht leidtut, nur weil ich eine entsprechende sprachliche Form für meine Gefühle wähle. Unter der Voraussetzung, dass wir ernst meinen, was wir sagen, ist die Form unserer Sprache eine große Hilfe, um den Sinn unserer Gefühle und Gedanken klarzumachen. Und Gleiches gilt auch für die Form von bestimmten Verhaltensweisen. Denken Sie an interkulturelle Missverständnisse: Während in der einen Kultur eine bestimmte Geste signalisiert: „Komm her", bedeutet sie in einer anderen Kultur das genaue Gegenteil. Schwierig wird es, wenn zwei Menschen aus verschiedenen Kulturen versuchen, sich mit ihrem jeweiligen Zeichen zu verständigen. Solange wir hingegen alle kulturell normierten Formen kennen und beherrschen, funktioniert die Verständigung im Großen und Ganzen. (v 2001)

2 Michel de Montaigne (1533 – 1592): Förmlichkeiten bei der Begegnung von Königen

Kein Gegenstand ist so geringfügig, dass er nicht mit Fug und Recht in diese bunte Folge aufgenommen würde.
Zum Beispiel: Nach unseren Verhaltensregeln wäre es Gleichgestellten und erst recht einem Großen gegenüber eine grobe Unhöflichkeit, wenn man versäumte, daheim zu sein, nachdem er seinen Besuch angekündigt hat. Sogar das Haus zu verlassen (wie das zumeist geschieht), um dem Erwarteten entgegenzugehn, verrate, sagte Königin Margarete von Navarra in diesem Zusammenhang, bei einem Edelmann schlechtes Benehmen, möge der Gast noch so hochrangig sein; viel höflicher und ehrerbietiger sei es, ihn zum Empfang bei sich zu erwarten – und wäre es nur, um ihn nicht auf dem Weg zu verfehlen; es genüge völlig, ihn beim Abschied zu begleiten. Was mich betrifft, vergesse ich oft die eine wie die andre dieser nichtssagenden Pflichten, da ich in meinem Haus alle Förmlichkeiten so weit wie möglich unterbinde. Wenn sich deswegen einer beleidigt fühlt – was kann ich dran ändern? Besser bereite ich ihm dieses eine Mal Verdruss als mir selber Tag für Tag, wäre das doch eine unaufhörliche Fron. Was hätte es für einen Sinn, der Sklaverei der Höfe zu entfliehen, wenn man ein Stück hiervon bis in den eignen Schlupfwinkel mitschleppte?
Eine weitere Verhaltensregel besteht bei allen Zusammenkünften darin, dass die minder Vornehmen sich als Erste am vereinbarten Ort einzufinden haben, da es den namhaften Personen eher zukommt, auf sich warten zu lassen. Dennoch geschah es bei der Begegnung zwischen Papst Clemens und König Franz in Marseille, dass der König dort zunächst die erforderlichen Zurüstungen anordnete und sich dann aus der Stadt entfernte, um dem Papst zwei, drei Tage Zeit zur Erholung und Vorbereitung auf seinen Einzug zu lassen, ehe er ihn aufsuchte.
Das Gleiche ereignete sich beim Einzug des Papstes und des Kaisers in Bologna, wo dieser jenem Gelegenheit gab, als Erster zur Stelle zu sein, während er selber nach ihm eintraf. Es sei, sagt man, bei Begegnungen solcher Fürsten tatsächlich eine übliche Zeremonie, dass der Höherstehende vor den anderen am vereinbarten Ort eintreffe, sogar noch vor dem, auf dessen Gebiet die Versammlung stattfinde; und als fadenscheinige Begründung dafür wird angeführt, durch solche Äußerlichkeit solle deutlich gemacht werden, dass die minder Vornehmen den Größeren aufzusuchen und sich zu ihm zu bemühen hätten, nicht er zu ihnen.
Nicht nur jedes Land hat seine eigenen Umgangsformen, sondern auch jede Stadt und jeder Stand. Ich bin von klein auf sorgfältig genug zur Einhaltung der unseren erzogen worden und habe genug Zeit in recht guter Gesellschaft verbracht, um genau zu wissen, wie die französischen Verhaltensregeln lauten – ich könnte geradezu Unterricht darin geben. Ich liebe es auch, sie zu befolgen, freilich nicht so unterwürfig, dass mein Leben hierdurch eingeengt würde. Einige davon sind nur lästige Formalitäten, die man außer Acht lassen kann, ohne deswegen, solange dies aus Unterscheidungsvermögen und nicht aus Unerzogenheit geschieht, an Anstand zu verlieren. Ich habe oft Menschen getroffen, die vor lauter Höflichkeit unhöflich waren, und ungeschliffen durch zu viel Schliff.
Gleichwohl ist die Kunst des gesitteten Benehmens höchst nützlich: Wie Anmut und Schönheit erleichtert sie die ersten Schritte zu gesellschaftlichem, ja vertraulichem Umgang und öffnet uns folglich die Tür, nicht nur aus den Beispielen anderer zu lernen, sondern auch unser Eignes darzustellen und zur Geltung zu bringen – falls es etwas enthält, das vermittelnswert, weil lehrreich ist. (e 1580, übersetzt 1998 von Hans Stilett)

Michel Eyquem de Montaigne wurde 1533 auf Schloss Montaigne in der Dordogne als Sohn eines katholischen französischen Adeligen und einer dem sephardischen Judentum entstammenden Mutter geboren. Der Familientradition entsprechend studierte er Rechtswissenschaften und wurde zunächst Parlamentsrat und später Bürgermeister von Bordeaux. Er heiratete und hatte sechs Töchter, von denen nur eine das Kindesalter überlebte. Im Jahre 1571 begann er mit der Niederschrift seines Hauptwerks, den Essais, von denen er 1580 die ersten beiden Bände und 1588 den dritten Band veröffentlichte. Montaigne hat seine Essais bis zuletzt immer wieder überarbeitet und annotiert. Neben seiner literarischen Betätigung war Montaigne immer wieder als politischer Vermittler aktiv, so etwa zwischen den verfeindeten Parteien der Gegenreformationszeit. Er starb – von verschiedenen Krankheiten geschwächt – im Jahre 1592 auf dem Schloss seiner Vorfahren.

3 Francis Bacon (1560–1626): Über Höflichkeit und Anstand

Wer sich nur so gibt, wie er ist, muss ungemein große Tugenden besitzen, so wie der Stein wahrlich kostbar sein muss, der ohne Folie gefasst wird. Wenn man es indessen recht bedenkt, so geht es mit Lob und Auszeichnung eines Menschen gerade so zu wie mit Gewinn und Erwerb. Das Sprichwort hat schon Recht, dass „kleine Erträge den Beutel füllen", weil kleine Er-
5 träge in Mengen einströmen, große dagegen nur hin und wieder kommen. Ebenso ernten bekanntlich kleine Vorzüge großes Lob, weil sie immerfort zutage treten, während die Gelegenheit, große Seiten zu zeigen, sich nur alle Jubeljahre ergibt. Daher trägt es wesentlich zur Bewertung eines Menschen bei und ist – wie die Königin Isabella[1] sagte – gleichsam ein Dauer-Empfehlungsschreiben, ein gutes Benehmen zu haben. Um es sich anzueignen, genügt es fast, es
10 nicht zu verachten, denn auf diese Weise merkt man auf das Benehmen der andern, und das Übrige kommt dann schon von selbst. Wer sich dagegen allzu sehr bemüht, es herauszukehren, büßt von der Anmut ein, die in der Natürlichkeit und Ungezwungenheit liegt. Das Benehmen mancher Menschen gleicht einem Verse, worin jegliche Silbe abgemessen ist: Wie kann einer Großes erfassen, dessen Sinn sich zu sehr kleinlichen Rücksichten unterwirft? Gar keine
15 Höflichkeitsformen brauchen heißt andere lehren, sich ihrer ebenso wenig zu bedienen, und vermindert deren Achtung; namentlich darf man sie auch nicht Fremden und förmlichen Menschen gegenüber unterlassen. Allein zu großes Gewicht darauf legen und sie bis in den Himmel erheben ist nicht bloß langweilig, sondern beeinträchtigt auch das Zutrauen zum Sprecher wie sein Ansehen. Es gibt in der Tat eine Art und Weise, in die Höflichkeitsformeln wirksame
20 und eindrucksvolle Äußerungen einfließen zu lassen, die ungemein wertvoll ist, wenn man sie zu treffen versteht. Von seinesgleichen muss jeder einer gewissen Ungezwungenheit gewärtig sein; deswegen ist es ratsam, hier etwas förmlich aufzutreten; von Untergeordneten einer gewissen Ehrerbietung, und deswegen ist es gut, hier etwas ungezwungen zu sein.
Wer überall des Guten zu viel tut, so dass er andern Leuten zum Überdruss wird, wirft sich weg.
25 Besondere Aufmerksamkeiten sind gut, wenn sie aus offenbarer persönlicher Verehrung fließen und nicht aus fehlerhafter Gefälligkeit. Wenn man sich auf die Seite von jemand stellt, so ist im Allgemeinen anzuraten, etwas von seinem Eigenen hinzuzusetzen. Pflichtest du zum Beispiel seiner Meinung bei, so sei es mit einem kleinen Unterschied; folgst du seinem Vorschlag, so knüpfe eine Bedingung daran; billigst du seinen Rat, so füge noch einen weiteren
30 Grund bei. Man hüte sich wohl vor allzu höflichen Redensarten; denn mag jemand sonst auch noch so vortrefflich sein, so werden ihm seine Neider unfehlbar deshalb zum Schaden seiner sonstigen Vorzüge etwas anhängen. Auch ist es ein Nachteil für alles Geschäftliche, es mit Höflichkeitsformeln zu genau zu nehmen und gar zu ängstlich um Zeit und Umstände besorgt zu sein. Salomo sagt: „Wer auf den Wind achtet, sät nicht; und wer auf die Wolken sieht, erntet
35 nicht."[2] Der Weise wird sich mehr gute Gelegenheiten verschaffen, als er vorfindet. Das Benehmen eines Menschen sollte wie seine Kleidung sein, nicht steif und peinlich akkurat, sondern ungezwungen genug, um sich zu bewegen und zu betätigen. (v 1625)

Francis Bacon stammt aus dem englischen Hochadel. Er wurde 1560 als Sohn des Großsiegelbewahrers Elisabeths I. geboren, studierte bereits mit zwölf Jahren Jura und wurde später Rechtsanwalt und Parlamentsmitglied. 1617 wurde er unter Jakob I. selbst zum Großsiegelbewahrer, ein Jahr später zum Lordkanzler – der erste Mann nach dem König – und Baron von Verulam ernannt, 1621 erhielt er darüber hinaus den Titel Graf von St. Alban. Ebenso steil wie sein Aufstieg war der Absturz: Im selben Jahr, 1621, wurde er – berechtigterweise – wegen Bestechung angeklagt. Auch wenn er aufgrund baldiger Begnadigung durch den König nicht lange im Tower sitzen musste, verlor er durch den Prozess alle Ämter und Würden. Den Rest seines Lebens blieb er Privatmann und widmete sich hauptsächlich dem Schreiben. Denkwürdig ist sein Tod im Winter 1626: Der Begründer des systematischen Experimentierens und der empirischen Wissenschaften starb an einer Erkältung, als er herausfinden wollte, ob man Fleisch statt mit Salz nicht auch durch Kälte konservieren könne.

6. a) Lesen Sie die Texte von Montaigne und Bacon zunächst kursorisch und entscheiden Sie, welcher Sie mehr anspricht. Begründen Sie Ihre Entscheidung mit wenigen Stichworten.
b) Diskutieren Sie anhand von Textbelegen, welche Absicht die beiden Autoren mit ihren Texten jeweils verfolgen. Ziehen Sie dafür auch Montaignes Vorwort (Text 4) heran.

7. Äußern Sie Ihre ersten Eindrücke von der Entfaltung und der Darstellungsweise des Themas in den Texten 1–3.

8. a) Vergleichen Sie mithilfe einer Tabelle die beiden Texte 2 und 3 in Bezug auf folgende Kriterien:
– Inhalt und Aspekte des Themas,
– Aufbau bzw. Struktur,
– Ton bzw. Verhältnis zwischen Autor und Leser,
– Auswahl und Anschaulichkeit der Beispiele.
Geben Sie jeweils Textbelege an.

4 Michel de Montaigne (1533–1592): An den Leser

Dieses Buch, Leser, gibt redlich Rechenschaft. Sei gleich am Anfang gewarnt, dass ich mir damit kein anderes Ziel als ein rein häusliches und privates gesetzt habe. Auf deinen Nutzen war mein Sinn hierbei ebenso wenig gerichtet wie auf meinen Ruhm – für beides reichen meine Kräfte nicht aus. Es ist vielmehr meinen Angehörigen und Freunden zum persönlichen Ge-
5 brauch gewidmet, damit sie, wenn sie mich verloren haben (was bald der Fall sein wird), darin einige meiner Wesenszüge und Lebensumstände wiederfinden und so die Kenntnis, die sie von mir hatten, zu einem anschaulicheren Bild vervollständigt bewahren können.
Wäre es mein Anliegen gewesen, um die Gunst der Welt zu buhlen, hätte ich mich besser herausgeputzt und käme mit einstudierten Schritten daherstolziert. Ich will jedoch, dass man
10 mich hier in meiner einfachen, natürlichen und alltäglichen Daseinsweise sehe, ohne Beschönigung und Künstelei, denn ich stelle mich als den dar, der ich bin. Meine Fehler habe ich frank

---
[1] Isabella von Kastilien, die Gemahlin Ferdinands von Aragon (1451–1504)
[2] Pred. 11, 4 [Bibelzitat]

b) Formulieren Sie die Ergebnisse Ihres Vergleichs in einem zusammenhängenden Text.

9. Versuchen Sie sich an einem eigenen Essay zum Thema „Höflichkeit". Nutzen Sie als Einstieg Ihren Text über eine eigene Erfahrung (vgl. S. 178).

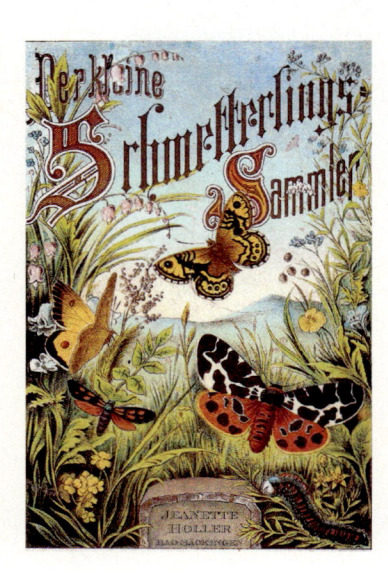

und frei aufgezeichnet, wie auch meine ungezwungene Lebensführung, soweit die Rücksicht auf die öffentliche Moral mir dies erlaubte. Hätte ich unter jenen Völkern mein Dasein verbracht, von denen man sagt, dass sie noch in der süßen Freiheit der ersten Naturgesetze leben, würde ich mich, das versichere ich dir, am liebsten rundum unverhüllt abgebildet haben, rundum nackt. Ich selber, Leser, bin also der Inhalt meines Buchs: Es gibt keinen vernünftigen Grund, dass du deine Muße auf einen so unbedeutenden, so nichtigen Gegenstand verwendest. Nun, Gott befohlen! Geschrieben zu Montaigne, am heutigen ersten März des Jahres eintausendfünfhundertachtzig. (e 1580)

5 Michael Hamburger (1924–2007): Essay über den Essay
(Auszug)

Schon das stimmt nicht ganz: Ein Essay darf eigentlich nichts behandeln, nichts bestimmen oder definieren. Ein Essay ist ein Spaziergang, ein Lustwandeln, keine Handelsreise. Wenn hier also „über" steht, kann es nur bedeuten, dass der Spaziergang über das genannte Feld geht, aber ohne jede Absicht, es zu vermessen. Dieses Feld wird nicht umgepflügt, auch nicht bebaut. Es soll Wiese bleiben, wild. Der eine Spaziergänger interessiert sich für die Blumen, ein anderer ist für die Aussicht, ein dritter sucht Insekten. Die Jagd nach Schmetterlingen ist erlaubt. Alles ist erlaubt – außer den Absichten des Vermessers, des Bauern, des Spekulanten. (v 1965)

6 Walter Hilsbecher (* 1917): Essay über den Essay (Auszug)

„Versuchen" heißt im Französischen „essayer". Die Wortwurzel „essai" geht auf das spätlateinische „exagium" zurück, das so viel wie „Gewicht, Gewichtmaß, Wägen" bedeutet. Das „Wägen" ist also in die spätere, allgemeinere Bedeutung hinübergeschlüpft. Jeder Versuch ist ein Abwägen, ein Erwägen – und auch ein Wagnis. Man assoziiert „Abenteuer" und „Improvisation" und erkennt das Vorläufige der essayistischen Wahrheit. Der Essay ist ein Versuch mit der Wahrheit, Versuch an der Wahrheit. Zugrunde liegt ihm die Einsicht, dass dem Menschen die Wahrheit, das letzte Wort, die absolute Erkenntnis nicht zur Verfügung steht – dass sie zumindest nicht artikulierbar ist. (v 1993)

7 Schüler-Duden Literatur: Essay

Essay ['ɛse; englisch 'ɛsɛɪ, eigentlich „Versuch", von lateinisch exagium „das Wägen"]: Bezeichnung für einen kürzeren, stilistisch anspruchsvollen Prosatext, in dem Fragen aus den verschiedensten geistig-kulturellen und gesellschaftlichen Bereichen behandelt werden. In mancher Hinsicht anderen literarischen Zweckformen wie Bericht, Traktat, Feuilleton verwandt, unterscheidet sich der Essay von ihnen durch die betonte Subjektivität der Auffassung und v. a. durch die lockere Art der Behandlung des Themas, für die eine assoziative, oft sprunghafte Gedankenführung, variationsartiges Umkreisen des Gegenstandes, Durchspielen von Denkmöglichkeiten, oft paradoxe und provokative Aussagen grundlegend sind. In seiner Abkehr von einer streng wissenschaftlich-objektiven Darstellung zählt der Essay zu den offenen, unabgeschlossenen Ausdrucksformen der Wahrheitssuche, in denen es nicht auf konkrete Ergebnisse, sondern v. a. auf Denkanstöße für den Leser ankommt. (v 1989)

8 Rainer Nolte: Der Essay als literarische Gattung (Auszug)

„Der reine Essay ist eine Abstraktion, für die es beinahe keine Beispiele gibt", heißt es bei Robert Musil, womit die scheinbar harmlose Formulierung eines Schriftstellers, der es wissen muss, auf wesentliche Merkmale der Gattung hinweist. – Da wäre zunächst die „Reinheit". Der Essay ist als Zwitter verrufen, als Un-Gattung: Er ist weder Drama, noch Lyrik, noch Epik. Aber auch die Wissenschaften, vornehmlich die Philosophie, erkennen den Essay nicht ohne Weiteres als ihr Kind an. Der eher assoziative Gedanken-Spazier-Gang, die Offenheit des Resultats und sein Widerwille gegen geschlossene Ideensysteme machen ihn unbrauchbar für die stringente Abhandlung wie für das moralisierende Traktat. Stattdessen gewährt der Essay dem eher

hypothetischen Denken, der Interpretation des bereits Bekannten den Vorzug. Er greift im
"gelehrten Zitat" auf kulturelle Wissensbestände zurück, kennt aber nicht den „kritischen Apparat" des Brotgelehrten, sondern zeigt sich als philosophischer Kopf. Er wird über Einzelnes stutzig, will ihm auf die Schliche kommen und findet dabei – eher absichtslos, so scheint's – Allgemeines. [...]

Lust am Schreiben jedenfalls heißt zweierlei, heißt Lust am Formulieren und Fabulieren, heißt auch Lust am Denken, am gedanklichen Erproben. Beides zusammen scheint mir, kann das Dach bilden, unter dem das nur scheinbar ungeliebte Kind [der Essay] groß wird. Genährt von einer Zeit, die offene Problemlagen zur Genüge kennt, und betreut von Menschen, die sich selbst schreibend erproben, ihren Horizont abstecken *und* erweitern, müsste dieses Kind eigentlich zur Schule gehen!

Ludwig Rohner, der die umfangreichste Sammlung deutscher Essays zusammengetragen hat, stellt jeden Widerspruch ausschließend fest: „Kein Zweifel: Der deutsche Essay beginnt mit der Aufklärung." Ich will ihm nicht widersprechen, ich bin ihm gefolgt. Aber könnte, ja müsste es nicht genauso gut heißen: Kein Zweifel: (Die) Aufklärung beginnt mit einem Essay! (v 1993)

10. a) Stellen Sie anhand der Texte 4 bis 8 Merkmale des Essays in Form einer Tabelle zusammen.
b) Vergleichen Sie die Aussagen über die Gattung „Essay" in Bezug auf stilistische Merkmale. Bedenken Sie dabei, an welche Adressaten die Texte sich jeweils richten.

11. „Kein Zweifel: (Die) Aufklärung beginnt mit einem Essay!" – Mit diesem Satz spielt Nolte auf Kants Beantwortung der Fragen „Was ist Aufklärung?" an.
Weisen Sie nach, dass es sich bei Kants Text (vgl. S. 143 f.) um einen Essay handelt.

3. „Beginne, das Sonnensystem zu sehen" (Dürrenmatt) – Das essayistische Schreiben an literarischen Vorbildern schulen

1 Friedrich Dürrenmatt (1921–1990): Ergreife die Feder müde
(Auszug)

Ergreife die Feder müde
schreibe deine Gedanken nieder
    wenn keine Frage nach Stil dich bedrängt.

Es ist heute wieder vieles zu durchdenken.
Felder liegen brach, die einst Früchte trugen.

Das Mögliche ist ungeheuer. Die Sucht
    nach Perfektion
zerstört das meiste. Was bleibt
    sind Splitter
an denen sinnlos gefeilt wurde.

Beginne, das Sonnensystem zu sehen.
    Liebe
auch Pluto. Doch wer
    macht sich schon Gedanken über ihn!
Ich aber
    spüre sein Kreisen, ahne
die kleine Kugel, die glattgeschliffene.

Alles läßt sich besser schreiben
    Darum laß die schlechtere Fassung stehn.

Nur beim Weitergehen kommst du irgendwohin
    wohin?
Fern von dir.

    Gehe weiter. Lots Weib
erstarrte beim Zurückschauen
    Erstarrt nicht. Korrigiert nicht.
Wagt! (v 1991)

(Aus lizenzrechtlichen Gründen ist dieser Text nicht in reformierter Rechtschreibung abgedruckt.)

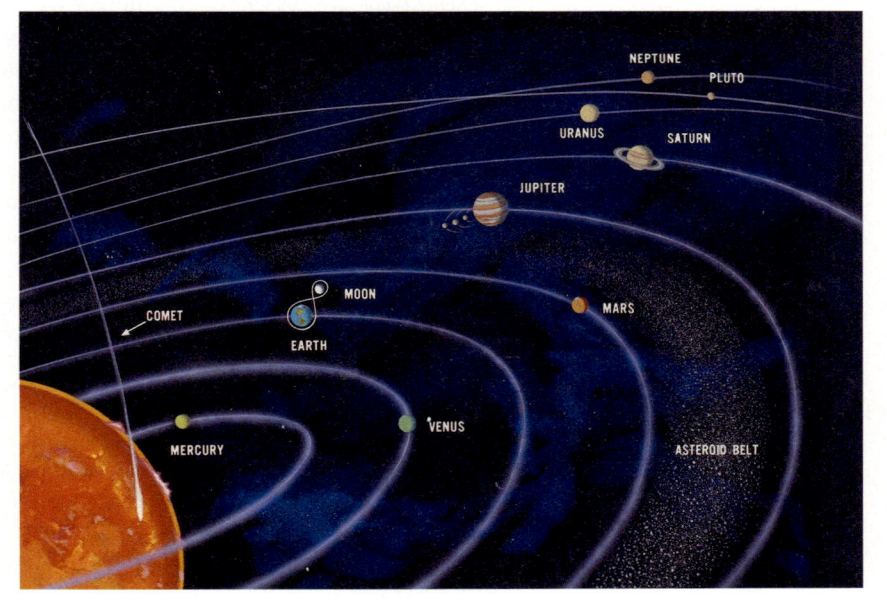

1. a) Besprechen Sie, welche Wirkung Dürrenmatts Verse auf Sie als potenziellen Verfasser eines Essays haben.
b) Übertragen Sie die Bilder aus der Astronomie und aus der Bibel auf die Inhaltsebene.

2. a) Geben Sie in eigenen Worten wieder, was Walter Hilsbecher über die Sprache des Essays sagt.
b) Beschreiben Sie, wie er dies tut.

3. Diskutieren Sie, inwiefern sich aus den Texten 1 und 2 Widersprüche für den Verfasser eines Essays ergeben.

Hans Magnus Enzensberger wurde 1929 in Kaufbeuren (Allgäu) geboren, musste 1944/45 noch im Volkssturm Dienst tun, studierte dann Literaturwissenschaft sowie Philosophie und schloss 1955 mit der Promotion ab; im selben Jahr wurde er Mitglied der „Gruppe 47". Von 1957 an arbeitete er als freier Schriftsteller, Übersetzer und Gastdozent in verschiedenen Städten und Ländern, seit 1980 wohnt er in München. Bekannt wurde Enzensberger zunächst als Lyriker, später als Essayist und Herausgeber z. B. der Zeitschrift „Kursbuch".

2 Walter Hilsbecher (* 1917): Essay über den Essay (Auszug) – Die Sprache des Essays –

Die Sprache des Essays macht den Essay zum Kunstwerk. Sie schaltet souverän mit Begriff und Metapher; sie ist abstrakt und sinnlich, spirituell und emotionell, poetisch und sachlich –, dabei immer durchleuchtet von Intelligenz. Draußen weht spürbar das Dunkel vorbei, die Dämmerung, die Finsternis, die Nacht, Unkenruf tönt und Eulenschrei, aber sie selbst ist ruhig erhellt, glüht von innen heraus. Die Sprache des Essays diktiert dem Essay ihr Gesetz; von Satz zu Satz, von Sprachassoziation zu Sprachassoziation, von Ausdruck zu Ausdruck treibt sie ihn vorwärts [...] Und auch das ist ein Merkmal: Die Sprache des Essays ist mehr „Rede" als „Schreibe": Sie ist der Erzählung verwandt oder dem Dialog, dem Gespräch. (v 1993)

3 Hans Magnus Enzensberger (* 1929): Die Poesie der Wissenschaft (Auszug)

Die Mathematik ist eine Poesie von Ideen.
Armand Borel

1

Chacun devient idiot à sa façon – jeder macht sich auf seine Weise zum Idioten. Diese Maxime stammt von Peter Esterházy, dem Sproß einer fürstlichen Familie, der seine eigene Behauptung auf brillante Weise illustriert hat, indem er sich zuerst in einen Mathematiker, dann in einen Fußballspieler und zu guter Letzt in einen berühmten Romancier verwandelte. Womöglich hat er dabei auf eine klassische Injurie aus dem achtzehnten Jahrhundert angespielt. Damals beschimpften sich die Akademiker, indem einer den andern *idiot savant* nannte. Auch heute noch dürfte jedem Gelehrten der eine oder andere Kollege einfallen, auf den diese Charakteristik zutrifft. Das massenhafte Auftreten des Fachidioten ist vermutlich eine unvermeidliche Folge der Spezialisierung in den Wissenschaften. Selbst innerhalb des eigenen Faches haben die Verständigungsschwierigkeiten zugenommen. Kaum jemand wird sich zu der Behauptung versteigen, er überblicke die Forschungssituation auf allen Feldern der exakten Wissenschaften. Die beliebte Rede von der Interdisziplinarität kann über den Zusammenhang von Wissensvermehrung und Borniertheit nicht hinwegtäuschen.

Um so weniger kann es überraschen, daß von einem gemeinsamen kulturellen Horizont der Human- und der Naturwissenschaftler seit langem keine Rede mehr sein kann, von den Künsten ganz zu schweigen. P. C. Snows berühmte These von den zwei Kulturen ist von der Wirklichkeit eingeholt worden. Mit zunehmender Differenzierung könnte man heute ebensowohl von drei, fünf oder hundert Kulturen sprechen. Insofern hat sich die Diagnose des englischen Physikers und Romanautors von 1959 im Regime des babylonischen Pluralismus als allzu optimistisch erwiesen.

2

Die Figur des *idiot savant*, des „Wissenschaftlers als Idioten", ist nicht ohne ihr Pendant zu denken, das sicherlich noch weit häufiger anzutreffen ist. Der *idiot lettré* ist eine Spezies, die unter Geisteswissenschaftlern, Künstlern und Schriftstellern gedeiht und sich in ihrer Beschränktheit womöglich noch wohler fühlt als ihr Spiegelbild. Jeder von uns ist bekanntlich fast überall auf der Erde ein Ausländer, und ebenso ist jeder fast auf allen Wissensgebieten ein halber oder ganzer Analphabet. Dies einzusehen ist eine Sache, eine andere ist es, auf den Status des Ignoranten stolz zu sein. Der Shakespeare-Forscher, der nie eine Seite von Darwin gelesen hat, der Maler, dem schon schwarz vor den Augen wird, wenn von komplexen Zahlen die Rede ist, der Psychoanalytiker, der nichts von den Resultaten der Insektenforscher weiß, und der Dichter, der keinem Neurologen zuhören kann, ohne einzuschlafen – das sind doch unfreiwillig komische Figuren, nicht weit entfernt von einer Art selbstverschuldeter Verblödung!

3

So ist es natürlich nicht immer gewesen. Um das einzusehen, sind tiefere historische Kenntnisse nicht erforderlich. Daß Philosophie, Dichtung und Wissenschaft ursprünglich Hand in Hand gingen, ist ja kein Geheimnis. Ihre gemeinsame Wurzel ist der Mythos. Die Astronomie war in ihren Anfängen eine magische Praktik, untrennbar verbunden mit der Astrologie. Die

vorsokratischen Philosophen sind es gewesen, die in Europa die Physik begründet haben. Empedokles ist der Autor einer dichterischen Kosmologie; und Pythagoras von Samos, dem die Mathematik legendäre Sätze verdankt, war ein Mystiker.
Ganz Ähnliches gilt für die Anfänge des wissenschaftlichen Denkens in Indien. Die sakrale Mathematik der Sulvasutras geht auf das erste Jahrtausend vor Christus zurück. Auch in Mesopotamien, Ägypten und China waren Religion, Philosophie, Wissenschaft und Dichtung nicht voneinander zu trennen.
[...]

6

Es spricht alles dafür, daß das große Schisma zwischen den Naturwissenschaften auf der einen, den Künsten und den Humaniora auf der anderen Seite eine typische Erfindung des neunzehnten Jahrhunderts ist. Die fortschreitende Spezialisierung des Wissens und seine Abkapselung im universitären Betrieb, die Ausbildung des wissenschaftlichen Jargons und der Sieg des Positivismus sind Ursachen und Symptome dieser Entwicklung zugleich. Die reduktionistische Attitüde vieler Naturwissenschaftler, oft mit einer gewissen Überheblichkeit gepaart, mag dazu beigetragen haben, daß es auf seiten der Künste und der Kulturwissenschaften zu allergischen Reaktionen kam. Dieser Bruderzwist im Hause der Intelligentsia hat lange genug angehalten, und wie immer in solchen Fällen bedingen sich die feindseligen Haltungen der Teilnehmer an solchen Turnieren gegenseitig. Der *idiot savant* und der *idiot lettré* sind einander ähnlicher, als sie ahnen.
[...]

8

Es könnte allerdings sein, daß das neunzehnte Jahrhundert auch in dieser Hinsicht zu Ende geht. Zunächst unbemerkt, doch allmählich immer sichtbarer scheint sich das Blatt zu wenden. Neue Grenzüberschreitungen bahnen sich an. Vielleicht ist die Literatur dabei, sich aus ihrer selbstverschuldeten wissenschaftlichen Unmündigkeit zu befreien.
[...]

9

Auch manche Lyriker haben sich vom Schema des neunzehnten Jahrhunderts emanzipiert und begriffen, daß die Poesie von allem handeln kann, was der Fall ist. Das alberne Mißverständnis, daß sie ausschließlich als Spezialistin für den Ausdruck von Gefühlen zu dienen hat, ist ebenfalls ein Erbe aus dem neunzehnten Jahrhundert, das allmählich vermodert. Immer mehr Poeten thematisieren in ihrem Werk wissenschaftliche Ideen. [...]. [Ein Beispiel] für derartige Wechselwirkungen:
[...]

11

Alberto Blanco, *Theorie der Evolution*

Daß manches von manchem herrührt,
um das zu kapieren, brauchen wir
kein Kalkül und keinerlei Theorien.

Daß es im unendlichen Netz der Veränderungen
Wesen gibt, die von anderen Wesen abstammen,
liegt derart auf der Hand, daß man sich fragt:
Wie ist es möglich, daß es immer noch Leute gibt,
die an der Evolutionstheorie zweifeln?

„Der Mensch", sagt Shakespeare,
und Milton wiederholt es, „ist ein Meisterwerk."
Aber wenn wir sehen, wie sich die Wolke
in Regen, der Regen in Hagelschlag
und der Hagel in Schlamm verwandelt,
beginnt man ernstlich, an allem zu zweifeln.
[...]

Der Essay

Dem Essay als schulischer Schreibform steht am nächsten die freie Erörterung (vgl. S. 11 f.). Beide verlangen vom Schreiber die **mehrperspektivische** Auseinandersetzung mit einem Thema. Der Essay drängt jedoch weniger auf die Lösung eines Problems als auf die Reflexion der verschiedenen Aspekte eines Problems, während die Erörterung stärker lösungsorientiert ist.
Eine weitere Gemeinsamkeit beider Schreibformen sind die variablen Möglichkeiten der thematischen Entfaltung: Sowohl die Problemerörterung als auch der Essay können **deskriptive** (beschreibende), **narrative** (erzählende), **explikative** (erklärende) und **argumentative** (begründende) Formen der **Themenentfaltung** enthalten.
Typisch für den Essay (im Gegensatz zur Erörterung) ist zum einen die **betonte Subjektivität**, zum anderen der scheinbar leichte, durchaus auch ironische Plauderton sowie die **assoziative**, fast zufällig wirkende **Verbindung der Gedanken**.
Bei genauerem Hinsehen zeigt sich jedoch, dass der Eindruck von Leichtigkeit das Ergebnis der kunstvollen Verwendung rhetorischer Figuren ist: Neben den Formen der sprachlichen Bildlichkeit (Metaphern, Allegorien, Vergleiche) fallen insbesondere Antithesen, Paradoxa, Hyperbeln, Parallelismen, rhetorische Fragen, Wiederholungen und Wortspiele auf.

1. a) Informieren Sie sich über die These der „zwei Kulturen" von Charles Percy Snow.
b) Diskutieren Sie, inwieweit diese These Ihre Erfahrungen, z. B. in der Schule, widerspiegelt.

2. Untersuchen Sie, auf welche Weise Enzensberger sich dem in der Überschrift genannten Thema seines Essays nähert: In welchem Absatz beginnt die Auseinandersetzung mit dem Kernthema, in welcher Beziehung stehen die anderen Absätze dazu?

3. a) Verdichten Sie die einzelnen Absätze des Essays zu jeweils einer These.
b) Stellen Sie anhand dieser Thesen die Struktur von Enzensbergers Essay in Form einer ➤ Textskizze dar.
c) Verfassen Sie auf der Basis der Thesen einen Abstract des Essays (vgl. S. 185).
Den vollständigen Text finden Sie auf der DVD.

4. a) Arbeiten Sie aus dem sechsten Absatz von Enzensbergers Essay Formen bildlicher Ausdrucksweise heraus.
b) Setzen Sie die Sprachbilder in Form einer Zeichnung, Collage oder eines Comics um.

5. a) Erklären Sie einige der Metaphern aus den Naturwissenschaften und der Mathematik, die Enzensberger in seinem 15. Abschnitt anführt.
b) Erstellen Sie eigene Metaphern-Listen, z. B. aus der Zellbiologie: Zellkern, Killerzellen, Gedächtniszellen, ...

6. Arbeiten Sie heraus, inwieweit Walter Hilsbechers Thesen zur Sprache des Essays auf Enzensbergers Text zutreffen.

7. Prüfen Sie anhand Ihrer Merkmalliste zum Essay (s. S. 181, Aufgabe 10), welche Merkmale essayistischen Schreibens Sie bei Enzensberger verwirklicht finden. Belegen Sie Ihre Aussagen mit Zitaten.

8. a) Verfolgen Sie in den Essays von Dürrenmatt (S. 176 f.), Montaigne (S. 178), Bacon (S. 179) und Enzensberger die verschiedenen Formen der Themenentfaltung.
b) Untersuchen Sie in den genannten Texten die Verwendung rhetorischer Mittel (vgl. vorderer Buchdeckel).

13

Wer weiß, wie zukunftsträchtig solche Begegnungen zwischen Poesie und Wissenschaft sind? Handelt es sich um bloße Zufallsbekanntschaften, oder zeigt sich hier ein Abschied vom *idiot lettré* und eine Rückkehr zur *intelligiblen* Dichtung an? Schon ein flüchtiger Blick auf die Machtverhältnisse könnte skeptisch stimmen. Während die Poesie ein minoritäres Medium ist, sind die Naturwissenschaften zur kulturellen Supermacht aufgestiegen. Insofern wirkt jede Begegnung dieser Art wie ein ungleiches Spiel.
Doch ein solches Urteil wäre voreilig, einseitig und oberflächlich. Zugegeben, daß die Dichter, die ein tieferes Interesse für die Wissenschaften an den Tag legen, nur eine marginale Rolle spielen. Anders sieht die Sache aus, wenn man die Blickrichtung umkehrt und, statt die Wissenschaft in der Poesie ins Auge zu fassen, die Poesie in der Wissenschaft aufsucht.

14

[...] „Was wäre die Wissenschaft ohne ihre Metaphern?" In der Tat beruht jede wissenschaftliche Erzählung – und es gibt keinen Fortgang der Forschung, der ohne sprachliche Überlieferung auskäme – auf der metaphorischen Rede. Alle Versuche der Logiker, von Leibniz bis zum Wiener Kreis, sie auf formale Kalküle zu reduzieren, sind schließlich gescheitert. Die natürliche Sprache hat sich als ein ebenso unentbehrliches wie flexibles Medium erwiesen. Und gerade in ihrem Gebrauch haben die Mathematiker und Naturwissenschaftler der Moderne eine bewundernswerte Fähigkeit bewiesen, ihre Konzepte, Entdeckungen und Hypothesen zu verbalisieren. Ihre Metaphern-Produktion zeugt von beneidenswertem poetischen Talent.

15

In der Astronomie, der Kosmologie und der Physik gibt es Fackeln, Fleckenherde, Koronae, Sonnenwinde, Tierkreislicht, galaktisches Rauschen, Bremsstrahlung, Urknall, Eichfelder, Schwarze Löcher (ein Ausdruck, der J. A. Wheeler zu verdanken ist), Dunkelwolken, verbotene Linien, Rote Riesen, Weiße Zwerge, Röntgen-Burster, Pulsare, Zwerggalaxien, Kugelhaufen, Spiralnebel, Wurmlöcher, schwarze Strahlung, weißes Rauschen, Strings und Superstrings, gekrümmten Raum, aufgewickelte Dimensionen, Händigkeit, Partikelfamilien, Paarvernichtung, klaustrophobe Partikel, Strangeness, Quantentunneln [sic!], Quantenschaum und Quarks (von Murray Gell-Mann benannt nach James Joyce, *Finnegans Wake*; man unterscheidet strange, top, bottom, up, down und charm, rote, grüne und blaue Quarks).
Die Mathematik kennt Wurzeln, Fasern, Keime, Büschel, Garben, Hüllen, Knoten, Schlingen, Schleifen, Strahlen, Fahnen, Flaggen, Spuren, Kreuzhauben, Ober- und Unterkörper, Geschlechter, Skelette, Maximal-, Haupt- und Nullideale, Ringe, Einsiedler, Monster, Irrfahrten, Fluchtgeraden, endlich erzeugte freie Gruppen, Mannigfaltigkeiten, leere Mengen, Urbilder, Nabelpunkte, Böschungslinien, Brückenkanten, Schwalbenschwänze, Filter, wilde Knoten, Zopfgruppen, Tunnelzahlen, Cantor-Staub, Hodge-Diamanten, Stukas, Schmetterlinge und Enten ...

16

Die Versuchung, mit solchen Aufzählungen fortzufahren, ist groß. Sie ließen sich, auch mit Beispielen aus anderen Disziplinen, seitenlang fortsetzen. Auch wer nicht die geringste Ahnung hat, was diese Termini bedeuten, wird einsehen, mit welcher Kühnheit die Wissenschaften neues sprachliches Terrain erobert haben, und es kann gar keine Frage sein, daß sie sich dabei poetischer Techniken bedienen.
Wie Karl Weierstraß, der die Theorie der elliptischen Funktionen neu begründet hat, schon vor mehr als hundert Jahren wußte, „wird ein Mathematiker, der nicht zugleich ein Stück von einem Poeten ist, niemals ein vollkommener Mathematiker sein".
Niels Bohr wiederum hat von der Quantenphysik gesagt, sie sei ein Beispiel dafür, daß man physikalische Vorgänge sehr wohl verstehen könne, ohne daß es möglich wäre, anders über sie zu reden als in Bildern und Gleichnissen; da seine Wissenschaft nicht von der Natur handle, sondern von dem, was Menschen über die Natur aussagen können, würden literarische Techniken zu einem wichtigen Bestandteil der Physik.
[...]

18

145 Die Poesie der Wissenschaft liegt nicht offen zutage. Sie stammt aus tieferen Schichten. Ob die Literatur imstande ist, mit ihr auf gleicher Höhe umzugehen, ist eine offene Frage. Letzten Endes kann es der Welt gleichgültig sein, wo sich die Einbildungskraft der Spezies zeigt, solange sie nur lebendig bleibt. Was die Dichter angeht, so mögen diese Andeutungen zeigen, daß es ohne ihre Kunst nicht geht. Unsichtbar wie ein Isotop, das der Diagnose und der Zeitmes-
150 sung dient, unauffällig, doch kaum verzichtbar wie ein Spurenelement, ist die Poesie auch dort am Werk, wo niemand sie vermutet. (v 2002)

(Aus lizenzrechtlichen Gründen ist dieser Text nicht in reformierter Rechtschreibung abgedruckt.)

9. a) Verfassen Sie die Einleitung einer freien Erörterung zum Thema: *Zwischen Fachidiotie und Ahnungslosigkeit – die sogenannte Wissensgesellschaft.*
b) Vergleichen Sie Ihre Texte mit den ersten drei Absätzen des Enzensberger-Textes; berücksichtigen Sie dabei sowohl inhaltliche als auch stilistische Aspekte.

S Abstract

Unter einem Abstract versteht man eine kurze, nicht wertende Zusammenfassung eines Textes, die der Orientierung dient: Der Leser soll rasch entscheiden können, ob der im Abstract dargestellte Text für seine Fragestellung oder sein Interessengebiet relevant ist.
Typischerweise werden Abstracts in Fachzeitschriften den einzelnen Beiträgen vorangestellt, wie das folgende Beispiel aus der Zeitschrift „Der Deutschunterricht" zeigt:

4 „Zellenstaat" und „Leukozytentruppen". Methaphern und Analogien in medizinischen Texten des 19. und 20. Jahrhunderts

Die moderne medizinische Fachsprache des 19. und 20. Jahrhunderts benutzte Metaphern. So fasste z. B. Virchow 1855 den Körper als einen Organismus sozialer Art auf, in dem die Zellen arbeitsteilig wirken. Mithilfe politisch-biologischer Metaphern konstruierte der Pathologe Aschoff 1915 eine innere Identität von Krankheit und Krieg. Diese und andere Publikationen von Ärzten zeigen die vielfältigen Funktionen von Metaphern beim Verstehen komplexer Zusammenhänge. (v 2003)

Prof. Dr. Heinz-Peter Schmiedebach, Hamburg

Länge und Stil der Abstracts hängen ab von den Vorgaben der jeweiligen Zeitschrift sowie von den Gepflogenheiten innerhalb der jeweiligen Expertengruppe (z. B. Naturwissenschaftler, Mediziner, Lehrer, Juristen …).

Mögliche Vorgehensweisen beim Abfassen eines Abstracts:

Methode A: „Drei Leitfragen" beantworten
1. Was ist der Gegenstand der Arbeit?
2. Unter welcher Fragestellung untersucht der Autor diesen Gegenstand?
3. Zu welchen Ergebnissen kommt der Autor?

Methode B: Den Inhalt verdichten
1. Zentrale Ergebnisse/Thesen der Einzelkapitel werden gesammelt und untereinandergeschrieben;
2. Doppelungen werden gestrichen, mit Markierungen und Bemerkungen werden logische Beziehungen gekennzeichnet;
3. der Abstract wird nach den Vorgaben (z. B. festgelegte Wortzahl, allgemein verständliche Sprache) verfasst, so dass die wesentlichen Informationen des Ausgangstextes enthalten sind.

186 Einen Essay verfassen:

I Den Rahmen abstecken – Arbeitsschritte im Plenum

1. Ein Rahmenthema festlegen	**Beispiel:** „Der Nerv der Zeit" **Perspektiven:** Beobachtungen aus dem Alltag – Erkenntnisse aus der Biologie – psychologische Aspekte – historische Entwicklungen – sprachliche Aspekte
2. Assoziationen sammeln und recherchieren	**Anregungen für ein Brainstorming:** „den Nerv der Zeit treffen" – „das nervt" – „Nervensache" „Nervensägen" – „nervtötend" – „die Nerven liegen blank" – „Nerven wie Drahtseile" – Nervenzellen/Neuronen – Nervenbahnen – Nervensystem – Reiz/Reaktion – Etymologie des Wortes „Nerv" – genervt oder gechillt?
3. Ein Dossier erstellen	– Sammeln Sie Texte, Grafiken, Karikaturen etc., die zu Ihrem Rahmenthema passen. Legen Sie eventuell einen Maximalumfang fest (z. B. 2 DIN A 4-Seiten pro Beitrag) – Entwerfen Sie ein Bewertungsraster und wählen Sie danach die ergiebigsten Beiträge aus (je nach Umfang: 4–6 Beiträge)

M 1: „Gelbe Karte für Nervensägen"

Kampagne der Kölner Verkehrsbetriebe (2006)

SORRY. DAS NERVT!

DER NEUE NAHVERKEHR IN NRW.

M 2: „Reiz-Reaktions-Schema" (aus einem Biologie-Lehrbuch)

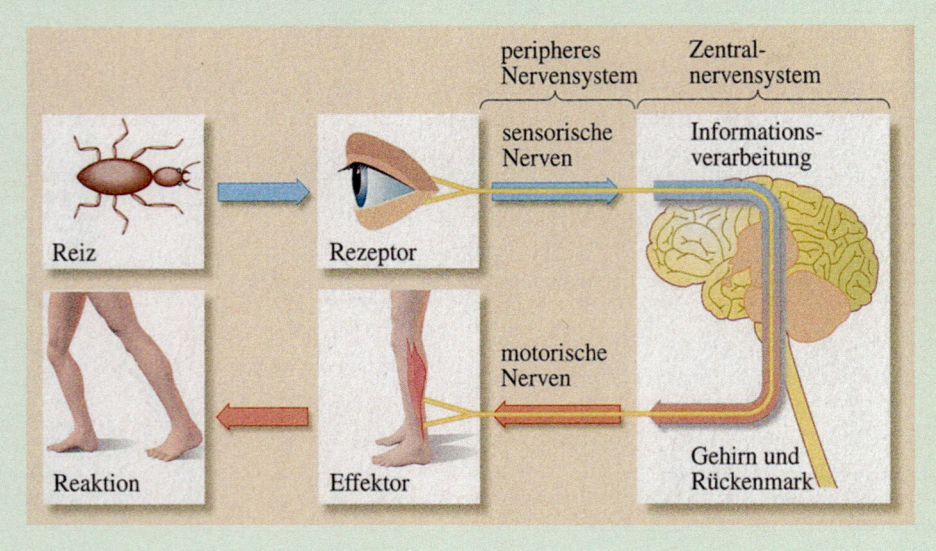

Mehr Rücksicht in Bus & Bahn.
MACH'S LEISE. BLEIB AUF'M BODEN.
BLEIB SAUBER. BEHALT'S FÜR DICH.
DANKE.

DER NEUE NAHVERKEHR IN NRW.

II Werkstattgespräche führen – Arbeitsschritte in der Kleingruppe

1. Das Dossier auswerten	– Werten Sie das im Dossier gesammelte Material aus; fassen Sie Ihre Ergebnisse in Form von Abstracts (vgl. S. 185) zusammen.
2. Aspekte ausarbeiten	**Beispiele:** • Das nervt! – Ein Phänomen unserer Zeit? • Die nerven! – Alltagsbeobachtungen unter Mitmenschen • Die Nerven! – Wer oder was ist das eigentlich? • Reiz – Dauerreiz – Dauergereiztheit? • Nervennetze – Von der einfachen Verknüpfung zur Schaltzentrale • Die Nerven behalten – Ein Plädoyer für mehr Gelassenheit
3. Essayistisches Schreiben üben	– Führen Sie Stilübungen durch, z. B. indem Sie Paralleltexte zu kürzeren essayistischen Texten verfassen. – Verteilen Sie die Teilaspekte des Themas auf die Mitglieder Ihrer Gruppen und schreiben Sie jeweils ein bis zwei Beiträge. – Besprechen Sie Ihre Texte in Schreibkonferenzen; gehen Sie dabei sowohl auf inhaltliche als auch auf sprachlich-stilistische Merkmale der Texte ein.

Textgestaltung auf der Grundlage eines Dossiers

M 3: Duden, Bd. 7: Etymologie

Nerv „Strang, der der Reizleitung zwischen Gehirn, Rückenmark und Körperorgan dient": Das in dt. Texten seit dem 16 Jh. bezeugte Substantiv ist aus lat. *nervus* „Sehne, Flechse; Band; Muskelband" (urverwandt mit gleichbed. griech. *neũron*; vgl. *neuro...*, *Neuro...*) entlehnt. Es trat zuerst in der allgemeinen Bed. „Sehne, Flechse" auf, wie sie noch in dem abgeleiteten Adjektiv **nervig** „sehnig, voll angespannter Kraft, kraftvoll" (18. Jh.) anklingt. Der medizinische Gebrauch des Wortes zur Bezeichnung der aus Ganglienzellen bestehenden Körperfasern, die die Reizleitung zwischen Gehirn, Rückenmark und Körperorganen besorgen, entwickelte sich im 18. Jh., zuerst wohl im Engl. Seit dem 17. Jh. gilt ‚Nerv' auch im übertragenen Sinne von „innere Kraft, Gehalt, Wesen; kritische Stelle", beachte besonders die heute vorwiegend scherzhaft verwendete Fügung ‚Nervus rerum' „Hauptsache; Geld als wichtigste Lebensgrundlage" (wörtlich „Nerv der Dinge"). – Abl.: **nervlich** „die Nerven, das Nervensystem betreffend"; **nervös** „nervenschwach; reizbar, fahrig, aufgeregt" (19. Jh.; nach frz. *nerveux*, engl. *nervous*; aber schon im 17. Jh.; ‚nervos' „nervig"; Quelle ist lat. *nervosus* „sehnig, nervig"); **Nervosität** „Nervenschwäche; Reizbarkeit, Erregtheit, Unrast" (19. Jh.; nach frz. *nervosité*; Quelle ist lat. *nervositas* „Stärke einer Faser, Kraft"). Eine junge Bildung des 20. Jh.s ist ugs. **nerven** „jemandem auf die Nerven gehen; nervlich strapazieren; hartnäckig bedrängen".

(v 2006)

M 4: Zeitungsartikel

Heftig

Wenn in diesen ökonomisch vermaledeiten Zeiten noch etwas Konjunktur hat, dann die Verknappung. Der Mensch spart, wo er kann; auch an Meinung. Immer öfter hört man in Gesprächen nur noch die Bemerkung „heftig" statt eines Kommentars. „Schulze wurde gestern entlassen." – „Heftig." Keine Spur einer Entrüstung, geschweige denn die Nachfrage, wie es Schulze nun gehe. Im Gegenteil: „Heftig" fungiert hier wie das Knoblauchsäckchen gegen Dracula; man hält es der Hiobsbotschaft entgegen, damit sie einem selbst nicht zu nahekommt. „Der Meier ist gestern von Nachbars Hund gebissen worden." – „Heftig." – „Der Alfons und die Frieda haben sich scheiden lassen." – „Heftig." Schon möglich, dass die zwei sich einmal heftig liebten und der Hund heftig biss. So gesehen, pustet das „heftig" noch einmal Sauerstoff in eine nur mehr glimmende Empfindung. Zur Anteilnahme taugt es nicht; vielleicht zur Schadenfreude?

Wörterbericht von Heike Kunert | © DIE ZEIT, 28.05.2009 Nr. 23

- Verfassen Sie einen „Wörterbericht" zum Wort „nervig" oder zum Ausdruck „das nervt".

M 5: Schülertext

Streber, das sind wohl die Prototypen der Freaks. Allen, die nicht zu ihrer Art gehören, gehen sie meist gehörig auf den Geist. Schon äußerlich betrachtet lassen sich die klassischen Streber schnell erkennen: Lederschulranzen, Hochwasserhosen und nette Hemdchen und Blusen. Was das Verhalten betrifft, gibt es zum einen die Streber, die trotz ihres abnormalen Fleißes noch nett bleiben und einem bei blöden Lehrer-Fragen die richtige Antwort zuflüstern.

Abgesehen davon, gibt es aber auch die absoluten Einzelkämpfer. Sie haben sich im Laufe ihrer Schulkarriere zu Egoisten, wirklichen Außenseitern und Lobsüchtigen entwickelt und glänzen durch häufige Schleimattacken: „Ja, Herr Müller, ich wische gerne die Tafel." „Ja, Frau Schmitt, natürlich verschiebe ich Ihnen den Tageslichtprojektor." Besonders amüsant wird es, wenn zwischen den verschiedenen Strebern interne Wettbewerbe ausbrechen. Wer schafft es, die meisten Zeitungsartikel in den Unterricht zu schleppen, die längsten Referate zu halten, am schnellsten das Mathebuch durchzurechnen, die meisten Entwicklungsromane zu lesen und als Erster die Tafel zu wischen?
[...]

Susan Djahangard

III Individuelle Arbeitsschritte

1. Einen Einstieg finden	Der Einstieg ist der Ausgangspunkt Ihres „Gedankenspaziergangs": Wählen Sie zum Beispiel eine Alltagsbeobachtung, ein persönliches Erlebnis, einen Artikel, den Sie gelesen haben, eine Zukunftsvision, die Sie beschäftigt, um davon aus-gehend Ihre Überlegungen anzustellen.
2. Verknüpfungen herstellen	Nutzen Sie die Ergebnisse der Gruppenarbeit als „Steinbruch" für Ihren eigenen Essay: Wählen Sie Aspekte aus, die Sie in der Gruppe angesprochen haben, ergänzen Sie diese und verknüpfen Sie sie miteinander. Hierbei kommt es weniger auf einen logischen als auf einen sprachlich-assoziativen Zusammenhang an. **Beispiel:** Reiz – Reizflut – Reizüberflutung ➔ Gefahr des Ertrinkens ➔ unkontrollierte Bewegungen ➔ Zappeln ➔ Nervosität/Hyperaktivität
3. Den Schluss gestalten	Blicken Sie zurück auf Ihren „Gedankenspaziergang", schlagen Sie einen Bogen zum Anfang und reflektieren Sie, welche neuen Einsichten Sie gewonnen haben, stellen Sie weiterführende Fragen …

- Besprechen Sie diesen Text als möglichen Beitrag zum Themenaspekt „Die nerven" – Alltagsbeobachtungen unter Mitmenschen" (vgl. Arbeitsschritt II, 2).

- Schreiben Sie Ihren Essay zum Thema „Nerven" oder wählen Sie ein eigenes Rahmenthema, wie z. B. Reisen, Heimat, Gegenwartssprache, moderne Kommunikation, Gene etc., und gehen Sie entsprechend der Anregungen vor.

Klassik

Anselm Feuerbach (1829–1880):
Das Gastmahl des Plato, 1869

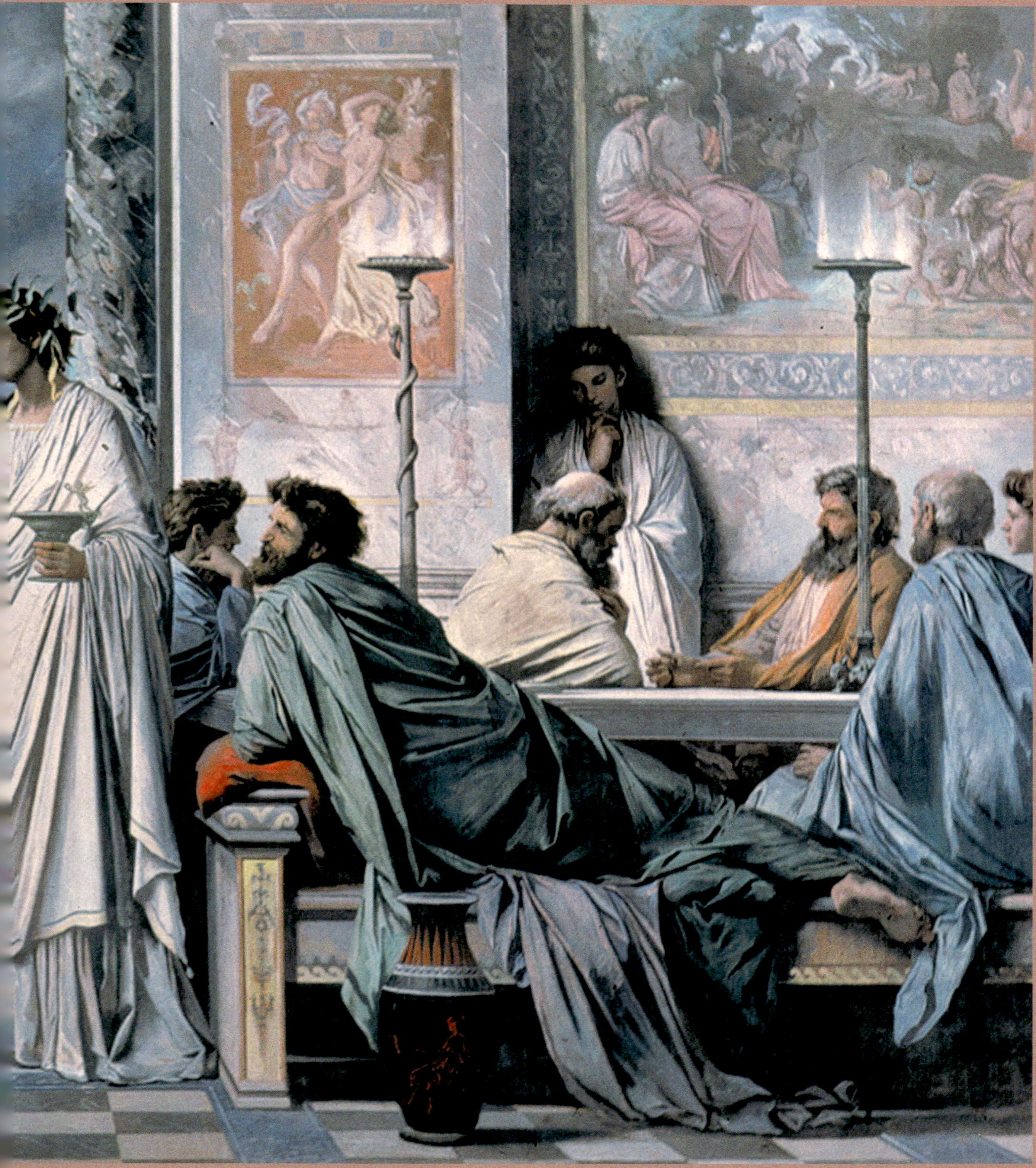

I. „Edel sei der Mensch, hilfreich und gut!" (Goethe)

1. Bildung zur Humanität – Über Personen und Schlüsselbegriffe einen Zugang zu einer Epoche gewinnen

Wenn man Schüler nach den wichtigsten Autoren im Deutschunterricht fragt, erhält man meistens als Antwort: „Goethe und Schiller". Die Dioskuren[1] der deutschen Literatur scheinen bis heute eine Maßstab setzende Position zu behaupten. Selbst Personen, die beruflich nichts mehr mit Literatur oder Sprache zu tun haben, halten es vielfach für ein unverzichtbares Bildungsgut, ein Goethe- oder ein Schillergedicht zu beherrschen.

Klassik ist also zweierlei: Sie ist eine überzeitliche Norm, die zur verlässlichen Orientierung dient, die bildet und schließlich zum Bildungsgut wird, aber andererseits ist sie durch die Fixierung auf die Autoren Goethe und Schiller zugleich auch ein historisches Phänomen. Ohne die Herausforderung durch die Französische Revolution hätte sich aber dieses spezifisch deutsche Konzept nicht entwickeln können. Die Weimarer Klassik ist also auch das Produkt und ein Prozess der Aneignung und Verarbeitung der Ideen und historischen Begebenheiten der Bewegung des Nachbarlandes.

1 Johann Heinrich Wilhelm Tischbein (1751–1829): Goethe in der Campagna di Roma (1786–1789)

2 Ludovike Simanovic (1759–1827): Friedrich Schiller (1794)

1. Stellen Sie, ausgehend von den Bildern, Ihre Eindrücke von den beiden Autoren dar.

3 Christa Wolf (* 1929): Kindheitsmuster (Auszug)

Christa Wolf führt in ihrem Roman *Kindheitsmuster* (1977) vor, wie die Aneignung eines klassischen Werkes verlaufen und welch bildenden Effekt es ausüben kann.

In diesem Roman sucht die Hauptfigur Nelly mit Angehörigen die heute polnische Stadt G. auf,

---

[1] die Dioskuren (< gr. dios Kouroi = Söhne des Zeus): die himmlischen Zwillinge und Zeussöhne Kastor (lat. Castor) und Polydeukes (lat. Pollux)

in der sie geboren wurde und in der sie ihre Kindheit bis zur Flucht vor den russischen Truppen am Ende des Zweiten Weltkrieges verbracht hat. Als die Erzählerin einige Zeit später mit der Niederschrift der Erfahrungen dieser Reise beschäftigt ist, kommt ihr „merkwürdigerweise" ein Gedicht von Goethe wieder in Erinnerung.

Verfallen – ein deutsches Wort.
Blick in fremde Wörterbücher: Nirgends sonst diese vier, fünf verschiedenen Bedeutungen. Die deutsche Jugend ist ihrem Führer verfallen. Der Wechsel auf die Zukunft ist verfallen. Ihre Dächer sind verfallen. Aber die ist doch verfallen – haben Sie das nicht gewußt.
5 Keine andere Sprache kennt „verfallen" im Sinne von „unrettbar, weil mit eigenen tiefinnerster Zustimmung hörig".
Letzte Nacht – du hattest den Wecker falsch gestellt, er klingelte um fünf, müde, aber nicht ärgerlich lagst du wach – verfielst du merkwürdigerweise auf ein Gedicht des Weimarers, an das du wohl zwanzig Jahre nicht mehr gedacht hattest: Die Zukunft decket Schmerzen und Glücke/
10 Schrittweis dem Blicke/Doch ungeschrecket/Dringen wir vorwärts. Der Einfall mochte mit den diesjährigen Goethe-Feiern zusammenhängen. Aber gerade dieses Gedicht war nirgends benutzt worden. Es war eine Lust, mit anzusehen, wie es fast unbeschädigt Zeile für Zeile aus dem Gedächtnis aufstieg, die Strophen selbst hervorzubringen und sie zu hören wie zum erstenmal: Und schwer und ferne/Hängt eine Hülle/Mit Ehrfurcht. Stille/Ruhn oben die Ster-
15 ne/Und unten die Gräber. Das Gedicht mußte ja wohl in dem kleinen blauen Gedichtbüchlein stehen. Dieses Büchlein, fiel dir ein, während das Gedicht auf einer anderen Ebene deines traumwachen Bewußtseins weiterlief, war der eine von zwei Gegenständen, die du aus jenen frühen Zeiten, an die jetzt die Erinnerung führt, herübergerettet und mitgenommen hast. Der zweite Gegenstand ist das große breite Messer, unentbehrlich zum Wenden von Eierkuchen,
20 das Schnäuzchen-Oma versehentlich von einer Bäuerin mitnahm, in deren Scheune sie als Flüchtlinge übernachtet hatten. Der Wutausbruch von Schnäuzchen-Opa, als er es entdeckte: Wir sind doch keine Diebe nicht! – Allen Ernstes verlangte er, man solle umkehren und das Messer zurückbringen.
Gutgut. Gleich morgens nach dem Aufstehen würdest du das Gedicht in dem blauen Buch
25 suchen.
Hier winden sich Kronen/in ewiger Stille,/Die sollen mit Fülle/Die Tätigen lohnen.
Im Halbschlaf fingst du an, Fragezeichen hinter einige Zeilen zu machen. „Ungeschrecket"? dachtest du. Und was heißt „vorwärts"? Und „die Kräfte des Guten"?
Erst als du nach dem zweiten Erwachen die vier Strophen schnell aufschriebst, fiel dir die
30 Lücke im optischen Bild am Ende der letzten Strophe auf. Da fehlte eine Zeile. Erst ein, zwei Stunden später, da eine genaue Suche durch Alltagsverrichtungen aufgehalten wurde, stand sie plötzlich vor dir und bestürzte dich: Wir heißen euch hoffen!
Wie war es möglich, oder vielmehr, was bedeutete es denn, wenn man, da doch sonst das Gedicht intakt geblieben, ausgerechnet eine Zeile dieses Inhaltes „vergaß"?
35 Übrigens stand das Gedicht nicht in dem kleinen blauen Buch. Das liegt jetzt neben dir, du kannst es in die Hand nehmen, darin blättern. Vierhundertsechzehn dünne, bräunlich vergilbte Seiten: „Goethe's Gedichte", 1868 in der G. Grote'schen Verlagsbuchhandlung, Berlin, herausgebracht. Bräunlich fleckiges Vorsatzpapier, auf dem rechts oben in der flüssigen, energischen Schrift von Maria Kranhold, die Nelly das Büchlein schenkte, dein früherer Name
40 steht. In der Mitte der Seite aber ist in der altmodischen Sütterlinschrift des vorigen Jahrhunderts mit spitzester zittriger Feder und brauner Tinte geschrieben: Von meinem Bruder Theodor. Und von der gleichen Hand rechts in der Ecke die Jahreszahl 1870.
Der ganze Vormittag wurde darauf verwendet, das Gedicht zu finden. Ein gebildeter Freund, den du schließlich anriefst, gab ihm die Überschrift „Maurerlied", die zwar nicht stimmte, aber
45 doch wenigstens die Nachforschungen auf die richtige Fährte brachte: Unter dem Titel „Symbolum" steht es ja als erstes in dem Abschnitt „Loge", ist insofern allerdings ein Freimaurerlied und hat – dies war nun die größte Überraschung – zwei Strophen, die du nicht zu kennen meintest: Des Maurers Wandeln/Es gleicht dem Leben ... Und so weiter (Daher die vergebliche Suche nach der ersten Zeile!) [...] (v 1977)
(Aus lizenzrechtlichen Gründen ist dieser Text nicht in reformierter Rechtschreibung abgedruckt.)

2. Bei der „Erinnerungsarbeit" der Erzählerin treten Schwierigkeiten auf.
a) Versuchen Sie zu erklären, warum dies gerade an ganz bestimmten Textstellen geschieht.
b) Sprechen Sie darüber, weshalb die Erzählerin „Fragezeichen hinter einige Zeilen" (Z. 27) macht.

3. Halten Sie die zentralen Begriffe jeder Strophe fest und erschließen sie auf deren Basis das Gedicht.

4. a) Skizzieren Sie die Vorstellung von einem erfüllten menschlichen Leben, wie es in Goethes Gedicht zum Ausdruck kommt.
b) Setzen Sie sich mit Goethes Auffassung auseinander.

5. Überlegen Sie, warum sich die Erzählerin (Text 3) beim Aufschreiben ihrer Kindheits- und Jugenderinnerungen gerade an dieses Gedicht erinnert.

6. Unterscheiden Sie den Gebrauch der Begriffe „Mensch" und „Menschheit" in Text 5.

7. Stellen Sie sich eine Person Ihres Alltags vor, die die Thesen dieses Gedichts vertreten könnte. Entwerfen Sie ihre „Rede" in moderner Sprache.

8. Goethe hat für die beiden abgedruckten Gedichte (Text 6, 7) die Titel „Das Göttliche" und „Die Grenzen der Menschheit" gewählt. Entscheiden und begründen Sie, welcher Titel zu welchem Gedicht passt.

9. Vergleichen Sie die Texte 5–7 unter den Gesichtspunkten „Menschenbild", „Gottesbild", „Verhältnis Mensch zu Gott". Achten Sie dabei vor allem auf die Imperative.

4 Johann Wolfgang Goethe (1749–1832): Symbolum[1]

Des Maurers[2] Wandeln,
Es gleicht dem Leben,
Und sein Bestreben,
Es gleicht dem Handeln
5 Der Menschen auf Erden.

Die Zukunft decket
Schmerzen und Glücke.
Schrittweis dem Blicke,
Doch ungeschrecket
10 Dringen wir vorwärts.

Und schwer und ferne
Hängt eine Hülle
Mit Ehrfurcht. Stille
Ruhn oben die Sterne
15 Und unten die Gräber.

Betracht sie genauer
Und siehe, so melden
Im Busen der Helden
Sich wandelnde Schauer
20 Und ernste Gefühle.

Doch rufen von drüben
Die Stimmen der Geister,
Die Stimmen der Meister:
Versäumt nicht zu üben
25 Die Kräfte des Guten.

Hier winden sich Kronen
In ewiger Stille,
Die sollen mit Fülle
Die Tätigen lohnen!
30 Wir heißen euch hoffen. (e 1815)

5 Friedrich Schiller (1759–1805): An einen Weltverbesserer

„Alles opfert' ich hin," sprichst du, „der Menschheit zu helfen;
   Eitel war der Erfolg, Hass und Verfolgung der Lohn."
Soll ich dir sagen, Freund, wie ich mit Menschen es halte?
   Traue dem Spruche! Noch nie hat mich der Führer getäuscht.
5 Von der Menschheit – du kannst von ihr nie groß genug denken;
   Wie du im Busen sie trägst, prägst du in Taten sie aus.
Auch dem Menschen, der dir im engen Leben begegnet,
   Reich' ihm, wenn er sie mag, freundlich die helfende Hand.
Nur für Regen und Tau und fürs Wohl der Menschengeschlechter
10   Lass du den Himmel, Freund, sorgen, wie gestern, so heut. (e 1795)

6 Johann Wolfgang Goethe: ???

Wenn der uralte,
Heilige Vater
Mit gelassener Hand
Aus rollenden Wolken
5 Segnende Blitze
Über die Erde sät,
Küss ich den letzten
Saum seines Kleides,
Kindliche Schauer
10 Treu in der Brust.

Denn mit Göttern
Soll sich nicht messen
Irgendein Mensch.
Hebt er sich aufwärts
15 Und berührt
Mit dem Scheitel die Sterne,
Nirgends haften dann
Die unsichern Sohlen,
Und mit ihm spielen
20 Wolken und Winde.

Steht er mit festen,
Markigen Knochen
Auf der wohlgegründeten
Dauernden Erde,
25 Reicht er nicht auf,
Nur mit der Eiche
Oder der Rebe
Sich zu vergleichen.

Was unterscheidet
30 Götter von Menschen?
Dass viele Wellen
Vor jenen wandeln,
Ein ewiger Strom:
Uns hebt die Welle,
35 Verschlingt die Welle,
Und wir versinken.

Ein kleiner Ring
Begrenzt unser Leben,
Und viele Geschlechter
40 Reihen sich dauernd
An ihres Daseins
Unendliche Kette. (e 1781)

---

[1] das Symbolum (< gr.-lat. = Erkennungszeichen, Bild, Emblem): Im theologischen Sprachgebrauch bedeutet dieses Wort nicht nur „Symbol", sondern auch „Glaubensbekenntnis".
[2] der Maurer: gemeint sind Freimaurer, Mitglieder von Männerbünden, die in der Zeit der Aufklärung entstanden sind. Sie sind in Gruppen („Logen") organisiert; ihr Ziel: Verwirklichung von Humanität, welche die Grenzen der Völker, Religionen und Stände überwindet.

7 Johann Wolfgang Goethe: ???

Edel sei der Mensch,
Hilfreich und gut!
Denn das allein
Unterscheidet ihn
5 Von allen Wesen,
Die wir kennen.

Heil den unbekannten
Höhern Wesen,
Die wir ahnen!
10 Ihnen gleiche der Mensch!
Sein Beispiel lehr uns
Jene glauben.

Denn unfühlend
Ist die Natur:
15 Es leuchtet die Sonne
Über Bös' und Gute,
Und dem Verbrecher
Glänzen wie dem Besten
Der Mond und die Sterne.

20 Wind und Ströme,
Donner und Hagel
Rauschen ihren Weg
Und ergreifen
Vorübereilend
25 Einen um den andern.

Auch so das Glück
Tappt unter die Menge,
Fasst bald des Knaben
Lockige Unschuld,
30 Bald auch den kahlen
Schuldigen Scheitel.

Nach ewigen, ehrnen,
Großen Gesetzen
Müssen wir alle
35 Unseres Daseins
Kreise vollenden.

Nur allein der Mensch
Vermag das Unmögliche:
Er unterscheidet,
40 Wählet und richtet;
Er kann dem Augenblick
Dauer verleihen.

Er allein darf
Den Guten lohnen,
45 Den Bösen strafen,
Heilen und retten,
Alles Irrende, Schweifende
Nützlich verbinden.

Und wir verehren
50 Die Unsterblichen,
Als wären sie Menschen,
Täten im Großen,
Was der Beste im Kleinen
Tut oder möchte.

55 Der edle Mensch
Sei hilfreich und gut!
Unermüdet schaff er
Das Nützliche, Rechte,
Sei uns ein Vorbild
Jener geahneten Wesen! (e 1783)

8 Johann Gottfried Herder (1744–1803): Briefe zur Beförderung der Humanität, 27. Brief (Auszug)

Unter dem Eindruck der Französischen Revolution sucht Herder mit den „Briefen zur Förderung der Humanität" eine Fortsetzung seines Werkes *Ideen zur Geschichte der Menschheit*. Er nimmt den Impuls der Revolution auf und entwirft sein Ideal, die Humanität, als Programm und Ziel der Revolution. Die brutale Jakobinerherrschaft sowie Goethes Berichte veranlassen ihn allerdings zu einer gründlichen Redaktion seines Werkes, das ursprünglich optimistisch *Briefe, den Fortschritt der Humanität betreffend* hieß. In zehn Sammlungen von insgesamt 124 Briefen diskutieren zwei fiktive Briefpartner über das Wesen der Humanität, wobei die einzelnen Sammlungen kaum thematische Schwerpunkte aufweisen. Herder selbst nennt sie „Wälder", was für ihn so viel bedeutet wie assoziativ entwickelte Beiträge, die dazu einladen, geistige Spaziergänge zu unternehmen.

Humanität ist der *Charakter unsres Geschlechts*; er ist uns aber nur in Anlagen angeboren, und muss uns eigentlich angebildet werden. Wir bringen ihn nicht fertig auf die Welt mit; auf der Welt aber soll er das Ziel unsres Bestrebens, die Summe unsrer Übungen, unser *Wert* sein: denn eine *Angelität*[1] im Menschen kennen wir nicht, und wenn der Dämon, der uns regiert,
5 kein humaner Dämon ist, werden wir Plagegeister der Menschen. Das *Göttliche* in unserm Geschlecht ist also *Bildung zur Humanität*; alle großen und guten Menschen, Gesetzgeber, Erfinder, Philosophen, Dichter, Künstler, jeder edle Mensch in seinem Stande, bei der Erziehung seiner Kinder, bei der Beobachtung seiner Pflichten, durch Beispiel, Werk, Institut und Lehre hat dazu mitgeholfen. Humanität ist der Schatz und die Ausbeute aller menschlichen Bemü-
10 hungen, gleichsam die *Kunst unsres Geschlechtes*. Die Bildung zu ihr ist ein Werk, das unablässig fortgesetzt werden muss; oder wir sinken, höhere und niedere Stände, zur rohen Tierheit, zur *Brutalität* zurück.
Sollte das Wort Humanität also unsre Sprache verunzieren? Alle gebildete Nationen haben es in ihre Mundart aufgenommen; und wenn unsre Briefe einem Fremden in die Hand kämen,
15 müssten sie ihm wenigstens unverfänglich scheinen: denn *Briefe zu Beförderung der Brutalität* wird doch kein ehrliebender Mensch wollen geschrieben haben. (e 1793–97)

Johann Gottfried Herder (1744–1803) stammte aus Ostpreußen. Er war der Sohn eines Küsters und Lehrers, begann 1762 in Königsberg ein Theologiestudium, in dessen Rahmen er auch Kant und seine Philosophie kennenlernte. Nach seiner ersten Berufserfahrung als Prediger begab er sich auf ausgedehnte Bildungsreisen nach Frankreich und Holland.
1770 begann die Bekanntschaft mit Goethe, der ihn 1776 nach Weimar als Generalsuperintendent vermittelte. Herder rieb sich auf zwischen seinen theologischen Amtsgeschäften und seiner literarischen Produktion, so dass auch sein letztes großes Werk „Ideen zur Philosophie der Geschichte der Menschheit" unvollendet geblieben ist.

---

[1] die Angelität (< lat. angelus = Engel): Engelhaftigkeit, ausgeprägte Sittlichkeit

1. Entwerfen Sie vor der Lektüre eine ➤ Mindmap zum Thema „Humanität".

2. a) Geben Sie nach der Lektüre (Text 8) Herders Auffassung von Humanität wieder.
b) Skizzieren Sie das Menschenbild, das Herders Ausführungen zugrunde liegt.
c) Vergleichen Sie Ihre Mindmap mit Herders Vorstellungen von Humanität.

Der Begriff Humanität

Der Begriff der Humanität wird im 18. Jahrhundert zu einem zentralen Begriff des philosophischen Diskurses[1]. Schon in der Antike spielt der Begriff **Humanität** (< lat. humanitas, wörtlich Menschheit, Menschentum, in zweiter Bedeutung auch Menschlichkeit) eine zentrale Rolle. Seit der Zeit von Terenz (2. Jh. v. Chr.) wird *humanitas* auch als höhere Bildung im Sinne einer Geistes- und Herzensbildung im Gegensatz zu *doctrina* (gelehrte Bildung), *eruditio* (Erziehung) oder *urbanitas* (Kultur des Großstädters) verstanden.

9 Johann Gottfried Herder (1744–1803): Briefe zur Beförderung der Humanität, 3. Brief (Auszug)

1. Ist Ihnen irgendetwas in dem Schriftsteller, welchen Sie zuletzt gelesen, aufgestoßen, das merkwürdig oder zur Mitteilung an die Gesellschaft schicklich ist? besonders in der Geschichte, Moral, Poesie, Naturkunde, Reisebeschreibungen, mechanischen Künsten oder andern Teilen der Wissenschaften?

(Mich dünkt, die Frage ist für uns geschrieben. Wie einst die Pythagoräer[2], so sollte jeder Rechtschaffene am Abend sich selbst fragen, was er, vielleicht unter vielem Nichtswürdigen, heut wirklich Nützliches gelesen und bemerkt habe? Jeder gebildete Mensch wird sich auf diesem Wege in Kurzem nach einem andern sehnen, dem er sein Merkwürdiges mitteile, und der ihm das Seinige mitteile: denn das einsame Lesen ermattet: man will sprechen, man will sich ausreden. Kommen nun verschiedne Menschen mit verschiednen Wissenschaften, Charakteren, Denkarten, Gesichtspunkten, Liebhabereien und Fähigkeiten zusammen: so erwecken, so vervielfachen sich unzählbare Menschengedanken. Jeder trägt aus seinem Schatze vom Wucher seines Tages etwas bei, und in jedem andern wird es vielleicht auf eine neue Art lebendig. Geselligkeit ist der Grund der Humanität, und eine Gesellung menschlicher Seelen, ein wechselseitiger Darleih[3] erworbener Gedanken und Verstandeskräfte vermehrt die Masse menschlicher Erkenntnisse und Fertigkeiten unendlich. Nicht jeder kann alles lesen; die Frucht aber von dem, was der andre bemerkte, ist oft mehr wert als das Gelesene selbst.)

2. Haben Sie etwa neuerlich eine Geschichte gehört, deren Erzählung der Gesellschaft angenehm sein könnte?

(So gemein diese Frage scheinet, so ein fruchtbares Samenkorn kann sie in der Hand verständiger Menschen werden. Aus Geschichte wird unsre Erfahrung; aus Erfahrung bildet sich der lebendigste Teil unsrer praktischen Vernunft. Wer nicht zu hören versteht, versteht auch nicht zu bemerken; und aus dem Erzählen zeigt sich, ob jemand zu hören gewusst habe. [...] In Zeiten, da man viel hörte, viel erzählte und wenig las, schrieb man am besten; so ists noch in allen Materien, die aus lebendiger Ansicht menschlicher Dinge entspringen müssen und dahin wirken. Schrift und Rede ist bei uns oft zu weit von einander getrennt; daher sind Bücher oft Leichname oder Mumien, nicht lebendig beseelte Körper. [...] Überhaupt äußert sich in den entscheidensten Fällen der wahre Geist der Humanität mehr sprechend und handelnd, als schreibend. Wohl dem Menschen, der in lobwürdiger und angenehmer *lebendiger* Geschichte lebt!) (e 1793–97)

Im Salon von Rahel Varnhagen von Ense (1771–1833)

3. Gehen Sie vor der Lektüre von Herders 3. Brief Ihre Leseerfahrungen der letzten drei Monate durch (Bücher, Zeitungen etc.) und vergegenwärtigen Sie sich Ihre eindrücklichsten Erfahrungen.

4. Bilden Sie ein ➤ Kugellager und tauschen Sie jeweils eine dieser Leseerfahrungen mit dem jeweiligen Gegenüber kurz aus.

5. Bilden Sie nach dem Kugellager kleine Gesprächszirkel (4–5 Teilnehmer), in denen Sie Ihre Leseerfahrungen vertieft austauschen.

6. Lesen Sie Herders 3. Brief und erarbeiten Sie den Nutzen von Geselligkeit für die Bildung des Einzelnen sowie für die Gesellschaft.

---

[1] der Diskurs (< lat. discurrere = auseinanderlaufen): im engeren Sinne die Form einer argumentativen Auseinandersetzung verschiedener Wissenschaftler oder Theoretiker, die im Prozess die verbindlichen Ansprüche und Positionen zu klären sucht; im weiteren Sinne die epochenübergreifende Auseinandersetzung, bei der Ansprüche und normative Positionen früherer Zeiten einer Überprüfung durch die eigene Zeit unterzogen werden

[2] die Pythagoräer: die Anhänger des Philosophen Pythagoras von Samos (ca. 570–480 v. Chr.), die sich mit Fragen der Erkenntnistheorie beschäftigten und sich einer klosterähnlichen Lebensweise unterwarfen, zu der vor allem auch die kritische Selbstreflexion am Tagesende gehörte

[3] der Darleih: alte Form für Darlehen

I. „Edel sei der Mensch, hilfreich und gut!" (Goethe)   195

10 Foto einer LAN-Party

7. Informieren Sie sich über Ablauf, geselligen Rahmen und Ergebnisse von LAN-Partys.

8. Erörtern Sie den Geselligkeitswert von LAN-Partys anhand von Herders Kriterien.

11 Wilhelm Meisters Lehrjahre – Buchcover

12 Tristram Shandy – Kinoplakat

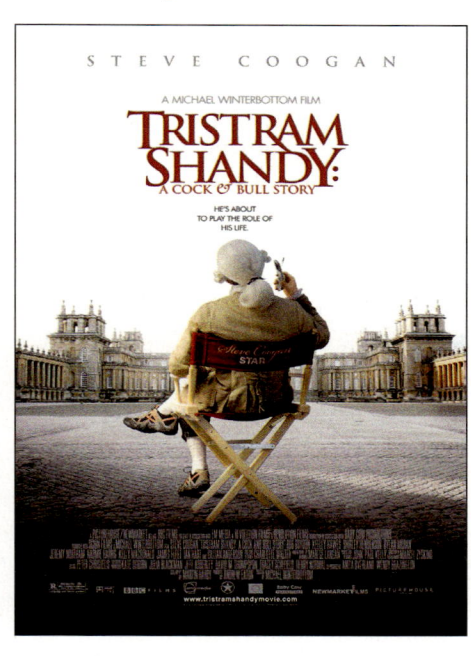

1. Betrachten Sie das Kinoplakat von *Tristram Shandy* und das Buchcover von *Wilhelm Meisters Lehrjahre*.
Beide Protagonisten blicken in die Welt, die vor ihnen liegt. Beide sind auf sich allein gestellt.

2. Informieren Sie sich über den Inhalt und den Stil des Romans *Tristram Shandy*. Beschreiben Sie die Haltung des Ich-Erzählers und setzen Sie sie in Bezug zum Filmplakat.

13 Johann Wolfgang Goethe: Wilhelm Meisters Lehrjahre (Buch VII, 9) (Auszug)

Der Roman *Wilhelm Meisters Lehrjahre* führt den gleichnamigen Protagonisten als einen kunstinteressierten jungen Menschen ein, der in einer zutiefst ökonomisch orientierten Atmosphäre aufwächst. Der Vater, ein Geschäftsmann, will aus dem Sohn ebenfalls einen Geschäftsmann machen und ist folglich allen künstlerischen Neigungen seines Sohnes feind. Wilhelm Meister fühlt sich – auch bedingt durch eine unglückliche Liebesbeziehung – gezwungen, sein Zuhause zu verlassen.
Im Laufe seines bewegten Lebens erprobt er sich in verschiedenen Umfeldern: Nach der gescheiterten Liebesbeziehung zu einer Schauspielerin arbeitet er tatsächlich als Geschäftsmann und findet auf diesem Wege zu seiner Neigung, der Schauspielerei, zurück. Er schließt sich einem Ensemble an, rettet ein Kind, übernimmt Vaterfunktion, lernt die Welt des Adels kennen, verfasst

Johann Wolfgang Goethe (vgl. S. 22 ff. und 153 f.) hielt sich von 1786–1788 in Italien auf. Dort setzte Goethe seine Naturstudien fort und vertiefte sie, er

schrieb sein Prosadrama Iphigenie auf Tauris *in Verse um (vgl. S. 198 ff.) und vollendete die Dramen* Egmont *und* Torquato Tasso. *Bei den Versuchen, sein Zeichentalent auszubilden, wurde ihm klar, dass er zum Dichter, nicht aber zum bildenden Künstler bestimmt sei.*
Nach seiner Rückkehr nach Weimar 1788 ließ sich Goethe von zahlreichen Verwaltungstätigkeiten entlasten; ihm blieb die Aufsicht über das Weimarer Theater und die wissenschaftlichen Anstalten von Jena. Die Verbindung mit der Manufakturarbeiterin Christiane Vulpius (Heirat 1806) ließ ihn zum sesshaften Hausherrn werden. Dies wurde ihm vor allem in den Jahren der Revolutionskriege wichtig. 1792 begleitete Goethe seinen Herzog auf den Kriegsschauplatz nach Frankreich, eine Erfahrung, die er 1822 in der autobiografischen Schrift Die Campagne in Frankreich *aus der zeitlichen Distanz gestaltete.*
1794 begann die Freundschaft mit Schiller, die trotz eines gewissen Konkurrenzverhältnisses, das zwischen ihnen herrschte, von intensivem Gedankenaustausch und gegenseitiger Förderung geprägt war. Schiller drängte seinen Freund zur Weiterführung der Projekte Wilhelm Meister *und* Faust, *die erst 1829 bzw. 1831 abgeschlossen wurden.*
*Mit Schillers Tod 1805 setzte bei aller Geselligkeit, die Goethe in seinem Hause pflegte, ein gewisse Vereinsamung des Dichters ein. Von den Romantikern, die ihn ursprünglich als großen Anreger betrachteten, distanzierte er sich, was ihn allerdings nicht daran hinderte, Elemente der Romantik in seine späteren Werke aufzunehmen (*Märchen, *1795;* Die Wahlverwandtschaften, *1809;* Faust II, *1831).*
1832 starb Goethe in Weimar als Letzter seines engeren Lebenskreises, der durch den Tod Christianes (1816), des Herzogs Carl August (1828) und seines Sohnes August (1830) immer kleiner geworden war.

1. Versuchen Sie (z. B. am Computer) eine typografische Gestaltung des Lehrbriefs.

2. a) Stellen Sie inhaltliche und sprachliche Aspekte aus Text 13 zusammen, die Sie von der Gattung „Lehrbrief" erwarten.
b) Greifen Sie einzelne Sätze heraus, die als Sentenzen gebraucht werden könnten, und klären Sie ihre Bedeutung.

selbst Theaterstücke, wird in eine Intrige verstrickt, verstoßen, Opfer eines Raubüberfalls, erringt eine führende Position in seinem Ensemble und muss den Tod seines Vaters verarbeiten. Zahlreiche Gestalten begegnen ihm auf seinem Weg und hinterlassen einen prägenden Eindruck. Wilhelm erfährt verschiedene Stadien der Liebe und durchläuft auch darin einen Reifeprozess. Als kritischer Beobachter von Liebesaffären anderer übersieht er, wie er sich selbst in Schuld verstrickt. Am Ende des siebten Buches wird erzählt, wie Wilhelm darauf reagiert, dass er Vater ist. Außerdem wird er in eine geheimnisvolle Turmgesellschaft eingeführt, die stark an eine Freimaurer-Loge erinnert.
Deren Ziel ist es, Gutes zu tun und besonders begabte Menschen zur Selbstfindung zu führen.

Nicht lange konnte er nachdenken, als der Abbé hervortrat und sich hinter den grünen Tisch stellte. „Treten Sie herbei!", rief er seinem verwunderten Freunde zu. Er trat herbei und stieg die Stufen hinan. Auf dem Teppiche lag eine kleine Rolle. „Hier ist Ihr Lehrbrief", sagte der Abbé, „beherzigen Sie ihn, er ist von wichtigem Inhalt." Wilhelm nahm ihn auf, öffnete ihn und las:

L e h r b r i e f

Die Kunst ist lang, das Leben kurz, das Urteil schwierig, die Gelegenheit flüchtig. Handeln ist leicht, Denken schwer; nach dem Gedanken handeln unbequem. Aller Anfang ist heiter, die Schwelle ist der Platz der Erwartung. Der Knabe staunt, der Eindruck bestimmt ihn, er lernt spielend, der Ernst überrascht ihn. Die Nachahmung ist uns angeboren, das Nachzuahmende wird nicht leicht erkannt. Selten wird das Treffliche gefunden, seltner geschätzt. Die Höhe reizt uns, nicht die Stufen; den Gipfel im Auge wandeln wir gerne auf der Ebene. Nur ein Teil der Kunst kann gelehrt werden, der Künstler braucht sie ganz. Wer sie halb kennt, ist immer irre und redet viel; wer sie ganz besitzt, mag nur tun und redet selten oder spät. Jene haben keine Geheimnisse und keine Kraft, ihre Lehre ist, wie gebackenes Brot, schmackhaft und sättigend für e i n en Tag; aber Mehl kann man nicht säen, und die Saatfrüchte sollen nicht vermahlen werden. Die Worte sind gut, sie sind aber nicht das Beste. Das Beste wird nicht deutlich durch Worte. Der Geist, aus dem wir handeln, ist das Höchste. Die Handlung wird nur vom Geiste begriffen und wieder dargestellt. Niemand weiß, was er tut, wenn er recht handelt; aber des Unrechten sind wir uns immer bewusst. Wer bloß mit Zeichen wirkt, ist ein Pedant, ein Heuchler oder ein Pfuscher. Es sind ihrer viel, und es wird ihnen wohl zusammen. Ihr Geschwätz hält den Schüler zurück, und ihre beharrliche Mittelmäßigkeit ängstigt die Besten. Des echten Künstlers Lehre schließt den Sinn auf; denn wo die Worte fehlen, spricht die Tat. Der echte Schüler lernt aus dem Bekannten das Unbekannte entwickeln und nähert sich dem Meister.

(v 1796)

> **Die Freimaurer**
> Die Freimaurer sind eine weltbürgerliche Bewegung mit dem Ziel, Bildung und Aufklärung zu fördern. Der Name leitet sich von den geheim gehaltenen symbolischen Bräuchen ab. Die Vereinigungen der Freimaurer hießen Logen, ihre Mitglieder „Brüder", die in einem festen Stufensystem (Lehrling, Geselle, Meister) aufsteigen konnten. Jedes Land besaß eine Großloge, die vom Logenmeister geführt wurde. Herder und Goethe gehörten ebenfalls einer Loge an. Frauen war der Eintritt in die Logen zunächst verwehrt, erst in jüngerer Zeit wurden einige Logen auch für Frauen geöffnet.

Symbol der Freimaurer

14 Johann Wolfgang Goethe: Wilhelm Meisters Lehrjahre (Buch VIII, 1) (Auszug)

Wilhelm, nun selbst in der Position eines Vaters, scheint am Ende seines Bildungsprozesses angekommen zu sein. Er muss als Vater Verantwortung übernehmen, und beim Anblick seines Sohnes reflektiert er seinen eigenen Bildungsgang.

Felix war indessen in die Stube gekommen und hatte sich, als man auf ihn nicht achtete, aufs Kanapee gelegt und war eingeschlafen. „Was ist das für ein Wurm?", fragte Werner. Wilhelm hatte in dem Augenblicke den Mut nicht, die Wahrheit zu sagen, noch Lust, eine doch immer zweideutige Geschichte einem Manne zu erzählen, der von Natur nichts weniger als gläubig war.

Die ganze Gesellschaft begab sich nunmehr auf die Güter, um sie zu besehen und den Handel abzuschließen. Wilhelm ließ seinen Felix nicht von der Seite und freute sich um des Knaben willen recht lebhaft des Besitzes, dem man entgegensah. Die Lüsternheit des Kindes nach den Kirschen und Beeren, die bald reif werden sollten, erinnerte ihn an die Zeit seiner Jugend und an die vielfache Pflicht des Vaters, den Seinigen den Genuss vorzubereiten, zu verschaffen und zu erhalten. Mit welchem Interesse betrachtete er die Baumschulen und die Gebäude! Wie lebhaft sann er darauf, das Vernachlässigte wiederherzustellen und das Verfallene zu erneuern! Er sah die Welt nicht mehr wie ein Zugvogel an, ein Gebäude nicht mehr für eine geschwind zusammengestellte Laube, die vertrocknet, ehe man sie verlässt. Alles, was er anzulegen gedachte, sollte dem Knaben entgegenwachsen, und alles, was er herstellte, sollte eine Dauer auf einige Geschlechter haben. In diesem Sinne waren seine Lehrjahre geendigt, und mit dem Gefühl des Vaters hatte er auch alle Tugenden eines Bürgers erworben. Er fühlte es, und seiner Freude konnte nichts gleichen. „O, der unnötigen Strenge der Moral!", rief er aus, „da die Natur uns auf ihre liebliche Weise zu allem bildet, was wir sein sollen. O, der seltsamen Anforderungen der bürgerlichen Gesellschaft, die uns erst verwirrt und missleitet und dann mehr als die Natur selbst von uns fordert! Wehe jeder Art von Bildung, welche die wirksamsten Mittel wahrer Bildung zerstört und uns auf das Ende hinweist, anstatt uns auf dem Wege selbst zu beglücken!" So manches er auch in seinem Leben schon gesehen hatte, so schien ihm doch die menschliche Natur erst durch die Beobachtung des Kindes deutlich zu werden. Das Theater war ihm, wie die Welt, nur als eine Menge ausgeschütteter Würfel vorgekommen, deren jeder einzeln auf seiner Oberfläche bald mehr, bald weniger bedeutet, und die allenfalls zusammengezählt eine Summe machen. Hier im Kinde lag ihm, konnte man sagen, ein einzelner Würfel vor, auf dessen vielfachen Seiten der Wert und der Unwert der menschlichen Natur so deutlich eingegraben war. Das Verlangen des Kindes nach Unterscheidung wuchs mit jedem Tage. Da es einmal erfahren hatte, dass die Dinge Namen haben, so wollte es auch den Namen von allem hören; es glaubte nicht anders, sein Vater müsse alles wissen, quälte ihn oft mit Fragen und gab ihm Anlass, sich nach Gegenständen zu erkundigen, denen er sonst wenig Aufmerksamkeit gewidmet hatte. Auch der eingeborene Trieb, die Herkunft und das Ende der Dinge zu erfahren, zeigte sich frühe bei dem Knaben. Wenn er fragte, wo der Wind herkomme und wo die Flamme hinkomme, war dem Vater seine eigene Beschränkung erst recht lebendig; er wünschte zu erfahren, wie weit sich der Mensch mit seinen Gedanken wagen, und wovon er hoffen dürfe sich und andern jemals Rechenschaft zu geben. Die Heftigkeit des Kindes, wenn es irgendeinem lebendigen Wesen Unrecht geschehen sah, erfreute den Vater höchlich, als das Zeichen eines trefflichen Gemüts. Das Kind schlug heftig nach dem Küchenmädchen, das einige Tauben abgeschnitten hatte. Dieser schöne Begriff wurde denn freilich bald wieder zerstört, als er den Knaben fand, der ohne Barmherzigkeit Frösche totschlug und Schmetterlinge zerrupfte. Es erinnerte ihn dieser Zug an so viele Menschen, die höchst gerecht erscheinen, wenn sie ohne Leidenschaft sind und die Handlungen anderer beobachten. (v 1796)

3. Interpretieren Sie den Text in Verbindung mit dem Untertitel des *Tristram Shandy*-Kinoplakats: „He's about to play the role of his life".

4. Interpretieren Sie das Würfelgleichnis (Z. 24–28).

5. „Alles, was uns begegnet, lässt Spuren zurück, alles trägt unmerklich zu unserer Bildung bei; doch es ist gefährlich, sich davon Rechenschaft geben zu wollen." (*Wilhelm Meister*, Buch VII, Kapitel 1)
a) Suchen Sie Beispiele aus Ihrem Leben für diese These.
b) Wägen Sie Chancen und Risiken des Prozesses, sich Rechenschaft über sein Leben zu geben, ab.

P „Mit siebzehn trudelte ich ohne besondere Absicht in ein Doppelleben hinein ..." (Genazino) – Bildungsromane vergleichen
- Machen Sie sich mit dem Genre „Bildungsroman" vertraut.
- Bilden Sie Gruppen und lesen Sie jeweils einen der folgenden Romane:
  – E.T.A. Hoffmann: *Kater Murr*
  – Hermann Hesse: *Demian*
  – Thomas Mann: *Der Zauberberg*
  – Günter Grass: *Die Blechtrommel*
  – Peter Handke: *Der kurze Brief zum langen Abschied*
  – Arnold Stadler: *Mein Hund, meine Sau, mein Leben*
  – Wilhelm Genazino: *Eine Frau, eine Wohnung, ein Roman*
- Stellen Sie Ihren Roman in Ihrem Kurs vor und beurteilen Sie, ob Ihr Roman zur Gattung „Bildungsroman" gehört.

Literaturtipp: Jürgen Jacobs/Markus Krause. *Der deutsche Bildungsroman*. Gattungsgeschichte vom 18. bis zum 20. Jh., München 1998.

L Der Bildungs- oder Entwicklungsroman

Im 18. Jahrhundert entsteht eine ganz neue Romangattung, der Entwicklungs- oder Bildungsroman. Konstitutiv für diese Gattung ist ein Protagonist, der einen Reife- bzw. Bildungsprozess durchlebt und sich dabei an der ihm umgebenden Welt reibt; der Konflikt zwischen den Idealen des heranreifenden Protagonisten und den Umständen der konkreten gesellschaftlichen Wirklichkeit entscheidet über den Gang der Entwicklung, der im Nachhinein alle Irrwege und Enttäuschungen als wichtige Lebenserfahrungen, als Elemente eines geglückten Entwicklungsprozesses erscheinen lässt. Die stark entwickelte Neigung des Helden zur Reflexion sowie die **teleologische** (< griech. telos = Ziel, Zweck, Ende: zielgerichtet) **Struktur** machen solche Romane für die Generation, die dank der Aufklärung die Individualität entdeckt hat, besonders interessant.
In dieser Romanform haben sowohl die pädagogischen Ansätze Rousseaus (1712–1768) als auch das **Humanitätsideal** Lessings und Herders ihren poetischen Niederschlag gefunden.
Goethes Roman *Wilhelm Meisters Lehrjahre* (1795/96) stellt einen vorläufigen Höhepunkt dieser Gattung dar.

Büste (ca. 330 v. Chr.) eines nicht bekannten Künstlers von **Euripides** (480–406 v. Chr.). Er gilt als der dritte der drei großen griechischen Tragödiendichter nach Aischylos (525–456) und Sophokles (496–406). Von angeblich über 90 von ihm verfassten Tragödien sind 18 überliefert.

R „Ungeheuer ist viel und nichts ungeheurer als der Mensch" (Sophokles, Antigone) – Antikes Theater
Informieren Sie Ihren Kurs genauer über die antike Theaterpraxis, indem Sie z. B. auf folgende Aspekte eingehen:
– Ursprung und Entstehung der Tragödie
– Aufführungspraxis (Zeitpunkt der Aufführung, Bühnenraum …)
– Aufbau einer Tragödie
– Dramatische Funktion des Chores
– Begriff des Tragischen
Literaturtipp: Gustav Adolf Seeck: *Die griech. Tragödie*. Stuttgart (Reclam) 2000. Christian Meier: *Die politische Kunst der griech. Tragödie* (Kap. I–IV). München (Beck) 1988.

1. Erstellen Sie eine Personenkonstellation.

2. „Verteufelt human" (Goethe) – Das Humanitätsideal und seine Grenzen am Beispiel einer Dramenfigur bewerten

Goethes Drama *Iphigenie* baut auf den antiken Vorlagen des Dichters Euripides auf, der den Iphigenie-Mythos in zwei Tragödien verarbeitet hat.
Iphigenie ist eine Nachfahrin des Tantalos, jener Gestalt, die die Götter auf eine Probe gestellt hat und dafür mit einem Familienfluch bestraft worden ist. Fortan müssen daher alle folgenden Generationen leiden. Dieser sogenannte Tantalidenfluch trifft auch Iphigenie, die in Euripides Tragödie *Iphigenie in Aulis* geopfert werden soll.
Der Hintergrund: Ein griechisches Heer liegt unter der Führung von Agamemnon abfahrbereit nach Troja im Hafen von Aulis. Da Agamemnon zuvor die Göttin Artemis (bei den Römern Diana genannt) beleidigt hat, verhindert diese durch eine anhaltende Flaute die Ausfahrt der Flotte. Diese kann nur beendet werden, wenn Agamemnon seine Tochter Iphigenie opfert, so der Wille der Göttin. Agamemnon, im Zwiespalt zwischen der politischen Verantwortung als Heerführer und der Liebe zu seiner Tochter, lässt Iphigenie unter dem Vorwand, sie solle heiraten, nach Aulis kommen. Als Iphigenie die Absicht ihres Vaters erfährt, sie zu opfern, ist sie zunächst völlig erschüttert, lenkt aber schließlich ein und erklärt sich zum Opfertod bereit. Während der Opferung rettet Artemis (Diana) das junge Mädchen aus dem Flammentod und versetzt sie nach Tauris als ihre Priesterin.
Euripides schließt eine weitere Tragödie an: *Iphigenie auf Tauris*. Tauris ist in der antiken Welt der Inbegriff von barbarischer Diaspora[1]. Dort leben die Skythen unter der Herrschaft des Königs Thoas, der Iphigenie im Heiligtum der Göttin als priesterliche Gefangene hält.

1 Die Handlung des Schauspiels *Iphigenie auf Tauris*

Iphigenie als gefangene Diana-Priesterin hat durch ihre Ausstrahlung und ihr hehres Wesen bewirkt, dass – entgegen der früheren Tradition – seit ihrer Ankunft auf der Insel keine blutigen Menschenopfer mehr vollzogen werden. Der Herrscher der Insel, Skythenkönig Thoas, macht ihr einen Heiratsantrag. Auf ihre Verweigerung reagiert er mit der Androhung, die Menschenopfer wieder einzuführen. Erste Opfer sollen zwei Griechen sein, die an der Küste gelandet sind. Es handelt sich um Iphigenies Bruder Orest und seinen Freund Pylades. Orest hat die Ermordung seines Vaters gerächt, indem er seinerseits die Schuldige, seine Mutter, getötet hat. Dafür wird er nun von den Erinnyen[2] verfolgt. Das Orakel des Apoll in Delphi hat Orest die Befreiung von diesem Wahn in Aussicht gestellt, sofern er die „Schwester" von Tauris nach Griechenland bringe. Orest denkt, dass damit das Standbild der Göttin Diana, Zwillingsschwester des Apoll, gemeint sei, und begibt sich nach Tauris. Durch die Begegnung mit Iphigenie wird Orest von seinem Wahn befreit, aber die Heimkehr und die damit verbundene Entsühnung vom Tantalidenfluch (s. o.) bleiben ihm verwehrt durch Thoas' Ankündigung, ihn und seinen Freund zu opfern. Der Stratege Pylades entwickelt einen Fluchtplan. Dadurch gerät Iphigenie in ein Dilemma: Entweder hält sie an ihren Prinzipien fest und riskiert damit das Leben ihres Bruders und ihres Freundes, oder sie geht auf Pylades' Plan ein und untergräbt damit ihre hohen moralischen Ansprüche. Sie bleibt schließlich ihren moralischen Ansprüchen treu und sucht das offene Gespräch mit Thoas.

---

[1] die Diaspora (< gr. diaspora: Verstreutheit): bezeichnet religiöse Gemeinschaften, die in der Fremde als Minderheit leben
[2] die Erinnyen (< gr. Erinys = Göttin der Strafe, bei den Römern Furie genannt): Rachegöttinnen, die als personifizierte Flüche bzw. Gewissensbisse gedeutet werden können

2 Johann Wolfgang Goethe (1749–1832): Iphigenie auf Tauris, I,1 (Auszug)

IPHIGENIE. Heraus in eure Schatten, rege Wipfel
Des alten, heilgen, dicht belaubten Haines,
Wie in der Göttin stilles Heiligtum,
Tret ich noch jetzt mit schauderndem Gefühl,
5 Als wenn ich sie zum ersten Mal beträte
Und es gewöhnt sich nicht mein Geist hierher.
So manches Jahr bewahrt mich hier verborgen
Ein hoher Wille dem ich mich ergebe;
Doch immer bin ich, wie im ersten, fremd.
10 Denn ach mich trennt das Meer von den Geliebten
Und an dem Ufer steh ich lange Tage,
Das Land der Griechen mit der Seele suchend,
Und gegen meine Seufzer bringt die Welle
Nur dumpfe Töne brausend mir herüber.
15 Weh dem, der fern von Eltern und Geschwistern
Ein einsam Leben führt! Ihm zehrt der Gram
Das nächste Glück vor seinen Lippen weg.
Ihm schwärmen abwärts immer die Gedanken
Nach seines Vaters Hallen, wo die Sonne
20 Zuerst den Himmel vor ihm aufschloss, wo
Sich Mitgeborne spielend fest und fester
Mit sanften Banden aneinanderknüpften.
Ich rechte mit den Göttern nicht; allein
Der Frauen Zustand ist beklagenswert.
25 Zu Haus und in dem Kriege herrscht der Mann
Und in der Fremde weiß er sich zu helfen.
Ihn freuet der Besitz, ihn krönt der Sieg,
Ein ehrenvoller Tod ist ihm bereitet.
Wie eng gebunden ist des Weibes Glück!
30 Schon einem rauen Gatten zu gehorchen
Ist Pflicht und Trost, wie elend, wenn sie gar
Ein feindlich Schicksal in die Ferne treibt.
So hält mich Thoas hier, ein edler Mann,
In ernsten heilgen Sklavenbanden fest.
35 O wie beschämt gesteh ich, dass ich dir
Mit stillem Widerwillen diene, Göttin
Dir, meiner Retterin! mein Leben sollte
Zu freiem Dienste dir gewidmet sein.
Auch hab ich stets auf dich gehofft und hoffe
40 Noch jetzt auf dich Diana, die du mich
Des größten Königes verstoßne Tochter
In deinen heilgen, sanften Arm genommen.
Ja Tochter Zeus', wenn du den hohen Mann,
Den du die Tochter fordernd ängstigtest,
45 Wenn du den göttergleichen Agamemnon,
Der dir sein Liebstes zum Altare brachte,
Von Trojas umgewandten Mauern rühmlich
Nach seinem Vaterland zurückbegleitet,
Die Gattin ihm, Elektren[1] und den Sohn,
50 Die schönen Schätze, wohl erhalten hast;
So gib auch mich den Meinen endlich wieder,
Und rette mich, die du vom Tod errettet
Auch von dem Leben hier, dem zweiten Tode. (e 1786)

Anselm Feuerbach (1829–1880): Iphigenie (1871)

2. Legen Sie zwei Plakate mit Feuerbachs Bild von Iphigenie an. Notieren bzw. skizzieren Sie auf dem einen Plakat, wovon sich Iphigenie abwendet, und auf dem anderen, wohin sie blickt.

3. Listen Sie, ausgehend von den Plakaten, auf,
a) welche Gedanken Iphigenie bewegen,
b) welche Gefühle sie bestimmen und
c) welche Charaktereigenschaften man ihr zusprechen kann.

4. ➤ Lesen Sie den Text szenisch.

5. a) Diskutieren Sie Feuerbachs Gemälde als Eingangsbild („Opener") für eine Inszenierung.
b) Entwickeln Sie Alternativen dazu.

---
[1] Elektren, alter Akkusativ von Elektra: Tochter Agamemnons und Klytämnestras, rettet ihren Bruder Orest und hilft ihm später, den ermordeten Vater zu rächen

Der Monolog

Der Monolog (< gr. monos = allein, logos = Rede) ist im Gegensatz zum Dialog das Selbstgespräch einer Figur auf der Bühne. Ein Monolog ist anders als der Botenbericht (vgl. S. 64) und das **À-part-Sprechen** (< frz. à part = beiseite) an keine andere Person gerichtet.

Man unterscheidet aktionale und nichtaktionale Monologe. Im **aktionalen Monolog** (auch **Entscheidungs-** oder **Konfliktmonolog**) vollzieht der Sprecher eine Bewusstseinsänderung mit Handlungskonsequenzen.

Nichtaktionale Monologe (z. B. **Befindlichkeitsmonolog**) führen dagegen nicht zu einem situationsverändernden Handeln.

Je nach Funktion innerhalb des dramatischen Geschehens unterscheidet man zwischen **Expositions-**, **Brücken-** oder **Reflexionsmonolog**.

3 Johann Wolfgang Goethe: Iphigenie auf Tauris, IV,5 (Auszug)

Während Pylades den Fluchtplan immer konkreter fasst, übt Arkas, die rechte Hand des Königs Thoas, Druck auf Iphigenie aus, sie solle das Opfer beschleunigen. Pylades berichtet Iphigenie von Orests Heilung sowie von der Vereinigung mit den anderen Gefährten, die nun all ihre Hoffnung auf die Diana-Priesterin richten. Pylades greift Iphigenie mit den Worten „So wirst du reine Seele dich und uns zugrunde richten" an, um sie an ihre familiären und patriotischen Verpflichtungen zu mahnen. Im folgenden Monolog drückt die „schöne Seele" (vgl. S. 223) ihren Konflikt aus.

> IPHIGENIE: Ich muss ihm folgen, denn die Meinigen
> Seh ich in dringender Gefahr. Doch ach!
> Mein eigen Schicksal macht mir bang und bänger.
> O soll ich nicht die stille Hoffnung retten
> 5 Die in der Einsamkeit ich schön genährt?
> Soll dieser Fluch denn ewig walten? Soll
> Nie dies Geschlecht mit einem neuen Segen
> Sich wieder heben? – Nimmt doch alles ab!
> Das beste Glück, des Lebens schönste Kraft
> 10 Ermattet endlich! Warum nicht der Fluch?
> So hofft ich denn vergebens, hier verwahrt,
> Von meines Hauses Schicksal abgeschieden,
> Dereinst mit reiner Hand und reinem Herzen
> Die schwer befleckte Wohnung zu entsühnen.
> 15 Kaum wird in meinen Armen mir ein Bruder
> Vom grimmgen Übel wundervoll und schnell
> Geheilt. Kaum naht ein lang erflehtes Schiff
> Mich in den Port der Vaterwelt zu leiten;
> So legt die taube Not ein doppelt Laster
> 20 Mit ehrner Hand mir auf: das heilige,
> Mir anvertraute viel verehrte Bild
> Zu rauben und den Mann zu hintergehn
> Dem ich mein Leben und mein Schicksal danke.
> O dass in meinem Busen nicht zuletzt
> 25 Ein Widerwille keime! Der Titanen[1],
> Der alten Götter tiefer Hass auf euch
> Olympier, nicht auch die zarte Brust
> Mit Geierklauen fasse! Rettet mich
> Und rettet euer Bild in meiner Seele.

---

[1] die Titanen: das Göttergeschlecht, das vor den Olympiern geherrscht hat und von Zeus entmachtet worden ist

Drameninterpretation: Monologanalyse

Auch die Erschließung eines Monologs folgt im Wesentlichen dem Schema der Dialoganalyse (vgl. S. 66):
1. Analyse der Aufgabenstellung
2. Textanalyse als Monologanalyse
3. Gliederung und Stichwortkonzept
4. Ausarbeitung
5. Überarbeitung

An dieser Stelle sei der Fokus auf die Monologanalyse gelegt:

2. Textanalyse als Monologanalyse

2.1 Untersuchung des Nebentextes
- **Ort der Handlung:** vor dem Heiligtum der Diana
- **Vorgeschichte:** Nachdem Arkas auf Iphigenie eingeredet hat, hat nun auch Pylades die Argumente für die Gegenseite vorgetragen. Iphigenie befindet sich im Zwiespalt zwischen beiden Ratgebern, die einseitig und interessengeleitet ihre jeweilige Position vertreten.

2.2 Untersuchung des Haupttextes
Grundlegende Fragen:
- Welcher Redeimpuls geht dem Monolog voraus?
- In welcher emotionalen und geistigen Verfassung befindet sich die Sprecherin?

Jedem Monolog geht ein Impuls, ein **Redeanlass** voraus. In diesem Fall ist es die beschwörende Rede des Pylades. Iphigenie macht sich das **Dilemma**, in dem sie sich befindet, bewusst. Einerseits fühlt sie sich den Ihren patriotisch und familiär verpflichtet, andererseits fühlt sie großen Dank und Respekt gegenüber Thoas, der sie nie wie eine Gefangene behandelt hat. Sie erkennt ihr tragisches Verflochtensein in den Fluch der Tantaliden. Folgt sie Pylades' Plan, rettet sie die Griechen, aber verrät Thoas und ihre moralische Integrität. Vollzieht sie aber das Opfer an ihren eigenen Landsleuten, macht sie sich schuldig. Der Anruf an die Götter am Schluss des Monologs ist Ausdruck ihrer Unentschlossenheit.

2.3 Beurteilung der dramaturgischen Funktion
Grundlegende Fragen:
- Welche sprachlichen Mittel sind eingesetzt? (Geordnete oder gebrochene Syntax? Aposiopesen? Frage- oder Aussagesätze?)
- Warum befindet sich der Monolog an dieser Stelle des Dramas?
- Welches Geschehen reflektiert er, welches bereitet er vor?

Ob ein aktionaler oder nichtaktionaler Monolog vorliegt, ist schwer zu beurteilen. Letztlich schwankt die Rede zwischen Befindlichkeits- und Entscheidungsmonolog. Wir erleben die sonst so dezidierte und in sich ruhende Iphigenie sichtlich bewegt und verstört. Sie reflektiert über das Dilemma, bezieht emotionale, rationale und mystische Elemente (Tantalidenfluch) mit ein, kann aber allenfalls nur einen Entschluss vorbereiten. Mithin sollte man diesen Monolog als ein **retardierendes Moment** werten, das den dramatischen Konflikt noch einmal auf den Punkt bringt, die eigentliche Handlung aber verzögert.

> **Die Aposiopese**
> Die Aposiopese (< gr. aposiopesis = Verstummen) ist ein Stilmittel der gesprochenen Rede. Der Satz wird, bevor er zu Ende gesprochen wird, abgebrochen, orthografisch mit drei Punkten gekennzeichnet [...]. Der Effekt dieses Stilmittels ist die Aufforderung an den Zuhörer, sich selbst den Schluss zu ergänzen.

4 Johann Wolfgang Goethe (1749–1832): Iphigenie auf Tauris, V,3/V,6 (Auszug)

Pylades plant die Flucht mit Orest und Iphigenie. Iphigenie weiß, dass eine Flucht glücken könnte, allerdings will sie König Thoas nicht hintergehen. Pylades hält ihr entgegen, dass sie vielmehr ein schlechtes Gewissen haben müsse, wenn Orest und er durch ihr Zögern oder ihre Ehrlichkeit umgebracht würden.
Während Pylades Iphigenie umzustimmen versucht, verlangt Arkas von Iphigenie, dass sie das Opfer der Schiffbrüchigen beschleunigen sollte, da der König ungeduldig sei. Iphigenie spielt auf Zeit, indem sie ihn darauf hinweist, dass sie erst den vermeintlich immer noch wirren Orest heilen und die durch ihn befleckte Statue der Diana am Ufer waschen müsse. Iphigenie ist in ihren Überlegungen dem Verzweifeln nahe.
Die Lösung von Iphigenies Konflikt wird im letzten Akt des Dramas dargestellt. Thoas ahnt, dass er von den Griechen betrogen werden könnte, und stellt Iphigenie zur Rede.

THOAS. Es scheint, der beiden Fremden Schicksal macht
    Unmäßig dich besorgt. Wer sind sie? Sprich!
    Für die dein Geist gewaltig sich erhebt.
IPHIGENIE. Sie sind – sie scheinen – für Griechen halt ich sie.
5 THOAS. Landsleute sind es? und sie haben wohl
    Der Rückkehr schönes Bild in dir erneut?
IPHIGENIE *nach einigem Stillschweigen:*
    Hat denn zur unerhörten Tat der Mann
    Allein das Recht? Drückt denn Unmögliches
10   Nur er an die gewaltge Heldenbrust?
    Was nennt man groß? was hebt die Seele schaudernd
    Dem immer wiederholenden Erzähler?
    Als was mit unwahrscheinlichem Erfolg
    Der Mutigste begann. Der in der Nacht
15 Allein das Heer des Feindes überschleicht,
    Wie unversehn eine Flamme, wütend
    Die Schlafenden, Erwachenden ergreift,
    Zuletzt gedrängt von den Ermunterten
    Auf Feindes Pferden doch mit Beute kehrt,
20 Wird der allein gepriesen? der allein?
    Der einen sichern Weg verachtend, kühn
    Gebirg und Wälder durchzustreifen geht,
    Dass er von Räubern eine Gegend säubre.
    Ist uns nichts übrig? muss ein zartes Weib
25 Sich ihres angebornen Rechts entäußern,
    Wild gegen Wilde sein, wie Amazonen
    Das Recht des Schwerts euch rauben und mit Blute
    Die Unterdrückung rächen? Auf und ab

Steigt in der Brust ein kühnes Unternehmen:
30 Ich werde großem Vorwurf nicht entgehn
Noch schwerem Übel wenn es mir misslingt;
Allein euch leg ich's auf die Knie! Wenn
Ihr wahrhaft seid wie ihr gepriesen werdet;
So zeigt's durch euern Beistand und verherrlicht
35 Durch mich die Wahrheit – Ja, vernimm, o König,
Es wird ein heimlicher Betrug geschmiedet,
Vergebens fragst du den Gefangnen nach,
Sie sind hinweg und suchen ihre Freunde,
Die mit dem Schiff am Ufer warten, auf.
40 Der Älteste den das Übel hier ergriffen
Und nun verlassen hat – es ist Orest,
Mein Bruder, und der andre sein Vertrauter,
Sein Jugendfreund mit Namen Pylades,
Apoll schickt sie von Delphi diesem Ufer
45 Mit göttlichen Befehlen zu, das Bild
Dianens wegzurauben und zu ihm
Die Schwester hinzubringen und dafür
Verspricht er dem von Furien Verfolgten,
Des Mutterblutes Schuldigen, Befreiung.
50 Uns beide hab ich nun die Überbliebnen
Von Tantals Haus in deine Hand gelegt,
Verdirb uns wenn du darfst.

THOAS.   Du glaubst es höre
Der rohe Skythe, der Barbar die Stimme
55 Der Wahrheit und der Menschlichkeit die Atreus
Der Grieche nicht vernahm.

IPHIGENIE.   Es hört sie jeder
Geboren unter jedem Himmel, dem
Des Lebens Quelle durch den Busen rein
60 Und ungehindert fließt – Was sinnst du mir
O König schweigend in der tiefen Seele?
Ist es Verderben? so töte mich zuerst!
Denn nun empfind ich, da uns keine Rettung
Mehr übrig bleibt die grässliche Gefahr
65 Worein ich die Geliebten übereilt
Vorsätzlich stürzte. Weh! ich werde sie
Gebunden vor mir sehn! Mit welchen Blicken
Kann ich von meinem Bruder Abschied nehmen
Den ich ermorde. Nimmer kann ich ihm
70 Mehr in die viel geliebten Augen schaun.

THOAS. So haben die Betrüger künstlich dichtend
Der lang Verschlossnen, ihre Wünsche leicht
Und willig Glaubenden ein solch Gespinst
Ums Haupt geworfen!

75 IPHIGENIE.   Nein! o König, nein!
Ich könnte hintergangen werden, diese
Sind treu und wahr, wirst du sie anders finden,
So lass sie fallen und verstoße mich,
Verbanne mich zur Strafe meiner Torheit
80 An einer Klippeninsel traurig Ufer.
Ist aber dieser Mann der lang erflehte,
Geliebte Bruder; so entlass uns, sei
Auch den Geschwistern wie der Schwester freundlich.
Mein Vater fiel durch seiner Frauen Schuld
85 Und sie durch ihren Sohn. Die letzte Hoffnung
Von Atreus' Stamme, ruht auf ihm allein.
Lass mich mit reinem Herzen, reiner Hand
Hinübergehn und unser Haus entsühnen.
Du hältst mir Wort! – Wenn zu den Meinen je
90 Mir Rückkehr zubereitet wäre, schwurst
Du mich zu lassen, und sie ist es nun.
Ein König sagt nicht, wie gemeine Menschen
Verlegen zu, dass er den Bittenden
Auf einen Augenblick entferne, noch
95 Verspricht er auf den Fall den er nicht hofft,
Dann fühlt er erst die Höhe seiner Würde
Wenn er den Harrenden beglücken kann.

THOAS. Unwillig wie sich Feuer gegen Wasser
Im Kampfe wehrt und gischend seinen Feind
100 Zu tilgen sucht, so wehret sich der Zorn
In meinem Busen gegen deine Worte.

IPHIGENIE. O lass die Gnade wie das heil'ge Licht
Der stillen Opferflamme mir umkränzt
Von Lobgesang und Dank und Freude lodern.

105 THOAS. Wie oft besänftigte mich diese Stimme.
IPHIGENIE. O reiche mir die Hand zum Friedenszeichen.
THOAS. Du forderst viel in einer kurzen Zeit.
IPHIGENIE. Um Guts zu tun braucht's keiner Überlegung.
THOAS. Sehr viel! denn auch dem Guten folgt das Übel.
110 IPHIGENIE. Der Zweifel ist's der Gutes böse macht.
Bedenke nicht, gewähre wie du's fühlst.

[...]

Orest tritt auf (V,6), bewaffnet und sichtlich zum Kampf entschlossen. Auch Pylades und Arkas, Thoas' Gefolgsmann und Berater, stehen mit gezückten Schwertern da; es droht eine gewalttätige Auseinandersetzung. Thoas verfügt einen Waffenstillstand, um ein klärendes Gespräch zwischen Iphigenie, Orest und Pylades auf der einen und ihm auf der anderen Seite zu ermöglichen.

IPHIGENIE. Denk an dein Wort und lass durch diese Rede
Aus einem graden treuen Munde dich
115 Bewegen! Sieh uns an! Du hast nicht oft
Zu solcher edeln Tat Gelegenheit.
Versagen kannst du's nicht, gewähr es bald.

THOAS. So geht!

IPHIGENIE.   Nicht so, mein König! ohne Segen
120 In Widerwillen scheid ich nicht von dir.
Verbann uns nicht! Ein freundlich Gastrecht walte
Von dir zu uns, so sind wir nicht auf ewig
Getrennt und abgeschieden. Wert und teuer
Wie mir mein Vater war, so bist du's mir,
125 Und dieser Eindruck bleibt in meiner Seele.
Bringt der Geringste deines Volkes je
Den Ton der Stimme mir ins Ohr zurück
Den ich an euch gewohnt zu hören bin,
Und seh ich an dem Ärmsten eure Tracht;
130 Empfangen will ich ihn wie einen Gott,
Ich will ihm selbst ein Lager zubereiten,
Auf einen Stuhl ihn an das Feuer laden,
Und nur nach dir und deinem Schicksal fragen.
O geben dir die Götter deiner Taten
135 Und deiner Milde wohlverdienten Lohn.

Leb wohl! O wende dich zu uns und gib
Ein holdes Wort des Abschieds mir zurück.
Dann schwellt der Wind die Segel sanfter an,
Und Tränen fließen lindernder vom Auge
140 Des Scheidenden. Leb wohl und reiche mir
Zum Pfand der alten Freundschaft deine Rechte.
THOAS. Lebt wohl!

5 Beispielhafter Auftakt einer Strichfassung zu V,3

THOAS. Du schiebst das Opfer auf, sag an, warum?
IPHIGENIE. Ein König, der Unmenschliches verlangt ...
THOAS. Ein alt Gesetz, nicht ich, gebietet dir.
IPHIGENIE. Wir fassen ein Gesetz begierig an,
5 das unsrer Leidenschaft zur Waffe dient.
THOAS. Es scheinen die Gefangnen dir sehr nah
   am Herzen. [...]
IPHIGENIE. Du weißt es, kennst mich und du willst mich zwingen.
THOAS. Gehorche deinem Dienste, nicht dem Herrn.
10 IPHIGENIE. Ich habe nichts als Worte und es ziemt
   Dem edlen Mann der Frauen Wort zu achten.
THOAS. Ich acht es mehr als eines Bruders Schwert.
IPHIGENIE. Oh, sähst du, wie meine Seele kämpft!
THOAS. Es scheint der Fremden Schicksal macht
15   Unmäßig dich besorgt ... Es scheinen die Gefangnen dir sehr nah
   am Herzen. [...]
IPHIGENIE. Sie sind ... Sie scheinen ... Für Griechen halt ich sie.
THOAS. Landsleute sind es? Wer sind sie, sprich,
   Für die dein Geist gewaltig sich erhebt.
20 IPHIGENIE. Hat denn zur unerhörten Tat der Mann
   Allein das Recht?
THOAS. Der Klugheit erstes Wort du hast vergessen [umgestellt!]
   Dass man den Mächtigen nicht reizen soll!
IPHIGENIE. ... Muss ein zartes Weib
25 Sich ihres angebornen Rechts entäußern,
   wild gegen Wilde sein, wie Amazonen
   das Recht des Schwertes euch rauben und mit Blute
   die Unterdrückung rächen? ...
THOAS. ... [Deine Landsleute ...], Sie haben wohl
30 Der Rückkehr schönes Bild in dir erneut?
IPHIGENIE. Wenn ihr wahrhaft seid, wie ihr gepriesen werdet, so
   zeigt's durch euern Beistand und verherrlicht
   Durch mich die Wahrheit! [...]
THOAS. Du glaubst, es höre
35 Der rohe Skythe, der Barbar, die Stimme
   Der Wahrheit und der Menschlichkeit, die Atreus,
   der Grieche, nicht vernahm?
IPHIGENIE. Es hört sie jeder,
   geboren unter jedem Himmel. [...]

1. Gliedern Sie die Szenen V,3 und V,6 nach Sinnabschnitten.

2. Erstellen Sie auf der Basis Ihrer Gliederung eine ➤ Strichfassung der Szenen V,3 und V,6, d. h., versuchen Sie, den Dialog zwischen Iphigenie und Thoas so zu verkürzen, dass die wesentlichen Vorwürfe und Lösungen in Kurzdialogen dargeboten werden.

3. Erproben Sie die von Ihnen erstellten Strichfassungen in einer ➤ szenischen Lesung.

4. Der Schauspieler Gert Voss, seinerzeit Darsteller des Pylades in einer Inszenierung von Goethes *Iphigenie*, äußerte sich folgendermaßen über das Stück: „Ich kann mir nicht helfen, aber ich glaube dem Goethe dieses alles versöhnende Märchen nicht. Dieses Wohlgefallen, in das sich das Stück am Schluss auflöst. Das geht doch nicht. So sieht's doch gar nicht aus in der Wirklichkeit."
Diskutieren Sie Voss' Kritik.

5. a) Stellen Sie sich vor, das Drama würde mit Thoas' Satz „So geht!" enden. Besprechen Sie die Wirkung und Aussage eines solchen Endes.
b) Entwickeln Sie alternative Schlüsse.

6. Informieren Sie sich über das Ende in Euripides' Version von *Iphigenie auf Tauris*. Vergleichen Sie.

204 „Ich will nicht mehr Medea sein!":

Eine völlig andere Frauenfigur als Iphigenie ist Medea. Der frühesten Dramenfassung des griechischen Tragikers Euripides zufolge tötet Medea aus enttäuschter Liebe die eigenen Kinder, um damit Jason, der sie verstoßen hat und sich neu vermählen will, im tiefsten Inneren zu treffen. – Die Schülerin Isabel Eisinger hat dieser faszinierenden Frauenfigur nachgespürt und im Fach „Literatur und Theater" eine Präsentationsprüfung mit dem Titel „Ich will nicht mehr Medea sein" abgelegt. Ihre Herangehensweise kann Mut machen und Anregungen geben, sich in ähnlicher Weise mit großen Figuren der Theatergeschichte bzw. des antiken Mythos auseinanderzusetzen, wie z. B. Kassandra, Narziss, Iphigenie, Antigone, Ödipus etc.

Mythos Medea – Texte von Euripides bis Christa Wolf (Reclam)

Gliederung der Präsentation:

1. „Ohröffner": Zeitungsartikel als aktueller Bezug
2. Die Medea der Argonautensage
3. Die „klassische" Medea nach Euripides (431 v. Chr.)
4. Weitere Medea-Bearbeitungen:
   Seneca, 102 n. Chr.
   Franz Grillparzer, 1821
   Hans Henny Jahnn, 1920
   Jean Anouilh, 1946
   Christa Wolf, 1996
   Dea Loher, 1999
   Roland Schimmelpfennig, 2004
5. Die Zukunft der Medea
6. Szenische Darbietung + Rollenbiografie

Franz Grillparzer    Dea Loher
Jean Anouilh    Christa Wolf 

- Informieren Sie sich über den Inhalt der *Medea* des Euripides.
- Beurteilen Sie die Gliederung der etwa 20-minütigen Präsentation.
- Isabel Eisinger hat während ihrer Ausführungen zu verschiedenen Medea-Bearbeitungen großformatige Fotos der jeweiligen Autoren eingesetzt und damit „gespielt". Überlegen Sie, welche Möglichkeiten sich daraus ergeben können (Wo befinden sich die Fotos? Was passiert mit ihnen? ...).

Medea erstach ihre beiden Söhne

Aus Rache an ihrem Ehemann hat eine 24-jährige Mutter in Bottrop ihre beiden vier und fünf Jahre alten Söhne mit Messerstichen in den Hals getötet. Wie der Essener Oberstaatsanwalt sagte, erklärte die Frau, sie habe sich von ihrem Ehemann allein gelassen und von Haushalt und Kindererziehung überfordert gefühlt. Sie habe ihre Kinder getötet, um ihrem Mann Schmerzen zuzufügen.

Auseinandersetzung mit einer reiz-vollen Frauenfigur des antiken Mythos

Rollenbiografie Medea

Wer will, kann auch gehen ...
Glaubt mir, es wäre besser so.
Hier geschieht Schlimmes!
Ich bringe meine Kinder um ...
Hört ihr nicht?! Ich bringe meine Kinder um!!
Das habt ihr doch schon gesehen ... oder gemacht?
Ihr bleibt?

Ich will nicht mehr Medea sein.

Dabei bin ich doch eine Königstochter, ja, ich bin doch eine Königstochter, ja, ich bin von königlichem Geschlecht. Auch wenn ihr's mir nicht glaubt. Und dann kam er. Hätte doch nur das stürmische Gewässer [...] Wisst ihr noch, wie sich das anfühlt? [...] Ich kann es nicht mehr ertragen, verlassen zu werden für eine Jüngere. Ich muss es immer wieder zulassen, wie [...] Versteht ihr jetzt, warum ich nicht mehr Medea sein will?

- Ergänzen Sie – ausgehend von Ihren Recherchen zum Mythos Medea – Isabels ➤ Rollenbiografie.
- Vergleichen Sie Ihre Ergebnisse untereinander und diskutieren Sie Unterschiede.
- **DVD Texte** Lesen Sie Isabels vollständige Rollenbiografie und erläutern Sie, welche eigenständige (eigenmächtige?) Deutung dieser Figur vorgenommen wird.
- Bereiten Sie Isabels Rollenbiografie für eine ➤ szenische Lesung im Rahmen einer Abiturprüfung vor. Geben Sie sich gegenseitig Feedback, um Ihre Vortragsweise zu optimieren.
- **DVD Filme** Vergleichen Sie Ihre Vortragsweise mit Isabels.

- Arbeiten Sie heraus, auf welche Weise die Karlsruher Theater-AG eine Aktualisierung des Medea-Stoffes angestrebt hat.
- Beurteilen Sie die Inszenierungsideen.
- Befassen Sie sich in ähnlicher Weise wie Isabel Eisinger mit einer antiken Mythenfigur. Ihre Präsentation sollte analytische und szenische Elemente beinhalten.

18. SPIEL- UND THEATERTAGE
„Medea: Die Leiden(-)schaf(f)t" – bravourös inszeniert von Karlsruher Theater-AG

Die Muster ändern sich nicht

Einen guten Namen hat sie schon beim Theaterfestival in Aalen, die Theater-AG „Bärendreck" des Karlsruher Humboldt-Gymnasiums. Mit der eigenen Fassung der „Medea", der antiken Kindsmörderin, hat sie sich mit einer bravourösen Inszenierung wieder selbst übertroffen. Und den 18. Spieltagen das Final-Glanzstück beschert.

VON MARKUS LEHMANN

Ausgerechnet nach Paris hat die AG ihre Fassung des Euripides verlegt: Medea ermordet ihren kleinen Sohn aus Verzweiflung, gekränktem Stolz und schierer Leidenschaft in der „Stadt der Liebe". Jason hat sie verlassen; den Sohn, so ist's geplant, wird seine neue Erwählte erziehen, die er in Kürze heiraten wird. Alle Szenen spielen vor einem Spielkasino. Medea kauert davor, gestützt auf einen alten Koffer, ein wenig mit Punk-Appeal. Sie und ihr Mann – bislang Kinder der Gosse, aber glücklich. Nun aber: „Das verhasste Leben bald beenden" – „Jason, der verfluchte Gatte", ruft sie. Dabei ist ein Portier, eher markiger Türsteher mit Rausschmeißer-Aura. Und doch weichem Kern. Medeas Schicksal rührt ihn dann, kurz vor dem Ende.

Die AG hat beschlossen, das Stück mit Akkordeon-Chansons zu versehen. Der Musiker „ver-

Sie soll die Stadt verlassen, rät Jasons Schwiegervater in spe Medea, brillant gespielt von Isabel Eisinger. (Foto: lem)

reißt" die Tasten bei jeder dramatischen Zuspitzung. Die Pariser Straße trifft sich vor dem Casino. Auch der Clochard, für Medea ein „Bruder der Gosse". Er wird später Erfüllungsgehilfe, aus reiner Anteilnahme. Auftritt Jason: Er macht sich zurecht für die Trauung. Medea beschwört ihn, mit „dem Blut, das uns verbindet." Umsonst: „Du wirst wieder Kinder gebären." Medea übermannt die Leidenschaft. Jason wird attackiert, geschubst, geohrfeigt und zu Boden gerungen.

Isabel Eisinger, 17-jährig, spielt die Protagonistin. Schauspielerisch beseelt, hoch beeindruckend. Da passt alles: Mimik, Gestik, Sprache, Ausdruck. Was nicht die neun anderen sehr stimmigen Rollen unter den Scheffel stellen soll. Musik, das spartanische, aber effektvolle Lichtspiel, Dramatik, Handlungsablauf sind bestens inszeniert. Der Vater von Medeas Nachfolgerin, Jasons Schwiegervater in spe, tritt auf. Beziehungsweise wird im Rollstuhl vom Türwächter auf die Bühne gefahren. Ein halbseidener, verruchter Bonvivant. Medea soll die Stadt verlassen. Die hat schon längst andere Pläne. Der Clochard hat das ehemalige Brautkleid Medeas, das Jasons neue Geliebte als Geschenk bekommen soll, mit Gift präpariert – als „einmaliges Brautkleid". Wie ist das, fragt ein Handwerker in Montur, der Beobachter von außen: Mit der Mutter, die „wie eine Löwin um ihr Kind kämpft"? Denn Medeas Entschluss steht fest: Die Enttäuschte, Verzweifelte will Jason seinen Sohn nehmen, ihr „eigenes Blut töten". Beide Morde gelingen. Und der Portier tauscht die roten Kasino-Vorhangschleifen gegen Schwarze. Es ist kurz still im Theater-Raum. Dann bricht minutenlanger Beifall los.

Sechs Monate lang hat sich die AG auf das Stück vorbereitet. AG-Leiter Hansjörg Bar hat Polizei-Protokolle von Müttern gelesen, die ihre Kinder umbrachten. Ein aktuelles Thema. 40 solcher Fälle gab es in den vergangenen Monaten.

Klassik

6 Euripides (480–406 v. Chr.): Iphigenie in Aulis

Während in *Iphigenie auf Tauris* die Frage der Humanität als ein Dilemma dargestellt wird, das Iphigenie in und mit sich selbst austrägt, erscheint das Thema in *Iphigenie in Aulis* als ein Problem, das sie sozusagen „von außen" betrifft. Iphigenie ist in Aulis, anders als auf Tauris, zunächst die Passive, die mit einem Dilemma ihres Vaters konfrontiert wird: Agamemnon soll sie der Göttin Artemis opfern, damit die griechische Flotte Wind zum Segeln erhält. Iphigenie erscheint als Opfer politischer und religiöser Verwicklungen.

Im Jahre 2007 hat das Thalia-Theater in Hamburg eine Doppelinszenierung veranstaltet. Im ersten Teil war Euripides' *Iphigenie in Aulis* zu sehen, ehe der zweite Teil mit Goethes *Iphigenie auf Tauris* folgte.

a) **Iphigenie (Lisa Hagmeister) in der Inszenierung des Hamburger Thalia-Theaters 2007**

b) **Iphigenie (Lisa Hagmeister) im Gespräch mit ihrem Vater Agamemnon (Alexander Simon) in der Inszenierung des Thalia-Theaters**

c) **Iphigenie (Friederike Pöschel) mit ihrer Mutter Klytämnestra (Ragna Pitoll) in der Mannheimer Inszenierung**

1. Beschreiben Sie die beiden Inszenierungsfotos b) und c). Legen Sie dar, welches Mutter-Tochter- bzw. Vater-Tochter-Verhältnis zum Ausdruck gebracht wird.

2. Erarbeiten Sie eine ➤ Stimmenskulptur; stellen Sie sich vor, dass Iphigenie vor diesem Monolog allein über ihre Situation und ihre Verantwortung nachsinnt. Lassen Sie die verschiedenen inneren Stimmen Iphigenies zu Wort kommen.

7 Euripides: Iphigenie in Aulis (Auszug)

Iphigenie ist zunächst völlig erschüttert und entrüstet über den Plan ihres Vaters, sie zu opfern. Sie stellt zunächst die Liebe ihres Vaters infrage, besinnt sich dann aber auf die Staatsräson und nimmt ihr Schicksal an.

IPHIGENIE. Höret meine Worte an,
   Mutter; ohne Grund ja grollst du, wie ich sehe, deinem Mann.
   Nur mit Müh' jedoch erkämpfen können wir Unmögliches.

Wohl gebührt um seinen Eifer diesem Freund ein großes Lob;
5 Aber *du* musst auch verhüten, dass das Griechenheer ihn hasst
Und wir doch nichts weiter schaffen, während *ihn* Verderben trifft.
Was ich ruhig überlegend mir erdachte, höre nun!
Sterben muss ich unabwendbar und vollenden will ich es
Auch mit Ruhm, unedle Regung tilgend aus der edlen Brust.
10 Drum erwäge du mit uns jetzt, Mutter, ob ich's wohl bedacht!
Mir hat Hellas' ganzes großes Volk die Blicke zugewandt,
Und auf mir ruht seiner Schiffe Fahrt und Trojas Untergang;
Mir verdankt es, wenn der Fremdling künftig buhlt um seine Fraun,
Dass er sie nicht mehr von Argos' sel'gem Land entführen darf,
15 Wenn um Helenas Entführung Ilion Verderben traf.
All dies Heil werd ich erringen, wenn ich sterbe, und mein Ruhm
Wird unsterblich weiterleben, dass ich Hellas' Volk befreit.
Denn warum sollt' auch das Leben mir vor allem teuer sein?
Allen hast du mich geboren, allem Volk, nicht dir allein.
20 Viele tausend Männer werden, mit dem Schild am Arm bewehrt,
Tausend, die das Ruder schwingen, für's gekränkte Vaterland
Mutig auf den Feind sich stürzen, in den Tod für Hellas gehn:
Sollte da mein einzig Leben alledem im Wege sein?
Wäre das gerecht, und welches Wort erwidern könnt' ich hier?
25 Dieses auch noch lass mich sagen: eines Weibes wegen nicht
Darf zum Kampf mit allem Volk er schreiten und zugrunde gehn;
Dieses einen Mannes Leben wiegt ja tausend Frauen auf.
Und wofern als blutend Opfer Artemis mein Leben will,
Soll ich ihr entgegentreten, Göttern ich, die Sterbliche?
30 Nein! Unmöglich! Hellas geb ich meinen Leib zum Opfer hin.
Tötet mich, verwüstet Troja! Denn ein Denkmal ist mir dies
Ewig, das sind meine Kinder, meine Hochzeit und mein Ruhm.
Den Hellenen sei der Fremdling untertan, doch, Mutter, nie
Fröne Hellas' Volk den Fremden; Knechte sind sie, Freie wir!   (ca. 414–412)

Mythen als Stoffe der Literatur

Unter einem Stoff versteht man in der Literaturwissenschaft eine Geschichte bzw. deren Überlieferung, die mit ihren zentralen Handlungselementen bereits vorliegt und immer wieder dichterisch bearbeitet wird. Vor allem die Stoffe und Gestalten der griechischen Mythologie üben seit der Antike bis in die Gegenwart hinein eine besondere Faszination auf die Dichter aus. So war und ist das Schicksal der Iphigenie ein Stoff, der seit der Bearbeitung des Euripides (480–406 v. Chr.) immer wieder aufgegriffen wird. Weitere berühmte mythologische Stoffe sind die Geschichten von Medea, Orpheus und Eurydike, Antigone, Ödipus und Amphitryon.
Es ist das Schicksal der Figuren selbst, das zu immer neuen Deutungen reizt: Medeas grauenhaftes und letztendlich unverständliches Handeln – sie rächt sich aus Eifersucht durch die Ermordung ihrer gemeinsamen Kinder an ihrem untreuen Ehemann – hat die Dichter z. B. immer wieder herausgefordert, eine Antwort auf die Frage nach dem Warum zu finden. Literarische Bearbeitungen des Stoffes haben deshalb über die Jahrhunderte hinweg Medeas Charakter psychologisch vertieft, Einzelheiten hinzugefügt, um das Geschehen verständlicher zu machen, und ihre Verhaltensweise feinfühlig begründet. Eine völlige Umdeutung erfährt der Stoff bei Christa Wolf (*Medea: Stimmen*, 1996). Dort wird der Mythos aus der Sicht sechs verschiedener Figuren neu erzählt und damit infrage gestellt. Im Lichte der Darstellungen erscheint Medea hier als Sündenbock für Fehlverhalten und Unterlassungen anderer. Der Medea-Stoff dient hier zur Gesellschaftskritik.
Bei der Erschließung von Texten, die mythologische Stoffe aufgreifen oder auf sie Bezug nehmen, ist es hilfreich, weitere Bearbeitungen des Stoffes heranzuziehen. Durch den Vergleich wird der jeweils spezifische Umgang mit den Elementen des Stoffes (z. B. Inhalt, Motiv, Figuren, Figurenkonstellation sowie die jeweilige künstlerische Gestaltung) deutlicher und kann für die Deutung genutzt werden.

Das klassische Drama

Der griechische Philosoph Aristoteles (389–323 v. Chr.) verfasste die Theorie der antiken Tragödie, bei der er eine Einheit von **Ort, Zeit** und **Handlung** betonte. Dieser **Dramentyp des geschlossenen Dramas** prägte unterschiedliche Literaturepochen. Die vollendete Ausprägung der geschlossenen Form erfolgte in den sog. klassischen Literaturepochen: der griechischen Klassik (im 5. Jh. v. Chr.) durch Sophokles mit Tragödien wie *König Ödipus* und *Antigone* ebenso wie in der Weimarer Klassik (um 1800) durch Goethe (z. B. *Iphigenie auf Tauris*) und Schiller.
Seit der Dramentheorie von Gustav Freytag gelten für ein klassisches Drama folgende Funktionen der Szenen im Handlungsgefüge als kennzeichnend: **Exposition – steigerndes Moment – Peripetie – retardierendes Moment – Katastrophe**. Freytags Theorie fußt auf dem fünfaktigen Drama es lässt sich aber auch auf ein dreiaktiges Drama übertragen. Eine zentrale Bedeutung kommt dieser Struktur der **Peripetie** als umfassendem Glückswechsel zu: Sie sorgt dafür, dass die **steigende Handlung** in eine **fallende Handlung** übergeht, welche dann in die Katastrophe mündet. Grundbestandteil der Handlung ist meist der Kampf polarer Kräfte oder gegensätzlicher Haltungen entweder als äußerer Kampf zweier Gegner (**Protagonist**/Hauptheld versus **Antagonist**/Gegenspieler) oder als innerer Kampf des Gewissens und der Leidenschaften in klarer, übersichtlicher Gegnerschaft (Klotz, 1926). Das unterstreicht die erzieherischen Ziele der klassischen Dramen. Als „moralische Anstalt" soll die Bühne auf ihre Zuschauer wirken und diese über Katharsis (Aristoteles) oder Rührung (Lessing) zu besseren Menschen erziehen. Die Klassik perfektioniert diesen pädagogischen Impuls auf inhaltliche Weise über das den Dramen zugrunde liegende Humanitätsideal.

8 Christoph Reuter (* 1968): Irrationale Rationalität: Selbstmordattentate (Auszug)

Dass Menschen sich selbst opfern, um andere zu töten, dass sie den Nutzwert ihres Lebens nur noch als Waffe sehen, hat etwas Beängstigendes, Verstörendes. Aber es geschah immer so weit weg, nicht in Europas Metropolen, nicht in den USA, sondern im Libanon, in Israel. Es betrifft uns nicht. Dachten wir. Dass das Phänomen der lebenden Bomben sich epidemisch ausbreitet, [...] war fast unbemerkt geblieben. [...]

Das Selbstmordattentat, es trifft uns mit Macht, tief, erinnert uns an etwas, dessen Existenz wir längst vergessen hatten: dass es Menschen gibt, denen ihr Kampf, wofür auch immer, wichtiger ist als ihr eigenes Leben. Es rührt unsere Angst. [...] Nichts ist auszurichten gegen Täter, die nicht bloß entschlossen sind zu töten, sondern die selbst sterben wollen dabei. Alle Logik der Macht setzen sie außer Kraft, denn wer nicht überleben will, ist auch mit nichts zu bedrohen. [...]

Die Rationalität von Eigeninteresse und Todesfurcht, auf der Marktwirtschaft und Staatsmacht beruhen: Der Selbstmordattentäter setzt sie außer Kraft. „Er verweigert den Gehorsam", schreibt der Soziologe Wolfgang Sofsky: „Aber indem er die Freiheit zur Selbstaufgabe nutzt, legt er die Unvollkommenheit jeder Macht bloß [...]. In seiner Person paaren sich kalte Courage mit schonungsloser Grausamkeit, bodenloser Hass mit Selbstlosigkeit."

Abschreckung, Strafe und Sühne werden bedeutungslos angesichts eines Täters, der sich im Moment seines Siegs zugleich die schwerste Strafe selbst auferlegt. Die Todesfurcht ist das ultimative Machtmittel sowohl des Staates wie der Glaubensverwalter [...] Die Bedrohung durch das Tötungsmonopol [...] hält die Macht des Staates aufrecht. Das Tabu des Selbstmords wiederum hält die Macht der Religion aufrecht, denn über Leben und Tod zu entscheiden, ist Gottes Angelegenheit. Wenden sich nun aber Menschen gegen den Staat und setzen dabei sein Drohpotenzial außer Kraft, ist er, aller Stärke zum Trotz, machtlos. Er hat, über den Tod hinaus, nichts aufzubieten. Der Glaube kann zwar ein Weiterleben, ein Paradiesversprechen, einen Wechsel gegen den Tod anbieten. Dafür aber muss zuerst das Selbstmordtabu außer Kraft gesetzt werden. [...]

Kommt die Religion ins Spiel, befördert und behindert sie zugleich die Rechtfertigung des Attentats: Das Selbstmordtabu muss ausgeschaltet werden, und dafür ist das Paradies wichtig. Per definitionem muss der Attentäter leben, sein Dasein in einer anderen Existenz fortführen wollen, dann ist es kein Selbstmord. Denn ein Selbstmord will ja nur allem ein Ende machen. Die Religion ist ein Instrument, eine zusätzliche Rechtfertigung, ein Trost: dass die Tat moralisch vertretbar sei und dass vor allem dieser Tod dem Leben kein Ende setze, sondern einen Höhepunkt. [...]

Das Selbstmordattentat stellt alle Regeln des Kriegs und der Macht auf den Kopf, weshalb konventionelle Mittel zu seiner Bekämpfung wirkungslos bleiben, ja sogar kontraproduktiv werden können. Denn wer das Martyrium als Ausweg aus einer als wertlos erachteten irdischen Existenz betrachtet, für den hat der Tod seinen Schrecken verloren – und damit die Ultima Ratio jeder Macht ihre Bedeutung, denn mit mehr als dem Tod kann sie eben nicht drohen.

So gesehen wohnt dieser scheinbaren Irrationalität durchaus eine Rationalität inne; eine, die jedoch so fremd ist, dass unser Verstand fast instinktiv Zuflucht sucht in der Vorstellung vorausgegangener brachialster Gehirnwäsche. [...]

Individualpsychologische Deutungsmuster [...] können als alleinige Erklärung gar nicht funktionieren. Denn sie reichen zwar in die Motivlage hinein – aber sie reichen nicht aus. Sie vermögen nicht zu erklären, warum diese Attentate zu einer bestimmten Zeit an einem bestimmten Ort begannen [...] und warum manche militanten Vereinigungen dazu gegriffen haben, andere nicht. Dasselbe Muster der Taten täuscht darüber hinweg, dass die Wege dorthin, die Sozialisierung der Täter, ganz verschieden verlaufen sind. Die psychologischen Grundmuster sind vertraut: Wie ein sadistischer KZ-Kommandant auch Feingeist und liebender Familienvater sein konnte, so funktionieren die 19 [Attentäter des 11. September, d. V.] als normale Durchschnittsmenschen, bevor sie zu Massenmördern wurden. [...]

Was Psychologen bei Individuen den Werther-Effekt nennen, dass ein Selbstmord zum Vorbild, die Person zum Idol wird und andere ihr nacheifern, vollzog sich hier für ganze Gesellschaftsschichten: dass die Taten und mehr noch ihre Inszenierung, ihre politische Wirkung, das Selbstmordattentat wie eine neue Waffe in die Welt der Kriege brachten. Es ist, um diesen alten Ausdruck zu wählen, die Propaganda der Tat gewesen, die dem Selbstmordattentat zu seiner verstörenden Konjunktur verholfen hat. (v 2002)

---

1. Arbeiten Sie die Thesen des Textes heraus, vor allem die paradoxe Hauptthese der irrationalen Rationalität.

2. Führen Sie eine Diskussion zu dem Thema „fehlgeleitete Humanität".

II. Die Antike als Leitbild

1. Aneignung der Antike – Grundlagen klassischer Kunstauffassung kennenlernen

Die deutsche Klassik orientierte sich an den Prinzipien der antiken Kunst. Zwei Anregungen sind vor allem für Goethe wichtig: die Begegnung mit der klassizistischen Baukunst und den „Vier Büchern von der Architektur" Andrea Palladios (1508–1580) während seiner italienischen Reise (1786–1788) sowie das Studium der kunsttheoretischen Schriften J. J. Winckelmanns.

1 Johann Joachim Winckelmann (1717–1768): Gedanken über die Nachahmung der griechischen Werke in der Malerei und Bildhauerkunst

Der gute Geschmack, welcher sich mehr und mehr durch die Welt ausbreitet, hat sich angefangen zuerst unter dem griechischen Himmel zu bilden. Alle Erfindungen fremder Völker kamen gleichsam nur als der erste Same nach Griechenland, und nahmen eine andere Natur und Gestalt an in dem Lande, welches Minerva, sagt man, vor allen Ländern, wegen der gemäßigten
5 Jahreszeiten, die sie hier angetroffen, den Griechen zur Wohnung angewiesen, als ein Land, welches kluge Köpfe hervorbringen würde.
Der Geschmack, den diese Nation ihren Werken gegeben hat, ist ihr eigen geblieben; er hat sich selten weit von Griechenland entfernt, ohne etwas zu verlieren, und unter entlegenen Himmelstrichen ist er spät bekannt geworden.
10 [...]
Der einzige Weg für uns, groß, ja, wenn es möglich ist, unnachahmlich zu werden, ist die Nachahmung der Alten, und was jemand vom Homer gesagt, dass derjenige ihn bewundern lernet, der ihn wohl verstehen gelernet, gilt auch von den Kunstwerken der Alten, sonderlich der Griechen. Man muss mit ihnen, wie mit seinem Freunde, bekannt geworden sein, um den
15 Laokoon ebenso unnachahmlich als den Homer zu finden. [...]
Die Kenner und Nachahmer der griechischen Werke finden in ihren Meisterstücken nicht allein die schönste Natur, sondern noch mehr als Natur, das ist, gewisse idealische Schönheiten derselben, die, wie uns ein alter Ausleger des Plato lehrt, von Bildern bloß im Verstande entworfen, gemacht sind.
20 [...]
Das allgemeine vorzügliche Kennzeichen der griechischen Meisterstücke ist endlich eine edle Einfalt, und eine stille Größe, sowohl in der Stellung als im Ausdrucke. So wie die Tiefe des Meers allezeit ruhig bleibt, die Oberfläche mag noch so wüten, ebenso zeiget der Ausdruck in den Figuren der Griechen bei allen Leidenschaften eine große und gesetzte Seele.
25 Diese Seele schildert sich in dem Gesichte des Laokoons, und nicht in dem Gesichte allein, bei dem heftigsten Leiden. Der Schmerz, welcher sich in allen Muskeln und Sehnen des Körpers entdecket, und den man ganz allein, ohne das Gesicht und andere Teile zu betrachten, an dem schmerzlich eingezogenen Unterleibe beinahe selbst zu empfinden glaubet; dieser Schmerz, sage ich, äußert sich dennoch mit keiner Wut in dem Gesichte und in der ganzen Stellung. Er
30 erhebet kein schreckliches Geschrei, wie Vergil von seinem Laokoon singt: Die Öffnung des Mundes gestattet es nicht; es ist vielmehr ein ängstliches und beklemmtes Seufzen, wie es Sadoleto beschreibet. Der Schmerz des Körpers und die Größe der Seele sind durch den ganzen Bau der Figur mit gleicher Stärke ausgeteilet, und gleichsam abgewogen. (e 1755)

Laokoongruppe von Hagesander, Polydoros und Athanadorous (um 50 v. Chr.)

Johann Joachim Winckelmann (1717–1768) stammte aus Stendal und wuchs in armen Verhältnissen auf. Trotzdem konnte er Theologie, später Naturwissenschaften und Philologie studieren. Er arbeitete als Hauslehrer, Konrektor sowie Bibliothekar und entwickelte zunehmendes Interesse an der Antike. 1754 konvertierte er zum Katholizismus, um eine entsprechende Stelle in Rom zu bekommen (1755). 1757 wurde er Bibliothekar und 1758 Kustos (wissenschaftlicher Betreuer) der Antikengalerie des Kardinals Albani, 1763 Präsident der Altertümer in und um Rom. Auf einer Besuchsreise nach Deutschland starb er 1768 in Trient durch den Dolch eines Raubmörders. Winckelmann wurde zum Begründer der wissenschaftlichen Archäologie und hatte als Kunsthistoriker große Wirkung vor allem auf Lessing und Goethe, indem er das idealistische Bild der Antike prägte, Griechenland (statt Rom) in den Mittelpunkt des Interesses rückte und den klassischen Schönheitsbegriff der „edlen Einfalt und stillen Größe" formulierte.

1. Geben Sie Winckelmanns Position mit eigenen Worten wieder.

Klassik

2 Antike als Leitbild in der Architektur

Nicht nur für die Literatur, sondern auch für die Architektur und die Bildende Kunst der Zeit um 1800 war die Antike Leitbild.

Ein Architekturquartett

In Kleingruppen kann man Architekturquartette erstellen, indem man Gebäude verschiedener Epochen aus Lexika oder dem Internet sucht und sie neben der Epochenzugehörigkeit mit weiteren Daten versieht (z. B. Entstehungsdatum, Bauzeit, öffentliche oder private Nutzung etc.). Anschließend kann man mit den Karten spielen, indem man einem Mitspieler eine Abbildung zeigt und ihn eine Einordnung vornehmen lässt.

2. Arbeiten Sie die Gemeinsamkeiten der Bauwerke a) – d) heraus.

3. Erstellen Sie ein ➤ Lernquartett zu typischen Bauwerken, Werken der bildenden Kunst und der Literatur aus der Zeit der Antike bis in die Neuzeit.

a) Der Parthenon in Athen, erbaut 447 – 432 v. Chr.

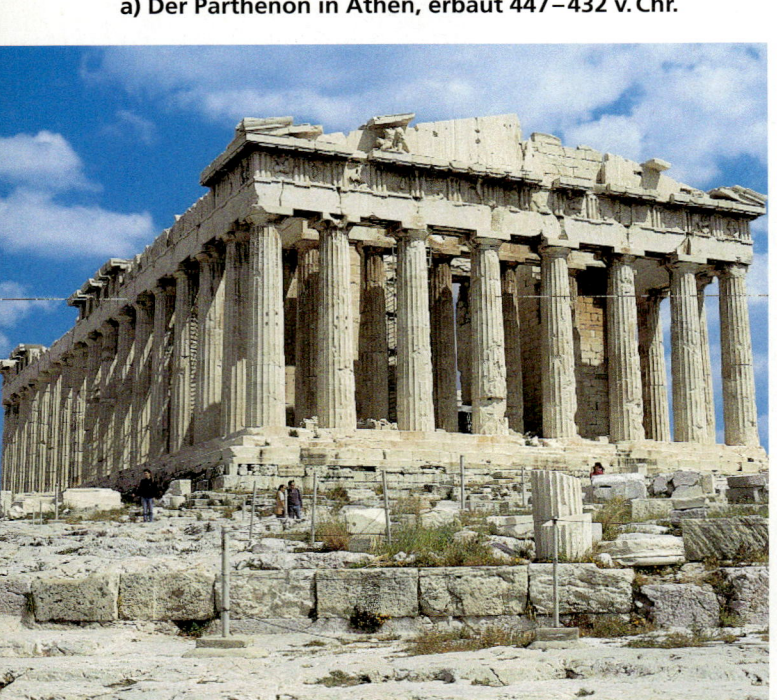

b) Deutsche Staatsoper Unter den Linden in Berlin, erbaut 1741 – 43, wieder aufgebaut 1844

c) Evangelische Stadtkirche in Karlsruhe, erbaut 1807 – 16

d) Villa rotonda (Vicenza), Andrea Palladio 1550 – 51

2. „… auf klassischem Boden begeistert" (Goethe) – Die Rezeption antiker Formen verstehen und deuten

1 Friedrich Schiller (1759–1805): Über naive und sentimentalische Dichtung (Auszug)

Die Dichter sind überall, schon ihrem Begriffe nach, die *Bewahrer* der Natur. Wo sie dieses nicht ganz mehr sein können und schon in sich selbst den zerstörenden Einfluss willkürlicher und künstlicher Formen erfahren oder doch mit demselben zu kämpfen gehabt haben, da werden sie als die *Zeugen* und als die *Rächer* der Natur auftreten. Sie werden entweder Natur *sein*,
5 oder sie werden die verlorene *suchen*. Daraus entspringen zwei ganz verschiedene Dichtungsweisen, durch welche das ganze Gebiet der Poesie erschöpft und ausgemessen wird. Alle Dichter, die es wirklich sind, werden, je nachdem die Zeit beschaffen ist, in der sie blühen, oder zufällige Umstände auf ihre allgemeine Bildung und auf ihre vorübergehende Gemütsstimmung Einfluss haben, entweder zu den *naiven* oder zu den *sentimentalischen* gehören. [...]
10 Solange der Mensch noch reine, [...] nicht rohe Natur ist, wirkt er als ungeteilte sinnliche Einheit und als ein harmonierendes Ganze. Sinne und Vernunft, empfangendes und selbsttätiges Vermögen, haben sich in ihrem Geschäfte noch nicht getrennt, viel weniger stehen sie im Widerspruch miteinander. [...] Ist der Mensch in den Stand der Kultur getreten, und hat die Kunst ihre Hand an ihn gelegt, so ist jene *sinnliche* Harmonie in ihm aufgehoben, und er kann nur
15 noch als *moralische* Einheit, d. h. als nach Einheit strebend sich äußern. Die Übereinstimmung zwischen seinem Empfinden und Denken, die in dem ersten Zustande *wirklich* stattfand, existiert jetzt bloß *idealisch*: sie ist nicht mehr in ihm, sondern außer ihm; als ein Gedanke, der erst realisiert werden soll, nicht mehr als Tatsache seines Lebens. Wendet man nun den Begriff der Poesie [...] auf jene beiden Zustände an, so ergibt sich, dass [...] der naive Dichter bloß der ein-
20 fachen Natur und Empfindung folgt und sich bloß auf Nachahmung der Wirklichkeit beschränkt, so kann er zu seinem Gegenstand auch nur ein einziges Verhältnis haben, und es gibt, in *dieser* Rücksicht, für ihn keine Wahl der Behandlung. [...]
Ganz anders verhält es sich mit dem sentimentalischen Dichter. Dieser *reflektiert* über den Eindruck, den die Gegenstände auf ihn machen, und nur auf jene Reflexion ist die Rührung ge-
25 gründet, in die er selbst versetzt wird und uns versetzt. [...] Der sentimentalische Dichter hat es daher immer mit zwei streitenden Vorstellungen und Empfindungen, mit der Wirklichkeit als Grenze und mit seiner Idee als dem Unendlichen zu tun.
[...] Denn nun entsteht die Frage, ob er mehr bei der Wirklichkeit, ob er mehr bei dem Ideale verweilen – ob er jene als einen Gegenstand der Abneigung, ob er dieses als einen Gegenstand
30 der Zuneigung ausführen will. Seine Darstellung wird also entweder *satirisch*, oder sie wird (in einer weitern Bedeutung dieses Worts, die sich nachher erklären wird) *elegisch* sein; an eine von diesen beiden Empfindungsarten wird jeder sentimentalische Dichter sich halten.
Satirisch ist der Dichter, wenn er die Entfernung von der Natur und den Widerspruch der Wirklichkeit mit dem Ideale [...] zu seinem Gegenstande macht. Dies kann er aber sowohl ernsthaft
35 und mit Affekt als scherzhaft und mit Heiterkeit ausführen; je nachdem er entweder im Gebiete des Willens oder im Gebiete des Verstandes verweilt. Jenes geschieht durch die *strafende* oder pathetische, dieses durch die *scherzhafte* Satire. [...]
Setzt der Dichter die Natur der Kunst und das Ideal der Wirklichkeit so entgegen, dass die Darstellung des ersten überwiegt und das Wohlgefallen an demselben herrschende Empfindung wird, so
40 nenne ich ihn *elegisch*. Auch diese Gattung hat, wie die Satire, zwei Klassen unter sich. Entweder ist die Natur und das Ideal ein Gegenstand der Trauer, wenn jene als verloren, dieses als unerreicht dargestellt wird. Oder beide sind ein Gegenstand der Freude, indem sie als wirklich vorgestellt werden. Das erste gibt die *Elegie* in engerer, das andere die *Idylle* in weitester Bedeutung. [...]
[...] So darf bei der Elegie die Trauer nur aus einer durch das Ideal erweckten Begeisterung
45 fließen. [...] Der elegische Dichter sucht die Natur, aber in ihrer Schönheit, [...] in ihrer Übereinstimmung mit Ideen. [...]
Die Trauer über verlorne Freuden, [...] kann nur alsdann der Stoff zu einer elegischen Dichtung werden, wenn jene Zustände sinnlichen Friedens zugleich als Gegenstände moralischer Harmonie sich vorstellen lassen. [...]

Friedrich Schiller (vgl. S. 159f.) erkrankte 1791 an einer lebensgefährlichen Lungenentzündung; von da an war seine Widerstandskraft gegen Krankheiten geschwächt. Von 1795 an lebte er kaum mehr beschwerdefrei. Oft musste er deshalb seine Arbeitskraft dem schwachen Körper geradezu abringen. Eine große Hilfe war gerade in dieser Situation die für drei Jahre angesetzte jährliche Pension von jeweils 1000 Talern, die ihm der dänische Prinz von Augustenburg gewährte. In einer Reihe von Briefen an diesen Gönner unter dem Titel Über die ästhetische Erziehung des Menschen legte er im Jahr 1793 seine Auffassungen von der Aufgabe der Kunst in der damaligen Situation des gesellschaftlich-politischen Umbruchs dar.
1794 beginnt die Freundschaft mit Goethe (s. S. 216). Gerade in der Unterschiedlichkeit der Erkenntnisinteressen und Erkenntnismethoden – Goethe ging eher von der Anschauung des Konkreten, Schiller von Ideen aus – ergänzten sich die beiden, weil jeder die Eigenart des anderen achtete. Goethe begleitete u. a. die Dramenproduktion Schillers, weil er an Schauspielen für „sein" Weimarer Theater interessiert war. So entstanden neben Schillers theoretischen Abhandlungen über Anthropologie und Dichtungstheorie in ständiger Auseinandersetzung mit der Philosophie Kants die großen Dramen der Wallenstein-Trilogie (1797–99), Maria Stuart (1799–1800), Die Jungfrau von Orleans (1800–01), Die Braut von Messina (1802–03), Wilhelm Tell (1802–04). Seine letzte Arbeit, das Stück Demetrius, blieb Fragment. Erst in dieser letzten, sehr produktiven Lebensphase war Schiller frei von wirtschaftlichen Problemen. 1805 starb Schiller.

1. Stellen Sie in eigenen Worten dar, was Schiller unter einem „naiven" bzw. „sentimentalischen" Dichter versteht.

Der Inhalt der dichterischen Klage kann also niemals ein äußerer, jederzeit nur ein innerer idealischer Gegenstand sein. [...]
Der elegische Dichter sucht die Natur, aber als eine Idee und in einer Vollkommenheit, in der sie nie existiert hat, wenn er sie gleich als etwas Dagewesenes und nun Verlorenes beweint.

(e 1795)

2 Johann Wolfgang Goethe: Römische Elegien

I

2. a) Hören Sie „Élégie" von Gabriel Fauré. CD 2 Track 1
b) Stellen Sie dar, welche Empfindungen und Assoziationen diese Musik auslöst.

3. In Goethes „Elegie I" spielt das lyrische Ich mit den Begriffen ROMA und AMOR in Form eines Palindroms.
a) Zeigen Sie an der ersten Elegie, wie das Wortspiel Textaufbau und Inhalt bestimmt.
b) Leiten Sie daraus ab, welche Vorstellung von Kunsterfahrung bzw. Rezeption der Antike auf diese Weise zum Ausdruck gebracht wird.

Saget, Steine, mir an, o sprecht, ihr hohen Paläste!
    Straßen, redet ein Wort! Genius, regst du dich nicht?
Ja, es ist alles beseelt in deinen heiligen Mauern,
    Ewige Roma; nur mir schweiget noch alles so still.
5 O wer flüstert mir zu, an welchem Fenster erblick' ich
    Einst das holde Geschöpf, das mich versengend erquickt?
Ahn' ich die Wege noch nicht, durch die ich immer und immer
    Zu ihr und von ihr zu gehn, opfre die köstliche Zeit?
Noch betracht' ich Kirch' und Palast, Ruinen und Säulen,
10   Wie ein bedächtiger Mann schicklich die Reise benutzt.
Doch bald ist es vorbei; dann wird ein einziger Tempel,
    Amors Tempel nur sein, der den Geweihten empfängt.
Eine Welt zwar bist du, o Rom; doch ohne die Liebe
    Wäre die Welt nicht die Welt, wäre denn Rom auch nicht Rom. (e 1788–90)

3 Johann Wolfgang Goethe: Römische Elegien

V

Das Palindrom
Unter einem Palindrom (< gr. palindromos = zurücklaufend, zurückkehrend) versteht man Wörter, die, rückwärts gelesen, das gleiche Wort (Anna, Otto) bzw. ein anderes sinnvolles Wort ergeben (Roma – Amor).

4. Zeigen Sie an den Verben, die das jeweilige lyrische Ich im jeweiligen Kontext von Liebeserlebnis und Kunsterfahrung verwendet, dass die Begegnung mit der Kunst den ganzen Menschen erfasst.

5. a) Vergleichen Sie die Elegien (Text 2 und 3) im Hinblick auf die Haltung des lyrischen Ichs.
b) Beschäftigen Sie sich zudem mit Schillers „Nänie". DVD Texte

Froh empfind' ich mich nun auf klassischem Boden begeistert,
    Vor- und Mitwelt spricht lauter und reizender mir.
Hier befolg' ich den Rat, durchblättre die Werke der Alten
    Mit geschäftiger Hand, täglich mit neuem Genuss.
5 Aber die Nächte hindurch hält Amor mich anders beschäftigt;
    Werd' ich auch halb nur gelehrt, bin ich doch doppelt beglückt.
Und belehr' ich mich nicht, indem ich des lieblichen Busens
    Formen spähe, die Hand leite die Hüften hinab?
Dann versteh' ich den Marmor erst recht: ich denk' und vergleiche,
10   Sehe mit fühlendem Aug', fühle mit sehender Hand.
Raubt die Liebste denn gleich mir einige Stunden des Tages,
    Gibt sie Stunden der Nacht mir zur Entschädigung hin.
Wird doch nicht immer geküsst, es wird vernünftig gesprochen,
    Überfällt sie der Schlaf, lieg' ich und denke mir viel.
15 Oftmals hab' ich auch schon in ihren Armen gedichtet
    Und des Hexameters Maß leise mit fingernder Hand
Ihr auf den Rücken gezählt. Sie atmet in lieblichem Schlummer,
    Und es durchglühet ihr Hauch mir bis ins Tiefste die Brust.
Amor schüret die Lamp' indes und denket der Zeiten,
20   Da er den nämlichen Dienst seinen Triumvirn[1] getan. (e 1788–90)

Die Elegie
Die Elegie (> gr. elegos = Klagelied, elegeion = Gedicht in Distichen) war in der Antike die Bezeichnung für jedes Gedicht in **Distichen** (vgl. S. 213), unabhängig vom Inhalt. Später wurde der Begriff dem Wortsinn nach verwendet für Gedichte mit wehmütigem und klagendem Inhalt (in gereimten Alexandrinern). In der deutschen Dichtung erreichte die Elegie im 18. Jhdt. ihren Höhepunkt. Hauptthemen waren Abschied, Trennung, Totenklage, aber auch Erinnerung und Sehnsucht.

---
[1] Triumvirn: Gemeint sind die drei römischen Dichter von Liebeselegien Albius Tibullus (Tibull), Sextus Propertius (Properz) und Publius Ovidius Naso (Ovid).

4 Die Xenien – ein Gemeinschaftsprojekt

Goethe und Schiller verfassten zusammen ironisch-satirische Epigramme auf den damaligen Literatur- und Kulturbetrieb. Der Begriff Xenien (< gr. xenion = Gastgeschenk) geht zurück auf das 13. Buch des römischen Dichters Martial. Er verfasste Epigramme, die als poetisches Beiwerk zu Geschenken fungierten. Goethes und Schillers Sammlung von 676 Xenien erschien in Schillers *Musenalmanach* auf das Jahr 1797.

Goldenes Zeitalter
Ob die Menschen im Ganzen sich bessern? Ich glaub es, denn einzeln
Suche man, wie man auch will, sieht man doch gar nichts davon.

Wissenschaft
Einem ist sie die hohe, himmlische Göttin, dem andern
Eine tüchtige Kuh, die ihn mit Butter versorgt.

Schönheit
„Warum bin ich vergänglich, o Zeus?", so fragte die Schönheit.
„Macht ich doch", sagte der Gott, „nur das Vergängliche schön."

Poetische Erdichtung und Wahrheit
Wozu nützt die ganze Erdichtung? – Ich will es dir sagen,
Leser, sagst du mir, wozu die Wirklichkeit nützt.

Deutscher Nationalcharakter
Zur Nation euch zu bilden, ihr hoffet es, Deutsche, vergebens;
Bildet, ihr könnt es, dafür freier zu Menschen euch aus.

Würde des Menschen
Nichts mehr davon, ich bitt euch. Zu essen gebt ihm, zu wohnen,
Habt ihr die Blöße bedeckt, gibt sich die Würde von selbst. (v 1797)

Das Epigramm
Das Epigramm (< gr. epigramma = Inschrift, Aufschrift) ist eine der ältesten literarischen Gattungen. Ursprünglich findet man Epigramme als Grabinschriften, manchmal auch in religiösen Kontexten als Weihegeschenke. Wichtige Merkmale sind seine Kürze und die gedankliche Ausrichtung. Wie die Elegie ist die metrische Form des Epigramms das Distichon.

Das elegische Distichon
Das elegische Distichon hat seinen Namen von seinem Gebrauch in der Gattung der Elegie her. Es setzt sich aus zwei unterschiedlichen Versfüßen zusammen, dem **Hexameter** (< gr. hex = sechs, metron = Maß), einem sechshebigen daktylischen oder trochäischen Vers, und dem **Pentameter** (< gr. pente = fünf), einem trotz des irreführenden Namens ebenfalls sechshebigen daktylischen bzw. trochäischen Vers, allerdings mit einer **Zäsur**.
Beide Verse werden reimlos gebaut. Der Pentameter kommt im Gegensatz zum Hexameter nur als Nachfolgevers eines vorangegangenen Hexameters vor. Diese Kombination von Hexameter und Pentameter nennt man **elegisches Distichon**.

In der deutschen allgemeinen Form wird es wie folgt dargestellt:

ée(e) ée(e) ée(e) ée(e) ée(e) ée
ée(e) ée(e) é | ée(e) ée(e) é

Friedrich Schiller verdanken wir einen einprägsamen Merkvers bzw. ein **Merkdistichon**. Es lautet:

Im Hexameter steigt des Springquells flüssige Säule,
Im Pentameter d'rauf | fällt sie melodisch herab.

In der Regel wird in Büchern der Pentameter eingerückt im Druckbild hervorgehoben (é = betonte Silbe; | = Zäsur):

Wózu nútzt die gánze Erdíchtung? – Ich wíll es dir ságen,
Léser, ságst du mír, | wózu die Wírklichkeit nútzt.

„Lasst des Springquells flüssige Säule steigen" – Ein Xenienprojekt zu Themen des 21. Jahrhunderts
- Schreiben Sie die nebenstehenden Distichen auf Plakate und nutzen Sie diese für ein ▶ Brainwalking.
- Werten Sie anschließend die Ergebnisse in Gruppen aus (ein Distichon pro Gruppe). Präsentieren Sie Ihre Ergebnisse.
- Legen Sie in Ihrem Kurs Oberthemen fest (z. B. Lesen, Freundschaft, Geld, Liebe), zu denen aktuelle Xenien entstehen sollen.
- Verfassen Sie zu zweit eigene Xenien und finden Sie eine geeignete Präsentationsform.

214 Literarische Spurensuche in Weimar:

I. Das Programm gemeinsam planen

1. Arbeitsteilige Recherche in Gruppen zur Stadt Weimar, z. B.:
– Stadtgeschichte
– Berühmte Dichter und deren ehemalige Wohnorte/Begräbnisstätten
– Berühmte Musiker in Weimar
– Das Bauhaus-Archiv
– Die Gedenkstätte des ehemaligen Konzentrationslagers Buchenwald
– Kultur und Theater aktuell in Weimar
– Denkmäler und Erinnerungsplätze in Weimar

Hilfreiche Internetadressen:
- www.klassik-stiftung.de (Seite der Stiftung Weimarer Klassik – Viele Informationen und Möglichkeit zur Buchung von Führungen)
- www.weimar.de (Seite der Stadt Weimar mit Informationen zur Stadt und ihren Sehenswürdigkeiten)

Literarische Reiseführer (s. Abbildungen)

2. Präsentieren Sie der Gesamtgruppe Ihre Ergebnisse und diskutieren Sie anschließend, welche Orte für Ihre Studienfahrt besonders interessant sind.

3. Gestalten Sie ein vorläufiges Programm für Ihre Studienfahrt. Achten Sie dabei auf Entfernungen, thematische Zusammenhänge oder bewusste Kontraste, Öffnungszeiten etc.

II. Lesungen vorbereiten und vor Ort durchführen

Johann Wolfgang Goethe: Gingo Biloba

Dieses Baums Blatt, der von Osten
Meinem Garten anvertraut,
Gibt geheimen Sinn zu kosten,
Wie's den Wissenden erbaut.

5 Ist es ein lebendig Wesen,
Das sich in sich selbst getrennt?
Sind es zwei, die sich erlesen,
Dass man sie als eines kennt.

Solche Frage zu erwidern,
10 Fand ich wohl den rechten Sinn;
Fühlst du nicht in meinen Liedern,
Dass ich eins und doppelt bin.

Aus Goethe: „West-Östlicher Divan"

Vorbereitung zu Hause:
- Wählen Sie innerhalb einer Vierergruppe ein Gedicht oder Auszüge aus einem dramatischen oder epischen Text von Schiller oder Goethe aus.
- Bereiten Sie in Ihrer Gruppe einen sinnbetonenden Vortrag bzw. eine ▶ szenische Lesung Ihres Textes vor. Halten Sie Ihre Überlegungen in Form eines ▶ Textblatts fest. Unterstützen Sie den Vortrag evtl. durch ▶ Standbilder.

Vortrag vor Ort:
- Suchen Sie auf einem Rundgang Ihrer Gruppe vor Ort einen geeigneten Platz aus, der Ihnen für Ihren Textvortrag geeignet erscheint.
- Üben Sie den Textvortrag noch einmal unter den besonderen räumlichen und akustischen Gegebenheiten Ihres Ortes.
- Tragen Sie Ihren Text der Gruppe vor und begründen Sie die Wahl Ihres Textes und Ihre Ortswahl. Tragen Sie den Text danach ein zweites Mal vor.
- Ermöglichen Sie nach Ihrer Präsentation eine kurze Diskussion oder Aussprache über Ihren Text sowie Ihre Vortragsweise.
- Erläutern Sie abschließend Ihr Verständnis der ausgewählten Textstelle.

Eine Studienfahrt aktiv mitgestalten

III. Spurensuche vor Ort

- Bearbeiten Sie vor Ort in etwa zwei Stunden arbeitsteilig in Dreier- oder Vierergruppen die in der Tabelle aufgeführten Aufgaben oder überlegen Sie sich einen eigenen Erkundungsauftrag.
- Nach der Recherche treffen sich alle Gruppen zur Präsentation der Ergebnisse. Diskutieren Sie im Anschluss an alle Präsentationen Ihren ersten Eindruck von der Stadt Weimar. An diesen ersten Zugang könnte sich eine Stadtführung anschließen.

Gruppe 1 Weimar im Detail	Gruppe 2 Plätze/Straßen	Gruppe 3 Statuen/Denkmäler	Gruppe 4 Sprechende Statue	Gruppe 5 Interview
Achten Sie auf Ihrem Rundgang auf Details, die die Stimmung oder die Bedeutung der Stadt Weimar zum Ausdruck bringen. Fotografieren Sie solche Details und wählen Sie drei Aufnahmen aus, die Sie den anderen Teilnehmern vorstellen möchten. Lassen Sie die anderen Teilnehmer zunächst überlegen, wo das Foto entstanden sein könnte. Schildern Sie, wie Sie auf diese Details aufmerksam geworden sind, und begründen Sie Ihre Wahl.	Achten Sie bei Ihrem Rundgang auf die Namensgebung von Plätzen und Straßen. Wählen Sie drei aus, deren Benennung Ihnen ungewöhnlich oder repräsentativ für die Stadtgeschichte erscheint. Recherchieren Sie (Internet, Reiseführer, Nachfrage vor Ort) zu den drei Namen und stellen Sie den anderen Teilnehmern Ihre Auswahl vor.	Achten Sie bei Ihrem Rundgang vor allem auf Statuen und Denkmäler. Entscheiden Sie sich für drei Beispiele, zwischen denen Sie einen Zusammenhang oder einen starken Kontrast sehen. Fotografieren Sie diese Statuen aus einer bewusst gewählten Perspektive. Stellen Sie den anderen Teilnehmern Ihre Auswahl vor und erläutern Sie, was Sie mit Ihrer Perspektive besonders betonen möchten.	Informieren Sie sich in einem Reiseführer oder erkundigen Sie sich in der Touristik-Infomation nach Statuen, die für Weimar besonders prägend bzw. bedeutsam sind (z. B. das Goethe-Schiller-Standbild vor dem Theater). Wählen Sie eine Statue aus und verfassen Sie einen inneren Monolog der dargestellten Persönlichkeit zum Thema „Mein Weimar – damals und heute". Tragen Sie den Monolog der Gruppe vor.	Überlegen Sie sich in Ihrer Gruppe drei Fragen, die Sie gleichermaßen an Bürger der Stadt Weimar und an Touristen stellen können. (Z. B.: „Was gefällt Ihnen an Weimar?/Was nicht?" „Welchen Ort sollte man in Weimar auf jeden Fall besucht haben?") Nehmen Sie die Antworten auf und werten Sie die Interviews anschließend in Ihrer Gruppe aus. Stellen Sie Ihren Mitschülern Ihre Ergebnisse zusammenfassend vor und schildern Sie Ihre Erfahrungen beim Interview.

III. Die Rezeption der Klassik

1. Mensch oder Barbar? – Sich mit der Wirkungsgeschichte der Klassik auseinandersetzen

1 Johann Wolfgang Goethe (1749–1832): Über den Begriff des Klassischen

Wer mit den Worten, deren er sich im Sprechen oder Schreiben bedient, bestimmte Begriffe zu verbinden für eine unerlässliche Pflicht hält, wird die Ausdrücke: klassischer Autor, klassisches Werk höchst selten gebrauchen. Wann und wo entsteht ein klassischer Nationalautor? Wenn er in der Geschichte seiner Nation große Begebenheiten und ihre Folgen in einer glücklichen und bedeutenden Einheit vorfindet; wenn er in den Gesinnungen seiner Landsleute Größe, in ihren Empfindungen Tiefe und in ihren Handlungen Stärke und Konsequenz nicht vermisst; wenn er selbst, vom Nationalgeiste durchdrungen, durch ein einwohnendes Genie sich fähig fühlt, mit dem Vergangnen wie mit dem Gegenwärtigen zu sympathisieren; wenn er seine Nation auf einem hohen Grade der Kultur findet, so dass ihm seine eigene Bildung leicht wird; wenn er viele Materialien gesammelt, vollkommene oder unvollkommene Versuche seiner Vorgänger vor sich sieht und so viel äußere und innere Umstände zusammentreffen, dass er kein schweres Lehrgeld zu zahlen braucht, dass er in den besten Jahren seines Lebens ein großes Werk zu übersehen, zu ordnen und in einem Sinne auszuführen fähig ist.

Man halte diese Bedingungen, unter denen allein ein klassischer Schriftsteller, besonders ein prosaischer, möglich wird, gegen die Umstände, unter denen die besten Deutschen dieses Jahrhunderts gearbeitet haben, so wird, wer klar sieht und billig denkt, dasjenige, was ihnen gelungen ist, mit Ehrfurcht bewundern und das, was ihnen misslang, anständig bedauern.

(v 1795)

1. Fassen Sie Goethes Ausführungen über den Begriff des Klassischen zusammen.

2. Wenden Sie seinen Begriff auf andere Künstler an und überprüfen Sie, welche Künstler demnach als Klassiker zu bezeichnen sind.

2 Ernst Rietschel (1804–1861): Goethe-Schiller-Denkmal in Weimar (1852–1857)

Inschrift auf dem Sockel des Denkmals: „Dem Dichterpaar Goethe und Schiller – Das Vaterland"

3. Informieren Sie sich in Form des ▶ Partnerbriefings über die Freundschaft zwischen Goethe und Schiller.
(Gruppe 1: Perspektive Goethes; Gruppe 2: Perspektive Schillers)
Lesetipp: Rüdiger Safranski, *Goethe und Schiller – Geschichte einer Freundschaft*, München (Hanser) 2009.

4. „Wir sind überzeugt, dass kein deutscher Autor sich selbst für klassisch hält." (Goethe) Diskutieren Sie Goethes Selbsteinschätzung und kontrastieren Sie sie mit Schillers Biografie.

3 Friedrich Schiller: Über die ästhetische Erziehung des Menschen (Auszug)
– Der Mensch als Barbar –

Friedrich Schiller hat sich in seinen Briefen *Über die ästhetische Erziehung des Menschen* intensiv mit der Schönheit beschäftigt, auch in ihrer moralischen Funktion. Unter den Eindrücken der Französischen Revolution wägt Schiller die Bedeutung des Schönen für den Menschen ab, der als ein – darin schließt sich Schiller Kant an – sowohl sinnlich als auch vernünftiges Wesen verfasst und somit in zwei Richtungen gefährdet ist.

a) IV. Brief (Auszug)

Der Mensch kann sich aber auf eine doppelte Weise entgegengesetzt sein: entweder als Wilder, wenn seine Gefühle über seine Grundsätze herrschen; oder als Barbar, wenn seine Grundsätze seine Gefühle zerstören. Der Wilde verachtet die Kunst und erkennt die Natur als seinen unumschränkten Gebieter; der Barbar verspottet und entehrt die Natur, aber verächtlicher als der
5 Wilde fährt er häufig genug fort, der Sklave seines Sklaven zu sein. Der gebildete Mensch macht die Natur zu seinem Freund und ehrt ihre Freiheit, indem er bloß ihre Willkür zügelt. Wenn also die Vernunft in die physische Gesellschaft ihre moralische Einheit bringt, so darf sie die Mannigfaltigkeit der Natur nicht verletzen. Wenn die Natur in dem moralischen Bau der Gesellschaft ihre Mannigfaltigkeit zu behaupten strebt, so darf der moralischen Einheit da-
10 durch kein Abbruch geschehen; gleich weit von Einförmigkeit und Verwirrung ruht die siegende Form. *Totalität* des Charakters muss also bei dem Volke gefunden werden, welches fähig und würdig sein soll, den Staat der Not mit dem Staat der Freiheit zu vertauschen.

b) VIII. Brief (Auszug)

Denn woher diese noch so allgemeine Herrschaft der Vorurteile und diese Verfinsterung der Köpfe bei allem Licht, das Philosophie und Erfahrung aufsteckten? Das Zeitalter ist aufgeklärt, das heißt, die Kenntnisse sind gefunden und öffentlich preisgegeben, welche hinreichen würden, wenigstens unsere praktischen Grundsätze zu berichten. Der Geist der freien Untersu-
5 chung hat die Wahnbegriffe zerstreut, welche lange Zeit den Zugang zu der Wahrheit verwehrten, und den Grund unterwühlt, auf welchem Fanatismus und Betrug ihren Thron erbauten. Die Vernunft hat sich von den Täuschungen der Sinne und von einer betrüglichen Sophistik[1] gereinigt, und die Philosophie selbst, welche uns zuerst von ihr abtrünnig machte, ruft uns laut und dringend in den Schoß der Natur zurück – woran liegt es, dass wir noch im-
10 mer Barbaren sind? [...]
Nicht genug also, dass alle Aufklärung des Verstandes nur insoferne Achtung verdient, als sie auf den Charakter zurückfließt; sie geht auch gewissermaßen von dem Charakter aus, weil der Weg zu dem Kopf durch das Herz muss geöffnet werden. Ausbildung des Empfindungsvermögens ist also das dringendere Bedürfnis der Zeit, nicht bloß weil sie ein Mittel wird, die verbes-
15 serte Einsicht für das Leben wirksam zu machen, sondern selbst darum, weil sie zu Verbesserung der Einsicht erweckt. (v 1795)

Eingang des Konzentrationslagers Buchenwald

1. Versuchen Sie, Schillers Differenzierungen in einem Tafelbild darzustellen. Bestimmen Sie dazu zunächst die zentralen Begriffe und ihre Anordnung.

2. Diskutieren Sie Ihre Ergebnisse.

3. Wie erklärt Schiller die Tatsache, dass die Aufklärung die Auswüchse der Französischen Revolution nicht verhindert hat?

4. Beziehen Sie Schillers Thesen auf die Zeit von 1933–1945.

4 Peter Sloterdijk (* 1947): Regeln für den Menschenpark
(Auszug)

Das Phänomen Humanismus verdient Aufmerksamkeit heute vor allem, weil es – wie auch immer verschleiert und befangen – daran erinnert, dass Menschen in der Hochkultur ständig von zwei Bildungsmächten zugleich in Anspruch genommen werden – wir wollen sie hier der Vereinfachung zuliebe schlicht die hemmenden und die enthemmenden Einflüsse nennen.
5 Zum Credo des Humanismus gehört die Überzeugung, dass Menschen „Tiere unter Einfluss" sind und dass es deswegen unerlässlich sei, ihnen die richtige Art von Beeinflussungen zukommen zu lassen. Das Etikett Humanismus erinnert in falscher Harmlosigkeit an die fortwährende Schlacht um den Menschen, die sich als Ringen zwischen bestialisierenden und zähmenden Tendenzen vollzieht. [...]

---
[1] die Sophistik (< gr. techne sophistike = Kunst der Sophisten): Tätigkeit berufsmäßiger Philosophen im antiken Griechenland des 5. Jh.s v. Chr.; spitzfindige Scheinweisheit, rhetorisch-philosophische Strategie

Dass die Domestikation des Menschen das große Ungedachte ist, vor dem der Humanismus von der Antike bis in die Gegenwart die Augen abwandte – dies einzusehen genügt, um in tiefes Wasser zu geraten. Wo wir nicht mehr stehen können, dort steigt uns die Evidenz über den Kopf, dass es mit der erzieherischen Zähmung und Befreundung des Menschen mit den Buchstaben allein zu keiner Zeit getan sein konnte. Gewiss war das Lesen eines Menschen bildende Großmacht – und sie ist es, in bescheideneren Dimensionen, noch immer, das Auslesen jedoch – wie auch immer es sich vollzogen haben mag – war stets als die Macht hinter der Macht im Spiel. Lektionen und Selektionen haben miteinander mehr zu tun als irgendein Kulturhistoriker zu bedenken willens und fähig war, und wenn es uns bis auf Weiteres auch unmöglich scheint, den Zusammenhang zwischen Lesen und Auslesen hinreichend präzise zu rekonstruieren, so ist es doch mehr als eine unverbindliche Ahnung, dass dieser Zusammenhang als solcher seine Realität besitzt.

Die Schriftkultur selbst hat bis zu der kürzlich durchgesetzten allgemeinen Alphabetisierung scharf selektive Wirkungen gezeigt; sie hat ihre Wirtschaftsgesellschaften tief zerklüftet und zwischen den literaten und den illiteraten Menschen einen Graben aufgeworfen, dessen Unüberbrückbarkeit nahezu die Härte einer Spezies-Differenz erreichte. Wollte man, Heideggers Abmahnungen zum Trotz, noch einmal anthropologisch reden, so ließen sich die Menschen historischer Zeiten definieren als die Tiere, von denen die einen lesen und schreiben können und die anderen nicht. Von hier aus ist es nur ein Schritt, wenn auch ein anspruchsvoller, zu der These, dass Menschen Tiere sind, von denen die einen ihresgleichen züchten, während die anderen die Gezüchteten sind. [...]

Es genügt, sich klarzumachen, dass die nächsten langen Zeitspannen für die Menschheit Perioden der gattungspolitischen Entscheidung sein werden. In ihnen wird sich zeigen, ob es der Menschheit oder ihren kulturellen Hauptfraktionen gelingt, zumindest wirkungsvolle Verfahren der Selbstzähmung auf den Weg zu bringen. Auch in der Gegenwartskultur vollzieht sich der Titanenkampf zwischen den zähmenden und den bestialisierenden Impulsen und ihren jeweiligen Medien. Schon größere Zähmungserfolge wären Überraschungen angesichts eines Zivilisationsprozesses, in dem eine beispiellose Enthemmungswelle anscheinend unaufhaltsam rollt. Ob aber die langfristige Entwicklung auch zu einer genetischen Reform der Gattungseigenschaften führen wird – ob eine künftige Anthropotechnologie bis zu einer expliziten Merkmalsplanung vordringt; ob die Menschheit gattungsweit eine Umstellung vom Geburtenfatalismus zur optionalen Geburt und zur pränatalen Selektion wird vollziehen können, dies sind Fragen, in denen sich, wie auch immer verschwommen und nicht geheuer, der evolutionäre Horizont vor uns zu lichten beginnt. [...]

Zweieinhalbtausend Jahre nach Platos Wirken scheint es nun, als hätten sich nicht nur die Götter, sondern auch die Weisen zurückgezogen und uns mit unserer Unweisheit und unseren halben Kenntnissen in allem allein gelassen. Was uns anstelle der Weisen blieb, sind ihre Schriften in ihrem rauen Glanz und ihrer wachsenden Dunkelheit; noch immer liegen sie in mehr oder weniger zugänglichen Editionen vor, noch immer könnten sie gelesen werden, wenn man nur wüsste, warum man sie noch lesen sollte. Es ist ihr Schicksal, in stillen Regalen zu stehen, wie postlagernde Briefe, die nicht mehr abgeholt werden – Abbilder der Weisheit, an die zu glauben den Zeitgenossen nicht mehr gelingt – abgeschickt von Autoren, von denen wir nicht mehr wissen, ob sie noch unsere Freunde sein können.

Briefsachen, die nicht mehr zugestellt werden, hören auf, Sendungen an mögliche Freunde zu sein – sie verwandeln sich in archivierte Objekte. Auch dies, dass die maßgeblichen Bücher von einst mehr und mehr aufgehört haben, Briefe an Freunde zu sein und dass sie nicht mehr auf den Tag- und Nachttischen ihrer Leser liegen, sondern in der Zeitlosigkeit der Archive versunken sind – auch dies hat der humanistischen Bewegung das meiste von ihrem einstigen Schwung genommen. Immer seltener steigen die Archivare zu den Textaltertümern hinab, um frühere Äußerungen zu modernen Stichworten nachzuschlagen. Vielleicht geschieht es hin und wieder, dass bei solchen Recherchen in den toten Kellern der Kultur die lange nicht gelesenen Papiere anfangen zu flimmern, als zuckten ferne Blitze über sie. Kann auch der Archivkeller zur Lichtung werden? Alles deutet darauf hin, dass Archivare und Archivisten die Nachfolge der Humanisten angetreten haben. Für die wenigen, die sich noch in den Archiven umsehen, drängt sich die Ansicht auf, unser Leben sei die verworrene Antwort auf Fragen, von denen wir vergessen haben, wo sie gestellt wurden. (e 1999)

---

1. Finden Sie für die einzelnen Abschnitte passende Überschriften.

2. Stellen Sie Sloterdijks These vom Humanismus als „richtige Art von Beeinflussungen" (Z. 6) mit eigenen Worten dar. Beachten Sie dabei die Ambivalenz der humanistischen Bildung.

3. Veranschaulichen Sie den „Titanenkampf zwischen den zähmenden und den bestialisierend Impulsen" (Z. 35) an aktuellen Beispielen.

4. „Richtige Lektüre macht zahm."
a) Wählen Sie ein Buch aus, von dem Sie denken, dass es einen humanisierenden Impuls gibt.
b) Verfassen Sie an einen Mitschüler, eine Mitschülerin Ihrer Wahl eine Empfehlung dieses Buches.

5. Verfassen Sie einen fiktiven Dialog zwischen Goethe (zur Zeit der *Iphigenie*) und Sloterdijk über das Thema „Humanität".

Erschließung eines philosophischen Textes

Philosophische Texte zu erschließen birgt viele Schwierigkeiten in sich. Die logische Struktur muss verstanden werden; dazu sind bestimmte Schritte notwendig, die am Beispiel des Auszugs aus Sloterdijks „Regeln für den Menschenpark" (Text 4) im Folgenden ausgeführt werden:

1. Die Erstlektüre

In der Phase der ersten Begegnung mit dem Text sollten zunächst alle Verstehenshemmnisse ausgeblendet werden zugunsten des **Versuchs, den roten Faden des Textes zu finden** bzw. eine Art Grundaussage herauszufiltern. Sloterdijk gibt mit dem Titel („Regeln für den Menschenpark") schon eine Spur vor. Durch die Einbettung in das Kapitel („Mensch oder Barbar") hat man eine zusätzliche erste Orientierung. Offensichtlich ist das Thema die Ambivalenz der menschlichen Natur, wobei dem Text – ob offensichtlich oder versteckt, das wird sich entscheiden – auch Handlungsanweisungen innewohnen. Der Begriff „Regeln" erfordert imperativische Sätze. Mit dem Abschluss der Erstlektüre stellt man sich als Rezipient zwei Fragen, die für die Erschließung der meisten philosophischen Texte fruchtbare Ergebnisse zutage fördern können:

1) **Auf welche** implizit zugrunde liegende **Fragestellung gibt der Text eine Antwort?** Welchem zentralen Problem wendet sich der Text zu? – Der methodische Vorzug besteht darin, den vorliegenden Text als Lösung zu lesen und sich davon ausgehend die zuvor gestellte Frage zu überlegen; denn je klarer man die Frage formuliert, umso genauer lässt sich der rote Faden aufspüren bzw. die vorausgegangene Frage bestimmen.

2) **Von welchen Positionen** bzw. von welchen philosophischen Vorläufern **grenzt der vorliegende Text sich ab?** – Die Wissenschaftsgeschichte geht nicht von einer kontinuierlich in gleichbleibendem Rhythmus sich vollziehenden Entwicklung aus, sondern beschreibt die Fortschritte in der Wissenschaft als Sprünge, die durch so genannte Paradigmenwechsel möglich werden.

2. Die Zweitlektüre

Mit dem durch die Erstlektüre und die Analyse von Überschrift und Kapiteleinbettung entwickelten Vorverständnis wird der Text erneut gelesen. Diesmal wird der Text gegliedert, wobei man sich durchaus zunächst einmal an den optischen Gliederungsabschnitten orientieren sollte. Eine brauchbare **Methode** ist es, **die einzelnen Gliederungsabschnitte mit Überschriften zu versehen**.

Beispiel:
Z. 1–12: Grundthese des Humanismus (Menschen = Tiere unter Einfluss hemmender und enthemmender Kräfte)
Z. 12–30: Grenzen der Domestikation des Menschen
Z. 31–43: Spaltung der Menschen durch die Schriftkultur
Z. 44–65: Prägung der Gegenwartskultur durch den Konflikt zwischen zähmenden und bestialisierenden Impulsen usw.

3. Begriffsklärungen

Sobald man den Text in Abschnitte eingeteilt und sich die inhaltliche Stoßrichtung eines jeden Abschnitts vergegenwärtigt hat, ist es vonnöten, ins Detail zu gehen und das Verständnis abzusichern, indem man vor allem die zentralen Begriffe klärt. Teilweise bedienen sich die Autoren gängiger philosophischer Fachbegriffe, teils aber auch bestimmter Neologismen, die sie für ihre Thesen für unverzichtbar halten. Zur **Klärung gängiger Fachbegriffe** bieten sich Lexika an, z. B. das *Philosophische Wörterbuch* von Georgi Schischkoff. In einem solchen Lexikon findet man Klärungen der erwähnten Philosophen (Heidegger, Plato) sowie von bestimmten Begriffen (z. B. Humanismus).

Begriffe, die sich dort nicht auffinden lassen, sind voraussichtlich Neologismen, also **besondere Wortprägungen des jeweiligen Autors**, die als solche natürlich auch eine besondere Beachtung verdienen.

Als Beispiel für einen solchen Neologismus sei der Begriff „Anthropotechnologie" genannt, der zwar im angelsächsischen Sprachraum verbreiteter ist, aber als Übersetzung in deutschen Publikationen nur selten anzutreffen ist. Zerlegt man den Begriff in seine Bestandteile, so erhält man eine Zusammensetzung aus den Begriffen „Mensch" und „Technik-Lehre". In Zusammenhang mit den unter Punkt 2 geleisteten Gliederungsüberschriften kann nun das Verständnis konkretisiert werden: Der aktuelle Mensch steht nicht zuletzt aufgrund der modernen Technik

---

Das Paradigma

Unter einem Paradigma (< gr. paradeigma = Beispiel) ist ein Verbund von Annahmen, Methoden und Prinzipien zu verstehen, die für eine wissenschaftliche Gemeinschaft die Grundlage sind, auf der die zentralen Fragen beantwortet werden. Wenn dieser Verbund durch radikal neue Annahmen oder Methoden geändert wird, spricht man von einem **Paradigmenwechsel**.

unter dem ambivalenten Einfluss einer rettenden und vernichtenden Technik. Sucht man gemäß der der Überschrift innewohnenden Tendenz, Imperative zu formulieren, eine Handlungsanweisung, so könnte man in diesem Abschnitt die Forderung erkennen, mithilfe der Technik auf Basis der Humanität das Wesen des (modernen) Menschen klar zu definieren.

4. Argumentationsmethoden

Philosophische Texte weisen unterschiedliche, aber dennoch wiederkehrende Prinzipien in der Argumentation auf. Sich auf abstrakter Ebene bewusst zu machen, welchem Prinzip im jeweiligen Text nachgegangen wird, kann sehr hilfreich sein. Folgende Argumentationsprinzipien lassen sich unterscheiden:

- **Ex-negativo-Argumentation**: Gerne gehen Philosophen zunächst von der Gegenposition aus, um sich klar abzugrenzen, d.h., sie definieren zunächst einmal, was der Untersuchungsgegenstand *nicht* ist. Immanuel Kant bedient sich oft dieser Methode.
- **Syllogistisches Argumentieren**: Auf Basis von zwei Prämissen, die aus drei verschiedenen Variablen aufgebaut sind, wird die Conclusio, die Schlussfolgerung, gezogen. Dabei kann der Schluss als solcher korrekt, der Inhalt der Prämissen jedoch angreifbar sein.
- **Arbeit mit Dichotomien**[1]: Um Begriffe klarer zu definieren oder auch um Positionen exakt voneinander abzugrenzen, stellen Philosophen oft die konträren Positionen einander gegenüber. Sie verwenden dazu synonyme Ausdrücke für diese Gegenbegriffe, wobei die Synonyme meistens eine neue Konnotation mitliefern. In unserem Beispiel finden sich zahlreiche Dichotomien („hemmende und enthemmende Tendenzen", „bestialisierende und zähmende Impulse", „Lektionen und Selektionen", „literate und illiterate Menschen", „Tiere, von denen die einen ihresgleichen züchten, während die anderen die Gezüchteten sind", „Zähmungserfolge" vs. „Enthemmungswelle"). Indem man sich die passenden Begriffe untereinander notiert, verdichtet sich die Aussage der jeweiligen Seite dieser Dichotomie.
- **Arbeit mit Analogien und Metaphern**: Analogien werden teils als solche gekennzeichnet, teils auch metaphorisch ummäntelt. Sloterdijk nutzt das „Archiv" als Analogie für die Bedeutung und die Wirkung des Humanismus. Um eine Analogie oder eine Metapher auszuschöpfen, bietet es sich an, den Begriffsumfang derselben assoziativ zu erschließen. Was verbindet sich – unabhängig vom vorliegenden Text – mit dem Begriff „Archiv"? Mögliche Assoziationen: viel Material, teils nicht mehr auffindbar, da es in den untersten Schichten lagert, dennoch ein hohes (Wieder-)Entdeckungspotenzial, mühselige Entschlüsselungsarbeit des archivierten Materials etc.

5. Gesamtaussage und kommunikative Klärung

Auf Basis der vier vorangegangenen Schritte sollte eine Gesamtaussage möglich sein. Indem man seine eigene gedankliche Arbeit bündelt und eigenständig formuliert, kann man sein Verständnis in einem letzten Schritt dadurch absichern, dass man es anderen, die sich ebenfalls mit diesem Text befasst haben, mitteilt. Der Zuhörer wird sich bei der Darstellung des Verständnisses seiner eigenen Lücken und Abweichungen bewusst und kann danach sein Verständnis darlegen, ehe im Dialog schließlich das Verständnis geschärft und auf eine gemeinsame Ebene gebracht wird (kommunikative Validierung).

Der Syllogismus

Der Syllogismus (< gr. syllogismos = logischer Schluss) ist ein auf Aristoteles (384–322 v. Chr.) zurückgehendes logisches Verfahren, bei dem aus zwei Prämissen der Schluss gezogen wird, z.B.:
Prämisse a) Alle Leipziger sind glückliche Menschen.
Prämisse b) Alle glücklichen Menschen verbreiten gute Laune.
Conclusio: Alle Leipziger verbreiten gute Laune.

---

[1] die Dichotomie (< griech. dichotomos = halbiert, entzweigeteilt): Trennung eines Gegenstandsbereichs in zwei komplementäre Mengen, strikte Entgegensetzung

2. Klassiker in unserer Zeit – Einen Begriff hinterfragen

1 Dieter Borchmeyer (* 1941): Weimar und das Klassische
(Auszug)

Der Norm- und Wertbegriff des Klassischen (als des Mustergültigen, Meisterhaften) ist in der Neuzeit mit dem des Antiken – als des Vorbildlichen schlechthin – identisch geworden. Seit dem 18. Jahrhundert ist der Klassiker[1] vor allem der antike Schriftsteller. Die Synonymie des Klassischen und Antiken hat sich in der Bezeichnung der Wissenschaft, die sich mit der Literatur der Antike befasst, der „Klassischen Philologie[2]", und ihres Gegenstandes, der „klassischen" Sprachen und Literaturen, bis heute gehalten. Die Verquickung des normativen mit dem historischen Terminus führt zur Verabsolutierung des aus der Antike abgeleiteten Formmodells; der Normbegriff wird zum Stilbegriff, zur Bezeichnung der Harmonie und des Maßes der „antiken Kunstform" (Schiller, Humboldt u. a.). Dieser Stilbegriff hält sich auch noch, als die mit ihm verbundene Wertung hinfällig wird und dem Klassischen das Romantische als polarer Stilbegriff zur Seite tritt. Beide Stilbegriffe behalten einen historischen Rückbezug: wie das Klassische auf die Antike bezogen wird, so das Romantische auf das Mittelalter als die Wiege der Moderne – die Begriffe romantisch und modern werden vielfach synonym verwendet.

Zum *normativen* (klassisch = musterhaft), *historischen* (= antik) und *stiltypologischen* (= harmonisch proportioniert, tektonisch komponiert, ‚klassizistisch') tritt der *epochale* Gebrauch des Begriffs, der sich entweder durch die behauptete Stilaffinität einer Epoche zur Antike legitimiert, wie im Falle des französischen classicisme (hier werden Stil- und Normbegriff kontaminiert), oder der ganz allgemein eine Blütezeit bezeichnet, wie das perikleische und augusteische Zeitalter im Altertum, die elisabethanische Epoche in England oder das spanische Siglo de oro.

In Deutschland hat sich der Epochenbegriff der Klassik in drei Fällen eingebürgert: für die mittelhochdeutsche Blütezeit um 1200 (Staufische Klassik), für die Dichtung Goethes und Schillers in ihrer Weimarer Zeit [...] oder für die gesamte Dichtung der Goethezeit (Deutsche Klassik), in der Musik schließlich für die Epoche Haydns, Mozarts und Beethovens (Wiener Klassik). (v 1994)

1. Erstellen Sie eine ▶ Textskizze.

2. Diskutieren Sie Borchmeyers These „Zum Klassiker wird man durch eine Akzeptanz vonseiten der Mit- und Nachwelt, die man selbst nicht verfügen oder verhindern kann. Kanonbildungen vollziehen sich über die Köpfe der Autoren hinweg".

2 Neue Klassiker? – Kanonisierungsversuche

Zahlreiche Verlage geben „ihre" Klassikersammlungen heraus. Oder wie es Nietzsche formuliert hat: „Was sagen unsere deutschen Buchhändler dazu, welche auf dem Wege sind, die fünfzig deutschen Klassiker, an die wir schon glauben sollen, noch um weitere fünfzig zu vermehren?"

Auch der deutsche „Papst" der Literaturkritik fungiert als Herausgeber eines Klassiker-Kanons:

3. Führen Sie im Kurs eine Debatte über die Notwendigkeit von Klassikersammlungen (vgl. Darstellungen 2 und 3).

4. Erörtern Sie die Einführung eines verbindlichen Literaturkanons für die Oberstufe mit ca. 15 Werken.

---

[1] der Klassiker (< lat. classicus = römischer Bürger der höchsten Steuerklasse): Der Grammatiker Gellius (2. Jh. n. Chr.) führt den Begriff „scriptor classicus" ein im Sinne eines Schriftstellers ersten Ranges.

[2] die Klassische Philologie (auch „Altphilologie"): wissenschaftliche Disziplin an Universitäten; das Studium der griechischen und lateinischen Sprache und Literatur

„Klassiker des Deutschkurses …"

- Übernehmen Sie die „Patenschaft" für eines der im Kanon von Reich-Ranicki aufgeführten Werke: Besorgen Sie sich eine Ausgabe Ihres Werkes und lesen Sie die ersten Seiten. Wählen Sie einen Abschnitt aus, der Sie in besonderer Weise anspricht, und bereiten Sie einen Lesevortrag vor.
- Führen Sie in Ihrem Kurs eine „Klassiker-Lesung" durch. Diskutieren Sie, ob Sie der jeweilige Auszug zum Weiterlesen animiert oder nicht.
- Ermitteln Sie abschließend mithilfe der ➤ Punktabfrage den „Klassiker Ihres Kurses".

Reich-Ranickis Roman-Kanon enthält die folgenden Titel:

1. Johann Wolfgang Goethe: *Die Leiden des jungen Werthers*
2. Johann Wolfgang Goethe: *Die Wahlverwandtschaften*
3. E. T. A. Hoffmann: *Die Elixiere des Teufels*
4. Gottfried Keller: *Der grüne Heinrich*
5. Theodor Fontane: *Frau Jenny Treibel*
6. Theodor Fontane: *Effi Briest*
7. Thomas Mann: *Buddenbrooks*
8. Heinrich Mann: *Professor Unrat*
9. Hermann Hesse: *Unterm Rad*
10. Robert Musil: *Die Verwirrungen des Zöglings Törleß*
11. Franz Kafka: *Der Process*
12. Thomas Mann: *Der Zauberberg*
13. Alfred Döblin: *Berlin Alexanderplatz*
14. Joseph Roth: *Radetzkymarsch*
15. Anna Seghers: *Das siebte Kreuz*
16. Heimito von Doderer: *Die Strudlhofstiege*
17. Wolfgang Koeppen: *Tauben im Gras*
18. Günter Grass: *Die Blechtrommel*
19. Max Frisch: *Montauk*
20. Thomas Bernhard: *Holzfällen*

3 50 Klassiker

Der Gerstenberg Verlag wirbt für seine Reihe 50 X sogar im Titel mit dem Wort „Klassiker"

5. a) Erarbeiten Sie in vier Gruppen zu den drei angegebenen Themen Ihre Top-Ten-Liste.
b) Vergleichen Sie anschließend Ihre Listen, um die jeweils „wichtigsten" Klassiker herauszufiltern.
c) Diskutieren Sie Ihre Ergebnisse.

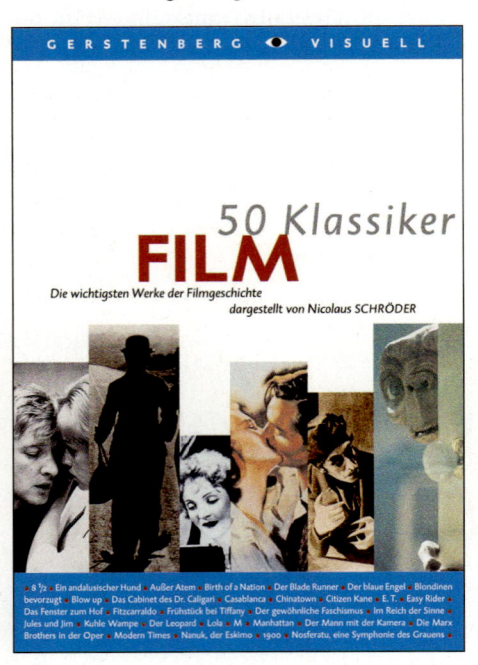

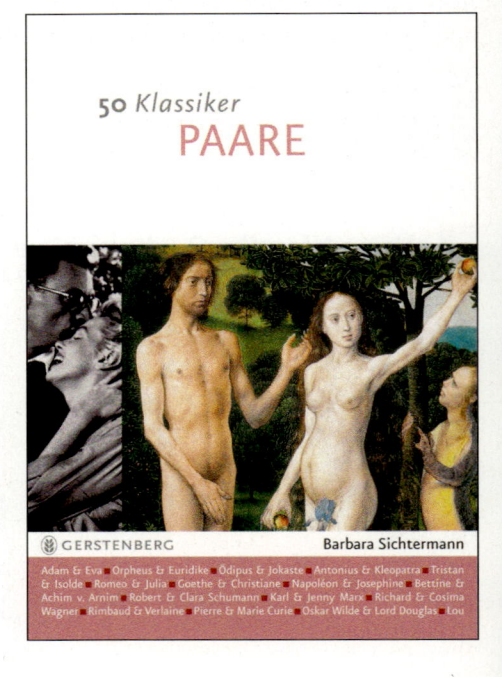

4 Blake Edwards (* 1922): Frühstück bei Tiffany nach Truman Capotes Roman

„Es war ein warmer Abend, fast schon Sommer, und sie trug ein schmales schlichtes schwarzes Kleid …" (v 1958)

(v 1961)

6. a) Stellen Sie Anlässe zusammen, zu denen Frauen solche Kleider tragen.
b) Beschreiben Sie die Wirkung, die von solchen Kleidern ausgeht.
c) Untersuchen Sie, was die Trägerin eines solchen Kleides ausdrücken möchte.

7. Sofern Bild oder sogar Film bekannt sind: Diskutieren Sie, ob dieses Foto bzw. der Film das Kleid berühmt gemacht hat oder dieses Foto/der Film seine Berühmtheit dem Kleid verdankt.

Die Klassik als literaturgeschichtliche Epoche

Die Weimarer Klassik entwickelte sich auf dem philosophischen Fundament der Aufklärung und unter den Eindrücken der Französischen Revolution. Sie beruhte in der Hauptsache auf den Bemühungen Goethes und Schillers, im gemeinsamen kreativen Wirken auf der Basis beständiger organischer Gesetzmäßigkeiten eine Harmonie zwischen Verstand und Sinnlichkeit zu erreichen.
Johann Wolfgang von Goethe erhielt den entscheidenden Impuls zu diesem Konzept während seiner italienischen Reise (1786–1788), während der er in Auseinandersetzung mit antiken Kunstwerken und mediterraner Lebensart einen neuen Schönheitsbegriff entwickelte.
Für **Friedrich Schiller** war der entscheidende Anstoß in Richtung Klassik die Auseinandersetzung mit der Philosophie Immanuel Kants (1724–1804). Schiller teilte mit Kant die Auffassung vom Kunstwerk als einem Produkt, das sich jeglichen äußeren Zwecken verweigert, sah allerdings im Kunstwerk auch eine Art Medium zwischen sinnlicher und vernünftiger Welt, das auf den Rezipienten günstigenfalls humanisierend oder veredelnd zu wirken imstande sei. Aufbauend auf dem kunsthistorischen Ideal von J. J. Winckelmann („Edle Einfalt und stille Größe") entdeckten Goethe und Schiller in der griechischen Antike das Musterbild für die **Harmonie von Körper und Geist, Sinnlichkeit und Verstand**. Anders als die Renaissance beschränkten sich die Klassiker weitgehend auf die **Rezeption der griechischen Antike** und sahen in ihr das Ideal, dem sie mit ihren Werken nacheiferten. Alles Lokale, alles rein Individuelle sollte zugunsten eines universell gültigen Ausdruckes verschwinden.

Paradebeispiel für diesen Ansatz bleibt die **Figur der Iphigenie**, die aus der mythologischen Tradition der Antike herausgehoben und zum Inbegriff für eine **„schöne Seele"** wird. Friedrich Schiller formulierte in seiner Schrift „Über Anmut und Würde" (1793) philosophisch dieses Ideal, das Goethe in Form seines Dramas **Iphigenie auf Tauris** poetisch ausgestaltete: Vernunft und Gefühl gehen bei dieser „schönen Seele" eine selbstverständliche, unlösliche Liaison ein.
Diese Harmonie blieb nicht nur der Kunst vorbehalten, sondern wurde ausgedehnt auf die staatstheoretischen Vorstellungen der beiden Autoren. Durch die Erfahrung staatlicher Disparität – Deutschland besaß weder ein politisches noch ein kulturelles Zentrum – entstand das Bedürfnis nach einem einheitsstiftenden Moment. Das klassische Ideal übernahm diese Ersatzfunktion.
Goethe selbst wurde 1776 zum Geheimen Legationsrat ernannt, 1779 zum Geheimen Rat befördert und übernahm leitende Aufgaben in der Staatsverwaltung. Als Praktiker und Theoretiker betrachtete er den Staat als ein organisches Gebilde, in dem die einzelnen Teile nur im fruchtbaren Austausch miteinander bestehen können. Individuelle Freiheit und die Einordnung in ein gesamtgesellschaftliches System wurden gleichermaßen verlangt.
Von daher empfanden Goethe und Schiller zwar Sympathie für die Ideen der **Französischen Revolution**, lehnten aber ihre gewaltvollen Methoden entschieden ab.
„Evolution statt Revolution" lautete die Formel, mit der die Humanität erreicht werden sollte.

Romantik

William Turner (1775 – 1851):
Rheinfall bei Schaffhausen, 1806

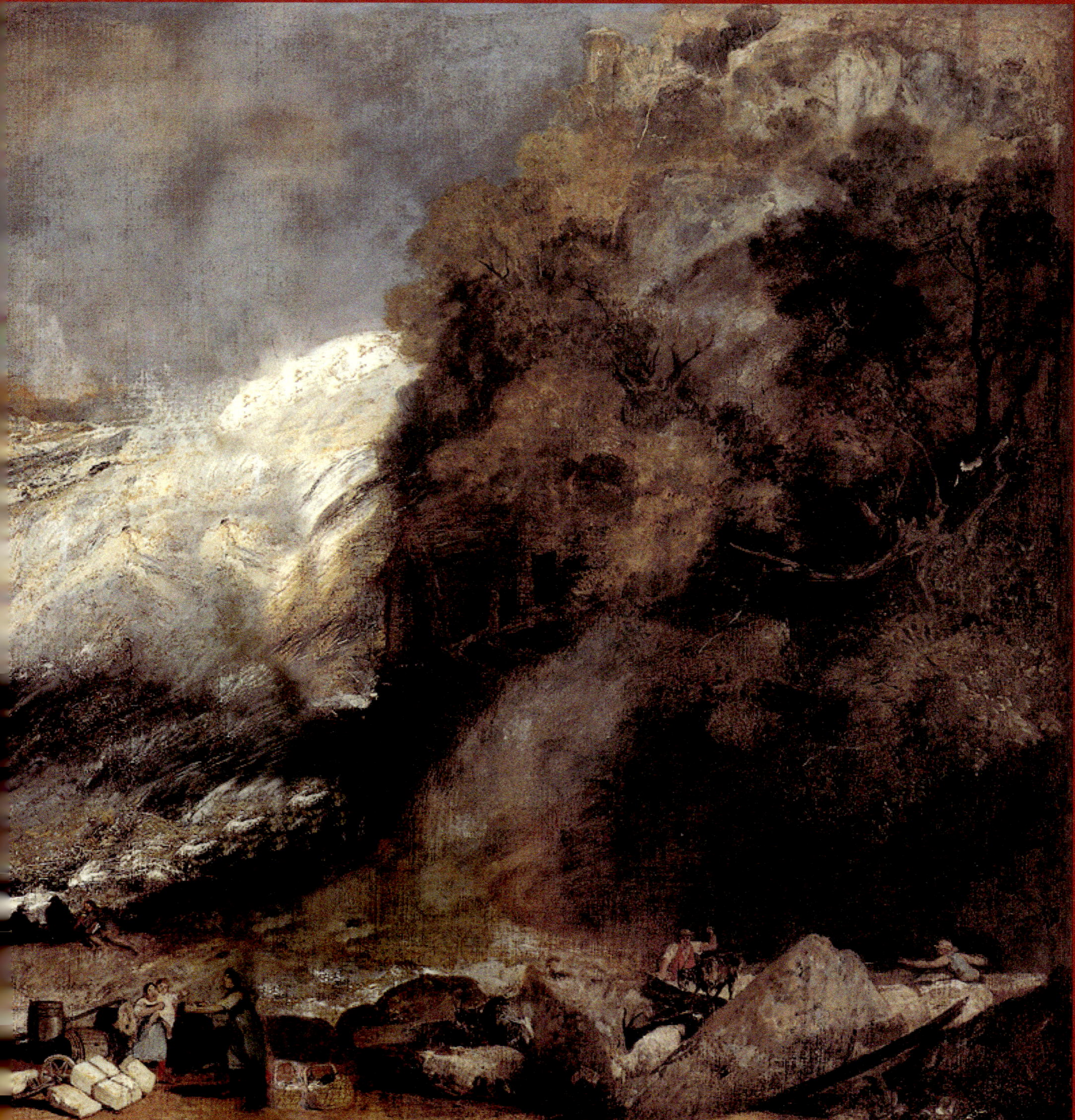

Novalis (1772–1802) hieß eigentlich Georg Philipp Friedrich Freiherr von Hardenberg und wählte diesen Künstlernamen, da er sich selbst als einen, „der Neuland bestellt", verstand. Er studierte zunächst Jura, später Naturwissenschaften, arbeitete erst als Verwaltungsjurist und dann als Bergbauexperte. Daneben schrieb er Gedichte, poetisch-philosophische Texte und den ersten Teil seines Romans Heinrich von Ofterdingen, in dem ein zentrales Motiv der Romantik, die „blaue Blume", eine wichtige Rolle spielt. Er gehörte zu einem Freundeskreis junger Dichter und Philosophen, die ihn als Mensch und „Genie" liebten, bewunderten und seinen frühen Tod sehr betrauerten.

I. Umbrüche um 1800

1. Junge Autoren um 1800 – Eine Zeitstimmung erfassen

Aufbruchstimmung und Dynamik liegen ebenso in der Luft wie ein Unbehagen an der Gegenwart, eine Trauer über die „entzauberte" Realität sowie unbestimmte Ängste. Was überwiegt? Kann man sich diese Zeit so vorstellen, wie es folgender Rückblick ausdrückt? „Du und Dein Bruder Friedrich, – Schelling mit uns, wir alle jung aufstrebend, Novalis-Hardenberg, der oft zu uns herüberkam: Diese Geister bildeten gleichsam ununterbrochen ein Fest von Witz, Laune und Philosophie."
(Ludwig Tieck rückblickend an August Wilhelm Schlegel im Jahr 1828)

1 Novalis (1772–1801): Wenn nicht mehr Zahlen und Figuren …

Wenn nicht mehr Zahlen und Figuren
Sind Schlüssel aller Kreaturen,
Wenn die, so singen oder küssen,
Mehr als die Tiefgelehrten wissen,
5 Wenn sich die Welt in's freie Leben,
Und in die Welt wird zurückbegeben,
Wenn dann sich wieder Licht und Schatten
Zu echter Klarheit werden gatten,
Und man in Märchen und Gedichten
10 Erkennt die ewgen Weltgeschichten,
Dann fliegt vor Einem geheimen Wort
Das ganze verkehrte Wesen sofort. (e um 1800)

2 Karoline von Günderrode (1780–1806): Der Luftschiffer

Gefahren bin ich in schwankendem Kahne
Auf dem blaulichen Ozeane,
Der die leuchtenden Sterne umfließt,
Habe die himmlischen Mächte begrüßt.
5 War in ihrer Betrachtung versunken,
Habe den ewigen Äther getrunken,
Habe dem Irdischen ganz mich entwandt,
Droben die Schriften der Sterne erkannt
Und in ihrem Kreisen und Drehen
10 Bildlich den heiligen Rhythmus gesehen,

Der gewaltig auch jeglichen Klang
Reißt zu des Wohllauts wogendem Drang.
Aber ach! es ziehet mich hernieder,
Nebel überschleiert meinen Blick,
15 Und der Erde Grenzen seh ich wieder,
Wolken treiben mich zurück.
Wehe! Das Gesetz der Schwere
Es behauptet nur sein Recht,
Keiner darf sich ihm entziehen
20 Von dem irdischen Geschlecht.
(e um 1805, v 1920–1922)

3 Friedrich Schlegel (1772–1829): Gespräch über die Poesie
(Auszug)

Denn das ist der Anfang aller Poesie, den Gang und die Gesetze der vernünftig denkenden Vernunft aufzuheben und uns wieder in die schöne Verwirrung der Fantasie, in das ursprüngliche Chaos der menschlichen Natur zu versetzen. (v 1799)

---

1. a) Erarbeiten Sie einen ➤ Vortrag des Gedichts von Novalis mit unterschiedlichen Sprechern. Legen Sie dazu ein ➤ Textblatt an.
b) Analysieren Sie das Gedicht, indem Sie u. a. auf Syntax, Modus, Wortwahl eingehen.
c) Neue oder alte Welt? Beschreiben und diskutieren Sie die hier angedeutete Utopie.

2. a) Begeben Sie sich auf eine Fantasiereise mit einem „Luftschiff" Ihrer Wahl. Achten Sie auf Ihre Empfindungen während der Fahrt und bei der Landung.
b) Erstellen Sie eine Foto-Collage zu Ihrer Fantasiereise. Verwenden Sie dabei auch ein Foto von Ihnen selbst.

3. Beschreiben Sie die Erfahrungen des lyrischen Ichs und tauschen Sie sich über eine Deutungshypothese zu dem Gedicht „Der Luftschiffer" aus.

4. Ersetzen Sie in Schlegels Äußerung den Begriff Poesie durch den modernen Ausdruck Literatur. Überlegen Sie, ob Sie ähnliche Erwartungen an Romane oder Gedichte haben.

4 Caspar David Friedrich (1774–1840): Auf dem Segler

(e 1828)

Caspar David Friedrich gilt heute als bedeutendster Maler seiner Zeit. Er wurde in Greifswald geboren. Seine Kindheit war überschattet vom Tod des Bruders. Dieser versuchte, ihn aus einem Eisloch zu retten, in das C. D. Friedrich beim Schlittschuhlaufen geraten war, und ertrank dabei selbst. Nach dem Kunststudium in Kopenhagen lebte C. D. Friedrich in Dresden. Er war mit Tieck und Novalis befreundet. Seine Bilder waren für die damalige Zeit ungewöhnlich und befremdeten viele Zeitgenossen. Seit Beginn des 20. Jahrhunderts wird er immer wieder in großen Ausstellungen gefeiert.

5. a) ➤ Beschreiben Sie das Bild, indem Sie besonders auf die Fahrtrichtung des Bootes und die Körperhaltung der Personen achten.
b) Verfassen Sie einen kurzen Dialog zwischen den beiden Menschen im Boot.
c) Eine Schifffahrt kann als Metapher für die menschliche Existenz stehen. Beziehen Sie diese Möglichkeit in eine Deutung des Bildes ein.

2. Veränderungen in Politik, Wirtschaft und Wissenschaft – Den Kontext eines Epochenbegriffs erschließen

Europa um 1800

Einen entscheidenden politischen Einschnitt für Europa bedeuten die Ereignisse und Folgen der Französischen Revolution in den Jahren 1789 bis 1814. Die Reaktionen im deutschen Kulturraum umfassen Begeisterung, Verstörung, kritische Abgrenzungen bzw. „kreative Gegenentwürfe". Ebenfalls in diesen Jahren beginnt die sogenannte industrielle Revolution mit ihren wirtschaftlichen, technischen, sozialen und landschaftsgeografischen Veränderungen. Diese Veränderungen bestimmen um 1800 noch nicht ausdrücklich das öffentliche Bewusstsein, äußern sich aber in zunächst noch unbewussten Ängsten, Verlustgefühlen und Abwehrreaktionen.

1 Der massenhafte Thronsturz

(e um 1800)

2 Philipp Jakob Loutherbourg (1740–1812): Coalbrookdale bei Nacht

(e 1801)

3 Die Normalverteilungskurve des Mathematikers Carl Friedrich Gauß (1777–1855)

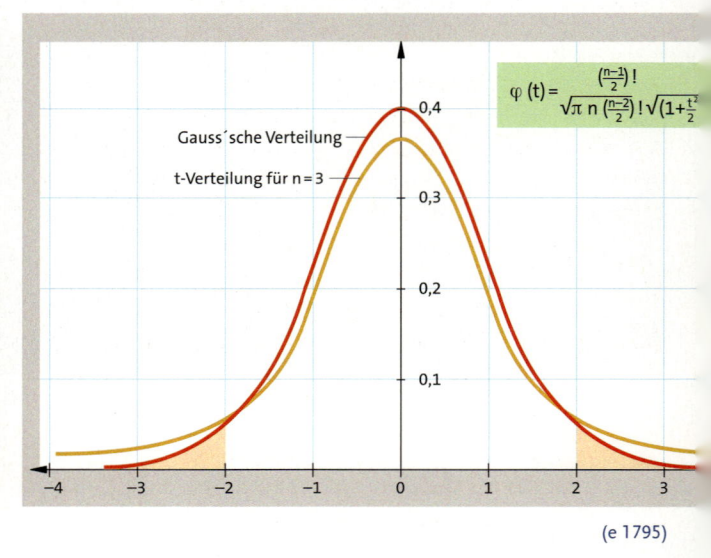

$$\varphi(t) = \frac{\left(\frac{n-1}{2}\right)!}{\sqrt{\pi\, n}\left(\frac{n-2}{2}\right)!\sqrt{\left(1+\frac{t^2}{2}\right)}}$$

Gauss'sche Verteilung
t-Verteilung für n = 3

(e 1795)

1. Welches der Bilder drückt für Sie am stärksten einen „Umbruch" aus?

2. Diskutieren Sie, ob eine mathematische Formel „revolutionäre" Folgen haben kann.

3. Statistiken gehören zu den Selbstverständlichkeiten unserer Gegenwart. Überlegen Sie, welche Veränderungen es für die Wahrnehmung bedeutet, über Begriffe wie „durchschnittlich" bzw. „über-" oder „unterdurchschnittlich" zu verfügen.

4. Versuchen Sie anhand der Materialien 1–3 einen ersten Eindruck von den Umbrüchen um 1800 zu skizzieren.

4 Caroline Böhmer-Schlegel-Schelling (1763–1801): Ein Brief aus Mainz (April 1792) (Auszug)

Wir können noch sehr lebhafte Sceenen herbekommen, wenn der Krieg ausbrechen sollte – ich ginge ums Leben nicht von hier – denk nur, wenn ich meinen Enkeln erzähle, wie ich eine Belagerung erlebt habe, wie man einen alten geistlichen Herrn die lange Nase abgeschnitten und die Demokraten sie auf öffentlichen Markt gebraten haben – wir sind doch in einem
5 höchst interreßanten politischen Zeitpunkt, und das giebt mir außer den klugen Sachen, die ich Abends beym Theetisch höre, gewaltig viel zu denken, wenn ich allein, in meinen recht hübschen Zimmerchen in dem engen Gäßchen sitze, und Halstücher ausnähe, wie ich eben thue. (e 1792)

Caroline Böhmer-Schlegel-Schelling hatte als Tochter eines Göttinger Professors eine hervorragende Ausbildung genossen. Sie sprach mehrere Sprachen und interessierte sich besonders für Politik und Philosophie. Nach dem frühen Tod ihres ersten Ehemannes lebte sie von 1789–1792 in Marburg bei ihrem Bruder, um nicht eine von ihren Eltern arrangierte zweite Ehe eingehen zu müssen. 1793 zog sie nach Mainz in das Haus des Weltumseglers und Jakobiners Georg Forster. Wegen ihrer Begeisterung für die Französische Revolution verbüßte sie später eine mehrmonatige Haft. Sie heiratete dann zunächst August Wilhelm Schlegel und führte in Jena ein sehr offenes Haus, in dem die wichtigsten Autoren der Frühromantik zusammenkamen, ja teilweise wie in einer Wohngemeinschaft zusammenlebten. Wahrscheinlich hat sie auch maßgeblich an Schlegels Shakespeare-Übersetzung mitgearbeitet. Später ließ sie sich scheiden, um den 12 Jahre jüngeren Philosophen Schelling zu heiraten.

Außergewöhnliche Frauen um 1800
Caroline führte ein für die damalige Zeit ungewöhnliches Leben. Sie war nicht die einzige Frau ihrer Zeit, die sich von Zwängen und Konventionen zu befreien versuchte. Informieren Sie Ihre Mitschüler über bedeutende Frauen dieser Zeit, z. B. Karoline von Günderrode, Bettina von Arnim, Sophie Mereau, Dorothea Schlegel.

5 Ludwig Tieck (1773–1853): Brief an Wackenroder (Auszug)

Göttingen am 28. Dezember [17]92

[...] Du sprichst ja gar nichts von den Franzosen? Ich will nicht hoffen, dass sie dir gleichgültig geworden sind, dass du wirklich dich nicht dafür interessierst? Oh, wenn ich itzt ein Franzose wäre! Dann wollt ich nicht hier sitzen, dann – – – Doch leider bin ich in einer Monarchie gebo-
5 ren, die gegen die Freiheit kämpfte, unter Menschen, die noch Barbaren genug sind, die Franzosen zu verachten. Ich habe mich sehr geändert, ich bin itzt nicht glücklich, wenn ich keine Zeitungen haben kann. Oh, in Frankreich zu sein, es muss doch ein groß Gefühl sein, unter Dumouriez[1] zu fechten und Sklaven in die Flucht zu jagen, und auch zu fallen – was ist ein Leben ohne Freiheit? Ich begrüße den Genius Griechenlands mit Entzücken, den ich über Gallien
10 schweben sehe. Frankreich ist jetzt mein Gedanke Tag und Nacht – ist Frankreich unglücklich, so verachte ich die ganze Welt und verzweifle an ihrer Kraft, dann ist für unser Jahrhundert der Traum zu schön, dann sind wir entartete, fremde Wesen, mit keiner Ader denen verwandt, die einst bei Thermopylä[2] fielen, dann ist Europa bestimmt, ein Kerker zu sein. (e 1792)

---

[1] Dumouriez = Charles François Dumouriez, französischer General (1739–1823). Er wechselte in der Revolution von den Jakobinern zu den Girondisten; siegte im September 1792 bei Valmy.
[2] Thermopylä = Thermopylen: 480 v. Chr. verteidigte der spartanische König Leonidas die Thermopylen gegen die Perser; durch Verrat konnten sie den Engpass umgehen. Auf die dort Gefallenen bezieht sich das Distichon „Wanderer kommst du nach Sparta ..." in der Nachdichtung von Schiller.

1. a) Beschreiben Sie die Reaktionen der „jungen Generation" (Text 4–6) auf die Französische Revolution.
b) Vergleichen Sie diese mit den Positionen der „Klassiker" (s. S. 217 und 223).

Friedrich Schlegel (1772–1829) galt als Motor, als „Projektemacher" der jungen Autoren um 1800, mit Ideen für unzählige Bücher, von denen viele Fragmente blieben. Seine Vielseitigkeit war ihm wohl gleichzeitig Inspirationsquelle und Hindernis. Er beschäftigte sich mit zahlreichen Wissenschaften, allerdings oft nur kurzfristig – das Jurastudium brach er ab; Philosophie, Medizin, Mathematik, Naturwissenschaften, alte Sprachen und Religion – alles interessierte ihn, nirgends verweilte er länger. In Jena lebte er um 1800 mit Dorothee Veit zusammen, der hochgebildeten Tochter des jüdischen Aufklärungsphilosophen Moses Mendelsohn, die er erst später heiratete. Sein in dieser Zeit entstandener Roman Lucinde galt vielen Zeitgenossen als „Skandalroman", da in ihm – für die damalige Zeit – provozierend offen das Verhältnis zwischen Mann und Frau thematisiert wurde. 1808 trat Schlegel, dessen Vater protestantischer Pfarrer war, zum Katholizismus über und begann eine Karriere im Staatsdienst.

Thomas Minardi (1787–1871): Selbstbildnis, 1807

6 Friedrich Schlegel (1772–1829): Athenäums-Fragment Nr. 424 (Auszug)

[424] Man kann die Französische Revolution als das größte und merkwürdigste Phänomen der Staatengeschichte betrachten, als ein fast universelles Erdbeben, eine unermessliche Überschwemmung in der politischen Welt; oder als ein Urbild der Revolutionen, als die Revolution schlechthin. Das sind die gewöhnlichen Gesichtspunkte. Man kann sie aber auch betrachten […] als die furchtbarste Groteske des Zeitalters, wo die tiefsinnigsten Vorurteile und die gewaltsamsten Ahndungen desselben in ein grauses Chaos gemischt, zu einer ungeheuren Tragikomödie der Menschheit so bizarr als möglich verwebt sind. (e 1798)

„Romantik" als traditioneller Epochenbegriff

In der Literaturgeschichte fasst man die Jahre von 1797 bis 1835 unter dem Begriff Romantik zusammen. Um die Fülle philosophischer und literarischer Texte einigermaßen ordnen zu können, untergliedert man sie in Früh-, Hoch- und Spätromantik und – nach den prägenden Philosophen- und Dichterkreisen – in Jenaer und Heidelberger Romantik. Die Epochenbezeichnung geht zurück auf den Begriff „romantisch", der in der damaligen Zeit so viel wie „im Roman vorkommend", „fantasievoll", „wunderbar" und „unwirklich" bedeutete.

Heute bezeichnet man als romantisch, was besonders das Gefühl anspricht, z. B. einen Sonnenuntergang am Meer. Häufig wird der Begriff auch negativ aufgefasst, im Sinne von kitschig, geschmacklos und albern. Dieses moderne Verständnis von „romantisch" verstellt den vorurteilsfreien Blick auf die Epoche der Romantik und macht den Epochenbegriff problematisch.

Umstritten ist auch das Verhältnis zur Klassik. Allein schon aufgrund der zeitlichen Überschneidung liegt es nahe, Verbindendes zwischen Klassik und Romantik zu betonen. So gab es in der Anfangszeit durchaus Berührungspunkte: Goethe schätzte z. B. die sogenannte Heidelberger Volkspoesie und die Frühromantiker beschäftigten sich ebenso wie die Klassiker mit der Kultur der Antike. Daneben gab es aber auch schon früh bei den Autoren um 1800 das Bedürfnis nach Abgrenzung. Gemeinsam aber war fast allen die zunächst positive, dann aber zunehmend kritische Auseinandersetzung mit der Französischen Revolution. Um Verbindendes zu betonen, spricht man heute in der Literaturwissenschaft vielfach von einer **„Literatur um 1800"**, innerhalb derer Klassik und Romantik Stilvarianten bilden.

3. Normalität und „Wahnsinn" – Dem Motiv des Außenseiters in verschiedenen Textgattungen nachgehen

Aufgrund der neuen Möglichkeiten, Normalität immer genauer zu berechnen und damit zu definieren, geraten auch die Phänomene der Normabweichung stärker in den Blick. Sonderlinge und „Verrückte" werden immer deutlicher als Außenseiter wahrgenommen. Während im 18. Jahrhundert eher die Tendenz vorherrscht, Normabweichungen zu korrigieren, interessieren sich die Romantiker für das kreative bzw. künstlerische Potenzial der Außenseiter und „Anormalen".

1 Novalis (1722–1801): Die Verworrenen und die Geordneten (54. Blütenstaubfragment)

54. Je verworrener ein Mensch ist, man nennt die Verworrenen oft Dummköpfe, desto mehr kann durch fleißiges Selbststudium aus ihm werden; dahingegen die geordneten Köpfe trachten müssen, wahre Gelehrte, gründliche Encyklopädisten zu werden. Die Verworrnen haben im Anfang mit mächtigen Hindernissen zu kämpfen, sie dringen nur *langsam* ein – Sie lernen mit Mühe arbeiten – dann aber sind sie auch Herrn und Meister auf immer. Der Geordnete kommt geschwind hinein – aber auch geschwind heraus – Er erreicht bald die 2te Stufe – aber

da bleibt er auch gewöhnlich stehn. Ihm werden die lezten Schritte beschwerlich, und selten kann er es über sich gewinnen – schon bey einem gewissen Grade von Meisterschaft sich wieder in den Zustand eines Anfängers zu versetzen.

10 Verworrenheit deutet auf Überfluss an Kraft und Vermögen – aber mangelhafte Verhältnisse – Bestimmtheit – auf richtige Verhältnisse, aber sparsames Vermögen und Kraft.
Daher ist der Verworrne so progressiv – so perfektibel – dahingegen der Ordentliche, so früh, als Philister[1] aufhört.
Ordnung und Bestimmtheit ist allein nicht Deutlichkeit. Durch Selbstbearbeitung kommt der
15 Verworrene zu jener himmlischen Durchsichtigkeit – zu jener Selbsterleuchtung – die der Geordnete so selten erreicht.
Das wahre Genie verbindet diese Extreme. Es theilt die Geschwindigkeit mit dem Lezten und die Fülle mit dem Ersten. [54.] (v 1798)

1. a) Stellen Sie Chancen und Gefährdungen beider Menschentypen (Text 1) tabellarisch einander gegenüber.
b) Tauschen Sie sich mit einer anderen Person aus: Welchem Typus würden Sie sich selbst tendenziell zuordnen? Teilt die andere Person Ihre Selbsteinschätzung?

Das Fragment
Allgemein versteht man unter Fragment ein unvollständiges Kunstwerk. In der Romantik wird es zur eigenen Textgattung erklärt, mit der bewusst ausgedrückt werden soll, dass jedes Kunstwerk und jeder Gedanke immer unvollendet bleiben müsse. Vollendung und Abgeschlossenheit existieren nur als Zielvorstellungen, die niemals verwirklicht werden können.

2 Joseph von Eichendorff (1788–1857): Die zwei Gesellen

Es zogen zwei rüst'ge Gesellen
Zum ersten Mal von Haus,
So jubelnd recht in die hellen
Klingenden, singenden Wellen
5 Des vollen Frühlings hinaus.

Die strebten nach hohen Dingen,
Die wollten, trotz Lust und Schmerz,
Was Rechts in der Welt vollbringen,
Und wem sie vorübergingen,
10 Dem lachten Sinnen und Herz. –

Der Erste, der fand ein Liebchen,
Die Schwieger kauft' Hof und Haus;
Der wiegte gar bald ein Bübchen,
Und sah aus heimlichem Stübchen
15 Behaglich ins Feld hinaus.

Dem Zweiten sangen und logen
Die tausend Stimmen im Grund,
Verlockend' Sirenen, und zogen
Ihn in der buhlenden Wogen
20 Farbig klingenden Schlund.

Und wie er auftaucht' vom Schlunde,
Da war er müde und alt,
Sein Schifflein das lag im Grunde,
So still war's rings in die Runde,
25 Und über die Wasser weht's kalt.

Es singen und klingen die Wellen
Des Frühlings wohl über mir;
Und seh ich so kecke Gesellen,
Die Tränen im Auge mir schwellen –
30 Ach Gott, führ uns liebreich zu Dir! (v 1818)

2. a) Schreiben Sie für jeden Gesellen (Text 2) einen kurzen Lebenslauf aus der Ich-Perspektive.
b) Verfassen Sie ein „Totengespräch" zwischen den beiden Gesellen, in dem diese über ihren Lebensentwurf und dessen Folgen diskutieren.

3. Analysieren Sie das Gedicht, indem Sie zunächst eine tabellarische Stoffsammlung (vgl. S. 41) anlegen.

4. Hören Sie die Vertonung von Robert Schumann. (CD 2, Track 2) Achten Sie auf die unterschiedliche musikalische Gestaltung der beiden Perspektiven.

3 Clemens Brentano (1778–1842): Wenn der lahme Weber

Wenn der lahme Weber träumt, er webe,
Träumt die kranke Lerche auch, sie schwebe,
Träumt die stumme Nachtigall, sie singe,
Dass das Herz des Widerhalls zerspringe,
5 Träumt das blinde Huhn, es zähl' die Kerne,
Und der drei je zählte kaum, die Sterne,
Träumt das starre Erz, gar linde tau' es,
Und das Eisenherz, ein Kind vertrau' es,
Träumt die taube Nüchternheit, sie lausche,
10 Wie der Traube Schüchternheit berausche;
Kömmt dann Wahrheit mutternackt gelaufen,
Führt der hellen Töne Glanzgefunkel
Und der grellen Lichter Tanz durchs Dunkel,
Rennt den Traum sie schmerzlich übern Haufen,
15 Horch! die Fackel lacht, horch! Schmerz-Schalmeien
Der erwachten Nacht ins Herz all schreien;
Weh, ohn' Opfer gehn die süßen Wunder,
Gehn die armen Herzen einsam unter! (v 1837)

5. a) Erarbeiten Sie einen ➤ Vortrag des Gedichts „Wenn der lahme Weber" mit verschiedenen Sprechern.
b) Stellen Sie das Verhältnis von Traum, Schmerz und Wahrheit szenisch dar.

6. Untersuchen Sie die Lichtmetaphorik im zweiten Teil des Gedichts.

---
[1] der Philister: ursprünglich Volksstamm, der im AT erwähnt wird; seit dem 18. Jh. Bezeichnung für spießige und kleingeistige Bürger

Clemens Brentano (1778–1842) stammte aus einer wohlhabenden Kaufmannsfamilie. Eine Ausbildung zum Kaufmann brach er ab und studierte stattdessen Bergwissenschaft, Medizin und Philosophie, ohne jedoch ein Abschlussexamen zu machen. Sein Erbe ermöglichte ihm eine Existenz als unabhängiger Autor. Mit seinem Freund Achim von Arnim – dieser heiratete später Brentanos Lieblingsschwester Bettina – gab er die Volkliedsammlung *Des Knaben Wunderhorn* heraus (1805–1808). Brentano schrieb zunächst Kunstmärchen, Novellen und zahlreiche Gedichte. Zerrissen zwischen Künstlertum und religiöser Sinnsuche trat er 1817 nach einer Lebenskrise zum Katholizismus über. Danach verstand er sich als „Schreiber", der die religiösen Visionen einer Nonne, Anna Katharina Emmerick, aufzeichnete. So entstanden 16 000 Seiten, mittels derer Brentano religiöse Bücher verfasste und anonym veröffentlichte. Über Brentanos Zeit mit A. K. Emmerick drehte der Regisseur Dominik Graf 2007 den Film *Das Gelübde*.

7. Setzen Sie den Hauptteil der Gedichtinterpretation fort, indem Sie den Schwerpunkt auf die Lichtmetaphorik legen.

L Lichtmetaphorik

Licht wird seit der **griechischen Antike** oft in Verbindung mit der Licht gebenden Sonne als Metapher für Wahrheit und Erkenntnis verstanden. Am bekanntesten ist hier Platons Höhlengleichnis (4. Jh. v. Chr.), das den Weg aus einer dunklen, nur notdürftig von einem Feuer erhellten Höhle zum Tageslicht der Sonne als einen Prozess der Befreiung aus Unwissenheit und Täuschung darstellt. Für das **18. Jahrhundert** bezeugen allein schon die europäischen Epochenbezeichnungen die Bedeutung der Lichtmetaphorik (Aufklärung, Enlightenment, Siècle des Lumières). Ihrer bediente sich auch besonders der in dieser Zeit gegründete Freimaurerorden. Wer in ihn aufgenommen wurde, „erhielt das Licht". Licht steht jetzt vor allem für Klarheit und Rationalität. Entsprechend prägen rationalitätskritische Ansätze ihre Gegenbilder: Nacht und geheimnisvolle Dunkelheit verbildlichen nun ein tieferes Seelenverständnis (vgl. Novalis: *Hymnen an die Nacht*). In der **Romantik** wird Licht auch mit Schmerz und Zerstörung in Verbindung gebracht. Eine Romanfigur spricht es aus: „Ich hasse die Menschen, die mit ihrer nachgemachten kleinen Sonne in jede trauliche Dämmerung hineinleuchten und die lieblichen Schattenphantome verjagen […]." (Ludwig Tieck: *William Lovell*)

S Gedichtinterpretation: Analyse der Methaphorik

Um eine komplexe Bildersprache zu verstehen, lohnt es sich, alle Einzelelemente sehr genau zu entschlüsseln. Erst auf dieser Grundlage wird es möglich, die Bedeutung der Metaphorik für eine Gesamtdeutung überzeugend darzulegen.
Im Rahmen der Fünfschritt-Methode (vgl. S. 40 ff.) könnte die tabellarische Stoffsammlung folgendermaßen aussehen:

2. Stoffsammlung zu Brentano, „Wenn der lahme Weber"

Metaphernelemente	Deutung
– „helle Töne" (V. 12)	→ zunächst noch neutral, vielleicht sogar positiv
– „Glanzgefunkel"	→ beeindruckend, aber auch bedrohlich
– „grellen Lichter" (V. 13)	→ Steigerung: eindeutig negativ, da schmerzlich
– „durchs Dunkel"	→ die Dunkelheit der Nacht wird angegriffen, sie ist bereits nicht mehr sie selbst
– „rennt den Traum sie schmerzlich" (V. 14)	→ Vernichtung der Träume
– „die Fackel lacht" (V. 15)	→ das Licht triumphiert, verhöhnt die Träume
– „Schmerz-Schalmeien […] schreien"	→ Qual der gepeinigten Träume
– „der erwachten Nacht" (V. 16)	→ besiegte Nacht

4 Auszug aus dem Hauptteil einer Gedichtinterpretation

[…] Die Verse eins bis zehn deuten wohl an, dass im Traum die unglaublichsten Erfahrungen gemacht werden können. Fähigkeiten und Vorgänge, die rein logisch als ausgeschlossen gelten, erscheinen möglich. Es sind „Wunder" (V. 17), die jedoch in der personifizierten „Wahrheit" (V. 11) einer offenbar aggressiven Gegnerin gegenüberstehen. Deren Vorgehen wird in den Versen 12 bis 16 mittels einer besonderen Bildersprache ausgedrückt. […]

5 E. T. A. Hoffmann (1776–1822): Rat Krespel (Auszug)

Der Rat Krespel war einer der allerwunderlichsten Menschen, die mir jemals im Leben vorgekommen. Als ich nach H– zog, um mich einige Zeit dort aufzuhalten, sprach die ganze Stadt von ihm, weil soeben einer seiner allernärrischsten Streiche in voller Blüte stand. Krespel war berühmt als gelehrter gewandter Jurist und als tüchtiger Diplomatiker. Ein nicht eben bedeutender regierender Fürst in Deutschland hatte sich an ihn gewandt, um ein Memorial auszuarbeiten, das die Ausführung seiner rechtsbegründeten Ansprüche auf ein gewisses Territorium zum Gegenstand hatte und das er dem Kaiserhofe einzureichen gedachte. Das geschah mit dem glücklichsten Erfolg, und da Krespel einmal geklagt hatte, dass er nie eine Wohnung seiner Bequemlichkeit gemäß finden könne, übernahm der Fürst, um ihn für jenes Memorial zu lohnen, die Kosten eines Hauses, das Krespel ganz nach seinem Gefallen aufbauen lassen sollte. Auch den Platz dazu wollte der Fürst nach Krespels Wahl ankaufen lassen; das nahm Krespel indessen nicht an, vielmehr blieb er dabei, dass das Haus in seinem vor dem Tor in der schönsten Gegend belegenen Garten erbaut werden solle. Nun kaufte er alle nur mögliche Materialien zusammen und ließ sie herausfahren; dann sah man ihn, wie er tagelang in seinem sonderbaren Kleide (das er übrigens selbst angefertigt nach bestimmten eigenen Prinzipien) den Kalk löschte, den Sand siebte, die Mauersteine in regelmäßige Haufen aufsetzte usw. Mit irgendeinem Baumeister hatte er nicht gesprochen, an irgendeinen Riss[1] nicht gedacht. An einem guten Tage ging er indessen zu einem tüchtigen Mauermeister in H– und bat ihn, sich morgen bei Anbruch des Tages mit sämtlichen Gesellen und Burschen, vielen Handlangern usw. in dem Garten einzufinden und sein Haus zu bauen. Der Baumeister fragte natürlicherweise nach dem Bauriss und erstaunte nicht wenig, als Krespel erwiderte, es bedürfe dessen gar nicht, und es werde sich schon alles, wie es sein solle, fügen. Als der Meister anderen Morgens mit seinen Leuten an Ort und Stelle kam, fand er einen im regelmäßigen Viereck gezogenen Graben, und Krespel sprach: „Hier soll das Fundament meines Hauses gelegt werden, und dann bitte ich die vier Mauern so lange heraufzuführen, bis ich sage, nun ist's hoch genug." – „Ohne Fenster und Türen, ohne Quermauern?", fiel der Meister, wie über Krespels Wahnsinn erschrocken, ein. „So wie ich Ihnen es sage, bester Mann", erwiderte Krespel sehr ruhig, „das Übrige wird sich alles finden." Nur das Versprechen reicher Belohnung konnte den Meister bewegen, den unsinnigen Bau zu unternehmen; aber nie ist einer lustiger geführt worden, denn unter beständigem Lachen der Arbeiter, die die Arbeitsstätte nie verließen, da es Speis und Trank vollauf gab, stiegen die vier Mauern unglaublich schnell in die Höhe, bis eines Tages Krespel rief: „Halt!" Da schwieg Kell' und Hammer, die Arbeiter stiegen von den Gerüsten herab, und indem sie den Krespel im Kreise umgaben, sprach es aus jedem lachenden Gesicht. „Aber wie nun weiter?" – „Platz!", rief Krespel, lief nach einem Ende des Gartens und schritt dann langsam auf sein Viereck los, dicht an der Mauer schüttelte er unwillig den Kopf, lief nach dem andern Ende des Gartens, schritt wieder auf das Viereck los und machte es wie zuvor. Noch einige Male wiederholte er das Spiel, bis er endlich, mit der spitzen Nase hart an die Mauer anlaufend, laut schrie: „Heran, heran, ihr Leute, schlagt mir die Tür ein, hier schlagt mir eine Tür ein!" – Er gab Länge und Breite genau nach Fuß und Zoll an, und es geschah, wie er geboten. Nun schritt er hinein in das Haus und lächelte wohlgefällig, als der Meister bemerkte, die Mauern hätten gerade die Höhe eines tüchtigen zweistöckigen Hauses. Krespel ging in dem innern Raum bedächtig auf und ab, hinter ihm her die Maurer mit Hammer und Hacke, und sowie er rief: „Hier ein Fenster, sechs Fuß hoch, vier Fuß breit! – dort ein Fensterchen, drei Fuß hoch, zwei Fuß breit!", so wurde es flugs eingeschlagen. Gerade während dieser Operation kam ich nach H–, und es war höchst ergötzlich anzusehen, wie Hunderte von Menschen um den Garten herumstanden und allemal laut aufjubelten, wenn die Steine herausflogen und wieder ein neues Fenster entstand, da, wo man es gar nicht vermutet hatte. Mit dem übrigen Ausbau des Hauses und mit allen Arbeiten, die dazu nötig waren, machte es Krespel auf ebendieselbe Weise, indem sie alles an Ort und Stelle nach seiner augenblicklichen Angabe verfertigen mussten. Die Possierlichkeit des ganzen Unternehmens, die gewonnene Überzeugung, dass alles am Ende sich besser zusammengeschickt als zu erwarten stand, vorzüglich aber Krespels Freigebigkeit, die ihm freilich nichts kostete, erhielt aber alle bei guter Laune. So wurden die Schwierigkeiten, die die abenteuerliche Art zu bauen herbeiführen musste, überwunden, und in kurzer Zeit stand ein völlig eingerichtetes Haus da, welches von der Außenseite den tollsten Anblick gewährte, da kein Fenster dem andern gleich war usw., dessen innere Einrichtung aber eine ganz eigene Wohlbehaglichkeit erregte. Alle, die hineinkamen, versicherten dies, und ich selbst fühlte es, als Krespel nach näherer Bekanntschaft mich hineinführte. Bis jetzt hatte ich nämlich mit dem seltsamen Manne noch nicht gesprochen, der Bau beschäftigte ihn so sehr, dass er nicht einmal sich bei dem Professor M*** dienstags, wie er sonst pflegte, zum Mittagsessen einfand und ihm, als er ihn besonders eingeladen, sagen ließ, vor dem Einweihungsfeste seines Hauses käme er mit keinem Tritt aus der Tür. Alle Freunde und Bekannte verspitzten sich auf ein großes Mahl, Krespel hatte aber niemanden gebeten als sämt-

E. T. A. Hoffmann: Kreisler im Wahnsinn, 1822 – E. T. A. Hoffmann fertigte oft nebenbei Zeichnungen oder bissige Karikaturen an. Der hier dargestellte Kreisler ist eine Figur aus Hoffmanns Roman *Lebensansichten des Katers Murr*.

---

[1] der Riss (< mhd. riz = reißen; aber auch schreiben, zeichnen [von „ritzen"]): Zeichnung

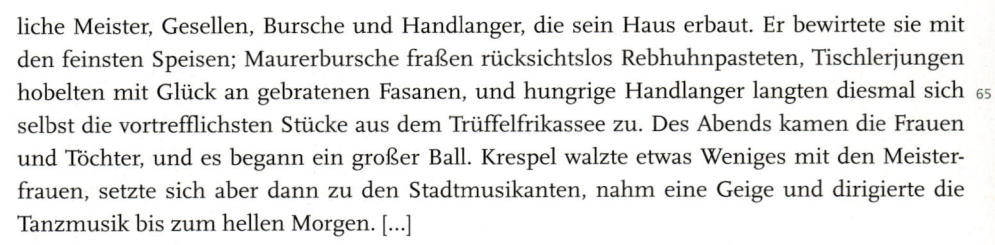

liche Meister, Gesellen, Bursche und Handlanger, die sein Haus erbaut. Er bewirtete sie mit den feinsten Speisen; Maurerbursche fraßen rücksichtslos Rebhuhnpasteten, Tischlerjungen hobelten mit Glück an gebratenen Fasanen, und hungrige Handlanger langten diesmal sich selbst die vortrefflichsten Stücke aus dem Trüffelfrikassee zu. Des Abends kamen die Frauen und Töchter, und es begann ein großer Ball. Krespel walzte etwas Weniges mit den Meisterfrauen, setzte sich aber dann zu den Stadtmusikanten, nahm eine Geige und dirigierte die Tanzmusik bis zum hellen Morgen. [...]

Der Ich-Erzähler der Novelle interessiert sich leidenschaftlich für den Sonderling Krespel. Nach dem rätselhaften Tod einer jungen Frau im Hause des Rats erfährt er von Krespels unglücklicher Ehe mit einer italienischen Sängerin.

[...] In Venedig hörte er die berühmte Sängerin Angela –i, welche damals auf dem Teatro di S. Benedetto in den ersten Rollen glänzte. Sein Enthusiasmus galt nicht der Kunst allein, die Signora Angela freilich auf die herrlichste Weise übte, sondern auch wohl ihrer Engelsschönheit. Der Rat suchte Angelas Bekanntschaft, und trotz aller seiner Schroffheit gelang es ihm, vorzüglich durch sein keckes und dabei höchst ausdrucksvolles Violinspiel sie ganz für sich zu gewinnen. – Das engste Verhältnis führte in wenigen Wochen zur Heirat, die deshalb verborgen blieb, weil Angela sich weder vom Theater noch von dem Namen, der die berühmte Sängerin bezeichnete, trennen oder ihm auch nur das übeltönende ‚Krespel' hinzufügen wollte. – Mit der tollsten Ironie beschrieb Krespel die ganz eigene Art, wie Signora Angela, sobald sie seine Frau worden, ihn marterte und quälte. Aller Eigensinn, alles launische Wesen sämtlicher erster Sängerinnen sei, wie Krespel meinte, in Angelas kleine Figur hineingebannt worden. Wollte er sich einmal in Positur setzen, so schickte ihm Angela ein ganzes Heer von Abbates, Maestros, Akademikos über den Hals, die, unbekannt mit seinem eigentlichen Verhältnis, ihn als den unerträglichsten, unhöflichsten Liebhaber, der sich in die liebenswürdige Laune der Signora nicht zu schicken wisse, ausfilzten. Gerade nach einem solchen stürmischen Auftritt war Krespel auf Angelas Landhaus geflohen und vergaß, auf seiner Cremoneser Geige fantasierend, die Leiden des Tages. Doch nicht lange dauerte es, als Signora, die dem Rat schnell nachgefahren, in den Saal trat. Sie war gerade in der Laune, die Zärtliche zu spielen, sie umarmte den Rat mit süßen schmachtenden Blicken, sie legte das Köpfchen auf seine Schulter. Aber der Rat, in die Welt seiner Akkorde verstiegen, geigte fort, dass die Wände widerhallten, und es begab sich, dass er mit Arm und Bogen die Signora etwas unsanft berührte. Die sprang aber voller Furie zurück; „bestia tedesca[1]", schrie sie auf, riss dem Rat die Geige aus der Hand und zerschlug sie an dem Marmortisch in tausend Stücke. Der Rat blieb, erstarrt zur Bildsäule, vor ihr stehen, dann aber, wie aus dem Traume erwacht, fasste er Signora mit Riesenstärke, warf sie durch das Fenster ihres eigenen Lusthauses und floh, ohne sich weiter um etwas zu bekümmern, nach Venedig – nach Deutschland zurück. (v 1816)

1. a) Überlegen Sie, ob Sie einen Menschen wie Krespel eher meiden oder den Kontakt zu ihm suchen würden.
b) Ordnen Sie Krespels Eigenschaften und Lebensumstände in zwei Spalten unter den Gesichtspunkten „normal" bzw. „anormal".
c) Führen Sie dann eine ➤ Punktabfrage für die jeweiligen Eigenschaften durch.

2. Diskutieren Sie, welche Normenerwartungen in unserer Gesellschaft bestehen und welche Normabweichungen toleriert bzw. nicht toleriert werden.

3. a) Bestimmen Sie die Erzählperspektive.
b) Prüfen Sie, wie sich die Wirkung des Textes ändern würde, wenn Krespel selbst diese Ereignisse schildern würde.

E. T. A. Hoffmann: Hoffmann und Devrient bei „Lutter und Wegner"

[1] bestia tedesca (< ital.): deutsche Bestie

6 Rüdiger Safranski (* 1945): E. T. A. Hoffmann

In seinem Buch *Romantik. Eine deutsche Affäre* (2007) untersucht der Philosoph Rüdiger Safranski die „Epoche Romantik" und „Das Romantische" innerhalb der deutschen Kulturgeschichte. Ein Kapitel widmet sich den beiden „Spätromantikern", dabei aber ganz unterschiedlichen Dichtern Joseph von Eichendorff und E. T. A. Hoffmann.

War Eichendorff schon ein Romantiker des „Als ob", so war es E. T. A. Hoffmann in noch radikalerem Sinne, weil er nämlich ohne religiösen Glauben auskommen musste. Hoffmann hatte nicht wie Eichendorff das Glück einer idyllischen Kindheit, die ihm den Stoff für seine romantischen Träume und Fantasien hätte geben können. Er wächst ohne Vater in einem bürgerlich-pedantischen Haushalt in Königsberg auf, umgeben von Onkeln und Tanten und Großeltern, die auf Pflicht, Anstand und Pünktlichkeit achten, geistig aber wenig bieten können. Der Junge träumt von der Künstlerexistenz, schreibt Romane für die Schublade, komponiert. Unwillig, aber folgsam geht er den Weg, der ihn nach dem Wunsch der Familie unter den juristischen *Brotbaum* führt, beglückt nur von seinen künstlerischen Ausbruchsfantasien. Er wird Jurist, sogar ein brillanter, amtet als Regierungsrat in Posen, Warschau und zuletzt am Kammergericht in Berlin. Nach dem Zusammenbruch Preußens versucht er sich als Kapellmeister in Bamberg, Dresden und Leipzig. Von diesem Zwischenspiel abgesehen hat Hoffmann das Komponieren, Malen, Schreiben immer nur als Nebentätigkeit ausgeübt, und er musste lange auf den Erfolg warten. Er ist siebenundzwanzig, als 1809 zum ersten Mal etwas Gedrucktes von ihm erscheint, der *Ritter Gluck*. Er ist Mitte Dreißig, als die aufgestauten Massen musikalischer und literarischer Fantasien losbrechen. Jetzt gibt es kein Halten mehr. Es dauert nur wenige Wochen, dann redet das ganze literarische Deutschland von ihm. Bald nennt man ihn den „Gespenster-Hoffmann". Er wird der Star der Frauentaschenbücher. Es beginnen seine Berliner Tage und Nächte um den Gendarmenmarkt herum. Man geht zu „Lutter und Wegner", um den kleinen Gnom mit den beweglichen Gesichtszügen dort sitzen und zechen zu sehen, zusammen mit dem unvermeidlichen Schauspieler Devrient. Die beiden werfen sich die Bälle ihrer Einfälle zu, mischen Ernst und Spiel, ironisieren und imitieren die Leute und sich selbst, machen sich Geständnisse, geben Trost, führen ihre Nachtgespenster vor. In den Nächten mit Devrient hatten Hoffmanns Erzählungen Premiere. Als Kammergerichtsrat ist er bei den Liberalen in der Stadt hoch angesehen, denn bei den sogenannten „Demagogenverfolgungen" nach 1817 verteidigte er hartnäckig rechtsstaatliche Grundsätze gegen seine Vorgesetzten und zog sich deshalb sogar ein Disziplinarverfahren zu. Hoffmann ist berühmt und bei manchen berüchtigt. Ein anderer Wunsch erfüllt sich. Endlich hat er auch als Komponist Erfolg. Seine Oper „Undine" kommt in Berlin auf die Bühne. Aber nur achtmal wird sie dort aufgeführt, dann brennt das Opernhaus ab, Schinkels Bühnenbilder sind vernichtet. Eine Geschichte, wie sie Hoffmann erfunden haben könnte. Auf dem Höhepunkt seines Ruhmes reibt er sich verwundert die Augen. Und das soll es nun gewesen sein? Er macht weiter, muss aber nun mehr Wein zugießen. Er liebt das Leben und stirbt unter Protest. (v 2007)

4. Lesen Sie Safranskis Text und notieren Sie Fragen zu Aspekten von Hoffmanns Leben, über die Sie Genaueres wissen möchten.

5. Vergleichen Sie die Lebensumstände und die hier angedeuteten Charaktereigenschaften E. T. A. Hoffmanns mit denen seiner literarischen Figur Rat Krespel.

R **Ein Multitalent – E. T. A. Hoffmann**
Informieren Sie Ihre Mitschüler über den Maler, Musiker und Schriftsteller E. T. A. Hoffmann.
Literaturtipp: Peter Härtling, *Hoffmann oder die vielfältige Liebe*, München (dtv) 2006.

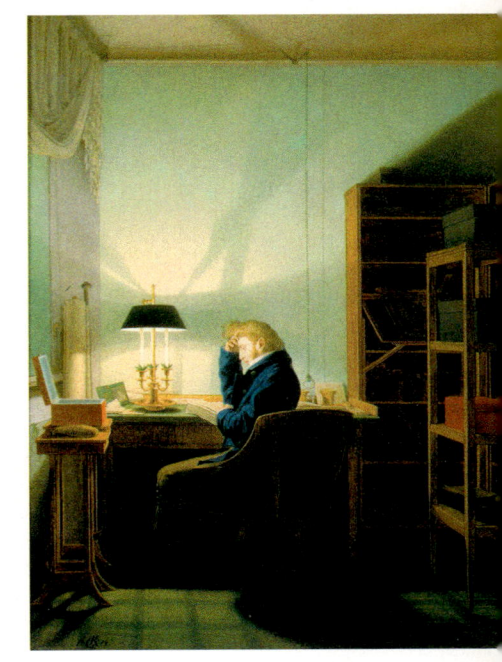

7 Ludwig Tieck (1773–1853): Liebeszauber
(Märchen aus dem *Phantasus*, Auszug)

„Tief denkend saß Emil an seinem Tische und erwartete seinen Freund Roderich. [...] Emil, ein reicher junger Mann von reizbarem und melancholischem Temperament war nach dem Tode seiner Eltern Herr seines Vermögens; er hatte eine Reise angetreten, um sich auszubilden, [...]." So führt Tiecks Erzähler die Hauptfigur ein. Emil erwartet seinen Freund mit besonderer Ungeduld, da er ihm heute Abend erzählen möchte, dass er sich in eine Unbekannte im Haus gegenüber verliebt hat. Aber Roderich verspätet sich nicht nur, er will auch von einem ruhigen Abend mit langen Gesprächen nichts wissen, sondern unbedingt einen Ball besuchen. Als der enttäuschte Emil sich sträubt, ihn dorthin zu begleiten, kommt es zu folgendem Wortwechsel:

Das ist gar keine Frage, erwiderte Emil im höchsten Unwillen. Dich zur Carikatur machen, und dich betäuben gehört eben zu den Vergnügungen, denen du am liebsten nachjagst.
Weil du nicht tanzen magst, sagte jener, und den Tanz für eine verderbliche Erfindung hältst, so soll auch Niemand anders lustig seyn. Wie verdrüßlich, wenn ein Mensch aus lauter Eigenheiten zusammengesetzt ist.
Gewiss, erwiderte der erzürnte Freund, und ich habe Gelegenheit genug, dies an dir zu beobachten; ich glaubte, dass du mir nach unsrer Abrede diesen Abend schenken würdest, aber –
Aber es ist ja Carneval, fuhr jener fort, und alle meine Bekannten und einige Damen erwarten mich auf dem heutigen großen Balle. Bedenke nur, mein Lieber, dass es wahre Krankheit in dir ist; dass dir dergleichen Anstalten so unbillig zuwider sind.
Emil sagte: Wer von uns beiden krank zu nennen ist, will ich nicht untersuchen, dein unbegreiflicher Leichtsinn, deine Sucht, dich zu zerstreuen, dein Jagen nach Vergnügungen, die dein Herz leer lassen, scheint mir wenigstens keine Seelengesundheit; auch in gewissen Dingen könntest du wohl meiner Schwachheit, wenn es denn einmal dergleichen sein soll, nachgeben, und es giebt nichts auf der Welt, was mich so durch und durch verstimmt, als ein Ball mit seiner fürchterlichen Musik. Man hat sonst wohl gesagt, die Tanzenden müssten einem Tauben, welcher die Musik nicht vernimmt, als Rasende erscheinen; ich aber meine, dass diese schreckliche Musik selbst, dies Umherwirbeln weniger Töne in widerlicher Schnelligkeit, in jenen vermaledeyten Melodien, die sich unserm Gedächtnisse, ja ich möchte sagen unserm

Georg Friedrich Kersting: Lesender im Lampenlicht, 1811

Ludwig Tieck (1773–1853) besuchte als Sohn gebildeter Handwerker ein angesehenes Gymnasium, wo er als außerordentlich begabter Schüler galt.

Mit zehn Jahren lernte er Goethes Götz von Berlichingen komplett auswendig und mit ca. 15 Jahren übersetzte er Homers Odyssee gleich zweimal. Im Gymnasium begegnete er auch Wilhelm Wackenroder, mit dem ihn bis zu dessen frühem Tod 1798 eine leidenschaftliche Freundschaft verband. Beide litten darunter, Theologie bzw. Jura studieren zu müssen, statt sich ganz der Poesie und ihren Diskussionen über Kunst, Politik und Gesellschaft widmen zu können. Sie schrieben 1796 zusammen ihr erstes Buch. Ab 1794 gelang es Tieck, als freier Schriftsteller zu leben. Er veröffentlichte Romane, sein Drama Der gestiefelte Kater sowie zahlreiche Kunstmärchen, in denen sich Unheimliches und Geheimnisvolles mit alltäglichen Erfahrungen verbindet. Später vollendete er die von A. W. Schlegel begonnene Übersetzung fast aller Shakespeare-Dramen, die bis ins 20. Jahrhundert als einzigartig galt.

Blut unmittelbar mittheilen, und die man nachher auf lange nicht wieder los werden kann, dass dies die Tollheit und Raserey selbst sey, denn wenn mir das Tanzen noch irgend erträglich seyn soll, so müste es ohne Musik geschehn.

Nun sieh, wie paradox!, antwortete der Maskirte; du kömmst so weit, dass du das Natürlichste, Unschuldigste und Heiterste von der Welt unnatürlich, ja grässlich finden willst.

Ich kann nicht für mein Gefühl, sagte der Ernste, dass mich diese Töne von Kindheit auf unglücklich gemacht und oft bis zur Verzweiflung getrieben haben: In der Tonwelt sind sie für mich die Gespenster, Larven und Furien, und so flattern sie mir auch ums Haupt, und grinsen mich mit entsezlichem Lachen an.

Nervenschwäche, sagte jener, so wie dein übertriebener Abscheu gegen Spinnen und manch anderes unschuldiges Gewürm.

Unschuldig nennst du sie, sagte der Verstimmte, weil sie dir nicht zuwider sind. Für denjenigen aber, dem die Empfindung des Ekels und des Abscheus, dasselbe unnennbare Grauen, wie mir, bei ihrem Anblick in der Seele aufgeht und durch sein ganzes Wesen zuckt, sind diese grässlichen Unthiere, wie Kröten und Spinnen, oder gar die widerwärtigste aller Creaturen, die Fledermaus, nicht gleichgültig und unbedeutend, sondern ihr Daseyn ist dem seinigen auf das Feindlichste entgegengesetzt. [...]

Als Emil allein war, suchte er seinen Zorn zu vergessen und das Betragen seines Freundes von der lächerlichen Seite zu nehmen. Er betrachtete den blanken schön gearbeiteten Dolch, und sagte: Wie muss es doch dem Menschen seyn, der solch scharfes Eisen in die Brust des Gegners stößt, oder gar einen geliebten Gegenstand damit verletzt? Er schloss ihn ein, lehnte dann behutsam die Läden seines Fensters zurück und sah über die enge Gasse. Aber kein Licht regte sich, es war finster im Hause gegenüber; die theure Gestalt, die dort wohnte und sich um diese Zeit bei häuslicher Beschäftigung zu zeigen pflegte, schien entfernt. Vielleicht gar auf dem Balle!, dachte Emil, so wenig es auch ihrer eingezogenen Lebensart ziemte. Plözlich aber zeigte sich ein Licht, und die Kleine, welche seine unbekannte Geliebte um sich hatte, und mit der sie sich am Tage wie am Abend vielfältig abgab, trug ein Licht durch das Zimmer und lehnte die Fensterläden an. Eine Spalte blieb hell, groß genug, um von Emils Standpunkt einen Theil des kleinen Zimmers zu überschauen, und dort stand oft der Glückliche bis nach Mitternacht wie bezaubert, und beobachtete jede Bewegung der Hand, jede Miene seiner Geliebten; er freute sich, wenn sie dem kleinen Kinde lesen lehrte, oder sie im Nähen und Stricken unterrichtete. Auf seine Erkundigung hatte er erfahren, dass die Kleine eine arme Waise sey, die das schöne Mädchen mitleidig zu sich genommen hatte, um sie zu erziehn. Emils Freunde begriffen nicht, warum er in dieser engen Gasse wohne, in einem unbequemen Hause, weshalb man ihn so wenig in Gesellschaften sehe, und womit er sich beschäftige. Unbeschäftigt, in der Einsamkeit, war er glücklich, nur unzufrieden mit sich und seinem menschenscheuen Charakter, dass er es nicht wage, die nähere Bekanntschaft dieses schönen Wesens zu suchen, so freundlich sie auch einige Mal am Tage gegrüßt und gedankt hatte. Er wusste nicht, dass sie eben so trunken zu ihm hinüberspähte, und ahndete nicht, welche Wünsche sich in ihrem Herzen bildeten, welcher Anstrengung, welcher Opfer sie sich fähig fühlte, um nur zum Besitz seiner Liebe zu gelangen.

Nachdem er einige Mal auf und nieder gegangen war, und das Licht sich mit dem Kinde wieder entfernt hatte, fasste er plötzlich den Entschluss, seiner Neigung und Natur zuwider, auf den Ball zu gehen, weil es ihm einfiel, dass seine Unbekannte eine Ausnahme von ihrer eingezogenen Lebensweise könne gemacht haben, um auch einmal die Welt und ihre Zerstreuungen zu genießen. (e 1812–1816)

---

1. a) ➤ Lesen Sie die Auseinandersetzung zwischen den beiden Freunden szenisch.
b) Charakterisieren Sie Emil und formulieren Sie einen persönlichen Kommentar zu seinen Ängsten.

2. Dass Emil trotz seiner Abneigungen und Ängste plötzlich doch auf den Ball geht, wird zum Motor der weiteren Handlung. Schreiben Sie eine Fortsetzung des Kunstmärchens. Mischen Sie dabei realistische und fantastische Motive.

Das Kunstmärchen

Unter diesem Gattungsbegriff erfasst man Texte, die keine anonym überlieferten Geschichten wie die Volksmärchen, sondern Werke von Schriftstellern sind, die gezielt vertraute Märchenmuster mit aktuellen Erzählelementen verbinden. „Im Gegensatz zum Volksmärchen treten in Kunstmärchen psychologisierte Charaktere auf, die in einer geheimnisvollen Fremde untergehen bzw. ihr Glück machen oder in einer als verrückt erkannten Wirklichkeit dem Irrsinn anheimfallen." (Stefan Greif)

Kreatives Schreiben

Im Unterschied zum gestaltenden Interpretieren (vgl. S. 29) ist man beim kreativen Schreiben nicht so eng an den literarischen Text gebunden. Er bildet bei dieser Aufgabenstellung zwar die Ausgangsbasis, die man beachten muss (z. B. Emils Charaktereigenschaften), aber man kann und muss ganz neue Handlungselemente und Figuren erfinden. Man soll stärker seiner eigenen Fantasie Ausdruck verleihen, ja diese schreibend vielleicht überhaupt entdecken und entfalten. Es geht somit sehr stark um die Persönlichkeit des Schreibenden, weshalb man auch von personalem kreativen Schreiben spricht.

II. Überall Sehnsucht!

1. Sehnsuchtsland „Heimat" – Gedichte von Joseph von Eichendorff interpretieren

„Immer nach Hause!", lautet bei Novalis die Antwort auf die Frage „Wohin gehen wir?". Während Fernweh, Wander- und Reiselust wichtige Motive der Literatur seit dem 18. Jahrhundert bilden, werden Heimat, Heimweh und Heimkehr erst ab ca. 1800 intensiver thematisiert. Aber die Sehnsucht gilt wohl einer „Heimat", die es so nie gegeben hat, die vielleicht erst durch die Poesie entsteht. Könnte „Heimat" somit vielleicht für etwas ganz anderes stehen?

1 Joseph von Eichendorff (1788–1857): Die Heimat

Meinem Bruder. 1819

Denkst du des Schlosses noch auf stiller Höh?
Das Horn lockt nächtlich dort, als ob's dich riefe,
Am Abgrund grast das Reh,
5 Es rauscht der Wald verwirrend aus der Tiefe, –
O stille, wecke nicht! es war, als schliefe
Da drunten ein unnennbar Weh.

Kennst du den Garten? – Wenn sich Lenz erneut,
Geht dort ein Mädchen auf den kühlen Gängen
10 Still durch die Einsamkeit
Und weckt den leisen Strom von Zauberklängen,
Als ob die Bäume und die Blumen sängen
Rings von der alten, schönen Zeit.

Ihr Wipfel und ihr Bronnen, rauscht nur zu!
15 Wohin du auch in wilder Lust magst dringen,
Du findest nirgends Ruh,
Erreichen wird dich das geheime Singen;
Ach, dieses Bannes wunderbaren Ringen
Entfliehn wir nimmer, ich und du! (e 1819)

Caspar David Friedrich: Gebirgslandschaft mit Regenbogen

2 Joseph von Eichendorff: Heimweh

An meinen Bruder

Du weißt's, dort in den Bäumen
Schlummert ein Zauberbann,
Und nachts oft, wie in Träumen,
Fängt der Garten zu singen an.

5 Nachts durch die stille Runde
Weht's manchmal bis zu mir,
Da ruf' ich aus Herzensgrunde,
O Bruderherz, nach dir.

So fremde sind die Andern,
10 Mir graut im fremden Land,
Wir wollen zusammen wandern,
Reich' treulich mir die Hand!

Wir wollen zusammen ziehen,
Bis dass wir wandermüd'
15 Auf des Vaters Grabe knien
Bei dem alten Zauberlied. (v 1831–1836)

1. a) Wenn Sie Gedichte über Heimat und Heimweh schreiben würden: Wem würden Sie Ihre Gedichte widmen?
b) Was verbinden Sie außer den Beziehungen zu Menschen noch mit dem Stichwort „Heimat"?
(Vgl. S. 36 ff.)

2. Heimelige oder unheimliche Heimat? Sammeln Sie zentrale Begriffe aus beiden Gedichten und prüfen Sie deren Konnotationen.

3. Vergleichen Sie die beiden Gedichte (vgl. S. 47 ff.). Untersuchen Sie dabei Motive, Bilder und die Beziehung zwischen Sprecher und Angesprochenem.

1. Schließen Sie die Augen und sammeln Sie Ihre Assoziationen zu einem Gedicht mit dem Titel „Mondnacht".

2. a) Erarbeiten Sie in Gruppen einen ➤ Vortrag des Gedichts „Mondnacht", bei dem Sie einzelne Verse mehrfach wiederholen („Loops").
b) Vergleichen Sie die Wirkung unterschiedlicher Vorschläge.

3. Versuchen Sie nun eine Interpretation des Gedichts. Sie können mit Überlegungen zur Modalität und Ihren Assoziationen zum letzten Vers beginnen. Gehen Sie auch auf den Titel ein.

4. Hören Sie sich Robert Schumanns Vertonung von „Mondnacht" an. Besprechen Sie, welche Momente des Gedichts Schumanns Interpretation besonders verstärkt. (CD 2 Track 3)

Caspar David Friedrich: Mondaufgang am Meer

5. Lesen Sie den Auszug aus der Interpretation des Literaturwissenschaftlers Gerhard Kaiser.
a) Exzerpieren Sie Passagen,
– die Sie besonders überzeugen,
– die Sie weniger überzeugen.
b) Notieren Sie Fragen zu Kaisers Interpretation.

3 Joseph von Eichendorff: Mondnacht

Es war, als hätt' der Himmel
Die Erde still geküsst,
Dass sie im Blüten-Schimmer
Von ihm nun träumen müsst'.

5 Die Luft ging durch die Felder
Die Ähren wogten sacht,
Es rauschten leis die Wälder,
So sternklar war die Nacht.

Und meine Seele spannte
10 Weit ihre Flügel aus,
Flog durch die stillen Lande,
Als flöge sie nach Haus.   (v 1837)

4 Gerhard Kaiser (* 1927): Augenblicke deutscher Lyrik – Joseph von Eichendorffs „Mondnacht" (Auszug)

Das Gedicht besteht aus drei vierzeiligen Strophen von jeweils einem Satz. Die erste Strophe steht mit ihrer Hauptaussage im Konjunktiv, die zweite durchgehend im Indikativ, die dritte nimmt in den drei ersten Versen den Indikativ auf und kehrt im letzten in den Konjunktiv zurück. Beide Male dient dieser Modus einem Vergleich. Der Indikativ betrifft eine Naturgegebenheit – die zweite Strophe in allen vier Versen – und eine Seelentätigkeit – drei Verse der dritten Strophe. Die Stimmung in der Natur und die Seelenstimmung sind beide so an der Grenze des Sagbaren, dass Vergleiche notwendig sind – vom Kuss der Erde durch den Himmel und vom Heimflug der Seele. Doch von vornherein entzieht sich das Gedicht der logisch strikten Aufgliederung – Indikativ für eigentliche, Konjunktiv für uneigentliche Rede –; denn auch die so selbstverständlich im Indikativ vorgetragene Bezeichnung der Seele als Flügelwesen, Voraussetzung für den Vergleich vom Heimflug, ist ja uneigentlich, eine Metapher, freilich eine geläufige und traditionsreiche. Griechisch und christlich gleichermaßen erscheinen neben flügeltragenden Genien – der Schmetterling in seinem geflügelten Hervorgang aus dem Verpuppungsstadium als Auferstehungs- und Unsterblichkeitssymbol. Der Schmetterling heißt auf Griechisch psyche, Seele.

Lediglich die Feststellung des Naturzustands scheint problemlos zu sein, und doch ist auch in diesen Aussagen der zweiten Strophe ein Geheimnis. Man kann sie als vier ohne Bindewort gereihte, durch Kommata getrennte einfache Aussagesätze lesen. Zwei Sätze über die Luft und über die Ähren bringen in ihrem Parallelismus zum Ausdruck, dass die Ährenbewegung der Luftbewegung entspricht, weil sie aus ihr hervorgeht. Der dritte Hauptsatz ist eine Pronominalkonstruktion: „*Es* rauschten leis die Wälder". In ihr wird der Gedichteingang: „*Es* war ..." aufgenommen. Dort leitet die Konstruktion den Konjunktiv ein, der von Unfassbarem spricht; hier wird das logische Subjekt des Rauschens durch das grammatische Subjekt zunächst verdeckt. Ein „Es" rauscht, das erst im Nachhinein als „die Wälder" identifiziert wird. Wie hier wird auch im folgenden Satz das Subjekt – „Nacht" – an das Versende zurückgestellt. Es geschieht durch das Partikel „so". Damit entsteht eine spannungsvolle Balance zwischen den Subjekten der zweiten Strophenhälfte und denen der ersten – Luft und Ähren –, die am Satzanfang stehen. „So sternklar war die Nacht", als selbstständiger Satz gelesen, gewönne eine stille Emphase, näherte sich dem Ausruf – vielleicht noch im Akt der Feststellung eine erste Antwort auf das, was in der Natur ist. Das Ich begönne sich herauszuheben, das dann im Possessivpronomen „Und *meine* Seele ..." deutlicher wird.

Die Luft geht, die Ähren wogen, es rauschen die Wälder – das sind grammatisch gleichermaßen Aktivaussagen, aber dem Sinne nach ist das Wogen der Ähren und das Rauschen der Wälder passiv. Die Luft macht sie wogen und rauschen.

Die Satzbildung mit dem sachlichen Pronomen „es" schwächt die Subjektfunktion der Wälder grammatisch um eine Nuance ab. Die Nacht ist nicht in einer Bewegung, sondern in einem Stillstand. Schritt für Schritt vergehen die Aktivitäten. Nicht der Wind weht, sondern die Luft geht. „Sacht" wogen die Ähren und „leis" rauschen die Wälder. Dass in der dritten Strophe nicht gesagt wird, was das Ich, vielmehr was seine Seele tut, macht auch das Ich zum Gegenstand eines Geschehens. Etwas Mächtiges widerfährt ihm in der Bewegung der Seele.

Doch kann man sich bei der Lesung der letzten Zeile der zweiten Strophe als Ausruf nicht beruhigen, denn die Situation ist nicht eindeutig. Am Ende des Verses steht ein Punkt, kein Ausrufezeichen. Das kann als Ausdruck dafür angesehen werden, dass die Äußerung ganz nach innen zurückgenommen ist.   (v 1987)

Das Mondmotiv in der Literatur

In der antiken Mythologie verkörpert das Mondgestirn Weiblichkeit, (zyklische) Fruchtbarkeit und Emotionalität. Als Zeuge nächtlichen Kummers und erotischer Abenteuer wird er in der deutschen Barock-Lyrik angerufen. Obwohl man dank Galilei seit 1610 weiß, dass der Mond „nur" ein hügeliger, um die Erde kreisender Planet ist, bleibt er in der Kunst „beseelt" und das Mondmotiv gewinnt für die europäische Literatur immer mehr an Bedeutung. Im 18. Jahrhundert begleitet es Themen wie Freundschaft bzw. Ruhe und Geborgenheit (z.B. Matthias Claudius: „Der Mond ist aufgegangen"), aber auch Zerrissenheit, Seelenqual und Tod (z.B. Goethe: *Die Leiden des jungen Werthers*). In der Romantik verbindet sich das Mondmotiv mit der Metaphorik der Nacht (s. Lichtmetapher S. 232), der Wanderschaft und der Sehnsucht. Der Mond und sein sanfteres Licht können für Zuflucht, Geborgenheit und tiefe Emotionalität stehen (z.B. Novalis: „Hymnen an die Nacht" oder „Guter Mond, du gehst so stille", anonymes Lied um 1800), aber auch das Unheimliche, die Verstrickung in Wahnsinn und Verbrechen beleuchten.

5 Joseph von Eichendorff: Sehnsucht

Es schienen so golden die Sterne,
Am Fenster ich einsam stand
Und hörte aus weiter Ferne
Ein Posthorn im stillen Land.
5 Das Herz mir im Leib entbrannte,
Da hab ich mir heimlich gedacht:
Ach wer da mitreisen könnte
In der prächtigen Sommernacht!

Zwei junge Gesellen gingen
10 Vorüber am Bergeshang,
Ich hörte im Wandern sie singen
Die stille Gegend entlang:
Von schwindelnden Felsenschlüften,
Wo die Wälder rauschen so sacht,
15 Von Quellen, die von den Klüften
Sich stürzen in die Waldesnacht.

Sie sangen von Marmorbildern,
Von Gärten, die überm Gestein
In dämmernden Lauben verwildern,
20 Palästen im Mondenschein,
Wo die Mädchen am Fenster lauschen,
Wann der Lauten Klang erwacht
Und die Brunnen verschlafen rauschen
In der prächtigen Sommernacht. – (v 1834)

6 Hans Magnus Enzensberger (* 1929): Vor dem Techno und danach

Der Herr v. Eichendorff
hat sich nicht erschossen.
Der Herr v. Eichendorff
kokste nicht, kam ohne Duelle
5 und ohne Quickies aus.
Der Herr v. Eichendorff,
sprach fließend polnisch.
Sein Ehrgeiz hielt sich in Grenzen.
Der Herr v. Eichendorff –
10 schwache Lunge, Hilfsarbeiter
in preußischen Ministerien,
dreißig Jahre lang –
träumte von Waldhörnern
in seinem Büro, taugte
15 und taugte nicht,
lebte unauffällig, starb
und hinterließ ein paar Zeilen,
haltbarer als die morschen Ziegel
von Lubowitz, heutigen Tags
20 Rzeczpospolita Polska[1],
im tauben Ohr unsrer Kinder:
nur ein paar Zeilen,
die ihnen eines Tages,
wenn sie in Rente gehen,
25 vielleicht etwas Weiches,
Unbekanntes zu fühlen geben,
das früher Wehmut hieß. (v 2006)

---
[1] Republik Polen, Lubowitz wurde 1945 polnisch.

Joseph von Eichendorff ist 1788 auf Schloss Lubowitz bei Ratibor in Oberschlesien geboren und 1857 in Neiße gestorben. Der Familienbesitz Lubowitz wurde 1823 zwangsversteigert, was für Eichendorff ein einschneidendes Ereignis war, denn Heimat war für ihn ein wichtiger Wert und für sein Werk eine zentrale Chiffre – Heimat ist der verlorene Zustand der Freiheit und Erfüllung. Den Menschen verstand er als einen Reisenden durch die Welt zum ewigen Zuhause.
Nach einem Jurastudium u.a. in Heidelberg, wo er Arnim und Brentano kennenlernte, nahm er 1813–15 an den Befreiungskriegen teil. 1815 erschien sein erster Roman *Ahnung und Gegenwart*. 1816 trat er in den preußischen Staatsdienst ein, 1821 wurde er katholischer Kirchen- und Schulrat. 1826 erschien seine bekannte Novelle *Aus dem Leben eines Taugenichts*. Die Geschichte des Müllerjungen ist weniger Flucht vor der Realität als vielmehr Protest, Gegenbild zur gesellschaftlichen Wirklichkeit der Zeit. 1831 übersiedelte er mit seiner Familie (er hatte 1815 geheiratet) nach Berlin. Erst 1841 bekam er eine feste Anstellung als Geheimer Regierungsrat. Neben dem *Taugenichts* wurde Eichendorff durch seine Gedichte berühmt.

6. a) Skizzieren Sie die Lebenssituation, in der sich das lyrische Ich im Gedicht „Sehnsucht" befinden könnte.
b) Das hier ausgedrückte „Fernweh" erscheint zunächst als Gegenentwurf zum „Heimweh" anderer Gedichte Eichendorffs.
Diskutieren Sie, ob es sich um gegensätzliche Gefühle handelt und ob diese Gefühle einander ausschließen.

7. a) Proben Sie einen Gedichtvortrag im „Rap-Stil".
b) Vergleichen Sie den Inhalt von Enzensbergers Gedicht mit den biografischen Informationen zu Eichendorff. Was betont Enzensberger, was ist ihm wichtig?

240 Sehnsuchtsort Wiepersdorf:

Schloss Wiepersdorf – heute mit einem gepflegten Park

Günter Eich (1907–1972):
Wiepersdorf, die Arnimschen Gräber

Die Rosen am Verwildern,
verwachsen Weg und Zaun, –
in unverwelkten Bildern
bleibt noch die Welt zu schaun.

5 Tönt noch das Unkenläuten
zart durch den Krähenschrei,
will es dem Ohr bedeuten
den Hauch der Zauberei.

Umspinnt die Gräberhügel
10 Geißblatt und Rosendorn,
hört im Libellenflügel
des Knaben Wunderhorn!

Die Gräser atmen Kühle
im gelben Mittagslicht.
15 Dem wilden Laubgefühle
versank die Stunde nicht.

Im Vogelruf gefangen,
im Kiefernwind vertauscht
der Schritt, den sie gegangen,
20 das Wort, dem sie gelauscht.

Dem Leben, wie sies litten,
aufs Grab der Blume Lohn:
Für Achim Margeriten
und für Bettina Mohn!

25 Nicht unter Stein und Ranke
schläft oder schlägt ihr Herz,
ein ahnender Gedanke
weht her von anderwärts.

Verstummen uns die Zeichen,
30 wenn Lurch und Krähe schwieg,
hallt aus den Sternbereichen
die andere Musik.

(e 1935–1946, v 1948)

- Schloss Wiepersdorf in der Mark Brandenburg scheint ein besonderer Ort zu sein. Recherchieren Sie die wechselvolle Geschichte des Schlosses (www.schloss-wiepersdorf.de).
- Nicht jeder Deutsch-Kurs kann tatsächlich in die Mark Brandenburg reisen, um dort das Schloss zu besichtigen, der Atmosphäre im Park nachzuspüren und sich mit seinen früheren berühmten Bewohnern an Ort und Stelle auseinanderzusetzen. Laden Sie im Rahmen eines Referats Ihre Mitschüler virtuell nach Schloss Wiepersdorf ein, z. B. in Form von Plakat-Stationen im Klassenzimmer oder einer digitalen Präsentation:
  – Suchen Sie historische und aktuelle Anreisewege von Berlin nach Wiepersdorf.
  – Entscheiden Sie sich für einen Ablauf der Besichtigung: Begehen Sie zuerst den Park oder zuerst das Schloss? Eine Zeitreise aus der Gegenwart in die Vergangenheit oder lieber die chronologische Entwicklung? Wann und wo könnte man Gedichte oder Briefe zitieren?
  – Für die Romantiker waren auch die Städte Heidelberg, Marburg, Jena und Berlin von großer Bedeutung. Auch dorthin lohnen sich wirkliche oder virtuelle Exkursionen!

Eine virtuelle Exkursion vorbereiten

Ab 1839, acht Jahre nach dem Tod ihres Mannes Achim von Arnim, verbringt Bettina von Arnim immer wieder mehrere Monate in Schloss Wiepersdorf auf den Arnim'schen Gütern, die auch als Land Bärwalde bezeichnet werden, um zu schreiben. Dabei begleiten sie die jüngeren ihrer sieben Kinder.

Bettina von Arnim an Friedrich Carl von Savigny (Auszug)

Bärwalde, den 4. November 1839

[…] habe bereits meinen Entschluss gefasst, Berlin nicht mehr zu bewohnen, in dem ich doch keine fröhliche Zeit je zubrachte, sondern die Schule der Dornen, Distlen und Brennnesslen durchmachen musste. Die Kinder sind auch damit zufrieden und wollen den Anfang mit dem
5 harten Winter machen, den wir hier auf dem Lande zubringen werden, und werden dem Winterwind, der seit ein paar Tagen sich hartnäckigen Eingang durch die losen Fenster und Türen zu schaffen sucht, als wolle er unseres Entschlusses spotten, eine Faust machen; denn wir lachen uns warm und singen uns warm, was mir nicht schlecht gelingt; denn meine Stimme ist voll Feuer vermöge der Energie, die sich in meinem Herzen regt, seitdem es sich erkühnt, seine
10 innere Stimme laut werden zu lassen. Das macht uns tausend Spaß, Trepp auf Trepp ab singen wir Quartette aus dem Stegreif. […]
– alle Türen knarren, die Fenster dröhnen, von der zerbrochenen Bodentreppe herab ergießt sich wie eine Orgel, die alle Register gezogen hat, zudem haben die Kinder ein Fenster, was nicht recht schloss, beim Einrichten hinausgeschlagen, und die Drescher haben gestern Abend kein
15 Holz klein gemacht, wir laufen hinunter, es wird ein großer Korb mit Spänen heraufgeholt und im Kamin angezündet, alles Brennbare wird draufgeworfen, der große Kranz, mit dem wir Maxens Geburtstag feierten, wird an einem Ast über die Flamme gehängt, er fängt an zu brennen. Die Kohlblätter glühen, der Fuchsschwanz sprüht mit tausend Funken seinen glühenden Samen umher, die Max rettet mitten aus den Flammen noch ein unversehrtes weißes Blüm-
20 chen – alles hockt ums Feuer, um den Kranz verbrennen zu sehen. […] und so war der Kranz verglüht, und es gefällt mir doch sehr gut hier, wo mirs an aller Bequemlichkeit gebricht. Die Kinder sind so vergnügt hier. Wir haben auch Gesellschaft, eine kleine graue Katze und eine große weiße und der Jagdhund, die legen sich auf unsre Füß, wenn wir kalt haben.

(e 1839)

Bettina von Arnim ist 1785 in Frankfurt geboren und 1859 in Wiepersdorf bei Berlin gestorben; sie ist die Schwester von Clemens Brentano. Sie wurde durch ihre Großmutter, die Schriftstellerin Sophie von La Roche (1730–1807), erzogen. Über die Offenheit, mit der sie 1843 in ihrer Schrift Dies Buch gehört dem König die gesellschaftlichen Verhältnisse kritisierte, schrieb Karl Gutzkow: „Traurig genug, dass nur ein Weib das sagen durfte, was jeden Mann hinter Schloss und Riegel würde gebracht haben." In Goethes Briefwechsel mit einem Kinde (1835), Die Günderode (1840), und Clemens Brentanos Frühlingskranz (1844), erfundene und tatsächliche Korrespondenzen, stellt sie auch ihre Entwicklungsgeschichte bis zu ihrer Eheschließung mit Achim von Arnim (1811) dar. Ihr Berliner Salon war in den 40er- und 50er-Jahren ein kultureller Treffpunkt.

Auch die Innenräume des Schlosses wurden aufwendig restauriert.

- Wollen Sie selbst als Reiseführer auftreten oder möchten Sie vielleicht die interessanteste Bewohnerin des Schlosses im 19. Jahrhundert, Bettina von Arnim, sprechen lassen?

- Sie könnten Frau von Arnim auch als fiktive Interviewpartnerin gewinnen, die z. B. die spätere Nutzung ihres Schlosses oder das Gedicht von Günter Eich kommentiert.

- Für diese Gestaltungsformen müssen Sie natürlich auch zu Bettina von Arnim, geborene Brentano, recherchieren. Vielleicht lassen Sie der Brief und die biografischen Informationen neugierig werden auf diese ungewöhnliche Frau.

2. „Es waren schöne glänzende Zeiten …" (Novalis) – Die Hinwendung zur Vergangenheit nachvollziehen

Das Leiden an der eigenen Gegenwart führt zur Erfindung einer glückhaften Vergangenheit, die gleichzeitig ein Versprechen für die Zukunft bedeutet. Die Frühromantiker meinen mit ihrem „goldenen Zeitalter" noch keine konkrete nationalgeschichtliche Epoche. Erst in der Auseinandersetzung mit Napoleon entsteht die Fiktion eines „deutschen Mittelalters". Gleichzeitig wächst das Interesse am sogenannten Volksgut und an der Geschichte der deutschen Sprache.

1 Napoleonporträts

a) Antoine-Jean Gros

b) Anne Louis Girodet-Trioson

1. Vergleichen Sie die beiden Napoleon-Porträts: Wie wird der Herrscher inszeniert? Um welche „Botschaft" für den Betrachter geht es?

2. a) Veranstalten Sie eine kleine Umfrage, um herauszufinden, ob heute Menschen in einer anderen Epoche leben wollen, und wenn ja, in welcher.
b) Recherchieren Sie, wo und wie heute „Mittelalter-Feste" gefeiert werden.

3. Untersuchen Sie, ob Novalis' Vorstellungen von der Vergangenheit mit den politischen Verhältnissen des Mittelalters übereinstimmen.

2 Novalis: Die Christenheit oder Europa (Auszug)

Es waren schöne glänzende Zeiten, wo Europa ein christliches Land war, wo *Eine* Christenheit diesen menschlich gestalteten Welttheil bewohnte; *Ein* großes gemeinschaftliches Interesse verband die entlegensten Provinzen dieses weiten geistlichen Reichs. – Ohne große weltliche Besitzthümer lenkte und vereinigte *Ein* Oberhaupt die großen politischen Kräfte. – Eine zahlreiche Zunft zu der jedermann den Zutritt hatte, stand unmittelbar unter demselben und vollführte seine Winke und strebte mit Eifer seine wohlthätige Macht zu befestigen. Jedes Glied dieser Gesellschaft wurde allenthalben geehrt, und wenn die gemeinen Leute Trost oder Hülfe, Schutz oder Rath bei ihm suchten, und gerne dafür seine mannigfaltigen Bedürfnisse reichlich versorgten, so fand es auch bei den Mächtigeren Schutz, Ansehn und Gehör, und alle pflegten diese auserwählten, mit wunderbaren Kräften ausgerüsteten Männer, wie Kinder des Himmels, deren Gegenwart und Zuneigung mannigfachen Segen verbreitete. Kindliches Zutrauen knüpfte die Menschen an ihre Verkündigungen. – Wie heiter konnte jedermann sein irdisches Tagewerk vollbringen, da ihm durch diese heilige Menschen eine sichere Zukunft bereitet, und jeder Fehltritt durch sie vergeben, jede missfarbige Stelle des Lebens durch sie ausgelöscht, und geklärt wurde. Sie waren die erfahrnen Steuerleute auf dem großen unbekannten Meere, in deren Obhut man alle Stürme gering schätzen, und zuversichtlich auf eine sichre Gelangung und Landung an der Küste der eigentlichen vaterländischen Welt rechnen durfte. (e 1799, v 1826)

3 Otto Heinrich Graf von Loeben (1786–1825): Das Mittelalter

Es träumte mir, ein Greis mit Silberhaaren
Entführte mich auf eines Schlosses Zinnen;
Mit Wonne noch bewegt es meine Sinnen,
Wie mir geschah, als wir da oben waren.

5 Ich sah die Schiff' und Wimpel unten fahren,
Durch offne Gauen edle Ströme rinnen;
Ich sah den Wäldern Jägernetz' entspinnen,
Ich sah am Quell die Hirsche bei den Aaren.

Viel' Städte schaut' ich, hoch' und niedre Türme,
10 Den Blick umfing ein stolzes Wohlbehagen
Bei diesen Märkten, Straßen, Gärten, Toren.

Mit einmal tönt' es hohl, als ob man stürme;
Der Greis verschwand, ich hört' ihn nur noch sagen:
„Dies war das Paradies, das ihr verloren." (v 1810)

Karl Friedrich Schinkel: Mittelalterliche Stadt an einem Fluss

4. Sammeln Sie von Loebens Mittelalter-Klischees und suchen Sie passende Bilder aus dem 19. Jahrhundert, z. B. von Moritz von Schwind.

5. Versuchen Sie zu erklären, warum von Loeben für sein Gedicht die Sonett-Form gewählt hat.

4 Novalis: Fragment 234 (Auszug)

In einem ächten Märchen muss alles wunderbar – geheimnißvoll und unzusammenhängend seyn – alles belebt. Jedes auf eine andre Art. Die ganze Natur muss auf eine wunderliche Art mit der ganzen Geisterwelt vermischt seyn. Die Zeit der allg[emeinen] Anarchie – Geseßlosigkeit – Freyheit – der *Naturstand* der *Natur* – die Zeit vor der *Welt* (Staat). Diese Zeit vor der Welt
5 liefert gleichsam die zerstreuten Züge der Zeit *nach der Welt* – wie der Naturstand ein *sonderbares Bild* des ewigen Reichs ist. Die Welt des Märchens ist die *durchausentgegengesezte* Welt der Welt der Wahrheit (Geschichte) – und eben darum ihr so *durchaus ähnlich* – wie das *Chaos* der *vollendeten Schöpfung*. (e 1799–1800)

6. a) Tragen Sie Erinnerungen an Märchen-Texte zusammen.
b) Prüfen Sie, ob diese Märchen Novalis' Anforderungen entsprechen.
c) Analysieren Sie den Satzbau des Fragments und beziehen Sie Inhalt und Form aufeinander.

5 Vorrede der Brüder Grimm zu den „Kinder- und Hausmärchen" (Auszug)

Wir finden es wohl, wenn von Sturm und anderem Unglück, das der Himmel schickt, eine ganze Saat zu Boden geschlagen wird, dass noch bei niedrigen Hecken oder Sträuchen, die am Wege stehen, ein kleiner Platz sich gesichert hat, und
5 einzelne Ähren aufrecht geblieben sind. Scheint dann die Sonne wieder günstig, so wachsen sie einsam und unbeachtet fort: Keine frühe Sichel schneidet sie für die großen Vorratskammern, aber im Spätsommer, wenn sie reif und voll geworden, kommen arme Hände, die sie suchen, und Ähre
10 an Ähre gelegt, sorgfältig gebunden und höher geachtet als sonst ganze Garben, werden sie heimgetragen, und winterlang sind sie Nahrung, vielleicht auch der einzige Samen für die Zukunft.
So ist es uns vorgekommen, wenn wir gesehen haben, wie
15 von so vielem, was in früherer Zeit geblüht hat, nichts mehr übrig geblieben, selbst die Erinnerung daran fast ganz verloren war, als unter dem Volke Lieder, ein paar Bücher, Sagen und diese unschuldigen Hausmärchen. Die Plätze am Ofen, der Küchenherd, Bodentreppen, Feiertage noch gefeiert, Triften und Wälder in ihrer Stille, vor allem die ungetrübte Fantasie sind die Hecken gewesen, die sie gesichert und einer Zeit aus der an-
20 dern überliefert haben.
Es war vielleicht gerade Zeit, diese Märchen festzuhalten, da diejenigen, die sie bewahren sollen, immer seltener werden. (v 1812)

Jacob Grimm (1785–1863) und Wilhelm Grimm (1786–1859)

7. Stellen Sie dar, welche Bedeutung die Brüder Grimm den „Volksmärchen" zuweisen. Gehen Sie dabei auf die hier gewählte Metaphorik ein.

8. Überlegen Sie, warum die Märchen der Brüder Grimm trotz anderer Intentionen lange Zeit ausschließlich als Kinderliteratur gelesen wurden.

> **Volksmärchen:** „Eine kleine, einfache Erzählung meist wunderbaren Inhalts. Da dem Märchen das Wunderbare selbstverständlich ist, braucht es den Abstand von der zeiträumlichen Gegenwart seiner Erzähler und Zuhörer. Es spielt im ungefähren Einst, im vagen Weitweg. Es datiert losgelöst von geschichtlich Bestehendem und Gewesenem [...]. Die Märchen folgen einem bestimmten Handlungsschema, das lediglich jeweils mit unterschiedlichen Motiven konkretisiert und bisweilen durch Vervielfältigung seiner Grundelemente erweitert wird. Knapp gefasst: Jemand löst Aufgaben, die ihm gestellt sind und erhält dafür einen Gewinn, der ihn ein für allemal glücklich macht. [...] Solche Aufgaben sind: kostbare Gegenstände zu finden, Rätsel zu lösen, verwandelte Menschen zu erlösen. Dementsprechend wird auch mit hohem Einsatz gespielt, oft mit dem Leben. Die Aufgabe steht somit dem Preis als Hindernis im Weg. Hier kommen die übernatürlichen Mächte zum Zug, die guten, die dem Helden helfen, die bösen, die seine Anstrengungen zu hintertreiben suchen. [...] Der Handlungsaufbau ist einfach, einsträngig, gradlinig. [...] Die **Erzählperspektive** wechselt fast nie, sie bleibt von Anfang bis Ende beim Helden." (Volker Klotz)
> Die „Kinder- und Hausmärchen" der Brüder Grimm erschienen 1812/15.

9. a) Untersuchen Sie den Wörterbucheintrag und beschreiben Sie seinen Aufbau.
b) Setzen Sie sich mit der Wirkung der Kleinschreibung im „Grimm" auseinander.

6 Erinnerung von Herman Grimm (1828–1901) (Auszug)

Die Brüder hatten bei den Märchen freilich die Kinder als den mitgenießenden Teil im Sinne. Das beweist schon die Widmung der ersten Auflage von 1812: „An die Frau Elisabeth von Arnim für den kleinen Johannes Freimund."
Freimund war Achim und Bettina von Arnims erstes Kind, damals nicht lange auf die Welt gekommen. Aber man lese die Vorrede: Wie wenig bei den Kinder- und Hausmärchen von den Sammlern damals an den alleinigen Gebrauch für Kinder und Haus gedacht wurde; in erster Linie kam es den Brüdern darauf an, diese bis dahin unbeachtet gebliebenen Blumen, die der dichtenden Fantasie des Volkes entsprangen, als einen Teil des allgemeinen nationalen Reichtums überhaupt ans Licht zu bringen. (e 1864)

7 Auszug aus dem Wörterbuch der Brüder Grimm

DÄMMERN, *allmälich hell oder dunkel werden, zumal bei aufgang und nach untergang der sonne; zwielicht verbreiten; vergl.* dämmer *und* aufdämmern. der morgen, der abend dämmert am horizont herauf.

    an örtern wo ihr (*der sonne*) stral gedämpft
    mit braunen schatten dämmernd kämpft   GOTTER 1, 229.
    welches meteores schimmer
    dämmert durch der wolken flor?   3, 534.
    wo du horchest der nachtigall,
    zittert eine gestalt, dämmernd in mildem glanz,
    leises fluges an dir vorbei   HÖLTY *an Miller.*
    ich kam an die sonnen und die dämmerten.
            KLOPSTOCK *Mess.* 9, 12.
sie sahen in des grabes nacht die morgenröthe der auferstehung schon dämmern   12, 200.   im dämmernden saal, mit einer entschlummernden todtenlampe sparsam erhellt   12, 294.
    scheide des tags und der nacht ein dämmerndes zwielicht.
            VOSS.
    schleichen die andern zum dämmernden wald.
            GÖTHE 1, 29.
    mit der dämmernden fackel leuchtest du (*liebe*) ihm
    durch die furten bei nacht   2, 66.
    der schein des ewgen lämpchens flämmert
    und schwach und schwächer seitwärts dämmert   11, 127.
    dunstige fackeln, lampen, lichter
    dämmern durchs verworrne fest   41, 38.
o es ist mit der ferne, wie mit der zukunft! ein groszes dämmerndes ganzes ruht vor unserer seele   16, 39.   das zimmer war dunkel, nur eine kerze dämmerte hinter dem grünen schirm   22, 89.   der ganze raum war eher nächtlich als dämmernd   23, 83.   gehen wir schnell aus dem hellen ins dämmernde   52, 17.   ein fensterkreuz das einen dämmernden himmel zum hintergrund hat   52, 22.   vor ihm (*dem Montblanc*) sahen wir eine reihe von schneegebirgen dämmernder auf dem rücken von schwarzen fichtenbergen liegen   56, 245.   da oben auf der zinne des bergs im dämmernden blau   TISCHBEIN *bei Göthe*   29, 14.
    erhebe dich (*maienlüftchen*) mit allem süszen raube
    nach jener dämmernden hollunderlaube   BÜRGER 4.
die farbenkörner der natur zergiengen in eine einzige weite flut, und über der dämmernden flut stand der Unendliche als sonne   J. PAUL 1, 168.   (v 1860)

8 Dieter Wulf: Die Wörtersammler (Auszug)

„Lieber Jacob", schrieb Wilhelm Grimm im April 1838 an seinen Bruder, „ich habe das Unternehmen mit dem Wörterbuch nochmals überdacht. Wenn wir beide vier Jahre der Sache täglich widmen – und ich will gerne fleißig sein – so glaube ich, kommen wir zu Ende." Es war vermutlich der folgenschwerste Irrtum im Leben der Brüder Grimm, die heute meist nur noch wegen ihrer Märchensammlungen bekannt sind. Dabei beschäftigten sich die Sprachforscher nur einige Jahre ihres Lebens mit Hänsel und Gretel, Schneewittchen und Aschenputtel. Ihr eigentlicher Forschungsgegenstand, ja das Lebenselixier der beiden war das „Deutsche Wörterbuch".

Germanistik war im frühen 19. Jahrhundert kein Nischenfach, sondern hatte in dem durch Kleinstaaten zersplitterten Deutschland einen wichtigen Anteil an der Entstehung des Nationalbewusstseins. Unter dem Eindruck der napoleonischen Kriege war die deutsche Sprache zum Symbol der von vielen ersehnten politischen Einheit geworden. So sagten die Brüder Grimm gleich zu, als der Leipziger Verleger Karl Reimer ihnen im Jahr 1838 vorschlug, ein „neuhochdeutsches Wörterbuch" herauszugeben, das die deutsche Sprache von Martin Luther bis Johann Wolfgang Goethe dokumentieren sollte.

Viele Jahre hatten sich Jacob und Wilhelm Grimm intensiv mit der Sprache und ihrer Herkunft beschäftigt. Am Anfang stand die Sammlung von Märchen. Jahrhundertelang waren sie mündlich überliefert worden. Jetzt aber lösten sich die Großfamilien auf, und die Geschichten, die die Großeltern abends erzählt hatten, gingen langsam verloren. Jacob und Wilhelm Grimm merkten, dass eine literarische Gattung zu verschwinden drohte. Anfangs dachten sie nicht daran, für Kinder zu schreiben, sondern sahen in Märchen eher einen Beitrag zur Völkerkunde und Literaturgeschichte. 1806 begannen sie mit ihrer Suche – beide gerade Anfang zwanzig. Sechs Jahre später, zu Weihnachten 1812, erschien der erste Band ihrer „Kinder- und Hausmärchen" in einer Auflage von 900 Exemplaren. „Hätten wir dreihundert Jahre früher gelebt", schrieben sie später, „hätten wir hundertmal mehr gefunden und Besseres." Heute kennt jedes Kind, selbst in Japan oder Korea, die Geschichten der Grimms. Nicht weil es in diesen Ländern nicht auch Ähnliches gegeben hätte. Es gab nur niemanden, der die Erzählungen vor dem Vergessen bewahrt hatte.

Wörterbücher waren zu Beginn des 19. Jahrhunderts keine Neuheit. Man listete auf, was man zusammentragen konnte, meist wenig systematisch, aber im Ergebnis ähnlich wie beim heutigen Duden, in dem man Sinn und Schreibweise eines Wortes nachschlagen kann. Die Brüder Grimm aber dachten an etwas anderes. Die aktuelle Schreibweise interessierte die Sprachforscher weniger als die Ursprünge und Vorformen unserer Wörter. Das war ein völlig neuer Ansatz, nichts Geringeres als die Suche nach der Kulturgeschichte, dem Geheimnis der deutschen Sprache. „Wir wollen", so erläuterte Wilhelm Grimm, „eine Naturgeschichte der einzelnen Wörter schreiben."

Heute verzeichnet der Duden zum Beispiel unter „Anstand" Wörter wie anständig, anstandshalber, anstandslos und Ähnliches. Das „Grimm'sche Wörterbuch" dagegen bietet eine lange Abhandlung, beginnend mit Verweisen auf das 16. Jahrhundert, als das Wort hauptsächlich Waffenstillstand bedeutete. Bei Martin Luther etwa fanden die Grimms: „Die Römer haben mit den Juden einen Frieden und Anstand gemacht." Anstand, so lernt man, bedeutete früher eben nicht, nett und zuvorkommend zu sein. Anstand bedeutete schlicht, dass nicht gekämpft wurde. „Die Schwerter und Lanzen wurden nicht mehr in die Hand genommen, sondern standen an der Wand."

Hinter Etymologien wie dieser verbergen sich ausgiebige Recherche und detektivischer Spürsinn. Denn das Grimm'sche Mammutwerk verzeichnet nicht nur die Wörter der deutschen Sprache, sondern auch, wann und in welcher Veröffentlichung sie erstmals auftauchten. Für jedes Wort suchten die Grimms nach der jeweiligen „Geburtsurkunde". Genau aufgelistet kann man nachlesen, wer das jeweilige Wort wo erstmals verwandte und welche Entwicklung es dann nahm. Das Wörterbuch, schrieb Jacob Grimm 1854 im Vorwort des ersten Bandes, solle ein „Heiligtum der Sprache gründen". Mit der Zeit, so glaubte er, werde das Buch „wie eine Wabe wachsen und es wird ein Denkmal des Volkes, dessen Vergangenheit und Gegenwart in ihm sich verknüpfen". [...]

Ein „Volksbuch für jedermann", wie Jacob Grimm gehofft hatte, wurde das „Deutsche Wörterbuch" nie. Dafür wird es aber besonders von denen, die sich intensiv mit der deutschen Sprache befassen, als unerschöpfliche Quelle geliebt. „Das Wörterbuch ist für mich kein bloßes Nachschlagewerk, sondern eine Lektüre, der ich mich stundenlang hingeben kann", schrieb Thomas Mann. Und die Schriftstellerin Sarah Kirsch sagte einmal: „Ich surfe nicht im Internet, ich surfe im Grimm." (v 2007)

10. a) Die Brüder Grimm kamen in mehr als 20 Jahren Arbeit nur bis zum Buchstaben F. Verdeutlichen Sie sich ihre Arbeitsweise zu einer Zeit, in der es noch kein Internet gab.
b) „Surfen" Sie selbst im „Grimm", indem Sie die Bedeutungsgeschichte der Wörter *Sehnsucht*, *Philister* und *Märchen* nachschlagen.

11. Stellen Sie den Zusammenhang zwischen der Märchensammlung und der Wörterbucharbeit dar.

12. Diskutieren Sie den Sinn eines solchen Projekts aus heutiger Perspektive.

3. Liebes- und Todessehnsucht – Die Vertonung von Lyrik als Schlüssel zum Verständnis nutzen

Seit Goethes *Werther* (s. S. 153 ff.) ist die Verbindung von Liebe, Tod und radikaler Einsamkeit des Individuums zu einer eigenen literarischen Tradition geworden. In der Romantik wird Liebe als „Passion" im doppelten Sinne – als Leidenschaft und Leiden – besonders in der Lyrik intensiv zum Ausdruck gebracht. Gleichzeitig bildet sich die musikalische Tradition des Kunstlieds heraus, das im Englischen heute noch als „German Lied" bezeichnet wird. Besonders die Liederzyklen Franz Schuberts (1797–1828) nach Gedichten von Wilhelm Müller (1794–1827), in denen Liebessehnsucht und Liebesverlust im Zentrum stehen, fordern bis heute immer wieder zu neuen Interpretationen heraus.

1 Georg Friedrich Kersting (1785–1847): Frau vor dem Spiegel

1. ➤ Beschreiben Sie das Bild und überlegen Sie, was es über weibliche Lebensformen zu Beginn des 19. Jahrhunderts aussagen könnte.

2. Suchen Sie Musikstücke, die Ihnen als Hintergrund für einen Gedichtvortag von „Liebe" und „Überall Liebe" passend erscheinen.

3. Untersuchen Sie den Gebrauch von Partizipialformen im Gedicht „Liebe" und erläutern Sie, welches „Zeitgefühl" sie erzeugen.

2 Karoline von Günderrode (1780–1806): Liebe

O reiche Armut! Gebend, seliges Empfangen!
In Zagheit Mut! In Freiheit doch gefangen.
   In Stummheit Sprache,
   Schüchtern bei Tage,
5 Siegend mit zaghaftem Bangen.

Lebendiger Tod, im Einen sel'ges Leben
Schwelgend in Not, im Widerstand ergeben,
   Genießend schmachten,
   Nie satt betrachten
10 Leben im Traum und doppelt Leben. (v 180

3 Karoline von Günderrode: Überall Liebe

Kann ich im Herzen heiße Wünsche tragen?
Dabei des Lebens Blütenkränze sehn,
Und unbekränzt daran vorübergehn
Und muss ich traurend nicht in mir verzagen?

5 Soll frevelnd ich dem liebsten Wunsch entsagen?
Soll mutig ich zum Schattenreiche gehn?
Um andre Freuden andre Götter flehn,
Nach neuen Wonnen bei den Toten fragen?

Ich stieg hinab, doch auch in Plutons Reichen,
10 Im Schoß der Nächte, brennt der Liebe Glut
Dass sehnend Schatten sich zu Schatten neigen.

Verloren ist wen Liebe nicht beglücket,
Und stieg er auch hinab zur stygschen[1] Flut,
Im Glanz der Himmel blieb er unentzücket.

(v 1805)

Carl Gustav Carus: Frau auf dem Söller, 1824

Karoline von Günderrode (1780–1806) lebte nach dem frühen Tod des Vaters in Hanau, bis sie 1797 in ein adeliges evangelisches Frankfurter Damenstift eintrat, in jener Zeit eine standesgemäße Versorgungsanstalt für unvermögende, unverheiratete Töchter aus guter Familie. Wegen der unglücklichen Liebe zu dem Heidelberger Mythenforscher Friedrich Creuzer nahm sie sich das Leben. Sie hat nur Weniges – unter dem männlichen Pseudonym Tian – veröffentlicht. Vor allem ihre wenigen erhaltenen Briefe, Bettina von Arnims Briefroman *Die Günderode* sowie Christa Wolfs Erzählung *Kein Ort. Nirgends* (1979) vermitteln ein eindrucksvolles Bild dieser Frau.

4 Clemens Brentano (1778–1842): Der Spinnerin Nachtlied

Es sang vor langen Jahren
Wohl auch die Nachtigall,
Das war wohl süßer Schall,
Da wir zusammen waren.

5 Ich sing und kann nicht weinen,
Und spinne so allein
Den Faden klar und rein
So lang der Mond wird scheinen.

Als wir zusammen waren
10 Da sang die Nachtigall
Nun mahnet mich ihr Schall
Dass du von mir gefahren.

So oft der Mond mag scheinen,
Denk ich wohl dein allein,
15 Mein Herz ist klar und rein,
Gott wolle uns vereinen.

Seit du von mir gefahren,
Singt stets die Nachtigall,
Ich denk bei ihrem Schall,
20 Wie wir zusammen waren.

Gott wolle uns vereinen
Hier spinn ich so allein,
Der Mond scheint klar und rein,
Ich sing und möchte weinen.

(v 1818)

5 Joseph von Eichendorff: Im Abendrot

Wir sind durch Not und Freude
Gegangen Hand in Hand,
Vom Wandern ruh'n wir beide
Nun über'm stillen Land.

5 Rings sich die Täler neigen,
Es dunkelt schon die Luft,
Zwei Lerchen nur noch steigen
Nachträumend in den Duft.

Tritt her, und lass sie schwirren,
10 Bald ist es Schlafenszeit,
Dass wir uns nicht verirren
In dieser Einsamkeit.

O weiter, stiller Friede!
So tief im Abendrot
15 Wie sind wir wandermüde –
Ist das etwa der Tod?

(e 1831–1836)

Der Gedichtzyklus „Die Winterreise" von Wilhelm Müller (s. S. 248) wird 1827 von Franz Schubert vertont, wobei Schubert bewusst den bestimmten Artikel weglässt und seine Komposition „Winterreise" als einen „Zyklus schauerlicher Lieder" bezeichnet. Es gehört zu seinen letzten Werken. 1828 stirbt Franz Schubert, noch bevor er den zweiten Teil der Komposition überarbeitet hat. Viele Zeitgenossen empfinden dieses Werk als zu düster. Erst ab der Mitte des 20. Jahrhunderts wird es in zahlreichen Aufführungen und Aufnahmen berühmter Interpreten in seiner Bedeutung gewürdigt (vgl. S. 39 f.).

---

[1] styg(i)sch, Adjektiv zu Styx = Fluss, über den in der griechischen Mythologie die Toten gesetzt wurden

4. Interpretieren Sie das Gedicht „Überall Liebe" als Werk einer Dichterin, die sich mit den gesellschaftlichen Erwartungen an eine Frau um 1800 auseinandersetzt.

5. Formulieren Sie anhand der beiden Gedichte 2 und 3 ein „Plädoyer für die Liebe" und tragen Sie es rhetorisch effektvoll vor.

6. a) Tauschen Sie Ihre Assoziationen aus: Wie stellen Sie sich die Sprecherin von Brentanos Gedicht „Der Spinnerin Nachtlied" vor, wie wird wohl ihr Lied klingen?
b) Analysieren Sie den besonderen Aufbau und den Wortschatz des Gedichts.
c) Beziehen Sie Inhalt und Form des Gedichts aufeinander, indem Sie vom Titel des Gedichts ausgehen.

7. a) Hören Sie den Anfang der Vertonung des Gedichts „Im Abendrot" in Richard Strauß' „Vier letzte Lieder" (1948). Beschreiben Sie die Stimmung, die in der Musik zum Ausdruck kommt. (CD 2, Track 4)
b) Benennen Sie mögliche Erfahrungen, die hinter den Sprechern des Gedichts liegen könnten.
c) Interpretieren Sie das Gedicht, indem Sie besonders auf Metaphorik und Motive achten.

Wilhelm Müller (1794–1827) studierte alte Sprachen in Berlin und war später als Latein- und Griechisch-Lehrer in Dessau tätig. Er kämpfte in den Befreiungskriegen gegen Napoleon (1813–1815) und wurde zum Wortführer der deutschen „Philhellenen" (wörtl. „Freunde der Griechen"). Diese unterstützten den Freiheitskampf der Griechen (1821–1829) gegen das Osmanische Reich. 1821 veröffentlichte er die „77 Gedichte aus den nachgelassenen Papieren eines reisenden Waldhornisten", zu denen auch der von Schubert vertonte Gedichtzyklus „Die schöne Müllerin" gehörte. Das bewusst kindlich-volkstümlich formulierte Anfangslied „Das Wandern ist des Müllers Lust" gilt bis heute als populär, obwohl es keinesfalls repräsentativ für den melancholischen, teilweise auch leicht ironisch gebrochenen Gedichtzyklus ist. Auch der oft verzweifelt klingende Tonfall der „Winterreise" widerspricht völlig der sentimentalen Rezeption einiger seiner Gedichte. Als Müller im Alter von knapp 33 Jahren starb, hinterließ er 350 eng bedruckte Seiten mit Gedichten.

6 Wilhelm Müller (1794–1827): Erstarrung

Ich such im Schnee vergebens
Nach ihrer Tritte Spur,
Wo sie an meinem Arme
Durchstrich die grüne Flur.

5 Ich will den Boden küssen,
Durchdringen Eis und Schnee
Mit meinen heißen Tränen,
Bis ich die Erde seh.

Wo find ich eine Blüte,
10 Wo find ich grünes Gras?
Die Blumen sind erstorben,
Der Rasen sieht so blass.

Soll denn kein Angedenken
Ich nehmen mit von hier?
15 Wenn meine Schmerzen schweigen,
Wer sagt mir dann von ihr?

Mein Herz ist wie erfroren,
Kalt starrt ihr Bild darin:
Schmilzt je das Herz mir wieder,
20 Fließt auch das Bild dahin. (e 1823)

Caspar David Friedrich: Hünengrab im Schnee

7 Wilhelm Müller: Der Lindenbaum

Am Brunnen vor dem Tore,
Da steht ein Lindenbaum:
Ich träumt in seinem Schatten
So manchen süßen Traum.

5 Ich schnitt in seine Rinde
So manches liebe Wort;
Es zog in Freud und Leide
Zu ihm mich immer fort.

Ich musst auch heute wandern
10 Vorbei in tiefer Nacht,
Da hab ich noch im Dunkel
Die Augen zugemacht.

Und seine Zweige rauschten,
Als riefen sie mir zu:
15 Komm her zu mir, Geselle,
Hier findst du deine Ruh!

Die kalten Winde bliesen
Mir grad ins Angesicht;
Der Hut flog mir vom Kopfe,
20 Ich wendete mich nicht.

Nun bin ich manche Stunde
Entfernt von jenem Ort,
Und immer hör ich's rauschen:
Du fändest Ruhe dort! (e 1823)

8 Wilhelm Müller: Der Wegweiser

Was vermeid ich denn die Wege,
Wo die andren Wandrer gehn,
Suche mir versteckte Stege
Durch verschneite Felsenhöhn?

5 Habe ja doch nichts begangen,
Dass ich Menschen sollte scheu'n –
Welch ein törichtes Verlangen
Treibt mich in die Wüstenein?

Weiser stehen auf den Straßen
10 Weisen auf die Städte zu,
Und ich wandre sonder Maßen,
Ohne Ruh, und suche Ruh.

Einen Weiser seh ich stehen
Unverrückt vor meinem Blick;
15 Eine Straße muss ich gehen,
Die noch keiner ging zurück. (e 1823)

9 Hartmut von Hentig (* 1925): Franz Schubert. Glück vom Unglücklichen (Auszug)

I.: Herr Professor, auf die Frage „Was ist für Sie das vollkommene irdische Glück?" haben Sie geantwortet: „Es gibt da Augenblicke in der Musik ...". Was meinen Sie damit? Nehmen Sie die Frage nicht ernst?

8. a) Lesen und hören Sie die Gedichte der „Winterreise".
b) Rekonstruieren Sie die „Geschichte einer unglücklichen Liebe". Beziehen Sie dabei auch das erste Lied „Gute Nacht" ein (vgl. S. 40).
c) Formulieren Sie einen Brief, in dem das lyrische Ich der „Winterreise" einem Freund von seinen Erfahrungen und Gefühlen berichtet.
d) Vergleichen Sie die unterschiedliche Wirkung von Gedicht, Lied und Brief.

P.: Ich bin in der Tat ausgewichen, das haben Sie richtig bemerkt. Für die Antwort stand eine halbe Zeile zur Verfügung – auf der ist eine stichhaltige Antwort auf eine so große Frage nicht möglich. Man müsste erst klären: Was heißt hier „irdisch"? Ein nicht unmögliches, ein nicht jenseitiges, ein durchaus vergängliches Glück? Kann ein solches vollkommen sein? Ja, interessiert es dann noch? Und wenn schon gewiss nicht *fortuna*, das erwürfelte Glück, gemeint ist – soll es *felicitas*, das Gelingensglück, oder *beatitudo*, der Seelenfriede, sein? Wenn man dann auch noch sagen will: „Ich weiß, ihr meint das Letztere, aber das kenne ich nicht – einen Zustand gänzlicher Wunsch- und Furchtlosigkeit, den man erreichen und fortsetzen kann", dann verlangt das erst recht weitere Auskunft oder wenigstens ein überzeugendes Beispiel, so überzeugend, dass die Frage vorerst verstummt. – Nun, das Beispiel kam mir sofort: die Wirkung, die die Klaviersonate B-Dur opus postumum von Schubert tut. Sie kennen sie sicher: tam tam tum ta ta taa, das auch beim hundertsten Hören bewegt und beglückt. Und schon drängt das zweite Beispiel nach: das mit „Der Wegweiser" überschriebene Lied aus der „Winterreise", das wie eine Variation davon klingt: tam ta tam ta tam tam taa tum – vollends zu der Textstrophe „Habe ja doch nichts begangen, dass ich Menschen sollte scheu'n", der die monotone Strophe folgt: „Einen Weiser seh' ich stehen unverrückt vor meinem Blick". Da stellt sich eine Übereinstimmung von Musik, Text und ausgelöstem Gefühl ein, dass ich in der Tat nichts anderes zu denken und zu wollen vermag, als dass dies sei. Nicht, dass es andauere, das widerspräche der Musik, die ein Vorgang, ein Wandel in der Zeit ist. Auch nicht, dass es mir gehöre – es ist ja schon meins. Schon gar nicht, dass es wiederkehre – es ist ja ganz und gar einmalig, ist nur in diesem Augenblick. Dies – ich hoffe Sie können es jetzt verstehen – hatte ich bei meiner Antwort im Sinn. [...]

Ich behaupte nicht, dass man das durch das Hören der Musik „wisse", gar wissen müsse, um sie richtig zu hören: Die kleinen Verhältnisse, aus denen Schubert stammte – der Vater war ein Bauernsohn, heiratete eine Dienstmagd und wurde Gemeindelehrer in einem Vorort von Wien; die dreizehn Geschwister, die Schubert hatte, – von fünfen aus einer zweiten Ehe teilen die Biografen nur mit, ihre Schicksale seien „ unbekannt"; seine Leiden auf dem Stadtkonvikt – die geliebte Musik galt da nichts; seine stupende Begabung – als er Goethes „Erlkönig" zu lesen bekam, verwandelte er ihn augenblicks in Musik, hatte aber kein Klavier, auf dem er sie seinen Freunden hätte vorspielen können; seine bedrückende Abhängigkeit – er hatte seine Lehrerausbildung abgebrochen, bekam folglich keine Anstellung und musste dem verärgerten Vater als Hilfslehrer dienen; seine Freunde – er lebte von ihnen und für sie; seine Lieben – sie waren unglücklich; seine Krankheit – mit 26 zog er sich die Syphilis zu, von der er nach drei Jahren nur unvollkommen genas. Sein Leben war zugleich unglücklich und armselig ...

I.: ... wie seine Erscheinung: klein, dicklich, ungepflegt, verdorbene Augen und also Brille, ausfallende Haare und also Perücke.

P.: So war er nicht immer. Sehen Sie da drüben, über meinem Schreibtisch, den hübschen Jüngling mit dem gutherzigen Blick und der einnehmenden Offenheit: Das ist der sechzehnjährige Schubert von einem Gleichaltrigen porträtiert. In dem Jahr hat er ein bis zwei Dutzend Lieder, eine Symphonie, Tänze, Sonaten komponiert. Schon im nächsten Jahr brach der Melodienborn auf – über hundert Lieder entstanden, dazu drei Messen, drei Symphonien, vier Ouvertüren, zahlreiche Kammermusikstücke. Mein Bild zeigt also nicht einen belanglosen „jungen Vorläufer" des gemeinten Schubert. Das ist Schubert – der früh-reife, der von Hoffnung und Trauer gezeichnete, der rastlos arbeitende, der sich verschwendende, der immer schon wissende, ja der dem Tode zustrebende Schubert.

I.: Wäre er nicht mit 31 Jahren gestorben, die uns bescherten Werke wären die gleichen – und Sie würden diesen Satz nicht sagen können.

P.: O doch! Ich müsste nur ein „ gleichsam" hinzufügen. Es gibt kaum ein Werk von Schubert, das in sich ausruht. In seinen schönsten gibt es Momente des Friedens; aber dann bricht der Schmerz ein, fällt das Glück der Melancholie anheim, aus dem harmlos lieblichen Rondo wird ein schwindelndes Getriebensein. Im Untergrund seines Schaffens waltet eine abgründige Unruhe, die in der Großen Symphonie zur Musik selber wird. Es ist, als ob einer gegen einen Berg anrennt, von den Rhythmen der Streicher vorangepeitscht, ein Wanderer, der nirgend ankommt ...

I.: Und dabei empfinden Sie Glück?

P.: Ja, so seltsam, so ungeheuerlich ist der Mensch – vollends der deutsche, der bei Schubert gelernt hat, dass nur die gebrochene Schönheit dauerhaft schön ist. (v 2004)

Caspar David Friedrich: Friedhof im Schnee

R „Ein Wanderer, der nirgend ankommt" – Franz Schubert
Recherchieren Sie Franz Schuberts Lebenslauf. Stellen Sie Ihre Ergebnisse und Eindrücke in einem Radio-Feature zusammen.
Literaturtipp: Peter Härtling, *Schubert*, München (dtv) 2003.

9. a) Interviewen Sie Mitschüler zum Thema „Glück durch Musik".
b) Vergleichen Sie die Ergebnisse Ihrer Interviews mit den Aussagen Hartmut von Hentigs.

250 Sehnsucht nach anderen Lebensformen:

Der Mensch hat „unendlichen Sinn für andere Menschen", schreibt Friedrich Schlegel. Daher bedarf er zur Erschließung der eigenen Persönlichkeit, zur spielerischen Freisetzung literarischer und philosophischer Kreativität sowie zur kritischen Reflexion anderer Menschen. Freundeskreise und Treffpunkte „gebildeter Geselligkeit" waren deshalb für die Autoren der Romantik wichtige Einrichtungen.

So lebten zu Beginn des 19. Jahrhunderts zahlreiche berühmte Persönlichkeiten für einige Jahre in der kleinen Universitätsstadt Marburg, wo sie sich regelmäßig trafen. Zu ihnen gehörten u. a. Bettina von Arnim (s. S. 241), ihr Bruder Clemens (s. S. 232), die Brüder Grimm (s. S. 243 ff.) sowie Caroline Böhmer-Schlegel-Schelling (s. S. 229). Das „Marburger Haus der Romantik" widmet ihnen seit 2001 eine Dauerausstellung. Gleichfalls dort befindet sich der „Rote Salon", der den Besuchern mit Originalmöbeln diese Geselligkeitskultur erfahrbar machen möchte.

Allerdings gab es auch „Salons", in denen eher Kunstkonsumenten saßen und bemüht, aber wenig inspiriert über literarische und philosophische Themen sprachen, wie es in dem Gedicht von Heine (rechts) zum Ausdruck kommt.

Stadtansicht von Marburg um 1800

Der Rote Salon

Quartettabend bei der alten Bettina von Arnim. Aquarell von Carl Johann Arnold, entstanden in Bettinas letzten Lebensjahren, zwischen 1854 und 1856.

Romantische Geselligkeit inszenieren

Friedrich Schleiermacher (1768–1834): Versuch einer Theorie des geselligen Betragens (Auszug)

Freie, durch keinen äußeren Zweck gebundene und bestimmte Geselligkeit wird von allen gebildeten Menschen als eins ihrer ersten und edelsten Bedürfnisse laut gefordert. Wer nur zwischen den Sorgen des häuslichen und den Geschäften des bürgerlichen Lebens hin und her geworfen wird, nähert sich, je treuer er diesen Weg wiederholt, nur um desto langsamer dem
5 höheren Ziele des menschlichen Daseins. Der Beruf bannt die Tätigkeit des Geistes in einen engen Kreis: Wie edel und achtungswert er auch sei, immer hält er Wirkung auf die Welt und Beschauung der Welt auf einem Standpunkt fest, und so bringt der Höchste und Verwickelste wie der Einfachste und Niedrigste, Einseitigkeit und Beschränkung hervor. Das häusliche Leben setzt uns nur mit Wenigen, und immer mit denselben in Berührung. (e 1799)

Friedrich Daniel Ernst Schleiermacher lebte von 1768 bis 1834.

Heinrich Heine (1797–1856): Sie saßen und tranken am Teetisch

Sie saßen und tranken am Teetisch,
Und sprachen von Liebe viel.
Die Herren, die waren ästhetisch,
Die Damen von zartem Gefühl.

5 Die Liebe muss sein platonisch,
Der dürre Hofrat sprach.
Die Hofrätin lächelt ironisch,
Und dennoch seufzet sie: Ach!

Der Domherr öffnet den Mund weit:
10 Die Liebe sei nicht zu roh,
Sie schadet sonst der Gesundheit.
Das Fräulein lispelt: wie so?

Die Gräfin spricht wehmütig:
Die Liebe ist eine Passion!
15 Und präsentieret gütig
Die Tasse dem Herren Baron.

Am Tische war noch ein Plätzchen;
Mein Liebchen, da hast du gefehlt.
Du hättest so hübsch, mein Schätzchen,
20 Von deiner Liebe erzählt. (v 1827)

Sie saßen und tranken am Teetisch, Illustration von Edmund Brüning in einer Prachtausgabe des *Buchs der Lieder* um 1900

P „Kultur-Salon"

- Wählen Sie eine Künstlerpersönlichkeit der Romantik (Dichter, Maler, Komponisten). Informieren Sie sich über deren Leben und Werke und verfassen Sie Rollenbiografien.
- Betreten Sie den Salon zu zweit und stellen Sie jeweils Ihre Begleitung vor.
- Versammeln Sie sich um einen „Teetisch" (das „Kultgetränk" war eigentlich heiße Schokolade). Spielen Sie Ihre Künstlerpersönlichkeit und präsentieren Sie Auszüge aus deren Werken.
- Sie können natürlich auch nach dem Vorbild des Gedichts von Heinrich Heine eine Parodie auf das „gebildete Salongespräch" inszenieren.

4. „Mein Herz, mein Herz ist traurig" – Heinrich Heines Spiel mit der Romantik

Keiner hat noch einmal so virtuos mit Motiven und Perspektiven der Romantik gespielt wie Heinrich Heine. Keiner hat aber gleichzeitig so viel kritische Distanz, ja Spott für diese Epoche gezeigt wie Heinrich Heine. Wer war dieser Dichter, dessen frühes Werk (*Buch der Lieder*) ungeheuer populär war, dessen Denkmal aber im späten 19. Jahrhundert in Deutschland niemand haben wollte?

Heine-Denkmal in der Bronx, New York

Heine-Büste auf dem Montmartre-Friedhof in Paris

Sisis Heine-Statue, zunächst in ihrem Schloss in Korfu, dann in Hamburg, heute in Toulon

1 Manfred Flügge: Die Odyssee von Sisis Heine-Denkmal

Wo wird einst des Wandermüden / letzte Ruhestätte sein? / Unter Palmen in dem Süden? / Unter Linden an dem Rhein?", fragte sich Heinrich Heine in einem seiner schönsten Gedichte. Und doch schien ihm die Antwort nicht so bedeutsam zu sein, denn er fuhr fort: Gottes Himmel umgebe ihn überall, und an jedem Ort leuchteten die Sterne als seine Grabeslaternen. Das klingt gefasst, ja gelassen, aber es war doch nur die Ahnung, dass, wie in seinem Leben, auch in seiner Nachgeschichte von Ruhe und Ankommen keine Rede wäre.
Heine ist der Schutzpatron aller deutschen Künstler und Autoren, für die Paris als Ort der Anregung und der Zuflucht bedeutsam wurde; er verkörpert die Kontinuität des intellektuellen und politischen Exils. Auf dem Friedhof Montmartre schaut sein melancholisch geneigtes Haupt von einer Stele auf seine Grabstätte herab. Ein Bildhauer aus Dänemark hat dieses schöne Werk geschaffen, das auf die bange Frage des Dichters eine Antwort zu geben scheint. Aber eine andere Statue desselben Dänen brachte eine wahre Odyssee hinter sich, die auf ihre Weise die deutschen Widersprüche, Sonderwege und Katastrophen spiegelt und das Schicksal seiner kritischen Intelligenz.
Denn auch Statuen haben ihre Exilgeschichten, wie jene Skulptur, welche Kaiserin Elisabeth von Österreich (im Kreis der Ihren Sisi genannt, auf den Leinwänden der Welt aber Sissi) zu Ehren ihres Lieblingsdichters Heinrich Heine in ihrem Sommerschloss im griechischen Korfu aufstellen ließ und die schließlich am südlichsten Punkt der Côte d'Azur ihren letzten Ort fand.
Die einstige bayerische Prinzessin war eine rastlose Reisende; auch die Côte d'Azur hat sie mehrfach besucht, wo sie die Bucht von Villefranche und Cap Martin bei Menton besonders liebte. Ihre letzte Ruhestätte würde die Kapuzinergruft in Wien sein, das wusste man von

vornherein, aber ihren gewundenen Lebensweg und ihr tragisches Ende konnte niemand ahnen.
Sie war nicht nur eine Spitzensportlerin (im Reitsport), sie war auch eine Dichterin. Und ihr Vorbild war und blieb Heinrich Heine, dem sie in ihren Versen nacheiferte. Dass Heine immer wieder das Objekt von Hasskampagnen wurde, focht sie nicht an; auf die öffentliche Meinung gab sie ohnehin nichts. Und so engagierte sie sich, als in Heines Geburtsstadt im Jahre 1887 ein Streit wegen eines Denkmals entstand, 31 Jahre nach Heines Tod und sechs Jahre nach der deutschen Einheit. Der Dichter Paul Heyse versuchte, die Düsseldorfer zu überzeugen, dem in dieser Stadt Geborenen eine Statue zu weihen und seine menschlichen Makel zu vergessen, angesichts dessen, „was heute von ihm noch in deutscher Sangeslust und deutschem Sangesschmerz durch die Saiten unserer vaterländischen Harfen rauscht".
Solche Töne schlugen nicht an. „Patriotische" Studenten aus Bonn protestierten, überall regte sich Widerstand gegen eine solche „Schandsäule". Dennoch wurde dem Antrag im Stadtrat zugestimmt, mit einer Stimme Mehrheit – der des Bürgermeisters. Die städtische Opposition aber gab nicht nach und beschwerte sich bei Bismarck in Berlin.
Kaiserin Elisabeth intervenierte unaufgefordert und war bereit, sich an den Kosten für das Denkmal zu beteiligen. Sie warb dafür, dem Dichter unsterblicher goldener Lieder den Dank „eines ganzen Volkes" abzustatten. Von den zwei Entwürfen des Bildhauers Ernst Herter wählte sie einen aus und sagte 13 000 Mark zu, die Hälfte der Kosten.
Doch aus Berlin war zu hören, man wünsche keine Statue des Dichters. Der Bürgermeister bekam einen kräftigen Rüffel und verließ sogleich den Ausschuss. Die Stadt Düsseldorf stornierte alle Planungen mit der Begründung, dass im Hofgarten ein Kriegerdenkmal stehe, in dessen Nähe man unmöglich eine Heine-Statue errichten könne. Ihr Eintreten für Heine trug der Kaiserin eine Hetzkampagne in der völkischen und nationalistischen Presse ein, man rechnete sie zu den „Judenknechten". (v 2007)

1. a) Wie stellen Sie sich einen Dichter vor, den Sisi verehrt hat?
2. a) Wie lässt sich die Ablehnung Heines im wilhelminischen Deutschland erklären?
b) Recherchieren Sie, warum ein Heine-Denkmal in der Bronx, New York, steht.

2 Heinrich Heine (1797–1856): Ich weiß nicht, was soll es bedeuten

Ich weiß nicht, was soll es bedeuten,
Dass ich so traurig bin;
Ein Märchen aus alten Zeiten,
Das kommt mir nicht aus dem Sinn.

5 Die Luft ist kühl und es dunkelt,
Und ruhig fließt der Rhein;
Der Gipfel des Berges funkelt
Im Abendsonnenschein.

Die schönste Jungfrau sitzet
10 Dort oben wunderbar,
Ihr gold'nes Geschmeide blitzt,
Sie kämmt ihr goldenes Haar.

Sie kämmt es mit goldenem Kamme,
Und singt ein Lied dabei;
15 Das hat eine wundersame,
Gewaltige Melodei.

Den Schiffer im kleinen Schiffe
Ergreift es mit wildem Weh;
Er schaut nicht in die Felsenriffe,
20 Er schaut nur hinauf in die Höh.

Ich glaube, die Wellen verschlingen
Am Ende Schiffer und Kahn;
Und das hat mit ihrem Singen
Die Lore-Ley getan. (e 1816–1826, v 1827)

Loreley, Bildpostkarte von 1924

3. a) Recherchieren Sie die Rezeptionsgeschichte des Gedichts.
b) Analysieren Sie den Umgang mit romantischen Motiven in diesem Gedicht und untersuchen Sie die Sprecherhaltung.

Heinrich Heine wurde 1797 in Düsseldorf geboren und starb 1856 in Paris. Düsseldorf war von 1806 bis 1813 unter französischer Herrschaft, die den Juden 1808 die Emanzipation und damit die Gleichstellung brachte. Aufgrund einer französischen Verordnung hatten alle zwischen 1797 und 1801 in Düsseldorf Geborenen das Recht in Frankreich zu leben. Nach einer kaufmännischen Lehre machte Heine 1819–1825 ein Jurastudium. 1825 trat er zum Protestantismus über. Seine beruflichen Chancen (als Jude konnte er nicht in den Staatsdienst) verbesserten sich dadurch jedoch nicht. Von 1827 bis 1828 war er Redakteur in München. Das 1827 erschienene Buch der Lieder wurde seine erfolgreichste Veröffentlichung. 1831 verließ er Deutschland und ging nach Paris. Maßgeblich für diesen Schritt waren auch Zensurbestimmungen in Deutschland. Heine heiratete 1841 Crescence Eugénie Mirat, von ihm Mathilde genannt. Seit 1848 begann seine „Matratzengruft". d. h. seine Krankheit, die ihn über Jahre ans Bett fesselte. Seine lyrischen Anfänge gehören noch in die Romantik; er bezeichnete sich als einen „romantique défroqué", als einen, der der Romantik entlaufen war. Er war Lyriker und ein politischer Schriftsteller. Weitere Werke: Reisebilder (1826–1831) Die romantische Schule (1836), Deutschland. Ein Wintermärchen (1844), Romanzero (1851).

4. a) Stellen Sie das Verhältnis von Innenwelt und Außenwelt in Text 3 und 4 szenisch dar.
b) Lesen Sie die Gedichte laut und prüfen Sie, wo ein ironischer Tonfall passend sein könnte.

3 Heinrich Heine: Mein Herz, mein Herz ist traurig

Mein Herz, mein Herz ist traurig,
Doch lustig leuchtet der Mai;
Ich stehe, gelehnt an der Linde,
Hoch auf der alten Bastei.

5 Da drunten fließt der blaue
Stadtgraben in stiller Ruh;
Ein Knabe fährt im Kahne,
Und angelt und pfeift dazu.

Jenseits erheben sich freundlich,
10 In winziger, bunter Gestalt,
Lusthäuser, und Gärten, und Menschen,
Und Ochsen, und Wiesen, und Wald.

Die Mägde bleichen Wäsche,
Und springen im Gras herum;
15 Das Mühlrad stäubt Diamanten,
Ich höre sein fernes Gesumm.

Am alten grauen Turme
Ein Schilderhäuschen steht;
Ein rotgeröckter Bursche
20 Dort auf und nieder geht.

Er spielt mit seiner Flinte,
Die funkelt im Sonnenrot,
Er präsentiert und schultert –
Ich wollt, er schösse mich tot. (e 1816–1827, v 1837)

4 Heinrich Heine: Philister im Sonntagsröcklein

Philister in Sonntagsröcklein
Spazieren durch Wald und Flur;
Sie jauchzen, sie hüpfen wie Böcklein,
Begrüßen die schöne Natur.

5 Betrachten mit blinzelnden Augen,
Wie alles romantisch blüht;
Mit langen Ohren saugen
Sie ein der Spatzen Lied.

Ich aber verhänge die Fenster
10 Des Zimmers mit schwarzem Tuch;
Es machen mir meine Gespenster
Sogar einen Tagesbesuch.

Die alte Liebe erscheinet,
Sie stieg aus dem Totenreich,
15 Sie setzt sich zu mir und weinet,
Und macht das Herz mir weich. (e 1816–1826, v 1827)

5 Heinrich Heine: Wahrhaftig

Wenn der Frühling kommt mit dem Sonnenschein,
Dann knospen und blühen die Blümlein auf;
Wenn der Mond beginnt seinen Strahlenlauf,
Dann schwimmen die Sternlein hintendrein;
5 Wenn der Sänger zwei süße Äuglein sieht,
Dann quellen ihm Lieder aus tiefem Gemüt; –
Doch Lieder und Sterne und Blümlein,
Und Äuglein und Mondglanz und Sonnenschein,
Wie sehr das Zeug auch gefällt,
10 So machts doch noch lang keine Welt. (e 1816–1826, v 1827)

5. Informieren Sie sich über Heinrich Heines Einschätzung der Epoche Romantik und stellen Sie davon ausgehend einen Bezug zum Gedicht „Wahrhaftig" her.

6 Heinrich Heine: Lebensfahrt

Ein Lachen und Singen! Es blitzen und gaukeln
Die Sonnenlichter. Die Wellen schaukeln
Den lustigen Kahn. Ich saß darin
Mit lieben Freunden und leichtem Sinn.

5 Der Kahn zerbrach in eitel Trümmer.
Die Freunde waren schlechte Schwimmer,
Sie gingen unter, im Vaterland;
Mich warf der Sturm an den Seinestrand.

Ich hab ein neues Schiff bestiegen,
10 Mit neuen Genossen; es wogen und wiegen
Die fremden Fluten mich hin und her –
Wie fern die Heimat! mein Herz wie schwer!

Und das ist wieder ein Singen und Lachen –
Es pfeift der Wind, die Planken krachen –
15 Am Himmel erlischt der letzte Stern –
Wie schwer mein Herz! die Heimat wie fern! (v 1843)

6. a) Entwickeln Sie anhand des Gedichts weitere Fragen zu Heines Lebenslauf.
b) Erstellen Sie in Gruppen eine Wandzeitung zu Heinrich Heine.

Romantik als literaturgeschichtliche Epoche

Das Spiel mit der **Fantasie**, philosophische Spekulation und eine intensive **Gefühlskultur** prägten die Literatur junger Schriftsteller und Schriftstellerinnen um 1800. Teilweise knüpften sie an Ideen und Forderungen der „Sturm und Drang"-Bewegung an, teilweise verdankten sie viele Impulse den Philosophen der Aufklärung und den Autoren der Klassik. Aber sie verstanden sich als Beginn einer neuen Zeit, indem sie sich mit einer bisher unbekannten Radikalität zur **Poesie** als alles durchdringender Kraft bekannten. Das **Freiheitsideal der Französischen Revolution** sollte nicht unbedingt direkt politisch, sondern eher kulturell und intellektuell aufgenommen sowie poetisch verwandelt und gesteigert werden. Neu war auch, dass sich die Autoren der Romantik den normierenden und auf Berechenbarkeit angelegten Tendenzen ihrer Zeit nicht anpassen wollten und daher häufig **Außenseiterfiguren** und **märchenhafte Elemente** in ihre Literatur aufnahmen. Erstmalig wurden die Macht des Unbewussten sowie dessen Manifestationen in **Träumen**, Visionen oder sogar im **Wahnsinn** literarisch intensiv thematisiert. **Musik** empfanden die Romantiker als eine der Literatur besonders nahestehende Kunstform. **Rationalitätskritische** und spekulative Ansätze bestimmten poetisch-philosophische Texte, die sich oft bewusst als **Fragmente**, als programmatisch unabgeschlossene Texte verstanden. „Unendlichkeit" wurde als magischer Begriff der Überschaubarkeit einer „vermessenen" Realität entgegengesetzt.

Ab 1806, im Zeichen der Auseinandersetzung mit Napoleon, wandten sich die Romantiker zunehmend der Vergangenheit zu. Indem sie alte **Märchen, Sagen und Volkslieder** sammelten bzw. imitierten, konstruierten sie ein deutsches „Mittelalter", das ihnen eine nationale Identität geben sollte. Auch die Hinwendung vieler protestantischer Dichter zum Katholizismus gehörte zu dieser **Sehnsucht nach vergangener Einheit und Ursprünglichkeit**. Ein Unbehagen an der Gegenwart, an bürgerlicher Selbstzufriedenheit und politischer Perspektivlosigkeit, an der Veränderung der Naturlandschaften durch die beginnende Industrialisierung sowie an der Nüchternheit wissenschaftlichen Fortschritts prägten auch das Lebensgefühl der Autoren bis Ende der 30er-Jahre des 19. Jahrhunderts. Parallel dazu begann eine kritische Auseinandersetzung mit dieser Mentalität und ihren literarischen Motiven, die diesen eine stärker realitätsbezogene und politisch engagierte Literatur entgegensetzte.

Realistische Literatur des 19. Jahrhunderts

Gustave Courbet (1819–1877):
Die Kornsieberinnen, 1855

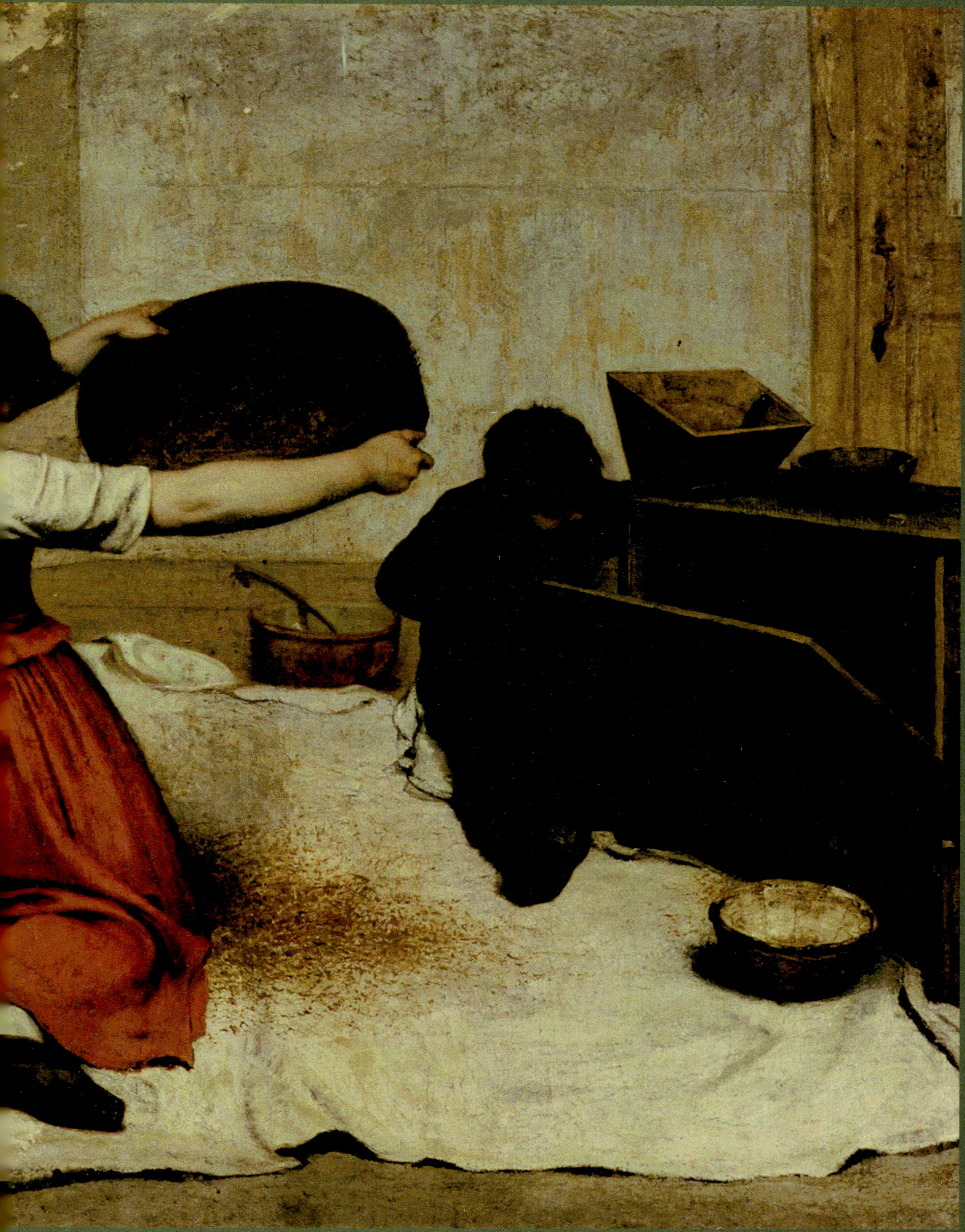

I. Handeln durch Literatur

1. „Ideenschmuggel" (Gutzkow) – Ironische Darstellungen entschlüsseln

Die gesellschaftlichen und politischen Verhältnisse in der ersten Hälfte des 19. Jahrhunderts wurden in Deutschland im Gefolge des Wiener Kongresses (1815) von einem Klima der Restauration bestimmt. Vor allem die „Karlsbader Beschlüsse" von 1819 (Verbot der Burschenschaften, der öffentlichen schriftlichen Meinungsfreiheit, Überwachung der Universitäten, Pressezensur und Entlassung und Berufsverbot für liberal und national gesinnte Professoren) wirkten sich lähmend auf das politische Leben aus. Von den Zensurmaßnahmen waren vor allem die Schriftsteller betroffen.

Auf fantasievolle Weise, getarnt als Reiseberichte, Berichte über andere Länder oder auch Romane, versuchten die Schriftsteller, die Zensur zu unterlaufen und ihre Ideen zu verbreiten („Ideenschmuggel").

1 Karikaturen des 19. Jahrhunderts

a) Der Denker-Club. Karikatur um 1825

b) Wilhelm Storck (1808–1850): „Wie der deutsche Michel die Nachtmütze wegwirft und sich vornimmt ins Freie zu gehen", um 1847

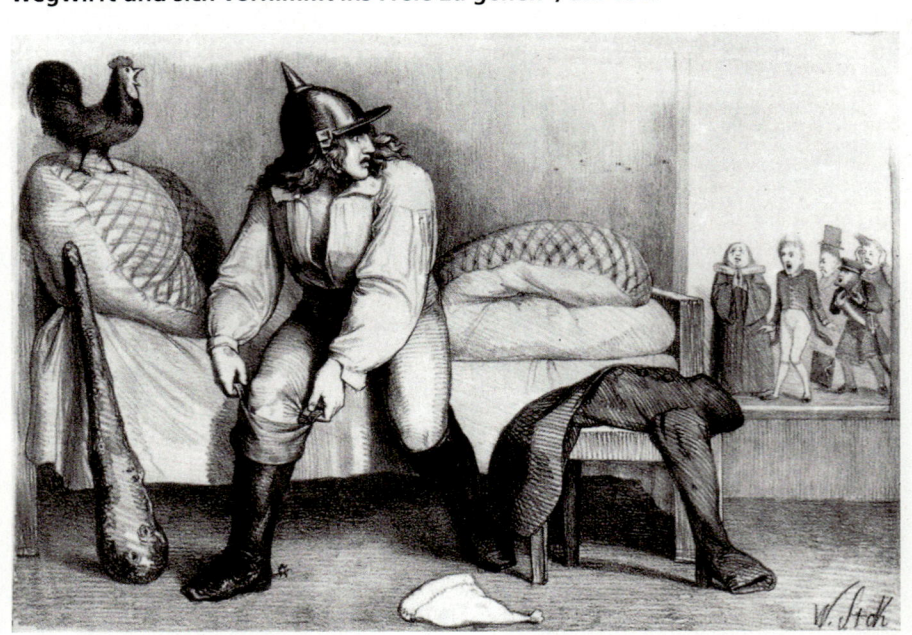

Die Karikatur

Karikaturen (< ital.: caricare = überladen, übertreiben) sind „Zeichnungen, meist Einzelbilder und konzentriert auf ein Objekt und eine Aussage. Sie bieten pointierte, kritische, tendenziöse Urteile über Personen, politische Ereignisse und gesellschaftliche Verhältnisse; mit ihnen richten sie sich an ein zeitgenössisches Publikum. Der Karikaturist will den Betrachter zum Nachdenken provozieren, Fragen und plötzliche Einsichten hervorrufen. Dafür stellt er sein Objekt in ungewohnter, verfremdender, entlarvender Weise dar. […] Karikaturen sind Mittel der politischen Auseinandersetzung, und deshalb waren Umbrüche und Krisenzeiten wie die Französische Revolution und die Revolution von 1848/49 auch stets Blütezeiten der Karikatur." (Michael Sauer)

c) Ferdinand Schröder (1818–1859): Rundgemälde von Europa im August MDCCCXLIX – 1849

1. Setzen Sie sich arbeitsteilig im ➤ Gruppenpuzzleverfahren mit den drei Karikaturen auseinander:
a) Bilden Sie Dreiergruppen und entscheiden Sie, wer sich mit welcher Karikatur intensiv beschäftigt (= Expertenauftrag).
b) Begeben Sie sich nun in Ihre Expertengruppe und versuchen Sie gemeinsam, die von Ihnen gewählte ➤ Karikatur zu entschlüsseln.
c) Recherchieren Sie zum Entstehungsjahr Ihrer Karikatur den historischen Kontext.
d) Kleben Sie eine vergrößerte Kopie Ihrer Karikatur auf ein Plakat und gestalten Sie ein ➤ Wandplakat mit Ihren Ergebnissen.
e) Informieren Sie sich gegenseitig in Ihrer Stammgruppe mithilfe der Plakate.

2 Heinrich Heine (1797–1856): Die Harzreise (Auszug)

Ich war zuerst in die Carolina gestiegen. Das ist die schmutzigste und unerfreulichste Carolina, die ich je kennengelernt habe. Die Leitersprossen sind kotig nass. Und von einer Leiter zur andern gehts hinab, und der Steiger voran, und dieser beteuert immer: es sei gar nicht gefährlich, nur müsse man sich mit den Händen fest an den Sprossen halten, und nicht nach den
5 Füßen sehen, und nicht schwindlicht werden, und nur bei Leibe nicht auf das Seitenbrett treten, wo jetzt das schnurrende Tonnenseil heraufgeht, und wo, vor vierzehn Tagen, ein unvorsichtiger Mensch hinuntergestürzt und leider den Hals gebrochen. Da unten ist ein verworrenes Rauschen und Summen, man stößt beständig an Balken und Seile, die in Bewegung sind, um die Tonnen mit geklopften Erzen, oder das hervorgesinterte Wasser, heraufzuwinden.
10 Zuweilen gelangt man auch in durchgehauene Gänge, Stollen genannt, wo man das Erz wachsen sieht, und wo der einsame Bergmann den ganzen Tag sitzt und mühsam mit dem Hammer die Erzstücke aus der Wand herausklopft. Bis in die unterste Tiefe, wo man, wie einige behaupten, schon hören kann, wie die Leute in Amerika „Hurrah Lafayette!"[1] schreien, bin ich nicht gekommen; unter uns gesagt, dort, bis wohin ich kam, schien es mir bereits tief genug: – im-
15 merwährendes Brausen und Sausen, unheimliche Maschinenbewegung, unterirdisches Quellengeriesel, von allen Seiten herabtriefendes Wasser, qualmig aufsteigende Erddünste, und das Grubenlicht immer bleicher hineinflimmernd in die einsame Nacht. Wirklich, es war betäubend, das Atmen wurde mir schwer, und mit Mühe hielt ich mich an den glitschrigen Leitersprossen. Ich habe keinen Anflug von sogenannter Angst empfunden, aber, seltsam genug,
20 dort unten in der Tiefe erinnerte ich mich, dass ich im vorigen Jahre, ungefähr um dieselbe Zeit, einen Sturm auf der Nordsee erlebte, und ich meinte jetzt, es sei doch eigentlich recht traulich angenehm, wenn das Schiff hin und her schaukelt, die Winde ihre Trompeterstückchen losblasen, zwischendrein der lustige Matrosenlärmen erschallt und alles frisch überschauert wird von Gottes lieber, freier Luft. Ja, Luft! – Nach Luft schnappend stieg ich einige
25 Dutzend Leitern wieder in die Höhe, und mein Steiger führte mich durch einen schmalen, sehr langen, in den Berg gehauenen Gang nach der Grube Dorothea. Hier ist es luftiger und

---
[1] Joseph de Motier, Marquis de Lafayette: 1757–1834; nahm seit 1777 am Unabhängigkeitskampf der USA teil; 1789 in Paris Mitglied der Generalstände; verfasste den Entwurf zur Erklärung der Menschenrechte

Barrikadenkämpfe in Berlin
am 18. März 1848

frischer, und die Leitern sind reiner, aber auch länger und steiler als in der Carolina. Hier wurde mir schon besser zumute, besonders da ich wieder Spuren lebendiger Menschen gewahrte. In der Tiefe zeigten sich nämlich wandelnde Schimmer; Bergleute mit ihren Grubenlichtern kamen allmählig in die Höhe, mit dem Gruße „Glückauf!" und mit demselben Wiedergruße von unserer Seite stiegen sie an uns vorüber; und wie eine befreundet ruhige, und doch zugleich quälend rätselhafte Erinnerung, trafen mich, mit ihren tiefsinnig klaren Blicken, die ernstfrommen, etwas blassen, und vom Grubenlicht geheimnisvoll beleuchteten Gesichter dieser jungen und alten Männer, die in ihren dunkeln, einsamen Bergschachten den ganzen Tag gearbeitet hatten, und sich jetzt hinaufsehnten nach dem lieben Tageslicht, und nach den Augen von Weib und Kind.

Mein Cicerone[1] selbst war eine kreuzehrliche, pudeldeutsche Natur. Mit innerer Freudigkeit zeigte er mir jene Stolle, wo der Herzog vom Cambridge[2], als er die Grube befahren, mit seinem ganzen Gefolge gespeist hat, und wo noch der lange hölzerne Speisetisch steht, sowie auch der große Stuhl von Erz, worauf der Herzog gesessen. Dieser bleibe zum ewigen Andenken stehen, sagte der gute Bergmann, und mit Feuer erzählte er: wie viele Festlichkeiten damals stattgefunden, wie der ganze Stollen mit Lichtern, Blumen und Laubwerk verziert gewesen, wie ein Bergknappe die Zither gespielt und gesungen, wie der vergnügte, liebe, dicke Herzog sehr viele Gesundheiten ausgetrunken habe, und wie viele Bergleute, und er selbst ganz besonders, sich gern würden totschlagen lassen für den lieben, dicken Herzog und das ganze Haus Hannover. – Innig rührt es mich jedes Mal, wenn ich sehe, wie sich dieses Gefühl der Untertanstreue in seinen einfachen Naturlauten ausspricht. Es ist ein so schönes Gefühl! Und es ist ein so wahrhaft deutsches Gefühl! Andere Völker mögen gewandter sein, und witziger und ergötzlicher, aber keines ist so treu, wie das treue deutsche Volk. Wüsste ich nicht, dass die Treue so alt ist, wie die Welt, so würde ich glauben, ein deutsches Herz habe sie erfunden. Deutsche Treue! sie ist keine moderne Adressenfloskel. An Euren Höfen, Ihr deutschen Fürsten, sollte man singen und wieder singen das Lied von dem getreuen Eckart[3] und dem bösen Burgund, der ihm die lieben Kinder töten lassen, und ihn alsdann doch noch immer treu befunden hat. Ihr habt das treueste Volk, und Ihr irrt, wenn Ihr glaubt, der alte, verständige, treue Hund sei plötzlich toll geworden, und schnappe nach Euren geheiligten Waden.

Wie die deutsche Treue, hatte uns jetzt das kleine Grubenlicht, ohne viel Geflacker, still und sicher geleitet durch das Labyrinth der Schachten und Stollen; wir stiegen hervor aus der dumpfigen Bergnacht, das Sonnenlicht strahlt' – Glück auf! (v 1826)

2. Lesen Sie den Text unter der Leitidee des „Ideenschmuggels".
a) Stellen Sie die Textsignale zusammen, die darauf hindeuten, dass es sich nicht eigentlich um eine Bergwerksbesichtigung handelt, d. h., dass etwas anderes gesagt als eigentlich gemeint ist.
b) Erschließen Sie, ausgehend von diesen Textsignalen, den Text. Berücksichtigen Sie dabei den Effekt, der durch das Wechselspiel von Gesagtem und Gemeintem entsteht.

3. a) Übertragen Sie die Erzählung Cicerones (Z. 44–50) in die direkte Rede.
b) Vergleichen Sie die direkte Wiedergabe mit der indirekten des Erzählers.

Die satirische Darstellung

Die satirische Darstellungsweise (< lat. satira = Gedicht, in dem menschliche Torheiten gegeißelt werden) ist eine Darstellungsform, die auf indirekt-ästhetische Weise „unter dem Schein der Ernsthaftigkeit, der Billigung oder gar des Lobes" (G. v. Wilpert) Missstände in der Gesellschaft und Personen bloßstellt, lächerlich macht und dem Spott preisgibt. Sie dient deshalb häufig der **Zeitkritik**.

Die satirische Darstellungsweise tritt in allen Gattungen und Formen auf. Zentrales Mittel satirischer Darstellung ist die **Ironie** (< gr. eironeia = Verstellung, Ausflucht, Mangel an Ernst). Darunter versteht man die Ersetzung des eigentlichen Ausdrucks durch dessen Gegenteil oder Negation, z. B. in: „Mein Cicerone war eine kreuzehrliche, pudeldeutsche Natur." (Z. 41) Cicerone wird als positive Gestalt dargestellt („kreuzehrlich", „kreuz" – dient zur Verstärkung), gemeint ist aber, dass er eine untertänige Gesinnung hat und, wie ein Hund, dem Herzog devot ergeben ist.

---

[1] der Cicerone (ital.): Fremdenführer, wegen ihrer Redegewandtheit nach dem römischen Redner Markus Tullius Cicero (106–43 v. Chr.) benannt
[2] Herzog von Cambridge: damals Generalstatthalter des in Personalunion mit England verbundenen Hannover, wo sich die Gruben befanden
[3] der getreue Eckart: Sagengestalt, die die Leute vor dem Betreten des Venusberges warnt; später gilt er als Warner in einem allgemeineren Sinne; vgl. auch Goethes Ballade „Der getreue Eckart"

Damit Ironie erkennbar ist, bedarf es deutlicher **Ironiesignale**. Als solche können dienen:
- **Wortneubildungen**, z. B. „pudeldeutsch" (Z. 41), wobei das Bestimmungswort „Pudel" das Ironiesignal darstellt;
- **Kommentare in Parenthese**, „unter uns gesagt" (Z. 14);
- **Hyperbel** (Übertreibung), z. B. „innerer Freudigkeit" (Z. 41) anstatt „mit Freude", gehäufte Verwendung des Adjektivs „treu" bzw. des Substantivs „Treue" (Z. 51 ff.), des Substantivs „Luft" (Z. 24);
- **Klimax (Steigerung)**, „Es ist ein so schönes Gefühl! Und es ist ein so wahrhaft deutsches Gefühl!" (Z. 51 f.);
- **Verknüpfung des Heterogenen**, d. h. Kombination von Wörtern, die man so nicht erwartet, z. B. „leider den Hals gebrochen" (Z. 7), „der vergnügte, liebe, dicke Herzog" (Z. 47 f.), „sich gern würden totschlagen lassen für den lieben, dicken Herzog" (Z. 49), „geheiligte Waden" (Z. 59).

2. „Friede den Hütten! Krieg den Palästen!" (Büchner) – Politische Lyrik interpretieren

1 Theodor Körner (1791–1813): Aufruf (Auszug)

Frisch auf, mein Volk! Die Flammenzeichen rauchen,
   Hell aus dem Norden bricht der Freiheit Licht.
Du sollst den Stahl in Feindes Herzen tauchen;
   Frisch auf, mein Volk! – Die Flammenzeichen rauchen,
5 Die Saat ist reif – ihr Schnitter, zaudert nicht!
   Das höchste Heil, das letzte, liegt im Schwerte!
Drück' dir den Speer ins treue Herz hinein! –
   Der Freiheit eine Gasse![1] – Wasch' die Erde,
Dein deutsches Land, mit deinem Blute rein!

10 Es ist kein Krieg, von dem die Kronen wissen;
   Es ist ein Kreuzzug, 's ist ein heil'ger Krieg!
Recht, Sitte, Tugend, Glauben und Gewissen
   Hat der Tyrann aus deiner Brust gerissen –
Errette sie mit deiner Freiheit Sieg!
15   Das Winseln deiner Greise ruft: „Erwache!"
Der Hütte Schutt verflucht die Räuberbrut,
   Die Schande deiner Töchter schreit um Rache,
Der Meuchelmord der Söhne schreit nach Blut.
   [...]

20 Der Himmel hilft, die Hölle muss uns weichen!
   Drauf, wack'res Volk! Drauf ruft die Freiheit, drauf!
Hoch schlägt dein Herz, hoch wachsen deine Eichen.
   Was kümmern dich die Hügel deiner Leichen?
Hoch pflanze da die Freiheitsfahne auf!
25   Doch stehst du dann, mein Volk, bekränzt vom Glücke,
In deiner Vorzeit heil'gem Siegerglanz:
   Vergiss die treuen Toten nicht und schmücke
Auch unsre Urne mit dem Eichenkranz! (v 1813)

Politische Lyrik ist besonders zeitbezogen: Aus der zeitlichen Distanz, fern ihrer Entstehungsbedingungen, wirken die Texte oft befremdlich.

1. a) Lesen Sie die Gedichte von Körner und Herwegh und beschreiben Sie, was Sie beim Lesen besonders befremdet.
b) Tauschen Sie sich über mögliche Erklärungen aus.

2. Zeigen Sie an Inhalt und Sprache in Körners Aufruf,
a) wie der Krieg,
b) wie das eigene Volk,
c) wie der Gegner dargestellt wird.
Berücksichtigen Sie dabei die Konnotationen der Schlüsselwörter, z. B. des Substantivs „Kreuzzug", mit dem der Krieg als heiliger Krieg legitimiert wird (V. 11).

---

[1] Arnold von Winkelrieds, des Helden von Sempach (1386), bekanntes Wort: „Eidgenossen, ich will euch eine Gasse machen."

3. Zeigen und erklären Sie, wie Herwegh Krieg und Glaube miteinander verknüpft.

4. Vergleichen Sie die beiden Gedichte: Welches hat zur damaligen Zeit die Menschen wohl eher erreicht? Begründen Sie Ihre Meinung.

5. Lesen Sie die Texte 1–5 und unterscheiden Sie sie nach Inhalt, Sprache und Zielsetzung. Legen Sie dazu eine Tabelle an.

Text/Autor, Titel	Thema/Inhalt	Sprachlich-stilistische Auffälligkeiten (z. B. Imperative, Parallelismen), Ton (pathetisch, ironisch, witzig, reflexiv)	Absicht, Ziel
1. Körner: Aufruf			
2. Herwegh: Aufruf 1841			
3. …			
4. …			
5. …			

2 Georg Herwegh (1817–1875): Aufruf 1841

Reißt die Kreuze aus der Erden!
Alle sollen Schwerter werden,
Gott im Himmel wird's verzeihn.
Lasst, o lasst das Verseschweißen!
5 Auf den Amboss legt das Eisen!
Heiland soll das Eisen sein.

Eure Tannen, eure Eichen –
Habt die grünen Fragezeichen
Deutscher Freiheit ihr gewahrt?
10 Nein, sie soll nicht untergehen!
Doch ihr fröhlich Auferstehen
Kostet eine Höllenfahrt.

Deutsche, glaubet euren Sehern,
Unsre Tage werden ehern,
15 Unsre Zukunft klirrt in Erz;
Schwarzer Tod ist unser Sold nur,
Unser Gold ein Abendgold nur,
Unser Rot ein blutend Herz!

Reißt die Kreuze aus der Erden!
20 Alle sollen Schwerter werden,
Gott im Himmel wird's verzeihn.
Hört er unsre Feuer brausen
Und sein heilig Eisen sausen,
Spricht er wohl den Segen drein.

25 In den Städten sei nur Trauern,
Bis die Freiheit von den Mauern
Schwingt die Fahnen in das Land;
Bis du, Rhein, durch *freie* Bogen
Donnerst, lass die letzten Wogen
30 Fluchend knirschen in den Sand.

Reißt die Kreuze aus der Erden!
Alle sollen Schwerter werden,
Gott im Himmel wird's verzeihn.
Gen Tyrannen und Philister!
35 Auch das Schwert hat seine Priester,
Und wir wollen Priester sein!

Vor der Freiheit sei kein Frieden,
Sei dem Mann kein Weib beschieden
Und kein golden Korn dem Feld;
40 Vor der Freiheit, vor dem Siege
Seh' kein Säugling aus der Wiege
Frohen Blickes in die Welt! (v 1841)

6. Geben Sie mit eigenen Worten wieder, was das lyrische Ich dem politischen Dichter zu sagen hat.

7. Der Leser erwartet, ausgehend von den ersten drei Strophen und der Überschrift des Gedichts, eigentlich einen anderen Schluss. Erklären Sie, warum.

3 Heinrich Heine (1797–1856): An einen politischen Dichter

Du singst wie einst Tyrtäus[1] sang,
Von Heldenmut beseelet,
Doch hast du schlecht dein Publikum
Und deine Zeit gewählet.

5 Beifällig horchen sie dir zwar,
Und loben schier begeistert:
Wie edel dein Gedankenflug,
Wie du die Form bemeistert.

Sie pflegen auch beim Glase Wein
10 Ein Vivat dir zu bringen,
Und manchen Schlachtgesang von dir
Laut brüllend nachzusingen.

Der Knecht singt gern ein Freiheitslied
Des Abends in der Schenke:
15 Das fördert die Verdauungskraft
Und würzet die Getränke. (v 1841)

8. Schreiben Sie einen Schluss zu Mäurers Gedicht, der sich „organisch" anschließt, und vergleichen Sie Ihre Lösungen mit dem Original.

9. Vergleichen Sie die beiden Gedichte (Heine und Mäurer). Welches gefällt Ihnen persönlich besser? Begründen Sie.

4 German Mäurer (1813–1883): Wider politische Gedichte

Immer Freiheit in Gedichten –
Ach, und nirgends einen Mann,
Der die bessre Tat verrichten –
Der sie kühn erobern kann!
5 Der die Leier mit des Degens
Schneidendem Metall vertauscht
Und ein anderes Lied des Segens
Klirrend in die Feinde rauscht!

Große Worte, lange Sätze
10 Klingen lästig mir ins Ohr,
Fort das müßige Geschwätze!
Büchsen, Degen holt hervor!
Und was noch kein Rat von Weisen
Sich zum Ziele vorgesetzt:
15 Pulver, Blei und gutes Eisen –
Die erreichen es zuletzt. (e 1846)

---

[1] Tyrtäus: Der Dichter Tyrtäus begeisterte die Spartaner im Krieg so sehr mit seinen Werken, dass sie die Feinde besiegten.

Politische Lyrik

Politische Lyrik steht immer in engem Zusammenhang mit ganz bestimmten zeitgeschichtlichen, politischen und gesellschaftlichen Situationen.
Grundsätzlich kann man zwei Formen politischer Lyrik unterscheiden:
1. **affirmative politische Lyrik**, die bestehende Herrschafts- und Gesellschaftssysteme verherrlicht und der Legitimation von Herrschaft dient, z. B. das Herrscherlob im Mittelalter und in der Barockzeit, vaterländische Gesänge und Führergedichte im Nationalsozialismus, sowie
2. **herrschaftskritische politische Lyrik**, die die bestehenden Herrschaftsformen und politischen Zustände infrage stellt und angreift und auch zum politischen Handeln aufruft, z. B. die Lyrik des Bauernkrieges, der Reformation oder des Vormärz.

In Deutschland hat man der politischen Lyrik oft den Rang einer wirklichen Dichtkunst abgesprochen, mit dem Argument, sie sei nicht zeitlos und zweckfrei. Heute stellt man sie nicht mehr abwertend der „reinen" Poesie gegenüber, sondern sieht sie als eine eigene, thematisch zu fassende Gruppe von Gedichten mit Gebrauchswertcharakter, vergleichbar religiösen Gedichten. In der politischen Lyrik werden die ästhetischen Mittel eingesetzt, die dem Dichter im Hinblick auf seine Intentionen zweckdienlich sind. Nicht selten bedient man sich der Darstellungsmittel von Parodie und Satire.

5 Heinrich Heine: Zur Beruhigung

Wir schlafen ganz, wie Brutus schlief –
Doch jener erwachte und bohrte tief
In Cäsars Brust das kalte Messer!
Die Römer waren Tyrannenfresser.

5 Wir sind keine Römer, wir rauchen Tabak.
Ein jedes Volk hat seinen Geschmack,
Ein jedes Volk hat seine Größe;
In Schwaben kocht man die besten Klöße.

Wir sind Germanen, gemütlich und brav,
10 Wir schlafen gesunden Pflanzenschlaf,
Und wenn wir erwachen, pflegt uns zu dürsten,
Doch nicht nach dem Blute unserer Fürsten.

Wir sind so treu wie Eichenholz,
Auch Lindenholz, drauf sind wir stolz;
15 Im Land der Eichen und der Linden
Wird niemals sich ein Brutus finden.

Und wenn auch ein Brutus unter uns wär,
Den Cäsar fänd er nimmermehr,
Vergeblich würd er den Cäsar suchen;
20 Wir haben gute Pfefferkuchen.

Wir haben sechsunddreißig Herrn
(Ist nicht zu viel!), und einen Stern
Trägt jeder schützend auf seinem Herzen,
Und er braucht nicht zu fürchten die Iden des Märzen.

25 Wir nennen sie Väter, und Vaterland
Benennen wir dasjenige Land,
Das erbeigentümlich gehört den Fürsten;
Wir lieben auch Sauerkraut mit Würsten.

Wenn unser Vater spazieren geht,
30 Ziehn wir den Hut mit Pietät;
Deutschland, die fromme Kinderstube,
Ist keine römische Mördergrube. (v 1844)

Vormärz/Junges Deutschland

Mit dem Begriff **Vormärz** wird sowohl die Phase zwischen dem Wiener Kongress 1815 und der Märzrevolution 1848 (Restaurationszeit) als auch die oppositionelle, liberal-demokratische bis revolutionäre politische Literatur dieser Zeit bezeichnet.

Der Versuch der traditionellen Mächte Europas, die Rückkehr zu den alten Werten und zur alten Ordnung zu erzwingen, forderte den Widerstand der unterdrückten Gegenbewegungen demokratischer, liberaler und nationaler Gesinnung heraus. Deren Vertreter, darunter Georg Herwegh und der Dichter des Deutschlandliedes, August Heinrich Hoffmann von Fallersleben, forderten politische Veränderungen in Deutschland und kämpften für Meinungsfreiheit und sozialen Fortschritt. Dabei bedienten sie sich häufig lyrischer Formen.

Mit dem Begriff **Junges Deutschland** wird eine Gruppe von Schriftstellern benannt, darunter auch Heinrich Heine, deren Schriften auf dem Bundestag in Frankfurt am Main Ende 1835 verboten wurden. Im Beschluss des Deutschen Bundestages wurde „das junge Deutschland" eine „literarische Schule" genannt, obwohl eine solche nie existierte. Es handelte sich lediglich um einen losen Zusammenschluss junger Autoren, zu denen häufig auch Georg Büchner gezählt wurde, die sich gegen die restaurative und reaktionäre Politik Metternichs wandten, für demokratische Rechte und soziale Gerechtigkeit kämpften und überkommene religiöse und moralische Vorstellungen infrage stellten.

Gedichtinterpretation: Politische Lyrik

Bei der Interpretation politischer Lyrik ist die Vorgehensweise nicht ganz identisch mit der bei anderen Gedichten. Vor allem wenn der historische Abstand groß ist, ist es unerlässlich, sich den politischen und gesellschaftlichen Kontext eines Textes zu vergegenwärtigen und sich eine Vorstellung vom Denken und Fühlen der Menschen der damaligen Zeit zu verschaffen.

Vor der eigentlichen Gedichtinterpretation

Der Gedichtinterpretation selbst wird deshalb eine Phase zur Erarbeitung des historischen Hintergrunds vorangestellt. Folgende grundsätzliche Fragen können dabei hilfreich sein:

a. Wer ist der Dichter, hier Heinrich Heine? Wann hat er das Gedicht geschrieben? In welcher Rolle befindet sich das lyrische Ich? An wen wendet es sich mit dem Gedicht? Wer sind die Zeitgenossen? In welcher historischen Situation befinden diese sich z. B. im Jahre 1844? Auf welche gesellschaftliche und politische Situation oder Begebenheit nimmt das Gedicht direkt oder indirekt Bezug?
b. Welches Thema behandelt das Gedicht?
c. In welchem Ton (anklagend, aufrüttelnd, kämpferisch, sachlich-ruhig, resigniert) wendet sich das lyrische Ich an die Leser?
d. Spricht das lyrische Ich eine direkte (Aufruf, offene Kritik) oder eine indirekte Sprache (Ironie, Satire, Parodie)?

1. Für die **Analyse des Themas und der Aufgabenstellung** spielen die verwendeten Operatoren und Schlüsselbegriffe die zentrale Rolle (vgl. auch S. 32 f.). Sie können sich auch als Interpretationshilfen erweisen.

Interpretieren Sie „Zur Beruhigung" von Heinrich Heine. Stellen Sie die Gegensätze heraus und analysieren Sie die Gestaltung des Doppelbödigen im Gedicht.

- **Operator 1** *(Interpretieren Sie)* ibt die Generalanweisung. Dieser Operator drückt aus, dass eine Analyse von Inhalt und Form zu einer schlüssigen Deutung des Gedichts führen soll.
- **Operator 2** *(Stellen Sie die Gegensätze heraus)* lenkt das Interesse des Interpreten auf einen bestimmten Inhalt (Um welche Gegensätze geht es?) oder ein bestimmtes Textmerkmal, hier die kontrastive Struktur des Textes, was die Erschließung des Textes erleichtert: Der Wir-Gruppe (Germanen) werden die anderen (Römer) gegenübergestellt.
- **Operator 3** *(Analysieren Sie die Gestaltung des Doppelbödigen)* gibt genauer an, um welche Eigenheit des Textes es sich handelt, und stellt eine klare Hilfestellung dar. Doppelbödigkeit bedeutet nämlich, dass das Gedicht eine **ironische Struktur** aufweist, dass also im Gedicht vielfach das Gegenteil von dem gemeint ist, was das lyrische Ich zu sagen scheint. Dies zu verdeutlichen, ist Aufgabe des Interpreten. Der Operator verlangt zwar explizit nur die Analyse der Doppelbödigkeit, d. h. die Gegenüberstellung und Erklärung von Gemeintem und Gesagtem, zusammen mit dem Operator 1 ergibt sich jedoch, dass die Ergebnisse der Analyse in eine schlüssige Deutung zu überführen sind.

2. Textanalyse

a) Notieren von ersten Beobachtungen, Leseeindrücken, Verständnisfragen mit Antworten:

- Über **Assoziationen** zum Titel oder zu Begriffen, die ins Auge fallen, und mithilfe der Hinweise, die die Operatoren geben, lässt sich eine bestimmte Erwartungshaltung aufbauen.
  Beispiel: *„Zur Beruhigung" ist eher als „Zur Beunruhigung" zu verstehen, ausgehend vom Hinweis auf die Doppelbödigkeit: Das Gedicht will vermutlich in Unruhe versetzen, vielleicht aus der trügerischen Ruhe reißen.*
- Über die Klärung von **Verständnisfragen**, die sich beim Lesen des Textes ergeben, kann man tiefer in den Text eindringen.
  Beispiel: *Wer waren Cäsar und Brutus? Was sind die Iden des März? Wer sind die sechsunddreißig Herrn? Warum tragen Sie einen Stern auf dem Herzen?*
- Durch leises oder auch lautes Lesen kann die Klanggestalt (Versmaß, Rhythmus, Reimform, lautliche Ebene) erschlossen werden. Wichtig ist es, alle inhaltlichen und formalen Auffällig-

keiten, deren Einschätzung noch ganz subjektiv gefärbt und spontan sein darf, schriftlich festzuhalten. Das gilt auch für Beobachtungen aller Art (*sechs Strophen beginnen mit „wir"*), spontane Einfälle (*Wie passen Cäsar und Pfefferkuchen zusammen?*), Irritationen (*merkwürdiger Vergleich: „treu wie Eichenholz", „Lindenholz"?*) und Fragen zum Text (s. o.).

b) Bei der systematischen Analyse erfasst man die inhaltlichen und sprachlich-stilistischen Merkmale des Textes noch genauer:

Man sollte u. a. folgende Aspekte beachten:

Inhalt: Thema und Motive

Form: Aufbau (Strophenform und -zahl), Rhythmus, Metrum, Lautmalerei und Melodie, Reim, Bildlichkeit (Bilder, Metaphern, Symbole, Chiffren) sowie Sprache und Stil.

Die Analyse lenkt den Blick auf Wiederholungsphänomene (Wiederholungen aller Art, wie z. B. die Anapher), syntaktische Besonderheiten (Satzarten, Parallelismus im Satzbau), Dissonanzen in Inhalt und Form (Reim: *Größe – Klöße; Herzen – Iden des Märzen; Fürsten – Würsten*), das Aufbauschema, das den Strophen zugrunde liegt, usw.

Eine **tabellarische Stoffsammlung** verdeutlicht die Wechselbeziehung inhaltlicher und formaler Elemente, so dass ein erster Gesamteindruck differenziert begründet werden kann.

Zeilen	Merkmale: Inhalt und Aufbau	Form, Stilmittel	Deutung
1–4 5–8	Kontrast: Wir-Gruppe als (harmlose) Schläfer, Brutus und Römer als (böse) Tyrannenfresser, Wir-Gruppe erscheint friedfertig, also positiv. Brutus historisch umstrittene Gestalt, mal als mutiger Tyrannenmörder, mal als feiger Verräter betrachtet; was ist er hier?	Paarreime, vierhebige Jamben, die den flüssigen Stil bestimmen, aber inhaltlich manchmal irritieren, z. B. am Versende, wenn Größe auf Klöße reimt	Die Wir-Gruppe erscheint zunächst positiv konnotiert (keine Mörder; rauchen lieber, anstatt Tyrannen zu ermorden; sind gemütlich und essen Klöße); Ironiesignal (Reim: Größe – Klöße) eröffnet jedoch eine kritische Perspektive auf die Germanen, d. h. die Deutschen, die Wir-Gruppe.
9–12	Kontrast Römer – Wir-Gruppe: Wir-Gruppe hat keinen Blutdurst (ist das im Kontext positiv zu sehen?).	Übertreibung, Verzerrung: Die „Germanen", früher der Inbegriff eines stolzen, tapferen, kämpferischen Volkes, erscheinen als verschlafen, bieder, als harmlose Spießer. Eigene Wortbildung, Neubildung: Pflanzenschlaf; Wortfeld: bieder und brav	In dem Maße, wie die Deutschen/Germanen als harmlos, bieder und dümmlich-brav erscheinen, werden die Römer aufgewertet. Diese befreien sich von ihren Unterdrückern, während die Germanen sich alles bieten lassen. Es fehlt den Deutschen der Schneid, eine Revolution zu machen und sich von ihren Unterdrückern zu befreien.
13–16	…	…	

c) Die vorläufige Synthese der Beobachtungen ergibt die Arbeits- bzw. Deutungshypothese.

Beispiel: Heinrich Heines Gedicht „Zur Beruhigung" will die Deutschen weniger beruhigen als beunruhigen. Der Gegensatz von den Römern als „kalten Tyrannenmördern" und den friedfertigen Deutschen wird zunehmend ins Gegenteil verkehrt. Die Germanen erscheinen als spießig, verschlafen, dümmlich und harmlos, die Römer als Helden, die sich ihrer Tyrannen erwehren.

3. Gliederung

Die Gliederung der Gedichtinterpretation wird im vorliegenden Beispiel durch die gleichgewichtige Gegenüberstellung von Wir-Gruppe und Römern bestimmt. Diese kann chronologisch den Text entlang verfolgt werden. Weitere Beobachtungen müssen entsprechend integriert werden.

Realistische Literatur des 19. Jahrhunderts

> **4. Ausarbeitung der Interpretation** im beschreibenden und begründenden Textzusammenhang:
>
> Wenn die tabellarische Stoffsammlung und die Gliederung vorliegen, kann das Verhältnis der **Interpretationsteile** abgestimmt werden:
>
> 1. Die **Einleitung** könnte nach Nennung von Titel, Autor und Genre anknüpfen an die durch den Titel geweckten Assoziationen bzw. Erwartungen. Auch die Irritationen durch die Diskrepanz zwischen den durch die Überschrift ausgelösten Erwartungen und dem ersten Leseeindruck (dem Primärverständnis) könnten Ausgangspunkt sein. In einem Überleitungssatz wäre die gewählte Methode zu erläutern.
> 2. Der **Hauptteil** ließe sich wie folgt aufbauen:
>   – Klärung der Wir-Perspektive: Warum bezieht sich das lyrische Ich wohl mit ein?
>   – Kontrastierung und Ironisierung als strukturelles und stilistisches Grundprinzip
>   – Konkretisierung der Aussage und ihrer Gestaltung an ausgewählten (nicht allen!) Beispielen
>   – Resümee zu Absicht und Wirkung unter dem Aspekt: Wer soll beruhigt sein?
> 3. Der **Schluss** wäre denkbar
>   – als Reflexion des dichterischen Verfahrens im Wechsel von Irritation (Titel) und Aufklärung (durch Ironie);
>   – als Einordnung des Gedichts in die Reihe anderer politischer Gedichte Heines oder in die Tendenzen der Epoche;
>   – als Bilanzierung von spezifischen Eigenarten politischer Lyrik oder
>   – als Überlegung zu typischen Verstehensproblemen bei politischer Lyrik (z. B. historisch-politischer Zeitbezug, politische Position des Autors, favorisierte Adressaten).
>
> Wichtig ist,
> - dass die Interpretation sich nicht in einer Paraphrase, d. h. einer reinen Textwiedergabe bzw. Nacherzählung, erschöpft, sondern dass der Text analysiert und gedeutet wird;
> - dass nicht einfach einzelne Wörter oder ganze Wortgruppen des Textes übernommen werden;
> - dass alle interpretatorischen Aussagen auf den Text bezogen werden (Textbelege).
>
> **5. Die Überarbeitung** sollte sehr sorgfältig geschehen und verschiedene Ebenen (auch Ausdruck, Stil, Rechtschreibung und Zeichensetzung) berücksichtigen.

3. Georg Büchners „Woyzeck" – Aktuelle Bühnenrealisierungen eines Dramentextes erschließen und bewerten

1 Christian Holtzhauer (* 1974): Funny Games (Stuttgarter Programmheft 2008)

Friedrich Johann Franz Woyzeck, „Wehrmann, Füsilier[1] im 2. Regiment, 2. Bataillon, 4. Kompagnie", kämpft ums Überleben. Der spärliche Sold, den er erhält, reicht nicht aus, um sich, seine Geliebte Marie und ihr gemeinsames Kind zu versorgen. Er verdingt sich daher als Laufbursche bei seinem Hauptmann und stellt sich gegen Geld den ernährungswissenschaftlichen Experimenten eines Arztes zur Verfügung. Von diesen Experimenten gesundheitlich zerrüttet, überarbeitet, von existenziellen Ängsten geplagt, droht er, den Verstand zu verlieren. Als in ihm der Verdacht aufkeimt, seine Geliebte könnte ihn ausgerechnet mit dem feschen Tambourmajor betrügen, kauft er ein Messer und ersticht sie.

So lässt sich die Handlung des WOYZECK in wenigen Worten umreißen. Doch ein Stück namens WOYZECK hat Georg Büchner (1813–1837) nie geschrieben. Kurz vor seinem Tod entstand eine Reihe von Skizzen und Szenenentwürfen, die erst Jahrzehnte später in eine plausi-

a) Drago Ljubić, Sanja Prejac

---
[1] der Füsilier (< frz. fusilier zu fusil = Gewehr): Infanterist, zu Fuß Kämpfender, mit Handwaffen ausgerüsteter Soldat

b) Drago Ljubić, Sonja Knežević, Nika Pintar, Neva Poherc

c) Sanja Prejac, Drago Ljubić

d)

bel scheinende Reihenfolge gebracht und unter dem Namen der Hauptfigur als letztes Werk des Autors veröffentlicht werden sollten.

Je nachdem wie die überlieferten Szenen angeordnet werden, ergeben sich völlig unterschiedliche Perspektiven auf den Stoff – und Antworten auf die Frage, was Woyzeck dazu getrieben haben mag, seine Geliebte zu töten. Konzentriert sich die als erste Entwurfsstufe bezeichnete Szenenfolge vor allem auf den Mord aus Eifersucht, gewinnt in den folgenden Entwürfen das soziale Umfeld immer größere Bedeutung. In der vierten Entwurfsstufe erscheint Woyzeck schließlich nicht mehr krank aus Eifersucht, sondern krank gemacht von einer unbarmherzigen Gesellschaft, die ihn zum Objekt der Wissenschaft degradiert, ihn als Spielball ihrer Launen missbraucht und ihm jede Hoffnung raubt, den ihm zugewiesenen Platz auf der „unterst Stuf von menschliche Geschlecht" (so der Ausrufer der Jahrmarktszene) jemals verlassen zu dürfen. (v 2008)

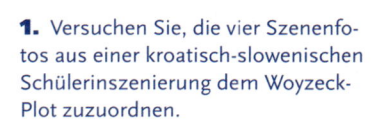

1. Versuchen Sie, die vier Szenenfotos aus einer kroatisch-slowenischen Schülerinszenierung dem Woyzeck-Plot zuzuordnen.

2. Diskutieren Sie, wie sich die Geschichte des *underdogs* Woyzeck heute erzählen lässt:
- Auf welcher gesellschaftlichen Stufe stehen Woyzeck, Andres und Marie im 21. Jahrhundert?
- Was reizt Marie am „Tambourmajor"?
- Welche Akzentsetzung scheint Ihnen interessanter: Begeht Woyzeck Mord aus (übertriebener) Eifersucht oder ist er seinerseits Opfer, nämlich seines sozialen Umfelds?

2 Georg Büchner (1813–1837): Woyzeck (Auszüge) – drei mögliche Auftaktszenen –

a) Woyzeck rasiert den Hauptmann

Hauptmann auf einem Stuhl, Woyzeck rasiert ihn.

HAUPTMANN: Langsam, Woyzeck, langsam; eins nach dem andern. Er macht mir ganz schwindlig. Was soll ich dann mit den zehn Minuten anfangen, die Er heut zu früh fertig wird? Woyzeck, bedenk Er, Er hat noch seine schöne dreißig Jahr zu leben, dreißig Jahr! Macht 360 Monate, und Tage, Stunden, Minuten! Was will Er denn mit der ungeheuren Zeit all anfangen? Teil Er sich ein, Woyzeck.

WOYZECK: Jawohl, Herr Hauptmann.

HAUPTMANN: Es wird mir ganz angst um die Welt, wenn ich an die Ewigkeit denke. Beschäftigung, Woyzeck, Beschäftigung! Ewig, das ist ewig, das ist ewig, das siehst du ein; nun ist es aber wieder nicht ewig und das ist ein Augenblick, ja, ein Augenblick – Woyzeck, es schaudert mich, wenn ich denk, dass sich die Welt in einem Tag herumdreht, was 'ne Zeitverschwendung, wo soll das hinaus? Woyzeck, ich kann kein Mühlrad mehr sehn, oder ich werd melancholisch.

WOYZECK: Jawohl, Herr Hauptmann.

HAUPTMANN: Woyzeck, Er sieht immer so verhetzt aus. Ein guter Mensch tut das nicht, ein guter Mensch, der sein gutes Gewissen hat. – Red Er doch was, Woyzeck. Was ist heut für Wetter?

WOYZECK: Schlimm, Herr Hauptmann, schlimm; Wind.

HAUPTMANN: Ich spür's schon, s' ist so was Geschwindes draußen; so ein Wind macht mir den Effekt wie eine Maus. (*Pfiffig*) Ich glaub, wir haben so was aus Süd-Nord.

WOYZECK: Jawohl, Herr Hauptmann.

HAUPTMANN: Ha! Ha! Ha! Süd-Nord! Ha! Ha! Ha! O, Er ist dumm, ganz abscheulich dumm. (*Gerührt*) Woyzek, Er ist ein guter Mensch, ein guter Mensch – aber (*mit Würde*) Woyzeck, Er hat keine Moral! Moral, das ist, wenn man moralisch ist, versteht Er. Es ist ein gutes Wort.

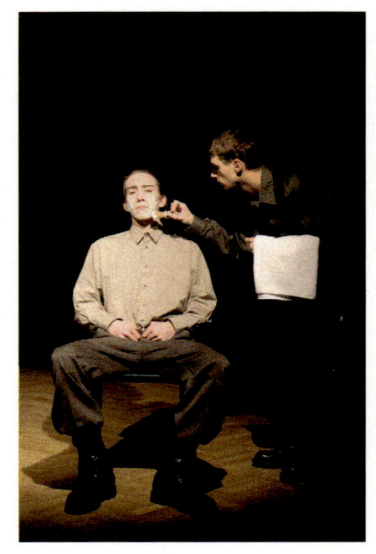

Miha Rajh, Drago Ljubić

Georg Büchner (1813–1837) verbrachte seine Kindheit und Schulzeit in Darmstadt und begann 1831 in Straßburg ein Medizinstudium. Dort wurde er auch mit revolutionären, republikanischen Ideen vertraut. 1833 musste er sein Studium in Gießen fortsetzen, einer von ihm als beengend empfundenen Kleinstadt. Politisch aktiv wurde er in der Geheimen Gesellschaft der Menschenrechte, daraus ging die Flugschrift Der hessische Landbote hervor, die zur Verhaftung einiger an ihr ebenfalls Beteiligter führte. Das erste Drama Büchners, das (in gekürzter Fassung) gedruckt wurde, war Dantons Tod (1835), eine Auseinandersetzung mit der Französischen Revolution. Büchner beendete sein Studium in Zürich – tagsüber studierte er, nachts schrieb er. Durch ein Preisausschreiben veranlasst war das satirische Lustspiel Leonce und Lena. In Straßburg war Büchner auf die Lebensgeschichte des Sturm und Drang-Autors J. M. R. Lenz gestoßen; dessen Ängste und innere Konflikte, die sich in seiner Landschaftserfahrung spiegeln, machte er zum Thema seiner Novelle Lenz. Ein anderer Außenseiter, nun aus der untersten Schicht der Gesellschaft, dessen Lebensgeschichte Büchner interessierte, war Woyzeck. Zu seinen Lebzeiten blieb Büchner weitgehend unbekannt, die eigentliche Rezeption setzte mit den 1879 herausgegebenen „Sämmtlichen Werken" ein. Die Naturalisten sahen in Büchner einen bedeutenden Vorläufer. An seine Rolle für die Literatur der Moderne erinnert auch die Tatsache, dass der seit 1923 verliehene, angesehenste deutsche Literatur-Preis (vergeben von der Darmstädter Akademie für Sprache und Dichtung) seinen Namen trägt.

Er hat ein Kind, ohne den Segen der Kirche, wie unser hochehrwürdiger Herr Garnisonsprediger sagt, ohne den Segen der Kirche, es ist nicht von mir.

WOYZECK: Herr Hauptmann, der liebe Gott wird den armen Wurm nicht drum ansehn, ob das Amen drüber gesagt ist, eh er gemacht wurde. Der Herr sprach: Lasset die Kindlein zu mir kommen.

HAUPTMANN: Was sagt Er da? Was ist das für 'ne kuriose Antwort? Er macht mich ganz konfus mit seiner Antwort. Wenn ich sag: Er, so mein ich Ihn, Ihn.

WOYZECK: Wir arme Leut. Sehn Sie, Herr Hauptmann, Geld, Geld. Wer kein Geld hat. Da setz einmal einer seinsgleichen auf die Moral in die Welt. Man hat auch sein Fleisch und Blut. Unseins ist doch einmal unselig in der und der andern Welt, ich glaub, wenn wir in Himmel kämen, so müssten wir donnern helfen.

HAUPTMANN: Woyzeck, Er hat keine Tugend, Er ist kein tugendhafter Mensch. Fleisch und Blut. Wenn ich am Fenster lieg, wenn's geregnet hat und den weißen Strümpfen so nachsehe, wie sie über die Gassen springen, – verdammt, Woyzeck, – da kommt mir die Liebe. Ich hab auch Fleisch und Blut. Aber Woyzeck, die Tugend, die Tugend! Wie sollte ich dann die Zeit herumbringen? Ich sag mir immer: Du bist ein tugendhafter Mensch, (*gerührt*) ein guter Mensch, ein guter Mensch.

WOYZECK: Ja, Herr Hauptmann, die Tugend! Ich hab's noch nicht so aus. Sehn Sie, wir gemeine Leut, das hat keine Tugend, es kommt einem nur so die Natur, aber wenn ich ein Herr wär und hätt ein Hut und eine Uhr und eine anglaise[1] und könnt vornehm reden, ich wollt schon tugendhaft sein. Es muss was Schöns sein um die Tugend, Herr Hauptmann. Aber ich bin ein armer Kerl.

HAUPTMANN: Gut, Woyzeck. Du bist ein guter Mensch, ein guter Mensch. Aber du denkst zu viel, das zehrt, du siehst immer so verhetzt aus. Der Diskurs hat mich ganz angegriffen. Geh jetzt und renn nicht so; langsam hübsch langsam die Straße hinunter.

b) Woyzeck und sein Freund Andres schneiden Stecken

Woyzeck und Andres schneiden Stöcke im Gebüsch.

WOYZECK: Ja, Andres; den Streif da über das Gras hin, da rollt abends der Kopf, es hob ihn einmal einer auf, er meint es wär ein Igel. Drei Tag und drei Nächt, und er lag auf den Hobelspänen. (*Leise*) Andres, das waren die Freimaurer, ich hab's, die Freimaurer, still!

ANDRES (*singt*): Saßen dort zwei Hasen,
    Fraßen ab das grüne, grüne Gras ...

WOYZECK: Still! Es geht was!

ANDRES: Fraßen ab das grüne, grüne Gras
    Bis auf den Rasen.

WOYZECK: Es geht hinter mir, unter mir (*stampft auf den Boden*) hohl, hörst du? Alles hohl da unten. Die Freimaurer!

ANDRES: Ich fürcht mich.

WOYZECK: S' ist so kurios still. Man möcht den Atem halten. Andres!

ANDRES: Was?

WOYZECK: Red was! (*Starrt in die Gegend.*) Andres! Wie hell! Ein Feuer fährt um den Himmel und ein Getös herunter wie Posaunen. Wie's heraufzieht! Fort. Sieh nicht hinter dich. (*Reißt ihn in's Gebüsch.*)

ANDRES (*nach einer Pause*): Woyzeck! Hörst du's noch?

WOYZECK: Still, alles still, als wär die Welt tot.

ANDRES: Hörst du? Sie trommeln drin. Wir müssen fort.

c) Woyzeck und Marie auf dem Jahrmarkt

ALTER MANN (*der zum Leierkasten singt*, KIND, *das tanzt*):
    Auf der Welt ist kein Bestand,
    Wir müssen alle sterben,
    Das ist uns wohlbekannt!

MARIE: Hei! Hopsa!

---

[1] die Anglaise (frz.): Kleidungsstück

WOYZECK: Arm Mann, alter Mann! Arm Kind! Jung Kind! Sorgen und Fest! Hei, Marie, soll ich dich ...?

MARIE: Ein Mensch muss auch der Narr von Verstand sein, damit er sagen kann: Narrisch Welt! Schön Welt!

AUSRUFER (*vor einer Bude*): Meine Herren! Meine Herren! Sehn Sie die Kreatur, wie sie Gott gemacht, nix, gar nix. Sehen Sie jetzt die Kunst, geht aufrecht, hat Rock und Hosen, hat ein Säbel! Ho! Mach Kompliment! So bist Baron. Gib Kuss! (*Er trompetet.*) Wicht ist musikalisch. Meine Herren, meine Damen, hier sind zu sehn das astronomische Pferd und die kleine Kanaillevogel, sind Liebling von alle Potentate Europas und Mitglied von alle gelehrte Sozietät, verkündige de Leute alles, wie alt, wie viel Kinder, was für Krankheit. Schießt Pistol los, stellt sich auf ein Bein. Alles Erziehung, habe nur eine viehische Vernunft, oder vielmehr eine ganz vernünftige Viehigkeit, ist kein viehdummes Individuum wie viel Person, das verehrliche Publikum abgerechnet. Herein. Es wird sein, die rapräsentation[1]. Das commencement[2] vom commencement wird sogleich nehm sein Anfang.

Sehn Sie die Fortschritte der Zivilisation. Alles schreitet fort, ein Pferd, ein Aff, ein Kanaillevogel. Der Aff ist schon ein Soldat, s' ist noch nit viel, unterst Stuf von menschliche Geschlecht!

Die rapräsentation anfangen! Man mackt Anfang von Anfang. Es wird sogleich sein das commencement von commencement.

WOYZECK: Willst du?

MARIE: Meinetwege. Das muss schön Dings sein. Was der Mensch Quasten hat und die Frau hat Hosen.

Unteroffizier. Tambourmajor.

UNTEROFFIZIER: Halt, jetzt. Siehst du sie! Was n' Weibsbild.

TAMBOURMAJOR: Teufel, zum Fortpflanzen von Kürassierregimenter und zur Zucht von Tambourmajors!

UNTEROFFIZIER: Wie sie den Kopf trägt, man meint, das schwarz Haar müsst sie abwärtsziehn, wie ein Gewicht, und Auge schwarz ...

TAMBOURMAJOR: Als ob man in ein Ziehbrunn oder zu eim Schornstein hinabguckt. Fort hinte drein. [...]   (e 1836/37, v 1879)

3. Bilden Sie Gruppen zu den drei Dramenauszügen (Texte a–c) und bereiten Sie für Ihren Auszug eine ➤ szenische Lesung vor.

4. Diskutieren Sie innerhalb Ihrer Gruppe, inwiefern sich Ihre Szene als Dramenauftakt eignet.

5. a) Tragen Sie die szenische Lesung Ihrer Dramenszene im Plenum vor und stellen Sie Ihre Überlegungen zu Aufgabe 4 dar.
b) Überlegen Sie, welche Akzentsetzung mit den verschiedenen Auftaktvarianten verbunden ist.
c) Erstellen Sie abschließend ein Meinungsbild, mit welcher Szene Ihr Kurs eine Woyzeck-Inszenierung beginnen würde.

6. a) Erstellen Sie auf der Basis der drei Dramenauszüge arbeitsteilig eine vorläufige Figurencharakterisierung für Woyzeck, Andres, den Tambourmajor und den Hauptmann. Berücksichtigen Sie dabei auch die Sprechweise der Figuren (vgl. Figurensprache S. 472).
b) Stellen Sie Ihre Ergebnisse dem Kurs vor und skizzieren Sie eine Personenkonstellation.

3 Georg Büchner: Woyzeck (Auszüge)
– Marie und der Tambourmajor –

a) Mariens Kammer (1)

Marie. Tambourmajor.

TAMBOURMAJOR: Marie!

MARIE (*ihn ansehend, mit Ausdruck*): Geh einmal vor dich hin. – Über die Brust wie ein Rind und ein Bart wie ein Löw – So ist keiner – Ich bin stolz vor allen Weibern.

TAMBOURMAJOR: Wenn ich am Sonntag erst den großen Federbusch hab und die weiße Handschuh, Donnerwetter, Marie, der Prinz sagt immer: Mensch, Er ist ein Kerl.

MARIE (*spöttisch*): Ach, was! (*Tritt vor ihn hin.*) Mann!

TAMBOURMAJOR: Und du bist auch ein Weibsbild. Sapperment, wir wollen eine Zucht von Tambourmajors anlegen. He? (*Er umfasst sie.*)

MARIE (*verstimmt*): Lass mich!

TAMBOURMAJOR: Wild Tier.

MARIE (*heftig*): Rühr mich an!

TAMBOURMAJOR: Sieht dir der Teufel aus den Augen?

MARIE: Meintwegen. Es ist alles eins.

---

[1] rapräsentation = die Repräsentation
[2] das commencement (frz.) = Anfang

b) Mariens Kammer (2)

Marie sitzt, ihr Kind auf dem Schoß, ein Stückchen Spiegel in der Hand.

MARIE (*bespiegelt sich*): Was die Steine glänze! Was sind's für? Was hat er gesagt? – Schlaf, Bub! Drück die Auge zu, fest, (*das Kind versteckt die Augen hinter den Händen*) noch fester, bleib so, still oder er holt dich.
(*Singt*):   Mädel mach's Ladel zu,
        S' kommt e Zigeunerbu,
        Führt dich an deiner Hand
        Fort in's Zigeunerland.
(*Spiegelt sich wieder.*) S' ist gewiss Gold! Unseins hat nur ein Eckchen in der Welt und ein Stückchen Spiegel und doch hab ich einen so roten Mund als die großen Madamen mit ihren Spiegeln von oben bis unten und ihren schönen Herrn, die ihnen die Händ küssen, ich bin nur ein arm Weibsbild. – (*Das Kind richtet sich auf.*) Still, Bub, die Auge zu, das Schlafengelchen! Wie's an der Wand läuft, (*sie blinkt mit dem Glas*) die Auge zu, oder es sieht dir hinein, dass du blind wirst.

Woyzeck tritt herein, hinter sie.
Sie fährt auf mit den Händen nach den Ohren.

WOYZECK: Was hast du?
MARIE: Nix.
WOYZECK: Unter deinen Fingern glänzt's ja.
MARIE: Ein Ohrringlein; hab's gefunden.
WOYZECK: Ich hab so noch nix gefunden. Zwei auf einmal.
MARIE: Bin ich ein Mensch?
WOYZECK: S' ist gut, Marie. – Was der Bub schläft. Greif ihm unter's Ärmchen, der Stuhl drückt ihn. Die hellen Tropfen stehn ihm auf der Stirn; alles Arbeit unter der Sonn, sogar Schweiß im Schlaf. Wir arme Leut! Da is wieder Geld, Marie, die Löhnung und was von mein'm Hauptmann.
MARIE: Gott vergelt's, Franz.
WOYZECK: Ich muss fort. Heut Abend, Marie. Adies.
MARIE (*allein, nach einer Pause*): Ich bin doch ein schlecht Mensch. Ich könnt mich erstechen. – Ach! Was Welt? Geht doch alles zum Teufel, Mann und Weib.

7. Lesen Sie die beiden Dramenszenen und charakterisieren Sie Marie.

8. a) Erarbeiten Sie arbeitsteilig eine ➤ Stimmenskulptur zu Woyzeck und Marie.
b) Verfassen Sie einen inneren Monolog Woyzecks, nachdem er Maries Kammer verlassen hat, oder
c) verfassen Sie einen inneren Monolog Maries.

9. Die Reihenfolge beider Szenen ist umstritten. Beschreiben Sie, inwiefern sich durch eine Umstellung die Dramenhandlung oder die Charakterisierung Maries verändert.

Eine weitere Dramenszene – „Woyzeck beim Doktor" – finden Sie auf der DVD. [DVD Texte]

10. a) Überlegen Sie, welche Spielmöglichkeiten eine Doppelbesetzung der Marie im Woyzeck eröffnen würde.
b) Wählen Sie eine der abgedruckten Szenen mit Marie aus und spielen Sie diese mit einer Doppelbesetzung.
c) Vergleichen Sie verschiedene szenische Umsetzungen und besprechen Sie im Plenum, welche Deutung Marie dadurch erfährt.

11. Überlegen Sie, welche Konsequenzen es für die Dramenaussage hat, wenn der Tambourmajor gestrichen wird und Andres dessen Part (Verführung Maries) übernimmt.

Dramenvorlage und Theaterfassung

Dramentexte lassen sich zwar wie Gedichte und Romane als Text lesen, sie sind aber für die Bühnenrealisierung geschrieben und entfalten dabei auch erst ihre Sinnlichkeit. Die Umsetzung auf der Bühne nimmt sich jedoch stets kleinere oder größere Freiheiten gegenüber dem Originaltext heraus. Viele klassische Theaterstücke werden gekürzt, weil sie sonst zu lang wären für einen Theaterabend. Darüber hinaus stellt eine Inszenierung eine Interpretation des Originaltextes dar, die oft durch gezielte Bearbeitungen der Dramenvorlage herausgestellt werden soll. Bearbeitungsmöglichkeiten sind z. B. bewusste Textumstellungen, Veränderungen in der Sprache durch Modernisierung der Figurensprache oder Einbau von Fremdtexten. Auch das jeweilige Ensemble kann Veränderungen notwendig machen: So wird oft die tatsächliche Figurenvielfalt der Dramenvorlage an die vorhandene Größe des Schauspielerensembles angepasst und dadurch reduziert. Es kann aber auch aus interpretatorischen Gründen zu Doppelbesetzungen kommen, so dass eine ambivalente Figur von zwei Schauspielern gespielt wird (z. B. Marie im *Woyzeck*). Umgekehrt ist denkbar, dass zwei unterschiedliche Figuren von nur einem Schauspieler verkörpert werden (z. B. das Zusammenfallen von Andres und dem Tambourmajor im *Woyzeck*), um einen Berührungspunkt beider deutlich zu machen. Auch ist es denkbar, dass eine Figur eine wesentliche Redepassage einer anderen Nebenfigur spricht, um so ihren Charakter als tatsächliche Hauptfigur unterstreichen zu können. Der Zuschauer wird somit mit ungewohnten Sichtweisen konfrontiert und entscheidet für sich, ob er diese Interpretation teilt.

I. Handeln durch Literatur 271

4 Zwei Woyzeck-Inszenierungen

a) Stuttgart 2007 (Konzeption: Stephan Rottkamp)

1. Setzen Sie sich arbeitsteilig mit den beiden Stuttgarter *Woyzeck*-Inszenierungen von 2007 und 2009 auseinander: Beschreiben Sie das jeweilige Regiekonzept. Gehen Sie dabei auf das Bühnenbild, die Kostüme sowie den Einsatz des Lichtes ein.

2. Stellen Sie Vermutungen an, welche Geschichte des *underdogs* Woyzeck in unserer Gegenwart jeweils erzählt werden soll (vgl. S. 266 f.).

b) Stuttgart 2009 (Dramaturgie: Frederik Zeugke)

3. In der Inszenierung von 2009 wird die Bühnenhandlung mehrfach durch Filmsequenzen unterbrochen bzw. begleitet.
a) Machen Sie Vorschläge, welche Inhalte Sie für solch einen Film wählen würden.
b) Videoprojektionen werden in modernen Theaterinszenierungen immer häufiger eingesetzt, sie sind aber auch sehr umstritten. Diskutieren Sie Vor- und Nachteile.

5 Auszüge aus den Stuttgarter Programmheften 2007 und 2009

a)
Jenseits des Soldatenmilieus und der Unterschicht, in denen Büchner sein Fragment Mitte des 19. Jahrhunderts situiert hat, erzählt das Stück, wie ein Mensch von seiner Umwelt fertiggemacht wird. Heute kann man sich das folgendermaßen vorstellen:
Eine erfolgsorientierte Gesellschaft von Jungen, Fitten und Hübschen liefert sich das tägliche Rattenrennen um die glatteste Oberfläche, und ein älterer, psychisch labiler, durch Eifersucht zusätzlich geschwächter Woyzeck fällt da heraus. Sei es, dass er nicht mehr kann, sei es – das wäre auch eine Provokation – nicht mehr will und damit die Werte dieser Gesellschaft infrage stellt.

b)

Im Alltag flüchtet Woyzeck sich in die Rolle des Versorgers und kommt aus seinen Arbeitswelten immer seltener zurück ins Leben. Marie entgleitet ihm noch weiter, sie beginnt, ihre eigenen Wege zu gehen.

Woyzecks einziger Vertrauter, Andres, hört nicht jene dunklen Stimmen, sieht nicht wie Woyzeck Tod oder Verschwörung an jeder Ecke heraufziehen. Andres kann und will dessen Schwarzseherei nicht folgen – und kommt auf diese Weise Marie näher als Woyzeck selbst.

In Büchners Text lässt Marie sich auf ein „Abenteuer" mit einem Tambourmajor ein, der mehr Geld, mehr erotische Anziehungskraft und höheres soziales Ansehen bietet. In dieser Inszenierung driftet Marie nicht ab zu potenteren Vertretern der Macht. Wenn sie hier mit dessen Freund Andres Zeit verbringt und genießt, dann mit einem Woyzeck sozial ebenbürtigen, aber eben offeneren, lebensbejahenden Mann. Kurz: Marie ist nicht käuflich. Geld ist nicht gleich Glück. Das weiß sie, besser als Woyzeck. Woyzecks Lohntüten können als ein Ablasshandel nicht die belastete Beziehung beider aufwiegen. Andres signalisiert ihr, dass ein Entkommen aus dem bisherigen Alltag auch ohne besonderes Einkommen möglich ist. [...]

Die Ursache [... von Woyzecks] Verzweiflungstat ist nicht der aktuelle Verfall des Geldes oder eine tatsächliche materielle Not, sondern seine Erkenntnis, dass er ein Leben mit Marie durch die Arbeit nicht ermöglicht, sondern zerstört hat. Mit Marie tötet er nicht nur seine Geliebte, sondern jene Frau, die sich von dem Mühlrad der Arbeitswelt nicht erdrücken lassen, sondern „frei" sein wollte.

4. Ordnen Sie die beiden Auszüge aus den Programmheften der entsprechenden Inszenierung zu.

5. a) Fassen Sie in eigenen Worten die zentrale Idee beider Inszenierungen zusammen.
b) Skizzieren Sie die jeweilige Personenkonstellation.
c) Diskutieren Sie, welche Aktualisierung des Woyzeck-Stoffs Ihnen überzeugender erscheint.

Das Bühnenbild

Bühnenbilder spiegeln die unterschiedlichen Arten der Regie, sich einem Drama zu nähern. So lassen sich **historisierende Bühnenbilder** mit behutsamen Regiestilen in Einklang bringen. Der Impuls ist hier, so viel wie möglich vom historischen Kolorit eines Dramas bzw. einer Oper dem Publikum zu präsentieren. Da diese realistische Darstellung vergangener Zeiten im Massenmedium Film sehr aufwendig betrieben wird, sind davon die Sehgewohnheiten eines großen Teils des Publikums bestimmt und viele Theaterzuschauer beklagen fehlenden Realismus und Historizität als Defizit bei Theaterinszenierungen.

Aktualisierende Bühnenbilder schaffen dagegen bewusste Entsprechungen zwischen Dramenvorlage und Gegenwart. So kann ein Pferd als Auto, ein Tanzlokal als Disco oder ein Degenkampf als Mafiaschießerei konkretisiert werden. Ähnlich wie die historisierenden Bühnenbilder sorgen aktualisierende Entwürfe dafür, dass die Fantasie des Zuschauers sehr eng geführt wird.

Im Gegensatz dazu stehen **abstrahierende Bühnenbilder**, bei denen wenige Vorgaben nicht nur äußere Handlung, sondern vor allem innere Vorgänge symbolisieren. Diese Inszenierungen arbeiten in besonders bildhafter Weise, um Bedeutung zu transportieren. Ein überdimensionierter Operationstisch, neongrell beleuchtet, könnte in der Stuttgarter Woyzeck-Inszenierung sowohl die Kälte in der modernen Welt als auch das Ausgeliefertsein Woyzecks an die ihn beobachtenden, sezierenden Kontrolleure symbolisieren. Türen scheinen Mangelware, was den Gefängnischarakter unterstreicht; die einzige Tür enthält einen Sehspalt, was den Beobachtungscharakter verstärkt. Häufig erschließt sich der Sinnbezug der abstrahierenden Bühnenbilder erst beim zweiten Sehen einer Inszenierung, weil eine allzu einfache Vereindeutigung gerade vermieden wird.

„Vorhang auf!" – Einen Theaterbesuch vorbereiten

Informieren Sie sich über den aktuellen Spielplan der Theater in der Nähe Ihrer Schule und wählen Sie ein Theaterstück aus, das Ihr Interesse weckt. Bereiten Sie einen Theaterbesuch Ihres Kurses vor:
- Einführung in die Dramenhandlung (evtl. ohne den Schluss zu verraten)
- Vorbereitung und Leitung der Nachbesprechung im Kurs (evtl. vorab Vergabe von Beobachtungsaufträgen zu Kostümen, Bühnenbild, Rollenbesetzung etc.)
- Eigener Vergleich zwischen Originaltext und Bühnenrealisierung
- Bericht über Zeitungskritiken zur Inszenierung
- Eigene Bewertung der Inszenierung

Im Vorfeld sollte Kontakt zum Theater aufgenommen werden, um interne Informationen, z. B. zum Regiekonzept, zu erhalten, an Proben teilzunehmen, mit Schauspielern zu sprechen etc.

274 Realistische Literatur des 19. Jahrhunderts

6 Der Film zum Drama

Auftakt des Films:

Schluss des Films:

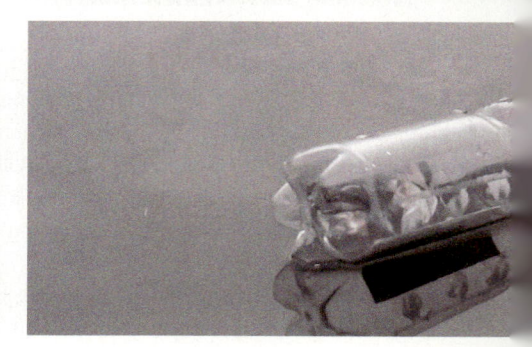

6. Stellen Sie Vermutungen an, wozu der Filmauftakt dient, der bereits vor dem Beginn der eigentlichen Dramenhandlung läuft.

7. Plastikflaschen stellen ein zentrales Motiv dieser Inszenierung dar. Tauschen Sie sich über mögliche Deutungen aus.

8. Sehen Sie sich die Ausschnitte aus dem Film auf der DVD an. [DVD Filme]
a) Stellen Sie Bezüge des Films zum Dramentext her.
b) Diskutieren Sie, inwiefern der Film Ihrer Meinung nach eine gelungene Umsetzung des Woyzeck-Stoffs darstellt.

II. Selbstbehauptung und Selbstbescheidung[1]

1. Zwischen Verborgenheit und weiblichem Protest – Die Individualität im Gedicht erfassen

1 Carl Spitzweg (1808–1885): Bilder

Carl Spitzweg, häufig als Maler der Biedermeierzeit betrachtet, sagt man nach, er habe die kleinbürgerliche, besinnliche Idylle der Biedermeierzeit verherrlicht.

a) Der Kaktusliebhaber, 1850

b) Wo ist der Pass?, 1848/1850

1. Zeigen Sie an den beiden Bildern und an weiteren Bildern Ihrer Wahl das differenzierte Verhältnis des Malers zu seiner Zeit und ihren Menschen.

2 Eduard Mörike (1804–1875): Am Walde

Am Waldsaum kann ich lange Nachmittage,
Dem Kuckuck horchend in dem Grase liegen;
Er scheint das Tal gemächlich einzuwiegen
Im friedevollen Gleichklang seiner Klage.

5 Da ist mir wohl, und meine schlimmste Plage,
Den Fratzen der Gesellschaft mich zu fügen,
Hier wird sie mich doch endlich nicht bekriegen,
Wo ich auf eigne Weise mich behage.

Und wenn die feinen Leute nur erst dächten,
10 Wie schön Poeten ihre Zeit verschwenden,
Sie würden mich zuletzt noch gar beneiden.

Denn des Sonetts gedrängte Kränze flechten
Sich wie von selber unter meinen Händen,
Indes die Augen in der Ferne weiden.   (v 1830)

2. Beschreiben Sie die Stimmung, die das Gedicht ausdrückt, und ordnen Sie die entsprechenden Wörter zu.

3. Zeigen Sie, wie das lyrische Ich den Rückzug in die Idylle begründet und wie es ihn bewertet. Berücksichtigen Sie dabei die Wortwahl für die Natur bzw. die Gesellschaft.

4. Arbeiten Sie aus den beiden Terzetten das Selbstverständnis des lyrischen Ichs als Dichter heraus.

---

[1] die Selbstbescheidung: das Sichbescheiden, Selbstbeschränkung, Verzicht auf bestimmte Ansprüche, Rückzug ins Private

Eduard Mörike (1804–1875) trat nach der Schulzeit in Ludwigsburg und Stuttgart 1818 in das evangelisch-theologische Seminar in Urach und 1822 als Theologiestudent in das Tübinger Stift ein. Nach dem Examen (1826) hatte er mehrere Stellen als Vikar, 1834 erhielt er eine Pfarrstelle in Cleversulzbach bei Heilbronn, 1843 trat er vorzeitig in den Ruhestand. Er heiratete 1855. In Stuttgart unterrichtete er an einer Mädchenschule Literatur. Seine Dichtung lebt aus der Spannung einengender Verhältnisse und dem Wunsch nach ihrer Überschreitung, doch gibt es keine glücklichen Lösungen.

5. ▶ Lesen Sie das Gedicht „Verborgenheit" laut und versuchen Sie, die Stimmung des lyrischen Ichs zu erfassen.

6. Untersuchen Sie die künstlerische Gestaltung des Gedichts (Aufbau, Sprache, rhetorische Mittel usw.) und stellen Sie einen Zusammenhang zu dem im Text ausgedrückten Lebensgefühl her.

7. a) Weisen Sie am Gedicht „Auf eine Lampe" nach, dass das lyrische Ich aus einer wehmütigen und zugleich heiteren Stimmung spricht.
b) Versuchen Sie, eine Erklärung dafür zu finden.

8. Man bezeichnet dieses Gedicht als ein Dinggedicht. Erklären Sie, warum.

9. a) Zeigen Sie, dass die Lampe in diesem Gedicht über sich selbst hinausweist und als Symbol zu verstehen ist.
b) Arbeiten Sie heraus, was nach Mörike „ein Kunstgebild der echten Art" ausmacht.

10. Charakterisieren Sie die Bilder, die die Stimmung des Gedichts „Der Weiher" prägen.

11. Erarbeiten Sie, ausgehend vom Vergleich „wie ein fromm Gewissen" und dem Bild vom Glanz des „Sonnenbildes", die religiöse Dimension des Gedichts. Lesen Sie auch in der Bibel die Verse 1 Könige 19, 11–1.

3 Eduard Mörike: Verborgenheit

Lass, o Welt, o lass mich sein!
Locket nicht mit Liebesgaben,
Lasst dies Herz alleine haben
Seine Wonne, seine Pein!

5 Was ich traure weiß ich nicht,
Es ist unbekanntes Wehe;
Immerdar durch Tränen sehe
Ich der Sonne liebes Licht.

Oft bin ich mir kaum bewusst,
10 Und die helle Freude zücket
Durch die Schwere, so mich drücket
Wonniglich in meiner Brust.

Lass, o Welt, o lass mich sein!
Locket nicht mit Liebesgaben,
15 Lasst dies Herz alleine haben
Seine Wonne, seine Pein! (v 1827/28)

4 Eduard Mörike: Auf eine Lampe

Noch unverrückt, o schöne Lampe, schmückest du
An leichten Ketten zierlich aufgehangen hier,
Die Decke des nun fast vergessnen Lustgemachs.
Auf deiner weißen Marmorschale, deren Rand
5 Der Efeukranz von goldengrünem Erz umflicht,
Schlingt fröhlich eine Kinderschar den Ringelreihn.
Wie reizend alles! lachend, und ein sanfter Geist
Des Ernstes doch ergossen um die ganze Form –
Ein Kunstgebild der echten Art. Wer achtet sein?
10 Was aber schön ist, selig scheint es in ihm selbst. (v 1846)

5 Annette von Droste-Hülshoff (1797–1848): Der Weiher

Er liegt so still im Morgenlicht,
So friedlich, wie ein fromm Gewissen;
Wenn Weste[1] seinen Spiegel küssen,
Des Ufers Blume fühlt es nicht;
5 Libellen zittern über ihn,
Blaugoldne Stäbchen und Karmin[2],
Und auf des Sonnenbildes Glanz
Die Wasserspinne führt den Tanz;
Schwertlilienkranz am Ufer steht
10 Und horcht des Schilfes Schlummerliede;
Ein lindes Säuseln kommt und geht,
Als flüstre's: Friede! Friede! Friede! – (e 1844)

---

[1] Weste: Westwinde
[2] blaugoldne Stäbchen und Karmin: Libellenarten

6 Annette von Droste-Hülshoff (1797–1848): Am Turme

Ich steh auf hohem Balkone am Turm,
Umstrichen vom schreienden Stare,
Und lass gleich einer Mänade¹ den Sturm
Mir wühlen im flatternden Haare;
5 O wilder Geselle, o toller Fant,
Ich möchte dich kräftig umschlingen,
Und, Sehne an Sehne, zwei Schritte vom Rand
Auf Tod und Leben dann ringen!

Und drunten seh ich am Strand, so frisch
10 Wie spielende Doggen, die Wellen
Sich tummeln rings mit Geklaff und Gezisch
Und glänzende Flocken schnellen.
O, springen möcht ich hinein alsbald,
Recht in die tobende Meute,
15 Und jagen durch den korallenen Wald
Das Walross, die lustige Beute!

Und drüben seh ich ein Wimpel wehn
So keck wie eine Standarte,
Seh auf und nieder den Kiel sich drehn
20 Von meiner luftigen Warte;
O, sitzen möcht ich im kämpfenden Schiff,
Das Steuerruder ergreifen
Und zischend über das brandende Riff
Wie eine Seemöwe streifen.

25 Wär ich ein Jäger auf freier Flur,
Ein Stück nur von einem Soldaten,
Wär ich ein Mann doch mindestens nur,
So würde der Himmel mir raten;
Nun muss ich sitzen so fein und klar,
30 Gleich einem artigen Kinde,
Und darf nur heimlich lösen mein Haar
Und lassen es flattern im Winde!

(e 1841/42)

Scherenschnitt von A. von Droste-Hülshoff selbst angefertigt

Alte Burg Meersburg: Einen der vier Wohntürme bewohnte Annette von Droste-Hülshoff

Das Gartenhäuschen der Droste oberhalb der Meersburg

¹ die Mänade (< gr. mainas = die Rasende, Verzückte): verzückte Begleiterin des Weingottes Dionysos

12. Stellen Sie dar, was die ersten vier und die letzten vier Verse des Gedichts „Am Turme" über die Situation des lyrischen Ichs aussagen.

13. Stellen Sie die einzelnen Wünsche zusammen, die das lyrische Ich ausdrückt. Welches Verhältnis zur Gesellschaft der Zeit kommt darin zum Ausdruck?

14. Vergleichen Sie das Ölbild der Droste mit ihrem Selbstbild in dem Gedicht „Am Turme".

DVD Texte Auf der DVD finden Sie ein weiteres bekanntes Gedicht von Annette von Droste-Hülshoff, „Das Spiegelbild", sowie ein Gedicht von Sarah Kirsch, „Der Droste würde ich gern Wasser reichen". Interpretieren Sie zunächst das erste Gedicht und arbeiten Sie dann aus dem zweiten das Verhältnis Sarah Kirschs zur Droste heraus.

Annette von Droste-Hülshoff ist 1797 bei Münster geboren und 1848 in Meersburg gestorben. Als unverheiratete adelige Frau war sie aufgrund von Konventionen in ihren Lebensmöglichkeiten eingeschränkt. Ihre Bildung erwarb sie sich, indem sie am Unterricht teilnahm, den ihre Brüder durch Hauslehrer erhielten. Neben ihrer literarischen hatte sie auch eine musikalische Begabung. 1820 fasste sie den Plan zu einem Zyklus religiöser Gedichte (Das geistliche Jahr, posthum 1851). Seit Ende der 30er-Jahre verband sie eine enge Freundschaft mit dem siebzehn Jahre jüngeren Levin Schücking. Nachdem ihr Schwager Joseph von Lassberg das Schloss Meersburg am Bodensee erworben hatte, verbrachte sie dort immer wieder einen Teil ihrer Zeit. Mit dem Honorar, das sie für ihre Gedichte (1838/1844) bekam, konnte sie sich das Fürstenhäusle oberhalb der Meersburg ersteigern. Berühmt wurde die Novelle Die Judenbuche (1842).

Realistische Literatur des 19. Jahrhunderts

Theodor Storm ist 1817 in Husum geboren und 1888 in Hademarschen gestorben. Nach dem Jurastudium in Kiel und Berlin eröffnete er 1843 in Husum eine Rechtsanwaltspraxis. Nach der Eingliederung Holsteins zu Dänemark (1852) musste er seine Heimat verlassen und fand in Potsdam eine Stelle im preußischen Justizdienst. Die „Exiljahre" dauerten bis 1864, dann kehrte er nach Husum zurück, wo er Stadtvogt wurde und später Amtsrichter. In seiner Selbsteinschätzung als Dichter hat er immer seine Lyrik an die erste Stelle gesetzt; seine Novellen seien aus seiner Lyrik entstanden. Berühmt wurde seine Novellendefinition: „Die heutige Novelle ist die Schwester des Dramas und die strengste Form der Prosadichtung".

1. a) Beschreiben Sie die Stimmung, die das lyrische Ich von der Heidelandschaft vermittelt.
b) Zeigen Sie, wie das lyrische Ich die Stimmung schrittweise aufbaut und welche Wörter und Bilder dabei bestimmend sind.

2. Deuten Sie, ausgehend von der Überschrift und den letzten beiden Versen, das Gedicht.

3. „Bieder, brav, betulich, hausbacken" – so hat man oft die Zeit zwischen 1815 und 1848 abschätzig beurteilt. Überblicken Sie noch einmal die Gedichte 2–7 und diskutieren Sie, ob dieses Urteil zutrifft.

7 Theodor Storm (1817–1888): Abseits

Es ist so still; die Heide liegt
Im warmen Mittagssonnenstrahle,
Ein rosenroter Schimmer fliegt
Um ihre alten Gräbermale;
5 Die Kräuter blühn; der Heideduft
Steigt in die blaue Sommerluft.

Ein halb verfallen niedrig Haus
Steht einsam hier und sonnbeschienen;
Der Kätner[1] lehnt zur Tür hinaus,
10 Behaglich blinzelnd nach den Bienen;
Sein Junge auf dem Stein davor
Schnitzt Pfeifen sich aus Kälberrohr.

Laufkäfer hasten durchs Gesträuch
In ihren goldnen Panzerröckchen,
15 Die Bienen hängen Zweig um Zweig
Sich an der Edelheide Glöckchen;
Die Vögel schwirren aus dem Kraut –
Die Luft ist voller Lerchenlaut.

Kaum zittert durch die Mittagsruh
20 Ein Schlag der Dorfuhr, der entfernten;
Dem Alten fällt die Wimper zu,
Er träumt von seinen Honigernten.
– Kein Klang der aufgeregten Zeit
Drang noch in diese Einsamkeit. (e 1847)

Die Biedermeierzeit

Der Biedermeierbegriff als Bezeichnung für eine literarische Richtung verführt wegen der Konnotationen des Begriffs „bieder", z. B. betulich, brav, hausbacken, idyllisch, spießig und eng, dazu, dass man sich mit einem vorgefassten Bild der Epoche und den Werken dieser Zeit nähert und sich nicht unvoreingenommen mit ihnen auseinandersetzt.
Wie der literarische **Vormärz** und das **„Junge Deutschland"** war auch das **Biedermeier** als literarische Strömung eng mit der Restauration zwischen Wiener Kongress (1815) und bürgerlicher Revolution (1848) verbunden. Anders aber als die Dichter des Vormärz und des „Jungen Deutschland", die sich mit ihrer Literatur z. B. für Meinungsfreiheit und Demokratie sowie den sozialen Fortschritt einsetzten, wandten sich viele Dichter vom politischen Tagesgeschehen ab und zogen sich ins Private zurück. Nach den unruhigen Revolutionsjahren sehnten sie sich nach Ordnung und Beständigkeit. Ihre Themen entstammten deshalb vielfach dem privaten Umfeld. Typisch ist ein verklärender Blick auf die vergangenen Zeiten, z. B. in „Auf eine Lampe" von Mörike, und die Ablehnung der „neuen Zeit", z. B. in „Abseits" von Storm. Das bedeutet aber nicht, dass diese Autoren ein beschauliches Leben in der Idylle propagierten. Ihr Interesse galt vielmehr dem Individuum, das sich in der Gesellschaft behaupten musste. Ein Beispiel ist Annette von Droste-Hülshoff, die in ihrem Gedicht „Am Turme" aufbegehrt gegen die enge Frauenrolle und sich nach einem selbstbestimmten Leben sehnt. Ein weiteres Beispiel ist der „arme Spielmann" von Grillparzer, dessen bürgerliche Existenz an den Leistungsnormen der bürgerlichen Gesellschaft scheitert.

2. Der Künstler zwischen Fantasie und Wirklichkeit – Eine Künstlernovelle erschließen

1 Franz Grillparzer (1791–1872): Der arme Spielmann (Auszug) – Auf dem Volksfest –

In Wien ist der Sonntag nach dem Vollmonde im Monat Juli jedes Jahres samt dem darauffolgenden Tage ein eigentliches Volksfest, wenn je ein Fest diesen Namen verdient hat. Das Volk besucht es und gibt es selbst; und wenn Vornehmere dabei erscheinen, so können sie es nur in ihrer Eigenschaft als Glieder des Volks. Da ist keine Möglichkeit der Absonderung; wenigstens vor einigen Jahren war noch keine.
[...]
Ich hatte mich dem Zug der Menge hingegeben und befand mich in der Mitte des Dammes, bereits auf klassischem Boden, nur leider zu stets erneutem Stillstehen, Ausbeugen und Abwarten genötigt. Da war denn Zeit genug, das seitwärts am Wege Befindliche zu betrachten. Damit es nämlich der genusslechzenden Menge nicht an einem Vorschmack der zu erwartenden Seligkeit mangle, hatten sich links am Abhang der erhöhten Dammstraße einzelne Musiker aufgestellt, die, wahrscheinlich die große Konkurrenz scheuend, hier an den Propylä-

---
[1] der Kätner: von die Kate = Haus (Hütte) eines Kleinbauern

en die Erstlinge der noch unabgenützten Freigiebigkeit einernten wollten. Eine Harfenspielerin mit widerlich starrenden Augen. Ein alter invalider Stelzfuß, der auf einem entsetzlichen,
15 offenbar von ihm selbst verfertigten Instrumente, halb Hackbrett und halb Drehorgel, die Schmerzen seiner Verwundung dem allgemeinen Mitleid auf eine analoge Weise empfindbar machen wollte. Ein lahmer, verwachsener Knabe, er und seine Violine einen einzigen ununterscheidbaren Knäuel bildend, der endlos fortrollende Walzer mit all der hektischen Heftigkeit seiner verbildeten Brust herabspielte. Endlich – und er zog meine ganze Aufmerksamkeit auf
20 sich – ein alter, leicht siebzigjähriger Mann in einem fadenscheinigen, aber nicht unreinlichen Moltonüberrock mit lächelnder, sich selbst Beifall gebender Miene. Barhäuptig und kahlköpfig stand er da, nach Art dieser Leute, den Hut als Sammelbüchse vor sich auf dem Boden, und so bearbeitete er eine alte viel zersprungene Violine, wobei er den Takt nicht nur durch Aufheben und Niedersetzen des Fußes, sondern zugleich durch übereinstimmende Bewegung des
25 ganzen gebückten Körpers markierte. Aber all diese Bemühung, Einheit in seine Leistung zu bringen, war fruchtlos, denn was er spielte, schien eine unzusammenhängende Folge von Tönen ohne Zeitmaß und Melodie. Dabei war er ganz in sein Werk vertieft: Die Lippen zuckten, die Augen waren starr auf das vor ihm befindliche Notenblatt gerichtet – ja wahrhaftig Notenblatt! Denn indes alle andern, ungleich mehr zu Dank spielenden Musiker sich auf ihr Ge-
30 dächtnis verließen, hatte der alte Mann mitten in dem Gewühle ein kleines, leicht tragbares Pult vor sich hingestellt mit schmutzigen, zerrissenen Noten, die das in schönster Ordnung enthalten mochten, was er so außer allem Zusammenhange zu hören gab. Gerade das Ungewöhnliche dieser Ausrüstung hatte meine Aufmerksamkeit auf ihn gezogen, so wie es auch die Heiterkeit des vorübergehenden Haufens erregte, der ihn auslachte und den zum Sammeln
35 hingestellten Hut des alten Mannes leer ließ, indes das übrige Orchester ganze Kupferminen einsackte. Ich war, um das Original ungestört zu betrachten, in einiger Entfernung auf den Seitenabhang des Dammes getreten. Er spielte noch eine Weile fort. Endlich hielt er ein, blickte, wie aus einer langen Abwesenheit zu sich gekommen, nach dem Firmament, das schon die Spuren des nahenden Abends zu zeigen anfing, darauf abwärts in seinen Hut, fand ihn leer,
40 setzte ihn mit ungetrübter Heiterkeit auf, steckte den Geigenbogen zwischen die Saiten; sunt certi denique fines, sagte er, ergriff sein Notenpult und arbeitete sich mühsam durch die dem Feste zuströmende Menge in entgegengesetzter Richtung, als einer, der heimkehrt.
Das ganze Wesen des alten Mannes war eigentlich wie gemacht, um meinen anthropologischen Heißhunger aufs Äußerste zu reizen. Die dürftige und doch edle Gestalt, seine unbesiegbare
45 Heiterkeit, so viel Kunsteifer bei so viel Unbeholfenheit; dass er gerade zu einer Zeit heimkehrte, wo für andere seinesgleichen erst die eigentliche Ernte anging; endlich die wenigen, aber mit der richtigsten Betonung, mit völliger Geläufigkeit gesprochenen lateinischen Worte. Der Mann hatte also eine sorgfältige Erziehung genossen, sich Kenntnisse eigen gemacht, und nun – ein Bettelmusikant! (v 1848)

2 Franz Grillparzer: Der arme Spielmann (Auszug)
– Der Kreidestrich –

Auf dem Heimweg stößt der Erzähler wieder auf den Geiger. Die beiden kommen kurz miteinander ins Gespräch. Neugierig geworden, bittet der Erzähler den Alten, ihn in seiner Wohnung besuchen zu dürfen. Der Erzähler erfährt, dass der Spielmann in der Gärtnergasse ein Zimmer bewohnt, das er mit zwei Handwerksgesellen teilt. Einige Tage später macht sich der Erzähler auf den Weg dorthin.

Die Gärtnergasse war leicht gefunden, ebenso das Haus. Die Töne der Violine ließen sich auch diesmal hören, aber durch das geschlossene Fenster bis zum Ununterscheidbaren gedämpft. Ich trat ins Haus. Eine vor Erstaunen halb sprachlose Gärtnersfrau wies mich eine Bodentreppe hinauf. Ich stand vor einer niedern und halb schließenden Tür, pochte, erhielt keine Antwort,
5 drückte endlich die Klinke und trat ein. Ich befand mich in einer ziemlich geräumigen, sonst aber höchst elenden Kammer, deren Wände von allen Seiten den Umrissen des spitzzulaufenden Daches folgten. Hart neben der Tür ein schmutziges, widerlich verstörtes Bett, von allen Zutaten der Unordentlichkeit umgeben; mir gegenüber, hart neben dem schmalen Fenster, eine zweite Lagerstätte, dürftig, aber reinlich, und höchst sorgfältig gebettet und bedeckt. Am Fenster
10 ein kleines Tischchen mit Notenpapier und Schreibgerät, im Fenster ein paar Blumentöpfe. Die

1. Äußern Sie Ihre ersten Leseeindrücke und diskutieren Sie, ob es dem Erzähler gelingt, zum Weiterlesen zu motivieren.

2. Zeigen Sie, dass die Erzählung Grillparzers „in sehr viel stärkerem Ausmaß den niederen, volkstümlichen Bereich" betont.

3. Tragen Sie die widersprüchlichen Beobachtungen und Eindrücke zusammen, die das Interesse des Erzählers auf den alten Spielmann lenken.

4. Gestalten Sie ein Gespräch zwischen zwei Personen, die am alten Geigenspieler vorübergehen, ohne ihm etwas in den Hut zu werfen.

5. „... und nun – ein Bettelmusikant!" Skizzieren Sie eine Lebensgeschichte, die die Situation des alten Mannes und die Widersprüche seiner Erscheinung erklären könnte.

6. Schildern Sie den Eindruck, den man beim Lesen des Abschnitts vom Alten gewinnt, und tauschen Sie sich darüber aus.

7. Erklären Sie die Bedeutung des dicken Kreidestriches in der Mitte des Raumes.

8. a) Beschreiben Sie die Rolle, die die Musik für den alten Spielmann spielt.
b) Leiten Sie daraus die Funktion von Kunst ab, die hier zum Ausdruck kommt.

Franz Grillparzer (1791–1872) galt schon zu Lebzeiten als der bedeutendste Dramatiker Österreichs. Er wurde als Sohn eines Hof- und Gerichtsadvokaten in Wien geboren und hatte eine schwere Jugend: Der introvertierte Vater starb früh (1809), der jüngste seiner drei Brüder und die Mutter begingen Selbstmord (1817, 1819). Nach dem Besuch des Gymnasiums begann er 1807 das Studium der Staats- und Rechtswissenschaft an der Universität Wien (bis 1811). Nach dem Tod des Vaters (1809) musste Grillparzer zum Lebensunterhalt der Familie beitragen und nahm eine Stelle als Hauslehrer an. 1814 begann er eine Beamtenlaufbahn. Obwohl er mit seinen Bühnenstücken bald zum österreichischen „Nationaldichter" aufstieg, gab er seinen Beamtenstatus nie auf. Sein Prosawerk, darunter „Der arme Spielmann", eine Selbstbiografie (1853/54) und die Tagebücher (1903), bietet einen Einblick in das Wien der Biedermeier- und Vormärzzeit sowie in die psychische Befindlichkeit des Dichters, der sein Leben lang an dem Zwiespalt zwischen Beamtentum und Dichterexistenz litt. Grillparzer blieb unverheiratet und vermachte seinen kompletten Nachlass seiner „ewigen Braut" Katharina Fröhlich, mit der er bereits seit 1821 verlobt war.

Mitte des Zimmers von Wand zu Wand war am Boden mit einem dicken Kreidestrich bezeichnet, und man kann sich kaum grelleren Abstich von Schmutz und Reinlichkeit denken, als diesseits und jenseits der gezogenen Linie, dieses Äquators einer Welt im Kleinen, herrschte. Hart an dem Gleicher hatte der alte Mann sein Notenpult hingestellt und stand, völlig und sorgfältig gekleidet, davor und – exerzierte. Es ist schon bis zum Übelklang so viel von den Missklängen meines und, ich fürchte beinahe, nur meines Lieblings die Rede gewesen, dass ich den Leser mit der Beschreibung dieses höllischen Konzertes verschonen will. Da die Übung größtenteils aus Passagen bestand, so war an ein Erkennen der gespielten Stücke nicht zu denken, was übrigens auch sonst nicht leicht gewesen sein möchte. Einige Zeit Zuhörens ließ mich endlich den Faden durch dieses Labyrinth erkennen, gleichsam die Methode in der Tollheit. Der Alte genoss, indem er spielte. Seine Auffassung unterschied hierbei aber schlechthin nur zweierlei, den Wohlklang und den Übelklang, von denen der Erstere ihn erfreute, ja entzückte, indes er dem Letzteren, auch dem harmonisch begründeten, nach Möglichkeit aus dem Wege ging. Statt nun in einem Musikstücke nach Sinn und Rhythmus zu betonen, hob er heraus, verlängerte er die dem Gehör wohltuenden Noten und Intervalle, ja nahm keinen Anstand, sie willkürlich zu wiederholen, wobei sein Gesicht oft geradezu den Ausdruck der Verzückung annahm. Da er nun zugleich die Dissonanzen so kurz als möglich abtat, überdies die für ihn zu schweren Passagen, von denen er aus Gewissenhaftigkeit nicht eine Note fallen ließ, in einem gegen das Ganze viel zu langsamen Zeitmaß vortrug, so kann man sich wohl leicht eine Idee von der Verwirrung machen, die daraus hervorging. Mir ward es nachgerade selbst zu viel. Um ihn aus seiner Abwesenheit zurückzubringen, ließ ich absichtlich den Hut fallen, nachdem ich mehrere Mittel schon fruchtlos versucht hatte. Der alte Mann fuhr zusammen, seine Knie zitterten, kaum konnte er die zum Boden gesenkte Violine halten. Ich trat hinzu. „Oh, Sie sind's, gnädiger Herr!", sagte er, gleichsam zu sich selbst kommend. „Ich hatte nicht auf Erfüllung Ihres hohen Versprechens gerechnet."

3 Franz Grillparzer: Der arme Spielmann (Auszug) – Die Schulprüfung –

Der Erzähler bittet den Alten, ihm seine Geschichte zu erzählen, indem er offen zugibt, dass er nach dessen Geschichte „lüstern" sei. Nach einigem Hin und Her beginnt der Alte:

„Sie haben" – hob er an – „ohne Zweifel von dem Hofrate – gehört?" Hier nannte er den Namen eines Staatsmannes, der in der Hälfte des vorigen Jahrhunderts unter dem bescheidenen Titel eines Bureauchefs einen ungeheuren, beinahe ministerähnlichen Einfluss ausgeübt hatte. Ich bejahte meine Kenntnis des Mannes. „Er war mein Vater", fuhr er fort. – Sein Vater? des alten Spielmanns? des Bettlers? Der Einflussreiche, der Mächtige sein Vater? – Der Alte schien mein Erstaunen nicht zu bemerken, sondern spann, sichtbar vergnügt, den Faden seiner Erzählung weiter. „Ich war der mittlere von drei Brüdern, die in Staatsdiensten hoch hinaufkamen, nun aber schon beide tot sind; ich allein lebe noch", sagte er und zupfte dabei an seinen fadenscheinigen Beinkleidern, mit niedergeschlagenen Augen einzelne Federchen davon herablesend. „Mein Vater war ehrgeizig und heftig. Meine Brüder taten ihm genug. Mich nannte man einen langsamen Kopf; und ich war langsam. Wenn ich mich recht erinnere", sprach er weiter, und dabei senkte er, seitwärts gewandt, wie in eine weite Ferne hinausblickend, den Kopf gegen die unterstützende linke Hand – „wenn ich mich recht erinnere, so wäre ich wohl imstande gewesen, allerlei zu erlernen, wenn man mir nur Zeit und Ordnung gegönnt hätte. Meine Brüder sprangen wie Gemsen von Spitze zu Spitze in den Lehrgegenständen herum, ich konnte aber durchaus nichts hinter mir lassen, und wenn mir ein einziges Wort fehlte, musste ich wieder von vorne anfangen. So ward ich denn immer gedrängt. Das Neue sollte auf den Platz, den das Alte noch nicht verlassen hatte, und ich begann, stockisch zu werden. So hatten sie mir die Musik, die jetzt die Freude und zugleich der Stab meines Lebens ist, geradezu verhasst gemacht. Wenn ich abends im Zwielicht die Violine ergriff, um mich nach meiner Art ohne Noten zu vergnügen, nahmen sie mir das Instrument und sagten, das verdürbe die Applikatur, klagten über Ohrenfolter und verwiesen mich auf die Lehrstunde, wo die Folter für mich anging. Ich habe zeitlebens nichts und niemand so gehasst, als ich damals die Geige hasste.
Mein Vater, aufs Äußerste unzufrieden, schalt mich häufig und drohte, mich zu einem Handwerke zu geben. Ich wagte nicht zu sagen, wie glücklich mich das gemacht hätte. Ein Drechsler

---

9. Erklären Sie das Scheitern Jakobs. Beschränken Sie sich dabei nicht auf die Gründe, die er selbst nennt, sondern erschließen Sie aus dem Kontext noch weitere mögliche Ursachen.

10. Untersuchen Sie, wie Jakob das Verhalten seines Vaters bewertet.

11. a) Lösen Sie aus der Erzählung die Werte heraus, die in der Gesellschaft, deren Repräsentant Jakobs Vater darstellt, gültig sind.
b) Diskutieren Sie, ob Jakob in unserer Gesellschaft größere Chancen gehabt hätte.

oder Schriftsetzer wäre ich gar zu gerne gewesen. Er hätte es ja aber doch nicht zugelassen, aus Stolz. Endlich gab eine öffentliche Schulprüfung, der man, um ihn zu begütigen, meinen Vater beizuwohnen beredet hatte, den Ausschlag. Ein unredlicher Lehrer bestimmte im Voraus, was er mich fragen werde, und so ging alles vortrefflich. Endlich aber fehlte mir – es waren auswendig zu sagende Verse des Horaz – ein Wort. Mein Lehrer, der kopfnickend und meinen Vater anlächelnd zugehört hatte, kam meinem Stocken zu Hilfe und flüsterte es mir zu. Ich aber, der das Wort in meinem Innern und im Zusammenhange mit dem Übrigen suchte, hörte ihn nicht. Er wiederholte es mehrere Mal; umsonst. Endlich verlor mein Vater die Geduld. Cachinnum! (so hieß das Wort), schrie er mir donnernd zu. Nun war's geschehen. Wusste ich das eine, so hatte ich dafür das Übrige vergessen, alle Mühe, mich auf die rechte Bahn zu bringen, war verloren. Ich musste mit Schande aufstehen, und als ich, der Gewohnheit nach, hinging, meinem Vater die Hand zu küssen, stieß er mich zurück, erhob sich, machte der Versammlung eine kurze Verbeugung und ging. Ce gueux schalt er mich, was ich damals nicht war, aber jetzt bin. Die Eltern prophezeien, wenn sie reden! Übrigens war mein Vater ein guter Mann. Nur heftig und ehrgeizig.

Von diesem Tage an sprach er kein Wort mehr mit mir. Seine Befehle kamen mir durch die Hausgenossen zu. So kündigte man mir gleich des nächsten Tages an, dass es mit meinem Studium ein Ende habe. Ich erschrak heftig, weil ich wusste, wie bitter es meinen Vater kränken musste. Ich tat den ganzen Tag nichts als weinen und dazwischen jene lateinischen Verse rezitieren, die ich nun aufs Beste wusste mit den vorhergehenden und nachfolgenden dazu. Ich versprach, durch Fleiß den Mangel an Talenten zu ersetzen, wenn man mich noch ferner die Schule besuchen ließe, mein Vater nahm aber nie einen Entschluss zurück.

12. „Die Eltern prophezeien, wenn sie reden!" Schreiben Sie einen Artikel mit diesem Titel für eine Zeitschrift, die sich dem Thema „Erziehung" widmet.

13. Sammeln Sie Gründe dafür, warum Grillparzer die Geschichte Jakobs nicht von einem Er-Erzähler erzählen lässt, sondern von Jakob selbst im Rahmen einer mit der Rahmenerzählung verknüpften Binnenerzählung.

14. Bauen Sie in die Erzählung des Spielmanns eine weitere Binnenerzählung ein, z. B. einen Text (Brief, innerer Monolog) des Vaters oder eines Nachbarn, der die Erziehungsprinzipien des Vaters kritisch betrachtet.

15. Die Erzählung Grillparzers zählt zu den Künstlernovellen. Lesen Sie die Informationen auf dieser Seite und zeigen Sie, inwiefern diese Gattungsbeschreibung zutrifft.

Die Künstlernovelle

Seit dem Ende des 18. Jahrhunderts, mit Goethes *Werther* und *Wilhelm Meister*, wird der Künstler selbst in der Literatur zum Thema. Im Mittelpunkt steht das Schicksal eines realen oder fiktiven Künstlers, meistens eines Malers, Musikers oder Dichters. In den Romanen oder Novellen geht es in der Regel um die Künstlerpersönlichkeit selbst, um die Faktoren, die ihre Entwicklung bestimmt haben, das Geheimnis ihrer Begabung, die Rolle, die die Kunst in ihrem Leben spielt, das Selbstverständnis des Künstlers und sein Verhältnis zur Gesellschaft und zu seinem Werk. Goethes Briefroman *Die Leiden des jungen Werthers* handelt z. B. von einem künstlerisch begabten jungen Menschen, der scheitert, weil es ihm nicht gelingt, seine überschwänglichen Gefühle und seine intensiven Erfahrungen in eine künstlerische Form zu bringen. Oft erscheint die Kluft zwischen Künstler und Gesellschaft unüberwindlich und es gelingt den Künstlerfiguren nicht, ihre Vorstellungen von Leben in Einklang zu bringen mit den Normen und Werten der Gesellschaft. Die Lösungsmöglichkeiten sind, je nach individueller Befindlichkeit und gesellschaftlichem Kontext, vielfältig. Viele Figuren leiden, verzweifeln oder ziehen sich zurück in ihre eigene Welt, in der sie sich ganz der Kunst widmen. Selten verzichten sie auf ihr Kunstschaffen und entscheiden sich für einen bürgerlichen Beruf und ein Leben in der Gesellschaft.

4 Covergestaltungen zu Grillparzer, Der arme Spielmann

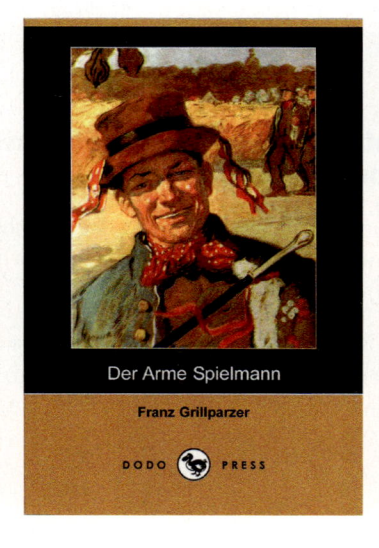

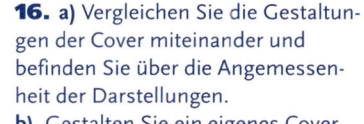

16. a) Vergleichen Sie die Gestaltungen der Cover miteinander und befinden Sie über die Angemessenheit der Darstellungen.
b) Gestalten Sie ein eigenes Cover.

Realistische Literatur des 19. Jahrhunderts

> **R** *Der arme Spielmann:* **Die Geschichte eines Versagers?**
> Lesen Sie die Erzählung zu Ende. Sie finden sie als Online-Text im **Projekt Gutenberg** oder bei **eLib Austria** oder **zeno.org**.
> Arbeiten Sie heraus, wodurch der Alte in die Außenseiterrolle gerät, warum es nicht zur Heirat zwischen ihm und Barbara kommt und wie er zu sich selbst steht.
> Berücksichtigen Sie auch den Zusammenhang zwischen Rahmen- und Binnenerzählung und beziehen Sie die Biografie des Dichters mit ein.

> **L** **Rahmen- und Binnenerzählung**
> Unter **Rahmenerzählung** versteht man eine Erzählung, die eine oder mehrere Erzählungen (**Binnenerzählungen**) umschließt. Die erste berühmte Erzählung dieser Art in Europa ist das *Dekameron* von Boccaccio (um 1350), bestehend aus 100 Geschichten, die in eine Rahmenerzählung – Florentiner Adelige fliehen vor der Pest auf ein Landgut – kunstvoll eingebaut sind.
> Rahmen- und Binnengeschichte können in unterschiedlicher Weise miteinander verknüpft sein. Grundsätzlich dient der **Rahmen** dazu, die Authentizität des Erzählten zu unterstreichen und damit dessen Glaubwürdigkeit zu erhöhen. Häufig erzählt die **Binnenerzählung** eine Geschichte, die weit in der Vergangenheit zurückliegt. Das schafft eine besondere Distanz zum Erzählten, die sich auf die Deutung des Textes auswirkt.
> Rahmen- und Binnengeschichte können kunstvoll miteinander verknüpft sein (Grillparzer, *Der arme Spielmann*) und sich gegenseitig erhellen. In diesem Fall ist es wichtig, die wechselseitigen Bezüge wahrzunehmen und zu deuten: z.B. der Erzähler in *Der arme Spielmann* als Künstler, der fasziniert ist von einer Künstlerfigur, in der er sich gespiegelt sieht und die ihn dazu anregt, sein eigenes Verhältnis zur Kunst und seine Identität als Künstler zu überdenken.

3. Zwischen individuellem Glücksanspruch und gesellschaftlichen Konventionen – Literatur als Auseinandersetzung mit gesellschaftlicher Realität deuten

1 Effi Briest auf der Schaukel (Buch-Illustrationen)

a) Max Liebermann, 1926

b) Gerhard Ulrich, 1948

> **1. a)** Beschreiben Sie den Eindruck, den Ihnen die beiden Illustrationen von der Titelheldin des Romans *Effi Briest* vermitteln.
> **b)** Vergleichen Sie die beiden bildlichen Darstellungen.

2 Theodor Fontane (1819–1898): Effi Briest (Auszug)
– Effis Verlobung –

Die 17-jährige Effi spielt in der näheren Umgebung des Elternhauses in Hohen-Cremmen ausgelassen mit ihren Freundinnen, als ihre Mutter Luise von Briest ihr die Ankunft des angekündigten Baron Innstetten mitteilt.

„Nun bist du doch noch in deinem Kittel, und der Besuch ist da. Nie hältst du Zeit."
„*Ich* halte schon Zeit, aber der Besuch hat nicht Zeit gehalten. Es ist noch nicht eins; noch lange nicht", und sich nach den Zwillingen hin umwendend (Hulda war noch weiter zurück), rief sie diesen zu:

„Spielt nur weiter; ich bin gleich wieder da."

Schon im nächsten Augenblicke trat Effi mit der Mama in den großen Gartensaal, der fast den ganzen Raum des Seitenflügels füllte.

„Mama, du darfst mich nicht schelten. Es ist wirklich erst halb. Warum kommt er so früh? Kavaliere kommen nicht zu spät, aber noch weniger zu früh."

Frau von Briest war in sichtlicher Verlegenheit; Effi aber schmiegte sich liebkosend an sie und sagte: „Verzeih, ich will mich nun eilen; du weißt, ich kann auch rasch sein, und in fünf Minuten ist Aschenpuddel in eine Prinzessin verwandelt. So lange kann er warten oder mit dem Papa plaudern."

Und der Mama zunickend, wollte sie leichten Fußes eine kleine eiserne Stiege hinauf, die aus dem Saal in den Oberstock hinaufführte. Frau von Briest aber, die unter Umständen auch unkonventionell sein konnte, hielt plötzlich die schon forteilende Effi zurück, warf einen Blick auf das jugendlich reizende Geschöpf, das, noch erhitzt von der Aufregung des Spiels, wie ein Bild frischesten Lebens vor ihr stand, und sagte beinahe vertraulich: „Es ist am Ende das Beste, du bleibst wie du bist. Ja, bleibe so. Du siehst gerade sehr gut aus. Und wenn es auch nicht wäre, du siehst so unvorbereitet aus, so gar nicht zurechtgemacht, und darauf kommt es in diesem Augenblicke an. Ich muss dir nämlich sagen, meine süße Effi ...", und sie nahm ihres Kindes beide Hände, „... ich muss dir nämlich sagen ..."

„Aber Mama, was hast du nur? Mir wird ja ganz angst und bange."

„... Ich muss dir nämlich sagen, Effi, dass Baron Innstetten eben um deine Hand angehalten hat."

„Um meine Hand angehalten? Und im Ernst?"

„Es ist keine Sache, um einen Scherz daraus zu machen. Du hast ihn vorgestern gesehen, und ich glaube, er hat dir auch gut gefallen. Er ist freilich älter als du, was alles in allem ein Glück ist, dazu ein Mann von Charakter, von Stellung und guten Sitten, und wenn du nicht ‚Nein' sagst, was ich mir von meiner klugen Effi kaum denken kann, so stehst du mit zwanzig Jahren da, wo andere mit vierzig stehen. Du wirst deine Mama weit überholen."

Effi schwieg und suchte nach einer Antwort. Aber ehe sie diese finden konnte, hörte sie schon des Vaters Stimme von dem angrenzenden, noch im Fronthause gelegenen Hinterzimmer her, und gleich danach überschritt Ritterschaftsrat von Briest, ein wohlkonservierter Fünfziger von ausgesprochener Bonhomie, die Gartensalonschwelle, – mit ihm Baron Innstetten, schlank, brünett und von militärischer Haltung.

Effi, als sie seiner ansichtig wurde, kam in ein nervöses Zittern; aber nicht auf lange, denn im selben Augenblicke fast, wo sich Innstetten unter freundlicher Verneigung ihr näherte, wurden an dem mittleren der weit offen stehenden und von wildem Wein halb überwachsenen Fenster die rotblonden Köpfe der Zwillinge sichtbar, und Hertha, die Ausgelassenste, rief in den Saal hinein: „Effi, komm."

Dann duckte sie sich, und beide Schwestern sprangen von der Banklehne, darauf sie gestanden, wieder in den Garten hinab, und man hörte nur noch ihr leises Kichern und Lachen.

Noch an demselben Tage hatte sich Baron Innstetten mit Effi Briest verlobt. Der joviale Brautvater, der sich nicht leicht in seiner Feierlichkeitsrolle zurechtfand, hatte bei dem Verlobungsmahl, das folgte, das junge Paar leben lassen, was auf Frau von Briest, die dabei der nun um kaum achtzehn Jahre zurückliegenden Zeit gedenken mochte, nicht ohne herzbeweglichen Eindruck geblieben war. Aber nicht auf lange; sie hatte es nicht sein können, nun war es statt ihrer die Tochter – alles in allem ebenso gut oder vielleicht noch besser. Denn mit Briest ließ sich leben, trotzdem er ein wenig prosaisch[1] war und dann und wann einen kleinen frivolen[2] Zug hatte. Gegen Ende der Tafel, das Eis wurde schon herumgereicht, nahm der alte Ritterschaftsrat noch einmal das Wort, um in einer zweiten Ansprache das allgemeine Familien-Du zu proponieren[3]. Er umarmte dabei Innstetten und gab ihm einen Kuss auf die linke Backe. Hiermit war aber die Sache für ihn noch nicht abgeschlossen, vielmehr fuhr er fort, außer dem „Du" zugleich intimere Namen und Titel für den Hausverkehr zu empfehlen, eine Art Gemütlichkeitsrangliste aufzustellen, natürlich unter Wahrung berechtigter, weil wohlerworbener Eigentümlichkeiten. Für seine Frau, so hieß es, würde der Fortbestand von „Mama" (denn es

---

[1] prosaisch (< spätlat. Prosa = ungebundene Schreibart): nüchtern, alltäglich
[2] frivol (< frz. frivole = leichtfertig, schlüpfrig): schlüpfrig, zweideutig, frech
[3] proponieren (< lat. proponere = öffentlich hinstellen, öffentlich vortragen): vorschlagen

---

2. Eine für heutige Leser befremdliche Verlobung!
a) Stellen Sie zusammen, was bei Ihnen Befremden auslöst.
b) Tauschen Sie sich darüber aus und suchen Sie Erklärungen für das Zustandekommen dieser Verlobung.

3. a) Beschreiben Sie das Bild, das Sie beim Lesen von Effi gewonnen haben, und belegen Sie es am Text.
b) Vergleichen Sie es mit den Illustrationen.

4. Entfalten Sie Frau von Briests „Verlegenheit" (Z. 10) in einem inneren Monolog.

5. Skizzieren Sie ein Charakterbild der Mutter.

6. „Ein wohlkonservierter Fünfziger von ausgesprochener Bonhomie", so charakterisiert der Erzähler Herrn von Briest in *direkter* Weise. Zeigen Sie an einem Beispiel, dass die anderen Figuren *indirekt* charakterisiert werden, nämlich durch ihre Reaktionen, ihr Handeln, ihr Aussehen, ihre Kleidung und, bei Fontane, vor allem durch ihr Sprechen.

7. Bei der Darstellung des Verlobungsfestes, das für Frau Briest „nicht ohne herzbeweglichen Eindruck geblieben war" (Z. 47 f.), zeigt sich ein Grundzug Fontane'scher Erzählkunst, nämlich der freundliche Humor bzw. die leichte Ironie des Erzählers. Suchen Sie weitere Textstellen, die diesen Zug erkennen lassen, und beschreiben Sie die Wirkung auf den Leser.

8. Skizzieren Sie eine Personenkonstellation der vier Figuren und stellen Sie sie grafisch dar.

Kurt Heiligenstaedt: Effis Verlobung (1944)

9. Beschreiben und interpretieren Sie die zeichnerische Darstellung der Verlobung Effis mit Baron von Innstetten.

gäbe auch junge Mamas) wohl das Beste sein, während er für seine Person, unter Verzicht auf den Ehrentitel „Papa", das einfache Briest entschieden bevorzugen müsse, schon weil es so hübsch kurz sei. Und was nun die Kinder angehe – bei welchem Wort er sich, Aug' in Auge mit dem nur etwa um ein Dutzend Jahre jüngeren Innstetten, einen Ruck geben musste –, nun, so sei Effi eben Effi und Geert Geert. Geert, wenn er nicht irre, habe die Bedeutung von einem schlank aufgeschossenen Stamm, und Effi sei dann also der Efeu, der sich darum zu ranken habe. Das Brautpaar sah sich bei diesen Worten etwas verlegen an, Effi zugleich mit einem Ausdruck kindlicher Heiterkeit, Frau von Briest aber sagte: „Briest, sprich, was du willst, und formuliere deine Toaste[1] nach Gefallen, nur poetische Bilder, wenn ich bitten darf, lass beiseite, das liegt jenseits deiner Sphäre." Zurechtweisende Worte, die bei Briest mehr Zustimmung als Ablehnung gefunden hatten. „Es ist möglich, dass du recht hast, Luise." (e 1895)

> **Direkte und indirekte Charakterisierung in einem Prosatext**
> Der Charakter einer Figur kann in einem erzählenden Text direkt oder indirekt vermittelt werden.
> Die **direkte Charakterisierung** erfolgt durch
> - **Aussagen der Figur über sich selbst (Selbstcharakterisierung)**, z. B. Effi über sich: „Ich kann auch rasch sein" (Z. 11);
> - **Aussagen anderer Figuren (Fremdcharakterisierung)**, z. B. Frau von Briest über Innstetten: „ein Mann von Charakter, von Stellung und guten Sitten" (Z. 29);
> - Zuordnung charakterisierender Adjektive oder entsprechender Substantive **durch den Erzähler**, z. B. für die Mutter: „die unter Umständen auch unkonventionell sein konnte" (Z. 15 f.).
>
> Bei der **indirekten Charakterisierung** muss der Leser den Charakter erschließen, und zwar aus
> - dem **Äußeren**, bei Effi z. B. „gar nicht zurechtgemacht" (Z. 20);
> - der **körperlichen Erscheinung**, bei Innstetten z. B. „schlank, brünett und von militärischer Haltung" (Z. 35 f.);
> - der **Kleidung**, bei Effi z. B. der Kittel (Z. 1);
> - den **Reaktionen**, bei Effi z. B. „Effi, als sie seiner ansichtig wurde, kam in ein nervöses Zittern" (Z. 37);
> - dem **Verhalten und Handeln**, bei Effi z. B. „Effi aber schmiegte sich liebkosend an sie" (Z. 10);
> - aus der **Sprechweise**, z. B. Effi: „Spielt nur weiter; ich bin gleich wieder da." (Z. 5).

3 Theodor Fontane: Effi Briest (Auszug) – Das Eheleben –

Nach kurzer Verlobungszeit, ausgedehnter Hochzeitsreise und einem kurzen Aufenthalt in Berlin begeben sich die Eheleute nach Kessin in Hinterpommern, wo sich Effi mit ihrem Gatten ein neues privates und gesellschaftliches Leben aufbauen will. In dem dunklen altmodischen Haus fühlt sie sich aber nicht wohl, vor allem einer Spukgestalt wegen, eines Chinesen, der in manchen Nächten dort spuken soll. Mit dem konservativen Landadel in der Umgebung kann sie sich nicht anfreunden. Der einzige Freund ist der Apotheker Alonzo Gieshübler, der für Unterhaltung und Abwechslung sorgt. Nach der Geburt der Tochter Annie, ein Jahr nach der Hochzeit, verbringt Effi sechs Wochen in Hohen-Cremmen bei ihren Eltern. Von dort kehrt sie Ende September erholt und guter Dinge nach Kessin zurück.

Effi hatte sich in einen Schaukelstuhl gelehnt und sagte, während sie das Kaffeebrett von der Seite her ihrem Manne zuschob: „Geert, du könntest heute den liebenswürdigen Wirt machen; ich für mein Teil find' es so schön in diesem Schaukelstuhl, dass ich nicht aufstehen mag. Also strenge dich an, und wenn du dich recht freust, mich wieder hier zu

Die pommersche Küste hinter Köslin (heute Koselice) – angedeuteter geografischer Raum für die erfundene Stadt Kessin

---
[1] der Toast (< engl. toast): Trinkspruch

haben, so werd' ich mich auch zu revanchieren wissen." Und dabei zupfte sie die weiße Damastdecke zurecht und legte ihre Hand darauf, die Innstetten nahm und küsste.
„Wie bist du nur eigentlich ohne mich fertig geworden?"
10 „Schlecht genug, Effi."
„Das sagst du so hin und machst ein betrübtes Gesicht, und ist doch eigentlich alles nicht wahr."
„Aber Effi ..."
„Was ich dir beweisen will. Denn wenn du ein bisschen Sehnsucht nach deinem Kinde gehabt
15 hättest – von mir selber will ich nicht sprechen, was ist man am Ende solchem hohen Herrn, der so lange Junggeselle war und es nicht eilig hatte ..."
„Nun?"
„Ja, Geert, wenn du nur ein bisschen Sehnsucht gehabt hättest, so hättest du mich nicht sechs Wochen mutterwindallein in Hohen-Cremmen sitzen lassen wie eine Witwe, und nichts da als
20 Niemeyer und Jahnke und mal die Schwantikower. Und von den Rathenowern ist niemand gekommen, als ob sie sich vor mir gefürchtet hätten oder als ob ich zu alt geworden sei."
„Ach, Effi, wie du nur sprichst. Weißt du, dass du eine kleine Kokette[1] bist?"
„Gott sei Dank, dass du das sagst. Das ist für euch das Beste, was man sein kann. Und du bist nichts anderes als die anderen, wenn du auch so feierlich und ehrsam tust. Ich weiß es recht
25 gut, Geert .... Eigentlich bist du ..."
„Nun, was?"
„Nun, ich will es lieber nicht sagen. Aber ich kenne dich recht gut; du bist eigentlich, wie der Schwantikower Onkel mal sagte, ein Zärtlichkeitsmensch und unterm Liebesstern geboren, und Onkel Belling hatte ganz recht, als er das sagte. Du willst es bloß nicht zeigen und denkst,
30 es schickt sich nicht und verdirbt einem die Karriere. Hab' ich's getroffen?"
Innstetten lachte. „Ein bisschen getroffen hast du's. Weißt du was, Effi, du kommst mir ganz anders vor. Bis Anniechen da war, warst du ein Kind. Aber mit einem Mal ..."
„Nun?"
„Mit einem Mal bist du wie vertauscht. Aber es steht dir, du gefällst mir sehr, Effi. Weißt du
35 was?"
„Nun?"
„Du hast was Verführerisches."
„Ach, mein einziger Geert, das ist ja herrlich, was du da sagst; nun wird mir erst recht wohl ums Herz ... Gib mir noch eine halbe Tasse ... Weißt du denn, dass ich mir das immer gewünscht
40 habe? Wir müssen verführerisch sein, sonst sind wir gar nichts ..."
„Hast du das aus dir?"
„Ich könnt' es wohl auch aus mir haben. Aber ich hab' es von Niemeyer ..."
„Von Niemeyer! O du himmlischer Vater, ist *das* ein Pastor. Nein, solche gibt es hier nicht. Aber wie kam denn der dazu? Das ist ja, als ob es irgendein Don Juan[2] oder Herzensbrecher gespro-
45 chen hätte."

1. Von wenigen Stellen abgesehen, dominiert Effi im Gespräch. Nennen Sie die Gefühle, die Effis Redebeiträge bestimmen.

2. Beschreiben Sie den Eindruck, den der Leser vom Verhältnis der Eheleute zueinander gewinnt.

3. In Hohen-Cremmen war die Schaukel Effis liebstes Spielzeug, in Kessin „findet sie es schön", im Schaukelstuhl auf der Veranda zu sitzen: Stellen Sie einen Zusammenhang her zwischen dem Motiv des Schaukelns und der Persönlichkeit Effis.

4. Der Erzähler verschwindet in diesem Abschnitt fast völlig hinter dem Dialog, den er wörtlich wiedergibt.
a) Erläutern Sie, welche Bedeutung diese Erzählweise für den Leser hat.
b) Analysieren Sie, inwieweit die wenigen Erzählerkommentare eine Rolle spielen.

4 Theodor Fontane: Effi Briest (Auszug) – Der Herzensbrecher –

Gerade als Innstetten irgendeinen „Don Juan oder Herzensbrecher" ins Spiel bringt, erscheint Major von Crampas, der neue Landwehrbezirkskommandeur, der zuständig ist für die Musterung der Reservisten. Ihm geht der Ruf voraus, „ein Mann vieler Verhältnisse, ein Damenmann" zu sein.

„Ja, wer weiß", lachte Effi ... „Aber kommt da nicht Crampas? Und vom Strand her. Er wird doch nicht gebadet haben? Am 27. September ..."
„Er macht öfter solche Sachen. Reine Renommisterei[3]."

---
[1] kokett (< frz. coquet = gefallsüchtig): bestrebt, den Männern zu gefallen, die Aufmerksamkeit der Männer auf sich zu ziehen
[2] Don Juan (Gestalt der spanischen Literatur): Verführer, Frauenheld
[3] die Renommisterei (zu renommieren < frz. renommer = loben, rühmen): Aufschneiden, Prahlerei, Angeberei

Fontanes Erzählkunst: Szenische Darstellung als Erzählweise

Während der **auktoriale Erzähler** nur sehr selten direkt Stellung nimmt, machen Gespräche zwischen den Figuren den größten Teil der Romane Fontanes aus, und auch Briefe, z. B. Effis an ihre Mutter, tragen zur **Dominanz der direkten Redewiedergabe** bei. Man nennt diese Erzählweise **szenische Darstellung**. Sie verlangt vom Leser, dass er sich selbst ein Bild von den handelnden Personen und ihrer Beziehung zu anderen macht. Der Leser gewinnt dabei sowohl Nähe als auch Distanz zu den Sprechenden, denn er nimmt direkt am Gespräch teil, fühlt sich in die sich äußernden Personen ein und entwickelt dadurch eine große Nähe zu den Personen und dem Geschehen.
Gleichzeitig zwingt ihn der permanente Perspektivenwechsel zwischen den Dialogpartnern auch zu Distanz.
Den spärlichen und sich in Andeutungen erschöpfenden **Erzählerkommentaren** kommt deshalb eine besonders wichtige Bedeutung zu.

Derweilen war Crampas bis in nächste Nähe gekommen und grüßte.
„Guten Morgen", rief Innstetten ihm zu. „Nur näher, nur näher."
Crampas trat heran. Er war in Zivil und küsste der in ihrem Schaukelstuhl sich weiter wiegenden Effi die Hand. „Entschuldigen Sie mich, Major, dass ich so schlecht die Honneurs des Hauses mache; aber die Veranda ist kein Haus und zehn Uhr früh ist eigentlich gar keine Zeit. Da wird man formlos oder, wenn Sie wollen, intim. Und nun setzen Sie sich und geben Sie Rechenschaft von Ihrem Tun. Denn an Ihrem Haar (ich wünschte Ihnen, dass es mehr wäre) sieht man deutlich, dass Sie gebadet haben."
Er nickte.
„Unverantwortlich", sagte Innstetten, halb ernst-, halb scherzhaft. „Da haben Sie nun selber vor vier Wochen die Geschichte mit dem Bankier Heinersdorf erlebt, der auch dachte, das Meer und der grandiose Wellenschlag würden ihn um seiner Million willen respektieren. Aber die Götter sind eifersüchtig untereinander, und Neptun[1] stellte sich ohne Weiteres gegen Pluto[2] oder doch wenigstens gegen Heinersdorf."
Crampas lachte. „Ja, eine Million Mark! Lieber Innstetten, wenn ich die hätte, da hätt' ich es am Ende nicht gewagt; denn so schön das Wetter ist, das Wasser hatte nur neun Grad. Aber unsereins mit seiner Million Unterbilanz, gestatten Sie mir diese kleine Renommage[3] unsereins kann sich so was ohne Furcht vor der Götter Eifersucht erlauben. Und dann muss einen das Sprichwort trösten: ‚Wer für den Strick geboren ist, kann im Wasser nicht umkommen.'"
[...]
Effi hatte während dieses Gesprächs einige Brotkügelchen gedreht, würfelte damit und legte sie zu Figuren zusammen, um so anzuzeigen, dass ihr ein Wechsel des Themas wünschenswert wäre. Trotzdem schien Innstetten auf Crampas scherzhafte Bemerkungen antworten zu wollen, was denn Effi bestimmte, lieber direkt einzugreifen. „Ich sehe nicht ein, Major, warum wir uns mit Ihrer Todesart beschäftigen sollen; das Leben ist uns näher und zunächst auch eine viel ernstere Sache."
Crampas nickte.
„Das ist recht, dass Sie mir recht geben. Wie soll man hier leben? Das ist vorläufig die Frage, *das* ist wichtiger als alles andere. Gieshübler hat mir darüber geschrieben, und wenn es nicht indiskret und eitel wäre, denn es steht noch allerlei nebenher darin, so zeigte ich Ihnen den Brief ... Innstetten braucht ihn nicht zu lesen, der hat keinen Sinn für dergleichen ... beiläufig eine Handschrift wie gestochen und Ausdrucksformen, als wäre unser Freund statt am Kessiner Alten Markt an einem altfranzösischen Hofe erzogen. Und dass er verwachsen ist und weiße Jabots[4] trägt wie kein anderer Mensch mehr – ich weiß nur nicht, wo er die Plätterin hernimmt –, das passt alles so vorzüglich. Nun, also Gieshübler hat mir von Plänen für die Ressourcenabende[5] geschrieben und von einem Entrepreneur[6], namens Crampas. Sehen Sie, Major, das gefällt mir besser als der Soldatentod oder gar der andere."

---

1. Beschreiben Sie den Eindruck, den Sie beim Lesen von Crampas gewonnen haben.

2. Zeigen Sie am Text die Gegensätzlichkeit der beiden Männer.

3. Stellen Sie die Gründe zusammen, die Effi für eine Affäre anfällig machen.

4. Das Gespräch auf der Veranda ist voller Anspielungen und Vorausdeutungen, z. B. kommt Crampas vorbei, kurz nachdem Innstetten Effis verführerisches Aussehen angesprochen hat. Lesen Sie den Text noch einmal und sammeln Sie Stellen, die Anspielungen auf Unausgesprochenes oder Zukünftiges enthalten könnten. Begründen Sie Ihre Meinung.

5. Innstetten, Effi und Crampas reiten etwa drei Wochen später gemeinsam aus.
a) Lesen Sie den zusätzlichen Romanauszug.
b) Charakterisieren Sie die beiden Männer ausgehend von der geschilderten Situation.
c) Verkörpern Sie beide Charaktere jeweils in einem ➤ Standbild.
d) Fügen Sie Effi in dieses Standbild ein.

R „Effis Nacht" – Ein Monolog

- Recherchieren Sie den historischen Fall der Baronin Ardenne und vergleichen Sie Fontanes Romanhandlung mit dem authentischen Fall.
- Rolf Hochhuth lässt Elisabeth Ardenne in einer Nacht des Kriegsjahres 1943 zurückblicken. Stellen Sie diesen Monolog vor, indem Sie zentrale Passagen vortragen, diese Figur mit Fontanes Effi vergleichen, die Sprache des Monologs analysieren etc.

Literatur: Rolf Hochhuth. *Effis Nacht*. Reinbek (rororo) 1997.

5 Theodor Fontane: Effi Briest (Auszug) – Das Duell –

Das Leben in der Provinz, das Effi kaum Anregungen bietet, sowie Innstettens häufige Abwesenheit tragen dazu bei, dass sich die junge, lebensfrohe Frau auf eine Affäre mit dem vitalen Major Crampas einlässt. Doch Scham, Schuldgefühle, Lüge und Sehnsucht erdrücken Effi. Sie ist daher froh, als ihr Ehemann nach Berlin berufen wird und sie die Liaison beenden muss. Jahre später entdeckt Innstetten durch einen Zufall alte Briefe von Crampas und erfährt so von der einstigen Untreue seiner Frau. Im Zweifel, was er tun soll, berät er sich mit seinem Freund Wüllersdorf.

---

[1] Neptun: römischer Gott des Meeres
[2] Pluto: römischer Gott der Unterwelt und des Totenreichs
[3] die Renommage (< zu renommieren < frz. renommer = loben, rühmen): Prahlerei
[4] das Jabot (< jabot = Kropf): Spitzenrüsche an Männerhemden
[5] Ressourcen(abend): (< frz. ressources = Rohstoffquellen, Hilfsquellen, Geldmittel) hier (veraltet): Name für gesellige Vereine und ihre Häuser; Abend in einem Gesellschaftsverein bzw. in dessen Räumlichkeiten
[6] der Entrepreneur (< frz. entrepreneur = Unternehmer): Veranstalter

Wüllersdorf setzte sich. Innstetten ging wieder auf und ab und wäre bei der ihn verzehrenden Unruhe gern in Bewegung geblieben, sah aber, dass das nicht gehe. So nahm er denn auch seinerseits eine Zigarre, setzte sich Wüllersdorf gegenüber und versuchte, ruhig zu sein. „Es ist", begann er, „um zweier Dinge willen, dass ich Sie habe bitten lassen: erst um eine Forderung zu überbringen und zweitens um hinterher, in der Sache selbst, mein Sekundant zu sein; das eine ist nicht angenehm und das andere noch weniger. Und nun Ihre Antwort."

„Sie wissen, Innstetten, Sie haben über mich zu verfügen. Aber eh ich die Sache kenne, verzeihen Sie mir die naive Vorfrage: Muss es sein? Wir sind doch über die Jahre weg, Sie, um die Pistole in die Hand zu nehmen, und ich, um dabei mitzumachen. Indessen missverstehen Sie mich nicht, alles dies soll kein ‚Nein' sein. Wie könnte ich Ihnen etwas abschlagen. Aber nun sagen Sie, was ist es?"

„Es handelt sich um einen Galan meiner Frau, der zugleich mein Freund war oder doch beinah."

Wüllersdorf sah Innstetten an. „Innstetten, das ist nicht möglich."

„Es ist mehr als möglich, es ist gewiss. Lesen Sie."

Wüllersdorf flog drüber hin. „Die sind an Ihre Frau gerichtet?"

„Ja. Ich fand sie heut' in ihrem Nähtisch."

„Und wer hat sie geschrieben?"

„Major Crampas."

„Also Dinge, die sich abgespielt, als Sie noch in Kessin waren?"

Innstetten nickte.

„Liegt also sechs Jahre zurück oder noch ein halb Jahr länger."

„Ja."

Wüllersdorf schwieg. Nach einer Weile sagte Innstetten: „Es sieht fast so aus, Wüllersdorf, als ob die sechs oder sieben Jahre einen Eindruck auf Sie machten. Es gibt eine Verjährungstheorie, natürlich, aber ich weiß doch nicht, ob wir hier einen Fall haben, diese Theorie gelten zu lassen."

„Ich weiß es auch nicht", sagte Wüllersdorf. „Und ich bekenne Ihnen offen, um diese Frage scheint sich hier alles zu drehen."

Innstetten sah ihn groß an. „Sie sagen das in vollem Ernst?"

„In vollem Ernst. Es ist keine Sache, sich in jeu d'esprit oder in dialektischen Spitzfindigkeiten zu versuchen."

„Ich bin neugierig, wie Sie das meinen. Sagen Sie mir offen, wie stehen Sie dazu?"

„Innstetten, Ihre Lage ist furchtbar, und Ihr Lebensglück ist hin. Aber wenn Sie den Liebhaber totschießen, ist Ihr Lebensglück sozusagen doppelt hin, und zu dem Schmerz über empfangenes Leid kommt noch der Schmerz über getanes Leid. Alles dreht sich um die Frage, müssen Sie's durchaus tun? Fühlen Sie sich so verletzt, beleidigt, empört, dass einer weg muss, er oder Sie? Steht es so?"

„Ich weiß es nicht."

„Sie müssen es wissen."

Innstetten war aufgesprungen, trat ans Fenster und tippte voll nervöser Erregung an die Scheiben. Dann wandte er sich rasch wieder, ging auf Wüllersdorf zu und sagte: „Nein, so steht es nicht."

„Wie steht es denn?"

„Es steht so, dass ich unendlich unglücklich bin; ich bin gekränkt, schändlich hintergangen, aber trotzdem, ich bin ohne jedes Gefühl von Hass oder gar von Durst nach Rache. Und wenn ich mich frage, warum nicht? so kann ich zunächst nichts anderes finden als die Jahre. Man spricht immer von unsühnbarer Schuld; vor Gott ist es gewiss falsch, aber vor den Menschen auch. Ich hätte nie geglaubt, dass die *Zeit*, rein als Zeit, so wirken könne. Und dann als Zweites: Ich liebe meine Frau, ja, seltsam zu sagen, ich liebe sie noch, und so furchtbar ich alles finde, was geschehen, ich bin so sehr im Bann ihrer Liebenswürdigkeit, eines ihr eignen heiteren Charmes, dass ich mich, mir selbst zum Trotz, in meinem letzten Herzenswinkel zum Verzeihen geneigt fühle."

Wüllersdorf nickte. „Kann ganz folgen, Innstetten, würde mir vielleicht ebenso gehen. Aber wenn Sie so zu der Sache stehen und mir sagen: ‚Ich liebe diese Frau so sehr, dass ich ihr alles verzeihen kann', und wenn wir dann das andere hinzunehmen, dass alles weit, weit zurückliegt, wie ein Geschehnis auf einem andern Stern, ja, wenn es so liegt, Innstetten, so frage ich, wozu die ganze Geschichte?"

Theodor Fontane wurde am 30.12.1819 in Neuruppin bei Berlin geboren. Seine Eltern stammten von Hugenotten ab, die nach der Aufhebung des Edikts von Nantes (1685) ihre Heimat in Südfrankreich des Glaubens wegen verlassen und in Brandenburg eine neue Heimat gefunden hatten. Sein Vater besaß eine Apotheke in Neuruppin, die er 1826 aus finanziellen Gründen verkaufte. Fontane erhielt, was er später sehr bedauerte, nur eine bruchstückhafte Schulbildung: Zuerst wurde er von den Eltern, dann von Privatlehrern, später kurze Zeit auf dem Gymnasium und schließlich in Berlin auf einer Realschule unterrichtet. Nach dem Ende der Schulzeit wählte er den Beruf des Apothekers, nebenbei versuchte er sich auch als Schriftsteller. Im Revolutionsjahr 1848 begeisterte er sich kurze Zeit für die deutsche Einheit und geriet sogar in den Ruf, ein radikaler Linker zu sein. 1849 gab er den Beruf des Apothekers auf und begann in einem kleinen möblierten Zimmer, wo seine ersten Balladen entstanden, seine Karriere als Schriftsteller. Bereits seit 1845 war er mit einer Jugendfreundin verlobt, die er aber aus finanziellen Gründen erst im Oktober 1850 heiraten konnte. Er hatte sieben Kinder mit ihr, von denen aber nur vier die Kinderjahre überlebten. Von 1855–59 lebte er als Korrespondent in London, 1860 trat er in die Redaktion der konservativen „Kreuz-Zeitung" ein. 1870 kündigte er und wurde Theaterkritiker der „Vossischen Zeitung". Er trat besonders für die jungen naturalistischen Autoren (Ibsen, C. Hauptmann) ein. Fontanes Werk war, positiv und kritisch, stark auf Preußen bezogen. 1876 fasste er den Entschluss, vom Romanschreiben zu leben; die bedeutendsten Romane entstanden erst in dieser Zeit. Fontane starb 1898 in Berlin. Heinrich Mann schrieb über ihn: „Was er sieht, ist bei allem, in jedem auch das andere, weshalb er abgelehnt wird, wo und wann fanatische Einseitigkeit die Macht antritt."

1. In dem Gespräch zwischen Wüllersdorf und Innstetten über die Notwendigkeit des Duells werden nur bestimmte Gesichtspunkte angesprochen.
a) Stellen Sie diese zusammen.
b) Stellen Sie auch diejenigen zusammen, die aus heutiger Sicht fehlen, und erklären Sie, warum.

2. Der Ehrbegriff, den Innstetten vertritt, ist nicht ganz identisch mit dem von Wüllersdorf. Arbeiten Sie Gemeinsamkeiten und Unterschiede heraus. Berücksichtigen Sie dabei, dass Innstetten der Ranghöhere ist.

3. a) Diskutieren Sie den Ehrbegriff, der Innstettens Denken und Handeln leitet.
b) Diskutieren Sie, ob es solche Vorstellungen auch heute noch gibt.

4. Innstetten spricht vom „tyrannisierenden Gesellschafts-Etwas", das ihn zum Handeln zwingt. Erläutern Sie, was diese Formulierung über Innstetten selbst aussagt.

5. Überlegen Sie sich, welche Gedanken Wüllersdorf auf dem Heimweg durch den Kopf gehen könnten, und schreiben Sie einen inneren Monolog.

6. Noch zu Lebzeiten Fontanes hat man Baron von Innstetten als „einen alten Ekel" bezeichnet. Diskutieren Sie diese Bewertung.

7. In der 2. Hälfte des 19. Jahrhunderts begann der Siegeszug der Fotografie, deren Genauigkeit und Detailtreue dem Geschmack der Zeit entgegenkam.
Informieren Sie sich im Internet über die Geschichte der Fotografie.

8. Vergleichen Sie die beiden Darstellungen: Welche spricht Sie mehr an? Welche halten Sie für aussagekräftiger? Tauschen Sie sich über Ihre Eindrücke aus.

„Weil es trotzdem sein muss. Ich habe mir's hin und her überlegt. Man ist nicht bloß ein einzelner Mensch, man gehört einem Ganzen an, und auf das Ganze haben wir beständig Rücksicht zu nehmen, wir sind durchaus abhängig von ihm. Ging es, in Einsamkeit zu leben, so könnt' ich es gehen lassen; ich trüge dann die mir aufgepackte Last, das rechte Glück wäre hin, aber es müssen so viele leben ohne dies ‚rechte Glück', und ich würde es auch müssen und – auch können. Man braucht nicht glücklich zu sein, am allerwenigsten hat man einen Anspruch darauf, und den, der einem das Glück genommen hat, den braucht man nicht notwendig aus der Welt zu schaffen. Man kann ihn, wenn man weltabgewandt weiterexistieren will, auch laufen lassen. Aber im Zusammenleben mit den Menschen hat sich ein Etwas ausgebildet, das nun mal da ist und nach dessen Paragrafen wir uns gewöhnt haben, alles zu beurteilen, die andern und uns selbst. Und dagegen zu verstoßen geht nicht; die Gesellschaft verachtet uns, und zuletzt tun wir es selbst und können es nicht aushalten und jagen uns die Kugel durch den Kopf. Verzeihen Sie, dass ich Ihnen solche Vorlesung halte, die schließlich doch nur sagt, was sich jeder selber hundertmal gesagt hat. Aber freilich, wer kann was Neues sagen! Also noch einmal, nichts von Hass oder dergleichen, und um eines Glückes willen, das mir genommen wurde, mag ich nicht Blut an den Händen haben; aber jenes, wenn Sie wollen, uns tyrannisierende Gesellschafts-Etwas, das fragt nicht nach Charme und nicht nach Liebe und nicht nach Verjährung. Ich habe keine Wahl. Ich muss."

R Das Thema des Ehebruchs in Romanen des 19. Jahrhunderts

In verschiedenen großen Gesellschaftsromanen des 19. Jahrhunderts wird das Thema des Ehebruchs gestaltet, so z. B. in:
Theodor **Fontane**: *L'Adultera* (1882), *Cécile* (1887)
Gustave **Flaubert**: *Madame Bovary* (1856/57)
Leo **Tolstoi**: *Anna Karenina* (1875–1877)

- Lesen Sie einen der genannten Romane, achten Sie dabei besonders auf die Gründe, die zum Ehebruch führen, den Konflikt der Ehebrecherin mit den Ansprüchen der Gesellschaft und das Schicksal der betroffenen Figuren.
- Präsentieren Sie Ihre Ergebnisse der Klasse. Verwenden Sie dabei Illustrationsmaterial, z. B. die Darstellung der Personenkonstellation, einen skizzenhaften Überblick der Handlung etc.
- Beziehen Sie Romanauszüge mit ein, die Sie für besonders aufschlussreich halten.
- Informieren Sie kurz über den Autor.

6 Theodor Fontane: Fotografie und Kreidezeichnung

4. „War Effi Briest blond?" – Effi Briest-Verfilmungen vergleichen

Theodor Fontanes *Effi Briest* hat fünf verschiedene Regisseure zur Verfilmung des bekannten Romans angeregt. Dabei gehen die Regisseure sehr unterschiedlich mit dem Stoff um, allen gemeinsam ist jedoch die blonde Haarfarbe der Titelfigur:

1 Rollenbesetzungen Effi/Innstetten

a) Gustav Gründgens (1938)

Marianne Hoppe/Karl Ludwig Diel

b) Rudolf Jugert (1955)

Ruth Leuwerik/Bernhard Wicki

c) Wolfgang Luderer (1968)

Angelica Domröse/Horst Schulze

d) Rainer Werner Fassbinder (1974)

Hanna Schygulla/Wolfgang Schenck

e) Hermine Huntgeburth (2008)

Sebastian Koch/Julia Jentsch

1. a) Erstellen Sie mithilfe der ▶ Punktabfrage ein Meinungsbild Ihres Kurses, welche Besetzung des Ehepaares Innstetten Ihnen am besten bzw. am wenigsten gefällt.
b) Diskutieren Sie Ihre Einschätzung und beziehen Sie sich dabei auf die Romanauszüge S. 282 ff.
c) Führen Sie ein eigenes Casting durch: Bringen Sie Fotos von Darstellern Ihrer Wahl mit, hängen Sie diese – geordnet nach Figuren – im Klassenzimmer aus und vergeben Sie per ▶ Punktabfrage die Rollen.

2. „Fontanes Effi ist brünett" (Schmid), dennoch wird sie in allen Verfilmungen blond dargestellt. Erklären und beurteilen Sie diese Entscheidung der Regisseure.

Effis letzter unbeschwerter Tag:

Ulrich Steller: Filminhalt (Auszug)

Effi Briest beginnt mit dem letzten unbeschwerten Tag des fröhlichen jungen Mädchens. Während Effi sich auf dem Fest vergnügen möchte, stellt ihre Mutter ihr Geert von Innstetten vor. Vom ersten Moment an spürt sie eine deutliche Distanz gegenüber dem älteren, kühlen Mann. […] Effi gewährt Innstetten pflichtgemäß einen Tanz, den sie aber mit […] einer kühnen Assoziation abbricht: „Wenn Sie meine Mutter geheiratet hätten, gäb es mich gar nicht. Also verdanke ich Ihrem Unglück mein Leben … Entschuldigung …"

Die Einführung in eine Filmhandlung analysieren

- Erzählen Sie mithilfe der Filmbilder und der Informationen zum Filminhalt den Auftakt der Filmhandlung.
- Beschreiben Sie, mit welchen filmischen Mitteln dem Zuschauer bereits mit dem Filmauftakt die Distanz zwischen Effi und Innstetten vermittelt wird. Verwenden Sie dazu die Sachinformationen auf dieser Seite (**Filmsprache**).

Wichtige Einstellungsgrößen:

1. Die **Totale** zeigt den gesamten Raum mit allen Menschen.
→ Meist führt die Totale in eine neue Szene ein, sie gibt dem Zuschauer Orientierung und vermittelt ihm einen Überblick („establishing shot").

2. Die **Halbtotale** zeigt einen Teil eines Raumes, in dem die wichtige Person von Kopf bis Fuß zu sehen ist.
→ Die Umgebung charakterisiert die Person, die Körperhaltung ist bereits erkennbar.

3. **Halbnah:** Die Person ist ab den Knien aufwärts sichtbar.
→ Oft dazu benutzt, Dialoge darzustellen, bei denen die Gesprächssituation deutlich wird

4. **Nah:** Der Bildausschnitt rückt die Person nun vollständig in den Mittelpunkt, Kopf und Oberkörper beherrschen das Bild.
→ Mimik und Gestik stehen im Vordergrund. Oft verwendet für Dialogsituationen, in denen die mimische Reaktion sichtbar sein soll.

5. **Groß:** Konzentration auf den Kopf der Person
→ Jede mimische Regung ist ablesbar, so dass sich der Zuschauer in die Person einfühlen kann.

6. **Detail:** Zeigt z. B. die Nase oder die Augen formatfüllend
→ Hohe Suggestivkraft, Betonung von wesentlichen Details, die oft symbolische Bedeutung haben

Farbe
„Die Farbe eines Films – sei es die Einfärbung des Filmmaterials durch einen Farb- oder Sepiafilter oder aber die bewusst gewählte Farbe von Ausstattungsgegenständen des Sets oder von Kleidung – kann über die naturalistische Wiedergabe hinaus als die Interpretation anregendes, symbolisches [...] Element eingesetzt werden." (Bienk, 2008)

Zudem wird oft gezielt mit Farbkontrasten (z. B. Hell-Dunkel- oder Kalt-Warm-Kontrast) gearbeitet.

Figurenkonfiguration
„Ob die im Bild dargestellten Personen einander zugewandt oder voneinander abgewandt sind, großen oder geringen Abstand einhalten, zu gleichen oder verschiedenen Teilen zu sehen sind [... charakterisiert] das Verhältnis [...] zueinander. [...] Sind Figuren häufig gemeinsam im Bild zu sehen, kann das eine enge Verbindung oder auch Verstrickung ausdrücken, erscheinen Sie jedoch [...] durch Montage jeweils getrennt voneinander, mag das auf eine problematische Beziehung [...] hindeuten." (Volk, 2004)

Ausstattung (Setting)
„Zu den wichtigsten Ausstattungselementen des Settings gehört neben dem Mobiliar, Fahrzeugen und Gebrauchsgegenständen vor allem die Kleidung [...] [Sie] trägt nicht nur zur individuellen Charakterisierung der Personen bei, sondern liefert auch Hinweise auf deren soziale Zugehörigkeit. [...] Das Setting prägt in erheblichem Maße die Atmosphäre des Films [...]. Darüber hinaus können Setting und Ausstattungselemente symbolischen Charakter annehmen." (Volk, 2004)

Licht
„Jede Raumdarstellung ist durch Licht geprägt. [...] Auch für die Darstellung von Menschen im Raum spielt das Licht eine entscheidende Rolle, weil die Beleuchtung unterschiedliche Stimmungen erzeugt und diese als Eigenschaften einer Situation oder auch eines Charakters verstanden werden." (Hickethier, 1993)

- Lesen Sie die Auftaktseite des Romans und vergleichen Sie diesen mit dem Filmauftakt der Regisseurin Hermine Huntgeburth. Beschreiben Sie die unterschiedliche Wirkung.
- Entwerfen Sie ein Storyboard (ca. 6 Bilder), mit dem Sie in engerer Anlehnung an Fontanes Roman einen möglichen Filmauftakt skizzieren. Verwenden Sie dabei passende Einstellungsgrößen.

Realistische Literatur des 19. Jahrhunderts

2 Die Verlobungs-Szene in der Huntgeburth-Verfilmung

a)

1. Vergleichen Sie anhand der Filmbilder und Dialogpassagen die filmische Umsetzung mit dem Text des Romans. Notieren Sie in einer Tabelle Gemeinsamkeiten und Unterschiede.

2. a) Überlegen Sie zu zweit, welche Akzentuierung der Film gegenüber der Romanvorlage vornimmt.

FRAU VON BRIEST: „Rate mal, wer gerade um deine Hand angehalten hat."
EFFI: „Wer?"
FRAU VON BRIEST: „Du weißt es nicht? Innstetten! Hast du gehört? Baron Innstetten hat eben gerade um deine Hand angehalten."
EFFI: „Innstetten ..." [...]
FRAU VON BRIEST: „Dir hat er doch auch gefallen, oder?"
EFFI: „Er ... ist sehr männlich und ..."
FRAU VON BRIEST: „Das bedeutet eine große Auszeichnung für dich, Effi, das weißt du hoffentlich!"
EFFI: „Schon, aber ich kenne ihn doch noch gar nicht." [...]

b) Besprechen Sie Ihre Ergebnisse im Plenum und stellen Sie Vermutungen an, welche Konsequenzen sich daraus für die weitere Handlung, insbesondere den Schluss des Romans (36. Kapitel), ergeben könnten.

3. a) Informieren Sie sich über das tatsächliche Filmende und beschreiben Sie die Unterschiede gegenüber der Romanvorlage.
b) Diskutieren Sie, ob der Regisseurin mit dem veränderten Schluss eine Aktualisierung gelungen ist.

INNSTETTEN: „Mein Fräulein."
EFFI: „Baron."
INNSTETTEN: „Ich sehe, dass mein Besuch Sie überrascht, aber die Husaren lieben den Überraschungsangriff. (*Briest geht beiseite und schenkt zwei Gläser ein.*) Und bei Ihrem Anblick war ich auf einmal wieder der junge Leutnant, der hier so eine wunderschöne Zeit hatte. Es scheint, das Schicksal hat mir eine zweite Chance gewährt. (*Stille. Effis Mutter setzt sich seitlich.*)
Liebe Effi, wollen Sie die Frau eines Landrats werden?
FRAU VON BRIEST: „Zu bescheiden, Innstetten, es heißt, der Kanzler hält große Stücke auf Sie und sogar der Kaiser." [...]

II. Selbstbehauptung und Selbstbescheidung 293

3 Die Verlobungs-Szene in der Fassbinder-Verfilmung

a)

Erzählerstimme aus dem Off zitiert den Romantext (Fassbinder spricht selbst): „Es ist am Ende das Beste, du bleibst so, wie du bist. Ja, bleibe so. Du siehst gerade sehr gut aus […] so unvorbereitet […], so gar nicht zurechtgemacht […]"

b)

Weiterhin Erzählerstimme aus dem Off: „Um meine Hand angehalten? Im Ernst? […]"

1. Tauschen Sie Ihre spontanen Eindrücke zu den beiden Bildern aus der Fassbinder-Verfilmung in Form eines Schreibgesprächs aus oder führen Sie ein ➤ Blitzlicht durch.

2. a) Beschreiben Sie die beiden Film-bilder aus der Fassbinder-Fassung möglichst genau. Achten Sie dabei unter anderem auf folgende Aspekte:
- Bildinhalt (Ausstattung, Personen, Umgebung)
- Bildgestaltung:
  – Einstellungsgrößen (vgl. S. 291)
  – Kameraperspektive (Normalsicht, Aufsicht = „Vogelperspektive", Untersicht = „Froschperspektive")
  – Licht/Farbe
  – Bildkomposition (z. B. Strukturierung des Bildraumes durch Rechtecke, Dreiecke, Kreise; Aufteilung in Vorder-, Mittel- und Hintergrund, ...)

b) Sehen Sie sich die Filmszene an und besprechen Sie filmische Besonderheiten.

3. Vergleichen Sie ausgehend von den Fotos die filmische Realisierung der Verlobungsszene von Fassbinder und Huntgeburth. Beziehen Sie dabei neben der Bildgestaltung auch die Dialoggestaltung mit ein.

4. Zeigen Sie an der Verlobungsszene weitere „ironische Kontraste" auf, die zwischen Text und Bild in Fassbinders Film entstehen.

5. Überlegen Sie, wie Fassbinder die Duell-Diskussion zwischen Wüllersdorf und Innstetten (S. 286 ff.) umgesetzt haben könnte.

6. *Fontane: Effi Briest oder viele, die eine Ahnung haben von ihren Möglichkeiten und ihren Bedürfnissen und trotzdem das herrschende System in ihrem Kopf akzeptieren durch ihre Taten und es somit festigen und durchaus bestätigen.*
a) Fassbinders langer Untertitel bringt seine Interpretation des Fontane-Romans zum Ausdruck. Beziehen Sie diesen Untertitel auf verschiedene Romanfiguren.
b) Stellen Sie einen Zusammenhang zwischen dem Untertitel und der Filmgestaltung her.

R „Klappe!" – Literaturverfilmungen bewerten

In den letzten Jahren boomen die Literaturverfilmungen (z. B. „Der Vorleser"/„POEM"/„Die Wahlverwandtschaften" = „Mitte Ende August"/„Ein fliehendes Pferd"/ „Das Parfüm").
- Wählen Sie eine Verfilmung aus und geben Sie eine kurze inhaltliche Einführung zum Originaltext.
- Gewähren Sie Einblicke in die filmische Umsetzung an ausgewählten Beispielen.
- Beziehen Sie in Ihr Referat Filmkritiken ein.
- Geben Sie abschließend eine eigene Bewertung der Verfilmung.

7. a) Fassen Sie die zentrale Veränderung, die H. Huntgeburth gegenüber der Romanvorlage vornimmt, in einem Satz zusammen.
b) ▶ Konspektieren Sie die in Text 5 erwähnten unterschiedlichen filmischen Mittel, mit denen im Film gearbeitet wird, sowie deren Funktion.

4 Bernd W. Seiler/Jan-Torsten Milde: Filmische Mittel in der Effi-Verfilmung von R. W. Fassbinder
(Auszug)

Das Ungewöhnliche dieses Werkes liegt zunächst einmal darin, dass es sich um eine Verfilmung im herkömmlichen Sinne gar nicht handelt. Zu größeren Teilen wird der Roman nur vorgelesen (diese Partien liest Fassbinder selbst), und in den Kernszenen wird er von den Schauspielern rezitiert. Man muss dies so sagen, weil überwiegend nicht gespielt, nicht agiert, sondern der Text nur gesprochen wird, als sei es ein innerer Monolog. Wie wichtig Fassbinder dabei das Stimmliche war, zeigt sich daran, dass er mehrere der Rollen von Synchron-Sprechern nachsprechen ließ: der weltabgewandte Ton, den er haben wollte, kam ihm bei den Darstellern selbst nicht gut genug heraus. Aus dem Unterschied zwischen dem gesprochenem Text und den gezeigten Bildern ergeben sich allerdings immer wieder ironische Kontraste. Gleich zu Anfang wird der ‚helle Sonnenschein der mittagsstillen Dorfstraße' zitiert, doch man sieht eine verschattete Morgen- oder Abendbeleuchtung. Oder es wird von Effis wilder und leidenschaftlicher Umarmung der Mutter gesprochen, doch sie steht nur in stiller Pose neben ihr. Nur zwei der Szenen werden auch ‚gespielt': das Gespräch zwischen Innstetten und Wüllersdorf und Effis Zornesausbruch nach dem unglücklichen Wiedersehen mit Annie. Hier, wo bestimmte gesellschaftliche Verhältnisse von den mitwirkenden Personen unmittelbar kritisiert werden, zeigt auch der Film sie leidenschaftlich, so als seien sie nur in diesen Momenten bei Bewusstsein und alles andere mehr ein Reden neben ihnen oder über sie. (v 2004)

5 Ulrich Steller: Filmische Mittel in der Effi-Verfilmung von H. Huntgeburth (Auszug)

Die Kamera nimmt an vielen Stellen, teils fast unmerklich, Effis Perspektive ein. […] Wie die Kameraperspektive, so spürt auch die Montage an zahlreichen Stellen den subjektiven Empfindungen der Hauptfigur nach, verdeutlicht ihre Motivation oder markiert ihre Sichtweise. Maßgeblich durch dieses Stilmittel schafft der Film eine erzählerische Linie und bindet, vergleichbar mit dem Erzähler im Roman, Einstellungen und Sequenzen zum übergeordneten Gang der Geschichte zusammen. EFFI BRIEST hält zahlreiche Beispiele für solche augenfälligen Überleitungen bereit: Gieshübler empfiehlt Effi statt eines Schlafmittels etwas „Aufregendes"; einen Schnitt später folgt die Szene, in der Effi erstmals Crampas begegnet. Innstetten nähert sich nach der Premiere zärtlich, sie lässt es geschehen, bekundet zum Schein ihre Liebe; in der folgenden Einstellung sehen wir Effi zum nächsten heimlichen Liebestreffen mit Crampas eilen.

Zentrales Ausdrucksmittel für Effis subjektive Empfindungen und Stimmungen ist die Filmmusik. Die Musik übernimmt, etwas überspitzt formuliert, die Funktion eines für den Romanerzähler sehr wichtigen Instruments: der Briefe. Denn wie die Briefe im Roman, so bildet die Filmmusik den Seelenzustand der Heldin ab. Konsequenterweise spielen die Briefe im Film EFFI BRIEST eine geringere Rolle. Dramaturgisch kommt dies der Eigenständigkeit Effis entgegen – sie breitet ihre Empfindungen weniger rückhaltlos aus, sie ist stärker auf sich gestellt, hält mehr Abstand zu ihrer Mutter. Den Zuschauer lässt die Musik alle Stimmungen Effis miterleben; sie erschließen sich unmittelbar. Um nur ein paar Stellen herauszugreifen: Auf der positiven, fröhlichen Seite stehen die Tanzmusik des Festes oder die beschwingten Piano- und Violintakte beim Ausritt am Strand. Düstere Klänge hingegen kommentieren Effis Schock, als sie von Innstettens Heiratsabsichten erfährt. Aufgewühlte, schnelle Takte begleiten Effi auf dem Weg zur Apotheke, nachdem Innstetten sie getadelt hat. Als Innstetten seinen Antrag macht, kommt wie zuvor am Ufer der Ton ins Spiel: Während sanfte, melancholische Pianoklänge das Treffen im Salon einleiten, sind die Szenengeräusche stark abgedämpft. Beides kombiniert wird zum sprechenden Ausdruck für Effis stumme Verzweiflung: Ihre Antwort klammert die Szene aus. (v 2008)

Die Literaturverfilmung

Die Bezeichnung „Literaturverfilmung" ist umstritten, denn meist ist damit ein Genre gemeint, das literarische Klassiker oder Bestseller filmisch adaptiert, obwohl eine Vielzahl von gegenwärtigen Filmen auf literarischen Vorlagen beruht, die jedoch oft gar nicht bekannt sind. Dies hängt mit der großen Nähe des Films zum Roman zusammen, denn beide erzählen „lange Geschichten mit einer Fülle von Details, und sie tun dies aus der Perspektive des Erzählers, der oft eine gewisse Ironie zwischen die Geschichte und den Betrachter schiebt" (Monaco, 1980). Der Film arbeitet jedoch mit der ihm eigenen **Filmsprache**: Bilder in wechselnden **Einstellungsgrößen** und aus wechselnden **Perspektiven**, **Schnitt** und **Montage**, **Geräusche**, (einfache) **Dialoge** und **Musik** etc. Gerade bei der Literaturverfilmung wird oft der Fehler gemacht, dass der Film nicht als Interpretation des Ausgangstextes mit eigener ästhetischer Qualität betrachtet wird, sondern dass der Wunsch nach werkgetreuer, textnaher Umsetzung eine Abwertung des Films gegenüber dem „Original" mit sich bringt.

Realismus

Der Begriff wird sowohl als Stilmerkmal als auch als Epochenbegriff verwendet. Als überzeitliches, epochenunabhängiges **Stilmerkmal** wird er Werken zugeordnet, die auf unterschiedliche Art und Weise die jeweils zeitgenössische Wirklichkeit abbilden und (meist kritisch) darstellen. So wird in Grimmelshausens Roman *Der abenteuerliche Simplicissimus* die Realität des Dreißigjährigen Krieges, vor allem die Folterpraktiken der Soldaten und die Leiden der Bevölkerung, wirklichkeitsnah vor Augen geführt (siehe S. 100 f.).

Unter Realismus als **Epochenbegriff** im engeren Sinne versteht man in der Literaturgeschichte die literarische Strömung, die nach dem Fehlschlagen der Revolution von 1848 bis etwa zum Ende des 19. Jahrhunderts (etwa bis 1890) die Literatur prägte, auch, je nach Akzentsetzung, **poetischer oder bürgerlicher Realismus** genannt.

Wenn man die Literatur des 19. Jahrhunderts überblickt, lässt sich jedoch vom Beginn des Jahrhunderts an eine immer deutlichere und immer schärfere Bezugnahme auf die Lebenswirklichkeit feststellen, bis hin zum **Naturalismus** (etwa 1885–1895, siehe S. 309) am Ende des Jahrhunderts, der das Leben und die sozialen Probleme der Arbeiter und der Not leidenden Menschen beschreibt. Diese Entwicklung begann auf der einen Seite mit der Literatur von Vormärz und „Jungem Deutschland", mit der sie sich für politische und gesellschaftliche Veränderungen einsetzten (siehe **Vormärz/Junges Deutschland**). Auf der anderen Seite reagierten andere Autoren auf den restaurativen Druck mit dem (nicht selten resignativen) Rückzug ins Private (siehe **Biedermeierzeit**, S. 278). Für diese unterschiedlichen Tendenzen wird auch der Oberbegriff **Frührealismus** verwendet.

Der **bürgerliche Realismus** ist aus dem Scheitern der Märzrevolution von 1848 zu erklären. Nachdem die revolutionären Aufstände niedergeschlagen worden waren, wurde die alte Ordnung wiederhergestellt. Das liberale Bürgertum, im Vormärz Träger der revolutionären Bewegung, vollzog eine national-konservative Wendung, die auch ökonomisch und materiell motiviert war.

Geprägt war die Zeit durch die zunehmende **Industrialisierung**, die Bevölkerungszunahme, die Zusammenballung der Massen in den Großstädten, der Gegensatz zwischen Besitzlosen und vermögendem Bürgertum und damit verbunden die **wachsende Bedeutung sozialer Probleme** und der **Verlust religiöser Orientierung**.

Die Schriftsteller der Zeit reagierten unterschiedlich auf diese Situation. Manche sparten die beunruhigenden modernen Erscheinungen völlig aus (Adalbert Stifter), andere schilderten kritisch die provinzielle spießbürgerliche Mentalität der Deutschen (Wilhelm Busch). Den Dichtern dieser Epoche lag es fern, sich mit den gewaltigen Veränderungen der Zeit direkt und wertend auseinanderzusetzen. Darin unterscheiden sie sich von den großen Schriftstellern in Frankreich und Russland. Allenfalls indirekt, durch die Darstellung von Einzelschicksalen, z. B. im Roman *Effi Briest* von Fontane, gewinnt die gesellschaftliche Realität an Konturen. Wichtig ist das Bemühen um eine unparteiische, ausschnitthafte Darstellung der Welt, die plausibel und nachvollziehbar erscheint. Damit ist nicht eine präzise, wirklichkeitsgetreue Abbildung der Wirklichkeit gemeint, wie sie in der Zeit bereits die Fotografie, die damals aufgekommen war, leistete, sondern die Darstellung der Wirklichkeit in dichterischer Gestalt. Der Dichter Theodor Fontane schrieb dazu: „Vor allen Dingen verstehen wir nicht darunter das nackte Wiedergeben alltäglichen Lebens, am wenigsten seines Elends und seiner Schattenseiten." Der Dichter hat vielmehr die Aufgabe, aus dem, was er als Wirklichkeit vorfindet, eine Auswahl zu treffen und in ein Kunstwerk zu überführen. „Das Leben ist doch immer nur der Marmorsteinbruch, der den Stoff zu unendlichen Bildwerken in sich trägt; sie schlummern darin, aber nur dem Auge des Geweihten sichtbar und nur durch seine Hand zu erwecken." (aus: Fontane: *Unsere lyrische und epische Poesie seit 1848*)

Mit dem Postulat unparteilicher Darstellung hängt zusammen, dass der Erzähler in den Romanen und Novellen eher in den Hintergrund tritt oder sogar, wie bei der szenischen Darstellung in Fontanes *Effi Briest*, fast ganz verschwindet. Ein weiteres prägendes Stilmerkmal ist der Humor, der es dem Erzähler ebenfalls ermöglicht, sich von dem Dargestellten zu distanzieren und auf eine eindeutige Stellungnahme zu verzichten.

Literatur der Jahrhundertwende

Franz Marc (1880–1916),
Kämpfende Formen, 1914

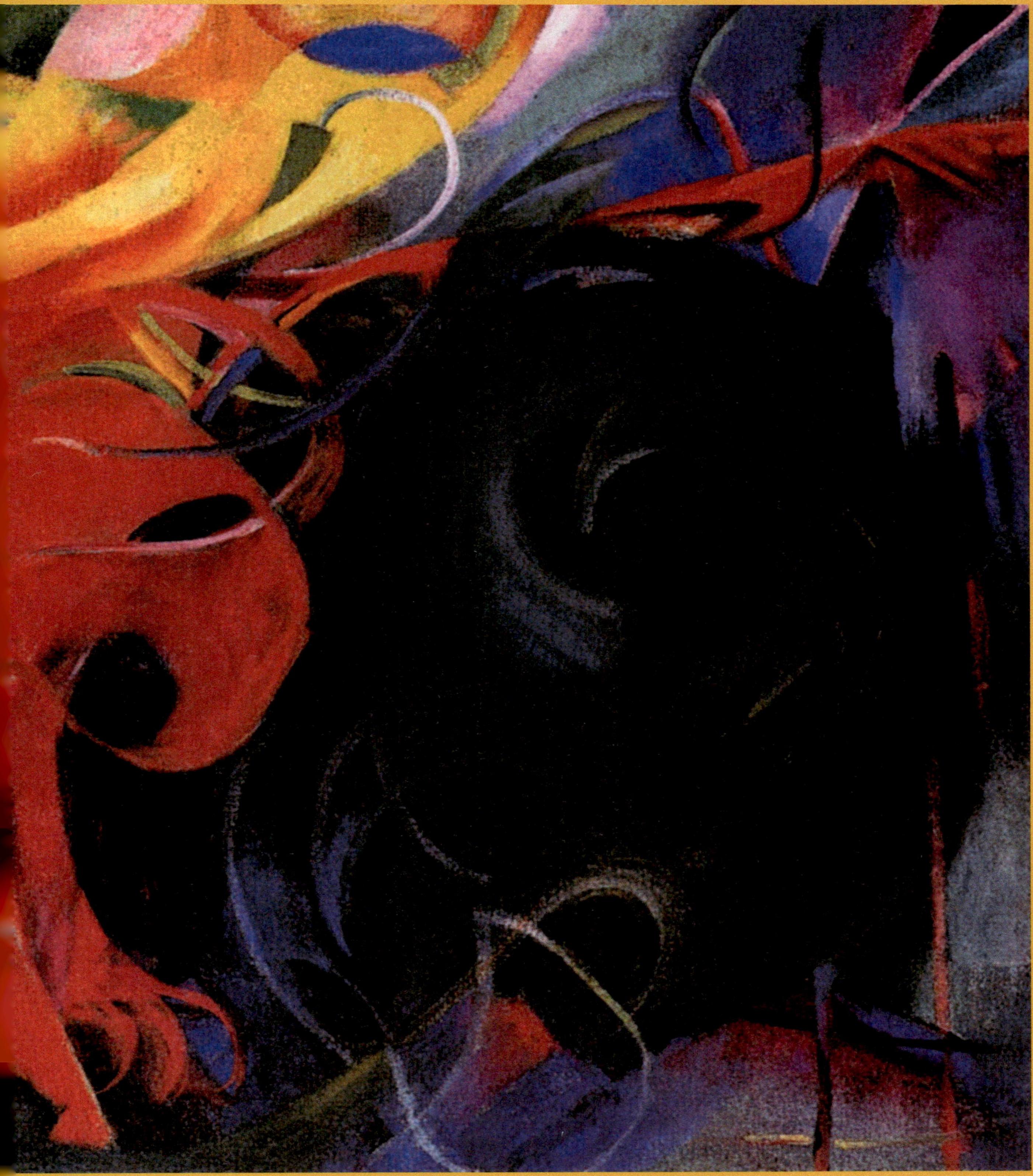

298 Literatur der Jahrhundertwende

I. Themen, Bilder und Spannungsfelder der Jahrhundertwende

1. Aufbruch und Verfall – Widersprüche und Gegensätze der Zeit erkennen

Die Zeit um 1900 ist keineswegs durch einheitliche Strömungen geprägt. Nicht nur der historische Rückblick vermittelt dieses Bild, auch die Zeitgenossen nehmen ihre Zeit wahr als von gegensätzlichen und widersprüchlichen Tendenzen geprägt. Zum ersten Mal wird der Wechsel in ein neues Jahrhundert als Einschnitt empfunden, als Chance zum Aufbruch einerseits, als Verlust von Gewohntem und vermeintlich Bewährtem andererseits. Politisch zeichnet sich der Niedergang der Monarchien in Deutschland und Österreich in Verbindung mit dem Ersten Weltkrieg deutlich ab. Es lassen sich um die Jahrhundertwende Strömungen in der Literatur erkennen, aber keine Epochen im traditionellen Sinn mehr unterscheiden. Die prägenden Strömungen der Jahrhundertwende sind der Naturalismus, der Symbolismus und der Expressionismus.

1. Vergleichen Sie die Bilder hinsichtlich der in ihnen dargestellten Doppeldeutigkeit.

2. Erkundigen Sie sich über das Programm der Zeitschrift „Jugend" und diskutieren Sie, inwiefern das Titelbild der Januar-Ausgabe 1900 diesem entspricht.

Janus (Ianus),
altrömischer Gott der Tordurchgänge („inai"), allgemein der Tür und des Torbogens, des Anfangs und des Endes; er gilt als der Schützer des Hauses. Als Gott der Tür wird Janus, nach außen und nach innen schauend, mit einem Doppelantlitz („Janusgesicht") dargestellt. Als Kopf mit zwei Gesichtern, im Profil nach links und rechts, war er auch auf einer römischen Münze abgebildet. Auf dem Forum Romanum stand ein Doppeltor („Ianus geminus"), dessen Erbauer bestimmt haben soll, dass es in Friedenszeiten geschlossen werden dürfe, in Kriegszeiten aber geöffnet sein müsse. Janus, ursprünglich nur Gott des Eingangs im Sinne einer Örtlichkeit, entwickelte sich später auch zum Gott des Anfangs; er wurde am Eingang jedes Gebets angerufen, die ersten Stunden des Tages, die ersten Tage des Monats, der erste Monat des Jahres (Januar) waren ihm heilig.

1 Titelseite der Zeitschrift ‚Jugend', Januar-Ausgabe 1900

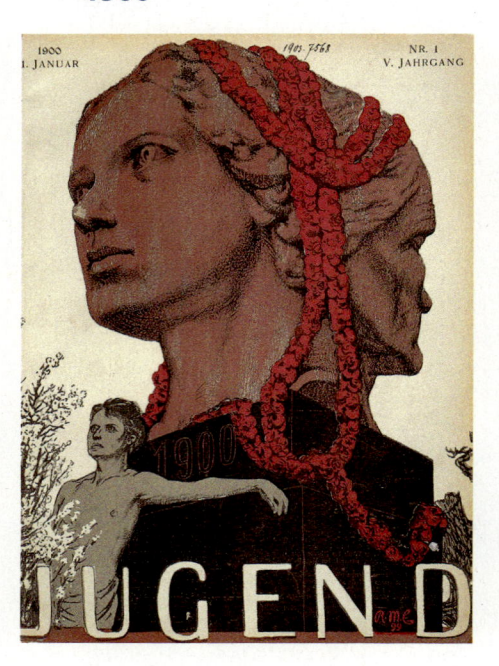

2 Ferdinand Hodler (1853–1918): Der Traum (1897)

3 Hugo von Hofmannsthal (1874–1929): Was ist die Welt?

Was ist die Welt? Ein ewiges Gedicht,
Daraus der Geist der Gottheit strahlt und glüht,
Daraus der Wein der Weisheit schäumt und sprüht,
Daraus der Laut der Liebe zu uns spricht,
5 Und jedes Menschen wechselndes Gemüt,
Ein Strahl ist's, der aus dieser Sonne bricht,
Ein Vers, der sich an tausend and're flicht,
Der unbemerkt verhallt, verlischt, verblüht.

Und doch auch eine Welt für sich allein,
10 Voll süß-geheimer, nie vernomm'ner Töne,
Begabt mit eig'ner, unentweihter Schöne,
Und keines Andern Nachhall, Widerschein.
Und wenn du gar zu lesen d'rin verstündest,
Ein Buch, das du im Leben nicht ergründest.

(v 1890)

4 Alfred Mombert (1872–1942): Gott ist vom Schöpferstuhl gefallen

Gott ist vom Schöpferstuhl gefallen
hinunter in die Donnerhallen
des Lebens und der Liebe.
Er sitzt beim Fackelschein
5 und trinkt seinen Wein
zwischen borstigen Gesellen,
die von Weib und Meerflut überschwellen.
Und der Mond rollt über die Wolkenberge
durch die gestirnte Meernacht,
10 und die großen Werke
sind vollendet und vollbracht.   (v 1897)

5 Wilhelm Klemm (1881–1968): Meine Zeit

Gesang und Riesenstädte, Traumlawinen,
Verblasste Ränder, Pole ohne Ruhm,
Die sündigen Weiber, Not und Heldentum,
Gespensterbrauen, Sturm auf Eisenschienen.

5 In Wolkenfernen trommeln die Propeller.
Völker zerfließen. Bücher werden Hexen.
Die Seele schrumpft zu winzigen Komplexen.
Tot ist die Kunst. Die Stunden kreisen schneller.

O meine Zeit! So namenlos zerrissen,
10 So ohne Stern, so daseinsarm im Wissen
Wie du, will keine, keine mir erscheinen.

Noch hob ihr Haupt so hoch niemals die Sphinx!
Du aber siehst am Wege rechts und links
Furchtlos vor Qual des Wahnsinns Abgrund weinen!   (e 1920)

6 Rainer Maria Rilke (1875–1926): Das Karussell

Jardin du Luxembourg

Mit einem Dach und seinem Schatten dreht
sich eine kleine Weile der Bestand
von bunten Pferden, alle aus dem Land,
das lange zögert, eh es untergeht.
5 Zwar manche sind an Wagen angespannt,
doch alle haben Mut in ihren Mienen;
ein böser roter Löwe geht mit ihnen
und dann und wann ein weißer Elefant.

Sogar ein Hirsch ist da, ganz wie im Wald,
10 nur dass er einen Sattel trägt und drüber
ein kleines blaues Mädchen aufgeschnallt.

Und auf dem Löwen reitet weiß ein Junge
und hält sich mit der kleinen heißen Hand,
dieweil der Löwe Zähne zeigt und Zunge.

15 Und dann und wann ein weißer Elefant.

Und auf den Pferden kommen sie vorüber,
auch Mädchen, helle, diesem Pferdesprunge
fast schon entwachsen; mitten in dem Schwur
schauen sie auf, irgendwohin, herüber –

20 Und dann und wann ein weißer Elefant.

Und das geht hin und eilt sich, dass es endet,
und kreist und dreht sich nur und hat kein Ziel.
Ein Rot, ein Grün, ein Grau vorbeigesendet,
ein kleines kaum begonnenes Profil –.
25 Und manches Mal ein Lächeln, hergewendet,
ein seliges, das blendet und verschwendet
an dieses atemlose blinde Spiel ...   (e 1907)

Karussell der Jahrhundertwende (leicht modernisiert), Cannes 2007

3. a) Sprechen Sie über das Gottesbild in den Gedichten von Hofmannsthal und Mombert.
b) Weisen Sie in den beiden Gedichten Elemente der Sicherheit und der Ungewissheit nach.

4. a) Verfassen Sie ein Parallelgedicht zu Klemms „Meine Zeit" über Ihre Zeit mit folgendem Muster:
Meine Zeit
Strophe 1: 4 Verse
Strophe 2: 4 Verse
O meine Zeit! ....
So ...., so ....
....
Noch ....
Du aber ....
b) Besprechen Sie die Gemeinsamkeiten und Unterschiede zwischen Klemms Gedicht und Ihren Gedichten.

5. a) Bereiten Sie einen ➤ Vortrag des Gedichts vor. Achten Sie dabei besonders auf die Gestaltung Ihres Vortragstempos.
b) Besprechen Sie im Kurs verschiedene Vorträge.

6. a) Besprechen Sie, was mit dem „Land, das lange zögert, eh es untergeht" (V. 3 f.) gemeint ist.
b) Zeigen Sie an diesem Gedicht die besondere Bedeutung des Gedichtaufbaus auf.

7. Sprechen Sie über das unterschiedliche Gefühl der im Gedicht dargestellten Kinder und des beobachtenden lyrischen Ichs.

Literatur der Jahrhundertwende

Das Dinggedicht

Das Dinggedicht ist ein auf eine unpersönliche, episch-objektive Beschreibung eines Gegenstandes angelegtes Gedicht. Es behandelt häufig Werke der bildenden Kunst, die es sprachlich nachvollzieht und damit neu erschafft. Dinggedichte sind geprägt von einer Haltung der Distanz zum Gegenstand unter Ausschluss eigener Stimmungsübertragungen. Berühmte Beispiele sind die Gedichte „Auf eine Lampe" (Eduard Mörike, 1846) und „Der römische Brunnen" (Conrad Ferdinand Meyer, 1882). Für Rilke gilt, dass die Dinge „entdinglicht" werden. Es geht ihm nicht um eine „realistische" Abbildung. Rainer Maria Rilke will das Wesen des „Dinges" und damit eine Sinngebung des menschlichen Daseins erfassen.

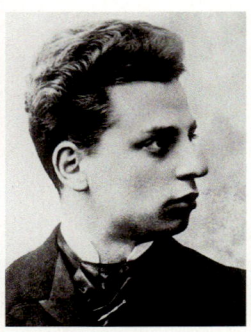

Rainer Maria Rilke wurde am 4.12.1875 in Prag als Sohn eines Eisenbahnbeamten geboren. Nach Schul- und Studienjahren in Prag kam er 1896 nach München und 1897 nach Berlin. Er verbrachte sein Leben im Wesentlichen auf Reisen; Versuche, sesshaft zu werden, scheiterten regelmäßig. Erst um 1920 gelang mit der Hilfe eines Schweizer Gönners die Ansiedlung im Wallis, wo er schon am 29.12.1926 einem qualvollen Leiden erlag. Rilke schrieb vor allem Gedichte, die er häufig zu Zyklen verband (Das Stundenbuch, Das Buch der Bilder, Duineser Elegien, Sonette an Orpheus). Die Aufgabe seiner Dichtung sah er nicht nur in der Weltdeutung, sondern in der Weltheilung: Er wollte die Welt, umfassend verstanden als Bestand und Sinn des Daseins, retten, weil sie „in die Hände der Menschen gefallen" sei. Deshalb bemühte er sich auch um eine große Genauigkeit der Anschauung, wie sie sich in den „Dinggedichten" zeigt, in denen er „das Ding" (Tier, Pflanze, Kunstding, Zustand, aber auch den Menschen selbst) auf sein Wesentliches zurückführen wollte. Neben Gedichten schrieb Rilke Betrachtungen, Essays, ein Buch über den französischen Bildhauer Auguste Rodin und vor allem den autobiografischen Roman Die Aufzeichnungen des Malte Laurids Brigge.

7 Rainer Maria Rilke (1875–1926): Jetzt reifen schon …

Jetzt reifen schon die roten Berberitzen,
alternde Astern atmen schwach im Beet.
Wer jetzt nicht reich ist, da der Sommer geht,
wird immer warten und sich nie besitzen.

5 Wer jetzt nicht seine Augen schließen kann,
gewiss, dass eine Fülle von Gesichten
in ihm nur wartet bis die Nacht begann,
um sich in seinem Dunkel aufzurichten: –
der ist vergangen wie ein alter Mann.

10 Dem kommt nichts mehr, dem stößt kein Tag mehr zu,
und alles lügt ihn an, was ihm geschieht;
auch du, mein Gott. Und wie ein Stein bist du,
welcher ihn täglich in die Tiefe zieht. (e 1901)

8 Hugo von Hofmannsthal (1874–1929): Terzinen I. Über Vergänglichkeit

Noch spür ich ihren Atem auf den Wangen:
Wie kann das sein, dass diese nahen Tage
Fort sind, für immer fort, und ganz vergangen?

Dies ist ein Ding, das keiner voll aussinnt,
5 Und viel zu grauenvoll, als dass man klage:
Dass alles gleitet und vorüberrinnt.

Und dass mein eignes Ich, durch nichts gehemmt,
Herüberglitt aus einem kleinen Kind
Mir wie ein Hund unheimlich stumm und fremd.

10 Dann: dass ich auch vor hundert Jahren war
Und meine Ahnen, die im Totenhemd,
Mit mir verwandt sind wie mein eignes Haar,

So eins mit mir als wie mein eignes Haar. (v 1894)

---

8. Vergleichen Sie, wie in den Gedichten 7 und 8 das Thema der Vergänglichkeit gestaltet ist.

9. Entscheiden Sie, welchem der beiden Gedichte Sie Böcklins „Toteninsel" in einer Anthologie als Illustration zuordnen würden.

10. a) George ließ seine Gedichte nur in seiner Handschrift oder einer eigens für ihn gestalteten Typografie drucken. Wie erklären Sie sich das?
b) Versuchen auch Sie, den Gedichten eine grafische Form zu geben, sie also optisch adäquat zu präsentieren. Welche Hilfsmittel könnten Sie verwenden? Beurteilen Sie die Ergebnisse. Diskutieren Sie die Beurteilungskriterien.

I. Themen, Bilder und Spannungsfelder der Jahrhundertwende 301

9 Arnold Böcklin (1827–1901): Die Toteninsel, 5. Fassung (Öl auf Holz, 1886)

Kultbild der Jahrhundertwende: „Die Toteninsel"

Der Maler Arnold Böcklin schuf ursprünglich fünf Fassungen der „Toteninsel". Reproduktionen dieser Werke waren um die Jahrhundertwende in nahezu jedem bürgerlichen Haus zu finden.

- Beschreiben Sie die abgebildete 5. Fassung der „Toteninsel" und versuchen Sie, das Gemälde zu deuten.
- Vergleichen Sie die unterschiedlichen Fassungen des Gemäldes. (Auf der DVD finden Sie die 1. Fassung von 1880).
- „Böcklin als Maler antiker Fabelwesen und der ‚Toteninsel' stellt sich seiner Zeit nicht weniger, als wenn er […] Fabrikhallen und Dampflokomotiven wiedergegeben hätte." (Meyer, 1977) – Recherchieren Sie, inwiefern Böcklins „Toteninsel" den Geist der Jahrhundertwende widerspiegelt und warum das Gemälde zum Kultbild wurde.
- Böcklins Gemälde regte u.a. die Komponisten Sergej Rachmaninow („Die Toteninsel" op 29, 1909) und Max Reger („Die Toteninsel" op 128, dritter Satz, 1913) an. Setzen Sie sich im Musikunterricht mit diesen beiden Umsetzungen auseinander und beschreiben Sie, mit welchen Mitteln der jeweilige Komponist das Gemälde umzusetzen versucht.
- Zu Böcklins „Toteninsel" entstanden zudem zahlreiche Gedichte. Verfassen Sie selbst ein Gedicht zum Gemälde.

10 Stefan George (1868–1933): Komm in den totgesagten park …[1]

Komm in den totgesagten park und schau:
Der schimmer ferner lächelnder gestade
Der reinen wolken unverhofftes blau
Erhellt die weiher und die bunten pfade.

5 Dort nimm das tiefe gelb das weiche grau
Von birken und von buchs. der wind ist lau
Die späten rosen welkten noch nicht ganz
Erlese küsse sie und flicht den kranz

Vergiss auch diese lezten astern nicht
10 Den purpur um die ranken wilder reben
Und auch was übrig blieb von grünem leben
Verwinde leicht im herbstlichen gesicht.

(v 1897)

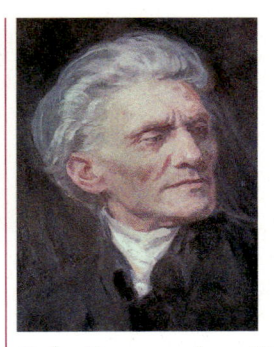

[1] in der Handschrift Georges

Stefan George wurde am 12.7.1868 in Büdesheim bei Bingen geboren. Sein Vater besaß ein Weingut und eine Gastwirtschaft. Während seiner Schulzeit lernte er weitgehend selbstständig die Sprachen Italienisch, Hebräisch, Griechisch, Latein, Dänisch, Holländisch, Polnisch, Englisch, Französisch und Norwegisch, um Literatur in ihrer Originalsprache lesen zu können. Nach dem Besuch des Gymnasiums in Darmstadt studierte er kurze Zeit in Berlin. Dann begann er ein lebenslanges Wanderleben: Nie hatte er einen festen Wohnsitz, nie ging er einer Erwerbstätigkeit nach. Aber er verstand es, sich mit zahlreichen Freunden zu umgeben, die sich ganz in den Dienst des verehrten Meisters stellten („George-Kreis"). Vom französischen Symbolismus angeregt, schuf er eine Lyrik, die nach höchster sprachlicher Intensität, der Vergeistigung der Empfindungen und der Enthobenheit von jeder Alltäglichkeit strebte. George hat außer Gedichten nur ganz wenige Prosatexte geschrieben. Er starb am 4.12.1933 im Tessin.

11. a) Besprechen Sie, welches Herbstbild im Gedicht vermittelt wird.
b) Nennen Sie wesentliche Gestaltungsmittel.

12. Georges Gedicht wird oft auch poetologisch gedeutet.
a) Versuchen Sie eine zusammenhängende poetologische Deutung des Gedichts ausgehend von den Hinweisen zur Chiffre.
b) Diskutieren Sie, inwiefern dieser Interpretationsansatz trägt.

Hinweise zur Entschlüsselung von Chiffren

Im Unterschied zu Metaphern sind Chiffren stärker verschlüsselte, oft geradezu hermetische Bilder (s. S. 397 f.). Zur Entschlüsselung dieser Bilder ist es wichtig, den Textzusammenhang und das Textumfeld (z. B. autobiografische Informationen oder andere Werke des Dichters) zu betrachten, Denotationen und Konnotationen zu sammeln sowie Gegenbegriffe zu nutzen. Die Einzelwörter der Chiffre „totgesagter Park" in Stefan Georges Gedicht besitzen u. a. folgende Denotationen und Konnotationen:

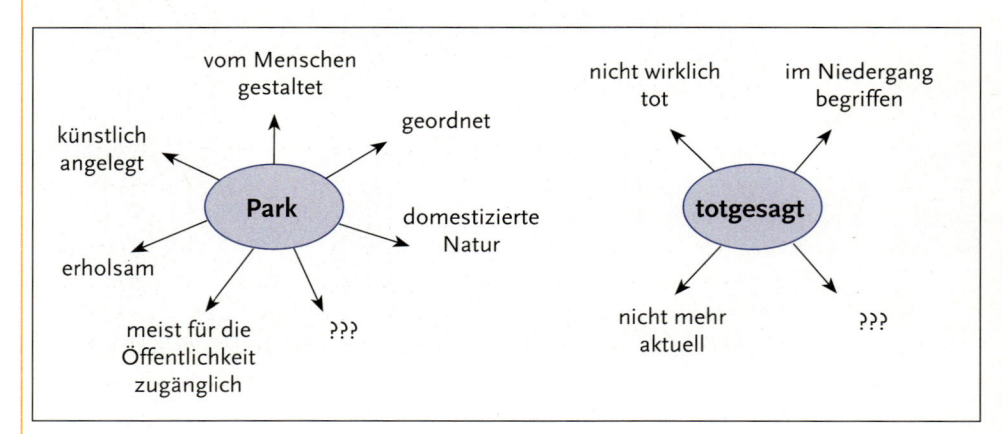

Park: vom Menschen gestaltet, geordnet, künstlich angelegt, domestizierte Natur, erholsam, meist für die Öffentlichkeit zugänglich, ???

totgesagt: nicht wirklich tot, im Niedergang begriffen, nicht mehr aktuell, ???

Folgende Deutung ist möglich: Den „totgesagten Park" kann man als Chiffre für die Kunst selbst oder eine Kunstrichtung verstehen, die im Niedergang begriffen ist bzw. deren Ende man angesagt hat. Die Aufforderung, einen „Kranz", also ein ästhetisches Gebilde, zu flechten, verweist auf die produktiven Möglichkeiten, die sich dem Künstler bzw. dem Dichter dennoch bieten. Für diese Deutung spricht auch der Stellenwert der Blumen im Gedicht „Rosen" und „Astern", die in diesen Kranz „verwunden" werden sollen. In der literarischen Tradition stehen sie auch für „rhetorische Blumen" (flores rhetoricales), stilistische Mittel, die der Dichter in seinem Kunstwerk „verwindet".
Die Tatsache, dass Georges Gedichte oft eine poetologische Komponente besitzen, stärkt diese Deutung der Chiffre zusätzlich.

2. Friedrich Nietzsche – Eine wesentliche philosophische Grundlage für die Moderne kennenlernen

Selten hat ein Philosoph auf seine Zeitgenossen und die Nachwelt eine so große, ja überragende Wirkung ausgeübt wie Friedrich Nietzsche. Insbesondere gilt dies für die Literatur des 20. Jahrhunderts: kaum ein deutscher Schriftsteller, der sich nicht mit Nietzsche auseinandergesetzt hätte, sei es in Bewunderung oder Ablehnung. Als Beispiele hierfür können Thomas Mann und Gottfried Benn stehen. In seinen Schriften kritisiert Nietzsche das Denken und Handeln, das kulturelle Leben, die religiösen Vorstellungen und moralischen Normen der wilhelminischen bürgerlichen Gesellschaft aufs Schärfste.

Friedrich Nietzsche (geb. am 15.10.1844 in Röcken bei Lützen, gest. am 25.8.1900 in Weimar) entstammte einer protestantischen Pfarrersfamilie. Seinen Vater verlor er schon früh (1849). Seine Jugendjahre wurden geprägt durch den Besuch der traditionsreichen Internatsschule Schulpforta/Saale. In Bonn und Leipzig studierte er klassische Philologie. Noch vor der Promotion erhielt er 1869 einen Ruf als Professor an die Universität Basel. In Leipzig hatte Nietzsche Richard Wagner kennengelernt, der großen Einfluss auf

1 Friedrich Nietzsche (1844–1900): Der tolle Mensch

Der tolle Mensch. – Habt ihr nicht von jenem tollen Menschen gehört, der am hellen Vormittage eine Laterne anzündete, auf den Markt lief und unaufhörlich schrie: „Ich suche Gott! Ich suche Gott!" – Da dort gerade viele von denen zusammenstanden, welche nicht an Gott glaubten, so erregte er ein großes Gelächter. Ist er denn verloren gegangen?, sagte der eine. Hat er sich verlaufen wie ein Kind?, sagte der andere. Oder hält er sich versteckt? Fürchtet er sich vor uns? Ist er zu Schiff gegangen?, ausgewandert? – so schrien und lachten sie durcheinander. Der tolle

Mensch sprang mitten unter sie und durchbohrte sie mit seinen Blicken. „Wohin ist Gott?", rief er, „ich will es euch sagen! *Wir haben ihn getötet* – ihr und ich! Wir alle sind seine Mörder! Aber wie haben wir dies gemacht? Wie vermochten wir das Meer auszutrinken? Wer gab uns den Schwamm, um den ganzen Horizont wegzuwischen? Was taten wir, als wir diese Erde von ihrer Sonne losketteten? Wohin bewegt sie sich nun? Wohin bewegen wir uns? Fort von allen Sonnen? Stürzen wir nicht fortwährend? Und rückwärts, seitwärts, vorwärts, nach allen Seiten? Gibt es noch ein Oben und ein Unten? Irren wir nicht wie durch ein unendliches Nichts? Haucht uns nicht der leere Raum an? Ist es nicht kälter geworden? Kommt nicht immerfort die Nacht und mehr Nacht? Müssen nicht Laternen am Vormittage angezündet werden? Hören wir noch nichts von dem Lärm der Totengräber, welche Gott begraben? Riechen wir noch nichts von der göttlichen Verwesung? – auch Götter verwesen! Gott ist tot! Gott bleibt tot! Und wir haben ihn getötet! Wie trösten wir uns, die Mörder aller Mörder? Das Heiligste und Mächtigste, was die Welt bisher besaß, es ist unter unsern Messern verblutet – wer wischt dies Blut von uns ab? Mit welchem Wasser könnten wir uns reinigen? Welche Sühnefeiern, welche heiligen Spiele werden wir erfinden müssen? Ist nicht die Größe dieser Tat zu groß für uns? Müssen wir nicht selber zu Göttern werden, um nur ihrer würdig zu erscheinen? Es gab nie eine größere Tat – und wer nur immer nach uns geboren wird, gehört um dieser Tat willen in eine höhere Geschichte, als alle Geschichte bisher war!" – Hier schwieg der tolle Mensch und sah wieder seine Zuhörer an: auch sie schwiegen und blickten befremdet auf ihn. Endlich warf er seine Laterne auf den Boden, dass sie in Stücke sprang und erlosch. „Ich komme zu früh", sagte er dann, „ich bin noch nicht an der Zeit. Dies ungeheure Ereignis ist noch unterwegs und wandert – es ist noch nicht bis zu den Ohren der Menschen gedrungen. Blitz und Donner brauchen Zeit, das Licht der Gestirne braucht Zeit, Taten brauchen Zeit, auch nachdem sie getan sind, um gesehn und gehört zu werden. Diese Tat ist ihnen immer noch ferner als die fernsten Gestirne – *und doch haben sie dieselbe getan!*" – Man erzählt noch, dass der tolle Mensch desselbigen Tages in verschiedenen Kirchen eingedrungen sei und darin sein *Requiem aeternam deo* angestimmt habe. Hinausgeführt und zur Rede gesetzt, habe er immer nur dies entgegnet: „Was sind denn diese Kirchen noch, wenn sie nicht die Grüfte und die Grabmäler Gottes sind?"

(v 1882)

ihn ausübte, auch über die 1876 einsetzende Entfremdung hinaus. Krankheitsgründe zwangen ihn, 1879 in den Ruhestand zu treten. Die nächsten Jahre verbrachte er an verschiedenen Orten in der Schweiz und Italien, wo er seine willensbetonte, lebensbejahende Philosophie seinem kranken Körper abrang und in die für ihn charakteristische aphoristische Form seiner Werke goss. 1889 brach er in Turin zusammen, seine Geisteskrankheit kam nun voll zum Ausbruch. Bis zu seinem Tod 1900 lebte er in zunehmender geistiger Umnachtung in der Pflege seiner Mutter und seiner Schwester.

1. a) Achten Sie beim Lesen des Textes vor allem auf die Konsequenzen des Gottesmordes, die Nietzsche den „tollen Menschen" ab Z. 8 schildern lässt. Notieren Sie die dazu gewählten Bilder.
b) Fertigen Sie zu einer der bildhaften Umschreibungen eine grafische Umsetzung an.
c) Finden Sie Entschlüsselungen für einige der Bilder des „tollen Menschen". Diskutieren Sie diese mit einem Partner und anschließend im Plenum.

2 Friedrich Nietzsche: Venedig

An der Brücke stand
jüngst ich in brauner Nacht.
Fernher kam Gesang:
Goldener Tropfen quoll's
über die zitternde Fläche weg.
Gondeln, Lichter, Musik –
trunken schwamm's in die Dämmerung hinaus …

Meine Seele, ein Saitenspiel,
sang sich, unsichtbar berührt,
heimlich ein Gondellied dazu,
zitternd vor bunter Seligkeit.
– Hörte jemand ihr zu? … (e 1880)

Walter Richard Sickert (1860–1942): Der Löwe auf dem Markusplatz, Venedig (um 1896)

Venedig in der Literatur

Schon immer hat die schöne Lagunenstadt Venedig die Literaten inspiriert. Die vom Wasser und daher vom Untergang bedrohte Stadt wurde von den Autoren aller Zeiten, insbesondere der Jahrhundertwende, ganz bewusst als symbolhafter Schauplatz des Untergangs eingesetzt. Berühmtestes Beispiel hierfür ist Thomas Manns Erzählung *Der Tod in Venedig* (1912), in der der Tod des Protagonisten, der Niedergang seines Künstlertums und die morbide Stimmung des von der Pest heimgesuchten Venedig zu einer komplexen **Symbolik** des Untergangs miteinander verwoben werden.

2. a) Beschreiben Sie mit eigenen Worten die von Nietzsche im Gedicht dargestellte Situation.
b) Untersuchen Sie das atmosphärische Zusammenspiel zwischen lyrischem Ich und der Stadt Venedig.

Literatur der Jahrhundertwende

3 Friedrich Nietzsche: Über Wahrheit und Lüge im außermoralischen Sinn (Auszug)
– Die Kläglichkeit des menschlichen Intellekts –

In irgendeinem abgelegenen Winkel des in zahllosen Sonnensystemen flimmernd ausgegossenen Weltalls gab es einmal ein Gestirn, auf dem kluge Tiere das Erkennen erfanden. Es war die hochmütigste und verlogenste Minute der „Weltgeschichte": aber doch nur eine Minute. Nach wenigen Atemzügen der Natur erstarrte das Gestirn und die klugen Tiere mussten sterben. – So könnte jemand eine Fabel erfinden und würde doch nicht genügend illustriert haben, wie kläglich, wie schattenhaft und flüchtig, wie zwecklos und beliebig sich der menschliche Intellekt innerhalb der Natur ausnimmt. Es gab Ewigkeiten, in denen er nicht war; wenn es wieder mit ihm vorbei ist, wird sich nichts begeben haben. Denn es gibt für jenen Intellekt keine weitere Mission, die über das Menschenleben hinausführte. Sondern menschlich ist er, und nur sein Besitzer und Erzeuger nimmt ihn so pathetisch, als ob die Angeln der Welt sich in ihm drehten. Könnten wir uns aber mit der Mücke verständigen, so würden wir vernehmen, dass auch sie mit diesem Pathos durch die Luft schwimmt und in sich das fliegende Zentrum dieser Welt fühlt. Es ist nichts so verwerflich und gering in der Natur, was nicht durch einen kleinen Anhauch jener Kraft des Erkennens sofort wie ein Schlauch aufgeschwellt würde; und wie jeder Lastträger seinen Bewunderer haben will, so meint gar der stolzeste Mensch, der Philosoph, von allen Seiten die Augen des Weltalls teleskopisch auf sein Handeln und Denken gerichtet zu sehen. (v 1873)

3. a) Verfassen Sie eine in Nietzsches Sinn „pathetische" Beschreibung der Welt aus der Sicht der Mücke (vgl. Z. 11 ff.).
b) Fertigen Sie in Partnerarbeit einen fiktiven Dialog zwischen der Mücke und einem Menschen an.
c) Deuten Sie die Fabel (Z. 1–5) und setzen Sie sie in Beziehung zu der von Nietzsche im Text begründeten nihilistischen Weltsicht.
d) Nehmen Sie aus Ihrer Sicht Stellung dazu.

> **Der Nihilismus**
> (< lat. nihil = nichts) ist der philosophische Begriff für einen Standpunkt der Verneinung und die Überzeugung, dass es keine Erkenntnis der Wahrheit („**theoretischer Nihilismus**"), keine brauchbaren Normen des sittlichen Handelns („**ethischer Nihilismus**") und keine funktionierende Ordnung der Gesellschaft („**politischer Nihilismus**") gibt. In der Kunst bezeichnet Nihilismus ein Bewusstsein der Leere und Sinnlosigkeit von Welt und Leben, das Gefühl der völligen Ohnmacht und des Ausgeliefertseins an ein übermächtiges, oft anonymes Schicksal. Nietzsche führte den Begriff „Nihilismus" in die deutsche Philosophie und Literatur ein. In seiner berühmten Figur des Zarathustra (*Also sprach Zarathustra*) stellt er nicht nur nihilistische Positionen dar, sondern versucht zugleich, das nihilistische Denken zu überwinden. Positionen des Nihilismus sind schon bei Georg Büchner anzutreffen (*Dantons Tod, Lenz, Woyzeck, Leonce und Lena*), im 20. Jahrhundert vor allem bei den französischen Existentialisten Jean Paul Sartre und Albert Camus (*Der Mythos von Sisyphos*), in der modernen deutschen Literatur vor allem bei Gottfried Benn (*Verlorenes Ich, Statische Gedichte*).

II. Mensch – Masse – Technik

1. „Man wird ganz zum Vieh bei solchem Leben!" (Holz/Schlaf) – Künstlerische Bearbeitungen sozialer Themen im 19. und 20. Jahrhundert vergleichen

Über das gesamte 19. Jahrhundert hinweg verschärft sich, ausgelöst durch die wachsende Industrialisierung, die soziale Situation der unteren Stände und der Arbeiterschaft. Zunehmend nimmt sich die Literatur dieses Themas an, oft stark gesellschaftskritisch orientiert, teils aber auch bloß als Zeitkolorit. Dabei zieht sich die katastrophale soziale Lage der schlesischen Weber wie ein roter Faden durch die Literatur des 19. Jahrhunderts bis hin zu Hauptmanns Drama *Die Weber*.

1 Käthe Kollwitz (1867–1945): Weberzug

(Radierung, 1896)

1. a) Stellen Sie in einer größeren Gruppe das Bild als ➤ Tableau nach.
b) Beschreiben Sie die drei Teile des Zuges.
c) Erklären Sie, warum Kollwitz das Kind im goldenen Schnitt des Bildes platziert.

2 Heinrich Heine (1797–1856): Die schlesischen Weber

Im düstern Auge keine Träne,
Sie sitzen am Webstuhl und fletschen die Zähne:
„Deutschland, wir weben dein Leichentuch,
Wir weben hinein den dreifachen Fluch –
5   Wir weben, wir weben!

Ein Fluch dem Götzen, zu dem wir gebeten
In Winterskälte und Hungersnöten;
Wir haben vergebens gehofft und geharrt,
Er hat uns geäfft, gefoppt und genarrt –
10   Wir weben, wir weben!

Ein Fluch dem König, dem König der Reichen,
Den unser Elend nicht konnte erweichen,
Der den letzten Groschen von uns erpresst
Und uns wie Hunde erschießen lässt –
15   Wir weben, wir weben!

Ein Fluch dem falschen Vaterlande,
Wo nur gedeihen Schmach und Schande,
Wo jede Blume früh geknickt,
Wo Fäulnis und Moder den Wurm erquickt –
20   Wir weben, wir weben!

Das Schiffchen fliegt, der Webstuhl kracht,
Wir weben emsig Tag und Nacht –
Altdeutschland, wir weben dein Leichentuch,
Wir weben hinein den dreifachen Fluch –
25   Wir weben, wir weben!"   (e 1844)

2. Bereiten Sie in Gruppenarbeit einen ➤ Vortrag von Heines Gedicht vor. Arbeiten Sie dabei mit Loops und chorischen Elementen.

3. a) Benennen Sie die Kritikpunkte der Weber.
b) Fertigen Sie Protesttafeln zu den Kritikpunkten der Weber an.
c) Stellen Sie erneut Kollwitz' Radierung als ➤ Tableau nach, indem Sie die Protesttafeln integrieren.

4. Diskutieren Sie, inwiefern Kollwitz' Radierung eine bildliche Umsetzung des Heine'schen Gedichts sein könnte.

R „Deutschland, wir weben dein Leichentuch" – Literarische Bearbeitungen des Weberelends

Informieren Sie sich über die soziale Lage der oberschlesischen Weber in der ersten Hälfte des 19. Jahrhunderts (z. B. Arbeitsbedingungen, Löhne, Verhalten der Fabrikanten, Gründe und Anlässe von Aufständen).

Beschäftigen Sie sich auf dieser Basis mit Werken aus den Bereichen der Literatur und der Bildenden Kunst zu diesem sozialen Thema:
- Welche Aspekte werden in dem jeweiligen Werk aufgegriffen bzw. besonders herausgestellt?
- Mit welchen künstlerischen Mitteln wird gearbeitet?
- Welche Perspektive wird gewählt?
- Welche Wirkungskraft besitzt das Werk Ihrer Meinung nach?
- Welche Wirkung hatte das Werk zu seiner Entstehungszeit?

Gerhart Hauptmann (1862–1946) wurde in Schlesien als Sohn eines Gastwirts geboren und verließ die Realschule vorzeitig. Eine Zeit der Unrast begann: Nach einer Ausbildung zum Landwirt, Besuch einer Kunstschule, Studium in Jena, lebte er eine Zeit lang als Bildhauer in Rom. Schließlich studierte er in Berlin und wandte sich der Literatur zu. Die Heirat mit der wohlhabenden Marie Thienemann machte ihn 1885 finanziell unabhängig. Schnell schaffte er den Durchbruch als Schriftsteller. Die Erzählung *Bahnwärter Thiel* (1887/88) und das Drama *Vor Sonnenaufgang* machten ihn berühmt. Es folgten weitere erfolgreiche Dramen, deren Höhepunkt *Die Weber* waren. Hauptmann war der bedeutendste Vertreter des Naturalismus. 1912 wurde ihm der Nobelpreis für Literatur verliehen.

3 Gerhart Hauptmann (1862–1946): Die Weber (Auszug)

Hauptmann führt in seinem Drama die Auswirkungen des Weberelends am Beispiel einer Familie vor. Der folgende Auszug ist der Beginn des 2. Akts.

Das Stübchen des Häuslers Wilhelm Ansorge zu Kaschbach im Eulengebirge. In einem engen, von der sehr schadhaften Diele bis zur schwarz verräucherten Balkendecke nicht sechs Fuß hohen Raum sitzen: zwei junge Mädchen, Emma und Bertha Baumert, an Webstühlen – Mutter Baumert, eine kontrakte¹ Alte, auf einem Schemel am Bett, vor sich ein Spulrad – ihr Sohn August, zwanzigjährig, idiotisch, mit kleinem Rumpf und Kopf und langen, spinnenartigen Extremitäten, auf einem Fußschemel, ebenfalls spulend. Durch zwei kleine, zum Teil mit Papier verklebte und mit Stroh verstopfte Fensterlöcher der linken Wand dringt schwaches, rosafarbenes Licht des Abends. Es fällt auf das weißblonde, offene Haar der Mädchen, auf ihre unbekleideten, mageren Schultern sowie dünne, wächserne Nacken, auf die Falten des groben Hemdes im Rücken, das, nebst einem kurzen Röckchen aus härtester Leinewand, ihre einzige Bekleidung ist. Der alten Frau leuchtet der warme Hauch voll über Gesicht, Hals und Brust: ein Gesicht, abgemagert zum Skelett, mit Falten und Runzeln in einer blutlosen Haut, mit versunkenen Augen, die durch Wollstaub, Rauch und Arbeit bei Licht entzündlich gerötet und wässrig sind, einen langen Kropfhals mit Falten und Sehnen, eine eingefallene, mit verschossenen Tüchern und Lappen verpackte Brust.

Ein Teil der rechten Wand mit Ofen und Ofenbank, Bettstelle und mehreren grell getuschten Heiligenbildern steht auch noch im Licht. – Auf der Ofenstange hängen Lumpen zum Trocknen, hinter dem Ofen ist altes, wertloses Gerümpel angehäuft. Auf der Ofenbank stehen einige alte Töpfe und Kochgeräte, Kartoffelschalen sind zum Dörren auf Papier gelegt. – Von den Balken herab hängen Garnsträhne und Weifen. Körbchen mit Spulen stehen neben den Webstühlen. In der Hinterwand ist eine niedrige Tür ohne Schloss. Ein Bündel Weidenruten ist daneben an die Wand gelehnt. Mehrere schadhafte Viertelkörbe stehen dabei. – Das Getöse der Webstühle, das rhythmische Gewuchte der Lade, davon Erdboden und Wände erschüttert werden, das Schlurren und Schnappen des hin- und hergeschnellten Schiffchens erfüllen den Raum. Dahinein mischt sich das tiefe, gleichmäßig fortgesetzte Getön der Spulräder, das dem Summen großer Hummeln gleicht.

MUTTER BAUMERT, *mit einer kläglichen, erschöpften Stimme, als die Mädchen mit Weben innehalten und sich über die Gewebe beugen*: Misst er schonn wieder knipp'n!?
EMMA *das ältere der Mädchen, zweiundzwanzigjährig. Indem sie gerissene Fäden knüpft*: Eine Art Garn is aber das au!
BERTHA, *fünfzehnjährig*: Das is aso a bissel Zucht mit der Werfte.
EMMA: Wo a ock bleibt aso lange? A is doch fort schonn seit um a neune.
MUTTER BAUMERT: Nu ebens, ebens! Wo mag a ock bleiben, ihr Mädel?
BERTHA: Ängst Euch beileibe ni, Mutter!
MUTTER BAUMERT: 'ne Angst is das immer!
Emma fährt fort zu weben.
BERTHA: Wart amal, Emma!
EMMA: Was is denn?
BERTHA: Mir war doch, 's kam jemand.
EMMA: 's wird Ansorge sein, der zu Hause kommt.
FRITZ, *ein kleiner, barfüßiger, zerlumpter Junge von vier Jahren, kommt hereingeweint*: Mutter, mich hungert.
EMMA: Wart, Fritzl, wart a bissel! Großvater kommt gleich. A bringt Brot mit und Kerndl.
FRITZ: Mich hungert aso, Mutterle!
EMMA: Ich sag' dersch ja. Bis ock nich einfältich. A wird ja gleich kommen. A bringt a scheenes Brotl mit und Kerndlkoffee. – Wenn ock wird Feierabend sein, da nimmt Mutter de Kartuffelschalen, die trägt se zum Pauer, und der gibbt er derfire a scheenes Neegl Puttermilch firsch Jungl.
FRITZ: Wo is er 'n hin, Großvater?
EMMA: Beim Fabrikanten is a, abliefern an Kette, Fritzl.
FRITZ: Beim Fabrikanten?

---
¹ kontrakt (< lat. contrahere = zusammenziehen): verkrümmt

Emma: Ja, ja, Fritzl! unten bei Dreißichern in Peterschwalde.
Fritz: Kriegt a da Brot?
Emma: Ja, ja a gibbt'n 's Geld, und da kann a sich Brot koofen.
Fritz: Gibbt der Großvatern viel Geld?
Emma, *heftig*: O heer uf, Junge, mit dem Gerede. *Sie fährt fort zu weben, Bertha ebenfalls. Gleich darauf halten beide wieder inne.*
Bertha: Geh, August, frag Ansorgen, ob a nich will anleucht'n. *August entfernt sich, Fritz mit ihm.*
Mutter Baumert, *mit überhandnehmender, kindischer Angst, fast winselnd*: Ihr Kinder, ihr Kinder, wo der Mann bleibt?!
Bertha: A wird halt amal zu Hauffen reingegangen sein.
Mutter Baumert: Wenn a bloß nich etwan in a Kretscham gegang'n wär!
Emma: Ween ock nich, Mutter! Aso eener is unser Vater doch nich.
Mutter Baumert, *von einer Menge auf sie einstürzender Befürchtungen außer sich gebracht*: Nu ... nu ... nu sagt amal, was soll nu bloß wern? Wenn a 's nu ... wenn a nu zu Hause kommt ... Wenn a 's nu versauft und bringt nischt ni zu Hause? Keene Handvoll Salz is mehr im Hause, kee Stickl Gebäcke ... 's mecht an Schaufel Feuerung sein ... (v 1892)

Emil Orlik (1870–1932): Theaterplakat „Die Weber", 1897

Sprachvarietäten

Dialekt, dialektal: Mundart, mundartlich. Bezeichnung für eine sprachgeografisch bestimmbare Ausdrucksweise.
Soziolekt, soziolektal: Sprachgebrauch einer sozialen Gruppe oder Schicht. Bezeichnung für eine schichtspezifische Ausdrucksweise.
Idiolekt, idiolektal: Wortschatz und besondere Ausdrucksweise eines bestimmten Menschen. Bezeichnung für eine personenbezogene Ausdrucksweise.
Psycholekt, psycholektal: Sprechverhalten eines Menschen infolge seiner gerade gegebenen Emotionslage („ruhig", „erregt"). Bezeichnung für die affektgesteuerte Unterschiedlichkeit individueller Sprechakte.

4 Alfred Kerr (1867–1948): Die Weber – Theaterkritik

I.

Dies wundervoll gebaute Werk, so reich wie knapp, wird noch in hundert Jahren der „Wilhelm Tell" einer empordringenden Menschheitsgruppe sein.
Das Erinnerungsmal versprengter Schande. Das Gleichnis der Selbstbesinnung. Der Ruf zum Aufbruch.
Ein bonapartisches Wort bleibt heute zu wandeln ... etwa: „Die Weber – c'est le 9 novembre déjà en action." Der Marsch dieser Hungerleider von Peterschwalde her ist ein ziemlich langer Marsch. Er dauert noch. Nun sind sie in Moskau. Vielleicht brechen sie dort zusammen; werden auferstehen und weiter marschieren, marschieren, marschieren ... bis in die glückselige Stadt, wo Friede und Freude kein Ende mehr hat.
Ja, sie sterben; sterben nicht aus ... und marschieren. Und wenn Stiefelsohlen heute fünfzig Mark ausmachen, eine Köchin hundertfünfzig; so liegt hierin das üble, doch schicksalsvolle Zeugnis ihrer Etappenleistung; die unblutige, ganz unwiderstehliche Revolution, die längst anstelle des harmlosen Fallbeils den viel gefährlicheren Tarif gesetzt hat ...

II.

Wollte sagen: dies Werk ist ein Drama, worin mehr als in einem Drama ruht.
Eine Zusammenfassung; wo bloße Volkswirtschaft zur Menschlichkeit geworden ist – und Menschlichkeit zur Kunst. Ecco. Drei Kerle stecken hier in einem.[1] Ein Kerl, der weiß; ein Kerl, der fühlt; ein Kerl, der malt. Zugleich und nebeneinander. Suchen sollt ihr das. Zudem ein Heimatskünstler, der alle Reuters[2] weit unter sich in eines Senkbleis Tiefe lässt.
Hochzeit von Brust und Hirn. Von Gewissen und Formerlust. Von Tat und Gedanken. Kurz: von Ethos und Kunst.

1921. 21. Juni.

---
[1] „Drei Kerle ...": Anspielung auf die Hauptfigur Moritz Jäger, Anführer des Aufstands
[2] „alle Reuters": Anspielung auf den volkstümlichen Autor Fritz Reuter (1810–1874)

1. a) Formulieren Sie Ihre ersten Eindrücke zur Regieanweisung (Z. 1–26).
b) Erklären Sie die Funktion der Regieanweisungen für den anschließenden Dialog.

2. a) Fassen Sie das Gespräch der Mutter, der Mädchen und des Jungen zusammen.
b) Beschreiben Sie die Ängste und Hoffnungen der Figuren in Bezug auf die Heimkehr des Großvaters.

3. Entwerfen Sie in Gruppen eine Inszenierung der Szene. Setzen Sie dabei in jeder Gruppe einen anderen Schwerpunkt:
- Eine Gruppe versucht eine genaue Umsetzung der Regieanweisungen.
- Eine zweite Gruppe ändert die Regieanweisungen oder gar den Schauplatz.
- Eine dritte Gruppe setzt die Szene in einer anderen Sprache oder einem anderen Dialekt um.

4. a) Erklären Sie, warum Hauptmann seine Figuren Dialekt sprechen lässt.
b) Beurteilen Sie diese Entscheidung.

5. a) Geben Sie Kerrs Kritik eine treffende Überschrift.
b) Benennen Sie Beispiele euphorischer Sprache in Kerrs Kritik.
c) Diskutieren Sie, ob sie diese Eindrücke anhand des Dramenauszugs nachvollziehen können.

5 Arno Holz (1863–1929)/Johannes Schlaf (1862–1941): Papa Hamlet (Auszug)

Papa Hamlet ist der heruntergekommene Schauspieler Niels Thienwiebel, der mit seiner lungenkranken Frau und einem drei Monate alten Kind in einer jämmerlichen Dachwohnung haust, die nun auch noch gekündigt wurde. Das von Asthmaanfällen geschüttelte Kind hat er Fortinbras genannt nach einer Figur aus Shakespeares „Hamlet", seiner Traumrolle. Den Lebensunterhalt für die kleine Familie bringt die Frau mit Nähen kaum zusammen, Thienwiebel selbst hat auch seine letzte Einkommensquelle, das Modellstehen für Kunststudenten, aufgegeben und das Engagement-Angebot einer Wanderbühne aus Stolz abgelehnt. Am Ende tötet er das Kind, ohne dies wirklich zu wollen. Tage später wird er erfroren aufgefunden.

Er war jetzt zu ihr unter die Decke gekrochen, die Unterhosen hatte er anbehalten.
„Nicht mal Platz genug zum Schlafen hat man!"
Er reckte und dehnte sich.
„So'n Hundeleben! Nicht mal schlafen kann man!"
Er hatte sich wieder auf die andre Seite gewälzt. Die Decke von ihrer Schulter hatte er mit sich gedreht, sie lag jetzt fast bloß da ....
....
....
Das Nachtlämpchen auf dem Tisch hatte jetzt zu zittern aufgehört. Die beschlagene, blaue Karaffe davor war von unzähligen Lichtpünktchen wie übersät. Eine Seite aus dem Buch hatte sich schräg gegen das Glas aufgeblättert. Mitten auf dem vergilbten Papier hob sich deutlich die fette Schrift ab: „Ein Sommernachtstraum". Hinten auf der Wand, übers Sofa weg, warf die kleine, glitzernde Fotografie ihren schwarzen, rechteckigen Schatten. Der kleine Fortinbras röchelte, nebenan hatte es wieder zu schnarchen angefangen.
„So'n Leben! So'n Leben!"
Er hatte sich wieder zu ihr gedreht. Seine Stimme klang jetzt weich, weinerlich.
„Du sagst ja gar nichts!"
Sie schluchzte nur wieder.
„Ach Gott, ja! So'n ... Ae!! ..."
Er hatte sich jetzt noch mehr auf die Kante zu gerückt.
„Is ja noch Platz da! Was drückste dich denn so an die Wand! Hast du ja gar nicht nötig!"
Sie schüttelte sich. Ein fader Schnapsgeruch hatte sich allmählich über das ganze Bett hin verbreitet.
„So ein Leben! Man hat's wirklich weit gebracht! ... Nu sich noch von so 'ner alten Hexe rausschmeißen lassen! Reizend!! Na, was macht man nu? Liegt man morgen auf der Straße! ... Nu sag doch?"
Sie hatte sich jetzt noch fester gegen die Wand gedrückt. Ihr Schluchzen hatte aufgehört, sie drehte ihm den Rücken zu.
„Ich weiß ja! Du bist ja am Ende auch nicht schuld dran! Nu sag doch!"
Er war jetzt wieder auf sie zugerückt.
„Nu sag doch! ... Man kann doch nicht so – verhungern?!"
Er lag jetzt dicht hinter ihr.
„Ich kann ja auch nicht dafür! ... Ich bin ja gar nicht so! Is auch wahr! Man wird ganz zum Vieh bei solchem Leben! ... Du schläfst doch nicht schon!"
Sie hustete.
„Ach Gott ja! Und nu bist du auch noch krank! Und das Kind! Dies viele Nähen ... Aber du schonst dich ja auch gar nicht ... ich sag's ja!"
Sie hatte wieder zu schluchzen angefangen.
„Du – hättest – doch lieber. – Niels ..."
„Ja ... ja! Ich seh's ja jetzt ein! Ich hätt's annehmen sollen! Ich hätt' ja später immer noch ... ich seh's ja ein! Es war unüberlegt! Ich hätte zugreifen sollen! Aber – nu sag doch!!"
„Hast du ihn – denn nicht ... denn nicht – wenigstens zu – Haus getroffen?"
„Ach Gott, ja, aber ... aber, du weißt ja! Er hat ja auch nichts! Was macht man nu bloß? Man kann sich doch nicht das Leben nehmen?!"
Er hatte jetzt ebenfalls zu weinen angefangen.
„Ach Gott! Ach Gott!!"

Arno Holz wurde 1863 in Rastenburg/Ostpreußen als Sohn eines Apothekers geboren. Dass er schon 1875 nach Berlin kam, das in diesen Jahren der Gründerzeit einen atemberaubenden Umbruch erlebte, hat ihn sicher stark geprägt. Hier hat er auch studiert und später als freier Schriftsteller gelebt. Er wurde zu einem der Begründer und Theoretiker des Naturalismus (Die Kunst. Ihr Wesen und ihre Gesetze, 1891; Revolution der Lyrik, 1899). In seiner Bemühung um neue Ausdrucksmöglichkeiten suchte er der Dichtung zunächst neue Inhalte zu geben (soziale Themen, Großstadtbilder), dann aber auch neue stilistische Möglichkeiten zu erschließen (Verwendung von Alltags- und Umgangssprache in dichterischen Texten, „natürlicher" Sprachrhythmus in der Lyrik.) (Phantasus, Gedichte, 1898/99). Holz starb 1929 in Berlin nach einem Leben, das häufig von Entbehrungen und materiellen Notlagen gezeichnet gewesen war.

Johannes Schlaf (1862–1941) entstammte einer Kaufmannsfamilie in Querfurt/Sachsen-Anhalt. Er studierte Philologie in Halle und Berlin. Hier begann auch die Freundschaft und Zusammenarbeit mit Arno Holz. Er war zunächst konsequenter Naturalist, sein Drama Meister Oelze gilt geradezu als Musterwerk eines radikalen Naturalismus. Nach 1892 war er zeitweise nervenkrank und hielt sich in verschiedenen Heilanstalten auf. Er wandte sich seit 1892 vom Naturalismus ab und einem psychologischen Impressionismus zu. Beide Autoren arbeiteten unter einem gemeinsamen Pseudonym (Bjarne Peter Holmsen) (Papa Hamlet, Novellen, 1889; Familie Selicke, Drama, 1890).

Sein Gesicht lag jetzt mitten auf ihrer Brust. Sie zuckte!
„Ach Gott! Ach Gott!!!"
Der dunkle Rand des Glases oben quer über der Decke hatte wieder unruhig zu zittern begon-
50 nen, die Schatten, die das Geschirr warf, schwankten, dazwischen glitzerten die Wasserstreifen
....
(v 1889)

Der Naturalismus

Gesamteuropäische Literaturströmung zwischen 1880 und 1900 mit dem Ziel, die Natur und damit auch den Menschen nicht als Bild (Gefahr der Stilisierung), sondern als Abbild zu erfassen und zu gestalten. Seine weltanschauliche Grundlage ist der Positivismus[1], der jede metaphysische[2] Welterklärung oder Sinngebung ablehnt.
Auch der Mensch wird nur als die Summe aus Anlage (Erbe), Umwelt (Milieu) und geschichtlicher Situation (Zeitbedingung) verstanden. Die literarische Gestaltung wird als naturwissenschaftliches Experiment gesehen. Kennzeichnend für den Naturalismus ist auch das soziale Mitgefühl mit den Elenden und die Sensibilität für die Auswirkungen der Industrialisierung auf das Leben der Menschen.
Die angestrebte Detailtreue führt etwa in den Dramen Hauptmanns zur Verwendung des oberschlesischen Dialekts, in naturalistischen Prosatexten zum **Sekundenstil**.

6 Wilhelm II. (1859–1941; Deutscher Kaiser 1888–1918): Rede zur Einweihung von Denkmälern an der Berliner Siegesallee (Auszug)

Eine Kunst, die sich über die von Mir bezeichneten Gesetze und Schranken hinwegsetzt, ist keine Kunst mehr, sie ist Fabrikarbeit, ist Gewerbe, und das darf die Kunst nie werden. Mit dem viel missbrauchten Worte „Freiheit" und unter seiner Flagge verfällt man gar oft in Grenzenlosigkeit, Schrankenlosigkeit, Selbstüberhebung. Wer sich aber von dem Gesetz der Schönheit und
5 dem Gefühl für Ästhetik und Harmonie, die jedes Menschen Brust fühlt, ob er sie auch nicht ausdrücken kann, loslöst und in Gedanken in einer besonderen Richtung, einer bestimmten Lösung mehr technischer Aufgaben die Hauptsache erblickt, der versündigt sich an den Urquellen der Kunst.
Aber noch mehr: Die Kunst soll mithelfen, erzieherisch auf das Volk einzuwirken, sie soll auch
10 den unteren Ständen nach harter Mühe und Arbeit die Möglichkeit geben, sich an den Idealen wieder aufzurichten. Uns, dem deutschen Volke, sind die großen Ideale zu dauernden Gütern geworden, während sie anderen Völkern mehr oder weniger verloren gegangen sind. Es bleibt nur das deutsche Volk übrig, das an erster Stelle berufen ist, diese großen Ideen zu hüten, zu pflegen, fortzusetzen, und zu diesen Idealen gehört, dass wir den arbeitenden, sich abmü-
15 henden Klassen die Möglichkeit geben, sich an dem Schönen zu erheben und sich aus ihren sonstigen Gedankenkreisen heraus- und emporzuarbeiten.
Wenn nun die Kunst, wie es jetzt vielfach geschieht, weiter nichts tut, als das Elend noch scheußlicher hinzustellen, wie es schon ist, dann versündigt sie sich damit am deutschen Volke. Die Pflege der Ideale ist zugleich die größte Kulturarbeit, und wenn wir hierin den an-
20 deren Völkern ein Muster sein und bleiben wollen, so muss das ganze Volk daran mitarbeiten, und soll die Kultur ihre Aufgabe voll erfüllen, dann muss sie bis in die untersten Schichten des Volkes hindurchgedrungen sein. Das kann sie nur, wenn die Kunst die Hand dazu bietet, wenn sie *erhebt, statt dass sie in den Rinnstein niedersteigt*. (1901)

---

[1] der Positivismus (< spätlat. positivus = gesetzt, gegeben): philosophische Lehre, die nur das sinnlich Wahrnehmbare oder das im naturwissenschaftlichen Experiment Nachweisbare als wirklich existent annimmt
[2] die Metaphysik (< gr. meta = nach, hinter und physis = Natur): philosophische Lehre, die davon ausgeht, dass die letzten Gründe und Zusammenhänge des Seins jenseits von menschlicher Erfahrung und Erkenntnis im „Übersinnlichen" liegen

---

6. a) Beschreiben Sie die Situation und Darstellungsweise in Text 5.
b) Erörtern Sie, ob die Absichten des „Sekundenstils" erfüllt sind.

7. Wählen Sie eine der folgenden Gestaltungsaufgaben.
a) Schreiben Sie den Text in auktorialer Form um (vgl. S. 17).
b) Gestalten Sie aus Text 5 eine dramatische Szene.
c) Vergleichen Sie die Umformungen mit dem Original.

Sekundenstil

nannten Arno Holz und Johannes Schlaf eine Erzähltechnik, die eine Kopie der Wirklichkeit ermöglichen sollte (vor allem in *Papa Hamlet*). Mit sprachlichen Mitteln wurden dabei gewissermaßen die Genauigkeit der filmischen Nahaufnahme und die Deutlichkeit der Zeitlupe vorweggenommen. Mit diesem Erzählstil sollten auch kleinste Bewegungen und intimste Empfindungen minutiös erfasst und nachgebildet werden können (Holz: „Kunst = Natur – x"). Die sprachliche Nachbildung der Wirklichkeit ergänzten Holz/Schlaf noch durch eine „phonografische Methode", also den Versuch, einen Vorgang in allen seinen Lautwerten, nicht nur in seinen Sprache gewordenen Äußerungen, zu erfassen. Die Wirklichkeit wollten sie eben nicht als Auswahl infolge subjektiver Wahrnehmung gestalten, sondern in objektiver Komplexität, die auch das Zufällige, Periphere und Unkontrollierte in ihr enthält.

1. Beschreiben Sie die Kunstauffassung Wilhelms II.

2. Stellen Sie – ausgehend von Z. 17 ff. – Wilhelms Kunstauffassung in den Kontext der naturalistischen Kunstauffassung.

Textgebundene Erörterung ausgehend von einer politischen Rede

Die **textgebundene Erörterung** beispielsweise einer kulturpolitischen Rede besteht zumeist aus zwei Aufgabenschritten:

- Die erste Aufgabenstellung führt zur intensiven Auseinandersetzung mit den Thesen, dem Argumentationsgang und eventuell auch zu einer sprachlich-stilistischen Analyse des Textes.
- Die zweite Aufgabenstellung kann entweder die Aufforderung beinhalten, sich kritisch mit den Positionen des Autors oder dem Thema an sich auseinanderzusetzen (Erörterung), oder sie regt dazu an, sich in der Form einer gestaltenden Aufgabe (Leserbrief, Zeitungskommentar etc.) adressatenorientiert mit der Meinung des Redners zu befassen.

Beispielaufgabe:

Thema: Problemstellung → Erörtern Sie anhand des Auszugs aus der „Siegesallee-Rede" Wilhelms II. (Text 6) Fragen nach den Aufgaben der Kunst!

Aufgabenstellung →
- Stellen Sie heraus, welche Forderungen Wilhelm II. an die Künstler stellt und welche Gefahren er sieht!
- Nehmen Sie kritisch Stellung zu den Auffassungen Wilhelms II. und entwickeln Sie eigene Vorstellungen von den Aufgaben der Kunst!

1. Themenanalyse

Vorverständnis bzw. **Assoziationen** zu „Kunst":
- persönliche Einschätzung und Präferenzen (z. B.: Bildende Kunst als Plastik, Malerei, Grafik oder Architektur)
- historische Differenzierung (z. B. traditionelle/moderne Kunst)
- gesellschaftliche Relevanz (z. B. Kunstetat, öffentliche Aufmerksamkeit bzw. Kritik)

Themenanalyse: Erörtern → vierfach differenzierte Aufgabenstellung

① *Texterschließung* nach
1a Forderungen Wilhelms II.
1b Gefahren

② *kritische Stellungnahme* zu
2a Auffassungen Wilhelms II.
2b Entwicklung eigener Vorstellungen

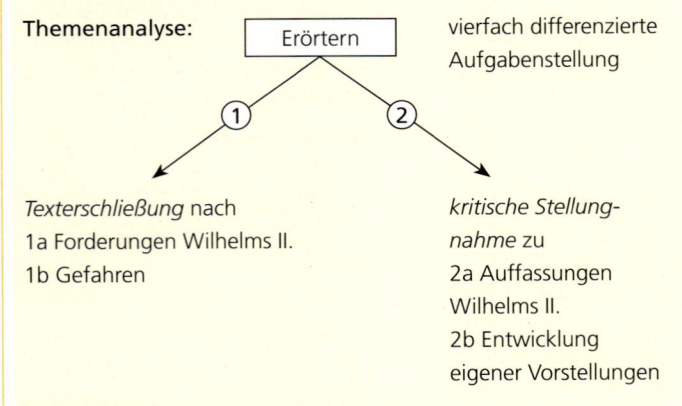

Fazit: Großgliederung in zwei Teile, die jeweils in sich zweigegliedert sind, wobei der 2. Hauptteil das größere Gewicht erhalten muss

2. Textanalyse

Eine wichtige Voraussetzung für die textgebundene Erörterung ist die sorgfältige ➤ Erschließung des zugrunde liegenden Sachtextes durch Textmarkierungen, Randnotizen etc. (vgl. S. 13, 144 f.).

3. Stoffsammlung und Gliederung

Forderungen Wilhelms II.	Gefahren, die Wilhelm II. sie[ht]
– Kunst darf nie Gewerbe sein (Z. 2)	– Grenzen der Kunst (Z. 1) sin[d] die Gesetze des Kaisers
– Schönheit, Harmonie (Z. 4 f.)	– „Freiheit" = oft Schrankenlosigkeit (Z. 3 f.)
– Kunst soll erziehen (Z. 9 ff.), soll aufrichten an Idealen	– Versündigung an den Urque[llen] der Kunst (Z. 7 f.)
– Nur das deutsche Volk ist berufen, Ideale zu pflegen, fortzusetzen (Z. 13 f.)	– Elendsdarstellungen = Versü[n]digung am Volke (Z. 17 ff.)
– Ziel: Erheben zum Schönen (Z. 15 f.)	– …
– …	
2. Kritische Stellungnahme	**Eigene Gedanken**
– Herrscher bestimmt Grenze der Kunst	– Kunst braucht Offenheit, Entfaltungsspielraum, keine politisch gesetzten Grenzen
– Diffamierung von Freiheit	– Kunstbegriff ist nicht auf da[s] „Schöne" und „Harmonisc[he]" einzuengen.
– Einengung des Kunstbegriffs auf „Schönheit" und „Harmonie"	
– Überheblichkeit, was deutsche Führungsrolle betrifft	– Sicher soll „Kunst" ästhetis[ch] bilden, sensibel machen.
– Was stimmt?	
– …	– …

4. Ausarbeitung

1. Die **Einleitung** soll einen Interessen- bzw. Verstehenshorizont eröffnen und hinführen, etwa durch
   - die Anknüpfung bei Ihrem Vorverständnis zu „Kunst";
   - die Besprechung eines aktuellen Anlasses (z. B. den kulturpolitischen Streit um eine Gedenkstätte, ein Museum, einen Preis etc.);
   - den Ausgang von eigener Erfahrung (z. B. einer Kontroverse im Kunstunterricht, im Familien- oder Freundeskreis);
   - den Bezug zu einem der betroffenen Künstler oder zur Person des Textautors (z. B. zu Wilhelms II. z. T. berüchtigten Reden);
   - den Hinweis auf grundsätzliche Fragen der Kulturpolitik (z. B. Aufgaben des Staates, von Mäzenen, …);
   - einen Übersichtssatz zum vorliegenden Text, der in einer Frage endet, die es zu erörtern gilt.

2. Im **Hauptteil** ist die *diachronische* Reihung der vier Abschnitte (siehe tabellarische Stoffsammlung) abzulehnen, weil sie zu viele Wiederholungen mit sich bringt. Günstiger ist eine *synchrone* Strukturierung, bei der die textimmanente Kritik an der Auffassung Wilhelms II. unmittelbar an die Darstellung der Forderungen und Gefahren anzuschließen ist. Die textübergreifende Erörterung kann dann den abschließenden Schwerpunkt ergeben und sollte in sich so gegliedert sein, dass sich eine Klimaxstruktur ergibt.

3. Als **Schluss** wären folgende Lösungen denkbar:
   - die Zusammenfassung des Ergebnisses (z. B. Offenheit und Vielfalt der Kunst statt Gängelung und Reglementierung)
   - die Erläuterung des Zusammenhangs zwischen Kulturpolitik und Staatsform (z. B. demokratischer Pluralismus gegen monarchistische Dekretierung)
   - die Andeutung weiterführender Fragen, die nicht erörtert werden konnten (z. B. die Differenzierung zwischen temporären Moden und stilprägenden Richtungen)
   - Auch eine „Rahmenstruktur" wäre möglich, wobei Fragen und Aspekte der Einleitung aufgenommen und beantwortet werden (z. B. wie sich das Vorverständnis über Kunst durch die Erörterung differenziert hat).

5. Überarbeitung, Korrektur

Für die **Korrektur** sollten neben den allgemeinen Aspekten zwei Schwierigkeiten beachtet werden:
- Die sachliche Darstellung der Positionen Wilhelms II. (mit Zitaten und Zeilenangaben) sollte nicht mit der eigenen kritischen Erörterung vermengt werden.
- Die Darlegung der eigenen Vorstellungen ist durch eine passende Überleitung mit dem Vorausgehenden zu verknüpfen.

7 Elemente aus Schülerlösungen

a) Wenn im Text „Gewerbe" (Z. 2) gegenüber „Kunst" (Z. 2) kritisch unterschieden und abgewertet wird, so lässt sich dies unter dem Aspekt rechtfertigen, dass billige Massenproduktion, z. B. von schlechten Farbdrucken, nichts mehr mit dem Individualitätsanspruch von künstlerischer Gestaltung zu tun hat.

b) Dass reglementierende Eingriffe in die Kunst und differenzierende Äußerungen gegen Künstler nicht mit dem Kaiserreich überwunden wurden, zeigt in den 60er-Jahren eine Beschimpfung des Bundeskanzlers Ludwig Erhard, der kritische Schriftsteller als „Pinscher" bezeichnete.

c) Wenn von „Kunst" die Rede ist, gibt es so viele Meinungen wie es Äußerungen gibt, denn es gibt keine objektiven Maßstäbe der Beurteilung, weil alles Geschmackssache ist.

d) Wenn Kunst i. S. von „Schönheit" und „Harmonie" (Z. 4 f.) die „untersten Schichten des Volkes" (Z. 21 f.) „erheben" (Z. 15) soll, so wird sie einmal in ihren Möglichkeiten überschätzt, zum andern politisch missbraucht. Denn wer arm und verelendet ist, kann nur durch eine bessere Sozialpolitik „erhoben" werden, nicht durch Kunst, die dann missbraucht wird, wenn sie soziale Mängel ausgleichen soll.

e) Ist es nicht die größte und gefährlichste „Selbstüberhebung" (Z. 4), wenn die Deutschen in ihrer Kunst, so wie sie Wilhelm II. versteht, Vorbild und Maßstab für alle Völker (Z. 13 f. und Z. 20 f.) sein wollen?

f) Im ersten Teil bekam Wilhelm II. sein Fett ab, jetzt will ich sagen, was in Fragen der Kunst Sache ist.

3. a) Ordnen Sie die Elemente aus den Schülerlösungen den Teilen Einleitung – Hauptteil – Schluss zu.
b) Überlegen Sie bei den Elementen, die Sie dem Hauptteil zuordnen würden, welcher Aufgabenstellung sie entsprechen.
c) Bewerten Sie die Elemente inhaltlich und sprachlich.

4. Verfassen Sie eine eigene vollständige Erörterung zur Rede Wilhelms II. Berücksichtigen Sie dabei auch die Hinweise auf S. 11 f.

2. Der Moloch Stadt – Expressionistische Lyrik im Kontext der Zeit selbstständig erschließen und präsentieren

1 Gottfried Benn (1886–1956): Nachtcafé

824: Der Frauen Liebe und Leben.
Das Cello trinkt rasch mal. Die Flöte
rülpst tief drei Takte lang: das schöne Abendbrot.
Die Trommel liest den Kriminalroman zu Ende.

5 Grüne Zähne, Pickel im Gesicht
winkt einer Lidrandentzündung.

Fett im Haar
spricht zu offenem Mund mit Rachenmandel
Glaube Liebe Hoffnung um den Hals.

10 Junger Kropf ist Sattelnase gut.
Er bezahlt für sie drei Biere.

Bartflechte kauft Nelken,
Doppelkinn zu erweichen.

B-moll: die 35. Sonate
15 Zwei Augen brüllen auf:
Spritzt nicht das Blut von Chopin in den Saal,
damit das Pack drauf rumlatscht!
Schluß! He, Gigi! –

Die Tür fließt hin: Ein Weib.
20 Wüste. Ausgedörrt. Kanaanitisch braun.
Keusch. Höhlenreich. Ein Duft kommt mit.
                      Kaum Duft.
Es ist nur eine süße Verwölbung der Luft
gegen mein Gehirn.

25 Eine Fettleibigkeit trippelt hinterher. (e 1912)

(Aus lizenzrechtlichen Gründen ist dieser Text nicht in reformierter Rechtschreibung abgedruckt.)

2 Umberto Boccioni (1882–1916): Der Lärm der Straße dringt ins Haus

(e 1911)

4 Georg Heym (1887–1912): Der Gott der Stadt

Auf einem Häuserblocke sitzt er breit.
Die Winde lagern schwarz um seine Stirn.
Er schaut voll Wut, wo fern in Einsamkeit
Die letzten Häuser in das Land verirrn.

5 Vom Abend glänzt der rote Bauch dem Baal[1],
Die großen Städte knien um ihn her.
Der Kirchenglocken ungeheure Zahl
Wogt auf zu ihm aus schwarzer Türme Meer.

Wie Korybanten-Tanz[2] dröhnt die Musik
10 Der Millionen durch die Straßen laut.
Der Schlote Rauch, die Wolken der Fabrik
Ziehn auf zu ihm, wie Duft von Weihrauch blaut.

Das Wetter schwelt in seinen Augenbrauen.
Der dunkle Abend wird in Nacht betäubt.
15 Die Stürme flattern, die wie Geier schauen
Von seinem Haupthaar, das im Zorne sträubt.

Er streckt ins Dunkel seine Fleischerfaust.
Er schüttelt sie. Ein Meer von Feuer jagt
Durch eine Straße. Und der Glutqualm braust
20 Und frisst sie auf, bis spät der Morgen tagt.

(e 1910)

3 Paul Boldt (1885–1921): Auf der Terrasse des Café Josty

Der Potsdamer Platz in ewigem Gebrüll
Vergletschert alle haltenden Lawinen
Der Straßentrakte: Trams auf Eisenschienen,
Automobile und Menschenmüll.

5 Die Menschen rinnen über den Asphalt,
Ameisenemsig, wie Eidechsen flink.
Stirne und Hände, von Gedanken blink,
Schwimmen wie Sonnenlicht durch dunklen Wald.

Nachtregen hüllt den Platz in eine Höhle,
10 Wo Fledermäuse, weiß, mit Flügeln schlagen
Und lila Quallen liegen – bunte Öle;

Die mehren sich, zerschnitten von den Wagen. –
Aufspritzt Berlin, des Tages glitzernd Nest,
Vom Rausch der Nacht wie Eiter einer Pest. (e 1912)

5 Georg Heym: Die Stadt

Sehr weit ist diese Nacht. Und Wolkenschein
Zerreißet vor des Mondes Untergang.
Und tausend Fenster stehn die Nacht entlang
Und blinzeln mit den Lidern, rot und klein.

5 Wie Aderwerk gehn Straßen durch die Stadt,
Unzählig Menschen schwemmen aus und ein.
Und ewig stumpfer Ton von stumpfem Sein
Eintönig kommt heraus in Stille matt.

Gebären, Tod, gewirktes Einerlei,
10 Lallen der Wehen, langer Sterbeschrei,
Im blinden Wechsel geht es dumpf vorbei.

Und Schein und Feuer, Fackeln rot und Brand,
Die drohn im Weiten mit gezückter Hand
Und scheinen hoch von dunkler Wolkenwand.

(e 1911)

---

[1] Bezeichnung vieler syrisch-palästinensischer Götter. Hier Bezeichnung eines seminitischen Sturm- und Fruchtbarkeitsgottes. Durch Menschenopfer versuchte man, Baal gnädig zu stimmen.
[2] In der griechischen Mythologie Vegetationsdämone und orgiastische Ritualtänzer aus dem Gefolge der Kybele (Spenderin von Leben und Fruchtbarkeit, daher auch als Große Mutter der Natur, der Götter, Menschen und Tiere verehrt). In dem einen (Baal) wie dem anderen Fall (Korybanten) stehen die Huldigung und der Götzendienst im Zentrum.

6 Heinrich Kley (1863–1945)

Federzeichnung im *Simplicissimus* 1909, möglicherweise Inspiration zu Heyms Gedicht

7 Robert Delaunay (1885–1941): Der Eiffelturm

(e 1910)

8 Georg Trakl (1887–1914): Vorstadt im Föhn

Am Abend liegt die Stätte öd und braun,
Die Luft von gräulichem Gestank durchzogen.
Das Donnern eines Zugs vom Brückenbogen –
Und Spatzen flattern über Busch und Zaun.

5 Geduckte Hütten, Pfade wirr verstreut,
In Gärten Durcheinander und Bewegung,
Bisweilen schwillt Geheul aus dumpfer Regung,
In einer Kinderschar fliegt rot ein Kleid.

Am Kehricht pfeift verliebt ein Rattenchor.
10 In Körben tragen Frauen Eingeweide,
Ein ekelhafter Zug voll Schmutz und Räude,
Kommen sie aus der Dämmerung hervor.

Und ein Kanal speit plötzlich feistes Blut
Vom Schlachthaus in den stillen Fluss hinunter.
15 Die Föhne färben karge Stauden bunter
Und langsam kriecht die Röte durch die Flut.

Ein Flüstern, das in trübem Schlaf ertrinkt.
Gebilde gaukeln auf aus Wassergräben,
Vielleicht Erinnerung an ein früheres Leben,
20 Die mit den warmen Winden steigt und sinkt.

Aus Wolken tauchen schimmernde Alleen,
Erfüllt von schönen Wägen, kühnen Reitern.
Dann sieht man auch ein Schiff auf Klippen scheitern
Und manchmal rosenfarbene Moscheen. (e 1911/12)

9 Georg Trakl: An die Verstummten

O, der Wahnsinn der großen Stadt, da am Abend
An schwarzer Mauer verkrüppelte Bäume starren,
Aus silberner Maske der Geist des Bösen schaut;
Licht mit magnetischer Geißel die steinerne Nacht verdrängt.
5 O, das versunkene Läuten der Abendglocken.

Hure, die in eisigen Schauern ein totes Kindlein gebärt.
Rasend peitscht Gottes Zorn die Stirne der Besessenen,
Purpurne Seuche, Hunger, der grüne Augen zerbricht.
O, das grässliche Lachen des Golds.

10 Aber stille blutet in dunkler Höhle stummere Menschheit,
Fügt aus harten Metallen das erlösende Haupt. (e 1913/14)

10 Ludwig Meidner (1884–1966): Potsdamer Platz, Berlin

(e 1913)

11 Jakob Steinhardt (1887–1968): Die Stadt

(e 1913)

12 George Grosz (1893–1959): Friedrichstraße

(e 1918)

13 Alfred Wolfenstein (1888–1945): Städter

Dicht wie Löcher eines Siebes stehn
Fenster beieinander, drängend fassen
Häuser sich so dicht an, dass die Straßen
Grau geschwollen wie Gewürgte sehn.

5 Ineinander dicht hineingehakt
Sitzen in den Trams die zwei Fassaden
Leute, ihre nahen Blicke baden
Ineinander, ohne Scheu befragt.

Unsre Wände sind so dünn wie Haut,
10 Dass ein jeder teilnimmt, wenn ich weine.
Unser Flüstern, Denken ... wird Gegröle ...

– Und wie still in dick verschlossner Höhle
Ganz unangerührt und ungeschaut
Steht ein jeder fern und fühlt: alleine. (e 1914)

14 Kurt Pinthus (1876–1975): Menschheitsdämmerung
(Auszug aus der Vorrede)

Doch schon fühlten die gereizten und überempfindlichen Nerven und Seelen dieser Dichter deutlich auf der einen Seite das dumpfe Heranrücken der liebe- und freudeberaubten proletarischen Massen, von der andern Seite den heranrollenden Zusammenbruch einer Menschheit, die ebenso hochmütig wie gleichgültig war. Aus der strotzenden Blüte der Zivilisation stank
5 ihnen der Hauch des Verfalls entgegen, und ihre ahnenden Augen sahen bereits als Ruinen eine wesenlos aufgedunsene Kultur und eine ganz auf dem Mechanischen und Konventionellen aufgetürmte Menschheitsordnung. Ein ungeheurer Schmerz schwoll empor – und am frühesten und klarsten in denen, die in dieser Zeit, an dieser Zeit starben: HEYM hämmerte (nach RIMBAUDS und BAUDELAIRES strengem Vorbild) Visionen des Todes, des Grauens, der
10 Verwesung in zermalmenden Strophen; TRAKL glitt, nichtachtend der realen Welt hölderlinisch in ein unendlich blaues Strömen tödlichen Hinschwindens, das ein Herbstbraun vergeblich zu rahmen trachtete; STADLER sprach und rang mit Gott und der Welt, sehnsuchtgemartet, inbrünstig wie Jakob mit dem Engel; LICHTENSTEIN quirlte in leidvoller Heiterkeit die Gestalten und Stimmungen der Stadt zu bitterlustigen Tränken schon in der beseligenden Gewissheit,
15 „groß über alles wandelt mein Menschenangesicht"; und LOTZ unter Wolken, aus Drangsal bürgerlichen Daseins, rief nach Glanz und Aufbruch. Immer fanatischer und leidenschaftlicher donnerte zerfleischende Klage und Anklage. Die Verzweiflungen EHRENSTEINS und BECHERS rissen die düstere Welt mitten entzwei; BENN höhnte die faulende Abgebrauchtheit des Kadavermenschen und pries die ungebrochenen Ur-Instinkte; STRAMM löste seine Leiden-
20 schaft vom Trugbild der Erscheinungen und Assoziationen los und ballte reines Gefühl zu donnernden Ein-Worten, gewitternden Ein-Schlägen. Der wirkliche Kampf gegen die Wirklichkeit hatte begonnen mit jenen furchtbaren Ausbrüchen, die zugleich die Welt vernichten und eine neue Welt aus dem Menschen heraus schaffen sollten.
Man versuchte, das Menschliche im Menschen zu erkennen, zu retten und zu erwecken. Die
25 einfachsten Gefühle des Herzens, die Freuden, die das Gute dem Menschen schafft, wurden gepriesen. Und man ließ das Gefühl sich verströmen in alle irdische Kreatur über die Erdoberfläche hin; der Geist entrang sich der Verschüttung und durchschwebte alles Geschehen des Kosmos – oder tauchte tief in die Erscheinungen hinab, um in ihnen ihr göttliches Wesen zu finden. (So verknüpft sich die Jugend HASENCLEVERS, STADLERS, WERFELS, SCHICKELES, KLEMMS,
30 GOLLS, HEYNICKES mit der Kunst der Älteren WHITMAN, RILKE, MOMBERT, HILLE.) Immer deutlicher wusste man: der Mensch kann nur gerettet werden durch den Menschen, nicht durch die Umwelt. Nicht Einrichtungen, Erfindungen, abgeleitete Gesetze sind das Wesentliche und Bestimmende, sondern der Mensch! Und da die Rettung nicht von außen kommen kann – von dort ahnte man längst vor dem Weltkrieg Krieg und Vernichtung –, sondern nur aus den inne-
35 ren Kräften des Menschen, so geschah die große Hinwendung zum Ethischen. (v 1919)

15 Gottfried Benn (1886–1956): Schöne Jugend

Der Mund eines Mädchens, das lange im Schilf gelegen hatte,
sah so angeknabbert aus.
Als man die Brust aufbrach, war die Speiseröhre so löcherig.
Schließlich in einer Laube unter dem Zwerchfell
5 fand man ein Nest von jungen Ratten.
Ein kleines Schwesterchen lag tot.
Die anderen lebten von Leber und Niere,
tranken das kalte Blut und hatten
hier eine schöne Jugend verlebt.
10 Und schön und schnell kam auch ihr Tod:
Man warf sie allesamt ins Wasser.
Ach, wie die kleinen Schnauzen quietschten! (e 1910)

Erschließen Sie die in diesem Teilkapitel enthaltenen Gedichte und Werke der Bildenden Kunst (S. 311–314) im ➤ Gruppenpuzzle:

1. Bilden Sie Stammgruppen bestehend aus sieben Personen und teilen Sie die sieben Gedichte untereinander auf.

2. Bilden Sie dann zu jedem Gedicht eine Expertengruppe und bearbeiten Sie Ihr jeweiliges Gedicht. Treffen Sie dazu eine Auswahl aus folgenden Vorschlägen:
a) Nähern Sie sich Ihrem Gedicht zunächst über ein ➤ Schreibgespräch an.
b) Notieren Sie drei bis vier auffällige Stilmittel und ihre Funktion im Gedicht.
c) Bereiten Sie eine ➤ szenische Lesung vor.
d) Stellen Sie sich vor, Sie sollten für eine bebilderte Anthologie expressionistischer Großstadtlyrik zu Ihrem Gedicht eine Illustration beitragen:
– Wählen Sie entweder eines der abgebildeten Gemälde zeitgenössischer Künstler aus und verfassen Sie eine kurze Begründung für Ihre Entscheidung.
– Oder: Lassen Sie sich durch eine der abgebildeten Zeichnungen zu einer eigenen anregen.
– Oder: Erstellen Sie eine eigene Text-Bild-Collage.
e) Besorgen Sie sich das Musikstück „Risveglio di una città" („Erwachen einer Stadt") von Luigi Russolo und besprechen Sie Ihre Eindrücke. Gestalten Sie zu Ihrem Gedicht eine eigene „Sinfonie der Stadt" mit selbst erfundenen Instrumenten.
f) Lassen Sie sich von Ihrem Gedicht zu einem eigenen Großstadtgedicht anregen. Versuchen Sie dabei, den Aufbau und zentrale Gestaltungsmittel zu imitieren.

3. Kehren Sie zurück in Ihre Stammgruppe und stellen Sie sich dort gegenseitig die Ergebnisse zu den verschiedenen Gedichten vor.

4. Überlegen Sie im Plenum, in welcher Form Ihre Ergebnisse einer größeren Öffentlichkeit präsentiert werden können, und arbeiten Sie diese Präsentation aus.

5. a) Erstellen Sie eine Liste der Verben, Adjektive und Substantive, mit denen Pinthus die Expressionisten und ihre Dichtung charakterisiert.
b) Vergleichen Sie Pinthus' Charakterisierung mit Ihren Eindrücken von expressionistischer Großstadtlyrik.

6. a) Pinthus' Sprache ist von besonderem Pathos geprägt. Belegen Sie dies an Textbeispielen Ihrer Wahl.
b) Erklären Sie Pinthus' pathetischen Stil.

1. a) Erklären Sie die Schockwirkung von Benns Gedicht „Schöne Jugend".
b) Erstellen Sie zwei Wortschatzlisten mit Wörtern des Gedichts aus dem Bereich der Medizin und denen, die Sie in einem lyrischen Werk erwarten.
c) Stellen Sie Vermutungen über Benns Absichten bei der Wortwahl an.

2. a) Untersuchen Sie die Darstellung der Toten in „Kleine Aster" und „Morgue II".
b) Deuten Sie Vers 39 von „Morgue II" in Bezug auf die Toten in beiden Gedichten.

16 Gottfried Benn: Kleine Aster

Ein ersoffener Bierfahrer wurde auf den Tisch gestemmt.
Irgendeiner hatte ihm eine dunkelhellila Aster
zwischen die Zähne geklemmt.
Als ich von der Brust aus
5 unter der Haut
mit einem langen Messer
Zunge und Gaumen herausschnitt,
muß ich sie angestoßen haben, denn sie glitt
in das nebenliegende Gehirn.
10 Ich packte sie ihm in die Brusthöhle
zwischen die Holzwolle,
als man zunähte.
Trinke dich satt in deiner Vase!
Ruhe sanft,
15 kleine Aster!   (e 1912)

Gottfried Benn (1886–1956) gilt als einer der wichtigsten und stilbildenden Dichter des 20. Jahrhunderts. Stets übte er neben seiner dichterischen Tätigkeit auch seinen Beruf als Arzt aus. Vorübergehend den Ideen des Nationalsozialismus zugewandt, durfte er in Deutschland erst ab 1948 wieder veröffentlichen. Anerkennung für sein lyrisches Gesamtwerk wurde ihm 1951 mit der Verleihung des Büchner-Preises, des wichtigsten deutschen Literaturpreises, zuteil. Wegen seiner oft zynischen und von der Sicht des Arztes geprägten Darstellung des Menschen wurde Benn von der Literaturkritik auch „Medyziniker" genannt.

17 Gottfried Benn: Morgue[1] II

Plötzlich schreit eine Leiche in mittlerem
   Ernährungszustand:
Kinder, laßt euch das nicht gefallen!
Mit uns wird Schindluder getrieben.
5 Wer hat mir zum Beispiel das Gehirn
in die Brusthöhle geworfen?
Soll ich damit atmen?
Soll da vielleicht der kleine Kreislauf durchgehn?
Alles was recht ist!
10 Das geht zu weit! –

II
Na, und ich?
Wie bin ich hergekommen?
Wie aus dem Ei gepellt!
15 Und jetzt??
Waschen Sie mir gefälligst den Kot aus der
   Achselhöhle, Sie!!
Und das rechte Herzohr brauchte auch
nicht grade aus meinem After rauszusehn!
20 Das sieht ja wie Hämorrhoiden aus.

Eine Leiche singt:
Bald gehn durch mich die Felder und Gewürme.
Des Landes Lippe nagt: die Wand reißt ein.
Das Fleisch verfließt. Und in die dunklen Türme.
25 Der Glieder jauchzt die ewige Erde ein.

Erlöst aus meinem tränenüberströmten Gitter.
Erlöst aus Hunger und aus Schwert.
Und wie die Möwen winters auf die süßen
   Gewässer flüchten:
30 also: heimgekehrt.

---

[1] Morgue (< frz. morgue = Leichenschauhaus): Name für eine Leichenhalle; im Berlin der Jahrhundertwende auch für die Pathologien der Krankenhäuser verwendet. Benn arbeitete 1912 als Assistenzarzt in der Pathologie der Westendklinik am Spandauer Damm. Er führte dort bis 1914 ca. 2000 Obduktionen durch. Zahlreiche seiner Gedichte und die Titelwahl seines ersten Gedichtbandes *Morgue* beruhen auf den dort gemachten Erfahrungen.

IV
Merkwürdig – murmelt ein noch nicht wieder zugenähter Mann –
Wenn man so mit der Hand an sich runterfährt:
35 Wo hört die Brust auf?
Wo fängt der Bauch an?
Wo saß die Kotfistel, fragt man sich?
Völlig verändertes System.
Der Nabel über Bord geworfen.
40 Vereinfachter Mechanismus.
Rückkehr zur Natur scheint die Devise. –

V
Ein Selbstmörder:
Kläfft nicht, ihr Laffen! Pack. Pöbel.
45 Männer, behaart und brünstig, Frauentiere, feige und heimtückisch,
Aus eurem Kot-leben fortgeschlagen,
Umgreint von Menschenvieh.
Ich bin aufgestiegen wie ein junger Adler.
50 So stand ich: nackt, vom kalten Sternenlicht
Umbrandet Stirn und Blut. –   (v 1912)

(Aus lizenzrechtlichen Gründen sind die Texte von Gottfried Benn nicht in reformierter Rechtschreibung abgedruckt.)

18 Robert Wiene (1873–1938): Das Cabinet des Dr. Caligari
(Filmbilder)

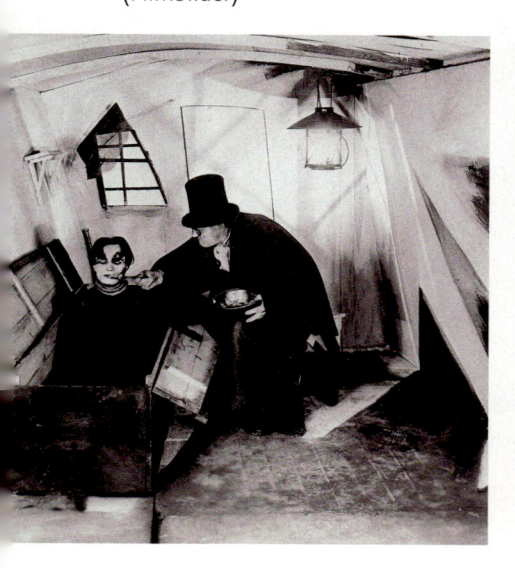

R „Das Cabinet des Dr. Caligari" – Einen Meilenstein der Filmgeschichte vorstellen

Informieren Sie sich über den Film und bereiten Sie ein Referat für Ihre Mitschüler vor, in dem Sie auf folgende Aspekte eingehen:
- Inhaltsangabe der Filmhandlung
- Stand der filmtechnischen Mittel und der Filmproduktion um 1920 (z. B. Schnitt- und Tontechnik, Drehorte, …)
- Beschreibung der Stimmung, die der Film erzeugt, und Analyse der filmischen Mittel (ggf. anhand von Filmbildern)
- Darstellung der typisch expressionistischen Gestaltungsmittel im Vergleich zu aktuellen Filmen
- Vergleich zwischen dem Film und Gedichten sowie Werken der bildenden Kunst des Expressionismus: inhaltliche und formale Parallelen?

Der Expressionismus

Expressionismus (< lat. expressio = Ausdruck) bezeichnet eine kulturrevolutionäre Bewegung zwischen 1910 und 1920, die alle Künste umfasste und dazu tendierte, „die Grenzen der Kunstarten zu verwischen" (Schwitters). Die expressionistischen Künstler standen außerhalb der bürgerlichen Gesellschaft und rebellierten gegen die ihrer Meinung nach überholte Welt der Väter und somit gegen die patriarchalische Ordnung. Auf der Suche nach dem „neuen Menschen" brachen sie mit den erstarrten, leblosen Konventionen ihrer Zeit. Publikationen mit Titeln wie „Menschheitsdämmerung", „Weltende" oder „Apokalypse" entsprachen der Vorstellung vieler Expressionisten, dass das Alte erst zugrunde gehen müsse, damit etwas Neues entstehen könne. Apokalyptische Ängste waren verknüpft mit der Hoffnung auf einen Neubeginn. Daher teilten zahlreiche expressionistische Künstler die kollektive Kriegsbegeisterung des deutschen Volkes im August 1914. Diese Euphorie schlug jedoch angesichts der grausamen Realität des Ersten Weltkriegs schon bald um.

Das Aufbegehren dieser **literarischen Jugendbewegung** gegen die Autorität der Väter ging einher mit einer Auflehnung gegen die Autorität literarischer Traditionen. Auffälliges Stilmittel expressionistischer Lyrik war das **Pathos**, das sich z. B. in der Wortwahl (ausdrucksstarke Verben und Substantive, Farbwahl) spiegelte. Auch in der **Syntax** gingen die Expressionisten eigene Wege, um das Wesentliche herauszustellen; Sätze wurden so lange „gesiebt", bis nur noch die wichtigsten Wörter übrig blieben (unvollständige Sätze, Ausrufe). Einige Dichter, Gottfried Benn zum Beispiel, wandten sich deutlich von traditionellen Formen der Lyrik ab (Verzicht auf Reime, feste Metren etc.), während andere, wie Georg Heym, an der strengen Form des **Sonetts** festhielten, diese jedoch mit außergewöhnlichen Inhalten füllten und in expressionistischem Stil schrieben.

318 „Ich ersticke noch [...] in dieser banalen Zeit" (Heym):

Georg Trakl wurde 1887 in Salzburg als viertes von sechs Kindern eines wohlhabenden Eisenhändlers geboren. Sein Verhältnis zu seiner Umwelt, besonders seiner Familie, war schon früh äußerst problematisch: erfolglos in der Schule, abgebrochene Apothekerlaufbahn, eine inzestuöse, ihn stets mit Schuld belastende Beziehung zur jüngeren Schwester Margarethe. Früh flüchtet er in eine Alkohol- und Drogenabhängigkeit, seine Beziehungsprobleme kompensiert er mit Bordellbesuchen. Einzig in Ludwig von Ficker, dem Herausgeber der Literaturzeitung „Brenner", findet er einen Fürsprecher, Freund und Mäzen. Vollends zerrütten ihn die miterlebten Kriegsgräuel 1914. Er stirbt unter ungeklärten Umständen im Garnisonsspital von Krakau an einer Überdosis Kokain.

Georg Heym wurde am 10.10.1887 in Hirschberg/Schlesien geboren. Früh schon lehnte er sich gegen Traditionen und Autoritäten auf. Diese Auflehnung steigerte sich bis zum Hass, insbesondere gegen die Autorität seines Vater, eines strengen Staatsanwalts. Nur widerwillig absolvierte er Jurastudium und Referendariat. Er fühlte sich zum Dichter berufen und hatte eindeutige Vorbilder: „Ich liebe alle, die in sich ein zerrissenes Herz haben. Ich liebe Kleist, Grabbe, Hölderlin, Büchner, ich liebe Rimbaud und Marlowe. Ich liebe alle, die nicht von der großen Menge angebetet werden." Goethe, Rilke und George dagegen bezeichnete er als „Compromißler". Seine Zeit empfand er als „langweilig, langweilig, langweilig. Es geschieht nichts, nichts, nichts. [...] Würden einmal wieder Barrikaden gebaut, ich wäre der Erste, der sich darauf stellte, ich wollte noch mit der Kugel im Herzen den Rausch der Begeisterung spüren. Oder sei es auch nur, dass man einen Krieg begänne, er kann ungerecht sein, dieser Frieden ist so faul, ölig und schmierig wie eine Leimpolitur auf alten Möbeln." Am 16.1.1912 kam Heym bei dem Versuch, seinen beim Schlittschuhlaufen auf der Havel eingebrochenen Freund Ernst Balcke zu retten, ums Leben.

Edvard Munch (1863–1944): Der Schrei, 1895

Georg Heym: Tagebücher, 15.9.1911 (Auszug)

Mein Gott – ich ersticke noch mit meinem brachliegenden Enthusiasmus in dieser banalen Zeit. Denn ich bedarf gewaltiger äußerer Emotionen, um glücklich zu sein. Ich sehe mich in meinen wachen Fantasien, immer als einen Danton, oder einen Mann auf der Barrikade, ohne meine Jacobinermütze kann ich mich eigentlich gar nicht denken. Ich hoffte jetzt wenigstens auf einen Krieg. Auch das ist nichts.
Mein Gott, wäre ich in der Französischen Revolution geboren, ich hätte wenigstens gewusst, wo ich mit Anstand hätte mein Leben lassen können. [...] alle diese Leute können sich in diese Zeit eingewöhnen, sie alle, [...] Leute des Innern, können sich schließlich in jeder Zeit zurechtfinden, ich aber, der Mann der Dinge, ich, ein zerrissenes Meer, ich immer in Sturm, ich der Spiegel des Außen, ebenso wild und chaotisch wie die Welt, ich leider so geschaffen, dass ich ein ungeheures, begeistertes Publikum brauche, um glückselig zu sein, krank genug, um mir nie selbst genug zu sein, ich wäre mit einem Male gesund, ein Gott, erlöst, wenn ich irgendwo eine Sturmglocke hörte, wenn ich die Menschen herumrennen sähe mit angstzerfetzten Gesichtern, wenn das Volk aufgestanden wäre, und eine Straße hell wäre von Pieken, Säbeln, begeisterten Gesichtern, [...]. (e 1911)

Einen Zusammenhang zwischen Lebensumständen von Autoren und ihren Werken herstellen

- Von welchem der drei folgenden Gedichte fühlen Sie sich besonders angesprochen? Begründen Sie Ihre Entscheidung.
- Arbeiten Sie die Unterschiede zwischen den beiden Gedichten mit demselben Titel „Weltende" heraus.
- Erklären Sie die starke Beschäftigung mit den Themen Weltschmerz und Weltende aus dem historischen Kontext.

Else Lasker-Schüler (1869–1945): Weltschmerz

Ich, der brennende Wüstenwind,
Erkaltete und nahm Gestalt an.

Wo ist die Sonne, die mich auflösen kann,
Oder der Blitz, der mich zerschmettern kann!

5 Blick' nun: ein steinernes Sphinxhaupt,
Zürnend zu allen Himmeln auf.

Hab' an meine Glutkraft geglaubt. (e 1902)

Jakob von Hoddis (1887–1942): Weltende

Dem Bürger fliegt vom spitzen Kopf der Hut,
In allen Lüften hallt es wie Geschrei.
Dachdecker stürzen ab und gehn entzwei
Und an den Küsten – liest man – steigt die Flut.

5 Der Sturm ist da, die wilden Meere hupfen
An Land, um dicke Dämme zu zerdrücken.
Die meisten Menschen haben einen Schnupfen.
Die Eisenbahnen fallen von den Brücken. (e 1911)

Else Lasker-Schüler: Weltende

Es ist ein Weinen in der Welt,
Als ob der liebe Gott gestorben wär,
Und der bleierne Schatten, der niederfällt,
Lastet grabesschwer.

5 Komm, wir wollen uns näher verbergen ...
Das Leben liegt in aller Herzen
Wie in Särgen.

Du! wir wollen uns tief küssen –
Es pocht eine Sehnsucht an die Welt,
10 An der wir sterben müssen. (e 1905)

Else Lasker-Schüler wurde 1869 in Wuppertal-Elberfeld geboren. Die Enkelin eines Oberrabbiners und Tochter eines Bankiers entschied sich gegen eine bürgerliche Existenz und durchlebte ein Hungerdasein als freischaffende Schriftstellerin. Zwei Ehen scheiterten, auch die Beziehung zu Gottfried Benn, dem sie ihre schönsten Liebesgedichte widmete. Von den Nazis verfemt, ging sie 1933 in die Schweiz und emigrierte schließlich 1937 über Ägypten nach Palästina. 1945 starb sie verarmt, verwirrt und vereinsamt in Jerusalem. Ihr Grab befindet sich am Fuße des Ölbergs.

Else Lasker-Schüler, Selbstbildnis

- Wählen Sie aus den drei Autoren eine Person aus, die Sie gerne einmal bei einem Gespräch näher kennengelernt hätten. Begründen Sie Ihre Auswahl.
- Stellen Sie einen Zusammenhang zwischen dem Leben der Person und Munchs Bild „Der Schrei" her.
- Recherchieren Sie weitere biografische Details zu der ausgewählten Person im Internet oder in Monografien.
- Verfassen Sie in Partnerarbeit einen fiktiven Dialog mit der ausgewählten Person über ihre Gedichte, ihr Leben und mögliche Zusammenhänge zwischen Leben und Gedichten. Ziehen Sie hierfür Gedichte aus diesem Kapitel oder weitere Gedichte heran. Befragen Sie die Person auch zu Munchs „Schrei".

R Präsentieren Sie Leben und Werk einer der hier vorgestellten Personen oder eines anderen Autors aus diesem Kapitel. Stellen Sie ins Zentrum Ihrer Präsentation ein fiktives Interview, eine szenische Darstellung oder eine Lesung Ihres Autors.

3. Janusköpfige Technik – Reaktionen von Schriftstellern auf den technischen Fortschritt kennenlernen

1 Claude Monet (1840–1926): Der Bahnhof Saint-Lazare

(e 1877)

1. a) Beschreiben Sie Monets Darstellung des Bahnhofs Saint-Lazare.
b) Besprechen Sie, ob Monet mit dem Bild seiner Bewunderung der modernen Technik Ausdruck verleiht oder ob er Kritik daran übt.

2 Ernst Stadler (1883–1914): Bahnhöfe

Wenn in den Gewölben abendlich
   die blauen Kugelschalen
Aufdämmern, glänzt ihr Licht in die Nacht hinüber
   gleich dem Feuer von Signalen.
5 Wie Lichtoasen ruhen in der stählernen Hut
   die geschwungenen Hallen
Und warten. Und dann sind sie
   mit einem Mal von Abenteuer überfallen,
Und alle erzne Kraft
10   ist in ihren riesigen Leib verstaut,
Und der wilde Atem der Maschine, die wie ein Tier
   auf der Flucht stille steht und um sich schaut,
Und es ist,
   als ob sich das Schicksal vieler hundert Menschen
15   in ihr erzitterndes Bett ergossen hätte,
Und die Luft ist kriegerisch erfüllt
   von den Balladen südlicher Meere
   und grüner Küsten und der großen Städte.
Und dann zieht das Wunder weiter.
20   Und schon ist wieder Stille und Licht
   wie ein Sternhimmel aufgegangen,
Aber noch lange halten die aufgeschreckten Wände,
   wie Muscheln Meergetön, die verklingende Musik
   eines wilden Abenteuers gefangen. (v 1914)

Ernst Stadler (1883–1914) stammte aus Colmar/Elsass. Er tat sich nicht nur als Literat hervor, Stadler war auch ein angesehener Germanist. Nach dem Studium in Straßburg und Oxford promovierte er über Wolfram von Eschenbachs Parzival und habilitierte sich mit einer Arbeit über Christoph Martin Wielands Shakespeare-Übersetzungen. 1910 wurde er Dozent und 1912 Professor an der Université Libre in Brüssel. Die Übernahme einer Gastprofessur in Toronto (Kanada) wurde durch den Ausbruch des Ersten Weltkrieges verhindert. Stadler fand als Artillerieoffizier gleich zu Beginn des Krieges den Tod bei Zandvoorde nahe Ypern in Belgien. Er ist in Straßburg begraben.

3 Ernst Stadler: Fahrt über die Kölner Rheinbrücke bei Nacht

Der Schnellzug tastet sich
   und stößt die Dunkelheit entlang.
Kein Stern will vor. Die ganze Welt ist nur ein enger,
   nachtumschienter Minengang,
5 Darein zuweilen Förderstellen
   blauen Lichtes jähe Horizonte reißen: Feuerkreis
Von Kugellampen, Dächern, Schloten,
   dampfend, strömend ... nur sekundenweis ...
Und wieder alles schwarz.
10   Als führen wir ins Eingeweid der Nacht zur Schicht.
Nun taumeln Lichter her ... verirrt, trostlos vereinsamt ...
   mehr ... und sammeln sich ... und werden dicht.
Gerippe grauer Häuserfronten liegen bloß,
   im Zwielicht bleichend, tot –
15 etwas muss kommen ... o, ich fühl es schwer
Im Hirn. Eine Beklemmung singt im Blut.
   Dann dröhnt der Boden plötzlich wie ein Meer:
Wir fliegen, aufgehoben,
   königlich durch nachtentrissne Luft, hoch übern Strom.
20 O Biegung der Millionen Lichter, stumme Wacht,
Vor deren blitzender Parade
   schwer die Wasser abwärts rollen.
   Endloses Spalier, zum Gruß gestellt bei Nacht!
Wie Fackeln stürmend! Freudiges!
25 Salut von Schiffen über blauer See! Bestirntes Fest!
Wimmelnd, mit hellen Augen hingedrängt!
   Bis wo die Stadt
   mit letzten Häusern ihren Gast entlässt.
Und dann die langen Einsamkeiten. Nackte Ufer.
30 Stille. Nacht. Besinnung. Einkehr. Kommunion.
   Und Glut und Drang
Zum Letzten, Segnenden. Zum Zeugungsfest.
   Zur Wollust. Zum Gebet. Zum Meer.
   Zum Untergang. (v 1914)

2. a) Erarbeiten Sie an dem Gedicht „Bahnhöfe" die Atmosphäre, die Stadler diesen Orten zuschreibt.
b) Deuten Sie die Darstellung der Lokomotive im Gedicht.

3. a) Untersuchen Sie am zweiten Gedicht Stadlers, ob es sich um eine Einfahrt in oder eine Ausfahrt aus dem Kölner Hauptbahnhof handelt.
b) Beschreiben Sie die Emotionen, die die Zugfahrt beim lyrischen Ich auslöst.
c) Arbeiten Sie zentrale sprachlich-stilistische Gestaltungsmittel des Gedichts heraus. Notieren Sie Ihre Beobachtungen in einer Tabelle:

Vers	stilist. Mittel →	Wirkung
1	„Der Schnellzug tastet sich ..." (Personifikation)	Verlebendigung der Technik stellt Nähe zum Leser her
...	... →	...

DVD Texte: Zusatzmaterial zum Thema „Technik in Gedichten der Jahrhundertwende" finden Sie auf der DVD (Gottfried Benn: D-Zug, 1912)

4 Thomas Mann (1875–1955): Das Eisenbahnunglück (Auszug)

In seiner Erzählung „Das Eisenbahnunglück" beschreibt Thomas Mann eine Zugfahrt von München nach Dresden, wohin er zu einer Lesung eingeladen war. Das eigentliche Unglück (vgl. Textauszug) ist eingebettet in die ausgiebige Beschreibung des Beginns der Reise auf dem Bahnsteig, die sich durch eine präzise und ironisierende Darstellung der Mitreisenden auszeichnet. In den Mitreisenden porträtiert Thomas Mann typische Charaktere der Wilhelminischen Zeit, in deren größeren Kontext er hierdurch das Unglück stellt.

Ich erwäge, was etwa dagegen sprechen könnte, noch eine Zigarre zu rauchen, und finde, dass es so gut wie nichts ist. Ich rauche also noch eine im Rollen und Lesen und fühle mich wohl und gedankenreich. Die Zeit vergeht, es wird zehn Uhr, halb elf Uhr oder mehr, die Insassen des Schlafwagens sind alle zur Ruhe gegangen, und schließlich komme ich mit mir überein,
5 ein Gleiches zu tun.
Ich erhebe mich also und gehe in mein Schlafkabinett. Ein richtiges, luxuriöses Schlafzimmerchen, mit gepresster Ledertapete, mit Kleiderhaken und vernickeltem Waschbecken. Das untere Bett ist schneeig bereitet, die Decke einladend zurückgeschlagen. O große Neuzeit!, denke ich. Man legt sich in dieses Bett wie zu Hause, es bebt ein wenig die Nacht hindurch, und das
10 hat zur Folge, dass man am Morgen in Dresden ist. Ich nahm meine Handtasche aus dem Netz, um etwas Toilette zu machen. Mit ausgestreckten Armen hielt ich sie über meinem Kopfe.

Thomas Mann (1875–1955) wurde als Sohn des Senators Heinrich Mann in Lübeck geboren. Das Gymnasium verließ er in der Obersekunda, um der Mutter und den Geschwistern nach München zu folgen.
In seinem ersten großen Roman *Die Buddenbrooks* (1901) setzt er sich mit der Welt der wohlhabenden hanseatischen Kaufleute und Senatorenfamilien seiner Heimatstadt äußerst kritisch auseinander. Er beschreibt den von ihren Angehörigen selbst verschuldeten Untergang dieser Welt. Aus der Ehe mit Katia Pringsheim, die er 1905 heiratete, gingen

sechs Kinder hervor, darunter die Schriftsteller Erika Mann, Klaus Mann und Golo Mann. 1924 erschien der Zeit- und Bildungsroman Der Zauberberg. *1929 erhielt Th. Mann den Nobelpreis für Literatur für* Die Buddenbrooks. *1933 begab er sich mit seiner Frau auf eine Reise in die Schweiz, von der er nach der Machtübernahme der Nationalsozialisten nicht mehr nach Deutschland zurückkehrte. 1938 erfolgte endgültig die Emigration in die USA, wo sich die Manns in Pacific Palisades niederließen und Umgang mit zahlreichen deutschen Emigranten pflegten. Zwischen 1940 und 1945 strahlte die BBC seine monatlichen Radioreden „Deutsche Hörer!" nach Deutschland aus, worin er sich vehement gegen die nationalsozialistischen Machthaber und Hitlers Krieg aussprach. Im Exil entstand auch der Altersroman* Doktor Faustus, *der 1947 erschien. Nach dem Zweiten Weltkrieg kehrte Mann bewusst nicht mehr nach Deutschland zurück. Er ließ sich 1953 bei Zürich nieder, wo er noch den ersten Teil seines letzten Romans, des Schelmenromans* Bekenntnisse des Hochstaplers Felix Krull *vollendete.*

Thomas Mann erhält die Ehrenbürgerschaft seiner Geburtsstadt Lübeck, 20.03.1955

In diesem Augenblick geschieht das Eisenbahnunglück. Ich weiß es wie heute.

Es gab einen Stoß, – aber mit ‚Stoß' ist wenig gesagt. Es war ein Stoß, der sich sofort als unbedingt bösartig kennzeichnete, ein in sich abscheulich krachender Stoß und von solcher Gewalt, dass mir die Handtasche, ich weiß nicht, wohin, aus den Händen flog und ich selbst mit der Schulter schmerzhaft gegen die Wand geschleudert wurde. Dabei war keine Zeit zur Besinnung. Aber was folgte, war ein entsetzliches Schlenkern des Wagens, und während seiner Dauer hatte man Muße, sich zu ängstigen. Ein Eisenbahnwagen schlenkert wohl, bei Weichen, bei scharfen Kurven, das kennt man. Aber dies war ein Schlenkern, dass man nicht stehen konnte, dass man von einer Wand zur andern geworfen wurde und dem Kentern des Wagens entgegensah. Ich dachte etwas sehr Einfaches, aber ich dachte es konzentriert und ausschließlich. Ich dachte: ‚Das geht nicht gut, das geht nicht gut, das geht keinesfalls gut.' Wörtlich so. Außerdem dachte ich: ‚Halt! Halt! Halt!' Denn ich wusste, dass, wenn der Zug erst stünde, sehr viel gewonnen sein würde. Und siehe, auf dieses mein stilles und inbrünstiges Kommando stand der Zug.

Bisher hatte Totenstille im Schlafwagen geherrscht. Nun kam der Schrecken zum Ausbruch. Schrille Damenschreie mischen sich mit den dumpfen Bestürzungsrufen von Männern. Neben mir höre ich „Hilfe!" rufen, und kein Zweifel, es ist die Stimme, die sich vorhin des Ausdrucks „Affenschwanz" bediente, die Stimme des Herrn in Gamaschen, seine von Angst entstellte Stimme. „Hilfe!", ruft er, und in dem Augenblick, wo ich den Gang betrete, auf dem die Fahrgäste zusammenlaufen, bricht er in seidenem Schlafanzug aus seinem Abteil hervor und steht da mit irren Blicken. „Großer Gott!", sagt er, „Allmächtiger Gott!" Und um sich gänzlich zu demütigen und so vielleicht seine Vernichtung abzuwenden, sagt er, auch noch in bittendem Tone: „Lieber Gott ..." Aber plötzlich besinnt er sich eines andern und greift zur Selbsthilfe. Er wirft sich auf das Wandschränkchen, in welchem für alle Fälle ein Beil und eine Säge hängen, schlägt mit der Faust die Glasscheibe entzwei, lässt aber, da er nicht gleich dazu gelangen kann, das Werkzeug in Ruh', bahnt sich mit wilden Püffen einen Weg durch die versammelten Fahrgäste, so dass die halbnackten Damen aufs Neue kreischen, und springt ins Freie. Das war das Werk eines Augenblicks. Ich spürte erst jetzt meinen Schrecken: eine gewisse Schwäche im Rücken, eine vorübergehende Unfähigkeit, hinunterzuschlucken. Alles umdrängte den schwarzhändigen Schlafwagenbeamten, der mit roten Augen ebenfalls herbeigekommen war; die Damen, mit bloßen Armen und Schultern, rangen die Hände.

Das sei eine Entgleisung, erklärte der Mann, wir seien entgleist. Was nicht zutraf, wie sich später erwies. Aber siehe, der Mann war gesprächig unter diesen Umständen, er ließ seine amtliche Sachlichkeit dahinfahren, die großen Ereignisse lösten seine Zunge, und er sprach intim von seiner Frau. „Ich hab' noch zu meiner Frau gesagt: Frau, sag' ich, mir ist ganz, als ob heut' was passieren müsst'!" Na, und ob nun vielleicht nichts passiert sei. Ja, darin gaben alle ihm recht. Rauch entwickelte sich im Wagen, dichter Qualm, man wusste nicht, woher, und nun zogen wir alle es vor, uns in die Nacht hinauszubegeben.

Das war nur mittelst eines ziemlich hohen Sprunges vom Trittbrett auf den Bahnkörper möglich, denn es war kein Perron vorhanden, und zudem stand unser Schlafwagen bemerkbar schief, auf die andere Seite geneigt. Aber die Damen, die eilig ihre Blößen bedeckt hatten, sprangen verzweifelt, und bald standen wir alle zwischen den Schienensträngen.

Es war fast finster, aber man sah doch, dass bei uns hinten den Wagen eigentlich nichts fehlte, obgleich sie schief standen. Aber vorn – fünfzehn oder zwanzig Schritte weiter vorn! Nicht umsonst hatte der Stoß in sich so abscheulich gekracht. Dort war eine Trümmerwüste, man sah ihre Ränder, wenn man sich näherte, und die kleinen Laternen der Schaffner irrten darüber hin.

Nachrichten kamen von dort, aufgeregte Leute, die Meldungen über die Lage brachten. Wir befanden uns dicht bei einer kleinen Station, nicht weit hinter Regensburg, und durch Schuld einer defekten Weiche war unser Schnellzug auf ein falsches Geleise geraten und in voller Fahrt einem Güterzug, der dort hielt, in den Rücken gefahren, hatte ihn aus der Station hinausgeworfen, seinen hinteren Teil zermalmt und selbst schwer gelitten. Die große Schnellzugmaschine von Maffei in München war hin und entzwei. Preis siebzigtausend Mark. Und in den vorderen Wagen, die beinahe auf der Seite lagen, waren zum Teil die Bänke ineinandergeschoben. Nein, Menschenverluste waren, gottlob, wohl nicht zu beklagen. Man sprach von einer alten Frau, die „herausgezogen" worden sei, aber niemand hatte sie gesehen. Jedenfalls waren die Leute durcheinandergeworfen worden, Kinder hatten unter Gepäck begraben gelegen, und das Entsetzen war groß. Der Gepäckwagen war zertrümmert. Wie war das mit dem Gepäckwagen? Er war zertrümmert.

Da stand ich ...

Ein Beamter läuft ohne Mütze den Zug entlang, es ist der Stationschef, und wild und weinerlich erteilt er Befehle an die Passagiere, um sie in Zucht zu halten und von den Geleisen in die Wagen zu schicken.

Aber niemand achtet sein, da er ohne Mütze und Haltung ist. Beklagenswerter Mann! Ihn traf wohl die Verantwortung. Vielleicht war seine Laufbahn zu Ende, sein Leben zerstört. Es wäre nicht taktvoll gewesen, ihn nach dem großen Gepäck zu fragen.

Ein anderer Beamter kommt daher, – er *hinkt* daher, und ich erkenne ihn an seinem Wachtmeisterschnauzbart. Es ist der Schaffner, der unwirsch wachsame Schaffner von heute Abend, der Staat, unser Vater. Er hinkt gebückt, die eine Hand auf sein Knie gestützt, und kümmert sich um nichts als um dieses sein Knie. „Ach, ach!", sagt er. „Ach!" – „Nun, nun, was ist denn?" – „Ach, mein Herr, ich steckte ja dazwischen, es ging mir ja gegen die Brust, ich bin ja über das Dach entkommen, ach, ach!" – Dieses „über das Dach entkommen" schmeckte nach Zeitungsbericht, der Mann brauchte bestimmt in der Regel nicht das Wort „entkommen", er hatte nicht sowohl sein Unglück, als vielmehr einen Zeitungsbericht über sein Unglück erlebt, aber was half mir das? Er war nicht in dem Zustande, mir Auskunft über mein Manuskript zu geben. Und ich frage einen jungen Menschen, der frisch, wichtig und angeregt von der Trümmerwüste kam, nach dem großen Gepäck.

„Ja, mein Herr, das weiß niemand nicht, wie es da ausschaut!" Und sein Ton bedeutete mir, dass ich froh sein solle, mit heilen Gliedern davongekommen zu sein. „Da liegt alles durcheinander. Damenschuhe ...", sagte er mit einer wilden Vernichtungsgebärde und zog die Nase kraus. „Die Räumungsarbeiten müssen es zeigen. Damenschuhe ..."

Da stand ich. Ganz für mich allein stand ich in der Nacht zwischen den Schienensträngen und prüfte mein Herz. Räumungsarbeiten. Es sollten Räumungsarbeiten mit meinem Manuskript vorgenommen werden. Zerstört also, zerfetzt, zerquetscht wahrscheinlich. Mein Bienenstock, mein Kunstgespinst, mein kluger Fuchsbau, mein Stolz und Mühsal, das Beste von mir. Was würde ich tun, wenn es sich so verhielt? Ich hatte keine Abschrift von dem, was schon dastand, schon fertig gefügt und geschmiedet war, schon lebte und klang, – zu schweigen von meinen Notizen und Studien, meinem ganzen in Jahren zusammengetragenen, erworbenen, erhorchten, erschlichenen, erlittenen Hamsterschatz von Material. Was würde ich also tun? Ich prüfte mich genau, und ich erkannte, dass ich von vorn beginnen würde. Ja, mit tierischer Geduld, mit der Zähigkeit eines tief stehenden Lebewesens, dem man das wunderliche und komplizierte Werk seines kleinen Scharfsinnes und Fleißes zerstört hat, würde ich nach einem Augenblick der Verwirrung und Ratlosigkeit das Ganze wieder von vorn beginnen, und vielleicht würde es diesmal ein wenig leichter gehen ... (e 1908, v 1909)

1. a) Gliedern Sie den Text in seine wesentlichen Handlungsschritte.
b) Fassen Sie das Geschehen des Textauszugs in eigenen Worten zusammen.

2. a) Arbeiten Sie ab Zeile 12 heraus, wie das Unglück in die Welt des Ich-Erzählers hereinbricht.
b) Untersuchen Sie die sprachlichen Mittel, mit denen der Autor diesen Einbruch darstellt.
c) Untersuchen Sie die Verwendung der verschiedenen Tempusformen im Text.

3. Erarbeiten Sie Charakterisierungen des Stationschefs und des Schaffners.

4. Erörtern Sie die Rolle des Manuskripts im Text und seine Relevanz für den Ich-Erzähler.

5. a) Notieren Sie Textstellen, in denen eine kritische Sichtweise auf die Eisenbahn zum Ausdruck kommt, und benennen Sie den jeweiligen Kritikpunkt in eigenen Worten.
b) Vergleichen Sie Manns Darstellung der Eisenbahn mit der in Stadlers Gedichten.

5 Willy Stöwer (1864–1931): Der Untergang der Titanic

(e 1912)

R Der Untergang der Titanic

Informieren Sie sich über den Untergang der Titanic am 14. April 1912. Erarbeiten Sie vor allem die Aufnahme des Ereignisses in der damaligen Öffentlichkeit.
Besorgen Sie sich die Verfilmung mit Leonardo di Caprio und Kate Winslet (1997). Vergleichen Sie die Akzentsetzung der Verfilmung mit der Aufnahme des Unglücks bei seinen Zeitgenossen. Präsentieren Sie Ihre Ergebnisse in geeigneter Form Ihren Mitschülern.
Literaturtipp: Simon Adams, *Titanic – die berühmteste Katastrophe in der Geschichte der Seefahrt*, Gerstenberg Verlag

III. Der Schriftsteller und sein Medium, das Wort

1. „Worte […] zerfielen mir im Munde wie modrige Pilze" (von Hofmannsthal) – Die Sprachkritik der Moderne reflektieren

1 Johann Wolfgang Goethe (1749–1832): Worte sind der Seele Bild

Worte sind der Seele Bild –
Nicht ein Bild! sie sind ein Schatten!
Sagen herbe, deuten mild,
Was wir haben, was wir hatten. –
5 Was wir hatten, wo ist's hin?
Und was ist's denn, was wir haben? –
Nun, wir sprechen! Rasch im Fliehn
Haschen wir des Lebens Gaben.   (e 1818)

2 Rainer Maria Rilke (1875–1926): Ich fürchte mich so …

Ich fürchte mich so vor der Menschen Wort.
Sie sprechen alles so deutlich aus:
Und dieses heißt Hund und jenes heißt Haus,
und hier ist Beginn, und das Ende ist dort.

5 Mich bangt auch ihr Sinn, ihr Spiel mit dem Spott,
sie wissen alles, was wird und war;
kein Berg ist ihnen mehr wunderbar;
ihr Garten und Gut grenzt grade an Gott.

Ich will immer warnen und wehren: Bleibt fern.
10 Die Dinge singen hör ich so gern.
Ihr rührt sie an: sie sind starr und stumm.
Ihr bringt mir alle die Dinge um.   (e 1897, v 1899)

1. Goethe und Rilke blicken mit ihren Gedichten skeptisch auf die „Worte".
a) Versuchen Sie, die jeweilige Kritik mit einem eigenen Satz auszudrücken.
b) Verfassen Sie einen Dialog der beiden Dichter, in dem diese sich über die Beschreibung von Erlebnissen und die Benennung von Gegenständen durch „Worte" sowie über Ihre Aufgabe als Dichter unterhalten.

3 Rainer Maria Rilke: Brief an einen jungen Dichter

Paris, am 17. Februar 1903

Sehr geehrter Herr,
Ihr Brief hat mich erst vor einigen Tagen erreicht. Ich will Ihnen danken für sein großes und liebes Vertrauen. Ich kann kaum mehr, ich kann nicht auf die Art Ihrer Verse eingehen; denn mir liegt jede kritische Absicht zu fern. Mit nichts kann man ein Kunst-Werk so wenig berühren als mit kritischen Worten: es kommt dabei immer auf mehr oder minder glückliche Missverständnisse heraus. Die Dinge sind alle nicht so fassbar und sagbar, als man uns meistens glauben machen möchte; die meisten Ereignisse sind unsagbar, vollziehen sich in einem Raume, den nie ein Wort betreten hat, und unsagbarer als alles sind die Kunst-Werke, geheimnisvolle Existenzen, deren Leben neben dem unseren, das vergeht, dauert. […]
Sie fragen, ob Ihre Verse gut sind. Sie fragen mich. Sie haben vorher andere gefragt. Sie senden sie an Zeitschriften. Sie vergleichen sie mit anderen Gedichten, und Sie beunruhigen sich, wenn gewisse Redaktionen Ihre Versuche ablehnen. Nun (da Sie mir gestattet haben, Ihnen zu raten) bitte ich Sie, das alles aufzugeben. Sie sehen nach außen, und das vor allem dürften Sie

jetzt nicht tun. Niemand kann Ihnen raten und helfen, niemand. Es gibt nur ein einziges Mittel. Gehen Sie in sich. Erforschen Sie den Grund, der Sie schreiben heißt; prüfen Sie, ob er in der tiefsten Stelle Ihres Herzens seine Wurzeln ausstreckt, gestehen Sie sich ein, ob Sie sterben müssten, wenn es Ihnen versagt würde zu schreiben. Dieses vor allem: fragen Sie sich in der stillsten Stunde Ihrer Nacht: *muss* ich schreiben? Graben Sie in sich nach einer tiefen Antwort. Und wenn diese zustimmend lauten sollte, wenn Sie mit einem starken und einfachen „Ich muss" dieser ernsten Frage begegnen dürfen, dann bauen Sie Ihr Leben nach dieser Notwendigkeit; Ihr Leben bis hinein in seine gleichgültigste und geringste Stunde muss ein Zeichen und Zeugnis werden diesem Drange. Dann nähern Sie sich der Natur. Dann versuchen Sie, wie ein erster Mensch, zu sagen, was Sie sehen und erleben und lieben und verlieren. Schreiben Sie nicht Liebesgedichte; weichen Sie zuerst denjenigen Formen aus, die zu geläufig und gewöhnlich sind: sie sind die schwersten, denn es gehört eine große, ausgereifte Kraft dazu, Eigenes zu geben, wo sich gute und zum Teil glänzende Überlieferungen in Menge einstellen. Darum retten Sie sich vor den allgemeinen Motiven zu denen, die ihnen Ihr eigener Alltag bietet; schildern Sie Ihre Traurigkeiten und Wünsche, die vorübergehenden Gedanken und den Glauben an irgendeine Schönheit – schildern Sie das alles mit inniger, stiller, demütiger Aufrichtigkeit und gebrauchen Sie, um sich auszudrücken, die Dinge Ihrer Umgebung, die Bilder ihrer Träume und die Gegenstände Ihrer Erinnerung. Wenn Ihr Alltag Ihnen arm scheint, klagen Sie ihn nicht an; klagen Sie sich an, sagen Sie sich, dass Sie nicht Dichter genug sind, seine Reichtümer zu rufen; denn für den Schaffenden gibt es keine Armut und keinen armen, gleichgültigen Ort. Und wenn Sie selbst in einem Gefängnis wären, dessen Wände keines von den Geräuschen der Welt zu Ihren Sinnen kommen ließen – hätten Sie dann nicht immer noch Ihre Kindheit, diesen köstlichen, königlichen Reichtum, dieses Schatzhaus der Erinnerungen? Wenden Sie dorthin Ihre Aufmerksamkeit. Versuchen Sie, die versunkenen Sensationen dieser weiten Vergangenheit zu heben; Ihre Persönlichkeit wird sich festigen, Ihre Einsamkeit wird sich erweitern und wird eine dämmernde Wohnung werden, daran der Lärm der anderen fern vorübergeht. – Und wenn aus dieser Wendung nach innen, aus dieser Versenkung in die eigene Welt *Verse* kommen, dann werden Sie nicht daran denken, jemanden zu fragen, ob es gute *Verse* sind. Sie werden auch nicht den Versuch machen, Zeitschriften für diese Arbeiten zu interessieren: denn Sie werden in ihnen Ihren lieben natürlichen Besitz, ein Stück und eine Stimme Ihres Lebens sehen. Ein Kunstwerk ist gut, wenn es aus Notwendigkeit entstand. In dieser Art seines Ursprungs liegt sein Urteil: es gibt kein anderes. Darum, sehr geehrter Herr, wusste ich Ihnen keinen Rat als diesen: in sich zu gehen und die Tiefen zu prüfen, in denen Ihr Leben entspringt; an seiner Quelle werden Sie die Antwort auf die Frage finden, ob Sie schaffen *müssen*. Nehmen Sie sie, wie sie klingt, an, ohne daran zu deuten. Vielleicht erweist es sich, dass Sie berufen sind, Künstler zu sein. Dann nehmen Sie das Los auf sich, und tragen Sie es, seine Last und seine Größe, ohne je nach dem Lohne zu fragen, der von außen kommen könnte. Denn der Schaffende muss eine Welt für sich sein und alles in sich finden und in der Natur, an die er sich angeschlossen hat.

Vielleicht aber müssen Sie auch nach diesem Abstieg in sich und in Ihr Einsames darauf verzichten, ein Dichter zu werden (es genügt, wie gesagt, zu fühlen, dass man, ohne zu schreiben, leben könnte, um es überhaupt nicht zu dürfen). Aber auch dann ist diese Einkehr, um die ich Sie bitte, nicht vergebens gewesen. Ihr Leben wird auf jeden Fall von da ab eigene Wege finden, und dass es gute, reiche und weite sein mögen, das wünsche ich Ihnen mehr, als ich sagen kann. [...]
Mit aller Ergebenheit und Teilnahme: Rainer Maria Rilke

2. a) ▶ Exzerpieren Sie Rilkes Argumente, mit denen er eine Beurteilung der Werke des jungen Kollegen ablehnt.
b) Erarbeiten Sie anhand dieser Argumente in Grundzügen Rilkes Kunstauffassung.

3. Versetzen Sie sich in die Rolle des Ratsuchenden. Verfassen Sie nach dessen Lektüre von Rilkes Antwort einen Tagebucheintrag oder einen Brief an Rilke.

Der Brief als Kunstform

Der Einsatz des Briefes als literarische Kunstform hat in der deutschen Literatur eine lange Tradition. In seinem Werk *Briefe, die neueste Literatur betreffend* (1759–65) legte Gotthold Ephraim Lessing z. B. wesentliche Teile seiner Dramentheorie dar, die in der Folge zur Herausbildung einer eigenen deutschen Dramen-Tradition unter Berufung auf die Werke William Shakespeares führte. In der Epoche der Empfindsamkeit und des Sturm und Drang wurde der Brief zum zentralen Medium des Ausdrucks von Freundschaft, Liebe, Emotion und Erziehung. Hierin gründete die traditionelle Funktion der Gattung Brief als Medium der Selbstoffenbarung. Ein bekanntes Beispiel für den Erziehungsbrief ist Matthias Claudius' *Brief an seinen Sohn Johannes* (1799). Johann Wolfgang Goethe nutzte die Briefform schließlich exemplarisch in seinem Briefroman *Die Leiden des jungen Werthers* (1774). Auch die Dichter der Romantik ließen ihre Protagonisten sich häufig in der Form des Briefs ausdrücken (z. B. Friedrich Schlegel, *Lucinde,* 1799). Autoren des 20. Jahrhunderts nutzten den Brief gerne zur Kommunikation mit ihren Lesern (z. B. Hermann Hesse) oder zum poetologischen Austausch mit Kollegen und Freunden (z. B. Ingeborg Bachmann und Paul Celan).

4   Hugo von Hofmannsthal (1874–1929): Ein Brief (Auszug)

Der folgende Text von Hugo von Hofmannsthal wird oft auch *Chandos-Brief* genannt. In der Fiktion des *Brief des Lord Chandos an Francis Bacon* ist es Hofmannsthal möglich, Rechenschaft über seine eigene Schaffenskrise, seine Sprachlosigkeit, abzulegen. Der *Chandos-Brief* gilt in der Literaturwissenschaft zugleich auch als wichtiges Dokument der Sprachkrise der Zeit um 1900.

Dies ist der Brief, den Philipp Lord Chandos, jüngerer Sohn des Earl of Bath, an Francis Bacon, später Lord Verulam und Viscount St. Albans, schrieb, um sich bei diesem Freunde wegen des gänzlichen Verzichtes auf literarische Betätigung zu entschuldigen.

Hugo von Hofmannsthal (1874–1929) wurde als Bankierssohn in Wien geboren. Schon mit 17 veröffentlichte er mit großem Erfolg sein erstes Drama Gestern. Er galt nun als Wunderkind. In den folgenden Jahren entstanden Dramen und Gedichte, Letztere in enger Verbundenheit mit Stefan George, zugleich verfolgte Hofmannsthal eine akademische Laufbahn als Philosoph. Die Jahre 1898 bis 1902 wurden zu Krisenjahren und zur Wende seines Lebens. Die Abwendung von der Lyrik 1898 markierte den Bruch mit George. Hofmannsthal verzichtete auf die akademische Karriere und ließ sich in Rodaun bei Wien als freier Schriftsteller nieder. In diese Zeit fiel seine Sprachkrise, die er 1902 in seinem „Chandos-Brief" verarbeitete. Zugleich vollzog sich Hofmannsthals endgültige Hinwendung zu Theater und Oper, nicht zuletzt beeinflusst von dem Komponisten Richard Strauss. Ab 1906 begann die fruchtbare Zusammenarbeit beider, die zu so erfolgreichen Opern wie Der Rosenkavalier (1911) führte. 1917 waren Hofmannsthal und Strauss maßgeblich an der Gründung der Salzburger Festspiele beteiligt. Dort erfuhr sein Jedermann 1920 nach 17 Jahren Arbeit an diesem Stoff seine Uraufführung. Am 13. Juli 1929 nahm sich Hofmannsthals ältester Sohn das Leben. Er selbst starb zwei Tage später beim Aufbruch zur Beerdigung des Sohnes.

Es ist gütig von Ihnen, mein hochverehrter Freund, mein zweijähriges Stillschweigen zu übersehen und so an mich zu schreiben. Es ist mehr als gütig, Ihrer Besorgnis um mich, Ihrer Befremdung über die geistige Starrnis, in der ich Ihnen zu versinken scheine, den Ausdruck der Leichtigkeit und des Scherzes zu geben, den nur große Menschen, die von der Gefährlichkeit des Lebens durchdrungen und dennoch nicht entmutigt sind, in ihrer Gewalt haben. [...]

Um mich kurz zu fassen: Mir erschien damals in einer Art von andauernder Trunkenheit das ganze Dasein als eine große Einheit: Geistige und körperliche Welt schien mir keinen Gegensatz zu bilden, ebenso wenig höfisches und tierisches Wesen, Kunst und Unkunst, Einsamkeit und Gesellschaft; in allem fühlte ich Natur, in den Verirrungen des Wahnsinns ebenso wohl wie in den äußersten Verfeinerungen eines spanischen Zeremoniells; in den Tölpelhaftigkeiten junger Bauern nicht minder als in den süßesten Allegorien; und in aller Natur fühlte ich mich selber; wenn ich auf meiner Jagdhütte die schäumende laue Milch in mich hineintrank, die ein struppiges Mensch einer schönen, sanftäugigen Kuh aus dem Euter in einen Holzeimer niedermolk, so war mir das nichts anderes, als wenn ich, in der dem Fenster eingebauten Bank meines studio sitzend, aus einem Folianten süße sind schäumende Nahrung des Geistes in mich sog. Das eine war wie das andere; keines gab dem andern weder an traumhafter überirdischer Natur, noch an leiblicher Gewalt nach, und so gings fort durch die ganze Breite des Lebens rechter und linker Hand; überall war ich mitten drinnen, wurde nie ein Scheinhaftes gewahr: Oder es ahnte mir, alles wäre Gleichnis und jede Kreatur ein Schlüssel der andern, und ich fühlte mich wohl den, der imstande wäre, eine nach dem andern bei der Krone zu packen und mit ihr so viele der andern aufzusperren, als sie aufsperren könnte. [...]

Mein Fall ist, in Kürze, dieser: Es ist mir völlig die Fähigkeit abhanden gekommen, über irgendetwas zusammenhängend zu denken oder zu sprechen.

Zuerst wurde es mir allmählich unmöglich, ein höheres oder allgemeineres Thema zu besprechen und dabei jene Worte in den Mund zu nehmen, deren sich doch alle Menschen ohne Bedenken geläufig zu bedienen pflegen. Ich empfand ein unerklärliches Unbehagen, die Worte „Geist", „Seele" oder „Körper" nur auszusprechen. Ich fand es innerlich unmöglich, über die Angelegenheiten des Hofes, die Vorkommnisse im Parlament, oder was Sie sonst wollen, ein Urteil herauszubringen. Und dies nicht etwa aus Rücksichten irgendwelcher Art, denn Sie kennen meinen bis zur Leichtfertigkeit gehenden Freimut: sondern die abstrakten Worte, deren sich doch die Zunge naturgemäß bedienen muss, um irgendwelches Urteil an den Tag zu geben, zerfielen mir im Munde wie modrige Pilze. [...]

Allmählich aber breitete sich diese Anfechtung aus wie ein um sich fressender Rost. Es wurden mir auch im familiären und hausbackenen Gespräch alle die Urteile, die leichthin und mit schlafwandelnder Sicherheit abgegeben zu werden pflegen, so bedenklich, dass ich aufhören musste, an solchen Gesprächen irgend teilzunehmen. Mit einem unerklärlichen Zorn, den ich nur mit Mühe notdürftig verbarg, erfüllte es mich, dergleichen zu hören, wie: die Sache ist für den oder jenen gut oder schlecht ausgegangen; Sheriff N. ist ein böser, Prediger T. ein guter Mensch; Pächter M. ist zu bedauern, seine Söhne sind Verschwender; ein anderer ist zu beneiden, weil seine Töchter haushälterisch sind; eine Familie kommt in die Höhe, eine andere ist im Hinabsinken. Dies alles erschien mir so unbeweisbar, so lügenhaft, so löcherig wie nur möglich. Mein Geist zwang mich, alle Dinge, die in einem solchen Gespräch vorkamen, in einer unheimlichen Nähe zu sehen: so wie ich einmal in einem Vergrößerungsglas ein Stück von der Haut meines kleinen Fingers gesehen hatte, das einem Blachfeld mit Furchen und Höhlen glich, so ging es mir nun mit den Menschen und ihren Handlungen. Es gelang mir nicht mehr, sie mit dem vereinfachenden Blick der Gewohnheit zu erfassen. Es zerfiel mir alles in Teile, die Teile wieder in Teile, und nichts mehr ließ sich mit einem Begriff umspannen. Die einzelnen Worte schwammen um mich; sie gerannen zu Augen, die mich anstarrten und in die ich wieder hineinstarren muss: Wirbel sind sie, in die hinabzusehen mich schwindelt, die sich unaufhaltsam drehen und durch die hindurch man ins Leere kommt. [...]

Seither führe ich ein Dasein, das Sie, fürchte ich, kaum begreifen können, so geistlos, so gedankenlos fließt es dahin; ein Dasein, das sich freilich von dem meiner Nachbarn, meiner Verwandten und der meisten landbesitzenden Edelleute dieses Königreiches kaum unterscheidet und das nicht ganz ohne freudige und belebende Augenblicke ist. Es wird mir nicht leicht, Ihnen anzudeuten, worin diese guten Augenblicke bestehen; die Worte lassen mich wiederum im Stich. Denn es ist ja etwas völlig Unbenanntes und auch wohl kaum Benennbares, das in solchen Augenblicken, irgendeine Erscheinung meiner alltäglichen Umgebung mit einer über-

schwellenden Flut höheren Lebens wie ein Gefäß erfüllend, mir sich ankündet. Ich kann nicht erwarten, dass Sie mich ohne Beispiel verstehen, und ich muss Sie um Nachsicht für die Albernheit meiner Beispiele bitten. Eine Gießkanne, eine auf dem Felde verlassene Egge, ein Hund in der Sonne, ein ärmlicher Kirchhof, ein Krüppel, ein kleines Bauernhaus, alles dies
65 kann das Gefäß meiner Offenbarung werden. Jeder dieser Gegenstände und die tausend anderen ähnlichen, über die sonst ein Auge mit selbstverständlicher Gleichgültigkeit hinweggleitet, kann für mich plötzlich in irgendeinem Moment, den herbeizuführen auf keine Weise in meiner Gewalt steht, ein erhabenes und rührendes Gepräge annehmen, das auszudrücken mir alle Worte zu arm scheinen. [...]
70 Ich habe Sie, mein verehrter Freund, mit dieser ausgebreiteten Schilderung eines unerklärlichen Zustandes, der gewöhnlich in mir verschlossen bleibt, über Gebühr belästigt. [...] Ich wollte, es wäre mir gegeben, in die letzten Worte dieses voraussichtlich letzten Briefes, den ich an Francis Bacon schreibe, alle die Liebe und Dankbarkeit, alle die ungemessene Bewunderung zusammenzupressen, die ich für den größten Wohltäter meines Geistes, für den ersten
75 Engländer meiner Zeit im Herzen hege und darin hegen werde, bis der Tod es bersten macht.
A.D. 1603, diesen 22. August.
Phi. Chandos   (e 1902)

4. a) Fassen Sie in eigenen Worten die Verfassung des Schreibers zusammen.
b) Untersuchen Sie Aufbau und argumentative Struktur des Briefes.
5. Erläutern Sie die Bedrohung, die von der Sprachlosigkeit für den Schriftsteller ausgeht.
6. Beschreiben Sie die Paradoxie dieses Briefes.
7. a) Erklären Sie, warum Hofmannsthal seinen fiktiven Brief in das 17. Jhdt. verlegt.
b) Schreiben Sie Lord Chandos eine Antwort.
c) Lesen Sie die Antworten bekannter Schriftsteller auf der DVD und vergleichen Sie diese mit Ihren Entwürfen.

5 Paul Celan (1920–1970): Stille!

Stille! Ich treibe den Dorn in dein Herz,
denn die Rose, die Rose
steht mit den Schatten im Spiegel, sie blutet!
Sie blutete schon, als wir mischten das Ja und das Nein,
5 als wirs schlürften,
weil ein Glas, das vom Tisch sprang, erklirrte:
es läutete ein eine Nacht, die finstere länger als wir.

Wir tranken mit gierigen Münden:
es schmeckte wie Galle,
10 doch schäumt es wie Wein –
Ich folgte dem Strahl deiner Augen,
und die Zunge lallte uns Süße ...
(So lallt sie, so lallt sie noch immer.)

Stille! Der Dorn dringt dir tiefer ins Herz:
15 Er steht im Bund mit der Rose.   (v 1955)

6 Eugen Gomringer (* 1925): worte sind schatten

worte sind schatten
schatten werden worte

worte sind spiele
spiele werden worte

5 sind schatten worte
werden worte spiele

sind spiele worte
werden worte schatten

sind worte schatten
10 werden spiele worte

sind worte spiele
werden schatten worte
(v 1969)

8. a) Formulieren Sie zu Celans Gedicht in wenigen Sätzen, welche Funktion das lyrische Ich der Sprache zuschreibt.
b) Deuten Sie die markierten Stellen poetologisch.

9. a) Sprechen Sie über die Form, die Gomringer für seine Sprachkritik wählt.
b) Diskutieren Sie deren Angemessenheit.

Die Sprachkrise der Jahrhundertwende

Es ist eine grundlegende These der Sprachphilosophie, dass die Menschen nur durch das Medium der Sprache Zugang zur Wirklichkeit haben. Der Sprache kommt also eine wichtige Vermittlungsfunktion bei der Welterschließung zu. Die Sprache ihrerseits ist aber immer schon der Niederschlag eines Erkenntnissystems und einer Weltsicht, die jede Generation mit der Vermittlung der Sprache an die nächste weitergibt. Für die Darstellung einer neuen Sicht auf die veränderte Wirklichkeit, wie sie am Ende des 19. Jahrhunderts und zu Beginn des 20. Jahrhunderts erscheint, stellt sie deshalb ein Hindernis dar.
Das wird vor allem für die Dichter und Schriftsteller des späten 19. und beginnenden 20. Jahrhunderts zunehmend zum Problem. Die Klage über die Sprache als „Hindernis zur Wirklichkeit" wird deshalb zu einem wichtigen Thema der modernen Dichtung: Sprache und Realität werden als Gegensatz empfunden, die Sprache als Schlüssel für die Welt, als Erkenntniswerkzeug, mit Misstrauen betrachtet und abgelehnt. Gründe für die neue Wahrnehmungsweise des modernen Menschen sind neben den tief greifenden politischen, gesellschaftlichen und technischen Veränderungen der Zeit der Verlust einer sinnstiftenden Transzendenz als Grundlage des Weltverständnisses und Werte-Pluralismus sowie die Entdeckung psychologischer Realitäten, die zu einer intensiveren Art der Wahrnehmung führen.

328　Literatur der Jahrhundertwende

2. „jolifanto bambla" (Ball) – Spielerisch mit Sprache umgehen

1 Raoul Hausmann (1886–1971): Optophonetisches Gedicht

Kurt Schwitters (1887–1948): Bild 1926, 12. kleines Seemannsheim

kp'erioUM lp'er ioum
Nm' periii pERnomou
bprEtiBerree erREbEe
ONNOo gplanpouk
konmpout pERIKOUL
RrEEeeEEee rrrreeeeA
oapAerrre EEE
mgl ed padANou
MTNou tnoum t

(v 1919)

2 Hugo Ball (1886–1927): Eröffnungs-Manifest Erster Dada-Abend, Zürich, 14. Juli 1916

Dada ist eine neue Kunstrichtung. Das kann man daran erkennen, dass bisher niemand etwas davon wusste und morgen ganz Zuerich davon reden wird. Dada stammt aus dem Lexikon. Es ist furchtbar einfach. Im Franzoesischen bedeutets Steckenpferd. Im Deutschen: Addio, steigt mir bitte den Ruecken runter, auf Wiedersehen ein ander Mal! Im Rumaenischen: Ja wahrhaftig, Sie haben Recht, so ist es. Jawohl, wirklich. Machen wir. Und so weiter.
Ein internationales Wort. Nur ein Wort und das Wort als Bewegung. Es ist einfach furchtbar. Wenn man eine Kunstrichtung daraus macht, muss das bedeuten, man will Komplikationen wegnehmen. Dada Psychologie, Dada Literatur, Dada Bourgeoisie und ihr, verehrteste Dichter, die ihr immer mit Worten, nie aber das Wort selber gedichtet habt. Dada Weltkrieg und kein Ende, Dada Revolution und kein Anfang. Dada ihr Freunde und Auchdichter, allerwerteste Evangelisten. Dada Tzara, Dada Huelsenbeck, Dada m'dada, Dada mhm' dada, Dada Hue, Dada Tza. Wie erlangt man die ewige Seligkeit? Indem man Dada sagt. Wie wird man beruehmt? Indem man Dada sagt. Mit edlem Gestus und mit feinem Anstand. Bis zum Irrsinn, bis zur Bewusstlosigkeit. Wie kann man alles Aalige und Journalige, alles Nette und Adrette, alles Vermoralisierte, Vertierte, Gezierte abtun? Indem man Dada sagt. Dada ist die Weltseele, Dada ist der Clou, Dada ist die beste Lilienmilchseife der Welt. Dada Herr Rubiner, Dada Herr Korrodi, Dada Herr Anastasius Lilienstein.

---

1. a) Formulieren Sie Ihre Vorstellung von „optophonetisch".
b) Bereiten Sie danach in einer Gruppe einen ➤ Vortrag des Gedichts nach Ihren Mutmaßungen vor.
c) Präsentieren Sie Ihr Ergebnis vor Ihrem Kurs und erläutern Sie Ihr Vorgehen.

2. a) Formulieren Sie die kunsttheoretischen Grundzüge des dadaistischen Manifests in Ihren eigenen Worten.
b) Begründen Sie, warum man die dadaistischen Positionen als Kritik an der Gesellschaft ihrer Zeit wie auch als Sprachkritik verstehen kann.

Das heisst auf Deutsch: die Gastfreundschaft der Schweiz ist ueber alles zu schaetzen, und im Aesthetischen kommt's auf die Norm an.

Ich lese Verse, die nichts weniger vorhaben als: auf die Sprache zu verzichten. Dada Johann Fuchsgang Goethe. Dada Stendhal. Dada Buddha, Dalai Lama, Dada m'dada, Dada m'dada, Dada mhm' dada. Auf die Verbindung kommt es an, und dass sie vorher ein bisschen unterbrochen wird. Ich will keine Worte, die andere erfunden haben. Alle Worte haben andere erfunden. Ich will meinen eigenen Unfug, und Vokale und Konsonanten dazu, die ihm entsprechen. Wenn eine Schwingung sieben Ellen lang ist, will ich fueglich Worte dazu, die sieben Ellen lang sind. Die Worte des Herrn Schulze haben nur zwei ein halb Zentimeter.

Da kann man nun so recht sehen, wie die artikulierte Sprache entsteht. Ich lasse die Laute ganz einfach fallen. Worte tauchen auf, Schultern von Worten; Beine, Arme, Haende von Worten. Ay, oi, u. Man soll nicht zu viel Worte aufkommen lasen. Ein Vers ist die Gelegenheit, moeglichst ohne Worte und ohne die Sprache auszukommen. Diese vermaledeite Sprache, an der Schmutz klebt wie von Maklerhaenden, die die Muenzen abgegriffen haben. Das Wort will ich haben, wo es aufhoert und wo es anfaengt.

Jede Sache hat ihr Wort; da ist das Wort selber zur Sache geworden. Warum kann der Baum nicht Pluplusch heissen, und Pluplubasch, wenn es geregnet hat? Und warum muss er ueberhaupt etwas heissen? Muessen wir denn ueberall unseren Mund dran haengen? Das Wort, das Wort, das Weh gerade an diesem Ort, das Wort, meine Herren, ist eine oeffentliche Angelegenheit ersten Ranges. (v 1916)

Hugo Ball (1886–1927) wurde in Pirmasens als Sohn eines Schuhwarenfabrikanten geboren. Seine Doktorarbeit über Friedrich Nietzsche beendete er nicht, er hatte sich mit seinen gutbürgerlichen und streng katholischen Eltern überworfen. Stattdessen ging er an die Schauspielschule von Max Reinhardt nach Berlin. In den folgenden Jahren arbeitete er an verschiedenen Theatern als Dramaturg, schrieb auch selbst Theaterstücke. Auf dem Kriegsschauplatz in Belgien wurde Ball zum erbitterten Kriegsgegner. Nach der Emigration in die Schweiz 1915 trafen sich im Umfeld der Tanzschule von Rudolph von Laban einige Künstler, die 1916 im Cabaret Voltaire in Zürich die Dada-Bewegung ins Leben riefen: neben Hugo Ball Hans Arp, Tristan Tzara und Marcel Janco. Nach einem Jahr trennte Ball sich wieder von den aktiven Dadaisten. Er widmete sich nun zunächst politischen Tageskommentaren, später dann konservativen Beiträgen zur katholischen Theologie. Nach seiner Heirat mit Emmy Hennings 1920 wohnte Ball im Tessin, ab 1926 in dem Dorf Sorengo in der Nähe von Montagnola, dem Wohnort Hermann Hesses. Mit Hesse verband ihn eine lebenslange Freundschaft und er schrieb eine Biografie über ihn. Ball, Emmy Hennings und Hermann Hesse sind auf dem Friedhof San Abbondio in Gentilino begraben.

3 Hugo Ball: Ein und kein Frühlingsgedicht

I

Ein Doppeldecker steigt aus jeder Flasche
Und stößt sich heulend seinen Kopf kaputt.
Der Übermensch verzehrt die Paprikagoulasche
Zerbröselnd Semmeln, rülpsend in den Kälberschutt.

Den Gästen hängt der Kiefer bis zur Treppe,
Dort hinterlist'ge Fallen tätlich legend.
Aus dem Aburte schlitzt Lolô die Tangoschneppe
Verpestend mit dem Lockendampf die Absinthgegend.

Denn siehe, ich bin bei euch alle Tage
Und meine schmettergelbe Lusttrompete packt euch an
Der umgekippten Erektionen Frühlingsklage
Buhlt veilchenblau im Bidet mit dem Schwan(n).

II

Oh du mein Hyazinth, die Wade knackte
Und Rolf, der Mops, fraß jäh das Strumpfband auf.
Nach Grammophonen in dem Twosteptakte
Vollzog sich Notdurft Coitus und Lebenslauf.

Der Lampionen blutgeduns'nes Schwirren
Schuf große Monde aus den Wassergläsern.
Ein Schlachtgetöse gab es und ein Klirren
Der Kneifer von Beamten und Verwesern.

Da war auch Dame Wueh in einer Prunkkarosse,
Uns schrak nicht Kino mehr, nicht die Picassofratze.
Wir schluckten Sperma wie Armeegeschosse,
Und fetzten unsren Hausgott Grünekatze.

Wir waren sehr verekelt und verbiestert,
Dem Priapus verschrieben und dem Pan.
Wir rollten von den Dächern, sternverschwistert,
Und glaubten selbst an dieses nicht daran. (v 1916)

3. a) Lesen Sie das Gedicht und lassen Sie es auf sich wirken.
b) ➤ Exerpieren Sie Textstellen, die für Sie einen Sinn ergeben, und stellen Sie diejenigen gegenüber, die sich Ihnen nicht erschließen.
c) Diskutieren Sie Ihre Ergebnisse mit einem Partner oder in einer Gruppe.

330 „Sind wir nicht alle ein bisschen DADA?":

Hugo Ball (1886–1927): Karawane

KARAWANE

jolifanto bambla ô falli bambla
grossiga m'pfa habla horem
égiga goramen
higo bloiko russula huju
hollaka hollala
anlogo bung
blago bung
blago bung
bosso fataka
ü üü ü
schampa wulla wussa ólobo
hej tatta gôrem
eschige zunbada
wulubu ssubudu uluw ssubudu
tumba ba- umf
kusagauma
ba - umf

(e 1917, v 1920)

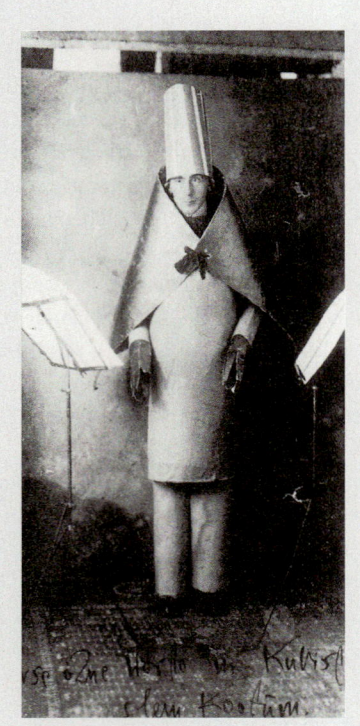

Christian Morgenstern (1871–1914): Fisches Nachtgesang

(v 1905)

Hugo Ball rezitiert in kubistischem Kostüm seine Lautgedichte (Zürich, 1917)

Hans Arp: Sekundenzeiger

dass ich als ich
ein und zwei ist
dass ich als ich
drei und vier ist
5 dass ich als ich
wie viel zeigt sie
dass ich als ich
tickt und tackt sie
dass ich als ich
10 fünf und sechs ist
dass ich als ich
sieben acht ist
dass ich als ich
wenn sie steht sie
15 dass ich als ich
wenn sie geht sie
dass ich als ich
neun und zehn ist
dass ich als ich
20 elf und zwölf ist. (v 1924)

Kurt Schwitters (1887–1948): Cigarren (elementar)

Cigarren
Ci-
garr
ren
5 Ce
i
ge
a
err
10 err
e
en
Ce
CeI
15 CeIGe
CeIGeA
CeIGeAErr
CeIGeAErrEr
CeIGeAErrErr
20 CeIGeAErrErr
ErrEEn
EEn
En
Ce
25 i
ge
a
err
err
30 e
en (v 1921)

Kurt Schwitters: Gesetztes Bildgedicht

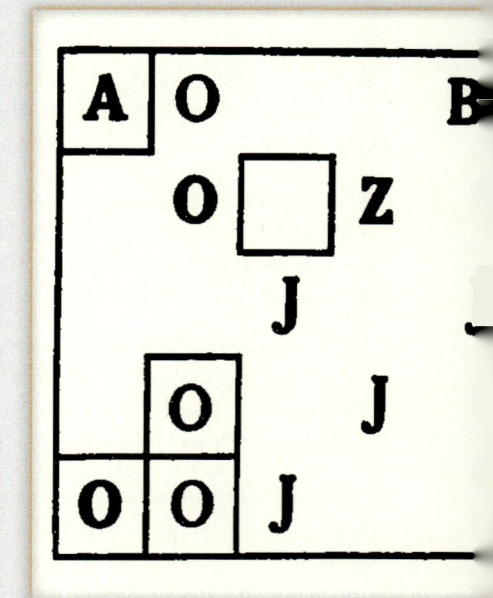

(v 1922)

- Besprechen Sie in Gruppen, wie Sie das Gedicht „Karawane" vortragen wollen. Überlegen Sie sich eventuell auch eine Kostümierung für den Vortrag. Tragen Sie dann als Gruppe das Gedicht vor und erläutern Sie Ihren Mitschülern das Ihrem Vortrag zugrunde liegende Konzept.
- Recherchieren Sie über DADA und gestalten Sie eine DADA-Vorstellung in Ihrem Kurs oder Ihrer Schule. Dies kann in Kooperation mit dem Fach Bildende Kunst erfolgen.

Einen dadaistischen Vortragsabend gestalten 331

Eenzame stad

```
                                    HOE-HOE

                              gierende gek

                         wind

                    slechts

                 stil

             straat

          stad

     Nacht
```

Zeppelin

```
ZEPPELIN

Dagbladen            good bye Piccadilly
                     farewell Leicester
           ZEPPELIN
           LONDEN

           BEATA INSULA
```

Paul van Ostaijen: Zeppelin und Eenzame stad (v 1921)

Paul van Ostaijen wurde 1896 in Antwerpen geboren. Er schloss sich früh der flämisch-nationalistischen Flamingant-Bewegung an, die sich für einen von der Wallonie unabhängigen flämischen Staat einsetzte. Nach dem Ersten Weltkrieg musste er aufgrund dieses Engagements aus Belgien fliehen und ließ sich in Berlin nieder, um im Umkreis der von ihm bewunderten deutschen Dadaisten zu leben. Nach seiner Rückkehr nach Belgien erkrankte er an Tuberkulose und verstarb 1928 im Sanatorium von Miavoye-Anthée in den Ardennen.

- Suchen Sie nach Gründen dafür, dass beide Texte trotz der verwendeten Fremdsprachen verständlich sind.
- Informieren Sie sich genauer über Paul van Ostaijens Leben und deuten Sie die beiden Texte im Kontext seiner Biografie.
- Erläutern Sie Ihren Mitschülern die Begriffe „Dekadentismus" und „Typografischer Expressionismus", die häufig für van Ostaijens Werke verwendet werden, und interpretieren Sie die beiden Texte mithilfe dieser Terminologie.

Kurt Schwitters: Titelblatt zu „Anna Blume, Dichtungen", 1919

1. a) Diskutieren Sie in Arbeitsgruppen unterschiedliche Möglichkeiten, das Gedicht vorzutragen. Lassen Sie sich dabei sowohl von Form und Bauprinzip des Gedichts wie auch der in ihm dargestellten Aspekte des Themas Liebe leiten.
b) Entscheiden Sie sich für eine Vortragsweise und tragen Sie diese Ihren Mitschülern vor. Begründen Sie Ihren Vortrag.
c) Besprechen Sie im Plenum die verschiedenen Vorträge und ihre Angemessenheit.
d) Diskutieren Sie das Gedicht als Liebesgedicht.

2. Erklären Sie, warum die Gruppe Freundeskreis in ihrem Lied A-N-N-A auf das Gedicht von Kurt Schwitters anspielt.

3. Wählen Sie einen anderen Vers aus Schwitters Gedicht aus und verfassen Sie davon ausgehend ein eigenes Liebesgedicht.

4 Kurt Schwitters (1887–1948): An Anna Blume

Oh Du, Geliebte meiner 27 Sinne, ich liebe Dir!
Du, Deiner, Dich Dir, ich Dir, Du mir, – – – – wir?
Das gehört beiläufig nicht hierher!

Wer bist Du, ungezähltes Frauenzimmer, Du bist, bist Du?
5   Die Leute sagen, Du wärest.
Lass sie sagen, sie wissen nicht, wie der Kirchturm steht.

Du trägst den Hut auf Deinen Füßen und wanderst auf die Hände,
Auf den Händen wanderst Du.

Halloh, Deine roten Kleider, in weiße Falten zersägt,
10 Rot liebe ich Anna Blume, rot liebe ich Dir.
Du, Deiner, Dich Dir, ich Dir, Du mir, – – – – – wir?
Das gehört beiläufig in die kalte Glut!
Anna Blume, rote Anna Blume, wie sagen die Leute?

   Preisfrage:

15   1.) Anna Blume hat ein Vogel,
     2.) Anna Blume ist rot.
     3.) Welche Farbe hat der Vogel.

Blau ist die Farbe Deines gelben Haares,
Rot ist die Farbe Deines grünen Vogels.
20 Du schlichtes Mädchen im Alltagskleid,
Du liebes grünes Tier, ich liebe Dir!
Du Deiner Dich Dir, ich Dir, Du mir, – – – – wir!
Das gehört beiläufig in die – – – Glutenkiste.

5 Freundeskreis: A-N-N-A (Liedtext)

Refrain:
Immer wenn es regnet muss ich an dich denken
wie wir uns begegnen und kann mich nicht ablenken
Nass bis auf die Haut so stand sie da
um uns war es laut und wir kamen uns nah
5 Immer wenn es regnet muss ich an dich denken
Wir wir uns begegnet sind und kann mich nicht ablenken
Nass bis auf die Haut so stand sie da
A-N-N-A

Pitsch patsch nass floh ich unter das
10 Vordach des Fachgeschäfts
vom Himmel goss ein Bach ich schätz'
es war halb acht doch ich war hellwach
Als mich Anna ansah anlachte
Ich dachte sprich sie an denn sie sprach mich an
15 Die Kleidung ganz durchnässt klebte an ihr fest
Die Tasche in der Hand stand sie an der Wand
Die dunklen Augen funkelten wie 'ne Nacht in Asien
Strähnen im Gesicht nehmen ihr die Sicht
Mein Herz klopft die Nase tropft ich schäme mich
20 Benehme mich dämlich bin nämlich eher schüchtern
„Mein Name ist Anna" sagte sie sehr nüchtern
Ich fing an zu flüstern Ich bin Max aus dem „SCHOSS DER KOLCHOSE"
Doch so 'ne Katastrophe, das ging mächtig in die Hose
Mach' mich lächerlich doch sie lächelte „Ehrlich war Mann"
25 Sieh' da Anna war ein HipHop-Fan

Refrain

Plitsch platsch fiel ein Regen wie die Sinnflut
Das Vordach die Insel wir waren wie Strandgut
Ich fand Mut bin selbst überrascht über das Selbstverständnis meines Geständnis(es) Anna
30 Ich fänd' es schön mit dir auszugeh'n
Könnt' mich dran gewöhnen dich öfters zu sehen
Anna zog mich an sich „ansich mach ich das nicht"
spüre ihre süßen Küsse wie sie mein Gesicht liebkost
Was geschieht bloß lass mich nicht los
35 Anna ich lieb' bloß noch dich andere sind lieblos
Du bist wie Vinyl für meinen Dj die Dialektik für Hegel
Pinsel für Picasso für Phillipe Schlagzeugschlegel
Anna wie war das da bei Dada
Du bist von hinten wie von vorne A-N-N-A

Refrain

40 Sie gab mir 'nen Abschiedskuss denn da kam der Bus
Sie sagte „Max ich muss" die Türe schloss „Was ist jetzt Schluss"
              Es goss
Ich ging zu Fuß bin konfus fast gerannt
Anna nahm mein Verstand ich fand an Anna allerhand
Manchmal lach' ich darüber doch dann merk' ich wieder
            wie's mich trifft
45 Komik ist Tragik in Spiegelschrift
A-N-N-A von hinten wie von vorne dein Name sei gesegnet
ich denk' an dich immer wenn es regnet

Refrain

Lass mich nicht im Regen steh'n
Ich will dich wiederseh'n
50 A-N-N-A

Refrain

Text: Welzer, Martin/Kayser, Philippe Alexander/Herre, Max; Copyright: Edition Fourplay

Die Jahrhundertwende im Rückblick – Keine Einheit in der Vielfalt

Die Menschen, die den Wechsel vom 19. ins 20. Jahrhundert erlebten, waren von sehr verschiedenen, ja widersprüchlichen Empfindungen geprägt. Die einen erlebten die Jahrhundertwende als Aufbruch, als Beginn einer neuen, besseren Zeit, die anderen empfanden ihre Gegenwart als Zeit des Verfalls und des Untergangs. Beide Formen des Zeiterlebnisses lassen sich auch in der Literatur feststellen und definieren sich einerseits als **Moderne**, ja sogar als **Avantgarde**, andererseits als **Décadence** und **Fin de Siècle**: Auch in der Literatur der Jahrhundertwende standen deshalb, wie in den bildenden Künsten, Bewahrung und Erneuerung, Resignation und Aktion, Tradition und Experiment unmittelbar nebeneinander. Aber diese Widersprüche waren nicht mehr aufeinander bezogen, sondern schlossen sich gegenseitig aus: Wer sich der Tradition verpflichtet fühlte, sah im Experiment nur Zerstörung, wer dem Experiment zuneigte, erkannte in der Tradition nur Erstarrung. Die literarischen Strömungen der Epoche fanden ihr Selbstverständnis immer auch durch die betonte Ablehnung anderer gleichzeitiger Tendenzen. Die Einheit dieser Epoche, die man ziemlich übereinstimmend vom Beginn der Achtzigerjahre des 19. Jahrhunderts bis zum Ende des Ersten Weltkriegs reichen lässt, ist offensichtlich gerade in ihrer Janus-Gestalt, in ihrer Doppelgesichtigkeit zu erblicken. Deshalb trägt die **Jahrhundertwende** auch keinen anders charakterisierenden als diesen summierenden Epochennamen: Die Vielzahl der in ihr wirksamen Bewusstseins- und Gestaltungsformen ist ihr Charakteristikum. Weil dies als Grundzug der Geistesgeschichte des gesamten 20. Jahrhunderts angesehen wird, bezeichnet man die „Jahrhundertwende" heute meist als **Beginn der Moderne** oder **Klassische Moderne**.

Schematisch lässt sich die Epoche Jahrhundertwende so darstellen:

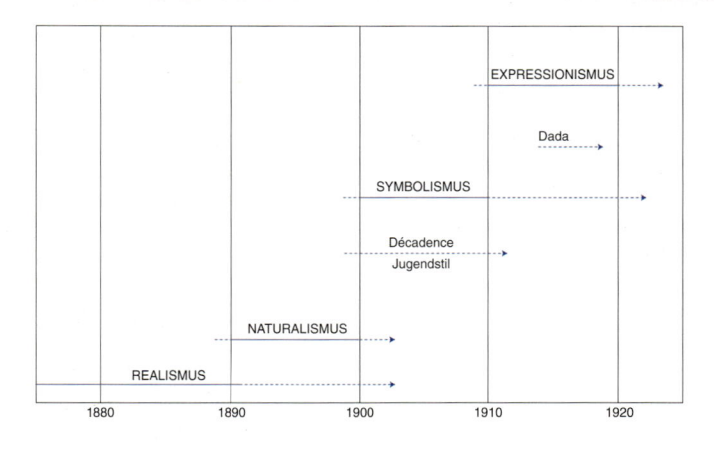

Die bestimmenden Strömungen der Jahrhundertwende waren der Naturalismus, der Symbolismus und der Expressionismus. Kennzeichnend für den Naturalismus ist das soziale Mitgefühl mit den Elenden und die Sensibilität für die Auswirkungen der Industrialisierung. Der **Naturalismus** (vgl. S. 309) begriff den Menschen als die Summe aus seinen Anlagen, seiner sozialen Herkunft und seiner Zeitbedingtheit. Der **Symbolismus** verstand sich als bewusst antinaturalistische Strömung. Er wandte sich von jedem Versuch der Wirklichkeitswiedergabe ab und strebte nach einer **poésie pure** (Mallarmé). Der **Expressionismus** (vgl. S. 317) entstand aus dem Krisenbewusstsein vor 1914. Aus dem Abscheu gegenüber einer verflachten Wirklichkeitsabbildung einerseits und einer Überhöhung der Realität andererseits entwickelte sich das Streben nach Erneuerung und Verwesentlichung des Menschen. Häufig führte dies bei den Dichtern zu einer Abwendung von herkömmlichen Stil- und Gestaltungsmitteln, um dem inneren Erleben neue Ausdrucksformen zu schaffen.

Literatur in der Weimarer Republik und im Exil

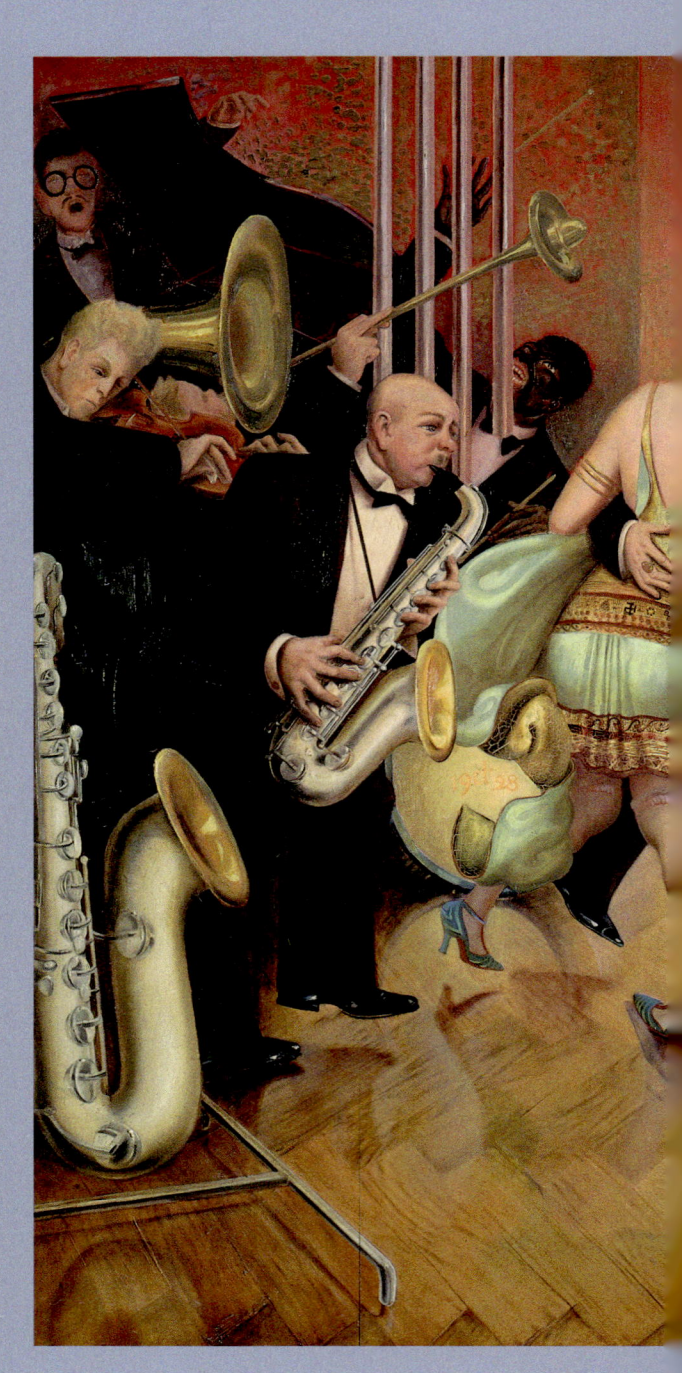

Otto Dix (1891–1969): Großstadt (Tryptichon), 1927/28

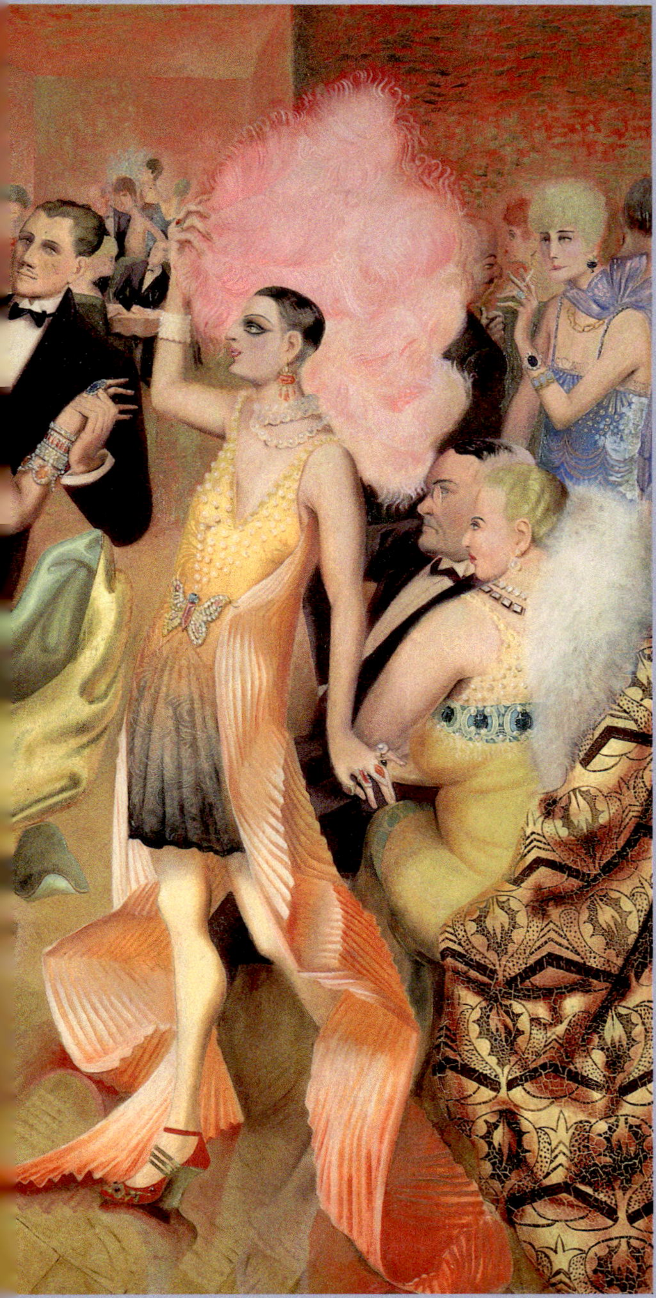

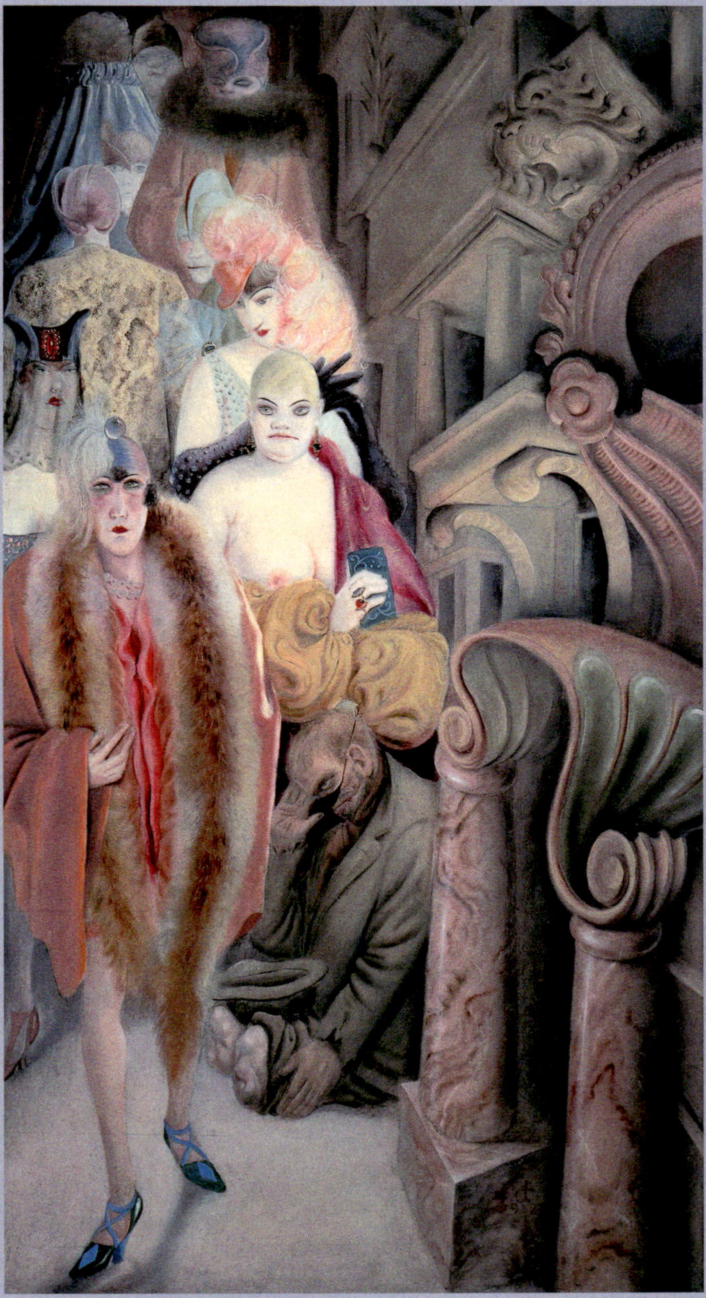

I. Eine Welt aus den Fugen

1. Blick in eine bewegte Welt – Sich über die Widersprüchlichkeiten einer Epoche informieren

1 Aspekte der Zwanzigerjahre

1. Äußern Sie einen ersten Eindruck vom Dix-Tryptichon und skizzieren Sie in einer ➤ Mindmap dessen Themen und Motive.

2. a) ➤ Exzerpieren Sie die markantesten Charakterisierungen der Zeit.
b) Sprechen Sie über die Aussagen, die Ihrer Meinung nach besonders zum Bild von Otto Dix passen.

a) Das ist ja ein Maskenfest und keine Wirklichkeit! Ihr kommt ja aus den Kostümen nicht heraus! *Joseph Roth (1894–1939)* (v 1927)

b) Lebst du heute? Nein, du lebst nicht, du gespensterst. Ich habe selten noch einen Intellektuellen getroffen, der dies nicht in einer „hellen Stunde" zugegeben hätte. Nur wenige haben dieser Erkenntnis die Tat folgen lassen. Sie gespensterten weiter, hin und her geworfen, haltlose Opfer eines unlösbaren Widerspruchs. *Johannes R. Becher (1891–1958)* (v 1927)

c) Drei Viertel eurer Literatur und eure ganze Philosophie sind Ausdruck des Missbehagens. *Bruno Frank (1887–1943)* (v 1929)

d) Ich glaube allerdings, dass sich heute kein Vorwurf leichter als der eines schlechten literarischen Geschmacks verwinden lässt. Denn dass wir heute in einer Zeit ohne Ordnung, Gesetz und absolute Wertungen leben, das deutet sich nicht nur im Moralischen und Politischen an – es muss auch in der Literatur zum Ausdruck kommen. *Ernst Jünger (1895–1998)* (v 1929)

e) Es ist in der kurzen Geschichte der deutschen Republik ein so ungeheurer Umschwung vom Rationalen zum Irrationalen geschehen, dass auch der Blinde ihn sehen muss. Natürlich gibt es keine politische Partei, die ohne irrationale Behelfe auskäme; versucht es eine, ist sie bald am Ende ihres Einflusses. Aber das ist vielleicht einzig, wie entschieden und unverkennbar hier und heute sich ein Volk von der Ratio weg und dem offen deklarierten Wunder zugewendet hat. 5
Rudolf Olden (1885–1940) (v 1932)

f) Das ist aber die Tücke des Weimarer Objekts. Man kann nicht ohne Weiteres über diese Zeit reden, als hätten ihre Zeitgenossen nicht schon genug über sich selbst gesagt. In ihren artikulierten Spitzenleistungen steht die Weimarer Kultur, trotz vieler Gegenbeispiele, als die wachste Epoche der Geschichte vor uns, als ein hoch reflexives, nachdenkliches, fantasievolles und ausdrucksstarkes Zeitalter, das durchpflügt ist von den vielfältigsten Selbstbetrachtungen und 5 Selbstanalysen. Redet man einfach „darüber", so ist man nur zu leicht schon darunter. Unser Kommentar riskiert, Dinge zu glossieren, die sein Verständnis übersteigen, weil oft in den Texten das Selbstverständnis zu solchen Höhen gesteigert ist, dass eine spätere Zeit nicht automatisch davon ausgehen kann, ihre Verstehenskräfte könnten sich die früheren Gipfel wieder erarbeiten. *Peter Sloterdijk (* 1947)* (v 1983)

2 Hermann Hesse (1877–1962): Der Steppenwolf (Auszug)

Die Hauptfigur des Romans, Harry Haller, der sich selbst als „Steppenwolf" bezeichnet, lebt als eigenbrötlerischer Sonderling in seiner Studierstube. Als Individualist sieht er sich als Ausnahmemensch, der die bürgerliche Welt total ablehnt. Die Nächte verbringt er, Zerstreuung und Ablenkung suchend, in billigen Kneipen. Bei einem dieser Streifzüge begegnet er Hermine, die sich seiner annimmt.

Hermine sah mir zärtlich in die Augen, mit dem dunklen Blick, der so plötzlich bei ihr erscheinen konnte. Herrliche, furchtbare Augen! Langsam, die Worte einzeln suchend und nebeneinander stellend, sagte sie – so leise, daß ich mich anstrengen mußte, um es zu hören: „Ich will dir heut etwas sagen, was ich schon lange weiß, und auch du weißt es schon, aber vielleicht hast du es dir selber noch nicht gesagt. Ich sage dir jetzt, was ich über mich und dich und über unser 5 Schicksal weiß. Du, Harry, bist ein Künstler und Denker gewesen, ein Mensch voll Freude und Glauben, immer auf der Spur des Großen und Ewigen, nie mit dem Hübschen und Kleinen zufrieden. Aber je mehr das Leben dich geweckt und zu dir selber gebracht hat, desto größer ist

Hermann Hesse wurde am 2.7.1877 in Calw/Württ. als Sohn eines Missionarsehepaars geboren. Einer streng religiös ausgerichteten Erziehung entzog er sich 1892, indem er die evangelische Klosterschule Maulbronn verließ. Ab 1895 war er Lehrling in einer Buchhandlung in Tübingen, ab 1899 Buchhändler in

deine Not geworden, desto tiefer bist du in Leiden, Bangigkeit und Verzweiflung geraten, bis an
den Hals, und alles, was du einst Schönes und Heiliges gekannt und geliebt und verehrt hast,
all dein einstiger Glaube an die Menschen und an unsre hohe Bestimmung, hat dir nicht helfen
können und ist wertlos geworden und in Scherben gegangen. Dein Glaube fand keine Luft
mehr zum Atmen. Und Ersticken ist ein harter Tod. Ist es richtig, Harry? Ist das dein Schicksal?"

Ich nickte, nickte, nickte.

„Du hattest ein Bild vom Leben in dir, einen Glauben, eine Forderung, du warst zu Taten,
Leiden und Opfern bereit – und dann merktest du allmählich, daß die Welt gar keine Taten
und Opfer und dergleichen von dir verlangt, daß das Leben keine heroische Dichtung ist, mit
Heldenrollen und dergleichen, sondern eine bürgerliche gute Stube, wo man mit Essen und
Trinken, Kaffee und Strickstrumpf, Tarockspiel und Radiomusik vollkommen zufrieden ist.
Und wer das andere will und in sich hat, das Heldenhafte und Schöne, die Verehrung der
großen Dichter oder die Verehrung der Heiligen, der ist ein Narr und ein Ritter Don Quichotte. Gut.
[...] Glaubst du, ich könne deine Angst vor dem Foxtrott, deinen Widerwillen gegen die Bars
und Tanzdielen, dein Sichsträuben gegen Jazzmusik und all den Kram nicht verstehen? Allzu
gut versteh ich sie, und ebenso deinen Abscheu vor der Politik, deine Trauer über das Geschwätz und verantwortungslose Getue der Parteien, der Presse, deine Verzweiflung über den
Krieg, über den gewesenen und über die kommenden, über die Art, wie man heute denkt, liest,
baut, Musik macht, Feste feiert, Bildung betreibt! Recht hast du, Steppenwolf, tausendmal
recht, und doch mußt du untergehen. Du bist für diese einfache, bequeme, mit so wenigem
zufriedene Welt von heute viel zu anspruchsvoll und hungrig, sie speit dich aus, du hast für sie
eine Dimension zuviel. Wer heute leben und seines Lebens froh werden will, der darf kein
Mensch sein wie du und ich. Wer statt Gedudel Musik, statt Vergnügen Freude, statt Geld Seele, statt Betrieb echte Arbeit, statt Spielerei echte Leidenschaft verlangt, für den ist diese hübsche Welt hier keine Heimat ..." (v 1927)

(Aus lizenzrechtlichen Gründen ist dieser Text nicht in reformierter Rechtschreibung abgedruckt.)

Basel, ab 1904 freier Schriftsteller. Zunächst lebte er am Bodensee, später im Tessin. Er unternahm zahlreiche Reisen in Europa und nach Indien (1911). Als Lyriker und Erzähler war er bestimmt durch den Gegensatz Geist – Leben (Natur). Seine ersten Werke sind stark autobiografisch geprägt (Unterm Rad, 1906), seine späteren stehen auch unter dem Einfluss der Psychoanalyse (Der Steppenwolf, 1927) oder der indischen Philosophie. In seinem Alterswerk Das Glasperlenspiel (1943) versuchte er, indem er östliche und westliche Weisheit vereinte, ein utopisches Bild geistiger Gemeinschaft zu zeichnen. Hesse wurde auch bekannt als Maler (Aquarellist). Hesses Ruhm hält bis heute an. In den 60er-Jahren wurde er zum Lieblingsautor der Hippiebewegung. 1946 wurde ihm der Literaturnobelpreis verliehen. Er starb am 9.8.1962 in Montagnola (Schweiz).

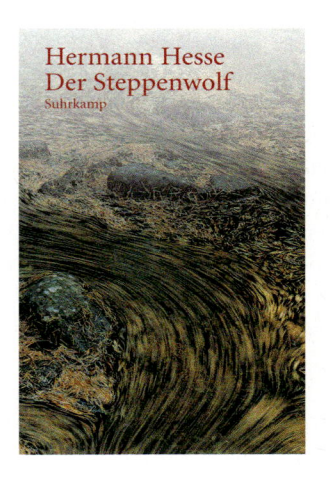

3 Thomas Mann (1875–1955): Der Zauberberg (Auszug)

Hans Castorp besucht nach seinem Examen in Davos einen lungenkranken Vetter. Von der im Sanatorium herrschenden Lebensart ist er sehr beeindruckt. Er erkrankt auch und verbringt dann sieben Jahre „hier oben" im Sanatorium. Die Zeit selbst bzw. das Erlebnis von Zeit ist das Thema des Romans, und die Allgegenwart des Todes wird zum Bild für die kranke, dem Tod verfallene Welt schlechthin.

Der Mensch ist Herr der Gegensätze, sie sind durch ihn, und also ist er vornehmer als sie. Vornehmer als der Tod, zu vornehm für diesen – das ist die Freiheit seines Kopfes. Vornehmer als das Leben, zu vornehm für dieses – das ist die Frömmigkeit in seinem Herzen. Da habe ich einen Reim gemacht, ein Traumgedicht vom Menschen. Ich will dran denken. Ich will gut sein.
Ich will dem Tode keine Herrschaft einräumen über meine Gedanken! Denn darin besteht die Güte und Menschenliebe, und in nichts anderem. Der Tod ist eine große Macht. Man nimmt den Hut ab und wiegt sich vorwärts auf Zehenspitzen in seiner Nähe. Er trägt die Würdenkrause des Gewesenen, und selber kleidet man sich streng und schwarz zu seinen Ehren. Vernunft steht albern vor ihm da, denn sie ist nichts als Tugend, er aber Freiheit, Durchgängerei, Unform und Lust. Lust, sagt mein Traum, nicht Liebe. Tod und Liebe – das ist ein schlechter Reim, ein abgeschmackter, ein falscher Reim! Die Liebe steht dem Tode entgegen, nur sie, nicht die Vernunft, ist stärker als er. Nur sie, nicht die Vernunft, gibt gütige Gedanken. Auch Form ist nur aus Liebe und Güte: Form und Gesittung verständig-freundlicher Gemeinschaft und schönen Menschenstaats – in stillem Hinblick auf das Blutmahl. Oh, so ist es deutlich geträumt und gut regiert! Ich will dran denken. Ich will dem Tode Treue halten in meinem Herzen, doch mich hell erinnern, dass Treue zum Tode und Gewesenen nur Bosheit und finstere Wollust und Menschenfeindschaft ist, bestimmt sie unser Denken und Regieren. *Der Mensch soll um der Güte und Liebe willen dem Tode keine Herrschaft einräumen über seine Gedanken*. Und damit wach ich auf ... Denn damit hab ich zu Ende geträumt und recht zum Ziele. (v 1924)

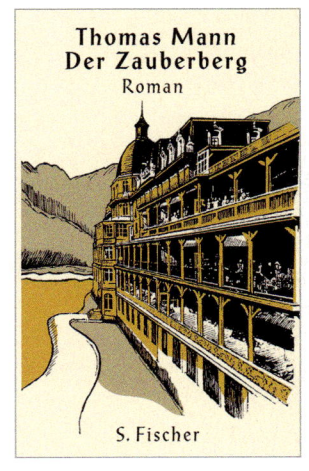

3. Die beiden Romanauszüge (Texte 2 und 3) geben summarische Lebenseinsichten wieder.
a) Fassen Sie diese Einsichten kurz zusammen.
b) Erörtern Sie kritisch die Folgen, die sich für den Einzelnen aus diesen Einsichten ergeben.

Das Feuilleton

Das Feuilleton (< frz. feuille = das Blatt: Beiblatt einer Zeitung) umfasst den Kulturteil einer Zeitung mit Nachrichten, Kommentaren, Kritiken, Glossen usw. aus dem Kultur- und Geistesleben sowie Buchbesprechungen (Rezensionen), populärwissenschaftlichen Beiträgen und einem Unterhaltungsteil, zu dem meist auch ein Fortsetzungsroman gehört. Der Erfinder des Feuilletons ist der französische Abbé J. L. de Geoffroy, der seit 1800 seinem „Journal des Débats" ein Beiblatt kulturellen Inhalts beilegte, das so beliebt war, dass es 1801 zum integrierten Bestandteil des Blattes wurde, von den anderen Informationen durch einen dicken schwarzen Strich getrennt („unter'm Strich"). 1831 übernahm diese Form der „Nürnberger Correspondent" als erste deutsche Zeitung. Das Feuilleton im engeren Sinne ist ein essayhafter, aber meist subjektiver, auf Information und Unterhaltung gleichermaßen bedachter, eher skizzenhafter, auf elegante und witzige Formulierungen angelegter, betrachtender Beitrag im Kulturteil einer Zeitung. Das Feuilleton hatte seine Höhepunkte im Vormärz (Heine, Börne u. a.) sowie von der Jahrhundertwende bis zum Ende der Weimarer Republik (Egon Friedell, Alfred Kerr, Alfred Polgar, Kurt Tucholsky, Joseph Roth u. a.).

1. Lesen Sie Text 1 und fassen Sie seinen Inhalt kurz mit eigenen Worten zusammen.

2. a) Beschreiben Sie auffällige Merkmale von Inhalt und Form.
b) Begründen Sie mithilfe der o. a. Informationen den feuilletonistischen Charakter des Textes.

3. Interpretieren Sie Kafkas Parabel „Gibs auf".

2. Rätselhaftigkeit der Welt und Sinnverlust des Lebens – Sich mit dem Menschen- und Weltbild der Zwanzigerjahre auseinandersetzen

1 Alfred Polgar (1873–1955): Verfall (Auszug)

Die Menschen

Die Menschen machen böse Mienen zum selbst verschuldeten Spiel. Ihre zerlöcherten Seelen sind mit Zeitungspapier verklebt wie die zerlöcherten Fenster der Vorstadt, und schwankend im Winde gleich den Bogenlampen auf hohem Mast träumen sie, leer und blind wie jene, von versunkener Herrlichkeit. Sie sind voll bitterer Verneinung einer Gegenwart, die die logische Folge einer von ihnen durchaus bejahten Vergangenheit ist. Sie sind zugrunde gegangen an dem, was war, und klagen, dass es nicht mehr ist. Jede Schaufel Erde, die auf den Leichnam fällt, dessen Fäulnis und Verwesung ihre Luft verpestet, fällt ihnen aufs Herz. Sie ziehen das Mirakel der Wiederauferstehung den Strapazen der Neugeburt vor. Sie sind stehen geblieben und unerleuchtet wie die Uhren der Stadt. Sie sind mit ihrem Übermut und ihrer Depression, ihrer Lebenslust und ihrem Weltschmerz nicht nur Zeugen für den Verfall dieser Stadt, sondern auch Zeugen für solchen Verfalls strenge Logik und innere Notwendigkeit.

Die ewigen Sterne

Die ewigen Sterne über der Stadt sind in Ordnung. Die Schwingenspitzen des Schwans glänzen in alter Herrlichkeit, das W der Cassiopeia flammt in unverminderter Kraft, aus dem Gürtel des Orion ist kein Edelstein gebrochen, und glanzvoll aufgeschirrt, Räder und Deichsel von lauterem Gold, steht der große Wagen auf seinem Standplatz. Unser Sternenzelt ist noch intakt.
Von der anderen Kant'schen Gewissheit, dem Sittengesetz in der Brust, möchte ich das nicht so sicher behaupten. (e 1919)

2 Franz Kafka (1883–1924): Gibs auf

Es war sehr früh am Morgen, die Straßen rein und leer, ich ging zum Bahnhof. Als ich eine Turmuhr mit meiner Uhr verglich, sah ich, dass es schon viel später war, als ich geglaubt hatte, ich musste mich sehr beeilen, der Schrecken über diese Entdeckung ließ mich im Weg unsicher werden, ich kannte mich in dieser Stadt noch nicht sehr gut aus, glücklicherweise war ein Schutzmann in der Nähe, ich lief zu ihm hin und fragte ihn atemlos nach dem Weg. Er lächelte und sagte: „Von mir willst du den Weg erfahren?" „Ja", sagte ich, „da ich ihn selbst nicht finden kann." „Gibs auf, gibs auf", sagte er und wandte sich mit einem großen Schwunge ab, so wie Leute, die mit ihrem Lachen allein sein wollen. (e 1922)

3 Heinz Politzer (1910–1978): Eine Parabel Kafkas – Versuch einer Interpretation (Auszug)

Nicht nur in der Wahl seiner Thematik, sondern auch in der Art seiner Darstellung ist Kafka ein Meister der offenen Form. Wer immer seinen vieldeutigen Gebilden einen eindeutigen Sinn abziehen will, erhält, wie der Mann von dem Schutzmann unserer Anekdote, eine Frage als Antwort zurück.
Dies ist leicht zu erweisen, indem wir diese Geschichte kurz den drei landläufigen Methoden der Kafka-Kritik unterziehen: der historischen, der psychologischen und der religiösen. Historisch gesehen, leidet der Mann, der die Stadt um jeden Preis verlassen will, an einer akuten Klaustrophobie[1], von der Kafka fast während seines ganzen Lebens besessen war. „Weg von hier – das ist mein Ziel", heißt es in der Nachbargeschichte unserer Anekdote „Der Aufbruch". Als

---
[1] die Klaustrophobie (< lat. claustra = Verschluss, Käfig; < gr. phobie = Furcht): Angst vor Aufenthalt in geschlossenen Räumen

deutscher Jude im tschechischen Prag lebte Kafka in einem dreifachen Getto, dem jüdischen zuerst, das seinerseits von aufsässigen Slawen umgeben war, um die als ein dritter Wall die Verwaltung der altösterreichischen Beamtenschaft gezogen war, die bis 1918 im Namen Habsburgs Prag regierte. Auch Kafka „kannte sich in dieser Stadt noch nicht sehr gut aus", obgleich er, zum Unterschied von dem Mann in unserer Geschichte, dort geboren war; die deutsche Sprache trennte ihn von den Tschechen, aus denen sich die Bediensteten und Angestellten seines Vaters rekrutierten und aus deren Mitte ihm gegen Ende seines Lebens die passionierte Milena Jesenská entgegentrat; sein Judentum hielt ihn der österreichischen Oberschicht entfremdet, welche die Stadt nach den Grundsätzen und Vorurteilen der überalterten Monarchie verwaltete. Kafka war sich dieser „Historizität" seines persönlichen Lebens gelegentlich selbst bewusst geworden. So schreibt er am 13. Januar 1921 an Max Brod über seine „augenblickliche innere Situation": „Sie erinnert ein wenig an das alte Österreich. Es ging ja manchmal ganz gut, man lag am Abend auf dem Kanapee im schön geheizten Zimmer, das Thermometer im Mund, den Milchtopf neben sich und genoss irgendeinen Frieden, aber es war nur irgendeiner, der eigene war es nicht. Eine Kleinigkeit nur, ich weiß nicht, die Frage des Trautenauer Kreisgerichtes war nötig und der Thron in Wien fing zu schwanken an, ein Zahntechniker ... studiert halblaut auf dem oberen Balkon und das ganze Reich, aber wirklich das ganze, brennt mit einem Mal."

Aus dieser Sphäre erschütterter Autorität tritt dann auch unser Schutzmann hervor als das Sinnbild eines Staatswesens, das sich zwar in der äußeren Form seiner Ämter noch aufrecht erhielt, in allem Wesentlichen aber außerstande war, dem einfachen Untertanen Auskunft, geschweige denn Schutz zu gewähren. Des Polizisten Überraschung über die Frage des Mannes liest sich so als Eingeständnis der Auswegslosigkeit von Österreichs politischem Schicksal, sein „Gibs auf" als das Todesurteil, das ein zu „farbenvollem Untergang" (Stefan George) bestimmtes Imperium über sich selbst und seinen Bürger verhängt. Doch lässt Kafka das Verhältnis von Mann und Schutzmann, Hauptfigur und Amtsperson, von Mensch und Gesellschaft durchaus bewusst so offen, dass eine historische Deutung, wie die E. B. Burgums, Kafkas Helden als Protofaschisten, eine andere, wie die Paul Reimanns, sie als Protokommunisten bezeichnen konnte. Eine These, die sich so leicht ins Extrem verzerren lässt, bleibt wohl auch in ihrem Zentrum unhaltbar und stellt mehr Fragen, als sie beantworten kann.

Psychologisch interpretiert, ist unsere Anekdote zunächst eine Studie der Neurasthenie[1]. Dreimal versagen unserem Mann die Nerven: wenn er sein Zuspätkommen entdeckt, wenn ihn der Schutzmann mit seiner Gegenfrage mystifiziert und wenn er am Ende in die Ohnmacht völligen Schweigens zurücksinkt. Uralte Ängste liefern ihn Situationen aus, die er gar nicht erst zu meistern versucht: die Angst, es sei zu spät, welche ja nur eine Form der Furcht vor dem Tode ist, der dem Leben ein Ziel setzt, ehe noch der Weg ans Ende gegangen und die Frucht geerntet ist; eine Angst, die sich in Kafkas Fall auch bewahrheitete, da er mit 41 Jahren starb und sein Werk als Bruchwerk zurückließ. Dazu tritt die Angst vor dem Schutzmann, der ihm den Weg versperrt, den er ihm hätte weisen sollen. Auf der Ebene der Psychologie ist dies eine Allegorie von Kafkas Vater und der Erziehung, die dieser ihm zuteil werden ließ. Der lange Brief, in dem Kafka im Jahre 1919 seinem Vater gegenüber Rechenschaft ablegte, bietet Lebensmaterial genug für unsere Geschichte. [...] Danach versperrte hinter der Gestalt des Polizisten die hünenhaft aufgereckte Traumfigur des Vaters dem Sohn den Weg in jenes normale Leben, der Kafka immer mehr als der einzig gangbare, der wahre erschien, meldeten sich im „Gibs auf" des Vatersymbols Kafkas Zweifel an seiner eigenen Männlichkeit zu Gehör. Denn wohl konnte er an den Vater schreiben: „Heiraten, eine Familie gründen, alle Kinder, welche kommen, hinnehmen, in dieser unsicheren Welt erhalten oder gar noch ein wenig führen, ist meiner Überzeugung nach das Äußerste, das einem Menschen überhaupt gelingen kann", dann aber sinkt er, wie der Mann vor dem Schutzmann vor seinem Vater zurück, wenn er diesem entgegenruft: „So wie wir (beide) sind, ist mir das Heiraten dadurch verschlossen, dass es gerade dein eigenstes Gebiet ist." [...] (Es) wird sich immerhin sagen lassen, dass die psychologische Deutung diejenige war, die Kafkas Generation – und wohl gelegentlich auch ihm selbst – nahe liegen musste. [...]

Von einer solchen Deutung ist es dann freilich nur mehr ein kurzer Schritt zu einer religiösen Interpretation. In dieser stellt der Schutzmann nicht mehr die Figur des leiblichen Vaters dar,

---

[1] die Neurasthenie (< gr. neuron = Nerv, astheneia = Schwäche): Zustand nervöser Erschöpfung

Franz Kafka wurde am 3.7.1883 als Sohn eines tschechisch-jüdischen Vaters und einer deutsch-jüdischen Mutter geboren. Die Eltern waren von einem starken Willen zum materiellen Erfolg geprägt und ständig auf sozialen Aufstieg bedacht. Besonders der Vater bevormundete den sensiblen und introvertierten Sohn, der sich doch zeitlebens nicht von der als Einengung empfundenen Familie trennen konnte (Brief an den Vater, November 1919). Nach dem Besuch des humanistischen Gymnasiums studierte Kafka Jura und hatte 1907 alle Voraussetzungen für eine erfolgreiche Berufslaufbahn erworben. Er wurde Versicherungsangestellter und stieg rasch in eine leitende Stellung auf. Durch seine Arbeit lernte er die Situation der Arbeiter, das Gefühl des Ausgeliefertseins des modernen Menschen an anonyme Mächte kennen. Aber sein Beruf war ihm „unerträglich, weil er meinem einzigen Verlangen, und meinem einzigen Beruf, das ist die Literatur, widerspricht". Kafka schloss sich einem Kreis Prager Literaten an, von denen Max Brod als Freund und späterer Nachlassverwalter eine große Bedeutung gewann. Aber anders als seine Freunde veröffentlichte er nur sehr wenig. An seiner ältesten erhaltenen Erzählung Beschreibung eines Kampfes hatte er von 1902 bis 1910 gearbeitet; sie enthält schon alle Themen und Darstellungsmittel, die auch seine späteren Werke ausmachen: Aus Bruchstücken seiner Wirklichkeitserfahrung baut er eine Welt der Selbstentfremdung des Menschen, der Lebens- und Existenzangst, der Unterworfenheit unter anonyme Mächte, der Orientierungslosigkeit und des Albtraums. 1912 schrieb Kafka in einer einzigen Nacht seine Erzählung Das Urteil, die 1913 im Druck erschien und seinen Ruhm begründete. Die folgenden Jahre waren bestimmt durch die Entstehung des Romans Der Prozess und die Beziehung zu Felice Bauer, mit der sich Kafka zweimal verlobte, ehe er die Bindung Ende 1917 wegen einer bei ihm festgestellten offenen Tuberkulose endgültig löste. 1922 erreichte er seine vorzeitige Pensionierung und beendete den Roman Das Schloss, der heute als Spiegelbild zum Prozess aufgefasst wird. Am 3.6.1924 starb Kafka in einem Sanatorium in der Nähe von Wien. Kafkas Werk gilt heute als eines der wichtigsten der gesamten Weltliteratur.

sondern erscheint als der Sendling einer spirituellen Sphäre, die der menschlichen nichts anderes mitzuteilen hat als das Gebot, „es aufzugeben", und sich sodann majestätisch den eigenen Obliegenheiten zuwendet. Das Fremdgefühl des Menschen auf dieser Erde, die Unvertrautheit des Mannes mit der Stadt, erhalten nun einen metaphysischen Sinn. Namenlos und allgemein zugleich wie der Jedermann im spätmittelalterlichen Mysterienspiel wird dieser Mann inmitten seiner Erdenzeit von der Ewigkeit angetreten, wenn er die eigne Uhr mit jener auf dem Turm vergleicht. Nur eben dass die Ewigkeit diesem Mann weder Auskunft noch Schutz bieten kann, und zwar jener Unruhe wegen, die in seinem Innern wirkt, ihn zur Abreise treibt und damit schon seinen ersten Schritt zum Fehltritt werden lässt – und „es ist niemals gutzumachen". „Es gibt zwei menschliche Hauptsünden", notiert Kafka in den Betrachtungen, „aus welchen sich alle andern ableiten: Ungeduld und Lässigkeit. Wegen der Ungeduld sind sie aus dem Paradies vertrieben worden, wegen der Lässigkeit kehren sie nicht zurück. Vielleicht aber gibt es nur eine Hauptsünde: die Ungeduld. Wegen der Ungeduld sind sie vertrieben worden, wegen der Ungeduld kehren sie nicht zurück." Diese Ungeduld ist mystischer Natur; sie bestürmt das Gottesreich um seine Wiederkehr; aber gerade um ihretwillen bleibt das Jenseits dem Diesseits verschlossen. [...]

Die Schwäche dieser drei Deutungen liegt nun nicht etwa darin, dass sie einander ausschlössen, sondern im Gegenteil in der Tatsache, dass sie, zusammengenommen und übereinander gehalten, der Bedeutungsfülle, die sich in unserer Geschichte verbirgt, nicht gerecht zu werden vermögen. (v 1965)

1. a) Stellen Sie Merkmale der von Politzer vorgestellten Interpretationsansätze in einer Tabelle einander gegenüber.
b) Prüfen Sie Vor- und Nachteile der einzelnen Methoden.
c) Ziehen Sie Ihre Interpretation heran und untersuchen Sie, welche der drei Methoden Aspekte enthält, die Ihre Interpretation sinnvoll ergänzen können.

4 Adolf Hoffmeister (1902–1973): Kafka in der Perspektive der Zeit

2. Sprechen Sie über die Collage. Stellen Sie dabei einen Bezug zu den bei Politzer dargestellten Deutungsrichtungen der Kafka-Forschung her.

Prosainterpretation: Methoden

Interpretationsansätze haben Sie als textimmanente und textexterne Methoden kennengelernt und erprobt (vgl. S. 42, 338f.), um dichterische Texte, die sich einem unmittelbaren Zugang i. d. R. verschließen, verstehen zu lernen. Dichtung ist vielschichtig und multivalent durch vielfältige Bedeutungsnuancen und sog. „Leerstellen", durch Verweisungstechniken, eine eigene Bildsprache und Symbolik bis hin zur schwer auflösbaren Chiffrierung. Wegen der Vieldeutigkeit von Dichtung und wegen der je verschiedenen Rezeption wird Interpretation als planvolle Methode der Textdeutung heute nicht mehr als *ein* Weg zu der *einen* Wahrheit verstanden.

Wenn Interpretation heute im Plural von **Interpretationsmethoden** gesehen wird, so steht dahinter auch die Überzeugung, dass unterschiedliche Fragestellungen zu unterschiedlichen Antworten führen und dass je nach den Eigenarten des Textes einzelne Interpretationsansätze ergiebiger sind als andere. Die Erprobung mehrerer Methoden, das synthetische Interpretieren, wird heute für das richtige Verfahren gehalten. Unzulässig aber sind ideologische Interpretationsansätze, die nicht der Erschließung des Textes dienen, sondern denen es nur um Selbstbestätigung mithilfe des Textes geht. Maßstab für die Angemessenheit einer Methode ist stets die Frage, wieweit sie geeignet ist, einen oder mehrere Aspekte eines Textes zu erschließen, ihre Aussage überzeugend zu begründen und glaubwürdig zu belegen. Wenn man von der bewusst auf Teilaspekte des Textes zielenden Textanalyse absieht, lassen sich vor allem drei grundlegende Interpretationsansätze herausstellen:

1. Die **werkimmanente Interpretation** versteht den literarischen Text als autonomes Kunstwerk, dessen Sinnpotenzial es im Zusammenspiel von Inhalt, Struktur und Stil zu verstehen gilt. Die Betroffenheit des Lesers ist Ausgangspunkt für eine Betrachtung, die ihre Einsichten aus dem Text selbst gewinnt, aus seinen strukturellen Elementen in ihrer Funktionalität. Ziel ist die Erhellung des Textsinns in seiner spezifisch dichterischen Erscheinungsweise. Der Kunstwert eines Werks bemisst sich dabei nach dem Grad der Stimmigkeit von Inhalt und Form. Der „monarchische Anspruch des Kunstwerks" (P. Rusterholz) wird durch diese Interpretation erst richtig bewusst gemacht.

Die Gefahr, dass der Interpret/die Interpretin einer „Fehlleitung des Gefühls" zum Opfer fällt, wird durch die Sorgfalt der hermeneutischen Methode des Verstehens und durch das historische Wissen verhindert.

2. Die **an den Produktionsbedingungen orientierte Interpretation** lässt sich differenzieren:

– Die **biografische Methode** bezieht Kenntnisse über das Leben des Autors/der Autorin ein und prüft, inwieweit bestimmte Erlebnisse und Erfahrungen die Themenwahl und Gestaltung beeinflussen oder gar bestimmen.

– Verwandt ist die **psychoanalytische Methode**, die ein Werk als Ausdruck seelischer Befindlichkeiten begreift – von Angst, Freude, Glück, Traumvorstellungen, Sehnsüchten etc. – und mithilfe psychologischer Erkenntnisse und Erklärungsmuster erschließen will.

– Die **geistesgeschichtliche Methode** versucht, Literatur aus den kulturellen Strömungen ihrer Entstehung zu deuten. Sie stellt Fragen nach der Lebenssituation, den geistigen Impulsen aus der Philosophie, der Kunst, der Musik und den Wissenschaften, die ein Werk geprägt haben im Epochenzusammenhang (z. B. Barock, Klassik, Romantik etc.). Auf diese Weise lassen sich Einsichten darüber gewinnen, ob ein Dichter Vorläufer, richtungweisender Protagonist oder nachahmender Epigone in seiner Zeit war.

– Die **literatursoziologische Methode** vertritt die Auffassung, dass neben den kulturellen Einflüssen im engeren Sinne auch die historisch-politischen und gesellschaftlichen Bedingungen – z. B. Krisenzeiten, Herrschaftsverhältnisse, Regierungssysteme und Sozialstrukturen – sowohl für das Entstehen von Literatur als auch für deren Verstehen untersucht werden müssen. Ein Beispiel für extreme ideologische Auslegung von Literatur ist die dialektisch-materialistische Methode, die den Lehren des Marxismus folgt.

3. Innerhalb der **wirkungsorientierten Interpretation** unterscheidet man zwei Hauptrichtungen:

– Die **rezeptionsästhetische Methode** geht vom Interesse des Lesers am Text sowie vom Vorhandensein mehrerer Deutungsmöglichkeiten aus. Im Frage- und Antwortspiel zwischen Leser und Werk kann nicht nur die (Be-)Deutung des Textes an sich, sondern zugleich sein Wert für den jeweiligen Leser ermittelt werden.

– Die **rezeptionsgeschichtliche Methode** untersucht Reaktionen von Lesern über längere Zeiträume: Wie wird ein Text zu verschiedenen Zeiten von Menschen unterschiedlichen sozialen Standes verstanden und gewertet? Wie können die jeweiligen Interpretationen erklärt werden?

– Z. B.: Die Darstellung der verzweifelten Ausweglosigkeit in Kafkas „Gibs auf", wie diese in Aufbau, Syntax und Wortwahl deutlich wird

– Z. B.: Franz Kafkas „Getto"-Situation im slawischen Prag als Jude, der deutsch sprach und schrieb

– Z. B.: Franz Kafkas Angst vor geschlossenen Räumen (seine Klaustrophobie) und vor dem übermächtig erscheinenden Vater

– Z. B.. Franz Kafkas Stellung in der Umbruchsituation verschiedener Stilrichtungen

– Z. B.: Franz Kafka als „Seismograf" heraufziehender Diktaturen des 20. Jahrhunderts

– Z. B.: Kafka-Rezeption durch seine Zeitgenossen in Westeuropa und den USA während der NS-Zeit und nach 1945 in Deutschland

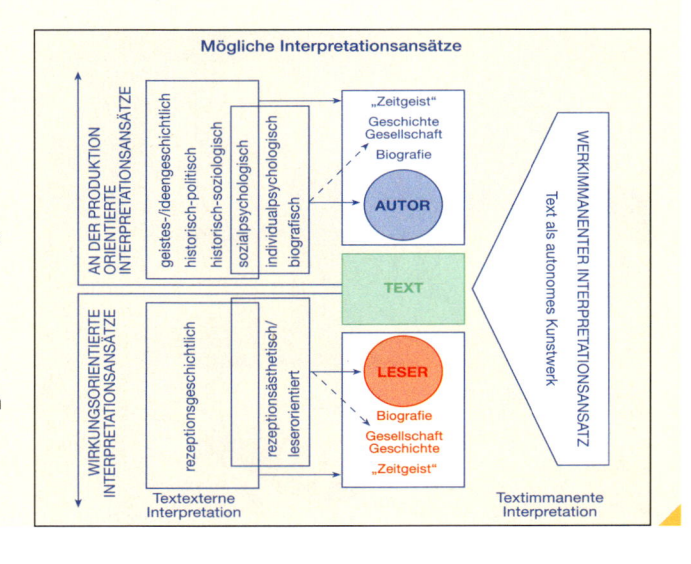

5 Franz Kafka (1883–1924): Auf der Galerie

Wenn irgendeine hinfällige, lungensüchtige Kunstreiterin in der Manege auf schwankendem Pferd vor einem unermüdlichen Publikum vom peitschenschwingenden erbarmungslosen Chef monatelang ohne Unterbrechung im Kreise rundum getrieben würde, auf dem Pferde schwirrend, Küsse werfend, in der Taille sich wiegend, und wenn dieses Spiel unter dem nicht aussetzenden Brausen des Orchesters und der Ventilatoren in die immerfort weiter sich öffnende graue Zukunft sich fortsetzte, begleitet vom vergehenden und neu anschwellenden Beifallsklatschen der Hände, die eigentlich Dampfhämmer sind – vielleicht eilte dann ein junger Galeriebesucher die lange Treppe durch alle Ränge hinab, stürzte in die Manege, rief das: Halt! durch die Fanfaren des sich immer anpassenden Orchesters.

Da es aber nicht so ist; eine schöne Dame, weiß und rot, hereinfliegt, zwischen den Vorhängen, welche die stolzen Livrierten vor ihr öffnen; der Direktor, hingebungsvoll ihre Augen suchend, in Tierhaltung ihr entgegenatmet; vorsorglich sie auf den Apfelschimmel hebt, als wäre sie seine über alles geliebte Enkelin, die sich auf gefährliche Fahrt begibt; sich nicht entschließen kann, das Peitschenzeichen zu geben: schließlich in Selbstüberwindung es knallend gibt; neben dem Pferde mit offenem Munde einherläuft; die Sprünge der Reiterin scharfen Blickes verfolgt; ihre Kunstfertigkeit kaum begreifen kann; mit englischen Ausrufen zu warnen versucht; die reifenhaltenden Reitknechte wütend zu peinlichster Achtsamkeit ermahnt; vor dem großen Salto mortale das Orchester mit aufgehobenen Händen beschwört, es möge schweigen; schließlich die Kleine vom zitternden Pferde hebt, auf beide Backen küsst und keine Huldigung des Publikums für genügend erachtet; während sie selbst, von ihm gestützt, hoch auf den Fußspitzen, vom Staub umweht, mit ausgebreiteten Armen, zurückgelehntem Köpfchen ihr Glück mit dem ganzen Zirkus teilen will – da dies so ist, legt der Galeriebesucher das Gesicht auf die Brüstung und, im Schlussmarsch wie in einem schweren Traum versinkend, weint er, ohne es zu wissen. (e 1916/17)

1. Interpretieren Sie, ausgehend von einem ▶ Schreibgespräch, Kafkas „Auf der Galerie".

2. a) Probieren Sie auch andere Interpretationsmethoden.
b) Beziehen Sie die Skizzen von de Chirico (Text 6) mit ein.

6 Giorgio de Chirico (1888–1978): Auf der Galerie

7 Robert Walser (1878–1956): Ovation

Stelle dir, lieber Leser, vor, wie schön, wie zauberhaft das ist, wenn eine Schauspielerin, Sängerin oder Tänzerin durch ihr Können und durch die Wirkung desselben ein ganzes Theaterpublikum zu stürmischem Jubel hinreißt, dass alle Hände in Bewegung gesetzt werden und der schönste Beifall durch das Haus braust. Stelle dir vor, dass du selber mit hingerissen seiest,
5 der Glanzleistung deine Huldigung darzubringen. Von der umdunkelten, dicht bevölkerten Galerie herab hallen, Hagelschauern ähnlich, Beifallskundgebungen herab, und gleich dem rieselnden Regen regnet es Blumen über die Köpfe der Leute auf die Bühne, von denen einige von der Künstlerin aufgehoben und, glücklich lächelnd, an die Lippen gedrückt werden. Die beglückte, vom Beifall wie von einer Wolke in die Höhe gehobene Künstlerin wirft dem Publi-
10 kum, als wenn es ein kleines, liebes, artiges Kind sei, Kusshand und Dankesgeste zu, und das große und doch kleine Kind freut sich über diese süße Gebärde, wie eben nur immer Kinder sich freuen können. Das Rauschen bricht bald in Toben aus, welches sich wieder ein wenig zur Ruhe legt, um gleich darauf von Neuem wieder auszubrechen. Stelle dir die goldene, wenn nicht diamantene Jubelstimmung vor, die wie ein sichtbarer göttlicher Nebelhauch den Raum
15 erfüllt. Kränze werden geworfen, Buketts; und ein schwärmerischer Baron ist vielleicht da, der ganz dicht am Rand der Bühne steht, den Schwärmerkopf bei der Künstlerin kleinen, kostbaren Füßen. Nun, und dieser adlige Begeisterungsfähige legt vielleicht dem umschwärmten und umjubelten Kinde eine Tausendmarknote unter das bestrickende Füßchen. „Du Einfaltspinsel, der du bist, behalte du doch deine Reichtümer!" Mit solchem Wort bückt sich das Mädchen,
20 nimmt die Banknote und wirft sie verächtlich lächelnd dem Geber wieder zurück, den die Scham beinahe erdrückt. Stelle dir das und andres recht lebhaft vor, unter anderm die Klänge des Orchesters, lieber Leser, und du wirst gestehen müssen, dass eine Ovation etwas Herrliches ist. Die Wangen glühen, die Augen leuchten, die Herzen zittern, und die Seelen fliegen in süßer Freiheit, als Duft, im Zuschauerraum umher, und immer wieder muss der Vorhangmann
25 fleißig den Vorhang hinaufziehen und herunterfallen lassen, und immer wieder muss sie hervortreten, die Frau, die es verstanden hat, das ganze Haus im Sturm für sich zu gewinnen. Endlich tritt Stille ein, und das Stück kann zu Ende gespielt werden. (e 1916)

3. Kafka hat Walsers Text „Ovation" nachweislich gekannt, als er seine Parabel „Auf der Galerie" schrieb.
a) Zeigen Sie, wie Kafka Walsers Geschichte verändert hat.
b) Achten Sie dabei auf das Motiv „Zirkuswelt" und versuchen Sie, den Unterschied als Ausdruck einer Bewusstseinsveränderung zu verstehen.

II. Der Tanz auf dem Vulkan

1. Der lange Schatten des Krieges – Literarische Verarbeitungen einer Katastrophe kennenlernen

1 Erich Maria Remarque (1898–1970): Im Westen nichts Neues
(Auszug)

Trommelfeuer, Sperrfeuer, Gardinenfeuer, Minen, Gas, Tanks, Maschinengewehre. Handgranaten – Worte, Worte, aber sie umfassen das Grauen der Welt.
Unsere Gesichter sind verkrustet, unser Denken ist verwüstet, wir sind todmüde; – wenn der Angriff kommt, müssen manche mit den Fäusten geschlagen werden, damit sie erwachen und
5 mitgehen; – die Augen sind entzündet, die Hände zerrissen, die Knie bluten, die Ellbogen sind zerschlagen.
Vergehen Wochen – Monate – Jahre? Es sind nur Tage. – Wir sehen die Zeit neben uns schwinden in den farblosen Gesichtern der Sterbenden, wir löffeln Nahrung in uns hinein, wir laufen, wir werfen, wir schießen, wir töten, wir liegen herum, wir sind schwach und stumpf, und nur
10 das hält uns, dass noch Schwächere, noch Stumpfere, noch Hilflosere da sind, die mit aufgerissenen Augen uns ansehen als Götter, die manchmal dem Tode entrinnen können.
In den wenigen Stunden der Ruhe unterweisen wir sie. „Da, siehst du den Wackeltopp? Das ist eine Mine, die kommt! Bleib liegen, sie geht drüben hin. Wenn sie aber so geht, dann reiß aus! Man kann vor ihr weglaufen."

Erich Maria Remarque wurde 1898 in Osnabrück geboren. Aus kleinbürgerlichen Verhältnissen stammend, war er ein Leben lang dem Luxus zugetan. Zunächst allerdings musste er sich in wenig einträglichen Berufen umtun, bevor er 1929 mit seinem Roman Im Westen nichts Neues, der 1930 zum ersten Mal verfilmt wurde, einen der großen Bestseller des letzten Jahrhunderts schrieb und zum Chronisten der „lost generation" wurde. Seit 1929 lebte Remarque meist im Ausland; 1933 verbrannten die Nationalsozialisten seine Bücher und nahmen ihm die deutsche Staatsbürgerschaft. Er lebte ohne materielle Sorgen abwechselnd in der Schweiz und in den USA, die ihm 1947 die Staatsbürgerschaft verliehen. Auch seine übrigen Bücher, die eine sehr publikumswirksam geschriebene deutsche Chronik von 1914 bis 1950 ergeben, wurden zum größten Teil Welterfolge. Der Weg zurück (1931) schildert das Schicksal der Kriegsheimkehrer, Der Schwarze Obelisk (1956) die Zeit der Inflation, Drei Kameraden (1938) das Berlin der frühen Dreißigerjahre, Arc de Triomphe (1946) Emigrantenschicksale. Remarque starb 1970 in Ascona/Tessin.

Filmszene aus „Im Westen nichts Neues"

Wir machen ihre Ohren scharf auf das heimtückische Surren der kleinen Dinge, die man kaum vernimmt, sie sollen sie aus dem Krach herauskennen wie Mückensummen; – wir bringen ihnen bei, dass sie gefährlicher sind als die großen, die man lange vorher hört. Wir zeigen ihnen, wie man sich vor Fliegern verbirgt, wie man den toten Mann macht, wenn man vom Angriff überrannt wird, wie man Handgranaten abziehen muss, damit sie eine halbe Sekunde vor dem Aufschlag explodieren; – wir lehren sie, vor Granaten mit Aufschlagzündern blitzschnell in Trichter zu fallen, wir machen vor, wie man mit einem Bündel Handgranaten einen Graben aufrollt, wir erklären den Unterschied in der Zündungsdauer zwischen den gegnerischen Handgranaten und unseren, wir machen sie auf den Ton der Gasgranaten aufmerksam und zeigen ihnen die Kniffe, die sie vor dem Tode retten können.

Sie hören zu, sie sind folgsam – aber wenn es wieder losgeht, machen sie es in der Aufregung meistens doch wieder falsch.

Haie Westhus wird mit abgerissenem Rücken fortgeschleppt; bei jedem Atemzug pulst die Lunge durch die Wunde. Ich kann ihm noch die Hand drücken; – „is alle, Paul", stöhnt er und beißt sich vor Schmerz in die Arme.

Wir sehen Menschen leben, denen der Schädel fehlt; wir sehen Soldaten laufen, denen beide Füße weggefetzt sind; sie stolpern auf den splitternden Stümpfen bis zum nächsten Loch; ein Gefreiter kriecht zwei Kilometer weit auf den Händen und schleppt die zerschmetterten Knie hinter sich her; ein anderer geht zur Verbandstelle, und über seine festhaltenden Hände quellen die Därme; wir sehen Leute ohne Mund, ohne Unterkiefer, ohne Gesicht; wir finden jemand, der mit den Zähnen zwei Stunden die Schlagader seines Armes klemmt, um nicht zu verbluten, die Sonne geht auf, die Nacht kommt, die Granaten pfeifen, das Leben ist zu Ende. Doch das Stückchen zerwühlter Erde, in dem wir liegen, ist gehalten gegen die Übermacht, nur wenige hundert Meter sind preisgegeben worden. Aber auf jeden Meter kommt ein Toter. [...]

„Was soll das bloß werden, wenn wir zurückkommen?", meint Müller, und selbst er ist betroffen.

Kropp zuckt die Achseln. „Ich weiß nicht. Erst mal da sein, dann wird sich's ja zeigen."

Wir sind eigentlich alle ratlos. „Was könnte man denn machen?", frage ich.

„Ich habe zu nichts Lust", antwortete Kropp müde. „Eines Tages bist du doch tot, was hast du da schon? Ich glaube nicht, dass wir überhaupt zurückkommen."

„Wenn ich darüber nachdenke, Albert", sagte ich nach einer Weile und wälze mich auf den Rücken, „so möchte ich, wenn ich das Wort Friede höre, und es wäre wirklich so, irgendetwas Unausdenkbares tun, so steigt es mir zu Kopf. Etwas, weißt du, was wert ist, dass man hier im Schlamassel gelegen hat. Ich kann mir bloß nichts vorstellen. Was ich an Möglichem sehe, diesen ganzen Betrieb mit Beruf und Studium und Gehalt und so weiter – das kotzt mich an, denn das war ja immer schon da und ist widerlich. Ich finde nichts – ich finde nichts, Albert."

Mit einem Mal scheint mir alles aussichtslos und verzweifelt.

Kropp denkt ebenfalls darüber nach. „Es wird überhaupt schwer werden mit uns allen. Ob die sich in der Heimat eigentlich nicht manchmal Sorgen machen deswegen? Zwei Jahre Schießen und Handgranaten – das kann man doch nicht ausziehen wie einen Strumpf, nachher –"

Wir stimmen darin überein, dass es jedem ähnlich geht; nicht nur uns hier; überall, jedem, der in der gleichen Lage ist, dem einen mehr, dem andern weniger. Es ist das gemeinsame Schicksal unserer Generation.

Albert spricht es aus. „Der Krieg hat uns für alles verdorben."

Er hat Recht. Wir sind keine Jugend mehr. Wir wollen die Welt nicht mehr stürmen. Wir sind Flüchtende. Wir flüchten vor uns. Vor unserem Leben. Wir waren achtzehn Jahre und begannen die Welt und das Dasein zu lieben; wir mussten darauf schießen. Die erste Granate, die einschlug, traf in unser Herz. Wir sind abgeschlossen vom Tätigen, vom Streben, vom Fortschritt. Wir glauben nicht mehr daran; wir glauben an den Krieg. (v 1929)

2 Ernst Jünger (1895–1998): Der Kampf als inneres Erlebnis
(Auszug)

Wir aber haben in einer Zeit gelebt, in welcher der Mutige der Beste war, und sollte aus dieser Zeit nichts weiter hervorgehen als die Erinnerung an ein Geschehen, bei dem der Mensch nichts und seine Sache alles galt, so werden wir immer noch mit Stolz auf sie zurückblicken. Wir haben in einer Zeit gelebt, in der man Mut haben musste, und Mut zu besitzen, das heißt
5 jedem Schicksal gewachsen sein, das ist das schönste und stolzeste Gefühl. [...] Es gibt nichts Tathafteres als den Sturmlauf auf Feldern, über denen des Todes Mantel flattert, den Gegner als Ziel. Das ist Leben im Katarakt¹. Da gibt es keine Kompromisse; es geht ums Ganze. Das Höchste ist Einsatz; fällt Schwarz, ist alles verloren. Und doch ist es kein Spiel mehr. Ein Spiel kann wiederholt werden, hier ist beim Fehlwurf unwiderruflich alles vorbei. Das gerade ist das
10 Gewaltige.

So taumelten die Krieger im Rausche der Schlacht dahin, Pfeile, im Nebel vom Bogen geschnellt, Tänzer im Ungewissen. Doch hing über diesen klirrenden Schleiern, so oft, im Feuer zerrissen, weit mehr als der Rausch der Sekunde. Der Mut ist dem Tanz vergleichbar. Die Person des Tänzers ist Form, ist Nebensache, wichtig allein, was unterm Schleier seiner Bewegung
15 sich hebt und senkt. So ist auch Mut ein Ausdruck tiefsten Bewusstseins, dass der Mensch ewige, unzerstörbare Werte umschließt. Wie konnte sonst auch nur ein Einziger bewusst dem Tode entgegenschreiten!

So wie zu ausgeprägtem Tanze Rasse erforderlich ist, entspringt auch großer Mut sehr scharfer Rasse. Wenn breite Linien im Sturme zerbrachen, zersplitterte der Kampf in kleine Haufen. Zu
20 denen schloss sich alles, was Rasse hatte: der zähe Bauernbursche mit kantigem Schädel, der geschulte Arbeiter mit intelligentem Gesicht, der Offizier, dem der Kampf seit Jahrhunderten im Blute steckte, der Fahnenjunker, dessen schmale Hände das Gewehr kaum schwingen konnten. Wo diese Männer sich trafen – und sie trafen sich stets – entragten Inseln den lang anrollenden Wogen der Vernichtung, klammerte sich eiserner Widerstand an Trümmer und
25 Gebälk. Da ballte sich reinster Kriegergeist; es wurde gefochten, weil Fechten selbstverständlich war. Ein Wille lohte hinter bleichen Gesichtern, die Phrase vom Kampf bis zum letzten Mann wurde Wirklichkeit. Das war ein königliches Sterben, bedingt durch inneren Adel und unbeugsamen Stolz. Alle äußeren Gründe waren längst vergessen, der Überschwang männlichen Mutes allein trieb unerschütterte Herzen dem Ende zu.
30 Wenn die Letzten eines zerschossenen Schiffes mit Hurra und wehender Flagge versinken, liegt eine Verklärung über den Wellen, so unendlich und ewig wie das Meer selbst. Und sänken sie für eine Sache, über die längst die Kinder spotten, man müsste doch weinen und stolz sein zugleich. Wohl dem, der das empfinden kann! (1922)

Ernst Jünger (1895–1998) wurde in Heidelberg geboren. Mit 18 Jahren entfloh er dem Elternhaus und ging in die Fremdenlegion, 1914 wurde er Kriegsfreiwilliger. Er wurde 14-mal schwer verwundet und ist einer der wenigen Träger der Auszeichnung „Pour le Mérite". Später studierte er Naturwissenschaften und Philosophie. Mit seinem Kriegstagebuch In Stahlgewittern *(1920) und den Essays* Der Kampf als inneres Erlebnis *brachte sich Jünger in die Nähe von Militarismus und rechts-romantischem Heldenkult. Sein Bemühen um die philosophische Analyse der Zeit ließ ihn immer wieder seinen geistigen Standort wechseln, was ihn leicht opportunistisch erscheinen lässt; sein glasklarer, distanzierter Stil erscheint leicht als zynisch. Bücher wie* Das abenteuerliche Herz *(1929/ Neubearbeitung 1938) und* Auf den Marmorklippen *(1939), das als Buch der inneren Emigration, wenn nicht des Widerstands, empfunden wurde, zeigen, dass Jünger nicht vollständig beschrieben ist, wenn man in ihm einen militanten Konservativen sieht. Wegen seiner Verbindungen zu den Verschwörern des 20. Juli wurde er unehrenhaft aus der Armee entlassen.*

3 Anton Kuh (1890–1941): Nietzsche und Hindenburg

Friedrich Nietzsche wäre, wenn er noch lebte, etwas über achtzig Jahre alt; Hindenburg ist achtundsiebzig. Man kann sie also, die beiden Polar-Repräsentanten deutscher Möglichkeit, Altersgenossen nennen. Und diese Altersgleichheit verführt zu dem Gedankenspiel: Wäre der große Nietzsche, der zum Dank dafür, dass er den Typus des „Bildungsphilisters" entdeckte, dessen he-
5 roischem Besitz einverleibt wurde, als Präsidentschaftskandidat des deutschen Volkes möglich? Nun, nach den Kriegs-Irrtümern zu schließen, erschiene es vielleicht denkbar; hat man doch sogar den Mut gehabt, den wehrlosen Toten, dessen ganzes Leben im Hass gegen das Hindenburg-Deutschtum verglühte und von dem der Ausspruch stammt: „Die Deutschen haben alle Malheurs der Kultur auf dem Gewissen", als „Potsdam-Deutschen"² anzusprechen und aus
10 dem Philosophen des „Antibochismus³" – er hat dieses Wort nicht gekannt, aber jede Zeile seines Werkes schreit danach! – einen Philosophen des Militarismus zu machen! Aber solchem Irrtum geben sich die Deutschen bekanntlich nur bei den Abgeschiedenen hin, dort, wo sie anstelle der Wahrheit die Legende setzen können. Den lebenden Nietzsche hätten sie anders

Die Glosse

Eine journalistische Schreibform, mit der kurz und prägnant ein aktuelles Ereignis kommentiert werden soll, nennt man **Glosse** (< gr. *glossa* = Zunge, Sprache). Sie ist in der Regel im Inhalt vernichtend kritisch und im Stil von besonderer Schärfe und sprachlicher Pointierung: spöttisch, hämisch, sarkastisch.

---
¹ der Katarakt (< gr. *katarraktos* = herabstürzend): Wasserfall
² Potsdam-Deutscher: gemeint ist reaktionäres Deutschtum
³ Antibochismus (< frz. *boche* = „Deutscher", meist als Schimpfwort): gegen deutschen Militarismus und Chauvinismus gerichtete Bestrebung

gesehen und behandelt. Und wenn er, dessen 25. Todestag sich in wenigen Wochen jährt, auch von dem Geschick bewahrt worden wäre, gleich seinem Epigonen[1] Landauer[2] von Soldatenfüßen zertrampelt zu werden, eins ist sicher: Unter denen, die ihn heute revanchefreudig den „Ihren" nennen, hätte kein politischer Hahn nach ihm gekräht. Er wäre ihnen zu viel Kopf gewesen. Die Deutschen aber entschieden sich, wie bekannt, ob Symbol-Erwählung oder Präsidentschaftswahl, nicht für den Kopf, sondern für den Schädel. (e 1925)

4 Ödön von Horváth (1901–1938): Italienische Nacht. Volksstück (Auszug)

Erstes Bild

Im Wirtshaus des Josef Lehninger. Kranz, Engelbert und der Stadtrat Ammetsberger spielen Tarock, Karl kiebitzt. Betz trinkt zufrieden sein Bier. Martin liest die Zeitung. Der Wirt bohrt in der Nase. Es ist Sonntagvormittag, und die Sonne scheint.
Stille.

BETZ: Martin. Was gibts denn Neues in der großen Welt?

MARTIN: Nichts. Dass das Proletariat die Steuern zahlt, und dass die Herren Unternehmer die Republik prellen, hint und vorn, das ist doch nichts Neues. Oder? *Betz leert sein Glas.*
Und dass die Herren republikanischen Pensionsempfänger kaiserlich reaktionäre Paradenmärsch veranstalten mit Feldgottesdienst und Kleinkaliberschießen, und dass wir Republikaner uns das alles gefallen lassen, das ist doch auch nichts Neues. Oder?

BETZ: Wir leben in einer demokratischen Republik, lieber Martin.

Jetzt zieht draußen eine Abteilung Faschisten mit Musik vorbei. Alle, außer Stadtrat und Wirt, treten an die Fenster und sehen sich stumm den Zug an – erst als er vorbei ist, rühren sie sich wieder.

STADTRAT *mit den Karten in der Hand*: Von einer akuten Bedrohung der demokratischen Republik kann natürlich keineswegs gesprochen werden. Schon weil es der Reaktion an einem ideologischen Unterbau mangelt.

ENGELBERT: Bravo!

STADTRAT: Kameraden! Solange es einen republikanischen Schutzverband gibt, und solange ich hier die Ehre habe, Vorsitzender der hiesigen Ortsgruppe zu sein, solange kann die Republik ruhig schlafen!

MARTIN: Gute Nacht!

KRANZ: Ich möchte das Wort ergreifen! Ich möchte jetzt etwas vorschlagen! Ich möchte jetzt dafür plädieren, dass wir jetzt wieder weitertarocken und uns nicht wieder stören lassen von diesen germanischen Hoftrotteln samt ihrem sogenannten deutschen Tag!

ENGELBERT: Samt ihrem Dritten Reich!

STADTRAT: Einstimmig angenommen. (*Er mischt und teilt aus.*)

KARL: Wie ist das eigentlich heut Nacht?

STADTRAT: Was denn?

KARL: Na in Bezug auf unsere italienische Nacht heut Nacht –

STADTRAT (*unterbricht ihn*): Natürlich steigt unsere italienische Nacht heut Nacht! Oder glaubt denn da wer, dass es sich der republikanische Schutzverband von irgendeiner reaktionären Seite her verbieten lassen könnt, hier bei unserem Freunde Josef Lehninger eine italienische Nacht zu arrangieren, und zwar wann er will! Unsere republikanische italienische Nacht steigt heute Nacht trotz Mussolini und Konsorten! Karo As! (*Er spielt aus.*) [...]

MARTIN (*erscheint wieder, tritt zu Betz und legt ein Flugblatt vor ihn hin*): Da!

BETZ: Was soll ich damit?

MARTIN: Lesen!

BETZ: Warum soll ich das dumme faschistische Zeug da lesen?

MARTIN: Weil es dich interessieren dürft.

BETZ: Aber keine Idee!

---

[1] der Epigone (< gr. epigonos = Nachkomme): Nachahmer, unschöpferischer Nachfahre
[2] Landauer: Gustav Landauer (1870–1919), Schriftsteller und Politiker, Vertreter eines radikalen Sozialismus und gewaltlosen Anarchismus; im April 1919 Mitglied der bayerischen Räteregierung; von Freikorpsmitgliedern ermordet

---

Ödön von Horváth wurde 1901 in Fiume als Sohn eines Diplomaten aus ungarischem Adel geboren. „Ich wurde in Fiume geboren, bin in Belgrad, Budapest, Pressburg, Wien und München aufgewachsen und habe einen ungarischen Pass – aber ‚Heimat'? Kenn ich nicht", so charakterisierte er später seine Jugend. 1924 ging er nach Berlin, wo inzwischen das Theater die Abkehr vom Expressionismus vollzogen hatte. Horváth wandte sich dem Volksstück zu, weil in ihm, seiner Meinung nach, Entwurzelung und Überfremdung des modernen Menschen besonders deutlich gezeigt werden können. Schon 1931 erhielt er für Italienische Nacht den begehrten Kleist-Preis, im gleichen Jahr wurde sein vielleicht bestes Stück Geschichten aus dem Wienerwald uraufgeführt. In den folgenden Jahren entstanden weitere 20 Schauspiele, darunter Glaube, Liebe, Hoffnung (1932) und Der jüngste Tag (1936), in denen Horváth sein großes Thema von der Verantwortlichkeit des Menschen vor Gott und vom Zerbrechen des Menschen in dieser Verantwortung gestaltet hat, nicht selten auch mit Mitteln des Komischen. Neben diesen Stücken schrieb Horváth drei Romane (Der ewige Spießer, 1930, Jugend ohne Gott, 1938, und Ein Kind unserer Zeit, 1938), in denen er mit gleicher stilistischer Sicherheit und psychologischer Meisterschaft sein Thema gestaltete. 1933 musste Horváth aus Berlin, 1938 aus Wien fliehen. Am 1.6.1938 setzte ein vom Sturm abgerissener Ast seinem Leben in Paris ein Ende.

MARTIN (*mit erhobener Stimme*): Das da dürfte sogar alle anwesenden Herrschaften hier interessieren!
   Die Herrschaften horchen auf.
STADTRAT: Was hat er denn schon wieder, dieser ewige Querulant?
BETZ (*überflog mechanisch das Flugblatt, stockt und schlägt nun mit der Faust auf den Tisch*): Was?! Na das ist empörend! Ist das aber empörend, Josef! (*Wirt wird unsicher and will sich drücken. Fixiert ihn empört.*) Halt! – Halt, lieber Josef – das da dürft nämlich vor allem dich interessieren – weißt du, was da drinnen geschrieben steht?
WIRT (*verlegen*): Nein –
BETZ: Du kannst also nicht lesen?
WIRT (*lächelt verzweifelt*): Nein –
BETZ: Analphabet?
STADTRAT (*hat aufgehorcht*): Was soll denn das schon wieder darstellen dort?
WIRT: Nichts, Leutl! Nichts –
BETZ: Nichts? Aber was du da nicht sagst, lieber Josef?! Ich glaub gar, du bist ein grandioser Schuft!
WIRT: Das darfst du nicht sagen, Heinrich!
BETZ: Ich sags noch einmal, lieber Josef.
STADTRAT: Wieso?
KRANZ: Ja Sakrament –
MARTIN (*unterbricht ihn*): Moment!
BETZ: Moment! Das ist hier nämlich ein sogenannter Tagesbefehl – der Tagesbefehl der Herren Faschisten für ihren heutigen deutschen Tag – (*Er reicht das Blatt Karl.*) Josef, wir Republikaner sind deine Stammgäst, und du verkaufst deine Seele! Und alles um des Mammons willen!
KARL: Also das ist ja direkt impertinent! Bitte mir zuzuhören, Kameraden! (*Er liest:*) „Ab sechzehn Uhr bis achtzehn Uhr treffen sich die Spielleute im Gartenlokal des Josef Lehninger" –
KRANZ: Was für Spielleut?
KARL: Die faschistischen Spielleut! Pfui Teufel!
BETZ: Eine Schmach ist das! Der liebe Kamerad Josef reserviert unsere Stammtisch für die Reaktion!
KARL: Und wir Republikaner, denkt er, kommen dann hernach dran mit unserer italienischen Nacht und kaufen ihm brav sein Zeug ab!
MARTIN: Die Brosamen, die wo die Herren Reaktionäre nicht mehr zammfressen konnten!
ENGELBERT: Hört, hört!
WIRT: Ich glaub, wir reden aneinander vorbei –
MARTIN: Aber was denn nicht noch!
KARL: Ah, das ist aber korrupt!
WIRT: Ich bin nicht korrupt! Das bin ich nicht, Leutl, das ist meine Frau.
BETZ: Papperlapapp!
WIRT: Da gibts kein Papperlapapp! Ihr kennt meine Frau nicht, liebe Leutl! Die scheißt sich was um die politische Konstellationen. Der ist es sauwurscht, wer ihre Wurst zammfrisst! Und ich Rindvieh hab mal von einem heiteren Lebensabend geträumt! Und wenn ich jetzt den schwarzweißroten Fetzen nicht raussteck, verderben mir sechzig Portionen Schweinsbraten, das war doch ein furchtbarer Blödsinn, die Reichsfarben zu ändern! Meiner Seel, ich bin schon ganz durcheinand!
KRANZ: Wenn du jetzt nicht mein Freund wärst, tat ich dir jetzt ins Gesicht spucken, lieber Josef!
ENGELBERT: Bravo!
   Stille.
WIRT (*verzweifelt*): Meiner Seel, jetzt sauf ich mir einen an, und dann erschieß ich meine Alte. Und dann spring ich zum Fenster naus, aber vorher zünd ich noch alles an.
   (*Ab.*)
STADTRAT: Ja Himmelherrgottsakrament! Ein jedes Mal, wann ich ein gutes Blatt hab, geht die Kracherei los! (*Mit erhobener Stimme:*) Aber sehen möcht ich doch, welche Macht unsere italienische Nacht heut Nacht zu vereiteln vermag! Kameraden, wir weichen nicht, und wärs die vereinigte Weltreaktion! Unsere republikanische italienische Nacht steigt heute Nacht, wie gesagt! Auch ein Herr Josef Lehninger wird uns keinen Strich durch die Rechnung machen! (v 1931)

1. Erarbeiten Sie die Texte 1–4 im
▶ Gruppenpuzzle:
- Bestimmen Sie die Perspektive, aus der die Autoren und ihre Figuren die Weimarer Republik sehen.
- Beschreiben Sie die Reaktion der dargestellten Personen auf die politische Situation in der Endphase der Weimarer Republik.
- Entwerfen Sie auf der Basis „Ihres" Textes für „Ihren" Autor Positionen für ein Streitgespräch mit den anderen Autoren über die Situation in der Weimarer Republik und führen Sie dieses Streitgespräch.

Das Volksstück

Als Volksstück wird eine im 18. Jahrhundert entstandene nach ganz Österreich und Süddeutschland ausgreifende Theaterform bezeichnet, die Elemente des barocken Theaters und der Commedia dell'Arte mit musikalischen Einlagen und Liedern (Couplets) zu einer Auge und Ohr, Verstand und Gemüt ansprechenden Volkstümlichkeit verbindet. Das Volksstück wurde häufig auf Stegreifbühnen in Wirtsgärten gespielt und durch Wanderbühnen im ganzen süddeutschen Raum verbreitet. Es bedient sich meist des Dialekts oder einer mundartlich gefärbten Hochsprache. Mit Ferdinand Raimund (1790–1836) und Johann Nepomuk Nestroy (1801–1861) erreichte es einen Höhepunkt. Ihre Stücke, die vom Sprachwitz ebenso wie von der Situationskomik leben – bei Raimund mit märchenhaften Zügen versehen, bei Nestroy stärker ins Zeitkritische gehend –, blieben bis heute lebendig. Im 20. Jahrhundert erlebte das Volksstück, das nicht nur volkstümliche Darstellungsformen sucht, sondern sich auch der Welt der „kleinen Leute" zuwendet, eine neue Blüte. Carl Zuckmayer (1896–1977) *Der fröhliche Weinberg* (1925), Marieluise Fleißer (1901–1974) *Fegefeuer in Ingolstadt, Pioniere in Ingolstadt* (beide 1929) und Ödön von Horváth verbanden in ihren Stücken die Darstellung der oft banalen Wirklichkeit gewöhnlicher Menschen mit Kritik an den gesellschaftlichen Strukturen wie an den Verhaltensweisen von Gruppen und Einzelnen. Auch die frühen Stücke Bertolt Brechts (1898–1956) gehören in die Nähe des Volksstücks. Nach dem Zweiten Weltkrieg knüpften vor allem Franz Xaver Kroetz (* 1946), Martin Sperr (1944–2002) und Peter Turrini (* 1944) an diese Tradition an.

Neue Sachlichkeit

Der Begriff Neue Sachlichkeit ist eine 1925 von dem Kunsthistoriker G. F. Hartlaub geprägte Bezeichnung für eine seit 1920 einsetzende **Gegenbewegung zum Expressionismus** in der Kunst allgemein und zur abstrakten Malerei im Besonderen. Die Vertreter der Neuen Sachlichkeit erstrebten wieder eine **stärkere Hinwendung zur Realität**, die sie in ihrer objektiven Gegenständlichkeit erfassen und in nüchterner, unverzierter, „sachlicher" Weise künstlerisch gestalten wollten. Die Darstellung der zeitgenössischen Umwelt mit ihren spezifischen Problemen, vor allem im gesellschaftlich-politischen Bereich, wurde wieder für besonders wichtig erachtet: „Tatsachen [...] wirken erlebter, erschütternder als alle Einfälle der Dichter" (H. Kenter). Der Inhalt wurde wieder wichtiger als die Form. Dabei entstanden zwei verschiedene Richtungen: Die eine verband erbarmungslose Skepsis mit desillusionierender Ironie (z. B. A. Döblin, L. Feuchtwanger, E. Kästner), die andere sah in der dargestellten Gegenständlichkeit Zeichen der Hoffnung und verklärte sie nicht selten zum Sinnhaften und Bleibenden (z. B. H. Hesse). Die Neue Sachlichkeit erfasste alle Bereiche der Literatur: In der Prosa verwirklichte sie sich vor allem im **Zeitroman** und in der **Reportage**, beim Theater im **Volksstück**, in dokumentarischen Formen des Dramas und im **Epischen Theater**, in der Lyrik suchte sie neue Formen und Wirkung als **Gebrauchslyrik**.

2. „Was darf die Satire?" – Kurt Tucholsky als einen Vertreter engagierter Literatur kennenlernen

1 Kurt Tucholsky (1890–1935): Das Dritte Reich

Es braucht ein hohes Ideal
der nationale Mann,
daran er morgens allemal
ein wenig turnen kann.
5   Da hat denn deutsche Manneskraft
in segensreichen Stunden
als neueste Errungenschaft
ein Ideal erfunden:
Es soll nicht sein das erste Reich,
10 es soll nicht sein das zweite Reich ...

Das dritte Reich?
Bitte sehr! Bitte gleich!

Wir dürfen nicht mehr massisch sein –
wir müssen durchaus rassisch sein –
15 und freideutsch, jungdeutsch, heimatwolkig
und bündisch, völkisch, volkisch, volkig ...
und überhaupt.
    Wers glaubt,
wird selig. Wer es nicht glaubt, ist
20 ein ganz verkommener Paz- und Bolschewist.

Das dritte Reich?
Bitte sehr! Bitte gleich!

Im dritten Reich ist alles eitel Glück.
Wir holen unsre Brüder uns zurück:
25 die Sudetendeutschen und die Saardeutschen
und die Eupendeutschen[1] und die Dänendeutschen ...
Trutz dieser Welt! Wir pfeifen auf den Frieden.
Wir brauchen Krieg. Sonst sind wir nichts hienieden.
Im dritten Reich haben wir gewonnenes Spiel.
30 Da sind wir unter uns.
        Und unter uns, da ist nicht viel.
Da herrscht der Bakel[2] und der Säbel und der Stock –
da glänzt der Orden an dem bunten Rock,
da wird das Rad der Zeit zurückgedreht –
35 wir rufen „Vaterland!", wenns gar nicht weitergeht ...
Da sind wir alle reich und gleich
im dritten Reich.
Und wendisch[3] und kaschubisch[4] reine Arier.
Ja, richtig ... Und die Proletarier!
40 Für die sind wir die Original-Befreier!
Die danken Gott in jeder Morgenfeier –
    Und merken gleich:
Sie sind genauso arme Luder wie vorher,
genau solch schuftendes und graues Heer,
45 genauso arme Schelme ohne Halm und Haber –
    Aber:
    im dritten Reich.
Und das sind wir.
    Ein Blick in die Statistik:
50 Wir fabrizieren viel. Am meisten nationale Mistik.   (v 1930)

1. Tragen Sie das Gedicht in einem ➤ sinngestaltenden Vortrag vor.

2. Sprechen Sie über Gelegenheiten, zu denen dieses Gedicht vorgetragen werden könnte.

Engagierte Literatur

Nach Jean Paul Sartres (1905–1980) Bezeichnung „littérature engagée" (Über Literatur, 1950) als „Literatur der Praxis" verstanden. Heute im weitesten Sinne als Gegenbegriff zu „l'art pour l'art" (= die Kunst um der Kunst willen) verwendet für alle Literatur, die ein ideologisches, politisches, soziales oder religiöses Anliegen hat. Ihr ästhetischer Rang unterscheidet die engagierte Literatur von reiner Tendenzdichtung.

---

[1] Eupen: ostbelgische Stadt, bis 1920 deutsch
[2] Bakel: der Stock
[3] Wenden: slawische Bevölkerung in Mittel- und Ostdeutschland
[4] Kaschuben: westslawischer Volksstamm in Ostpommern und Westpreußen

2 Kurt Tucholsky: Hitler und Goethe – Ein Schulaufsatz

Einleitung[1]

Wenn wir das deutsche Volk und seine Geschichte überblicken, so bieten sich uns vorzugsweise zwei Helden dar, die seine Geschicke gelenkt haben, weil einer von ihnen hundert Jahre tot ist. Der andre lebt. Wie es wäre, wenn es umgekehrt wäre, soll hier nicht untersucht werden, weil wir das nicht auf haben. Daher scheint es uns wichtig und beachtenswert, wenn wir zwischen dem mausetoten Goethe und dem mauselebendigen Hitler einen Vergleich langziehn.

Erklärung

Um Goethe zu erklären, braucht man nur darauf hinzuweisen, dass derselbe kein Patriot gewesen ist. Er hat für die Nöte Napoleons niemals einen Sinn gehabt und hat gesagt, ihr werdet ihn doch nicht besiegen, dieser Mann ist euch zu groß. Das ist aber nicht wahr. Napoleon war auch nicht der größte Deutsche, der größte Deutsche ist Hitler. Um das zu erklären, braucht man nur darauf hinzuweisen, dass Hilter beinah die Schlacht von Tannenberg gewonnen hat, er war bloß nicht dabei. Hitler ist schon seit langen Monaten deutscher Spießbürger und will das Privateigentum abschaffen, weil es jüdisch ist. Das was nicht jüdisch ist, ist schaffendes Eigentum und wird nicht abgeschafft. Die Partei Goethes war viel kleiner wie die Partei Hitlers. Goethe ist nicht knorke[2].

Begründung

Goethes Werke heißen der Faust, Egmont erster und zweiter Teil, Werthers Wahlverwandtschaften und die Piccolomini. Goethe ist ein Marxstein des deutschen Volkes, auf den wir stolz sein können und um welchen uns die andern beneiden. Noch mehr beneiden sie uns aber um Adolf Hitler. Hitler zerfällt in 3 Teile: in einen legalen, in einen wirklichen und in Goebbels, welcher bei ihm die Stelle u. a. des Mundes vertritt. Goethe hat niemals sein Leben aufs Spiel gesetzt; Hitler aber hat dasselbe auf dasselbe gesetzt. Goethe war ein großer Deutscher. Zeppelin war der größte Deutsche. Hitler ist überhaupt der allergrößte Deutsche.

Gegensatz

Hitler und Goethe stehen in einem gewissen Gegensatz. Während Goethe sich mehr einer schriftstellerischen Tätigkeit hingab, aber in den Freiheitskriegen[3] im Gegensatz zu Theodor Körner versagte, hat Hitler uns gelehrt, was es heißt, Schriftsteller und zugleich Führer einer Millionenpartei zu sein, welche eine Millionenpartei ist. Goethe war Geheim, Hitler Regierungsrat. Goethes Wirken ergoss sich nicht nur auf das Dasein der Menschen, sondern erstreckte sich auch ins Kosmetische. Hitler dagegen ist Gegner der materialistischen Weltordnung und wird diese bei seiner Machtübergreifung abschaffen sowie auch den verlorenen Krieg, die Arbeitslosigkeit und das schlechte Wetter. Goethe hatte mehrere Liebesverhältnisse mit Frau von Stein, Frau von Sesenheim und Charlotte Puff. Hitler dagegen trinkt nur Selterwasser und raucht außer den Zigarren, die er seinen Unterführern verpasst, gar nicht.

Gleichnis

Zwischen Hitler und von Goethe bestehen aber auch ausgleichende Berührungspunkte. Beide haben in Weimar gewohnt, beide sind Schriftsteller und beide sind sehr um das deutsche Volk besorgt, um welches uns die andern Völker so beneiden. Auch hatten beide einen gewissen Erfolg, wenn auch der Erfolg Hitlers viel größer ist. Wenn wir zur Macht gelangen, schaffen wir Goethe ab.

Beispiel

Wie sehr Hitler Goethe überragt, soll in Folgendem an einem Beispiel begründet werden. Als Hitler in unsrer Stadt war, habe ich ihn mit mehrern andern Hitlerjungens begrüßt. Der Osaf[4] hat gesagt, ihr seid die deutsche Jugend, und er wird seine Hand auf euern Scheitel legen. Daher habe ich mir für diesen Tag einen Scheitel gemacht. Als wir in die große Halle kamen, waren alle Plätze, die besetzt waren, total ausverkauft und die Musik hat gespielt, und wir haben mit Blumen dagestanden, weil wir die deutsche Jugend sind. Und da ist plötzlich der Füh-

---

[1] Die Sach-, Sinn-, Stil- und Grammatikfehler sind in diesem Text Mittel der Satire.
[2] knorke: umgangssprachlich für fein, tadellos
[3] Freiheitskriege: Kämpfe 1813 – 1815, die Europa von der Herrschaft Napoleons I. befreiten
[4] der Osaf: Abkürzung für Oberscharführer; Dienstgrad bei SA und SS

rer gekommen. Er hat einen Bart wie Chaplin, aber lange nicht so komisch. Uns war sehr feierlich zumute, und ich bin vorgetreten und habe gesagt Heil. Da haben die andern auch gesagt heil und Hitler hat uns die Hand auf jeden Scheitel gelegt und hinten hat einer gerufen stillstehn! weil es fotografiert wurde. Da haben wir ganz still gestanden und der Führer Hitler hat während der Fotografie gelächelt. Dieses war ein unvergesslicher Augenblick fürs ganze Leben und daher ist Hitler viel größer als von Goethe.

Beleg

Goethe war kein gesunder Mittelstand. Hitler fordert für alle SA und SS die Freiheit der Straße sowie dass alles ganz anders wird. Das bestimmen wir! Goethe als solcher ist hinreichend durch seine Werke belegt. Hitler als solcher aber schafft uns Brot und Freiheit, während Goethe höchstens lyrische Gedichte gemacht hat, die wir als Hitlerjugend ablehnen, während Hitler eine Millionenpartei ist. Als Beleg dient ferner, dass Goethe kein nordischer Mensch war, sondern egal nach Italien fuhr und seine Devisen ins Ausland verschob. Hitler aber bezieht überhaupt kein Einkommen, sondern die Industrie setzt dauernd zu.

Schluss

Wir haben also gesehn, dass zwischen Hitler und Goethe ein Vergleich sehr zu Ungunsten des Letzteren ausfällt, welcher keine Millionenpartei ist. Daher machen wir Goethe nicht mit. Seine letzten Worte waren mehr Licht, aber das bestimmen wir! Ob einer größer war von Schiller oder Goethe, wird nur Hitler entscheiden und das deutsche Volk kann froh sein, dass es nicht zwei solcher Kerle hat!

Deutschlanderwachejudaverreckehitlerwirdreichspräsident
dasbestimmenwir!

Sehr gut!

(v 1932)

3. Korrigieren Sie als Lehrerin/als Lehrer diesen Aufsatz. Verfassen Sie für den Schüler einen Kommentar, der Ihre Beurteilung verständlich macht.

3 Kurt Tucholsky: Was darf die Satire?

Wenn einer bei uns einen guten politischen Witz macht, dann sitzt halb Deutschland auf dem Sofa und nimmt übel.

Satire scheint eine durchaus negative Sache. Sie sagt: „Nein!" Eine Satire, die zur Zeichnung einer Kriegsanleihe auffordert, ist keine. Die Satire beißt, lacht, pfeift und trommelt die große, bunte Landsknechtstrommel gegen alles, was stockt und träge ist.

Satire ist eine durchaus positive Sache. Nirgends verrät sich der Charakterlose schneller als hier, nirgends zeigt sich fixer, was ein gewissenloser Hanswurst ist, einer, der heute den angreift und morgen den.

Der Satiriker ist ein gekränkter Idealist: Er will die Welt gut haben, sie ist schlecht, und nun rennt er gegen das Schlechte an. Die Satire eines charaktervollen Künstlers, der um des Guten willen kämpft, verdient also nicht diese bürgerliche Nichtachtung und das empörte Fauchen, mit dem hierzulande diese Kunst abgetan wird.

Vor allem macht der Deutsche einen Fehler: Er verwechselt das Dargestellte mit dem Darstellenden. Wenn ich die Folgen der Trunksucht aufzeigen will, also dieses Laster bekämpfe, so kann ich das nicht mit frommen Bibelsprüchen, sondern ich werde es am wirksamsten durch die packende Darstellung eines Mannes tun, der hoffnungslos betrunken ist. Ich hebe den Vorhang auf, der schonend über die Fäulnis gebreitet war, und sage: „Seht!" In Deutschland nennt man dergleichen ‚Krassheit'. Aber Trunksucht ist ein böses Ding, sie schädigt das Volk, und nur schonungslose Wahrheit kann da helfen. Und so ist das damals mit dem Weberelend[1] gewesen, und mit der Prostitution ist es noch heute so.

Der Einfluss Krähwinkels[2] hat die deutsche Satire in ihren so dürftigen Grenzen gehalten. Große Themen scheiden nahezu völlig aus. Der einzige „Simplizissimus"[3] hat damals, als er noch die große, rote Bulldogge rechtens im Wappen führte, an all die deutschen Heiligtümer

---

[1] Weberelend: Bezug auf den Aufstand der schlesischen Leinenweber von 1844
[2] Krähwinkel: Ortsname, durch August von Kotzebues (1761–1819) Lustspiel *Die deutschen Kleinstädter* (1803) für kleinstädtisch-spießbürgerliche Beschränktheit
[3] „Simplicissimus": politisch-satirische Wochenschrift, die 1896 von A. Langer in München gegründet wurde

zu rühren gewagt: an den prügelnden Unteroffizier, an den stockfleckigen Bürokraten, an den Rohrstockpauker und an das Straßenmädchen, an den fettherzigen Unternehmer und an den näselnden Offizier. Nun kann man gewiss über all diese Themen denken wie man mag, und es ist jedem unbenommen, einen Angriff für ungerechtfertigt und einen anderen für übertrieben zu halten, aber die Berechtigung eines ehrlichen Mannes, die Zeit zu peitschen, darf nicht mit dicken Worten zunichtegemacht werden.

Übertreibt die Satire? Die Satire muss übertreiben und ist ihrem tiefsten Wesen nach ungerecht. Sie bläst die Wahrheit auf, damit sie deutlicher wird, und sie kann gar nicht anders arbeiten als nach dem Bibelwort: Es leiden die Gerechten mit den Ungerechten.

Aber nun sitzt zutiefst im Deutschen die leidige Angewohnheit, nicht in Individuen, sondern in Ständen, in Korporationen zu denken und aufzutreten, und wehe, wenn du einer dieser zu nahe trittst. Warum sind unsere Witzblätter, unsere Lustspiele, unsere Komödien und unsere Filme so mager? Weil keiner wagt, dem dicken Kraken an den Leib zu gehen, der das ganze Land bedrückt und dahockt: fett, faul und lebenstötend.

Nicht einmal dem Landesfeind gegenüber hat sich die deutsche Satire herausgetraut. Wir sollten gewiss nicht den scheußlichen unter den französischen Kriegskarikaturen nacheifern, aber welche Kraft lag in denen, welch elementare Wut, welcher Wurf und welche Wirkung! Freilich: Sie scheuten vor gar nichts zurück. Daneben hingen unsere bescheidenen Rechentafeln über U-Boot-Zahlen, taten niemandem etwas zuleide und wurden von keinem Menschen gelesen. Wir sollten nicht so kleinlich sein. Wir alle – Volksschullehrer und Kaufleute und Professoren und Redakteure und Musiker und Ärzte und Beamte und Frauen und Volksbeauftragte – wir alle haben Fehler und komische Seiten und kleine und große Schwächen. Und wir müssen nun nicht immer gleich aufbegehren (‚Schlächtermeister, wahret eure heiligsten Güter!'), wenn einer wirklich einmal einen guten Witz über uns reißt. Boshaft kann er sein, aber ehrlich soll er sein. Das ist kein rechter Mann und kein rechter Stand, der nicht einen ordentlichen Puff vertragen kann. Er mag sich mit denselben Mitteln dagegen wehren, er mag widerschlagen – aber er wende nicht verletzt, empört, gekränkt das Haupt. Es wehte bei uns im öffentlichen Leben ein reinerer Wind, wenn nicht alle übel nähmen.

So aber schwillt ständischer Dünkel zum Größenwahn an. Der deutsche Satiriker tanzt zwischen Berufsständen, Klassen, Konfessionen und Lokaleinrichtungen einen ständigen Eiertanz. Das ist gewiss recht graziös, aber auf die Dauer etwas ermüdend. Die echte Satire ist blutreinigend: Und wer gesundes Blut hat, der hat auch einen reinen Teint. Was darf die Satire? Alles. (v 1919)

Satire hat eine Grenze nach oben: Buddha entzieht sich ihr. Satire hat auch eine Grenze nach unten. In Deutschland etwa die herrschenden faschistischen Mächte. Es lohnt nicht – so tief kann man nicht schießen.

(Aus: *Schnipsel*) (v 1932)

1. ▶ Exzerpieren Sie Merkmale und Methoden der Satire.

2. Erörtern Sie Tucholskys These „Satire ist eine durchaus positive Sache" (Z. 6).

3. Schreiben Sie zu einem aktuellen tagespolitischen bzw. gesellschaftlichen Problem eine Satire im Stile Tucholskys. Beziehen Sie dabei die Informationen über Satire und Ironie (vgl. S. 260 f.) mit ein.

R „Was darf die Satire? Alles."
Informieren Sie Ihre Mitschülerinnen und Mitschüler über Leben und Werk Kurt Tucholskys. ◢

3. Döblins „Berlin Alexanderplatz" – Ein literarisches Werk im Medienverbund erfassen

1 Alfred Döblin (1878–1957): Berlin Alexanderplatz (Auszug) – Der Beginn –

Der bis heute bedeutendste Großstadtroman erzählt die Geschichte des ehemaligen Transportarbeiters Franz Biberkopf. Franz war vier Jahre in Tegel im Gefängnis, weil er seine Freundin Ida im Affekt totgeschlagen hat. Er wird entlassen und er hat sich vorgenommen, in Zukunft anständig zu sein. Am Beginn des Romans verlässt Franz Biberkopf das Gefängnis und fährt nach Berlin.

Erstes Buch

Hier im Beginn verlässt Franz Biberkopf das Gefängnis Tegel, in das ihn ein früheres sinnloses Leben geführt hat. Er fasst in Berlin schwer wieder Fuß, aber schließlich gelingt es ihm doch, worüber er sich freut, und er tut nun den Schwur, anständig zu sein.

Mit der 41 in die Stadt

Er stand vor dem Tor des Tegler Gefängnisses und war frei. Gestern hatte er noch hinten auf den Äckern Kartoffeln geharkt mit den andern, in Sträflingskleidung, jetzt ging er im gelben Sommermantel, sie harkten hinten, er war frei. Er ließ Elektrische auf Elektrische vorbeifahren, drückte den Rücken an die rote Mauer und ging nicht. Der Aufseher am Tor spazierte einige Male an ihm vorbei, zeigte ihm seine Bahn, er ging nicht. Der schreckliche Augenblick war gekommen [schrecklich, Franze, warum schrecklich?], die vier Jahre waren um. Die schwarzen eisernen Torflügel, die er seit einem Jahr mit wachsendem Widerwillen betrachtet hatte [Widerwillen, warum Widerwillen], waren hinter ihm geschlossen. Man setzte ihn wieder aus. Drin saßen die andern, tischlerten, lackierten, sortierten, klebten, hatten noch zwei Jahre, fünf Jahre. Er stand an der Haltestelle.
Die Strafe beginnt.
Er schüttelte sich, schluckte. Er trat sich auf den Fuß. Dann nahm er einen Anlauf und saß in der Elektrischen. Mitten unter den Leuten. Los. Das war zuerst, als wenn man beim Zahnarzt sitzt, der eine Wurzel mit der Zange gepackt hat und zieht, der Schmerz wächst, der Kopf will platzen. Er drehte den Kopf zurück nach der roten Mauer, aber die Elektrische sauste mit ihm auf den Schienen weg, dann stand nur noch sein Kopf in der Richtung des Gefängnisses. Der Wagen machte eine Biegung, Bäume, Häuser traten dazwischen. Lebhafte Straßen tauchten auf, die Seestraße, Leute stiegen ein und aus. In ihm schrie es entsetzt: Achtung, Achtung es geht los. Seine Nasenspitze vereiste, über seine Backe schwirrte es. „Zwölf Uhr Mittagszeitung", „B. Z.", „Die neuste Illustrierte", „Die Funkstunde neu", „Noch jemand zugestiegen?" Die Schupos[1] haben jetzt blaue Uniformen. Er stieg unbeachtet wieder aus dem Wagen, war unter Menschen. Was war denn? Nichts. Haltung, ausgehungertes Schwein, reiß dich zusammen, kriegst meine Faust zu riechen. Gewimmel, welch Gewimmel. Wie sich das bewegte. Mein Brägen[2] hat wohl kein Schmalz mehr, der ist wohl ganz ausgetrocknet. Was war das alles. Schuhgeschäfte, Hutgeschäfte, Glühlampen, Destillen. Die Menschen müssen doch Schuhe haben, wenn sie so viel rumlaufen, wir hatten ja auch eine Schusterei, wollen das mal festhalten. Hundert blanke Scheiben, lass die doch blitzern, die werden dir doch nicht bange machen, kannst sie ja kaputt schlagen, was ist denn mit die, sind eben blank geputzt. Man riss das Pflaster am Rosenthaler Platz auf, er ging zwischen den andern auf Holzbohlen. Man mischt sich unter die andern, da vergeht alles, dann merkst du nichts, Kerl. Figuren standen in den Schaufenstern in Anzügen, Mänteln, mit Röcken, mit Strümpfen und Schuhen. Draußen bewegte sich alles, aber – dahinter – war nichts! Es – lebte – nicht! Es hatte fröhliche Gesichter, es lachte, wartete auf der Schutzinsel gegenüber Aschinger zu zweit oder zu dritt, rauchte Zigaretten, blätterte in Zeitungen. So stand das da wie die Laternen – und – wurde immer starrer. Sie gehörten zusammen mit den Häusern, alles weiß, alles Holz.

---

[1] der Schupo: Schutzpolizei
[2] der Brägen, Bregen (vgl. engl. brain = Gehirn): Tierhirn

Alfred Döblin (1878–1957) wurde in Stettin geboren. Als er zehn Jahre alt war, verließ der Vater wegen einer anderen Frau die Familie und ließ seine fünf Kinder im Elend zurück. Für Döblin war das die „Vertreibung aus dem Paradies". Die Mutter ging mit den Kindern nach Berlin, Döblin konnte die höhere Schule besuchen und machte 1900 Abitur. Anschließend studierte er Medizin und ließ sich 1911 in Berlin als Kassenarzt für Neurologie nieder. Schon während des Studiums hatte er zu schreiben begonnen, mit den 1913 veröffentlichten Erzählungen Die Ermordung einer Butterblume wurde er zu einem der wichtigsten Vertreter des Expressionismus. Von 1915 an erschienen in rascher Folge seine großen Romane, die alle experimentellen Charakter haben, indem sie auf verschiedenen Stilebenen operieren. Sie erreichen in Berlin Alexanderplatz 1929 einen großartigen Höhepunkt. Gleichzeitig versuchte Döblin, auch in die Tagespolitik einzugreifen (Wissen und Verändern!, 1931). 1935 floh Döblin in die Schweiz und übersiedelte dann nach Paris. Er erhielt die französische Staatsbürgerschaft und kehrte 1945 als Offizier der Besatzungsmacht in das vom Faschismus befreite Deutschland zurück, um zu „jäten", „was den Militarismus und den Nazigeist fördern will". Aber er fand keinen Anschluss mehr an die deutsche Literatur, der beginnenden westdeutschen Restauration war er lästig.

1. a) Beschreiben Sie Franz Biberkopfs Empfindungen nach dem Verlassen der Haftanstalt mit passenden Adjektiven.
b) Sprechen Sie darüber, ob diese Empfindungen für Sie als Leser nachvollziehbar oder eher überraschend sind.
c) Arbeiten Sie heraus, mit welchen erzähltechnischen und sprachlichen Mitteln Biberkopfs Stimmung dargestellt wird.

2. Lesen Sie die Hinweise zum Montage- bzw. Collageroman und weisen Sie nach, dass *Berlin Alexanderplatz* ein Montageroman ist.

3. a) Entwerfen Sie das Regiebuch für eine Hörspielfassung dieses Romanauftakts und improvisieren Sie den Vortrag *oder*
b) überlegen Sie, wie Sie den Romanauftakt verfilmen würden, und legen Sie dazu ein Storyboard an.

Montage- oder Collageroman

In der Filmtechnik bezeichnet **Montage** die Verbindung zweier oder mehrerer Einstellungen durch einen Schnitt oder eine Blende. So bekommt jede Einstellung durch die gedankliche Verbindung ihre eigene Bedeutung. In der Literatur lassen sich durch die Anwendung filmischer Techniken, auch Rückblendungen, Überblenden, szenische Gleichzeitigkeit etc., verschiedene Wirklichkeitsebenen sprachlich, stilistisch und inhaltlich verfremdend zusammenfügen.

„‚Polyphonie', ‚Vielstimmigkeit', ‚Dissonanz' und ‚Resonanz' – immer wieder hat man die neue Poetik des Erzählens mit Begriffen beschrieben, die aus der Musik stammen. Die Ähnlichkeiten bieten sich zwar an, es gibt aber nicht minder erhellende Analogien zur bildenden Kunst. Denn zur gleichen Zeit – zu Beginn des 20. Jahrhunderts –, da der Erzähler den Olymp seiner Allwissenheit verlässt, trennen sich auch die Maler von der Zentralperspektive im Bild. […] Die Perspektiven des Malers und des Erzählers verlassen das gewohnte Zentrum auf ähnliche Weise: Es löste sich beide Male in Facetten auf, die neu zusammengesetzt werden." (Rolf Grimminger)

Der Autor kann so den Leser überraschen, ihn provozieren und durch Assoziationen zum Nachdenken anregen. Mit dem Montageroman findet eine bewusste Abkehr vom traditionell erzählten Roman des 19. Jahrhunderts statt, das Kunstwerk wird zum offenen Kunstwerk. Die Montagetechnik ist eine Form, mit der Künstler auf die unübersichtlich gewordene moderne Welt reagieren.

Bis vor einigen Jahren wurden

Schreck fuhr in ihn, als er die Rosenthaler Straße herunterging und in einer kleinen Kneipe ein Mann und eine Frau dicht am Fenster saßen: Die gossen sich Bier aus Seideln[1] in den Hals, ja was war dabei, sie tranken eben, sie hatten Gabeln und stachen sich damit Fleischstücke in den Mund, dann zogen sie die Gabeln wieder heraus und bluteten nicht. Oh, krampfte sich sein Leib zusammen, ich kriege es nicht weg, wo soll ich hin? Es antwortete: Die Strafe.

Er konnte nicht zurück, er war mit der Elektrischen so weit hierher gefahren, er war aus dem Gefängnis entlassen und musste hier hinein, noch tiefer hinein.

Das weiß ich, seufzte er in sich, dass ich hier rin muss und dass ich aus dem Gefängnis entlassen bin. Sie mussten mich ja entlassen, die Strafe war um, hat seine Ordnung, der Bürokrat tut seine Pflicht. Ich geh auch rin, aber ich möchte nicht, mein Gott, ich kann nicht. (e 1929)

2 Alfred Döblin: Die Geschichte vom Franz Biberkopf (Auszug)

Das Hörspiel beginnt mit einem Dialog zwischen einer Stimme, die sich als Satan zu erkennen gibt, und Hiob, der aufgefordert wird, sich aus seinem Leid selbst herauszuhelfen. Auf Hiobs Feststellung: „Ich kann nicht." antwortet die „Stimme": „Du musst." Die Szene wechselt zum folgenden Ausschnitt.

Harmonika. Autotuten

VERSCHIEDENE STIMMEN. B. Z. am Mittag, die Zwölfuhrmittagszeitung, die neusten Schlager. Gigolo, mein kleiner Gigolo, meine Dame kaufen Sie Fische, Fische sind preiswert, Fische enthalten viel Phosphor, so, wozu braucht man Phosphor, ist doch giftig, Sie meinen Streichhölzer, nee Streichhölzer brauchen Sie nicht zu lutschen, Fische sind nahrhaft, esst Fisch, dann bleibt ihr schlank gesund und frisch, Damenstrümpfe, echt Kunstseide, Sie haben hier einen Füllfederhalter mit prima Goldfeder, anlackiert, ick sage Gold, vielleicht lackiere ich Ihnen eine runter.

FRANZ BIBERKOPF. Herrschaften treten Sie näher, Fräulein Sie auch mit dem Herrn Gemahl. Jugendliche haben Zutritt, für Jugendliche kostets nicht mehr, warum trägt der feine Mann im Westen Schleifen und der Prolet trägt keine?

STIMME. Fabisch Konfektion, gediegene Verarbeitung und niedrige Preise sind die Merkmale unserer Erzeugnisse.

FRANZ. Warum trägt der Prolet keine Schleifen? Weil er sie nicht binden kann. Da muss er sich einen Schlipshalter zu kaufen, und wenn er den gekauft hat, ist er schlecht und er kann den Schlips noch immer nicht binden. Das ist Betrug, das verbittert das Volk, das stößt Deutschland noch tiefer ins Elend, wo es schon drin ist.

SPRECHER. Der Mann, den ihr hier sprechen hört –

FRANZ. Warum hat man früher diesen großen Schlipshalter nicht getragen? Weil man sich keine Müllschippe an den Hals binden will, das will weder Mann noch Frau, das will nicht mal der Säugling, wenn er reden könnte.

SPRECHER. – ist Franz Biberkopf.

FRANZ. Man soll drüber nicht lachen, Herrschaften, lachen Sie nicht, wer weiß, wat in son klein Kinderkopf vorgeht, ach Jott, das liebe Köppchen und die lieben Härchen.

SPRECHER. Er hat ein wildes Leben geführt, Zement- und Transportarbeiter ist er gewesen, dann hat er zu trinken angefangen.

FRANZ. Herrschaften, wer hat heutzutage Zeit sich morgens einen Schlips umzubinden und gönnt sich nicht lieber die Minute Schlaf? Wir brauchen alle Schlaf, weil wir viel arbeiten müssen und wenig verdienen. Ein solcher Schlipshalter erleichtert Ihnen den Schlaf.

SPRECHER. Er ist ins Trinken gekommen, seiner Freundin hat er die Rippen zerschlagen, vier Jahre hat er wegen Totschlag in Tegel gesessen.

FRANZ. Jehn Sie weg vom Damm, junger Mann, sonst überfährt Sie ein Auto, und wer soll nachher den Müll wegfegen?

SPRECHER. Aber in Tegel ist ihm ein Seifensieder aufgegangen und er hat gesagt: Es soll jetzt aus sein mit dem Lumpen und Saufen, er hat geschworen anständig zu sein, darum hört ihr ihn jetzt am Rosenthaler Platz ausrufen und schrein.

---

[1] das Seidel (< lat. situla = Eimer): Bierglas, Bierkrug, altes süddeutsches Flüssigkeitsmaß von 0,3 l bis 0,5 l

FRANZ. Sie geben Ihr Geld für viel Dreck aus. Da haben Sie die Ganoven im Krokodil gesehn, vorne gab es heiße Bockwurst, hinten hat Jolly gelegen im Glas-
40 kasten, und die Schokolade haben sie ihm durch die Kabelröhre durchgeschoben. Hier kaufen Sie ehrliche Ware, Herrschaften, Gummi gewalzt, ein Stück 20, drei 50.
MECK (*Pfiff*). Franz, Achtung Polente.
45 FRANZ. Meck, Junge, seh ick dir ooch wieder.
MECK. Polente, Franz, der Grüne.
FRANZ. Wat heißt hier Polente, ick hab mein Schein.
MECK. Wat haste?
FRANZ. Jawoll, kleenes Meckchen, Meckmeckziegchen,
50 haben wir. Franz isn Gewerbetreibender, da, Reichsverband ambulanter Gewerbetreibender, ambulant sind wir, verstehste. Ein Stück 20 Pfennig, drei 50.

(v 1930)

Pablo Picasso: Das Klavier, 1957

Montage und **Collage** (< frz. collage = das Leimen, das Ankleben: etwas, das aus ganz Verschiedenem zusammengesetzt ist) synonym verwendet. Inzwischen hat sich der Begriff Collage durchgesetzt.

4. Vergleichen Sie Ihr Hörspiel mit dem Anfang des von Döblin verfassten.

3 Phil Jutzi (1896–1946): Standbilder aus „Berlin Alexanderplatz" (1931)

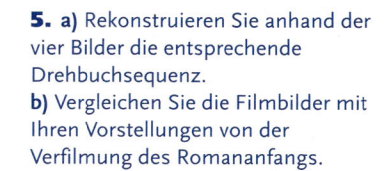

5. a) Rekonstruieren Sie anhand der vier Bilder die entsprechende Drehbuchsequenz.
b) Vergleichen Sie die Filmbilder mit Ihren Vorstellungen von der Verfilmung des Romananfangs.

Günther Lamprecht als Franz Biberkopf in der Verfilmung von R. W. Fassbinder

4 Rainer Werner Fassbinder (1945–1982): Drehbuch zu „Berlin Alexanderplatz" (1980) (Auszug)

1 TITEL-TRICK

Die Einstellungen 1–29 sind eine Fotomontage aus Berliner Bildern der Jahre 1919–1930. Die Bilder werden verbunden durch die Räder einer Straßenbahn, auch Originalaufnahmen aus der Zeit. Musikalisch wird diese Montage, auf die die Titel kommen und die vor jeder Folge laufen soll, unterlegt von einem von Richard Tauber gesungenen Lied von Franz Lehár aus der Operette „Juditha", „Freunde, das Leben ist lebenswert", und zwar soll es so sein, wie wenn man an einem Sonntagnachmittag durch eine Straße geht, aus sehr vielen Zimmern, Wohnungen, Häusern rechts und links dasselbe Wunschkonzert hört, das auf diese Art aber jegliche Heimeligkeit verliert, im Gegenteil unheimlich und befremdend wirken soll.

2 TEGEL

30. Das Zuchthaus Tegel, bedrohlich als Klotz, die Musik hört langsam auf und geht in einen ganz realistischen Straßenlärm, eher etwas zu leise, über. Die Kamera fährt nach unten, bekommt einen Gemüsestand ins Bild, wo gerade eine Frau bezahlt, Geld zurückbekommt, sich umdreht. Mit der weggehenden Dame fährt die Kamera wieder nach oben, und das Zuchthaus, das die Kamera gerade eben verloren hatte, als sie etwas Verkehr und Menschen, die müde durch die Straßen gelaufen sind, gesehen hat, wird wieder bedrohlich wie zuvor.

31. Im Gefängnis, zwar innerhalb der Mauern, aber außen Fahrt neben Franz Biberkopf und einem Gefängnisbeamten. Biberkopf ist eher bedrückt, der Gefängnisbeamte desinteressiert. Sie kommen zum Pförtner.

BEAMTER: Biberkopf, Franz. Entlassung. Hier sind die Papiere.

Er übergibt dem Pförtner Papiere, der Pförtner zeichnet ab.

32. (groß) Franz Biberkopf, der sehr erstaunt dem Beamten zuschaut.

33. (groß) Der Beamte, der vom unterschreibenden Pförtner zu Franz Biberkopf schaut und ihm zuzwinkert.

34. (nah) Franz, er versucht ein Lächeln, aber das Lächeln missglückt ihm.

35. (alle drei amerikanisch) Der Pförtner übergibt dem Beamten das unterschriebene Papier.

BEAMTER: Danke *(zu Biberkopf)* und viel Spaß auch.

Dann geht der Beamte weg, die Kamera fährt entgegengesetzt, so dass nur noch der Pförtner und Biberkopf im Bild sind.

PFÖRTNER: Jaja –

Kopfschüttelnd geht der Pförtner zur Tür und öffnet sie. Biberkopf sieht nach draußen, die Kamera fährt auf ihn zu bis sehr groß. Die Geräusche, der Verkehrslärm werden während der Fahrt unerträglich laut, so dass Franz sich die Ohren zuhalten muss.

Der Serientitel:

1. Die Strafe beginnt.

36. Halbnah von draußen die geöffnete Pforte. Biberkopf, der nach draußen schaut, dahinter der Pförtner. Spontan dreht Biberkopf sich um und will wieder zurücklaufen. Die Kamera fährt nach.

PFÖRTNER: He!

37. Schnitt in die Drehung von Franz, der sich zurückdreht.

FRANZ: Ja?

38. Totale, hinter Franz, der Pförtner kommt auf ihn zu, die Kamera fährt langsam auf die beiden zu, der Pförtner geht um Franz herum, wobei die Kamera entgegengesetzt fährt.

PFÖRTNER: Is was?

FRANZ: Wieso?

PFÖRTNER: Hast Angst?

Biberkopf zuckt mit den Achseln.

39. (amerikanisch beide) Der Pförtner klopft Biberkopf auf die Schultern.

PFÖRTNER: Musst keine Angst haben. Den meisten gehts jetzt nicht gut. Da fällt einer mehr oder weniger gar nicht auf. Hasts besser jetzt, wenn du raus kommst, wie andere früher.

40. Franz erblickt das geöffnete Tor (halbnah), die Kamera fahrt auf das Tor zu, dabei die Geräusche wieder unerträglich laut.

41. Franz und der Pförtner. Sie gehen auf das Tor zu. Fahren vor ihnen.

PFÖRTNER: Warn doch bloß vier Jahre

Franz nickt.

PFÖRTNER: Was ist das schon vier Jahre. Vier Jahre ist gar nichts, vier Jahre, mein Gott, da haben andre ganz andere Zeiten abgesessen.

Aber wieder bleibt Franz vor der geöffneten Pforte stehen, traut sich nicht hinaus. Da geht der Pförtner an ihm vorbei zur Tür raus und dreht sich wieder zu ihm um.

42. Dem Pförtner (nah). Schnitt in die Drehung.

PFÖRTNER: Siehst du, so einfach ist das. Man geht einfach über die Schwelle.

PFÖRTNER: Ist doch ganz einfach, oder?

43. Franz: (nah), er versucht zu lächeln und nickt.

44. Der Pförtner geht wieder hinein, klopft dem Franz noch einmal auf die Schulter und fast ist es, als würde er ihn nach draußen schieben. Fahrt auf die beiden zu, bis Franz sehr groß ist.

PFÖRTNER: So und jetzt probierst du es mal selber.

45. Franz blickt auf die Straße, es ist nichts Besonderes los, kein besonderer Verkehr, ein paar Leute gehen herum, einmal fährt ein Auto vorbei, es ist ein ganz gewöhnlicher Nachmittag.

46. (amerikanisch) Franz und der Pförtner.

PFÖRTNER: Das Wichtigste ist, du darfst dich nicht umdrehn, wenn du weggehst. Ist nur ein Aberglaube und hat auch meistens nichts genutzt, aber machen muss mans trotzdem so.

FRANZ: Aber wenn es doch nichts nützt.

PFÖRTNER: Wer weiß schon, was wann nützt und wem, das weiß keiner. Ist ein Gesetz. Wenn eines rausgeht, dreht er sich einfach nicht um, damit er nicht wiederkommen muss. Dass die meisten dann doch wiederkommen, das muss ein Geheimnis sein, da schaut keiner dahinter von unsereins.

FRANZ: All diese Menschen, und dann die Stadt und die Welt und ich ...

Wieder dreht er sich um, aber der Pförtner lässt ihn nicht hinein.

PFÖRTNER: Jetzt mach keine Schwierigkeiten, Junge. Du wirst dich schon wieder zurechtfinden. Hast doch Freunde, oder?

47. Der Pförtner angeschnitten. Franz nah, er schaut erstaunt auf.

FRANZ: Freunde?

PFÖRTNER: Na ja!

48. Beide von draußen, dann dreht sich Franz plötzlich um und geht aus dem Bild.

PFÖRTNER: Na endlich. Und vergiss nicht, dass du dich nicht umdrehen darfst. (v 1980)

Beispiel: **Alfred Döblin: „Berlin Alexanderplatz"**

Romananfang (1929)	Hörspielanfang (1930)	Jutzi-Verfilmung (1931)	Fassbinder-Verfilmung (1980)
– breite, ausschmückende Darstellung von Biberkopfs Weg in die Stadt – Montagestruktur wird erkennbar: epischer Bericht (Z. 6 ff.) – innerer Monolog (Z. 41 ff.) **Fazit:** – Roman mit mehreren hundert Seiten – episch breit angelegt – Leser wird zum Ko-Autor, d. h., seine Realität mischt sich mit der des Autors – ...	– dialogische Struktur – Biberkopf als Gewerbetreibender in Berlin – andere Personen treten auf (Z. 2 ff.) – unterstreicht Biberkopfs Unsicherheit – ...	– Biberkopfs Entlassung aus dem Gefängnis – Zögern wird durch Musik herausgestellt – subjektive Kameraeinstellung – ...	– ... – ...

6. a) Beschaffen Sie sich Informationen über Leben und Werk von Phil Jutzi und Rainer Werner Fassbinder und sprechen Sie darüber, ob aus den Biografien das Interesse an *Berlin Alexanderplatz* verständlich wird.
b) Vergleichen Sie Fassbinders Filmanfang mit dem von Jutzi, mit dem des Hörspiels und dem des Romans (Texte 1–4).

III. Deutsche Literatur im Exil

1. „Vertriebene sind wir, Verbannte" (Brecht) – Perspektiven der sog. Emigration kennenlernen

Am 10. Mai 1933 veranstalteten die Nationalsozialisten in ganz Deutschland Bücherverbrennungen, um „undeutsches Schrifttum" aus dem Bewusstsein der Deutschen auszumerzen. Sie duldeten niemanden, der nicht so dachte wie sie. Es setzte eine beispiellose Austreibung deutscher Künstler und Wissenschaftler ein. Das Exil (in einigen Fällen auch die innere Emigration) wurde für zwölf Jahre zur Existenzform auch vieler Schriftsteller (vgl. hierzu auch Kapitel I.2).

Bertolt Brecht wurde 1898 in Augsburg geboren. Schon als Schüler veröffentlichte er Gedichte mit antibürgerlicher Tendenz und Vorliebe für soziale Randexistenzen. Der Medizinstudent Brecht, bei Kriegsende als Lazarettgehilfe tätig, wurde begeisterter Anhänger der Revolution und glühender Pazifist. Es entstanden erste politische Gedichte und Dramenentwürfe. 1924 siedelte Brecht nach Berlin über und wurde Dramaturg bei Max Reinhardt. Hier sammelte er entscheidende Theatererfahrungen und veröffentlichte seine erste große Gedichtsammlung Bertolt Brechts Hauspostille (1927). Seine Stücke bedienten sich immer mehr einer dialektischen Methode und orientierten sich inhaltlich am Marxismus. Brecht strebte ein Theater, überhaupt eine Literatur an, die sozialkritisch wirken und das Bewusstsein verändern sollte („Lehrstücke"). In der Zusammenarbeit mit dem Komponisten Kurt Weill entstand die Dreigroschenoper, deren Uraufführung 1928 einen Skandal auslöste, die aber trotzdem der größte Theatererfolg der Weimarer Republik wurde. 1933 verließ Brecht Deutschland. Im Exil, das ihn über die Schweiz, Frankreich, Dänemark, Schweden, Finnland und die Sowjetunion in die USA führte, entwickelte er seine Theorie vom „Epischen Theater" weiter und schrieb seine großen, heute schon klassischen Stücke: Mutter Courage und ihre Kinder, Leben des Galilei, Der kaukasische Kreidekreis und andere. 1947 kehrte er nach Europa zurück. Da ihm die Einreise in die Westzonen untersagt wurde, nahm er eine Einladung aus Ost-Berlin an. Hier gründete er sein „Berliner Ensemble", an dem er Modellinszenierungen für seine Stücke entwickelte. Gleichzeitig blieb Brecht ein bedeutender Lyriker (Buckower Elegien, 1954) und Erzähler (Kalendergeschichten, mehrere große Romane). Unbestritten ist der Rang Brechts als des bedeutendsten Erneuerers des Theaters, aber auch der Lyrik und Epik. Er starb 1956 in Ost-Berlin.

1 Bertolt Brecht (1898–1956): Gedanken über die Dauer des Exils

Schlage keinen Nagel in die Wand
Wirf den Rock auf den Stuhl.
Warum vorsorgen für vier Tage?
Du kehrst morgen zurück.

5 Laß den kleinen Baum ohne Wasser.
Wozu noch einen Baum pflanzen?
Bevor er so hoch wie eine Stufe ist
Gehst du froh weg von hier.

Zieh die Mütze ins Gesicht, wenn Leute vorbeigehn!
10 Wozu in einer fremden Grammatik blättern?
Die Nachricht, die dich heimruft
Ist in bekannter Sprache geschrieben.

So wie der Kalk vom Gebälk blättert
(Tue nichts dagegen!)
15 Wird der Zaun der Gewalt zermorschen
Der an der Grenze aufgerichtet ist
Gegen die Gerechtigkeit.

II
Sieh den Nagel in der Wand, den du eingeschlagen hast:
20 Wann, glaubst du, wirst du zurückkehren?
Willst du wissen, was du im Innersten glaubst?

Tag um Tag
Arbeitest du an der Befreiung
Sitzend in der Kammer schreibst du.
25 Willst du wissen, was du von deiner Arbeit hältst?
Sieh den kleinen Kastanienbaum im Eck des Hofes
Zu dem du die Kanne voll Wasser schlepptest!   (um 1937)

2 Bertolt Brecht: Über die Bezeichnung Emigranten

Immer fand ich den Namen falsch, den man uns gab: Emigranten.
Das heißt doch Auswanderer. Aber wir
Wanderten doch nicht aus, nach freiem Entschluß
Wählend ein anderes Land. Wanderten wir doch auch nicht
5 Ein in ein Land, dort zu bleiben, womöglich für immer.
Sondern wir flohen. Vertriebene sind wir, Verbannte.

Und kein Heim, ein Exil soll das Land sein, das uns da aufnahm.
Unruhig sitzen wir so, möglichst nahe den Grenzen
Wartend des Tags der Rückkehr, jede kleinste Veränderung
10 Jenseits der Grenze beobachtend, jeden Ankömmling
Eifrig befragend, nichts vergessend und nicht aufgebend
Und auch verzeihend nichts, was geschah, nichts verzeihend.
Ach, die Stille der Stunde täuscht uns nicht! Wir hören die Schreie
Aus ihren Lagern bis hierher. Sind wir doch selber
15 Fast wie Gerüchte von Untaten, die da entkamen
Über die Grenzen. Jeder von uns
Der mit zerrissenen Schuhn durch die Menge geht
Zeugt von der Schande, die jetzt unser Land befleckt.
Aber keiner von uns
20 Wird hier bleiben. Das letzte Wort
Ist noch nicht gesprochen. (1937)
(Aus lizenzrechtlichen Gründen sind die Texte von Bertold Brecht nicht in reformierter Rechtschreibung abgedruckt.)

3 Klaus Mann (1906–1949): Der Wendepunkt. Ein Lebensbericht (Auszug)

Es empfahl sich, auf der Hut zu sein. Man war es. Alles, was mit Deutschland zu tun hatte, wurde unheimlich, beängstigend. Das Gebäude, in dem sich ein deutsches Reisebüro oder gar ein deutsches Konsulat befand, betrat man nicht gern. Es gab dort vielleicht geheime Falltüren, die sich plötzlich vor einem auftaten – und man war gefangen. Um diesen Mercedes mit der
5 deutschen Nummer machte man lieber einen scheuen Bogen. Wagte man sich zu nah heran, so öffnete sich wohl der Wagenschlag, ein Arm kam zum Vorschein, eine klammernde Faust, schon hatte man die Äthermaske vorm Gesicht, und wenn man wieder zu sich kam, war man in Deutschland: in der Hölle also. Deutschland war die Hölle, das unbetretbare Gebiet, die verfluchte Zone. Manchmal träumte man, dass man in Deutschland sei, es war grauenhaft.
10 Früher hatte man sich wohl im Traume nackt auf einen belebten Boulevard verirrt oder war in großem Kostüm auf eine Bühne getreten, um eine Rolle zu spielen, von der man kein Wort wusste, lauter Situationen von unleugbarer Peinlichkeit. Aber der neue Alb, der Emigranten-Angsttraum, war unvergleichlich ärger. Es fing harmlos an. Man schlenderte eine Straße entlang, deren Aussehen bekannt anmutete, zu bekannt, wie einem allmählich klar wurde, be-
15 kannt auf eine bedrohliche, schaurig-intime Art. Es war eine deutsche Straße, man befand sich in München oder in Berlin: daher die Bangigkeit, die wachsende Beklemmung. Wie komme ich hierher? Was habe ich hier zu suchen? Und wie komme ich fort von hier? Während man sich dies fragte, versuchte man, möglichst unbekümmert zu erscheinen, ein sorgloser Passant, der das heitere Treiben auf dem Kurfürstendamm oder der Theatinerstraße genießt: Aber was
20 nützt die nonchalante[1] Pose? Du bist erkannt, immer drohender werden die Blicke, mit denen die Vorübergehenden dich mustern. Plötzlich erinnerst du dich, dass du eine der verbotenen Zeitschriften sichtbar unter dem Arm trägst, ein Exemplar der „Neuen Weltbühne" oder des „Neuen Tagebuch". Du möchtest dich der kompromittierenden Druckschrift entledigen, sie unbemerkt zu Boden gleiten oder doch mindestens in deiner Tasche verschwinden lassen; aber
25 es ist zu spät: Du bist erkannt. Gibt es kein Entrinnen? Nein; denn nicht nur die Menschen sind gegen dich, auch die Häuser, das Pflaster, der feindlich verhüllte Himmel. Magst du immerhin rennen! Die Straße ist lang, du erreichst ihr Ende nicht, und selbst wenn du bis zum Ende der Straße kämest, die Häscher griffen dich, sie sind überall. Du rennst trotzdem, blind vor Angst, in keuchender Panik, ziellos, hoffnungslos. Die infernalische[2] Straße lässt dich rennen, zap-
30 peln, springen, da sie weiß, dass du ihrem tödlichen Zugriff doch nicht entrinnen wirst. Du rennst zwischen Mauern, Fahnen, Menschenmassen, die sich immer näher an dich drängen, immer gefährlicher um dich schließen; du rennst – bis du schweißgebadet erwachst. Dieser

---

[1] nonchalant (frz.): lässig (nachlässig), formlos, ungezwungen
[2] infernalisch (< lat. infernum = das Untere, die Unterwelt): höllisch, teuflisch

sehr schlimme Traum kam häufig vor in Emigrantenkreisen. Es gab Zeiten, in denen ich diesen sehr schlimmen Traum beinahe jede Nacht träumen musste.
Deutschland, entfremdete, entstellte, grässlich gewordene Heimat, die wir nur im Albtraum schauen durften! Die Reichsgrenzen wurden zu einem feurigen Ring, hinter dem es nur die Vernichtung gab. [...]
Indessen verhielt es sich nicht etwa so, dass die Emigranten dauernd in Angst und Schrecken lebten; so darf man sich das nicht denken. Wer die Emigration nicht selber mitgemacht hat, könnte überhaupt geneigt sein, die dramatischen und romantischen Aspekte dieser Existenzform zu überschätzen. [...]
Man ist nicht pausenlos in kämpferischer Laune, auch das Heimweh macht sich nur gelegentlich bemerkbar, und man bringt nicht den ganzen Tag damit zu, die Tyrannen zu hassen, kurz, man ist nicht immer Emigrant „im Hauptberuf". Man vergisst zuweilen, dass man sich im Exil befindet. Sogar in der Verbannung kommen heitere Stunden vor, die übrigens auch in der Heimat selten waren. Geldsorgen? Die ist man gewohnt. Man ist nie Kapitalist gewesen, hat sich vielmehr immer plagen müssen. Irgendwie schafft man es, plagt sich freilich im Exil noch weidlicher als zu Hause. Neu ist das Pass-Problem, nun doch eine sehr ernste Sache. Ohne Pass kann der Mensch nicht leben. Das scheinbar unbedeutende Dokument ist in Wahrheit beinah ebenso kostbar wie der Schatten, dessen Wert der arme Peter Schlemihl erst so recht begriff, als er sich seiner leichtfertigerweise entäußert hatte. Transitvisen, Arbeits- und Aufenthaltserlaubnisse, „cartes d'identité", „titres de voyage"; diese Dinge spielten eine durchaus dominierende und recht quälende Rolle in den Gedanken und Gesprächen deutscher Auswanderer. Aber schließlich fand sich meist irgendein Ausweg. (v 1949)

4 Joseph Roth (1894–1939): Die vertriebene deutsche Literatur
(Auszug)

Ein Blick in die Zukunft?
Schon eine politische Voraussage ist bekanntlich schwer und gefährlich. Eines kann man aber sagen: Unsachliche Schwätzereien wie „die Fahne hochhalten", „die Tradition aufrechterhalten", „den Mut nicht verlieren" – das sind leere Phrasen, die an schreierische, jetzt überall verbreitete deutsche Reklame erinnern, wie „Deutsche, trinkt deutsches Bier!" usw.
Wir müssen uns eingestehen. dass unsere einzige Waffe das Wort ist. Es ist eine mächtige, gefährliche und sogar magische Waffe, aber sie ist weder scharf, noch direkt. Gegenüber den Kanonen von Krupp, den Giftgasen der Leuna-Werke, den Flugzeugen von Göring, den Konzentrationslagern, der Geheimpolizei, der Unfreundlichkeit der Länder, in denen man den deutschen Literaten zwar Gastrecht gewährt, aber in ihnen geduldete Ausländer sieht – dem allem gegenüber sind wir nur „arme Schriftsteller".
Die vertriebenen deutschen Schriftsteller sind fremd, wie Israel Ägypten fremd war. Überall, so weit das Auge reicht, sind neue Pharaonen zu sehen. Und nur der Glaube an ein Wunder befähigt die Schriftsteller, ihre Existenz physisch und literarisch fortzuführen.
Es ist aber ein berechtigter Glaube an ein Wunder. Denn am Anfang war das Wort – nicht die Phrase. (e 1937)

Joseph Roth

5 Ernst Bloch (1885–1977): Zerstörte Sprache – zerstörte Kultur (Auszug)

Bloch hat diesen Vortrag 1939 vor dem „Schutzverband Deutscher Schriftsteller" in New York gehalten.

Wir sprechen nun einmal deutsch. Diese Sprache haben wir mitgenommen, mit ihr arbeiten wir. Aber jeder Baum heißt hier anders, und im Gesicht gibt es ein englisches Weinen, sicher Lachen. Die Hunde freilich hören auf ihre alten Namen, ihnen angehängt. Der Schreibende scheint nun, will er wirken, jedes Wort auswechseln zu müssen. [...]
Sicher ist jedoch, dass der Zufall, der uns in die oder jene Sprache hineingeboren werden ließ, später durch keinen anderen „Zufall" korrigiert werden kann, auch nicht durch Emigration.

Ernst Bloch

Die Sprache wird dem Menschen sehr bald ein Stück seiner selbst, und eines, das – in der Mehrzahl der Fälle – am wenigsten abgetan werden kann.

Wo Sprache verludert oder verloren geht, wo sie zum Klischee wird oder zum Dietrich des Betrugs, aber auch wo sie aus dem alten Leben herausgerissen wird, aus dem großen Strom ihrer bisherigen Welt und ein eingekapseltes oder verfremdetes Dasein führen muss: Überall dort besteht die Möglichkeit, im Fall der Verluderung die Gewissheit, dass ein Mensch, ein Volk sich verfälschen und ihre Welt verlieren. Mit uns ist die deutsche Sprache auf verschiedene Weise in dieser Gefahr. Intra muros et extra[1] ist sie bedroht: In Deutschland droht sie zu ersticken, im Ausland zu erfrieren. (e 1939)

6 Lion Feuchtwanger (1884 – 1958): Arbeitsprobleme des Schriftstellers im Exil (Auszug)

Denn wenn das Exil zerreibt, wenn es klein und elend macht, so härtet es auch und macht groß. Es strömt dem Schriftsteller im Exil eine ungeheure Fülle neuen Stoffes und neuer Ideen zu, er ist einer Fülle von Gesichten gegenübergestellt, die ihm in der Heimat nie begegnet wären, ja, wenn wir uns bemühen, unser Leben im Exil historisch zu sehen, dann erweist sich jetzt schon, dass beinahe alles, was unsere Arbeit zu behindern schien, ihr am Ende zum Heil ausschlug. Ich darf in diesem Zusammenhang nicht verschweigen, dass zum Beispiel auch der erzwungene ständige Kontakt mit der fremden Sprache, über den ich vorhin so laut zu klagen hatte, sich am Ende als eine Bereicherung erweist. Der im fremden Sprachkreis lebende Autor kontrolliert beinahe automatisch das eigene Wort ständig am fremden. Häufig dann sieht er, dass die fremde Sprache ein treffendes Wort hat für das, was er ausdrücken will. Er gibt sich dann nicht zufrieden mit dem, was ihm die eigene Sprache darbietet, sondern er schärft, feilt und poliert an dem Vorhandenen so lange, bis es ein Neues geworden ist, bis er der eigenen Sprache das neue, schärfere Wort abgerungen hat. Jeder von uns hat glückliche Wendungen der fremden Sprache seiner eigenen eingepasst. (v 1954)

7 Stefan Zweig (1881 – 1942): Declaração (Erklärung)

Ehe ich aus freiem Willen und mit klaren Sinnen aus dem Leben scheide, drängt es mich eine letzte Pflicht zu erfüllen: diesem wundervollen Lande Brasilien innig zu danken, das mir und meiner Arbeit so gute und gastliche Rast gegeben. Mit jedem Tage habe ich dies Land mehr lieben gelernt und nirgends hätte ich mir mein Leben lieber vom Grunde aus neu aufgebaut, nachdem die Welt meiner eigenen Sprache für mich untergegangen ist und meine geistige Heimat Europa sich selber vernichtet. Aber nach dem sechzigsten Jahre bedürfte es besonderer Kräfte, um noch einmal völlig neu zu beginnen. Und die meinen sind durch die langen Jahre heimatlosen Wanderns erschöpft. So halte ich es für besser, rechtzeitig und in aufrechter Haltung ein Leben abzuschließen, dem geistige Arbeit immer die lauterste Freude und persönliche Freiheit das höchste Gut dieser Erde gewesen. Ich grüße alle meine Freunde! Mögen sie die Morgenröte noch sehen nach der langen Nacht! Ich, allzu Ungeduldiger, gehe ihnen voraus.

Stefan Zweig
Petropolis [bei Rio de Janeiro]. 22.2.1942

8 Carl Zuckmayer (1896 – 1977): Aufruf zum Leben (Auszug)

Frühling 1942

Der Entschluss zu sterben ist ein unveräußerliches Recht jedes Einzelnen. Wenn ein Mensch die letzte Entscheidung fällt und sie mit seinem Tod besiegelt, so hat die Frage, ob er richtig oder falsch gehandelt hat, zu schweigen. Denn es gibt dafür keinen Maßstab und kein Gesetz als das des eigenen freien Willens. – Für uns jedoch, die wir durch das Ereignis eines Freitods in unsrer Mitte zutiefst betroffen sind, erhebt sich die Frage nach dem Sinn unsres Weiterlebens. Allzu leicht könnten wir geneigt sein, die Lage und Haltung eines Einzelnen, der von den

---

[1] Intra muros et extra (lat.): innerhalb der Mauern und außerhalb

gleichen Zeitmächten geschlagen war, die uns bedrängen, allgemein zu verstehen – und den Weg, den er für seine Person gewählt hat, als Beispiel aufzufassen, als Ausweg – oder als Urteil. – Verführerisch ist der Gedanke, in Stolz und Einsamkeit den Giftbecher zu nehmen, bevor der widerliche Massen-Galgenwald errichtet ist, der uns bestimmt sein mag. Fast scheint es Erlösung, die böse Last wegzuwerfen, eh sie uns ganz zu Boden drückt und erwürgt. Manchem mag es wie ein süßer Schwindel, wie ein Rausch zu Kopf steigen, dem sich so traurig-lustvoll hinzugeben wäre: Schon die Worte klingen wie aushauchende Erfüllung einer letzten Lebensgier: vergeben, verwehen, verrinnen, verströmen, enden – vollenden. Wer kennt nicht das heiße Flüstern dieser Versuchung. Wer weiß nicht von jener bis zum Herzpochen aufregenden Träumerei, erster Liebesverwirrung gleich, in der sich Lebensangst mit der Bravour des Absprungs, der Grenzüberschreitung, der Ich-Entfesselung, beklemmend und atemlos vermischt.

Es ist aber nicht an der Zeit, mit dem Tod zu schlafen.

Die Dämmerung, die uns umgibt, deutet nicht auf Abend, auf Mond, auf Buhlschaft. Hinter diesem Zwielicht flammt ein blutiges Morgenrot, das harten Tag kündet und das uns ruft, zu leben, zu kämpfen, zu bestehen.

GEBT NICHT AUF, KAMERADEN!

---

1. Erarbeiten Sie die Texte 1–8 im Gruppenpuzzle:
a) Arbeiten Sie besonders heraus, wie die Autoren die Situation des Schriftstellers im Exil sehen.
b) Beschreiben Sie den Zusammenhang zwischen Textart und Darstellungsweise.

2. Achten Sie auf eine ansprechende Präsentation Ihrer Ergebnisse.

Nelly Sachs

„Die vertriebene deutsche Literatur" – Exilliteratur in der NS-Zeit

- Lesen Sie den Artikel über die Flucht Lion Feuchtwangers aus Deutschland.
- Entscheiden Sie sich in Ihrer Gruppe für einen in der Randspalte auf S. 359 ff. abgebildeten Schriftsteller bzw. eine Schriftstellerin, z. B. Nelly Sachs, Anna Seghers etc.
- Informieren Sie sich über den Lebenslauf, insbesondere über Stationen des Exils, und stellen Sie Ihre Ergebnisse anschaulich dar (z. B. bebilderte Zeitleiste, Karte mit Stationen der Flucht, …).
- Schnuppern Sie in verschiedene Werke Ihres Autors bzw. Ihrer Autorin hinein und notieren Sie, welche Themen im Vordergrund stehen, welche Grundstimmung vorherrscht, welche Motive auftauchen und welche Eigenarten des Schreibstils Ihnen auffallen.
- Wählen Sie einen kurzen Text oder Textauszug aus und bereiten Sie eine Präsentation vor (z. B. Vergrößerung des Textes für ein Wandplakat, wo Anmerkungen zum Text Platz haben und Bilder zugeordnet werden können, oder sinngestaltender Vortrag oder szenische Umsetzung oder Verfilmung oder …).
- Eine Gruppe könnte ihre Recherchen auf heutige Exilliteratur erweitern:
Sammeln Sie Gründe für heutige Wege ins Exil.
Ermitteln Sie Existenzbedingungen heutiger Autorinnen und Autoren im Exil. (Suchen Sie dazu eventuell Kontakt zu einer Schriftstellerin oder einem Schriftsteller, der in Ihrer Nähe im Exil lebt.)
Informieren Sie Ihre Mitschülerinnen und Mitschüler über Werke von Exilautorinnen und -autoren, die in deutscher Sprache erschienen sind.
Simulieren Sie Gespräche oder eine Podiumsdiskussion zwischen früheren und heutigen Exilautorinnen und -autoren.
Stellen Sie Ihre Gruppenergebnisse Ihrem Kurs oder einer größeren Öffentlichkeit vor.
Lesetipp: Volker Weidermann: *Das Buch der verbrannten Bücher.* Köln (Kiepenheuer und Witsch) 2008.

2. Botschaften aus der Fremde – Leseanregungen aufnehmen

Diese Teilsequenz kann Ihnen nur einen winzigen Einblick in das Schaffen der Exilschriftsteller geben. Sie ist deshalb als Leseanregung gedacht, denn hier werden nur drei besonders namhafte Autorinnen und Autoren vorgestellt.

1 Lion Feuchtwanger (1884–1958): Exil (Auszug)

Der Komponist Sepp Trautwein lebt mit Frau und Sohn in Paris. Seine Frau, von den Strapazen des Exils zermürbt, begeht Selbstmord, sein Sohn schließt sich der Kommunistischen Internationale an und geht nach Moskau, um von dort aus den Kampf gegen den Faschismus zu führen. Trautwein selbst wird von einer tiefen Depression und Schaffenskrise befallen. Er besucht seinen alten Lehrer Ringseis, dessen Lebensweisheit, „Warten können, das ist alles", in ihm eine Vision auslöst.

Mit seinem innern Aug sah Sepp das „Warten", von dem Ringseis sprach, er hörte es mit seinem innern Ohr. O Glück und Wunder. Mit einem Mal war seine Taubheit fort. Es rief, es klang, er hörte Stimmen, Tonfolgen, er sah und hörte. Das Zimmerchen des Alten erweiterte sich ihm zu einem großen Raum. Es war ein kahler Wartesaal, ja, es war ein Saal, er hatte bestimmt vier
5 Wände, aber er war so ungeheuer weit, dass man diese Wände nicht sah. Der Raum war unendlich armselig, er glich den Baracken der Emigranten, und, wiewohl durchgrellt von dem scheußlichen, kalkigen, erbarmungslosen Licht jener Baracken, blieb er schattenhaft in seinen Winkeln und von undeutlichen Grenzen. Es war aber dieser Saal erfüllt von einem Gewimmel von Menschen; nicht nur die Menschen unserer kümmerlichen deutschen Emigration waren
10 darin, sondern alle Zeitgenossen Sepp Trautweins. Sie hockten da, auf verlumpten Bündeln und Koffern, mit sinnlos zusammengerafftem Hausrat, sie hockten und bewegten sich gleichzeitig, sie waren aufgeregt und resigniert in einem, es war Nacht, denn es brannte ja das kalkige Licht, es war aber auch Tag, es war Sommer, und es war Winter; man wartete schon so lange, dass es keine Jahreszeiten mehr gab und keinen Unterschied mehr zwischen Tag und Nacht.
15 Die Menschen saßen da und gingen gleichzeitig herum, waren fieberisch erregt und gleichzeitig stumpf resigniert, wimmelten durcheinander und rührten sich doch nicht von der Stelle. Es ging keiner fort, und es kamen immer mehr, der Saal war überfüllt, und noch immer kamen neue, und es war ein Wunder, wie sie Platz fanden.
Es war ein Wartesaal und gleichzeitig ein Gefängnis. Klingeln schrillten, Signale gellten, Loko-
20 motiven pfiffen, Lautsprecher klangen, Züge wurden ausgerufen. Aber die Züge, auf welche diese Menschen warteten, wurden nicht ausgerufen. Bei jedem neuen Aufruf horchten sie hoch, aber die Leute von der Direktion verhinderten, dass die Züge kamen, auf die sie warteten. Immer neue Züge ließen sie abgehen, aber die längst angekündigten Züge, auf die sie warteten, ließen sie nicht abgehen. Sie teilten auch mit, warum nicht; es waren immer fadenschei-
25 nigere Gründe, zuletzt wurden die Vorwände so aufreizend erbärmlich, dass auch die Dümmsten unter den Wartenden erkannten, wie zynisch sie waren. Aber was blieb ihnen übrig, als weiter zu warten? Sie waren Objekte einer Herrschaft, die angeblich sie selber ausübten; denn angeblich ließ die Direktion die Züge ja für sie gehen, für sie allein.
Diesen Wartesaal also sichtete Sepp Trautwein, während und nachdem Ringseis zu ihm sprach.
30 Er sah den Wartesaal, aber mehr noch hörte er ihn. Er hörte, wie die Züge ausgerufen wurden, wie sie ankamen und leer wieder weiterfuhren, oder auch, wie sie durchfuhren, höhnisch langsam an den Wartenden vorbei, und er hörte den Jammer der Wartenden, ihre Verzweiflung, ihre Flüche, ihre Resignation, ihren Zusammenbruch und ihre, trotz allen Enttäuschungen, immer neue Hoffnung.
35 In dieser Stunde, in der kleinen, schlecht gelüfteten Kammer, während der alte Ringseis mild, sanft, in geduldigem, fast glücklichem Verfall dalag, einer letzten, kurzen, vorübergehenden Genesung entgegendösend, hier also und zu dieser Stunde hörte Sepp Trautwein zum ersten Mal die Klänge jener Sinfonie „Der Wartesaal", die ihn berühmt machen sollte. […]   (v 1940)

2 Anna Seghers (1900–1983): Transit (Auszug)

Der Ich-Erzähler, ein junger Deutscher, ist aus einem Konzentrationslager geflüchtet und hält sich in Marseille auf. Dieser Schauplatz des Romans wird im Sommer 1940 als größter Hafen im unbesetzten Frankreich zum Sammelplatz von Flüchtlingen, die sich einer möglichen Verhaftung durch die nationalsozialistischen Invasoren durch die Flucht übers Meer entziehen wollen. Zu Beginn des Romans führt der Ich-Erzähler in die Situation seines Emigrantendaseins ein.

Die ‚Montreal' soll untergegangen sein zwischen Dakar und Martinique. Auf eine Mine gelaufen. Die Schifffahrtsgesellschaft gibt keine Auskunft. Vielleicht ist auch alles nur ein Gerücht. Verglichen mit den Schicksalen anderer Schiffe, die mit ihrer Last von Flüchtlingen durch alle Meere gejagt wurden und nie von Häfen aufgenommen, die man eher auf hoher See verbrennen ließ, als die Anker werfen zu lassen, nur weil die Papiere der Passagiere ein paar Tage vorher abliefen, mit solchen Schiffsschicksalen verglichen ist doch der Untergang dieser ‚Montreal' in Kriegszeiten für ein Schiff ein natürlicher Tod. Wenn alles nicht wieder nur ein Gerücht ist. Wenn das Schiff nicht inzwischen gekapert wurde oder nach Dakar zurückbeordert. Dann schmoren eben die Passagiere in einem Lager am Rande der Sahara. Vielleicht sind sie auch schon glücklich auf der anderen Seite des Ozeans. Sie finden das alles ziemlich gleichgültig? Sie langweilen sich? – Ich mich auch. Erlauben Sie mir, Sie einzuladen. Zu einem richtigen Abendessen habe ich leider kein Geld. Zu einem Glas Rosé und einem Stück Pizza. Setzen Sie sich bitte zu mir! Was möchten Sie am liebsten vor sich sehen? Wie man die Pizza bäckt auf dem offenen Feuer? Dann setzen Sie sich neben mich. Den alten Hafen? Dann besser mir gegenüber. Sie können die Sonne untergehen sehen hinter dem Fort St. Nicolas. Das wird Sie sicher nicht langweilen.

Die Pizza ist doch ein sonderbares Gebäck. Rund und bunt wie eine Torte. Man erwartet etwas Süßes. Da beißt man auf Pfeffer. Man sieht sich das Ding näher an; da merkt man, dass es gar nicht mit Kirschen und Rosinen gespickt ist, sondern mit Paprika und Oliven. Man gewöhnt sich daran. Nur leider verlangen sie jetzt auch hier für die Pizza Brotkarten.

Ich möchte gern wissen, ob die ‚Montreal' wirklich unterging. Was machen alle die Menschen da drüben, falls sie doch noch ankamen? Ein neues Leben beginnen? Berufe ergreifen? Komitees einrennen? Den Urwald roden? Ja, wenn es sie wirklich da drüben gäbe, die vollkommene Wildnis, die alle und alles verjüngt, dann könnte ich fast bereuen, nicht mitgefahren zu sein. – Ich hatte nämlich durchaus die Möglichkeit mitzufahren. Ich hatte eine bezahlte Karte, ich hatte ein Visum, ich hatte ein Transit. Doch zog ich es plötzlich vor zu bleiben. (v 1944)

3 Bertolt Brecht (1898–1956): Der gute Mensch von Sezuan
(Auszug)

Shui Ta's Tabakfabrik

In den Baracken des Herrn Shu Fu hat Shui Ta eine kleine Tabakfabrik eingerichtet. Hinter Gittern hocken, entsetzlich zusammengepfercht, einige Familien, besonders Frauen und Kinder, darunter die Schwägerin, der Großvater, der frühere Schreiner und seine Kinder.

Davor tritt Frau Yang auf gefolgt von ihrem Sohn Sun.

FRAU YANG ZUM PUBLIKUM: Ich muß Ihnen berichten, wie mein Sohn Sun durch die Weisheit und Strenge des allgemein geachteten Herrn Shui Ta aus einem verkommenen Menschen in einen nützlichen verwandelt wurde. Wie das ganze Viertel erfuhr, eröffnete Herr Shui Ta in der Nähe des Viehhofs eine kleine, aber schnell aufblühende Tabakfabrik. Vor drei Monaten sah ich mich veranlaßt, ihn mit meinem Sohn dort aufzusuchen. Er empfing mich nach kurzer Wartezeit.

Aus der Fabrik tritt Shui Ta auf Frau Yang zu.

SHUI TA: Womit kann ich Ihnen dienen, Frau Yang?

FRAU YANG: Herr Shui Ta, ich möchte ein Wort für meinen Sohn bei Ihnen einlegen. Die Polizei war heute morgen bei uns, und man hat uns gesagt, daß Sie im Namen von Fräulein Shen Te Anklage wegen Bruch des Heiratsversprechens und Erschleichung von 200 Silberdollar erhoben haben.

SHUI TA: Ganz richtig, Frau Yang.

FRAU YANG: Herr Shui Ta, um der Götter willen können Sie nicht noch einmal Gnade vor Recht ergehen lassen? Das Geld ist weg. In zwei Tagen hat er es durchgebracht, als der Plan mit der Fliegerstelle scheiterte. Ich weiß, er ist ein Lump. Er hat auch meine Möbel schon verkauft gehabt und wollte ohne seine alte Mama nach Peking. *Sie weint.* Fräulein Shen Te hielt einmal große Stücke auf ihn.

SHUI TA: Was haben Sie mir zu sagen, Herr Yang Sun?

SUN *finster:* Ich habe das Geld nicht mehr.

SHUI TA: Frau Yang, der Schwäche wegen, die meine Kusine aus irgendwelchen, mir unbegreiflichen Gründen für Ihren verkommenen Sohn hatte, bin ich bereit, es noch einmal mit ihm zu versuchen. Sie hat mir gesagt, daß sie sich von ehrlicher Arbeit eine Besserung erwartet. Er kann eine Stelle in meiner Fabrik haben. Nach und nach werden ihm die 200 Silberdollar vom Lohn abgezogen werden.

SUN: Also Kittchen oder Fabrik?

SHUI TA: Sie haben die Wahl.

SUN: Und mit Shen Te kann ich wohl nicht mehr sprechen?

SHUI TA: Nein.

SUN: Wo ist mein Arbeitsplatz?

FRAU YANG: Tausend Dank, Herr Shui Ta! Sie sind unendlich gütig, die Götter werden es ihnen vergelten. *Zu Sun:* Du bist vom rechten Wege abgewichen. Versuch nun, durch ehrliche Arbeit wieder so weit zu kommen, daß du deiner Mutter in die Augen schauen kannst. *Sun folgt Shui Ta in die Fabrik. Frau Yang kehrt an die Rampe zurück.*

FRAU YANG *zum Publikum:* Die ersten Wochen waren hart für Sun. Die Arbeit sagte ihm nicht zu. Er hatte wenig Gelegenheit, sich auszuzeichnen. Erst in der dritten Woche kam ihm ein kleiner Vorfall zu Hilfe. Er und der frühere Schreiner Lin To mußten Tabakballen schleppen.

Sun und der frühere Schreiner Lin To schleppen je zwei Tabakballen.

Der frühere Schreiner hält ächzend inne und läßt sich auf einem Ballen nieder: Ich kann kaum mehr. Ich bin nicht mehr jung genug für diese Arbeit.

SUN *setzt sich ebenfalls:* Warum schmeißt du ihnen die Ballen nicht einfach hin?

DER FRÜHERE SCHREINER: Und wovon sollen wir leben? Ich muß doch sogar, um das Notwendigste zu haben, die Kinder einspannen. Wenn das Fräulein Shen Te sähe! Sie war gut.

SUN: Sie war nicht die Schlechteste. Wenn die Verhältnisse nicht so elend gewesen wären, hätten wir es ganz gut miteinander getroffen. Ich möchte wissen, wo sie ist. Besser, wir machen weiter. Um diese Zeit pflegt er zu kommen.

Sie stehen auf.

SUN *sieht Shui Ta kommen:* Gib den einen Ballen her, du Krüppel! *Sun nimmt auch noch den einen Ballen Lin To's auf.*

DER FRÜHERE SCHREINER: Vielen Dank! Ja, wenn sie da wäre, würdest du gleich einen Stein im Brett haben, wenn sie sähe, daß du einem alten Mann so zur Hand gehst. Ach ja!

Herein Shui Ta.

FRAU YANG *zum Publikum:* Und mit einem Blick sieht natürlich Herr Shui Ta, was ein guter Arbeiter ist, der keine Arbeit scheut. Und er greift ein.

SHUI TA: Halt, ihr! Was ist da los? Warum trägst du nur einen einzigen Ballen?

DER FRÜHERE SCHREINER: Ich bin ein wenig müde heute, Herr Shui Ta, und Yang Sun war so freundlich ...

SHUI TA: Du kehrst um und nimmst drei Ballen, Freund. Was Yang Sun kann, kannst du auch. Yang Sun hat guten Willen und du hast keinen.

FRAU YANG *während der frühere Schreiner zwei weitere Ballen holt, zum Publikum:* Kein Wort natürlich zu Sun, aber Herr Shui Ta war im Bilde. [...]

FRAU YANG *zum Publikum:* Und keine Anfeindung, keine Schmähung von seiten ungebildeter Menschen, denn das blieb nicht aus, hielten meinen Sohn von der Erfüllung seiner Pflicht zurück.

Einer der Arbeiter stimmt das „Lied vom achten Elefanten" an. Die andern fallen in den Refrain ein.

Sieben Elefanten hatte Herr Dschin
Und da war dann noch der achte.
Sieben waren wild und der achte war zahm

Und der achte war's, der sie bewachte.
　　Trabt schneller!
　　Herr Dschin hat einen Wald
　　Der muß vor Nacht gerodet sein
　　Und Nacht ist jetzt schon bald!

Sieben Elefanten roden den Wald
Und Herr Dschin ritt hoch auf dem achten.
All den Tag Nummer acht stand faul auf der Wacht
Und sah zu, was sie hinter sich brachten.
　　Grabt schneller!
　　Herr Dschin hat einen Wald
　　Der muß vor Nacht gerodet sein
　　Und Nacht ist jetzt schon bald!

Sieben Elefanten wollten nicht mehr
Hatten satt das Bäumeabschlachten.
Herr Dschin war nervös, auf die sieben war er bös
Und gab ein Schaff Reis dem achten.
　　Was soll das?
　　Herr Dschin hat einen Wald
　　Der muß vor Nacht gerodet sein
　　Und Nacht ist jetzt schon bald!

Sieben Elefanten hatten keinen Zahn
Seinen Zahn hatte nur noch der achte.
Und Nummer acht war vorhanden, schlug die sieben zuschanden
Und Herr Dschin stand dahinten und lachte.
　　Grabt weiter!
　　Herr Dschin hat einen Wald
　　Der muß vor Nacht gerodet sein
　　Und Nacht ist jetzt schon bald!

Shui Ta ist gemächlich schlendernd und eine Zigarre rauchend nach vorn gekommen. Yang Sun hat den Refrain der dritten Strophe lachend mitgesungen und in der letzten Strophe durch Händeklatschen das Tempo beschleunigt.

FRAU YANG *zum Publikum*: Wir können Herrn Shui Ta wirklich nicht genug danken. Beinahe ohne jedes Zutun, aber mit Strenge und Weisheit hat er alles Gute herausgeholt, was in Sun steckte! Er hat ihm nicht allerhand phantastische Versprechungen gemacht wie seine so sehr gepriesene Kusine, sondern ihn zu ehrlicher Arbeit gezwungen. Heute ist Sun ein ganz anderer Mensch als vor drei Monaten. Das werden Sie wohl zugeben! „Der Edle ist wie eine Glocke, schlägt man sie, so tönt sie, schlägt man sie nicht, so tönt sie nicht", wie die Alten sagten.　(e 1938–40)

(Aus lizenzrechtlichen Gründen ist dieser Text nicht in reformierter Rechtschreibung abgedruckt.)

1. Fassen Sie den Inhalt der Texte 1–3 kurz zusammen und zeigen Sie, wie weit diese Texte von der Exilsituation bestimmt sind.

2. Sprechen Sie darüber, inwiefern sie über die Exilsituation hinausweisen.

Episches Theater

ist eine vor allem von Bertolt Brecht entwickelte **Form des modernen Dramas**, das im Gegensatz zum klassischen Drama (vgl. S. 207) die Welt als veränderbar darstellen und den Zuschauer zu ihrer Veränderung aufrufen soll. Dazu bedarf es einer dramatischen Bauform, die Brecht als episch bezeichnet: In locker aneinandergereihten Szenen werden exemplarische Situationen vorgeführt und durch kritisch-kommentierende Einschübe, etwa in Form eines Erzählers, eines Songs oder durch Spruchbänder und Projektionen, „verfremdet". Dieser **Verfremdungs-Effekt** (V-Effekt) soll den Zuschauer in die Lage versetzen, Alltägliches wie Fremdes, Unbekanntes zu sehen und es deshalb in seinen Strukturen und Ursachen zu erkennen. Nicht der Ausgang des Stücks, sondern der Gang der Handlung („Wie kann das sein?") soll dem Zuschauer interessant sein. Das Theaterstück braucht keinen eigentlichen Schluss, denn die Lösungen für die in ihm aufgezeigten Probleme sollen im Leben, von den Zuschauern, nicht auf der Bühne von den Schauspielern gefunden werden. Brecht hat in zahlreichen theoretischen Schriften, aber auch in Gedichten und Dialogen seine Theorie dargestellt. Berühmt ist seine Gegenüberstellung von klassischem (aristotelischem, dramatischem) und modernem (epischem) Theater[1]:

Dramatische Form des Theaters	Epische Form des Theaters
Die Bühne „verkörpert" einen Vorgang	sie erzählt ihn
verwickelt den Zuschauer in eine Aktion und	macht ihn zum Betrachter, aber
verbraucht seine Aktivität	weckt seine Aktivität
ermöglicht ihm Gefühle	erzwingt von ihm Entscheidungen
vermittelt ihm Erlebnisse	vermittelt ihm Kenntnisse
der Zuschauer wird in eine Handlung hineinversetzt	er wird ihr gegenübergesetzt
es wird mit Suggestion gearbeitet	es wird mit Argumenten gearbeitet
die Empfindungen werden konserviert	bis zu Erkenntnissen getrieben
der Mensch wird als bekannt vorausgesetzt	der Mensch ist Gegenstand der Untersuchung
der unveränderliche Mensch	der veränderliche und verändernde Mensch
Spannung auf den Ausgang	Spannung auf den Gang
eine Szene für die andere	jede Szene für sich
die Geschehnisse verlaufen linear	in Kurven
natura non facit saltus	facit saltus
die Welt, wie sie ist	die Welt, wie sie wird
was der Mensch soll	was der Mensch muss
seine Triebe	seine Beweggründe
das Denken bestimmt das Sein	das gesellschaftliche Sein bestimmt das Denken

[…] *Der Zuschauer des dramatischen Theaters sagt*: Ja, das habe ich auch schon gefühlt. – So bin ich. – Das ist nur natürlich. – Das wird immer so sein. – Das Leid dieses Menschen erschüttert mich, weil es keinen Ausweg für ihn gibt. – Das ist große Kunst: Da ist alles selbstverständlich. – Ich weine mit den Weinenden, ich lache mit den Lachenden.
Der Zuschauer des epischen Theaters sagt: Das hätte ich nicht gedacht. – So darf man es nicht machen. – Das ist höchst auffällig, fast nicht zu glauben. Das muss aufhören. – Das Leid dieses Menschen erschüttert mich, weil es doch einen Ausweg für ihn gäbe. – Das ist große Kunst: Da ist nichts selbstverständlich. – Ich lache über den Weinenden, ich weine über den Lachenden.

---

[1] Dieses Schema zeigt nicht absolute Gegensätze, sondern lediglich Akzentverschiebungen. So kann innerhalb eines Mitteilungsvorgangs das gefühlsmäßig Suggestive oder das rein rational Überredende bevorzugt werden.

Weimarer Republik und Exil

In der Weimarer Republik gab es eine kulturelle Offenheit und Vielfalt wie nie zuvor, in der Hitler-Diktatur eine Uniformierung, Reglementierung, Knebelung und Unterdrückung auch im kulturellen Bereich, wie man sie sich schlimmer nicht vorstellen kann. Deutsche Kultur der Dreißiger- und frühen Vierzigerjahre hat deshalb vorwiegend im Ausland stattgefunden, im Inland nur in der Form der Verweigerung und des Rückzugs. Dass diese tragisch getrennten Ströme der inneren und der äußeren Emigration nach dem Zweiten Weltkrieg nicht wieder zusammenfinden konnten, weil Deutschland nun zwischen zwei ideologisch getrennten, einander feindlich gegenüberstehenden Welten aufgeteilt war, hat diese Tragik vertieft.
Trotz aller Vielfalt und Polarisierung lassen sich aber doch auch Tendenzen ausmachen, die so etwas wie eine Einheitlichkeit der Epoche herstellen: der zunehmend scharf sich darstellende Konflikt zwischen dem Einzelnen und der Gesellschaft, zwischen Individuum und Masse; die mehr oder weniger radikale Kritik an überkommenen Traditionen und Institutionen oder umgekehrt die fast religiöse Sehnsucht nach Autorität; der Hang zum Experiment, zur Erprobung neuer Möglichkeiten oder umgekehrt die für alles Gegenwärtige blinde Rückwendung mit der Behauptung einer „heilen Welt; das Bemühen, Kunst aus ihrer ästhetischen Isolation zu befreien und zur „Gebrauchskunst" zu machen oder umgekehrt die alleinige Sanktionierung einer als „klassisch" definierten Kunstäußerung; schließlich die zunehmende Verunsicherung im Glauben an die Möglichkeit, eine Allgemeinverbindlichkeit durch Kunst herstellen zu können, oder umgekehrt die Stilisierung der Kunst zur Lebenshilfe.

Modul: Rhetorik

1. Rhetorik als Waffe oder als Kunst – Die Wirkungsmacht der Rhetorik ergründen

1 Berühmte und berüchtigte Reden

Es gibt berühmte Reden, die im kollektiven Gedächtnis der Erinnerung haften bleiben. Im Folgenden finden sich bekannte Zitate aus berühmten und berüchtigten Reden, die es zu recherchieren lohnt.

a) Cato (vor 150 v. Chr.)
„Ceterum censeo Carthaginem esse delendam."

b) Robespierre, Anklage Ludwigs XVI. (Rede im Nationalkonvent am 3.12.1792)
„Ich verlange, dass der Nationalkonvent Ludwig zum Verräter an der französischen Nation erklärt."

c) Joseph Goebbels (18. Februar 1943)
„Wollt ihr den totalen Krieg?"

d) John F. Kennedy (13. August 1961)
„Ich bin ein Berliner."

e) Ronald Reagan (12. Juni 1987)
„Tear down this wall."

1. Recherchieren Sie im Netz nach dem Inhalt der jeweiligen Reden.

2. Begründen Sie: eine berüchtigte Rede oder nicht?

3. Diskutieren Sie die Folgen der jeweiligen Rede.

2 Platon (427–348 v. Chr.): Gorgias

Bis in unsere Alltagssprache hinein ist die Rhetorik umstritten: Man spricht von einem „brillanten Redner", wenn ein Mensch über beeindruckende rhetorische Fähigkeiten und Fertigkeiten verfügt. Man spricht aber auch davon, alles sei „bloße Rhetorik", wenn bezweifelt wird, dass das Gesagte mit den eigentlich daraus folgenden Handlungen auch nur annähernd übereinstimmt. Umstritten war die Funktion der Rhetorik auch schon in der Antike. Der griechische Philosoph Platon lässt in seinem philosophischen Dialog „Gorgias" Sokrates auftreten. Platons Sokrates verwickelt den Redner Gorgias in einen erbitterten Streit über die Vor- und Nachteile der Rhetorik. Dabei ist die Art der Unterredung bereits aufschlussreich: Während Gorgias in diesem Dialog vergeblich versucht, lange Reden zu halten, zwingt ihn Sokrates immer wieder zu kurzen Wortwechseln aus zudringlicher Frage und knapper Antwort. Platons Dialogprinzip ist selbst philosophisch: Traditionelle Redekunst wird bewusst vermieden. Lange Monologe werden sogar als der Wahrheitsfindung hinderlich entlarvt.

SOKRATES: Also belehrt der Rhetor auch nicht Gerichte und die anderen Massenversammlungen über das Gerechte und Ungerechte, sondern er vermittelt nur eine Überzeugung. Denn er ist doch wohl kaum fähig, eine solche Menge in kurzer Zeit so großer Dinge zu lehren.

5 GORGIAS: Wirklich nicht.

SOKRATES: Also los! Schauen wir uns einmal an, was wir denn eigentlich über die Rhetorik sagen. Denn ich kann auch selbst noch nicht klar erfassen, was ich sagen soll.

[...]

GORGIAS: Wenn du erst alles wüsstest, Sokrates! Denn sie fasst sozusagen alle Fähigkeiten
10 zusammen und ordnet sie sich unter. Ich werde dir einen großen Beweis dafür geben. Es ist schon oft vorgekommen, dass ich zusammen mit meinem Bruder und den anderen Ärzten zu einem Kranken gegangen bin, der nicht bereit war, die Medizin zu trinken oder sich vom Arzt schneiden oder brennen zu lassen. Der Arzt konnte ihn nicht überzeugen, ich habe ihn überzeugt, mit keiner anderen Kunst als der rhetorischen. Ich behaupte auch:
15 Wenn in eine beliebige Stadt ein Rhetor käme und ein Arzt und es darum ginge, in der Volksversammlung oder in sonst einem Gremium mit dem Wort auszufechten, wer von beiden als Arzt gewählt werden soll, dann würde der Arzt nirgends in Erscheinung treten, sondern gewählt würde, wenn er es darauf anlegte, derjenige, der reden kann. Und wenn er gegen einen beliebigen anderen Fachmann konkurrieren müsste, dürfte wohl der Rhetor
20 mehr als jeder andere überzeugen, ihn zu wählen. Denn es gibt nichts, worüber der Rhetor überzeugender sprechen könnte vor einer Menge als irgendeiner von den Fachleuten. So groß und von solcher Art ist also die Fähigkeit und Wirkung der Kunst.

[...]

SOKRATES: Höre also, Gorgias, was mich an dem, was du sagst, erstaunt. Vielleicht meinst du
25 auch das Richtige und ich fasse es nur nicht richtig auf. Du sagst, wenn jemand von dir lernen will, kannst du ihn zum Rhetor machen?

GORGIAS: Ja.

SOKRATES: Also: dass der vor einer Menge über jedes Thema überzeugend ist, nicht belehrend, sondern überredend?

30 GORGIAS: Völlig richtig.

SOKRATES: Du sagtest doch gerade, dass der Rhetor auch über die Gesundheit überzeugender sein wird als der Arzt?

GORGIAS: Das habe ich gesagt, und zwar vor einer Menge.

SOKRATES: Also: „Vor einer Menge" heißt „vor Unwissenden". Denn vor Wissenden wird er
35 doch sicher nicht überzeugender sein als der Arzt.

GORGIAS: Das stimmt.

SOKRATES: Also: Wenn er wirklich überzeugender als der Arzt sein wird, dann ist er überzeugender als der Wissende?

GORGIAS: Selbstverständlich.

40 SOKRATES: Obwohl er kein Arzt ist, nicht wahr?

GORGIAS: Ja.

SOKRATES: Wer kein Arzt ist, hat doch kein Wissen von dem, worüber der Arzt Wissen hat?

GORGIAS: Klar.

SOKRATES: Der Unwissende wird also vor Unwissenden überzeugender sein als der Wissende, wenn der Rhetor überzeugender ist als der Arzt. Kommt das heraus oder etwas anderes?
GORGIAS: Das kommt heraus, zumindest hier.
SOKRATES: Also: Auch zu allen anderen Künsten steht der Rhetor in derselben Beziehung und auch die Rhetorik. Sie braucht nicht zu wissen, wie es mit den Sachen selbst steht, sie braucht nur eine Technik der Überzeugung gefunden zu haben, um sich so vor Unwissenden den Anschein zu geben, es besser zu wissen als die Wissenden.
GORGIAS: Macht das denn die Dinge nicht viel leichter, Sokrates, wenn man, ohne dass man die anderen Künste gelernt hat, sondern nur diese eine, gegenüber den Fachleuten nicht den Kürzeren zieht?

[...]

SOKRATES: Hoffentlich ist es nicht zu grob, die Wahrheit zu sagen. Ich zögere nämlich zu sprechen, des Gorgias wegen, dass er nicht glaubt, ich mache mich über seine Tätigkeit lustig. Ich weiß nicht, ob das die Rhetorik ist, die Gorgias betreibt – denn eben ist uns aus dem Gespräch nicht klar geworden, was er eigentlich glaubt – aber das, als was ich die Rhetorik bezeichne, ist Teil einer Sache, die nicht zu den schönen gehört.
GORGIAS: Welcher, Sokrates? Sag es, nimm keine Rücksicht auf mich.
SOKRATES: Ich bin also der Ansicht, Gorgias, dass es eine Tätigkeit ist, die nicht zur Kunst gehört, sondern zu einer treffsicheren und mutigen Seele, die von Natur aus fähig ist, mit den Menschen umzugehen. Als das Wesentliche dieser Tätigkeit bezeichne ich die Schmeichelei. (e 399 v. Chr.)

4. a) Erläutern Sie die rhetorischen Vorgehensweisen beider Dialogpartner.
b) Besprechen Sie, welche Vorgehensweise Sie stärker beeindruckt.

5. Begründen Sie Platons Abwertung der Rhetorik als „Überredung".

6. Setzen Sie die Beispiele und Gründe dagegen, mit denen Gorgias im Dialog die Rhetorik aufzuwerten versucht.

7. „Wahrheit" und „Wahrscheinlichkeit" – Entfalten Sie ausgehend von den beiden philosophischen Begriffen den Streit zwischen den Sophisten auf der einen und Platon auf der anderen Seite.

3 Aristoteles (384–322 v. Chr.): Rhetorik (Auszug)

Platons negatives Bild der Rhetorik hat sich, anders als seine Wertung der Sophisten, nicht in die Gegenwart durchsetzen können. Das lag und liegt nicht zuletzt an den Schriften von Platons Schüler Aristoteles, dem es gelang, die Rhetorik gegen seinen Lehrer Platon in ein neues Licht zu rücken. Allein die Tatsache, dass Aristoteles als Schüler von Platon eine „Rhetorik" schrieb, ist als Emanzipation gegenüber seinem Lehrer zu werten. Von den zwei Büchern dieser Rhetorik ist nur eines überliefert. Der besondere Stellenwert dieses Buches ergibt sich auch daher, dass Aristoteles der Rede ihren Kunstcharakter nur unter bestimmten Voraussetzungen erteilt.

Die Rhetorik sei also als Fähigkeit definiert, das Überzeugende, das jeder Sache innewohnt, zu erkennen. Keine andere Wissenschaft hat diese Aufgabe, denn von diesen lehrt und stellt überzeugend jede nur die ihr zugrunde liegende Materie dar, z. B. die Medizin die Gesundheit und die Krankheit, die Geometrie die Bedingungen und die Formen der räumlichen Ausdehnung, die Arithmetik Zahlen und ähnlich auch die übrigen Wissenschaften und Wissensgebiete. Die Rhetorik hingegen scheint sozusagen an dem, was ihr vorgegeben ist, das Überzeugende sehen zu können. Daher sagen wir auch, dass ihr wissenschaftliches Betätigungsfeld nicht ein ihr eigenes, abgegrenztes Gebiet umfasst. Von den Überzeugungsmitteln sind die einen redetechnisch, die anderen nicht. Mit nicht redetechnisch bezeichne ich alles, was nicht durch uns selbst geschaffen ist, sondern bereits vorlag, wie Zeugen, Folterungen, Schriftsätze und dergleichen. Redetechnisch ist alles, was aufgrund einer Methode durch uns selbst geschaffen werden kann, so dass man vom einen davon nur Gebrauch machen, das andere jedoch finden muss. Von den durch die Rede geschaffenen Überzeugungsmitteln gibt es drei Arten: Sie sind zum einen im Charakter des Redners angelegt, zum anderen in der Absicht, den Zuhörer in eine bestimmte Gefühlslage zu versetzen, zuletzt in der Rede selbst, indem man etwas nachweist oder zumindest den Anschein erweckt, etwas nachzuweisen. Durch den Charakter geschieht dies, wenn die Rede so dargeboten wird, dass sie den Redner glaubwürdig erscheinen lässt. Den Anständigen glauben wir nämlich eher und schneller, grundsätzlich in allem, ganz besonders aber, wo es eine Gewissheit nicht gibt, sondern Zweifel bestehen bleiben. Doch auch das muss sich aus der Rede ergeben und nicht aus einer vorgefassten Meinung über die Person des Redners. Nicht trifft zu, wie manche der Fachtheoretiker behaupten, dass in der Redekunst auch die Integrität des Redners zur Überzeugungsfähigkeit nichts beitrage, sondern fast die bedeutendste Überzeugungskraft hat sozusagen der Charakter. Mittels der Zuhörer überzeugt man, wenn sie durch die Rede zu Emotionen verlockt werden. Denn ganz unterschiedlich tref-

8. Aristoteles' Text kommt fast ganz ohne Beispiele aus: Konkretisieren Sie die Ausführungen über selbst gefundene Beispiele unterschiedlicher Redesituationen.

9. Aristoteles unterscheidet drei Arten der überzeugenden Redemittel: Sie betreffen den Redner, die Zuhörer und den Inhalt der Rede.
a) Erläutern Sie, wie diese Redemittel beschaffen sein müssen, damit sie den Kunstcharakter der Rede garantieren.
b) Diskutieren Sie, was geschehen muss, damit der Kunstcharakter einer Rede verfehlt wird.

10. Problematisieren Sie, an welchen Punkten Aristoteles seinem Lehrer Platon folgt und an welchen er ihm widerspricht.

fen wir Entscheidungen, je nachdem, ob wir traurig oder fröhlich sind, ob wir lieben oder hassen. Nur damit suchen, wie ich meine, die derzeitigen Theoretiker der Rhetorik sich zu beschäftigen. Die Einzelheiten hierüber werden behandelt, wenn wir über die Affekte sprechen. Durch die Rede endlich überzeugt man, wenn man Wahres und Wahrscheinliches aus jeweils glaubwürdigen Argumenten darstellt. Da Überzeugung nur durch diese drei Mittel erfolgt, ist augenscheinlich, dass nur der sie erreichen wird, der Schlüsse ziehen, über Charakterzüge und Vorzüge und drittens über Affekte urteilen kann, welche es davon nun im Einzelnen gibt und von welcher Art sie sind, ferner woraus und wie sie entstehen. (e 350 v. Chr.)

4 Das rhetorische Dreieck des Aristoteles

Redeinhalt: Logos
Glaubwürdige Argumente zum Wahren und zum Wahrscheinlichen als *Grundvoraussetzung* für die Kunst der Rhetorik:
Ein vom Charakter her glaubwürdiger Redner, der die Gefühle der Zuhörer zu wecken versteht, wird sein Publikum *nicht* überzeugen, sofern er unglaubwürdige Argumente vorträgt.

Rhetorik als Techne (Kunst):
Nur dann, wenn alle drei Faktoren gegeben sind

Redner: Ethos	Zuhörer: Pathos
Charakter des Redners als *Grundvoraussetzung* für die Kunst der Rhetorik:	Gefühle der Zuhörer, die vom Redner geweckt werden, als *Grundvoraussetzung* für die Kunst der Rhetorik:
Wenn die Glaubwürdigkeit des Redners *nicht* gegeben ist, dann werden die Zuhörer dem Redner auch dann nicht folgen, wenn das, was er sagt, inhaltlich zutrifft.	Die Redeinhalte können dann *nicht* aufgenommen werden, wenn die Rede an den Gefühlen der Zuhörer vorbeigeht.

Aufwertung des Wahrscheinlichen: Gerade in Situationen, in denen wir laut Aristoteles nicht wissen können, wo die Wahrheit liegt, müssen wir das Wahrscheinliche aufzeigen.

11. Wenden Sie das rhetorische Dreieck des Aristoteles auf unterschiedliche Redesituationen an, zum Beispiel auf ...
a) ... den 50. Geburtstag eines Elternteiles,
b) ... den 18. Geburtstag einer Freundin, eines Freundes,
c) ... die Einweihung des Erweiterungsbaues Ihrer Schule,
d) ... den Empfang der neuen Fünftklässler an Ihrer Schule,
e) ... die Verabschiedung der Abiturienten.

12. Aristoteles' Modell eignet sich dazu, das Scheitern und das Gelingen der Rhetorik zu begründen. Erläutern Sie diese Doppelung.

Rhetorik: Historie und Redegattungen

Der **Adressatenbezug des Aristoteles** hilft dabei, die unterschiedlichen **Redegattungen** in der langen Historie der Rhetorik zu deuten und zu verstehen.
Ohne die Aufwertung des Gerichtswesens im antiken Griechenland des fünften Jahrhunderts v. Chr. ist der Aufschwung der Rhetorik (> gr. rhetorike techne = Redekunst) nicht denkbar. Die **Gerichtsrede** bezeichnet die Verhandlung zwischen einem Ankläger und einem Verteidiger im Kampf um die Zustimmung der Richter; ihre Beliebtheit zeigt sich bis heute in unzähligen Gerichtsfilmen. Das Moment der Überzeugung einer gegnerischen Seite sorgt für einen streng dialogischen Adressatenbezug.
Mit der **Festrede**, die ebenfalls seit der Antike zu verzeichnen ist und bis in die Gegenwart fortlebt, wird dieser streng dialogische Charakter unterlaufen. Der Schwerpunkt der Festrede besteht in der Erörterung eines allgemeingültigen Sachverhaltes. Bei der **Lob-, Gedenk- oder Totenrede** als Spielarten der Festrede sind die geladenen Zuhörer zudem kaum als primäre Adressaten anzusehen, sondern eher die Person, der die Lobrede oder die Gedenkrede eigentlich gilt (meist der Herrscher). Vor allem seit der Frühen Neuzeit hat der aufstrebende Absolutismus dafür gesorgt, dass mit der Hofberedsamkeit formelle Redemuster die individuelle Redegestaltung

in den Hintergrund gedrängt haben. „Reden", so formuliert es der Historiker Hans-Jürgen Pandel, „waren in einen strengen zeremoniellen Prozess eingebunden."
Dem Aufschwung der Massenmedien seit den 1930er-Jahren ist es geschuldet, dass die **politische Rede** bis heute einen besonderen Aufschwung erlebt hat. Der dialogische Charakter antiker Parlamentsreden wird gerade durch diese Multiplikationsfunktion der modernen Massenmedien wie Fernsehen oder Computer teilweise unterlaufen: Moderne Massenmedien sorgen für einen mehrfachen Adressatenbezug. Die eigentlichen Adressaten von Parlaments- oder Wahlkampfreden sind dann nicht die Zuhörer vor Ort, sondern oftmals die Fernsehzuschauer.

2. „Rede weniger, sage mehr!" (Franken) – Abiturreden aus verschiedenen Zeiten vergleichen

1 Johannes Rau (1931–2006): Zum 80. Geburtstag von ???

A Sie selber sagen von sich, Sie seien Humorist. Ich erlaube mir anzumerken: Das ist eine unzulängliche Beschreibung eines weit umfassenderen Wirkens. Sie wird Ihren musikalischen und literarischen Neigungen, Kenntnissen und Leistungen nicht gerecht. Sie haben mit großem Erfolg Opern inszeniert und uns Werke der Klassischen Musik mit neuen Texten neu erschlossen. Der von Ihnen und Walter Jens gelesene Briefwechsel Friedrichs des Großen mit Voltaire ist ein wunderbarer Hörgenuss. Und hätte Mark Twain Ihre Interpretation des „Ring" gekannt, so hätte er sein bekanntes Diktum über die Musik des Bayreuthers vermutlich wie folgt ergänzt: „... Deutung macht Wagners Musik besser als sie klingt."

B Da wir zuversichtlich darauf hoffen, auch in Zukunft von Ihnen zu hören und überrascht und erfreut zu werden, kann jede Bilanz Ihrer Verdienste nur eine Zwischenbilanz sein. Doch nach einem halben Jahrhundert öffentlichen Wirkens lässt sich durchaus schon einiges festhalten, was bleiben wird:
Sie haben die Regeln des Skatspiels um das Knicken der Trumpfkarte bereichert,
Sie haben „Brehms Tierleben" um die Gattung der Steinlaus ergänzt,
Sie haben einem früher weit verbreiteten sprachlichen Diminutiv, der restlos zu verschwinden drohte, ein unvergleichliches Denkmal gesetzt mit dem Satz: „Sagen Sie jetzt nichts, Fräulein Hildegard!", und schließlich haben Sie bewiesen, dass Ihre Landsleute wesentlich humorvoller sind, als sie manchen Vorurteilen zufolge sein sollen. Allein das rechtfertigt es, so meine ich, Ihrer bescheidenen Forderung nachzukommen, Ihnen einen angemessenen Platz anzuweisen zwischen Lessing und Walther von der Vogelweide.
Überreich haben Sie uns beschenkt – dafür herzlichen Dank und alle guten Wünsche für die kommenden Jahre!

C Unter der deutschen Teilung haben Sie gelitten und Sie haben das auch gesagt. Genugtuung mag Ihnen verschafft haben, dass über Ihre Karikaturen und Sketche immer in beiden deutschen Staaten gelacht wurde und gelacht werden durfte: Ihre Bücher wurden auch in der DDR verlegt, Sie haben dort gelesen und die Premiere Ihres ersten Spielfilms fand zuerst in der „Hauptstadt der DDR" statt und dann erst in „Berlin (West)".

D So vieles gäbe es heute Abend zu sagen, so vieles ist in den vergangenen Wochen auch schon zu recht gewürdigt worden. Eines allerdings, so meine ich, zu wenig: Ihre unbedingte Ehrlichkeit. Ich verweise nur auf das Vorwort zu Ihrem ersten Lebensrückblick – vor mehreren Jahrzehnten verfasst –, in dem es heißt: „Was meinen autobiografischen Versuch von anderen unterscheidet, ist die Absicht, mich in möglichst vorteilhaftem Licht erscheinen zu lassen ..."

E Im Lachen sagen Sie uns die Wahrheit und wir sind bereit, sie zu akzeptieren, weil wir uns weder vorgeführt noch gemaßregelt fühlen. Wenn Sie in einer Rede vor Studenten bedauern, dass ein geordneter Fernsehkonsum dadurch erschwert werde, dass die Werbung bedauerlicherweise alle paar Minuten durch unverständliche Spielfilmteile unterbrochen wird, dann werden Ihre jungen Zuhörer auch geneigt sein, Ihren Wunsch zu bedenken, sie möchten die erste kluge Generation sein, die den wirklichen Fortschritt darin erkennt, nicht alles zu tun, was machbar ist.

---

1. An wen ist diese Festrede von Johannes Rau wohl gerichtet?

2. a) Bringen Sie die Redeteile in eine sinnvolle Reihenfolge.
b) Benennen Sie dann die Redeteile über ihre Funktion innerhalb der Gesamtrede.
c) Lesen Sie die Informationen zu den antiken Redeschritten und finden Sie dort die Fachbegriffe für die jeweiligen Redeteile.

3. Suchen und beschreiben Sie Ihnen bekannte Gestaltungsmittel, mit denen der Redner arbeitet.

F Sehr geehrte Gäste, sehr verehrte Frau ..., die Schwierigkeit, aus diesem Anlass zu sprechen beginnt mit der Frage, wie der Ehrengast denn nun korrekt anzureden sei. Ich nehme Zuflucht bei einem Philosophen und sage mit Odo Marquard:
Sehr verehrter, lieber ...! Ihnen ein besonderes Willkommen und noch einmal unseren herzlichen Glückwunsch zu Ihrem Geburtstag! (e 2003)

Rhetorik: Antike Redeschritte

Die antiken Theoretiker der Rhetorik wussten, dass eine geplante und vom Zuhörer nachvollziehbare Gliederung jeder Rede dabei hilft, das Gehörte zu verstehen, und damit dazu beiträgt, eine beabsichtigte Überzeugung des jeweiligen Publikums zu erleichtern.

Welche Redeteile werden seit Aristoteles unterschieden? Als **exordium** (< lat. exordium = Einleitung, Anfang) bezeichnet man die **Einleitung einer Rede.** Sie bereitet den Hauptteil der Rede inhaltlich vor und sorgt für die Kontaktaufnahme zwischen dem Redner und seinem Publikum. Im Normalfall soll das *exordium* die Hörer dem Ansinnen des Redners gegenüber freundlich stimmen, in bestimmten Fällen ist aber auch eine Konfrontation mit den Rezipienten denkbar. Eine derartige Einleitung empfiehlt sich allerdings nicht in jedem Fall – auf sie verzichten kann man zum Beispiel bei sehr kurzen Redebeiträgen.

Der **Hauptteil der Rede** gliedert sich in die **narratio** (< lat. narratio = Erzählung), die **dispositio** (< lat. dispositio = Gliederung) und die **argumentatio** (< lat. argumentatio = Beweisführung). Während die *narratio* zur Darlegung des Themas der Rede dient, zeigt die *dispositio* dem Zuhörer, in welcher Reihenfolge dieses Thema vom Redner entfaltet werden soll. Kernstück der Rede ist dann mit der *argumentatio* die begründete Überzeugungsarbeit des Redners.

Die **conclusio** (< lat. conclusio = Abschluss) als **Schluss der Rede** (auch lat. *peroratio* = Schlussrede) hat die Aufgabe, das in den Hauptteilen *narratio* und *argumentatio* Gesagte zusammenzufassen und – wenn dies vom Redner beabsichtigt ist – erneut die Affekte der Zuhörer zu wecken. Die antiken Theoretiker wussten bereits, dass die meisten und lebhaftesten Erinnerungen, die von einer Rede im Gedächtnis bleiben, aus deren Schlusssätzen stammen. Kurze und prägnante Aussagen sind dabei besonders wichtig.

2 Auftakte verschiedener Festreden

a) Rolf Hochhuth (* 1931): Danksagung bei Entgegennahme des ersten Jacob-Grimm-Preises am 3. Nov. 2001

Die hohe Ehre, helle Freude, und nicht zuletzt dank der Eberhard-Schock-Stiftung der stattliche Scheck, die einem Deutschsprachigen zuteilwerden, der als Erster den Jacob-Grimm-Preis erhält; ihn nicht irgendwann erhält, sondern zum hundertfünfzigsten Jahrestag der Gründung des Deutschen Wörterbuchs: 1850 begann Jacob Grimm mit dem ersten Band von A bis Biermolke, drei Jahre später erschienen; dies alles samt dem Vergnügen, anlässlich eines Sprachpreises dankbar unsere Sprache preisen zu dürfen – sie könnten einen den Maßstab verlieren lassen! Doch leider gibt es da – mir als Wahl-Basler seit achtunddreißig Jahren stets gegenwärtig und alles andere als beflügelnd – den erheblichen Freude-Dämpfer, dass Jacob Burckhardt, nur elf Jahre nach Jacob Grimms Tod, die – so der Titel: – „kommende Weltherrschaft der englischen Sprache" prophezeit hat! [...]

b) Friedrich Dürrenmatt (1921–1990): „Monstervortrag über Gerechtigkeit und Recht"

Meine Damen und Herren, ehrlich, ich komme mir verloren vor. Irregeleitet von zwei schweizerischen Professoren, die sich an der juristischen Fakultät der Universität Mainz betätigen, ließ ich mich durch einen gewissen Patriotismus verleiten, einen Vortrag über Gerechtigkeit und Recht zu halten. Patriotismus macht blind. In ihrer Blindheit nahmen die schweizerischen Juristen an, ich hätte als schweizerischer Komödienschreiber etwas mit Gerechtigkeit und Recht zu tun, und ich nahm in meiner Blindheit an, ich sei fähig, über ein Thema zu reden, mit dem ich nichts zu tun habe. [...]

c) Wolf Lepenies (* 1941): 5. September 2002: Eröffnungsrede auf dem Kongress „McKinsey bildet"

Es kann überhaupt kein Zweifel daran bestehen, dass im Bereich der Bildung „die deutschen Einrichtungen im Ganzen denen aller übrigen Länder überlegen sind, ja dass von Mängeln abgesehen, wie sie jeder menschlichen Veranstaltung anhaften, die deutschen [Bildungseinrichtungen] so organisiert sind, wie aus einem Gusse nur tiefe gesetzgeberische Weisheit sie hätte schaffen können". Mit diesen Worten begrüßte der Rektor der Berliner Universität seine Studenten zu Beginn des Wintersemesters. Es war einmal: vor mehr als 130 Jahren, im Oktober 1869. Nationales Pathos, das heute eher verschreckt, durchzieht die Rede Emil Du Bois-Reymonds – und spiegelt doch nur einen internationalen Konsens über die Spitzenposition des deutschen Bildungswesens am Ende des 19. Jahrhunderts. [...]

d) Peter Huemer (* 1941): Festrede zur Eröffnung des Linzer Brucknerfestes 2003 mit dem Titel: „Abbau des Sozialstaats, Einschränkung der Bürgerrechte"

Darf ich Sie noch einmal daran erinnern? Sie wurden vor Beginn der Veranstaltung höflich gebeten, Ihr Handy auszuschalten. Das ist auch gut so, nicht nur, weil das Läuten hier stören würde, sondern auch, damit niemand Ihren gegenwärtigen Aufenthaltsort via Handy feststellen kann. Aber da ist doch nichts dabei, werden Sie sagen, wenn ich hier sitze bei der Eröffnung des Brucknerfests – noch dazu, wo wir lauter geladene Gäste sind. Es ist aber schon was dabei, wenn Sie einen kleinen Spitzel mit sich herumtragen, der dem Netzbetreiber und jeder Person, die sich Zugang verschafft, jederzeit Ihren aktuellen Aufenthaltsort verrät und außerdem, wann Sie von wo mit wem telefoniert haben. Wenn Sie Ihr Handy fleißig benützen, kann man ein einigermaßen vollständiges Bewegungsdiagramm innerhalb der letzten Monate über Sie herstellen. Sagen Sie bitte jetzt nicht, es dürfe ohnehin jeder wissen, wo Sie sich jeweils befinden, wann Sie mit wem geredet haben. Es täte mir leid, wenn Ihr Leben derart uninteressant und ereignislos wäre, dass Sie niemals Erklärungsbedarf haben. [...]

4. a) Klären Sie den jeweiligen Adressatenbezug der hier abgedruckten Redeanfänge.
b) Beurteilen Sie die affektive Kraft dieser Redeanfänge.

5. a) Beschreiben Sie, welche unterschiedlichen Funktionen des „exordiums" jeweils vorliegen.
b) Begründen Sie, welchen Redeauftakt Sie für besonders gelungen erachten.
c) Formulieren Sie für diese besonders gelungene Rede eine knappe „conclusio".

3 Kurt Tucholsky (1890–1935): Ratschläge für einen schlechten Redner

Fang nie mit dem Anfang an, sondern immer drei Meilen *vor* dem Anfang! Etwa so:
„Meine Damen und meine Herren! Bevor ich zum Thema des heutigen Abends komme, lassen Sie mich Ihnen kurz ..."
Hier hast du schon so ziemlich alles, was einen schönen Anfang ausmacht: eine steife Anrede; der Anfang vor dem Anfang; die Ankündigung, dass und was du zu sprechen beabsichtigst, und das Wörtchen kurz. So gewinnst du im Nu die Herzen und die Ohren der Zuhörer.
Denn das hat der Zuhörer gern: dass er deine Rede wie ein schweres Schulpensum aufbekommt; dass du mit dem drohst, was du sagen wirst, sagst und schon gesagt hast. Immer schön umständlich.
Sprich nicht frei – das macht einen so unruhigen Eindruck. Am besten ist es: Du liest deine Rede ab. Das ist sicher, zuverlässig, auch freut es jedermann, wenn der lesende Redner nach jedem Viertelsatz misstrauisch hochblickt, ob auch noch alle da sind.
Wenn du gar nicht hören kannst, was man dir so freundlich rät, und du willst durchaus und durchum frei sprechen ... du Laie! Du lächerlicher Cicero! Nimm dir doch ein Beispiel an unsern professionellen Rednern, an den Reichstagsabgeordneten – hast du die schon mal frei sprechen hören? Die schreiben sich sicherlich zu Hause auf, wann sie „Hört! hört!" rufen ... ja, also wenn du denn frei sprechen musst:
Sprich, wie du schreibst. Und ich weiß, wie du schreibst.
Sprich mit langen, langen Sätzen – solchen, bei denen du, der du dich zu Hause, wo du ja die Ruhe, deren du so sehr benötigst, deiner Kinder ungeachtet, hast, vorbereitest, genau weißt, wie das Ende ist, die Nebensätze schön ineinandergeschachtelt, so dass der Hörer, ungeduldig auf seinem Sitz hin und her träumend, sich in einem Kolleg wähnend, in dem er früher so gern geschlummert hat, auf das Ende solcher Periode wartet ... nun, ich habe dir eben ein Beispiel gegeben. So musst du sprechen.
Fang immer bei den alten Römern an und gib stets, wovon du auch sprichst, die geschichtlichen Hintergründe der Sache. Das ist nicht nur deutsch – das tun alle Brillenmenschen. Ich

habe einmal in der Sorbonne einen chinesischen Studenten sprechen hören, der sprach glatt und gut französisch, aber er begann zu allgemeiner Freude so: „Lassen Sie mich Ihnen in aller Kürze die Entwicklungsgeschichte meiner chinesischen Heimat seit dem Jahre 2000 vor Christi Geburt ..." Er blickte ganz erstaunt auf, weil die Leute so lachten.

So musst du das auch machen. Du hast ganz recht: Man versteht es ja sonst nicht, wer kann denn das alles verstehen, ohne die geschichtlichen Hintergründe ... sehr richtig! Die Leute sind doch nicht in deinen Vortrag gekommen, um lebendiges Leben zu hören, sondern das, was sie auch in den Büchern nachschlagen können ... sehr richtig! Immer gib ihm Historie, immer gib ihm.

Kümmere dich nicht darum, ob die Wellen, die von dir ins Publikum laufen, auch zurückkommen – das sind Kinkerlitzchen. Sprich unbekümmert um die Wirkung, um die Leute, um die Luft im Saale; immer sprich, mein Guter. Gott wird es dir lohnen.

Du musst alles in die Nebensätze legen. Sag nie: „Die Steuern sind zu hoch." Das ist zu einfach. Sag: „Ich möchte zu dem, was ich soeben gesagt habe, noch kurz bemerken, dass mir die Steuern bei Weitem ..." So heißt das.

Trink den Leuten ab und zu ein Glas Wasser vor – man sieht das gern.

Wenn du einen Witz machst, lach vorher, damit man weiß, wo die Pointe ist.

Eine Rede ist, wie könnte es anders sein, ein Monolog. Weil doch nur einer spricht. Du brauchst auch nach vierzehn Jahren öffentlicher Rednerei noch nicht zu wissen, dass eine Rede nicht nur ein Dialog, sondern ein Orchesterstück ist: Eine stumme Masse spricht nämlich ununterbrochen mit. Und das musst du hören. Nein, das brauchst du nicht zu hören. Sprich nur, lies nur, donnere nur, geschichtele nur.

Zu dem, was ich soeben über die Technik der Rede gesagt habe, möchte ich noch kurz bemerken, dass viel Statistik eine Rede immer sehr hebt. Das beruhigt ungemein, und da jeder imstande ist, zehn verschiedene Zahlen mühelos zu behalten, so macht das viel Spaß.

Kündige den Schluss deiner Rede lange vorher an, damit die Hörer vor Freude nicht einen Schlaganfall bekommen. (Paul Lindau hat einmal einen dieser gefürchteten Hochzeitstoaste so angefangen: „Ich komme zum Schluss.") Kündige den Schluss an, und dann beginne deine Rede von vorn und rede noch eine halbe Stunde. Dies kann man mehrere Male wiederholen.

Du musst dir nicht nur eine Disposition machen, du musst sie den Leuten auch vortragen – das würzt die Rede.

Sprich nie unter anderthalb Stunden, sonst lohnt es gar nicht erst anzufangen.

Wenn einer spricht, müssen die andern zuhören – das ist deine Gelegenheit! Missbrauche sie. (v 1930)

6. Tucholsky als Redner: Beurteilen Sie die Art der Gedankenvermittlung in Text 3.

7. Schreiben Sie die Zeilen der Hinweise heraus, die Ihnen besonders einleuchtend erscheinen.

4 Kurt Tucholsky: Ratschläge für einen guten Redner

Hauptsätze. Hauptsätze. Hauptsätze.

Klare Disposition im Kopf – möglichst wenig auf dem Papier.

Tatsachen, oder Appell an das Gefühl. Schleuder oder Harfe. Ein Redner sei kein Lexikon. Das haben die Leute zu Hause.

Der Ton einer einzelnen Sprechstimme ermüdet; sprich nie länger als vierzig Minuten. Suche keine Effekte zu erzielen, die nicht in deinem Wesen liegen. Ein Podium ist eine unbarmherzige Sache – da steht der Mensch nackter als im Sonnenbad.

Merk Otto Brahms Spruch: Wat jestrichen is, kann nich durchfalln. (v 1930)

8. „Eine Rede ist keine Schreibe!"
a) Exzerpieren Sie zu dieser These Hauptgedanken aus den Texten 3 und 4.
b) Stellen Sie ein Sechs-Punkte-Programm als Anleitung für einen guten Redner zusammen.

5 Friedhelm Franken (* 1943): „Die zehn Gebote für den Redner"

Ist es möglich, die wichtigsten Tipps für eine gelungene Rede in wenigen Sätzen zusammenzufassen? – Friedhelm Franken, Chefredakteur des Reden-Beraters, ist dieses Kunststück gelungen. Im Folgenden finden Sie zehn Gebote, die jeder Redner (und jede Rednerin!) unbedingt beachten sollte.

1. Gebot: Rede weniger, sage mehr!

„In Deutschland gehen mehr Arbeitsstunden durch Grußworte verloren als durch Streiks." (Ingo von Münch) Effizienter reden heißt, die fünf Produktionsstadien der Rede zu beherrschen: a) Ideenfindung, b) Stoffgliederung: Einleitung, Sachverhaltsschilderung, Argumentations- und Beweisführung, Schluss, c) stilistische Aufbereitung: Sprachrichtigkeit, Deutlichkeit, Angemessenheit, Kürze, Redeschmuck, d) Einprägung ins Gedächtnis: Memotechnik, bildliche Vorstellungshilfen, e) Präsentation: Betonung, Mimik, Gestik, Handlung, aber auch äußere Rahmenbedingungen.

2. Gebot: Bedenke das Publikum!
Der Wurm muss dem Fisch schmecken, nicht dem Angler! Zu wem reden Sie wann und wo? Welches Vorwissen hat das Publikum, welche Sympathien, Erwartungen, Befürchtungen, Vorurteile oder Fragen?

3. Gebot: Bedenke Anlass und Ziel!
Denken Sie an Anlass und Redegegenstand und sprechen Sie zielgerichtet! Was wird von Ihnen verlangt? Was wollen Sie mit Ihrer Rede erreichen?

4. Gebot: Bedenke die Zeit!
Reden Sie kurz! Wenn Sie abtreten, soll das Publikum sich sagen: Dem hätte ich noch lange zuhören können! Lassen Sie alles Unnötige weg (Helmut Schmidt: „Quallenfett"). Konzentrieren Sie sich auf eine Botschaft.

5. Gebot: Sichere die Qualität!
Vor jeder Rede präzise Vorbereitung, während der Präsentation ständige Qualitätssicherung durch Augenkontakt, hinterher Fragemöglichkeit. Redequalität heißt auch Klarheit, Wahrhaftigkeit, Anstand (Moral).

6. Gebot: Sprich kompetent!
Reden Sie nur zu Menschen, die Ihnen Kompetenz zugestehen, nur über Themen, für die Sie kompetent sind, und nur, wenn Sie Zeit haben, sich kompetent und punktgenau vorzubereiten. Denken Sie daran, dass sich Kompetenz im Laufe einer einzigen Rede gewinnen und – verspielen lässt!

7. Gebot: Engagiere dich!
„In dir muss brennen, was du in anderen entzünden willst." (Augustinus) Wer unbeteiligt spricht, hat schon verloren! Wer engagiert, humorvoll und zu Herzen gehend spricht, wird gewinnen.

8. Gebot: Sprich dialogisch!
Monologisieren Sie nicht! Welche Fragen hat das Publikum? Geben Sie Antworten darauf. Zählen Sie die Frage- und Anführungszeichen schon im Entwurf: Je mehr Fragen und je mehr wörtliche Rede Ihr Manuskript enthält, desto besser.

9. Gebot: Sprich anschaulich!
Eine Rede ist keine Schreibe. Reden ist Kino im Kopf. Formulieren Sie bildhaft und plastisch: Anekdoten, Geschichten, Parabeln, Vergleiche, Gleichnisse, Anschauungsmaterial.

10. Gebot: Präsentiere das Besondere!
Geben Sie jedem das Gefühl, einem besonderen Redeereignis beizuwohnen. Wählen Sie Anfang, Aufbau und Abgang packend und auf Steigerung bedacht: neue Ansätze und Fragestellungen, ungewöhnliche Perspektiven, Aha-Erlebnisse, intellektuelle Abenteuer, reizvoll-rasante Gedankenreisen zu einem gemeinsamen Höhepunkt, Gipfel und Ziel. (v 2003)

9. a) Prüfen Sie sich selbst und überlegen Sie, welche Gebote Ihnen keine oder kaum Schwierigkeiten bereiten.
b) Suchen Sie ein Gebot, das Sie besonders beherzigen müssen, und üben Sie dieses zunächst allein, dann vor einer Ihnen wohlgesinnten Kleingruppe.

10. Suchen Sie nach antiken Traditionen dieser Gebote und entfalten Sie diese.

6 Die Abiturrede am Gymnasium Kenzingen 2008 (Auszug)

Die Schüler der Jahrgangsstufe 13 am Gymnasium Kenzingen bildeten frühzeitig ein Team, das mit der Abiturrede 2008 befasst war. Die Auswahl der Redner garantierte eine Stufenabstimmung: Zu wählen waren eine Schülerin und ein Schüler, die gemeinsam die Rede vortragen sollten. Das Team um diese Sprecher erarbeitete mit diesen gemeinsam die nachfolgende Rede.

13 Jahre Schule! Knapp 900 000 Minuten reine Unterrichtszeit – ohne Hausaufgaben, wohlgemerkt. Eine lange Zeit.
Im Gegensatz zu der schier endlos scheinenden Zeitspanne von 13 Jahren gingen die letzten Wochen rasend schnell vorüber. Manche haben vielleicht noch nicht einmal richtig realisiert, was das wirklich bedeutet: Abschied nehmen von einer Schule, die über viele Jahre hinweg wohl unser meistfrequentierter Ort war. Abschied nehmen von unserer gewohnten Umgebung. Abschied nehmen von Lehrern und Schülern, darunter gute Freunde. Und für viele wird

es früher oder später auch heißen: Abschied nehmen von zu Hause, weg von dieser Gegend und weg von allen Bekannten.

Was bleibt uns nun? Wissen von Aristoteles und Pythagoras bis hin zu Genetik und Relativitätstheorie, zur Hälfte schon wieder vergessen? Ein Zeugnis? Die Telefonnummern von Freunden, irgendwo im Handy gespeichert? Erinnerungen?

Lassen Sie uns zurückblicken: Dort, wo wir heute unser Abschlusszeugnis erhalten haben, hat es vor neun Jahren für die meisten von uns begonnen. 156 Kinder zwischen 10 und 11 Jahren erwarteten gespannt, was sie in einer neuen Umgebung erwarten wird. Die meisten wohl noch eher auf die „Sendung mit der Maus" und auf das Bauen von Lego-Häusern bedacht als auf das konkrete Ziel des Abiturs!

Und nun stehen wir als junge Erwachsene vor Ihnen. Den Unterschied werden Sie wohl alle bemerkt haben. Eine gewisse Begeisterung für die Maus ist geblieben: „Abi mit der Maus", so unser Motto – das bezeichnet keinesfalls eine Regression in den kindlichen Zustand, sondern vielmehr unsere Wertschätzung für eine geniale Wissensquelle.

Und so wie sich auch unsere Begeisterung für die Maus verändert hat, so ist auch das Bauen von Lego-Häusern nicht mehr wörtlich zu verstehen: Wir bauen hier am Fundament für unser zukünftiges Leben, an unserem Wissen, unserem Charakter, unserer Persönlichkeit. Das Leben als Lego-Haus, bei dem jeden Tag ein andersfarbiger Stein hinzukommt und das Ganze individuell prägt, bis das Gebäude schließlich fertig ist.

Unsere Zeit am Gymnasium Kenzingen war die Zeit dieses Aufbaus: Zahlreiche Gerüste und Stützen hielten dieses Gebäude und verhalfen ihm, das zu werden, was es heute ist. Doch nun wird es Zeit, das Gerüst vom Haus abzunehmen und zu sehen, ob es auch ohne stehen bleiben wird. Denn den einen oder anderen Sturm wird es schon überstehen müssen. Die Dinge werden nicht immer so laufen, wie wir es vielleicht gerne hätten. Wir werden immer wieder auf Schwierigkeiten stoßen, auf unvorhergesehene Hindernisse, gegen die wir uns behaupten müssen. Und dann wird sich zeigen, ob wir das Fundament für unser Haus richtig gelegt haben.

[...]

Doch trotz all dieser Ernsthaftigkeit zeigt der Untertitel unseres Abimottos auch noch eine andere Seite auf: „13 Jahre *Lach-* und *Sachgeschichten.*"

Und eben diese Lachgeschichten waren es, die uns – neben Stress, Hektik, Notendruck und trockener Unterrichtsmaterie – immer wieder motivierten und uns als Gemeinschaft zusammenwachsen ließen:

Klassen- und Studienfahrten. Ausflüge, Exkursionen, Grillfeste und Treffen. Unterrichtsstunden mit Anekdoten von Lehrern, die oftmals den Horizont mehr erweiterten als das normale Unterrichtsgeschehen. Sozialkompetenz haben wir dabei sicher erworben.

Was also bleibt, kann man folgendermaßen beschreiben: Ein guter Rohbau mit einem Fundament aus Wissen, Erfahrungen, Erinnerungen, Verlässlichkeit, sozialer Kompetenz und Menschlichkeit – hoffentlich.
Und dafür haben wir den mitwirkenden „Architekten" und „Baumeistern" zu danken:
Zunächst unseren Lehrerinnen und Lehrern und der Schulleitung:
Sie haben uns alles Wichtige für das Abitur vermittelt, Geduld und Verständnis für uns gehabt.
Sie haben uns motiviert, beruhigt und meist eine persönliche und menschliche Atmosphäre geschaffen. Dafür danken wir Ihnen herzlich.
Ein Dankeschön gilt hier ebenfalls den Damen vom Sekretariat, den Hausmeistern und den Reinigungskräften, die hier viel zu oft vergessen werden.
Dann natürlich unsere Eltern und unsere Familien:
Danke, nicht nur für ca. 4 800 geschmierte Pausenbrote, sondern vor allem für eure seelische und moralische Unterstützung in stressigen Zeiten. Danke, dass ihr uns stets den Rücken frei gehalten und gestärkt habt. Vielleicht müssen wir im Nachhinein auch zugeben, dass der Satz „Macht doch endlich mal etwas für die Schule" nicht immer ganz falsch platziert war.
Nicht zu vergessen: Ihr, liebe Mitschülerinnen und Mitschüler.
Ihr seid zu wahren Freunden und Begleitern in allen Lebenslagen geworden. Hoffentlich bleiben möglichst viele von uns miteinander in Kontakt. – „Man sieht sich, Freunde des Lebens!"
Doch nun ist der Zeitpunkt gekommen, an dem wir in das Leben, in die Freiheit entlassen werden. Ähnlich wie vor neun Jahren stehen wir wieder vor etwas Unbekanntem. Dieses Mal ist es allerdings weniger genau vorhersehbar, zu zahlreich sind die Wege. So werden – um wieder in die Metaphorik des Hauses zu wechseln – die Baumeister verschwinden und die Stützen abgenommen. Die Konstruktion muss jetzt halten, ganz alleine, ohne Gerüst.
So glücklich wir nun darüber sind, unser momentanes Ziel, das Abitur, erreicht zu haben, so traurig sind wir darüber, unsere Schule nun verlassen zu müssen.
Aber: So schön es auch war, dieses Gerüst als Sicherheit um sich zu wissen, müssen wir zugeben: Es wird Zeit für einen Umbau – es wird Zeit für etwas Neues!
Danke schön.
(Textfassung erarbeitet von: Mirja Schoderer, Sebastian Stöcklin, Susanne Franz, Daniel Mandel, Hanna Jenne. Gehalten von: Sebastian Stöcklin und Hanna Jenne)

1. Eine gelungene Abiturrede?

2. Überlegen Sie, welche Abschnitte Ihrer Ansicht nach von der Sprecherin, welche vom Sprecher übernommen wurden.

3. Diskutieren Sie, wie überzeugend der Adressatenbezug dieser Rede ausgefallen ist.

4. Wahres oder Wahrscheinliches als Grundlage des Redeinhaltes: Problematisieren Sie den Kunstcharakter dieser Abiturrede.

5. Die Metapher vom Gebäude und den Gerüsten: Nehmen Sie Stellung zur Funktion und zur Funktionalität dieser Metapher.

Die gesamte Abiturrede finden Sie auf der DVD.

7 Eine Abiturrede aus dem Jahre 1953 (Auszug)

Sehr verehrtes Kollegium, liebe Eltern und Schüler,
alljährlich kommt an jeder höheren Schule der Zeitpunkt, an dem die Oberprima verabschiedet wird und auseinandergeht. Aus diesem Anlass werden ernste, feierliche und mahnende Reden gehalten. Und doch ist etwas Einmaliges, nie Wiederkommendes an einer solchen Abschiedsfeier, das ohne Zweifel richtig empfunden wird und um dessentwillen mit Recht Reden gehalten werden. Das ist die Tatsache, dass ja nicht irgendeine, sondern eine ganz bestimmte Klasse Abschied nimmt und sich eine ganz bestimmte Gemeinschaft auflöst. Es ist deshalb ganz angebracht, einmal einen Blick auf die Geschichte *der* Klasse zu werfen, die heute im Mittelpunkt dieser Feier steht, einen Blick auf die beinahe 10 Jahre höhere Schule, die wir hinter uns lassen und in deren Verlauf wir neben dem Einfluss des Elternhauses gewollt oder ungewollt von Lehrern, Mitschülern und Zeitumständen geformt wurden.
Von den zwei Sexten mit rund hundert Schülern, die im Herbst 1942 in das Schulhaus der Ludwigs-Oberschule (am Kapellplatz in Darmstadt) aufgenommen wurden, haben nur sechs ihr Abitur an der alten Schule bestanden. Schon allein dieses Zahlenbeispiel zeigt, welch formende Kräfte an uns im Laufe der neun Jahre gewirkt haben. Doch bleiben wir noch in der Vergangenheit.
Eineinhalb Jahre wurden wir im eigenen Schulhaus unterrichtet. Es war Krieg, für uns kein aufregender, sondern eher ein erregender Krieg: Die Väter schrieben vom Feld, und man war stolz darauf. Wir malten die Schlacht von Stalingrad, ohne ihre grauenhafte Bedeutung und ihre Wirkung auf den weiteren Kriegsverlauf zu verstehen, und es gab Noten dafür. Wir glaubten mit unseren Lehrern an den „Endsieg" – so schien es wenigstens – und wir sollten dann die große Treppe des Schulhauses mit Girlanden umwinden. Die Treppe ist, wie die Schule, nicht mehr da. Ein halbes Jahr, bevor unsere schöne Stadt in Trümmer sank, wurde unsere Klasse evakuiert,

und viele von uns sahen von Groß-Bieberau aus, wie in der Nacht vom 11. zum 12. September der Himmel in Richtung Darmstadt blutrot leuchtete. Da lernten wir verstehen, was Krieg heißt. Damals wurde unsere Gemeinschaft gewaltsam auseinander gerissen. Die Eltern eines Kameraden waren beim Angriff umgekommen und er war als einziges Kind allein übrig geblieben. Er ist Schreiner geworden, hat sein Leben gemeistert, und heute erklärt ihn die ‚Schule des Lebens' vielleicht in einem höheren Sinne als uns für reif. Es mag mehreren ähnlich gegangen sein, man weiß es nicht, aber es ist uns Mahnung und Verpflichtung zugleich, an einem solchen Tage ihrer zu gedenken.

Dann kamen die wilden Zeiten des Zusammenbruchs, in denen die Schule ganz zurücktrat hinter der Not des Augenblicks. Zum Nachdenken blieb wenig Zeit. Im Herbst 1946 sammelte sich das, was von unserem Jahrgang noch übrig geblieben war. Es gab eine mäßig starke Klasse, die wie alle Klassen an drei Tagen in der Woche schichtweise von einem überalterten Lehrkörper in den Hauptfächern unterrichtet wurde: Dieser Zustand erwies sich anfänglich für die Lehrer schlimmer als für uns. Zuerst starb der Mathematiklehrer, der immer im Winter ein Thermometer auf dem Tisch liegen hatte, um das Temperaturminimum aufzuschreiben und der Regierung zu melden. Bald darauf folgte der Lateinlehrer, der doch noch so rüstig ausgesehen hatte.

Langsam besserten sich die Verhältnisse, wie wir alle wissen, aber unsere Klassenstärke wurde geringer. [...] Eine letzte Krise machte dann unsere neue Gemeinschaft durch, als sie im August 1950 wegen ihrer geringen Schülerzahl mit der Unterprima des Ludwigs-Realgymnasiums zusammengelegt und ganz dieser Schule eingegliedert werden sollte. Wir werden den tatkräftigen Einsatz des Elternbeirates und der Direktion unserer Schule nicht vergessen. Er ermöglichte unser Fortbestehen und rettete damit unsere schon zweimal ins Wanken gekommen Entwicklung. Wir haben in den zwei folgenden Jahren, in denen sich das Schulleben weitgehend normalisierte, das können wir rückblickend sagen, die stärksten erzieherischen Anstöße erhalten. Die Dezimierung wirkte sich nun positiv aus: [...]

Wenn der Rückblick auf die Geschichte unserer Klasse eines lehrt, so ist es Dankbarkeit, eine Dankbarkeit, die allen Bildungsdünkel und Wissensstolz, die eigentlich auf Unbildung beruhen, unmöglich machen. Wir danken Gott für alle Kräfte des Leibes und der Seele, wir danken ihm, dass er uns aus allen Wirrnissen herausgerettet und uns ad oculos demonstriert hat, wie es mit der Sicherheit auf dieser Welt bestellt ist. Und wenn wir ein Pfund aus der Vergangenheit mitnehmen, so ist es das Bewusstsein, dass nichts selbstverständlich ist. Nicht selbstverständlich sind auch die Opfer unserer Eltern, die uns eine solche Ausbildung ermöglichten und uns Stütze und Halt waren, wo es die Schule nicht sein konnte. Ebenso danken wir unseren Lehrern für die an uns gewandte Mühe, für ihr Bestreben, uns etwas Bleibendes innerhalb einer schon zweimal aus den Fugen gegangenen Welt zu vermitteln, für ihr Eingehen auf unsere Eigenart und für ihr persönliches Vorbild. Schließlich sind wir unserer alten und die Auswärtigen unter uns ihrer neuen Schule dankbar, dass sie uns in den letzten Jahren eine Art geistige Heimat wurde.

Wir Scheidenden wünschen heute unserer Schule für ihr weiteres Fortbestehen Zeiten des Friedens und der Freiheit, in denen allein produktive erzieherische Arbeit geleistet werden und wahre Gemeinschaft erwachsen kann. Möchte die höhere Schule ein Ort werden, von dem die geistige Erneuerung unseres Volkes ihren Ausgang nimmt.

Im Namen der Klasse darf ich Ihnen, Herr Doktor Mumm, als unseren Klassenlehrer eine kleine Anerkennung überreichen für alles, was Sie uns in vorbildlicher Weise gaben und waren.

Gerhard Blitz

Die Abiturienten an der Ludwigs-Oberschule Darmstadt aus dem Jahre 1952

6. Vergleichen Sie das Foto aus dem Jahr 1953 mit einem Abiturfoto des vergangenen Abiturjahrganges an Ihrer Schule.

7. Suchen Sie nach Gründen für die geringe Anzahl der Abiturienten des Jahrganges 1953.

8. Vergleichen und diskutieren Sie den Grundton dieser Abiturrede 1953 mit derjenigen aus dem Jahre 2008 (Text 6).

9. a) Überlegen Sie, was der Redner innerhalb der Auslassungszeichen formuliert haben könnte.
b) Vergleichen Sie Ihre Ergebnisse mit dem vollständigen Redetext auf der DVD.

10. Beurteilen Sie unter den Prämissen der „Wahrheit" und der „Wahrscheinlichkeit" den Redeinhalt, sofern er sich auf die Kriegszeit und den Nationalsozialismus bezieht.

11. Suchen Sie Passagen, die Sie sprachlich überzeugend finden, und prüfen Sie diese auf Ihnen bekannte rhetorische Stilmittel.

380 „Liebe Eltern, liebe Lehrer, liebe Mitschüler …":

Eine Abiturrede kann der krönende Abschluss der Schulzeit sein. Sie so zu halten, dass auch Aristoteles ihr den Status der „techne" zuerkennen würde, ist gar nicht so einfach. Deshalb lohnt es sich, schon im Vorfeld des Abifestes zu überlegen, welche Anforderungen erfüllt sein müssen, um diese Anforderungen dann so konkret wie möglich und schrittweise umzusetzen.

Schritt 7
Üben Sie die Rede mehrfach:
- Sprechen Sie die Rede halblaut vor sich hin.
- Nehmen Sie sich selbst auf und hören Sie den ausgesprochenen Vortrag ab.
- Suchen Sie sich ein Ihnen wohlgesinntes Publikum, üben Sie im Stile einer Generalprobe und holen Sie sich von diesem Publikum ein faires Feedback.

Schritt 6
- Achten Sie auf eine einfache Syntax Ihrer Rede. Denken Sie dabei an Tucholsky: „Hauptsätze, Hauptsätze, Hauptsätze!" (s. S. 375)

Redner?
Wer soll die Jahrgangsstufe repräsentieren?
Wer verfügt über die notwendige Portion Glaubwürdigkeit durch seinen Charakter – ein Musterschüler oder ein in der Stufe beliebter Schüler?

Abiturjahrgang 2008 am Gymnasium Kenzing

Schritt 5
- Überarbeiten Sie Ihre Rede, indem Sie auf bereits eingebaute und noch einzubauende rhetorische Mittel achten (siehe Buchdeckel vorne).

Eine eigene Abiturrede verfassen 381

Redeinhalt?
Wie ein Fazit der Schulzeit ziehen, das dem Wahrheits- oder dem Wahrscheinlichkeitskriterium entspricht? Müssten dann nicht auch unangenehme Themen ehrlich angesprochen werden, die dem Charakter der Festrede zuwiderlaufen?

Zuhörer?
Im Festsaal gibt es drei ganz unterschiedliche Zuhörer: Eltern, Lehrer und Schüler. Wie lassen sich die Gefühle aller drei Zuhörergruppen bedienen, ohne dass die Rede an einer Gruppe eventuell ganz vorbei geht?

Schritt 1
- Setzen Sie sich über ein Brainstorming mit den möglichen Inhalten der Abirede auseinander.
- Greifen Sie dabei auf Ihnen bekannte Methoden wie ➤ Mindmap oder Akrostichon (**A** wie ..., **B** wie ..., **I** wie ..., **T** wie ..., **U** wie ... und **R** wie ...) zurück.

Schritt 2
- Entscheiden Sie sich für einen inhaltlichen Schwerpunkt, ein Leitmotiv oder eine grundsätzliche Metapher (wie die Abiturienten am Gymnasium Kenzingen für die Metapher vom Gerüstbau), um die denkbaren Inhalte mit einem roten Faden ausformulieren zu können.

Schritt 3
- Überlegen Sie, auf welchen Appell die Abiturrede am Schluss zulaufen könnte.

Schritt 4
- Besprechen Sie, wie Sie zu Beginn der Rede die Aufmerksamkeit aller Zuhörer gewinnen können.
- Entwerfen Sie kreative, unterschiedliche und originelle Redeanfänge.

Literatur nach 1945

Wolfgang Mattheuer (1927–2004):
Verlorene Mitte, 1982

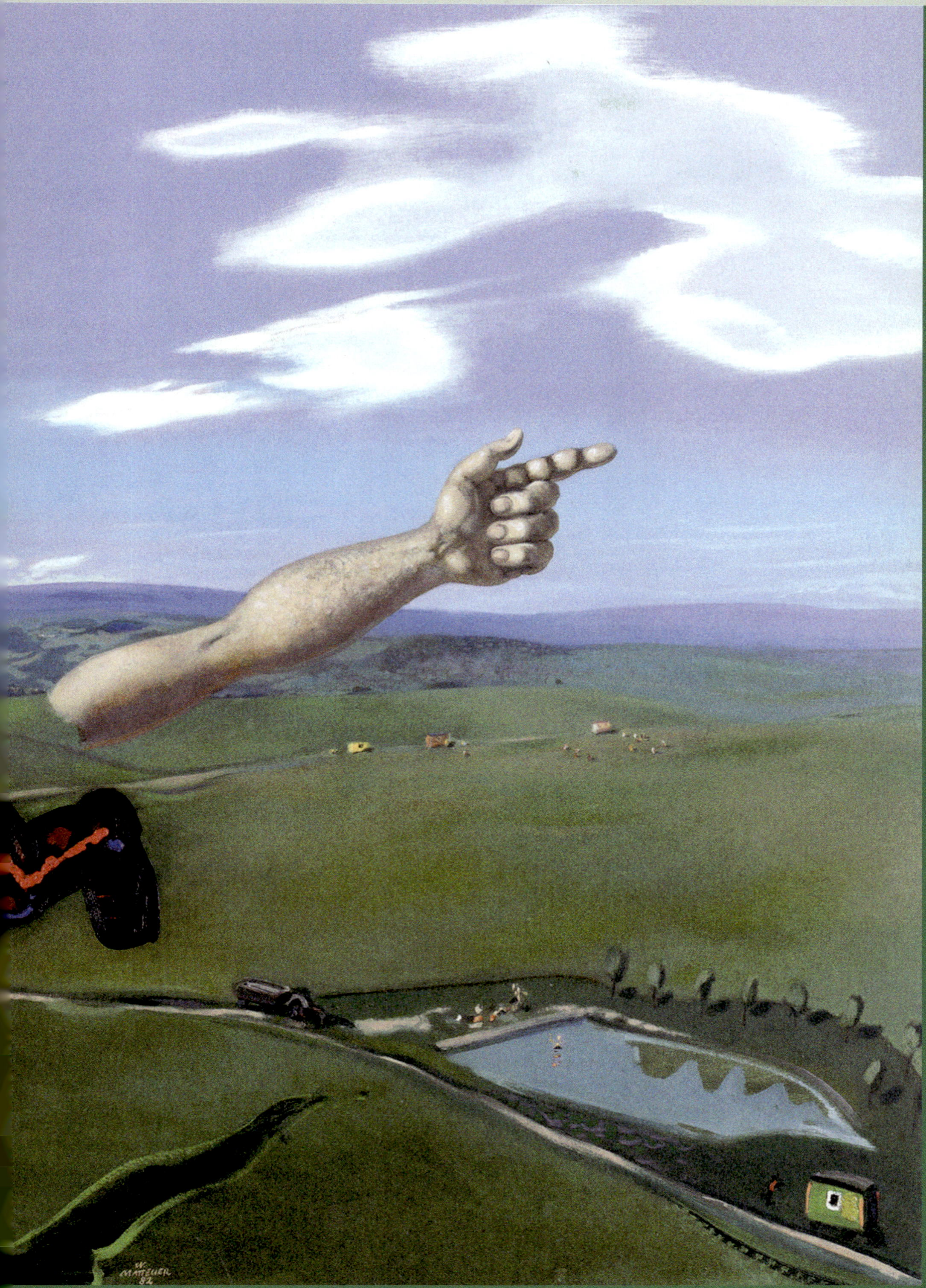

I. Auf der Suche nach einem anderen Anfang

1. „Die Ruine lebt in uns wie wir in ihr" (Richter) – Lebensentwürfe in der „Stunde Null" vergleichen

1. Versuchen Sie, in einer Collage die Lebenswirklichkeit der deutschen Bevölkerung in der unmittelbaren Nachkriegszeit darzustellen. Verwenden Sie dazu Texte und Bilder, die z. B. Auskunft geben über den Nachkriegsalltag, Wohnverhältnisse und Ernährungssituation, aber auch über die Suche nach Angehörigen und die Situation an den Schulen.

1 Hans Werner Richter (1908–1993): Das Kennzeichen unserer Zeit

Das Kennzeichen unserer Zeit ist die Ruine. Sie umgibt unser Leben. Sie umsäumt die Straßen unserer Städte. Sie ist unsere Wirklichkeit. In ihren ausgebrannten Fassaden blüht nicht die blaue Blume der Romantik[1], sondern der dämonische Geist der Zerstörung, des Verfalls und der Apokalypse. Sie ist das äußere Wahrzeichen der inneren Unsicherheit des Menschen in unserer Zeit. Die Ruine lebt in uns wie wir in ihr. (v 1946)

2 Hans-Dietrich Genscher (* 1927): Erinnerungen an das Kriegsende

Arbeitsdienstmann Hans-Dietrich Genscher 1944

Am 7. Mai 1945 drängen sich auf dem Ostufer der Elbe Tausende deutscher Soldaten. In wenigen Stunden werden überall die Waffen ruhen. Über einen Holzsteg, der über die Trümmer der Elbbrücke gelegt wurde, kann man Tangermünde auf dem Westufer erreichen. Dort erwartet uns die amerikanische Kriegsgefangenschaft.
Hinter uns, keine 2000 Meter entfernt, die vorrückende Rote Armee. Amerikanische oder sowjetische Gefangenschaft? Selbst in dieser Lage haben wir noch zwischen zwei Möglichkeiten wählen können. Die Entscheidung fällt nicht schwer. Kurz darauf stehe ich auf dem Westufer und reihe mich in eine lange Kolonne deutscher Kriegsgefangener ein, die von den Amerikanern nach Stendal geleitet werden.
„Du hast überlebt. Deine Mutter und die anderen Angehörigen auch?" Das sind die ersten Gedanken. So schnell wie möglich nach Hause und dann endlich so leben, wie man es will, sind die ersten Wünsche. Niederlage oder Befreiung? So klar wird die Frage damals nicht gestellt. Aber das Gefühl und die Hoffnung dominieren, das Land könne eine neue Chance – noch einmal – bekommen.

---

[1] die blaue Blume der Romantik: zentrales Symbol der Epoche, steht für Sehnsucht, Liebe und für das Streben nach dem Unendlichen

Dieser letzte Tag des Krieges wird mit jedem Jahr, das vergeht, im Bewusstsein immer mehr zu einer Stunde Null. Das ganze Grauen der schrecklichen zwölf Jahre wird immer deutlicher, aber auch immer unfassbarer. Die Gedanken führen immer wieder an jenen 7. Mai zurück. Befreiung oder Niederlage – daran werden sich auch in Zukunft die Geister scheiden. Deutschland hat nicht am 8. Mai 1945, sondern am 30. Januar 1933 verloren: erst Demokratie und Menschenrechte und dann den Frieden – und das gilt für alle anderen Völker mit, gegen die Hitler-Deutschland Krieg führte. Darauf sich zu besinnen, besteht am 8. Mai 1995 Anlass. Dieser Tag bedeutet keinen Schlussstrich und auch nicht den Beginn einer neuen Normalität. Es geht darum, sich selbst Rechenschaft abzulegen über unsere Verantwortung und über das, was wir aus der neuen Freiheit gemacht haben und was wir daraus noch machen müssen.

(v 1995)

3 Inge Müller (1925–1966): Heimweg 45

Übriggeblieben zufällig
Geh ich den bekannten Weg
Vom Ende der Stadt zum andern Ende
Ledig der verhaßten Uniform
Versteckt in gestohlenen Kleidern
Aufrecht, wenn die Angst groß ist
Kriechend über Tote ohne Gesicht
Die gefallne Stadt sieht mich an
Ich seh weg. Neben mir streiten fünf Kinder
Um ein Banknotenbündel:
An der Ecke wird die Bank auf die Straße geschüttet
Die nie zum Sparen kamen, nehmen die Sparkasse in Besitz
Stopfen die leeren Kleider aus mit bedrucktem Papier
Gegen die Kälte.
Der Traum vom Brot geht um, macht mutig die Angststarren
Treibt die Langsamen vor
Läßt die Sieger nicht ausruhn auf dem Sieg
Und die Besiegten sperren die Hände auf:
Wer ist der Preis, wer wird den Preis machen
Wir?
Übriggeblieben zufällig
Geh ich den Heimweg vom Ende der Stadt
Zum andern Ende.   (v 1985)

(Aus lizenzrechtlichen Gründen ist dieser Text nicht in reformierter Rechtschreibung abgedruckt.)

Inge Müller (1925–1966) war in der DDR die Frau im Schatten des Dramatikers Heiner Müller. In ihrer Lyrik verarbeitete sie besonders ihre traumatischen Kriegserlebnisse: Drei Tage lang war sie in Berlin mit einem schwarzen Schäferhund verschüttet. Wenige Tage vor Kriegsende grub sie ihre Eltern aus den Trümmern ihres Hauses. Von diesem Trauma erholte sie sich nicht mehr. Mit 41 Jahren schied sie freiwillig aus dem Leben.

4 Hans Bender (* 1919): Heimkehr

Im Rock des Feindes,
in zu großen Schuhen,
im Herbst,
auf blattgefleckten Wegen
gehst du heim.

Die Hähne krähen
deine Freude in den Wind,
und zögernd hält
der Knöchel
vor der stummen,
neuen Tür.   (v 1949)

Abiturjahrgang 1939, Schiller-Realgymnasium Leipzig: Die Absolventen dieses Jahrgangs wurden direkt nach dem Abitur eingezogen.

Peter Huchel ist 1903 in Berlin geboren und in der Mark Brandenburg aufgewachsen. Nach dem Studium der Literatur und Philosophie in Berlin, Freiburg und Wien arbeitete er ab 1925 als freier Schriftsteller. Von 1940 bis 1945 war Huchel als Soldat im Krieg und musste in Kriegsgefangenschaft. 1951 erhielt er den Nationalpreis der DDR. Huchel wurde Chefredakteur der ostdeutschen Zeitschrift „Sinn und Form" von 1949–1962, eine Aufgabe, die zu schweren Konflikten mit den DDR-Behörden führte. Er bekam Publikationsverbot bis zu seiner Ausreise 1971; zuletzt lebte er in Staufen bei Freiburg, wo er 1981 starb.
Der Dichter, der 1977 in einer Rede darauf hinwies, wie schwer es ist, „dem Schweigen ein Wort abzuringen", gilt als einer der bedeutendsten deutschen Lyriker der Gegenwart: Gedichte *(1948)*; Chausseen, Chausseen *(1963)*; Die Sternenreuse *(1967)*; Gezählte Tage *(1972)*; Die neunte Stunde *(1979)*.

2. Die Heimkehr aus dem Krieg und das Leben inmitten der Zerstörung wurden sehr unterschiedlich empfunden.
a) Tragen Sie die Gedanken und Gefühle zusammen, die die Texte 1–6 dazu vermitteln.
b) Bereiten Sie einen ➤ sinngestaltenden Vortrag der Texte vor.

5 Bertolt Brecht (1898–1956): Rückkehr

Die Vaterstadt, wie find ich sie doch?
Folgend den Bomberschwärmen
Komm ich nach Haus.
Wo denn liegt sie? Wo die ungeheuren
5 Gebirge von Rauch stehen.
Das in den Feuern dort
Ist sie.

Die Vaterstadt, wie empfängt sie mich wohl?
Vor mir kommen die Bomber. Tödliche Schwärme
10 Melden euch meine Rückkehr. Feuersbrünste
Gehen dem Sohn voraus. *(e 1943/1944)*

(Aus lizenzrechtlichen Gründen ist dieser Text nicht in reformierter Rechtschreibung abgedruckt.)

6 Peter Huchel (1903–1981): Chausseen

Erwürgte Abendröte
Stürzender Zeit!
Chausseen. Chausseen.
Kreuzwege der Flucht.
5 Wagenspuren über den Acker,
Der mit den Augen
Erschlagener Pferde
Den brennenden Himmel sah.

Tote,
Über die Gleise geschleudert,
Den erstickten Schrei
20 Wie einen Stein am Gaumen.
Ein schwarzes
Summendes Tuch aus Fliegen
Schloss ihre Wunden.

Nächte mit Lungen voll Rauch,
10 Mit hartem Atem der Fliehenden,
Wenn Schüsse
Auf die Dämmerung schlugen.
Aus zerbrochenem Tor
Trat lautlos Asche und Wind,
15 Ein Feuer,
Das mürrisch das Dunkel kaute.

(v 1963)

7 Briefwechsel Walter von Molos mit Thomas Mann

Nach dem Zusammenbruch des Nationalsozialismus forderte der Schriftsteller Walter von Molo, der von 1928–1930 Präsident der „Preußischen Dichterakademie" war und auch nach 1933 noch deren Mitglied blieb, Thomas Mann in einem offenen Brief auf, aus dem Exil nach Deutschland zurückzukehren und mit „Rat und Tat" beim Neuaufbau mitzuhelfen.

a) Walter von Molo (1880–1958): An Thomas Mann

Lieber Herr Thomas Mann!
In den langen Jahren der Bestürzung der Menschenseelen habe ich viele Ihrer Äußerungen gehört – soweit sie gedruckt zu mir gelangen konnten – auch gelesen. Und immer freute, erschütterte mich Ihr treues Festhalten an unserem gemeinsamen Vaterlande. Nun lernte ich als letzte ihrer veröffentlichten Kundgebungen die kennen, die am 18. Mai in München veröffentlicht wurde: Auch hier wieder fand ich dankbar und mit nicht geringer Erschütterung das Gleiche –. Man sagte mir, dass Sie im Rundfunk am Tage ihres 70. Geburtstages gesprochen hätten und mitteilten, Sie freuten sich auf das Wiedersehen mit Deutschland.
Mit aller, aber wahrhaft aller Zurückhaltung, die uns nach den furchtbaren zwölf Jahren auferlegt ist, möchte ich dennoch heute bereits und in aller Öffentlichkeit ein paar Worte zu Ihnen sprechen: Bitte, kommen Sie bald, sehen Sie in die vom Gram durchfurchten Gesichter, sehen Sie das unsagbare Leid in den Augen der vielen, die nicht die Glorifizierung unserer Schatten-

seiten mitgemacht haben, die nicht die Heimat verlassen konnten, weil es sich hier um viele Millionen Menschen handelte, für die kein anderer Platz auf der Erde gewesen wäre als daheim, in dem allmählich gewordenen großen Konzentrationslager, in dem es bald nur mehr Bewachende und Bewachte verschiedener Grade gab.

Bitte, kommen Sie bald und geben Sie den zertretenen Herzen durch Menschlichkeit den aufrichtigen Glauben zurück, dass es Gerechtigkeit gibt, man nicht pauschal die Menschheit zertrennen darf, wie es so grauenvoll hier geschah. Dieser Anschauungsunterricht entsetzlicher Art darf für die ganze Menschheit nicht verloren gehen, die nach Glauben und Wissen in einer dämonischen und höchst unvollkommenen Welt zu existieren versucht, mit dem in unserer Epoche die Blutrache beendenden, nach fester Ordnung suchenden Flehen: „Vergib uns unsere Schuld wie auch wir vergeben unseren Schuldigern. Erlöse uns von dem Übel."
Wir nennen das Humanität! (e 1945)

b) Antwort Thomas Manns (1875–1955) vom 07.09.1945 (Auszug)

Fern sei mir Selbstgerechtigkeit! Wir draußen hatten gut tugendhaft sein und Hitlern die Meinung sagen. Ich hebe keinen Stein auf, gegen niemanden. Ich bin nur scheu und ‚fremdle', wie man von kleinen Kindern sagt. Ja, Deutschland ist mir in all diesen Jahren doch recht fremd geworden. Es ist, das müssen Sie zugeben, ein beängstigendes Land. Ich gestehe, dass ich mich vor den deutschen Trümmern fürchte – den steinernen und den menschlichen. Und ich fürchte, dass die Verständigung zwischen einem, der den Hexensabbat von außen erlebte, und Euch, die Ihr mitgetanzt und Herrn Urian aufgewartet habt, immerhin schwierig wäre. Wie sollte ich unempfindlich sein gegen die Briefergüsse voll lange verschwiegener Anhänglichkeit, die jetzt aus Deutschland zu mir kommen! Es sind wahre Abenteuer des Herzens für mich, rührende. Aber nicht nur wird meine Freude daran etwas eingeengt durch den Gedanken, dass keiner davon je wäre geschrieben worden, wenn Hitler gesiegt hätte, sondern auch durch eine gewisse Ahnungslosigkeit, Gefühllosigkeit, die daraus spricht, sogar schon durch die naive Unmittelbarkeit des Wiederanknüpfens, so, als seien diese zwölf Jahre gar nicht gewesen. Auch Bücher sind es wohl einmal, die kommen. Soll ich bekennen, dass ich sie nicht gern gesehen und bald weggestellt habe? Es mag Aberglaube sein, aber in meinen Augen sind Bücher, die von 1933 bis 1945 in Deutschland überhaupt gedruckt werden konnten, weniger als wertlos und nicht gut in die Hand zu nehmen. Ein Geruch von Blut und Schande haftet ihnen an; sie sollten alle eingestampft werden.

Es war nicht erlaubt, es war unmöglich, ‚Kultur' zu machen in Deutschland, während rings um einen herum das geschah, wovon wir wissen. Es hieß die Verkommenheit beschönigen, das Verbrechen schmücken. Zu den Qualen, die wir litten, gehörte der Anblick, wie deutscher Geist, deutsche Kunst sich beständig zum Schild und Vorspann des absolut Scheusäligen hergaben. Dass eine ehrbarere Beschäftigung denkbar war, als für Hitler-Bayreuth Wagner-Dekorationen zu entwerfen – sonderbar, es scheint dafür an jedem Gefühl zu fehlen. Mit Goebbels'scher Permission nach Ungarn oder sonst einem deutsch-europäischen Land zu fahren und mit gescheiten Vorträgen Kulturpropaganda zu machen fürs Dritte Reich – ich sage nicht, dass es schimpflich war, ich sage nur, dass ich es nicht verstehe und dass ich Scheu trage vor manchem Wiedersehen.

[...]

Und doch, lieber Herr von Molo, ist dies alles nur eine Seite der Sache; die andere will auch ihr Recht – ihr Recht auf das Wort. Die tiefe Neugier und Erregung, mit der ich jede Kunde aus Deutschland, mittelbar oder unmittelbar, empfange, die Entschiedenheit, mit der ich sie jeder Nachricht aus der großen Welt vorziehe, wie sie sich jetzt, sehr kühl gegen Deutschlands nebensächliches Schicksal, neu gestaltet, lassen mich täglich aufs Neue gewahr werden, welche unzerreißbaren Bande mich denn doch mit dem Lande verknüpfen, das mich ‚ausbürgerte'. Ein amerikanischer Weltbürger – ganz gut. Aber wie verleugnen, dass meine Wurzeln dort liegen, dass ich trotz aller fruchtbaren Bewunderung des Fremden in deutscher Tradition lebe und webe, möge die Zeit meinem Werk auch nicht gestattet haben, etwas anderes zu sein als ein morbider und schon halb parodistischer Nachhall großen Deutschtums.

Thomas Mann in seinem Arbeitszimmer in Pacific Palisades (Kalifornien) 1947

3. a) Zeigen Sie, wie sowohl die Aufforderung Walter von Molos als auch die Antwort Thomas Manns von starken Emotionen geprägt sind.
b) Analysieren Sie den Brief Walter von Molos und die Antwort Thomas Manns. Ermitteln Sie dazu die jeweiligen Thesen und die Argumentationsstruktur.
c) Erörtern Sie ausgewählte Thesen aus Ihrer Sicht oder
d) verfassen Sie einen fiktiven Dialog der Briefpartner, in dem Sie deren Positionen gegenüberstellen.

Die jungen Nachkriegsautoren streben nach einer ungeschönten, wirklichkeitsgetreuen Darstellung der unmittelbaren Nachkriegsrealität. Sie treten mit dem konsequenten Anspruch auf, ohne jede Voraussetzung neu zu beginnen. Dieser Anspruch spiegelt sich neben den inhaltlichen Themen auch in einem neuen sprachlichen Stil wider, wofür Wolfgang Weyrauch den Begriff „Kahlschlag" prägt.

8 Wolfdietrich Schnurre (1920–1989): Zerschlagt eure Lieder

zerschlagt eure Lieder
verbrennt eure Verse
sagt nackt
was ihr müsst   (e 1948)

9 Günter Eich (1907–1972): Latrine

Über stinkendem Graben
Papier voll Blut und Urin,
umschwirrt von funkelnden Fliegen,
hocke ich in den Knien,

5 den Blick auf bewaldete Ufer,
Gärten, gestrandetes Boot.
In den Schlamm der Verwesung
klatscht der versteinte Kot.

Irr mir im Ohre schallen
10 Verse von Hölderlin.
In schneeiger Reinheit spiegeln
Wolken sich im Urin.

„Geh aber nun und grüße
die schöne Garonne."[1]

15 Unter den schwankenden Füßen
schwimmen die Wolken davon.   (v 1948)

10 Günter Eich (1907–1972): Inventur

Dies ist meine Mütze,
dies ist mein Mantel,
hier mein Rasierzeug
im Beutel aus Leinen.

5 Konservenbüchse:
Mein Teller, mein Becher,
ich hab in das Weißblech
den Namen geritzt.

Geritzt hier mit diesem
10 kostbaren Nagel,
den vor begehrlichen
Augen ich berge.

Im Brotbeutel sind
ein Paar wollene Socken
15 und einiges, was ich
niemand verrate,

so dient es als Kissen
nachts meinem Kopf.
Die Pappe hier liegt
20 zwischen mir und der Erde.

Die Bleistiftmine
lieb ich am meisten:
Tags schreibt sie mir Verse,
die nachts ich erdacht.

25 Dies ist mein Notizbuch,
dies meine Zeltbahn,
dies ist mein Handtuch,
dies ist mein Zwirn.   (e 1945/46)

11 Wolfdietrich Schnurre (1920–1989): Das Begräbnis (Auszug)

Die Gruppe 47 (1947–1968) war ein Forum für literarische Diskussion und Kommunikation. Als Erster las Wolfdietrich Schnurre aus seinem Text „Begräbnis".
Die Erzählung spielt unmittelbar nach dem Zweiten Weltkrieg, in dem Millionen Menschen ihr Leben verloren. Einer von ihnen soll begraben werden, es ist „n gewisse(r) Klott oder Gott oder so ähnlich":

---

[1] „Geh' nun aber und grüße die schöne Garonne": Verszeile aus Hölderlins Gedicht „Andenken"; Garonne: Fluss in Südfrankreich

---

Kahlschlagliteratur
Der von Wolfgang Weyrauch geprägte Begriff bezeichnet den absoluten, unbelasteten Neuanfang in der Literatur der unmittelbaren Nachkriegszeit. Verbunden damit war der Wunsch der Autoren nach der Reinigung der deutschen Sprache von Nazi-Relikten.

1. Finden Sie über Assoziationen einen Zugang zum Begriff „Kahlschlag".

2. Untersuchen Sie, wie die Kriegserlebnisse und -erfahrungen in den Texten 8–10 thematisch und sprachlich (Wortwahl, Syntax) dargestellt werden.

3. Interpretieren Sie eines der Gedichte und stellen Sie fest, inwiefern man im Zusammenhang mit dem Text von „Kahlschlag" sprechen kann.

4. „Inventur" ist zu übersetzen mit „Bestandsaufnahme". Wie verwendet Günter Eich den Begriff?

Gruppe 47
Informieren Sie in einem Referat über die Ereignisse, die zur Gründung der Gruppe 47 führten, über den Verlauf der Tagungen, die Mitglieder und die vergebenen Preise.

Neben dem Erdhaufen ist n Loch. Neben dem Loch liegt n Strick. Daneben n Blechkreuz mit ner Nummer drauf.

Die Träger schwenken ein.

„Seeeeeeetzt – ab!", kommandieren die Totengräber.

5 Die Kiste rumpelt zur Erde. H. GOTT ist drangeschrieben mit Kreide.

Drunter n Datum; schon verwischt aber.

Der Pfarrer räuspert sich.

„Junge, Junge", sagt der eine Heimkehrer und betupft sich die Stirn.

Der andre stellt den Fuß auf die Kiste und beugt sich vornüber.

10 „Mistwetter", sagt er und bewegt die Zehen, die aus der Schuhspitze raussehen.

„Los, Leute", sagte die Inspektorin, „haut hin."

Der eine Totengräber misst das Loch mit m Spatenstiel aus. „Werd verrückt", sagt er.

„Was n", fragt der andre.

„Zu kurz."

15 Sie schippen.

Es plantscht, wenn die Brocken ins Loch fallen; Grundwasser.

„Passt", sagt der Kittelmann.

Der Pfarrer räuspert sich. „Liebe Anwesende", sagt er.

„Hier", sagt der eine Totengräber, „fass mal n Strick an. So. Und jetz drauf mit dem Ding." Sie
20 heben die Kiste an und stellen sie auf den Strick, der rechts und links mit je drei Schlaufen drunter vorsieht.

„Zuuuuu – gleich!", kommandieren die Totengräber.

Die Kiste schwebt überm Loch.

Taghell machen's die Azetylenlampen. Die Blechkreuze rings auf den flachen Hügeln sind
25 nicht höher als Kohlköpfe.

Es regnet ununterbrochen.

Von der schimmligen Rückwand von Waldemars Ballsälen löst sich n Putzbrocken ab und haut zwei Grabkreuze um.

„Nachlassen", sagt der eine Totengräber; „langsam nachlassen."

30 Die Kiste senkt sich.

Mitglieder der Gruppe 47 bei einer Tagung 1949 in Marktbreit

P „Ein Chef, ein Stuhl und eine dreiste Rasselbande" – Eine Tagung der Gruppe 47

Der Ablauf der Tagungen folgte einem Ritual: Man saß im Kreis zusammen, der Stuhl neben dem Gründer der Gruppe, Hans Werner Richter, blieb frei. Hier nahm der jeweils Vorlesende Platz und stellte seinen Text vor, über den anschließend diskutiert wurde.

Stellen Sie sich vor, es könnte – nach ähnlichem Muster – nochmals eine Tagung der Gruppe geben. Stellen Sie sich als „Mitglied" der Gruppe vor (z. B. Heinrich Böll, Günter Grass) und wählen Sie geeignete Texte „Ihres" Autors für einen kurzen Vortrag aus. Bereiten Sie sich auf eine anschließende Diskussion zu Inhalt und Form Ihres Textes vor. Dazu können Sie auf die Darstellung von Joachim Kaiser mit dem Titel „Ein Chef, ein Stuhl und eine dreiste Rasselbande" auf der DVD zurückgreifen.

Literaturtipps:
– Günter Grass: *Das Treffen in Telgte*, dtv 1994
– Hans Werner Richter: „Im Etablissement der Schmetterlinge", Wagenbach 2004

12 Heinrich Böll (1917–1985): Bekenntnis zur Trümmerliteratur

Die ersten schriftstellerischen Versuche unserer Generation nach 1945 hat man als Trümmerliteratur bezeichnet, man hat sie damit abzutun versucht. Wir haben uns gegen diese Bezeichnung nicht gewehrt, weil sie zu Recht bestand: Tatsächlich, die Menschen, von denen wir schrieben, lebten in Trümmern, sie kamen aus dem Kriege, Männer und Frauen in gleichem
5 Maße verletzt, auch Kinder. Und sie waren scharfäugig: Sie sahen. Sie lebten keineswegs in völligem Frieden, ihre Umgebung, ihr Befinden, nichts an ihnen und um sie herum war idyllisch, und wir als Schreibende fühlten uns ihnen so nahe, dass wir uns mit ihnen identifizierten. Mit Schwarzhändlern und den Opfern der Schwarzhändler, mit Flüchtlingen und allen denen, die auf andere Weise heimatlos geworden waren, vor allem natürlich mit der Genera-
10 tion, der wir angehörten und die sich zu einem großen Teil in einer merk- und denkwürdigen

Heinrich Böll (1917–1985) ist in Köln geboren und aufgewachsen, machte 1937 Abitur und begann eine Buchhändlerlehre. Nach Arbeitsdienst, Kriegsdienst und Kriegsgefangenschaft bis September 1945 studierte Böll Germanistik und arbeitete ab 1951 als freier Schriftsteller. Im gleichen Jahr erhielt er den Preis der „Gruppe 47". 1967 folgten der Büchner-Preis und 1972 der Nobelpreis für Literatur.

Bölls Werk beginnt mit bitter-satirischer Anklage gegen die Sinnlosigkeit des Krieges in dem Erzählband *Wanderer, kommst du nach Spa ...* (1950). Mit den Romanen *Und sagte kein einziges Wort* (1953), *Billard um halbzehn* (1959), *Ansichten eines Clowns* (1963) und *Gruppenbild mit Dame* (1971) wurde er zum „authentischen Geschichts-Erzähler unserer Nachkriegsepoche" (Jochen Vogt), gleichzeitig zum entschiedenen Kritiker der politischen Restauration, der vom Wirtschaftswunder geprägten Haben-Mentalität und eines von Äußerlichkeiten und Heuchelei bestimmten Katholizismus; er schrieb gegen den Verlust neutestamentlicher Leitvorstellungen wie Wahrheits-, Nächsten- und Friedensliebe und gegen die Bedrohung der individuellen Freiheit (u. a. in seiner Novelle *Die verlorene Ehre der Katharina Blum,* 1974). Böll war in den ersten Jahrzehnten der Nachkriegszeit einer der erfolgreichsten deutschen Nachkriegsschriftsteller und auch im Ausland – u. a. neben Hermann Hesse – einer der am meisten gelesenen deutschen Autoren.

1. Sammeln Sie Assoziationen zum Begriff „Trümmerliteratur".

2. Arbeiten Sie heraus, wie Böll seine These, die „Trümmerliteratur" sei die zeitgemäße und folgerichtige Literatur seiner Zeit, begründet.

3. Überlegen Sie, warum Böll nicht den Begriff „Kahlschlagliteratur" verwendet.

Wolfgang Borchert (1921–1947) machte nach der abgebrochenen Schulausbildung eine Buchhandelslehre und besuchte heimlich die Schauspielschule. Nach bestandener Prüfung arbeitete Borchert wenige Monate als Schauspieler in Lüneburg. Als Soldat wurde er 1942 schwer verwundet. Wegen regimekritischer Äußerungen musste er wiederholt ins Gefängnis, war mit der Todesstrafe bedroht und wurde nach der Begnadi-

Situation befand: Sie kehrte heim. Es war die Heimkehr aus einem Krieg, an dessen Ende kaum noch jemand hatte glauben können.

Wir schrieben also vom Krieg, von der Heimkehr und dem, was wir im Krieg gesehen hatten und bei der Heimkehr vorfanden: von Trümmern; das ergab drei Schlagwörter, die der jungen Literatur angehängt wurden: Kriegs-, Heimkehrer- und Trümmerliteratur.

Die Bezeichnungen als solche sind berechtigt: Es war Krieg gewesen, sechs Jahre lang, wir kehrten heim aus diesem Krieg, wir fanden Trümmer und schrieben darüber. Merkwürdig, fast verdächtig war nur der vorwurfsvolle, fast gekränkte Ton, mit dem man sich dieser Bezeichnung bediente: Man schien uns zwar nicht verantwortlich zu machen dafür, dass Krieg gewesen, dass alles in Trümmern lag, nur nahm man uns offenbar übel, dass wir es gesehen hatten und sahen, aber wir hatten keine Binde vor den Augen und sahen es: Ein gutes Auge gehört zum Handwerkszeug des Schriftstellers.

Die Zeitgenossen in die Idylle zu entführen würde uns allzu grausam erscheinen, das Erwachen daraus wäre schrecklich, oder sollen wir wirklich Blindekuh miteinander spielen?
[...]

Es ist unsere Aufgabe, daran zu erinnern, dass der Mensch nicht nur existiert, um verwaltet zu werden – und dass die Zerstörungen in unserer Welt nicht nur äußerer Art sind und nicht so geringfügiger Natur, dass man sich anmaßen kann, sie in wenigen Jahren zu heilen.

Der Name Homer ist der gesamten abendländischen Bildungswelt unverdächtig: Homer ist der Stammvater europäischer Epik, aber Homer erzählt vom Trojanischen Krieg, von der Zerstörung Trojas und von der Heimkehr des Odysseus – Kriegs-, Trümmer- und Heimkehrliteratur –, wir haben keinen Grund, uns dieser Bezeichnung zu schämen. (e 1952)

2. „Für Semikolons haben wir keine Zeit" (Borchert) – Kurzprosa in ihrem zeitgeschichtlichen Kontext interpretieren

1 Wolfgang Borchert (1921–1947): Das Holz für morgen

Er machte die Etagentür hinter sich zu. Er machte sie leise und ohne viel Aufhebens hinter sich zu, obgleich er sich das Leben nehmen wollte. Das Leben, das er nicht verstand und in dem er nicht verstanden wurde. Er wurde nicht von denen verstanden, die er liebte. Und gerade das hielt er nicht aus, dieses Aneinandervorbeisein mit denen, die er liebte.

Aber es war noch mehr da, das so groß wurde, dass es alles überwuchs und das sich nicht wegschieben lassen wollte.

Das war, dass er nachts weinen konnte, ohne dass die, die er liebte, ihn hörten. Das war, dass er sah, dass seine Mutter, die er liebte, älter wurde und dass er das sah. Das war, dass er mit den anderen im Zimmer sitzen konnte, mit ihnen lachen konnte und dabei einsamer war als je. Das war, dass die anderen es nicht schießen hörten, wenn er es hörte. Dass sie das nie hören wollten. Das war dieses Aneinandervorbeisein mit denen, die er liebte, das er nicht aushielt.

Nun stand er im Treppenhaus und wollte zum Boden hinaufgehen und sich das Leben nehmen. Er hatte die ganze Nacht überlegt, wie er das machen wollte, und er war zu dem Entschluss gekommen, dass er vor allem auf den Boden hinaufgehen müsse, denn da wäre man allein und das war die Vorbedingung für alles andere. Zum Erschießen hatte er nichts und Vergiften war ihm zu unsicher. Keine Blamage wäre größer gewesen, als dann mithilfe eines Arztes wieder in das Leben zurückzukommen und die vorwurfsvollen mitleidigen Gesichter der anderen, die so voll Liebe und Angst für ihn waren, ertragen zu müssen. Und sich ertränken, das fand er zu pathetisch, und sich aus dem Fenster stürzen, das fand er zu aufgeregt. Nein, das Beste würde sein, man ginge auf den Boden. Da war man allein. Da war es still. Da war alles ganz unauffällig und ohne viel Aufhebens. Und da waren vor allem die Querbalken vom Dachstuhl. Und der Wäschekorb mit der Leine. Als er die Etagentür leise hinter sich zugezogen hatte, fasste er ohne zu zögern nach dem Treppengeländer und ging langsam nach oben.

Das kegelförmige Glasdach über dem Treppenhaus, das von ganz feinem Maschendraht wie von Spinngewebe durchzogen war, ließ einen blassen Himmel hindurch, der hier oben dicht unter dem Dach am hellsten war.

Fest umfasste er das saubere hellbraune Treppengeländer und ging leise und ohne viel Aufhebens nach oben. Da entdeckte er auf dem Treppengeländer einen breiten weißen Strich, der vielleicht auch etwas gelblich sein konnte. Er blieb stehen und fühlte mit dem Finger darüber, dreimal, viermal. Dann sah er zurück. Der weiße Strich ging auf dem ganzen Geländer entlang. Er beugte sich etwas vor. Ja, man konnte ihn bis tief in die dunkleren Stockwerke nach unten verfolgen. Dort wurde er ebenfalls bräunlicher, aber er blieb doch einen ganzen Farbton heller als das Holz des Geländers. Er ließ seinen Finger ein paarmal auf dem weißen Strich entlang fahren, dann sagte er plötzlich: Das hab ich ja ganz vergessen.

Er setzte sich auf die Treppe. Und jetzt wollte ich mir das Leben nehmen und hatte das beinahe vergessen. Dabei war ich es doch. Mit der kleinen Feile, die Karlheinz gehörte. Die habe ich in die Faust genommen und dann bin ich in vollem Tempo die Treppen runtergesaust und habe dabei die Feile tief in das weiche Geländer gedrückt. In den Kurven habe ich besonders stark gedrückt, um zu bremsen. Als ich unten war, ging über das Treppengeländer vom Boden bis zum Erdgeschoss eine tiefe, tiefe Rille. Das war ich. Abends wurden alle Kinder verhört. Die beiden Mädchen unter uns, Karlheinz und ich. Und der nebenan. Die Hauswirtin sagte, das würde mindestens vierzig Mark kosten. Aber unsere Eltern wussten sofort, dass es von uns keiner gewesen war. Dazu gehörte ein ganz scharfer Gegenstand, und den hatte keiner von uns, das wussten sie genau. Außerdem verschandelte doch kein Kind das Treppengeländer in seinem eigenen Haus. Und dabei war ich es. Ich mit der kleinen spitzen Feile. Als keiner von den Familien die vierzig Mark für die Reparatur des Treppengeländers bezahlen wollte, schrieb die Hauswirtin auf die nächste Mietrechnung je Haushalt fünf Mark mehr drauf für Instandsetzungskosten des stark demolierten Treppenhauses. Für dieses Geld wurde dann gleich das ganze Treppenhaus mit Linoleum ausgelegt. Und Frau Daus bekam ihren Handschuh ersetzt, den sie sich an dem aufgesplitterten Geländer zerrissen hatte. Ein Handwerker kam, hobelte die Ränder der Rille glatt und schmierte sie dann mit Kitt aus. Vom Boden bis zum Erdgeschoss. Und ich, ich war es. Und jetzt wollte ich mir das Leben nehmen und hatte das beinahe vergessen.

Er setzte sich auf die Treppe und nahm einen Zettel. Das mit dem Treppengeländer war ich, schrieb er da drauf. Und dann schrieb er oben drüber: An Frau Kaufmann, Hauswirtin. Er nahm das ganze Geld aus seiner Tasche, es waren zweiundzwanzig Mark, und faltete den Zettel da herum. Er steckte ihn oben in die kleine Brusttasche. Da finden sie ihn bestimmt, dachte er, da müssen sie ihn ja finden. Und er vergaß ganz, dass sich keiner mehr daran erinnern würde. Er vergaß, dass es schon elf Jahre her war, das vergaß er. Er stand auf, die Stufe knarrte ein wenig. Er wollte jetzt auf den Boden gehen. Er hatte das mit dem Treppengeländer erledigt und konnte jetzt nach oben gehen. Da wollte er sich noch einmal laut sagen, dass er es nicht mehr aushielte, das Aneinandervorbeisein mit denen, die er liebte, und dann wollte er es tun. Dann würde er es tun.

Unten ging eine Tür. Er hörte, wie seine Mutter sagte: Und dann sag ihr, sie soll das Seifenpulver nicht vergessen. Dass sie auf keinen Fall das Seifenpulver vergisst. Sag ihr, dass der Junge extra mit dem Wagen los ist, um das Holz zu holen, damit wir morgen waschen können. Sag ihr, das wäre für Vater eine große Erleichterung, dass er nicht mehr mit dem Holzwagen los braucht und dass der Junge wieder da ist. Der Junge ist extra los heute. Vater sagt, das wird ihm Spaß machen. Das hat er die ganzen Jahre nicht tun können. Nun kann er Holz holen. Für uns. Für morgen zum Waschen. Sag ihr das, dass er extra mit dem Wagen los ist und dass sie mir nicht das Seifenpulver vergisst.

Er hörte eine Mädchenstimme antworten. Dann wurde die Tür zugemacht und das Mädchen lief die Treppe hinunter. Er konnte ihre kleine, rutschende Hand das ganze Treppengeländer entlang bis unten verfolgen. Dann hörte er nur ihre Beine noch. Dann war es still. Man hörte das Geräusch, das die Stille machte.

Er ging langsam die Treppe abwärts, langsam Stufe um Stufe abwärts. Ich muss das Holz holen, sagte er, natürlich, das hab ich ja ganz vergessen. Ich muss ja das Holz holen, für morgen.

Er ging immer schneller die Treppen hinunter und ließ seine Hand dabei kurz hintereinander auf das Treppengeländer klatschen. Das Holz, sagte er, ich muss ja das Holz holen. Für uns. Für morgen. Und er sprang die letzten Stufen mit großen Sätzen abwärts.

Ganz oben ließ das dicke Glasdach einen blassen Himmel hindurch. Hier unten aber mussten die Lampen brennen. Jeden Tag. Alle Tage. (e 1947, v 1967)

---

gung schwer krank entlassen. Als Kabarettist tätig wurde er erneut denunziert und an die Front abkommandiert. Unheilbar krank kehrte Borchert 1945 nach Hamburg zurück. In knapp zwei Jahren gelangen Borchert, der einer entwurzelten, bindungslosen und um ihre Jugend betrogenen Generation angehörte, Texte von ungewöhnlicher innerer Dynamik, gedanklicher Dichte und sprachlicher Intensität: Laterne, Nacht und Sterne (Gedichte, 1946); An diesem Dienstag und Die Hundeblume (Erzählungen, 1947); Draußen vor der Tür (Hörspiel und Drama, 1947).

1. a) Stellen Sie zusammen, was Sie über die Biografie des jungen Mannes und über die Ursachen seines Entschlusses erfahren.
b) Formulieren Sie eine Deutungshypothese des Textes in wenigen Sätzen.

2. Verfassen Sie eine Interpretation des Textes und beziehen Sie dabei den zeitgeschichtlichen Kontext mit ein (vgl. S. 392).

3. Schreiben Sie einen Text, der das Geschehen aus einer veränderten Perspektive widerspiegelt (z. B. der Mutter oder des Vaters).

4. Setzen Sie sich vergleichend mit Borcherts Überlegungen zur Literatur seiner Zeit auseinander.

(W. Borchert: Das ist unser Manifest)

Literatur nach 1945

S Prosainterpretation im zeitgeschichtlichen Kontext

Eine **Interpretation** sollte sowohl die innere Seite eines Textes (**immanente Interpretation**) als auch äußere Bedingungsfaktoren der Textentstehung und die Wirkung auf den Leser (**textexterne Interpretation**) berücksichtigen (vgl. auch S. 42).

In der Literaturwissenschaft unterscheidet man, je nach zugrunde gelegter Fragestellung, verschiedene Interpretationsansätze zu textexternen Aspekten, u. a.:

- **Literaturgeschichtliche und historische Interpretationsansätze** beachten dabei besonders die Epochenzusammenhänge und Epochenumbrüche, in die ein Text eingeordnet werden kann. Als besonders wichtig erscheinen hierbei auch poetologische Aspekte und die Frage, wie der Autor bzw. die Autorin vom Kontext der Epoche in Themenwahl und Sprache beeinflusst wurde und wie Konflikte der Zeit aufgegriffen werden.
- **Biografische und psychoanalytische Interpretationsansätze** beziehen besonders die Lebensgeschichte und die Lebenserfahrungen des Autors bzw. der Autorin in eine Deutung des Textes ein und betrachten dessen Entstehung auch im Zusammenhang mit einer persönlichen Lebenssituation.
- **Rezeptionsorientierte Interpretationsansätze** untersuchen das Verhältnis zwischen Text und Leser. Aspekte der Rezeptionsgeschichte des Werkes fließen also in die Interpretation ein.

1. Tragen Sie arbeitsteilig alle Aspekte zusammen, die in eine textexterne Interpretation der Kurzgeschichte einfließen können. Untersuchen Sie dazu die Biografie des Autors, den zeitgeschichtlichen Hintergrund und poetologische Prämissen der Zeit.

2. Überprüfen Sie die Textbausteine hinsichtlich ihrer Verwendbarkeit für eine Interpretation.

3. Interpretieren Sie die Kurzgeschichte, indem Sie die textimmanente Interpretation mit textexternen Deutungen verbinden.

2 Interpretationsbausteine zur Kurzgeschichte „Das Holz für morgen"

A) Wolfgang Borchert, der 1921 in Hamburg geboren wurde und 1947 in Basel starb, schrieb die Kurzgeschichte „Das Holz für morgen" in seinem Todesjahr, also bereits während seiner Krankheit, die ihn fast völlig an das Bett fesselte. Die Geschichte ist von dieser Krankheit und dem Bewusstsein des bevorstehenden Todes geprägt, kann aber allen Menschen Hoffnung machen, die den Krieg erlebt haben und ähnlich empfinden wie der junge Mann, von dem der Autor erzählt.

B) Und auch das „literarische Programm" der Nachkriegsautoren lässt sich hier wiederfinden. „Wir brauchen keine Dichter mit guter Grammatik", schrieb Wolfgang Borchert 1947 in seinem Text „Das ist unser Manifest".

C) Der Text spiegelt die Situation der „Generation ohne Abschied", der „Generation ohne Bindung" wider, zu der Borchert gehörte.

D) Aber es ist nicht nur der Zeitbezug, der die Dramatik und Spannung der Geschichte ausmacht, [...].

Heiner Müller (1929–1995) wurde geboren in Eppendorf (Sachsen) und war nach dem Krieg Verwaltungsangestellter, Journalist und wissenschaftlicher Mitarbeiter beim Schriftstellerverband der DDR, deren Aufbau er zunächst linientreu, dann mit kritischer Sympathie begleitete. Von den Kulturfunktionären wurde er

3 Heiner Müller (1929–1995): ???

Im April 1945 beschloß in Stargard in Mecklenburg ein Papierhändler, seine Frau, seine vierzehnjährige Tochter und sich selbst zu erschießen. Er hatte durch Kunden von Hitlers Hochzeit und Selbstmord gehört.

Im Ersten Weltkrieg Reserveoffizier, besaß er noch einen Revolver, auch zehn Schuß Munition. Als seine Frau mit dem Abendessen aus der Küche kam, stand er am Tisch und reinigte die Waffe. Er trug das Eiserne Kreuz am Rockaufschlag, wie sonst nur an Festtagen.

Der Führer habe den Freitod gewählt, erklärte er auf ihre Frage, und er halte ihm die Treue. Ob sie, seine Ehefrau, bereit sei, ihm auch hierhin zu folgen. Bei der Tochter zweifle er nicht, daß sie einen ehrenvollen Tod durch die Hand ihres Vaters einem ehrlosen Leben vorziehe.

Er rief sie. Sie enttäuschte ihn nicht.

Ohne die Antwort der Frau abzuwarten, forderte er beide auf, ihre Mäntel anzuziehen, da er, um Aufsehen zu vermeiden, sie an einen geeigneten Ort außerhalb der Stadt führen werde. Sie gehorchten. Er lud dann den Revolver, ließ sich von der Tochter in den Mantel helfen, schloß die Wohnung ab und warf den Schlüssel durch die Briefkastenöffnung.

Es regnete, als sie durch die verdunkelten Straßen aus der Stadt gingen, der Mann voraus, ohne sich nach den Frauen umzusehen, die ihm mit Abstand folgten. Er hörte ihre Schritte auf dem Asphalt.

Nachdem er die Straße verlassen und den Fußweg zum Buchenwald eingeschlagen hatte, wandte er sich über die Schulter zurück und trieb zur Eile. Bei dem über der baumlosen Ebene stärker aufkommenden Nachtwind, auf dem regennassen Boden, machten ihre Schritte kein Geräusch.

Er schrie ihnen zu, sie sollten vorangehen. Ihnen folgend, wußte er nicht: hatte er Angst, sie könnten ihm davonlaufen, oder wünschte er, selbst davonzulaufen. Es dauerte nicht lange, und sie waren weit voraus. Als er sie nicht mehr sehen konnte, war ihm klar, daß er zu viel Angst hatte, um einfach wegzulaufen, und er wünschte sehr, sie täten es. Er blieb stehen und ließ sein Wasser. Den Revolver trug er in der Hosentasche, er spürte ihn kalt durch den dünnen Stoff. Als er schneller ging, um die Frauen einzuholen, schlug die Waffe bei jedem Schritt an sein Bein. Er ging langsamer. Aber als er in die Tasche griff, um den Revolver wegzuwerfen, sah er seine Frau und die Tochter. Sie standen mitten auf dem Weg und warteten auf ihn.

Er hatte es im Wald machen wollen, aber die Gefahr, daß die Schüsse gehört wurden, war hier nicht größer.

Als er den Revolver in die Hand nahm und entsicherte, fiel die Frau ihm um den Hals, schluchzend. Sie war schwer, und er hatte Mühe, sie abzuschütteln. Er trat auf die Tochter zu, die ihn starr ansah, hielt ihr den Revolver an die Schläfe und drückte mit geschlossenen Augen ab. Er hatte gehofft, der Schuß würde nicht losgehen, aber er hörte ihn und sah, wie das Mädchen schwankte und fiel.

Die Frau zitterte und schrie. Er mußte sie festhalten. Erst nach dem dritten Schuß wurde sie still.

Er war allein.

Da war niemand, der ihm befahl, die Mündung des Revolvers an die eigene Schläfe zu setzen. Die Toten sahen ihn nicht, niemand sah ihn. Das Stück war aus, der Vorhang war gefallen. Er konnte gehen und sich abschminken.

Er steckte den Revolver ein und beugte sich über seine Tochter. Dann fing er an zu laufen.

Er lief den Weg zurück bis zur Straße und noch ein Stück die Straße entlang, aber nicht auf die Stadt zu, sondern westwärts. Dann ließ er sich am Straßenrand nieder, den Rücken an einen Baum gelehnt, und überdachte seine Lage, schwer atmend. Er fand, sie war nicht ohne Hoffnung. Er mußte nur weiterlaufen, immer nach Westen, und die nächsten Ortschaften meiden. Irgendwo konnte er dann untertauchen, in einer größeren Stadt am besten, unter fremdem Namen, ein unbekannter Flüchtling, durchschnittlich und arbeitsam.

Er warf den Revolver in den Straßengraben und stand auf. Im Gehen fiel ihm ein, daß er vergessen hatte, das Eiserne Kreuz wegzuwerfen. Er tat es. (v 1956)

(Aus lizenzrechtlichen Gründen ist dieser Text nicht in reformierter Rechtschreibung abgedruckt.)

gemaßregelt, weil seine realistische Darstellung der Verhältnisse dem propagierten Aufbau-Optimismus nicht entsprach; 1961 folgte der Ausschluss aus dem Verband. Ab 1959 arbeitete Müller als freier Schriftsteller und Dramaturg am Berliner Ensemble und an der Berliner Volksbühne. Mit kritischen und aktualisierenden Neubearbeitungen antiker und Shakespeare'scher Stücke, vor allem mit den eigenen dramatischen Werken Der Lohndrücker (1958), Die Hamletmaschine (1977), Germania Tod in Berlin (1978), Der Auftrag (1979), Der Bau (1980), ist der Autor im Westen bekannt geworden; er galt – in der Übernahme und Weiterführung Brecht'scher Verfahrensweisen – als innovativer Dramatiker, wurde häufig gespielt, war aber umstritten. 1992 übernahm er die Leitung des Berliner Ensembles, debütierte 1993 als Opernregisseur in Bayreuth. Den Georg-Büchner-Preis erhielt er 1985, den Kleist-Preis 1990.

1. Sprechen Sie darüber, wie dieser Text auf Sie wirkt und welche Fragen er aufwirft.

2. Diskutieren Sie, welcher der folgenden Titel am besten zu Heiner Müllers Kurzgeschichte passt:
– Der unbekannte Flüchtling
– Das Eiserne Kreuz
– Der treue Mann

Die Kurzgeschichte

Das Wort „Kurzgeschichte" ist eine Lehnübersetzung aus dem Amerikanischen für **short story**. Charakteristische Merkmale der Kurzgeschichte sind:
– Der geringe Umfang entspricht dem Verzicht auf breite Erzählweise. Wie eine Momentaufnahme gibt die Kurzgeschichte nur einen kleinen Ausschnitt der Wirklichkeit wieder.
– Dem Ausschnittcharakter entspricht meist die **offene Form** mit unvermitteltem Einsatz und abruptem Abbruch.
– Die Konzentration auf einen bedeutsamen Augenblick des Alltags erlaubt eine sehr dichte, vielschichtige und oft mehrdeutige Darstellung, die häufig zu menschlichen Grenzsituationen mit unerwarteten Wendungen, überraschenden Pointen und vielfältigen Verweisen auf Hintergründe und Lebenszusammenhänge führt.
– Moderne Erzähltechniken mit assoziativer Komposition und Montage, mit Einblendungen und Perspektivenwechsel sowie mit einer knappen, oft schmucklosen und kühl-distanzierten Sprache, in die Elemente des Dialekts und Jargons eingefügt sein können, entsprechen sowohl dem Erzählgegenstand – der meist als heterogen und brüchig gesehenen Wirklichkeit – als auch der Erzählabsicht, den Leser herauszufordern und zu aktivieren.

Die deutsche Kurzgeschichte setzte sich als eigene Form in Deutschland erst nach 1945 durch. Ihre Offenheit und die **existenzielle Perspektive** kamen der Generation entgegen, die aus dem Krieg heimkehrte und die traumatischen Erlebnisse der vergangenen Kriegsjahre zu verarbeiten hatte. Die Konzentration auf das Augenblicksgeschehen entsprach der Bindungslosigkeit dieser „verlorenen Generation" (Wolfgang Borchert). Die Kurzgeschichte wurde in den ersten Nachkriegsjahren zu der Gattung, die den Forderungen nach einem literarischen **„Kahlschlag"** am besten entsprach. Der Verzicht auf abgerundete Handlungen und sinnstiftende Konstruktionen sowie die schmucklose, präzise und schlichte Sprache entsprachen dem desillusionierten Bewusstsein der unmittelbaren Nachkriegsautoren. Die Kurzgeschichte setzte sich dann in der kritischen Auseinandersetzung mit der bundesrepublikanischen „Wohlstandsgesellschaft" fort und blieb ein beliebtes Mittel zur Gestaltung moderner Wirklichkeitserfahrungen bis in die Gegenwart, z. T. allerdings in grotesker, ja absurder Verfremdung. Wichtige Autoren sind: Elisabeth Langgässer, Günther Weisenborn, Marie-Luise Kaschnitz, Ilse Aichinger, Günter Eich, Wolfgang Hildesheimer und Peter Bichsel.

3. „Nach Auschwitz Gedichte zu schreiben, ist barbarisch" (Adorno) – Hermetische Lyrik erschließen

Mit der Feststellung, dass nach Auschwitz ein Gedicht zu schreiben barbarisch sei, bezeichnet Theodor W. Adorno in seinem Essay „Kulturpolitik und Gesellschaft" am schärfsten den Zivilisationsbruch, den der Holocaust im Bewusstsein der Menschen verursacht hat. Er verdeutlicht, dass Dichtung einerseits an den Völkermord erinnern müsse, andererseits ihre Mittel aber niemals ausreichten, das Ausmaß des Geschehens angemessen auszudrücken. Diese Aussage führte unter den Literaten zu kontroversen Diskussionen.

1 Theodor W. Adorno (1903–1969): Kulturpolitik und Gesellschaft (Auszug)

Aus diesen [Opfern des Holocaust, Anm. d. V.] wird etwas bereitet, Kunstwerke, der Welt zum Fraß vorgeworfen, die sie umbrachte. Die sogenannte künstlerische Gestaltung des nackten körperlichen Schmerzes der mit Gewehrkolben Niedergeknüppelten enthält, sei's noch so entfernt, das Potential, Genuß herauszupressen. Die Moral, die der Kunst gebietet, es keine Sekunde zu vergessen, schlittert in den Abgrund ihres Gegenteils. Durchs ästhetische Stilisationsprinzip, und gar das feierliche Gebet des Chors, erscheint das unausdenkliche Schicksal doch, als hätte es irgend Sinn gehabt; es wird verklärt, etwas von dem Grauen weggenommen; damit allein schon widerfährt den Opfern Unrecht, während doch vor der Gerechtigkeit keine Kunst standhielte, die ihnen ausweicht. (v 1951)

(Aus lizenzrechtlichen Gründen ist dieser Text nicht in reformierter Rechtschreibung abgedruckt.)

Adorno hat diesen Satz später zurückgenommen und geschrieben: „Das perennierende[1] Leiden hat soviel Recht auf Ausdruck wie der Gemarterte zu brüllen; darum mag falsch gewesen sein, nach Auschwitz ließe sich kein Gedicht mehr schreiben. Nicht falsch aber ist die minder kulturelle Frage, ob nach Auschwitz sich noch leben lasse."

R Darstellung von Leid in der Kunst?
Bereiten Sie ein Referat vor, in dem Sie sich damit auseinandersetzen, was Kunst darf und kann. Diskutieren Sie die Frage, ob sich millionenfaches Leiden in der Literatur, Musik, Malerei und der Bildenden Kunst darstellen lässt, und belegen Sie Ihre Position mit konkreten Beispielen und Namen.

Theodor Wiesengrund Adorno (1903–1969) wurde als Sohn einer jüdischen Familie in Frankfurt/Main geboren und studierte Philosophie, Soziologie, Psychologie und Musiktheorie. In der NS-Zeit emigrierte er in die USA. Nach dem Krieg erhielt er eine Professur in Frankfurt/Main. Mit seiner Kritik an der bürgerlichen Ideologie und an der modernen bürokratisierten und technisierten Welt erreichte er vor allem die junge Generation. Er gilt als einer der größten Denker des 20. Jahrhunderts.

1. a) Erarbeiten Sie die Gründe, die Theodor W. Adorno nennt, um seine These zu stützen.
b) Klären Sie in diesem Zusammenhang Konnotationen des Begriffs „barbarisch".

---

[1] perennierend (> lat. perennis = beständig): dauernd, beständig

2 Erich Fried (1921–1988): Gebranntes Kind

Gebranntes Kind
fürchtet das Feuer
Gebrannten Kindes Kinder
fürchten das Feuer nicht

5 Gebrannten Kinds Kindeskinder
malen sich aus
wie schön die Großeltern brannten
und sammeln feurige Kohlen

Nochmals gebranntes Kind
10 fürchtet kein Feuer mehr

Asche ist furchtlos
Für H. M. E.   (v 1964)

3 Erich Fried: Der Überlebende
nach Auschwitz

Wünscht mir nicht Glück
zu diesem Glück
dass ich lebe

Was ist Leben
5 nach so viel Tod?
Warum trägt es
die Schuld der Unschuld?
die Gegenschuld
die wiegt
10 so schwer
wie die Schuld der Töter
wie ihre Blutschuld
die entschuldigte
abgewälzte

15 Wie oft
muss ich sterben
dafür
dass ich dort
nicht gestorben bin?   (v 1981)

Erich Fried wurde als Sohn einer jüdischen Familie 1921 in Wien geboren und musste nach dem Einmarsch deutscher Truppen in Österreich mit 16 Jahren das Gymnasium verlassen. Sein Vater starb nach einem Gestapo-Verhör. Fried floh nach London, von wo aus er seiner Mutter und 70 weiteren Personen zur Flucht verhalf. Mit seinen kritischen Texten, besonders Gedichten, geriet er oft in Konflikt zur öffentlichen Meinung. Er starb 1988 während einer Vortragsreise in Baden-Baden.

2. a) Setzen Sie sich mit der veränderten Aussage des Sprichworts „Gebranntes Kind scheut das Feuer" im Gedicht auseinander.
b) Analysieren Sie die Struktur des Textes.

3. a) Besprechen Sie, an wen sich Erich Fried mit seinem Gedicht „Der Überlebende" richtet.
b) Analysieren Sie die Schlüsselwörter des Textes und ordnen Sie diese einzelnen Wortfeldern zu.
c) Benennen Sie die Grundfrage des Gedichts mit eigenen Worten.

4. Stellen Sie einen Bezug zwischen den beiden Gedichten und Adornos Überlegungen her.

4 Paul Celan (1920–1970): Todesfuge

Schwarze Milch der Frühe wir trinken sie abends
wir trinken sie mittags und morgens wir trinken sie nachts
wir trinken und trinken
wir schaufeln ein Grab in den Lüften da liegt man nicht eng
5 Ein Mann wohnt im Haus der spielt mit den Schlangen der schreibt
der schreibt wenn es dunkelt nach Deutschland dein goldenes Haar Margarete
er schreibt es und tritt vor das Haus und es blitzen die Sterne er pfeift seine Rüden herbei
er pfeift seine Juden hervor lässt schaufeln ein Grab in der Erde
er befiehlt uns spielt auf nun zum Tanz

10 Schwarze Milch der Frühe wir trinken dich nachts
wir trinken dich morgens und mittags wir trinken dich abends
wir trinken und trinken
Ein Mann wohnt im Haus der spielt mit den Schlangen der schreibt
der schreibt wenn es dunkelt nach Deutschland dein goldenes Haar Margarete
15 Dein aschenes Haar Sulamith[1] wir schaufeln ein Grab in den Lüften da liegt man nicht eng
Er ruft stecht tiefer ins Erdreich ihr einen ihr andern singet und spielt
er greift nach dem Eisen im Gurt er schwingts seine Augen sind blau
stecht tiefer die Spaten ihr einen ihr andern spielt weiter zum Tanz auf

Schwarze Milch der Frühe wir trinken dich nachts
20 wir trinken dich mittags und morgens wir trinken dich abends
wir trinken und trinken
ein Mann wohnt im Haus dein goldenes Haar Margarete
dein aschenes Haar Sulamith er spielt mit den Schlangen

Er ruft spielt süßer den Tod der Tod ist ein Meister aus Deutschland
25 er ruft streicht dunkler die Geigen dann steigt ihr als Rauch in die Luft
dann habt ihr ein Grab in den Wolken da liegt man nicht eng

---
[1] Sulamith: Mädchenname aus dem „Hohen Lied" Salomons im Alten Testament

Paul Celan (Anagramm seines Familiennamens Ancel) wurde 1920 in Czernowitz (Bukowina) geboren und absolvierte ein Medizin-, dann ein Romanistikstudium; 1942 wurden seine Eltern in ein Vernichtungslager deportiert, er selbst in ein rumänisches Arbeitslager verschleppt. Von 1948 an lebte er in Paris, wo er 1959 Lektor für deutsche Sprache und Literatur war.

1970 starb Celan durch Freitod in der Seine.

Paul Celan gilt als einer der bedeutendsten deutschen Lyriker der Gegenwart, insbesondere wegen seiner außergewöhnlich bildhaften, von kühner Metaphorik geprägten Sprache. Die „Todesfuge", die ihn weltberühmt gemacht hat, wurde im Mai 1945 zuerst in rumänischer Sprache mit dem Titel „Tangoul morte" (Todestango) veröffentlicht.

1. a) Versuchen Sie, über den Begriff „Fuge" einen Zugang zum Gedicht von Paul Celan zu finden.
b) Verfolgen und markieren Sie die „Stimmen", die sich miteinander „verschränken", in verschiedenen Farben auf einer Kopie des Gedichts. (DVD Texte)
c) Sprechen Sie das Gedicht mit verteilten Rollen. Orientieren Sie sich dabei an Ihren Unterstreichungen.

2. a) Erarbeiten und deuten Sie die Motive, die miteinander verflochten sind.
b) Analysieren Sie die sprachliche Gestaltung des Gedichts.

3. Vergleichen Sie Ihren Vortrag mit dem auf der CD. (CD 2 Track 7)

4. Sprechen Sie vor dem Hintergrund Ihres Textverständnisses der „Todesfuge" über Anselm Kiefers Bilder.

Schwarze Milch der Frühe wir trinken dich nachts
wir trinken dich mittags der Tod ist ein Meister aus Deutschland
wir trinken dich abends und morgens wir trinken und trinken
30 der Tod ist ein Meister aus Deutschland sein Auge ist blau
er trifft dich mit bleierner Kugel er trifft dich genau
ein Mann wohnt im Haus dein goldenes Haar Margarete
er hetzt seine Rüden auf uns er schenkt uns ein Grab in der Luft
er spielt mit den Schlangen und träumet der Tod ist ein Meister aus Deutschland
35 dein goldenes Haar Margarete
dein aschenes Haar Sulamith   (e vermutlich 1944, v 1947)

Die Fuge

Unter Fuge (> lat. fuga = Flucht) versteht man in der Musik die vollkommenste Form der kontrapunktischen Setzweise, der Polyfonie. Die **Stimmenanzahl** ist von vornherein festgelegt (bis zu sechs Stimmen).
Eine der Stimmen (dux < lat. = Führer) beginnt mit dem **Thema**, das von einer zweiten Stimme (comes < lat. = Gefährte) beantwortet wird. Die hierbei auftretende Gegenmelodie zum Thema wird **Kontrapunkt** genannt. Bei mehr als zweistimmigen Fugen tritt dann die dritte Stimme wieder als Dux auf, während die anderen Stimmen den Kontrapunkt spielen.
Den erstmaligen Durchlauf des Themas durch alle beteiligten Stimmen nennt man Exposition oder 1. Durchführung.
An die Exposition kann sich ein freies oder an das Thema gebundenes Zwischenspiel anschließen. Dem Komponisten bleibt es überlassen, wie viele weitere Durchführungen er bringen will. Durchführungen können vollständig (Thema in allen Stimmen) oder unvollständig (Thema nicht in allen Stimmen) sein. Als Höhepunkte erscheinen, meist in der letzten Durchführung, oft **Themenkombinationen**, als Engführung, Vergrößerung, Verkleinerung oder Umkehrung der Stimmen. Am Schluss steht häufig ein längerer Orgelpunkt.

5 Anselm Kiefer (* 1945): Bilder zu Paul Celans „Todesfuge"

a) Dein aschenes Haar, Sulamit

Dein aschenes Haar, Sulamit, 1981 (Öl auf Leinwand)

b) Dein goldenes Haar, Margarethe

Dein goldenes Haar, Margarethe, 1981 (Öl und Stroh auf Leinwand)

Der Maler Anselm Kiefer versucht, mit seinen künstlerischen Mitteln das Unfassbare und Nichtsagbare zu gestalten. 2008 wurde ihm als erstem Bildenden Künstler der Friedenspreis des Deutschen Buchhandels verliehen. Damit wurde er für sein Engagement gegen das Vergessen und für seine Auseinandersetzung mit der Vergangenheit geehrt.

5. Versuchen Sie, über ein ▶ Schreibgespräch einen Zugang zum Gedicht „Fadensonnen" zu finden.

6 Paul Celan (1920–1970): Fadensonnen

FADENSONNEN
über der grauschwarzen Ödnis.
Ein baum-
hoher Gedanke
5 greift sich den Lichtton: es sind
noch Lieder zu singen jenseits
der Menschen.   (v 1965)

S **Gedichtinterpretation: Hermetische Lyrik**

Die Bezeichnung „hermetisch" lässt sich übersetzen mit „fest verschlossen" und meint in diesem Zusammenhang den Geheimnischarakter und den Beziehungsreichtum moderner Lyrik. Umso wichtiger ist es, über Strategien zu verfügen, wie man auch diese Form der Lyrik aufschließen, einen Zugang zu ihr finden kann. Im Folgenden werden am Beispiel von Paul Celans Gedicht „Fadensonnen" mehrere Möglichkeiten einer Annäherung an die **Textanalyse** (vgl. S. 40f.) beispielhaft vorgestellt:

- **Assoziationstest zum Titel und zu Schlüsselwörtern** des Gedichts, z. B.:
  - „Faden*sonnen*" lässt durch den Plural an Lichtfülle im kosmischen Raum denken.
  - Das Bestimmungswort „Faden" reduziert diese Fülle jedoch i. S. von dünn, schmal, so dass beim Leser eine Irritation entsteht.
  - Die erwähnte „Ödnis" erscheint durch die Präposition „über" eindeutig als unten gelegen und wird durch die Attribuierung „grauschwarz" in einen extremen Kontrast gesetzt zur Helligkeit „oben".
  → Kontrast bzw. Spannung zwischen einem Oben und einem Unten

- **Herausarbeiten der Klanggestalt durch Rezitationsversuche sowie metrische Analyse**, z. B.:
  - reimlose Verse mit schroffen Versbrüchen, mehrere Enjambements
  - bei (überraschend) konventioneller Syntax: eine Ellipse, zwei erweiterte Aussagesätze
  - freier Rhythmus
  - Wortwahl umfasst Konkreta („Menschen") sowie Abstrakta („Gedanke", „Ödnis") und Neologismen („Fadensonnen", „Lichtton"). „Ödnis" kann als Analogiebildung zu Wildnis gesehen werden, wobei das Attribut diesem Abstraktum sehr konkrete Züge verleiht.

- „**Experimente**" **mit dem Gedicht**, z. B.:
  a) Die **Umformungsprobe von Lyrik in Prosa** führt u. a. dazu, dass die exponierte Stellung von „Fadensonnen" abgeschwächt wird und zugleich die „Menschen" am Schluss nicht mehr so abgegrenzt stehen. Im Prosatext ergäbe sich zudem eine Lesepause nach „singen", wodurch die Aussage insgesamt harmloser, geradezu tröstlicher würde.
  → Insgesamt zeigt sich, dass die harten Versbrüche des Originals den Charakter des Gedichts wesentlich prägen.
  b) Die **Ersatzprobe**, bei der einzelne Wörter z. B. gegen bedeutungsähnliche oder auch gegensätzliche Begriffe ausgetauscht werden, lässt die Besonderheiten in der Wortwahl des Originaltextes deutlicher werden. Tauscht man z. B. „Fadensonnen" (V. 1) gegen die naheliegende Assoziation „Sonnenfäden", so entsteht zwar eine spontan sich einstellende Anschaulichkeit, man schafft aber zugleich ein herbstlich-idyllisches Stimmungsbild, das einen Verlust der kosmischen Dimension des Originaltextes mit sich bringt. In ähnlicher Weise könnte man Ersatzproben für „Lichtton" (z. B. „Sphärenton"), für „greift sich" (z. B. „nimmt sich", „reißt sich") oder für „baumhoher" (z. B. „wolkenkratzergroßer", „riesiger") durchspielen, um die Wirkung der Ersatzwörter im Vergleich mit dem Original zu prüfen.
  c) Eine **Ergänzungsprobe** könnte bei der Ellipse (V. 1f.) ansetzen und nach einem Prädikat suchen, z. B.: „stehen", „thronen", „triumphieren", „herrschen", „wachen", … Der Versuch zeigt, dass je nach der Wahl von Zustands- oder Handlungsverben eine bedeutsame Akzentuierung der Aussage vorgenommen wird, die den weiteren Text entscheidend prägt. Dagegen signalisiert im Original die Heraushebung von „FADENSONNEN" durch Versalien (Großbuchstaben) in einer eigenen Zeile ein klares Oben von inhaltlich nicht festgelegter Dominanz.
  → Als Ergebnis dieser verschiedenen experimentellen Annäherungen an das Gedicht kann festgehalten werden, dass im Kontrast zum unbestimmbaren Oben („Fadensonnen") das genauer beschriebene Unten („Ödnis") steht, zu dem wohl auch die Menschen gehören. Diese können sich über einen „baumhohen Gedanken", also durch eine lebendige und weitreichende geistige Bemühung – und nicht etwa konkret handelnd –, den „Lichtton" (eine Synästhesie aus Helligkeit und Klangfülle) greifen, also wohl erdenken oder ersehnen.

L **Der Hermetismus**

Der Hermetismus (< ital. ermetismo = dunkler Stil) ist eine moderne Strömung der italienischen Literatur zwischen 1920–1950 (z. B. vertreten durch Eugenio Montale, 1896–1981, Guiseppe Ungaretti, 1888–1970 und Salvatore Quasimodo, 1901–1968), die an den französischen Symbolismus des 19. Jahrhunderts (z. B. von Arthur Rimbaud, 1854–1891, Stéphane Mallarmé, 1842–1898, Paul Valéry, 1871–1945) anknüpft und die Klangeffekte sowie dunkle Gefühlssymbolik der Texte über die Sinngebung stellt. Der Hermetismus entstand in Opposition zur neuzeitlichen Massengesellschaft und ihrer als abgenutzt und verbraucht gewerteten Sprache. Meist wird mit Hermetismus heute moderne Lyrik bezeichnet, die „hermetisch", d. h. unmittelbarem Zugang verschlossen ist durch ihren Geheimnischarakter, ihren Beziehungsreichtum, ihre Chiffrenhaftigkeit und ihre magische Dunkelheit.

Literatur nach 1945

• **Textmarkierungen und Annotationen** helfen, die festgestellten Auffälligkeiten, Eigenarten der Struktur und Beziehungen zwischen den Sprachelementen festzuhalten und zu verdeutlichen:

Paul Celan (1920–1970): Fadensonnen

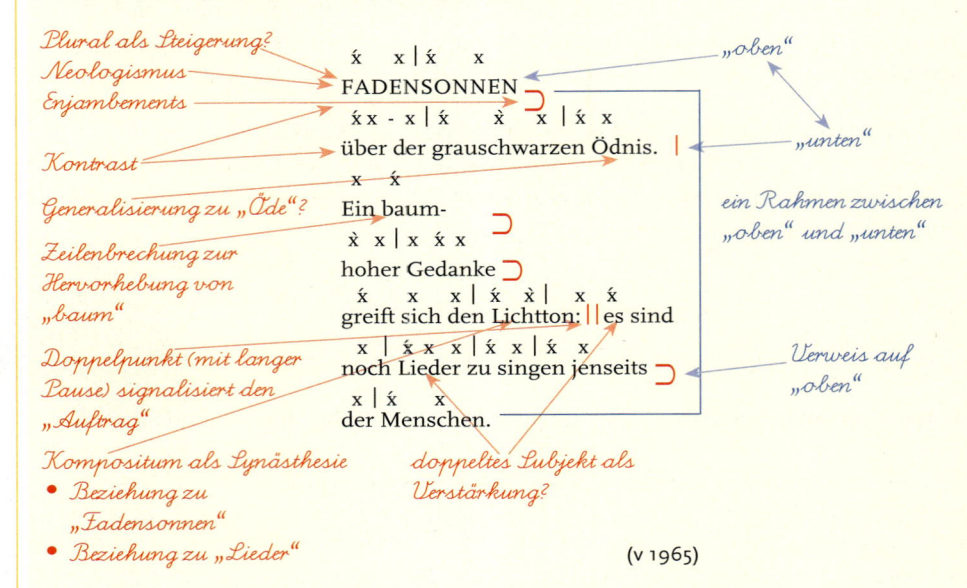

Plural als Steigerung?
Neologismus
Enjambements

Kontrast

Generalisierung zu „Öde"?

Zeilenbrechung zur Hervorhebung von „baum"

Doppelpunkt (mit langer Pause) signalisiert den „Auftrag"

Kompositum als Synästhesie
• *Beziehung zu „Fadensonnen"*
• *Beziehung zu „Lieder"*

```
     x́   x | x́    x
  FADENSONNEN                    „oben"
  x́ x - x | x́    x̀   x | x́ x
  über der grauschwarzen Ödnis.   „unten"
     x   x́
  Ein baum-                     ein Rahmen zwischen
  x̀   x | x x́ x                  „oben" und „unten"
  hoher Gedanke
  x́   x    x | x x́ | x x̀ |   x x́
  greift sich den Lichtton: es sind
  x | x́ x x | x́   x | x́   x
  noch Lieder zu singen jenseits   Verweis auf
  x | x́    x                       „oben"
  der Menschen.
```

doppeltes Subjekt als Verstärkung?

(v 1965)

• Wenn die textimmanenten Erschließungsmöglichkeiten ausgeschöpft sind, kann eine **Literaturrecherche** weiterhelfen (vgl. Literaturhinweise in der Randspalte). Der Literaturwissenschaftler Peter Michelsen schreibt z. B.:

„In dem Kompositum ‚Fadensonnen' wird also eine Intensität an Helligkeit ausgesprochen und im gleichen Atemzug zurückgenommen. [...] Die ‚Fadensonnen' sind eine sich in der Höhe ereignende, strahlend helle Lichterscheinung, die in ihrer Subtilität den Sinnen des Menschen nicht zugänglich ist. [...] Denn kein Auge sieht das Licht dieser ‚Sonnen', kein Ohr hört ihren Ton, den keine Stimme – sprechend oder singend – wiederzugeben vermag. Nur ein ‚Gedanke' – kein die Seele verratender ‚Lichtsinn' (vgl. „Sprachgitter"), auch nicht das menschliche Denken überhaupt, nein, nur einer von vielen Gedanken – versucht, sich seiner zu bemächtigen. Und dieser Akt ist nicht ohne Gewaltsamkeit. [...]"

---

6. a) Setzen Sie sich mit den Hinweisen zur Interpretation hermetischer Lyrik auseinander.
b) Diskutieren Sie, welche Vorgehensweise Ihnen bei der Erschließung des Gedichts „Fadensonnen" besonders hilfreich erscheint.

7. Verfassen Sie eine Interpretation des Gedichts.

Weiterführende Literatur:
Bertrand Badiou u. a. (Hg.): *Herzzeit, Ingeborg Bachmann – Paul Celan, Der Briefwechsel*, Frankfurt/Main (Suhrkamp) 2008.
Gerhart Baumann: *Erinnerungen an Paul Celan*, Frankfurt/Main (Suhrkamp) 1986.
Helmut Böttiger: *Orte Paul Celans*, Wien (Zsolnay) 1996.
Israel Chalfen: *Paul Celan – Eine Biografie seiner Jugend*, Frankfurt/Main (Insel) 1979.
Barbara Wiedemann (Hg.): *Paul Celan, Die Gedichte – Kommentierte Gesamtausgabe*, Frankfurt/Main (Suhrkamp) 2003.

8. Erschließen Sie das Gedicht, indem Sie Ihr Wissen zu Paul Celan und die Hinweise zur Erschließung hermetischer Lyrik anwenden.

P „Wir sind noch einmal davongekommen" (Thornton Wilder) – Nachkriegsliteratur Gehör verschaffen
Ein literarisch und historisch interessiertes Publikum soll mit Texten und passenden musikalischen Beiträgen über die Literatur und die Kunstszene der unmittelbaren Nachkriegszeit informiert werden. Bereiten Sie dazu eine szenische Lesung oder ein Hörfeature vor. Wählen Sie Texte und Musik aus und schreiben Sie einen Moderationstext, der die einzelnen Teile verbindet, so dass eine stimmige Collage entstehen kann.

---

7 Rose Ausländer (1901–1988): Im Memoriam Paul Celan

„Meine blonde Mutter
kam nicht heim"
       Paul Celan

Kam nicht heim
die Mutter

nie aufgegeben
den Tod

5 vom Sohn genährt
mit Schwarzmilch

die hielt ihn am Leben
das ertrank
im Tintenblut

10   *

Zwischen verschwiegenen Zeilen
das Nichtwort
im Leerraum
leuchtend (v 1974)

Stele im ehemaligen KZ Bergen-Belsen mit einem Gedicht von Paul Celan

4. Das Unbeschreibliche in Worte gefasst – Formen der literarischen Auseinandersetzung mit dem Holocaust betrachten

1 Günther Anders (1902–1992): Besuch im Hades, Auschwitz 1966 (Auszug)

Günther Anders, ein Sozialphilosoph und Schriftsteller jüdischer Herkunft, emigrierte nach der Machtergreifung der Nationalsozialisten über Paris in die USA. Nach dem Zweiten Weltkrieg besuchte er seine Heimatstadt Breslau und Auschwitz. Seine Erinnerungen hielt er in einem Tagebuch fest.

Ich komme von dem Orte, an dem zu sterben, an dem umgebracht und zu Müll verarbeitet zu werden, mir eigentlich bestimmt war – vor fünfundzwanzig Jahren hätte das sein sollen. Warum ich dem entgangen bin, warum nicht auch
5 *meine* Schuhe Teile des Auschwitzers Schuhgebirges, nicht auch
meine Koffer Teile des Auschwitzers Koffergebirges, nicht auch
meine Haare Teile des Auschwitzers Haargebirges, nicht auch
meine Brille Teile des Auschwitzers Brillengebirges geworden sind und warum ich dort, wo andere vor fünfundzwanzig Jahren herumgegangen
10 sind, erst gestern herumgegangen bin, und warum ich von dort auch wieder habe fortgehen können, ganz nach Belieben, ohne Überwachung, so als wäre ich Höß[1] persönlich, ist unbeantwortbar. (v 1967)

2 Helmut Heißenbüttel (1921–1996): Kalkulation über was alle gewusst haben

natürlich haben alle was gewusst der eine dies und der andere das aber niemand mehr als das und es hätte schon jemand sich noch mehr zusammenfragen müssen wenn er das gekonnt hätte aber das war schwer weil jeder immer nur an der oder der Stelle dies oder das zu hören kriegte heute weiß es jeder weil jeder es weiß aber da nützt es nichts mehr weil jeder es weiß
5 heute bedeutet es nichts mehr als dass es damals etwas bedeutet hat als jeder nicht alles sondern nur dies oder das zu hören kriegte usw.
einige haben natürlich etwas mehr gewusst das waren die die sich bereit erklärt hatten mitzumachen und die auch insofern mitmachten als sie halfen die andern zu Mitmachern zu machen mit Gewalt oder mit Versprechungen denn wer geholfen hat hat natürlich auch was wis-
10 sen müssen es hat zwar vor allen verheimlicht werden können aber nicht ganz vor allen usw.
und dann gab es natürlich welche die schon eine ganze Menge wussten die mittlere Garnitur die auf dem einen oder dem anderen Sektor was zu sagen hatten da haben sie zwar nur etwas verwalten können was organisiert war denen waren gewisse Einzelheiten bekannt sie hätten sich vielleicht auch das Ganze zusammenreimen können oder haben es vielleicht sogar getan
15 aber sie trauten sich nicht und vor allem fehlte ihnen eins und das war der springende Punkt was sie hätten wissen müssen wenn sie wirklich usw.
die da oben wussten natürlich das meiste auch untereinander denn wenn sie nichts voneinander gewusst hätten hätten sie es nicht machen können und es hätte gar nichts geklappt denn so etwas musste funktionieren und was nicht und wo einer nicht funktionierte da musste er erledigt wer-
20 den wie sich schon gleich zu Anfang und noch deutlicher später gegen Ende gezeigt hat usw.
und natürlich wussten die paar die fast alles wussten auch schon fast alles und wie es funktionierte und wie durch Mitwissen Mitwisser und Mitwisser zu Mittätern Mittäter zu Übelwissern Übelwisser zu Übeltätern usw. denn die fast alles wussten waren so mächtig dass sie fast alles tun konnten auch Mitwisser zu Mittätern Mittäter zu Übelwissern Übelwisser zu Übeltätern
25 usw. die haben es schon gewusst und weil sie es gewusst haben sind sie bei der Stange geblie-

---
[1] Rudolf Höß (1900–1947): Kommandant im KZ Auschwitz. Er wurde als Kriegsverbrecher 1947 zum Tode durch den Strang verurteilt und im Stammlager Auschwitz hingerichtet.

1. a) Benennen Sie das Thema des Textes.
b) Klären Sie, wer im Text zu wem spricht.
c) Stellen Sie einen Zusammenhang zwischen der syntaktischen und semantischen Struktur des Textes her.

2. Bereiten Sie den Text für eine ▶ szenische Lesung vor.

3. Verfassen Sie ausgehend von Heißenbüttels „Kalkulation über was alle gewusst haben" einen eigenen experimentellen Text zu einem aktuellen Thema, z. B. Arbeitslosigkeit.

ben denn es war ihre Angelegenheit usw. und weil man sagen kann dass die es schon gewusst haben sagt man heute oft dass die es waren die dies aber das das stimmt nicht völlig denn sie haben nicht gewusst obs auch funktioniert und das

denn das hat natürlich nur ein einziger gewusst aber wenn er gewusst hat den springenden Punkt sozusagen dass es auch funktioniert und dass es weils funktioniert auch passiert und das ist ja auch genau passiert usw. das was alle gewusst haben das hat er natürlich nicht gewusst denn das konnte er nicht wissen er hatte ja keine Ahnung davon was alle dachten und sich überlegten usw.

aber gerade daran lag es schließlich dass es funktionierte dass alle was gewusst haben aber nur einer obs funktionierte aber nicht wusste dass es nur deshalb funktionierte weil er nicht wusste was alle wussten usw. die etwas mehr wussten konnten nichts machen ohne die die etwas wussten die schon eine ganze Menge wussten konnten nichts machen ohne die die etwas mehr wussten die fast alles wussten konnten nichts machen ohne die die schon eine ganze Menge wussten usw. aber weil alle bis auf den einen nicht wussten, obs auch wirklich funktionierte konnten sie nichts machen ohne den der schon wusste dass es funktionierte aber nicht wusste was alle wussten nämlich dass sie nicht wussten obs auch funktionierte

und so hat das funktioniert (v 1965)

3 Peter Weiss (1916–1982): Die Ermittlung (Auszüge)

In seinem „Oratorium" hat der Autor das immense Material des Auschwitz-Prozesses (1963–65) in 11 „Gesängen" geordnet und konzentriert. Er hat die authentischen Aussagen zwar sprachlich stilisiert, dabei aber auf jede inhaltliche Zutat verzichtet und so ein erschütterndes Dokument geschaffen.

Gesang vom Unterscharführer Stark
II

ZEUGE 8: Wir kannten genau Starks Verhalten
 wenn er von einer Tötung kam
 Da musste alles sauber und ordentlich
 in der Stube sein
 und mit Handtüchern hatten wir die Fliegen
 zu verjagen
 Wehe
 wenn er jetzt eine Fliege entdeckte
 dann war er außer sich vor Zorn
 Noch ehe er seine Feldmütze abnahm
 wusch er sich die Hände in einer Schüssel
 die der Kalfaktor schon auf den Hocker
 gleich neben der Eingangstür gestellt hatte
 Wenn er sich die Hände gewaschen hatte
 zeigte er auf das schmutzige Wasser
 und der Kalfaktor musste laufen
 und frisches Wasser holen
 Dann gab er uns seine Jacke zum Säubern
 und wusch sich nochmals Gesicht und Hände
ZEUGE 7: Mein ganzes Leben lang sehe ich Stark
 immer Stark
 Ich höre wie er ruft
 Los rein ihr Schweinehunde
 und da mussten wir hinein in die Kammer
RICHTER: In welche Kammer
ZEUGE 7: In die Leichenkammer des alten Krematoriums
 Da lagen mehrere 100 Männer
 Frauen und Kinder
 wie Pakete

Peter Weiss (1916–1982), geboren und aufgewachsen bei Berlin, emigrierte 1934 über England nach Prag, 1939 über die Schweiz nach Schweden. Er war Filmregisseur, Maler und Schriftsteller in Stockholm. Seine wichtigsten Werke: autobiografisch ausgerichtete Erzählungen, u. a. Abschied von den Eltern *(1961), das Drama* Die Verfolgung und Ermordung Jean Paul Marats dargestellt durch die Schauspielgruppe des Hospizes zu Charenton unter Anleitung des Herrn de Sade *(1964), ein in seiner Art auf der deutschen Nachkriegsbühne einzigartiges totales Theater aus Sprecherrolle, Wechselreden, Chorpartien, Songs, Tänzen und Pantomimen, reflektierendem Gespräch und Massenszenen; das als „Oratorium" bezeichnete Dokumentarstück* Die Ermittlung *(1965), das beeindruckt, weil es den Gräueln des Vernichtungslagers Auschwitz kaum mehr als die Monotonie einer distanziert-sachlichen Sprache hinzufügt; es folgt der dreibändige Roman* Die Ästhetik des Widerstands *(1975–81).*

Auch Kriegsgefangene waren darunter
Los
Leichen ausziehn
35 rief Stark
Ich war 18 Jahre alt
und hatte noch keine Toten gesehn
Ich blieb stehen
da schlug Stark auf mich ein [...]

40 **Gesang vom Unterscharführer Stark**

III

RICHTER: Angeklagter Stark
   Haben Sie nie bei Vergasungen mitgewirkt
ANGEKLAGTER 12: Einmal musste ich da mittun
45 RICHTER: Um wie viel Menschen handelte es sich
ANGEKLAGTER 12: Es können 150 gewesen sein
   Immerhin 4 Lastwagen voll
RICHTER: Was für Häftlinge waren es
ANGEKLAGTER 12: Es war ein gemischter Transport
50 RICHTER: Was hatten Sie zu tun
ANGEKLAGTER 12: Ich stand draußen vor der Treppe
   nachdem ich die Leute
   ins Krematorium geführt hatte
   Die Sanitäter
55 die für die Vergasung zuständig waren
   hatten die Türen zugeschlossen
   und trafen ihre Vorbereitungen
RICHTER: Woraus bestanden die Vorbereitungen
ANGEKLAGTER 12: Sie stellten die Büchsen bereit
60 und setzten sich Gasmasken auf
   dann gingen sie die Böschung hinauf
   zum flachen Dach
   Im Allgemeinen waren 4 Leute erforderlich
   Diesmal fehlte einer
65 und sie riefen
   dass sie noch jemanden brauchten
   Weil ich der Einzige war der hier rumstand
   sagte Grabner
   Los
70 hier helfen
   Ich bin aber nicht gleich gegangen
   Da kam der Schutzhaftlagerführer und sagte
   Etwas plötzlich
   Wenn Sie nicht raufgehn
75 werden Sie mit reingeschickt
   Da musste ich hinauf
   und beim Einfüllen helfen
RICHTER: Wo wurde das Gas eingeworfen
ANGEKLAGTER 12: Durch Luken in der Decke
80 RICHTER: Was haben denn die Menschen da unten gemacht
   in diesem Raum
ANGEKLAGTER 12: Das weiß ich nicht
RICHTER: Haben Sie nichts gehört von dem
   was sich da unten abspielte
85 ANGEKLAGTER 12: Die haben geschrien
RICHTER: Wie lange

Die Ermittlung, Freie Volksbühne Berlin, 1965

Dokumentarisches Theater
Nähe zur Wirklichkeit, Glaubwürdigkeit, gesellschaftsverändernde Wirkung sind die Ziele dieser modernen Form des Theaters. Diese Ziele sollen erreicht werden durch die auf Akten, Protokolle und zeitgenössische Presseberichte gestützte Dokumentation von Tatsachen, mithilfe eingeblendeter Filmszenen und Fotos, mittels Tonbändern und authentischen Zeugenaussagen, besser als durch die fiktiven Darstellungsformen des absurden Theaters, des Zeitstücks, der Parabel oder des Hörspiels.
Vorstufen finden sich in Form von Übernahmen aus Verhandlungsprotokollen bereits in Georg Büchners *Dantons Tod* (1835) und in den Inszenierungen von Erwin Piscator (späte Zwanzigerjahre). Seine Höhepunkte erlebte das dokumentarische Theater in den Sechzigerjahren mit den Dokumentarstücken von Heinar Kipphardt *In der Sache J. Robert Oppenheimer* (1964), Peter Weiss *Die Ermittlung* (1965), Tankred Dorst *Toller* (1968) und Hans Magnus Enzensberger *Das Verhör von Habana* (1970). Besonders erfolgreich war Rolf Hochhuts Schauspiel *Der Stellvertreter* (1963), in dem sich Elemente des dokumentarischen Theaters finden. In der DDR konnte sich diese Form des Theaters überhaupt nicht entwickeln.

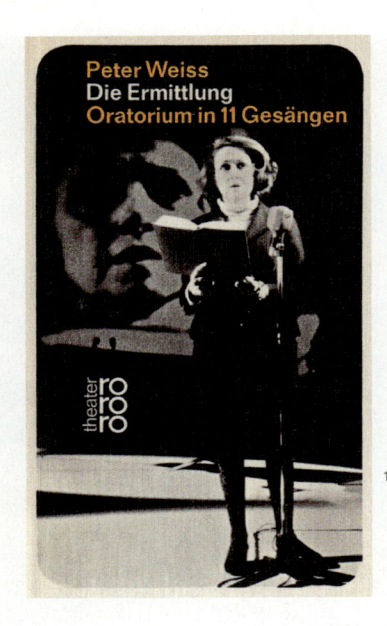

ANGEKLAGTER 12: So 10 bis 15 Minuten
RICHTER: Wer hat den Raum geöffnet
ANGEKLAGTER 12: Ein Sanitäter
90 RICHTER: Was haben Sie da gesehn
ANGEKLAGTER 12: Ich habe nicht genau hingesehn
RICHTER: Hielten Sie das was sich Ihnen zeigte
   für Unrecht
ANGEKLAGTER 12: Nein durchaus nicht
95   Nur die Art
RICHTER: Was für eine Art
ANGEKLAGTER 12: Wenn jemand erschossen wurde
   das war etwas anderes
   Aber die Anwendung von Gas
100   das war unmännlich und feige
RICHTER: Angeklagter Stark
   Während Ihrer Studien zur Reifeprüfung
   kam Ihnen da niemals ein Zweifel
   an Ihren Handlungen
105 ANGEKLAGTER 12: Herr Vorsitzender
   ich möchte das einmal erklären
   Jedes dritte Wort schon in unserer Schulzeit
   handelte doch von denen
   die an allem schuld waren
110   und die ausgemerzt werden mussten
   Es wurde uns eingehämmert
   dass dies nur zum Besten
   des eigenen Volkes sei
   In den Führerschulen lernten wir vor allem
115   alles stillschweigend entgegenzunehmen
   Wenn einer noch etwas fragte
   dann wurde gesagt
   Was getan wird geschieht nach dem Gesetz
   Da hilft es nichts
120   dass heute die Gesetze anders sind
   Man sagte uns
   Ihr habt zu lernen
   ihr habt die Schulung nötiger als Brot
   Herr Vorsitzender
125   uns wurde das Denken abgenommen
   Das taten ja andere für uns
Zustimmendes Lachen der Angeklagten (v 1965)

1. a) Nennen Sie die Anklagepunkte gegen Unterscharführer Stark.
b) Stellen Sie in einer Tabelle Starks Antworten den Anklagepunkten gegenüber.
c) Diskutieren Sie Ihre persönliche Einschätzung des Angeklagten.

2. a) Stellen Sie einen Bezug zu Heißenbüttels „Kalkulation" (Text 2) her.
b) Analysieren Sie die unterschiedliche sprachliche Gestaltung beider Texte.

3. Begründen Sie, warum Peter Weiss die Gattung Drama für die literarische Verarbeitung des Auschwitzprozesses gewählt hat.

4 Alexander und Margarete Mitscherlich: Die Unfähigkeit zu trauern (Auszug)

Die Autoren stellen in ihrem auf sozialpsychologischen Untersuchungen basierenden Werk (Untertitel: „Grundlagen kollektiven Verhaltens") die „unsere Gedankenfreiheit einengenden Verhaltensweisen" dar. Dabei gehen sie „der hartnäckig aufrechterhaltenen Abwehr von Erinnerungen, insbesondere der Sperrung gegen eine Gefühlsbeteiligung an den jetzt verleugneten Vorgängen der Vergangenheit" nach.

Man kann aber nur aufgrund eines zuverlässig im Bewusstsein verankerten Wissens, auch eines solchen, das zunächst peinigen muss, „radikal überwinden", da das, was geschah, nur geschehen konnte, weil dieses Bewusstsein korrumpiert war. Was unter einer über zwei Jahrzehnte andauernden Zensur unseres Bewusstseins nicht als schmerzliche Erinnerung eingelassen wird, kann ungebeten aus der Vergangenheit zurückkehren, denn es ist nicht „bewältigte" Vergangenheit geworden: Vergangenheit, um deren Verständnis man sich bemüht hat.

Trauerarbeit kann nur geleistet werden, wenn wir wissen, wovon wir uns lösen müssen; und nur durch ein langsames Ablösen von verlorenen Objektbeziehungen – solchen zu Menschen oder zu Idealen – kann die Beziehung zur Realität wie zur Vergangenheit in einer sinnvollen Weise aufrechterhalten werden. Ohne eine schmerzliche Erinnerungsarbeit wird dies nicht gelingen können, und ohne sie wirken unbewusst die alten Ideale weiter, die im Nationalsozialismus die fatale Wendung der deutschen Geschichte herbeigeführt haben. Aber fordern wir nicht Unerfüllbares? Unser Ich war in dieser Vergangenheit unserem Narzissmus zu Diensten. Das narzisstische Objekt, das wir verloren haben, war in der Vorstellung von uns selbst als Herrenmenschen zentriert. Nicht der geschichtlichen Belehrung, dass dem nicht so ist, wäre also nachzutrauern. Vielmehr müssten wir die Einfühlung in uns selbst erweitern, so dass wir uns in jenen Szenen wiedererkennen wie der des deutschen Offiziers im dänischen Café[1] und in den entsetzlichen, in denen 100, 500 oder 1 000 Leichen vor uns lagen – Leichen von uns Getöteter. Das würde eine einfühlende, nachfühlende Anerkennung der Opfer lange nach den Schreckenszeiten bedeuten.

Psychologisch wäre es keine Unmöglichkeit, nach der Tat einzusehen, was wir im Dritten Reich taten, uns also von der narzisstischen Liebesform zur Anerkennung von Mitmenschen als Lebewesen mit gleichen Rechten weiterzuentwickeln. Diese Korrektur unseres falschen und eingeengten Bewusstseins, das Auffinden unserer Fähigkeit des Mitleidens für Menschen, die wir hinter unseren entstellenden Projektionen zuvor nie wahrgenommen haben, würde uns die Fähigkeit zu trauern zurückgeben. (v 1968)

5. Entwerfen Sie eine ➤ Mindmap zu den Begriffen „Trauer" und „Trauerarbeit".

6. Formulieren Sie in Thesen die Kernaussagen des Textes.

7. Diskutieren Sie, inwiefern Literatur zum Verständnis von Vergangenheit beitragen kann.

5 Buchcover

Für die Überlebenden der Shoah war und ist die Erinnerung ein zentraler Teil ihres Lebens. Einige Überlebende begannen zu schreiben, oft mit großer zeitlicher Distanz. Darunter befinden sich auch literarische Texte von Überlebenden der Konzentrationslager, die vom „Alltag" im KZ und den täglichen Gräueltaten der Nationalsozialisten erzählen.

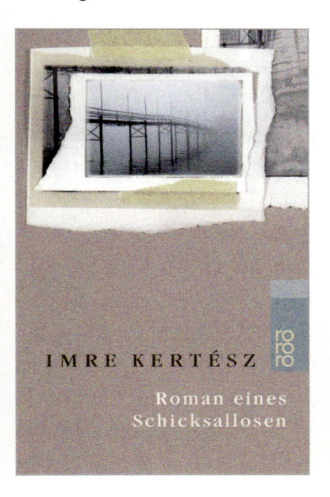

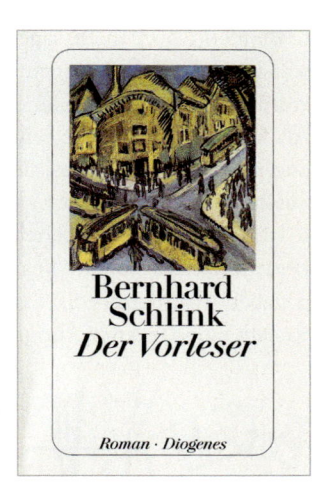

P „Schreiben heißt leben" – Die literarische Verarbeitung des Holocaust

Bearbeiten Sie arbeitsteilig die abgebildeten Bücher:
- Recherchieren Sie das jeweilige Erscheinungsjahr.
- Informieren Sie sich über den Lebensweg des Autors bzw. der Autorin.
- Lesen Sie den Roman und tauschen Sie Ihre Leseeindrücke mit Ihren Mitschülern aus.
- Bereiten Sie eine Präsentation Ihrer Ergebnisse für die Schulöffentlichkeit vor, z. B. anlässlich des internationalen Holocaust-Gedenktages am 27. Januar. ◢

---

[1] Der Offizier hatte sich abfällige antinationalsozialistische Äußerungen seiner dänischen Verwandten mit lauter Stimme verbeten und mit Anzeige gedroht; ein heftiger Ausbruch, auf den die im Café Anwesenden mit beklommenem Schweigen reagierten.

Der Holocaust (hebräisch = Shoah)

„war in der Geschichte der Menschheit der erste Versuch eines totalen Völkermordes. Das jüdische Volk sollte von der Erde getilgt werden. Der Mordprozess erfolgte auf Initiative und unter Anleitung des nationalsozialistischen Deutschlands, dessen politische Führer sich einer angeblich wissenschaftlichen Rassentheorie verpflichtet fühlten, die praktisch und systematisch zur totalen Vernichtung des jüdischen Volkes führen sollte. […] Zum ersten Mal in der Geschichte wurde ein Staat und sein politischer und administrativer Apparat zur Ausführung des Völkermordes eingesetzt. Zum ersten Mal nahmen alle Schichten seiner Bürger an derartigen Verbrechen, deren Opfer gleichberechtigte Bürger dieses Staates und unschuldige Bürger der besetzten Länder waren, teil."
(Gideon Greif)

6 Imre Kertész (* 1929): Roman eines Schicksallosen (Auszug)

Imre Kertész, geboren am 9. November 1929 in Budapest, stammt aus kleinbürgerlichen Verhältnissen. Als ungarischer Jude wurde er im Juli 1944 als Fünfzehnjähriger zunächst nach Auschwitz und später nach Buchenwald deportiert. Dort erlebte er am 11. April 1945 die Befreiung durch die Alliierten.
Er kehrte nach Budapest zurück und arbeitete nach seinem Abitur (1948) als freier Journalist. Er ist seit 1953 als freier Schriftsteller und Übersetzer tätig.
Er lebt und arbeitet in Budapest und Berlin. Imre Kertész erhielt 2002 den Literaturnobelpreis für sein schriftstellerisches Werk.
Am 3. Oktober 2003 war er Festredner zum Tag der Deutschen Einheit in Magdeburg. Als Gastredner im Deutschen Bundestag las er anlässlich des offiziellen Gedenktages der Befreiung des KZ Auschwitz 2007 aus seinem Roman Kaddisch für ein nicht geborenes Kind *(1989). Sein literarisches Werk ist geprägt von der persönlichen Erfahrung des Holocaust.*

Der Roman erzählt die Geschichte des 15-jährigen György Köves, der in Budapest bei seinem Vater und seiner Stiefmutter aufwächst. Als sein Vater zum Arbeitsdienst einberufen wird, ändert sich das Leben Györgys schlagartig. Er muss die Schule verlassen und den Lebensunterhalt für die Familie verdienen. Wenige Zeit später wird er gemeinsam mit anderen ungarischen Juden aus dem Bus zur täglichen Arbeit geholt und zunächst in eine Ziegelei am Rande der Stadt gebracht. In der Überzeugung, kriegswichtige Arbeit zu leisten, schreibt er sich für den Arbeitsdienst in Deutschland ein. Es ist der Beginn seiner „Reise" nach Auschwitz, Zeitz und Buchenwald. Nach der Befreiung des KZ Buchenwald kehrt er mit gemischten Gefühlen nach Budapest zurück.
Im folgenden Auszug schildert György seine Ankunft in Auschwitz-Birkenau sowie seine ersten Eindrücke von diesem Ort.

Von draußen hingegen vernahm ich näher kommende Schläge, das Gerassel von Türen, den einförmigen Lärm, mit dem sich Fahrgäste aus dem Zug drängen, und da habe ich mir sagen müssen, kein Zweifel, wir sind tatsächlich am Ziel. Ich freute mich natürlich, aber, so fühlte ich, anders als ich mich, sagen wir, noch gestern oder eher noch vorgestern gefreut hätte. Dann war auch an unserer Wagentür das Schlagen eines Werkzeugs zu hören, und die schwere Tür wurde von jemandem, oder eher mehreren, aufgeschoben. 5
Als Erstes hörte ich ihre Stimmen. Sie sprachen deutsch, oder in einer sehr ähnlichen Sprache, und zwar, so klang es, alle gleichzeitig. Soweit ich es verstanden habe, wollten sie, dass wir aussteigen. Doch offenbar zwängten sie sich stattdessen selbst in den Wagen; vorläufig konnte ich aber noch nichts sehen. Doch schon ging die Nachricht herum, dass die Koffer und Pakete hierbleiben sollten. Später – so wurde erklärt, übersetzt und von Mund zu Mund weitergegeben – würden alle ihr Eigentum selbstverständlich zurückerhalten, zuvor aber erwarte die Sachen eine Desinfizierung, uns selbst aber ein Bad: Das war in der Tat an der Zeit, wie ich fand. Dann erst kamen die hier ansässigen Leute in dem Gedränge näher, und ich konnte sie sehen. Ich war ziemlich überrascht, denn schließlich sah ich zum ersten Mal in meinem Leben – zumindest aus solcher Nähe – echte Sträflinge, im gestreiften Anzug, mit dem kahlgeschorenen Kopf, der runden Mütze der Straftäter. Ich wich auch sofort ein wenig zurück, versteht sich. Einige beantworteten die Fragen der Leute, andere sahen sich im Wagen um, wieder andere luden, mit der Geübtheit von Trägern, schon das Gepäck aus, und all das mit einer komischen fuchsartigen Emsigkeit. Ein jeder hatte, wie ich sah, die bei Sträflingen übliche Nummer und dazu ein gelbes Dreieck auf der Brust, und obwohl es mir nicht gerade schwerfiel, die Bedeutung dieser Farbe zu erraten, war ich so plötzlich doch irgendwie überrascht; 10 15 20 25 30

im Lauf der Reise hatte ich diese ganze Angelegenheit fast schon etwas vergessen. Auch ihre Gesichter waren nicht gerade vertrauenerweckend: abstehende Ohren, hervorspringende Nasen, tiefliegende winzige Augen, die schlau funkelten. Tatsächlich, sie sahen aus wie Juden, in jeder Hinsicht. Ich fand sie verdächtig und insgesamt fremdartig. Als sie uns Jungen bemerkten, gerieten sie, wie mir schien, ganz in Aufregung. Sie fingen sogleich ein schnelles, irgendwie gehetztes Geflüster an, und da habe ich die überraschende Entdeckung gemacht, dass die Sprache der Juden offenbar nicht nur Hebräisch ist, wie ich bis dahin geglaubt hatte: „Reds di jiddisch, reds di jiddisch, reds di jiddisch?" – so verstand ich allmählich ihre Frage. Die Jungen und ich sagten: „Nein." Wie ich sah, waren sie damit nicht sehr zufrieden. Dann aber – vom Deutschen ausgehend, konnte ich es leicht verstehen – wurden sie auf einmal alle sehr neugierig auf unser Alter. Wir sagten: „*Vierzehn, fünfzehn*", je nachdem, wie alt jeder war. Da haben sie gleich sehr protestiert, mit den Händen, dem Kopf, mit dem ganzen Körper: „Seschzajn", flüsterten sie von allen Seiten, „seschzajn." Ich wunderte mich und habe dann einen auch gefragt: „*Warum?*" „Willst di arbeiten?", hat er darauf gefragt und den irgendwie leeren Blick seiner tiefliegenden, von Falten umgebenen Augen in die meinen gebohrt. Ich sagte: „*Natürlich*", denn schließlich war ich deswegen gekommen, wenn ich es recht bedachte. Worauf er mit seiner harten, knochigen gelben Hand meinen Arm nicht nur packte, sondern kräftig schüttelte und dazu sagte: „Seschzajn ... verschtajst di? ... seschzajn ..." Ich sah, er war böse, und dazu schien mir, dass ihm die Sache auch recht wichtig war, und nachdem ich es mit den Jungen in Eile abgesprochen hatte, ging ich, etwas erheitert, darauf ein: na gut, dann bin ich eben sechzehn. [...]

Zuallererst erblickte ich eine weite Ebene, ein riesiges Gelände. Ich war dann auch gleich ein bisschen geblendet von dieser plötzlichen Weite, dem grellen Glanz von Himmel und Ebene, der meine Augen schmerzte. Aber ich hatte gar nicht recht Zeit, mich umzusehen: ringsumher Gewimmel, Lärm, Bruchstücke von Worten und Geschehen, das Hin und Her des Sicheinordnens. Die Frauen – so hörte ich – mussten sich jetzt für kurze Zeit verabschieden, schließlich konnten wir ja nicht unter dem gleichen Dach baden; auf die Alten, Schwachen, die Mütter mit kleinen Kindern sowie die von den Strapazen der Reise Erschöpften warteten hingegen etwas weiter entfernt Autos. Von alldem wurden wir durch weitere Sträflinge in Kenntnis gesetzt. Doch ich bemerkte, dass hier draußen jetzt schon deutsche Soldaten in grüner Mütze, mit grünem Kragen und beredten, richtungsweisenden Armbewegungen auf alles ein Auge hatten: Ich war durch ihren Anblick sogar ein bisschen erleichtert, denn sie wirkten schmuck, gepflegt und als Einzige in diesem ganzen Durcheinander ruhig und fest. Ich hörte dann auch gleich viele der Erwachsenen unter uns mahnen, und darin war ich mit ihnen einverstanden: dass wir uns bemühen sollten, den deutschen Soldaten zur Hand zu gehen, also Fragen und Abschiedsworte kurz zu halten, uns ihnen als vernünftige Menschen und nicht als so ein dahergelaufener Haufen vorzustellen. Vom Weiteren zu berichten ist schwer: Irgendein breiig brodelnder, wirbliger Strom nahm mich auf, strudelte mich hinweg, riss mich mit sich.

All diese Bilder, Stimmen und Begebenheiten haben mich einigermaßen verwirrt und schwindlig gemacht, in diesem sich am Ende zu einem einzigen Eindruck vermengenden, seltsamen, bunten, verrückten Wirbel; andere, möglicherweise wichtigere Dinge konnte ich deshalb weniger aufmerksam verfolgen. So wüsste ich nicht recht zu sagen: Lag es an uns, an den Soldaten, an den Sträflingen oder war es das Ergebnis unserer gemeinsamen Anstrengung, dass sich schließlich doch eine lange Menschenkolonne ergab, jetzt schon aus lauter Männern, schon aus geordneten Fünferreihen bestehend, die sich um mich herum und mit mir langsam, aber nun doch gleichmäßig Schritt für Schritt vorwärtsbewegte. Dort vorn – so wurde erneut bekräftigt – erwartete uns das Bad, doch zuvor – wie ich erfuhr – noch eine ärztliche Untersuchung. Es wurde gesagt, und ich selbst verstand das natürlich ohne Weiteres, dass es sich um so etwas wie eine Musterung, eine Art Tauglichkeitsprüfung handle, im Hinblick auf die Arbeit, ganz offensichtlich. (v 1998)

---

1. Der Roman berührt seine Leser auch wegen seiner besonderen Erzählperspektive.
a) Was kennzeichnet den Ich-Erzähler und seine Sicht auf die Ankunft in Auschwitz? Beschreiben Sie die damit verbundene Wirkung auf den Leser.
b) Tragen Sie zusammen, was Sie über den Erzähler erfahren.
c) Finden Sie Textbelege, die Ihnen zur Charakterisierung des Erzählers besonders wichtig erscheinen.

2. Diskutieren Sie, was die Perspektive der Erzählerfigur im Hinblick auf die Bewältigung des erlebten Traumas und den Appell an den Leser leisten kann.

3. In einem Interview in der Stuttgarter Zeitung vom 14. Oktober 2006 äußerte sich Imre Kertész über die Rolle seines Schreibens: „Wenn ich im KZ überleben will, muss ich seiner Logik folgen. Diese willentliche oder nichtwillentliche Kollaboration ist die größte Schande des Überlebenden, er kann sie nicht eingestehen. Der Schriftsteller kann es. Denn die Literatur besitzt eine besondere Aufrichtigkeit."
a) Klären Sie den Begriff „Kollaboration".
b) Geben Sie den Inhalt dieser Aussage mit eigenen Worten wieder.
c) Erläutern Sie in diesem Zusammenhang Kertész' Aussage, Literatur besitze eine besondere Aufrichtigkeit.

4. Erörtern Sie die Frage nach der Funktion des Schreibens Überlebender, oft mit großer zeitlicher Distanz. Beziehen Sie sich dabei auch auf die folgende Aussage von Imre Kertész: „Mein Gebrandmarktsein ist meine Krankheit, zugleich aber der Garant, das Dopingmittel meiner Vitalität. Daraus beziehe ich meine Inspiration."

II. Politische Gegenwelten

1. „Mit wechselndem Schlüssel/schließt du das Haus auf" (Celan) – Neue Formen in der westdeutschen Literatur untersuchen

In dem Maße, wie sich in den Fünfzigerjahren die Wohlstandsgesellschaft etabliert, tritt das Interesse an der Auseinandersetzung mit der Nachkriegsrealität zurück. Die Erfahrung des Nationalsozialismus bleibt aber durchaus ein Bezugspunkt der Literatur.

Nachdem sich die Schriftsteller in der Nachkriegszeit in der Prosa bewusst vom pathetischen Sprachgebrauch der NS-Diktatur durch äußerste Verknappung der Form abgesetzt hatten, entsteht nunmehr eine eigenständige epische Literatur der jungen Bundesrepublik, in der neue Formen des Erzählens entwickelt werden. Repräsentanten sind u. a.: Heinrich Böll, Günter Grass, Siegfried Lenz und Wolfgang Koeppen. Die Lyriker wenden sich verstärkt Formexperimenten und indirekten Aussageweisen zu. Die Ablehnung der literarischen Traditionen und das Zerbrechen der Formen sind hier stilprägend u. a. für Dichterinnen und Dichter wie Gottfried Benn, Ingeborg Bachmann, Helmut Heißenbüttel, Paul Celan und Christoph Meckel.

1 Siegfried Lenz (* 1926): Deutschstunde (Auszug)

Siggi Jepsen muss in der Besserungsanstalt auf einer Elbinsel bei Hamburg den Aufsatz „Die Freuden der Pflicht" nachliefern, weil er in der Deutschstunde versagt hat. Der Romanheld löst sich von seiner Vaterwelt, indem er diese Strafarbeit leistet. Der Autor erkundet und beschreibt am Beispiel des Landpolizisten Jens Ole Jepsen, warum die „deutsche Seele" so anfällig für den Faschismus, für Unterordnung und Mitläufertum war.

Das Malverbot
Im Jahr dreiundvierzig, um mal so zu beginnen, an einem Freitag im April, morgens oder mittags, bereitete mein Vater Jens Ole Jepsen, der Polizeiposten der Außenstelle Rugbüll, der nördlichste Polizeiposten von Schleswig-Holstein, eine Dienstfahrt nach Bleekenwarf vor, um dem Maler Max Ludwig Nansen, den sie bei uns nur den Maler nannten und nie aufhörten, so 5 zu nennen, ein in Berlin beschlossenes Malverbot zu überbringen. Ohne Eile suchte mein Vater Regenumhang, Fernglas, Koppel, Taschenlampe zusammen, machte sich mit absichtlichen Verzögerungen am Schreibtisch zu schaffen, knöpfte schon zum zweiten Mal den Uniformrock zu und linste – während ich vermummt und regungslos auf ihn wartete – immer wieder in den mißlungenen Frühlingstag hinaus und horchte auf den Wind. Es ging nicht nur Wind: 10 dieser Nordwest belagerte in geräuschvollen Anläufen die Höfe, die Knicks und Baumreihen, erprobte mit Tumulten und Überfällen die Standhaftigkeit und formte sich eine Landschaft, eine schwarze Windlandschaft, krumm, zerzaust und voll unfaßbarer Bedeutung. Unser Wind, will ich meinen, machte die Dächer hellhörig und die Bäume prophetisch, er ließ die alte Mühle wachsen, fegte flach über die Gräben und brachte sie zum Phantasieren, oder er fiel über die 15 Torfkähne her und plünderte die unförmigen Lasten.
Wenn bei uns Wind ging und so weiter, dann mußte man sich schon Ballast in die Taschen stecken – Nägelpakete oder Bleirohre oder Bügeleisen –, wenn man ihm gewachsen sein wollte. Solch ein Wind gehört zu uns, und wir konnten Max Ludwig Nansen nicht widersprechen, der Zinnadern platzen ließ, der wütendes Lila nahm und kaltes Weiß, wenn er den Nordwest sicht- 20 bar machen wollte – diesen wohlbekannten, uns zukommenden Nordwest, auf den mein Vater argwöhnisch horchte.
Ein Rauchschleier schwebte in der Küche. Ein nach Torf duftender, zuckender Rauchschleier schwebte im Wohnzimmer. Der Wind saß im Ofen und paffte uns das Haus voll, während mein Vater hin und her ging und offenbar nach Gründen suchte, um seinen Aufbruch zu ver- 25 zögern, hier etwas ablegte, dort etwas aufnahm, die Gamaschen im Büro anlegte, das Dienstbuch am Eßtisch in der Küche aufschlug und immer noch etwas fand, was seine Pflicht hinausschob, bis er mit ärgerlichem Erstaunen feststellen mußte, daß etwas Neues aus ihm entstanden

---

1. Versetzen Sie sich in den kleinen Siggi, der „vermummt und regungslos" (Z. 9) auf seinen Vater warten muss, und versuchen Sie, die Gedanken des wartenden und beobachtenden Kindes in Form eines inneren Monologs festzuhalten (vgl. S. 29 und S. 166).

war, daß er sich gegen seinen Willen in einen vorschriftsmäßigen Landpolizisten verwandelt
hatte, dem zur Erfüllung seines Auftrags nichts mehr fehlte als das Dienstfahrrad, das, gegen
einen Sägebock gelehnt, im Schuppen stand.
So war es an diesem Tag vermutlich die aus Gewohnheit zustande gekommene äußere Dienstbereitschaft, die ihn schließlich zum Aufbruch zwang, nicht der Eifer, nicht die Berufsfreude
und schon gar nicht die ihm zugefallene Aufgabe; [...]
Mein Vater sah wohl ein, daß er Max Ludwig Nansen noch etwas schuldete, darum sagte er: Ich
hab mir das alles nicht ausgedacht, Max, das kannst du mir glauben. Mit dem Berufsverbot
habe ich nix zu tun, ich hab das alles nur zu überbringen.
Ich weiß, sagte der Maler, und dann: Diese Wahnsinnigen, als ob sie nicht wüßten, daß das
unmöglich ist: Malverbot. Sie können vielleicht viel tun mit ihren Mitteln, sie können allerhand
verhindern, mag sein, aber nicht dies: daß einer aufhört zu malen. Das haben schon andere
versucht, lange vor ihnen. Sie brauchen doch nur nachzulesen: gegen unerwünschte Bilder hat
es noch nie einen Schutz gegeben, nicht durch Verbannen, auch nicht durch Blendung, und
wenn sie die Hände abhacken ließen, hat man eben mit dem Mund gemalt. Diese Narren, als
ob sie nicht wüßten, daß es auch unsichtbare Bilder gibt.
Mein Vater umrundete knapp den Tisch, an dem der Maler saß, umkreiste ihn, fragte jedoch
nicht weiter, sondern beschränkte sich darauf, festzustellen: Aber das Verbot is beschlossen
und ausgesprochen, Max das isses. – Ja, sagte der Maler, in Berlin, und er sah meinen Vater
gespannt an, offen, wißbegierig, er ließ ihn nicht mehr mit seinen Blicken los, als wollte er ihn
zu sagen zwingen, was er, der Maler, längst wußte, und ihm wird nicht entgangen sein, daß es
meinem Vater schließlich nicht leichtfiel, zu erklären: Mich, Max – sie haben mich beauftragt,
das Malverbot zu überwachen: daß du auch das nur weißt.
Dich? fragte der Maler, und mein Vater: Mich ja, ich bin am nächsten dran.
Sie sahen einander an, der eine sitzend, der andere stehend, maßen sich schweigend einen
Augenblick, forschten wahrscheinlich nach den Kenntnissen, die sie übereinander besaßen,
und stellten sich vor, wie sie miteinander verkehren würden in näherer Zukunft und so weiter,
zumindest aber fragten sie sich, mit wem sie von nun an zu rechnen hätten, wenn sie sich hier
oder dort begegneten. So, wie sie sich forschend musterten, wiederholten sie, meine ich, ein
Bild des Malers, das einfach nur ‚Zwei am Zaun' hieß und auf dem zwei alte Männer, aufblickend in olivgrünem Licht, einander entdeckten, zwei, die sich lange gekannt haben mögen von
Garten zu Garten, doch erst in diesem bestimmten Augenblick in erstaunter Abwehr wahrnahmen. Jedenfalls stelle ich mir vor, daß der Maler gern etwas anderes gefragt hätte, als er schließlich fragte: Und wie, Jens? Wie wirst du das Verbot überwachen? Mein Vater überhörte da schon
die Vertraulichkeit, die in dieser Frage lag; er sagte: Sollst nur abwarten, Max.
Da stand auch der Maler auf, legte den Kopf ein wenig schräg und musterte meinen Vater gerade so, als ließe sich schon erkennen, wessen er fähig sei; und als mein Vater es für angebracht
hielt, seinen Umhang zu nehmen und ihn zwischen den gespreizten Beinen mit einer Klammer zusammenzustecken, sagte der Maler: Wir aus Glüserup, was?, und mein Vater darauf, ohne den Kopf zu heben: Wir können auch nicht aus unserer Haut – wir aus Glüserup. – Dann behalt mich mal im Auge, sagte der Maler. (v 1968)

(Aus lizenzrechtlichen Gründen ist dieser Text nicht in reformierter Rechtschreibung abgedruckt.)

Emil Nolde (1867–1956): Das Meer

Siegfried Lenz *ist 1926 in Ostpreußen geboren, war zunächst für Zeitungen und Rundfunk tätig und lebt heute als freier Schriftsteller in Hamburg. Seine bekanntesten Werke sind:* So zärtlich war Suleyken, *eine 1955 erschienene Sammlung von Geschichten über die Heimat des Dichters (Masuren); die Romane* Der Mann im Strom *(1957)*, Deutschstunde *(1968)*, Das Vorbild *(1973)*, Heimatmuseum *(1979)*, Der Verlust *(1981) und* Exerzierplatz *(1985). Lenz ist einer der – auch im Ausland – bekanntesten Nachkriegsautoren.*

2. Der Maler und der Polizist reagieren auf das Gespräch. Versetzen Sie sich in deren Situation.
a) Nansen verfasst eine kurze Tagebuchnotiz.
b) Jepsen schreibt einen knappen Dienstbericht.
c) Beurteilen Sie das Verhalten des Polizisten.

Emil Nolde: Selbstbildnis

Lenz erzählt hier einen Ausschnitt aus dem Leben des Malers **Emil Nolde** (1867–1956), der eigentlich Hansen hieß. Er gehörte zu den Meistern des deutschen Expressionismus. Sein wichtigstes Ausdrucksmittel war die Farbe. Nach der Ausstellung „Entartete Kunst" (1937) wurden über 1 000 seiner Arbeiten in verschiedenen Museen beschlagnahmt und die Reichskunstkammer verbot dem Maler die Ausübung seines Berufes.

2 Günter Grass (* 1927): Die Blechtrommel (Auszug)

Aus Protest gegen die Welt der Erwachsenen stellt Oskar Matzerath als Dreijähriger sein Wachstum ein und täuscht durch kindliches Verhalten die Umwelt über seine normal verlaufende geistige Entwicklung. Instrument seines Protests wird eine Kindertrommel aus Blech. Im Kapitel „Die Tribüne" wird geschildert, wie Oskar im August 1935 eine pompöse Parteiveranstaltung auf dem großen Kundgebungsfeld in Danzig sprengt. Er versteckt sich dazu unauffindbar in der Tribüne.

Unter dem Rednerpult hockte ich. Links und rechts von mir und über mir standen breitbeinig und, wie ich wußte, mit verkniffenen, vom Sonnenlicht geblendeten Augen die jüngeren Trommler des Jungvolkes und die älteren der Hitlerjugend. Und dann die Menge. Ich roch sie durch die Ritzen der Tribünenverschalung. Das stand und berührte sich mit Ellenbogen und Sonntagskleidung, das war zu Fuß gekommen oder mit der Straßenbahn, das hatte zum Teil die Frühmesse besucht und war dort nicht zufriedengestellt worden, das war gekommen, um seiner Braut am Arm etwas zu bieten, das wollte mit dabeisein, wenn Geschichte gemacht wird, und wenn auch der Vormittag dabei draufging.

Nein, sprach sich Oskar zu, sie sollen den Weg nicht umsonst gemacht haben. Und er legte ein Auge an ein Astloch der Verschalung, bemerkte die Unruhe von der Hindenburgallee her. Sie kamen! Kommandos wurden über ihm laut, der Führer des Spielmannszuges fuchtelte mit seinem Tambourstab, die hauchten ihre Fanfaren an, die paßten sich das Mundstück auf, und schon stießen sie in übelster Landsknechtmanier in ihr sidolgeputztes Blech, daß es Oskar weh tat und „Armer SA-Mann Brand", sagte er sich, „armer Hitlerjunge Quex, ihr seid umsonst gefallen!"

Als wollte man ihm diesen Nachruf auf die Opfer der Bewegung bestätigen, mischte sich gleich darauf massives Gebumse auf kalbsfellbespannten Trommeln in die Trompeterei. Jene Gasse, die mitten durch die Menge zur Tribüne führte, ließ von weit her heranrückende Uniformen ahnen, und Oskar stieß hervor: „Jetzt mein Volk, paß auf, mein Volk!"

Die Trommel lag mir schon maßgerecht. Himmlisch locker ließ ich die Knüppel in meinen Händen spielen und legte mit Zärtlichkeit in den Handgelenken einen kunstreichen, heiteren Walzertakt auf mein Blech, den ich immer eindringlicher, Wien und die Donau beschwörend, laut werden ließ, bis oben die erste und zweite Landsknechttrommel an meinem Walzer Gefallen fand, auch Flachtrommeln der älteren Burschen mehr oder weniger geschickt mein Vorspiel aufnahmen. Dazwischen gab es zwar Unerbittliche, die kein Gehör hatten, die weiterhin Bumbum machten, und Bumbumbum, während ich doch den Dreivierteltakt meinte, der so beliebt ist beim Volk. Schon wollte Oskar verzweifeln, da ging den Fanfaren ein Licht auf, und die Querpfeifen, oh Donau, pfiffen so blau. Nur der Fanfarenzugführer und auch der Spielmannszugführer, die glaubten nicht an den Walzerkönig und schrien ihre lästigen Kommandos, aber ich hatte die abgesetzt, das war jetzt meine Musik. Und das Volk dankte es mir. Lacher wurden laut vor der Tribüne, da sangen schon welche mit, oh Donau, und über den ganzen Platz, so blau, bis zur Hindenburgallee, so blau und zum Steffenspark, so blau, hüpfte mein Rhythmus, verstärkt durch das über mir vollaufgedrehte Mikrophon. Und als ich durch mein Astloch hindurch ins Freie spähte, doch dabei fleißig weitertrommelte, bemerkte ich, daß das Volk an meinem Walzer Spaß fand, aufgeregt hüpfte, es in den Beinen hatte: schon neun Pärchen und noch ein Pärchen tanzten, wurden vom Walzerkönig gekuppelt. Nur dem Löbsack, der mit Kreisleitern und Sturmbannführern, mit Forster, Greiser und Rauschning, mit einem langen braunen Führungsstabschwanz mitten in der Menge kochte, vor dem sich die Gasse zur Tribüne schließen wollte, lag erstaunlicherweise der Walzertakt nicht. Der war gewohnt, mit gradliniger Marschmusik zur Tribüne

Szenenfoto aus der Verfilmung

geschleust zu werden. Dem nahmen nun diese leichtlebigen Klänge den Glauben ans Volk. Durchs Astloch sah ich seine Leiden. Es zog durch das Loch. Wenn ich mir auch fast das Auge entzündete, tat er mir dennoch leid, und ich wechselte in einen Charleston, „Jimmy the Tiger", über, brachte jenen Rhythmus, den der Clown Bebra im Zirkus auf leeren Selterwasserflaschen
55 getrommelt hatte; doch die Jungs vor der Tribüne kapierten den Charleston nicht. Das war eben eine andere Generation. Die hatten natürlich keine Ahnung von Charleston und „Jimmy the Tiger". Die schlugen – oh guter Freund Bebra – nicht Jimmy und Tiger, die hämmerten Kraut und Rüben, die bliesen mit Fanfaren Sodom und Gomorrha. Da dachten die Querpfeifen sich, gehupft wie gesprungen. Da schimpfte der Fanfarenzugführer auf Krethi und Plethi. Aber den-
60 noch trommelten, pfiffen, trompeteten die Jungs vom Fanfarenzug und Spielmannszug auf Teufel komm raus, daß es Jimmy eine Wonne war, mitten im heißesten Tigeraugust, daß es die Volksgenossen, die da zu Tausenden und Abertausenden vor der Tribüne drängelten, endlich begriffen: es ist Jimmy the Tiger, der das Volk zum Charleston aufruft!
Und wer auf der Maiwiese noch nicht tanzte, der griff sich, bevor es zu spät war, die letzten
65 noch zu habenden Damen. Nur Löbsack mußte mit seinem Buckel tanzen, weil in seiner Nähe alles, was einen Rock trug, schon besetzt war, und jene Damen von der Frauenschaft, die ihm hätten helfen können, rutschten, weit weg vom einsamen Löbsack, auf den harten Holzbänken der Tribüne. Er aber – und das riet ihm sein Buckel – tanzte dennoch, wollte gute Miene zur bösen Jimmymusik machen und retten, was noch zu retten war. (v 1959)

(Aus lizenzrechtlichen Gründen ist dieser Text nicht in reformierter Rechtschreibung abgedruckt.)

3. Oskars Vater Alfred nimmt als überzeugter Parteigenosse an der Kundgebung teil, weiß aber nichts vom „Anschlag" seinen Sohnes. Wählen Sie zur Ausgestaltung arbeitsteilig eine der folgenden Kommunikationssituationen:
a) Oskars Vater im Gespräch mit seiner lebenslustigen, aber unpolitischen Frau Maria
b) Alfred Matzerath im Dialog mit einem gleichgesinnten Parteifreund
c) Oskars Vater als Zeuge vor einer parteiinternen Kommission, die die Ursachen der sabotierten Veranstaltung untersucht

4. Informieren Sie sich arbeitsteilig über den Inhalt der abgebildeten Werke (s. u.) sowie über deren Bedeutung für die bundesdeutsche Literatur.

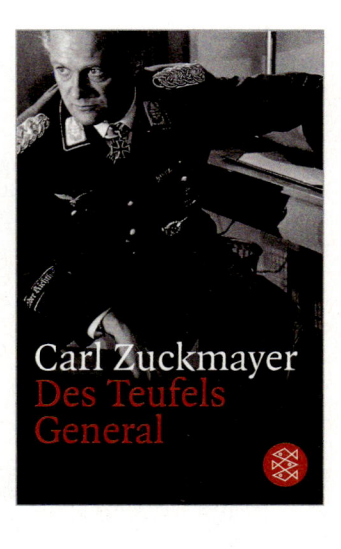

3 Buchcover

4 Gottfried Benn (1886–1956): Nur zwei Dinge

Durch so viel Formen geschritten,
durch Ich und Wir und Du,
doch alles blieb erlitten
durch die ewige Frage: wozu?

5 Das ist eine Kinderfrage.
Dir wurde erst spät bewußt,
es gibt nur eines: ertrage
– ob Sinn, ob Sucht, ob Sage –
dein fernbestimmtes: Du mußt.

10 Ob Rosen, ob Schnee, ob Meere,
was alles erblühte, verblich,
es gibt nur zwei Dinge: die Leere
und das gezeichnete Ich. (1953)

1. G. Benn stellt die Kinderfrage „Wozu?" (V. 4).
a) Formulieren Sie die Frage, die im Gedicht gestellt wird, aus.
b) Skizzieren Sie mögliche Antworten.
c) Vergleichen Sie Ihre Antworten mit der Antwort, die G. Benn in seinem Gedicht gibt.
d) Arbeiten Sie die formalen Stilmittel heraus und setzen Sie diese in Beziehung zur inhaltlichen Gestaltung.

2. Versuchen Sie, eigene Erfahrungen mit Sprache (komische, ärgerliche, peinliche etc.) in kurzen Texten darzustellen und das ihnen zugrunde liegende Phänomen zu benennen.

3. a) Beschreiben Sie, in welchen Erfahrungen und Vorstellungen sich das lyrische Ich in dem Gedicht „Ein Wort" bewegt.
b) Erklären Sie, welche Antwort Gottfried Benn auf die Frage gibt, was Worte leisten können.
c) Untersuchen Sie die verwendeten sprachlichen Mittel. Achten Sie dabei auch auf die syntaktische Struktur des Gedichts.

4. Untersuchen Sie in den Gedichten von G. Benn (Texte 4 und 5) die Haltung des lyrischen Ichs zur Lebenswirklichkeit.

5. a) Klären Sie aus Ihrem Verständnis heraus den Begriff „Artistik".
b) Benennen Sie die verschiedenen Aspekte von „Artistik", die G. Benn anführt.
c) „Form ist der höchste Inhalt" (Z. 21), formuliert G. Benn. Stellen Sie dar, wie er diese These begründet.

6. a) Erklären Sie die Formulierung, das Gedicht sei „als das Unübersetzbare [zu] definieren" (Z. 23).
b) Führen Sie in Ihrem Kurs ein Streitgespräch zu der Frage, ob daraus die Verweigerung einer analytisch-wissenschaftlichen Interpretation von Gedichten abgeleitet werden kann.

7. Prüfen Sie, inwiefern Benn den eigenen Anforderungen in seinen Gedichten selbst folgt.

5 Gottfried Benn: Ein Wort

Ein Wort, ein Satz –: aus Chiffren steigen
erkanntes Leben, jäher Sinn,
die Sonne sieht, die Sphären schweigen,
und alles ballt sich zu ihm hin.

Ein Wort – ein Glanz, ein Flug, ein Feuer,
ein Flammenwurf, ein Sternenstrich –
und wieder Dunkel, ungeheuer,
im leeren Raum um Welt und Ich. (e 1941)

6 Gottfried Benn: Probleme der Lyrik (Auszug)

Das neue Gedicht, die Lyrik, ist ein Kunstprodukt. Damit verbindet sich die Vorstellung von Bewußtsein, kritischer Kontrolle und, um gleich einen gefährlichen Ausdruck zu gebrauchen, auf den ich noch zurückkomme, die Vorstellung von „Artistik". Bei der Herstellung eines Gedichtes beobachtet man nicht nur das Gedicht, sondern auch sich selber.
[...]
Ich gebrauchte vorhin zur Charakterisierung des modernen Gedichts den Ausdruck Artistik und sagte, das sei ein umstrittener Begriff – in der Tat, er wird in Deutschland nicht gern gehört. Der durchschnittliche Ästhet verbindet mit ihm die Vorstellung von Oberflächlichkeit, Gaudium, leichter Muse, auch von Spielerei und Fehlen jeder Transzendenz[1]. In Wirklichkeit ist es ein ungeheuer ernster Begriff und ein zentraler. Artistik ist der Versuch der Kunst, innerhalb des allgemeinen Verfalls der Inhalte sich selber als Inhalt zu erleben und aus diesem Erlebnis einen neuen Stil zu bilden, es ist der Versuch, gegen den allgemeinen Nihilismus der Werte eine neue Transzendenz zu setzen: die Transzendenz der schöpferischen Lust.
Ich verspreche mir nichts davon, tiefsinnig und langwierig über die Form zu sprechen. Form, isoliert, ist ein schwieriger Begriff. Aber die Form ist ja das Gedicht. Die Inhalte eines Gedichts, sagen wir Trauer, panisches Gefühl, finale Strömungen, die ja jeder hat, das ist der menschliche Bestand, sein Besitz in mehr oder weniger vielfältigem und sublimem[2] Ausmaß, aber Lyrik wird daraus nur, wenn es eine Form erhält, die diesen Inhalt autochthon[3] macht, ihn trägt, aus ihm mit Worten Faszination macht. Eine isolierte Form, eine Form an sich, gibt es ja gar nicht. Sie ist das Sein, der existentielle Auftrag des Künstlers, sein Ziel. In diesem Sinne ist wohl auch der Satz von Staiger[4] aufzufassen: Form ist der höchste Inhalt.
[...]
Man kann das Gedicht als das Unübersetzbare definieren. Das Bewußtsein wächst in die Worte hinein, das Bewußtsein transzendiert in die Worte. Vergessen – was heißen diese Buchstaben? Nichts, nicht zu verstehen. Aber mit ihnen ist das Bewußtsein in bestimmter Richtung verbunden, es schlägt in diesen Buchstaben an, und diese Buchstaben nebeneinandergesetzt, schlagen akustisch und emotionell in unserem Bewußtsein. [...] Worte schlagen mehr an als die Nachricht und den Inhalt, sie sind einerseits Geist, aber haben andererseits das Wesenhafte und Zweideutige der Dinge der Natur. (e 1951)

(Aus lizenzrechtlichen Gründen sind die Texte von Gottfried Benn nicht in reformierter Rechtschreibung abgedruckt.)

7 Helmut Heißenbüttel (1921–1996): Einfache Sätze

während ich stehe fällt der Schatten hin
Morgensonne entwirft die erste Zeichnung
Blühn ist ein tödliches Geschäft
ich habe mich einverstanden erklärt
ich lebe (v 1954)

---

[1] die Transzendenz (< lat. transcendere = überschreiten): das Überschreiten der Grenzen von Erfahrung und Bewusstsein ins Übersinnliche, Jenseitige
[2] sublim (< lat. sublimis = erhaben, in die Höhen gehoben): verfeinert
[3] autochthon (< griech. autos = selbst; chthon = Erde): alteingesessen, bodenständig, einheimisch
[4] Emil Staiger (1908–1987): Literaturwissenschaftler, einer der profiliertesten Vertreter der werkimmanenten Interpretationsmethode

8 Ingeborg Bachmann (1926–1973): Die gestundete Zeit

Es kommen härtere Tage.
Die auf Widerruf gestundete Zeit
wird sichbar am Horizont.
Bald musst du den Schuh schnüren
5 und die Hunde zurückjagen in die Marschhöfe.
Denn die Eingeweide der Fische
sind kalt geworden im Wind.
Ärmlich brennt das Licht der Lupinen.
Dein Blick spurt im Nebel:
10 die auf Widerruf gestundete Zeit
wird sichtbar am Horizont.

Drüben versinkt dir die Geliebte im Sand,
er steigt um ihr wehendes Haar,
er fällt ihr ins Wort,
15 er befiehlt ihr zu schweigen,
er findet sie sterblich
und willig dem Abschied
nach jeder Umarmung.
Sieh dich nicht um.
20 Schnür deinen Schuh.
Jag die Hunde zurück.
Wirf die Fische ins Meer.
Lösch die Lupinen!

Es kommen härtere Tage. (v 1953)

9 Paul Celan (1920–1970): Mit wechselndem Schlüssel

Mit wechselndem Schlüssel
schließt du das Haus auf, darin
der Schnee des Verschweigens treibt.
Je nach dem Blut, das dir quillt
5 aus Aug oder Mund oder Ohr,
wechselt dein Schlüssel.

Wechselt dein Schlüssel, wechselt das Wort,
das treiben darf mit den Flocken.
Je nach dem Wind, der dich fortstößt,
10 ballt um das Wort sich der Schnee. (v 1955)

10 Christoph Meckel (* 1935): Rede vom Gedicht

Das Gedicht ist nicht der Ort, wo die Schönheit gepflegt wird.

Hier ist die Rede vom Salz, das brennt in den Wunden.
Hier ist die Rede vom Tod, von vergifteten Sprachen.
Von Vaterländern, die eisernen Schuhen gleichen.
5 Das Gedicht ist nicht der Ort, wo die Wahrheit verziert wird.

Hier ist die Rede vom Blut, das fließt aus den Wunden.
Vom Elend, vom Elend, vom Elend des Traums.
Von Verwüstung und Auswurf, von klapprigen Utopien.
Das Gedicht ist nicht der Ort, wo der Schmerz verheilt wird.

10 Hier ist die Rede von Zorn und Täuschung und Hunger
(die Stadien der Sättigung werden hier nicht besungen).
Hier ist die Rede von Fressen, Gefressenwerden
von Mühsal und Zweifel, hier ist die Chronik der Leiden.
Das Gedicht ist nicht der Ort, wo das Sterben begütigt
15 wo der Hunger gestillt, wo die Hoffnung verklärt wird.

Das Gedicht ist der Ort der zu Tode verwundeten Wahrheit.
Flügel! Flügel! Der Engel stürzt, die Federn
fliegen einzeln und blutig im Sturm der Geschichte![1]
Das Gedicht ist nicht der Ort, wo der Engel geschont wird. (e 1974)

---
[1] Anspielung auf den Engel der Geschichte in der häufig zitierten 9. geschichtsphilosophischen These (1940) von Walter Benjamin (Literaturkritiker und Schriftsteller 1892–1940): Der Engel der Geschichte habe sein Gesicht der Vergangenheit zugewendet, die er als „eine einzige Katastrophe" sehe. Er habe zwar das Bedürfnis zu helfen, könne aber nicht verweilen, weil der Sturm des Fortschritts, vom Paradies herkommend, sich in seinen Flügeln verfangen habe und ihn mächtig und unaufhaltsam – rückwärts – in die Zukunft treibe, „während der Trümmerhaufen vor ihm zum Himmel" wachse. (Nach: www.literturwissenschaft-online.de vom 24. Januar 2008)

Paul Klee: Angelus Novus (1920)

1. a) Finden Sie über Rezitationsversuche einen ersten Zugang zu den Gedichten (Texte 7–9).
b) Suchen Sie sprachliche Bilder, die die Texte prägen.
c) Versuchen Sie, die gewählten Bilder zu deuten.

2. Interpretieren Sie eines der Gedichte (Texte 7–9) mithilfe der Methode zur Erschließung hermetischer Lyrik (S. 397 f.).

3. a) Lesen Sie zunächst nur den ersten und letzten Vers des Gedichtes.
Tauschen Sie sich im Kurs über Ihr Verständnis der beiden Verse aus.
b) „Das Gedicht ist nicht der Ort, wo die Schönheit gepflegt wird", sondern ...
Beenden Sie den Satz.
c) Rezitieren Sie das Gedicht.

4. Lesen Sie die Fußnote und erklären Sie die Anspielung auf das Bild vom „Engel der Geschichte".

5. Interpretieren Sie das Gedicht. Sprechen Sie anschließend in Ihrem Kurs über Interpretationsschwierigkeiten.

6. Diskutieren Sie abschließend im Plenum über die Funktion von Lyrik.

2. Schreiben zwischen Parteilichkeit und kritischer Distanz – Reaktionen auf politische Vorgaben und Ereignisse in der DDR-Literatur untersuchen

Bereits 1950 wird die Literatur im neuen Staat ideologisch auf ihre politische Rolle beim Aufbau des sozialistischen Staates festgelegt. Für die Schriftsteller und ihre Literatur gilt das Prinzip der Parteilichkeit, d.h. das Gebot, sich zur Partei zu bekennen und dadurch ihre Verbundenheit mit der Arbeiterklasse zu bekennen. Nur so könne Literatur ihre Rolle im Klassenkampf erfüllen. Dazu sollen sie „positive Helden", die für den Sozialismus kämpfen, in den Mittelpunkt ihrer Werke stellen. Die kritische Auseinandersetzung mit der gesellschaftlichen Wirklichkeit ist dagegen nicht erwünscht. Dennoch lässt sich die aufkommende Systemkritik nicht unterbinden.
Mit dem „Bitterfelder Weg" (1959) beginnt eine neue literarische Strömung, die darauf zielt, Kunst und Arbeitswelt stärker miteinander zu verzahnen. Einerseits sollen die Künstler und Dichter in die Produktion eingespannt werden, andererseits sollen Werktätige schriftstellerisch tätig werden. Es entsteht die „Bewegung schreibender Arbeiter" („Greif zur Feder, Kumpel! Die deutsche Nationalkultur braucht dich!").

1 Werner Bräunig (1934–1976): Du, unsere Zeit

Sicher blühten die Blumen
auch vor tausend Jahren schön,
und manchmal klang sicher ein Liebeslied
in eines Herbstwindes Wehn.
5 Und sicher steigen die Schwalben auch
im nächsten Jahrtausend zum Licht,
und die Erde wird sicher viel freundlicher sein
und schöner das Menschengesicht.

Aber ganz sicher waren die Sterne
10 der Erde noch nie so nah,
und der Himmel sah sicher noch nie eine Zeit,
da solch ein Beginnen geschah.
Noch nie. Und die Liebe war nie so bedroht
und doch nie größer als heut.
15 Du unser Jahrhundert: Es beginnt erst der Mensch
in dieser, in unserer Zeit.

Die Liebenden werden sich abends am Fluss
auch in tausend Jahren noch küssen.
Doch nie wieder wird sein: Schon lieben zu dürfen
20 und doch noch hassen zu müssen. (e um 1960)

1. Das Gedicht von Werner Bräunig stand viele Jahre in den Lesebüchern der DDR.
a) Begründen Sie, warum.
b) Diskutieren Sie im Plenum die Frage, ob dieses Gedicht zur gleichen Zeit auch als Schullektüre in der BRD denkbar gewesen wäre.

2. a) Schreiben Sie ein Parallelgedicht aus heutiger Sicht. Orientieren Sie sich dabei an folgender Struktur:

Du, unsere Zeit

Sicher ...

Aber ganz sicher ...

Doch nie wieder ...

b) Vergleichen Sie Ihre Entwürfe.

2 Reaktionen auf den 17. Juni 1953

Am 17. Juni 1953 erlebt die noch junge DDR ihre erste große Erschütterung: Ein Streik der Bauarbeiter in der Ost-Berliner Stalinallee wächst sich zum landesweiten Arbeiteraufstand aus. In Hunderten Orten wird gestreikt und demonstriert. Die DDR-Führung ist hilflos und lässt den Protest schließlich von sowjetischen Truppen niederschlagen.
Die Ursachen des Aufstandes gehen auf die Beschlüsse der II. Parteikonferenz im Juli 1952 zurück. Dort wurde der Aufbau des Sozialismus nach sowjetischem Vorbild beschlossen. Folgen dieser „Sowjetisierung" sind eine Ernährungskrise sowie der Rückgang der industriellen Produktion. Viele Bewohner reagieren mit Protesten und „Republikflucht". Die SED-Führung erlässt im Mai 1953 auf diese tief greifende wirtschaftliche und politische Krise hin ein Gesetz zur Erhöhung der Arbeitsnorm. Dies wurde von den Arbeitern als zusätzliche Provokation empfunden.

a) 17. Juni 1953 in Ostberlin

b) Kurth Barthel (1914–1967)[1]: Wie ich mich schäme

Wie ich mich schäme! Maurer – Maler – Zimmerleute. Sonnengebräunte Gesichter unter weißleinenen Mützen, muskulöse Arme. Nacken – gut durchwachsen, nicht schlecht habt Ihr Euch in Eurer Republik ernährt, man konnte es sehen. Vierschrötig kamt Ihr daher ... Es gibt keine Ursache dafür, dass Ihr an jenem, für Euch – Euch am allermeisten – schändlichen Mittwoch
5 nicht Häuser bautet ... Schämt Ihr Euch so, wie ich mich schäme? Da werdet Ihr sehr viel und sehr gut mauern und künftig sehr klug handeln müssen, ehe Euch diese Schmach vergessen wird. Zerstörte Häuser reparieren, das ist leicht. Zerstörtes Vertrauen wiederaufrichten, das ist sehr, sehr schwer. (e 1953)

c) Bertolt Brecht (1898–1956): Die Lösung

Nach dem Aufstand des 17. Juni
Ließ der Sekretär des Schriftstellerverbands
In der Stalinallee Flugblätter verteilen,
Auf denen zu lesen war, daß das Volk
5 Das Vertrauen der Regierung verscherzt habe
Und es nur durch verdoppelte Arbeit
Zurückerobern könne. Wäre es da
Nicht doch einfacher, die Regierung
Löste das Volk auf und
10 Wählte ein anderes? (e 1953)

(Aus lizenzrechtlichen Gründen ist dieser Text nicht in reformierter Rechtschreibung abgedruckt.)

1. Ermitteln Sie die Adressaten der beiden Texte.

2. Vergleichen Sie die Texte hinsichtlich der Autorenintention und der sprachlichen Gestaltung.

3. Formulieren Sie, ausgehend von den Texten, ein generelles Problem, vor dem die Autoren in der DDR standen.

3 Brigitte Reimann (1933–1973): Ankunft im Alltag (Auszug)

Gleich nach dem Abitur gehen Curt, Nikolaus und Recha für ein Jahr in einen Großbetrieb, in eine für sie fremde, aufregende Welt. Ein bisschen Trotz ist dabei im Spiel, viel Idealismus und noch mehr Abenteuerlust. Wie schwierig es werden wird, sich zu behaupten, ahnt am Anfang keiner, und dass beide Jungen sich in Recha verlieben, macht es nicht leichter.

„... ich meine die Arbeit", fuhr Curt fort; er fühlte jetzt wieder Boden unter den Füßen und sprach zuversichtlich und mit Schwung. „Du arbeitest mit deinen Händen und siehst, was du schaffst; du gehörst dazu, als einer unter Tausenden, du schlägst dich mit all den Schwierig-

---
[1] Kurt Barthel, bekannt unter dem Autorennamen Kuba, erster Sekretär des Schriftstellerverbandes der DDR

> **R Kultfigur in Ost und West?!**
>
> Recherchieren Sie zum Leben Brigitte Reimanns. Beziehen Sie auch den Briefwechsel ein, den sie zwischen 1964 und 1973 mit Christa Wolf führte. Er dokumentiert die Freundschaft der beiden angesehenen Autorinnen. Erarbeiten Sie die Gründe dafür, dass Brigitte Reimann Ende der 90er-Jahre zu einer „Kultfigur" wurde, und bewerten Sie diese Einschätzung.
>
> **Literaturtipp:**
> - Angela Drescher (Hrsg.): *Sei gegrüßt und lebe – Eine Freundschaft in Briefen, 1964–1973*, Aufbau ⁴2003
> - Brigitte Reimann: *Ich bedaure nichts – Tagebücher 1955–1963*. Aufbau ⁴2004

keiten rum, von denen du bis jetzt bloß in der Zeitung gelesen hast – und wenn du weggehst, kannst du sagen: An der Halle da habe ich mitgebaut, und für das Dach dort habe ich die Platten geschleppt ... Du musst es doch am besten wissen, Mensch, wie sie angefangen haben, in den Wäldern, auf der nackten Heide, und es waren keine Straßen da und keine Häuser, und heute, vier Jahre später – vier Jahre, mein lieber Mann! –, heute steht ein Riesenwerk, und du kannst zusehen, wie es wächst ..."

Er redete sich in Feuer, er berauschte sich an seiner Beredsamkeit, und Heribert nickte und sagte: „Das stimmt, mein Sohn, das ist verdammt richtig", und er vergaß, überwältigt von Erinnerungen, dass dieser flinkzüngige Curt noch keinen Stein für das besungene Riesenwerk getragen hatte.

„Am 1. Mai hättest du dabei sein sollen", sagte Heribert, und er hätte dem Jungen gern von diesem 1. Mai erzählt: wie er auf dem sandigen, von hundert Reifen aufgewühlten Weg gestanden hatte, eingekeilt in einer festlich bewegten Menge, und wie zum ersten Mal aus den hohen weißen Schornsteinen der Rauch gestiegen war, hellgrau und schwadig und träge zergehend in der dünnen blauen Mailuft, und wie er der Rauchfahne, dieser schönsten, stolzesten Fahne über seinem Kombinat, zugeschrien, zugejubelt hatte. Er stand neben Männern und Frauen, die noch jene heißen Augusttage des Jahres 1955 miterlebt, die ersten Bäume gefällt, die ersten Gräben gezogen hatten, und er sah Tränen in ihren Augen, ergreifendes Zeichen ihrer Verbundenheit mit dem Werk, das sie in vier Jahren aufgebaut hatten. (v 1961)

4 Christa Wolf (* 1929): Der geteilte Himmel (Auszug)

Der Roman erzählt die Geschichte des Flüchtlingsmädchens Rita Seidel, das im Sommer 1959 den jungen Chemiker Manfred Herrfurth kennen- und lieben lernt. Sie zieht mit ihm zusammen in eine Stadt, um dort Lehrerin zu werden. Im Rahmen ihres Studiums absolviert sie ein Arbeitspraktikum in einer Waggonfabrik, in der sie die Bereitschaft entwickelt, sich für den Aufbau des Sozialismus zu engagieren. Manfred jedoch kehrt der DDR enttäuscht den Rücken und flieht unmittelbar vor dem Mauerbau 1961 nach Westberlin. Rita folgt ihm, kehrt jedoch in die DDR zurück, weil sie sich fremd fühlt und noch immer auf der Suche nach einer eigenen Identität ist. In einem Schwächeanfall begeht sie einen Selbstmordversuch. Der Roman setzt nach dieser Tat mit dem Erwachen im Krankenhaus ein und schildert retrospektiv die Ereignisse der letzten Jahre.
Der Auszug stammt aus dem 21. Kapitel des Romans. Die Eltern von Sigrid, einer Klassenkameradin Ritas, sind in den Westen geflüchtet und in der Klasse wird darüber mit Schwarzenbach, der Rita für die Lehrerausbildung geworben hat, und dem linientreuen Funktionär Mangold diskutiert. Wenige Tage zuvor hatte Rita Schwarzenbach zu Hause besucht und erfahren, dass dessen Sohn lebensbedrohlich erkrankt war.

Mangold sprach lange. Rita wußte, was er sagen würde. Sie hörte kaum zu, aber sie sah ihn aufmerksam an. Er kam ihr wie entzaubert vor. Merkte denn niemand sonst, wie hohl jedes Wort aus seinem Munde klang? Wie lächerlich sein Pathos war? Ihr war, als könne sie den Mechanismus sehen, der diesen Menschen bewegte.
Sie schämte sich für alle, die vor ihm zu Boden blickten.
Sigrid war den Tränen nahe. Rita lächelte ihr beruhigend zu. Das hielt sich doch nicht. Vielleicht konnte der Mangold die anderen noch eine Weile einschüchtern; aber schließlich war er zum Scheitern verurteilt, weil er niemandem nützte, nicht einmal sich selbst. Und, wie sich zeigte, auch einschüchtern konnte er nicht mehr.
„Für wen sprechen Sie?" fragte Erwin Schwarzenbach ihn. Alle stutzten, auch Mangold. Er spreche für die Genossen, sagte er dann herausfordernd. Es gäbe da einen Beschluß ...
„Einen Beschluß", sagte Schwarzenbach. Rita hatte ihn seit jenem Abend noch nicht sprechen können. Was ist mit seinem Jungen? dachte sie. Er muß leben, sonst könnte Schwarzenbach nicht so ruhig sein. Sie hörte ihn weitersprechen: „Was sagt der Beschluß über die Gründe für Sigrids Verhalten? Warum hatte sie kein Vertrauen zur Klasse?"
Auf diese Frage, dachte Rita, mußte alles aufbrechen und ein für allemal beiseite geräumt werden. Alle mußten jetzt sprechen ... Aber immer noch redete nur Mangold, dem man guten Glauben wohl zubilligen mußte. Er sprach über die Parteilinie, wie Katholiken über die unbefleckte Empfängnis reden. Das sagte Schwarzenbach ihm auch, lächelnd, und machte Mangold damit hilflos böse. Es stimmt: Ohne Schwarzenbach hätte alles anders auslaufen können. Warum nur

---

1. Stellen Sie heraus, von welchen Idealen sich die Figuren in Brigitte Reimanns Roman leiten lassen.

2. Stellen Sie einen Zusammenhang her zwischen Brigitte Reimanns Entscheidung für einen auktorialen Erzähler und der dem Text zugrunde liegenden Parteilichkeit.

hatten sie allein kein Zutrauen zu sich? Was hinderte sie, einfache menschliche Fragen zu stellen, wie Schwarzenbach es jetzt tat, jemandem aufmerksam zuzuhören, ohne ihm zu mißtrauen? Was hinderte sie, jeden Tag so frei zu atmen wie jetzt? Sich immer so offen anzublicken? „Zuspitzen!" rief Mangold. Man müsse doch jede Frage zuspitzen, um an den Kern der Widersprüche zu kommen!

Das sei parteimäßig.

Hier bekam er die einzige scharfe Antwort von Schwarzenbach, dem es wohl sehr wichtig war, daß alle an dieser Debatte teilnahmen, und daß sie ihn in diesem Punkt unerbittlich sahen. Sie kannten ihn nicht so erregt. Er rief Mangold zu: „Sorgen Sie lieber dafür, daß eine Sigrid merkt: Für sie ist die Partei da, was ihr auch passiert. – Für wen denn sonst, wenn nicht für sie", setzte er leiser hinzu.

An diesem Punkt der Versammlung fing Sigrid doch noch an zu weinen, so unauffällig wie möglich; aber sie merkten es alle, und es beruhigte sie. Nur Mangold gab sein Programm nicht auf. (v 1963)

(Aus lizenzrechtlichen Gründen ist dieser Text nicht in reformierter Rechtschreibung abgedruckt.)

3. Charakterisieren Sie Rita, Mangold und Schwarzenbach und vergleichen Sie deren politische Überzeugungen.

4. a) Zeigen Sie an zwei Abschnitten Ihrer Wahl die Merkmale der personalen Erzählhaltung, die diesen Roman kennzeichnet, und achten Sie dabei besonders auf die Form der Redewiedergabe.
b) Überlegen Sie, warum die Autorin keinen auktorialen Erzähler verwendet.

5. Suchen Sie Vergleichsaspekte zu Brigitte Reimanns Roman (Text 3).

Ankunftsliteratur (1961–1971)

Der Mauerbau zwischen Ost- und Westberlin hatte große Auswirkungen auf die Literatur des folgenden Jahrzehnts. Viele Autoren wandten sich nun den eigenen alltäglichen Lebensbedingungen in der DDR zu. Die jüngeren Autoren dieser Zeit begannen, eigene Hoffnungen zu artikulieren und gescheiterte Illusionen zu beschreiben. Brigitte Reimanns Roman *Ankunft im Alltag* von 1961 gab der „Ankunftsliteratur" den Namen. Auch Christa Wolfs *Der geteilte Himmel* (1963) zeigt, was diese junge Generation bewegte. Menschen, die sich mit Optimismus und persönlichem Einsatz am Aufbau einer gerechten Gesellschaft beteiligt und für Fortschritte in der „sozialistischen Produktion" eingesetzt haben, zerbrechen an der Herrschaft des „Plans", an der Unterdrückung der Andersdenkenden und an dem Anspruch auf persönliches Glück.

5 Werner Bräunig (1934–1976): Rummelplatz (Auszüge)

Schlimmer als die Ruinen sind vier Jahre nach Kriegsende die Entwurzelung und der desolate Zustand der Menschen. In der Wismut-AG, dem riesigen Uran-Bergbaubetrieb im Erzgebirge, treffen sie aufeinander, die Kriegsheimkehrer und Glücksritter, die Aufsässigen und Idealisten mit verbissenem Aufbauwillen. Aber Fehlentwicklungen zeichnen sich ab und noch immer gibt es vielfältige Verbindungen zur anderen Seite des Eisernen Vorhangs. Die Handlung endet mit den Ereignissen des 17. Juni 1953 und dem Tod eines Arbeiters. „Was bleibt, wenn ein Arbeiter stirbt?" Das ist die Frage, in die der Autor seinen Roman münden lässt.

Der Roman wurde 1965 auf dem 11. Plenum des ZK der SED so heftig angegriffen, dass er nicht mehr erscheinen konnte. Erst 2007 wurde er erstmals vollständig publiziert und als „einer der besten deutschen Nachkriegsromane" (Die Zeit, 3.5.2007) bezeichnet, als einer der „ganz großen Deutschlandromane" (Christoph Hein).

Christian Kleinschmidt dachte: Das ist also die Wismut. Baracken, Dreck, hölzerne Fördertürme, die wenig vertrauenerweckend aussahen, nochmals Dreck und dieses zerknitterte Männlein, das beim Sprechen kaum die Lippen auseinander brachte. Das Männlein nuschelte etwas von Einweisung, Essentalons[1], Wolldecken und Küchenzeiten. Es stand erhaben wie der Evangelist Markus bei der Bekanntgabe der Abfütterung der fünftausend. Er aber, Christian Kleinschmidt, er pfiff auf Evangelien. Auf das von der guten und ausreichenden Ernährung – bei ausreichender Arbeit, versteht sich – besonders. Er dachte: Hier stehst du, Abitur in der Tasche, und diesen Brief, der deine Immatrikulation[2] auf unbestimmte Zeit verschiebt, zum Trost aber immerhin empfiehlt, dich vorläufig einem praktischen Beruf zuzuwenden. Besonders im Erzbergbau würden dringend Arbeitskräfte benötigt. Hier stehst du, du kannst nicht anders, Gott hilft dir nicht, amen. Man hatte sich leider einen für diese Zeiten völlig untauglichen Vater

*Als 2007 im Aufbau-Verlag der Roman Rummelplatz erschien, sorgte dies für eine kleine Sensation – auch als Akt der Wiedergutmachung an dem zu Unrecht vergessenen Autor **Werner Bräunig**, der bereits 1976, mit 42 Jahren, gestorben war. Von der öffentlichen Denunziation seiner Person und seines Werkes hatte er sich nie wieder erholt. Der gelernte Schlosser, 1934 als Sohn kleiner Leute in Chemnitz geboren, wollte als Schriftsteller „tief in die Stollen des Lebens" eindringen – wie die Bergmänner auf der Suche nach dem radioaktiven Uranerz, deren Arbeit er als Fördermann der Wismut-AG genau kannte.*

---

[1] der Talon (> frz.: talon = Rest): Kontrollabschnitt, Eintrittskarte
[2] die Immatrikulation (> lat. immatriculare = hinein und matricula = öffentl. Verzeichnis): Aufnahme in das Studentenverzeichnis

ausgesucht, man hätte damals vor achtzehn Jahren, als man in die Welt gesetzt wurde, vorsichtiger sein müssen.
Das Männlein sagte: Schäden an der empfangenen Wäsche werden vom Lohn abgezogen, Verlust vom Lohn abgezogen, vorzeitiger Verschleiß abgezogen, mutwillige Beschädigung ... Christian stieß seinen Nachbarn an, aber der sah nur dumpf vor sich hin.
Sehr begabt, hatte der Herr Klassenlehrer Buttgereit gesagt, sehr begabt. Immerhin durfte ‚der ehemalige Herr Obergefreite' wieder lehren. Er hatte treu und brav getan, was ihm befohlen war, damals; wusste auch heute wieder genau Bescheid: krumm, gerade, Recht, Unrecht. „Das Kommunistische Manifest" hatte er in einer stillen Stunde gelernt. Nazi war er nicht gewesen. Betete nun die Proletarier aller Länder herunter wie einst Hans Fritzsche und den „Völkischen Beobachter".
Er aber, Christian Kleinschmidt, er durfte Steine schippen und sich in diesem Bergwerk den Schädel einrennen. Selbstredend gab es keine Kollektivschuld, das hatte der große Stalin[1] in jenem Artikel, den sie zweimal durchgekaut hatten, ausdrücklich gesagt. Und was der große Stalin sagte, hatte gefälligst die lautere Wahrheit zu sein, einstimmig, Punkt.
[...]
Der Schacht lag eine Viertelstunde hangabwärts. Es war der älteste der drei Schächte auf dem Rabenberg. Hinter dem Förderschacht türmten sich die Halden in den Himmel, Geröll polterte von der Kippe, manchmal lösten sich schmale Steinlawinen vom Hang, die rauschten unten zwischen die Fichtenstämme. Der Schacht fraß sich immer tiefer in den Wald.
Gerümpel häufte sich, verrostete Hunte[2], Karbidfässer[3]. Aus einem Ziegelbau quoll Rohrgewirr. Über dem Hauptförderschacht zitterte die Luft. Der Lärm der Kipper, der Aufzüge und Fördermaschinen flutete in die Täler. Christian sah nun: das Schachtgelände war von einem übermannshohen Bretterzaun umgeben, darauf eine rostige Stacheldrahtgirlande hing. Überall standen Postentürme. Wenn man vom Lager kam, konnte man das ganze Gelände überblicken.
[...]
Nach vierzehn Tagen begann Christian Kleinschmidt sich an diese Arbeit zu gewöhnen. An ihre Schwere, ihre Dunkelheit, an die Enge der Querschläge und des Überhauens. Die ersten Tage war er nach der Schicht auf seinen Strohsack gesunken, ausgelaugt, oft ohne sich gewaschen und umgezogen zu haben. Er war sofort eingeschlafen; wieder auf die Beine bekommen hatten ihn die anderen erst kurz vor der neuen Schicht, mit schmerzenden Gelenken, mit bleiernem Schädel. Er war abgemagert, das Essen schmeckte nicht, mitunter war er über der Suppe eingeschlafen. Er hatte auch kaum Hunger verspürt, nur dieses klebrige Durstgefühl.
[...]
Die einundzwanzigste Schicht fuhr er in einer hohen Novembernacht. Die ging weit über die Erzgebirgskämme, ein bleicher Mond goss Kälte in den Schachthof. Harte Schatten standen neben den Lattenzäunen, standen im Winkel zwischen Förderturm und Berglehne. Christian lehnte am Geländer der Hängebank[4], er konnte durch ein ausgespartes Viereck im Holzturm den Himmel sehen. Es war windstill, dennoch zog kalte Luft herein. Wasser tropfte aus dem Gebälk, auf die steife Gummijacke, Christian fröstelte.
Das Wasser war schon am ersten Tag getropft, es würde weitertropfen in alle Ewigkeit. Unerfindlich, wo es herkam, da war nichts als Holz oben und die Seilscheiben und das Stahlseil. Und das Viereck Himmel drüber. Aber von dort kam das Wasser nicht.
Das aufziehende Seil floss langsamer. Christian hörte den Korb gegen die Schachtverschalung poltern, die Trägertraverse[5] hob sich aus dem Schachtmund. Das Stangengitter rasselte in die Höhe. Acht Männer betraten die Hängebank, nacheinander, fahle Schädel über steifpanzernen Brustkollieren[6], sie gingen vorbei wie eine Prozession. Drei mit lehmig verschmierten Gesichtern, die kamen von der oberen Sohle.

---

[1] Josef Stalin (1878–1953): russischer Staatsmann und Oberbefehlshaber der Roten Armee
[2] der Hunt: Bezeichnung für einen Förderwagen im Bergbau
[3] das Karbid: „Karbid" bezieht sich auf eine bestimmte Art der Verbindung eines chemischen Elements mit Kohlenstoff. Hier ist Kalziumkarbid gemeint, das in Karbidlampen und zur Erzeugung des Gases Azetylen (chemisch: „Ethin") verwendet wird.
[4] Hängebank: Die Hängebank befindet sich über Tage oberhalb des Förderschachtes und ist der Ort, an dem Schachtfördergeräte be- und entladen werden.
[5] die Traverse (> franz. traverse = Querbalken, Querstraße): horizontaler Träger
[6] das Brustkollier (> franz. collier = Halsband): Brustschutz

Christian nahm sein Geleucht und kroch unter dem Gitter in den Korb, unwirklich laut wie in einer Kirche das Signal zur Mannschaftsförderung. Der Boden wippte, hob sich, sackte nach unten weg. Dann tanzten die Hölzer der Verschalung vorbei, zählbare Sprossen einer nach oben steigenden Leiter, ein Gleichmaß, in dem sich das Fallgefühl aufhob. Das war nun ein vierzigmal erlebter Vorgang. Es blieb dennoch ein Abenteuer.

[...]

Wuppertal, dachte Christian. Da ist der Rhein nicht weit. Und der sagenhafte Onkel Hollenkamp. Und die Tante Luise. Keine Wismut, keine Nachtschicht, keine Hunte täglich und in alle Ewigkeit. Und keine zerschundenen Knochen. Keine Baracke und kein Mehlhorn. Vielleicht ein Studienplatz. Warum ging man nicht wirklich hin, schwarz über die grüne Grenze? Nur, weil man nicht wusste, wie die Leute dort in Wahrheit waren? Weil man Angst hatte, dass man vielleicht dreimal täglich mit einem frommen Dankeschön würde zahlen müssen, und weil sie einen anschauen würden mit jenem Wisse-das-zu-würdigen-Blick? Weil man ihn sich gar nicht vorstellen konnte als Lebewesen: Theo Hollenkamp, Familienkrösus, Haus, zwei Autos, Cousine Irene, gleichaltrig. War das ein Grund? Ein Grund für das hier? (e 1963–1965, v 2007)

Aus dem Programmheft zu „Rummelplatz", Maxim-Gorki-Theater Berlin

GLOSSAR

Bergbau und Papierherstellung

Abbau planmäßige industrielle Gewinnung nutzbarer Minerale und Gesteine, der Gewinnungsort der nutzbaren Materiale und Gesteine im untertätigen Bergbau

Abbauverfahren Art und Weise des Abbaues der Minerale und Gesteine

Ankerausbau ein Ausbau, bei dem die Gebirgsschichten mit Stahlbolzen miteinander verspannt werden

Aufwältigung Wiederherstellung alter, verbrochener Grubenbaue, um sie erneut für bergmännische Arbeiten nutzen zu können

Ausbau Abstützung bergmännisch geschaffener Hohlräume mit dem Ziel, sie für die Zeit der bergmännischen Arbeiten gegen das Zusammenbrechen oder Steinfall abzusichern und Bergleute sowie Ausrüstungen vor Schaden zu bewahren

Ausrichtung Alle Grubenbaue, die zum Heranfahren an die Lagerstätte von über Tage dienen, z.B. Stollen, Schächte, Querschläge oder Richtstrecken; im Regelfall zählt man zur Ausrichtung auch Hilfsgrubenbaue wie Füllorte und Kammern

Bohrhammer pneumatisch oder elektrohydraulisch betriebenes Werkzeug für die Herstellung von Bohrlöchern, vor allem Sprengbohrlöchern bis zu max. 200 m Durchmesser

Brigadier Leiter einer Brigade, d. h. einer kleinen Arbeitsgruppe in sozialistischen Betrieben

Erz Metallhaltige Minerale oder Mineralgemenge in der festen Erdkruste, aus denen mit wirtschaftlichem Nutzen Metalle oder Metallverbindungen hergestellt werden können

Fahren nennt der Bergmann jede Fortbewegung unter Tage, auch das Laufen

---

1. a) Tragen Sie zusammen, was Sie über Christian Kleinschmidt und seine neue Arbeitsumgebung erfahren.
b) Zeigen Sie an ausgewählten Beispielen den Zusammenhang zwischen der Wahl des Erzählverhaltens und der sprachlichen Gestaltung des Textes.

2. Informieren Sie sich im Internet über die Geschichte der Wismut-AG, „Klein-Texas", und die Arbeitsbedingungen vor Ort.

3. Erarbeiten Sie die Biografie des Autors. Nutzen Sie dazu auch das Material auf der DVD und verfolgen Sie exemplarisch, wie ein Autor unter dem politischen Druck zerbricht.

4. Diskutieren Sie, inwiefern sich die Sicht auf die Textauszüge nach der Recherche der Biografie verändern kann.

R „Was bleibt, wenn ein Arbeiter stirbt?"
Lesen Sie den Roman und stellen Sie anhand ausgewählter Textauszüge die Protagonisten und den Handlungsgang vor. Inwiefern erscheinen hier die Probleme der Nachkriegszeit „wie in einem Brennglas gebündelt" (Nachwort)?

---

6 Günter Kunert (* 1929): Der Schrei der Fledermäuse

Während sie in der Dämmerung durch die Luft schnellen, hierhin, dorthin, schreien sie laut, aber ihr Schreien wird nur von ihresgleichen gehört. Baumkronen und Scheunen, verfallende Kirchentürme werfen ein Echo zurück, das sie im Fluge vernehmen und das ihnen meldet, was sich an Hindernissen vor ihnen erhebt und wo ein freier Weg ist. Nimmt man ihnen die Stimme, finden sie keinen Weg mehr; überall anstoßend und gegen Wände fahrend, fallen sie tot zu Boden. Ohne sie nimmt, was sonst sie vertilgen, überhand und großen Aufschwung: das Ungeziefer. (v 1964)

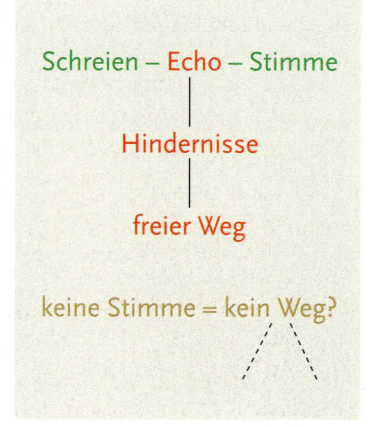

Schreien – Echo – Stimme
|
Hindernisse
|
freier Weg

keine Stimme = kein Weg?

1. Erarbeiten Sie die Intention der Denkbilder (Texte 6 und 7), indem Sie die Schlüsselbegriffe zusammenstellen und dazu Assoziationsketten bilden. Orientieren Sie sich dazu an den Textmarkierungen und an der angedeuteten Grafik.

2. Schreiben Sie einen der Texte in eine „Menschengeschichte" um.

3. Schreiben Sie eigene Denkbilder, die die gesellschaftliche Situation, Problemfelder und Konflikte der Gegenwart widerspiegeln:
a) Wählen Sie dazu „Tiere unserer Zeit" für die Gestaltung der Bildebene und bedenken Sie die aufklärerisch-didaktische Absicht dieser literarischen Gattung.
b) Illustrieren Sie Ihre Entwürfe und diskutieren Sie im Plenum Ihre Ergebnisse.
c) Begründen Sie Ihre inhaltlichen und sprachlichen Entscheidungen.

7 Jurek Becker (1937–1997): Der Nachteil des Vorteils

Pinguine, so habe ich einmal gelesen, seien außerhalb ihrer Heimat, in zoologischen Gärten etwa, äußerst schwer zu halten. Die natürlichen Bedingungen, unter denen sie lebten, seien so beschaffen, dass es Krankheitskeime kaum gebe. Das habe zur Folge, dass der Organismus der Pinguine, da er solche Keime praktisch nie abzuwehren habe, auf deren Abwehr praktisch nicht eingerichtet sei. Nur gegen Kälte verfüge er über große Widerstandskraft.
In zoologischen Gärten nun, wo es von Bakterien aus aller Herren Länder nur so wimmle, sei die Lage für Pinguine fatal. Nahezu schutzlos, hieß es, seien sie Krankheitskeimen ausgeliefert, über die andere Tiere gewissermaßen nur lächelten. Und selbst winzigste Gefahren, die von den Organismen der übrigen nicht einmal wahrgenommen würden, könnten für die Pinguine tödlich sein. Die Gewöhnungszeit sei lang und erfordere von den Pflegern außerordentliche Geduld. (v 1980)

> **Das Denkbild**
> Seit Mitte der Sechzigerjahre wurde in der DDR das Denkbild, eine der Parabel in Vielem nahekommende literarische Gattung, dazu benutzt, auf die dortige gesellschaftliche Situation in besonderer Weise einzugehen: kurze Texte, in Versen oder Prosa, die nicht ein Geschehen erzählen oder eine Figur darstellen, sondern einen Sachverhalt oder eine Episode in knappster Form umreißen, um eine Einsicht herbeizuführen. Den **Denkprozess** muss der Leser selbst leisten. Dabei hat er die Bedeutung des Sachverhalts, der ihm auf der **Bildebene** dargeboten wird, für sich zu erschließen. „Denkbilder" werden in **aufklärerisch-didaktischer Absicht** verfasst und sind ästhetische Gebilde von besonderer Dichte. Vor allem Günter Kunert, Reiner Kunze und Volker Braun wandten dieses Verfahren auf die Situation in der DDR an.

3. „Denn Kunst ist immer Widerspruch zu dem, was ist" (Schütz) – Facetten des Widerspruchs an ausgewählten literarischen Beispielen erörtern

A Westdeutschland

In Westdeutschland rückt mit dem Eichmann-Prozess 1961 und den Auschwitz-Prozessen in Frankfurt die unbewältigte Vergangenheit vor allem in studentischen Kreisen erneut in den Blick (Studentenbewegung). In der Mitte der Sechzigerjahre zeigen sich erste wirtschaftliche Schwierigkeiten, so dass die daraus resultierenden sozialen Probleme nicht mehr außer Acht gelassen werden können. In den Jahren nach 1966 eskalieren die studentischen Proteste im Zuge des Engagements der USA im Vietnamkrieg, vor dem Hintergrund der Notstandsgesetzgebung in der Bundesrepublik und der weltweiten atomaren Bedrohung. Gleichzeitig entwickelt sich ein neues Selbstbewusstsein bei Frauen, die mit dem traditionellen Rollenverständnis brechen. In diesem gesamtpolitischen Kontext ist auch die zunehmende Politisierung der Literatur in den Sechzigerjahren zu sehen, die sich in politischen Aufrufen, Diskussionsbeiträgen sowie der literarischen Produktion niederschlägt und nicht nur gesellschaftlich, sondern auch in der Literatur selbst zu einem tiefgreifenden Umbruch führt.
Mitte der Siebzigerjahre kommt es zu einer deutlichen Distanzierung vom politischen Geschehen und zu einer stärkeren Hinwendung zur eigenen Identität und Individualität (Neue Subjektivität, Neue Innerlichkeit).

1 Hans Magnus Enzensberger (* 1929): Ins Lesebuch für die Oberstufe

Lies keine Oden, mein Sohn, lies die Fahrpläne:
sie sind genauer. Roll die Seekarten auf,
eh es zu spät ist. Sei wachsam, sing nicht.
Der Tag kommt, wo sie wieder Listen ans Tor
5 schlagen und malen den Neinsagern auf die Brust
Zinken. Lern unerkannt gehn, lern mehr als ich:
das Viertel wechseln, den Paß, das Gesicht.
Versteh dich auf den kleinen Verrat,
die tägliche schmutzige Rettung. Nützlich
10 sind die Enzykliken zum Feueranzünden,
die Manifeste: Butter einzuwickeln und Salz
für die Wehrlosen. Wut und Geduld sind nötig,
in die Lungen der Macht zu blasen
den feinen tödlichen Staub, gemahlen
15 von denen, die viel gelernt haben,
die genau sind, von dir. (v 1957)

(Aus lizenzrechtlichen Gründen ist dieser Text nicht in reformierter Rechtschreibung abgedruckt.)

1. a) Stellen Sie in einer ▶ Mindmap zusammen, was man in einem Lesebuch für die Oberstufe erwartet.
b) Vergleichen Sie Ihre Vorstellungen mit denen, die Enzensberger in seinem Gedicht nennt.
c) Stellen Sie in eigenen Worten dar, wie Enzensberger seine Imperative begründet.

2 Christoph Meckel (* 1935): Andere Erde

Wenn erst die Bäume gezählt sind und das Laub
Blatt für Blatt auf die Ämter gebracht wird
werden wir wissen, was die Erde wert war.
Einzutauchen in Flüsse voll Wasser
5 und Kirschen zu ernten an einem Morgen im Juni
wird ein Privileg sein, nicht für Viele.
Gerne werden wir uns der verbrauchten Welt
erinnern, als die Zeit sich vermischte
mit Monstern und Engeln, als der Himmel
10 ein offener Abzug war für den Rauch
und Vögel in Schwärmen über die Autobahn flogen
(wir standen im Garten, und unsre Gespräche
hielten die Zeit zurück, das Sterben der Bäume
flüchtige Legenden von Nesselkraut).
15 Shut up. Eine andere Erde, ein anderes Haus,
(Ein Habichtflügel im Schrank. Ein Blatt. Ein Wasser.) (v 1974)

2. a) Sprechen Sie über Ihr Verständnis des Gedichts von C. Meckel. Achten Sie dabei besonders auf den Gegensatz von „die Erde" (V. 3) und „andere Erde" (V. 15).
b) Verdeutlichen Sie die Zielsetzung des Dichters.

3. Zeigen Sie die unterschiedlichen Formen des Widerspruchs in den Texten 1 und 2.

3 Friedrich Dürrenmatt (1921–1990): Die Physiker (Auszug)

In einer Irrenanstalt sitzen drei scheinbar verrückte, in Wirklichkeit aber hochkarätige Physiker ein. „Einstein" (alias Joseph Eisler) und „Newton" (alias Alec Jasper Kilton) enttarnen sich als Geheimagenten gegnerischer Großmächte. Sie wollen den genialen Physiker „Möbius" für ihr Lager gewinnen. Möbius spielt den Irren, um die Menschheit vor den schrecklichen Konsequenzen seiner Forschungsergebnisse zu bewahren. Nachdem alle drei ihr Inkognito gelüftet haben und Möbius bekannt hat, seine Manuskripte verbrannt zu haben, kommt es zu folgendem Gespräch:

MÖBIUS *steht auf* Wir sind drei Physiker. Die Entscheidung, die wir zu fällen haben, ist eine Entscheidung unter Physikern. Wir müssen wissenschaftlich vorgehen. Wir dürfen uns nicht von Meinungen bestimmen lassen, sondern von logischen Schlüssen. Wir müssen versuchen, das Vernünftige zu finden.

Friedrich Dürrenmatt *(1921–1990) wurde als Sohn eines Pfarrers in Konolfingen (bei Bern) geboren, studierte Philosophie, Theologie und Germanistik, arbeitete zeitweise als Zeichner, Grafiker und Illustrator, Theaterkritiker und Regisseur, vor allem aber ab 1953 als freier Schriftsteller. Friedrich Dürrenmatt war in verschiedenen Gattungen bzw. Genres erfolgreich: als Erzähler mit den Romanen* Der Richter und sein Henker, *1952 und* Der Verdacht, *1953, als Hörspielautor (*Die Panne, *1956;* Das Unternehmen der Wega, *1958) und als Dramatiker (*Die Ehe des Herrn Mississippi, *1952;* Der Besuch der alten Dame, *1956;* Romulus der Große, *1958). Berühmt wurde er vor allem durch seine zeitkritische, einfallsreiche, oft ins Groteske getriebene Schreibweise.*

1. Stellen Sie die Argumente zusammen, mit denen Möbius Newton und Einstein überzeugt, die „Narrenkappe" (Z. 40) zu wählen.

2. Analysieren Sie, mit welchen Mitteln Möbius dieses Überzeugungsgespräch führt (vgl. Dialoganalyse, S. 66). Achten Sie v. a. auf
– den Ausgangspunkt des Dialogs,
– die Einbeziehung der Gesprächspartner
– und die Dialoganteile.

Wir dürfen uns keinen Denkfehler leisten, weil ein Fehlschluß zur Katastrophe führen müßte. Der Ausgangspunkt ist klar. Wir haben alle drei das gleiche Ziel im Auge, doch unsere Taktik ist verschieden. Das Ziel ist der Fortgang der Physik. Sie wollen ihr die Freiheit bewahren, Kilton, und streiten ihr die Verantwortung ab. Sie dagegen, Eisler, verpflichten die Physik im Namen der Verantwortung der Machtpolitik eines bestimmten Landes. Wie sieht nun aber die Wirklichkeit aus? Darüber verlange ich Auskunft, soll ich mich entscheiden.

NEWTON Einige der berühmtesten Physiker erwarten Sie. Besoldung und Unterkunft ideal, die Gegend mörderisch, aber die Klimaanlagen ausgezeichnet.

MÖBIUS Sind diese Physiker frei?

NEWTON Mein lieber Möbius. Diese Physiker erklären sich bereit, wissenschaftliche Probleme zu lösen, die für die Landesverteidigung entscheidend sind. Sie müssen daher verstehen –

MÖBIUS Also nicht frei.

Er wendet sich Einstein zu Joseph Eisler. Sie treiben Machtpolitik. Dazu gehört jedoch Macht. Besitzen Sie die?

EINSTEIN Sie mißverstehen mich, Möbius. Meine Machtpolitik besteht gerade darin, daß ich zugunsten einer Partei auf meine Macht verzichtet habe.

MÖBIUS Können Sie die Partei im Sinne Ihrer Verantwortung lenken, oder laufen Sie Gefahr, von der Partei gelenkt zu werden?

EINSTEIN Möbius! Das ist doch lächerlich. Ich kann natürlich nur hoffen, die Partei befolge meine Ratschläge, mehr nicht. Ohne Hoffnung gibt es nun einmal keine politische Haltung.

MÖBIUS Sind wenigstens Ihre Physiker frei?

EINSTEIN Da auch sie für die Landesverteidigung –

MÖBIUS Merkwürdig. Jeder preist mir eine andere Theorie an, doch die Realität, die man mir bietet, ist dieselbe: ein Gefängnis. Da ziehe ich mein Irrenhaus vor. Es gibt mir wenigstens die Sicherheit, von Politikern nicht ausgenützt zu werden.

EINSTEIN Gewisse Risiken muß man schließlich eingehen.

MÖBIUS Es gibt Risiken, die man nie eingehen darf: Der Untergang der Menschheit ist ein solches. Was die Welt mit den Waffen anrichtet, die sie schon besitzt, wissen wir, was sie mit jenen anrichten würde, die ich ermögliche, können wir uns denken. Dieser Einsicht habe ich mein Handeln untergeordnet. Ich war arm. Ich besaß eine Frau und drei Kinder. Auf der Universität winkte Ruhm, in der Industrie Geld. Beide Wege waren zu gefährlich. Ich hätte meine Arbeiten veröffentlichen müssen, der Umsturz unserer Wissenschaft und das Zusammenbrechen des wirtschaftlichen Gefüges wären die Folgen gewesen. Die Verantwortung zwang mir einen anderen Weg auf. Ich ließ meine akademische Karriere fahren, die Industrie fallen und überließ meine Familie ihrem Schicksal. Ich wählte die Narrenkappe. Ich gab vor, der König Salomo erscheine mir, und schon sperrte man mich in ein Irrenhaus.

NEWTON Das war doch keine Lösung!

MÖBIUS Die Vernunft forderte diesen Schritt. Wir sind in unserer Wissenschaft an die Grenzen des Erkennbaren gestoßen. Wir wissen einige genau erfaßbare Gesetze, einige Grundbeziehungen zwischen unbegreiflichen Erscheinungen, das ist alles, der gewaltige Rest bleibt Geheimnis, dem Verstande unzugänglich. Wir haben das Ende unseres Weges erreicht. Aber die Menschheit ist noch nicht so weit. Wir haben uns vorgekämpft, nun folgt uns niemand nach, wir sind ins Leere gestoßen. Unsere Wissenschaft ist schrecklich geworden, unsere Forschung gefährlich, unsere Erkenntnis tödlich. Es gibt für uns Physiker nur noch die Kapitulation vor der Wirklichkeit. Sie ist uns nicht gewachsen. Sie geht an uns zugrunde. Wir müssen unser Wissen zurücknehmen, und ich habe es zurückgenommen. Es gibt keine andere Lösung, auch für euch nicht.

Szenenfoto aus dem 2. Akt

EINSTEIN Was wollen Sie damit sagen?
MÖBIUS Ihr besitzt Geheimsender?
EINSTEIN Na und?
65 MÖBIUS Ihr benachrichtigt eure Auftraggeber. Ihr hättet euch geirrt. Ich sei wirklich verrückt.
EINSTEIN Dann sitzen wir hier lebenslänglich. (e 1961)

3. Stellen Sie Überlegungen zum Ausgang dieses Gesprächs an und verfassen Sie eine mögliche Fortsetzung.

4 Friedrich Dürrenmatt: 21 Punkte zu den Physikern

1. Ich gehe nicht von einer These, sondern von einer Geschichte aus.
2. Geht man von einer Geschichte aus, muß sie zu Ende gedacht werden.
3. Eine Geschichte ist dann zu Ende gedacht, wenn sie ihre schlimmstmögliche Wendung genommen hat.
4. Die schlimmstmögliche Wendung ist nicht voraussehbar. Sie tritt durch Zufall ein.
5. Die Kunst des Dramatikers besteht darin, in einer Handlung den Zufall möglichst wirksam einzusetzen.
6. Träger einer dramatischen Handlung sind Menschen.
7. Der Zufall in einer dramatischen Handlung besteht darin, wann und wo wer zufällig wem begegnet.
8. Je planmäßiger die Menschen vorgehen, desto wirksamer vermag sie der Zufall zu treffen.
9. Planmäßig vorgehende Menschen wollen ein bestimmtes Ziel erreichen. Der Zufall trifft sie dann am schlimmsten, wenn sie durch ihn das Gegenteil ihres Ziels erreichen: das, was sie befürchteten, was sie zu vermeiden suchten (z. B. Ödipus).
10. Eine solche Geschichte ist zwar grotesk, aber nicht absurd (sinnwidrig).
11. Sie ist paradox.
12. Ebensowenig wie die Logiker können die Dramatiker das Paradoxe vermeiden.
13. Ebensowenig wie die Logiker können die Physiker das Paradoxe vermeiden.
14. Ein Drama für die Physiker muß paradox sein.
15. Es kann nicht den Inhalt der Physik zum Ziele haben, sondern nur ihre Auswirkung.
16. Der Inhalt der Physik geht die Physiker an, die Auswirkung alle Menschen.
17. Was alle angeht, können nur alle lösen.
18. Jeder Versuch eines Einzelnen, für sich zu lösen, was alle angeht, muß scheitern.
19. Im Paradoxen erscheint die Wirklichkeit.
20. Wer dem Paradoxen gegenübersteht, setzt sich der Wirklichkeit aus.
21. Die Dramatik kann den Zuschauer überlisten, sich der Wirklichkeit auszusetzen, aber nicht zwingen, ihr standzuhalten oder sie gar zu bewältigen. (v 1962)

(Aus lizenzrechtlichen Gründen sind die Texte von Friedrich Dürrenmatt nicht in reformierter Rechtschreibung abgedruckt.)

4. a) Informieren Sie sich über den Ausgang des Dramas *Die Physiker*.
b) Formulieren Sie in wenigen Sätzen, worin die Pointe des Dramas besteht.

5. Lesen Sie die „21 Punkte zu den *Physikern*" und besprechen Sie, inwiefern Dürrenmatt seine dramentheoretischen Überlegungen in den *Physikern* umsetzt.

R „Im Paradoxen erscheint die Wirklichkeit"
Stellen Sie Ihren Mitschülerinnen und Mitschülern ein weiteres Dürrenmatt-Drama vor, z. B.:
– *Der Besuch der alten Dame*,
– *Romulus der Große*,
– *Achterloo*.
Beziehen Sie dabei auch dramentheoretische Überlegungen Dürrenmatts mit ein.
Literaturtipp: Friedrich Dürrenmatt, *Theaterprobleme*, Zürich: Diogenes 1955

5 Heinar Kipphardt (1922–1982): In der Sache J. Robert Oppenheimer (Auszug)

J. Robert Oppenheimer war von 1943–1945 Leiter der staatlichen Laboratorien in Los Alamos. Hier wurde die erste Atombombe entwickelt. Oppenheimer wurde später vorgeworfen, den Bau der Wasserstoffbombe verzögert zu haben. Der Autor Heinar Kipphardt hat die vierwöchige Gerichtsverhandlung vor der Atomenergiekommission der USA im Jahre 1954 in einem Drama in neun Szenen konzentriert.

OPPENHEIMER Als ich mich vor mehr als einem Monat zum ersten Mal auf dieses alte Sofa setzte, war ich willens, mich zu verteidigen, denn ich fand keine Schuld an mir, und ich sah mich als Opfer einer bestimmten politischen Konstellation, die ich beklagenswert fand.
Zu dem widerwärtigen Unternehmen gezwungen, mein Leben zu rekapitulieren, meine Mo-
5 tive zu handeln, meine Konflikte, und auch die Konflikte, die sich nicht eingestellt hatten – begann sich meine Haltung zu wandeln. Ich bemühte mich, vollkommen offen zu sein, und das ist eine Technik, die man erlernen muss, wenn man viele Jahre seines Lebens zu anderen Menschen nicht offen war. Indem ich über mich, einen Physiker in unserer Zeit, nachdachte, be-

gann ich mich zu fragen, ob nicht tatsächlich so etwas stattgefunden hat wie Gedankenverrat, eine Kategorie, die Mr. Robb hier einzuführen empfahl. Wenn ich denke, dass es uns eine geläufige Tatsache geworden ist, dass auch die Grundlagenforschung in der Kernphysik heute die höchste Geheimnisstufe hat, dass unsere Laboratorien von den militärischen Instanzen bezahlt und wie Kriegsobjekte bewacht werden, wenn ich denke, was im gleichen Fall aus den Ideen des Kopernikus oder den Entdeckungen Newtons geworden wäre, dann frage ich mich, ob wir den Geist der Wissenschaft nicht wirklich verraten haben, als wir unsere Forschungsarbeiten den Militärs überließen, ohne an die Folgen zu denken.

So finden wir uns in einer Welt, in der die Menschen die Entdeckungen der Gelehrten mit Schrecken studieren, und neue Entdeckungen rufen neue Todesängste bei ihnen hervor. Dabei scheint die Hoffnung gering, dass die Menschen bald lernen könnten, auf diesem klein gewordenen Stern miteinander zu leben, und gering ist die Hoffnung, dass sich ihr Leben eines nicht fernen Tages in seinem materiellen Aspekt auf die neuen menschenfreundlichen Entdeckungen gründen werde.

Es scheint ein weidlich utopischer Gedanke, dass die überall gleich leicht und gleich billig herstellbare Kernenergie andere Gleichheiten nach sich ziehen werde und dass die künstlichen Gehirne, die wir für die großen Vernichtungswaffen entwickelten, künftig unsere Fabriken in Gang halten könnten, der menschlichen Arbeit ihren schöpferischen Rang zurückgebend. Das würde unserem Leben die materiellen Freiheiten schenken, die eine der Voraussetzungen des Glückes sind, aber man muss sagen, dass diese Hoffnungen durch unsere Wirklichkeit nicht zu belegen sind. Doch sind sie die Alternative zu der Vernichtung dieser Erde, die wir fürchten, und die wir uns nicht vorstellen können. An diesem Kreuzweg empfinden wir Physiker, dass wir niemals so viel Bedeutung hatten und dass wir niemals so ohnmächtig waren.

Als ich mein Leben hier durchging, fand ich, dass die Handlungen, die mich nach Ansicht des Ausschusses belasten, der Idee der Wissenschaften nähergestanden sind als die Verdienste, die man mir anrechnet.

Ganz anders als dieser Ausschuss frage ich mich infolgedessen, ob wir Physiker unseren Regierungen nicht zuweilen eine zu große, eine zu ungeprüfte Loyalität gegeben haben, gegen unsere bessere Einsicht, in meinem Fall nicht nur in der Frage der Wasserstoffbombe.

Wir haben die besten Jahre unseres Lebens damit verbracht, immer perfektere Zerstörungsmittel zu finden, wir haben die Arbeit der Militärs getan, und ich habe in den Eingeweiden das Gefühl, dass dies falsch war. Obzwar ich die Entscheidung der Mehrheit dieses Ausschusses anfechten werde, will ich fernerhin an Kriegsprojekten nicht arbeiten, wie immer die angestrebte Revision ausfallen mag.

Wir haben die Arbeit des Teufels getan, und wir kehren nun zu unseren wirklichen Aufgaben zurück. Vor ein paar Tagen hat mir Rabi erzählt, dass er sich wieder ausschließlich der Forschung widmen wolle. Wir können nichts Besseres tun, als die Welt an diesen wenigen Stellen offenzuhalten, die offenzuhalten sind.

Vorhang   (v 1964)

6. a) Stellen Sie dar, worin nach Oppenheimer der „Gedankenverrat" der Physiker seiner Zeit besteht.
b) Arbeiten Sie heraus, wie sich Oppenheimer eine positive Nutzung der Ergebnisse wissenschaftlicher Forschung vorstellt und wie er diese einschätzt.
c) Analysieren Sie Oppenheimers Schlusswort, achten Sie dabei auf den Aufbau der Rede und die Verwendung sprachlich-stilistischer Mittel.

7. Suchen Sie Gemeinsamkeiten und Unterschiede in der Haltung der beiden Dramenfiguren Möbius und Oppenheimer.

6 Erika Runge (* 1939): Bottroper Protokolle (Auszug)

In den Bottroper Protokollen hat Erika Runge Aussagen verschiedener Personen gesammelt, die alle von einer Zechenstilllegung betroffen sind.

Und hinter mir war eine, eine Frau, also die war SPD, wußt ich ganz genau, und die hat mirn Schubs gegeben, und da war ich mittendrin durch das Tor, ja? Und von der andern Seite haben die Kumpel das gesehen, die kamen und haben das Tor losgemacht. Du liebe Zeit, da hab ich gedacht: was jetzt? Ja, jetzt mußten wir doch sagen, was wir wollten, warum wir hier sind! Meine Söhne hatten Mittagsschicht, und wie gesagt, man ist hier ja so bekannt, wenn man jahrelang wohnt. Und wie ich dann nun gesprochen habe, ich hab unser Anliegen vorgebracht, so gut ich konnte – ich weiß auch nicht, wo ichs hergenommen habe, aber auf einmal wars da. Und dann hat mein Junge dahinten in der Menge gestanden, und dann hat ihm einer angestoßen und gesagt: „Du, die Olle is in Ordnung!" Ich hatte unter anderm nämlich gesagt: „Wir haben einen Betriebsrat, und wenn der nicht fähig ist, diesen Posten auszufüllen, dann gibt es noch Frauen, die auch gerne arbeiten möchten, dann soll er den Platz freimachen, und dann

1. Zwischen neu gewonnenem Selbstbewusstsein und traditionellem Rollenbild – Beschreiben Sie Ihre Eindrücke von der Putzfrau Maria B.

2. Weisen Sie an sprachlichen Auffälligkeiten des Textes nach, dass dem Text Gesprächsprotokolle zugrunde liegen.

3. Zeigen Sie am Text, dass die *Bottroper Protokolle* in politischer Absicht erstellt und veröffentlicht worden sind.

wird ne Frau den vertreten. Ich glaube, daß dann manches anders wäre." Also, etwa in dieser Form. Und der hat ihn angestoßen: „Du, die Olle is in Ordnung!" Na, mein Sohn hat sich geschämt, hat aber nicht gesagt, daß es seine Mutter ist. Du liebe Zeit, da hab ich gedacht: was
15 jetzt? Ja, jetzt mußten wir doch sagen, was wir wollten! Ja, und in meiner Aufregung war ich nachher dermaßen durch, daß ich mir immer wieder gesagt hab: Mensch, haste auch nichts Verkehrtes gesagt, haste auch nicht irgend etwas Anstößiges so, wissen Sie, in so nem groben Ton gesagt, ja? Dann hab ich eine Bekannte gefragt: „Ich weiß gar nicht, wie ich da auf den Tisch raufgekommen bin!" Da sagt sie zu mir: „Das eine kann ich Ihnen sagen, wenn ich hätt
20 stenographieren können, das hätt ich alles mit zu Papier gebracht!" (v 1968)

(Aus lizenzrechtlichen Gründen ist dieser Text nicht in reformierter Rechtschreibung abgedruckt.)

7 Ursula Krechel (* 1947): Umsturz

Von heut an stell ich meine alten Schuhe
nicht mehr ordentlich neben die Fußnoten
häng den Kopf beim Denken
nicht mehr an den Haken
5 freß keine Kreide. Hier die Fußstapfen
im Schnee von gestern, vergeßt sie
ich hust nicht mehr mit Schalldämpfer
hab keinen Bock
meine Tinte mit Magermilch zu verwässern
10 ich hock nicht mehr im Nest, versteck
die Flatterflügel, damit ihr glauben könnt
ihr habt sie mir gestutzt. Den leeren Käfig
stellt mal ins historische Museum
Abteilung Mensch weiblich.   (v 1978)

(Aus lizenzrechtlichen Gründen ist dieser Text nicht in reformierter Rechtschreibung abgedruckt.)

8 Erich Fried (1921–1988): Kunst um der Kunst willen

1. Recht auf Irrtum

Kunst
um der Kunst willen
ist ein Irrtum
5 den man
gegen die Irrtümer
in deren Namen
er angegriffen wird
immer wieder
10 verteidigen muss
um der Freiheit willen
und um der Wahrheit willen
und um der Kunst willen

2. Der linke Elfenbeinturm

15 Kunst
um der Kunst willen
wird am schärfsten
von dem
verurteilt
20 der die Revolution
um der Revolution willen
will   (v 1981)

9 Peter Handke (* 1942): Ich bin ein Bewohner des Elfenbeinturms (Auszug)

So bin ich eigentlich nie von den offiziellen Erziehern *erzogen* worden, sondern habe mich immer von der Literatur verändern lassen. Von ihr bin ich durchschaut worden, von ihr habe ich mich ertappt gefühlt, von ihr sind mir Sachverhalte gezeigt worden, deren ich nicht bewußt war oder in unbedachter Weise bewußt war. Die Wirklichkeit der Literatur hat mich aufmerk-

---

„Du, die Olle is in Ordnung!" – Schreiben im Stile der *Bottroper Protokolle*

Erarbeiten Sie arbeitsteilig eigene „Protokolle":
- Wählen Sie zunächst einen gemeinsamen thematischen Bezugspunkt, wie z. B. die Einführung der Ganztagsschule.
- Erstellen Sie einen geeigneten Fragenkatalog.
- Treffen Sie eine Auswahl an Interviewpartnern und führen Sie die Interviews durch.
- Verfassen Sie auf der Basis Ihrer Gesprächsprotokolle einen geschlossenen Text im Stil von Erika Runge.
- Tragen Sie alle entstandenen Texte im Plenum vor und besprechen Sie, inwiefern diese interviewgestützte Form der Auseinandersetzung mit Ihrem Thema förderlich ist.
- Legen Sie eine endgültige Reihenfolge der Einzeltexte fest.

1. Nähern Sie sich dem Gedicht von Ursula Krechel durch ➤ sinnerschließendes Lesen an.

2. a) Erklären Sie, warum U. Krechel den Titel „Umsturz" für ihr Gedicht gewählt hat.
b) Zeigen Sie an ausgewählten Textbeispielen, wie die Dichterin „Umsturz" sprachlich umsetzt.

3. a) Erschließen Sie Frieds Gedicht, indem Sie von den widersprüchlichen Aussagen ausgehen.
b) „Kunst um der Kunst willen", „Kunst um der Politik willen". Verdeutlichen Sie die Position des lyrischen Sprechers.

sam und kritisch für die wirkliche Wirklichkeit gemacht. Sie hat mich aufgeklärt über mich selber und über das, was um mich vorging. Seit ich erkannt habe, worum es mir, als Leser wie auch als Autor, in der Literatur geht, bin ich auch gegenüber der Literatur, die ja wohl zur Wirklichkeit gehört, aufmerksam und kritisch geworden. Ich erwarte von einem literarischen Werk eine Neuigkeit für mich, etwas, das mich, wenn auch geringfügig, ändert, etwas, das mir eine noch nicht gedachte, noch nicht bewußte *Möglichkeit* der Wirklichkeit bewußt macht, eine neue Möglichkeit zu sehen, zu sprechen, zu denken, zu existieren. Seitdem ich erkannt habe, daß ich selber mich durch die Literatur habe ändern können, daß mich die Literatur zu einem andern gemacht hat, erwarte ich immer wieder von der Literatur eine neue Möglichkeit, mich zu ändern, weil ich mich nicht schon für endgültig halte. Ich erwarte von der Literatur ein Zerbrechen aller endgültig scheinenden Weltbilder. Und weil ich erkannt habe, daß ich selber mich durch die Literatur ändern konnte, daß ich durch die Literatur erst bewußter *leben* konnte, bin ich auch überzeugt, durch meine Literatur andere ändern zu können. (e 1966)

10 Hans Magnus Enzensberger (* 1929): Gemeinplätze, die neueste Literatur betreffend (Auszug)

Ich fasse zusammen: Eine revolutionäre Literatur existiert nicht, es wäre denn in einem völlig phrasenhaften Sinn des Wortes. Das hat objektive Gründe, die aus der Welt zu schaffen nicht in der Macht von Schriftstellern liegt. Für literarische Kunstwerke läßt sich eine wesentliche gesellschaftliche Funktion in unserer Lage nicht angeben. Daraus folgt, daß sich auch keine brauchbaren Kriterien zu ihrer Beurteilung finden lassen. Mithin ist eine Literaturkritik, die mehr als Geschmacksurteile ausstoßen und den Markt regulieren könnte, nicht möglich. Diese Feststellungen nehmen sich lapidar aus. Um so dringender gebe ich zu bedenken, daß ein pauschales Urteil über die aktuelle literarische Produktion sich auf sie nicht stützen kann. Logisch gesehen stellt uns der Satz, eine triftige soziale Funktion lasse sich ihr nicht zuschreiben, keine neuen Gewißheiten zur Verfügung. Er negiert, daß es solche Gewißheiten gibt. Wenn er zutrifft, so zeigt er auf ein Risiko, das fortan zum Schreiben von Gedichten, Erzählungen und Dramen gehört: das Risiko, daß solche Arbeiten von vornherein, unabhängig von ihrem Scheitern und Gelingen, nutz- und aussichtslos sind. Wer Literatur als Kunst macht, ist damit nicht widerlegt, er kann aber auch nicht mehr gerechtfertigt werden. (v 1968)

(Aus lizenzrechtlichen Gründen sind die Texte 9 und 10 nicht in reformierter Rechtschreibung abgedruckt.)

11 Dieter Wellershoff (* 1925): Fiktion und Praxis (Auszug)

Literatur ist in meinem Verständnis eine Simulationstechnik [...]. Sie ist ein der Lebenspraxis beigeordneter Simulationsraum, Spielfeld für ein fiktives Handeln, in dem man als Autor und als Leser die Grenzen seiner praktischen Erfahrungen und Routinen überschreitet, ohne ein wirkliches Risiko dabei einzugehen. Der Leser des Abenteuerromans lässt sich auf die waghalsigsten Unternehmungen ein, weil er weiß, dass er nicht dabei umkommen wird. [...] Aber Abenteuer- und Reiseroman sind bloß extensive Überschreitungen der Lebenspraxis und bleiben in ihrer Sichtweise meist konventionell, sie bringen neuen Stoff in gewohnten Kategorien, während die eigentliche Literatur, gleichgültig, ob sie nun ein fremdartiges oder alltägliches Material verarbeitet, vor allem die gewohnten Schemata der Erfahrung angreift und verändert. Sie versucht den Leser zu irritieren, ihm die Sicherheit seiner Vorurteile und gewohnten Handlungsweisen zu nehmen, sie macht ihm das scheinbar Bekannte unvertraut, das Eindeutige vieldeutig, das Unbewusste bewusst und öffnet ihm neue Erfahrungsmöglichkeiten, die vielleicht verwirrend und erschreckend sind, aber auch die Enge und Abstraktheit der Routine durchbrechen, auf die er in seiner alltäglichen Praxis angewiesen bleibt. (v 1969)

---

1. Erarbeiten Sie arbeitsteilig die Texte 9–11:
a) Fassen Sie in eigenen Worten knapp zusammen, welche Aufgaben der jeweilige Autor der modernen Literatur zuschreibt.
b) Einigen Sie sich mit Ihren Partnern auf ein zentrales Zitat, das Ihrer Meinung nach diese Position treffend zum Ausdruck bringt.

2. a) Stellen Sie sich im Plenum gegenseitig Ihre Ergebnisse vor.
b) Sprechen Sie darüber, welche Haltung für Sie die überzeugendste ist.

3. Nehmen Sie noch einmal die übrigen Texte dieses Teilkapitels (Texte 1–8) in den Blick und sprechen Sie als „Handke", „Enzensberger" und „Wellershoff" über diese Texte.

B Ostdeutschland

Mit dem Machtwechsel von Ulbricht zu Honecker im Jahre 1971 vollzieht sich eine Wende in der Kulturpolitik der DDR. Das Konzept vom sozialistischen Realismus tritt in den Hintergrund und die Subjektivität erhält in der Literatur einen größeren Stellenwert. Diese Phase der Liberalisierung endet jedoch ab November 1976 mit der Ausweisung des kritischen und für die Machthaber unbequemen Liedermachers Wolf Biermann. Eine Reihe von Autoren verlässt in der Folgezeit die DDR und siedelt in den Westen über, andere Autoren werden vom Schriftstellerverband der DDR ausgeschlossen oder treten selbst aus. Es gibt jedoch auch Autoren, die in der DDR bleiben und sich bis zuletzt für Reformen einsetzen. Viele von ihnen ziehen sich in der Folgezeit jedoch in das Umfeld der evangelischen Kirche zurück, wo z. B. Lesungen oppositioneller Autoren möglich sind.

1 Wolf Biermann (* 1936): Und als wir ans Ufer kamen

Und als wir ans Ufer kamen
Und saßen noch lang im Kahn
Da war es, dass wir den Himmel
Am schönsten im Wasser sahn
5 Und durch den Birnbaum flogen
Paar Fischlein. Das Flugzeug schwamm
Quer durch den See und zerschellte
Sachte am Weidenstamm
 – am Weidenstamm

10 Was wird bloß aus unsern Träumen
In diesem zerrissnen Land
Die Wunden wollen nicht zugehn
Unter dem Dreckverband
Und was wird mit unsern Freunden
15 Und was noch aus dir, aus mir –
Ich möchte am liebsten weg sein
Und bleibe am liebsten hier
 – am liebsten hier   (e 1976)

1. Zeigen Sie an den Bildern des Gedichts, wie die politische Realität das persönliche Glück des Einzelnen überschattet.

2. Erklären Sie, was mit dem „Dreckverband" (V. 13) gemeint sein könnte.

3. Erklären Sie, was das lyrische Ich in dem Land hält und was es wegtreibt.

2 Wolf Biermann: Ballade vom preußischen Ikarus

1
Da wo die Friedrichstraße sacht
Den Schritt über das Wasser macht
 da hängt über der Spree
5 Die Weidendammer Brücke. Schön
Kannst du da Preußens Adler sehn
 wenn ich am Geländer steh

dann steht da der preußische Ikarus
mit grauen Flügeln aus Eisenguss
10 dem tun seine Arme so weh
er fliegt nicht weg – er stürzt nicht ab
macht keinen Wind – und macht nicht schlapp
 am Geländer über der Spree

2
15 Der Stacheldraht wächst langsam ein
Tief in die Haut, in Brust und Bein
 ins Hirn, in graue Zelln
Umgürtet mit dem Drahtverband
Ist unser Land ein Insselland
20 umbrandet von bleiernen Welln

da steht der preußische Ikarus
mit grauen Flügeln aus Eisenguss
 dem tun seine Arme so weh
er fliegt nicht weg – und stürzt nicht ab
25 macht keinen Wind – und macht nicht schlapp
 am Geländer über der Spree

3
Und wenn du wegwillst, musst du gehn
Ich hab schon viele abhaun sehn
30 aus unserm halben Land

Ich halt mich fest hier, bis mich kalt
Dieser verhasste Vogel krallt
 und zerrt mich übern Rand

dann bin ich der preußische Ikarus
35 mit grauen Flügeln aus Eisenguss
 dann tun mir die Arme so weh
dann flieg ich hoch – dann stürz ich ab
mach bisschen Wind – dann mach ich schlapp
 am Geländer über der Spree   (e 1976)

Wolf Biermann vor dem preußischen Adler der Weidendammer Brücke

4. Informieren Sie sich über den Ikarus-Mythos.

5. Erläutern Sie vor diesem Hintergrund, wie das lyrische Ich zum preußischen Ikarus wird.

6. Erklären Sie, warum Schriftsteller der DDR auf diesen Mythos gerne zurückgegriffen haben.

426 Deutsch-deutsche Lebensläufe:

1. Der Liedermacher:
- Informieren Sie sich genauer über den Lebensweg Wolf Biermanns (S. 52), für den das Konzert vom 13.11.1976 in Köln einen biografischen Wendepunkt darstellt.

2. Das Köln-Konzert:s
CD 2 Tracks 8 + 9
- Hören Sie die beiden Lieder des Konzertmitschnitts vom 13.11.1976 auf der CD. Rezitieren Sie weitere Texte nach Wahl.
- Erarbeiten Sie die politische Aussage und die besonderen sprachlichen/musikalischen Ausdrucksmittel, die diese Texte charakterisieren. Legen Sie dazu eine Übersicht an.

Auftritt in Köln: „Nichts, was mich im Nachhinein gequält hätte"

3. Die Ausbürgerung:
- Recherchieren Sie den genauen Ablauf der Ereignisse im Kontext der Ausbürgerung.
- Analysieren Sie die ostdeutsche Pressemitteilung vom 17.11.1976 (siehe unten).
- Schreiben Sie einen Artikel, der die Ereignisse aus westdeutscher Sicht widerspiegelt.

Neues Deutschland/17. November 1976/Seite 2

Biermann das Recht auf weiteren Aufenthalt in der DDR entzogen
Staatsbürgerschaft der DDR aberkannt

Berlin (ADN). Die zuständigen Behörden der DDR haben Wolf Biermann, der 1953 aus Hamburg in die DDR übersiedelte, das Recht auf weiteren Aufenthalt in der Deutschen Demokratischen Republik entzogen.
Diese Entscheidung wurde auf Grund des „Gesetzes über die Staatsbürgerschaft der Deutschen Demokratischen Republik – Staatsbürgerschaftsgesetz – vom 20. Februar 1967", Paragraph 13, nach dem Bürgern wegen grober Verletzung der staatsbürgerlichen Pflichten die Staatsbürgerschaft der DDR aberkannt werden kann, gefaßt.
Biermann befindet sich gegenwärtig in der Bundesrepublik Deutschland.
Mit seinem feindseligen Auftreten gegenüber der Deutschen Demokratischen Republik hat er sich selbst den Boden für die weitere Gewährung der Staatsbürgerschaft der DDR entzogen.
Sein persönliches Eigentum wird ihm – soweit es sich in der DDR befindet – zugestellt.

Text und Melodie: Biermann, Wolf; Copyright: Verlag Kiepenheuer & Witsch, Köln

Wolf Biermann

Der offene Brief:

Wolf Biermann war und ist ein unbequemer Dichter – das hat er mit vielen Dichtern der Vergangenheit gemein. Unser sozialistischer Staat, eingedenk des Wortes aus Marxens ‚18. Brumaire', demzufolge die proletarische Revolution sich unablässig selbst
5 kritisiert, müsste im Gegensatz zu anachronistischen Gesellschaftsformen eine solche Unbequemlichkeit gelassen nachdenkend ertragen können. Wir identifizieren uns nicht mit jedem Wort und jeder Handlung Wolf Biermanns und distanzieren uns von den Versuchen, die Vorgänge um Biermann gegen die DDR
10 zu missbrauchen. Biermann selbst hat nie, auch nicht in Köln, Zweifel darüber gelassen, für welchen der beiden deutschen Staaten er bei aller Kritik eintritt. Wir protestieren gegen seine Ausbürgerung und bitten darum, die beschlossenen Maßnahmen zu überdenken.
15 17. November 1976
Sarah Kirsch, Christa Wolf, Volker Braun, Franz Fühmann, Stephan Hermlin, Stefan Heym, Günter Kunert, Heiner Müller, Rolf Schneider, Gerhard Wolf, Jurek Becker, Erich Arendt

4. Die Folgen des offenen Briefes
- Analysieren Sie den offenen Brief der DDR-Künstler vom 17.11.1976. Stellen Sie dar, welche politische Position vertreten und wie Wolf Biermann beurteilt wird.
- Recherchieren Sie: Wie gestalten sich die weiteren Lebenswege der Erstunterzeichner des offenen Briefes?
- Diskutieren Sie die Reaktion Marcel Reich-Ranickis auf die Ausbürgerung (siehe unten).

Die Reaktion Marcel Reich-Ranickis:

Natürlich wird die DDR Biermann die Rückkehr nicht erlauben. Was immer geschehen, wo immer er sich niederlassen wird: Biermann wird nicht aufhören, die kapitalistische Gesellschaftsordnung aufs Schärfste anzuklagen. Wir haben jetzt hier einen Feind mehr. Gleichwohl begrüßen wir diesen Feind, vor dem wir Respekt haben.
5 Und wir müssen dafür sorgen (was freilich nicht schwer sein wird), dass er hierzulande immer die Möglichkeit hat, unsere Gesellschaftsordnung in Vers und Prosa zu verurteilen. Allerdings soll dem Dichter Biermann auch der Widerspruch zuteil werden, der ihm gebührt. Wahrscheinlich wird Biermann sehr bald erklären, dass die DDR dennoch der bessere deutsche Staat sei. Wir wollen ihm gleich antworten: Sie war es nicht, sie ist es nicht. Vielmehr
10 erinnern viele Maßnahmen dieses Staates – und eben auch die Ausbürgerung Biermanns – an einen anderen Staat, den es vor nicht langer Zeit auf diesem Boden gegeben hat. [...]
Marcel Reich-Ranicki (Aus: Frankfurter Allgemeine Zeitung, 18.11.1976)

5. Der Ehrenbürger von Berlin
- Am 26.3.2007 wurde Wolf Biermann die Ehrenbürgerwürde der Stadt Berlin verliehen. Halten Sie eine Laudatio (Lobrede, vgl. S. 371) zu Ehren des Künstlers, in der Sie dessen Verdienste für Freiheit und Demokratie würdigen sowie auf seinen Lebensweg und seine künstlerischen Ausdrucksformen eingehen.

R „Cousin Heine"? – Vergleich zweier Dichter aus verschiedenen Jahrhunderten

Wolf Biermann nennt den Dichter Heinrich Heine (1797–1856, siehe S. 254) seinen „Cousin". Vergleichen Sie die Biografien der zwei Künstler: Welche „Parallelen" gibt es trotz der sehr unterschiedlichen Lebenszeit?
Wie Heine schrieb Biermann zu einer Reise nach Hamburg ein kritisch-satirisches Reisebild. Tragen Sie die Eingangskapitel dieser zwei „Wintermärchen" vor und vergleichen Sie den Inhalt und die Gestaltungsmittel.

Sarah Kirsch liest aus ihren Gedichten

Sarah Kirsch wurde 1935 in Limlingerode im Harz geboren. Sie studierte Biologie in Halle/Saale und Literatur in Leipzig und wählte den Vornamen Sarah (eigtl. Ingrid). Danach arbeitete sie als freie Schriftstellerin in Berlin. Im Schloss Wiepersdorf, dem ehemaligen Wohnsitz von Achim und Bettina von Arnim (vgl. S. 240f.), verbrachte sie mehrere Arbeitswochen. Im November 1976 unterschrieb sie die Petition gegen die Ausbürgerung Wolf Biermanns und wurde aus dem Schriftstellerverband der DDR ausgeschlossen. 1977 verließ sie die DDR und lebt seit 1983 in Tielenhemme, einem kleinen Ort in Schleswig-Holstein. Sie erhielt zahlreiche Auszeichnungen, darunter den Georg-Büchner-Preis, und zählt zu den bedeutendsten deutschsprachigen Dichterinnen des 20./21. Jahrhunderts.

1. Beschreiben Sie die Naturbilder, die vor Ihrem geistigen Auge entstehen, wenn Sie die drei Gedichte lesen.

2. Fertigen Sie eine Illustration oder eine Collage zu einem der Gedichte an.

3. Diskutieren Sie, inwiefern die Naturbilder ein „Spiegel menschlicher Befindlichkeiten und gesellschaftlicher Zustände" (G. Langguth) sein können.

4. Interpretieren Sie eines der Gedichte und beachten Sie dabei die Merkmale des „Sarah-Sounds".

3 Sarah Kirsch (* 1935): Wiepersdorf (Auszug)

1
Hier ist das Versmaß elegisch
Das Tempus Praeteritum
Eine hübsche blaßrosa Melancholia
Durch die geschorenen Hecken gewebt
[...]

9
Dieser Abend, Bettina, es ist
Alles beim alten. Immer
Sind wir allein, wenn wir den Königen schreiben
Denen des Herzens und jenen
5 Des Staats. Und noch
Erschrickt unser Herz
Wenn auf der anderen Seite des Hauses
Ein Wagen zu hören ist.   (v 1976)

4 Sarah Kirsch: Die Luft riecht schon nach Schnee

Die Luft riecht schon nach Schnee, mein Geliebter
Trägt langes Haar, ach der Winter, der Winter der uns
Eng zusammenwirft steht vor der Tür, kommt
Mit dem Windhundgespann. Eisblumen
5 Streut er ans Fenster, die Kohlen glühen im Herd, und
Du Schönster Schneeweißer legst mir deinen Kopf in den Schoß
Ich sage das ist
Der Schlitten der nicht mehr hält, Schnee fällt uns
Mitten ins Herz, er glüht
10 Auf den Aschekübeln im Hof Darling flüstert die Amsel   (v 1976)

5 Sarah Kirsch: Die fuchsroten Felder

Die fuchsroten Felder
Haben Licht vom Abendstern.
Das Uhrenherz treibt seine Zeiger vor.
Pelargonien in bunten Töpfen
5 Ziehn Licht auf die Dielen, es flog
Ein dunkler Vogel übers Haus.   (v 1976)

(Aus lizenzrechtlichen Gründen sind die Texte von Sarah Kirsch nicht in reformierter Rechtschreibung abgedruckt.)

„Sarah-Sound" (nach Peter Hacks)
Der Dichterkollege prägte 1973 das Schlagwort vom „Sarah-Sound", das Sarah Kirschs spezifische Art des lyrischen Sprechens charakterisiert: die mehrdeutigen Satzstrukturen, die Atemlosigkeit, der die Satzzeichen zum Opfer fallen, und der Rückgriff auf Märchenbilder und Naturmythen.

II. Politische Gegenwelten   429

6 Sarah Kirsch: Aquarelle

Sarah Kirsch ist nicht nur Dichterin, sondern auch Malerin. Der Einband des lyrischen Gesamtwerkes und ein Sammelband mit Bildern der Künstlerin, beides aus dem Jahr 2000, zeigen Aquarelle von Sarah Kirsch.

5. Finden Sie, ausgehend von den Titelbildern, charakteristische Merkmale des künstlerischen Stils der Malerin.

6. Suchen Sie Parallelen und Unterschiede zwischen der Bildsprache der Aquarelle und der sprachlichen Gestaltung der Gedichte.

7 Günter Kunert (* 1929): Unterwegs nach Utopia I

Vögel: fliegende Tiere
ikarische Züge
mit zerfetztem Gefieder
gebrochenen Schwingen
5   überhaupt augenlos
ein blutiges und panisches
Geflatter
nach Maßgabe der Ornithologen
unterwegs nach Utopia
10 wo keiner lebend hingelangt
wo nur Sehnsucht
überwintert

Das Gedicht bloß gewahrt
was hinter den Horizonten verschwindet
15 etwas wie wahres Lieben und Sterben
die zwei Flügel des Lebens
bewegt von letzter Angst
in einer vollkommenen
Endgültigkeit.   (v 1977)

8 Günter Kunert: Unterwegs nach Utopia II

Auf der Flucht
vor dem Beton
geht es zu
wie im Märchen: Wo du
5   auch ankommst
er erwartet dich
grau und gründlich

Auf der Flucht findest du
vielleicht
10 einen grünen Fleck
am Ende
und stürzest selig
in die Halme
aus gefärbtem Glas.   (v 1977)

7. a) Informieren Sie sich über „Utopia" und den Begriff der Utopie.
b) Diskutieren Sie, ob man das Gedicht als eine Absage an den sozialistischen Aufbruchsglauben deuten kann.

8. a) Arbeiten Sie heraus, was mit den „Flügeln des Lebens" (V. 16) gemeint sein könnte und welche Bedeutung diese für die menschliche Existenz haben.
b) Erläutern Sie die Funktion, die das lyrische Ich dem Gedicht zuweist.

9. Zeigen Sie am Beispiel von „Unterwegs nach Utopia II", dass der Text sich an Menschen in Ost und West wendet.

10. Überlegen Sie, wovor Menschen in unserer Zeit bzw. wovor Sie persönlich gerne fliehen würden, und schreiben Sie ein Parallelgedicht zu „Unterwegs nach Utopia II":

*Auf der Flucht
vor ...
geht es zu
...*

*Auf der Flucht findest du
vielleicht
...*

9 Volker Braun (* 1939): Unvollendete Geschichte (Auszug)

Die 18-jährige Karin hat bisher in einer heilen Welt gelebt. Nach dem Schulabschluss scheint ihr eine Perspektive als Journalistin sicher.
Da verlangt ihr Vater, ein überzeugtes SED-Mitglied und Ratsvorsitzender eines Kreises, von ihr, sie solle sich von ihrem Freund Frank trennen, er sei politisch aufgefallen. Er wolle seine Tochter

Volker Braun wurde 1939 in Dresden geboren, arbeitete nach dem Abitur in verschiedenen Berufen, studierte 1960–65 Philosophie in Leipzig und war danach Assistent beim Berliner Ensemble in Ost-Berlin. Als Lyriker und Dramatiker mit gesellschaftspolitischen Themen sieht er sich in der Tradition Bertolt Brechts und Vladimir Majakovskijs (1893–1930).

schützen, damit sie da nicht mit hineingezogen werde. Karin ist ratlos und unsicher, fügt sich aber zunächst.

Am Tag vor Heiligabend eröffnete der Ratsvorsitzende des Kreises K. seiner achtzehnjährigen Tochter, nachdem er sich einige Stunden unruhig durch die Wohnung gedrückt hatte, er müsse sie über gewisse Dinge informieren (er sagte informieren), von denen er Kenntnis erhalten, woher ginge sie nichts an, die aber vieles, oder, im schlimmsten Fall, alles in ihrem Leben ändern könnten.

Die Tochter, die den großen, ruhigen Mann nie so bleich und entnervt gesehn hatte, ließ sich in das Arbeitszimmer ziehn vor den wuchtigen Schreibtisch, wo er ihr einige banale Fragen stellte: nach ihrem Freund Frank. Er holte dann ein Zettelchen vor und redete los. Es könne ganz kritisch werden, er könne noch nicht darüber sprechen, aber er müsse sie warnen, es werde etwas geschehn, Karin, es werde sehr bald etwas geschehn!

Sie solle sich vorher von Frank trennen, damit sie nicht hineingerissen werde. Die Tochter verstand nichts, aber der Mann beharrte darauf, nichts sagen zu können. Die Eltern von Frank, das wisse er, seien geschieden, der Vater vorbestraft, im Zuchthaus gesessen. Devisenschmuggel, Frank: ein Rowdy, er habe zu einer dieser Banden gehört, die sich in M. herumtrieben, vor vier Jahren, als sie schon einmal mit ihm ging. Die abends herumgammelten in der Karl-Marx-Straße und sich die Zeit vertrieben, die Mariettabar ihr sogenannter Stützpunkt, er gehörte dazu. Und Einbrüche machten im „Fischerufer", Zigaretten klauten, und in mehreren Villen, der war dabei. Und hat auch gesessen. Aber jetzt habe er etwas vor, Karin ... *er habe irgendwas vor.* Karin sagte: das glaube sie nicht, sie wisse genau, daß Frank nichts mehr vorhabe, er lache heute über sich selbst und schäme sich. Aber der Vater: Du weißt nichts! Trenn dich von ihm, denk dir etwas aus! Das können wir uns nicht erlauben, solche Sachen ... diese Familie allein, das ist für uns untragbar. *Sie werde schon sehn was kommt!*

Die Unterredung wurde hitzig, die Tochter endlich aggressiv, und der Ratsvorsitzende stellte ihr Frank als Verbrecher dar, der die Wohnung nicht wieder betreten dürfe. Er solle jedenfalls nicht, wie verabredet, herkommen und mit ihr nach B. ins Theater fahren. Sie heulte. Sie kannte diese Reden alle, von den Berichten beim Abendbrot, aber es hatte sie nie selbst betroffen. Es war ihr für Augenblicke, als wär sie an einen fremden Ort versetzt, wo alle Gegenstände anders heißen und zu was anderem verwendet werden. Sie paßte nicht mehr dazu. Aber dann vergaß sie sich wieder und dachte schon wieder wie sonst, in einer Trägheit, die sie plötzlich körperlich spürte und gegen die sie nichts machen wollte. Sie konnte doch tun, was man ihr sagte.

Sie war auch unsicher geworden. Sie wußte selbst nicht mehr, ob ihr Frank nicht eine Rolle vorspielte. Ihr Vater war INFORMIERT worden, das war klar, und es mußte etwas Wahres daran sein. Aber woran denn? – Sie fühlte sich schon in der Schuld des Vaters, sie wollte sich nicht sagen lassen: *sie habe nicht auf ihn gehört.*

Sie dachte sich die Nacht lang aus, wie sie es anstellen könnte, daß es für Frank nicht schlimmer würde als für sie. Wenn sie sich vorläufig von ihm trennte, müßte sie sich ganz ins Unrecht setzen, damit es leichter wär für ihn, es auszuhalten. Sie müßte so dumm dastehn, daß es nicht lohnte, ihr nachzuweinen. Er liebte sie zu sehr, da konnte nichts andres helfen. Er hatte so heftig um sie gekämpft, so lange, das hatte sie noch nie erlebt. Sie war der einzige Mensch, an dem er hing. Am Morgen rief sie in M. an. Sie sagte folgendes: „Komm nicht her. Danny ist hiergewesen. Wir haben uns wieder verstanden. Es ist alles in bestem Frieden. Ich bin selig und glücklich. Mit dir will ich nicht mehr gehn." Sie hörte Frank einige verwirrte Worte machen, aber legte auf.

[...]

Silvester schrieb Karin einen Brief an Frank. Sie versuchte, ihm etwas zu erklären. Aber sie sah gleich: es ging nicht. Sie konnte sich nichts denken, sie wußte nicht was. Aber eins wußte sie: daß sie nicht glaubwürdig gewesen war am Telefon. Sie schrieb den Abend durch; es war zwecklos. Sie kam dann, auf Drängen das Vaters, in die Wohnstube, die Haare ungemacht in langen Strähnen im Gesicht, in den verwaschenen Jeans. Ihr Aufzug wurde gerügt, sie sagte, zum Fernsehen reiche es. Die Mutter machte den Kasten aus, sie saßen zusammen am Tisch und knackten Nüsse. Der Vater zündete noch einmal die Kerzen am Weihnachtsbaum an. Kurz vor zwölf füllte er die Sektgläser, aus dem Radio kam eine Fuge von Bach. Mitternacht stießen sie an auf das GUTE NEUE JAHR.

[...]

---

1. Tragen Sie zusammen, welche Vorwürfe der Vater Frank macht, und diskutieren Sie, welche Ihnen berechtigt erscheinen.

2. Setzen Sie sich mit den ambivalenten Empfindungen Karins auseinander und beurteilen Sie diese.

Später tritt Karin jedoch eine Stelle als Volontärin bei einer Zeitung in der Heimatstadt von Frank an. Sie trifft sich heimlich mit ihm.

Sie trafen sich am Fluß. Niemand, den sie kannten, sah sie. Er stand auf einer Wiese voll schwarzem Gestrüpp, den Körper vorgebeugt, ein dünner Bart um das blasse Gesicht, die Augen bohrend auf sie gerichtet. Karin erzählte, was vorgefallen war. Er sagte: Wenn du jetzt nicht gekommen wärst – Aber sie umarmte ihn. Während sie an dem vereisten Ufer langgingen, sprach er schnell und wütend allerlei Zeug: Ich habs nicht mehr ausgehalten ... ich wußte, da ist irgendwas, konnte mir das nicht erklären! Ich wußte nur: du willst mich nicht mehr haben. Er sagte: „Wenn du nicht gekommen wärst – ich glaube, ich hätte den Gashahn aufgedreht." Er sagte das ganz ernst, und Karin war belustigt über diesen trüben Ausbruch. Sie beruhigte ihn. „Es ist ja gut. Mach nicht so Theater deswegen, wir müssen sehn, wie wir das hinter uns bringen." Aber sie dürfe noch niemandem erzählen, was sich abgespielt habe zuhause. „Ich darf dich nicht sehn. Ich durfte dir auch nichts sagen, weil die Möglichkeit besteht, daß ich dich damit warne." Er lachte und schaute verzweifelt drein, schüttelte den schmalen kurzgeschorenen Kopf. Sie überlegten angestrengt, was man ihm vorwerfen könnte, es fiel ihnen nichts ein. (v 1977)

(Aus lizenzrechtlichen Gründen ist dieser Text nicht in reformierter Rechtschreibung abgedruckt.)

10 Jürgen Fuchs (* 1950): Die Lüge

Ich habe mich nicht umgedreht, sie saß eine Reihe hinter mir, ich habe nur ihre Stimme gehört und wusste Bescheid. Ihre Augen habe ich nicht gesehen, vielleicht starrte sie auf den vor ihr liegenden Zettel oder zur Tafel, vielleicht war sie blass oder rot im Gesicht.

Es war an einem Montag gegen elf im Seminarraum dreiundzwanzig, wir sprachen vom ‚wissenschaftlichen Kommunismus', sie lieferte einen Beitrag, sie sagte etwas, sie meldete sich zu Wort, sie stellte keine Fragen, sie deutete nichts an. Ich habe mich nicht umgedreht, ich wusste Bescheid: *Es hat doch sowieso keinen Sinn, es bringt nichts ein, warum soll ich mir dauernd den Mund verbrennen und Fragen stellen, die anderen sitzen doch auch bloß rum und quatschen alles nach, ich habe Familie und brauche einen guten Abschluss, sonst bekomme ich die Arbeitsstelle nicht mit Krippenplatz und Wohnung, ich bin kein Schwein, aber irgendwann muss jeder Kompromisse machen, und was ich denke, brauche ich denen doch nicht dauernd auf die Nase zu binden, das habe ich jetzt satt, die wollen's doch so.*

Es ist nicht die Öde der Zeitungen am Morgen, es sind nicht die leeren Losungen von Frieden und Freundschaft draußen auf den Straßen, nicht die quasselnden Redner und die komischen Staatsmänner, es sind die kleinen Lügen, die eines Tages gegen elf gelogen werden, und du sitzt im selben Raum, auf einem anderen Stuhl oder nicht. (v 1977)

11 Reiner Kunze (* 1933): Ordnung

Die Mädchen und Jungen, die sich auf die Eckbank der leeren Bahnhofshalle setzten, kamen aus einem Jazz-Konzert. Ihr Gespräch verstummte rasch. Einer nach dem anderen legten sie den Kopf auf die Schulter ihres Nebenmannes. Der erste Zug fuhr 4.46 Uhr.

Zwei Transportpolizisten, einen Schäferhund an der Leine, erschienen in der Tür, wandten sich der Bank zu und zupften die Schlafenden am Ärmel. „Entweder Sie setzen sich gerade hin, oder Sie verlassen den Bahnhof, Ordnung muß sein!"

„Wieso Ordnung?" fragte einer der Jungen, nachdem er sich aufgerichtet hatte. „Sie sehen doch, daß jeder seinen Kopf gleich wiedergefunden hat."

„Wenn Sie frech werden, verschwinden Sie sofort, verstanden?" Die Polizisten gingen weiter.

Die jungen Leute lehnten sich nach der anderen Seite. Zehn Minuten später kehrte die Streife zurück und verwies sie des Bahnhofs.

Draußen ging ein feiner Regen nieder. Der Zeiger der großen Uhr wippte auf die Eins wie ein Gummiknüppel. (v 1976)

(Aus lizenzrechtlichen Gründen sind die Texte von Reiner Kunze nicht in reformierter Rechtschreibung abgedruckt.)

---

3. Schreiben Sie die Geschichte weiter und finden Sie einen möglichen Schluss. Bedenken Sie dabei, wo und wann die Handlung spielen könnte.

4. a) Informieren Sie sich über den tatsächlichen Verlauf der weiteren Handlung.
b) Überlegen Sie, warum Volker Braun den Titel *Unvollendete Geschichte* gewählt haben könnte.

5. „Ich habe nur ihre Stimme gehört und wusste Bescheid." Arbeiten Sie heraus, welche in der DDR verbreitete Haltung Jürgen Fuchs in seinem Text verurteilt.

6. Nennen Sie weitere Kritikpunkte, die der Erzähler vorbringt, und erklären Sie die Gewichtung, die er vornimmt.

7. Auch in unserer Gesellschaft gibt es vergleichbare „Lügen" in Situationen, in denen Menschen denken: „Es hat doch keinen Sinn, es bringt nichts ein." Stellen Sie sich solch eine Situation vor und schreiben Sie einen Paralleltext.

Auch der Autor Utz Rachowski setzt sich in seinen Texten mit gesellschaftlichen Widersprüchen und daraus resultierenden menschlichen Verhaltensweisen auseinander. Lesen Sie den Text auf der DVD und erarbeiten Sie die Aussage der Kurzgeschichte.

8. „Das nächste Mal sollten wir das Konzert früher verlassen."
– „Wir sollten in Gottes Namen auf den Besuch der Jazz-Konzerte verzichten."
– „Die Ordnungsfanatiker sterben nie aus!"
– „Und das nächste Mal erst recht: Wir lassen kein Jazz-Konzert ausfallen."
Welche der möglichen Äußerungen, die auf dem Heimweg fallen könnten, halten Sie für wahrscheinlich? Begründen Sie Ihre Meinung.

9. Erläutern Sie, welche „Ordnung" Reiner Kunze mit seiner Überschrift meint.

Deutsch-deutsche Lebensläufe:

„Ein Schriftsteller kann nirgendwo mehr zu Hause sein als dort, wo seine Gedichte in den Lesebüchern stehen und wo auch nur ein einziger fremder Mensch sie mit der Hand abschreibt, und deshalb bin ich in der Bundesrepublik zu Hause und in der DDR."

Reiner Kunze wurde 1933 geboren und ist seit 1962 freiberuflich als Schriftsteller tätig. Wegen seiner kritischen Haltung wurde er in der DDR diffamiert und boykottiert. 1977 siedelte er in die BRD über. 1990 veröffentlichte er unter dem Titel Deckname Lyrik Auszüge aus seinen 3 491 Blätter umfassenden Akten, die das Ministerium für Staatssicherheit im Verlauf von 25 Jahren aufgezeichnet hatte. Texte von ihm wurden bisher in 30 Sprachen übersetzt.

Der Vogel Schmerz

Nun bin ich dreißig jahre alt
und kenne Deutschland nicht:
Die grenzaxt fällt in Deutschlands wald.
O land, das auseinanderbricht
5 im menschen ...

Und alle brücken treiben pfeilerlos.
Gedicht, steig auf, flieg himmelwärts!
Steig auf, gedicht, und sei
der vogel Schmerz.   (e 1963)

Zimmerlautstärke

Dann die
zwölf jahre
durfte ich nicht publizieren sagt
der mann im radio

5 Ich denke an X
und beginne zu zählen   (e 1968)

„Aber ich bin kein politischer Autor, kein Autor, der schreibt, um Politik zu machen."

„Schon in früheren Jahren hat R. K. besonderen Wert darauf gelegt, sich als kritischer Autor darzustellen, für den es in der Kunst keine Kompromisse gibt."
11.10.1976

Karteikarte Operativ-Vorgang „Lyrik"

„Nichts ist unbequemer als die Freiheit, aber auch nichts ist begehrenswerter."

„Zur Verunsicherung des K. und seiner Ehefrau sind die geeigneten öffentlichen Stellen stärker zu nutzen."
24.9.1976

Reiner Kunze

1979: Bei Dreharbeiten zum Film „Die wunderbaren Jahre" (v. l. n. r.): Martin May (Hauptdarsteller), Reiner Kunze (Drehbuchautor) und Franz Seitz (Produzent und Regisseur)

„... ob ein geeigneter IM zur Bearbeitung der [Tochter] Marcella Kunze in Jena vorhanden ist."
29.10.1976

„Der soeben erschienene Gedichtband ‚Sensible Wege' stellt eine politische Provokation gegenüber unserem Staat und seiner Politik dar."
23.5.1969

„Ein dichterischer Einfall geht immer auf Erschütterungen zurück, auf Betroffensein."

Das Ende der Kunst

Du darfst nicht, sagte die eule zum auerhahn
du darfst nicht die sonne besingen
Die sonne ist nicht wichtig

Der auerhahn nahm
5 die sonne aus seinem gedicht

Du bist ein künstler,
sagte die eule zum auerhahn

Und es war schön finster   (e 1960)

„Aber Sie schreiben doch nicht mehr über das Leben dort."
– „Aber über das Leben – und darauf kommt es doch an."

Schlussbild der Fotodokumentation des Staatssicherheitsdienstes über die Ausreise von Dr. Elisabeth und Reiner Kunze am 13.4.1977

P Deutsch-deutsche Lebensläufe: Reiner Kunze

Bereiten Sie eine ▶ szenische Lesung vor, in der Sie Texte des Autors vorstellen und diese mit biografischen Informationen und historischen Materialien collagieren:
- Erarbeiten Sie dazu die Biografie des Autors und verbinden Sie diese mit biografischen Zeugnissen.
- Wählen Sie geeignete Gedichte und kurze Prosatexte aus, die Sie gegebenenfalls szenisch vortragen.
- Informieren Sie sich über wichtige historische und politische Ereignisse, die das Zeitgeschehen beeinflussten.
- Erstellen Sie ein Konzept, das Ihre Rechercheergebnisse und die Textauswahl miteinander verbindet, und legen Sie fest, wer welche „Rolle" übernimmt.

Sensible wege

Sensibel
ist die erde über den quellen: kein baum darf
gefällt, keine wurzel
gerodet werden

5 die quellen könnten
versiegen

Wie viele bäume werden
gefällt, wie viele wurzeln
gerodet

10 in uns   (e 1966)

Literaturempfehlung:
Die wunderbaren Jahre, Frankfurt/M. 1976
Deckname Lyrik, Frankfurt/M. 1990
Gedichte, Frankfurt/M. 2001
Wo Freiheit ist ..., Frankfurt/M. 1994

12 Stefan Heym (1913–2001): Rede auf dem Alexanderplatz, 4. November 1989

Am Morgen des 4. November 1989 zogen etwa 500 000 Demonstranten (zuweilen ist sogar von knapp einer Million die Rede) durch die Ostberliner Innenstadt. Zum Abschluss fand eine Kundgebung auf dem Alexanderplatz statt, auf der zahlreiche Künstler sprachen. In ihren Reden ging es um die Forderung nach Reformen und einer radikalen Erneuerung der DDR.

1. Informieren Sie sich auf der Website des Deutschen Historischen Museums in Berlin über den Verlauf der Veranstaltung (Vorgeschichte, Redner und Redetexte, Losungen).

2. a) Hören Sie die Rede Stefan Heyms auf der CD. (CD 2 Track 10)
b) Analysieren Sie die Rede: Welches Ziel verfolgt der Redner? Welche Hoffnungen und Wünsche kommen zum Ausdruck? Welcher Intention folgt der Appell am Schluss?
c) Stefan Heym spricht vom „aufrechten Gang", den es zu erlernen gelte. Erläutern Sie, was darunter zu verstehen ist.
d) Erarbeiten Sie die Merkmale der sprachlich-stilistischen Gestaltung der Rede und stellen Sie einen Bezug zur Intention des Sprechers her.

3. Versuchen Sie zu erklären, warum – trotz aller Repressalien – viele Künstler eine demokratische Erneuerung der DDR forderten, sich zugleich aber auch zu diesem Land bekannten.

Freunde! Mitbürger!
Es ist, als habe einer die Fenster aufgestoßen nach all den Jahren der Stagnation, der geistigen, wirtschaftlichen, politischen, den Jahren von Dumpfheit und Mief und bürokratischer Willkür, von amtlicher Blindheit und Taubheit.
Welche Wandlung! Vor noch nicht vier Wochen die schön gezimmerte Tribüne hier um die Ecke, mit dem Vorbeimarsch, dem bestellten, vor den Erhabenen – und heute ihr, die ihr euch aus eigenem freien Willen versammelt habt für Freiheit und Demokratie und für einen Sozialismus, der des Namens wert ist. In der Zeit, die hoffentlich jetzt zu Ende ist, wie oft kamen da die Menschen zu mir, mit ihren Klagen: Dem war Unrecht geschehen, und der war unterdrückt und geschurigelt[1] worden, und allesamt waren sie frustriert. Und ich sagte, so tut doch etwas. Und sie sagten resigniert: Wir können doch nichts tun.
Und das ging so in dieser Republik, bis es nicht mehr ging. Bis es so viel Unbilligkeit angehäuft hatte im Staate und so viel Unmut im Leben der Menschen, dass ein Teil von ihnen weglief. Die anderen aber, die Mehrheit, erklärte, und zwar auf der Straße, öffentlich: Schluss! Ändern! Wir sind das Volk! Einer schrieb mir, und der Mann hat Recht: Wir haben in diesen letzten Wochen unsere Sprachlosigkeit überwunden und sind jetzt dabei, den aufrechten Gang zu erlernen. Und das, Freunde, in Deutschland, wo bisher sämtliche Revolutionen danebengegangen und die Leute immer gekuscht haben, unter dem Kaiser, unter den Nazis und später auch.
Aber sprechen, frei sprechen, gehen, aufrecht gehen, das ist nicht genug. Lasst uns auch lernen zu regieren. Die Macht gehört nicht in die Hände eines Einzelnen oder ein paar weniger oder eines Apparats oder einer Partei. Alle müssen teilhaben an dieser Macht, und wer immer sie ausübt und wo immer, muss unterworfen sein der Kontrolle der Bürger, denn Macht korrumpiert, und absolute Macht, das können wir heute noch sehen, korrumpiert absolut.
Der Sozialismus, nicht der stalinsche, der richtige, den wir endlich erbauen wollen zu unserem Nutzen und zum Nutzen ganz Deutschlands, ist nicht denkbar ohne Demokratie. Demokratie aber, ein griechisches Wort, heißt Herrschaft des Volkes.
Freunde! Mitbürger – üben wir sie aus, diese Herrschaft!

---
[1] jemanden schurigeln: jemanden zurechtweisen, schikanieren (umgangssprachlich)

Lesetipps
- Alfred Andersch: *Der Vater eines Mörders*
- Ingeborg Bachmann: *Malina*
- Jurek Becker: *Jakob der Lügner*
- Thomas Bernhard: *Der Stimmenimitator, Heldenplatz*
- Heinrich Böll: *Ansichten eines Clowns, Die verlorene Ehre der Katharina Blum*
- Bernt Engelmann/Günter Wallraff: *Ihr da oben – wir da unten*
- Max Frisch: *Andorra, Stiller*
- Günter Grass: *Katz und Maus*
- Peter Härtling: *Nachgetragene Liebe*
- Peter Handke: *Der kurze Brief zum langen Abschied*
- Stefan Heym: *Fünf Tage im Juni*
- Rolf Hochhuth: *Eine Liebe in Deutschland*
- Uwe Johnson: *Jahrestage, Mutmassungen über Jakob*
- Hermann Kant: *Die Aula*
- Heiner Müller: *Der Auftrag*
- Brigitte Reimann: *Franziska Linkerhand*
- Botho Strauß: *Paare. Passanten*
- Martin Walser: *Ein fliehendes Pferd*
- Maxie Wander: *Guten Morgen, du Schöne*
- Peter Weiss: *Abschied von den Eltern*
- Gabriele Wohmann: *Ausflug mit der Mutter*
- Christa Wolf: *Kassandra*

Originalausgabe 1954

Originalausgabe 1961

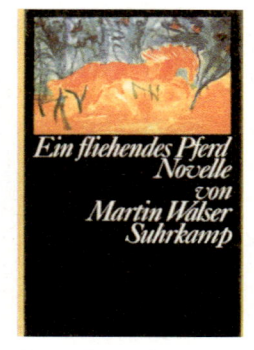

Originalausgabe 1978

„Leipziger Buchmesse"
Die Buchmesse in Leipzig war über alle Jahre hinweg auch ein Plenum des Austauschs zwischen Ost und West. DDR-Schriftsteller trafen sich mit ihren Kollegen aus der BRD und auch die aufgeschlossenen Leser aus dem Osten nutzten die Möglichkeit, sich über Veröffentlichungen und Verlagsprogramme zu informieren.
Bereiten Sie eine Ost-West-Gesprächsrunde vor, in der Sie Texte aus beiden Teilen Deutschlands vorstellen, die Sie für besonders gelungen und wichtig halten. Wählen Sie einen Moderator aus, der die Veranstaltung, z. B. in einem „Lesecafé", leitet und auch den Einführungsvortrag hält.

Literarische Erörterung

Die literarische Erörterung beschäftigt sich mit Fragestellungen aus den Bereichen Literatur, Kunst und Kultur. Damit nimmt sie eine gewisse Zwischenstellung zwischen der freien und der textgebundenen Erörterung ein. Im Mittelpunkt der literarischen Erörterung steht oft ein Zitat, das auf seine verschiedenen Facetten und Aspekte entweder in Bezug auf ein konkretes literarisches Werk oder auf eine allgemeine Literatur- und Kunsterfahrung hin zu untersuchen ist, z. B.:

„Denn Kunst ist immer Widerspruch zu dem, was ist." (Stefan Schütz)
– Erläutern Sie diese Aussage.
– Veranschaulichen Sie die unterschiedlichen Facetten des Widerspruchs an Beispielen ost- und westdeutscher Literatur nach 1945.

Zur Bearbeitung der Aufgabenstellung bietet sich folgende Vorgehensweise an:

1. Themenanalyse
In der Regel besteht das **Thema** für eine literarische Erörterung aus zwei Teilen:
a) **Problemstellung/Zitat** „Denn Kunst ist immer Widerspruch zu dem, was ist." (Stefan Schütz)
b) **Aufgabenstellung** Erläutern Sie diese Aussage. Veranschaulichen Sie die unterschiedlichen Facetten des Widerspruchs an Beispielen ost- und westdeutscher Literatur nach 1945.

Bei der **Analyse der Aufgabenstellung** ist eine genaue Betrachtung der **Operatoren** von zentraler Bedeutung. Im vorgegebenen Beispiel lauten die Operatoren:
- „Erläutern …" – Verlangt ist eine klärende Erläuterung des Zitats in eigenen Worten.
- „Veranschaulichen …" – Verlangt sind literarische Belege für das Zitat mit einer genaueren Begründung, inwiefern die herangezogenen literarischen Beispiele die Aussage belegen. Der Operator „veranschaulichen" erfordert somit eine lineare Erörterung und schließt eine dialektische Erörterung aus (vgl. S. 12).

Zur genaueren Auseinandersetzung mit dem vorgegebenen Zitat bietet sich oft eine **semantische Analyse der Schlüsselwörter des Zitats** an:

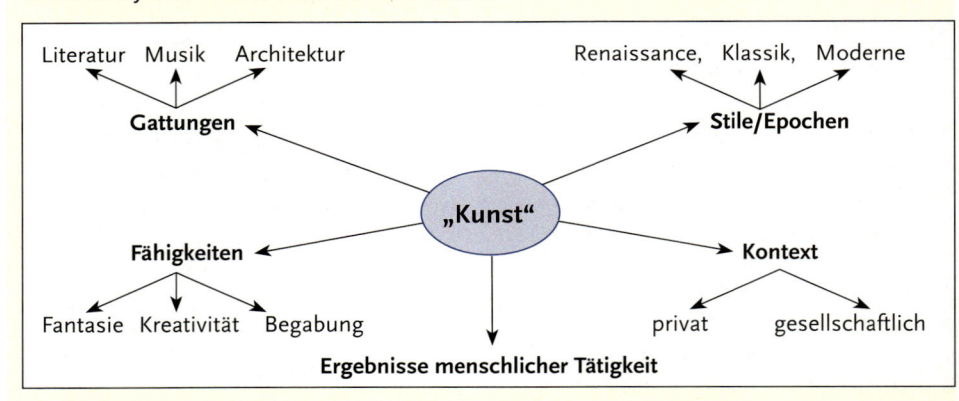

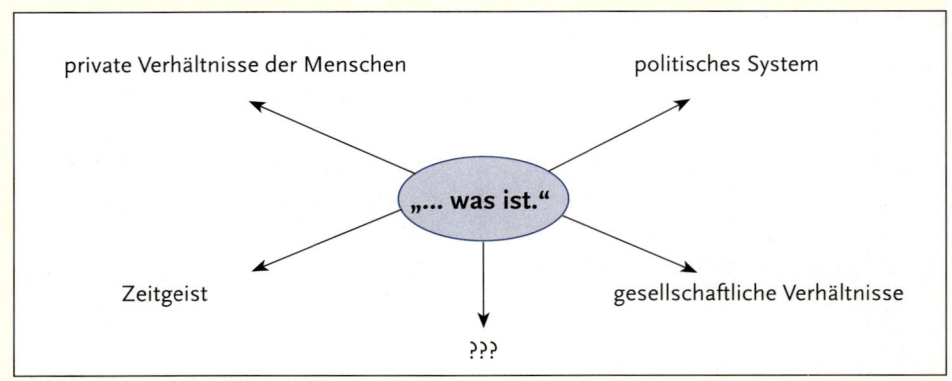

```
Literatur  Musik  Architektur            Renaissance, Klassik, Moderne
        ↖  ↑  ↗                              ↖     ↑     ↗
         Gattungen  ←                  →  Stile/Epochen
                        ( „Kunst" )
         Fähigkeiten ←                  →  Kontext
        ↙  ↓  ↘                                ↙        ↘
Fantasie  Kreativität  Begabung          privat     gesellschaftlich
              Ergebnisse menschlicher Tätigkeit
```

```
private Verhältnisse der Menschen         politisches System
              ↖                       ↗
                    ( „... was ist." )
              ↙                       ↘
     Zeitgeist                    gesellschaftliche Verhältnisse
                         ↓
                        ???
```

1. Beurteilen und vervollständigen Sie die Themenanalyse unter Verwendung der Methode der semantischen Begriffsanalyse.

2./3. Stoffsammlung/Gliederung

Die Anordnung der konkreten Beispiele kann im vorliegenden Fall getrennt nach ost- und westdeutscher Literatur erfolgen (Beispiel A) oder aspektorientiert (Beispiel B) angelegt sein.

Beispiel A:

Ostdeutsche Literatur	• R. Kunze → Aufbegehren gegen staatliche Bevormundung und Überwachung • B. Brecht „Die Lösung" → Widerspruch gegen konkrete staatliche Machtdemonstration
Westdeutsche Literatur	• C. Meckel: „Andere Erde" → Warnung vor rücksichtsloser Ausbeutung und Zerstörung der Erde • …

Beispiel B:

Anlass bzw. Ziel des Widerspruchs	Literarische Beispiele
Machtanspruch des Staates vs. individuelle Freiheit/Interessen	• W. Bräunig: *Rummelplatz* • R. Kunze • E. Fried • …
Umweltzerstörung	• Christoph Meckel: „*Andere Erde*" • …
…	…

2. a) Entscheiden Sie sich für eine der beiden Gliederungsformen.
b) Ergänzen Sie die jeweilige Stoffsammlung mit weiteren Beispielen.

4. Ausarbeitung der literarischen Erörterung

a) Die **Einleitung** beginnt zunächst mit einem „Aufhänger", der die Neugier des Lesers wecken soll, und schließt mit der Themenfrage. Im vorliegenden Beispiel könnte die Einleitung ausgehen von:
- einer persönlichen Erfahrung (z. B. ein eigenes Kunsterlebnis);
- einem aktuellen Ereignis (z. B. Darstellung einer aktuellen Kontroverse um ein konkretes Kunstwerk);
- allgemeinen Überlegungen hinsichtlich der Funktion von Kunst;
- Assoziationen und ersten spontanen Überlegungen zum vorgelegten Zitat;
- …

b) Im **Hauptteil** sollte nach einer ausführlichen Erläuterung und Klärung des Zitats zur besonderen Situation der deutschen Literatur nach 1945 übergeleitet werden (zwei deutsche Staaten, unterschiedliche politische Systeme, …). Wichtig ist es, die ausgewählten literarischen Beispiele je nach gewählter Gliederung (Trennung nach ost- und westdeutscher Literatur oder aspektorientiertes Vorgehen) in eine sinnvolle Reihenfolge zu bringen. Der Hauptteil der Erörterung schließt mit dem Fazit in Bezug auf die Themenfrage.

c) Als **Schluss** wäre denkbar
- der Bezug zur Einleitung (= inhaltlicher Rahmen);
- ein Ausblick auf die Literatur nach 1989; auch hier Kunst als Widerspruch zu dem, was ist: mögliche Problemfelder/Themen, Entwicklungen;
- weiterführende Überlegungen: Kunst auch um ihrer selbst willen?

5. Überarbeitung

Die Überarbeitung sollte im Speziellen auf folgende Aspekte gerichtet sein:
- exakte Begrifflichkeit (Fachtermini) und Verwendung eines differenzierten Wortschatzes;
- sachlich-nüchterne und durch repräsentative Beispiele gestützte Argumentation statt einer unangemessenen Emotionalisierung;
- vollständige Argumentationsketten (These-Begründung-Beleg-Beispiel);
- logische syntaktische Strukturen mit passenden Adverbien und Konjunktionen.

13 Vorschläge für Einleitungen

1. Kunst ist ein menschliches Kulturprodukt, das Ergebnis eines kreativen Prozesses. Seit der Aufklärung versteht man unter Kunst vor allem die Ausdrucksformen der schönen Künste wie Literatur und Musik. [...]

2. „Günter Grass liest", lautete die Schlagzeile einer Leipziger Zeitung, die über das Programm zur Buchmesse informierte. Und klar war damit, dass die Eintrittskarten für diesen Abend schnell vergriffen sein würden. Was fasziniert Menschen aller Altersgruppen so an Literatur? Welche Rolle spielt die Kunst generell in unserem Leben? Das waren die Fragen, die ich mir stellte, als ich mich auf den Weg zur Lesung mit dem Nobelpreisträger begab. [...]

3. „Beleidige lebendige Dichter nicht, sie haben Flammen und Waffen", schrieb Heinrich Heine 1844 im „Wintermärchen" und war sich seiner Macht und seiner Möglichkeiten als Schriftsteller wohl bewusst. In demokratischen Ländern ist das Recht auf Kunstfreiheit im Rahmen der Meinungsfreiheit garantiert, in Diktaturen jedoch wird Kunst häufig gezielt dazu eingesetzt, das jeweilige Regime zu stabilisieren. Freier künstlerischer Ausdruck wird oft einer Zensur unterworfen und ist Repressionen ausgesetzt. [...]

4. „Kunst kommt von Können", heißt eine Redewendung und tatsächlich spricht das Wörterbuch in diesem Zusammenhang von „Können höherer und besonderer Art". Was kann nun so ein „Können" bewirken? Kann man von einer Aufgabe sprechen, die Kunst zu erfüllen hat? „Kunst ist immer Widerspruch zu dem, was ist." Damit formuliert der deutsche Schriftsteller Stefan Schütz einen Anspruch, den es im Zusammenhang mit der Literatur nach 1945 zu überprüfen gilt. [...]

3. Analysieren und beurteilen Sie die unterschiedlichen Einleitungsvarianten.

14 Auszüge aus dem Hauptteil einer literarischen Erörterung

Die ostdeutsche Schriftstellerin Brigitte Reimann geht in ihrem Roman „Franziska Linkerhand" von 1974 der Frage nach, wie und ob sich die Ideale, die ein junger Mensch hat, mit staatlichen Vorgaben verbinden lassen. Ihre Protagonistin, die Architektin Franziska, sieht sich unmittelbar nach dem Studium auf ihrer Baustelle in der ostdeutschen Provinz mit staatlichen Verordnungen und Engstirnigkeit der Menschen vor Ort konfrontiert und muss Erfahrungen machen, die sich mit ihren Berufsvorstellungen nicht vereinbaren lassen. Sie fühlt sich betrogen, ist verzweifelt und kämpft um ihren Lebensanspruch.
Die Autorin vermittelt eine äußerst kritische Sicht auf den realen Sozialismus. Sie greift Konflikte auf, die das politische System verschweigen will, weil sie nicht in das Bild passen, das der Staat von sich vermitteln möchte. Ihr „Widerspruch" ist deutlich formuliert. Das mag auch ein Grund dafür sein, dass dieser Roman bei seinen Lesern so großen Zuspruch fand.

4. a) Schreiben Sie einen weiteren Abschnitt für ein Beispiel aus der westdeutschen Literatur.
b) Vergleichen Sie Ihre Entwürfe in Ihrem Kurs.

5. Schreiben Sie eine vollständige Erörterung zum Thema: „Denn Kunst ist immer Widerspruch zu dem, was ist."

Literatur nach 1945

Das Ende des Zweiten Weltkrieges am 8. Mai 1945 und die Befreiung vom Nationalsozialismus durch die totale militärische Niederlage markierten einen tiefen Einschnitt in der deutschen Geschichte, der alle Lebensbereiche umfasste. Das in Trümmern liegende und in Besatzungszonen aufgeteilte Land stand vor der Aufgabe, einen Neuanfang zu finden.
Das literarische Leben dieser Jahre stand ganz im Sinne der Nullpunktdiskussion. Die vorherrschenden Themen waren der Krieg, die Verstrickung des Einzelnen in das verbrecherische System sowie die nüchterne Bestandsaufnahme der unmittelbaren Gegenwart.
Der Weg wurde nun frei für die Literatur der deutsche **Exilautoren**, auch wenn nicht alle in ihr deutsches Heimatland, das sie wenige Jahre zuvor verfolgt und verstoßen hatte, zurückkehrten. In den westlichen Besatzungszonen und der späteren Bundesrepublik erfolgte die Rezeption der Exilliteratur eher zurückhaltend.
Zukunftsweisend waren die bald regelmäßigen Treffen der **Gruppe 47**, einer Plattform junger Autorinnen und Autoren, die dort auf sich aufmerksam machen konnten. Der Schriftsteller Hans Werner Richter lud von 1947 an jährlich zu Lesungen aus neuen Texten und zur Vergabe eines Preises der Gruppe ein. In den Folgejahren nahmen an den Treffen der Gruppe auch Verleger und Kritiker teil. Das Ziel war die Erneuerung der Literatur und die Auseinandersetzung mit der Vergangenheit. Die Begriffe **Kahlschlag** und **Trümmerliteratur** zeugen von den Bemühungen um einen Neuanfang auch in der Sprache. Viele junge Dichter hielten eine Erneuerung der Sprache, die zwölf Jahre lang von den Nationalsozialisten durch Phrasen aufgebläht und durch einen schneidenden militaristisch-technokratischen Ton missbraucht worden war, für notwendig. Sie verwendeten deshalb bei der kritischen und nüchternen Bestandsaufnahme der von den Schrecken der Vergangenheit beherrschten Gegenwart eine bewusst karge Sprache.
Eine endgültige Spaltung der deutschen Nachkriegsliteratur erfolgte durch die Gründung der beiden deutschen Staaten:
In der **DDR** versuchte der neu gegründete Staat, die Schriftsteller in den Dienst der Partei und des sozialistischen Aufbaus zu stellen. Der **Bitterfelder Weg**, ein Programm zur Entwicklung der „sozialistischen Nationalliteratur", versuchte, eine enge Verbindung zwischen Produktion und Kunst zu schaffen. Die Kunst sollte sich an der Arbeitswelt orientieren, sie sollte parteilich sein. Auch der Begriff **Ankunftsliteratur** zeugte von der Hinwendung zu gesellschaftlichen Themen in der DDR, die besonders von jungen Autorinnen und Autoren getragen wurde und deren Hoffnungen, Lebensvorstellungen und Ideale thematisierte. Gleichzeitig wurden jedoch kritische Stimmen unterdrückt, Abweichungen von der vorgegebenen Linie mit persönlichen Einschränkungen bis hin zu Publikationsverboten bestraft. Über 100 Autoren siedelten in die BRD über, weil sie in der DDR keine akzeptablen Arbeitsbedingungen mehr fanden. Eine kurzzeitige Liberalisierung in der Kulturpolitik der DDR endete 1976 mit der **Ausbürgerung Wolf Biermanns**. Rund einhundert Künstler, darunter fast alle bedeutenden Autoren der DDR, unterzeichneten das Protestschreiben gegen diese Willkürmaßnahme, was jedoch weitere Berufsverbote zur Folge hatte. Es begann der Exodus der DDR-Literatur.
In der **Bundesrepublik Deutschland** standen die **1950er-Jahre** ganz im Zeichen des „Wirtschaftswunders" der „Ära Adenauer". Die Literatur nahm, von wenigen Ausnahmen abgesehen, von der realen Politik wenig Notiz und die jüngste Vergangenheit wurde weitgehend verdrängt. Die Dichter misstrauten der vom Nationalsozialismus missbrauchten Sprache und suchten nach neuen poetischen Ausdrucksweisen. Stilprägend v. a. in der Lyrik wurde die Ablehnung herkömmlicher poetischer Stilmittel. Nach dem moralischen Appell der Nachkriegsjahre erfolgte eine verstärkte Rückbesinnung der Literatur auf sich selbst. Neben Gottfried Benn war Paul Celan einer der Hauptvertreter dieser **hermetischen Lyrik**.
Erst seit Beginn der **1960er-Jahre** fand in der **BRD** eine verstärkte Hinwendung zur politischen und gesellschaftlichen Realität statt. Im Zuge der Auschwitz-Prozesse erfolgte auch eine intensive Auseinandersetzung mit den Verbrechen der Nationalsozialisten, z. B. im **dokumentarischen Theater**. Bestimmend wurden Formen der **politischen Lyrik**, die sich auf bestimmte politische Ereignisse (z. B. den Vietnamkrieg, die zunehmende Zerstörung der Natur, die 68er-Studentenbewegung etc.) bezogen und auch zum aktiven Handeln aufforderten.

In den **1970er-Jahren** erfolgte eine Tendenzwende in der Literatur, auch durch die Ernüchterung vieler Intellektueller, da die Utopien der 68er-Studentenbewegung gescheitert waren. Ende der 60er-Jahre wurde von Hans Magnus Enzensberger der „Tod der politisch ohnmächtigen Literatur" verkündet.

Es erfolgte nun zunehmend eine Rückbesinnung auf das eigene Ich, auf die Identitätssuche des Einzelnen, auch in der Gesellschaft. **Neue Subjektivität** oder **Neue Innerlichkeit** bezeichnete eine Richtung in der Literatur, die starke subjektive und autobiografische Züge aufwies. Private Töne fanden wieder Eingang in die literarischen Texte, eigene Empfindungen und Erfahrungen wurden dargestellt. In der Lyrik setzte sich der Begriff der **Alltagslyrik** für oft alltägliche skizzenhafte Momentaufnahmen durch.

In den **1980er-Jahren** setzte sich die Tendenz, sich mit der eigenen Lebensgeschichte auseinanderzusetzen, fort. Gleichzeitig wurden Entfremdungserfahrungen des Ichs in der Gesellschaft thematisiert.

Modul: Liebeslyrik

1. Liebe, was ist das? – Annäherungsversuche

Zitate und Bilder

> WE ROSE UP SLOWLY ... AS IF WE DIDN'T BELONG TO THE OUTSIDE WORLD ANY LONGER ... LIKE SWIMMERS IN A SHADOWY DREAM ... WHO DIDN'T NEED TO BREATHE ...

> Die Ehe war zum jrößten Teil vabrühte Milch un Langeweile

> Dein Körper flammt!
> Die Welt
> Erlischt

> Deine Umarmungen
> sind wie Sturm,
> der uns über Weltab-
> gründe schwenkt

> Es ist Unsinn
> sagt die Vernunft
> Es ist was es ist

> Freiem Leben, freiem
> Lieben, Bin ich immer
> treu geblieben!

> Bis ich ganz in dir
> aufgegangen war:
> da spucktest du mich aus
> mit Haut und Haar.

> Mein dunkles Herz liebt dich,
> Es liebt dich und es bricht,
> Und bricht und zuckt und verblutet,
> Aber du siehst es nicht.

> Sie sah mich an; Ihr Leben hing
> Mit diesem Blick' an meinem Leben,
> Und um uns ward's Elysium

> Der erste, der fand ein Liebchen,
> Die Schwieger kauft' Hof und Haus;
> Der wiegte gar bald ein Bübchen,
> Und sah aus heimlichem Stübchen
> Behaglich ins Feld hinaus.

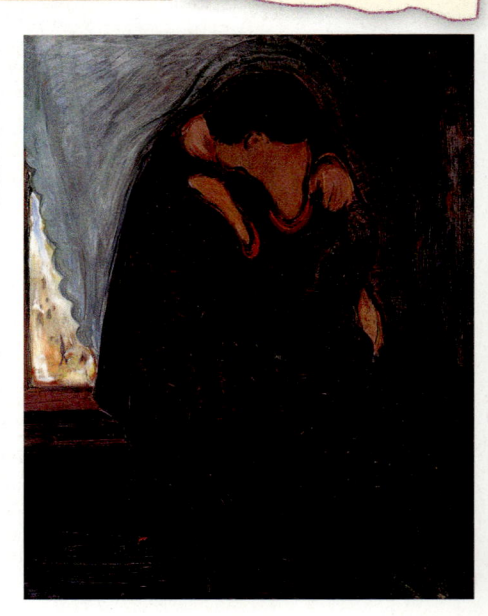

Modul: Liebeslyrik 441

Welche Liebe macht Sie glücklich?
Liebe ist eine große Kraft, die uns den Tod und all die Sorgen und Leiden vergessen lässt. Zumindest: am Anfang, wenn die Liebe noch frisch ist.
Auf der anderen Seite ist die Liebe ein großes Risiko, weil du dich dem anderen auslieferst. Das kann sehr schmerzhaft sein. Du bist so verwundbar.
Heute schätze ich zunehmend die beständige, dauerhafte Liebe. Ich suche nicht mehr die romantische, stürmische Beziehung. Loyalität und Rücksichtnahme sind mir heute viel wichtiger – wenn man sich umeinander kümmert, füreinander sorgt. Dieser Art der Liebe kann ich heute mehr trauen.
Zugleich muss ich zugeben, dass ich ein bisschen abhängig bin von der Liebe meiner Kinder, diese Liebe zu fühlen macht mich glücklich. (v 2007)

Doch alles, was uns anrührt, dich und mich, nimmt uns zusammen wie ein Bogenstrich, der aus zwei Saiten *eine* Stimme zieht.

Alle vierzehn Tage von Kopf bis Fuß auf Liebe eingestellt.

Starke Schulter zum Anlehnen
gesucht für Momente, in denen ich mich gerne in Deine Arme fallen lassen möchte, um mit Dir zu träumen, herumzualbern oder das „Salz auf unserer Haut" zu spüren. Vielleicht vor dem Kamin in einem ländlichen Haus, das wir früher oder später zu unserem Refugium machen werden.
Du bist groß, schlank, sympathisch aussehend, [...]

OHNE FESTEN GARAGENPLATZ
Rasantes Sondermodell der Sportklasse, alle Extras inkl.: langes Fahrgestell (1,88 m), attraktive Form- und Farbgebung (75 kg, blond, grüne Augen), Bauj. 62, akad. Parcours, erprobt auf ausländischen Straßen, mehrsprachig, im Verbrauch nicht ganz billig, dafür gutes Fahrverhalten auch in Extremsituationen,
SUCHT: Selbstbewussten, großen Fahrer der Luxusklasse für gemeinsame Wegstrecke, der trotz Radarfallen und steigender Benzinpreise kein alternatives Transportmittel sucht und seinem Fahrstil treu zu bleiben gedenkt. Gemeinsame Probefahrt jederzeit möglich, da Winterausrüstung vorhanden. Terminabsprache nach vorheriger Bildzuschrift.

1. Liebe tritt in unterschiedlichsten Erscheinungsformen auf.
a) Suchen Sie in Gruppen je 3 Bilder und 3 Zitate heraus, die einen interessanten Aspekt der Liebe beleuchten.
b) Schreiben Sie dazu jeweils ein Schlagwort auf einen Plakatstreifen.
c) Sammeln Sie die Begriffe auf einer Plakatwand und diskutieren Sie eine mögliche Strukturierung.

2. Bilden Sie Interessengruppen, die sich mit einem dieser Aspekte intensiver befassen:
a) Lesen Sie möglichst viele Liebesgedichte (Anthologien in einer Bibliothek, Internet, ...) und stellen Sie zu Ihrem Aspekt von Liebe Gedichte zusammen, die Sie besonders ansprechen.
b) Überlegen Sie sich, in welcher Form Sie Ihre Zusammenstellung den Mitschülern zugänglich machen.

3. a) Suchen Sie sich in Gruppen jeweils ein Bild heraus, das Sie besonders anspricht.
b) Sammeln Sie in Form einer ➤ Mindmap Assoziationen zu dem Bild.
c) Nutzen Sie diese Assoziationen als Ausgangspunkt für einen kreativen Schreibversuch in freier Textform.

4. a) Wählen Sie aus den Zitaten eines aus, das Sie auf einen Plakatstreifen schreiben, und versetzen Sie sich in die mögliche Situation und Stimmung des Sprechers.
b) Zitat-Party: Suchen Sie – wie auf einer Party – Gesprächspartner. Tragen Sie sich gegenseitig Ihre Zitate vor, tauschen Sie die Zitatstreifen aus und suchen Sie neue Gesprächspartner.
c) Heften Sie nach drei bis fünf Runden die Zitatstreifen an eine Plakatwand. Sprechen Sie im Plenum über die „Liebeserfahrungen", die sich in den Zitaten niedergeschlagen haben. Versuchen Sie, die Zitate thematisch zu ordnen.

5. a) Vermutlich vermissen Sie den einen oder anderen Aspekt. Suchen Sie dazu ein Bild oder ein Gedicht, gestalten Sie ein Foto oder verfassen Sie selbst einige Zeilen.
b) Stellen Sie Ihre individuellen Ergänzungen vor und erweitern Sie damit die Plakatwand.

Modul: Liebeslyrik

Projektvorschlag „Liebesgedichte verschiedenster Zeiten"

In Liebesgedichten spiegeln sich wie in einem Brennglas die Erfahrungen, die Menschen mit dem Phänomen Liebe machen können. Das vorliegende Modul möchte Sie mit unterschiedlichsten Versuchen, dichterisch auf das Phänomen Liebe zu „reagieren", bekannt machen und es soll Sie dazu anregen, sich produktiv mit dem Thema und den Texten auseinanderzusetzen.
Die Gliederung des Moduls orientiert sich an Facetten des Themas „Liebe" und die jeweiligen Aufgaben stellen ein Angebot dar, aus dem Sie auswählen können, um Zugänge zu den jeweiligen Gedichten zu finden.
Den Abschluss Ihrer Beschäftigung mit „Liebesgedichten aus verschiedensten Zeiten" soll eine Präsentation bilden, in die das zuvor Erarbeitete integriert werden kann.

Sie können dabei den Fokus auf unterschiedliche Aspekte legen, etwa:
- Grundsituationen und Grunderfahrungen der Liebe
- Geschlechtsspezifische Rollen und Perspektiven
- Eine Zeitreise durch Konzepte und Rahmenbedingungen der Liebe
- …

Dazu bieten sich unterschiedliche Präsentationsformen an, z. B.:
- **Literarische Galerie**: Sie gestalten Text-Bild-Plakate. Diese werden durch „Ausstellungsführer" kommentiert und mit kurzen szenischen Präsentationen verlebendigt.
- **Szenische Revue** zum Thema „Facetten der Liebe" oder „Lyrische Texte – Eine Zeitreise": Beziehen Sie dabei neben der szenischen Darbietung von eigenen und fremden Gedichten auch Kunst und Musik ein.
- **Symposion Liebeslyrik** als literarisches Rollenspiel: Sie organisieren ein Treffen von Dichtern aus verschiedenen Epochen. Vorgesehen sind:
  - Lesungen mit Diskussionen und ggf. einem Dichterwettbewerb,
  - Podiumsdiskussionen über die unterschiedlichen Liebeskonzeptionen und ihre dichterische Umsetzung,
  - Interviews mit Autoren auch zu dem biografischen Hintergrund ihrer Dichtung.
- **Gesprochene Liebe** – Gestaltung eines Hörfeatures mit eigenen und fremden Liebesgedichten, Hintergrundinformationen zu den „Liebenden", passenden Musikbeiträgen, …
- **„POEM – Liebe"** – Sie verfilmen Ihr Lieblings-Liebesgedicht. Anregungen gibt Ihnen der Film POEM (http://www.poem-derfilm.de/index2.htm).
- **Dichtung und Wirklichkeit** – Auf den Spuren großer Liebender. Expertengruppen erkunden, inwieweit die Kenntnis biografischer Hintergründe zum Verständnis von Gedichten beiträgt (vgl. Goethes „Sesenheimer Lieder", S. 156 f.). Präsentation mit Lesung und Referat sowie anschließender Diskussion mit dem Publikum.
- **Dichterworkshop**: Schüler antworten auf Gedichte mit eigenen Gedichten. Präsentation über Textplakate und Vortrag.

Gustav Klimt: Der Kuss, 1907/08

2. Liebesbegegnung – Alles an mir will zu dir

1 Hugo von Hofmannsthal (1874–1929): Die Beiden

Sie trug den Becher in der Hand
– Ihr Kinn und Mund glich seinem Rand –,
So leicht und sicher war ihr Gang,
Kein Tropfen aus dem Becher sprang.

5 So leicht und fest war seine Hand:
Er ritt auf einem jungen Pferde,
Und mit nachlässiger Gebärde
Erzwang er, dass es zitternd stand.

Jedoch, wenn er aus ihrer Hand
10 Den leichten Becher nehmen sollte,
So war es beiden allzu schwer:

Denn beide bebten sie so sehr,
Dass keine Hand die andre fand
Und dunkler Wein am Boden rollte. (e 1895)

Erschließen Sie das Gedicht „Die Beiden" szenisch (Aufgabe 1) oder analytisch (Aufgabe 2).

1. a) Gestalten Sie zu jeder Strophe ein ➤ Standbild.
b) Zunächst äußern sich die Zuschauer zu dem Verhältnis von Text und szenischer Umsetzung. Erst dann erläutert die darstellende Gruppe ihr Inszenierungskonzept.
c) Greifen Sie Anregungen und Kritik in einer modifizierten Fassung auf.

2 Günter Kunert (* 1929): Begegnung

Entblättert bis zur Haut und zwischen fremden Wänden:
Was tut's das ist des Landes so der Brauch.
Das Auge sieht den Himmel und noch weiteres offen
Was tut's: der Himmel sieht uns offenbar doch auch.

5 Gehirn ist gut du Zweibein weiblichen Geschlechts
Doch haben wir zur Unterhaltung andre Glieder
Wie beispielsweise Knie aufgeteilt nach links und rechts –
Was tut's: die Erde hat uns immer wieder wieder. (v 1966)

3 Else Lasker-Schüler (1869–1945): Wenn wir uns ansehn

An den Gralprinzen

Wenn wir uns ansehn,
Blühn unsere Augen.

Und wie wir staunen
5 Vor unseren Wundern – nicht?
Und alles wird so süß.

Von Sternen sind wir eingerahmt
Und flüchten aus der Welt.

Ich glaube wir sind Engel. (v 1912)

2. a) Besprechen Sie, wer jeweils die Akteure in den drei Strophen des Gedichts „Die Beiden" sind.
b) Achten Sie auf „verräterische" Wörter und Bilder: Was lässt sich an ihnen ablesen?
c) Gestalten Sie nach folgendem Analyse-Raster Präsentationsplakate oder Folien und erläutern Sie Ihre Ergebnisse.

1. Strophe		2. Strophe	
Textbeleg	Kommentar	Textbeleg	Kommentar
...	...	...	...

jedoch

3. Strophe	
Textbeleg	Kommentar
...	...

3. Vergleichen Sie Hofmannsthals Gedicht mit Kunerts und/oder Lasker-Schülers Gedicht.

3. Ansichten von der Liebe – Zwischen Ideal und Ernüchterung

1 Bertolt Brecht (1898–1956): ???

Sieh jene Kraniche in großem Bogen!
Die Wolken, welche ihnen beigegeben
Zogen mit ihnen schon, als sie entflogen
Aus einem Leben in ein andres Leben.
5 In gleicher Höhe und mit gleicher Eile
Scheinen sie alle beide nur daneben.
Daß so der Kranich mit der Wolke teile
Den schönen Himmel, den sie ...(a)... befliegen   (a) kurz/ewig/im Traum
Daß also keines länger hier verweile
10 Und keines andres sehe als das Wiegen
Des andern in dem Wind, den beide spüren
Die jetzt im Fluge beieinander liegen.
So mag der Wind sie in ...(b)... entführen;   (b) das Nichts/das Paradies/den Traum
Wenn sie nur nicht vergehen und sich bleiben
15 So lange kann sie beide nichts berühren
So lange kann man sie von ...(c)... Ort vertreiben   (c) keinem/jedem/solchem
Wo Regen drohen oder Schüsse schallen.
So unter Sonn und Monds ...(d)... Scheiben   (d) wenig verschiedenen/ach so verschiedenen/teilnahmslosen
Fliegen sie hin, einander ganz verfallen.
20 Wohin, ihr? ...(e)... Von wem ...(f)...? Von allen.   (e) Nirgend hin/Zum Himmel/Zur Erde
Ihr fragt, wie lange sind sie schon beisammen?   (f) entfernt/davon/beneidet/verfolgt
...(g)... – Und wann werden sie sich trennen? – ...(h)...   (g) Seit kurzem/Schon immer   (h) Bald./Nur durch Gewalt.
So ...(i)... die Liebe Liebenden ein Halt. (e 1928)   (i) scheint/ist

1. a) Füllen Sie die Textlücken mit einer der vorgegebenen Varianten und begründen Sie Ihre Wahl.
b) Schlagen Sie dann einen passenden Titel vor.
c) Diskutieren Sie Ihre unterschiedlichen Versionen.
d) Vergleichen Sie Ihre Vorschläge mit der Originalfassung.

2 Rainer Maria Rilke (1875–1926): Liebes-Lied

Wie soll ich meine Seele halten, dass
sie nicht an deine rührt? Wie soll ich sie
hinheben über dich zu andern Dingen?
Ach gerne möcht ich sie bei irgendwas
5 Verlorenem im Dunkel unterbringen
an einer fremden stillen Stelle, die
nicht weiterschwingt, wenn deine Tiefen schwingen.
Doch alles, was uns anrührt, dich und mich,
nimmt uns zusammen wie ein Bogenstrich,
10 der aus zwei Saiten *eine* Stimme zieht.
Auf welches Instrument sind wir gespannt?
Und welcher Geiger hat uns in der Hand?
O süßes Lied.   (e 1907)

3 Bertolt Brecht: Liebesunterricht

Aber, Mädchen, ich empfehle
Etwas Lockung im Gekreisch:
Fleischlich lieb ich mir die Seele
Und beseelt lieb ich das Fleisch.

5 Keuschheit kann nicht Wollust mindern
Hungrig wär ich gerne satt.
Mag's wenn Tugend einen Hintern
Und ein Hintern Tugend hat.

Seit der Gott den Schwan geritten
10 Wurd es manchem Mädchen bang
Hat sie es auch gern gelitten:
Er bestand auf Schwanensang.   (e 1941–47)

(Aus lizenzrechtlichen Gründen sind die Texte 1 und 3 von Bertolt Brecht nicht in reformierter Rechtschreibung abgedruckt.)

4 Erich Fried (1921–1988): Was es ist

Es ist Unsinn
sagt die Vernunft
Es ist was es ist
sagt die Liebe

5 Es ist Unglück
sagt die Berechnung
Es ist nichts als Schmerz
sagt die Angst
Es ist aussichtslos
10 sagt die Einsicht
Es ist was es ist
sagt die Liebe

Es ist lächerlich
sagt der Stolz
15 Es ist leichtsinnig
sagt die Vorsicht
Es ist unmöglich
sagt die Erfahrung
Es ist was es ist
20 sagt die Liebe   (v 1983)

5 Conrad Ferdinand Meyer (1825–1898): Zwei Segel

Zwei Segel erhellend
Die tiefblaue Bucht!
Zwei Segel sich schwellend
Zu ruhiger Flucht!

5 Wie eins in den Winden
Sich wölbt und bewegt,
Wird auch das Empfinden
Des andern erregt.

Begehrt eins zu hasten,
10 Das andre geht schnell,
Verlangt eins zu rasten,
Ruht auch sein Gesell. (v 1882)

6 Else Lasker-Schüler (1869–1945): Αθανατοι[1]

Du, ich liebe Dich grenzenlos!
Über alles Lieben, über alles Hassen!
Möchte Dich wie einen Edelstein
In die Strahlen meiner Seele fassen.

5 Leg' Deine Träume in meinen Schoß,
Ich ließ ihn mit goldenen Mauern umschließen
Und ihn mit süßem griechischem Wein
Und mit dem Öle der Rosen begießen.

O, ich flog nach Dir wie ein Vogel aus,
10 In Wüstenstürmen, in Meereswinden,
In meiner Tage Sonnenrot
In meiner Nächte Stern Dich zu finden.
Du! breite die Kraft Deines Willens aus,
Dass wir über alle Herbste schweben,
15 Und Immergrün schlingen wir um den Tod
Und geben ihm Leben. (v 1902)

7 Eduard Mörike (1804–1875): An die Geliebte

Wenn ich, von deinem Anschaun tief gestillt,
Mich stumm an deinem heilgen Wert vergnüge,
Dann hör' ich recht die leisen Atemzüge
Des Engels, welcher sich in dir verhüllt.

5 Und ein erstaunt, ein fragend Lächeln quillt
Auf meinem Mund, ob mich kein Traum betrüge,
Dass nun in dir, zu ewiger Genüge,
Mein kühnster Wunsch, mein einzger, sich erfüllt?

Von Tiefe dann zu Tiefen stürzt mein Sinn,
10 Ich höre aus der Gottheit nächtger Ferne
Die Quellen des Geschicks melodisch rauschen.

Betäubt kehr ich den Blick nach oben hin,
Zum Himmel auf – da lächeln alle Sterne;
Ich knie, ihrem Lichtgesang zu lauschen. (e 1830)

---

[1] Αθανατοι (gr. Athanatoi = die Unsterbliche): Unsterbliche

2. Wählen Sie zwei Gedichte (Texte 1–8), die Sie zu einem Vergleich reizen: Achten Sie dabei auf das unterschiedliche Verhältnis und Schicksal der Liebenden. Untersuchen Sie, mit welchen Mitteln der Darstellung (Bilder, Wortwahl, Klang, Rhythmus, Reim usw.) die Aussage unterstrichen wird.

3. Gestalten Sie eine Bild-Text-Collage zu einem der Gedichte. Verwenden Sie dabei Schlüsselwörter des Textes sowie eigene Fotografien und Zeichnungen oder fremdes Bildmaterial aus Kunstkatalogen, Zeitschriften etc.

Modul: Liebeslyrik

4. Dichtertreffen: Die Autoren der Gedichte (Texte 1–8) unterhalten sich in einem Podiumsgespräch bzw. einer Talkrunde über die Liebeskonzeption, die in ihren Gedichten vertreten wird. Erarbeiten Sie in Gruppen den Part eines der Dichter.

5. Vortragswettbewerb: Bereiten Sie in Gruppen den ➤ sinngestaltenden Vortrag je eines Gedichts vor. Das Plenum diskutiert als Jury, welcher Vortrag nach die Aussage des Gedichts am besten wiedergibt.

8 Ulla Hahn (* 1946): Mit Haut und Haar

Ich zog dich aus der Senke deiner Jahre
und tauchte dich in meinen Sommer ein.
Ich leckte dir die Hand und Haut und Haare
und schwor dir ewig mein und dein zu sein.

5 Du wendetest mich um. Du branntest mir dein Zeichen
mit sanftem Feuer in das dünne Fell.
Da ließ ich von mir ab. Und schnell
begann ich vor mir selbst zurückzuweichen

und meinem Schwur. Anfangs blieb noch Erinnern
10 ein schöner Überrest der nach mir rief.
Da aber war ich schon in deinem Innern
vor mir verborgen. Du verbargst mich tief.

Bis ich ganz in dir aufgegangen war:
da spucktest du mich aus mit Haut und Haar. (v 1981)

4. „Mein süßes Mädchen …" – Liebeskonzeptionen und Liebeskonstellationen im Spiegel von Liebesbriefen

1 Johann Wolfgang Goethe an Charlotte von Stein (28. Juni 1784)

Nun wird es balde Zeit, liebe Lotte, dass ich wieder in deine Nähe komme, denn mein Wesen hält nicht mehr zusammen, ich fühle recht deutlich, dass ich nicht ohne dich bestehen kann. […]
Ja, liebe Lotte, jetzt wird es mir erst deutlich, wie du meine eigne Hälfte bist und bleibst. Ich bin kein einzelnes, kein selbständiges Wesen. Alle meine Schwächen habe ich an dich angelehnt, meine weichen Seiten durch dich beschützt, meine Lücken durch dich ausgefüllt. Wenn ich nun entfernt von dir bin, so wird mein Zustand höchst seltsam. Auf einer Seite bin ich gewaffnet und gestählt, auf der andern wie ein rohes Ei, weil ich da versäumt habe, mich zu harnischen, wo du mir Schild und Schirm bist. Wie freue ich mich, dir ganz anzugehören. Und dich nächstens wiederzusehn. Alles lieb' ich an dir, und alles macht mich dich mehr lieben.

2 Annette von Droste-Hülshoff an Levin Schücking (5. Mai 1842)

Den 5ten. Guten Morgen, Levin! Ich habe schon zwei Stunden wachend gelegen und in einem fort an Dich gedacht; ach, ich denke immer an Dich, immer. Doch punctum davon, ich darf und will Dich nicht weich stimmen, muss auch mir selbst Courage machen und fühle wohl, dass ich mit dem ewigen Tränenweidensäuseln sowohl meine Bestimmung verfehlen als auch Deine Teilnahme am Ende verlieren würde; denn Du bist ein hochmütiges Tier und hast einen doch nur lieb, wenn man was Tüchtiges ist und leistet.
Schreib mir nur oft, mein Talent steigt und stirbt mit Deiner Liebe; was ich werde, werde ich durch Dich und um Deinetwillen; sonst wäre es mir viel lieber und bequemer, mir innerlich allein etwas vorzudichten. […] Mich dünkt, könnte ich Dich alle Tage nur zwei Minuten sehn – o Gott, nur einen Augenblick! –, dann würde ich jetzt singen, dass die Lachse aus dem Bodensee sprängen und die Möwen sich mir auf die Schulter setzten!

Modul: Liebeslyrik 447

3 Franz Kafka an Felice Bauer (1. April 1913)

Meine eigentliche Furcht – es kann wohl nichts Schlimmeres gesagt und angehört werden – ist die, dass ich Dich niemals werde besitzen können. Dass ich im günstigsten Falle darauf beschränkt bleiben werde, wie ein besinnungslos treuer Hund Deine zerstreut mir überlassene Hand zu küssen, was kein Liebeszeichen sein wird, sondern nur ein Zeichen der Verzweiflung
5 des zur Stummheit und ewigen Entfernung verurteilten Tieres. Dass ich neben Dir sitzen werde und, wie es schon geschehen ist, das Atmen und Leben Deines Leibes an meiner Seite fühlen werde und im Grunde entfernter von Dir sein werde als jetzt in meinem Zimmer. Dass ich nie imstande sein werde, Deinen Blick zu lenken, und dass er für mich wirklich verloren sein wird, wenn Du aus dem Fenster schaust oder das Gesicht in die Hände legst. Dass ich mit Dir
10 Hand in Hand scheinbar verbunden an der ganzen Welt vorüberfahre und dass nichts davon wahr ist. Kurz, dass ich für immer von Dir ausgeschlossen bleibe, ob Du Dich auch so tief zu mir herunterbeugst, dass es Dich in Gefahr bringt.

4 Gottfried Benn an Tilly Wedekind (Mai 1930)

Liebe gnädige Frau, heute mittag sehe ich, daß ich Sie heute Abend doch nicht sehen kann. Ich sitze in Arbeiten u. kann mich nicht daraus losreißen. Wenn Sie darüber böse sind, tut es mir unendlich leid, aber ich kann es nicht ändern. Ich habe Sie von Anfang an darum gebeten, Ihr Leben nicht nach mir zu richten u. nicht damit zu rechnen, daß wir uns häufig sehen können.
5 Ich kann aus meinem Leben nicht heraus u. will es auch gar nicht.
Vielleicht wäre es wirklich gut, wenn Sie Ihren früheren Plan, im Juni Berlin für einige Zeit zu verlassen, verwirklichten. Ich werde arbeiten müssen u. wenig Zeit für private Dinge haben, sie mögen noch so verlockend sein. Wenn Sie dann zurückkehren, ist es vielleicht anders.
Ich schreibe das wirklich aus Freundschaft an Sie u. sage Ihnen, daß ich Sie reizend u. char-
10 mant u. süß u. begehrenswert finde, aber um mich steht eine Mauer aus Kühle u. Abgeschlossenheit, über die niemand hinüberkann. Auch lohnt sich das gar nicht, das Hinübergelangen, es ist nichts drin außer einigen Hieroglyphen.
Seien Sie lieb, gnädige Frau, liebste Tilly, versuchen Sie zu verstehen, daß ich arbeiten muß u. Sie riesig gerne, aufrichtig gerne wiedersähe, aber ich finde heute keine Zeit dazu.
15 Ihnen küßt die Hand   Ihr immer treu ergebener
                                        Benn
(Aus lizenzrechtlichen Gründen ist dieser Text nicht in reformierter Rechtschreibung abgedruckt.)

5 Sigmund Freud an seine Braut Martha Bernays (Dienstag, 27. Juni 1882 vormittags im Laboratorium)

Mein süßes Mädchen
Ich habe einige Blätter aus meinem Arbeitsbuch herausgerissen, um Dir, während mein Versuch vor sich geht, zu schreiben. Die Feder ist von Professors Arbeitstisch gestohlen, die Leute um mich glauben, dass ich meine Analysen ausrechne; eben war einer bei mir, der mich zehn
5 Minuten lang aufgehalten. Neben mir untersucht ein dummer Armenarzt eine noch dümmere Salbe, ob sie nichts Gesundheitsschädliches enthält; vor mir kocht es in meinem Apparat und brodeln die Gasblasen, die ich einleiten muss. Das Ganze predigt wieder Entsagung, Warten; die Chemie besteht zu zwei Dritteilen aus Warten, das Leben wahrscheinlich ebenso, und das Schönste ist, was man sich verstohlen gönnt, wie ich es jetzt mache. Dein süßes Briefchen kam
10 so unerwartet, darum doppelt willkommen, und ich freute mich der hohen Bäume und des schönen Gartens sowie der reizenden Verwirrung in Deinen lieben Sätzen. [...] Dein Briefchen (ich will nicht mehr ‚süß' sagen, ich werde bei der Berliner Akademie um Vermehrung der zärtlichen Adjektive einkommen – ich leide solchen Mangel daran) trug den Poststempel Hamburg. Ist Wandsbek so nahe? Hast Du das Meer schon gesehen? Richte ihm einen schönen
15 Gruß von mir aus – und wir kommen noch zusammen. Land und Meer sollen zusammenwirken, mein Mädchen blühend zu erhalten und ihr die Ferne angenehm zu machen. Ich bin so eitel, dass ich sie nicht mehr als Heimat gelten lassen will. Wie keck wird man, wenn man sich geliebt weiß!

1. Die fünf Briefauszüge sind Momentaufnahmen aus nicht ganz einfachen Partnerbeziehungen.
a) Bilden Sie Expertengruppen und informieren Sie sich arbeitsteilig über diese Beziehungen.
b) Erläutern Sie den abgedruckten Briefauszug vor dem Hintergrund der jeweiligen Liebesgeschichte.
c) Beziehen Sie in Ihren Kurzvortrag weitere Texte der Verfasser ein, die ein Licht auf die jeweilige Beziehung werfen. Dies können weitere Briefe, aber auch literarische Texte, Tagebucheinträge oder wissenschaftliche Analysen der Autoren sein.

2. Diskutieren Sie, inwieweit sich in Dichtung biografische Gegebenheiten spiegeln und inwieweit diese für das Verständnis der Werke hilfreich bzw. problematisch sind.

5. Liebe im Alltag = Langeweile?

1 Eduard Mörike (1804–1875): Bei einer Trauung

Vor lauter hochadligen Zeugen
Kopuliert man ihrer zwei;
Die Orgel hängt voll Geigen,
Der Himmel nicht, mein Treu!
5 Seht doch! *sie* weint ja gräulich,
Er macht ein Gesicht abscheulich!
Denn leider freilich, freilich
Keine Lieb ist nicht dabei.   (v 1838)

1. a) Wie müsste Ihrer Meinung nach das Gedicht „Bei einer Trauung" vertont werden? Skizzieren Sie Ihre Vorstellungen in Stichwörtern und diskutieren Sie Ihre Ergebnisse.
b) Vergleichen Sie Ihre Ideen mit der Vertonung durch Hugo Wolf. (CD 2 Track 11)

2 Joseph von Eichendorff (1788–1857): Der junge Ehemann

Hier unter dieser Linde
Saß ich viel tausendmal
Und schaut nach meinem Kinde
Hinunter in das Tal,
5 Bis dass die Sterne standen
Hell über ihrem Haus,
Und weit in den stillen Landen
Alle Lichter löschten aus.

Jetzt neben meinem Liebchen
10 Sitz ich im Schatten kühl,
Sie wiegt ein muntres Bübchen,
Die Täler schimmern schwül,
Und unten im leisen Winde
Regt sich das Kornfeld kaum,
15 Und über uns säuselt die Linde –
Es ist mir noch wie ein Traum.   (v 1837)

3 Wilhelm Busch (1832–1908): Die Liebe war nicht geringe

Die Liebe war nicht geringe.
Sie wurden ordentlich blass;
Sie sagten sich tausend Dinge
Und wussten noch immer was.

5 Sie mussten sich lange quälen.
Doch schließlich kam's dazu,
Dass sie sich konnten vermählen.
Jetzt haben die Seelen Ruh.

Bei eines Strumpfes Bereitung
10 Sitzt sie im Morgenhabit;
Er liest in der Kölnischen Zeitung
Und teilt ihr das Nötige mit.   (v 1874)

4 Bertolt Brecht (1898–1956): Das elfte Sonett

Als ich dich in das fremde Land verschickte
Sucht ich dir, rechnend mit sehr kalten Wintern
Die dicksten Hosen aus für den (geliebten) Hintern
Und für die Beine Strümpfe, gut gestrickte!

5 Für deine Brust und für unten am Leibe
Und für den Rücken sucht ich reine Wolle
Damit sie, was ich liebe, wärmen solle
Und etwas Wärme von dir bei mir bleibe.

So zog ich diesmal dich mit Sorgfalt an
10 Wie ich dich manchmal auszog (viel zu selten!
Ich wünscht, ich hätt das öfter noch getan!)

Mein Anziehn sollt dir wie ein Ausziehn gelten!
Nunmehr ist, dacht ich, alles gut verwahrt
Daß es auch nicht erkalt', so aufgespart.   (e 1934)

5 Günter Grass (* 1927): Ehe

Wir haben Kinder, das zählt bis zwei.
Meistens gehen wir in verschiedene Filme.
Vom Auseinanderleben sprechen die Freunde.
　　Doch meine und Deine Interessen
5　berühren sich immer noch
　an immer den gleichen Stellen.
　Nicht nur die Frage nach den Manschettenknöpfen.
　Auch Dienstleistungen:
　Halt mal den Spiegel.
10　Glühbirnen auswechseln.
　Etwas abholen.
　Oder Gespräche, bis alles besprochen ist.
　Zwei Sender, die manchmal gleichzeitig
　auf Empfang gestellt sind.
15　Soll ich abschalten?
　　Erschöpfung lügt Harmonie.
　　Was sind wir uns schuldig? Das.
　　Ich mag das nicht: Deine Haare im Klo.
　Aber nach elf Jahren noch Spaß an der Sache –
20　Ein Fleisch sein bei schwankenden Preisen.
　Wir denken sparsam in Kleingeld.
　Im Dunkeln glaubst Du mir alles.
　Aufribbeln und Neustricken.
　Gedehnte Vorsicht.
25　Dankeschönsagen.
　　Nimm Dich zusammen.
　　Dein Rasen vor unserm Haus.
　　Jetzt bist du wieder ironisch.
　　Lach doch darüber.
30　Hau doch ab, wenn du kannst.
　　Unser Haß ist witterungsbeständig.
　Doch manchmal, zerstreut, sind wir zärtlich.
　Die Zeugnisse der Kinder
　müssen unterschrieben werden.
35　Wir setzen uns von der Steuer ab.
　　Erst übermorgen ist Schluß.
　　Du. Ja Du. Rauch nicht soviel. (v 1967)

(Aus lizenzrechtlichen Gründen sind die Texte von Bertolt Brecht und Günter Grass nicht in reformierter Rechtschreibung abgedruckt.)

Max Beckmann: Die Küche, 1936

2. Die (Ehe-)Partner des jeweiligen lyrischen Ichs (Texte 1–5) sprechen über ihre Ehe bzw. Beziehung. Versuchen Sie, ausgehend von den Gedichten, sich in die geschlechtsspezifische Sichtweise der Partner zu versetzen, und entwerfen Sie ein Gegengedicht, einen Tagebucheintrag oder einen Dialog der Partner.

3. Bilden Sie Gruppen und wählen Sie jeweils ein Gedicht aus. Gestalten Sie eine Hörfassung, bei der jedoch nicht das fertige Produkt, sondern die Sprechproben mit den Kommentaren, Anweisungen und Anregungen des Hörspielregisseurs aufgenommen werden. Damit will der Sender einen neuen Zugang zu Gedichten eröffnen.

6 Wortmaterial aus einem Gedicht von Jürgen Theobaldy (* 1944): Die junge Frau

hübsche kleine Wohnung – alles da – Fernsehgerät – Plattenspieler – Kühlschrank – Waschmaschine – Sonne – Arbeitszimmer – kühl – Garten – Blumen und Gras – Telefon – Hautkontakte – Bekannte – 22 Blusen – Männer – Vorhänge – Glück – Aubergine – in der Schale auf dem Küchenschrank – Fernsehprogramm – Club – Freunde – eine „hübsche Kleine" – woanders　(e 1972)

4. a) Gestalten Sie (in Einzel- oder Partnerarbeit) aus dem vorgegebenen Wortmaterial (Text 6) ein Gedicht mit dem Titel „Die junge Frau".
b) Stellen Sie die Ergebnisse in einer **Lesegalerie** aus.
c) Die Leser entscheiden sich per ▶ **Punktabfrage** für eine Version.

5. Stellen Sie sich vor, Jürgen Theobaldy sei anwesend. Er stellt sich den Fragen des Publikums und äußert sich zu seinem eigenen Gedicht und zu Ihren Versionen. Bereiten Sie seinen Part in Gruppenarbeit vor. (Die Originalfassung finden Sie auf der DVD.)

6. Bittrer Trennung Schmerz – Liebesverlust und Liebesverrat

1 Spannende Momente einer Liebesbeziehung in vier Gemälden

a) Edvard Munch (1863–1944): Die Einsamen

b) Edvard Munch: Eifersucht (1896)

c) David Hockney (* 1937): Mr. and Mrs. Clark and Percy (1970/71)

d) Edward Burne-Jones (1833–1898): Der Schicksalsfelsen

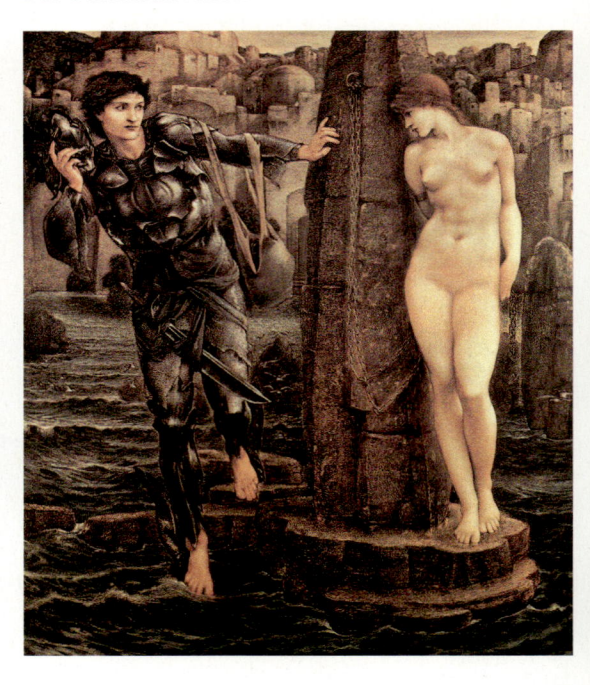

1. In diesen Bildern sind entscheidende Momente einer Liebesbeziehung eingefangen.
Wählen Sie ein Bild aus und gestalten Sie die Szene aus der Erlebnisperspektive einer der Figuren. Als Form der Darstellung kommen infrage: Innerer Monolog, Brief an den (verlorenen) Partner, Gedicht, Tagebucheintrag.

2 Heinrich Heine (1797–1856): Sie haben heut Abend Gesellschaft

Sie haben heut Abend Gesellschaft,
Und das Haus ist lichterfüllt.
Dort oben am hellen Fenster
Bewegt sich ein Schattenbild.

5 Du schaust mich nicht, im Dunkeln
Steh ich hier unten allein;
Noch wen'ger kannst du schauen
In mein dunkles Herz hinein.

Mein dunkles Herze liebt dich,
10 Es liebt dich und es bricht,
Und bricht und zuckt und verblutet,
Aber du siehst es nicht. (e 1823)

3 Erich Kästner (1899–1974): Repetition des Gefühls

Eines Tages war sie wieder da ...
Und sie fände ihn bedeutend blässer.
Als er dann zu ihr hinübersah,
meinte sie, ihr gehe es nicht besser.

5 Morgen Abend wolle sie schon weiter.
Nach dem Allgäu oder nach Tirol.
Anfangs war sie unaufhörlich heiter.
Später sagte sie, ihr sei nicht wohl.

Und er strich ihr müde durch die Haare.
10 Endlich fragte er dezent: „Du weinst?"
Und sie dachten an vergangne Jahre.
Und so wurde es zum Schluss wie einst.

Als sie an dem nächsten Tag erwachten,
waren sie einander fremd wie nie.
15 Und so oft sie sprachen oder lachten,
logen sie.

Gegen Abend musste sie dann reisen.
Und sie winkten. Doch sie winkten nur.
Denn die Herzen lagen auf den Gleisen,
20 über die der Zug ins Allgäu fuhr.   (v 1929)

4 Eduard Mörike (1804–1875): Peregrina V

Die Liebe, sagt man, steht am Pfahl gebunden,
Geht endlich arm, zerrüttet, unbeschuht;
Dies edle Haupt hat nicht mehr, wo es ruht,
Mit Tränen netzet sie der Füße Wunden.

5 Ach, Peregrinen hab ich so gefunden!
Schön war ihr Wahnsinn, ihrer Wange Glut,
Noch scherzend in der Frühlingsstürme Wut,
Und wilde Kränze in das Haar gewunden.

Wars möglich, solche Schönheit zu verlassen?
10 – So kehrt nur reizender das alte Glück!
O komm, in diese Arme dich zu fassen!

Doch weh! o weh! was soll mir dieser Blick?
Sie küsst mich zwischen Lieben noch und Hassen,
Sie kehrt sich ab, und kehrt mir nie zurück.   (v 1829)

5 Kurt Tucholsky (1890–1935): Wenn die Igel in der Abendstunde

Für achtstimmigen Männerchor

Wenn die Igel in der Abendstunde
still nach ihren Mäusen gehn,
hing auch ich verzückt an deinem Munde,
5 und es war um mich geschehn –
Anna-Luise – !

Dein Papa ist kühn und Geometer,
er hat zwei Kanarienvögelein;
auf den Sonnabend aber geht er
10 gern zum Pilsner in'n Gesangverein –
Anna-Luise – !

Sagt' ich: „Wirst die meine du in Bälde?",
blicktest Du voll süßer Träumerei
auf das grüne Vandervelde,
15 und du dachtest dir dein Teil dabei,
Anna-Luise – !

Und du gabst dich mir im Unterholze
einmal hin und einmal her,
und du fragtest mich mit deutschem Stolze,
20 ob ich auch im Krieg gewesen wär ...
Anna-Luise – !

Ach, ich habe dich ja so belogen!
Hab gesagt, mir wär ein Kreuz von Eisen wert,
als Gefreiter wär ich ausgezogen,
25 und als Hauptmann war ich heimgekehrt –
Anna-Luise – !

Als wir standen bei der Eberesche,
wo der Kronprinz einst gepflanzt hat,
raschelte ganz leise deine Wäsche,
30 und du strichst dir deine Röcke glatt,
Anna-Luise – !

Möchtest nie wo andershin du strichen!
Siehst du dort die ersten Sterne gehn?
Habe Dank für alle unvergesserlichen
35 Stunden und auf Wiedersehn!
Anna-Luise – !

Denn der schönste Platz, der hier auf Erden mein,
das ist Heidelberg in Wien am Rhein, Seemannslos.
Keine, die wie du die Flöte bliese ...!
40 Lebe wohl! Leb wohl.
Anna-Luise – !   (v 1928)

---

2. Welche Erwartungen/Vorstellungen erwecken in Ihnen die Titel der Gedichte 2–5? Tauschen Sie sich darüber zu zweit aus.

3. Stellen Sie sich vor, diese Gedichte bezeichneten das Ende einer Liebesbeziehung. Schreiben Sie die Geschichte dieser Beziehung.

4. Schreiben Sie einen Gegentext aus Sicht des Partners. Dies kann ein Gedicht, aber auch ein Brief sein.

6 Bertolt Brecht (1898–1956): Entdeckung an einer jungen Frau

Des Morgens nüchterner Abschied, eine Frau
Kühl zwischen Tür und Angel, kühl besehn.
Da sah ich: eine Strähn in ihrem Haar war grau
Ich konnt mich nicht entschließen mehr zu gehen.

5 Stumm nahm ich ihre Brust, und als sie fragte
Warum ich Nachtgast nach Verlauf der Nacht
Nicht gehen wolle, denn so war's gedacht
Sah ich sie unumwunden an und sagte:

Ist's nur noch eine Nacht, will ich noch bleiben
10 Doch nütze deine Zeit; das ist das Schlimme
Daß du so zwischen Tür und Angel stehst.

Und laß uns die Gespräche rascher treiben
Denn wir vergaßen ganz, daß du vergehst.
Und es verschlug Begierde mir die Stimme.   (e 1925/26)

(Aus lizenzrechtlichen Gründen ist dieser Text nicht in reformierter Rechtschreibung abgedruckt.)

7 Mascha Kaléko (1907–1975): Das graue Haar

Ein welkes Sommerblatt fiel mir zu Füßen.
– Dein erstes graues Haar. Es sprach zu mir:
Mai ist vorbei. Der erste Schnee läßt grüßen.
Es dunkelt schon. Die Nacht steht vor der Tür.

5 Bald wird der Sturmwind an die Scheiben klopfen.
Im Lindenbaum, der so voll Singen war,
Hockt stumm und düster eine Krähenschar.
Hörst du den Regen von den Dächern tropfen?

So sprach zu mir das erste graue Haar.
10 Da aber ward ich deinen Blick gewahr,
Da sah ich, Liebster, lächelnd, dich im Spiegel.
Du nicktest wissend: Ja, so wird es sein.

Und deine Augen fragten mich, im Spiegel,
Läßt mich die Nachtigall im Herbst allein?
15 Und meine Augen sagten dir, im Spiegel:
Kommt, Wind und Regen, kommt! Wir sind zu zwein.

Das graue Haar, ich suchte es im Spiegel.
Der erste Kuß darauf, das war mein Siegel.   (v 1945)

(Aus lizenzrechtlichen Gründen ist dieser Text nicht in reformierter Rechtschreibung abgedruckt.)

5. Versetzen Sie sich in den Mann aus Brechts Gedicht oder die Frau aus Kalékos Gedicht (Texte 6, 7). Wie reagieren die Liebenden auf die Erfahrung des Alterns und der Vergänglichkeit? Lassen Sie beide in einer Talkshow über Liebe und Alter sprechen.

7. „Eröffne mir das Feld der Lüste" (Günther) – Nimmersatte Liebe

1 Johann Christian Günther (1695–1723): Eröffne mir das Feld der Lüste

Eröffne mir das Feld der Lüste
Entschleuß die wollustschwangre Schoß.
Gib mir die schönen Lenden bloß,
Bis sich des Mondes Neid entrüste!
5 Die Nacht ist unsrer Lust bequem,
Die Sterne schimmern angenehm
Und buhlen uns nur zum Exempel.
Drum gib mir der Verliebten Kost,
Ich schenke dir der Wollust Most
10 Zum Opfer in der Keuschheit Tempel. (e 1717)

2 Eduard Mörike (1804–1875): Erstes Liebeslied eines Mädchens

Was im Netze? Schau einmal!
Aber ich bin bange;
Greif ich einen süßen Aal?
Greif ich eine Schlange?

5 Lieb ist blinde
Fischerin;
Sagt dem Kinde,
Wo greifts hin?

Schon schnellt mirs in Händen!
10 Ach Jammer! o Lust!
Mit Schmiegen und Wenden
Mir schlüpfts an die Brust.

Es beißt sich, o Wunder!
Mir keck durch die Haut,
15 Schießt 's Herze hinunter!
O Liebe, mir graut!

Was tun, was beginnen?
Das schaurige Ding,
Es schnalzet da drinnen,
20 Es legt sich im Ring.

Gift muss ich haben!
Hier schleicht es herum,
Tut wonniglich graben
Und bringt mich noch um! (e 1828)

Pablo Picasso: Die Umarmung, 1933

3 Theodor Storm (1817–1888): Rote Rosen

Wir haben nicht das Glück genossen
In indischer Gelassenheit;
In Qualen ist's emporgeschossen,
Wir wussten nichts von Seligkeit.

5 Verzehrend kam's in Sturm und Drange;
Ein Weh nur war es, keine Lust!
Es bleichte deine zarte Wange
Und brach den Atem meiner Brust.

Es schlang uns ein in wilde Fluten,
10 Es riss uns in den jähen Schlund;
Zerschmettert fast und im Verbluten
Lag endlich trunken Mund auf Mund.

Des Lebens Flamme war gesunken,
Des Lebens Feuerquell verrauscht,
15 Bis wir aufs Neu den Götterfunken
Umfangend, selig eingetauscht. (e 1851)

4 Ulla Hahn (* 1946): Anständiges Sonett

Schreib doch mal
ein anständiges Sonett
St.H.

Komm beiß dich fest ich halte nichts
vom Nippen. Dreimal am Anfang küss
mich wo's gut tut. Miss
mich von Mund zu Mund. Mal angesichts
5 der Augen mir Ringe um
und lass mich springen unter
der Hand in deine. Zeig mir wie's drunter
geht und drüber. Ich schreie ich bin stumm.

Bleib bei mir. Warte. Ich komm wieder
10 zu mir zu dir dann auch
„ganz wie ein Kehrreim schöner alter Lieder"

Verreib die Sonnenkringel auf dem Bauch
mir ein und allemal. Die Lider
halt mir offen. Die Lippen auch. (v 1981)

1. a) Analysieren Sie, wie Autoren unterschiedlicher Epochen sinnliche Erfahrung jeweils in Dichtung umzusetzen versuchen. Berücksichtigen Sie zudem die Gedichte „Begegnung" von Günter Kunert (s. S. 443) sowie „Römische Elegien V" von Johann Wolfgang Goethe (s. S. 212).
b) Gestalten Sie in Gruppen zu jedem Gedicht ein ➤ Wandplakat, auf dem Sie die Ergebnisse visualisieren.
c) Bereiten Sie zusätzlich einen ➤ Vortrag des Gedichts und einen Kommentar vor und präsentieren Sie Ihre Ergebnisse im Kurs.

2. Organisieren Sie im Anschluss eine Diskussion zu dem Thema „Wie weit darf erotische Dichtung gehen?". Sie können dazu auch noch weiteres Material (Leserbriefe, einschlägige Gerichtsurteile, umstrittene Textbeispiele) hinzuziehen.

Literatur nach 1989

Günter Grass (*1927):
Mein Jahrhundert, 1989

1989

I. Die „Wende" im Spiegel der Literatur

1. Die Nacht, in der die Mauer fiel – Die historische Bedingtheit von Literatur reflektieren

1 Mauerfall 1989 (Fotocollage)

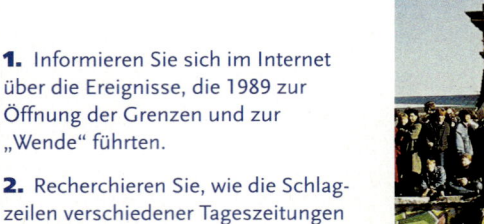

1. Informieren Sie sich im Internet über die Ereignisse, die 1989 zur Öffnung der Grenzen und zur „Wende" führten.

2. Recherchieren Sie, wie die Schlagzeilen verschiedener Tageszeitungen zum Mauerfall lauteten.

3. Befragen Sie Zeitzeugen (Eltern, Großeltern, Freunde), wie sie den 9.11.1989 erlebt haben.

2 Thomas Rosenlöcher (* 1947): Die verkauften Pflastersteine
(Auszug)

6. 11.

Die Zahl der Übersiedler wird nun schon pro Stunde angegeben und geht allmählich auf die dreihundert zu.
In der Kaufhalle gibt es für Hierbleiber Radeberger Bier. Ich angle mir, betont lässig, zwanzig Flaschen aus dem Kasten und mache auf mich den Eindruck, es im Leben zu etwas gebracht zu haben.
Um die Gaslaternen in Kleinzschachwitz, die auch in den Westen verscheuert werden sollen, sind Zettelchen gebunden: „Ich möchte hier weiterleuchten" – Großer Himmel, ich auch.
Ulrike sitzt in ihrem Zimmer und heult, weil außer ihrem Hagen nun auch Oma rüberwill; sie hat sich schon ihre Rente ausrechnen lassen, vor allem aber wird es für sie ein Neuanfang sein. Gestern aus dem Westen zurückgekehrt, hatte sie gleich etwas Souveräneres, Westomimäßigeres, was wohl nicht bloß an ihrem plötzlich kreisrunden Ohrclip lag.

Mittwoch, den 8. 11.

Gestern Regierungsrücktritt. Die einstmals stillstehende Zeit ist in einen Galopp übergegangen, als wollte sie die verlorenen 40 Jahre wieder einholen. Landesweites Stuhlbeben und reumütiges Haareausraufen.

4. „Der Herbst war die Zeit des Tagebuchs." (R. Deckert)
Erklären Sie diese Feststellung.

5. Zeigen Sie an Rosenlöchers Tagebucheinträgen vom 6.–10.11. die wechselnden und widerstrebenden Gefühle des Schreibers.

Wenn wir die plötzlich gewonnene Leichtigkeit nicht doch noch bezahlen müssten: Es wäre wider die Unvernunft der Geschichte.

10.11.

Die irrsinnigste Meldung wieder früh am Morgen, da ich noch mit ohropaxverpaxten Ohren auf meinem Notbett in der Stube liege: Die Grenzen sind offen! Liebes Tagebuch, mir fehlen die Worte. Mir fehlen wirklich die Worte. Mit tränennassen Augen in der Küche auf und ab gehen und keine Zwiebel zur Hand haben, auf die der plötzliche Tränenfluss zu schieben wäre. (v 1990)

6. Beschreiben Sie, wie er versucht, zu starker Gefühlsbewegung mit Ironie entgegenzutreten.

7. Zeigen Sie mithilfe der Informationen zum Tagebuch, dass es sich bei dem Text Rosenlöchers um ein typisches Beispiel dieser Schreibform handelt.

Das Tagebuch

Das Tagebuch ist eine chronologisch aufgebaute autobiografische Schriftform (vgl. S. 23) und enthält neben der berichtartigen Aufzeichnung persönlicher Erlebnisse und Tätigkeiten die meist spontane Niederschrift von Reflexionen, Stimmungen und Gefühlen. Wer Tagebuch schreibt, will die Ereignisse des Lebens nicht nur festhalten, sondern auch reflektieren und in Zusammenhänge einordnen. Die Tagebuchaufzeichnungen setzen sich deshalb mit der persönlichen Vergangenheit, der Gegenwart und der Zukunft auseinander. So wie die Gedanken, die einen Menschen bewegen, zwischen verschiedenen Ereignissen und Inhalten wechseln, so sprunghaft ist die Darstellung im Tagebuch: Erlebtes kann z. B. dargestellt und reflektiert werden, es kann aber auch für sich stehen bleiben. Die Niederschrift von Erlebnissen und Gedanken kann ausführlich sein oder sich auf Andeutungen beschränken. Charakteristisch sind Fragen, mit denen Reflexionen eingeleitet werden („Warum komme ich damit nicht klar?") oder die als Fragen im Raum stehen bleiben und erkennen lassen, was den Schreiber bewegt. Neben Passagen von ausgeprägt subjektivem und spontanem Charakter können sich aber auch zusammenhängende, in sich schlüssige Abschnitte finden, in denen die schreibende Person dem eigenen Ich und seinem Handeln bzw. seiner Situation gegenüber Distanz entwickelt. Das Schreiben eines Tagebuchs stellt eine Wahrnehmungs- und Denkhilfe dar. Es ermöglicht eine intensivere und bewusstere Lebensführung und trägt zur Identitätsbildung bei.

3 Annett Gröschner (* 1964): Die Rache (Auszug)

An die Geschichte mit den Marienkäfern[1] dachte ich nicht, als ich am 10. November 1989 inmitten Tausender Menschen auf der Oberbaumbrücke stand. Ich hatte das Bauwerk aus dieser Perspektive noch nie gesehen, denn die Brücke befand sich von Osten gesehen jenseits der Hinterlandmauer und bildete das Grenzgebiet. An ihrem Ende lag Kreuzberg, dort wollte ich hin, wie auch die anderen neben, vor, hinter und, so fürchtete ich, vielleicht auch unter mir, denn ich trat beständig auf etwas Weiches, ohne dass ich die Chance gehabt hätte, mich zu bücken zwischen den Leibern, die sich an meinen drückten. Um mich herum stand die Frühschicht von Narva[2]. Es war ein Kollektivausflug, und alle waren mitgekommen. Sie hatten eben noch acht Stunden am Band gestanden und Glühlampen produziert, nun wollten sie in den Westen. Mal gucken und wieder nach Hause, vielleicht durchmachen und gleich zur Frühschicht, aber vorher noch Begrüßungsgeld holen. Wahnsinn! Geil! Ku'damm! So sprachen sie. Vorerst befanden wir uns im Niemandsland. Wir, die die Wochen seit dem Sommer in einer ungeheuren Geschwindigkeit verbracht hatten, standen plötzlich still, weil das Nadelöhr, durch das wir mussten, eine kleine Tür in der Mauer, so schmal war, dass immer nur einer hindurchpasste. Falls sie überhaupt noch Leute durchließen. Vielleicht hatten sie längst wieder zugemacht. Allmählich legte sich das Abendlicht über die Szene. Sollten wir heute noch in den Westen kommen, würde er in Dunkelheit getaucht sein. Mich ergriff Panik. Ich versuchte, meine Augen auf einen Punkt außerhalb der Masse zu konzentrieren.

Zum ersten Mal sah ich den aus roten Klinkern gemauerten Wandelgang auf der östlichen, einstmals den Fußgängern vorbehaltenen Seite der Brücke, und mir fiel auf, dass es darüber eine zweite Etage gab, auf der offensichtlich irgendwann einmal etwas gefahren sein musste,

---

[1] Anspielung auf die Marienkäferplage im Sommer 1989 an den Stränden der Ostsee
[2] Narva: Betrieb in der ehemaligen DDR, der Leuchtmittel, vor allem Glühlampen, herstellte

eine S- oder U-Bahn vielleicht. Ja, wenn ich mich umdrehte, sah ich, dass die Trasse bis zu einem Bahnhofsgebäude auf der östlichen Seite weiterging, das mir nie als Bahnhof aufgefallen war. Ich hatte es für eine Produktionshalle des Glühlampenwerkes gehalten.
Ein paar Meter unter mir floss die Spree, ein äußerst träger Fluss, den man nur auf diesem Abschnitt zwischen Oberbaumbrücke und Plänterwald in meinen, an der Elbe geschulten Augen überhaupt Fluss nennen konnte. Jetzt flößte er mir Angst ein. Tausende Menschen im Gleichschritt konnten eine Brücke zum Einsturz bringen. Hier standen Tausende, und die meisten trampelten auf der Stelle, weil es kalt war. Hielt die Brücke überhaupt so viel Gewicht aus? War sie nicht wie die meisten Spreeübergänge 1945 gesprengt und nach dem Krieg nur notdürftig in der Mitte wieder zusammengeflickt worden? Und stand ich nicht genau in der Mitte? Hier waren seit 28 Jahren keine Autos mehr gefahren, es war ein Grenzübergang für Fußgänger. Ich war manchmal bis zum Ende der Warschauer Straße mitgegangen, wenn meine Westberliner Bekannten nachts, meist eine Minute vor Ablauf des Visums oder fünf Minuten zu spät, nach Kreuzberg zurückgingen. Jedes Mal, bevor sie durch das kleine Tor in den Westen verschwanden, fiel der halb scherzhafte, halb ernstgemeinte Satz: Komm doch mit. – Vielleicht ein andermal. (v 2009)

8. a) Arbeiten Sie aus dem Text die Befindlichkeit der Erzählerin heraus, während sie versucht, nach Kreuzberg zu gelangen.
b) Deuten Sie diese als Ausdruck einer grundsätzlichen Befindlichkeit im historischen Zusammenhang der Ereignisse.

9. An anderer Stelle im Text sieht sie die Öffnung der Mauer als „die letzte Rache derer, deren Macht längst dahingeschwunden war". Erklären Sie diesen Satz.

4 Friedrich Christian Delius (* 1943): Cavallo bianco (Auszug)

Sollte ich eines Morgens anfangen, über die Nacht zu schreiben, in der die Berliner Mauer fiel, wie man gern sagt, obwohl sie keineswegs fiel, sondern, von einem Wimpernschlag auf den andern, durchlässig wurde und, wie jeder weiß, innerhalb weniger Stunden immer mehr ihre Eigenschaft und ihren zweideutigen Ruhm als unüberwindliche Grenze verlor, dann müsste ich, wenn ich wirklich so töricht sein sollte zu versuchen, das Unerhörte dieses sogenannten historischen Ereignisses aus meiner Sicht anhand einiger Einzelheiten darzustellen, auch ein weißes Pferd erwähnen, das kein Schimmel war, sondern ein cavallo bianco, das ich in den Wochen zuvor erfunden hatte und über das ich zur Auflockerung der italienischen Unterrichtsstunden mit Frau Rosetta F. kurze Episoden mit frisch gelernten grammatikalischen Formen und neuen oder aus dem Wörterbuch gefischten Vokabeln verfasst hatte. Während wir an jenem Abend des 9. November in kleiner Gruppe beieinandersaßen, müsste ich erzählen, und ich wieder einmal das cavallo bianco, ein sprechendes und für größten Unsinn begabtes Pferd, in einer neuen Episode durch das Wohnzimmer traben ließ und für die vielen groben Grammatikfehler mehr Vorwürfe von mir selbst als von Frau F. einsteckte, klingelte das Telefon. Hier müsste ich, wenn ich das einmal aufschreiben sollte, für eine kleine dramaturgische Spannungspause sorgen. Nach mitteleuropäischer Zeit, vermute ich heute, wird es zwischen 21 und 21.30 Uhr gewesen sein. Mein Freund P. rief aus den Vereinigten Staaten an, wo er sich seit einigen Wochen an einer Universität lehrend aufhielt. Er pflegte mich sonst nie aus den USA anzurufen, er war aufgeregt und sagte schon im ersten Satz, es gingen unter seinen Freunden Gerüchte um, die DDR hätte die Mauer geöffnet oder ein wenig geöffnet, ob das stimme. Ich lachte, und ich müsste, falls ich das einmal aufschriebe, sehr viel Mühe aufwenden, dieses Lachen zutreffend zu beschreiben, denn ich befand mich in Gedanken immer noch auf dem cavallo bianco, mit dem ich etliche kleinere Hindernisse überspringen konnte, nicht aber eine Hürde so hoch wie die Berliner Mauer. Ich halte es für ziemlich unwahrscheinlich, dass er gesagt hat: Sie haben es eben im Fernsehen gemeldet. Es dürfte also noch nicht der Moment der Breaking News gewesen sein, denn dann hätte P. weniger fragend und vorsichtig gesprochen, und ich hätte aller Voraussicht nach nicht gelacht, sondern das Radio eingeschaltet. Obwohl ich nur vage rekonstruieren kann, was ich antwortete, diktiert mir die schöne Lügnerin Erinnerung, ich hätte dem Inhalt nach Folgendes gesagt: Das halte ich für Quatsch, wahrscheinlich haben die Journalisten oder deine Freunde übertrieben und die (fantastisch kritische, fröhlich umstürzlerische) Demonstration (der Bürger des damals noch Hauptstadt der DDR genannten Ostberlin) vom 4. November falsch verstanden oder ein wenig überinterpretiert.
Da ist viel in Bewegung, endlich, könnte ich gesagt haben, alles sehr aufregend, aber so schwach ist die Regierung nicht (oder noch nicht), dass sie die Mauer aufmacht. Mein Freund, müsste ich erklären, war durch sein Buch *Der Mauerspringer* zum Fachmann in Fragen der Berliner Mauer aufgestiegen, und er schien ziemlich enttäuscht von meiner Antwort, er hätte gern aufregendere Neuigkeiten erfahren. Ich sah keinen Grund, länger über Gerüchte schlecht infor-

10. Diskutieren Sie, warum Delius „über die Nacht [...], in der die Mauer fiel", in hypothetischer Form schreibt („Sollte ich eines Morgens anfangen ...").

11. Deuten Sie die Rolle des „Cavallo bianco" im Text.

12. Analysieren Sie das Gespräch zwischen dem Autor und seinem Freund und zeigen Sie, dass es um Darstellung und Rechtfertigung zugleich geht.

mierter Amerikaner zu reden, P. ebenfalls, er war nicht zufrieden mit unserm Gespräch, mein cavallo bianco scharrte mit den Hufen. Auch nachdem ich aufgelegt hatte, und das wäre nun
40 mit besonderer Sorgfalt zu beschreiben, spürte ich kein Verlangen, mir nähere Informationen einzuholen vom lokalen Sender, und es war nicht die Stunde der Nachrichten. Ich ging in das Wohnzimmer zurück, sagte, P. hätte angerufen wegen der Demonstration vom 4. November, und wir setzten die italienische Konversation fort. Gut eine Stunde später, und das wäre nun erst der Anfang der Geschichte, schalteten wir die *Tagesthemen* ein und vergaßen das cavallo
45 bianco für viele, viele Jahre. (v 2009)

13. Sprechen Sie darüber, welche Bedeutung der Hinweis auf die „schöne Lügnerin Erinnerung" (Z. 28 f.) hat.

Konditionalsätze in der Literatur

Konditionalsätze geben mögliche Bedingungen, Ursachen und Voraussetzungen an. Sie sind deshalb die Grundlage von Argumentationen und spielen beim Nachdenken und Planen eine wichtige Rolle: Mit ihnen kann man Handlungsziele und -alternativen bzw. Zukunftsvorstellungen hypothetisch, d. h. in Gedanken, durchspielen: *Wenn die Menschen in Ost und West mehr Verständnis füreinander aufbringen, wird die deutsche Gesellschaft zusammenwachsen. Wenn wir weniger die Unterschiede als die Gemeinsamkeiten sähen, könnte die Mauer in den Köpfen verschwinden. Hätte man gleich 1989 …, wäre es nicht dazu gekommen, dass …*
Dabei macht man sich mögliche Folgen bewusst und berücksichtigt sie bei weiteren Entscheidungen. Man unterscheidet zwischen möglichen Vorstellungen *(Wenn die Menschen in Ost und West mehr Verständnis füreinander aufbringen, …)*, wenig wahrscheinlichen bzw. unwahrscheinlichen Vorstellungen *(Wenn wir weniger die Unterschiede als die Gemeinsamkeiten sähen, …)* und nicht mehr realisierbaren Vorstellungen *(Hätte man gleich 1989 …)*.
In der Literatur begegnen wir dem Konditionalsatz im Kontext einer hypothetischen Erzählstruktur als stilistisches Mittel, das zu kritischer Distanz anregt. Der Leser fühlt sich durch eine solche Erzählweise verunsichert und sieht sich gezwungen, der Erzählung bzw. Analyse zu misstrauen und sich zu fragen, welcher Wahrheitsgehalt dem Erzählten zukommt. Gründe für die Wahl dieser Erzählform kann der Zweifel an der Zuverlässigkeit des menschlichen Gehirns („die schöne Lügnerin Erinnerung", Delius, Z. 28 f.) sein. Dahinter steht die Erkenntnis, dass Vergangenheitsdarstellung und -analyse weniger die Wiederherstellung der Vergangenheit ist als der Versuch einer Rekonstruktion, die von gegenwärtigen persönlichen und gesellschaftlichen Interessen und Bedürfnissen bestimmt wird.

5 Günter Grass (* 1927): Mein Jahrhundert (Auszug)

1989

Als wir, von Berlin kommend, zurück ins Lauenburgische fuhren, kam uns, weil aufs Dritte Programm abonniert, die Nachricht übers Autoradio verspätet zu Ohren, worauf ich, wie zigtausend andere, wahrscheinlich „Wahnsinn!", vor Freude und Schreck „Das ist ja Wahnsinn!"
5 gerufen und mich dann, wie Ute, die am Steuer saß, in vor- und rückläufigen Gedanken verloren habe. Und ein Bekannter, der auf der anderen Seite der Mauer seinen Wohnsitz und Arbeitsplatz hatte und im Archiv der Akademie der Künste, zuvor wie gegenwärtig, Nachlässe hütet, bekam die fromme Mär gleichfalls verzögert, sozusagen mit Zeitzünder geliefert.
Seinem Bericht zufolge kehrte er schwitzend vom Joggen aus dem Friedrichshain zurück.
10 Nichts Ungewöhnliches, denn auch den Ostberlinern war diese Selbstkasteiung amerikanischen Ursprungs mittlerweile geläufig. An der Kreuzung Käthe-Niederkirchner-Straße/Bötzowstraße traf er einen Bekannten, den gleichfalls Laufen ins Hecheln und Schwitzen gebracht hatte. Noch auf der Stelle tretend, verabredete man sich für den Abend auf ein Bier und saß dann in dem geräumigen Wohnzimmer des Bekannten, dessen Arbeitsplatz in der, wie es
15 hieß, „materiellen Produktion" sicher war, weshalb es meinen Bekannten nicht erstaunte, in der Wohnung seines Bekannten einen frisch verlegten Parkettboden vorzufinden; solch eine Anschaffung wäre ihm, der im Archiv nur Papier bewegte und allenfalls für Fußnoten zuständig war, unerschwinglich gewesen.
Man trank ein Pilsner, noch eines. Später kam Nordhäuser Korn auf den Tisch. Man redete von
20 früher, von den heranwachsenden Kindern und von ideologischen Barrieren bei Elternversammlungen. Mein Bekannter, der aus dem Erzgebirge stammt, wo ich im Vorjahr auf Kammlagen totes Holz gezeichnet hatte, wollte, wie er seinem Bekannten sagte, im kommenden

Winter mit seiner Frau dort zum Skilaufen hin, hatte aber Probleme mit seinem Wartburg, dessen Vorder- wie Hinterreifen so runtergefahren waren, daß sie kaum noch Profil zeigten. Jetzt hoffte er, über seinen Bekannten an neue Winterreifen zu kommen: wer sich im real existierenden Sozialismus privat Parkett legen lassen kann, der weiß auch, wie man an die Spezialreifen mit der Markierung „M+S", was heißen sollte „Matsch und Schnee", herankommt. Während wir uns, nun schon mit froher Botschaft im Herzen, Behlendorf näherten, lief im sogenannten „Berliner Zimmer" des Bekannten meines Bekannten mit fast auf Null gedrehtem Ton das Fernsehen. Und während noch die beiden bei Korn und Bier über das Reifenproblem plauderten und der Parkettbesitzer meinte, daß an neue Reifen im Prinzip nur mit dem „richtigen Geld" ranzukommen sei, sich aber anbot, Vergaserdüsen für den Wartburg zu besorgen, sonst jedoch keine weitere Hoffnung zu machen verstand, fiel meinem Bekannten mit kurzem Blick in Richtung tonlose Mattscheibe auf, daß dort offenbar ein Film lief, nach dessen Handlung junge Leute auf die Mauer kletterten, rittlings auf deren oberem Wulst saßen und die Grenzpolizei diesem Vergnügen tatenlos zuschaute. Auf solche Mißachtung des Schutzwalls aufmerksam gemacht, sagte der Bekannte meines Bekannten: „Typisch Westen!" Dann kommentierten beide die laufende Geschmacklosigkeit – „Bestimmt ein Kalter-Kriegs-Film" – und waren bald wieder bei den leidigen Sommerreifen und fehlenden Winterreifen. Vom Archiv und den dort lagernden Nachlässen mehr oder weniger bedeutender Schriftsteller war nicht die Rede.

Während wir bereits im Bewußtsein der kommenden, der mauerlosen Zeit lebten und – kaum zu Hause angekommen – die Glotze in Gang setzten, dauerte es andererseits der Mauer noch ein Weilchen, bis endlich der Bekannte meines Bekannten die paar Schritte übers frischverlegte Parkett machte und den Ton des Fernsehers voll aufdrehte. Ab dann kein Wort mehr über Winterreifen. Dieses Problem mochte die neue Zeitrechnung, das „richtige Geld" lösen. Nur noch den restlichen Korn gekippt, dann weg und hin zur Invalidenstraße, wo sich bereits die Autos – mehr Trabant als Wartburg – stauten, denn alle wollten zum Grenzübergang hin, der wunderbar offenstand. Und wer genau hinhörte, dem kam zu Ohren, daß jeder, fast jeder, der zu Fuß oder im Trabi in den Westen wollte, „Wahnsinn!" rief oder flüsterte, wie ich kurz vor Behlendorf „Wahnsinn!" gerufen, mich dann aber auf Gedankenflucht begeben hatte.

Ich vergaß, meinen Bekannten zu fragen, wie und wann und gegen welches Geld er endlich doch noch an Winterreifen gekommen sei. Auch hätte ich gerne gewußt, ob er den Jahreswechsel von neunundachtzig auf neunzig mit seiner Frau, die während DDR-Zeiten eine erfolgreiche Eisschnelläuferin gewesen ist, im Erzgebirge gefeiert hat. Denn irgendwie ging das Leben ja weiter. (v 1999)

(Aus lizenzrechtlichen Gründen ist dieser Text nicht in reformierter Rechtschreibung abgedruckt.)

14. „Und ein Bekannter [...] bekam die fromme Mär [...] verzögert, sozusagen mit Zeitzünder geliefert." (Z. 6 ff.)
a) Zeigen Sie, wie der Erzähler diesen Satz erzähltechnisch umsetzt.
b) Diskutieren Sie, was er Ihrer Meinung nach damit ausdrückt.

15. „Ein Text voller Ironie!" – Weisen Sie diese am Text nach und bestimmen Sie ihre Funktion.

16. Zeigen Sie an Inhalt und Sprache die unterschiedliche Distanz der Texte 2–5 zum historischen Ereignis.

6 Reiner Kunze (* 1933): Die mauer

Zum 3. Oktober 1990

Als wir sie schleiften, ahnten wir nicht,
wie hoch sie ist
in uns

5 Wir hatten uns gewöhnt
an ihren horizont

Und an die windstille

In ihrem schatten warfen
alle keinen schatten

10 Nun stehen wir entblößt
jeder entschuldigung (v 1991)

7 Heinz Czechowski (1935–2009): Die überstandene Wende

Was hinter uns liegt,
Wissen wir.
Was vor uns liegt,
5 Wird uns unbekannt bleiben,
Bis wir es
Hinter uns haben. (v 1993)

8 Durs Grünbein (* 1962): Novembertage I. 1989

An diesem Abend brach ein Stottern die Gesetze,
Ein Lesefehler hob die heiligen Verbote auf.
So nüchtern wie die Meldung in die Welt ging
Vor Mikrophon und Kamera, war jener Spuk vorbei,
5 Den sie verordnet hatten. Erstmals sah man
Die kommunistischen Auguren zögernd lächeln
Wie Spieler, die verlieren, und jetzt wissen sie,
Was sie, gewiegt in Sicherheit, vergessen hatten.
Mit einer letzten Drohung, einer Atempause,
10 Erklärten Greise meine Geiselnahme für beendet.
In dieser Nacht, als man die Schleusen aufzog,
Ergoß ein Menschenstrom sich in den hellen Teil
Der Stadt, die eine Festung war seit dreißig Jahren,
Geschleift von einem falschen Wort im Protokoll.
15 Bevor die Eisentore widerriefen, hob die Menge
Den Bann auf, der hier alle Muskeln lähmte.
Mit offnem Mund am Straßenrand ein Offizier
Stand wie verrenkt, weil kein Befehl mehr lenkte,
Das Machtwort ausblieb wie seit Jahren nie.
20 Als gegen Morgen auf den Boulevards im Westen,
Nach Feuerwerk und Kreisverkehr und Tränen,
Das Freibier ausging, war das Glück vollkommen.
Bei einer Kreuzung stand verlassen, abgebrannt
Bis zu den Rädern, ein *Trabant*, und die Besitzer
25 Hatten den Autoschlüssel an den Baum gehängt.
Von ihren Kindern angetrieben, ganze Clans
Zogen durchs Zentrum, orientierungslos und still.
Die ersten schliefen schon, sie lagen eingerollt
Vorm Kaufhaus selig unter den Vitrinen,
30 Auf teurem Pflaster träumend freien Grund.   (v 1999)
(Aus lizenzrechtlichen Gründen sind die Texte von Reiner Kunze und Durs Grünbein nicht in reformierter Rechtschreibung abgedruckt.)

9 Dirk von Petersdorff (* 1966): Im Museum der Geschichte

Ein Glaskasten im Licht,
darin ein grauer Stein,
der an den Rändern bricht;
und also fällt mir ein,

5 wie ich versunken saß,
am Küchentisch in Kiel,
als die Meldung kam,
als die Mauer fiel.   (v 2001)

10 Botho Strauß (* 1944): Schlusschor (Auszug)

Der Rufer *reißt die Tür des Lokals auf und brüllt: „Deutschland!", verschwindet wieder.* Der Wirt *serviert dem Leser eine Karaffe mit Weißwein.*

Der Leser
Was will der Kerl?
5 Der Wirt
Weiß der Teufel. Der rennt seit Tagen durch die Straßen und schreit's in alle Flure, alle Hauseingänge. Er ist ganz atemlos. Aber heute scheint wirklich etwas loszugehen. In den Nachrichten hieß es, sie wollen die Grenze öffnen.

---

1. Die Texte 6–9 sind als literarische Verarbeitung der „Wende" zu verstehen. Lesen Sie zunächst die Titel der vier Gedichte und sammeln Sie zu jedem Ihre Konnotationen.

„Mauer"

2. a) Tragen Sie zusammen, welche Aspekte in den Gedichten thematisiert sind.
b) Arbeiten Sie die ambivalenten Gefühle und Gedanken heraus, die in den Texten zum Ausdruck kommen.
c) Deuten Sie die sprachlichen Bilder.

DER LESER
Das halte ich für unwahrscheinlich.
DER WIRT
Die stehen drüben vor dem Chaos. Sie machen heute die Grenze auf und morgen wieder zu. Einfach aus Versehen. Vielleicht passiert etwas, bloß weil sie restlos durcheinander sind.
DIE MUTTER *zu Ursula und* PATRICK
Ihr Vater, mein erster Mann, ist noch unter den Braunen umgekommen. Und morgen hätte er seinen neunzigsten Geburtstag. Es geht ihr schlecht. Sie hat seit Tagen nichts Vernünftiges gegessen.

DER RUFER *kommt durch die Tür gestürzt. Er zieht ein Paar aus der DDR mit sich, bescheidene, etwas unförmig wirkende Leute in ihren graublauen Blousons.*

DER RUFER
Deutschland! Das ist Geschichte, sag ich, hier und heute, sage ich, Valmy, sage ich, Goethe! Und diesmal sind wir dabei gewesen. Die Grenzen sind geöffnet! Die Mauer bricht! Der Osten ... der Osten ist frei! *Er läuft wieder zurück auf die Straße.*
URSULA *und andere, etwas zaghaft*
Herzlich willkommen!
PATRICK
Wo kommen Sie her?
DER BLOUSON-MANN
Aus Friedrichroda. Wir sind gleich losgefahren. Wir konnten's ja nicht glauben, was die im Radio sagten.
DIE MUTTER
Setzen Sie sich doch! Sie sind bestimmt erschöpft. Von Friedrichroda bis Berlin.
DER BLOUSON-MANN
Dreieinhalb Stunden mit unserem Privatjet.
DIE BLOUSON-FRAU
Danke, aber wir warten lieber noch auf den jungen Mann, der uns hergebracht hat.
DER BLOUSON-MANN
Sie werden es vielleicht bemerkt haben, der Boden schwankt uns noch ein bisschen unter den Füßen.
DER BLOUSON-FRAU
Verzeihen Sie, mir träumt noch alles durcheinander. Verzeihen Sie, wenn wir in unserem Benehmen etwas falsch machen.
DER LESER
Glauben Sie denn, dass nun alles anders wird bei Ihnen?
DER BLOUSON-MANN
Jein, möchte ich sagen.
DIE BLOUSON-FRAU
Ja und nein. Da müsste ich weiß nicht was für'n Wunder noch geschehen. Es ist zu viel kaputt.
SOLVEIG
Aber Sie können jetzt frei in den Westen und wieder nach Haus. Da muss Ihnen doch ein Grabstein von der Brust fallen!
DER WIRT
Was haben Sie denn schon erlebt in unserer Stadt? Was sagen Sie? Haben Sie sich das so vorgestellt?
DIE BLOUSON-FRAU
Wir waren zuerst in einer Disco, um uns etwas aufzuwärmen. Fünfundzwanzig Ostmark wollten die für eine Cola.
RUDOLF
Sie gehen ja gar nicht richtig aus sich raus. Sie müssen sich doch maßlos freuen?
DER BLOUSON-MANN
Doch. Wir freuen uns riesig. Wir freuen uns auch auf die Diskussion mit Ihnen.

DER RUFER *kommt zurück, stellt sich hinter die beiden und legt ihnen die Arme um die Schultern.*

DER RUFER
So sehen Menschen aus, die vierzig Jahre nicht glauben konnten, dass es Monte Carlo wirklich gibt!

Er läuft wieder hinaus auf die Straße.

ANITA *zu den* BLOUSONS
Die Krokodile im Schlamm sperren knarrend das Maul auf. Aber keine Angst! Die tun's nicht aus Fressgier, sondern bloß, um die Egel zwischen den Zähnen auszutrocknen. Sie verstehen ...

DIE BLOUSON-FRAU
Es ging uns nicht schlecht. Aber wir lebten betrogen.

DER BLOUSON-MANN
Wir haben zwar nichts geglaubt, aber waren doch überzeugt, dass uns der Betrug vor Schlimmerem bewahrt.

DIE BLOUSON-FRAU
Die Republik ist ja das Einzige, was wir uns wirklich geschaffen haben.

PATRICK
Was geht in Ihnen vor? Was geht hier und jetzt, in diesen Minuten, in Ihnen wirklich vor? Erzählen Sie es uns bitte!

DER WIRT
Vielleicht sind die Grenzen morgen wieder zu.

DER BLOUSON-MANN
Also ich kann nur von dem Betrieb erzählen, in dem ich selber arbeite. Da herrscht bei uns die reine Überflusswirtschaft in Gänsefüßchen. Das sieht nämlich so aus, dass fünfhundert Motoren produziert werden, die restlos veraltet sind, noch bevor sie auf Band gehen. Die niemand mehr gebrauchen kann. Der Gewinn in Gänsefüßchen wird dann praktisch nur noch durch Verschrotten erzielt.

DIE BLOUSON-FRAU
Wir bleiben da wegen der Großmutter und der Kleinen, der Yvonne. Die Ärzte, die dableiben, sind auch nur welche, die genau wissen, dass sie im Westen keine Chance hätten. Die Kleine, wenn sie mal hustet, wird mit Penicillin vollgestopft. Es gibt ja sonst nichts. Sie bekommt Ausschlag und Durchfall und wird erst recht krank.

DER RUFER *stürzt wieder durch die Tür.*
Sechshundert – siebenhundert – achthunderttausend! Die Stadt platzt aus den Nähten! Sie klettern über die Mauer, sie rennen durch die Kontrollen! Kommen Sie, kommen Sie schnell! Wildfremde Menschen liegen sich in den Armen, die Vopos tanzen in den Wachttürmen, die Stadt ist ein einziges Fest! Kommen Sie! Bleiben Sie doch jetzt nicht an Ihren Tischen hocken! Nie wieder werden Sie einen solchen Jubel erleben.

Außer ANITA *und* PATRICK *stehen alle auf und lassen sich vom* RUFER *auf die Straße locken, zuletzt* DIE MUTTER *und* DER LESER.

DER LESER *schließt das Buch.*
Auf Seite vierhundertvierzig! Da mach ich mir ein historisches Eselsohr. Die Epoche hat im „Siebenkäs"[1] gewechselt, kurz nach dem Fest der Sanftmut, wo es gerade hieß: „Und so werden alle Abendsterne dieses Lebens einmal als Morgensterne wieder vor uns treten." Nun gut, sehen wir uns das neueste Blendwerk an da draußen, wenn Venus den Deutschen einen Abend für einen Morgen vormacht!

DER LESER *geht hinaus.* Anita *setzt sich an ihren ursprünglichen Platz am letzten Tisch der mittleren Reihe.* (v 1991)

1. Tragen Sie den Auszug als ➤ szenische Lesung vor.

2. Versuchen Sie, die Personenkonstellation in einer Skizze darzustellen. Verwenden Sie dazu passende Symbole.

3. Charakterisieren Sie die Kommunikation zwischen den Figuren. (vgl. S. 66)

4. Zeigen Sie, dass die Rede des Rufers dem antiken Botenbericht entspricht.

5. Arbeiten Sie heraus, wie Figuren aus dem Osten und Figuren aus dem Westen dargestellt werden, und vergleichen Sie sie.

6. Man hat den Titel *Schlusschor* als einen Hinweis auf den Schlusschor von Beethovens Neunter Symphonie verstanden.
a) Lesen Sie den Text von Schiller („An die Freude") und beschreiben Sie die Stimmung, die Musik und Text zum Ausdruck bringen.
b) Erarbeiten Sie den Unterschied zwischen dieser Stimmung und derjenigen, die die Dramenszene vermittelt.

---

[1] *Siebenkäs*, Roman von Jean Paul, 1796/97 veröffentlicht. Der Erzähler verweist mit seinem Zitat aus Jean Pauls Roman auf die Venus, das erste sichtbare Gestirn in der Abenddämmerung und das letzte vor Sonnenaufgang, mal als Abendstern, mal als Morgenstern erscheinend.

2. „Was bleibt" (Wolf) – Das Schicksal einer Autorin im Kontext der Wende kennenlernen und bewerten

1 Christa Wolf (* 1929): Erklärung im DDR-Fernsehen vom 08.11.1989

„Liebe Mitbürgerinnen, liebe Mitbürger,
wir alle sind tief beunruhigt. Wir sehen die Tausende, die täglich unser Land verlassen. Wir wissen, daß eine verfehlte Politik bis in die letzten Tage hinein ihr Mißtrauen in die Erneuerung dieses Gemeinwesens bestärkt hat. Wir sind uns der Ohnmacht der Worte gegenüber Massenbewegungen bewußt, aber wir haben kein anderes Mittel als unsere Worte. Die jetzt noch weggehen, mindern unsere Hoffnung. Wir bitten Sie, bleiben Sie doch in Ihrer Heimat, bleiben Sie bei uns! Was können wir Ihnen versprechen? Kein leichtes, aber ein nützliches und interessantes Leben. Keinen schnellen Wohlstand, aber Mitwirkung an großen Veränderungen. Wir wollen einstehen für Demokratisierung, freie Wahlen, Rechtssicherheit und Freizügigkeit. Unübersehbar ist: Jahrzehntealte Verkrustungen sind in Wochen aufgebrochen worden. Wir stehen erst am Anfang des grundlegenden Wandels in unserem Land.
Helfen Sie uns, eine wahrhaft demokratische Gesellschaft zu gestalten, die auch die Vision eines demokratischen Sozialismus bewahrt. Kein Traum, wenn Sie mit uns verhindern, daß er wieder im Keim erstickt wird. Wir brauchen Sie. Fassen Sie zu sich und zu uns, die wir hier bleiben wollen, Vertrauen."

Aufgaben:

1. Sprechen Sie über mögliche Motive, die Christa Wolf zu diesem Appell bewogen haben könnten.

2. Analysieren Sie die sprachlichen Mittel, die dem Text seine Eindringlichkeit verleihen.

3. a) Zeigen Sie, dass Inhalt und Form des Appells nur aus dem historischen Kontext heraus zu verstehen sind.
b) Nennen Sie Konsequenzen, die sich daraus für einen heutigen Leser ergeben.

Doppelte Historizität

Bei der Interpretation literarischer und anderer Texte ist zu berücksichtigen, dass Text und Interpret sich in der Regel in unterschiedlichen geschichtlichen und kulturellen Zusammenhängen befinden. Man spricht in diesem Zusammenhang von der doppelten Historizität, d. h. von der unterschiedlichen geschichtlichen Bedingtheit von Werk und Interpretation. Dieses Faktum kann den Zugang zu einem Werk erschweren oder ganz versperren.
So ist Christa Wolfs Appell (Text 1) im Fernsehen nur verständlich, wenn man die Politik in der DDR kennt, z. B. wenn auf die „verfehlte Politik bis in die letzten Tage hinein" (Z. 3) und auf „jahrzehntealte Verkrustungen" (Z. 10) angespielt wird bzw. „Demokratisierung, freie Wahlen, Rechtssicherheit und Freizügigkeit" (Z. 9 f.) gefordert werden.
Ein jüngerer Leser, der die DDR und die Zeit der Wende nicht erlebt hat, muss den Text sehr sorgfältig lesen und alles aufgreifen, was ihn beim Lesen irritiert oder überrascht, und sich über die geschichtlichen Hintergründe ausführlich informieren.
Die Notwendigkeit gründlicher Vorinformation stellt sich immer, besonders aber bei länger zurückliegenden Epochen.

2 Christa Wolf: Was bleibt (Auszug)

Sie standen wieder da.
Es war neun Uhr fünf. Seit drei Minuten standen sie wieder da, ich hatte es sofort gemerkt. Ich hatte einen Ruck gespürt, den Ausschlag eines Zeigers in mir, der nachzitterte. Ein Blick, beinahe überflüssig, bestätigte es. Die Farbe des Autos war heute ein gedecktes Grün, seine Besatzung bestand aus drei jungen Herren. Ob diese Herren ausgewechselt wurden wie die Autos? Und was wäre mir lieber gewesen – daß es immer dieselben waren oder immer andere? Ich kannte sie nicht, das heißt, doch, einen kannte ich: den, der neulich ausgestiegen und über die Straße auf mich zugekommen war, allerdings nur, um sich an dem Bockwurststand unter unserem Fenster anzustellen, und der mit drei Bockwürsten auf einem großen Pappteller und mit drei Schrippen in den Taschen seiner graugrünen Kutte zu dem Auto zurückgekehrt war. Zu einem *blauen* Auto, übrigens, mit der Nummer ...
[...] Zum Beispiel hätte mich auch interessiert, wie bei ihnen die tägliche Arbeitseinteilung vor

Christa Wolf wurde 1929 in Landsberg an der Warthe geboren und 1945 aus der Heimat vertrieben. Von 1949 bis 1953 studierte sie Germanistik in Jena und Leipzig. Wolf heiratete 1951 und

sich ging, oder der Befehlsempfang, wie man das wohl nennen mußte, und ob bestimmte Posten beliebter waren als andere, die Autoposten zum Beispiel beliebter als die Türstehposten.
Und, wenn ich schon mein Interesse anmeldete: Ob jene, die mit ihren Umhängetaschen auf den Straßen patrouillieren, tatsächlich in diesen Täschchen ein Sprechfunkgerät mit sich führen, wie das Gerücht es steif und fest behauptet. Ich hatte manchmal den Verdacht, in den Taschen wäre nichts als ihr Frühstücksbrot, das sie aus menschlich verständlicher Imponiersucht konspirativ versteckten. Eine verzwickte Art von Amtsanmaßung, [...]
Das Telefon. Ein Freund. Grüß dich, sagte ich. Nein, er störe mich bei keiner wichtigen Arbeit.
Warum denn nicht, sagte er strafend. Ach, sagte ich, die Frage ließe sich nicht in einem Satz beantworten. Ich könne ruhig mehrere Sätze machen, sagte er. Zum Mitschreiben, sagte ich. Aber da unterschätze ich doch wohl unsere technischen Möglichkeiten, sagte er. Ein Tonband werde man für uns beide doch übrig haben! Was das kostet, sagte ich.
Folgte die Art von Lachen, die wir uns für genau diese Gelegenheiten angewöhnt hatten, ein bißchen herausfordernd, ein bißchen eitel. Und wenn keiner mithörte? Wenn wir mit unserer Selbstüberschätzung und Mutspielerei ins Leere liefen? Das würde nicht den geringsten Unterschied machen. Darüber wollte ich nachdenken.
Wie ich denn klinge, heute morgen.
Na wie denn?
Na, sagte mein Freund, nicht unbedingt high, würde ich sprechen. Oder täuschet mich mein Ohr.
O, sagte ich, wie könnte ich anders als high sein, wenn du mich schon mal anrufst – und so weiter.
So sprachen wir immer, am wahren Text vorbei. Ich mußte an die zwei, drei Male denken, als der wahre Text mir doch entschlüpft war, weil ich keine Kraft hatte, ihn zurückzuhalten, und wie seine Augen, seine Stimme sich da verändert hatten. Wie es H. gehe, fragte er jetzt. Gut, sagte ich, ich kann ihn nachmittags besuchen. Und wir, Madame? fragte er. Wann sehen wir uns? Ich sagte den wahren Text: Möglichst bald. Na denn, sagte er. Er werde in den nächsten Tagen in der Stadt sein und mir vorher durchgeben, wann ich das Kaffeewasser aufsetzen solle. Da sollten sich gewisse von uns beiden hochgeschätzte Persönlichkeiten ruhig ihren Kopf darüber zerbrechen, wofür „Kaffeewasser" das Codewort sein könnte.
Diese Art Späße liebe ich nicht besonders. Kaffee? sagte ich. Und ich dachte, du würdest Tee bevorzugen. Mitnichten, sagte er, und ich solle nun nicht den ganzen Code durcheinanderbringen. Bon, sagte ich. Und er, nach einer kurzen Pause, mit unveränderter Stimme: Du hast Besuch, wie?
Auch diese Fragen liebte ich nicht, sagte aber ja, außerstande zu lügen.
Na, hervorragend, sagte mein Freund. Auf bald also.
Da hörte ich mich auf einmal laut ins Telefon rufen: Du! Hör mal! Einmal werden wir alt sein, bedenkst du das!
Er hatte aufgelegt. Ich aber setzte mich wieder an meinen Schreibtisch und schlug die Hände vors Gesicht. Ja. So verbringen wir unsere kurzen Tage. Ich weinte nicht. Ich hatte, wenn ich es mir recht überlegte, schon ziemlich lange nicht mehr geweint. (e 1979, v 1990)
(Aus lizenzrechtlichen Gründen sind die Texte von Christa Wolf nicht in reformierter Rechtschreibung abgedruckt.)

wurde Mutter von zwei Töchtern. Bis 1962 war sie als wissenschaftliche Mitarbeiterin und Redakteurin beim Schriftstellerverband tätig. Im gleichen Jahr war sie Gastdozentin an der Universität in Frankfurt am Main. 1965 war Christa Wolf Kandidatin des ZK der SED und Mitglied des PEN-Zentrums der DDR.
Wolf arbeitet als freie Schriftstellerin in Berlin und erhielt zahlreiche Preise: 1964 Nationalpreis der DDR, 1977 Bremer Literaturpreis, 1980 Georg-Büchner-Preis, 1983 Schiller-Gedächtnis-Preis, 2002 Friedenspreis des deutschen Buchhandels.
Im Roman Der geteilte Himmel *(1963) und in der Erzählung* Nachdenken über Christa T. *(1968) werden Fragen nach der personalen Ganzheit unter den Bedingungen der deutschen Teilung bzw. des sozialistischen Alltags gestellt. In* Kindheitsmuster *(1976) reflektiert die Autorin ihren eigenen Lebensweg. Die Erzählungen* Kein Ort. Nirgends *(1979) und* Kassandra *(1983) spiegeln die Ich-Problematik in unterschiedlichen historischen Feldern.* Medea. Stimmen *(1996) zeigt das Porträt einer ungewöhnlichen Frau. Die Erzählung* Was bleibt. *(1990) schildert die Überwachung Christa Wolfs durch die Stasi (1969–89) und löste eine große Literaturkontroverse aus, die auch die informelle Mitarbeit der Autorin für die Stasi (1959–1962) zum Thema hatte.*

4. a) Beschreiben Sie die Situation, in der sich die Ich-Erzählerin befindet.
b) Untersuchen Sie, wie sich dies sprachlich niederschlägt.

5. Sprechen Sie über mögliche psychische Folgen, die eine solche Situation haben kann.

6. Der Text hat autobiografischen Charakter. Diskutieren Sie Christa Wolfs Entscheidung, trotz dieser Erfahrungen die DDR nicht zu verlassen. Beziehen Sie dabei den Appell (Text 1) in Ihre Überlegungen mit ein.

3 Die Christa-Wolf-Debatte

a) Ulrich Greiner in: Die Zeit, 1.6.1990 (Auszug)

Das ist ja ein Ding: Die Staatsdichterin der DDR soll vom Staatssicherheitsdienst der DDR überwacht worden sein? Christa Wolf, die Nationalpreisträgerin, die prominenteste Autorin ihres Landes, SED-Mitglied bis zum letzten Augenblick, ein Opfer der Stasi? Sie berichtet es uns in ihrer neuen Erzählung. „Ende der Siebzigerjahre", so teilt der Verlag uns mit, sei sie „wochenlang" überwacht worden. Aufgeschrieben habe sie den Text 1979, überarbeitet „im Herbst 1989". Wann genau? In diesem Herbst ist viel passiert, da kommt es auf das Datum an. Christa Wolf ist ein bisschen genauer. Am Ende der Erzählung steht: Juni bis Juli 1979/November 1989. Nun gut. Was will die Dichterin uns damit sagen? Will sie sagen: Die Stasi war so

7. Erarbeiten Sie die unterschiedlichen Positionen, die in der Christa-Wolf-Debatte vertreten wurden.
a) Stellen Sie in einer Tabelle Pro- und Kontra-Argumente einander gegenüber.
b) Diskutieren Sie die Positionen im Plenum.

> **R** „Wer verzweifelt, hat das irgendwo gelernt" – Der Schauspieler Ulrich Mühe
>
> Der Film „**Das Leben der Anderen**" (2006) spielt in der von Stasi-Spitzeln durchsetzten Künstlerszene Ostberlins. Ulrich Mühe spielt darin den Stasi-Hauptmann Gerd Wiesler, für den die Abhöraktion gegen den Theaterregisseur Georg Dreymann zum Wendepunkt in seinem Leben gerät. Mühe war zuvor namhafter Schauspieler am Deutschen Theater in Ostberlin, wo er von August 1989 bis März 1990 in den Proben zur *Hamletmaschine* mitwirkte, während sich vor den Toren des Theaters die DDR auflöste. Recherchieren Sie das Leben Ulrich Mühes und stellen Sie seine Rollen im oben erwähnten Film und Theaterstück vor.
>
> **Lesetipp:** Ulrich Mühe. „Wer verzweifelt, hat das irgendwo gelernt" (Essay). In: Johann P. Tammen (Hg.): die horen 213 – Zeitschrift für Literatur, Kunst und Kritik (2004/1)

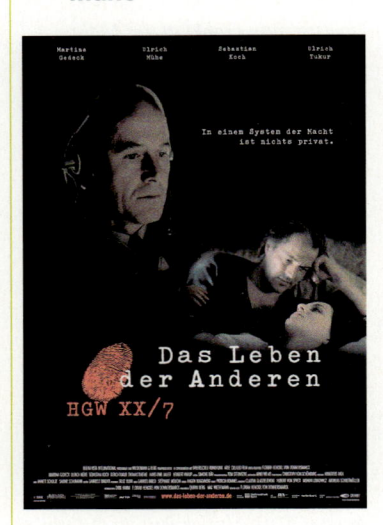

blöde, dass sie sogar eine Staatsdichterin bespitzelt hat? Oder will sie sagen: Seht her, ihr armen, von der Stasi um Ansehen und Zukunft gebrachten Mitbürger und ehemaligen Genossen, auch ich wurde überwacht, auch ich war ein Opfer, ich bin keine Staatsdichterin, ich bin eine von euch? [...]

Es ist die altbekannte machtgeschützte Innerlichkeit, die sich literarische Fluchtburgen baut. Das erklärt zugleich den ungeheuren Erfolg Christa Wolfs: Sie ist die Malerin des Idylls. [...] Ein trauriger Fall. Ein kleines Kapitel aus der langen Geschichte „Deutsche Dichter und die Macht". Mut zu haben ist schön, aber niemand darf verurteilt werden, ihn haben zu müssen. Dass Christa Wolf diesen Text in der Schublade behielt, ist ihr gutes Recht. Dass sie ihn jetzt veröffentlicht, verrät einen Mangel nicht an Mut, denn Gefahren drohen keine mehr, sondern an Aufrichtigkeit gegen sich selbst und die eigene Geschichte, einen Mangel an Feingefühl gegenüber jenen, deren Leben der SED-Staat zerstört hat.

b) Volker Hage in: Die Zeit, 1.6.1990 (Auszug)

Ihr ist nichts vorzuwerfen. Sie hat nie ein Amt bekleidet, sie hat sich nie danach gedrängt, in einem Verband den Vorsitz zu führen, sie hat sich nicht einmal um die Rolle beworben, die Grand Lady der Literatur zu werden. Sie ist berühmt geworden, weltberühmt. Durch öffentliche Auftritte? Durch politische Parolen? Durch üble Nachrede? Nein, nur durch eines: durch ihre Arbeit, durch die Literatur.

Christa Wolf wurde zur wichtigsten Schriftstellerin der DDR und so – nolens volens[1] – zu einer moralischen Instanz. Wo sie las, waren die Säle voll, wenn sie auf Fragen antwortete, lauschte das Publikum begierig, wenn die Menschen nicht weiterwussten, schrieben sie ihr Briefe. Sie hatte keine Antworten zu bieten. Aber sie ließ Fragen zu. Und sie selbst öffnete sich immer mehr dem Fragen, auch und gerade in ihrer Literatur. Die „richtigen Fragen", heißt es in dem neuen (alten) Prosatext „Was bleibt", erkenne man daran, „dass sie einem außer Schmerz auch eine gewisse Befriedigung bereiteten". [...]

Der Verlauf weniger Stunden, eines einzigen Tages wird geschildert – und das sich in diesem Zeitraum bewegende und verändernde Ich mit seinen flüchtigen Gedanken, raschen Gesprächen, Erinnerungen und Assoziationen: ein Ich, das sich nur mühsam seine Identität buchstabiert.

[...]

Endlich also: Was ist davon zu halten? Um mit dem zur Zeit vielleicht Uninteressantesten zu beginnen: Das ist eine wunderbare, kunstvolle Prosa. Hier gelingt (was im „Störfall" bisweilen missriet): das sanfte Ineinander von Tageslauf und Bedrohung, von Alltag und Ausnahme. Die Situation: Eine Schriftstellerin, unverkennbar Christa Wolf, wird überwacht, auffällig überwacht. Vor ihrer Wohnung parken Autos, darin jeweils „zwei, drei kräftige, arbeitsfähige junge Männer in Zivil, die keiner anderen Beschäftigung nachgingen, als im Sitzen zu unserem Fenster herüberzublicken".

Schon am Morgen nach dem Aufwachen der Sog zu diesem Fenster hin. „Übrigens standen sie nicht da." So fängt das im Text an, so raffiniert inszeniert sich diese Erzählung, als wollte sie sich nicht unterkriegen lassen. Später stehen sie doch da. „Es war neun Uhr fünf." Hilflose Suche nach Geborgenheit im Blick auf die Uhr, Zeit: das einzige noch funktionierende Ordnungssystem. [...]

4 Ein ZEIT-Interview mit Christa Wolf (Auszug)

ZEIT: Anfang der Neunzigerjahre haben Sie erlebt, wie in den deutschen Feuilletons plötzlich eine Debatte begann, in deren Mittelpunkt Sie standen. Tenor: Christa Wolf sei eine Staatsschriftstellerin der DDR, ihre Literatur sei überschätzt. Hat Sie dieser Angriff damals überrascht?

WOLF: Ja. Ich hatte das nicht erwartet, weil ich vorher im Westen ja sehr anerkannt war, als „gesamt-deutsche" Schriftstellerin. Und plötzlich war und bin ich für die Medien eine DDR-Schriftstellerin. Staatsschriftstellerin? Wer das sagte, hatte meine Bücher nicht gelesen.

---

[1] nolens volens (< lat. nicht wollend wollend): wohl oder übel

---

8. „Ich hätte ihr wahrscheinlich geraten, das Buch mit einem Nachwort herauszugeben." (Günter Grass zum Roman *Was bleibt*) Schreiben Sie dieses Nachwort aus der Sicht eines heutigen Lesers.

ZEIT: Günter Grass meinte, die Angriffe seien nicht nur gegen Christa Wolf persönlich gerichtet gewesen, sondern gegen alles, was aus dem Osten kam. Sehen Sie das auch so?

10 WOLF: Ich glaube schon, dass es so war. Ich war im Osten, ob ich das wollte oder nicht, auf eine gewisse Weise eine Orientierungsfigur, und diese Figur wollte man demontieren, wie ja überhaupt die ganze DDR, nach dem Ausspruch einer ranghohen westdeutschen Politikerin, „delegitimiert" werden musste. Bei der Gelegenheit versuchte das Feuilleton, die realistische Literatur, auch von westdeutschen Autoren, zu diffamieren. Heute sieht man: Das ist
15 nicht gelungen. Diese Art von Literatur ist lebendig. Und meine Leser sind mir geblieben.

ZEIT: Ein anderer Angriff lautete: Sie seien nicht nur jahrzehntelang von der Stasi bespitzelt worden, Sie seien auch selbst Ende der Fünfzigerjahre für kurze Zeit Inoffizielle Mitarbeiterin des Ministeriums gewesen. Sie schrieben Berichte, harmloser Art, aber immerhin. Können Sie sich diesen Fehler inzwischen verzeihen?

20 WOLF: Das ist natürlich kein Ruhmesblatt. Aber inzwischen gehe ich auch in diesem Punkt gelassener mit mir um. Ich habe mich redlich bemüht, mich mit dieser Episode in meinem Leben auseinanderzusetzen. Ich habe meine Akte als Buch veröffentlicht, weil ich fand, meine Leser hätten ein Recht, darüber Bescheid zu wissen. Natürlich haben die Medien dieses Buch dann kaum zur Kenntnis genommen.

25 ZEIT: Monatelang standen Sie im Feuer öffentlicher Angriffe. Wie sind Sie mit diesem Druck umgegangen?

WOLF: Das war eine schwierige Zeit. Es wurde ja eine Art Monster-Bild von mir verbreitet. Ich musste lernen, wer ein wahrer Freund ist und wer nicht. Mein Mann, meine Familie haben mir geholfen, ohne sie hätte ich das nicht durchgestanden. Sehr geholfen hat mir auch, dass
30 ich genau zu dieser Zeit für ein Dreivierteljahr in Los Angeles gewesen bin, als Stipendiatin der Getty-Stiftung. Wir waren eine Gruppe Künstler und Wissenschaftler aus den verschiedensten Ländern. Auch die haben mich mit ihrer realistischen Sicht auf die überhitzte Atmosphäre im vereinigten Deutschland vor gefährlichen Überreaktionen bewahrt. Ich habe in dieser Zeit sehr viele interessante Menschen kennengelernt, am bewegendsten waren
35 meine Treffen mit Holocaust-Überlebenden der zweiten Generation.

ZEIT: Können Sie ein Beispiel erzählen?

WOLF: Ich traf eine Frau, die war von ihren jüdischen Eltern als Kind in einem Nonnenkloster versteckt worden, als die deutsche Wehrmacht in Frankreich einmarschierte. Sie konnte das nie, nie verwinden, obwohl ihr dadurch das Leben gerettet wurde. Die Eltern holten sie wie-
40 der zu sich, als sie einen Fluchtweg nach Amerika ausgemacht hatten. Rational hatte sie ihre Eltern natürlich verstanden, aber emotional konnte sie nie darüber hinwegkommen, dass ihre Eltern sie weggegeben hatten. Mich hat diese Geschichte sehr bewegt.

ZEIT: Frau Wolf, was war im Rückblick an Ihrer Zeit in der DDR richtig gut?

WOLF: Das kann ich so nicht beantworten, über die ursprünglichen Erinnerungen schieben
45 sich die späteren Bewertungen. Ich will es mal so versuchen: Vielleicht war es diese Aufbruchstimmung in den Fünfzigerjahren, das Gefühl, hier in der DDR entsteht ein besserer, ein sozial gerechterer Staat. Wir bekamen in jenen Jahren unsere antifaschistische Prägung. Ich kam in Kontakt mit linken Schriftstellern, die aus der Emigration in die DDR gekommen waren: Louis Fürnberg, Anna Seghers, Willi Bredel, F. C. Weißkopf, Kuba, Alex Wed-
50 ding – und viele andere. Wir lasen ihre Bücher. Wir erlebten ihre Konflikte mit. Ich denke heute noch, das waren die interessantesten Leute, die es damals in Deutschland gab. Die Begegnungen mit ihnen konnten einen glauben lassen, man befände sich am richtigen Ort. Das war zum Teil ein utopischer Ort, den der „real existierende Sozialismus" dann nach und nach besetzte. Aber eine Utopie kann sehr, sehr lange in einem nachwirken.

55 ZEIT: Wann haben Sie von der DDR Abschied genommen?

WOLF: Es war ein langer Abschied, der Anfang der Sechzigerjahre begann. Der letzte Zeitpunkt, die DDR mit Reformen wirklich zu verändern, wäre im Jahr 1968 gewesen. Aber dann haben die Russen den Prager Frühling niedergeschlagen. Es war vorbei. Nach der Wiedervereinigung stellte sich kurz eine Art Phantomschmerz ein, unter anderem deshalb,
60 weil ich die Abqualifizierung der DDR einzig unter dem Begriff Diktatur als zu undifferenziert empfand. Aber auch dieser Schmerz ist vergangen. (v 2005)

R *Beim Häuten der Zwiebel – Günter Grass' schmerzhafter Prozess des Erinnerns*

Ähnlich wie Christa Wolf geriet auch **Günter Grass** nach der Veröffentlichung des Buches *Beim Häuten der Zwiebel* (v 2006) in starke öffentliche Kritik. Informieren Sie Ihre Mitschülerinnen und Mitschüler über Leben und Werk von Günter Grass. Gehen Sie dabei vor allem auf zwei wichtige Aspekte ein:
- seine Haltung zur deutschen Vereinigung 1990,
- die öffentliche Kritik, die sein spätes Bekenntnis, Mitglied der Waffen-SS gewesen zu sein, ausgelöst hat.

1. Fassen Sie Christa Wolfs Position zusammen:
a) Wie sieht sie aus dem Abstand von 15 Jahren den Streit um ihre Person und die DDR?
b) Wie schlägt sich dieser Abstand inhaltlich, sprachlich und stilistisch nieder?

> **Das Interview**
>
> Unter einem Interview (< engl. interview = Zusammenkunft, Besprechung, Unterredung) versteht man die Befragung einer (bekannten) Person zu einer bestimmten Sache oder allgemein zu ihrem Leben und ihrer Persönlichkeit durch einen Journalisten bzw. Reporter. Das Interview stellt eine **besondere Kommunikationsform** dar: Die Antworten des Interviewten sind nicht für denjenigen bestimmt, der die Fragen stellt, sondern für Dritte, das Publikum, d. h. die Leser, Zuhörer bzw. Zuschauer, die aussagekräftige und aufschlussreiche Informationen erwarten. Der Interviewer stellt deshalb in der Regel nicht die Fragen, die ihn persönlich interessieren, sondern solche, von denen er denkt, dass sie für das Publikum interessant sind.
>
> Man unterscheidet zwischen Interviews, bei denen der Interviewte primär als Informationsträger gesehen wird, und solchen, bei denen die Person selbst im Zentrum steht. Im ersten Fall geht es darum, durch eine geschickte Befragung aufschlussreiche Informationen zu erhalten, im zweiten Fall soll ein möglichst differenziertes Bild von der Persönlichkeit vermittelt werden. In beiden Fällen muss sich der Interviewer gründlich vorbereiten, um auch auf mögliche Einwände gefasst zu sein, und über viel Einfühlungsvermögen verfügen, damit er erreicht, dass der Interviewte möglichst viele Informationen preisgibt bzw. Einblicke in sein Denken und Handeln gewährt. Dabei schreckt er auch vor Provokation nicht zurück, um den Interviewten aus der Reserve zu locken. Allerdings ist auch für die Person, die interviewt wird, das Publikum der eigentliche Adressat. Der Interviewte nutzt deshalb das Interview zur Selbstdarstellung.

II. Auf der Suche nach *dem* „Wende-Roman"

1. „Simple Storys" – Zugang zu einem Montageroman der Gegenwartsliteratur finden

In den deutschen Feuilletons der 1990er-Jahre bestimmt das Warten auf den sogenannten „Wende-Roman" den Blick auf zahlreiche literarische Neuerscheinungen. Viele Romane werden daran gemessen, inwiefern es dem Autor gelingt, die Ereignisse rund um den Mauerfall und vor allem die Konsequenzen für das Leben im wiedervereinigten Deutschland darzustellen. Ingo Schulzes Roman *Simple Storys*, veröffentlicht 1998, hat in dieser Hinsicht ein sehr positives Echo gefunden. Der Roman „aus der ostdeutschen Provinz" (Untertitel) setzt nach dem Mauerfall ein und erzählt in einzelnen Episoden vom Leben zahlreicher Personen in Altenburg/Thüringen. Das verwirrend umfangreiche Personal des Romans reicht vom „abgewickelten Akademiker" über westdeutsche Handelsvertreter bis zur Kellnerin ...

1 Ingo Schulze (* 1962): Simple Storys (22. Kapitel, Auszug) – Vorbei ist vorbei –

Ein Gespräch im Parkkrankenhaus Dösen. Wie Renate und Martin Meurer die kurze Geschichte des Ernst Meurer erzählen. Dr. Barbara Holitzschek schreibt mit. [...]

[...] „Mit siebenundzwanzig habe ich zum zweiten Mal geheiratet", sagte Renate Meurer. „Ernst mochte Kinder sehr. Martin war acht und Pit sechs. Mehr Kinder wollte ich nicht. Das hat er akzeptiert, obwohl sein Sohn aus erster Ehe nicht mehr lebte. Nur eine Bedingung hatte Ernst, dass wir keine Verbindung zu meinem ersten Mann haben. Wenn uns Hans schrieb, schickten wirs zurück, auch Pakete. Ich fand, dass ich das Ernst schuldig war. Er durfte keine Westkontakte haben."

„Ihr erster Mann ist ..."

„Er dachte", sagte Martin, „wenn er erst mal drüben ist, kommen wir nach."

„Wer wegbleibt, hat sich auch gegen die Kinder entschieden, war immer Ernsts Meinung. Anfangs dacht ich, Ernst will mich nur, weil er den Auftrag dazu hat, damit wir nicht rübergehen. Aber ich wollt nicht weg. Er hat mir gefallen. Und ganz Unrecht hatte er ja nicht."

„Womit nicht Unrecht?", fragte Martin.

„Du weißt schon, wie ich das meine. Musst nicht wieder …" Sie sah auf die Tischplatte vor sich. „Geld ist manchmal schlimmer als Partei. An solchen wie Ernst hat es bestimmt nicht gelegen. Und wenn du was ändern willst, hat er gesagt, dann kannst du dich nicht raushalten, dann musst du in die Partei. Hätte ja auch richtig sein können … Darf ich das nicht sagen."

„Ihre Mutter …"

„Ja doch", sagte Martin. „Ich mein doch nicht, entschuldige, aber …"

„Als Schulleiter ist man halt keine Privatperson. Das ist nirgendwo so. Da gibt es eben Dinge, die man durchsetzen muss, auch wenn es einem nicht passt." [...]

„Ich habs miterlebt, Stück für Stück." Renate Meurer zeichnete ein paar Stufen in die Luft. „Tag für Tag. Ich dachte nur, es hört irgendwann auf." Ihre Hand fiel herab. „Die anderen habens doch auch geschafft."

„Sie haben ihn vors Loch geschoben", sagte Martin. „Das hat er immer mit sich machen lassen. Er hat nie Nein gesagt, wenn sie was wollten."

„Nein gesagt hat er, Martin. So wars nicht. Wenn er nicht Nein gesagt hätte …"

„Aber er hat sich vors Loch schieben lassen, immer wieder."

„Als es 89 losging, bekam er den Auftrag, einen Leserbrief zu schreiben", sagte Renate Meurer.

„Und Genosse Meurer schrieb", sagte Martin.

„Nur was er dachte. Er schrieb von Ungarn 56 und von Prag 68 und dass Demonstrationen nichts ändern und Provokateure nicht mit Milde rechnen dürften. Als die dann auch hier rumliefen mit ihren Kerzen und Sprüchen, gabs ein Plakat: ‚Keine Milde für Meurer'. Und dann erschien in der Zeitung ausgerechnet ein Foto, auf dem das Plakat zu sehen war. Ich hatte Angst. Ich hab ihn bewundert, dass er am nächsten Tag in die Schule ist. Ich dachte, irgendwann stehn sie bei uns vor der Tür. Als Martin fragte, ob ich mit nach Leipzig käme, dass ich es mir wenigstens mal anschauen sollte, hat Ernst ihn rausgeschmissen, Hausverbot sozusagen. Und was macht Martin, was machen er und Pit? Schenken uns eine Busreise nach Italien. Im Februar 90 sind wir illegal nach Italien."

„Zum zwanzigsten Hochzeitstag, fünf Tage Venedig, Florenz, Assisi", sagte Martin. „Damit sie mal auf andere Gedanken kommen."

„Und?", fragte Dr. Holitzschek, als sie nicht weitersprachen.

„Das musst du erzählen, Mutter."

„Ohne Italienreise, ohne Leserbrief wärs anders gekommen. Wenigstens denk ich das manchmal. Er hat mal einen Lehrer entlassen, weil ein Schüler ‚Ex oriente Bolschewismus' auf sein Hausaufgabenheft geschrieben hatte. Dem Lehrer warfen sie vor, dass er davon wusste – im selben Heft war nämlich die Einladung zum letzten Elternabend von ihm abgezeichnet. Achtundsiebzig ist das gewesen, so etwa. Die CDU hatte in Dresden einen Parteitag, und auf ihrem Plakat stand: „Ex oriente lux" oder „pax", is ja egal. Da musste Ernst handeln, Auftrag von oben, von ganz oben! Er war nie ein Scharfmacher. Und ausgerechnet dieser Schubert fährt mit."

„Zeus?", fragte Dr. Holitzschek und kniff ein Auge zu.

Renate Meurer nickte.

„Ach", sagte Dr. Holitzschek. „Ist der nicht vor ein, zwei Jahren gestorben?"

„Ihm hat die Sache damals nicht mal geschadet. Er fand …"

„Wieso nicht geschadet, Mutter? Drei Jahre in der Braunkohle. Bewährung in der Volkswirtschaft!"

„Andere machen das ihr Leben lang … Danach ist er ans Museum, Museumspädagogik. Das hat er immer gewollt, hast du selbst gesagt. Er und Martin kennen sich."

„Ich sah ihn ab und zu. Er war ja überall, bei jeder Eröffnung. Hier kennt doch jeder jeden."

„Entschuldigung, aber mit Zeus, mit Herrn Schubert, was ist da passiert?"

Renate Meurer schüttelte den Kopf.

„Vor Assisi", sagte Martin, „hatte der Bus eine Panne. Da ist Zeus ausgerastet. Giotto[1] war für ihn das Größte. Und dann ist Assisi zum Greifen nah, und er muss kehrtmachen. Er ist durchgedreht, Kulturschock würde ich sagen. Gibts doch, oder? DDR-Mentalität, als käme er nie wieder in seinem Leben dorthin."

---

[1] Giotto di Bondone (ca. 1266–1337): berühmter italienischer Maler, der den unräumlichen Stil des Mittelalters durch plastische Körperlichkeit der Gestalten und klar gegliederte Bildräume überwand. Er malte vor allem monumentale Fresken.

Klappentext: Das ostthüringische Altenburg [...] ist der Schauplatz von Ingo Schulzes Roman. In 29 nur scheinbar „einfachen Geschichten", in vielen kleinen Alltagsbegebenheiten offenbart sich das Zusammenstürzen einer ganzen Welt, jener dramatische Bruch, der sich 1989 durch so viele ostdeutsche Biografien zieht.

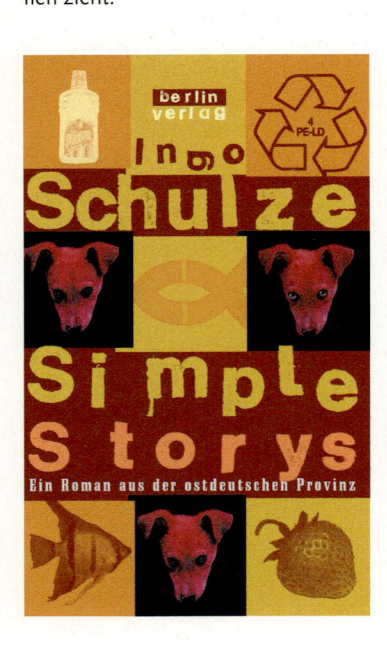

„Er hat Ernst runtergeputzt, nach Strich und Faden, vor allen. Es war so sinnlos." Renate Meurer rieb vorsichtig ihr rechtes entzündetes Ohrläppchen. „Am schlimmsten aber war, dass Tino, sein Enkel, ihn abgelehnt hat. Ernst war ein völlig vernarrter Opa. Tino ist schwierig, ganz schwierig."
„Mein Sohn", sagte Martin.
„Tinos Mutter ist verunglückt, Oktober 92. Und seither – seither redet Tino nur mit Kindern, mit Kindern und mit seiner Tante. Auf andere reagiert er nicht, nicht mal auf Martin. Wenn er jetzt in die Schule kommt – das kann heiter werden."
„Mit dem Fahrrad? Ist sie ... ist Ihre Frau mit dem Fahrrad ...?"
„Erinnern Sie sich?", fragte Renate Meurer. „Es stand in der Zeitung, Fahrerflucht."
„Sie hatte gerade erst Radfahren gelernt", sagte Martin.
„Martin macht sich nämlich Vorwürfe ..."
„Mutter ..."
„... bei Genickbruch ist man doch auf der Stelle tot! Aber er macht sich Gedanken, dass man sie hätte retten ..."
„Wenn es bei Ihrer Frau Genickbruch war. Da ist man auf der Stelle tot, von einem Moment auf den anderen."
„Siehst du, auf der Stelle."
„Wenn Sie sich da Gedanken machen ...", sagte Dr. Holitzschek und drehte an einem Knopf ihrer Jacke. Dann drückte sie sich den Kittelausschnitt mit einer Hand an die Brust, lehnte sich über den Tisch, nahm die randlose Brille von einer Zeitschrift, setzte sie auf, schlug eine Seite in dem Ringhefter vor ihr um und begann zu schreiben.
„Martin hat Tino einen Hund geschenkt, einen Foxterrier", sagte Renate Meurer. „Ernst dachte, wir wollten den Jungen gegen ihn aufhetzen und hätten nur deshalb einen Hund gekauft, weil er eine Allergie hat, gegen Hundehaare."
Dr. Holitzschek schrieb.
„Erzähl doch mal der Reihe nach, Mutter. Das war alles viel später!"
„Die Zeitung hat ihn ausgeschmiert", sagte Renate Meurer. „Da steckte Zeus dahinter, ganz sicher. Die haben die Geschichte mit Zeus aufgewärmt, aber so, als hätte es keine Partei gegeben, als hätte Ernst sich alles selbst ausgedacht und entschieden. Das erschien 90, in der Woche vor Ostern. Dann gabs eine Untersuchungskommission, vor die er musste. Da drin saßen die größten Ganoven. Einer nach dem andern musste zurücktreten. Anonyme Briefe kamen. Das Schlimmste waren die Solidaritätserklärungen, auch anonym."
„Er hat einen Fehler gemacht", sagte Martin. „Er hat nämlich selbst gekündigt. Nach dem Artikel hat er seine Kündigung geschrieben und gehofft – vermute ich –, dass jemand was dagegen unternimmt, dass jemand sagt, wie es wirklich gewesen ist. Natürlich hat sich keiner gerührt, auch klar. Ernst hat für einen Augenblick die Beherrschung verloren. Wenn er die Vertrauensfrage gestellt hätte – damit wäre er durchgekommen, bin ich mir ziemlich sicher. Dann aber dachten alle, dass er Stasi war. Warum sollte einer sonst zurücktreten, freiwillig. Rums, saß er da, arbeitslos, und jeder hat einen Bogen um ihn gemacht. Und aus der Partei ist er ausgetreten, weil die ihren Mund auch nicht aufgemacht haben. Völlig logisch, dass die sich nicht selbst anklagen. Er hätte nur warten müssen. Der neue Kreisschulrat, der hätte ihn rausgehauen, und wenn nicht, hätte er Ernst in Vorruhestand geschickt. Ernst hat sich das alles selbst vermasselt."
„Das stimmt überhaupt nicht, Martin. Du weißt doch selbst, was nach dem Artikel los war. Dir hat man doch auch Prügel angedroht. Wieso erzählst du denn so was? Die haben Ernst nach Strich und Faden fertiggemacht, freigegeben zum Abschuss. Da hat niemand eingegriffen. Alle haben geschwiegen."
„Hat er sich gewehrt? Hat Ihr Mann irgendwas unternommen?"
„Was sollte er denn unternehmen. Das ging so schnell, und plötzlich war Schluss. Plötzlich interessierte das keinen mehr. Hauptsache, Geld und Arbeit und Wohnung und EC-Karte und dass man sich auskennt mit Gesetzen und Formularen. Was anderes interessiert nicht, nicht die Bohne. Das gab ihm den Rest. Das und Tino." Renate Meurer putzte sich die Nase. [...] „Ich hab nach meiner Entlassung aus der Textima bei einem gearbeitet, der ist bis zum Ende ... ich sag lieber nicht, was er war, ein Apparatschik[1] eben – und nun hat er ein Steuer- und Buchhaltungsbüro, nicht allein, aber er ist der Chef. Der ist intelligent und hat sich reingekniet, aber

---

[1] der Apparatschik: abwertend für eine Führungsfigur in einem totalitären Staatsapparat

1. a) Wählen Sie das Cover, das Ihnen spontan besser gefällt. Beschreiben Sie dieses Cover.
b) Interpretieren Sie die unterschiedliche Gestaltung beider Cover.

richtig, so nach der Devise: Kleinvieh macht auch Mist. Der Neugebauer hat nur gefeixt, als sie von Seilschaft redeten, weil er mich genommen hatte – denn eigentlich bin ich ja Statistikerin. Der hat mich eingestellt und gefeixt, bis Ernst begann, ihn zu erpressen. Ernst verfertigte ein Schreiben über sich selbst, über Neugebauer und ein paar andere, er kannte ja alle. Alle sollten unterschreiben, und ein Exemplar an jede Zeitung. Ich erfuhr es von Neugebauer. Ich verstand erst gar nicht, was Neugebauer von mir wollte, was ich überhaupt verhindern sollte. Peinlich nur, dass er uns sein Wochenendhaus im Harz angeboten hatte, für den ganzen Sommer, kostenlos. Ich fand das nett. Ich dachte, da kommt Ernst mal raus. Er saß ja nur zu Hause rum. Wenn ich da war, hing er mir am Rockzipfel. Wir sind zusammen hingefahren, ich musste zurück – am nächsten Tag stand er wieder vor der Tür, maulte rum und spielte den Beleidigten, als hätte ich ihn abschieben wollen. Danach hat er unseren Garten gekündigt, der lief auf seinen Namen. Wir sollten die Natur sich selbst überlassen, hat er gesagt. Ich heulte, wegen der Erdbeeren, eine Oase ist das gewesen. Spätestens da hab ich kapiert, dass er einen Knacks hat. Ich dachte nur, Zeit heilt alles."

„Ich muss Sie mal unterbrechen", sagte Dr. Holitzschek. „Die Zeitungen haben damals nichts gebracht?"

„Was denn? Wenn der letzte FDJ[1]-Chef reich wird, weil er Aufträge für Baufirmen vermittelt, der kennt halt Tod und Teufel. Alles erfolgreiche Unternehmer, die Arbeitsplätze schaffen und Anzeigen bringen. Warum solln die Zeitungen den Mund aufreißen? Vorbei ist vorbei!", sagte Renate Meurer. „Neugebauer wollte wissen, ob ich gegen eine Kündigung aus betriebswirtschaftlichen Gründen klagen würde. So bekam ich wenigstens gleich Arbeitslosengeld. Ernst begrüßte mich zu Hause mit Sekt. Da wollte ich mich scheiden lassen. Nach zwei Monaten fand ich was Neues, bei Stuttgart. Ernst nannte mich Verräterin. Er meinte das nicht politisch. Er rief täglich an, zweimal, dreimal – sechshundert, siebenhundert Mark pro Monat, völlig verrückt. Dabei hätte er Arbeit bekommen können. Die ‚Schülerhilfe' wollte ihn. Sein Unterricht ist immer gut gewesen, da gibts nichts, hat auch nie jemand was anderes behauptet. Aber Bewerbungen schreiben war unter seiner Würde. Überhaupt hatte ers plötzlich mit Würde und Stolz. Alle Formulare vom Sozialamt habe ich ausgefüllt. Jedes Jahr neu. Die machen einen nackig, kann ich Ihnen sagen, absolut nackig. Die wollten sogar wissen, was sein Vater verdient – der ist doch im Krieg geblieben. Den hat er nie gesehn! Am Ende wissen die mehr als die Stasi."

„Mutter", sagte Martin. „Nur weil sie jetzt im selben Haus sitzen wie die früher ..."

„Na, das kommt ja dazu. Sitzen auch noch in der Stasivilla. Und dann seine Krankheiten, Rheuma, Ohrensausen, Fieber. Als er vom Arzt kam, sah er mich nur an, waidwund sozusagen. Krebs, dachte ich, irgend so was. Kein Wunder, dass es ihn zerfressen hat. Und da sagt Ernst: ‚Gesund. Nicht mal was mit der Lunge.' Er war beleidigt, als ich ihn zum Psychiater schicken wollte." Renate Meurer blickte auf das Papiertaschentuch zwischen ihren Händen.

„Wir spielen Schach miteinander", sagte Martin, „einmal pro Woche. Er will nur Schach spielen, sonst nichts."

„Keine Gespräche?"

„Belangloses. Ich will bei ihm an nichts rühren und er bei mir, obwohls da nichts gibt. Nur als ich mich taufen ließ. Für ihn war das wie CDU oder so, als würde ich überlaufen – zu den ‚Siegern der Geschichte.'"

„Sie haben ihn gar nichts gefragt?"

„Wonach gefragt?"

„Was hat er denn verbrochen?", fragte Renate Meurer. „Im Treppenhaus vom Arbeitsamt, wo sie das Netz aufgespannt haben – da liegt ein roter Schal drin, damit auch wirklich jeder sieht und gar nicht erst versucht –, da sind wir uns mal in die Arme gelaufen, der Schubert und er – ich hab Ernst oft begleitet, als er noch zum Arbeitsamt musste. Aufs Sozialamt geht er überhaupt nicht allein. Da muss ich sowieso immer mit."

„Ihr Mann hat Herrn Schubert angesprochen?"

„War ja nicht möglich. Schubert ist weggelaufen. Der wollte als ‚politisch Verfolgter' anerkannt werden mit Titel und Urkunde. Wussten wir ja nicht. Der wollte gar nicht mehr reden. War schon komisch, wen man da alles traf. Ich denk immer an das Treppenhaus, wenn ich was vom sozialen Netz höre."

„Von der Hängematte", sagte Martin. [...]

---

[1] FDJ: Freie Deutsche Jugend, Jugendorganisation in der DDR

Ingo Schulze wurde 1962 in Dresden geboren „und arbeitete in Altenburg zunächst als Theaterdramaturg. Nach der Wende und dem Sieg des Kapitalismus schrieb er journalistische Texte für eine politisch ambitionierte Wochenzeitung und gründete dann, gemäß den Gesetzen von Angebot und Nachfrage, ein einträgliches Anzeigenblatt. 1993 lebte er ein halbes Jahr in St. Petersburg, wo er ein ähnliches Blatt mitaufbauen half. Vor zwei Jahren veröffentlichte Schulze, der mittlerweile in Berlin lebt, eine Sammlung von St. Petersburger Geschichten. Darin schilderte er das wilde, mörderische Wirrwarr im postkommunistischen Russland und wurde dafür nicht bloß mit Preisen überhäuft, sondern auch zu einem Streitfall für die Kritiker: Die einen priesen den Ostdeutschen als staunenswertes Talent, als belesenen Stimmenimitator und Stilvirtuosen, die anderen schmähten ihn als fingerfertigen Konfektionsschreiber ohne Herz und Heimat. 33 Augenblicke des Glücks hieß Schulzes literarisches Debüt. [...]"
(Wolfgang Hobel, Spiegel, 2. März 1998)

2007 war Ingo Schulze Stipendiat der Villa Massimo in Rom und erhielt im selben Jahr den Preis der Leipziger Buchmesse für seinen Erzählband Handy – Dreizehn Geschichten in alter Manier.

2. Fassen Sie knapp die äußeren Umstände des Gesprächs im Parkkrankenhaus Dösen sowie die zentralen Inhalte zusammen.

3. Mehrere Rezensenten des Romans wünschten sich ein Personenverzeichnis, da über 40 Personen auftreten, die zudem in vielfältiger Weise miteinander in Beziehung stehen.
a) Erstellen Sie einen Stammbaum der Familie Meurer.
b) Erweitern Sie diesen Stammbaum zu einer Personenkonstellation, indem Sie die übrigen Personen ergänzen, die im 22. Kapitel erwähnt werden.

4. „Schulze interessiert sich für den Moment, in dem sich etwas kristallisiert. Das meiste (um nicht zu sagen: fast alles) lässt er deshalb weg." (Peter Michalzik) Diese Beobachtung zielt vor allem auf die fehlende Verknüpfung der 29 Geschichten, doch sie trifft auch für jede einzelne Geschichte zu.
a) Nennen Sie drei Textstellen, an denen Ihnen Informationen fehlen, und notieren Sie Fragen, die sich dadurch für Sie ergeben.
b) Besprechen Sie Ihre Fragen im Plenum.
c) Tauschen Sie sich darüber aus, welche Wirkung diese Auslassungstechnik auf Sie als Leser hat (ermüdend, irritierend, Neugier weckend, ...).

5. a) ▶ Exzerpieren Sie alle Informationen über Ernst Meurer.
b) Verfassen Sie seine „kurze Geschichte" und wählen Sie dazu eine der folgenden Gestaltungsformen:
– Lebenslauf für ein Bewerbungsschreiben,
– Reportage in einer Boulevard-Zeitung,
– Bericht der Psychologin Frau Dr. Holitzschek nach dem Gespräch mit Renate und Martin Meurer,
– Tagebucheintrag Ernst Meurers kurze Zeit nach der Wende.

6. Renate Meurer und ihr Sohn erzählen Dr. Holitzschek die Geschichte des Ernst Meurer. Dabei erfährt der Leser einiges über Renate Meurers Beziehung zu ihrem Mann.
a) Interpretieren Sie den Romanauszug mit Blick auf das Verhältnis der beiden Ehepartner. Berücksichtigen Sie dabei die Ausdruckweise Renate Meurers (Figurensprache).
b) Stellen Sie am Schluss Ihrer Interpretation eine begründete Vermutung darüber an, wie Renate Meurer sich zukünftig ihrem Mann gegenüber verhalten wird.

„Und dann die Sanierung. Wahrscheinlich hat ihm die Sanierung den Rest gegeben. Wir verhängten alles mit Laken. Sah aus wie in Lenins Arbeitszimmer. Ernst hat noch Witze gemacht. In den ersten Tagen stand er nur im Weg rum. Als aber die Zeit um war, die sie veranschlagt hatten, begann er sich zu beschweren. Ernst verlangte, dass die Handwerker die Schuhe ausziehen, wischte alle fünf Minuten hinter ihnen her und öffnete schließlich nicht einmal mehr die Wohnungstür. Sie hatten den nächsten Aufgang bereits fertig, da fehlten bei uns noch drei Fenster. Ich musste Urlaub nehmen, damit sie in unsere Wohnung konnten. Und als das vorbei war, behauptete er, die Leute, die nach der Sanierung eingezogen waren, liefen über unseren Abtreter. Er lauerte hinterm Spion und riss die Tür auf, wenn jemand vorbeiging. Die Kinder warfen Müll und tote Mäuse durchs Fenster oder auf den Balkon, die hatten Angst vor ihm."
Das Telefon klingelte. Dr. Holitzschek sagte mehrmals: „Ja" und „Ist gut" und nach dem Auflegen: „Entschuldigung".
„Die über uns sind nicht böswillig", sagte Renate Meurer, „nur den ganzen Tag zu Hause, junge Leute eben. Sie haben mich sogar reingebeten. Die Musik war nicht laut. Die Bässe machens. Wenn man bei uns die Hände auf den Esstisch legt, dann spürt mans. Ernst hockt den ganzen Tag in seiner Höhle und reagiert wie ein Tier, das man reizt. Irgendwann greifts an. Ich versteh das. Da muss man kein Hellseher sein."
„Ich kenne nur den Polizeibericht", sagte Dr. Holitzschek. „Sie haben die Wohnung gestürmt. Fünf Mann mit kugelsicheren Westen und all das, regelrecht gestürmt."
„Nur weil sie eine Gaspistole nicht von einer richtigen unterscheiden können", sagte Martin.
„Hat Sie niemand angerufen?"
„Danach", sagte er.
„Und Sie?"
Renate Meurer schüttelte den Kopf
„Die Polizei hat Sie nicht angerufen?"
„Nein", sagte Renate Meurer.
„Was steht da drin, in dem Bericht?", fragte Martin.
„Er hat im Treppenhaus einen Schuss aus der Gaspistole abgefeuert, gedroht, sich seine Ruhe notfalls mit Gewalt zu verschaffen, und sich verkrochen", sagte Dr. Holitzschek. „Zum Glück hat er keinen Widerstand geleistet."
„Ich kann doch wegen ihm nicht alles aufgeben. Ich muss noch mindestens sieben Jahre arbeiten, vielleicht sogar zwölf. Wenn ich aus Stuttgart zurückkäme, würde ich Ernst Recht geben. Ich kann doch nicht wegen ihm kündigen. Das ist es, was er will. Er muss merken, dass es so nicht geht. Niemand benimmt sich wie er, niemand. Ich bin seine Frau, keine Kindergärtnerin. Wenn er das nicht endlich kapiert, lass ich mich scheiden."
„Sie sagten, Frau Meurer, dass Sie ihn verstehn?"
„Natürlich, ja. Ich versteh ihn, gerade deshalb. Aber es muss doch weitergehn."
„Das heißt", sagte Dr. Holitzschek, „wenn er entlassen wird ..."
„Wann?", fragte Renate Meurer.
„... dann wird er wochentags alleine wohnen, zunächst einmal?"
Renate Meurer starrte wieder auf ihr Taschentuch und schwieg. [...]   (v 1998)

⌐ Die Figurensprache

Gemeint ist die spezifische Ausdrucksweise einer in einem literarischen Werk auftretenden fiktiven Person. Die Figurensprache ist nicht nur Teil der äußeren Handlung, sondern sie dient zugleich der Charakterisierung (vgl. S. 58 f., 307). Einzelbeobachtungen zur Figurensprache müssen bei der Textanalyse im jeweiligen Kontext der Gesprächssituation gedeutet werden (Ausgangssituation, Gefühlslage des Sprechers, Verhältnis zum Gesprächspartner, ...), z. B.:
– Wortwahl, Komplexität des Satzbaus, sprachliche Richtigkeit und Stilebene lassen Rückschlüsse auf Herkunft, sozialen Stand und Bildung des Sprechers zu.
– Gedankliche Sprünge, Auslassungen, Unterbrechen des Gesprächspartners können Zeichen von emotionaler Erregtheit sein.
– Gehäufte Andeutungen und Anspielungen verweisen unter Umständen auf eine Vertrautheit mit dem Gesprächspartner (gemeinsamer Erfahrungshintergrund) oder sie ersparen es dem Sprecher, unbequeme Sachverhalte auszusprechen.

2 Ingo Schulze: Simple Storys – Kapitelzusammenfassungen

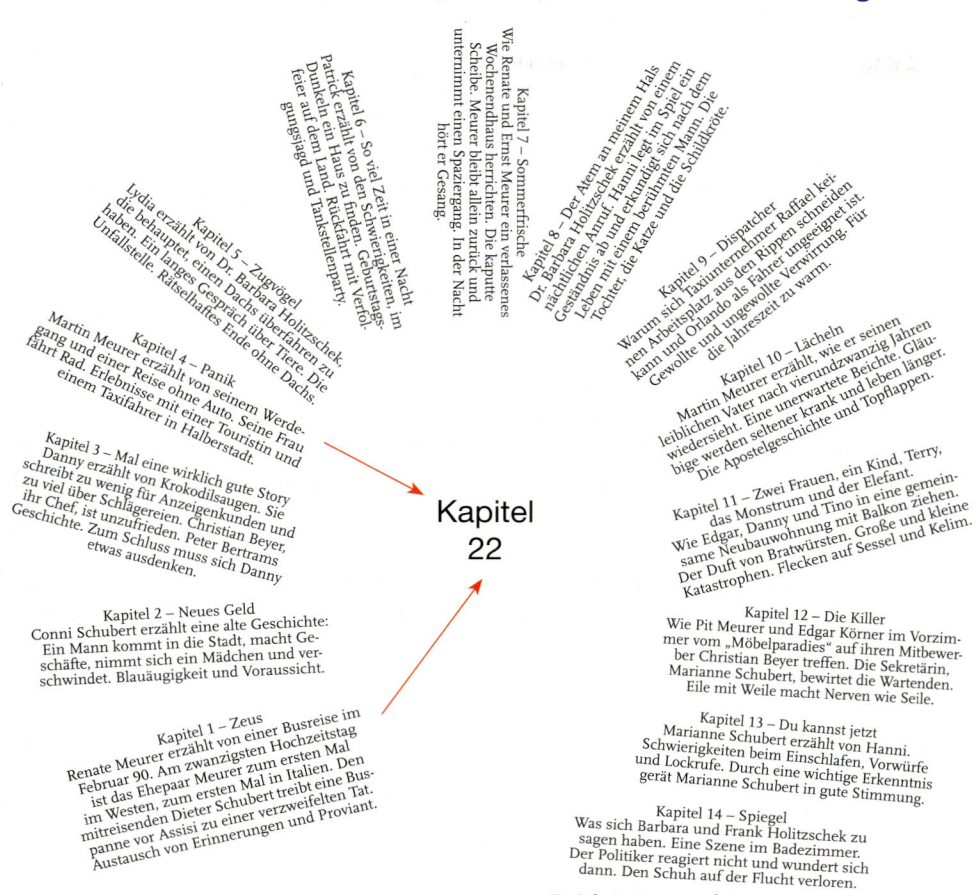

Kapitel 1 – Zeus
Renate Meurer erzählt von einer Busreise im Februar 90. Am zwanzigsten Hochzeitstag ist das Ehepaar Meurer zum ersten Mal im Westen, zum ersten Mal in Italien. Den mitreisenden Dieter Schubert treibt eine Buspanne vor Assisi zu einer verzweifelten Tat. Austausch von Erinnerungen und Proviant.

Kapitel 2 – Neues Geld
Conni Schubert erzählt eine alte Geschichte: Ein Mann kommt in die Stadt, macht Geschäfte, nimmt sich ein Mädchen und verschwindet. Blauäugigkeit und Voraussicht.

Kapitel 3 – Mal eine wirklich gute Story
Danny erzählt von Krokodilsaugen. Sie schreibt zu wenig für Anzeigenkunden und zu viel über Schlägereien. Christian Beyer, ihr Chef, ist unzufrieden. Peter Bertrams Geschichte. Zum Schluss muss sich Danny etwas ausdenken.

Kapitel 4 – Panik
Martin Meurer erzählt von seinem Werdegang und einer Reise ohne Auto. Seine Frau fährt Rad. Erlebnisse mit einer Touristin und einem Taxifahrer in Halberstadt.

Kapitel 5 – Zugvögel
Lydia erzählt von Dr. Barbara Holitzschek, die behauptet, einen Dachs überfahren zu haben. Ein langes Gespräch über Tiere. Die Unfallstelle. Rätselhaftes Ende ohne Dachs.

Kapitel 6 – So viel Zeit in einer Nacht
Patrick erzählt von den Schwierigkeiten, im Dunkeln ein Haus zu finden. Geburtstagsfeier auf dem Land. Rückkehr mit Verfolgungsjagd und Tankstellenparty.

Kapitel 7 – Sommerfrische
Wie Renate und Ernst Meurer ein verlassenes Wochenendhaus herrichten. Die kaputte Scheibe. Meurer bleibt allein zurück und unternimmt einen Spaziergang. In der Nacht hört er Gesang.

Kapitel 8 – Der Atem an meinem Hals
Dr. Barbara Holitzschek erzählt von einem nächtlichen Anruf. Hanni liegt im Spiel ein Geständnis ab und erkundigt sich nach der Tochter, der Katze und der Schildkröte.

Kapitel 9 – Dispatcher
Warum sich Taxiunternehmer Raffael keinen Arbeitsplatz aus den Rippen schneiden kann und Orlando als Fahrer ungeeignet ist. Für Gewollte und ungewollte Verwirrung. Für die Jahreszeit zu warm.

Kapitel 10 – Lächeln
Martin Meurer erzählt, wie er seinen leiblichen Vater nach vierundzwanzig Jahren wiedersieht. Eine unerwartete Beichte. Gläubige werden seltener krank und leben länger. Die Apostelgeschichte und Topflappen.

Kapitel 11 – Zwei Frauen, ein Kind, Terry, das Monstrum und der Elefant.
Wie Edgar, Danny und Tino in eine gemeinsame Neubauwohnung mit Balkon ziehen. Der Duft von Bratwürsten. Große und kleine Katastrophen. Flecken auf Sessel und Kelim.

Kapitel 12 – Die Killer
Wie Pit Meurer und Edgar Körner im Vorzimmer vom „Möbelparadies" auf ihren Mitbewerber Christian Beyer treffen. Die Sekretärin, Marianne Schubert, bewirtet die Wartenden. Eile mit Weile macht Nerven wie Seile.

Kapitel 13 – Du kannst jetzt
Marianne Schubert erzählt von Hanni. Schwierigkeiten beim Einschlafen, Vorwürfe und Lockrufe. Durch eine wichtige Erkenntnis gerät Marianne Schubert in gute Stimmung.

Kapitel 14 – Spiegel
Was sich Barbara und Frank Holitzschek zu sagen haben. Eine Szene im Badezimmer. Der Politiker reagiert nicht und wundert sich dann. Den Schuh auf der Flucht verloren.

Kapitel 15 – Big Mac und Big Bang
Wie Dieter Schubert und Peter Bertram über zwei Frauen reden. Karpfenjagd – ein neuer Sport. Schwierigkeiten mit dem Objekt des Erfolgs und seiner Dokumentation. Stiche in der Herzgegend. Nebel und Morgensonne.

Kapitel 16 – Büchsen
Wie sich Schwesternschülerin Jenny und Patientin Marianne Schubert nahe dem Berliner Virchow–Klinikum treffen und über einen toten Mann sprechen. Maik, ein junger Kellner, bedient sie. Jennys Zigarette bleibt im Aschenbecher liegen. Vergänglichkeit und ewige Werte.

Kapitel 17 – Schulden
Christian Beyer erzählt von einem Sommerurlaub in New York mit Hanni, seiner neuen Freundin. Ein unerwarteter Besuch. Männer, Geld und Wasser.

Kapitel 18 – Der Morgen nach dem Abend
Frank Holitzschek erzählt von einem Morgen Ende Februar. Barbara und die jüngste Entwicklung ihres Alptraums. Franks Aufmunterungsversuche. Enrico Friedrich, Lydia und Fotos.

Kapitel 19 – Ein Wunder
Wie Enrico Friedrich eine Flasche Martini geschenkt bekommt. Er erzählt Patrick vom plötzlichen Erscheinen und Verschwinden Lydias. Dabei trinkt er sich selbst unter den Tisch. Patrick schweigt und stellt ihm zum Schluss die Gretchenfrage.

Kapitel 20 – Kinder
Edgar Körner erzählt von einer Fahrt mit Danny über ein Stück alte Autobahn. Die Frau am Steuer, oder wenn beide gerne fahren. Wahre und erfundene Geschichten. Wirkliche Liebe kann warten.

Kapitel 21 – Nadeln
Wie Martin Meurer in seiner neuen Wohnung den ersten Besucher empfängt. Ein Mann für Fadila. Fische in Flasche und Schüssel. Lebensläufe. Die Säuberung eines Balkondachs. Auf wen wartest du?

Kapitel 22

Kapitel 23-29

---

1. Das 22. Kapitel besitzt eine Schlüsselfunktion – hier laufen viele Fäden der vorangegangenen Kapitel zusammen. Versuchen Sie, anhand der inhaltlichen Zusammenfassungen, die jedem Kapitel vorangestellt sind, den Romanaufbau zu entschlüsseln:
a) Übertragen Sie die Struktur der Grafik auf ein DIN-A4-Blatt.
b) Arbeiten Sie alle erkennbaren Bezüge des 22. Kapitels zu den vorangegangenen heraus, indem Sie die entsprechenden Stichworte unter der Kapitelzahl notieren.

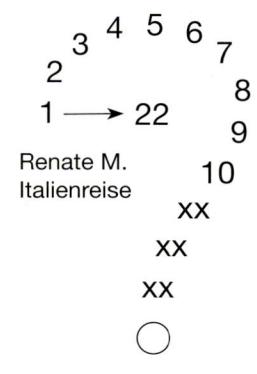

```
        3  4  5  6
     2              7
                      8
     1  →  22
                      9
  Renate M.        10
  Italienreise
                    xx
                    xx
                    xx
                    ○
```

2. Erweitern Sie Ihre bisherige Personenkonstellation mithilfe der Kapitelzusammenfassungen.

3. Betrachten Sie die einzelnen Kapitelzusammenfassungen:
a) Ingo Schulze sieht in ihnen „Stolpersteine". Überlegen Sie, was damit gemeint ist.
b) Vergleichen Sie den Stil der Kapitelzusammenfassungen mit der sprachlichen Gestaltung der Kapitel 22 und 5 (Texte 1 und 3).
c) Analysieren Sie die erzählerischen Mittel (S. 17, 19), die dem Roman *Simple Storys* zugrunde liegen.

4. Das Umformen eines Textes trägt dazu bei, Gestaltungsweisen und Wirkung des Originaltextes besser zu durchschauen.
a) Experimentieren Sie mit der Erzähltechnik, indem Sie Text 1, Zeile 72–88, in Ich-Form einer beteiligten Figur erzählen oder Text 3, Z. 38–51, auktorial darstellen.
b) Experimentieren Sie stilistisch, indem Sie Text 1, Z. 30–42, in Schriftdeutsch darstellen.
c) Vergleichen Sie Ihre Ergebnisse mit dem Originaltext und besprechen Sie, inwiefern sich die Wirkung des Textes verändert.

5. Verfassen Sie nach Ihren Vorstellungen das 10. Kapitel des Romans. Versuchen Sie, dabei alle Hinweise aus der Kapitelzusammenfassung einzubeziehen und sich beim Schreiben am Stil des Romans zu orientieren.

3 Ingo Schulze: Simple Storys – Zugvögel (Kapitel 5, Auszug)

Lydia erzählt von Dr. Barbara Holitzschek, die behauptet, einen Dachs überfahren zu haben. Ein langes Gespräch über Tiere. Die Unfallstelle. Rätselhaftes Ende ohne Dachs.

Heute ist Montag, eigentlich Ruhetag. Halb elf soll ich eine Siebente durchs Museum führen. Schulklassen sind das Schlimmste. Ich bin müde. Hanni, meine Chefin, kommt herein, hält die Tür auf. „Frau Dr. Holitzschek hat einen Dachs überfahren", sagt sie. Eine kleine Frau Anfang dreißig, mit langen Haaren, marineblauem Rock und grauem Rollkragenpullover erscheint, bleibt im Türrahmen stehen und klopft mit einem Finger dagegen.
„Holitzschek", sagt sie, ohne mich anzusehen. „Ich habe einen Dachs überfahren."
„Lydia Schumacher", Hanni deutet auf mich, „unsere Präparatorin."
„Hallo", sage ich und stehe auf. Ihre Hand ist kalt. „Haben Sie ihn dabei?"
Frau Dr. Holitzschek schüttelt den Kopf, zupft ein Tempotaschentuch aus der Packung und schnäuzt sich zur Seite gedreht. „Ich habe ihn nicht mit", sagt sie.
„Ein ausgewachsener?"
„Ja", antwortet sie und nickt. „Er hat stark gerochen, nach Wild. Und seine Vorderläufe waren so." Sie drückt die Handrücken gegen die Wangen, ihre Finger bewegen sich, als würden sie etwas zur Seite schaufeln.
„Das soll ein Dachs sein?", frage ich. Hanni, die halb auf meinem Tisch sitzt und mit eingeknicktem Zeigefinger meiner Dorngrasmücke über den Kopf streicht, verdreht die Augen.
„Er hat noch gezuckt", sagt Dr. Holitzschek.
„Wir brauchen doch einen Dachs, oder nicht?", ruft Hanni.
„Na sicher", antworte ich. „Einen Dachs bräuchten wir."
„Und vor Borna liegt einer. Frau Dr. Holitzschek hat es eilig. Vielleicht schaust du ihn dir an und nimmst ihn mit, falls er okay ist?" [...]
Der Wagen vor uns stoppt hinter Serbitz. Dr. Holitzschek beginnt über Kreuzungsversuche von Stand- und Zugvögeln zu sprechen. Ich öffne das Fenster. Die Autos hinter uns schalten nacheinander die Motoren ab. Der Gegenverkehr fließt an uns vorbei. Wenn die Sonne zwischen den Wolken durchkommt, blendet sie.
Als es weitergeht, steht ein Blaulichtwagen auf unserer Spur. Polizisten winken uns durch. „Es hat wieder gekracht", sage ich. Im Vorbeifahren ist aber nur ein Krankenwagen zu sehen, keine Unfallautos. Dr. Holitzschek sagt: „Dabei stehen schon 70 Prozent der einheimischen Brutvögel auf der Liste der bedrohten Tiere."
Ohne zu blinken oder abzubremsen, biegt sie nach links in einen Feldweg und hält. Nun ist von Falterschwärmen die Rede, die pro Generation nur einmal zu beobachten sind. Ich unterbreche sie und frage nach dem Dachs. Dr. Holitzschek schnäuzt sich, löst den Gurt, zieht den Schlüssel ab, steigt aus und läuft los. Ich folge ihr in Richtung des Polizeiwagens, den blauen Plastesack zusammengefaltet in der Jackentasche. Im Gehen streife ich die Gummihandschuhe über.
Dr. Holitzschek wendet sich bei jeder Windböe zur Seite und neigt ihren Kopf, als würde sie an den Haaren gezogen. Sie überquert die Straße, trippelt zwischen zwei anfahrenden Wagen hindurch und läuft auf der anderen Seite weiter. Ich habe zu lange gezögert und versuche wenigstens, auf ihrer Höhe zu bleiben.
Ein Polizist kommt ihr entgegen. Er breitet die Arme aus. Kurz voreinander stoppen sie ab, das heißt, Dr. Holitzschek will ihm ausweichen. Sie sprechen gleichzeitig.
Ein Containerwagen rollt langsam vorbei. Ich setze die blauen Buchstaben auf weißem Grund zusammen: „Plus" und darunter: „Prima leben und sparen". Ich stehe mitten im Auspuffdunst.
Dr. Holitzschek verschränkt die Arme. Der Polizist blickt auf ihren Busen. Sie reden und sehen plötzlich zu mir herüber.
Wieder kommt ein Containerwagen mit Anhänger.
Der Polizist steht allein da und kaut auf seiner Unterlippe. Er beobachtet, wie ich meine Handschuhe ausziehe. Dann schlendert er zurück zu dem Blaulichtwagen, ohne sich noch einmal umzudrehen.
Dr. Holitzschek ist mir wieder voraus, den Wind jetzt im Rücken. Sie umklammert ihre Ellbogen. Ich rufe. Sie reagiert nicht und verschwindet hinter einem Bus.
Als sie herüberkommt, humpelt sie. Ihr rechtes Knie ist aufgeschlagen. Sie bleibt vor mir stehen, legt die Hände über Augen und Stirn und streicht die Haarsträhnen zurück.

---

6. „Rätselhaftes Ende ohne Dachs" (Text 3, Zeile 2). Versuchen Sie, eine Erklärung zu finden. (Tipp: Die Geschichte mit dem Dachs markiert den Berührungspunkt zwischen den beiden Hauptpersonengruppen: der Familie Meurer einerseits und Dr. Holitzscheck mit ihrem Bekanntenkreis andererseits.)

7. Verschaffen Sie sich einen Überblick über den Gesamtroman. Aufgrund seines Montagecharakters ist ein zeitsparendes arbeitsteiliges Vorgehen möglich:
a) Jeder Schüler übernimmt die Lektüre eines Romankapitels.
b) Die Einzelergebnisse können entweder in Form einer Zeitleiste der wichtigsten Ereignisse zusammengefügt werden oder sie sind Mosaiksteine einer umfassenden Personenkonstellation. Entscheiden Sie sich im Plenum für eine Form der Auswertung.
c) Bereiten Sie den Vortrag Ihres Lektüreergebnisses vor, indem Sie die notwendigen Informationen für das Plenum auswählen und auf Karteikarten knapp zusammenfassen.
d) Einigen Sie sich im Plenum auf die Reihenfolge, in der die Ergebnisse vorgetragen werden sollen, fügen Sie Ihr(e) Karteikärtchen an der passenden Stelle der Gesamtdarstellung ein und tragen Sie Ihr Ergebnis vor.

„Er behauptet, hier liege nichts. Ich habe ihm gesagt, dass er mich durchlassen soll. Er sagt, sie hätten den ganzen Straßengraben und die Böschung abgesucht, und wenn da ein Dachs wäre, hätten sie ihn gefunden. Er war tot, verstehen Sie, er hat gezuckt, aber dann war er tot."
Ich frage nach ihrem Knie.
60 „Er war tot", sagt sie. „Die lassen niemanden hin, niemanden. Und wenn sie was finden, rufen sie im Museum an. Bestimmt rufen die an. Wenn nicht, müssen wir abends noch mal her oder nachmittags, wenn das hier vorbei ist, wenn sie das – weggeräumt haben."
„Was denn?", frage ich.
„Die sagen einem nichts, absolut nichts." [...] (v 1998)

4 Thomas Schweizer, Michael Schnegg: Die soziale Struktur der „Simple Storys" – eine Netzwerkanalyse

Ingo Schulzes Roman *Simple Storys* besteht aus 29 selbstständigen Kapiteln, deren Zusammenhang zunächst kaum erkennbar ist. Erst nach und nach wird deutlich, dass die 29 Geschichten durch die handelnden Figuren mehr oder weniger eng miteinander verknüpft sind. Die einzelnen Kapitel werden aus wechselnden Perspektiven erzählt und zwischen ihnen bestehen zeitliche Brüche, so dass Widersprüche entstehen, Zusammenhänge fehlen bzw. vom Leser selbst rekonstruiert werden müssen. Mit dieser Romantechnik knüpft Schulze an den **Montageroman** (auch **Collageroman** genannt) der klassischen Moderne an (vgl. S. 354 f.). Dieser spezielle Aufbau des Romans *Simple Storys* nötigt selbst Leseprofis, Namenslisten anzulegen und Seitenzahlen zu notieren. Im Folgenden finden sich weitere Hilfestellungen für Leser, um bei der Lektüre eines Episodenromans festen Boden zu gewinnen:

In den *Simple Storys* spielen 38 Personen eine wesentliche Rolle [...], diese sind durch Heirat, Verwandtschaft, Freundschaft und Liebesbeziehungen *positiv verbunden*; daneben gibt es Arbeitsverhältnisse, ökonomische und soziale Unterstützung (insgesamt *Tauschbeziehungen*) und eine breite Palette *negativer* Gefühle und Handlungen, nämlich schwere Konflikte, Hass, Schei-
5 dung, Trennung und Entlassung.

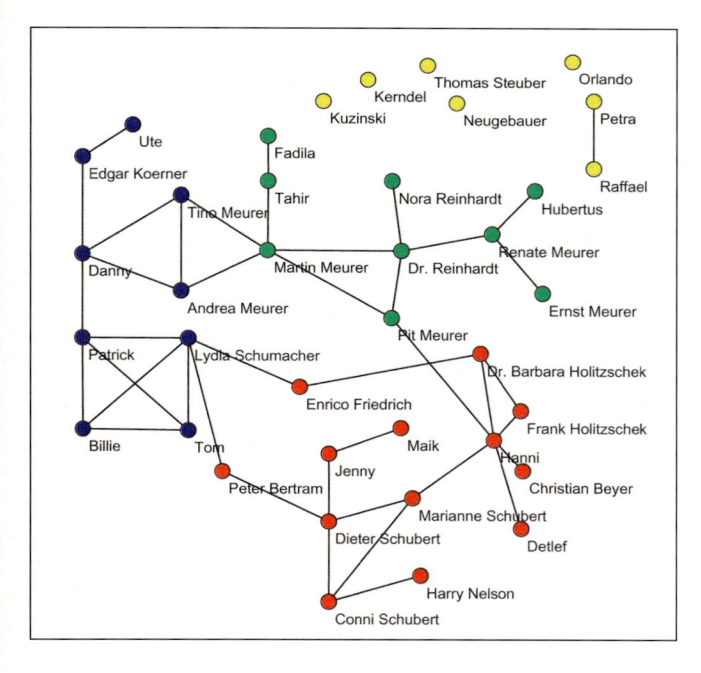

Abbildung: Zerlegung der Gesamtgruppe in *Teilgruppen* strukturell ähnlicher Akteure, die gleichartige Beziehungen unterhalten:
● Die Meurers (ehemals SED-Establishment) mit Mutter Renate und Sohn Martin im Zentrum
● Die Schuberts (ehedem Oppositionelle) mit Hanni und ihren Freunden im Mittelpunkt
● Die politisch indifferente jüngere Generation mit Lydia und Danni als Zentrum
● Der unverbundene Rest

1. a) Betrachten Sie die Netzwerkanalyse zum Roman *Simple Storys* und beschreiben Sie die Darstellungsweise der Personenbeziehung in eigenen Worten.
b) Vollziehen Sie, ausgehend von Ihrer bisherigen Romankenntnis, in der Abbildung möglichst viele Verbindungslinien nach.
c) Vergleichen Sie im Plenum Ihre Ergebnisse. In strittigen Fällen müssen die Verbindungen durch eine Textstelle belegt werden.

2. Entwerfen Sie eigene Netzwerkanalysen zum Roman *Simple Storys*, z. B. zu dem Aspekt „Schwere Konflikte".

3. a) Besprechen Sie, inwiefern die Netzwerkanalyse zum Verständnis des Romans beiträgt und worin die Grenzen dieses Verfahrens liegen.
b) Überlegen Sie, inwiefern man die Abbildungen durch zusätzliche Symbole oder Informationen noch aussagekräftiger gestalten könnte.

4. „Ich schließe mich dem an, was Alfred Döblin gesagt hat: Man müsse den Stil aus dem Stoff entwickeln" (Ingo Schulze).
a) Erläutern Sie in eigenen Worten, was damit gemeint ist, den Stil aus dem Stoff zu entwickeln. Beziehen Sie dabei die Informationen zum Montageroman (vgl. S. 354 f.) mit ein.
b) Deuten Sie auf dieser Grundlage den besonderen Aufbau des Romans *Simple Storys*.

5 Wolfgang Höbel: Glücksritter auf Tauchstation (Rezension)

Ossis am Rande des Nervenzusammenbruchs: Immerzu blicken sie nach vorn, beißen die Zähne zusammen und rackern für eine ungewisse Zukunft. Keine Zeit, um zurückzuschauen, keine Kraft, um zu trauern über die Dinge und Menschen, die auf der Strecke blieben; keine Lust, noch einmal die Schlachten zu schlagen, die für immer verloren sind.

Allesamt sind sie aus der Welt gefallen, die Helden jener 29 „simplen Storys", die Ingo Schulze zu einem Roman verwoben hat – herausgefallen aus der überschaubaren, windstillen Gesellschaft der DDR, hineingefallen in das undurchsichtige, von eisigen Böen durchwehte Durcheinander des neuen, vereinigten Deutschland.

Sie arbeiten als Kellnerin oder als Sekretärin, als Taxiunternehmer und als Zeitungsschreiber im Museum und im Krankenhaus; sie stürzen sich in Politik und, wenn alle Hoffnung zum Teufel ist, auch kopfüber ins Treppenhaus, wonach das Blut aus Mund und Nase rinnt. Für sentimentale Erinnerungen haben diese traurigen Glücksritter nichts übrig, und nur in Momenten äußerster Bitterkeit schleudern sie ihren Gefährten Sätze ins Gesicht wie: „89 hättest du nie so gesprochen, nie!"

Es sieht so aus, als sei Schulze mit „Simple Storys" jener Wende-Roman, jenes Porträt des vereinigten Deutschland gelungen, von dem die Literaturkritiker in ihren Sehnsuchtsstunden am Laptop delirieren[1]: Eine Geschichtensammlung „aus der ostdeutschen Provinz" (wie es im Untertitel heißt), die mit scheinbar mitleidloser Präzision die Schicksale und seelischen Beschädigungen abbildet, welche das Zusammenwachsen von West und Ost im Leben von rund zwei Dutzend Bewohnern der Thüringer Kleinstadt Altenburg angerichtet hat.

Schulze, 35, ist in Dresden geboren und arbeitete in Altenburg zunächst als Theaterdramaturg. Nach der Wende und dem Sieg des Kapitalismus schrieb er journalistische Texte für eine politisch ambitionierte Wochenzeitung und gründete dann, gemäß den Gesetzen von Angebot und Nachfrage, ein einträgliches Anzeigenblatt. 1993 lebte er ein halbes Jahr in St. Petersburg, wo er ein ähnliches Blatt mitaufbauen half. Vor zwei Jahren veröffentlichte Schulze, der mittlerweile in Berlin lebt, eine Sammlung von St. Petersburger Geschichten. Darin schilderte er das wilde, mörderische Wirrwarr im postkommunistischen Russland und wurde dafür nicht bloß mit Preisen überhäuft, sondern auch zu einem Streitfall für die Kritiker: Die einen priesen den Ostdeutschen als staunenswertes Talent, als belesenen Stimmenimitator und Stilvirtuosen, die anderen schmähten ihn als fingerfertigen Konfektionsschreiber ohne Herz und Heimat. *33 Augenblicke des Glücks* hieß Schulzes literarisches Debüt.

Schulze gestattet seinen Figuren keine Gefühle, keinen inneren Monolog. Er liefert nur Äußerlichkeiten. Jede der Storys erzählt eine abgeschlossene Geschichte, und erst allmählich merkt man, dass sich Personal und Handlung dieser protokollähnlichen Traktate überschneiden.

Renate Meurer zum Beispiel, die mit einem einst streng parteitreuen Schuldirektor verheiratet ist, berichtet von der ersten Italienreise mit ihrem Gatten und davon, wie sich ein von ihrem Ehemann vor vielen Jahren geschasster Lehrer auf dieser Italienreise für das erlittene Unrecht rächt.

Ein andermal referiert eine Frau namens Lydia die seltsame Geschichte eines Verkehrsunfalls, bei dem angeblich ein Dachs überfahren wurde.

Zwei Begebenheiten, die zunächst offenbar nichts miteinander zu tun haben. Aus den Schilderungen von Renate Meurers Sohn Martin jedoch erfährt man schließlich, dass es vermutlich kein Dachs, sondern Martins Fahrrad fahrende Frau Andrea war, die bei diesem Unfall zu Tode kam.

So schließen sich die Kreise dieser kurzen Geschichten, so fügen sich die Geschehnisse, die nach klassischer Novellenregel jeweils einen Menschen aus der Bahn werfen, zum Panoptikum eines Romans.

Grausam sind fast alle Episoden in Schulzes Reigen, ob sie von flüchtigen Liebesakten im Gebüsch, Selbstgesprächen verlassener Männer oder trüben Geschäften handeln. Der Horror aber entsteht hier weniger aus Erzählerkalkül und jähen Todesfällen als aus der fortschreitenden Vereinzelung der Figuren, die allesamt Gottfried Benns Diktum zu folgen scheinen: „Wie soll man da leben? Man soll ja nicht."

Schulze ist ein Spieler und Trickser, vor allem ein scharfer Beobachter. Mal starren zwei Frauen auf eine Aspirintablette, „die sich am Glasboden wie eine Flunder bewegte", mal sitzt ein Mann nachts nackt vor dem Fernseher und fröstelt beim Hautkontakt mit der neu erworbenen Ledercouch: All diese Details ergeben eine Atmosphäre der Bedrohung – es ist, als hätten sich die Dinge der gerade eroberten Konsumwelt gegen ihre Nutzer verschworen.

Westdeutsche tauchen in Schulzes Porträt einer Übergangsgesellschaft (die vielleicht nun, da das Buch erscheint, schon historisch ist) nur am Rand auf; sie bleiben Phantome. Dafür sind

---

[1] delirieren (< lat. delirare = verrückt sein, wahnwitzig sein): irre sein; hier: irre reden

die Segnungen ihrer Zivilisation umso präsenter. Im Treppenschacht des Arbeitsamtes hat man ein Fangnetz aufgespannt, um Selbstmorde zu verhindern – und was erkennen die Klienten des Hauses darin? Das „soziale Netz" der neuen Gemeinschaft.

Die Poesie von Schulzes Porträts aber hat nichts mit solchen – seltenen – Pointen zu tun und auch nicht mit der manchmal nervtötenden Verrätselung einzelner Episoden. Lakonische Wucht gewinnen die Storys aus der Radikalität, mit der sich der Autor der Verlorenheit seiner Helden ergibt. Von den Schönheiten der einstigen Wettiner-Stadt Altenburg erfährt man hier nichts. Dafür von der Verzweiflung eines Mannes, der im Taucheranzug auf Schwimmflossen durch die Fußgängerzone der Stadt watschelt und Handzettel für ein Fischrestaurant verteilt – und dafür auch noch Prügel von einem Passanten bezieht.

„Eigentlich sind wir Glückskinder", behauptet eine Schicksalsgefährtin des Flossenmannes einmal. Natürlich ist das der blanke Hohn – aber so blicken Ingo Schulzes Menschen nun mal auf die Welt: nicht links, nicht rechts und auf gar keinen Fall zurück. Sie betrachten Deutschland durch die Taucherbrille.   (v 1998)

1. Besprechen Sie im Plenum, ob Höbels Buchbesprechung beim Leser Lust auf den Roman weckt.

2. Höbels Rezension löst das rätselhafte „Ende ohne Dachs" (Text 3) auf.
a) Lesen Sie mit diesem Wissen die Romanauszüge (S. 468–472 und 474f.) ein zweites Mal.
b) Notieren Sie die Textstellen, deren Bedeutung sich beim zweiten Lesen verändert.
c) Einzelne „Indizien" weisen den aufmerksamen Leser bereits beim ersten Lesen des 5. Romankapitels (Text 3) darauf hin, dass Dr. Holitzscheks Geschichte mit dem Dachs sehr kritisch gelesen werden muss. Sammeln Sie diese „Indizien".

6   Peter Michalzik (* 1963): Wie komme ich zur Nordsee? (Auszug)

[... Es] ist nicht einmal sicher, ob die *Simplen Storys* wirklich ein Roman sind oder ob es sich bei dieser vom Autor gewählten Gattungsbezeichnung wie bei der Überschrift, die das Genre Short story durch den „falschen" Plural eindeutscht (oder soll man sagen einostdeutscht), nur um eine der vielen ironischen Finten[1] handelt, die das ganze Buch durchziehen, die es so ungemein anspielungsreich, doppelbödig, vieldeutig und damit auch bedeutsam machen.

Wäre das Buch ein normaler, ein traditioneller Roman, ein Roman im Sinne derer, die den Roman der Einheit gefordert haben, würde es vielleicht „Martin Meurer" heißen oder „Nach dem Mauerfall". Es wäre ein Roman, in dem das große, weltbewegende, CNN-würdige deutsche Ereignis mit Namen Vereinigung von den Fluchten in die Botschaften und den ersten Demos in Leipzig über den Fall der Mauer und die „Wahnsinns"-Nächte bis zur desillusionierten Ankunft der Ossis im bundesrepublikanischen „Rechtsstaat" hübsch chronologisch, an exemplarischen Protagonisten verdeutlicht, mit einer übergreifenden Sichtweise der Historie verbunden und so am Ende, trotz Resignation, sinnstiftend erzählt worden wäre. Man kann sich mit gutem Recht die Frage stellen, warum Ingo Schulze nicht einen solch traditionellen Roman geschrieben hat. Mit Sicherheit wäre der einfacher zu lesen gewesen. Und die geschilderten Lebensläufe oder Lebensabschnitte hätten wahrscheinlich auch die gleichen bleiben können. Der Inhalt wäre also mehr oder minder exakt der gleiche gewesen. Und trotzdem wäre es in einem solchen Buch aller Voraussicht nach nur um das gegangen, was wir aus dem Fernsehen (und seinen gedruckten Derivaten[2]) ohnehin schon vielfach wussten: Die Ostdeutschen sind zum zweiten Mal die Opfer der Geschichte geworden, sie sind die Verlierer der Vereinigung. Bestenfalls hätten wir in einem solchen Buch wahrscheinlich erfahren, dass jeder anders aus der Bahn geworfen wird. Der Weg wäre aber immer der gleiche gewesen: von der warmen DDR-Nische in die kalten Ebenen des Kapitalismus. Und das wäre ziemlich langweilig gewesen.

Wir im Westen hätten artig und bedauernd genickt, jaja, so ist das, und hätten unsere Aufmerksamkeit schnell woanders hingewandt. Indem Ingo Schulze die Jahre von 1990 bis 1997 aber in 29 Miniaturausschnitten erzählt, auf große Geschichte durch kurze Geschichten blickt, wird die Sicht auf die Dinge verändert. Schulze interessiert sich für den Moment, in dem sich etwas kristallisiert. Das meiste (um nicht zu sagen: fast alles) lässt er deshalb weg. Die Aufmerksamkeit des Lesers steigt dadurch. Man nimmt beim Lesen unweigerlich Witterung auf. Wir (immer noch ist von den Westdeutschen die Rede) müssen auf das, was nicht gesagt wird, hören. Wir müssen dauernd irgendetwas ergänzen, um die Zusammenhänge dieser Welt zu verstehen. Der Leser muss sich hineindenken und fühlen, er muss am Buch mitschreiben. Das aber ist so ähnlich, wie dem Osten selbst zuzuhören. Wir müssen uns den Lebenshintergrund dieser Figuren zusammensetzen. Wir aus dem Westen merken dabei, dass wir zwar alles kapie-

---

[1] die Finte (< ital. finta = List): Scheinangriff, Täuschung
[2] das Derivat (< lat. derivare = ableiten): Ableitung: a) abgeleitetes Wort, b) chemische Verbindung, die aus einer anderen entstanden ist

ren, schließlich sprechen die immerhin unsere Sprache, aber wenig verstehen. Alles liegt in den Worten offen zutage, aber der Sinn bleibt uns immer wieder verborgen. Schulze bildet so genau das nach, er reproduziert durch die Form genau das, was die sprachliche Begegnung zwischen Ost und West bis heute bestimmt, er schafft eine Struktur, die die existierenden Verständnisschwierigkeiten in sich trägt. Abstrakt gesprochen ist es wieder einmal so: Die Balance zwischen dem Gesagten und dem Ungesagten wird in Ingo Schulzes *Simplen Storys* neu austariert – und das ist einer der großen Komplexe der Literatur, mindestens seit der Moderne. Und wieder einmal wird dabei deutlich, dass es das Ungesagte ist, das eine Kultur, eine Gemeinschaft ausmacht. Und dass auch Literatur im günstigsten Fall dem Ungesagten nur eine Form geben kann. Dass das aber ziemlich viel ist, weil es dadurch doch kommunizierbar wird. Vielleicht sind die *Simplen Storys* das schönste Buch der Neunzigerjahre, weil sie so erstaunlich sicher auf diesem schmalen Grat zwischen Ost und West, zwischen Sagbarem und Unsagbarem operieren. (v 2000)

3. Warum hat Ingo Schulze für *Simple Storys* nicht die einfacher zu lesende Form des traditionellen Romans gewählt? Fassen Sie Michalziks These zusammen.

4. Diskutieren Sie, ob sich Schulzes Roman als Schullektüre eignet.

2. „Der Turm" – Den Umgang mit einem modernen Roman schulen

1 Uwe Tellkamp (* 1968): Der Turm
– Literarische Landkarte im Buchdeckel –

1. Vergleichen Sie Tellkamps Skizze zu den Schauplätzen seines Romans mit dem Stadtplan von Dresden:
- Welche realen Orte sind aufgenommen?
- Welche Hinweise auf den Plot und den Zeitpunkt der Romanhandlung finden Sie?

2. a) Überlegen Sie, warum der Autor diese Skizze sowie eine Übersicht mit den wichtigsten Personen in den Buchdeckel aufgenommen hat.
b) Lassen Sie sich vom Autor selbst durch sein Dresden führen (www.suhrkamp.de/mediathek/uwe_tellkamp_-_der_turm_42.html).

2 Uwe Tellkamp: Der Turm (Auszug)
– Richards Geburtstagsfeier –

Tellkamps Roman *Der Turm – Geschichte aus einem versunkenen Land* beginnt 1982 und endet am 9. November 1989. Der Roman spielt in Dresden und konzentriert sich auf eine kleine Gruppe von Bildungsbürgern, die während dieser Zeit in einem Dresdner Villenviertel lebt. Im Mittelpunkt stehen die Erlebnisse, Gedanken und Gefühle von drei Protagonisten:
- Richard Hoffmann (Unfallchirurg an einer Dresdner Klinik)
- Christian Hoffmann (Richards Sohn, 17 Jahre, zu Beginn des Romans noch Schüler)
- Meno Rohde (Christians Lieblingsonkel, ausgebildeter Zoologe, tätig als Lektor im Hermes-Verlag)

Im Zentrum des folgenden Romanauszugs steht ein Gespräch der Ehepartner Anne und Richard Hoffmann nach der Feier von Richards 50. Geburtstag.

„Richard, ich bitte dich um eines: Du darfst nicht so offen reden vor so vielen Leuten, von denen wir manche gar nicht näher kennen. Wir wissen ja, wie Tietzes denken, oder Meno. Aber du weißt, dass Ulrich in der SED ist."

„Na, warum wohl. Weil er sonst nicht Direktor geworden wäre. Er ist doch nicht aus Überzeugung eingetreten. Er hat doch auch Augen im Kopf und seine fünf Sinne beisammen."

„Trotzdem. Du hast eine Neigung, immer lauter zu werden, wenn du dich in ein Thema hineinsteigerst. Kannst du für jeden deiner Kollegen die Hand ins Feuer legen? Siehst du."

„Müller hat gefährlich reagiert auf einen Witz, den Manfred gerissen hat. Wir standen am Büfett; Christian hatte gerade einen über Breshnew erzählt. Da kam Müller an und ließ einen strammen Spruch ab – dass es unangebracht sei, über einen großen Toten zu lästern, den unser Brudervolk verloren habe, und dass wir uns unserer Stellung bewusst sein müssten, und ähnliches Zeug."

„Siehst du, das ist es, was ich meine. Und er stand weit entfernt, ich habe euch beobachtet. Du musst an solche Sachen denken, Richard, versprich mir das! Beiß dir auf die Zunge! Du ermunterst ja Christian geradezu, und du weißt, wie er ist. Dass er nach dir kommt in dieser Hinsicht. Der Junge muss doch denken, wenn der Vater sich das getrauen kann, dann darf ich das auch."

„Glaube ich nicht, dass er das denkt. Du unterschätzt ihn. Aber du hast Recht. Es geht immer wieder mit mir durch. Ich bin eben nicht so ein Taktierer und Schleimer, und ich will auch meine Jungs nicht so erziehen, herrgottnochmal!", presste Richard wütend hervor.

„Fluche nicht so. Weißt du, um Robert habe ich da nicht solche Angst. Er ist da ruhiger und irgendwie ... klüger. Sagt in der Schule, was die dort hören wollen, denkt sich sein Teil, geht nach Hause und schaltet um. Aber Christian ... So etwas darf nicht passieren, Richard, dass dein Chef mitbekommt, dass Christian einen Witz über Breshnew macht, noch dazu jetzt, wo er kaum einen Monat tot ist, und die sowieso nicht wissen, wo ihnen der Kopf steht, und auf alles überempfindlich reagieren ... Das weißt du doch! Und Christian weiß es auch! Aber manchmal habe ich wirklich das Gefühl, gegen Wände zu predigen. Und dabei weißt du noch nicht einmal, ob in diesem Restaurant nicht überall Wanzen stecken ..."

„Worauf du dich verlassen kannst."

„Und warum verhältst du dich dann nicht entsprechend? Ich habe dich doch noch heute Nachmittag beiseitegenommen, und Christian gestern! Aber ich kann reden wie ein Buch, es nützt nichts! Der Junge ist alt genug, sagst du, aber wenn du und deine Freunde ihn so ermuntert ... Meine Güte, er ist doch erst siebzehn, er muss sich ja geradezu herausgefordert fühlen, wenn er euch zuhört ... Ich glaube nämlich, dass er doch noch nicht alt genug ist, um solche Situationen voll einschätzen zu können."

„Stimmt schon, Anne. Ich hätte vorsichtiger sein sollen. Ach ... Immer dieses Geducke und Gebiege ..."

„Es wird nicht anders vom Schimpfen."

„Dieser Müller ... Ich hab' deutlich gemerkt, dass er innerlich gekocht hat und nur deshalb nicht lauter geworden ist, weil er Gast auf unserer Feier war. Manfred muss auch aufpassen. Ich weiß zwar, dass sein Chef und Müller sich nicht ausstehen können, aber ... Genosse ist Genosse, und wenn es Spitze auf Knopf steht, hackt eine Krähe der anderen kein Auge aus. Ach, Anne. Da lebt man nun schon dreiunddreißig Jahre in diesem Staat, und hat immer noch nicht gelernt, wann es Zeit ist, den Mund zu halten." (v 2008)

1. ▶ Lesen Sie den Romanauszug szenisch.

2. a) ▶ Exzerpieren Sie Textstellen, in denen die politisch-sozialen Verhältnisse in der DDR der Achtzigerjahre deutlich werden.
b) Charakterisieren Sie vor diesem Hintergrund folgende Figuren: Christian, Robert, Richard und Anne Hoffmann sowie Ulrich Rohde und Herrn Müller.

3 Uwe Tellkamp: Der Turm (Auszug)
– Christians Rekrutierung –

Nach seinem Abitur möchte Christian Medizin studieren und wie sein Vater Arzt werden. Zu diesem Zweck muss er sich nach seinem exzellenten Abitur zunächst für den Staat im Sinne des Sozialismus engagieren. Kurz nach dem Abitur muss er entscheiden, ob er den Wehrdienst in der Nationalen Volksarmee freiwillig auf drei Jahre verlängert.

Drei Jahre Nationale Volksarmee, Christian wusste, dass er diese Stunde nicht vergessen würde, diesen fünfundzwanzigsten April neunzehndreiundachtzig; vorgestern. Sie hatten zu dritt vor Fahners Sekretariat gewartet. [...]
Es war anders abgelaufen als erwartet, in beinahe freundlicher Atmosphäre. Vielleicht war Fahner in aufgeräumter Laune gewesen, weil Siegbert vor Christian eingetreten war und für vier Jahre unterschrieben hatte, Beweis der friedliebenden Gesinnung bewusst und fortschrittlich denkender junger Staatsbürger; auch diesmal wieder das Spiel mit Papier und Stift und Schweigen, unschlüssigem Warten in der Nähe der Tür, bis Fahner, ohne aufzusehen, „Hoffmann" gemurmelt hatte und, einige Sekunden später, als wäre ihm der Vorname erst jetzt eingefallen, „Christian" und, wiederum nach einiger Zeit, „Nehmen Sie Platz". Dann hatte er die Hand ausgestreckt und Christian jäh ins Gesicht geblickt, im gleichen Schwung aber auf einen Stuhl gewiesen, als hätte er einen Fehler gemacht mit dieser Geste, die als unzulässig gewertet werden konnte, jedenfalls unvereinbar war mit seiner Position als Gesamt-Direktor des Schulkomplexes „Maxim Gorki". Christian war verlegen, weil Fahner gut aussah mit seinem in Jugoslawienurlauben gebräunten Gesicht, den blauen Augen und den Benjamin-Britten-Locken. „Nach dem, was ich über Sie höre, scheinen Sie sich nicht besonders anzulassen, Hoffmann", hatte Fahner gesagt, die Hände über einem Bogen Papier verschränkt, auf dessen Kopf Christian seinen Namen entzifferte; er war mit Schreibmaschine geschrieben, darunter standen teils maschinenschriftliche, teils handschriftliche Notizen; Christian erkannte auch Doktor Franks unleserliches Gekritzel. „Medizin", sagte Fahner in nachdenklichem Ton, „das begehrteste und schwierigste Studium. Ihre Noten sind gut, außer in Mathematik. Da scheinen Sie eine Katastrophe abzugeben. Aber Zensuren allein machen keinen Mediziner. Was nutzen uns Verräter, die mit Kosten unseres Staates die EOS und die Universität besuchen, danach aber nichts Besseres zu tun haben, als egoistisch nur an sich zu denken und sich davonzumachen? Soziale Verantwortung, Hoffmann, auch das zählt. Es zählt sogar vor allem. Der parteiliche Standpunkt. Die Menschen hier ermöglichen es Schülern wie Ihnen, sich frei von Sorgen Wissen anzueignen, und gegenüber diesen Menschen haben wir eine Verpflichtung: Sie, indem Sie Ihr Bestes geben – und ich, indem ich Ihnen dabei helfe, wenn Sie guten Willens sind. Und indem ich diejenigen, die sich als Schmarotzer entpuppen, die nicht begreifen können oder wollen, was unsere Arbeiter- und Bauern-Macht für sie tut, indem ich solche Subjekte erkenne und als das behandle, was sie sind. Unser Volk investiert Hunderttausende von Mark in Ihre Ausbildung. Dieses Vertrauens und dieser Großzügigkeit müssen Sie sich würdig erweisen. Deshalb erwarte ich von Ihnen Ihr Ja zum dreijährigen Ehrendienst in unseren Streitkräften, mit dem Sie Ihrem Volk ein klein wenig von dem zurückgeben, was es für Sie leistet. Zumal Sie als Agitator eine Vorbildrolle in Ihrem Klassenkollektiv einnehmen! Ihr Standpunkt." Fahner legte den Stift beiseite, mit dessen Spitze er, seine Rede bekräftigend, auf den Tisch eingestochen hatte. Christian hatte vorgehabt, etwas einzuwenden, Fahner wenigstens einmal zu widersprechen, es ihm nicht ganz so leicht zu machen, aber er konnte nicht, er musste Fahner innerlich recht geben. Er spürte, dass es in Fahners Argumenten einen entscheidenden Fehler gab, aber er fand ihn nicht heraus, sosehr er sich auch mühte; eine Diskussion würde darauf hinauslaufen, wieso er diesem Land ein Recht verweigerte, das alle anderen Länder wahrscheinlich ebenso beanspruchten, wieso er, und an diesem Punkt der Diskussion wäre es gefährlich geworden, zwischen der Landesverteidigung drüben und hier, zwischen der Bundeswehr und der NVA, einen Unterschied machte. Er sah die entsetzten Gesichter seiner Eltern vor sich, die mit ihm dieses Gespräch und mögliche Argumentationen an mehreren Wochenenden durchgeprobt hatten; er hatte den undemokratischen Charakter der hiesigen Streitkräfte erwähnt und sich, seit vielen Jahren wieder einmal, eine Ohrfeige von seinem Vater eingehandelt. Christian, du hältst deinen Mund, hast du das verstanden! Und Christian hatte seinen Vater für einen Moment gehasst – obwohl es Fahner war, den er hätte hassen müssen; aber den hasste er nicht und wunderte sich darüber, wie er, vor ihm auf der Stuhlkante hockend, an

---

3. Erfassen Sie mithilfe einer ▶ Punktabfrage, wie Ihr Kurs der Romanfigur Christian gegenübersteht.

4. a) Analysieren Sie den genauen Verlauf des Dialogs zwischen Fahner und Christian. Erstellen Sie dazu eine ▶ Strukturskizze in Form eines Flussdiagramms.
b) Arbeiten Sie die Strategie Fahners heraus.

5. Beschreiben Sie, wie Christian auf diese Strategie reagiert, und beurteilen Sie sein Verhalten.

Fahner vorbei mit Verständnis auf die Gesichter der Genossen Machthaber blickte; er empfand keinen Hass, sondern das Bedürfnis, Fahner zuzustimmen, und das nicht nur mit lauen Worten, die der Direktor gewiss schon hundertmal zu hören bekommen hatte und deren Phrasenhaftigkeit mit der Eilfertigkeit, in der sie parat waren, eine widerliche Verbindung eingingen;
55 eine Art von Bimetall, die Angst kroch hindurch als Strom, erzeugte Wärme, das Metall krümmte sich, und das Lämpchen der Lüge leuchtete auf. (v 2008)

4 Uwe Tellkamp: Der Turm (Auszug) – Ermittlung gegen Christian –

Christian leistet seinen Dienst in der Volksarmee bei den „Panzern" ab, wo er es als „Brille" nicht leicht hat und von Vorgesetzten wie Kameraden übel drangsaliert wird. Christian begehrt auf und macht wiederholt staatsfeindliche Äußerungen. Daher wird schließlich ein Ermittlungsverfahren gegen ihn eingeleitet.

Ermittlung. Übergabe an den Offizier vom Dienst im Stabsgebäude. In der ersten Etage warteten sie vor einer vergitterten Tür.
Christian und Pfannkuchen wurden von einem Mann in Zivil getrennt verhört.
„Sie haben Ihren Platz in der Gesellschaft noch nicht gefunden, Hoffmann. Sie sind ja noch
5 jung."

„Das Problem ist nicht, was Sie getan haben, sondern was Sie gesagt haben. Sie haben Vertrauen verletzt. Es geht hier nicht um den Tod des Genossen Unteroffizier Burre, der ist natürlich bedauerlich. Wir werden das untersuchen, das versteht sich von selbst. Aber hier steht das nicht zur Debatte! Das ist ein vollständig anderer Fall. Das untersuchen wir getrennt. Nein, Hoff-
10 mann, Sie und Ihr Kumpan Kretzschmar, den wir kennen, ganz gut kennen, Sie haben Bemerkungen gemacht. Sie haben uns verleumdet. Haben öffentlich unseren Staat angegriffen! Aber das kennen wir schon … Schädlinge. Alle beide. Sie haben Vertrauen verletzt und Zersetzung betrieben. Unseren Staat zu verleumden! Das ist das Schlimmste."

„Sie haben uns öffentlich herabgewürdigt, Hoffmann. Das wird Folgen haben."

15 „Wir kennen Sie auch, ach ja. Sie und Ihre nette Familie. – Ach, wissen Sie nicht? Na, Sie haben doch eine Schwester, Ihr sauberer Herr Vater geht fremd in seiner Freizeit. Das wissen Sie nicht. Aber wir wissen es. Der bumst Ihre Freundin, das Fräulein Kossmann. Aber von der ist Ihre Schwester nicht. Halbschwester, um korrekt zu sein. Sindse baff, was? Könnse mal sehen."

„Glauben Sie nicht, dass wir Sie kennen? Im Wehrlager mit Besonderem Vorkommnis auffäl-
20 lig. Mit juristischen Winkelzügen vom Herrn Rechtsanwalt aus der Schlinge gezogen. In der POS schon auffällig. Auf der EOS haben Sie Folgendes gesagt … Aber das ist ja klar. Moralisch verkommen. Und so was wie Sie lassen wir studieren, so was wie Sie missbraucht unser Vertrauen! Ich wage es gar nicht, in den Mund zu nehmen, was Sie gesagt haben. Das lesen Sie selber vor. Na los, zieren Sie sich nicht! Das etepetete Bürgersöhnchen rauskehren, was? Und
25 ein Vorkommnis nach dem anderen bauen … Wir haben's schriftlich, von Zeugen bestätigt. Na los, lesen Sie!"

„So was ist nur in diesem Scheißstaat möglich", las Christian mit stockender Stimme.
„Da haben Sie Ihre Sprache plötzlich wiedergefunden, was? Aber Sie sind ja noch jung. Es ist noch nicht alles verloren. Sie haben auf der EOS zusammen mit einer gewissen Fieber ein tol-
30 les Karl-Marx-Porträt angefertigt, im Karl-Marx-Jahr. Da zeigt sich die gute Wurzel bei Ihnen. Das ist der Einfluss Ihrer Mutter, die ja aus einer illustren Familie stammt. Das ist das Erbe Ihrer revolutionären Großmutter, die für die gerechte Sache gekämpft und gelitten hat. Da ist guter Wille vorhanden, da ist in Ihrem Blut noch nicht alles verdorben."

Strafgesetzbuch 220
35 ÖFFENTLICHE HERABWÜRDIGUNG

(I) Wer in der Öffentlichkeit die staatliche Ordnung oder staatliche Organe, Einrichtungen oder gesellschaftliche Organisationen oder deren Tätigkeit oder Maßnahmen herabwürdigt, wird mit Freiheitsstrafe bis zu drei Jahren oder mit Verurteilung auf Bewährung, Haftstrafe, Geldstrafe oder mit öffentlichem Tadel bestraft. (v 2008)

---

6. ▶ Lesen Sie den Romanauszug szenisch.

7. a) Analysieren Sie die Strategie, die dem Verhör zugrunde liegt.
b) Vergleichen Sie dieses Vorgehen mit Fahners Strategie bei der Rekrutierung (Text 3).

8. Arbeiten Sie die von Tellkamp gewählten erzähltechnischen Mittel heraus und erklären Sie deren Funktion, z. B.:
– Wiedergabe der Figurenrede
– Einbeziehung des Auszugs aus dem Strafgesetzbuch
– …

9. a) Stellen Sie Vermutungen an, welche Strafe Christian erhalten wird und wie sein weiterer Lebensweg verlaufen könnte.
b) Informieren Sie sich über Christians weiteres Schicksal und vergleichen Sie dieses mit Ihren Erwartungen.

10. Der Titel des Romans wird von den Rezensenten sowohl auf das Bild vom Elfenbeinturm als auch auf die „Turmgesellschaft" in Goethes *Wilhelm Meister* (vgl. S. 195 ff.) bezogen. Deuten Sie davon ausgehend – auch kritisch – den Romantitel.

R Nikolaikirche

Recherchieren Sie die besondere Rolle, die die Leipziger Nikolaikirche im Zusammenhang der politischen Ereignisse 1989 gespielt hat:

- Lesen Sie vor diesem Hintergrund Erich Loests Roman *Nikolaikirche* (v 1995) und stellen Sie ihn in Ihrem Kurs vor.
- Vergleichen Sie Loests literarische Darstellung der „Wende" mit der bei Ingo Schulze (*Simple Storys*) und Uwe Tellkamp (*Der Turm*).
- Geben Sie abschließend eine persönliche Bewertung zu Loests Roman ab.

5 Monika Maron (* 1941): Hört auf, von DDR-Literatur zu sprechen! (Auszug aus einer Rede)

Für mich war die DDR weniger ein Land als eine Zeit, und nur so rechtfertigt sich auch der beliebte Zusatz damalig: die damalige Zeit. Die damalige DDR wäre eine Tautologie; es gab nur diese eine DDR, wie es die Weimarer Republik und den deutschen Nationalsozialismus nur einmal gegeben hat. Was aber heißt es für den Schriftsteller, eine Zeit zu erklären?

Er lässt seine Figuren in den Bedingungen ihrer Zeit agieren, egal, ob er die Geschichte einer großen Liebe oder gesellschaftlicher Umbrüche erzählen will. Er erzählt von Personen in den Verstrickungen oder in Kollision mit ihrer Zeit, und wenn es gelingt, erhellen die Personen die Zeit und wirft die Zeit ein Licht auf die Personen. Nichts anderes, jeder seiner Erfahrung und seinem Temperament gemäß, haben auch wir gemacht, die wir Geschichten über das Leben aus unserer Zeit, aus der DDR, geschrieben haben. So betrachtet, wäre das Bedürfnis nach Erklärung ja gar nicht falsch: etwas klären, klarer werden lassen, als es vorher war. Trotzdem reizt es mich zum Widerspruch, fast zur Verweigerung.

Es assoziiert die Existenz von etwas ganz und gar Fremdem, das unbedingt der Erklärung bedarf wie ein kompliziertes technisches Gerät oder ein Naturphänomen, unbegreiflicher als das Mittelalter, etwas, dem der Erklärungsuchende ganz und gar ahnungslos und unschuldig gegenübersteht. Und das, obwohl wir alle gemeinsam 1945 von einer viel grausameren Diktatur befreit wurden, die Erfahrung mit dem Leben unter einer Diktatur also zu jeder deutschen Familiengeschichte gehört. So verstört und schuldbeladen sind wir damals in die getrennten Wege der deutschen Nachkriegsgeschichte aufgebrochen, für vierzig Jahre, die ausgereicht haben sollen, um füreinander unverständlich zu werden.

Das kann ich nicht glauben. Mögen die Bedingungen, unter denen die Ostdeutschen in diesen Jahrzehnten gelebt haben, auch absurd anmuten, ihre Lebensstrategien, ihr Versagen oder ihr Mut, die Neigung, sich einzurichten in Verhältnissen, die sie nicht ändern konnten, können den Westdeutschen, schließlich aus gleichem Holz geschnitzt und mit dem gleichen historischen Ballast behängt, unmöglich so fremd und rätselhaft gewesen sein, wie sie vorgegeben haben. Ich weiß ja nicht, wer ich da gewesen wäre – das war oder ist immer noch ein Standardsatz im deutschdeutschen Dialog, mit dem eine gewisse Unsicherheit über die eigene Standhaftigkeit immerhin eingeräumt wird.

Kein Ostdeutscher, der diesen Satz nicht schon gehört hätte, und vermutlich auch keiner, der nicht ab und zu gedacht hat: Ich weiß genau, wer du gewesen wärst, und du selbst könntest es auch wissen. Und damit bin ich wieder bei meiner Irritation über die Aufklärungs- und Erklärungsforderung an die Literatur. Wenn wir eine Geschichte über einen Pferdehändler lesen, der im sechzehnten Jahrhundert ein erlittenes schweres Unrecht mit einem Rachefeldzug beantwortet, dann erfahren wir zwar auch etwas über die Willkür und Korruption unter feudaler Herrschaft, das ließe sich aber effektiver in einem Geschichtsbuch nachlesen. Nicht darum hat Kleists Novelle die Jahrhunderte überdauert und ist der Name Michael Kohlhaas zu einem Synonym für zerstörerischen Gerechtigkeitswahn geworden, nicht weil uns die Zeit erklärt wird, in der sie passiert ist, zumal zwischen dem historischen Geschehen und dem Entstehen der Novelle zweihundert Jahre liegen, sondern weil wir dem Menschen, dem diese Geschichte widerfahren ist, diesem „rechtschaffensten zugleich und entsetzlichsten Menschen seiner Zeit", in seine Irrungen und Abgründe folgen, seine Besessenheit verstehen und in uns selbst erkennen und uns zugleich darüber entsetzen.

Das vermag Literatur im glücklichsten Fall: im einzelnen Menschen verstehen, was uns allen innewohnt, und die Umstände erkennen, die es zutage fördern können. Die Literatur als intuitiver Weg der Erkenntnis, die in der Sprache ihre Zuspitzung oder ihren Ausgleich findet, die in den Exzess oder zur Versöhnung führt – so würde ich vage benennen, was mich zum Schreiben von Büchern antreibt, und ich nehme an, dass es so oder ähnlich für andere auch gelten könnte. Wenn ich das als Maßstab für das Gelingen oder Misslingen meiner Arbeit setze und mir die Arbeit gelungen, wenigstens nicht misslungen ist, dann hätte ich mehr erklärt als das Leben in der DDR. Dann könnte jemand, der das Buch liest, vielleicht sogar zu seinem Erstaunen feststellen, dass er, wenn auch in gänzlich anderen Konstellationen, schon ähnlichen Gewissensnöten ausgesetzt war, von ähnlichen Ohnmachtsgefühlen heimgesucht wurde, dass er den Menschen, von dem er liest, auch in sich selbst finden kann.

Wenn meine Arbeit mir nicht misslungen ist, habe ich also nicht die DDR erklärt, sondern ich habe erzählt, was mit Menschen geschieht, wenn sie Verhältnissen unterworfen sind, in denen sie eine relative materielle Sorglosigkeit mit ihrer geistigen Freiheit bezahlen und in denen der Versuch, sich aus der Unmündigkeit zu befreien, die Existenz und sogar die leibliche Freiheit kosten kann. Auch wer nicht in der DDR gelebt hat, wird in seinem Leben an einem vergleichbaren Kreuzweg gestanden und seine Entscheidung getroffen haben. Dass die gesamte literarische Produktion Ostdeutschlands zwischen 1949 und 1990, und sogar darüber hinaus, sowohl in der Germanistik als auch im Feuilleton, bis heute unter der Bezeichnung DDR-Literatur abgehandelt wird, ist nicht nur ein Ärgernis, sondern führt auch zu einer verengten Wahrnehmung der Texte, die vor allem auf ihren DDR-Bezug gelesen und damit ihrer Übertragbarkeit auf andere Lebenswelten beraubt werden.

In die Kategorie DDR-Literatur fällt von Willi Bredel, Kuba und Louis Fürnberg bis zu Heiner Müller, Thomas Brasch und Sarah Kirsch jeder und alles, weil es sich dabei eben nicht um eine literarische, sondern um eine geopolitische Kategorie handelt, in die selbst noch Autoren eingeordnet werden, die zum Zeitpunkt der deutschen Vereinigung keine zwanzig Jahre alt waren.

Die Bundesrepublik Deutschland feiert in diesem Jahr ihr sechzigjähriges Bestehen. Ein Drittel dieser Jahre ist schon unsere gemeinsame Zeit. Und trotzdem erweckt es oft den Eindruck, das deutsche Original, auch in der Literatur, ist bundesdeutsch, der Osten eine seltsame Abart. Es ist an der Zeit, die Literatur, die in der DDR entstanden ist oder sie als Erfahrungsmaterial verwendet, an ihrer literarischen Qualität zu messen, statt sie nach ihrer geografischen Herkunft oder ihrem politischen Standort zu klassifizieren. Die DDR war das Ergebnis der gemeinsamen deutschen Geschichte, sie gehört zur deutschen Geschichte, und die Literatur, die in ihr geschrieben wurde, ist deutsche Literatur, gute oder schlechte, wahrhaftige und verlogene – vieles, was schon vergessen wurde, und anderes, das vermutlich vergessen wird, wie zu allen Zeiten. Vielleicht wird manches überleben, aber das entscheiden nicht wir. (v 2009)

1. a) Arbeiten Sie die Thesen heraus, die Monika Maron in ihrer Rede vertritt.
b) Spielen Sie in Gedanken durch, welche Konsequenz diese Thesen für das Verständnis von Literatur bzw. Literaturgeschichte allgemein hätten.

2. Antworten Sie Monika Maron, z. B. in Form eines offenen oder auch privaten Briefes.

Literatur nach 1989

Die politischen Ereignisse des Herbstes 1989, **Maueröffnung**, Zusammenbruch der DDR und **Wiedervereinigung** der beiden deutschen Staaten sowie die damit verbundenen gesellschaftlichen Veränderungen wirkten sich unmittelbar auf die Literatur aus. Im direkten Umkreis der Jahre 1989/1990 dominierten essayistische, biografische und dokumentarische Texte. Einerseits kamen die Autoren ihrer Chronistenpflicht nach und dokumentierten das Zeitgeschehen, andererseits gaben sie Einblicke in die psychosoziale Situation am Ende der DDR.

Christa Wolf löste mit ihrer Erzählung *Was bleibt*, die 1979 entstand, aber erst 1990 veröffentlicht wurde, den sogenannten **„deutsch-deutschen Literaturstreit"** aus. Sie und andere DDR-Autoren wurden als „Stasi-Spitzel" verdächtigt, Christa Wolf wurde vorgeworfen, sie habe mit ihrem Werk systemstabilisierend gewirkt. Der Streit eignete sich als Politikum für eine Grundsatzdebatte über Literatur und Moral. Den politisch engagierten Literaten wurde gleichzeitig vorgeworfen, dass sie die Literatur ihrer Autonomie beraubt hätten. Auch wurde die Forderung nach *dem* deutschen „Wende-Roman" laut, die jedoch so nicht erfüllt werden konnte.

Die Erfahrung der Wende und mehr noch das Verschwinden der DDR standen im Mittelpunkt zahlreicher Prosatexte, die mit zeitlicher Distanz auf die politischen und gesellschaftlichen Ereignisse reagierten. Dabei ging es um die Erinnerung, z B. „die schöne Lügnerin Erinnerung" bei Delius, das Vergessen und um die gefährdete Existenz. Die Autoren waren hauptsächlich an der Frage interessiert, wie die Menschen mit den neuen Verhältnissen zurechtkamen und ob und wie ihre Ängste sich erfüllten.

Es wurde aber auch der Versuch unternommen, über die **Verarbeitung biografischer Prägungen** gesellschaftliche Zusammenhänge zu thematisieren, z.B. bei Günter Grass und Uwe Tellkamp.

Insgesamt ist die Literatur seit dem Ende der 1980er-Jahre sehr komplex und vom Nebeneinander verschiedener literarischer Themen und Stilrichtungen geprägt.

Auch in der Gegenwartsliteratur, vor allem in der Prosa, bleibt die deutsche Vergangenheit lebendig und ist nach wie vor Gegenstand der literarischen Auseinandersetzung.

Modul: Medienwelten

1. Massenmedium Fernsehen – Sich ein eigenes Bild von der Bedeutung des Mediums erarbeiten

1 Verleihung des Deutschen Fernsehpreises 2008

EKLAT BEI GALA –
Reich-Ranicki lehnt Deutschen Fernsehpreis ab

Marcel Reich-Ranicki hat den Deutschen Fernsehpreis für sein Lebenswerk abgelehnt, der ihm am Samstag in Köln für das „Literarische Quartett" verliehen werden sollte. Der 88-Jährige sagte: „Ich gehöre nicht in diese Reihe. Ich finde es schlimm, dass ich das hier heute Abend erleben musste." Reich-Ranicki ließ sich aus über den „Blödsinn, den wir hier heute Abend zu sehen bekommen haben". (v 2008)

Thomas Gottschalk und Marcel Reich-Ranicki bei der Gala zur Verleihung des Deutschen Fernsehpreises 2008

1. a) Informieren Sie sich genauer über die Gründe, warum der Literaturkritiker Marcel Reich-Ranicki den Fernsehpreis 2008 nicht angenommen hat. (Mitschnitte finden Sie unter www.youtube.de.)
b) Erstellen Sie mithilfe einer ➤ Punktabfrage in Ihrem Kurs ein spontanes Meinungsbild, ob Sie Reich-Ranickis Entscheidung richtig finden.

2. Anspruchsvolle „Begegnung von Geist und Unterhaltung" im Fernsehen oder „grauenhaft scheußliche" Unterhaltung?
a) Machen Sie eine genauere Bestandsaufnahme deutscher Fernsehprogramme und visualisieren Sie Ihr Ergebnis.
b) Befragen Sie andere Personen, wie diese das Niveau des deutschen Fernsehens einschätzen. Unterscheiden Sie bei der Auswertung zwischen Männern und Frauen sowie verschiedenen Altersgruppen (**Kurz-Umfrage**).

P „Aus gegebenem Anlass"

„Aus gegebenem Anlass" – So lautete der Titel der eilig anberaumten Fernsehdiskussion zwischen Thomas Gottschalk und Marcel Reich-Ranicki zur Qualität des deutschen Fernsehens. Die Idee zu dieser Diskussion war Gottschalks spontane Reaktion auf Ranickis Fernsehschelte bei der Live-Übertragung der geplanten Preisverleihung.
Über die Qualität und den Nutzen nicht nur des Fernsehens, sondern der modernen Medien insgesamt gehen die Meinungen weit auseinander und oft wird die Diskussion von starken Emotionen bestimmt. Gehen Sie selbst für Ihre Generation der Frage nach, inwiefern die modernen audiovisuellen und digitalen Medien eher Chancen bieten oder Gefahren mit sich bringen, indem Sie sich von Text- und Bildimpulsen zu eigenen Recherchen anregen lassen und diese schließlich in einer multimedialen Präsenta-

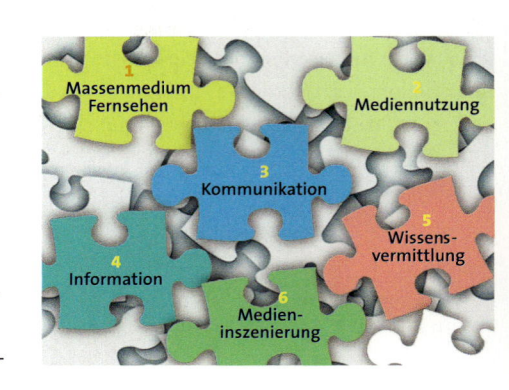

tion Ihres Kurses zusammenführen. Das zur Verfügung gestellte Material lässt sich in sechs große Teilbereiche gliedern (vgl. Grafik), zu denen Sie selbstverständlich noch eigene Aspekte hinzufügen können. Zur Präsentation bieten sich verschiedene Möglichkeiten an, z. B.
- eine einmalige oder wiederholte Darbietung vor einem interessierten Publikum (Parallelkurs, Eltern o. Ä.) mit dem Vortrag eigener Texte, Visualisierungen per PC, eingespielten Audio-Dokumenten, …;
- eine Internetpräsentation auf der Homepage der Schule: als Hypertext vernetzte Zusammenstellung eigener Texte, Grafiken, Bilder (Rechtslage abklären!), Audio-Dokumente, Filmaufzeichnungen (z. B. von Interviews), …;
- ein Hörfeature, das als Podcast im Internet veröffentlicht werden kann: Infrage kommen neben den gesprochenen eigenen Texten alle Audio-Dokumente, die als Arbeitsergebnisse entstanden sind.

2 Norbert Bolz: Medieninszenierung (Thesen)

A. „Im Medium von Klatsch und Tratsch [im Fernsehen] beobachten wir die soziale Komplexität unserer Welt und trainieren so unsere soziale Geschicklichkeit. Wer hat was mit wem? Statt also […] die Massen zu verblöden, funktioniert Fernsehen als Schule der sozialen Intelligenz. Was soll ich glauben? Was kann ich hoffen? Was darf ich begehren? Die Antworten darauf gibt die gute Unterhaltung in den Massenmedien, die uns mit einem Set von Überzeugungen und Wünschen versorgen. Das ist der praktische Humanismus des Fernsehens. Es leistet konkrete Lebenshilfe bei der Flucht aus der Komplexität."

B. „Der Zuschauer rückt ins Zentrum der Medieninszenierung. Man kann es auch so sagen: Die auf den Märkten heute selbstverständliche Kundenorientierung hat jetzt auch die Massenmedien erreicht. Man hat endlich begriffen, dass der Medienkunde selbst das eigentliche Produkt einer Sendung ist. So wird Fernsehen zum Event."

C. „Zum andern entsprechen die Massenmedien dem wachsenden Wunsch der Bürger nach politischer Partizipation. Formen direkter Demokratie werden wieder attraktiv. Das ist natürlich nur mit den Medien und in den Medien möglich. Man denke nur an die wachsende Bedeutung der Meinungsumfragen, die mittlerweile den Rahmen für alle politischen Entscheidungen abgeben. Natürlich hat dieses Mehr an Unmittelbarkeit seinen Preis. Besonnenheit und Geschmack haben in unserer Kultur kaum mehr eine Chance. […] Nicht was, sondern dass geredet wird, zählt, und je mehr, desto besser. Kommunikative Lust hat mit Information nichts zu tun. Es geht um Geschwätz, Dabeisein – ‚Hallo, ich bin's …'"

D. „Um Informationen kommunikationstauglich zu machen, werden sie von den Massenmedien emotionalisiert. […] Wir haben es also mit einer Art „Emotional Design" der öffentlichen Meinung zu tun, der es nicht um die Lösung von Problemen, sondern um die Klärung von Gefühlslagen geht. […] Und um das herauszufinden, brauchen wir die öffentlichen Gefühlsmuster, die früher von Mythen, Ritualen und der Kunst verordnet wurden, heute aber vor allem von den Massenmedien angeboten werden. […] Heute sehen die Hohenpriester dieses Kults aber nicht mehr hieratisch streng, sondern ganz harmlos, nett und freundlich aus. Und sie haben Namen wie Jürgen Fliege oder Sandra Maischberger [Talkshow-Moderatoren]." (v 2004)

„Menschen bei Maischberger", Talkshow, WDR/ARD, Thema: „Contergan – das bleibende Trauma", 6.11.2007

3. a) Erörtern Sie in der Gruppe – in Auseinandersetzung mit den Thesen von Norbert Bolz – *Ihre* Ansichten zur gesellschaftlichen Funktion und zu möglichen Wirkungen von Talkshows sowie von politisch informierenden Sendungen im Fernsehen.
Ziehen Sie konkrete Beispiele aus Ihrem Medienalltag heran (vgl. Bild „Maischberger-Talkshow").
b) Formulieren Sie Thesen, die die Gesprächsergebnisse zusammenfassen.

4. „Können Sie sich ein Leben ohne fernzusehen vorstellen?" – Führen Sie eine **Umfrage** durch:
a) Überlegen und notieren Sie sich vor der Umfrage weitere, anschließende Fragen, v. a. nach Medienalternativen (Medienvergleich), nach Motivation, nach einzelnen Sendungen, nach Formaten.
b) Schreiben Sie einen Bericht über Ihre Umfrageergebnisse und versuchen Sie, vorsichtig (!) zu verallgemeinern: *„Fernsehkonsum heute?"*

486 Modul: Medienwelten

5. a) Informieren Sie sich genauer über das Gladbecker Geiseldrama im Jahr 1988.
b) Arbeiten Sie die besondere Bedeutung dieses Falles für die deutsche Mediengeschichte heraus.
c) Diskutieren Sie, ob sich die Medien aktuell in einem vergleichbaren Fall anders verhalten würden.

6. a) Hören Sie sich den Radiobeitrag „Geiselnahme live im Fernsehen" an. *(CD 2 Track 13)*
b) Analysieren Sie, wie der Radiobeitrag aufgebaut und gestaltet ist.
c) Stellen Sie Ihre Ergebnisse zum Thema „Massenmedium Fernsehen" in einem eigenen **Hörfeature** zusammen.

3 Anatomie eines Geiseldramas (Auszug)

Das Geiseldrama begann als missglückter Banküberfall und ging am Ende als eines der spektakulärsten deutschen Verbrechen in die Kriminalgeschichte ein. SPIEGEL TV Special über eine aufsehenerregende Irrfahrt der Täter, der Medien und der Polizei. 54 Stunden lang hielten Hans-Jürgen Rösner und Dieter Degowski mit ihrer Irrfahrt durch die Republik die Nation in Atem. Zwei Geiseln starben. Doch die Gewalttat von Gladbeck ist mehr als ein außergewöhnlich skrupelloses Verbrechen – Gladbeck wurde zum Synonym für journalistische Grenzüberschreitungen und polizeiliches Versagen. Monatelang klärten Untersuchungsausschüsse die Versäumnisse und Fehlentscheidungen der Polizei, Einsatzstrategien wurden in der Folge grundlegend verändert. Auch die Presse geriet ins Kreuzfeuer der Kritik, eine moralisch-ethische Debatte über die Grenzen journalistischer Berichterstattung entflammte. Nie zuvor und nie danach waren die Medien so nah dran: Journalisten berichteten live von den Tatorten, die bewaffneten Täter gaben Interviews, avancierten zu Medienstars. Ein ‚Live-Krimi' fesselte die Zuschauer an ihren Bildschirmen. Die Bilder der Täter und ihrer angsterfüllten Geiseln Silke Bischoff und Ines Voitle gingen um die Welt. Wenige Stunden später war Silke Bischoff tot – erschossen von Hans-Jürgen Rösner.

2. Mediennutzung – Den Stellenwert von Medien im täglichen Leben reflektieren

1. a) Ermitteln Sie die gruppenspezifische „Freizeit-Medienbeschäftigung" Ihres Kurses (anonym!), indem Sie einen an der abgebildeten Grafik orientierten Fragebogen entwerfen und auswerten.
b) Visualisieren Sie Ihre Ergebnisse ebenfalls in Form einer Grafik.
c) Vergleichen Sie beide Grafiken und tragen Sie die Ergebnisse in einem Kurzvortrag in Ihrem Kurs vor. Nehmen Sie dabei eine erste, persönliche Bewertung vor.

2. a) Erweitern Sie Ihren Kurzvortrag, indem Sie die unterschiedlichen Medien nach dem Nutzen, der mit ihnen verbunden wird, vergleichen:
– kurzfristiger Nutzen: Spannung, Entspannung, ästhetische Anregung, Lust, ...
– längerfristiger Nutzen: Orientierung, Wissen, Problemlösung, ...
b) Welche veränderte Gesamteinschätzung ergibt sich daraus?

1 Grafik zur Medienbeschäftigung in der Freizeit

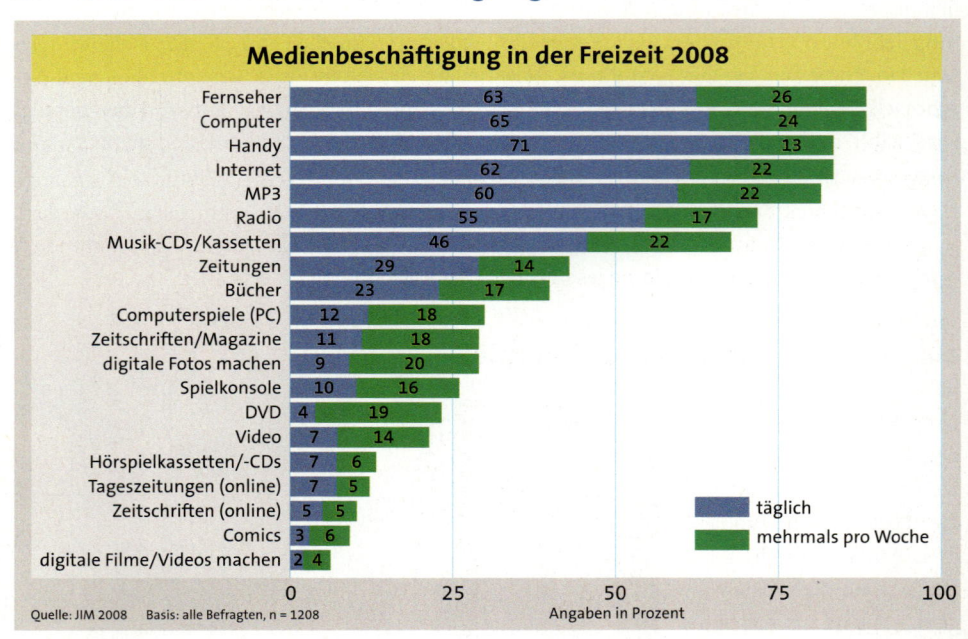

Medienbeschäftigung in der Freizeit 2008 (Angaben in Prozent, täglich / mehrmals pro Woche)

Medium	täglich	mehrmals pro Woche
Fernseher	63	26
Computer	65	24
Handy	71	13
Internet	62	22
MP3	60	22
Radio	55	17
Musik-CDs/Kassetten	46	22
Zeitungen	29	14
Bücher	23	17
Computerspiele (PC)	12	18
Zeitschriften/Magazine	11	18
digitale Fotos machen	9	20
Spielkonsole	10	16
DVD	4	19
Video	7	14
Hörspielkassetten/-CDs	7	6
Tageszeitungen (online)	7	5
Zeitschriften (online)	5	5
Comics	3	6
digitale Filme/Videos machen	2	4

Quelle: JIM 2008, Basis: alle Befragten, n = 1208

(www.mpfs.de)

2 Martin Andree: Thesen zur Frage der Internetabhängigkeit (Auszug)

Die Bundesregierung hat in ihrem Drogen- und Suchtbericht 2009 zum ersten Mal „Internet- und Onlinesucht" aufgeführt – gleichberechtigt also neben anderen Suchtformen, die z. B. Alkohol-, Tabak-, Heroinkonsum betreffen.

"Laut den einschlägigen Fachdebatten sind die Kernmerkmale einer Abhängigkeit: Fokussierung auf den Konsum, Kontrollverlust, Entzugssymptome, stetige Dosis-Steigerung, körperliche Schäden und soziale Vereinsamung. [...]
Es gibt Menschen, die aufgrund einer Gemengelage von Gründen das Internet exzessiv nutzen, also Computerspiele oder Pornos konsumieren oder sich in Chatrooms oder Networks herumtreiben. Viele pathologische User mit Sucht-Syndrom haben bereits sogenannte Co-Morbiditäten, also Depressionen, Essstörungen, Angstzustände, manche sind drogenabhängig."

"Die derzeit am heißesten diskutierte Form der ‚Internetsucht' richtet sich auf Computerspiele – es handelt sich also um Spielsucht, die im Internet betrieben wird. Dasselbe gilt für Internetpornografie: Das Vorgängermedium (etwa Videos) wird ersetzt durch das Internet. Kaufsüchtige können jetzt online shoppen. Überzogene Neugier und Unterhaltungsdrang können jetzt online befriedigt werden und ersetzen etwa das Fernsehen. Wer früher den Freundeskreis künstlich durch stundenlanges Telefonieren ausweitete, kann diese Zuwendung jetzt aus Chatrooms oder Social Networks beziehen. Die Sucht bezieht sich also nicht auf das Medium, sondern auf Inhalte, die durch das Medium bereitgestellt werden."

"Tatsächlich steckt hinter der Internetsucht nichts anderes als eine neuerliche Variation der seit der Antike tradierten, kulturkritischen These von der Gefährlichkeit neuer Medien. Bereits Platon wollte die vermeintlich jugendgefährdenden Schauspiele verbieten und die moralzersetzenden Poeten aus Athen verbannen. [...] Ende des 18. Jahrhunderts war die „Lese-Sucht" ein anerkanntes Krankheitsbild. [...] Tatsächlich erfordert jedes neue Medium, dass die Verwender damit umgehen lernen." (v 2009)

3. Diskutieren Sie:
a) Inwieweit sehen Sie im „Abtauchen" in die „virtuelle Welt" des Internets bzw. des Fernsehens Gefahren?
b) Wie beurteilen Sie in diesem Zusammenhang die Frage einer möglichen „Internet- und Onlinesucht"?
c) Protokollieren Sie die wichtigsten Diskussionsbeiträge und verfassen Sie auf dieser Basis einen (fiktiven) Leserbrief an die Zeitung DIE WELT zum Artikel des Medienwissenschaftlers Martin Andree (09.06.2009).

3. Mails, SMS, Chats und Co – Sich kritisch mit neuen Kommunikationsmöglichkeiten auseinandersetzen

1 SMS-Rekord: 13-Jährige mit 14 528 in einem Monat

Die 13-jährige Reina Hardesty kann froh sein, dass ihr Vater ein Abo mit einer unbegrenzten Zahl von Kurzmitteilungen abgeschlossen hat. Denn der amerikanische Teenager verschickte in nur einem Monat 14 528 SMS, bzw. 484 SMS pro Tag, an Freunde und Freundinnen. Hätte sie ein Standard-Abo gehabt, dann wäre sie wohl den Rest des Jahres in der Hausarrest-Versenkung verschwunden. Die Rechnung wäre rund 2 900 Dollar gewesen. Mal rechnen. Wenn wir davon ausgehen, dass Reina acht Stunden am Tag schläft, aufsteht, frühstückt usw. – dann muss sie in den 16 Stunden alle zwei Minuten eine SMS verschickt haben. Dann kommen ja auch noch Berichte zurück, die sie lesen muss. (v 2009)

2 Medialer Kontakt zu Freunden

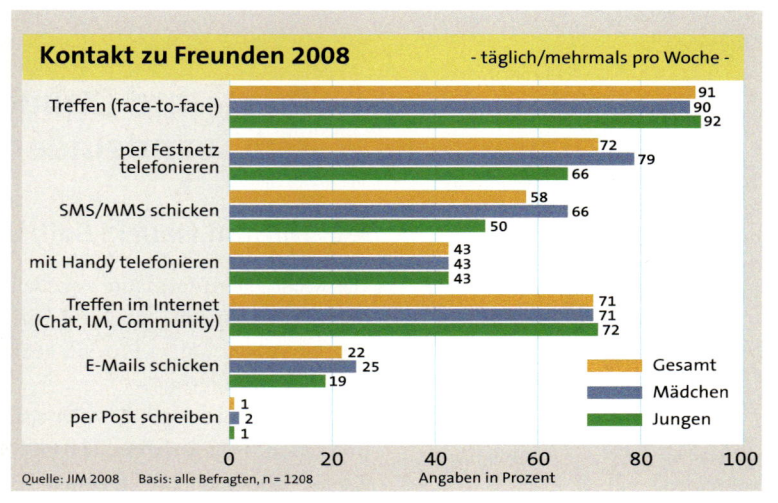

1. Erzähl-Wettbewerb:
a) Tele-Kontakte aufbauen bzw. pflegen? Bilden Sie Gruppen mit sechs Personen, die einander (vorbereitet) von „glücklichen", „gemischten" oder „enttäuschenden" Erfahrungen mit einem der modernen Kommunikationsmedien erzählen.
b) Das Verfahren wird mit anderen Gruppenbesetzungen wiederholt.
c) Zum Abschluss ermittelt das Plenum als Jury die beste E-Mail-, SMS-, MMS-, Handy-, Chat- und/oder Community-Geschichte. Beurteilungskriterien: Originalität? Lebendige Erzählweise? Bezug zum jeweiligen Medium?

2. a) Führen Sie eine Parallelstudie „Medialer Kontakt unter Erwachsenen" durch.
b) Werten Sie die Ergebnisse aus und erstellen Sie eine Grafik.
c) Vergleichen Sie die Kontaktpflege über Medien unter Jugendlichen mit der der Erwachsenen.

Kontakt zu Freunden 2008 - täglich/mehrmals pro Woche -

	Gesamt	Mädchen	Jungen
Treffen (face-to-face)	91	90	92
per Festnetz telefonieren	72	79	66
SMS/MMS schicken	58	66	50
mit Handy telefonieren	43	43	43
Treffen im Internet (Chat, IM, Community)	71	71	72
E-Mails schicken	22	25	19
per Post schreiben	1	2	1

Quelle: JIM 2008   Basis: alle Befragten, n = 1208   Angaben in Prozent

(www.mpfs.de)

Brief Goethes an seine Frau Christiane 1814

3. a) Schreiben Sie einen (fiktiven) Brief an den Autor Detlev Schöttker, in dem Sie sich mit seinen Überlegungen zu Brief und E-Mail auseinandersetzen.
b) Prüfen Sie, ob auf diesen Brief die „wichtigen Eigenschaften" zutreffen, die der Autor in dem Goethe-Zitat findet.
c) Formulieren Sie den Brief um in eine (fiktive) E-Mail an den Autor. Was haben Sie gegenüber der Brieffassung verändert?

4. a) Formulieren Sie „10 Regeln" für das Schreiben von
– E-Mails (Gruppe A),
– Chats (Gruppe B).
b) Vergleichen Sie diese mit ähnlichen Regeln im Internet.

1. a) Diskutieren Sie, inwiefern das Bild von den „jungen Usern" bzw. der Generation „Digital Natives", das die Autorin entwirft, auf Sie zutrifft.
b) Erstellen Sie in Anlehnung an Mirjam Haucks Artikel einen Fragebogen für Ihre Mitschüler:
– Informationsmüdigkeit? ja/vielleicht/nein
– Interesse, Teil einer Webfamily zu werden?

3 Detlev Schöttker (* 1954): Archiv im Umschlag (Auszug)

„Briefe", so schreibt Goethe, „gehören unter die wichtigsten Denkmäler, die der einzelne Mensch hinterlassen kann. Lebhafte Personen stellen sich schon bei ihren Selbstgesprächen manchmal einen abwesenden Freund als gegenwärtig vor, dem sie ihre innersten Gesinnungen mitteilen, und so ist der Brief eine Art Selbstgespräch. Denn oft wird der Freund, an den man schreibt, mehr der Anlass als der Gegenstand des Briefes. Was uns freut oder schmerzt, drückt oder beschäftigt, löst sich von dem Herzen los, und als dauernde Spuren eines Daseins, eines Zustandes sind solche Blätter an die Nachwelt immer wichtiger, je mehr dem Schreibenden nur der Augenblick vorschwebte, je weniger ihm eine Folgezeit in den Sinn kam. [...]" [Goethe hat] hier alle wichtigen Eigenschaften, die den privaten Brief kennzeichnen, genannt: sein Status als Medium der Selbstaussprache, als Zeugnis einer Zeit und als Dokument von langer Haltbarkeit. Aus diesen Gründen haben Privatleute seit Jahrhunderten und Archive seit Mitte des 19. Jahrhunderts Briefe von Schriftstellern, Wissenschaftlern oder Personen der Zeitgeschichte gesammelt und aufbewahrt, vielleicht sogar ediert, veröffentlicht und kommentiert. [...] Die Idee, dass diese Bestände nicht mehr wachsen könnten, kam aber weder Goethe [noch anderen] in den Sinn [und es] reichte die Fantasie offenbar nicht aus, sich vorzustellen, dass es eines Tages keine Briefe mehr geben könnte. Dennoch stehen wir inzwischen vor der Situation, dass der Papierbrief ausstirbt. Er geht nicht langsam zugrunde wie der anspruchsvolle Hörfunk oder die analoge Fotografie, sondern hat seine Ablösung bereits hinter sich, nachdem seit Ende des 20. Jahrhunderts die meisten Personalcomputer über das Internet verbunden sind und jeder Nutzer E-Mails empfangen und versenden kann. [...] Was andere elektronische Übertragungsmedien wie Telegrafie, Telefon und Telefax in einhundertfünfzig Jahren nicht vermochten, hat das Internet in wenigen Jahren vollbracht: Es hat eine jahrhundertealte Form der persönlichen Darstellung auf Schwundstufen wie behördliche Schreiben, Werbesendungen und Ansichtspostkarten reduziert.

Was für die Nutzer eine erhebliche Erleichterung darstellt, wird für künftige Generationen allerdings erhebliche Folgen haben. Denn E-Mails können private Briefe nicht ersetzen. Ihr Zweck ist nicht persönliche Aussprache, sondern Mitteilung, nicht Nachprüfbarkeit, sondern Vorläufigkeit, nicht Haltbarkeit, sondern Schnelligkeit. E-Mails sind nicht für die Nachwelt gemacht. Es braucht kein Feuer, kein Wasser, keine Naturkatastrophen und keinen Schredder, denn es reicht ein Handgriff, um alles, was geschrieben und auf einer Festplatte gespeichert wurde, zu vernichten, ganz zu schweigen von der Unkontrollierbarkeit der Viren, dem Innovationsdruck der Hersteller und der begrenzten Haltbarkeit der Speicher (ob Chip, Diskette, Festplatte oder CD-Rom).

Man kann solche Gefahren weiter beschwören und den Verlust der privaten Briefe beklagen, einige werden sogar als Gegenmaßnahmen wieder zu Papier, Tinte, Briefumschlag und Briefmarke greifen, falls ihnen noch Postkästen zur Verfügung stehen. Dies alles aber wird wenig nützen, da der praktische Nutzen der E-Mail ersichtlich und die Beschleunigung der Kommunikation nicht umkehrbar ist, wie die Mediengeschichte zeigt. Dennoch müssen sich diejenigen, denen die Zukunft nicht egal ist, über die Folgen im Klaren werden, die mit der Ablösung des Papierbriefes durch die E-Mail verbunden sind. (v 2004)

4. Print- und Online-Medien – Tendenzen einer sich wandelnden Informationskultur diskutieren

1 Mirjam Hauck: Selbstdarstellung statt Information

Die wichtigste Informationsquelle über das aktuelle Geschehen bleiben nach wie vor Fernsehen und Zeitungen – auch für Internetnutzer. Zwar verlieren diese beiden Mediengattungen kontinuierlich. Mit 74 Prozent beziehungsweise 51 Prozent liegen sie aber immer noch deutlich vor dem Internet.

Insgesamt beobachten die Allensbacher Meinungsforscher ein sinkendes Bedürfnis nach kontinuierlicher Information. Haben im Jahr 2003 noch 61 Prozent der Bevölkerung angegeben, dass sie über das aktuelle Geschehen immer auf dem Laufenden sein möchten, sind es in die-

sem Jahr noch 56 Prozent. Noch gravierender sind die Zahlen für die unter 30-Jährigen. Nur noch ein Drittel will wissen, was in der Welt passiert. In dieser Altersgruppe hat Allensbach
10 neben der Informationsmüdigkeit auch eine große Politikmüdigkeit festgestellt. Themen wie Umweltschutz, die vor 20 Jahren noch junge Erwachsene zu Tausenden auf Anti-Atomkraft-Demonstrationen getrieben haben, stoßen bei der Jugend auf wenig Resonanz. Wichtig für die jungen User sind dagegen im Internet Multimedia-Inhalte wie Videos und User-generated Content wie selbst erstellte Inhalte. Sie wollen im Internet eigene Beiträge
15 schreiben und Fotos ins Netz stellen.

Allensbach hat für diese Aktionen drei unterschiedliche Motivstrukturen festgestellt: Die Nutzer suchen eine Gemeinschaft, indem sie Teil der Web-Family werden, sie möchten sich mit Profilen in sozialen Netzwerken präsentieren und Inhalte wie Musik und Filme im Netz bewerten. Das wichtigste Instrument sind hierfür die Communitys. 47 Prozent der 14- bis 19-Jäh-
20 rigen sind Mitglied in einem sozialen Netzwerk, bei den 20- bis 29-Jährigen 40 Prozent. Bei den Älteren brechen die Mitgliederzahlen dagegen ein.

Das Internet hat nicht, wie vor Jahren beschworen, zu einer Vereinsamung der Nutzer geführt. Im Gegenteil: Die Digital Natives, also die nach 1980 Geborenen, die ganz selbstverständlich mit
25 den neuen Technologien und Medien umgehen, sind deutlich häufiger im Netz als der Rest der Bevölkerung – auch wenn die Kommunikation dabei oft nur aus banalen Mitteilungen wie „Ich bin jetzt wieder zuhause und sitze am Computer" besteht.

Mit dieser Suche nach Nähe und der Abkehr von Nachrichten ka-
30 pitulieren vor allem die jungen Nutzer vor der Fülle an Informationen, die das Internet bietet. Die Nutzer fokussieren und selektieren schärfer, sie blenden aus, was sie nicht interessiert. Im Internet ließe sich zwar das Wissen der Welt mit wenigen Mausklicks finden, aber viele Nutzer suchen gar nicht danach. Die Informations-
35 fülle führt vielmehr zu einer stärkeren Bezogenheit auf das eigene Leben. Es geht nicht mehr um das Lesen, sondern darum, gelesen zu werden: Für die Jugendlichen ist wichtig, wie viele Freunde sie auf ihren Profilseiten bei studiVZ, schuelerVZ oder bei den Lokalisten haben. Je mehr Kontakte, desto beliebter. Das ist zeitaufwen-
40 dig. Für Politik, Wirtschaft und Kultur ist da kein Platz mehr. Der Nutzer sucht also im Internet in erster Linie nach sich selbst oder nach Verwertbarem für seinen persönlichen Bedarf, sei es für den Beruf, das Privatleben oder Hobbys. (v 2008)

– Interesse/Wunsch, sich selbst mit einem originellen Profil in einem Netzwerk wie schülerVZ zu präsentieren?
– ...

c) Entwickeln Sie ausgehend von Ihrem Umfrageergebnis ein Gruppenprofil: „Junge User – Einstellungen zum Internet".

2. a) Recherchieren Sie im Netz zu den Verhaltenskodices von schülerVZ und anderen Internetforen.
b) Schreiben Sie einen Bericht zum Thema „Unsere Erfahrungen mit schülerVZ".

2 Thesen zu Mitmach-, Beteiligungs- bzw. Bürgerjournalismus

(A) „Diese bebrillten Stars zwischen Papierrolle und Buchstaben, diese Holzmedienbeweihräucherer – sind das Ängstlichste was ich jeh erlebt habe! Infos über Twitter und per Blog, ist das spannendste was gibt. Weil es ändert ständig sein Gesicht und Inhalte! Und sind stets der Aktuellen Lage weit voraus!" ■

(B) „Die Medien beginnen ihre Macht zu verlieren. Es wird halt nicht mehr alles geglaubt, nur weil es der TV oder die Zeitung sagt. Es brechen halt endlich neue Zeiten an." ■

(C) „Sie [die Journalisten] sind über Nacht alt geworden, und dafür hassen sie die Jugend." ■
(Twitter-Texte über Journalisten, zitiert im Tagesspiegel 31.03.2009)

(D) „An die Seite der sogenannten vierten Macht [der Presse, neben Legislative, Exekutive und Judikative im demokratischen Staat] gesellt sich eine fünfte, die Blogosphäre [...]. Es geht um den Aufstand eines um *Hipness* bemühten Lebensstils von *digital natives* [...]. Am anderen Pol der Schwarmintelligenz, die das Netz hervorgebracht hat, steht der Einzelne: der Absolutismus
5 des Individuums. Der anarchischen Herrschaftsfreiheit der Blogs entspricht ein Hauen und Stechen um Anerkennung, dessen vermeintliche Gewaltwillkür eben dieser Diskurs eigentlich abschaffen wollte. – Ein Staat als Gemeinwesen lässt sich damit kaum machen." ■
(Gregor Dotzauer, Tagesspiegel 31.03.2009)

(E) „Wer glaubt, dass ein Gratis-Medium auf Do-it-yourself-Niveau auch nur annähernd die Qualität und Seriosität einer unabhängigen Zeitung gewährleisten kann, hat nicht begriffen, was Journalismus ist." ■
(Christopher Schmidt, DER SPIEGEL 23/2009)

(F) „Man sollte endlich damit aufhören, Gegensätze zu konstruieren, die es nicht gibt – hie Zeitung und klassischer Journalismus, da Blog mit einem angeblich unklassischen Journalismus. Der gute klassische ist kein anderer Journalismus als der gute digitale Journalismus." ■
(Heribert Prantl, sueddeutsche.de 08.06.2009)

(G) „Das Netz ist demokratischer als viele seiner Kritiker. [...]
Das Netz ist wie eine Stadt. [...] Sie fügt und lockert die Gesellschaft, vervielfältigt ihre Verknüpfungen und Abgrenzungen, beschleunigt den Kreislauf von Auflösung und Verdichtung. An diesem Prinzip scheiden sich die Geister. Dem Konservativen ist unwohl in einer Welt, in der nicht alles am Platz bleibt. Er hat schon die Stadt und den Asphalt gehasst, um wie viel mehr nun das Netz und die Blogs! – Dabei erlaubt gerade das Netz den Aufbau von Ordnungen durch das Zusammenwirken vieler Teilnehmer, etwa unter Facebook." ■
(Gero von Randow, DIE ZEIT 28.05.2009)

(H) „Blendend funktioniert hat dieser Beteiligungsjournalismus während und nach der Katastrophe von New Orleans, als bloggende Bürger Zeitungen ersetzten [...] und Nachrichtenkanäle mit selbst gefilmten Augenzeugenberichten versorgten. [...] „Current-TV" [eine von Al Gore, dem früheren US-Vizepräsidenten, gegründete Mediengesellschaft] lädt den idealen Zuschauer ein, sich in einen Bürger-Journalisten zu verwandeln, der mit der Kamera in der Hand das Wort ergreift und damit das Fernsehen gleichsam direkt demokratisiert." ■
(Jordan Mejias, faz.net 03.11.2005)

3. **a)** Definieren Sie den Unterschied zwischen Blog (personal blog/nonpersonal blog), Internetforum und Internetzeitung. Achten Sie dabei auf Inhalt, Aufbau und Sprache.
b) Auf welches der drei bzw. vier Medien beziehen sich die Textauszüge zum „Mitmachjournalismus"?
c) Erläutern Sie in kurzen Definitionen die folgenden Merkmale der Internetkommunikation:
– Individualisierung,
– Reflexivität,
– Verlinkung (Blogosphäre),
– Selektion (Gatekeeper),
– Interaktivität,
– Verhältnis Produzent/Rezipient und Profi/Laie.

3 Frank Schirrmacher: Qualitätsjournalismus (Auszug)

Es gibt keine schönere Herausforderung für uns [Journalisten] als diese: nicht nur das Internet zu erobern, sondern auch gegenzuhalten und Optionen anzubieten.
Eine Option ist die Tageszeitung selbst, die von manchen allzu voreilig totgesagt wird – und zwar gerade von jenen mit Vorliebe, die von der Ausbeutung fremder redaktioneller Inhalte leben. Die Umlaufgeschwindigkeit von echten und halbseidenen Nachrichten im Internet ist enorm, und auf den ersten Blick kann man sie nicht voneinander unterscheiden. Sie tauchen ebenso schnell auf, wie sie verschwinden.
Die Zeitung liefert eine Haltbarkeit von mindestens 24 Stunden, und in ihren Kommentaren, Rezensionen und Kritiken will sie sogar vor der Nachwelt bestehen. Im Vergleich zum Internet ist sie ein retardierendes, also verzögerndes Moment in der gesellschaftlichen Kommunikation, und gerade deshalb wird sie immer unverzichtbar sein.
In Deutschland nennen wir das, was wir tun, „Qualitätsjournalismus", und gemeint ist ein Journalismus der großen Zeitungen, der nicht nur auf Verlässlichkeit setzt, sondern auch einer redaktionellen Ausstattung bedarf, die diese Verlässlichkeit sichert. Zeitungen sind Qualitätszeitungen, weil sie auch dort analysieren, wo vorläufig kein „Markt" im herkömmlichen Sinn existiert, in der Latenz, in den politischen, wirtschaftlichen und kulturellen Tiefschichten des eigenen Landes und der globalen Gemeinschaft. [...]
Jeder, der Augen hat zu sehen, wird erkennen, dass das nächste Jahrzehnt das Jahrzehnt des Qualitätsjournalismus sein wird; er schafft die Bindungskräfte einer medial disparaten Gesellschaft. Schon heute merken wir [...], dass die Durchschlagskraft, die der einzelne Artikel entfaltet, trotz Medienkonkurrenz ungleich größer ist als noch in den Achtziger- und Neunzigerjahren. Das hat damit zu tun, dass in einem kommunikativen Chaos die verlässlichen Stimmen besser durchdringen.
Die, die sich nicht anstecken lassen, die ihre Qualität, also: ihre Inhalte unverändert lassen, werden sein, was diese Gesellschaft dringender benötigt denn je: der geometrische Ort, an dem die Summe des Tages und der Zeit gezogen wird. (v 2007)

4. *„Vom künftigen Nutzen und Nachteil des Print-Journalismus":*
a) Führen Sie zu diesem Thema eine Pro-Kontra-Diskussion im Kurs- bzw. Klassen-Plenum durch (Pro-Gruppe: Print-Journalismus/Kontra-Gruppe: Online-Journalismus). Nehmen Sie diese Diskussion auf.
b) Greifen Sie dazu in der Diskussion die Argumente in den Thesen zum Thema „Mitmachjournalismus" und im Text von Frank Schirrmacher kritisch auf und ergänzen Sie diese durch Ihre eigenen Erfahrungen und Recherchen.

5. Verfassen Sie ein Protokoll der Diskussionsergebnisse mit den wichtigsten Argumenten auf der Pro- und auf der Kontra-Seite.

5. Informations- und Wissensvermittlung durch neue Medien – Möglichkeiten und Grenzen einschätzen

1 SPIEGEL-Interview mit Jaron Lanier: Der Glaube an die sogenannte Weisheit der Massen (Auszug)

LANIER: [...] Das Internet hat wunderbare Ideen von Demokratie, Offenheit, von gleichem Recht und gleicher Verantwortung für alle hervorgebracht. Doch auf diese großartigen Ideen werden nun immer neue gestülpt. Viele davon mögen richtig gut sein, aber andere sind nicht so toll und einige schlicht schlecht. [...] Die schlimmste ist der Glaube an die sogenannte Weisheit der Massen, die im Internet ihre Vollendung finde.
SPIEGEL: Eines scheint doch unumstritten: Wenn eine sehr große Zahl von Menschen im Internet eine Schätzung zu irgendetwas abgibt, dann kommt sie im Mittel dem korrekten Ergebnis verblüffend nahe.
LANIER: Ja, das funktioniert in Märkten und bei demokratischen Wahlen. Aber derzeit wird die Vorstellung immer populärer, das Kollektiv könne nicht nur Zahlenwerte wie einen Marktpreis ermitteln, sondern verfüge als eine – gern Schwarmgeist [„Schwarmintelligenz"] genannte – höhere Intelligenz über eigene Ideen, ja sogar über eine überlegene Meinung. [...] Mir bereitet die Vision Sorgen, nur das große Ganze, das Kollektiv sei real und wichtig – nicht aber der einzelne Mensch. Das war der Fehler in allen totalitären Ideologien [...].
SPIEGEL: Wo genau im Internet wollen Sie diese Denkweise denn ausgemacht haben?
LANIER: Nehmen Sie Wikipedia ...
SPIEGEL: ... das beliebte, kostenlose Online-Lexikon, dessen Einträge von über 200 000 freiwilligen Autoren verfasst werden. Das stört Sie?
LANIER: [...] Was, wenn da etwas Schwerwiegendes über jemanden behauptet wird, und er kann sich nicht so ohne Weiteres Gehör verschaffen? Schnell wird der Einzelne Opfer [...].
SPIEGEL: Durch das Engagement Tausender [...] ist immerhin ein aktuelles Lexikon entstanden, dessen englischsprachiger Teil zwölfmal größer ist als die *Encyclopaedia Britannica*. Überdies kann man nachvollziehen, wie die Inhalte zustande kommen: Das lässt sich auf den Diskussionsseiten genau nachlesen.
LANIER: Ach, es ist doch lächerlich zu glauben, so könnten substanzreiche Dialoge entstehen. Die Leute verraten ja nicht einmal ihren richtigen Namen. Die verstecken sich hinter falschen, erfundenen Identitäten. Wer unsichtbar ist, ist unangreifbar. Die Wahrheit hingegen bekommen Sie nur mit Verantwortlichkeit. [...]
SPIEGEL: Vielleicht können Computer ja wirklich manches besser? [...]
LANIER: Das kann nur sagen, wer glaubt, die Realität sei eigentlich nur ein gigantischer Computer und unsere Aufgabe sei es, seine Software zu verbessern. [...]
SPIEGEL: Sie sagen doch selbst, alles in allem sei das Internet ein erfolgreiches Experiment.
LANIER: Zugegeben. Aber das System kann einen auch überwältigen. Nehmen Sie das Beispiel Google. Diese Suchmaschine erntet die Früchte des Kollektivs. Da wird eine Menge Geld verdient, obwohl das System gänzlich auf der Arbeit anderer Menschen aufbaut – und die kriegen gar nichts. Wenn Sie das in die Zukunft denken, dann sehen Sie: Der Einzelne wird zum bloßen Zuträger; die Macht hingegen liegt beim Ansammler [...]. (v 2006)

1. Die Möglichkeiten, das Internet als neues Erfolg versprechendes Wissensmedium zu gebrauchen, sind gegenwärtig (2009), vor allem mit Internet-Suchmaschinen wie Google und der Netz-Enzyklopädie Wikipedia verbunden.
a) Erkunden Sie arbeitsteilig die verschiedenen Funktionen der einzelnen Programme („Dienste") und die mit ihnen verbundenen Chancen und Probleme.
Wiki: Meta-Wiki, Commons, Wiktionary, Wikibooks, Wikiquote, Wikiversity, Wikisource, Wikinews; Google: Web, Bilder, Video, Map, News; Groups, Blogs, Bücher, Übersetzer, Kalender, Fotos, Text & Tabellen, Reader, Sites usw.
b) Verfassen Sie jeweils einen Kurzbericht (mit Präsentation), den Sie der Klasse/dem Kurs vortragen.

2 Norbert Bolz: Konfus, nicht ignorant (Auszug)

„Es wächst das Wissen, das man nicht versteht und doch benutzen muss. Mein Wissen wächst, doch schneller wächst mein Nichtwissen." ■

„Wir wissen entweder selbst etwas von einer Sache, oder wir wissen, wo wir Informationen darüber finden können. Und diese zweite Form wird in einer Zeit, die von der Verdopplung des Weltwissens innerhalb von sieben Jahren ausgeht, immer wichtiger. Infomapping nennt man das heute: wissen, wo das Wissen ist.

Daraus folgt nun etwas ganz Entscheidendes: Unsere großen Probleme resultieren nicht aus einem Mangel an Wissen, sondern an Orientierung; wir sind konfus, nicht ignorant." ■

„Das wichtigste Wissen besteht heute darin zu wissen, was man nicht zu wissen braucht. Was ist wichtig? Und jede Bewertung steht unter dem stillschweigenden Vorbehalt: Morgen ist es anders!" ■ (v 2000)

2. Diskutieren Sie die Thesen von Norbert Bolz. Ziehen Sie dabei Ihre eigenen Erfahrungen bei der Informationsbeschaffung aus dem Internet mit in Betracht.

Modul: Medienwelten

6. Bildmedien – Sich der „Macht der Bilder" bewusst werden

1 Spencer Platt: Pressefoto des Jahres 2006

1. Informieren Sie sich über die politische Situation, in der das World Press Photo 2006 entstanden ist. Nutzen Sie auch die im Internet zu findenden Informationen über die weltweite Diskussion, die das Foto ausgelöst hat.

Junge Leute im Cabrio vor den Trümmern Beiruts – das mit dem Preis für das beste Pressefoto des Jahres 2006 ausgezeichnete Bild von Spencer Platt (Getty Images) sorgte für erregte Debatten. Die Fotografie zeige die Komplexität und Gegensätzlichkeit des wirklichen Lebens, urteilte die Jury des „World Press Photo". – Berühmt wurde der Fotograf 2001 mit dem Bild des zweiten Flugzeugs, das ins World Trade Center rast.

2 STERN-Interview mit Spencer Platt: Starke Bilder haben die Kraft, etwas zu bewegen (Auszug)

Bildinterpretationen:

STERN: […] Leid oder Dekadenz, in diesem Spannungsfeld bewegt sich das Bild. […]
SPENCER PLATT: Jeder interpretiert das Bild etwas anders. Es hat eine großartige Diskussion über Fotografie und ihre Zwecke sowie den Libanon geschaffen. Der ehemalige libanesische Premierminister […] liebt das Bild und meint, dass es die Vermischung verschiedener Religionen zeigt. Dieser Aspekt war mir völlig neu. Irritiert war ich allerdings durch die ersten Bildunterschriften, „Kriegstouristen im Libanon". Die fand ich bedauerlich, denn das Bild spricht für sich selbst.
Als ich es gemacht habe, wusste ich nichts über diese Leute. Ich vermutete, sie seien Schiiten, weil viele in der Gegend lebten. Ich habe nie mit ihnen gesprochen. Ich wusste nur, dass sie aus dem gleichen Grund da waren wie ich auch: als Voyeure – obwohl sie hier zu Hause waren. […] Es zeigt einen wichtigen Teil des Krieges – nämlich nicht nur Tod und Zerstörung, davon habe ich genug Bilder. Ich glaube, viele Menschen haben noch das Vorurteil, dass im Nahen Osten alle Frauen Burkhas tragen und auf Eselskarren fahren. Aber gerade der Libanon ist sehr fortschrittlich. Das ist ein kleiner Teil der Geschichte dieses Krieges.

Bildwirkungen:

SPENCER PLATT: Jedes Bild, das als World Press Photo im Rampenlicht steht, wird zwangsläufig hinterfragt und kritisiert, wird diskutiert. Ich werde immer wieder beschuldigt, das Bild gestellt zu haben. Etwas Schmeichelhafteres kann man gar nicht sagen: „zu perfekt". Ein Reporter der *New York Times* wirft mir vor, ich hätte mit diesem Bild den Krieg verharmlost. Es kann recht frustrierend sein, sich all diesen Fragen und Vorwürfen zu stellen, obwohl ich die Gründe dafür verstehe. […]
Leider ist es so auch sehr leicht, zu manipulieren. Oft drehen bestimmte Leute für die Fotografen richtig auf, halten zum Beispiel ein totes Kind in alle Kameras – das macht es schwer, einen authentischen Moment einzufangen. Ich fühle mich damit sehr unwohl. Natürlich sollte man tote Kinder zeigen, wenn sie zur Geschichte gehören, aber das darf keine Propaganda

werden. Was ich an meinem Bild mag, ist die Gewissheit, dass die Leute mich gar nicht wahrgenommen haben – es ist authentisch.

Bildjournalismus:

30 SPENCER PLATT: Ein guter Fotojournalist ist natürlich neugierig, [er muss] frei von Hass und Vorurteilen sein, er braucht viel Neugier, Menschlichkeit und Offenheit gegenüber Kulturen und Menschen. Es ist unerlässlich und unser Job, die Leute an Darfour, den Tschad, Kongo, Irak und Libanon zu erinnern. [... Insgesamt:] Starke Bilder haben die Kraft, etwas zu bewegen, wenn man ihnen ein Publikum gibt. (v 2007)

2. a) Vergleichen Sie in Ihrer Gruppe die verschiedenen im Text skizzierten Interpretationen und die referierten Wirkungen des Fotos mit Ihren eigenen Deutungen und Wirkungserfahrungen. Beziehen Sie zur Begründung Ihrer Aussagen einzelne genau benannte Bildinhalte und Elemente des Bilddesigns mit ein.
b) Messen Sie die Qualität des Fotos an den im Text genannten Kriterien des „guten Fotojournalismus" und an eigenen Kriterien.

3 World Press Photo Award 1957 – 1972 – 1989

a) Douglas Martin (AP)

b) Nick Ut Cong Huynh (AP)

Charlotte, North Carolina, 4. September 1957: Dorothy Counts betritt als eine der ersten schwarzen Studentinnen die kurz zuvor eröffnete gemischtrassige (*desegregated*) Harry Harding Highschool.

Trangbang, Südvietnam, 8. Juni 1972: Nach der Bombardierung des Dorfs mit Napalm fliehen die überlebenden Bewohner vor der Hitze.

c) Charlie Cole (News Week)

3. Informieren Sie sich in Sachbüchern, Lexika oder im Internet über die politische Situation, in der die World Press Photos der Jahre 1957 (USA), 1972 (Vietnam) und 1989 (Peking) jeweils entstanden sind.

4. Wählen Sie auf dieser Basis ein Foto aus und schreiben Sie einen Kommentar:
a) Verfassen Sie *Ihre* Bildinterpretation und begründen Sie Ihre Deutung mit einzelnen Bildinhalten und Elementen des Bilddesigns.
b) Beschreiben Sie die „Kraft, etwas zu bewegen", die dem Bild in seiner historischen Situation innewohnte, indem Sie auf Einzelheiten des Fotos eingehen („Bildintensität").
c) Erläutern Sie, was Ihrer Meinung nach die Qualität des Fotos ausmacht.

Peking/China, 4. Juni 1989: Ein später als „Tank Man" bezeichneter Jugendlicher stellt sich einer Kolonne Panzer in den Weg, wodurch er sie kurzzeitig aufhält.

4 Dominanz der Bilder/Die Welt als Bild – Zwei Thesen

a) Erich Strassner: „Die mediale Kommunikation wird heute, im sogenannten ‚Optischen Zeitalter', nach der ‚visuellen Zeitenwende' bzw. im Zeichen der ‚Bilderflut', beherrscht von den Text-Bild- bzw. Bild-Text-Medien. Sie haben sich seit der Wende vom 19. zum 20. Jahrhundert überall durchgesetzt (‚pictorial turn') und meist eine Leitfunktion übernommen. [...] Das bedeutet den Übergang von einer weitestgehend schriftorientierten Kultur zu einer Kultur der Bild- bzw. Telepräsenz und der audiovisuellen Diskurse. Sprachliche und visuelle Texte durchdringen sich unter der Voraussetzung, dass man Realität besser in Bildern verdichten kann als in Worten. Medien durchdringen sich auch gegenseitig oder ergänzen sich. [...] Gefördert und gefordert wird immer ausschließlicher die Dominanz des Bildes, wobei die Regel gilt, dass der Bildanteil und die Bildintensität desto höher sind, je jünger das Medium. [...] Je jünger das Medium, desto emotionaler ist die Bild- und meist auch die Textgestaltung. Je jünger das Medium, desto eher kann das Bild den Text ersetzen." (v 2002)

b) Günter Anders: „Die Hauptkategorie, das Hauptverhängnis, unseres heutigen Daseins heißt: Bild. [...] ‚Bild' ist Hauptkategorie deshalb, weil heute Bilder nicht mehr als Ausnahmen auch in unserer Welt vorkommen, weil wir von Bildern vielmehr umstellt, weil wir einem Dauerregen von Bildern ausgesetzt sind. Früher hatte es Bilder in der Welt gegeben, heute gibt es ‚die Welt im Bild', richtiger: die Welt als Bild, als Bilderwand, die den Blick pausenlos fängt, pausenlos besetzt, die Welt pausenlos abdeckt [...]. Insofern ist die ganze Bebilderung unseres Lebens eine Technik des Illusionismus, weil sie uns die [bloße] Illusion gibt und geben soll, wir sähen die Wirklichkeit." (v 1980)

5. a) Fassen Sie die Thesen von Erich Straßner und Günter Anders mit eigenen Worten jeweils in einem Satz zusammen.
b) Ziehen Sie Bilder aus dem Bereich der aktuellen politischen Berichterstattung im Fernsehen und im Internet heran und diskutieren Sie ausgehend von diesen konkreten Beispielen, welche der beiden Thesen Sie überzeugender finden. Formulieren Sie gegebenenfalls eine eigene Position („sowohl als auch ..." oder „weder noch, sondern ...").

Anhang

I. Methodenverzeichnis

Bildbeschreibung

Die Bildbeschreibung beginnt mit einer **Einleitung**, die dem Übersichtssatz einer Inhaltsangabe entspricht und die den Künstler, die Art des Bildes (z. B. Foto, Aquarell, Stich, ...), den Bildtitel, die Entstehungszeit sowie den Bildinhalt nennt.

Im **Hauptteil** werden die Einzelheiten des Bildes in ihrer Beziehung zueinander sowie in einer sinnvollen Reihenfolge beschrieben. Dabei kann man entweder vom zentralen Bildinhalt ausgehen und dann auf weniger wichtige Teile eingehen oder umgekehrt. Details, die für den Gesamteindruck nicht relevant sind, sollten ausgelassen bzw. äußerst knapp abgehandelt werden. Hilfreich bei der Unterscheidung der Wichtigkeit von Bildelementen ist v. a. der Einfall des Lichts, das einzelne Objekte hervorhebt (Hell-Dunkel-Effekte). Insbesondere bei älteren Gemälden ist es zudem wichtig, deren symbolische Sprache zu berücksichtigen, um die eigentliche Bedeutung des Bildes erschließen zu können (z. B. Sanduhr, Kerze, Totenschädel als Symbole menschlicher Vergänglichkeit).

Der **Schluss** enthält Aussagen zur Wirkung des Bildes auf den Betrachter bzw. einen Hinweis auf die mögliche Aussageabsicht des Künstlers.

Die Bildbeschreibung steht im Präsens. Hilfreich ist folgendes **Vokabular**:
– oberer, unterer, rechter, linker Bildrand
– obere, untere, rechte, linke Bildhälfte
– Vordergrund, Mittelgrund, Hintergrund
– Vogelperspektive, Froschperspektive, Normalperspektive

Blitzlicht

Das Blitzlicht ist eine Methode, die der Verbesserung der Kommunikation in Lerngruppen dient. Es kann entweder verwendet werden, um von jeder Teilnehmerin/jedem Teilnehmer schnell eine Meinung zu einem Thema zu bekommen oder um als Form eines Feedbacks oder einer Evaluation eine Stimmung abzufragen. Das Blitzlicht kann zu Beginn, während oder am Ende einer Arbeitsphase eingesetzt werden. Die Teilnehmerinnen und Teilnehmer äußern sich reihum kurz in ein bis zwei Sätzen zu der gestellten Frage (z. B.: Was hat mir gefallen?). Dabei sollten Ich-Botschaften verwendet werden (z. B.: Ich finde die gewählten Beispiele sehr anschaulich.) Alle anderen sind während der Äußerung nur Zuhörer und es dürfen lediglich Verständnisfragen gestellt werden. Die Wiederholung von Äußerungen ist zulässig. Wenn man anschließend über das Gesagte im Plenum sprechen will, sollte man während des Blitzlichts stichwortartig mitschreiben (an der Tafel oder auf Folie).

Brainwalking

Ein Brainwalking (< engl.: brain = Kopf, Hirn und walking = umhergehen) lässt sich zum Einstieg in ein Thema oder zum Sammeln von Einstellungen, Wissen, Argumenten, offenen Fragen, Ideen und Emotionen zu einem Thema einsetzen.

Der Ablauf ist folgendermaßen:
1. Die Teilnehmerinnen und Teilnehmer bewegen sich mit einem Stift in der Hand im Raum.
2. Jeder liest die Fragestellung, das Thema oder schaut sich Bilder auf dem jeweiligen Plakat an und ergänzt eigene Beiträge. Dabei darf man auch auf Beiträge der anderen eingehen. Auf eine leserliche Schrift ist zu achten.
3. Während des Brainwalkings wird nicht gesprochen, eventuell läuft leise Hintergrundmusik.

Erschließen eines Sachtextes

Zur systematischen Erschließung eines Sachtextes hat sich folgende Vorgehensweise bewährt:
1. **Leseerwartungen zum Titel** formulieren
2. **Überfliegen** des Textes: Worum geht es? Thema/Fragestellung des Textes notieren
3. **Intensives, mehrfaches Lesen des Textes**:
   – Markieren zentraler Textstellen
   – Hervorheben von Schlüsselbegriffen durch Einkreisen
   – Gliederung in Sinnabschnitte (ggf. abweichend von den vorgegebenen Absätzen des Textes) mithilfe von Gliederungssignalen
   – Randnotizen zum Inhalt des gesetzten Abschnitts am linken Textrand
4. **Gedankengang des Autors/der Autorin herausarbeiten:**
   – Strukturwörter und ihre Funktion erkennen
   – Randnotizen zum Argumentationsgang am rechten Textrand
5. **Intention und Ergebnis des Textes** in eigenen Worten formulieren
6. Gegebenenfalls eine **Strukturskizze** des Textes erstellen

Exzerpt bzw. Konspekt eines Textes

Während das **Exzerpt** (< lat. excerptum = ein mit der Vorlage übereinstimmender Auszug) einen Text oder mehrere Texte unter einem ganz bestimmten Aspekt auswählend bearbeitet, also „Auszüge" herstellt, fasst der **Konspekt** (< lat. conspectus = Betrachtung) stichwortartig die Informationen eines Sachtextes zusammen und vermittelt so eine geraffte „Übersicht" zur inhaltlichen Gliederung des Textes mit Zeilenangaben. Ähnlich wie die Inhaltsangabe für erzählende Texte, stellt das Konspektieren große Anforderungen an das Abstraktionsvermögen: Das Wichtigste eines Textes ist knapp und übersichtlich – i. d. R. mit eigenen Worten – herauszuarbeiten, so dass die Gedankenführung ersichtlich wird. Nur besonders zentrale Informationen (z. B. bestimmte Fachbegriffe oder Definitionen) sind im Original als Zitate zu übernehmen.

Beispiele zu W. Borcherts Text „Das ist unser Manifest"
Exzerpt unter der Fragestellung: Welche neuen sprachlichen Ausdrucksformen der Nachkriegsgeneration benennt Borchert?:
– Z. 52: „Zu guter Grammatik fehlt uns Geduld."
– Z. 53 ff.: „Wir brauchen die [Dichter] mit dem heißen heiser geschluchzten Gefühl. Die zu Baum Baum und zu Weib Weib sagen und ja und nein sagen: laut und deutlich und dreifach und ohne Konjunktiv."
– ...

Konspekt:
- Z. 1–6: Bilanz der Kriegsheimkehrer
- Z. 7–27: Erinnerung an Fronterlebnisse
- …

Gruppenpuzzle-Verfahren

Diese Arbeitsform dient dazu, eine komplexe Aufgabenstellung oder eine große Informationsmenge arbeitsteilig in einem vergleichsweise kurzen Zeitraum zu erschließen und die Ergebnisse auszutauschen. Dazu sind folgende Arbeitsschritte notwendig:

1. **Plenumsphase:** Aufteilung des Themengebietes in etwa gleich große Teilgebiete. Bildung von (Stamm-)Gruppen, deren Teilnehmerzahl der Zahl der Teilgebiete entspricht.
2. **Stammgruppenphase:** Innerhalb jeder Stammgruppe übernimmt jeder Teilnehmer ein Teilgebiet als Expertenauftrag:

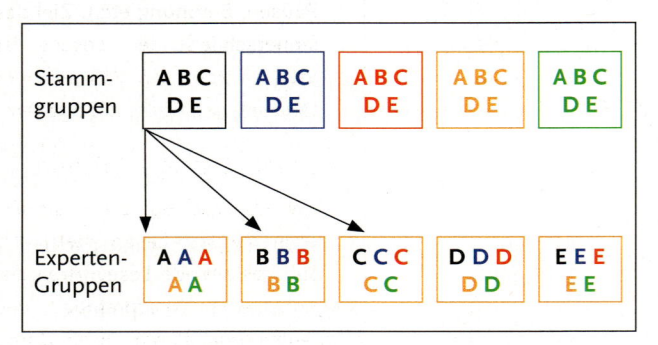

Stamm- gruppen	A B C D E	A B C D E	A B C D E	A B C D E	A B C D E
Experten- Gruppen	A A A A A	B B B B B	C C C C C	D D D D D	E E E E E

1. **Recherchephase:** Alle Beauftragten zu demselben Teilgebiet des Themas bilden nun eine Expertengruppe, die gemeinsam recherchiert, die Ergebnisse bespricht und diese für eine Präsentation aufbereitet.
2. **Informationsphase in der Stammgruppe:** Alle Teilnehmer begeben sich wieder in ihre Stammgruppe zurück. Innerhalb der Gruppe stellen alle Experten den anderen Gruppenmitgliedern ihre Ergebnisse vor, so dass sich das gesamte Themengebiet wie aus einzelnen Puzzlestücken langsam zusammensetzt.

Karikaturen entschlüsseln

Ähnlich wie bei der Bildbeschreibung beginnt man die Analyse einer Karikatur mit einer **Einleitung**, die den Zeichner, den Titel, die Entstehungszeit (historischer Bezug und Kontext) sowie das Thema der Karikatur (wer ist gemeint: Personen, Ereignis, Gegenstand?) nennt.
Daran schließt sich eine genaue **Beschreibung** des Dargestellten an. Bei der **Deutung** ist auf die verwendeten Zeichen und Symbole, Übertreibungen und Verzerrungen zu achten.
Folgende Aspekte können beim Entschlüsseln helfen:
- **Auflösung von Personifikationen** (Engel/Taube → Frieden; Geier → Pleite; Mars → Krieg; Marianne → Frankreich; Michel → Deutschland …)
- **Deutung von Symbolen** (Krone, Zepter, Hammer und Sichel, Hakenkreuz, Hitlerbärtchen, …)
- **Eigenschaften in Mensch-Tier-Vergleichen entdecken** (Krebs = geht rückwärts; Maulwurf = blind; …)
- **Verstehen von Naturmetaphern** (drohendes Unwetter; steigende Flut; Sonnenaufgang; Frühjahr – Winter; mager – fett; …)
- **Identifizierung historischer Persönlichkeiten** (Napoleon, Bismarck, …)
- **Erkennen von Bildzitaten** (Verstrickung des Laokoon; Floß der Medusa; Sturm auf die Bastille; …)
- **Erkennen von visualisierten Redensarten** (in einem Boot sitzen; den Riemen enger schnallen; …)

Zusammenfassung der Ergebnisse in Form einer **Gesamtdeutung**, bei der deutlich wird, welche Position der Karikaturist vertritt, von welcher Position aus er urteilt, welchen Adressaten er ansprechen will und was er bei diesem erreichen möchte.

Konspekt (eines Textes) erstellen

→ vgl. Exzerpt

Kugellager

Die Methode des Kugellagers dient dem schnellen und verdichteten Informationsaustausch. Dazu werden die Teilnehmer in zwei gleich große Gruppen eingeteilt und bilden einen Innen- und einen Außenkreis. Sobald jeder Teilnehmer des Innenkreises sein Gegenüber im Außenkreis gefunden hat, beginnt der Austausch, indem die Teilnehmer des Außenkreises den im Innenkreis Sitzenden ihre Informationen mitteilen und umgekehrt. Nach einer zuvor festgelegten Redezeit erfolgt nach einem festen Schema ein Partnerwechsel (z. B. bleiben die Teilnehmer des Innenkreises sitzen, während der Außenkreis um zwei Plätze weiterrückt). Auf diese Weise kann binnen kurzer Zeit eine große Menge an Informationen ausgetauscht und durch die wechselnden Vortragenden auch besser memoriert werden.

Lern-Quiz/Lern-Quartett/Memory

Um sich wichtige Fachbegriffe bzw. Fakten (z. B. rhetorische Figuren, zentrale Merkmale und Vertreter literarischer Epochen) auf unterhaltsame und zugleich dauerhafte Weise einzuprägen, sind spielerische Lernformen wie Quartett, Quiz oder Memory hervorragend geeignet. Man kann dabei auf publizierte Materialien zurückgreifen. Sinnvoller, wenn auch zeitaufwändiger ist allerdings die Produktion eigenen Materials, das passgenau auf die eigenen Lerninhalte abgestimmt und dann als spielerische Grundlage zur Wiederholung vor entscheidenden Prüfungen, wie z. B. dem Abitur, genutzt werden kann.
- Ein **Lernquiz** lässt sich in einer Lerngruppe schnell durch Arbeitsteilung erstellen, indem auf der Vorderseite einer Karte eine Wissensfrage notiert wird und auf der Rückseite die entsprechende Antwort. Eine Auswahl möglicher Antworten (Multiple-Choice-Verfahren) erleichtert dem Befragten die Antwort, kann aber möglicherweise auch dazu führen, dass sich gerade die fehlerhafte Option einprägt.
- Ein **Quartett** eignet sich besonders gut für ein breites Themenfeld (z. B. Baustile, literarische Epochen, Vergleich literarischer Werke), von dem Grundlagenwissen unter bestimmten Vergleichsaspekten memoriert werden soll. Ein Architekturquartett kann man z. B. erstellen, indem man Gebäude verschiedener Epochen in Lexika oder im Internet recherchiert und sie neben der Epochenzugehörigkeit mit weiteren Daten wie Entstehungszeit, Dauer der Bauzeit, Nutzung, Baumeister etc. versieht. Bei literarischen Epochen können neben der ungefähren Dauer der Epoche Aspekte wie Leitthemen, Motive,

sprachliche Besonderheiten, namhafte Autoren und herausragende Werke verarbeitet werden.
- Ein **Memory** eignet sich dagegen eher zur Wiederholung von Fachbegriffen, indem auf einem Kärtchen der Fachbegriff und auf den dazugehörigen Kärtchen die Erklärung und/oder ein Beispiel stehen.

Lesen (eines Gedichts) mit dem Bleistift

Als „Lesen mit dem Bleistift" wird das Markieren eines Textes mit Farben und Zeichen sowie das Festhalten von Anmerkungen am Textrand bezeichnet. Diese Form des Lesens eignet sich im Prinzip für alle Textgattungen, ist jedoch besonders hilfreich bei der Erschließung von Gedichten:

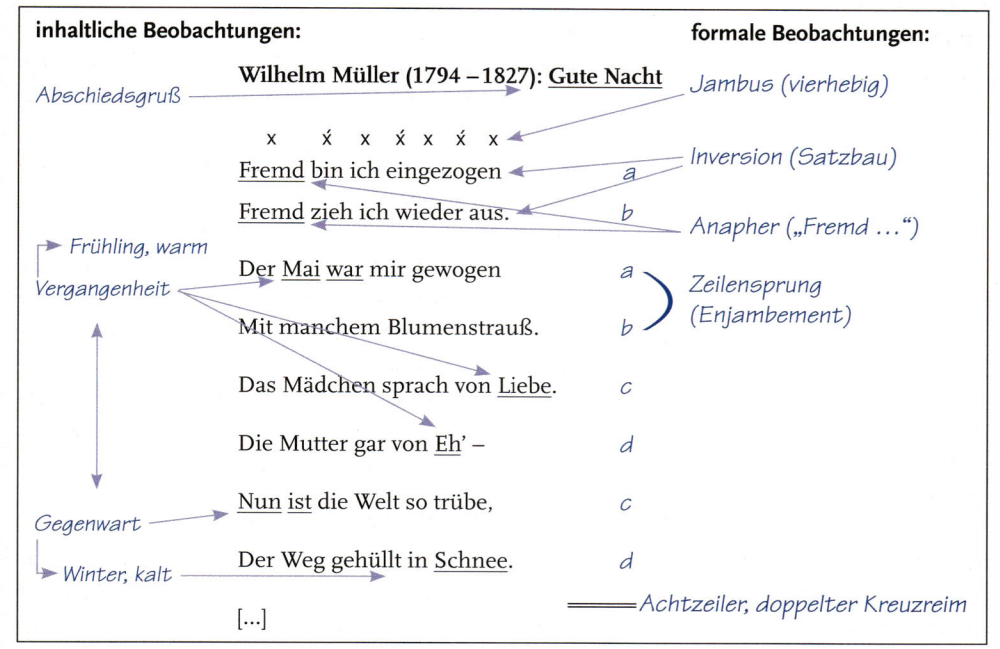

```
inhaltliche Beobachtungen:                    formale Beobachtungen:

              Wilhelm Müller (1794–1827): Gute Nacht    Jambus (vierhebig)
Abschiedsgruß
                    x x́ x x́ x x́ x
                Fremd bin ich eingezogen         a     Inversion (Satzbau)
                Fremd zieh ich wieder aus.       b     Anapher („Fremd …")
Frühling, warm
Vergangenheit   Der Mai war mir gewogen         a  ⎫
                Mit manchem Blumenstrauß.        b  ⎭  Zeilensprung
                                                      (Enjambement)
                Das Mädchen sprach von Liebe.    c
                Die Mutter gar von Eh' –         d
Gegenwart       Nun ist die Welt so trübe,       c
Winter, kalt    Der Weg gehüllt in Schnee.       d
                        […]                          Achtzeiler, doppelter Kreuzreim
```

Lesen mit verteilten Rollen/Szenisches Lesen

Das **Lesen mit verteilten Rollen** beinhaltet Elemente der Leseprobe, die auch Teil des professionellen Probenprozesses am Theater ist: Die Rollen werden auf verschiedene Sprecherinnen und Sprecher verteilt, welche die Redebeiträge am Tisch sitzend vom Blatt ablesen dürfen. Nebentexte müssen entweder von einem eigenen Sprecher übernommen werden oder sie fließen unmittelbar in die Art des Sprechens ein. Die Leseprobe wird immer wieder vom „Regisseur" für Besprechungen des Inhalts, Rückfragen und Deutungen sowie Diskussionen über mögliche Kürzungen unterbrochen, um das Textverständnis zu klären.

Das **szenische Lesen** nutzt dagegen den Klassenraum bereits als Bühne: Jeder Sprecher nimmt einen Platz ein, der vor der Lesung besprochen und markiert werden muss: Wie nah stehen die Dialogpartner? Wie viel Abstand muss zwischen ihnen eingehalten werden? Wer steht im Vorder-, wer im Hintergrund? Eine schriftliche Skizze kann dabei helfen, diese Form der Stellprobe nach Art des Theaters vorzubereiten. Erst wenn der Ort der Schauspieler geklärt ist, beginnt der möglichst freie Textvortrag.

Lesen, sinnerschließend

Das sinnerschließende Lesen ist ein Probehandeln, bei dem man mit verschiedenen Vortragsweisen des Textes experimentiert (Variation von Tempo, Lautstärke, Pausen, Betonung etc.). Ziel des sinnerschließenden Lesens ist es, sich über den Vortrag einer Deutung des Textes anzunähern.

Lesen, sinngestaltend

Im Unterschied zum sinnerschließenden Lesen steht der sinngestaltende Lesevortrag am Ende einer Interpretation des Textes und bringt diese durch den Lesevortrag zum Ausdruck.

Mindmap

Eine Mindmap (< engl. mind = Verstand, Gedächtnis und map = Landkarte) dient z. B. dazu, ein Vorhaben zu planen, Texte zu erarbeiten oder Aspekte eines komplexen Themas anschaulich darzustellen. Dazu notiert man das Thema in der Mitte eines Blattes (oder auch einer Folie, der Tafel etc.). Ausgehend davon werden Hauptstränge angelegt, die den verschiedenen Teilbereichen des Themas entsprechen (z. B. Thema Literatur → Teilbereiche: Gattung Drama, Epik, Lyrik). An diese Hauptstränge schließt man nach und nach Nebenstränge an (z. B. Hauptstrang Epik → Nebenstränge Epische Großformen, Epische Kleinformen). Diese Nebenstränge können sich weiter verzweigen, so dass die Mindmap nach und nach vervollständigt und ausdifferenziert wird. Es ergibt sich eine Landkarte aus Gedanken bzw. Arbeitsergebnissen, deren Anschaulichkeit noch größer wird, wenn die einzelnen Zweige mit grafischen Elementen versehen werden. Die fertige Mindmap kann als Gliederungshilfe in

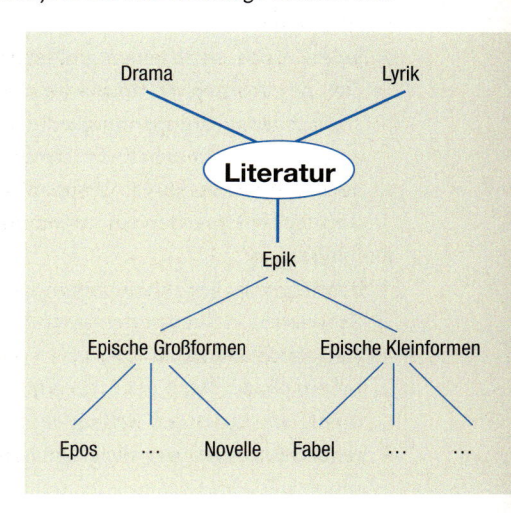

Diskussionen und Planungsphasen genutzt werden, aber auch zur Präsentation von Ergebnissen oder als Merkhilfe zur Vorbereitung auf Prüfungen.

Partnerbriefing

Beim Partnerbriefing (< engl. briefing = Information, Anweisung, Informationsgespräch, zu engl. brief = kurz) geht es darum, gemeinsam mit einem Partner bzw. einer Partnerin Texte arbeitsteilig zu erschließen und sich gegenseitig über neue Sachverhalte und Erkenntnisse zu informieren. Dabei besteht die Möglichkeit, das neue Wissen anschließend noch an weitere Personen weiterzugeben.

1. Schritt: Partner 1 liest Text A, Partner 2 liest Text B. Jeder erschließt seinen Text mit einer ihm geläufigen Methode (Markieren von Schlüsselwörtern bzw. zentralen Begriffen, Anfertigen von Randnotizen, Formulieren von Überschriften oder Sätzen für einzelne Sinnabschnitte, Anlegen einer Mindmap oder einer Tabelle, Exzerpieren) und arbeitet so heraus, worum es im Text geht (*Der Text handelt von ... In dem Text geht es um ...*) und welches die zentralen Inhalte sind. Der dafür zur Verfügung stehende Zeitrahmen sollte vorher entsprechend der Textlänge festgelegt werden.

2. Schritt: Partner 1 trägt Partner 2 mithilfe seiner schriftlichen Notizen den Inhalt von Text A in maximal fünf Minuten vor. Dabei konzentriert er sich auf das, was für den Partner wichtig und von Interesse ist. Anschließend fasst Partner 2 den Inhalt des Gehörten in etwa zwei Minuten referierend zusammen. Dabei wird er gegebenenfalls von Partner 1 korrigiert.

3. Schritt: Partner 2 informiert Partner 1 über den Inhalt von Text B in der gleichen Weise. Anschließend fasst Partner 1 den Inhalt des Textes referierend zusammen und wird gegebenenfalls von Partner 2 korrigiert.

4. Schritt: Partner 1 und Partner 2 tauschen sich kurz über das Gelesene aus, suchen z. B. Gemeinsamkeiten und Unterschiede, formulieren ihre Eindrücke und bewerten den Text.

5. Schritt: Partner 1 und Partner 2 informieren gemeinsam die Klasse über den Inhalt ihrer Texte.

Placemat

Mithilfe der Placemat-Methode (< engl. placemat = Platzdeckchen) kann sich eine Gruppe schnell und intensiv mit einem Thema oder einem Text vertraut machen.

Vorbereitung:
– Die Schülerinnen und Schüler setzen sich in Vierergruppen zusammen.
– Jede Gruppe erhält einen großen Bogen Papier (mindestens DIN A3). Auf dieses Papier wird eine Placemat aufgezeichnet, so dass jedes Gruppenmitglied im Außenbereich des Blattes ein eigenes Feld erhält. Entstehen bei der Gruppenbildung auch Dreier- oder Fünfer-Gruppen, muss man das Feld um das Rechteck entsprechend aufteilen.

Durchführung:
1. Arbeitsphase: Jedes Gruppenmitglied notiert stumm in sein Schreibfeld in Stichworten seine Gedanken zur vorgegebenen Aufgabenstellung.
2. Arbeitsphase: Nach der Einzelarbeit wird die Placemat so gedreht, dass jeder den Beitrag des Nachbarn lesen kann. Während des Lesens signalisiert man weiterhin stumm Zustimmung mit Pluszeichen oder mit Anmerkungen, widerspricht mit Minuszeichen oder schriftlichen Kommentaren und ergänzt die vorliegenden Überlegungen durch Ideen, die einem beim Lesen der fremden Ausführungen kommen. Die Placemat wird so oft gedreht, bis jeder alle Texte gelesen hat. Dabei finden keine Gespräche untereinander statt.
3. Arbeitsphase: In dieser Phase tauschen sich die Gruppenmitglieder über ihre Notizen aus und einigen sich auf eine gemeinsame Lösung bzw. auf den wichtigsten Gedanken. Dies wird in das mittlere Feld eingetragen.
4. Arbeitsphase: Zum Schluss präsentiert jede Gruppe ihre Ergebnisse vor dem Kurs. Gruppen mit der gleichen Aufgabenstellung können zuvor auch miteinander die Plätze tauschen und so Einblicke gewinnen in das Ergebnis der anderen. Für die Präsentation im Plenum können wahlweise Folien oder auch Wandplakate eingesetzt werden.

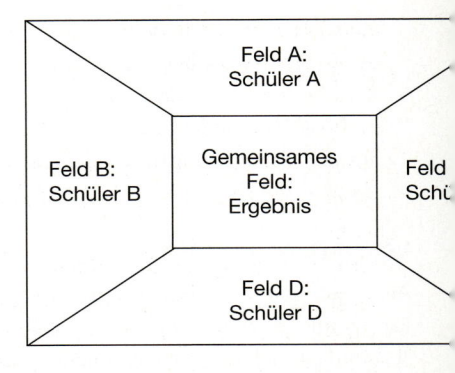

Punktabfrage

Die Punktabfrage dient dazu, ein Meinungsbild zu einer strittigen Frage oder zur Einschätzung einer Person, einer Situation oder einem Produkt zu erstellen. Dazu erhält jeder Teilnehmer einen oder mehrere Klebepunkte, die er z. B. auf der Rückseite eines besonders gelungenen Produktes bzw. eines besonders überzeugenden Arguments aufklebt oder mit denen er auf einer Skala seine persönliche Einschätzung markiert. Besonders interessant ist es, vor und nach einer Diskussion über ein Thema, eine literarische Figur oder einen literarischen Text eine Punktabfrage durchzuführen, weil dadurch Meinungsverschiebungen deutlich werden.

Rollenbiografie

Die Rollenbiografie ist eine Möglichkeit, sich ausgehend vom Text eine Person zu erschließen. Um sich ein genaues Bild von der Person zu machen, stellt man Fragen an sie, deren Beantwortung sich zumeist aus dem Text ergibt. Es können jedoch im Originaltext auch Leerstellen vorhanden sein, die es dann passend zur Figur auszufüllen gilt.

Folgende Bereiche sollte eine Rollenbiografie abdecken:
– Äußeres (Aussehen, Alter, Kleidung)
– Auftreten (Mimik, Gestik, Bewegungen)
– Sprechweise
– Charakter
– Absichten (auch unausgesprochene)
– Beziehungen zu anderen Personen

Beispiel für den Auftakt einer Rollenbiografie zu Franz Moor (Schiller: *Die Räuber*):

„Franz ist mein Name. Spross des Adelsgeschlechts von Moor. – Franz von Moor also. Und doch muss ich mir das Herrschen erst erstreiten. Denn nichts, ja nichts ist mir in die Wiege gelegt worden: nicht schönes Aussehen, nicht das Privileg der Erstgeburt. Doch alt und Manns genug bin ich inzwischen, um mir selbst zu nehmen, was ich will ..."

Sachtexte erschließen
→ vgl. Erschließen eines Sachtextes

Schreibgespräch
Unter einem Schreibgespräch versteht man einen stummen Austausch in schriftlicher Form. Das Schreibgespräch umfasst mehrere Phasen:

1. Gruppenbildung und Textaufnahme:
Zunächst setzt man sich schweigend zu viert oder fünft um ein Plakat (Mindestgröße DIN A3). In der Mitte des Plakats steht der Text, z. B. ein Gedicht, das alle Teilnehmer aufmerksam lesen.

2. Das eigentliche Schreibgespräch:
Jeder Teilnehmer wählt eine eigene Farbe, damit die Beiträge des Schreibgesprächs unterscheidbar sind, und schreibt seine Gedanken zu dem Gedicht auf das Plakat. Im Verlauf dieser Phase sollten die Teilnehmer möglichst auf andere Beiträge Bezug nehmen, indem sie z. B. Fragen stellen, dem Beitrag widersprechen oder ihm zustimmen. All dies jedoch nur in schriftlicher Form!

3. Austausch in der Gruppe:
Nach einer vereinbarten Zeitspanne beenden alle Gruppen ihre Schreibgespräche und tauschen sich mündlich über ihre Notizen und ihr Verständnis des Gedichts aus.

4. Einblick in andere Schreibgespräche:
Die Gruppen werden nun aufgelöst. Jeder Schüler geht umher und liest zwei oder drei Plakate der anderen Gruppen. Jeder macht Notizen, welche Schwerpunkte erkennbar sind, welche neuen Aspekte auftauchen und welche Fragen sich ihm stellen.

5. Interpretation des Gedichts im Plenum:
Ausgehend von den Beiträgen in den verschiedenen Schreibgesprächen findet nun im Plenum ein Gespräch über auffällige bzw. interessante Aspekte des Gedichts (z. B. Inhalt, Wirkung, Stilmittel, Form, Aussage) statt. Dabei sollte man auf die Verwendung von Fachbegriffen achten.

Sinnerschließendes Lesen
→ vgl. Lesen

Sinngestaltendes Lesen
→ vgl. Lesen

Standbild
Die Arbeit mit Standbildern im Deutschunterricht gehört zu den sogenannten **szenischen Verfahren**, die ursprünglich aus der Theaterarbeit für die Besprechung von dramatischen, aber auch lyrischen und epischen Texten im Klassenzimmer übernommen wurden. Ziel dieser Verfahren ist es, sich nicht nur kognitiv mit Texten zu beschäftigen, sondern alle Sinne einzubeziehen.
Das Standbild dient der Konkretisierung von Charakteren, Situationen oder Figurenkonstellationen. Standbilder deuten das literarische Geschehen durch Haltung, Gestik und Mimik, die den Figuren zugeschrieben werden, aber auch durch deren Zusammenstellung und den Blickwinkel, den der Betrachter einnehmen soll. Es können zwei Varianten unterschieden werden:
Man kann ein **stummes Standbild** erstellen oder ein **sprechendes Standbild**, indem man Text hinzunimmt. So kann jeder Spieler für ein sprechendes Standbild im Vorfeld der szenischen Arbeit eine zentrale Aussage notieren, die er erst dann laut formuliert, wenn der „Regisseur" ihn vorsichtig antippt. Was geäußert wird, sollte die Figur charakterisieren. Dies kann entweder ein Textzitat oder ein nur gedachter, nicht im Text selbst formulierter Gedanke sein. Im Anschluss an die Präsentation beschreiben zunächst die Betrachter ihre Eindrücke, bevor die darstellende Gruppe ihrerseits ihr Standbild und gegebenenfalls die Textwahl erläutert. Abschließend beurteilen die Zuschauer die Angemessenheit der Umsetzung durch das Standbild.

Stimmenskulptur
Eine Stimmenskulptur ist ein Verfahren der szenischen Interpretation, bei dem ein Spieler die Befindlichkeit einer Figur in einem bestimmten Moment des Dramas verkörpert. Der Spieler ist von Beobachtern eingerahmt, die nacheinander hinter die Figur treten und in der Ich-Form die Gedanken und Gefühle dieser Figur ausdrücken. Danach verharren sie, bis der Spielleiter sie in selbst gewählter Reihenfolge durch Antippen auffordert, erneut ihre Texte zu sprechen.

Strichfassung
Ein längerer Dialog wird durch Streichungen im Original so verkürzt, dass er auf die wesentlichen Positionen konzentriert wird (Strichfassung). Im Extremfall entsteht eine Wechselrede mit kurzen prägnanten Repliken (**Stichomythie**). Dazu können Verse vorgezogen oder nachgestellt werden, wichtige Passagen dürfen wiederholt verwendet werden, um letztlich durch die Verdichtung die zentralen Aussagen der am Dialog Beteiligten auf den Punkt zu bringen. Entfallene Textpassagen können zudem durch entsprechende Regieanweisungen ersetzt werden. Nach der schriftlichen Vorbereitung wird die so entstandene Strichfassung im szenischen Vortrag erprobt.

Strukturskizze
Eine Strukturskizze dient der Visualisierung des Textverständnisses. Dabei versucht man, die gedankliche Struktur des Textes in vereinfachter Form darzustellen oder auch Interpretationsaspekte einzubeziehen.

- Besitzt der Text z. B. eine **antithetische Struktur**, so bietet sich eine Gegenüberstellung in Form einer zweiteiligen Struktur an (A← →B).
- Wird im Text eine Ursache-Folge-Entwicklung oder ein Ablauf aufgezeigt, so ist für die Darstellung ein **Flussdiagramm** (ggf. mit Verzweigungen) geeignet (vgl. Beispiel zum Telefonieren).
- Bei komplexen Zusammenhängen tragen einfache Zeichnungen und Symbole zur Anschaulichkeit der Skizze bei und helfen, das Dargestellte dauerhaft im Gedächtnis zu behalten (vgl. Skizze zu Bichsel: „San Salvador", S. 36).

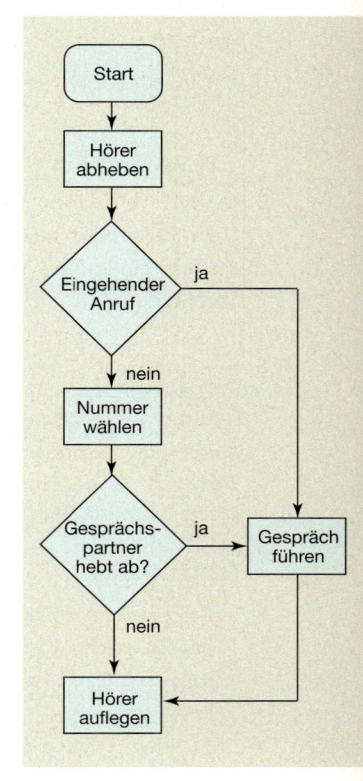

Flussdiagramm: Ein Festnetz-Telefonat führen

Szenisches Lesen/szenischer Vortrag

→ vgl. Lesen mit verteilten Rollen

Tableau

Ein Tableau ist ein **Standbild**, das den Einstieg in eine gespielte Szene darstellt. Im Theater setzt man Tableaus gerne so ein, dass sich die Darsteller im Dunkeln bereits zu einem Tableau formieren. Sobald das Licht angeht und der Zuschauer alle Beziehungen dieses Bildes erkannt hat, löst sich das Tableau auf und markiert den Anfang einer Szene.

Alternativ kann ein Tableau auch dazu dienen, eine Szene eines Kunstwerks nachzustellen (z. B. den Weberzug in einer Radierung von Käthe Kollwitz, vgl. S. 305). Während die darstellende Gruppe versucht, das Original möglichst genau nachzustellen, muss die Zuschauergruppe das Ergebnis kritisch mit dem Original abgleichen und gegebenenfalls Änderungen vornehmen. Ziel dieser Übung ist dann die genaue Betrachtung des Originals und vor allem die Erkenntnis, dass kleine Details eine wichtige Wirkung für das Gesamtbild haben können.

Textblatt

Ein Textblatt dient dazu, einen Textvortrag bzw. eine Rezitation intensiv vorzubereiten. Dazu werden in einen Text Betonungs- und Pausenzeichen sowie erläuternde Anmerkungen zur Sprechweise eingefügt, die zusätzlich mit einer Kommentierung versehen werden können. Durch das Festhalten der Überlegungen kann dieselbe Vortragsweise auch mit zeitlichem Abstand wieder aufgerufen werden, verschiedene Vortragsweisen können mithilfe von Textblättern zudem verglichen und diskutiert werden. Ein Textblatt kann auch am Computer entworfen werden, zum Beispiel:

Vers	F. Nietzsche: „Vereinsamt"	Kommentierung
1	Die **Krähen** schrein //	Schlüsselwort „Krähen" besonders betonen, um **negative Konnotationen** (vgl. schwarze Farbe, Schreie) anzudeuten.
2	Und ziehen **schwirren** Flugs zur Stadt: /	Diverse Pausen spiegeln **Nachdenklichkeit** des lyrischen Ichs.
3	Bald wird es **schnein**. – //	
4	Wohl dem, / der jetzt noch – / **Heimat** hat! […]	Schlüsselwort „Heimat" als **Kontrast zu** „Krähen" betonen.

Zeichenerklärung:
Fettdruck und **größere Schrift** = Hervorhebung von Schlüsselwörtern, die besonders betont werden
/ bzw. // = kurze bzw. längere Pause
●┈┈┈▶ = Beschleunigung des Lesetempos

Textcollage

1. Bei einer **Textcollage** einigen sich die Gruppenmitglieder zunächst, welche Wörter, Teile eines Satzes oder Sätze die Kernaussage des Textes beinhalten. Diese Textstellen werden markiert bzw. exzerpiert.
2. In einem zweiten Schritt erarbeiten die Gruppenmitglieder einen möglichst wirkungsvollen **Vortrag** der entstandenen Textcollage: Anzahl der Sprecher? Reihenfolge der Textelemente? Vortragsweise (Tonlage, Lautstärke, Tempo, Pausen, chorisches Sprechen)? Unterlegung mit Geräuschen und/oder Musik?
3. Nach dem Vortrag verschiedener Textcollagen folgt im Plenum eine **Diskussion** über Textauswahl und Vortragsweise der verschiedenen Gruppen.

Vortrag

→ vgl. sinngestaltendes Lesen, szenisches Lesen, szenischer Vortrag, Textblatt

(Wand-)Plakat

Ein Wandplakat ist eine Art visueller Vortrag, in dem ein bestimmter Sachverhalt möglichst spannend und anschaulich in Wort, Bild und Grafik dokumentiert wird. Es dient z. B. dazu, Arbeitsergebnisse großformatig und anschaulich zu visualisieren, und bleibt üblicherweise im Anschluss an die Präsentation als Informationsquelle für Schüler, Lehrer oder eine breitere Öffentlichkeit im Klassenraum hängen. Damit das Wandplakat diese Funktionen erfüllt, muss es übersichtlich und zugleich ansprechend gestaltet sein. Folgende Hinweise sollten bei der Erstellung beachtet werden:

– Wichtig ist eine ins Auge fallende **Überschrift**;
– **Bilder** dienen der Veranschaulichung und stellen darüber hinaus einen Blickfang dar;
– **Text und Bild** sollten in einem ausgewogenen Verhältnis stehen und aufeinander bezogen sein;
– es muss eine sorgfältige Auswahl an Informationen getroffen werden, damit die **Textmenge** begrenzt bleibt (längere Texte gehören in ein Buch);
– die Texte sollten zudem **selbst verfasst** werden;
– die **Schriftgröße** muss an die Raumgröße angepasst werden (Faustregel: pro Meter Abstand des Betrachters zum Plakat 1 cm Mindestschriftgröße, sprich: 3 Meter = 3 cm Buchstabengröße);
– bewusst gewählte **Schriftfarben** unterstützen die Aussagekraft, dabei sollte man die Farbe Rot sparsam verwenden;
– für eine übersichtliche **Gesamtgliederung** des Plakats sollte man mehrere Varianten vorab skizzieren und durchspielen.

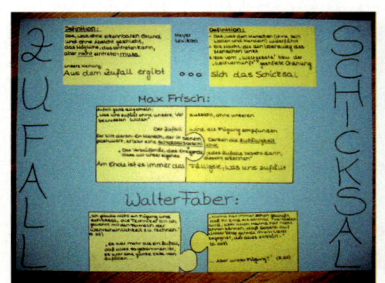

Wandplakat zum Roman *Homo faber* – Aspekte Zufall und Schicksal

Wandplakat zum Roman *Chron eines angekündigten Todes* – Fig erschließung

Zitieren

Das Textzitat (< lat. citatus = herbeigerufen) ist eine wörtlich übernommene Belegstelle zur exakten Dokumentation einzelner Wörter oder Sätze. Dabei gelten feste Regeln:

1. Die Zitierweise muss genau, zuverlässig und überprüfbar sein:
   - Anführungsstriche markieren **Anfang und Ende des Zitats**.
   - **Auslassungen und Veränderungen** des Originals werden in eckige Klammern gesetzt.
   - Die **Fundstelle** ist durch genaue Quellenangabe (Seite bzw. Vers) nachzuweisen.

   Beispiel:
   Die spätere Darstellung seines heimlichen Aufbruchs beginnt Goethe mit den Worten: „Früh [...] stahl ich mich aus Karlsbad, weil man mich sonst nicht fortgelassen hätte."
   (Goethe: Italienische Reise, S. 13).

2. Das Zitat muss sach- und funktionsgerecht **in den eigenen Text eingefügt** sein.

   Beispiel:
   Goethe betont zu Beginn seiner späteren Reisebeschreibung, dass er sich um drei Uhr früh aus Karlsbad „stahl [...], weil man mich sonst nicht fortgelassen hätte."
   (Goethe: Italienische Reise, S. 13).

3. **Betont der Zitierende ein Wort** oder eine Passage innerhalb des Zitats z. B. durch Unterstreichung oder Kursivdruck, das im Original nicht hervorgehoben ist, so muss er darauf mit einem Zusatz hinweisen.

   Beispiel:
   Die spätere Darstellung seines heimlichen Aufbruchs beginnt Goethe mit den Worten: „Früh drei Uhr stahl ich mich aus Karlsbad, weil man mich sonst nicht fortgelassen hätte."
   (Goethe: Italienische Reise, S. 13 – Hervorhebung nicht im Original).

4. **Enthält das Zitat sachliche oder sprachliche Fehler**, so kann der Zitierende diese nicht einfach ignorieren oder gar verbessern, sondern zeigt durch den Zusatz *[!]* oder *[sic!]* dem Leser den Fehler an.

5. Ein **Zitat innerhalb eines Zitats** wird nicht erneut mit doppelten Anführungsstrichen gekennzeichnet, sondern lediglich mit einfachen Anführungszeichen:

   Beispiel:
   „Aus einer fast abergläubischen Angst heraus, ein Mitwisser könnte seine Pläne vereiteln, ‚stahl' er sich heimlich aus Karlsbad fort [...]."
   (aus: Gunter E. Grimm, Ursula Breymayer und Walter Erhart: „Ein Gefühl von freierem Leben" – Deutsche Dichter in Italien, S. 59.)

6. Wo in engem Textbezug eine **Stelle nur sinngemäß übernommen** oder in eigenen Worten umschrieben (paraphrasiert) wird, genügt der Hinweis auf die Textstelle (Seite bzw. Zeile), um so dem Leser die Überprüfung am Original zu erleichtern.

   Beispiel:
   Goethe berichtet selbst davon, dass er sich unerlaubt aus Karlsbad davongestohlen habe. (Goethe: Italienische Reise, S. 13)

II. Basiswissen Literatur

1. Übersicht über Gattungen und Gattungsformen (Genres)

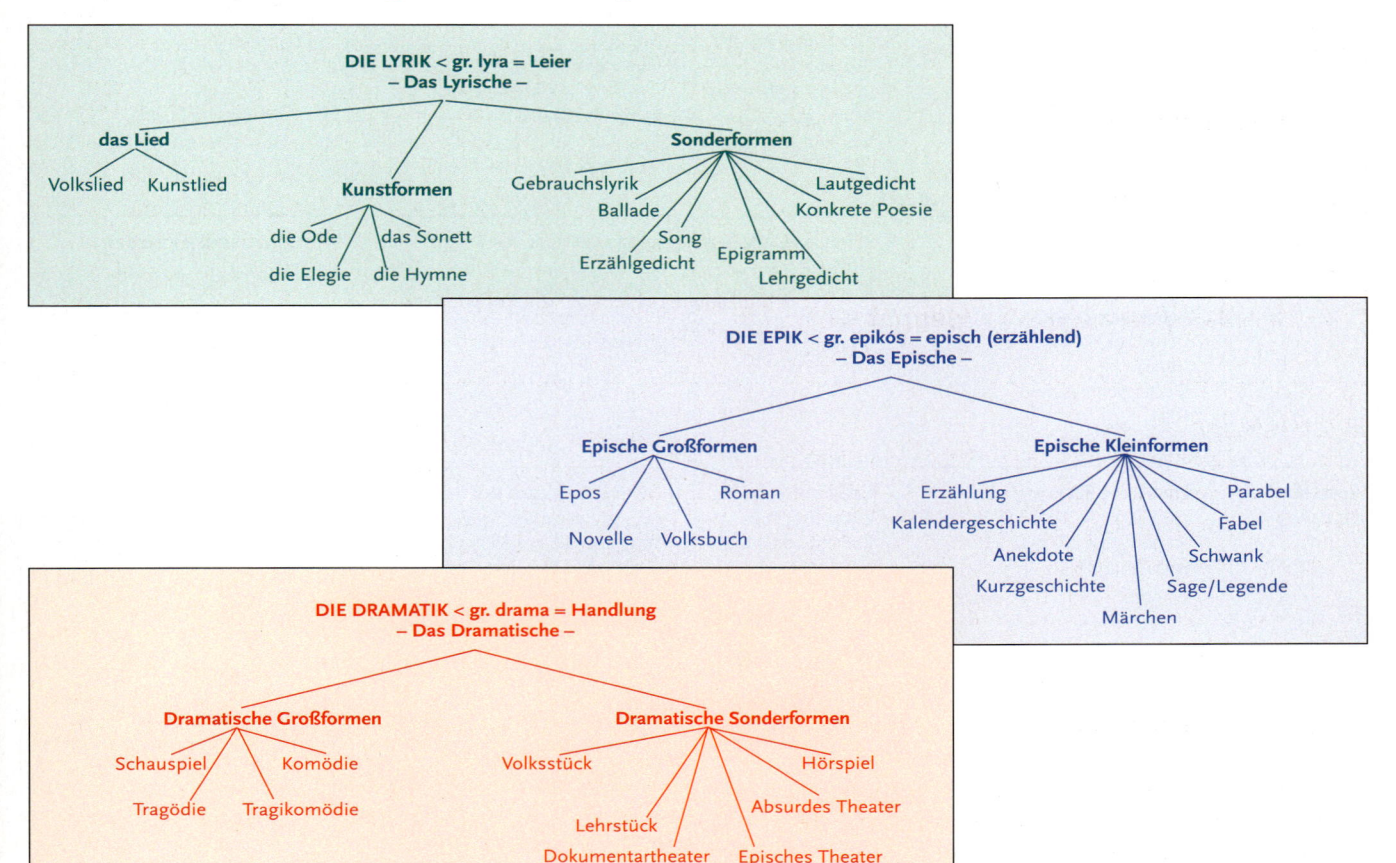

DIE LYRIK < gr. lyra = Leier
— Das Lyrische —

- das Lied
  - Volkslied
  - Kunstlied
- Kunstformen
  - die Ode
  - das Sonett
  - die Elegie
  - die Hymne
- Sonderformen
  - Gebrauchslyrik
  - Ballade
  - Song
  - Erzählgedicht
  - Epigramm
  - Lehrgedicht
  - Lautgedicht
  - Konkrete Poesie

DIE EPIK < gr. epikós = episch (erzählend)
— Das Epische —

- Epische Großformen
  - Epos
  - Roman
  - Novelle
  - Volksbuch
- Epische Kleinformen
  - Erzählung
  - Kalendergeschichte
  - Anekdote
  - Kurzgeschichte
  - Märchen
  - Parabel
  - Fabel
  - Schwank
  - Sage/Legende

DIE DRAMATIK < gr. drama = Handlung
— Das Dramatische —

- Dramatische Großformen
  - Schauspiel
  - Komödie
  - Tragödie
  - Tragikomödie
- Dramatische Sonderformen
  - Volksstück
  - Lehrstück
  - Dokumentartheater
  - Hörspiel
  - Absurdes Theater
  - Episches Theater

2. Epochen im Überblick

Epochen	Allgemeine Geschichte		Kulturgeschichte	Literaturgeschichte im Überblick
Frühes Mittelalter 750–1170	– Die Karolinger (7. Jh. – 911) – Die Ottonen und Salier (919–1125)	Pfalzkapelle in Aachen	– Christianisierung – Klosterkultur – Karolingische Renaissance – Romanik	– **Ahd. Literatur:** *Hildebrandslied* (um 800), *Evangelienharmonie* (um 860) – **Lat. Literatur:** Notker Balbulus (um 900), Hrotsvit von Gandersheim (ca. 935–980) – **Frühmhd. Literatur:** *Kaiserchronik* (1135/55), *Rolandslied* (um 1170)
Hohes Mittelalter 1170–1270	– Staufer und Welfen (ca. 1100–1268) – 7 Kreuzzüge (1096–1270) – Inquisition	Bamberger Reiter	– Ordensgründungen – Höfische Ritterkultur – Frühgotik	– **Minnesang:** Reinmar der Alte (seit 1185), Walther von der Vogelweide (seit 1197), auch politische Spruchdichtung – **Versepen:** *Das Nibelungenlied* (um 1200), Wolfram von Eschenbach (um 1170–1220), Gottfried von Straßburg (um 1200)
Spätes Mittelalter 1270–1500	– Territorialmächte – Ostkolonisation – Kirchenschisma – Pest (1348–1352)	Frühe Druckpresse	– Stadtkultur (Hanse) – Erste deutsche Universitäten – Mystik – Hochgotik	– **Minnesang:** Johannes Hadlaub (um 1300), Oswald von Wolkenstein – **Mystik:** Meister Eckhart (um 1300), Heinrich Seuse (ca. 1295–1366) – **Europäische Literatur:** Dante Alighieri (1265–1321), Francesco Petrarca (1304–1374), Giovanni Boccaccio (1313–1375)
Renaissance und Humanismus 1470–1600	– Entdeckungen – Reformation – Bauernkrieg (1525) – Habsburg ↔ Frankreich	Entdeckung Amerikas	– Heliozentrisches Weltbild – Luthers Bibelübersetzung – Malerei der Renaissance	– **Volksbücher:** *Historia von D. Joh. Fausten* (1587), *Schildbürger* (1598) – **Schwänke:** *Schimpf und Ernst* (1522), *Rollwagen-Büchlein* (1555) – **Drama:** Hans Sachs (1494–1576): Fastnachtsspiele – **Europäische Literatur:** William Shakespeare (1564–1616)
Barock 1600–1720	– Gegenreformation – 30-jähriger Krieg – Absolutismus – Glorreiche Revolution in England	Zwinger in Dresden	– Bürgerbarock – Natur- und Völkerrecht – Naturwissenschaften – Rationalismus	– **Poetik:** Martin Opitz (1597–1639), Sprachgesellschaften – **Lyrik:** Andreas Gryphius, Paul Gerhardt (1607–1676), Friedrich von Logau (1604–1655) – **Roman:** Hans Jakob Christoph von Grimmelshausen (1621–1676) – **Drama:** Andreas Gryphius, Jakob Bidermann (1578–1639) – **Europäische Literatur:** Miguel Cervantes Saavedra (1547–1616)
Aufklärung 1720–1785 **Empfindsamkeit** 1740–1780 **Sturm und Drang** 1767–1785	– Englisch-französischer Kolonialkrieg (1755–1763) – Dualismus Preußen ↔ Österreich – Siebenjähriger Krieg (1756–1763)	Dampfmaschine des James Watt	– Immanuel Kant – „Zurück zur Natur!" (Jean-Jacques Rousseau, 1712–1778) – Beginn der industriellen Revolution	– **Aufklärung:** Gotthold Ephraim Lessing (1729–1781), Georg Christoph Lichtenberg (1742–1799), Christoph Martin Wieland (1733–1813) – **Empfindsamkeit:** Friedrich Gottlieb Klopstock (1724–1803), Matthias Claudius (1740–1815), Johann Heinrich Voß (1751–1826) – **Sturm und Drang:** Johann Gottfried Herder (1744–1803), der junge-Goethe und Schiller, Friedrich Maximilian von Klinger (1752–1831): *Sturm und Drang* (1777), Jakob Michael Reinhold Lenz (1751–1792)
Klassik 1786–1832	– Französische Revolution (1789) – Ende des Heiligen Römischen Reiches Deutscher Nation (1806) – Wiener Kongress (1815)	Louvre in Paris	– Philosophie des deutschen Idealismus – Klassizismus – Musik der Wiener Klassik	– **Johann Wolfgang von Goethe:** *Iphigenie* (1787), *Faust I und II* (1808/1832), *Wilhelm Meister* (1795/1824), *Römische Elegien* (1795) – **Friedrich Schiller:** *Don Carlos* (1787), *Wallenstein* (1798–1799), *Maria Stuart* (1800), *Wilhelm Tell* (1804) – **Sonderstellung:** Friedrich Hölderlin (1770–1843), Jean Paul (1763–1825)
Romantik 1798–1835	– Preußische Reformen (ab 1807) – Wartburgfest (1817) – Restauration (ab 1819)	Draisine	– Geschichts- und Zukunftsmythos – Romantische Musik und Malerei	– **Frühromantik** (Jena und Berlin): Ludwig Tieck (1773–1853), Novalis (1772–1801), August Wilhelm (1767–1845) und Friedrich von Schlegel (1772–1829) – **Spätromantik** (Heidelberg): Clemens Brentano (1778–1842), Joseph von Eichendorff (1788–1857), Jakob (1785–1863) und Wilhelm Grimm (1786–1859), Ernst Theodor Amadeus Hoffmann (1776–1822) – **Sonderstellung:** Heinrich von Kleist (1777–1811)
Biedermeierzeit 1820–1850 **Junges Deutschland** 1830–1850	– Julirevolution in Paris (1830) – Hambacher Fest (1832) – Kommunistisches Manifest (1848)	Weberaufstand 1844	– Telegraf (1832) – Fotografie (1835) – Eisenbahn (1835) – Darwinismus	– **Biedermeierzeit:** Annette von Droste-Hülshoff (1797–1848), Eduard Mörike (1804–1875), Johannes Nestroy (1801–1862), Adalbert Stifter (1805–1868) – **Das Junge Deutschland:** Heinrich Heine (1797–1856), Christian D. Grabbe (1801–1836), Karl Gutzkow (1811–1878), Georg Büchner (1813–1837)

EPOCHEN	ALLGEMEINE GESCHICHTE		KULTURGESCHICHTE	LITERATURGESCHICHTE IM ÜBERBLICK
Realismus 1850–1890	– Ende der Frankfurter Nationalversammlung (1849) – Dt.-österr. Krieg (1866) – Dt.-frz. Krieg (1870–1871)	Dynamo	– Industrialisierung – Starkstromtechnik (1866) – Alfred Nobel (1833–1896) stiftet den Nobelpreis	– Ab 1854 das *Deutsche Wörterbuch* der Gebr. Jakob und Wilhelm Grimm – **Drama:** Friedrich Hebbel (1813–1863), Otto Ludwig (1813–1865) – **Lyrik** und **Prosa:** Theodor Storm (1817–1888), Gottfried Keller (1819–1890), Theodor Fontane (1819–1898), Conrad Ferdinand Meyer (1825–1898), Marie von Ebner-Eschenbach (1830–1916), Wilhelm Raabe (1831–1910)
Naturalismus 1880–1900	– Deutsches Kaiserreich (1871–1918) – Kulturkampf (ab 1872) – Sozialistengesetze – Sozialgesetze	Elektrische Straßenbahn	– Internationale Telegrafenlinien (ab 1870) – Glühlampe (1878) – Rollfilmkamera (1888)	– **Drama:** Ludwig Anzengruber (1839–1889), Gerhart Hauptmann (1862–1946), Arno Holz (1863–1929) mit Johannes Schlaf (1862–1941) – **Lyrik:** Arno Holz (1863–1929), Ernst von Wildenbruch (1845–1909) – **Prosa:** Ludwig Anzengruber, Gerhart Hauptmann – **Europäische Literatur:** Emile Zola (1840–1902), Leo Tolstoi (1828–1910), Henrik Ibsen (1828–1906)
Gegenströmungen zum Naturalismus 1890–1933	– Balkan- und Kolonialkrisen (1905–1911) – Erster Weltkrieg (1914–1918) – Russische Oktoberrevolution (1917)	Erstes Auto	– Friedrich Nietzsche (1844–1900) – Psychoanalyse (1900) – Relativitätstheorie (1915) – Jugendstil	– **Wiener Impressionismus 1890–1920:** Arthur Schnitzler (1862–1931), Hugo von Hofmannsthal (1874–1929) – **Symbolismus 1890–1920:** Stefan George (1868–1933), Rainer Maria Rilke (1875–1926), Christian Morgenstern (1871–1914), Frank Wedekind (1864–1918); Hermann Hesse (1877–1962, Neuromantik) – **Europäische Literatur:** Charles Baudelaire (1821–1867), Paul Verlaine (1844–1896), Gabriele d'Annunzio (1863–1938)
Expressionismus 1910–1925	– Allgemeines Frauenwahlrecht (1918) – Völkerbund (1919) – Vertrag von Versailles (1919)	Erster Weltkrieg	– Obligatorische „Volksschule" (seit 1918) – Kulturzentren Paris, Berlin, München, Dresden	– **Lyrik:** Else Lasker-Schüler (1869–1945), Georg Trakl (1887–1914), Georg Heym (1887–1912), der junge Gottfried Benn (1886–1956), der junge Johannes Becher (1891–1958) – **Drama:** Georg Kaiser (1878–1945), Ernst Barlach (1870–1938), Karl Kraus (1874–1936) – **Prosa:** Franz Kafka (1883–1924), Heinrich Mann (1871–1950) – **Europäische Literatur:** Walt Whitmann (1819–1892), August Strindberg (1849–1912), James Joyce (1882–1941)
Literatur der Weimarer Republik und des Exils 1918–1945	– Inflation (1923) – Hitlerputsch (1923) – Weltwirtschaftskrise (1929) – Hitlers Machtergreifung (1933) – Olympische Spiele in Berlin (1936) – Münchner Abkommen (1938) – Zweiter Weltkrieg (1939–1945)	Volksempfänger (seit 1935) Emigration	– Die „goldenen Zwanziger" in Berlin (1924–1929) – Gleichschaltung aller Kultur (1933) – „Entartete Kunst" (1938) – „Blut- und Boden-Kunst" (ab 1933)	– **Neue Sachlichkeit ab 1925:** Lyrik von Bertolt Brecht (1898–1956), Erich Kästner (1899–1974) – **Prosa:** Erich Maria Remarque (1898–1970), Alfred Döblin (1878–1957), Kurt Tucholsky (1890–1935), Heimito von Doderer (1896–1966), Ernst Jünger (1895–1998), Thomas Mann (1875–1955) – **Drama:** Bertolt Brecht: seit 1926 das „epische Theater", Carl Zuckmayer (1896–1977) – **„Innere Emigration" 1933–45:** Werner Bergengruen (1892–1964), Ina Seidel (1885–1974), Gertrud von Le Fort (1876–1971) – **Exilliteratur 1933–45:** Thomas und Heinrich Mann, Hermann Hesse, Bertolt Brecht, Carl Zuckmayer, Anna Seghers (1900–1983), Stefan Zweig (1881–1942), Franz Werfel (1890–1945), Joseph Roth (1894–1939), Hermann Broch (1886–1951), Lion Feuchtwanger (1884–1958), Robert Musil (1880–1942); Ödön von Horvàth (1901–1938)
Literatur nach 1945	– Hiroshima (1945) – Vier Besatzungszonen (1945–49) – BRD und DDR (1949) – Berliner Mauer (1961) – Erste Mondlandung am 20.7.1969 – Liberalisierung des Ostblocks (ab 1985) – Tschernobyl (1986)	Trümmerlandschaft Mondlandung Neil Armstrong, Edwin Aldrin	– Menschenrechte der UNO (1948) – George Orwell: „1984" (1949) – Existenzialismus (50er-Jahre) – Gruppe 47 (1947–1967) – „Postmoderne" (80er-Jahre)	– **BRD: Prosa:** Wolfgang Borchert (1921–47), Heinrich Böll (1917–1985), Alfred Andersch (1914–1980), Siegfried Lenz (*1926), Günter Grass (*1927), Martin Walser (*1927), Peter Härtling (*1933), Wolfgang Koeppen (1906–1996) **Drama:** Peter Weiß (1916–1982), Rolf Hochhuth (*1931), Botho Strauß (*1944) **Lyrik:** Nelly Sachs (1891–1970), Paul Celan (1920–1970), Hans Magnus Enzensberger (*1929), Günter Eich (1907–1972) – **DDR:** Joh. Bobrowski (1917–1965), Hermann Kant (*1926), Heiner Müller (1929–1995), Christa Wolf (*1929), **Regimekritiker:** Uwe Johnson (1934–1984), Erich Loest (*1926), Günter Kunert (*1929), Peter Huchel (1903–1981), Wolf Biermann (*1936), Reiner Kunze (*1933), Jurek Becker (1937–1997), Ulrich Plenzdorf (*1934) – **Österreich:** Ingeborg Bachmann (1926–1973), Thomas Bernhard (1931–1989), Peter Handke (*1942) – **Schweiz:** Max Frisch (1911–1991), Friedrich Dürrenmatt (1921–1990), Peter Bichsel (*1935)
Literatur nach 1989	– Deutsche Einheit (1990) – Golfkrieg (1991) – Ende der UdSSR (1991) – Bürgerkriege in Jugoslawien (ab 1991) – Terror in USA (2001) – Euro (1.1.2002) – Krieg im Irak (2003) – Weltwirtschaftskrise (2009)	Fall der Berliner Mauer 1989 Internet-Café	– Dominanz amerikanischer Kultur – Geklontes Schaf Dolly (1997) – Klonen menschlicher Zellen (1999) – Kontextkunst	– **Drama:** Botho Strauß (*1944), Albert Ostermaier (*1968), Roland Schimmelpfennig (*1967) – **Lyrik:** Ulla Hahn (*1946), Durs Grünbein (*1962) – **Prosa:** Günter Grass: *Ein weites Feld* (1995), *Im Krebsgang* (2002); Martin Walser: *Ein springender Brunnen* (1998); Bernhard Schlink (*1944): *Der Vorleser* (1995); Christoph Hein (*1944): *Willenbrock* (2000); Ingo Schulze (*1962): *Simple Storys* (1998), Thomas Brussig (*1965): *Am kürzeren Ende der Sonnenallee* (1999); Friedrich Christian Delius (*1943): *Der Spaziergang von Rostock nach Syrakus* (1995); Christa Wolf: *Leibhaftig* (2002), *Was bleibt* (1990); Daniel Kehlmann (*1975): *Die Vermessung der Welt* (2005), *Ruhm* (2009); Julia Franck (*1970): *Die Mittagsfrau* (2007); Uwe Tellkamp (*1968): *Der Turm* (2008); Julie Zeh (*1974): *corpus deliciti* (2009)

3. Epochen und Epochenüberlagerungen

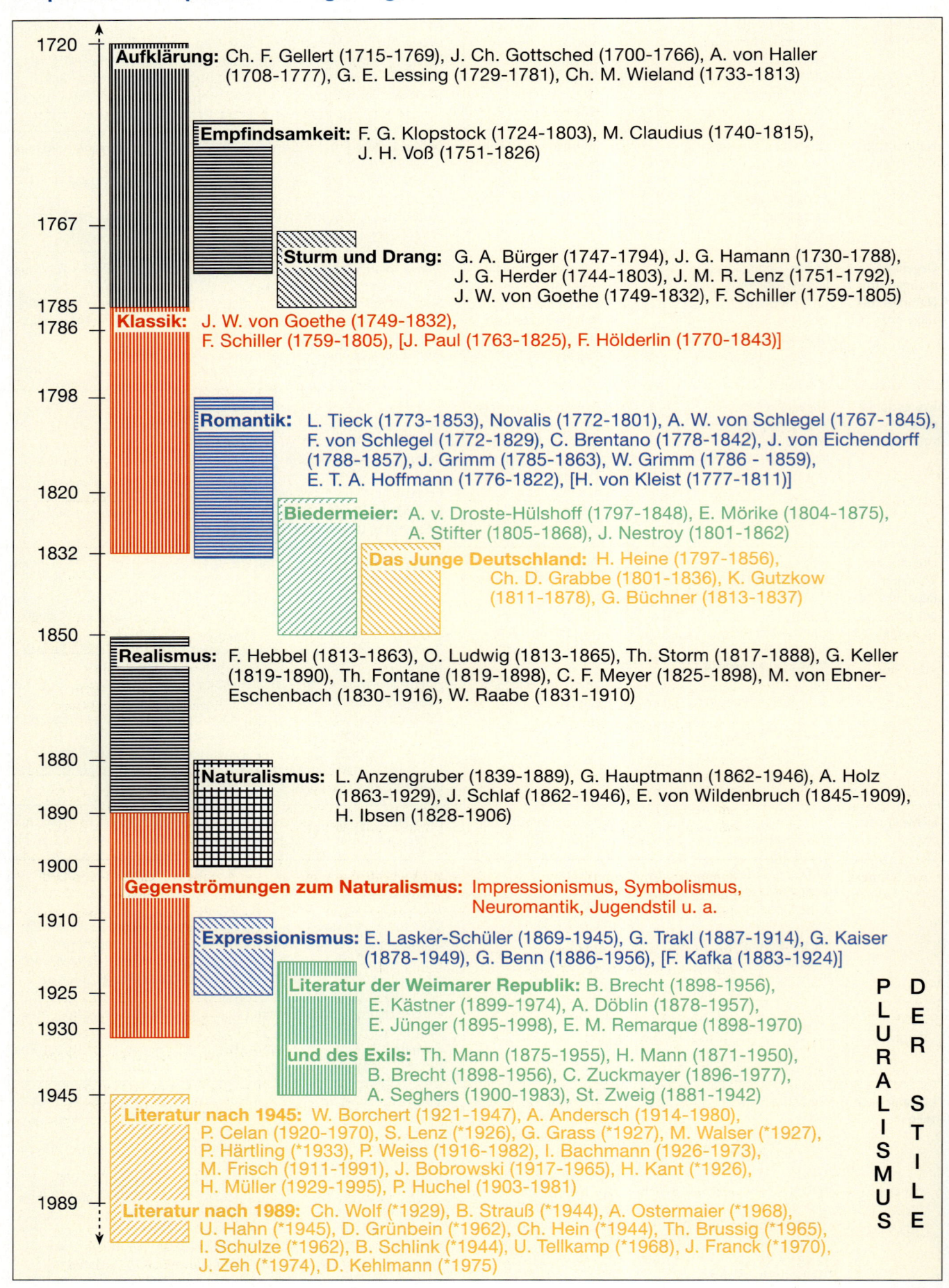

1720 — **Aufklärung:** Ch. F. Gellert (1715-1769), J. Ch. Gottsched (1700-1766), A. von Haller (1708-1777), G. E. Lessing (1729-1781), Ch. M. Wieland (1733-1813)

Empfindsamkeit: F. G. Klopstock (1724-1803), M. Claudius (1740-1815), J. H. Voß (1751-1826)

1767 — **Sturm und Drang:** G. A. Bürger (1747-1794), J. G. Hamann (1730-1788), J. G. Herder (1744-1803), J. M. R. Lenz (1751-1792), J. W. von Goethe (1749-1832), F. Schiller (1759-1805)

1785
1786 — **Klassik:** J. W. von Goethe (1749-1832), F. Schiller (1759-1805), [J. Paul (1763-1825), F. Hölderlin (1770-1843)]

1798 — **Romantik:** L. Tieck (1773-1853), Novalis (1772-1801), A. W. von Schlegel (1767-1845), F. von Schlegel (1772-1829), C. Brentano (1778-1842), J. von Eichendorff (1788-1857), J. Grimm (1785-1863), W. Grimm (1786-1859), E. T. A. Hoffmann (1776-1822), [H. von Kleist (1777-1811)]

1820 — **Biedermeier:** A. v. Droste-Hülshoff (1797-1848), E. Mörike (1804-1875), A. Stifter (1805-1868), J. Nestroy (1801-1862)

1832 — **Das Junge Deutschland:** H. Heine (1797-1856), Ch. D. Grabbe (1801-1836), K. Gutzkow (1811-1878), G. Büchner (1813-1837)

1850 — **Realismus:** F. Hebbel (1813-1863), O. Ludwig (1813-1865), Th. Storm (1817-1888), G. Keller (1819-1890), Th. Fontane (1819-1898), C. F. Meyer (1825-1898), M. von Ebner-Eschenbach (1830-1916), W. Raabe (1831-1910)

1880 —
Naturalismus: L. Anzengruber (1839-1889), G. Hauptmann (1862-1946), A. Holz (1863-1929), J. Schlaf (1862-1946), E. von Wildenbruch (1845-1909), H. Ibsen (1828-1906)

1890

1900 — **Gegenströmungen zum Naturalismus:** Impressionismus, Symbolismus, Neuromantik, Jugendstil u. a.

1910 — **Expressionismus:** E. Lasker-Schüler (1869-1945), G. Trakl (1887-1914), G. Kaiser (1878-1949), G. Benn (1886-1956), [F. Kafka (1883-1924)]

1925 — **Literatur der Weimarer Republik:** B. Brecht (1898-1956), E. Kästner (1899-1974), A. Döblin (1878-1957),
1930 — E. Jünger (1895-1998), E. M. Remarque (1898-1970)

und des Exils: Th. Mann (1875-1955), H. Mann (1871-1950), B. Brecht (1898-1956), C. Zuckmayer (1896-1977), A. Seghers (1900-1983), St. Zweig (1881-1942)

1945 — **Literatur nach 1945:** W. Borchert (1921-1947), A. Andersch (1914-1980), P. Celan (1920-1970), S. Lenz (*1926), G. Grass (*1927), M. Walser (*1927), P. Härtling (*1933), P. Weiss (1916-1982), I. Bachmann (1926-1973), M. Frisch (1911-1991), J. Bobrowski (1917-1965), H. Kant (*1926), H. Müller (1929-1995), P. Huchel (1903-1981)

1989 — **Literatur nach 1989:** Ch. Wolf (*1929), B. Strauß (*1944), A. Ostermaier (*1968), U. Hahn (*1945), D. Grünbein (*1962), Ch. Hein (*1944), Th. Brussig (*1965), I. Schulze (*1962), B. Schlink (*1944), U. Tellkamp (*1968), J. Franck (*1970), J. Zeh (*1974), D. Kehlmann (*1975)

PLURALISMUS DER STILE

III. Basiswissen Sprache

1. Die Wortarten (die Lexik)

1.1 Übersicht

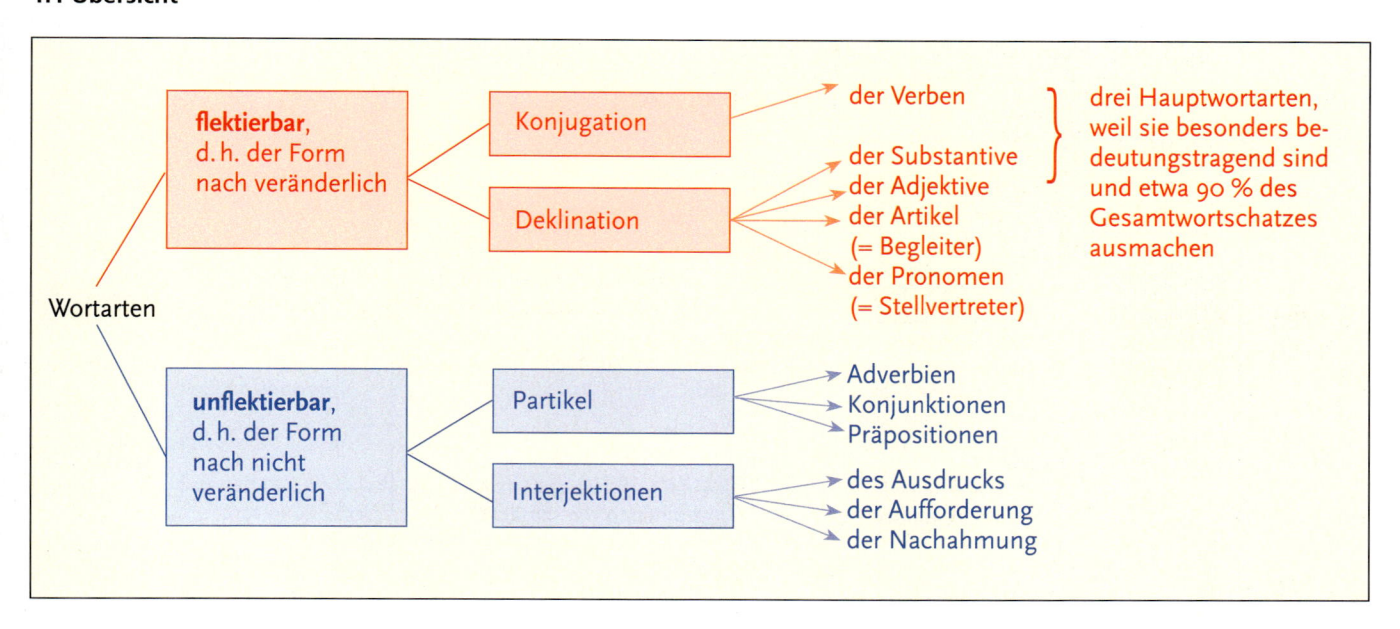

Wortarten
- **flektierbar**, d. h. der Form nach veränderlich
  - Konjugation → der Verben
  - Deklination → der Substantive, der Adjektive, der Artikel (= Begleiter), der Pronomen (= Stellvertreter)

  } drei Hauptwortarten, weil sie besonders bedeutungstragend sind und etwa 90 % des Gesamtwortschatzes ausmachen

- **unflektierbar**, d. h. der Form nach nicht veränderlich
  - Partikel → Adverbien, Konjunktionen, Präpositionen
  - Interjektionen → des Ausdrucks, der Aufforderung, der Nachahmung

1.2 Formen, Eigenarten und Funktionen

Bezeichnung	Formen	Eigenarten	Funktionen
das Verb (Zeit- oder Tätigkeitswort)	– *Tätigkeitsverb*: arbeiten – *Vorgangsverb*: sprießen – *Zustandsverb*: ragen – *Hilfsverben*: haben, sein, werden – *Modalverben*: müssen, können, dürfen	• Konjugation • sechs Tempora • Aktiv, Passiv • starke und schwache Verben • Modus: Indikativ, Konjunktiv, Imperativ	– Bildung des Prädikats – Verben mit Ergänzungen (Objekten) und Adverbialen
das Adjektiv (Eigenschaftswort)	– *attributiv*: ein schönes Haus – *prädikativ*: Er ist kräftig. – *adverbial*: Er ruft laut.	• Deklination vor Substantiven • Vergleichsformen: groß (Positiv), größer (Komparativ), am größten (Superlativ)	– Benennung von Eigenschaften – Bildung von Prädikatsnomen – Charakterisierung von Verben
das Numeral (Zahladjektiv, Zahlwort)	– *Kardinalzahlen* (Grundzahlen): null, zwei, vier – *Ordinalzahlen* (Ordnungszahlen): zweite, vierte – *Bruchzahlen*: ein halbes Pfund – *unbestimmte* (indefinite) *Zahladjektive*: viel, wenig, ganz	• Deklination wie attributiv verwendete Adjektive • Keine Vergleichsformen	– Angabe von Größen- und Ordnungsverhältnissen – Bezeichnung von (unbestimmten) Mengen
das Partizip (Mittelwort)	– *Partizip Präsens*: glühend – *Partizip Perfekt*: geglüht	– Ableitung vom Verb (glühen) – Gebrauch wie Adjektiv (z.B. als Attribut)	– Benennung von Eigenschaften – Bildung von Prädikatsnomen – Charakterisierung von Verben
das Substantiv/Nomen (Haupt-, Ding-, Namenwort)	– *Konkreta*: Haus, Wasser • Eigennamen: Berlin • Gattungsbezeichnungen: Mensch, Tier, Pflanze – *Abstrakta*: Geist, Liebe	– Deklination: Kasus, Numerus • Genus: Maskulina, Feminina, Neutra • Großschreibung	– Bezeichnung von Lebewesen, Dingen, Begrifflichem – Verwendung als Subjekt, Objekt, Adverbial, Attribut
der Artikel (Geschlechtswort, Begleiter)	– *bestimmte Artikel*: der, die, das – *unbestimmte Artikel*: ein, eine, ein	• Deklination: zeigen Genus, Numerus, Kasus an	– Begleiter des Substantivs: der Kerl – Demonstration: der (= dieser) Kerl – Einleitung: der (= welcher)

Bezeichnung	Formen	Eigenarten	Funktionen
das Pronomen (Fürwort, Stellvertreter)	– *Personalpronomen:* ich, du, er; wir, ihr, sie – *Possesivpronomen:* mein, dein, sein; unser, euer, ihr – *Interrogativpronomen:* wer? was? welcher? welche? – *Relativpronomen:* welcher, welche, welches – *Demonstrativpronomen:* dieser, jener, der – *Reflexivpronomen:* sich – *Indefinitpronomen:* jemand, etwas, alle, kein	• Deklination: zeigen Genus, Numerus, Kasus an	– Stellvertreter des Substantivs – Besitzangabe – Fragefürwörter – Einleitefürwörter – Hinweisende Fürwörter – Rückbezug zum Subjekt – unbestimmte Fürwörter
das Adverb (Umstandswort)	– *Kausaladverbien:* deshalb, darum, meinetwegen – *Lokaladverbien:* da, dort, hinten, hier, vorn – *Temporaladverbien:* jetzt, mittags, heute, morgen – *Modaladverbien:* gerne, genug, teils	Gebrauch als • selbstständiges Satzglied (Er singt gern.) • Attribut (Das Buch dort ...)	– Umstände des Grundes – Umstände des Ortes – Umstände der Zeit – Art und Weise, Grad, Maß u. a.
die Konjunktion (Bindewort)	– *neben- oder beiordnend:* und, oder, denn – *unterordnend:* dass, weil, indem, wenn, damit, obgleich	– Verbindung von Teilsätzen einer Satzreihe – Einleitung von Glied- und Attributsätzen	Verbindung von – Wörtern, – Wortgruppen und – Sätzen
die Präposition (Verhältniswort)	– *lokal:* auf, aus, unter – *temporal:* ab, bis, vor, während – *modal:* außer, entgegen, nebst – *kausal:* dank, gemäß, zwecks	– Sie sind unveränderlich und bestimmen i.d.R. den Kasus des folgenden Wortes	– Kennzeichnung des Ortes – Kennzeichnung der Zeit – Kennzeichnung der Art und Weise – Kennzeichnung der Begründung
die Interjektionen (Ausrufewörter)	– *Ausdruck:* hm! ach! – *Aufforderung:* pst! hallo! – *Nachahmung:* wau! muh!	• Laut- und Schallgebilde • i.d.R. syntaktisch isoliert	– Ausdruck von Empfindungen – Ausdruck von Anrufen – Ausdruck von Nachahmungen

2. Der Satzbau (die Syntax)

2.1 Die Satzarten

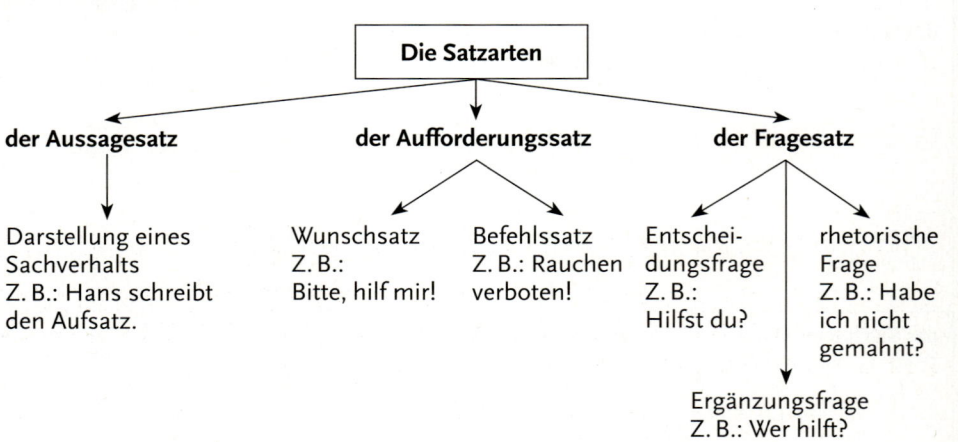

Die Satzarten

- **der Aussagesatz**
  - Darstellung eines Sachverhalts
  - Z. B.: Hans schreibt den Aufsatz.

- **der Aufforderungssatz**
  - Wunschsatz
    Z. B.: Bitte, hilf mir!
  - Befehlssatz
    Z. B.: Rauchen verboten!

- **der Fragesatz**
  - Entscheidungsfrage
    Z. B.: Hilfst du?
  - rhetorische Frage
    Z. B.: Habe ich nicht gemahnt?
  - Ergänzungsfrage
    Z. B.: Wer hilft?

2.2 Satzbaupläne

– *der Einwortsatz:* Z. B.: Hilfe! Feuer! Großartig!
– *der unvollständige Satz* (die Ellipse < gr. elleipsis = das Ausbleiben): Bitte Wasser!
– *der einfache Aussagesatz* (ergänzungslose Satz): Z. B.: Der Schüler liest. S   P

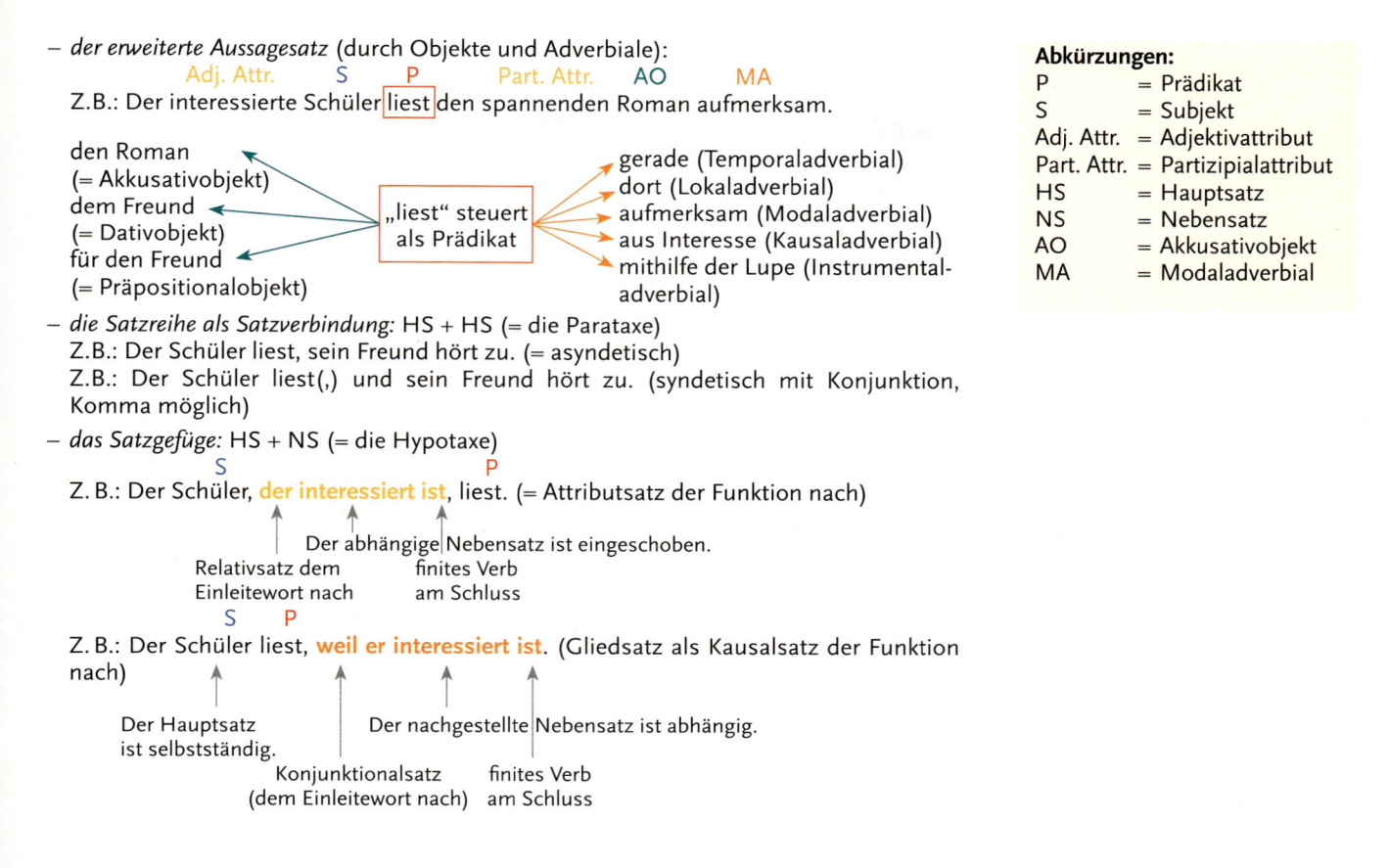

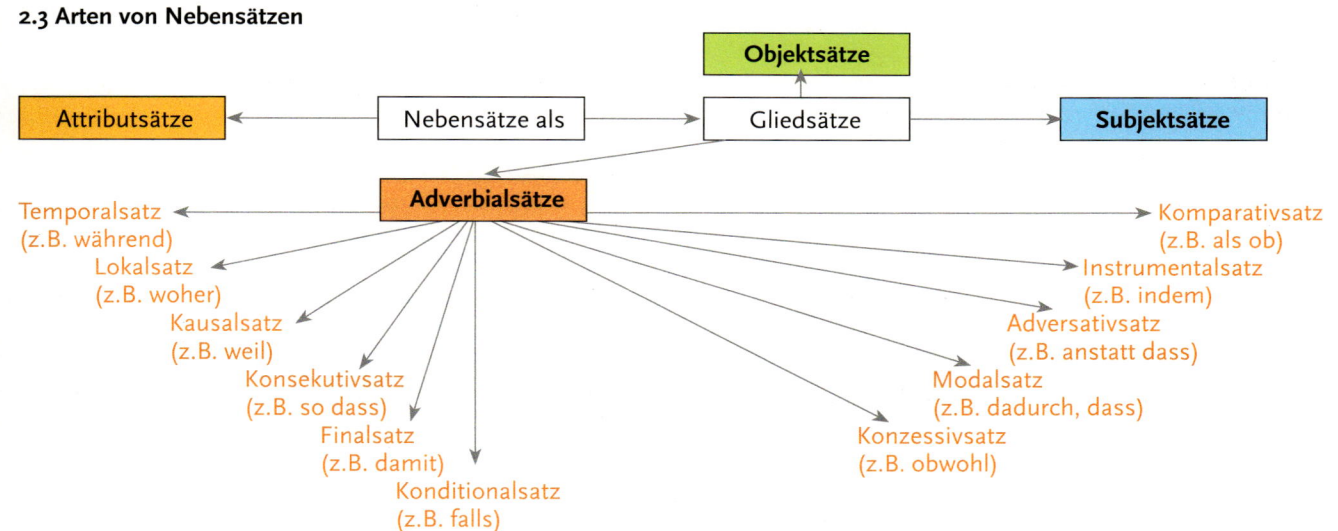

– *der erweiterte Aussagesatz* (durch Objekte und Adverbiale):
          Adj. Attr.   S   P   Part. Attr.   AO   MA
Z.B.: Der interessierte Schüler liest den spannenden Roman aufmerksam.

den Roman
(= Akkusativobjekt)
dem Freund
(= Dativobjekt)
für den Freund
(= Präpositionalobjekt)

„liest" steuert als Prädikat

gerade (Temporaladverbial)
dort (Lokaladverbial)
aufmerksam (Modaladverbial)
aus Interesse (Kausaladverbial)
mithilfe der Lupe (Instrumentaladverbial)

Abkürzungen:
P = Prädikat
S = Subjekt
Adj. Attr. = Adjektivattribut
Part. Attr. = Partizipialattribut
HS = Hauptsatz
NS = Nebensatz
AO = Akkusativobjekt
MA = Modaladverbial

– *die Satzreihe als Satzverbindung*: HS + HS (= die Parataxe)
Z.B.: Der Schüler liest, sein Freund hört zu. (= asyndetisch)
Z.B.: Der Schüler liest(,) und sein Freund hört zu. (syndetisch mit Konjunktion, Komma möglich)

– *das Satzgefüge*: HS + NS (= die Hypotaxe)
              S   P
Z.B.: Der Schüler, *der interessiert ist*, liest. (= Attributsatz der Funktion nach)

Relativsatz dem Einleitewort nach
Der abhängige Nebensatz ist eingeschoben.
finites Verb am Schluss

        S   P
Z.B.: Der Schüler liest, *weil er interessiert ist*. (Gliedsatz als Kausalsatz der Funktion nach)

Der Hauptsatz ist selbstständig.
Konjunktionalsatz (dem Einleitewort nach)
Der nachgestellte Nebensatz ist abhängig.
finites Verb am Schluss

2.3 Arten von Nebensätzen

Nebensätze als
- **Attributsätze**
- **Gliedsätze**
  - **Objektsätze**
  - **Subjektsätze**
  - **Adverbialsätze**

Adverbialsätze:
- Temporalsatz (z.B. während)
- Lokalsatz (z.B. woher)
- Kausalsatz (z.B. weil)
- Konsekutivsatz (z.B. so dass)
- Finalsatz (z.B. damit)
- Konditionalsatz (z.B. falls)
- Komparativsatz (z.B. als ob)
- Instrumentalsatz (z.B. indem)
- Adversativsatz (z.B. anstatt dass)
- Modalsatz (z.B. dadurch, dass)
- Konzessivsatz (z.B. obwohl)

3. Hauptschwierigkeiten der Rechtschreibung und Zeichensetzung

3.1 Groß- und Kleinschreibung

3.1.1 Großschreibung

1.	**Sie** und **Ihr** werden als höfliche Anredepronomen in allen Formen großgeschrieben. Im Brief können auch die Anredepronomen **du** und **dein** großgeschrieben werden.	Wir möchten **I**hrem Wunsch entsprechen und **I**hnen mitteilen, dass **S**ie …
2.	Bestimmte Verbindungen aus Adjektiven oder adjektivisch gebrauchten Zahlwörtern und Substantiven werden als Eigenname empfunden und großgeschrieben.	• der **H**eilige **V**ater • ein **R**oter **M**ilan • der **H**eilige **A**bend • der **Z**weite **W**eltkrieg

3.	In Reihungen, die als Substantive verwendet werden, werden das erste und das letzte Wort großgeschrieben. Die Schrei-bung aller anderen Wörter der Reihung entspricht den Regeln.	• das **A**us-dem-**H**äuschen-**S**ein
4.	Herkunfts- und Ortsbezeichnungen auf **-er** werden groß-geschrieben.	• **B**ielefelder Alm • **K**ölner Dom • **M**ünchener Oktoberfest
5.	Zeitangaben in Form eines Substantivs schreibt man groß. Vor ihnen steht oft ein Begleiter.	• der **D**ienstag • am **M**ittwochabend • eines **M**orgens • am vergangenen **F**reitag • heute **A**bend/gestern **M**orgen/morgen **M**ittag
6.	Alle Wortarten, die zu Substantiven werden, werden groß-geschrieben; man erkennt sie in der Regel an einem Begleiter. Fehlt der Begleiter, kann man ihn häufig ergänzen:	
	a) Verben	• beim **L**aufen, das **S**prechen, zum **S**pielen
	b) substantivierte Adjektive (und Partizipien)	• im **F**olgenden • alles/manches **G**ute • viel/etwas/nichts/wenig/genug **I**nteressantes
	c) substantivierte Numerale (Zahladjektive)	• Er trägt die **Z**ehn auf dem Trikot. • der **N**ächste/der **L**etzte/jeder **D**ritte
	d) substantivierte Pronomen, Adverbien, Präpositionen, Konjunktionen, Interjektionen, ...	• alles **Ü**brige/auch das **G**eringste • Es gab kein **O**ben und **U**nten mehr. • Sie erwogen das **F**ür und **W**ider. • Es war ein erstauntes **O**h zu vernehmen.
	e) Farb- und Sprachbezeichnungen nach Präpositionen	• bei **G**rün • auf **F**ranzösisch

3.1.2 Kleinschreibung

7.	Die Wörter schuld, pleite, bange, leid und angst schreibt man in Verbindung mit den Verben *sein*, *werden* und *bleiben* klein.	• Er ist **p**leite. • Sie war es **l**eid. • Sie sind nicht **s**chuld.
8.	Orts- und Herkunftsbezeichnungen auf **-isch** werden klein-geschrieben, wenn sie nicht fester Bestandteil eines Eigen-namens sind.	• die **d**änische Ostseeküste • die **a**siatischen Gewürze
9.	Zeitangaben in Form eines Adverbs schreibt man klein: morgens, mittags, abends, nachts, samstags, sonntagabends, heute, gestern	• Sie gingen **a**bends aus. • Er traf sie immer **s**amstagmittags.

3.2 Getrennt- und Zusammenschreibung

3.2.1 Getrenntschreibung

10.	Verbindungen aus zwei Verben werden in der Regel getrennt geschrieben.	Heute Nachmittag werden wir **spazieren gehen**. Mein kleiner Bruder hat mit zehn Monaten **laufen gelernt**.
11.	Verbindungen aus einem Substantiv und einem Verb werden in der Regel getrennt geschrieben.	Er wird in den Ferien **Ski fahren**. Lass uns noch ein **Eis essen** und dann **Fußball spielen**.
12.	Verbindungen aus einem Adjektiv und einem Verb werden getrennt geschrieben, wenn beide Bestandteile ihre ursprüng-liche Bedeutung behalten und betont sind.	Bei einem Referat solltest du unbedingt **fr**ei spr**e**chen. Im Chor habe ich **laut** g**e**sungen. Mareike hat mich gestern **richtig** gen**e**rvt. Das Auto wurde bei dem Unfall **schw**er besch**ä**digt.
13.	Verbindungen aus einem Adverb und einem Verb werden getrennt geschrieben, wenn beide Bestandteile betont sind.	Nach der Operation kann er **wie**der s**e**hen. Möchtest du **dab**ei s**i**tzen oder **dab**ei st**e**hen? Sollen wir **abw**ärts f**a**hren oder **lau**fen?

Die Zusammenstellung ist entnommen aus: Franz Waldherr. Deutsch Wissen 9/10 – Training mittlerer Schulabschluss, hrsg. von Johannes Diekhans, Paderborn (Schöningh) 2006, S. 65–75.

3.2.2 Zusammenschreibung

Verbindung mit einem Verb

14.	Verbindungen aus Verben und Präpositionen (bzw. Adverbien) werden zusammengeschrieben, wenn die Betonung deutlich auf einem Wortbestandteil liegt.	Die Baustelle sollten Sie weiträumig **umfahren**. Das Auto hat die Mauer **durchbrochen**. Astrid hat ihre Freundin **hintergangen**. Dem muss ich deutlich **wiedersprechen**.
15.	Eine Verbindung aus einem ursprünglichen Substantiv und einem Verb wird zusammengeschrieben, wenn das Substantiv keine eigenständige Bedeutung mehr hat.	Das kannst du **handhaben**, wie du willst. Karsten **schlafwandelt** regelmäßig. Das hat ihm wirklich **leidgetan**. Können wir während der Klassenfahrt auch **eislaufen**?
16.	Verbindungen aus einem Substantiv und einem Verb werden zusammengeschrieben, wenn der gesamte Ausdruck zu einem Substantiv wird (= Substantivierung).	Kannst du noch **Holz holen**? **Das Holzholen** macht mir Spaß. Du **spielst** gerne **Fußball**. **Beim Fußballspielen** vergesse ich alles.
17.	Verbindungen aus einem Adjektiv und einem Verb werden zusammengeschrieben, wenn ein Begriff mit einer neuen Bedeutung entsteht. (Die Betonung liegt dabei auf einer Silbe.)	Der Angeklagte wurde **freigesprochen**. Es wird mir **schwerfallen**, das Geld aufzubringen. Das musst du unbedingt **richtigstellen**.
18.	Verbindungen aus zwei Verben können zusammengeschrieben werden, wenn eine neue Bedeutung entsteht. Das betrifft vor allem Verbindungen, deren zweiter Bestandteil aus den Verben *bleiben* und *lassen* besteht.	Klaus ist leider im letzten Jahr **sitzengeblieben**. (nicht versetzt) Schon wieder ist so viel Arbeit **liegengeblieben**. (unerledigt) Er hat mich einfach links **liegengelassen**. (unbeachtet gelassen)

Verbindung mit einem Adjektiv

19.	Verbindungen aus gleichrangigen Adjektiven werden zusammengeschrieben.	graublau, feuchtwarm, dummdreist, taubstumm, nasskalt

3.3 s-Laute

20.	ss	fast immer nach kurzem, betontem Vokal	la**ss**en Pre**ss**e Ku**ss**
21.	s/ss	Wörter mit der Endung -nis werden im Singular immer mit s geschrieben, im Plural steht ss.	Ergebni**s**/Ergebni**ss**e Zeugni**s**/Zeugni**ss**e Geheimni**s**/Geheimni**ss**e
22.	ß	fast immer nach langem, betontem Vokal	Grüße, Straße, genießen, groß, grüßen
23.	das	als **bestimmter Artikel**, als **Relativpronomen** einen Nebensatz einleitend (kann durch dieses/jenes/welches ersetzt werden), als **Demonstrativpronomen** (kann durch dieses/jenes/welches ersetzt werden)	da**s** Auto Das Herrenhaus, da**s** (welches) an einem Fluss liegt, steht zum Verkauf. Da**s** (betont) ist der Mann, der gesucht wird.
24.	dass	als **unterordnende Konjunktion** einen Nebensatz einleitend	Ich hoffe, da**ss** Sie kommt.

3.4 Zeichensetzung

Das Komma zwischen Wörtern und Wortgruppen

1.	Die **Glieder einer Aufzählung** von Wörtern oder Wortgruppen werden durch ein Komma getrennt, wenn sie nicht durch eine nebenordnende Konjunktion wie *und* bzw. *oder* verbunden sind.	Michael**,** René *und* Ronald sind seine besten Freunde. Er**,** sie *und* sein bester Freund standen in der Hotelhalle.
2.	Werden die **Glieder einer Aufzählung** durch Konjunktionen verknüpft, die einen Gegensatz ausdrücken, steht ebenfalls ein Komma, z. B. bei: *jedoch, allerdings, vielmehr, aber, sondern, doch*.	Ich bin nicht unterwegs**,** *sondern* bei Tina. Sie lagen in der Sonne am See**,** *aber* leider nur für kurze Zeit. Sie stampfte zornig mit dem Fuß auf**,** *doch* schließlich beruhigte sie sich.
3.	Kein Komma steht, wenn die **Glieder einer Aufzählung** durch folgende nebenordnende Konjunktionen verbunden sind: – *beziehungsweise/bzw.* – *sowie* (im Sinne von *und*) – *sowohl ... als auch* – *weder ... noch*	Sie mochten *sowohl* die Entspannung in der Sauna *als auch* die Spaziergänge im Wald. Ihn störten *weder* das feuchte Gras *noch* die Ameisen.

Das Komma zwischen Hauptsätzen		
4.	**Vollständige Hauptsätze** können durch ein Komma abgetrennt werden. Steht zwischen den Sätzen ein *und* bzw. *oder*, wird in der Regel kein Komma gesetzt.	Er betrat das Gebäude, dann nahm er nur noch einen flüchtigen Schatten wahr. Er betrat das Gebäude *und* dann nahm er nur noch einen flüchtigen Schatten wahr.
Das Komma in Satzgefügen		
5.	**Haupt- und Nebensatz** werden durch ein Komma voneinander getrennt.	Weil es ein warmer Frühlingsabend war, fuhr sie mit dem Fahrrad. Sie fuhr mit dem Fahrrad, weil es ein warmer Frühlingsabend war. Sie fuhr, weil es ein warmer Frühlingsabend war, mit dem Fahrrad.
6.	**Nebensätze unterschiedlichen Grades** werden ebenfalls durch ein Komma voneinander getrennt.	Sie lächelte, als sie das Glas, das bis an den Rand mit roter Flüssigkeit gefüllt war, auf dem Tisch absetzte.
7.	**Mehrere Nebensätze** werden durch Komma voneinander getrennt, wenn sie nicht durch eine nebenordnende Konjunktion wie *und* bzw. *oder* verbunden sind.	Er war vom Spiel begeistert, weil es abwechslungsreich war, weil viele Tore geschossen wurden *und* weil beide Mannschaften fair spielten.
Das Komma bei Einschüben und nachgestellten Erläuterungen		
8.	**Appositionen** (nachgestellte nähere Erläuterungen zu einem Substantiv) stehen im gleichen Kasus wie das Bezugswort und werden durch Kommas getrennt.	Sie traf sich mit Ilona, ihrer besten Freundin, zur Wirbelsäulengymnastik.
9.	**Eingeschobene Hauptsätze (Parenthesen)** werden durch Kommas vom übrigen Satz abgetrennt.	Das Frühstücksmesser, es war bis zum Griff mit Nuss-Nougat-Creme beschmiert, lag auf seinem Schreibtisch.
10.	**Mehrteilige Zeit-, Orts- und Literaturangaben** werden vom übrigen Satz durch Kommas abgetrennt. Das Komma am Ende dieser Angaben kann entfallen.	Das Treffen fand am Freitag, den 16.9.(,) statt. Sie sind nach Bad Salzuflen, Taubenweg 1(,) gezogen. In der Zeitschrift „Deutsch", 1. Jahrgang, April 2005, S. 10–15(,) wird über eine wunderbare Begegnung berichtet.
11.	Durch Komma abgetrennte **nachträgliche Erläuterungen** werden häufig durch folgende Ausdrücke eingeleitet: – *das heißt/d. h.* – *zum Beispiel/z. B.* – *unter anderem/u. a.* – *und zwar/u. z.* – *nämlich, besonders, insbesondere, und das*	Er liebte den barocken Garten, *insbesondere* den Hügel der Venus im mittleren Teil der Anlage. Dieses Bild habe ich vor Augen, *und das* Tag und Nacht. Es war ein wunderbarer Geruch, *und zwar* nach frischer Erde und Minze.
12.	**Satzglieder**, die besonders hervorgehoben werden sollen, können durch Kommas abgetrennt werden.	Die Lichtung, die ist fantastisch.
Das Komma bei Anreden und Ausrufen		
13.	Das Komma trennt **Anreden, Ausrufe und Ausdrücke**, mit denen ein Schreiber Stellung bezieht, vom übrigen Satz ab.	Frau Schneider, kümmern Sie sich bitte um unseren Stammgast. Oh, das werde ich mir merken! Hier willst du einen Tag und eine Nacht verbringen, eine gute Idee.
Das Komma bei Infinitivgruppen		
14.	Wenn ein **einfacher Infinitiv mit „zu"** vorliegt, kann auf ein Komma verzichtet werden, wenn keine Missverständnisse entstehen.	Er fasste den Entschluss(,) zu fliehen.
15.	Wenn eine **Infinitivgruppe** von einem Substantiv, einem Bezugs- oder Verweiswort (wie *es, dazu, damit*) abhängt, muss sie durch ein Komma vom Rest des Satzes abgetrennt werden.	Die Rüpel dachten nicht *daran*, sich zu entschuldigen. Damit verschenkten sie *die Möglichkeit*, eine geringere Strafe zu erhalten.
16.	Wird eine **Infinitivgruppe** mit *um, ohne, statt, anstatt, außer* oder *als* eingeleitet, dann muss sie mit einem Komma abgetrennt werden.	Sie ging ins Schwimmbad, *anstatt* zu lernen.
Ein Komma kann wahlweise gesetzt werden ...		
17.	bei **formelhaften Nebensätzen**.	Wir werden(,) wenn möglich(,) noch einmal gemeinsam zu Abend essen.
18.	zur Vermeidung von Missverständnissen und zur **Verbesserung der Lesbarkeit**.	Er traf am Morgen Martina(,) und Karen ging währenddessen zum Schwimmen.

Sachregister

Abstract 185
Abstrahierendes Bühnenbild 273
Adressatenbezug 371
Akt 55
Aktionaler Monolog 200
Aktualisierendes Bühnenbild 273
Alexandriner 106, 117
Allegorese 109
Allegorie 109
Allegorisches Sprechen 73
Alltagslyrik 439
Althochdeutsch 81
Althochdeutsche Literatur 82
Analogie 220
Ankunftsliteratur 415, 439
Antagonist 207
Antike Rhetorik 113
Antithetik 106, 117
À-part-Sprechen 200
Aphorismus 138
Apokope 81
Aposiopese 201
Appell 57
argumentatio 373
Argumentation, Argument 11 f., 220
Aristotelisches Theater 367
Arkadien 22
Aufklärung 137, 174, **175**
Auktoriales Erzählverhalten 17, 19, 285
Außenperspektive 19
Äußere Handlung 60
Autobiografisches Schreiben 23
Autor 17
Avantgarde 333

Barock 100, **117**, 137, 175
Barocke Rhetorik 113
Barockpredigt 113
Befindlichkeitsmonolog 200
Biedermeierzeit **278**
Bildungsroman 197
Binnenerzählung 282
Biografischer Interpretationsansatz 102, 341, 392
Bitterfelder Weg 439
Botenbericht 64
Brief 325
Briefroman 155
Brückenmonolog 200
Bruderkonflikt-Dramen 160
Buch-Rezension 27
Bühnenbild 273
Bürgerlicher Realismus **295**

carpe diem 106, 117
Charakterisierung 58 f., 284
– direkte 58 f., 284
– indirekte 58 f., 284
– Fremdcharakterisierung 59, 284
– Selbstcharakterisierung 58, 284
Chiffre (Methoden zur Entschlüsselung) 302
Collageroman 354
conclusio 220, 373

Décadence 333
Dehnung (Erzähltechnik) 19
Deismus 175
Denkbild 418
Denotation 14
Detail (Filmsprache) 291
Dialekt 307
Dialog 55, 163

Dialoganalyse 66, 69
Dichotomie 220
Dilemma 201
Dinggedicht 300
Direkte Charakterisierung 58, 284
Direkte Rede 17, 19
dispositio 373
Distichon 213, 214
Dokumentarisches Theater 401, 439
Drama 55, 57, 62, 66, 69 f., 207, 270
– Grundbegriffe 55
– geschlossenes 62, 207
– Lesen eines Dramentextes 57
– offenes 62
Drameninterpretation 57, 66, 69 f.
Du-Botschaften 59

Einstellungsgröße (Filmsprache) 291, 295
Elegie 212
Emotionale Sprechweise 103
Empfindsamkeit **153**, 175
Encyclopédie 130
Engagierte Literatur 349
Entscheidungsmonolog 200
Entwicklungsroman 197
Epigramm 213
Epik, Grundbegriffe 17, 19
Episches Theater 366 f.
Epochenbegriff 174, 230
Er-Erzähler 17
Erlebnislyrik 52, 157
Erlebte Rede 17, 19
Erörterung
– dialektisch 12
– frei 11 f.
– linear-steigernd 11 f., 183
– literarisch 436 ff.
– textgebunden 144, 310 f.
Erzählen, zeitdeckend 19
Erzähler 17, 19, 57, 102, 285
Erzählerbericht 17
Erzählerkommentar 17
Erzählform 17, 19
Erzählperspektive 244
Erzählte Rede 17, 19
Erzählte Zeit 19
Erzählverhalten 17
– auktorial 17
– neutral 17
– personal 17
Erzählweise 285
Erzählzeit 19
Essay 53, 183, **176–187**
Essayistisches Schreiben 53, 186 f.
Exempla 106
Exil 367
Ex-negativo-Argumentation 220
exordium 373
Exposition 207
Expositionsmonolog 200
Expressionismus **317**, 333

Fabel 138
Festrede 371
Feuilleton 338
Figurenrede 17
Figurensprache 163, 472
Filmsprache 291, 295
Fin de Siècle 333
Finalstruktur 106
Fortuna 128
Fragment 231

Freimaurer 196
Fremdcharakterisierung 59, 284
Frührealismus 295
Fuge 396

Gedankenlyrik 52
Gedichtinterpretation 40–42, 91, 104 f., 232, 264, 397 f.
Gedichtvergleich 47–49
Geistesgeschichtlicher Interpretationsansatz 341
Genie 104, 158, 175
Gerichtsrede 371
Geschlossenes Drama 62
Gesellschaftslyrik 52
Gestaltendes Interpretieren 29, 163, 166
Gleichnis 18, 149
Glosse 345
Göttinger Hain 153
Groß (Filmsprache) 291
Gruppe 47 388 f., 439

Hainbund 153
Halbnah (Filmsprache) 291
Halbtotale (Filmsprache) 291
Handlung 60
– äußere 60
– fallende 207
– innere 60
– steigende 207
Haupttext (Drama) 55, 57
Hermeneutik 41
Hermeneutischer Zirkel 41
Hermetische Lyrik 397 f., 439
Hermetismus 397
Hexameter 213
Historischer Interpretationsansatz 392
Historisierendes Bühnenbild 273
Historizität, doppelte 464
Hohe Minne 95
Humanismus 100
Humanität 194
Humanitätsideal 197
Hyperbel 261

Ich-Botschaften 58
Ich-Erzähler 17, 19
– erzählendes Ich 19
– erlebendes Ich 19
– kindlicher 102
Ideenlyrik 52
Idiolekt 307
Indirekte Charakterisierung 58, 284
Indirekte Rede 17, 19
Inhaltsangabe, gegliedert 145
Initialakzent 81
Innenperspektive 19
Innere Handlung 60
Innerer Monolog 29, 166
Interpretation 17, 42, 47–49, 57, 66, 69 f., 91,
– Prosainterpretation 104 f., 232, 264 ff., 341, 397 f.
– Gedichtinterpretation 17, 32–35, 392,
– Gedichtvergleich 40–42, 91, 104 f., 232, 264 ff., 397 f.
– Drameninterpretation 47–49
– textimmanent / textextern 42, 57, 66, 69 f., 341
Interpretationsansätze 392
– biografisch
– historisch
– literaturgeschichtlich

- psychoanalytisch
- rezeptionsorientiert
Interpretieren, gestaltend 29, 163, 166
Intertextualität 27
Interview 468
Ironie 260 f., 264 ff.

Jahrhundertwende 327, **333**
Janus 298
Jugendprotest 155
Junges Deutschland 264, 278

Kahlschlagliteratur 388, 394, 439
Kalendergeschichte 140
Karikatur 258
Kitsch 38
Klassik **223**, 230
Klassische Moderne 333
Klassisches Drama 207
Klimax 261
Klimaxstruktur 106
Kommunikationsmodell 57
Kommunikationssituation 57
Komödie 55
Konditionalsatz 459
Konfliktmonolog 200
Konnotation 14
Kraft-Genie 158
Kreatives Schreiben 236
Kultur, höfisch-ritterlich 89
Kumulation 106
Künstlernovelle 281
Kunstmärchen 236
Kürenbergstrophe 90
Kurzgeschichte 393
Kurzzeile 90

Langzeile 90
Leitmotiv 15
Lichtmetaphorik 232
Liebeslyrik 52, **440–453**
Linear-steigernde Erörterung 12
Literarische Epoche 174, 436 ff.
Literarische Strömung 174
Literarisches Motiv 15
Literatur, althochdeutsche 82
Literaturgeschichtlicher Interpretationsansatz 392
Literatursoziologischer Interpretationsansatz 341
Literaturverfilmung 295
Lyrik 52
- hermetische 397 f.
- politische 263

Mauerschau 64
Medien, moderne **484–494**
memento mori 106, 117
Metapher 220
Metaphorik 232
Minne, Minnesang 93
- hohe und niedere Minne 95
Mittelalter 85, **97**, 100
- Höfisch-ritterliche Kultur 85
- „Minne" im Hochmittelalter 93, 97
- Mittelalterliche Literatur 97
- Mittelhochdeutsche Klassik 97
- Weltsicht 85
Mittelhochdeutsch, Aussprache 86
Moderne 333
Moment, retardierendes 201
Mondmotiv 239
Monolog 200
- aktionaler, nichtaktionaler 200
- innerer 29, 166

Montageroman 354
Motiv 15, 39, 239
- Wandern 39
- Mond 239
Mythen 207

Nah (Filmsprache) 291
Namen, sprechende 101
narratio 373
Naturalismus 295, **309**, 333
Naturlyrik 52
Nebentext 55, 57, 66, 200
Neue Innerlichkeit 439
Neue Sachlichkeit **348**
Neue Subjektivität 439
Neutrales Erzählverhalten 17
Niedere Minne 95
Nihilismus 304

Offene Form 393
Offenes Drama 62
Olympischer Standort 19
Operator 12, 32

Palindrom 212
Pantheismus 175
Parabel 18, 149
Paradigma 219
Paradigmenwechsel 219
Parenthese 261
Pentameter 213
Peripetie 207
peroratio 373
Personales Erzählverhalten 17
Personifikation 109
Pietismus 153
Poeta doctus 104, 117
Poeta vates 104
Poetischer Realismus 295
Politische Lyrik 52, 263
Politische Rede 372
Predigt 121
Prosainterpretation 17, 32–35, 341, 392
Protagonist 207
Psychoanalytischer Interpretationsansatz 341, 392
Psycholekt 307

Raffung (Erzähltechnik) 19
Rahmenerzählung 282
Realismus **295**
Rede 17, 19
- direkte
- indirekte
- erzählte
Redegattungen 371
Redeschritte, antike 373
Reflexionsmonolog 200
Regieanweisung 163
Reim 55
Renaissance 100
Retardierendes Moment 201
Rezension 27
Rezeption 174
Rezeptionsästhetischer Interpretationsansatz 341
Rezeptionsgeschichtlicher Interpretationsansatz 341, 392
Rhetorik 113, **368–381**, 371, 373
Rollenlyrik 52
Romantik 230, 232, **255**

Satirische Darstellung 260 f.
Satzgliedstellung, stilistische Möglichkeiten 102

Schöne Seele 223
Schreibweise, emotional 103
Sekundenstil 309
Selbstcharakterisierung 58, 284
Sonett 104, 106, 117, 317
Soziolekt 307
Sprache des Sturm und Drang 162
Sprachgesellschaften 117, 125
Sprachkrise 327
Sprachvarietäten 307
Sprachverfall 117
Sprachwandel 117, **118–125**
Sprechen, allegorisches 73
Sprechende Namen 101
Sprechweise, emotional 103
Ständeklausel 55
Ständeordnung 175
Stationendrama 75
Stichomythie 64
Stoff 15, 207
Strömung, literarische 174
Sturm und Drang 158, 162, 175
- Sprache 162
- Jugendprotest 155
Syllogismus 220
Symbolik 303
Symbolismus 333
Symmetrische Kommunikation 66
Synkope 81
Syntax 102, 317
Szene 19, 55
Szenische Darstellung 285

Tagebuch 457
Tagelied 90
Teichoskopie (Mauerschau) 64
Teleologische Struktur 197
tertium comparationis 18
Terzett 106
Textanalyse 33, 40, 47, 69, 104, 144 f., 200 f., 219, 232, 264 f., 310, 341, 397
Texterschließung 144 f., 219
- eines Sachtextes 495
- eines philosophischen Textes 219
Textexterne Interpretation 42
Textgebundene Erörterung 144, 310 f.
Textimmanente Interpretation 42
Theaterfassung 270
Topos 39, 123
Totale (Filmsprache) 291
Tragödie 55
Trümmerliteratur 439

vanitas 106, 117
Venedig 303
Verfremdungseffekt 366
Vernunftoptimismus 175
Verriss 27
Vers 55
Verweisketten 142
Verweismittel 142 f.
Volksaufklärung 136
Volksmärchen 244
Volksstück 348
Vormärz 264, 278

Weimarer Klassik **223**
Weimarer Republik **367**
Werkimmanente Interpretation 341
Wirkungsorientierte Interpretation 341

Zäsur 106, 213
Zeit, erzählte 19
Zeitdeckendes Erzählen 19
Zeitkritik 260

Autoren- und Textquellenverzeichnis

Abraham a Sancta Clara 112[1]
- Mercks Wienn – Predigt zur Pestepidemie in Wien 1679 112
In: Abraham a Sancta Clara: Reimb dich/oder Ich liß dich, Lucern (Hauff) 1987, S. 1, 66 f.

Adorno, Theodor W. 394
- Kulturpolitik und Gesellschaft 394
In: Theodor W. Adorno: Gesammelte Werke, Bd. 10.2, Frankfurt a.M. (Suhrkamp) 2003, S. 359 f.

Albrecht von Johansdorf
- Ich vant âne huote 94
In: Michael Curschmann und Ingeborg Glier (Hrsg.): Deutsche Dichtung des Mittelalters, Bd. 1. Von den Anfängen bis zum hohen Mittelalter, Frankfurt a.M. (Fischer) 1987, S. 504 f., Lizenz des Carl Hanser Verlags, München, Wien 1980

Anatomie des Geiseldramas 486
In: http://www.spiegel.de/sptv/special/0,1518,570852,00.html
© Spiegel Online 2008

Anders, Günther
- Besuch im Hades, Auschwitz 1966 399
In: Günther Anders: Besuch im Hades. Auschwitz und Breslau 1966. Nach „Holocaust" 1979, München (Beck) 1996, S. 30 f.
- Die Hauptkategorie, das Hauptverhängnis … 494
In: Günther Anders: Die Antiquiertheit des Menschen, Bd. 2, München (Beck) 1980

Andree, Martin
- Thesen zur Frage der Internetabhängigkeit 486
In: Die Welt vom 9.6.2009

Aristoteles
- Rhetorik, 370
übersetzt und herausgegeben von Gernot Krapinger, Stuttgart (Reclam) 1999

Arp, Hans
- Sekundenzeiger 330
In: Hans Arp: Gesammelte Gedichte Bd. 1: Gedichte 1903–1939, hrsg. von M. Arp-Hagenbach und P. Schifferli, Wiesbaden (Limes) 1963

Aston, Louise
- Freiem Leben, freiem Lieben … 440
In: Louise Aston: Lebensmotto, in: Wilde Rosen, Berlin (Moeser und Kühn) 1846, S. 26 ff.

Aus dem Programmheft zu „Rummelplatz" 417
Maxim-Gorki-Theater Berlin, Programmheft Nr. 6, Spielzeit 2008/2009, Redaktion: Carmen Wolfram

Ausländer, Rose
- Biografische Notiz 44
- Mutterland 44
In: Rose Ausländer: Regenwörter, hrsg. von Helmut Braun, Stuttgart (Reclam) 1994, S. 23, 30
- Daheim 44
In: Gesammelte Werke, Bd. 6: Wieder ein Tag aus Glut und Wind. Gedichte 1980–1982, Frankfurt a.M. (Fischer) 1988, S. 27

- Heimatlos 45
In: Gesammelte Werke, Bd. 7: Und preise die kühlende Liebe der Luft. Gedichte 1983–1987, Frankfurt a.M. (Fischer) 1988, S. 66
- Wanderschaft 47
In: Rose Ausländer: Ein Stück weiter Gedichte, Köln (Literarischer Verlag Braun) 1979, S. 104
- In Memorian Paul Celan 398
In: Rose Ausländer: Gesammelte Werke Bd. 3, Frankfurt a.M. (Fischer) 1984–1990, S. 138

Auszug aus dem Wörterbuch der Brüder Grimm 244
In: Jacob und Wilhelm Grimm: Wörterbuch, Bd. 2, München (Deutscher Taschenbuch Verlag) 1984, S. 711 f., Lizenz des Hirzel Verlags, Stuttgart

Bachmann, Ingeborg
- Die gestundete Zeit 411
In: Ingeborg Bachmann: Sämtliche Gedichte, München; Zürich (Piper) 1983

Bacon, Francis
- Über Höflichkeit und Anstand 179
In: Francis Bacon: Essays oder praktische und moralische Ratschläge. Übersetzung von Elisabeth Schücking, hrsg. von Levin L. Schücking, Stuttgart (Reclam) 2005

Ball, Hugo 329
- Eröffnungs-Manifest. Erster Dada-Abend, Zürich, 14. Juli 1916 328
In: H.B. Schlichting (Hrsg.): Hugo Ball. Der Künstler und die Zeitkrankheit. Ausgewählte Schriften, Frankfurt a.M. (Suhrkamp) 1984
- Ein und kein Frühlingsgedicht 329
- Karawane 330
In: Hugo Ball: Gesammelte Gedichte, Zürich (Arche) 1963

Barthel, Kurth
- Wie ich mich schäme 413
In: Ilse Spittmann; Karl Wilhelm Fricke (Hrsg.): 17. Juni 1953: Arbeiteraufstand in der DDR, Köln (Wissenschaft und Politik) 1982

Becher, Johannes R.
- Exil 44
In: Johannes R. Becher: Gesammelte Werke Bd. 5 (Gedichte 1942–1948), hrsg. vom Johannes-R-Becher-Archiv der Deutschen Akademie der Künste zu Berlin, Berlin (Aufbau) 1967, S. 579
- Tränen des Vaterlandes Anno 1936 106
In: Johannes R. Becher: Gedichte, Berlin, Weimar (Aufbau) 1976, S. 168
- Lebst du heute? 336
In: Der Weg zur Masse, erstveröffentlicht in: Die rote Fahne, 4. Okt. 1927, zitiert nach: Werkausgabe Bd. 15, Berlin (Aufbau) 1977, S. 131

Becker, Jurek
- Der Nachteil des Vorteils 418
In: Jurek Becker: Nach der ersten Zukunft. Erzählungen, Frankfurt a.M. (Suhrkamp) 1980, S. 13

Bender, Hans
- Heimkehr 385
In: Hans Bender: Lyrische Biographie, Graphische Werkstätten der Werkkunstschule Wuppertal, Wuppertal 1957

Benn, Gottfried 316
- Nachtcafé 311
- Morgue II 316
- Nur zwei Dinge 409
- Schöne Jugend 315
- Kleine Aster 316
In: Gottfried Benn: Sämtliche Gedichte, Stuttgart (Klett-Cotta) 1998
- Ein Wort 410
In: Gottfried Benn. Statische Gedichte, hrsg. von Paul Raabe, Zürich; Hamburg (Arche) 2000
- Probleme der Lyrik 410
In: Dieter Wellershoff (Hrsg.): Gottfried Benn. Gesammelte Werke in vier Bänden, Bd. 1: Essays, Reden, Vorträge, Stuttgart (Klett-Cotta) 1994
- An Tilly Wedekind 447
In: Gottfried Benn: Briefe. Band IV: Briefe an Tilly Wedekind. 1930–1955. Hrsg. v. Marguerite V. Schlüter, Stuttgart (Klett-Cotta) 1986

Bergmann, Klaus; Boehncke, Heiner
- Das Reisen setzt stets ein Stück … 10
In: Klaus Bergmann, Heiner Boehncke: Siebenmeilenstiefel, Ballon und Eisenbahn, in: Klaus Bergmann, Solveig Ockenfuß (Hrsg.): Neue Horizonte – Eine Reise durch die Reisen, Reinbek bei Hamburg (Rowohlt) 1994, S. 11

Bettina von Arnim an Friedrich Carl von Savigny 241
In: Verena Nolten und Doris Sossenheim (Hrsg.): Schloss Wiepersdorf. Künstlerhaus in der Mark Brandenburg, Göttingen (Wallstein) 1997, S. 31 ff.

Bichsel, Peter
- San Salvador 35
In: Peter Bichsel: Eigentlich möchte Frau Blum den Milchmann kennenlernen. 21 Geschichten, Frankfurt a.M. (Suhrkamp) 1993

Bienk, Alice
- Farbe 291
In: Alice Bienk: Filmsprache – Einführung in die interaktive Filmanalyse, Marburg (Schüren) 2008, S. 72

Biermann das Recht auf weiteren Aufenthalt in der DDR entzogen 426
In: Neues Deutschland vom 17. November 1976, S. 2

Biermann, Wolf 52
- Und als wir ans Ufer kamen 425
- Ballade vom preußischen Ikarus 425
In: Wolf Biermann: Berlin, du deutsche deutsche Frau. Gedichte, Hamburg (Hoffmann und Campe) 2008, S. 83, 81
- Es senkt das deutsche Dunkel 46
In: Wolf Biermann: Mit Marx- und Engelszungen, Berlin (Wagenbach) 1968, S. 77
- Heimat 52
In: Marcel Reich-Ranicki (Hrsg.): Frankfurter Anthologie, Bd. 31, Frankfurt a.M. und Leipzig (Insel) 2007 S. 203 f.

Bischof Adalbero von Laon
- Carmen ad Rotbertum regem 84
In: Jacques Le Goff: Kultur des europäischen Mittelalters, ins Deutsche übertr. von Gerda Kurz u. Siglinde Summerer, München, Zürich (Droemer/Knaur) 1970, S. 425 f.

---
[1] Die fett hervorgehobenen Seitenzahlen hinter Autorennamen verweisen auf biografische Angaben.

Blake Lee Spahr
- Biografie der Sibylle Schwarz 110

In: Martin Bircher (Hrsg.): Deutsche Schriftsteller im Porträt, Bd. 1: Das Zeitalter des Barock, München (Beck) 1979, S. 161

Bloch, Ernst
- Das Prinzip Hoffnung, 39

Frankfurt a.M. (Suhrkamp) 1959, Bd. 3, S. 1628

- Zerstörte Sprache – zerstörte Kultur 360

In: Ernst Bloch: Gesamtausgabe in 16 Bänden, Bd. 11, Frankfurt a.M. (Suhrkamp) 1977

Böhmer-Schlegel-Schelling, Caroline 229
- Ein Brief aus Mainz 229

In: Caroline Schlegel-Schelling: Die Kunst zu leben, hrsg. von Sigrid Damm, Frankfurt a.M. (Insel) 1997, S. 172

Boldt, Paul
- Auf der Terrasse des Café Josty 312

In: Silvio Vietta (Hrsg.): Lyrik des Expressionismus, Tübingen (Niemeyer) 1990, S. 53

Böll, Heinrich
- Bekenntnis zur Trümmerliteratur 389

In: Bernd Balzer (Hrsg.): Essayistische Schriften und Reden 1952–1963, Köln (Kiepenheuer & Witsch) 1979, S. 40f.

Bolz, Norbert
- Medieninszenierung 485

In: Norbert Bolz: Kuscheln oder killen, KulturSpiegel 6/2004 vom 29.5.2004, S. 16

- Konfus, nicht ignorant 491

In: Norbert Bolz: Wirklichkeit ohne Gewähr, in: Der Spiegel 26/2000 vom 26.6.2000, S. 130

Borchert, Wolfgang 390
- Das Holz für morgen 390

In: Wolfgang Borchert: Die traurigen Geranien und andere Geschichten, Reinbek bei Hamburg (Rowohlt) 1967

Borchmeyer, Dieter
- Weimar und das Klassische 221

In: Dieter Borchmeyer: Weimarer Klassik. Porträt einer Epoche, Weinheim (Athenäum Beltz) 1994

Braun, Volker
- Unvollendete Geschichte, 429

Frankfurt a.M. (Suhrkamp) 1981, S. 9ff.

Bräunig, Werner 415
- Du, unsere Zeit 412

In: Auftakt 63. Gedichte mit Publikum, hrsg. vom Zentralrat der Freien Deutschen Jugend, Berlin (Verlag Neues Leben) 1963

- Rummelplatz, 415

Berlin (Aufbau) 2007

Brecht, Bertolt 358
- Zufluchtsstätte 44

In: Bertolt Brecht, Die Gedichte in einem Band, Frankfurt a.M. (Suhrkamp) 1981, S. 720

- Über die Bezeichnungen Emigranten 358
- Der gute Mensch von Sezuan. Ein Parabelstück 364
- Gedanken über die Dauer des Exils 358

In: Bertolt Brecht: Gesammelte Werke in 20 Bänden, Frankfurt a.M. (Suhrkamp) 1967

- Rückkehr 386
- Die Lösung 413

In: Bertolt Brecht: Gesammelte Werke Bd. 10, Frankfurt a.M. (Suhrkamp) 1967, S. 858, 1009

- Sieh jene Kraniche in großem Bogen 443

In: Bertolt Brecht: Gesammelte Werke, Bd. 2, Frankfurt a.M. (Suhrkamp) 1967, S. 535f.

- Liebesunterricht 444
- Das elfte Sonett 448
- Die Entdeckung an einer jungen Frau 452

In: Bertolt Brecht: Gesammelte Werke, Bd. 4, Frankfurt a.M. (Suhrkamp) 1967, S. 890f., 539, 160f.

Brentano, Clemens 232
- Der Spinnerin Nachtlied 247
- Wenn der lahme Weber 231

In: Clemens Brentano: Werke, Bd. 1, hrsg. von Wolfgang Frühwald, München (Hanser) ²1978, S. 511

Brinkmann, Rolf Dieter
- Rom, Blicke, 15, 26

Reinbek bei Hamburg (Rowohlt) ⁷2006, S. 6, 16, 47, 69, 115

Büchner, Georg 268
- Woyzeck 267, 269

In: Georg Büchner: Werke und Briefe, hrsg. von Werner R. Lehmann, München (Deutscher Taschenbuch Verlag) 1984

Busch, Wilhelm
- Die Liebe war nicht geringe 448

In: Wilhelm Busch: Das Gesamtwerk des Zeichners und Dichters in sechs Bänden, Bd. 6, Olten, Stuttgart, Salzburg (Fackelverlag) 1959, S. 92

Calvino, Italo
- Wenn ein Reisender in einer Winternacht, 21

München (Deutscher Taschenbuch Verlag) 1996, S. 15f., Lizenz des Carl Hanser Verlags, München, Wien 1983

Celan, Paul 395
- Espenbaum 45

In: Paul Celan: Mohn und Gedächtnis, Frankfurt a.M. (Suhrkamp) ²1976, S. 15

- Stille 327

In: Paul Celan: Gedichte in zwei Bänden, Frankfurt a.M. (Suhrkamp) 1975

- Fadensonnen 396

In: Paul Celan: Gesammelte Werke Bd. 2, Frankfurt a.M. (Suhrkamp) 1983, S. 26

- Mit wechselndem Schlüssel 411

In: Paul Celan: Von Schwelle zu Schwelle, Stuttgart (Deutsche Verlagsanstalt) 1955

- Todesfuge 395

In: Paul Celan: Mohn und Gedächtnis, Stuttgart (Deutsche Verlagsanstalt) 1953

Chiellino, Gino
- Verstummung 46

In: Gino Chiellino: Mein fremder Alltag, Kiel (Neuer Malik Verlag) 1984, S. 36

Chodowiecki, Daniel
- Die Aufklärung 132

In: Ulrich im Hof: Das Europa der Aufklärung, München (Beck) 1993, S. 11

Czechowski, Heinz
- Die überstandene Wende 460

In: Karl Otto Conrady (Hrsg.): In einem Land und vom andern. Gedichte zur deutschen Wende, Frankfurt a.M. (Suhrkamp) 1993, S. 7

d'Alembert / Diderot, Denis
- Encyklopédie – Stichwort „Glück" 130

In: Diderots Enzyklopädie. Eine Auswahl, Auswahl und Einführung von Manfred Naumann, aus dem Französischen übersetzt von Manfred Naumann, Leipzig (Reclam) 2001, S. 72–75

Danzer, Gerhard
- Dieser Eingang war nur für Dich bestimmt 77

In: Programmheft Nr. 2, hrsg. vom Theater Freiburg, Spielzeit 2007/8

Das Wessobrunner Gebet 80

In: Michael Curschmann und Ingeborg Glier (Hrsg.): Deutsche Dichtung des Mittelalters, Bd. 1. Von den Anfängen bis zum hohen Mittelalter, Frankfurt a.M. (Fischer) 1987, S. 24f., Lizenz des Carl Hanser Verlags, München, Wien 1980

Delius, Friedrich Christian 30
- Cavallo bianco 458

In: Die Nacht, in der die Mauer fiel. Schriftsteller erzählen vom 9. November 1989, hrsg. von Renatus Deckert, Frankfurt a.M. (Suhrkamp) 2009, S. 31–33

- Der Spaziergang von Rostock nach Syrakus, 16, 28

Reinbek bei Hamburg (Rowohlt) 1998, S. 7–12, 15f., 79, 115f., 117–123, 135–137

Der Lorscher Bienensegen 82

In: Michael Curschmann und Ingeborg Glier (Hrsg.): Deutsche Dichtung des Mittelalters, Bd. 1. Von den Anfängen bis zum hohen Mittelalter, Frankfurt a.M. (Fischer) 1987, S. 22f., Lizenz des Carl Hanser Verlags, München, Wien 1980

Der offene Brief 427

In: Deutsche Dichtung in Epochen, Stuttgart (Metzler) 1989

Der soeben erschienene Gedichtband ... 433

In: Deckname Lyrik. Eine Dokumentation von Reiner Kunze, Frankfurt a.M. (Fischer) 1990

Der von Kürenberg
- Ich zôch mir einen valken 90

In: Walther Killy (Hrsg.): Die Deutsche Literatur vom Mittelalter bis zum 20. Jahrhundert, Bd. I/2, München (Deutscher Taschenbuch Verlag) 1988

Descartes, René 132
- Abhandlung über die Methode 132

In: René Descartes: Von der Methode des richtigen Vernunftgebrauchs und der wissenschaftlichen Forschung, übersetzt und herausgegeben von Lüder Gäbe, Hamburg (Meiner) ²1997, S. 3–5, 27–29, 31–33, 51–53

Die Merseburger Zaubersprüche 81

In: Michael Curschmann und Ingeborg Glier (Hrsg.): Deutsche Dichtung des Mittelalters, Bd. 1. Von den Anfängen bis zum hohen Mittelalter, Frankfurt a.M. (Fischer) 1987, S. 20f., Lizenz des Carl Hanser Verlags, München, Wien 1980

Die Verlobungsszene in der Fassbinder-Verfilmung 293

In: Effi Briest, Verfilmung von Rainer Werner Fassbinder, 1974, Kinowelt Home Entertainment

Die Verlobungsszene in der Huntgeburth-Verfilmung 292

In: Effi Briest, Verfilmung von Hermine Huntgeburth, 2008, Constantin Film

Die Xenien – ein Gemeinschaftsprojekt 213

In: Johann Wolfgang Goethe: Werke, Hamburger Ausgabe in 14 Bänden, hrsg. von Erich Trunz, Bd. 1, München (Deutscher Taschenbuch Verlag) 1998

Die zis-Stiftung sponsert Jugendlichen den Urlaub 11
www.zis-reisen.de, © 01/2008 zis-Stiftung für Studienreisen (letzter Zugriff 20.7.09)

Diehl, Wolfgang
- Zum Abschied von Ernst Bloch 37
In: Wolfgang Diehl: Heimtliebe – Heimattrauer. Pfalzgedichte, Landau (Pfälzische Verlagsanstalt) 1987, S. 103 f.

Dietmar von Aist
- Slâfst du, friedel ziere? 90
In: Des Minnesangs Frühling, nach Karl Lachmann, Moritz Haupt und Friedrich Vogt, neu bearb. von Carl von Kraus, Stuttgart (Hirzel) [32]1959, S. 39

Disselhoff, August
- Nun ade, du mein lieb Heimatland 37
In: Ludwig Andersen (Hrsg.): Mein Heimatland, Mainz (B. Schotts Söhne) o.J., S. 93

Djahangard, Susan
- Streber, das sind wohl ... 187
In: Susan Djahangard: Hochwasserhosen und Schleimattacken. Von Freaks, die es wirklich an jeder Schule gibt, in: Noir. Magazin der Jugendpresse Baden-Württemberg e.V., Februar 2009, S. 11

Döblin, Alfred 353
- Die Geschichte von Franz Biberkopf, 354
Stuttgart (Reclam) 1976, S. 5 f.
- Berlin Alexanderplatz, 352
München (Deutscher Taschenbuch Verlag) [11]1972

Domin, Hilde
- Herbstzeitlosen 47
In: Hilde Domin: Nur eine Rose als Stütze, Frankfurt a.M. (Fischer) 1962, S. 13
- Exil 50
In: Hilde Domin: Hier. Gedichte, Frankfurt a.M. (Fischer) 1964
- Mit leichtem Gepäck 50
- Nur eine Rose als Stütze 51
- Aufbruch ohne Gewinn 51
In: Hilde Domin: Abel steh auf, hrsg. von Gerhard Mahr, Stuttgart (Reclam) 1995, S. 29, 20 f., 13 © S. Fischer Verlag, Frankfurt
- Unterwegs 50
In: Hilde Domin: Gesammelte Werke, Frankfurt a.M. (Fischer) 1991, S. 207
- Wozu Lyrik heute?, 51
München (Piper) 1975, S. 164

Droste-Hülshoff, Annette von 277
- Der Weiher 276
In: Annette von Droste-Hülshoff: Werke in einem Band, hrsg. von Clemens Heselhaus, München (Deutscher Taschenbuch Verlag) 1995, S. 74
- An Levin Schücking 446
In: Ulrich Gaier: Annette von Droste-Hülshoff und ihre literarische Welt am Bodensee, Marbacher Magazin 66/1993, S. 35
- Am Turme 277
In: Annette von Droste-Hülshoff: Sämtliche Werke, Bd. 1, hrsg. von Günter Weydt und Winfried Woesler, München (Winkler) 1989, S. 164

Duden Herkunftswörterbuch: Artikel „List" 87
In: Duden, Bd. 7: Etymologie, hrsg. von Günther Drosdowski, Mannheim (Bibliografisches Institut & F.A. Brockhaus) [4]2006

Dürrenmatt, Friedrich 420
- Die vier Verführungen der Menschen durch den Himmel 176
In: Friedrich Dürrenmatt: Gesammelte Werke, Bd. 7, Essays und Gedichte, Zürich (Diogenes Verlag AG) 1988, S. 545 ff.
- Ergreife die Feder 181
In: Das Mögliche ist ungeheuer. Ausgewählte Gedichte, hrsg. von Daniel Keel und Anna von Planta, mit einem Nachwort von Peter Rüedi, Zürich (Diogenes) 1993, S. 94 f.
- Monstervortrag über Gerechtigkeit und Recht 373
In: Friedrich Dürrenmatt: Philosophie und Naturwissenschaft, Copyright © 1998 Diogenes Verlag AG Zürich
- 21 Punkte zu den Physikern 421
In: Die Physiker, Zürich (Diogenes Verlag AG) 1998, Anhang
- Die Physiker, 419
Zürich (Diogenes Verlag AG) 1998, S. 72–74

Eich, Günter
- Wiepersdorf, die Arnimschen Gräber 240
In: Günter Eich: Sämtliche Gedichte, hrsg. von Jörg Drews, Frankfurt a.M. (Suhrkamp) 2006, S. 97
- Latrine 388
In: Heinz Forster; Paul Riegel: Deutsche Literaturgeschichte Bd. 11, München (Deutscher Taschenbuch Verlag) 1995, S. 364
- Inventur 388
In: Günter Eich: Gesammelte Werke in 4 Bänden, Bd. 1, Frankfurt a.M. (Suhrkamp) 1973

Eichendorff, Josef von 239
- Die zwei Gesellen 231
- Der erste, der fand ein Liebchen ... 440
- Die Heimat 237
- Mondnacht 237
- Sehnsucht 239
In: Josef von Eichendorff: Neue Gesamtausgabe der Werke und Schriften, Bd. 1, hrsg. von Gerhard Baumann, Stuttgart (Cotta) 1978
- Heimweh 237
- Im Abendrot 247
In: Joseph von Eichendorff: Sämtliche Gedichte und Versepen, hrsg. von Hartwig Schulz, Frankfurt a.M. (Insel) 2007, S. 248, 306
- Der junge Ehemann 448
In: Joseph von Eichendorff: Werke, Bd. 1, München (Hanser) 1970, S. 233 f.

Ein Zeit-Interview mit Christa Wolf 466
In: Die Zeit Nr. 40 vom 29.9.2005, Autoren: Stephan Lebert, Hanns Bruno Kammertöns

Einleitung zur amerikanischen Unabhängigkeitserklärung vom 4. Juli 1776 130
In: Willy Strzelewicz: Der Kampf um die Menschenrechte, Frankfurt a.M. (Scheffler) 1968, S. 29

Eklat bei Gala – Reich-Ranicki lehnt Deutschen Fernsehpreis ab 484
In: Spiegel-Online Kultur vom 11.10.2008

Enzensberger, Hans Magnus 182
- Vor dem Techno und danach 239
In: Michel Buselmeier (Hrsg.): Der Knabe singts im Wunderhorn. Romantik heute, Heidelberg (Verlag Das Wunderhorn), S. 179
- Ins Lesebuch für die Oberstufe 419
In: Hans Magnus Enzensberger: Gedichte 1955 – 1970, Frankfurt a.M. (Suhrkamp) 1971
- Gemeinplätze, die neueste Literatur betreffend 424
In: Hans Magnus Enzensberger: Kursbuch 11–15 1968, Frankfurt a.M. (Suhrkamp) 2008
- Die Poesie der Wissenschaft 182
In: Hans Magnus Enzensberger: Nomaden im Regal, Essays, Frankfurt a.M. (Suhrkamp) 2003, S. 76–91

Erinnerung von Herman Grimm 244
In: Kinder- und Hausmärchen, gesammelt durch die Brüder Grimm, München (Artemis & Winkler) 1993, S. 18

Euripides 198
- Iphigenie in Aulis, 206
nach der Übersetzung von J.J. Donner, Stuttgart (Reclam) 1978, S. 52 f.

Fassbinder, Rainer Werner
- Drehbuch zu Berlin Alexanderplatz 356
In: Der Film Berlin Alexanderplatz, hrsg. von Rainer Werner Fassbinder und Harry Baer, Frankfurt a. M. (Zweitausendeins) 1980, S. 22 ff.

Feuchtwanger, Lion
- Arbeitsprobleme des Schriftstellers im Exil 361
In: Sinn und Form, 6, Heft 3, 1954
- Exil, 363
Berlin/Weimar (Aufbau) [5]1988

Fleming, Paul
- Wie er wolle geküsset seyn 107
In: Ulrich Maché; Volker Maid (Hrsg.): Gedichte des Barock, Stuttgart (Reclam) 1980, S. 62 f.
- Auf der Fürstlichen Holsteinischen Gesandtschaft [...] glückliche Zurückkunft 129
In: Gottfried Kirchner: Fortuna in Dichtung und Emblematik des Barock. Tradition und Bedeutungswandel eines Motivs, Stuttgart (Metzler) 1970, S. 32

Flügge, Manfred
- Die Odyssee von Sisis Heine-Denkmal 252
In: Frankfurter Allgemeine Zeitung vom 8.12.07

Fontane, Theodor 287
- Effi Briest, 282, 284, 285, 286
München (Deutscher Taschenbuch Verlag) [9]2004, S.17 ff., 121 ff., 123 ff., 233 ff.

Fontenelle, Bernard le Bovier de
- Geschichte der Orakel 134
In: Paul Hazard: Die Krise des europäischen Geistes, Hamburg (Hoffmann und Campe) [5]1939, S. 200 f.

Frank, Anne 176
- Tagebuch, 176
Fassung von Otto H. Frank und Mirjam Pressler, aus dem Niederländischen übersetzt von Mirjam Pressler, Frankfurt a.M. (Fischer) 1999, S. 18, 309 © 1991 by ANNE FRANK-Fonds, Basel. Alle Rechte vorbehalten S. Fischer Verlag GmbH, Frankfurt a.M.

Frank, Bruno
- Drei Viertel eurer Literatur ... 336
In: Bruno Frank: Politische Novelle, 1928, zit. nach: Peter Sloterdijk: Kritik der zynischen Vernunft, Bd. 2, Frankfurt/M. (edition suhrkamp 1099) 1983, S. 840

Franken, Friedhelm
- Die zehn Gebote für den Redner 375
In: Norman Rentrop (Hrsg.): Der neue Reden-Berater. Handbuch für erfolgreiche Reden im Betrieb, in der Öffentlichkeit und im Privatleben, Bonn (Verlag für die Deutsche Wirtschaft) 2003

Freud, Sigmund
- An seine Braut Martha Bernays 447
In: Liebesbriefe großer Männer, Bd. 1, hrsg. von Petra Müller und Rainer Wieland, München (Piper) 2008, S. 129 f.

Fried, Erich 395
- Der Überlebende nach Auschwitz 395
In: Erich Fried: Gedichte, Stuttgart (Reclam) 1994 © Wagenbach Verlag
- Kunst um der Kunst willen 423
In: Erich Fried: Lebensschatten. Gedichte, Berlin (Klaus Wagenbach) 1981
- Es ist Unsinn ... (aus: Was es ist) 440
- Was es ist 444
In: Erich Fried: Fall ins Wort. Ausgewählte Gedichte 1944 bis 1983, hrsg. von Bernd Jentzsch, Frankfurt a.M. (Büchergilde Gutenberg) 1985, S. 485
- Gebranntes Kind 395
In: Heinz Piontek (Hrsg.): Deutsche Gedichte seit 1960, Stuttgart (Reclam) 1972

Friedrich von Hausen
- Ich denke under wîlen 92
In: Michael Curschmann und Ingeborg Glier (Hrsg.): Deutsche Dichtung des Mittelalters, Bd. 1. Von den Anfängen bis zum hohen Mittelalter, Frankfurt a.M. (Fischer) 1987, S. 476 ff., Lizenz des Carl Hanser Verlags, München, Wien 1980

Frisch, Max
- Wir freuen uns auf eine Reise, ... 10
In: Max Frisch: Tagebuch 1946–1949, Frankfurt a.M. (Suhrkamp) [2]1987, S. 109

Fritz, Walter Helmut
- Sie werden sich wehren 173
In: Walter Helmut Fritz: Gesammelte Gedichte, Hamburg (Hoffmann und Campe) 1979, S. 282

Fuchs, Jürgen
- Die Lüge 431
In: Jürgen Fuchs: Gedächtnisprotokolle, Reinbek bei Hamburg (Rowohlt) 1977

Garbe, Burckhard
- Goodbye Goethe – Bleib mal cremig, Alter! 121
Freiburg (Herder) 2007, S. 113

Gellert, Christian Fürchtegott
- Leben der schwedischen Gräfing von G..., 139
Stuttgart (Reclam) 2006, S. 13–16

Genscher, Hans-Dietrich
- Erinnerungen an das Kriegsende 384
In: Spiegel Special 1945–1948, Hamburg (Spiegel-Verlag) 1995, S. 57

George, Stefan 301
- Komm in den totgesagten park ... 301
In: Stefan George: Sämtliche Werke in 18 Bänden, hrsg. von der Stefan-George-Stiftung, Stuttgart, Bd. 4: Das Jahr der Seele, bearbeitet von Georg P. Landmann, Stuttgart (Klett-Cotta) 1982

Goethe, Johann Wolfgang 153, 196
- Italienische Reise 14, 22
In: Christoph Michel (Hrsg.): Goethe – Italienische Reise, Frankfurt a.M. (Insel-Verlag) 2004, S. 13, 167, 173 f., 179, 189 f., 194, 199, 447
- Symbolon 192
- Grenzen der Menschheit 192
- Das Göttliche 193
In: Johann Wolfgang Goethe: Werke. Hamburger Ausgabe, Bd. 1, Hamburg (Wegner) [15]1993, S. 340 f., 146 f., 147 f.
- Römische Elegien I und V 212
In: Johann Wolfgang Goethe: Werke, Hamburger Ausgabe in 14 Bänden, hrsg. von Erich Trunz, Bd. 1, München (Deutscher Taschenbuch Verlag) 1998
- Gingo Biloba 214
In: Johann Wolfgang Goethe: Werke. Kommentare und Register. Hamburger Ausgabe in 14 Bänden. Bd. 2. Gedichte und Epen II, München (Beck) [15]1994, S. 66
- Über den Begriff des Klassischen 216
In: Johann Wolfgang Goethe: Werke. Hamburger Ausgabe, Bd. 12, Hamburg (Wegner) [11]1984, S. 240 f.
- Worte sind der Seele Bild 324
In: Johann Wolfgang Goethe: Werke, Hamburger Ausgabe, Bd. 1, Hamburg (Wegner) [15]1993
- An Charlotte von Stein 446
In: Liebesbriefe großer Männer, Bd. 1, hrsg. von Petra Müller und Rainer Wieland, München (Piper) 2008, S. 38 f.
- Die Leiden des jungen Werthers 153
Frankfurt a.M. (Fischer) 2005, S. 11 f., 29–42, 80–83
- Kleine Blumen, kleine Blätter 156
- Ach, wie sehn' ich mich nach dir 156
- Es schlug mein Herz 156
- Maifest 157
- Prometheus 158
- Ganymed 158
In: Goethe: Gedichte, hrsg. von Erich Trunz, München (Beck) [15]1993, S. 25 f., 31 f., 27 f., 30 f., 44–46, 46 f.
- Wilhelm Meisters Lehrjahre 195, 196
In: Johann Wolfgang Goethe: Werke, Hamburger Ausgabe in 14 Bänden, hrsg. von Erich Trunz, Bd. 7, München (Deutscher Taschenbuch Verlag) 1998
- Iphigenie auf Tauris 199, 201
In: Johann Wolfgang Goethe: Werke, Hamburger Ausgabe in 14 Bänden, hrsg. von Erich Trunz, Bd. 5, München (Deutscher Taschenbuch Verlag) 1998

Gomringer, Eugen
- worte sind schatten 327
In: Eugen Gomringer: worte sind schatten, Reinbek bei Hamburg (Rowohlt) 1969

Gonçalves, Elisabeth
- Der ewige Auswanderer 46
In: Irmgard Ackermann (Hrsg.): In zwei Sprachen leben. Berichte, Erzählungen, Gedichte von Ausländern, München (Deutscher Taschenbuch Verlag) [3]1992

Grass, Günter
- Rede an der Akademie der Künste 171
Berlin (Akademie der Künste) 1984
- Die Blechtrommel 408
Frankfurt a.M. (Fischer) 1962, S. 96–98
© Steidl Verlag
- Ehe 449
In: Günter Grass: Gedichte und Kurzprosa, Werkausgabe Bd. 1, Göttingen (Steidl) 1997
- Mein Jahrhundert, 459
Göttingen (Steidl) 1999, S. 332–335

Greif, Gideon
- Holocaust 404
In: Gideon Greif: Wir weinten tränenlos ..., Frankfurt a.M. (Fischer) 2007, S. 16 f. © Böhlau Verlag, Köln

Greif, Stefan
- „Im Gegensatz zum Volksmärchen" 236
In: Helmut Schanze (Hrsg.): Literarische Romantik, Stuttgart (Kröner) 2008, S. 84 ff.

Greiner, Ulrich
- Das ist ja ein Ding ... 465
In: Die Zeit vom 1.6.1990

Grillparzer, Franz 280
- Der arme Spielmann, 278, 279, 280
Stuttgart (Reclam) 1958

Grimmelshausen, Hans Jakob Christoph von 100
- Der abenteuerliche Simplicissmus, 1. Buch, 4. Kapitel 100
- Der abenteuerliche Simplicissmus, 2. Buch, 27. Kapitel 100
In: Hans Jakob Christoffel von Grimmelshausen: Der abenteuerliche Simplicissimus Deutsch. Aus dem Deutschen des 17. Jahrhunderts und mit einem Nachwort von Reinhard Kaiser, Frankfurt a.M. (Eichborn) 2009, S. 25 ff., 206 f.

Grimmiger, Rolf
- Polyphonie, Vielstimmigkeit, Dissonanz und Resonanz ... 354
In: Funkkolleg Literarische Moderne, Studieneinheit I, 33, 1993

Gröschner, Annett
- Die Rache 457
In: Die Nacht, in der die Mauer fiel. Schriftsteller erzählen vom 9. November 1989, hrsg. von Renatus Deckert, Frankfurt a.M. (Suhrkamp) 2009, S. 24–26

Grünbein, Durs
- Novembertage I. 1989 461
In: Durs Grünbein: Nach den Satiren, Frankfurt a.M. (Suhrkamp) 1999, S. 64 ff.

Gryphius, Andreas 103
- Ebenbild unseres Lebens. Auff das gewöhnliche Königs-Spiel 103
In: Andreas Gryphius: Gedichte, Stuttgart (Reclam) 1996, S. 8
- Thränen des Vaterlandes Anno 1636 105
In: Adalbert Elschenbroich (Hrsg.): Gedichte, Stuttgart (Reclam) 1968
- An sich selbst 108
In: Andreas Gryphius: Gedichte. Eine Auswahl. Text nach der Ausgabe letzter Hand von 1663, hrsg. von Aldalbert Elschenbroich, Stuttgart (Reclam) 2007, S. 9

Günderrode, Karoline von
- Der Luftschiffer 226
- Überall Liebe 247
- Liebe 246
In: Hannelore Schäfer (Hrsg.): Gedichte, Prosa, Briefe, Stuttgart (Reclam) 1998, S. 97, 62 f., 40

Günther, Johann Christian
- Eröffne mir das Feld der Lüste 452
In: Johann Christian Günther: Gesammelte Gedichte, hrsg. von Herbert Heckmann, München, Wien (Hanser) 1981

Hage, Volker
- Ihr ist nichts vorzuwerfen ... 466
In: Die Zeit vom 1.6.1990

Hahn, Ulla
- Bis ich ganz in dir ... (aus: Haut und Haar) 440
- Alle vierzehn Tage ... (aus: Abenteuer) 441
- Mit Haut und Haar 446
- Anständiges Sonett 453
In: Ulla Hahn: Klima für Engel. Gedichte, München (Deutscher Taschenbuch Verlag) 1993, S. 9, 24, 16

Hamburger, Michael
- Essay über den Essay 180
In: Akzente, Zeitschrift für Dichtung, hrsg. von Walter Höllerer und Hans Bender, 1965, S. 290–292

Handke, Peter
- Ich bin ein Bewohner des Elfenbeinturms, 423

Frankfurt (Suhrkamp) 1972

Härtling, Peter
- Der Wanderer, 39

Hamburg (Luchterhand) 1988, S. 11 f.

Hartmann von Aue
- Manger grüezet mich alsô 94

In: Michael Curschmann und Ingeborg Glier (Hrsg.): Deutsche Dichtung des Mittelalters, Bd. 1. Von den Anfängen bis zum hohen Mittelalter, Frankfurt a.M. (Fischer) 1987, S. 546, Lizenz des Carl Hanser Verlags, München, Wien 1980

Hasselberg, Viola
- Außer sich – über Peer Gynt 74

In: Programmheft Nr. 2, hrsg. vom Theater Freiburg, Spielzeit 2007/8

Hauck, Mirjam
- Selbstdarstellung statt Information 488

In: http://www.sueddeutsche.de/computer/440/314340/text/

Hauptmann, Gerhart 306
- Die Weber, 306

Berlin (Ullstein) [7]2003

Hausmann, Raoul
- Optophonetisches Gedicht 328

In: Dada-Gedichte, hrsg. von Karl Riha, Berlin (Wagenbach) 1982

Hazard, Paul
- Die Krise des europäischen Geistes 131

In: Paul Hazard: Die Krise des europäischen Geistes, übersetzt von Harriet Wegener, Hamburg (Hoffmann und Campe) [5]1939, S. 148 f.

Hebel, Johann Peter
- Moses Mendelssohn 140

In: Johann Peter Hebel: Kalendergeschichten, Frankfurt a.M. (Diesterweg) 1968, S. 24

Heine, Heinrich 254
- In der Fremde 43

In: Heinrich Heine: Gedichte, mit einem Nachwort von Hans Kaufmann, Berlin, Weimar (Aufbau) [6]1988, S. 269
- Die Harzreise 259
- An einen politischen Dichter 262
- Zur Beruhigung 263
- Die schlesischen Weber 305

In: Heinrich Heine: Sämtliche Werke, Bd. 1–3, hrsg. von Ernst Elster, Leipzig/Wien (Bibliographisches Institut) o.J.
- Mein dunkles Herz liebt dich ... (aus: Sie haben heut Abend Gesellschaft) 440
- Sie haben heut Abend Gesellschaft 450

In: Heinrich Heine: Buch der Lieder, Stuttgart (Reclam) 1990, S. 147 f.
- Sie saßen und tranken am Teetisch 251
- Ich weiß nicht, was soll es bedeuten 253
- Mein Herz, mein Herz ist traurig 254
- Philister im Sonntagsröcklein 254
- Wahrhaftig 255
- Lebensfahr 255

In: Heinrich Heine: Sämtliche Werke, Bd. 1–3, hrsg. von Ernst Elster, Leipzig/Wien (Bibliographisches Institut) o.J.

Heißenbüttel, Helmut
- Kalkulation über was alle gewusst haben 399

In: Klaus Wagenbach (Hrsg.): Lesebuch. Deutsche Literatur der 60er-Jahre, Berlin (Wagenbuch) 1989, S. 26 f.

- Einfache Sätze 410

In: Der Spiegel, Heft 22 vom 29.5.1963, S. 72

Hentig, Hartmut von
- Franz Schubert. Glück vom Unglücklichen 248

In: Hartmut von Hentig, Sten Nadolny: Deutsche Gestalten, München (Deutscher Taschenbuch Verlag) 2004, S. 173 ff.

Herder, Johann Gottfried
- Briefe zur Beförderung der Humanität, 27. Brief 193
- 3. Brief 194

In: Johann Gottfried Herder, Werke, Bd. 7, hrsg. von Hans Dietrich Irmscher, Frankfurt a.M. (Deutsche Klassiker) 1991

Herwegh, Georg
- Aufruf 1841 262

In: Der deutsche Vormärz, hrsg. von Jost Hermand, Stuttgart (Reclam) 1967

Hesse, Hermann 336
- Der Steppenwolf, 336

Frankfurt a.M. (Suhrkamp) 1974

Heym, Georg
- Der Gott der Stadt 312

In: Kurt Pinthus (Hrsg.): Menschheitsdämmerung. Ein Dokument des Expressionismus, Reinbek (Rowohlt) 1983
- Die Stadt 312

In: Georg Heym: Das lyrische Werk, München (Deutscher Taschenbuch Verlag) 1977
- Tagebücher, 15.9.1911 318

In: Karl Ludwig Schneider (Hrsg.): Dichtungen und Schriften, Gesamtausgabe, Bd. 3, München (Winkler) [3]1986

Heym, Stefan
- Rede auf dem Alexanderplatz, 4. November 1989 434

In: Inge Heym; Heinfried Henniger (Hrsg.): Einmischung. Gespräche. Reden. Essays, Frankfurt a.M. (Fischer) 1992, S. 35 f.

Hickethier, Knut
- Licht 291

In: Alice Bienk: Filmsprache – Einführung in die interaktive Filmanalyse, Marburg (Schüren) 2008, S. 68

Hildegard von Bingen 83
- Buch der Gotteswerke 83

In: Thomas Schäfer: Visionen. Leben, Werk und Musik der Hildegard von Bingen, München (Droemer Knaur) 1996, S. 94 f.
- In einem Brief an die Äbtissin von Andernach 84

In: Johannes Bühler: Die Kultur im Mittelalter, Stuttgart (Kröner) 1954, S. 123

Hilsbecher, Walter
- Essay über den Essay 180, 182

In: Rainer Nolte: Essays von der Aufklärung bis heute, Berlin (Cornelsen) 1993, S. 22–27

Hirsch, Eike Christian
- Gnadenlos gut, 121

Ausflüge in das neue Deutsch, München (Beck) 2004

Höbel, Wolfgang
- Glücksritter auf Tauchstation 475

In: Der Spiegel vom 2.3.1998

Hochhuth, Rolf
- Danksagung bei Entgegennahme des ersten Jacob-Grimm-Preises am 3. November 2001 373

In: www.sprachbeweis-deutsch.ch (letzter Zugriff 17.11.09)

Hoddis, Jakob von
- Weltende 319

In: Kurt Pinthus (Hrsg.): Menschheitsdämmerung. Ein Dokument des Expressionismus, Reinbek bei Hamburg (Rowohlt) 1983

Hoffmann, E.T.A.
- Rat Krespel, 232

Stuttgart (Reclam) 1964, S. 3 ff., 22 ff.

Hofmann von Hofmannswaldau, Christian
- Auf den Mund 108

In: Herbert Cysarz (Hrsg.): Deutsche Barock-Lyrik, Stuttgart (Reclam) 1957, S. 56
- Vergänglichkeit der schönheit 108

In: Volker Maid (Hrsg.): Gedichte und Interpretationen, Bd. 1, Stuttgart (Reclam) 1982, S. 331

Hofmannsthal, Hugo von 326
- Was ist die Welt? 298
- Terzinen I. Über Vergänglichkeit 300
- Die Beiden 442

In: Hugo von Hofmannsthal: Gesammelte Werke in zehn Einzelbänden. Gedichte/Dramen I, hrsg. von Bernd Schoeller, Frankfurt a.M. (Fischer) 1979
- Ein Brief 325

In: Hugo von Hofmannsthal: Gesammelte Werke in zehn Einzelbänden. Erzählungen/Erfundene Gespräche und Briefe/Reisen, hrsg. von Bernd Schoeller, Frankfurt a.M. (Fischer) 1979

Hölty, Ludwig Christoph Heinrich
- Die Mainacht 152

In: Ludwig Christoph Heinrich Hölty: Gesammelte Werke und Briefe. Kritische Studienausgabe, hrsg. von Walter Hettche, Göttingen (Wallstein) [2]2008, S. 187

Holtzhauer, Christian
- Funny Games 266

In: Programmheft Staatstheater Stuttgart 2008, S. 6 f.

Holz, Arno 308 / **Schlaf, Johannes** 308
- Papa Hamlet, 308

Stuttgart (Reclam) 1963

Horkheimer, Max / Adorno, Theodor W.
- Dialektik der Aufklärung 171

In: Max Horkheimer / Theodor W. Adorno: Dialektik der Aufklärung. Philosophische Fragmente, Frankfurt a.M. (Fischer) 1969, [17]2008, S. 9–15

Horváth, Ödön von 346
- Italienische Nacht. Volksstück, 346

Frankfurt a. M. (Suhrkamp) 1974

Huchel, Peter 386
- Chausseen 386

In: Peter Huchel: Gesammelte Werke, Frankfurt a.M. (Suhrkamp) 1984

Huemer, Peter
- Festrede zur Eröffnung des Linzer Brucknerfestes 2003 374

In: www.zeit.de (letzter Zugriff 17.11.09)

Ibsen, Henrik 60
- Peer Gynt. Ein dramatisches Gedicht, 54, 56, 63, 64, 67, 72, 74

aus dem Norwegischen übertragen von Hermann Stock, Nachwort von Ruprecht Volz, Ditzingen (Reclam) 2006

Im Alltag flüchtet Woyzeck ... 273

In: www.staatstheater.stuttgart.de/schauspiel/service/
verf. von Frederik Zeugke, Programmheft Staatstheater Stuttgart

Inhaltsangabe im Freiburger Programmheft zu Peer Gynt 62
In: Programmheft Nr. 2, hrsg. vom Theater Freiburg, Spielzeit 2007/8, verfasst von Viola Hasselberg

Interpretationsbausteine zu Kafka „Der Aufbruch" 18
In: Herbert Fuchs u. Dieter Seiffert: Franz Kafka – Erzählungen und andere Prosa, Berlin (Cornelsen) 1999, S. 33–35

Interview mit dem Sprachforscher Matthias Wermke 119
In: http://www.duden.de/deutsche_sprache/sprachwissen/rechtschreibung/interview/index.php

Jenseits des Soldatenmilieus ... 272
In: Monatliche Programmübersicht Staatstheater Stuttgart 2007, Premierenankündigung, S. 16

Jünger, Ernst 345
- Ich glaube allerdings ... 336
In: Ernst Jünger: Politische Publizistik. 1919–1933, hrsg. von Sven D. Berggötz, Stuttgart (Klett-Cotta) 2001, S. 510
- Der Kampf als inneres Erlebnis 345
In: Ernst Jünger: Sämtliche Werke, Bd. 7. Betrachtungen zur Zeit, Stuttgart (Klett-Cotta) 1980

Kafka, Franz 339
- „Weg-von-hier", das ist mein Ziel 10
In: Franz Kafka: Der Aufbruch, in: Paul Raabe (Hrsg.): Franz Kafka. Sämtliche Erzählungen, Frankfurt a.M. (Fischer) 1990, S. 321
- Der Aufbruch 18
- Heimkehr 18
In: Paul Raabe (Hrsg.): Franz Kafka. Sämtliche Erzählungen, Frankfurt a.M. (Fischer) 1990, S. 321, 320 f.
- Gibs auf 338
- Auf der Galerie 342
In: Franz Kafka: Die Erzählungen, Frankfurt a.M. (Fischer) 1961
- An Felice Bauer 447
In: Deutsche Briefe 1750–1950, hrsg. von Gert Mattenklott, Hannelore Schlaffer und Heinz Schlaffer, Frankfurt a.M. (Fischer) 1988, S. 291

Kaiser, Gerhard
- Augenblicke deutscher Lyrik, 238
Frankfurt a.M. (Insel) 1987, S. 178 ff.

Kaléko, Mascha
- Emigranten-Monolog 45
- Das graue Haar 452
In: Mascha Kaléko: Verse für Zeitgenossen, Reinbek bei Hamburg (Rowohlt) 1958 © 1975 Gisela Zoch-Westphal

Kant, Immanuel 143
- Beantwortung der Frage: Was ist Aufklärung? 143
In: Die deutsche Literatur in Text und Darstellung, Aufklärung und Rokoko, Stuttgart (Reclam) 1980, S. 42–45

Kapuściński, Ryszard
- Meine Reisen mit Herodot, 20
übersetzt von Martin Pollack, Frankfurt a.M. (Eichborn) ⁵2005, S. 16

Kästner, Erich
- Repetition des Gefühls 451
In: Erich Kästner: Gedichte. Ausgewählt und herausgegeben von Bolker Ladenthin, Stuttgart (Reclam) 1998, S. 10 f.

Kehlmann, Daniel
- Die Vermessung der Welt, 20, 173
Reinbek bei Hamburg (Rowohlt) ¹⁶2006, S. 7 f., 119–123

Keller, Herbert / Naumilkat, Hans
- Unsere Heimat 38
In: Lothar Höschel; Rüdiger Sell (Hrsg.): Liederbuch für die Klassen 5–10, Berlin (Volk und Wissen) 1989, S. 94

Kerr, Alfred
- Die Weber – Theaterkritik 307
In: Alfred Kerr: Theaterkritiken, hrsg. von J. Behrens, Stuttgart (Reclam) 1971

Kertész, Imre 404
- Roman eines Schicksallosen, 404
Berlin (Rowohlt) 2008, S. 87–102

Kindlers Literatur-Lexikon: Italienische Reise 25
In: Kindlers Literatur-Lexikon in 14 Bänden, München (Deutscher Taschenbuch Verlag) 1986, Bd. 6, S. 4918 f., Lizenz des Kindler-Verlags, Zürich

Kipphardt, Heinar
- In der Sache J. Robert Oppenheimer, 421
Köln (Kiepenheuer & Witsch) 1978, S. 108 f.

Kirsch, Sarah 428
- Die fuchsroten Felder 428
In: Sarah Kirsch, Rückenwind, Ebenhausen bei München (Langewiesche-Brandt) 1977
- Wiepersdorf 428
- Die Luft riecht schon nach Schnee 428
In: Sarah Kirsch: Sämtliche Gedichte, München (Deutsche Verlagsanstalt) 2005, S. 137 ff., 132

Klemm, Wilhelm
- Meine Zeit 299
In: Kurt Pinthus (Hrsg.): Menschheitsdämmerung. Ein Dokument des Expressionismus, Reinbek (Rowohlt) 1983

Klopstock, Friedrich Gottlieb
- Die frühen Gräber 153
In: Karl Otto Conrady (Hrsg.): Das große deutsche Gedichtbuch, München (Artemis & Winkler) ²1992, S. 105
- Sie sah mich an ... 440
In: Friedrich Gottlieb Klopstock: Das Rosenband, in: Karl August Schleiden: Friedrich Gottlieb Klopstock. Ausgewählte Werke, Bd. 1, München, Wien (Hanser) 1981, S. 74 f.

Klotz, Volker
- Volksmärchen 244
In: Volker Klotz: Das europäische Kunstmärchen, Stuttgart (Metzler) 1983, S. 10 ff.

Körner, Theodor
- Aufruf 261
In: Theodor Körner: Werke, Bd. 1, hrsg. von Hans Zimmer, Leipzig/Wien (Bibliographisches Institut) o. J.

Krechel, Ursula
- Umsturz 423
In: Ursula Krechel: Nach Mainz! Gedichte, Darmstadt/Neuwied (Luchterhand) 1977

Kuh, Anton
- Nietzsche und Hindenburg 345
In: Anton Kuh. Luftlinien, Feuilletons, Essays und Publizistik, hrsg. von Ruth Greuner, Wien (Löcker) 1981

Kunert, Günter 53
- Die Fremde [... lässt] den Reisenden ... (aus: Vom Reisen) 10
- Vom Reisen 13
In: Rainer Nolte (Hrsg.): Essays von der Aufklärung bis heute, Berlin (Cornelsen) 1993, S. 270–272
- Der Schrei der Fledermäuse 417
In: Günter Kunert: Tagträume in Berlin und andernorts, Frankfurt a.M. (Fischer) 1974
- Unterwegs nach Utopia I 429
- Unterwegs nach Utopia II 429
In: Günter Kunert: Unterwegs nach Utopia. Gedichte, München, Wien (Hanser) 1977
- Begegnung 443
In: Günter Kunert: Gedichte, Stuttgart (Reclam) 2000, S. 22
- Er überwindet die Widersprüche, er will sie vereinen 52
In: Marcel Reich-Ranicki (Hrsg.): Frankfurter Anthologie, Bd. 31, Frankfurt a.M. und Leipzig (Insel) 2007 S. 205 ff.

Kunert, Heike
- Wörterbericht: Heftig 187
In: Die Zeit, Nr. 23 vom 28.5.2009

Kunze, Reiner 432
- Deutsche Ballade 45
- Nach einer unvollendeten Mathematikarbeit 172
In: Reiner Kunze: Gedichte, Frankfurt a.M. (Fischer) 2001, S. 235, 106 f.
- Ordnung 431
In: Reiner Kunze: Die wunderbaren Jahre, Frankfurt a.M. (Fischer) 1994, S. 36
- Ein Schriftsteller kann nirgendwo ... 432
- Aber ich bin kein politischer Autor ... 432
- Nichts ist unbequemer als die Freiheit ... 432
- Ein dichterischer Einfall geht immer ... 433
- Aber Sie schreiben doch nicht mehr ... 433
In: Reiner Kunze: Wo Freiheit ist ... Gespräche 1977–1993, Frankfurt a.M. (Fischer) 1994
- Der Vogel Schmerz 432
- Zimmerlautstärke 432
- Das Ende der Kunst 433
- Sensible wege 433
- Die mauer 460
In: Kunze, Reiner: Gedichte, Frankfurt a.M. (Fischer) 2003, S. 43, 117, 51, 278

Lanier, Jaron
- Der Glaube an die sogenannte Weisheit der Massen 491
In: Der Spiegel 46/2006 vom 13.11.2006, S. 182

Lasker-Schüler, Else 319
- Wenn wir uns ansehn 443
- Du, ich liebe dich grenzenlos 445
In: Else Lasker-Schüler: Sämtliche Gedichte, hrsg. von Karl Jürgen Skrodzki, Frankfurt a.M. (Jüdischer Verl. im Suhrkamp-Verlag) 2004, S. 295, 45
- Weltschmerz 319
- Weltende 319
In: Else Lasker-Schüler: Gesammelte Werke in 3 Bänden, hrsg. von Friedhelm Kemp, Bd. 1: Gedichte 1902–1943, München (Kösel) ²1961

Lehmann, Markus
- Die Muster ändern sich nicht 205
In: Schwäbische Post vom 17.7.2007

Leibniz, Gottfried Wilhelm
- Unvorgreifliche Gedanken betreffend die Ausübung und Verbesserung der Teutschen Sprache, 115
hrsg. von Uwe Pörksen, kommentiert von Uwe Pörksen u. Jürgen Schiewe, Stuttgart (Reclam) 1983

Lenz, Siegfried 407
- Deutschstunde, 406
München (Deutscher Taschenbuch Verlag) 1973, Lizenz d. Hoffmann u. Campe-Verlags, Hamburg

Lepenies, Wolf
- Eröffnungsrede auf dem Kongress „McKinsey bildet" am 5. September 2002 374
In: www.zeit.de (letzter Zugriff 17.11.09)

Lessing, Gotthold Ephraim
- Der Tanzbär 137
- Der Löwe mit dem Esel 137
In: Gotthold Ephraim Lessing: Ausgewählte Werke in drei Bänden, Bd. I, hrsg. v. Hugo Göring, Essen (Phaidon) o.J., S. 298 f.
- Die Ringparabel 146
In: Gotthold Ephraim Lessing: Nathan der Weise, Husum (Hamburger Lesehefte) o.J., S. 62–68
- Ich zweifle, ob viel Christen ... 151
- Die Beredsamkeit 151
- Ihre Blätter können ... 151
- Das Herz nimmt keine Gründe an ... 151
- Der größte Fehler ... 151
- Nicht die Wahrheit ... 151
In: Lessing zum Vergnügen „Je mehr ich vergesse, desto gelehrter werde ich", hrsg. von Gunter E. Grimm, Stuttgart (Reclam) 2005, S. 10, 17, 85, 100, 106, 107
- Mein lieber Eschenburg, ... 151
In: Lessings Briefe in einem Band, Berlin u. a. (Aufbau) 1967, S. 411

Lichtenberg, Georg Christoph
- Aphorismen 138
In: Georg Christoph Lichtenberg: Aphorismen und andere Sudeleien, hrsg. von Ulrich Joost, Stuttgart (Reclam) 2003, S. 19–21, 119
- Aphorismus über das Schreiben 176
In: Sudelbücher, hrsg. von Franz H. Mautner, Frankfurt a.M. (Insel) 1984, S. 355

Lichtwer, Magnus G.
- Die beraubte Fabel 137
In: Magnus G. Lichtwer: Blinder Eifer schadet nur!, Leipzig (Reclam) 1983, S. 5 f.

Loeben, Otto Heinrich Graf von
- Das Mittelalter 243
In: Hans-Heino Ewers (Hrsg.): Romantik. Lyrik, Stuttgart (Klett) 1984

Logau, Friedrich von
- Abgedanckte Soldaten 102
In: Gustav Eitner (Hrsg.): Deutsche Sinn-Gedichte Drey Tausend. Stuttgart (Bibliothek des Literarischen Vereins) 1972

Machiavelli, Niccoló
- Wie viel Fortuna in den menschlichen Dingen vermag und wie man ihr entgegenwirken kann 129
In: Niccoló Machiavelli: Der Fürst, Wiesbaden (VMA-Verlag) 1980, S. 93, Lizenz des Reclam-Verlags, Leipzig 1980

Mann, Klaus
- Der Wendepunkt. Ein Lebensbericht, 359
Reinbek (Rowohlt) 1984

Mann, Thomas 321
- Lebewohl, Hans Castorp ... (aus: Der Zauberberg) 17
- Der Zauberberg, 337
Frankfurt a. M. (Fischer) 1963
- Antwort an Walter von Molo 387
In: Heinz Ludwig Arnold: Die deutsche Literatur 1945 – 1960, Bd. 1, München (Deutscher Taschenbuch Verlag) 1995, S. 63
- Das Eisenbahnunglück 321
In: Thomas Mann: Sämtliche Erzählungen, Frankfurt a.M. (Fischer) 1963

Männling, Johann Christoph
- Todten-Bahre 109
In: Albrecht Schöne (Hrsg.): Das Zeitalter des Barock, München (Beck) 1963

Maron, Monika
- Hört auf, von DDR-Literatur zu sprechen! 482
In: Süddeutsche Zeitung vom 17.6.2009

Mattenklott, Gert
- Reisen zu können erfordert mehr ... 10
In: Gert Mattenklott: „Vorgestellte Reisen – Reisevorstellung", in: Klaus Bergmann, Solveig Ockenfuß (Hrsg.): Neue Horizonte – Eine Reise durch die Reisen, Reinbek bei Hamburg (Rowohlt) 1994, S. 159

Mäurer, German
- Wider politische Gedichte 262
In: Der deutsche Vormärz, hrsg. von Jost Hermand, Stuttgart (Reclam) 1967

Mayer, Hans
- Über den Schluss von Schillers Drama „Die Räuber" 166
In: Hans Mayer: Schillers „Räuber" 1968, in: Theater heute 9, 1968, H. 10, S. 4–6

Meckel, Christoph
- Rede vom Gedicht 411
In: Karl Otto Conrady (Hrsg.): Das Buch der Gedichte, Frankfurt a.M. (Cornelsen-Hirschgraben) 1997, S. 552
- Andere Erde 419
In: Christoph Meckel: Wenn es angeht, Düsseldorf (Eremiten-Presse) 1974

Meyer, Conrad Ferdinand
- Zwei Segel 445
In: Conrad Ferdinand Meyer: Sämtliche Werke, Bd. 1, hrsg. von Hans Zeller und Alfred Zäch, Bern (Benteli) o.J., S. 196

Michalzik, Peter
- Wie komme ich zur Nordsee? 477
In: Thomas Kraft (Hrsg.): aufgerissen – Zur Literatur der 90er, München (Piper) 2000, S. 28–30

Michelsen, Peter
- „In dem Kompositum ‚Fadensonnen' ..." 398
In: Peter Michelsen: Liedlos. Paul Celans „Fadensonnen", in: Gedichte und Interpretationen, hrsg. von Walter Hinck, Bd. 6: Gegenwart, Stuttgart (Reclam) 1985, S. 131

Mitscherlich, Alexander und Margarete
- Die Unfähigkeit zu trauern, 402
München (Piper) 1968

Molo, Walter von
- An Thomas Mann 386
In: Heinz Ludwig Arnold: Die deutsche Literatur 1945 – 1960, Bd. 1, München (Deutscher Taschenbuch Verlag) 1995, S. 57 f.

Mombert, Alfred
- Gott ist vom Schöpferstuhl gefallen 299
In: Alfred Mombert: Der himmlische Zecher. Ausgewählte Gedichte, Frankfurt a.M. (Insel) 1951

Montaigne, Michel de
- Förmlichkeiten bei der Begegnung von Königen 178
- An den Leser 179
In: Michel de Montaigne: Essais. Erste moderne Gesamtübersetzung von Hans Stilett, Frankfurt a.M. (Eichborn) 1998, S. 5

Morgenstern, Christian
- Fisches Nachtgesang 330
In: Christian Morgenstern: Gesammelte Werke in einem Band, hrsg. von M. Morgenstern, München (Piper) 1965

Mörike, Eduard 276
- An die Geliebte 445
- Bei einer Trauung 448
- Peregrina V 451
- Erstes Liebeslied eines Mädchens 453
In: Eduard Mörike: Werke in einem Band, hrsg. von Herbert G. Göpfert, München (Deutscher Taschenbuch Verlag) 1995, S. 124, 221, 100, 30 f.
- Am Walde 275
- Verborgenheit 276
- Auf eine Lampe 276
In: Eduard Mörike: Gesammelte Werke, Bd. 3, hrsg. von Georg Schwarz, Bergen/Obb. (Müller und Kiepenheuer Verlag) 1968, S. 105, 115, 131

Müller, Burkhard
- Mit Mut und Vernunft durch die Welt tornistern 27
In: Süddeutsche Zeitung vom 27./28. April 2002

Müller, Heiner 392
- Das Eiserne Kreuz 392
In: Heiner Müller: Germania Tod in Berlin, Berlin (Rotbuch) 1977

Müller, Inge
- Heimweg 45 385
In: Inge Müller: Wenn ich schon sterben muss, Berlin (Aufbau) 1995, S. 35, 31, 36

Müller, Wilhelm 248
- Erstarrung 248
- Der Lindenbaum 248
- Der Wegweiser 248
In: Wilhelm Müller, Franz Schubert: Die Schöne Müllerin. Die Winterreise, Textausgabe, Stuttgart (Reclam) 2001, S. 42, 43, 59
- Gute Nacht 40
In: Peter Härtling: Der Wanderer, Hamburg (Luchterhand) 1988, S. 135 f.

Nerv 187
In: Duden, Bd. 7: Etymologie, hrsg. von Günther Drosdowski, Mannheim (Bibliografisches Institut & F.A. Brockhaus) ⁴2006

Nietzsche, Friedrich 302
- Vereinsamt 40
In: Friedrich Nietzsche: Gesammelte Werke hrsg. von Richard Oehler, Max Oehler, Friedrich Chr. Würzbach, München (Musarion) 1920–1929
- Venedig 303
- Über Wahrheit und Lüge im außermoralischen Sinn 304
In: Friedrich Nietzsche: Gesammelte Werke, München (Musarion) 1920–1929

- Der tolle Mensch 302
In: Friedrich Nietzsche: Die fröhliche Wissenschaft, München (Goldmann) 1959

Nolte, Rainer
- Der Essay als literarische Gattung 180
In: Rainer Nolte: Essays von der Aufklärung bis heute, Berlin (Cornelsen) 1993, S. 9–11

Novalis 226
- Die Verworrenen und die Geordneten 230
In: Novalis: Schriften, Bd. 2, hrsg. von Richard Samuel, Stuttgart (Kohlhammer) 1965, S. 433 f.
- Die Christenheit oder Europa 242
- Fragment 234 243
In: Novalis: Schriften, Bd. 3, hrsg. von Richard Samuel, Stuttgart (Kohlhammer) 1965, S. 507, 280 f.
- Wenn nicht mehr Zahlen und Figuren 226
In: Novalis: Schriften, Bd. 1, hrsg. von Richard Samuel, Stuttgart (Kohlhammer) 1960, S. 360
- ... ob er ein geeigneter IM ... 433
In: Deckname Lyrik. Eine Dokumentation von Reiner Kunze, Frankfurt a.M. (Fischer) 1990

Olden, Rudolf
- Es ist in der kurzen Zeit ... 336
In: Rudolf Olden: Über das Wunderbare, in: Propheten der deutschen Krise. Das Wunderbare oder die Verzauberten, hrsg. von R. O., Berlin 1932, S.16, zit. nach: Erhard Schütz: Romane der Weimarer Republik Mündchen (UTB 187) 1988, S. 9

Opitz, Martin
- carpe diem 107
In: Herbert Cysarz (Hrsg.): Deutsche Barock-Lyrik, Konstanz (Athenaion) 1957

Ortheil, Hanns-Josef
- Faustinas Küsse, 25
München (Luchterhand) 1998, S. 7–9

Ostaijen, Paul von
- Zeppelin 331
- Eenzame stad 331
In: Paul von Ostaijen: Verzamelte Gedichten, Uitgewerij Bert Bakker Amsterdam 1982

Pazarkaya, Yüksel
- deutsche sprache 46
In: Helmut Lamprecht (Hrsg.): Wenn das Eis geht, München (Deutscher Taschenbuch Verlag) 1985, S. 25, Lizenz des Verlags Atelier im Bauernhaus, Fischerhude

Petersdorff, Dirk von
- Im Museum der Geschichte 461
In: Dirk von Peterdorff: Bekenntnisse und Postkarten, Frankfurt a.M. (Fischer) 1999

Pinthus, Kurt
- Menschheitsdämmerung 315
In: Kurt Pinthus (Hrsg.): Menschheitsdämmerung. Ein Dokument des Expressionismus, Reinbek (Rowohlt) 1983

Platon
- Gorgias, 369
Übersetzung und Kommentar von Joachim Dalfen, Göttingen (Vandenhoeck & Ruprecht) 2004, S. 22–26

Platt, Spencer
- Starke Bilder haben die Kraft, etwas zu bewegen 492
In: www.stern.de/.../interview-spencer-platt-mein-foto-ist-zu-perfekt-588021.html

Polenz, Peter von
- Geschichte der deutschen Sprache, 123
Berlin (de Gruyter) 1970
- Sprache braucht kein Gesetz 124
In: Frankfurter Allgemeine Zeitung vom 9.2.2001

Polgar, Alfred
- Verfall 338
In: Alfred Polgar: Auswahlband, Berlin (Rowohlt) 1930

Politzer, Heinz
- Eine Parabel Kafkas – Versuch einer Interpretation 338
In: Heinz Politzer: Franz Kafka, der Dichter, Frankfurt a.M. (Suhrkamp) 1965

Psalm 137 Lied der Verbannten 43
In: Ernst H. Föhr (Hrsg.): Die Bibel, Freiburg, Basel, Wien (Herder) 1965, S. 661 f.

Rau, Johannes
- Zum 80ten Geburtstag von ... 372
In: Tischrede von Bundespräsident Johannes Rau bei einem Abendessen aus Anlass des 80. Geburtstages für Loriot, Schloss Bellevue, 10. Dezember 2003, www.zeit.de

Reich-Ranicki, Marcel
- Reaktion auf die Ausbürgerung Wolf Biermanns 427
In: Frankfurter Allgemeine Zeitung vom 18.11.1976

Reimann, Brigitte
- Ankunft im Alltag, 413
München (Deutscher Taschenbuch Verlag) 1986, Lizenzausg. d. Verl. Neues Leben, Berlin

Remarque, Erich Maria 344
- Im Westen nichts Neues, 343
Frankfurt/Berlin (Ullstein) 1972

Reuter, Christoph
- Irrationale Rationalität 208
In: Christoph Reuter: Mein Leben ist eine Waffe: Selbstmordattentäter. Psychogramm eines Phänomens, München (Bertelsmann) 2002, S. 9 ff.

Richter, Hans Werner
- Das Kennzeichen unserer Zeit 384
In: Joachim Bark u.a. (Hrsg.): Geschichte der deutschen Literatur, Bd. 6: Von 1945 bis zur Gegenwart, Leipzig (Klett) 2006, S. 34

Rieger, Gerd Enno
- Peer Gynt als Künstler? 70
In: Henrik Ibsen mit Selbstzeugnissen und Bilddokumenten dargestellt von Gerd Enno Rieger, rororo bildmonographien, Reinbek bei Hamburg (Rowohlt) 1981, S. 56

Rilke, Rainer Maria 300
- Ich fürchte mich so ... 324
- Das Karussell 299
- Jetzt reifen schon ... 300
In: Rainer Maria Rilke: Werke, Frankfurt a.M. (Insel) ⁴1986
- Brief an einen jungen Dichter 324
In: Rainer Maria Rilke: Werke, kommentierte Ausgabe in 4 Bänden, hrsg. von M. Engel und U. Füllleborn, Frankfurt a.M., Leipzig (Insel) 1996
- Doch alles, was uns anrührt ... (aus: Liebes-Lied) 441
- Liebes-Lied 444
In: Rainer Maria Rilke: Die Gedichte, hrsg. von Ernst Zinn, Frankfurt a.M. (Insel) 1986, S. 428

Rosenlöcher, Thomas
- Die verkauften Pflastersteine, 456
Dresdener Tagebuch, Frankfurt a.M. (Suhrkamp) 2009, S. 41 f.

Roth, Joseph
- Das ist ja ein Maskenfest ... 336
In: Joseph Roth: Werke, Bd. 4: Romane und Erzählungen 1915–1929, hrsg. von Fritz Hackert, Köln (Kiepenheuer und Witsch) 1989, S. 456
- Die vertriebene deutsche Literatur 360
In: Joseph Roth: Werke 3. Das journalistische Werk 1915–1923, hrsg. von Klaus Westermann, Köln (Kiepenheuer & Witsch) 1989, S. 972

Runge, Erika
- Bottroper Protokolle, 422
Frankfurt a.M. (Suhrkamp) 1968, S. 87 f.

Safranski, Rüdiger
- Über den Schluss von Schillers „Räubern" 167
In: Rüdiger Safranski: Friedrich Schiller oder die Erfindung des Deutschen Idealismus, München (Deutscher Taschenbuch Verlag) ²2008, S. 115, Lizenz des Hanser Verlags, München, Wien
- E.T.A. Hoffmann 234
In: Rüdiger Safranski: Romantik. Eine deutsche Affäre, München (Hanser) 2007, S. 219 f.

Sanders, Doris
- Der Natürliche Knigge, 177
Die sanfte Revolution der Ellbogengesellschaft, München (Econ Ullstein List) 2001, S. 20 f.

Sauer Michael
- Karikaturen 258
In: Michael Sauer: Bilder im Geschichtsunterricht, Seelze-Velber (Friedrich) 2000, S. 100 © Kallmeyer Verlag

Schiller, Friedrich 159, 211
- Über die Grenzen der Vernunft 152
- Die Schaubühne als moralische Anstalt betrachtet 167
In: Friedrich Schiller: Sämtliche Werke, Fünfter Band: Erzählungen/Theoretische Schriften, hrsg. von Gerhard Fricke und Herbert G. Göpfert, München (Hanser) ⁸1989, S. 590–592, 823 f., 831
- An einen Weltverbesserer 192
In: Friedrich Schiller: Sämtliche Werke, Bd. 1, hrsg. von Albert Meier, München (Deutscher Taschenbuch Verlag) 2004
- Über die ästhetische Erziehung des Menschen 217
- Über naive und sentimentalische Dichtung 211
In: Friedrich Schiller: Sämtliche Werke, Bd. 5, hrsg. von Albert Meier, München (Deutscher Taschenbuch Verlag) 2004
- Die Räuber 159
In: Friedrich Schiller: Sämtliche Werke, Erster Band: Gedichte / Dramen I, hrsg. von Gerhard Fricke und Herbert G. Göpfert, München (Hanser) ⁸1987, S. 499–502, 502–515, 552 f., 616–618

Schirrmacher, Frank
- Qualitätsjournalismus 490
In: faz.net vom 30.10.2007 (gekürzte Fassung der Dankesrede Schirrmachers anlässlich seiner Auszeichnung mit dem Jacob-Grimm-Preis Deutsche Sprache 2007 in Kassel)

Schlegel, August Wilhelm
- Vorlesungen über die schöne Literatur und Kunst 172
In: August Wilhelm Schlegel: Vorlesungen über Ästhetik [1798–1803], hrsg. von Ernst Behler, Paderborn u. a (Schöningh) 1989, S. 530

Schlegel, Friedrich 230
- Gespräch über die Poesie 226
In: Friedrich Schlegel: Kritische Schriften, hrsg. von Wolfdietrich Rasch, München (Hanser) 1964
- Athenäums-Fragment Nr. 424 230
In: Friedrich Schlegel: Schriften zur Literatur, hrsg. von Wolfdietrich Rasch, München (Deutscher Taschenbuch Verlag) 1972, S. 77

Schleiermacher, Friedrich
- Versuch einer Theorie des geselligen Betragens 251
In: Friedrich Schleiermacher: Werke, hrsg. von Otto Braun, Aalen (Scientia) 1967

Schnurre, Wolfdietrich
- Zerschlagt eure Lieder 388
In: Wolfdietrich Schnurre: Der Schattenfotograf, München (List) 1978, S. 58f.
- Das Begräbnis 388
In: Heinz Forster; Paul Riegel: Deutsche Literaturgeschichte Bd. 11, München (Deutscher Taschenbuch Verlag) 1995
- Schon in früheren Jahren hat R. K. ... 432
In: Deckname Lyrik. Eine Dokumentation von Reiner Kunze, Frankfurt a.M. (Fischer) 1990

Schöttker, Detlev
- Archiv im Umschlag 488
In: Süddeutsche Zeitung Nr. 188 vom 16.8.2004, S. 15

Schreiber, Mathias
- Deutsch for sale 124
In: Der Spiegel Nr. 40/2006 vom 2.10.2006

Schüler-Duden Literatur: Essay 180
In: Schülerduden. Die Literatur, hrsg. und bearbeitet von Meyers Lexikonredaktion unter Leitung von Gerhard Kwiatkowski, Mannheim, Wien, Zürich (Duden) ²1989

Schulze, Ingo 471
- Simple Storys
– Vorbei ist vorbei 468
– Kapitelzusammenfassungen 473
– Zugvögel 474
In: Ingo Schulze: Simple Storys. Ein Roman aus der ostdeutschen Provinz, München (Deutscher Taschenbuch Verlag) ³2001, S. 229–240, 7–11, 51f., 56–58, Lizenz des Berlin-Verlags, Berlin

Schwarz, Sibylle
- Wahre Freundschaft ist beständig 110
In: Albrecht Schöne (Hrsg.): Das Zeitalter des Barock, München (Beck) 1988
- 11. Sonett 111
- 4. Sonett 111
In: Helmut W. Ziefle: Sibylle Schwarz. Leben und Werk. Studien zur Germanistik, Anglistik und Komparatistik, hrsg. von Armin Arnold und Alois M. Haas, Bd. 35, Bonn (Bouvier Verlag Herbert Grundmann) 1975, S. 182, 189

Schweizer, Thomas / Schnegg, Michael
- Die soziale Struktur der „Simple Storys" – eine Netzwerkanalyse 475
In: www.uni-koeln.de/philfak/voelkerkunde/doc/simple.html

Schwitters, Kurt
- Cigarren (elementar) 330
- Gesetztes Bildgedicht 330
In: Kurt Schwitters: Das literarische Werk, Bd. 1: Lyrik, hrsg. von F. Lach, Köln (DuMont) 1973
- An Anna Blume 332
In: Joachim Schreck (Hrsg.): Anna Blume und andere. Literatur und Grafik, Köln (DuMont) 1997

Seghers, Anna
- Transit, 364
Frankfurt a.M. (Büchergilde Gutenberg) 1985, S. 9f., Lizenzausg. des Luchterhand-Verl., Darmstadt und Neuwied

Seiler, Bernd W. / Milde, Jan Torsten
- Filmische Mittel in der Effi-Verfilmung von R. W. Fassbinder 294
In: Bernd W. Seiler und Jan-Torsten Milde: Fontanes Effi Briest. Bilder – Texte – Töne. Ein Literaturkommentar auf CD-ROM, Bamberg (Buchner) 2004

Seume, Johann Gottfried
- Spaziergang nach Syrakus im Jahre 1802 15
In: Jörg Drews (Hrsg.): Johann Gottfried Seume. Werke Bd. 1, Frankfurt a.M. (Deutsche Klassiker) 1993, S. 165

Sick, Bastian
- Der Dativ ist dem Genitiv sein Tod, 122
Köln (Kiepenheuer & Witsch) 2005, S. 102f.

Sloterdijk, Peter
- Regeln für den Menschenpark, 217
Sonderdruck, Frankfurt a.M. (Suhrkamp) 1999, S. 4, 12f., 15f.
- Das ist aber die Tücke ... 336
In: Peter Sloterdijk: Kritik der zynischen Vernunft, Bd. 2, Frankfurt a.M. (Suhrkamp) 1983, S. 798f.

SMS-Rekord: 13-Jährige mit 14528 in einem Monat 487
In: http://www.germancowboys.de/handy/2972

Spinnen, Burkhard
- Gut aufgestellt. Kleiner Phrasenführer durch die Wirtschaftssprache, 121
Freiburg (Herder) 2009, S. 18

Stadler, Ernst 320
- Deine Umarmungen ... 440
In: Ernst Stadler: La Querida, in: Gedichte und Prosa, Frankfurt a.M. (Fischer) 1964, S. 53f.
- Bahnhöfe 320
- Fahrt über die Kölner Rheinbrücke bei Nacht 321
In: Ernst Stadler: Dichtungen, Schriften, Briefe. Kritische Ausgabe, hrsg. von K. Hurlemann und K.L. Schneider, München (Beck) 1983

Steller, Ulrich
- Filminhalt 294
- Filmische Mittel in der Effi-Verfilmung von H. Huntgeburth 294
In: Effi Briest. Materialien für den Unterricht, hrsg. von Vera Conrad, S. 4 Download unter http://www.effi.film.de/

Storm, Theodor 278
- Rote Rosen 453
In: Storms Werke in zwei Bänden, Bd. 1, Berlin (Aufbau) 1966, S. 15f.
- Abseits 278
In: Theodor Storm: Sämtliche Werke, hrsg. von Peter Goldammer, Berlin /Weimar (Aufbau) 1978

Stramm, August
- Dein Körper flammt ... 440
In: August Stramm: Schön, in: Das Werk, Wiesbaden 1963, S. 33f.

Straßner, Erich
- Die mediale Kommunikation ... 494
In: Text-Bild-Kommunikation. Bild-Text-Kommunikation. Grundlagen der Medienkommunikation, hrsg. von Erich Straßner, Band 13, Tübingen (Niemeyer) 2002, S. 1f.

Strauß, Botho
- Wann merkt ein Mann 31
In: Botho Strauß: Wohnen, Dämmern, Lügen, München (Hanser) 1994, S. 7f.
- Schlusschor, 461
München (Deutscher Taschenbuch Verlag) 2007, S. 73, S. 86–89, Lizenz des Hanser-Verlags, München, Wien

Strukturskizze zu „San Salvador" 36
In: http://www.teachsam.de (letzter Zugriff 20.7.2009)

Tellkamp, Uwe
- Der Turm, 479
Frankfurt a.M. (Suhrkamp) 2008, S. 7f., 80f., 96f., 699, 798

Theobaldy, Jürgen
- Die junge Frau 449
In: Jürgen Theobaldy: Blaue Flecken. Gedichte, Reinbek bei Hamburg (Rowohlt) 1979, S. 69

Tieck, Ludwig 235
- „Du und dein Bruder Friedrich" 226
Zitiert nach: Rüdiger Safranski: Romantik. Eine deutsche Affäre, München (Hanser) 2007, S. 85
- Brief an Wackenroder 229
In: Klaus Günzel (Hrsg.): König der Romantik. Das Leben des Dichters Ludwig Tieck in Briefen, Selbstzeugnissen und Berichten, Tübingen (Wunderlich) 1981
- Liebeszauber 235
In: Ludwig Tieck: Märchen aus dem Phantasus, Stuttgart (Reclam) 2003, S. 113–121

Trakl, Georg
- Vorstadt im Föhn 313
- An die Verstummten 313
In: Silvio Vietta (Hrsg.): Lyrik des Expressionismus, Tübingen (Niemeyer) 1990, S. 67

Tucholksky, Kurt
- Das Dritte Reich 348
In: Kurt Tucholsky: Gesammelte Werke in 10 Bänden, Bd. 8, hrsg. von Mary Gerold-Tucholsky und Fritz J. Raddatz, Reinbek (Rowohlt) 1975, S. 127
- Hitler und Goethe – Ein Schulaufsatz 350
In: Kurt Tucholsky: Gesammelte Werke in 10 Bänden, Bd. 10, hrsg. von Mary Gerold-Tucholsky und Fritz J. Raddatz, Reinbek (Rowohlt) 1975, S. 78
- Was darf die Satire? 351
In: Kurt Tucholsky: Gesammelte Werke in 10 Bänden, Bd. 2, hrsg. von Mary Gerold-Tucholsky und Fritz J. Raddatz, Reinbek (Rowohlt) 1975, S. 42
- Ratschläge für einen schlechten Redner 374
- Ratschläge für einen guten Redner 375
In: Kurt Tucholsky: Gesammelte Werke in 10 Bänden, Bd. 8, hrsg. von Mary Gerold-Tucholsky und Fritz J. Raddatz, Reinbek (Rowohlt) 1975, S. 290, 292
- Die Ehe war zum jrößten Teil ... 440
In: Kurt Tucholsky: Danach, in: Ausgewählte Werke, Bd. 2, Reinbek bei Hamburg (Rowohlt) 1965, S. 71f.
- Wenn die Igel in der Abendstunde 451
In: Kurt Tucholsky: Ausgewählte Werke, ausg. und zusammengestellt von Fritz Raddatz, Reinbek bei Hamburg (Rowohlt) 1965, S. 15f.

Ulrich von Etzenbach
- Wip sint voller urhap vollekomener dinge guot 94

In: Joachim Bumke, Höfische Kultur. Literatur und Gesellschaft im hohen Mittelalter, Bd. 2, München (Deutscher Taschenbuch Verlag) 1986, S. 453

Unbekannter Verfasser
- Abschied 43

In: Erich Kirsch; Werner Ross (Hrsg.): Deutsche Dichter, Frankfurt a.M., Berlin, München (Diesterweg) ⁴1970, S. 7

Uz, Johann Peter
- Versuch über die Kunst, stets fröhlich zu sein 130

In: Paul Hazard: Die Herrschaft der Vernunft. Das europäische Denken im 18. Jahrhundert, Hamburg (Hoffmann und Campe) 1949, S. 50

Volk, Stefan
- Figurenkonstellation, Ausstattung 291

In: EinFach Deutsch. Filmanalyse im Unterricht, hrsg. von Johannes Diekhans, Paderborn (Schöningh) 2004. S. 24 f.

Volz, Ruprecht
- Die dargestellte Zeit ... 62
- Erst am Ende der irdischen ... 75

In: Nachwort zu Henrik Ibsen, Peer Gynt, Ditzingen (Reclam) 2006, S. 155 f.

Vorrede der Brüder Grimm zu den „Kinder- und Hausmärchen" 243

In: Kinder- und Hausmärchen, gesammelt durch die Brüder Grimm, München (Artemis & Winkler) 1993, S. 29

Wallenstein, Albrecht von
- Aus einem vertraulichen Brief an den Obristen von Arnimb 115

In: Peter von Polenz: Deutsche Sprachgeschichte vom Spätmittelalter bis zur Gegenwart, 17. und 18. Jahrhundert, Bd. 2, Berlin (de Gruyter) 1994, S. 60 f.

Walser, Robert
- Ovation 343

In: Robert Walser: Prosa, Frankfurt a.M. (Suhrkamp) 1960

Walther von der Vogelweide 96
- Wol mich der stunde, daz ich sie erkande 96
- Under der linden 96
- Ich saz ûf eime steine 97

In: Michael Curschmann und Ingeborg Glier (Hrsg.): Deutsche Dichtung des Mittelalters, Bd. 1. Von den Anfängen bis zum hohen Mittelalter, Frankfurt a.M. (Fischer) 1987, S. 582 f., 612 ff., 16, Lizenz des Carl Hanser Verlags, München, Wien 1980

Weiss, Peter 400
- Die Ermittlung, 400

Reinbek bei Hamburg (Rowohlt) 1969

Weißenburger Katechismus: Fater unsêr 81

In: Wilhelm Braune und Karl Helm: Althochdeutsches Lesebuch, zsgst. u. mit Wörterbuch versehen, Tübingen (Niemeyer) ¹³1958, S. 34

Welche Liebe macht Sie glücklich? 441

In: Chrismon 11/2007, Beilage der Süddeutschen Zeitung

Wellershoff, Dieter
- Fiktion und Praxis 424

In: Dieter Wellershoff: Werke 4. Essays, Aufsätze, Marginalien, hrsg. von Keith Bullivant und Manfred Durzak, Köln (Kiepenheuer & Witsch) 1997

Wiedemann, Conrad
- In der Person Lessings ... 150

In: Jürgen Stenzel (Hrsg.): Deutsche Schriftsteller im Porträt, München (Beck) 1989, S. 115

Wikipedia: Italienische Reise 24

In: Wikipedia, Online-Enzyklopädie vom 6. Februar 2008 und 30. Oktober 2008

Wilhelm II
- Rede zur Einweihung von Denkmälern an der Berliner Siegesallee 309

In: Ernst Johann (Hrsg.): Reden des Kaisers, Ansprachen, Predigten und Trinksprüche Wilhelms II., München (Deutscher Taschenbuch Verlag) 1966

Winckelmann, Johann Joachim 209
- Gedanken über die Nachahmung der griechischen Werke in der Malerei und Bildhauerkunst, 209

Stuttgart (Reclam) 1977, S. 3 ff., 20

Wolf, Christa 464
- Da sprach sie von ihren Schülern ... 17

In: Christa Wolf: Nachdenken über Christa T., Darmstadt (Luchterhand) 1969
- Kindheitsmuster, 190

Darmstadt (Luchterhand) 1977, S. 336 ff.
- Der geteilte Himmel, 414

München (Deutscher Taschenbuch Verlag) 1973, S. 129–134
- Was bleibt, 464

Frankfurt a.M. (Suhrkamp) 2007, S. 14, 17 ff.
- Erklärung im DDR-Fernsehen vom 8.11.1989 464

In: www.ddr89/de/ddr89/inhalt/ddr_texte.html, Zugriff 3.1009 oder: Neues Deutschland vom 9. November 1989

Wolfenstein, Alfred
- Städter 314

In: Silvio Vietta (Hrsg.): Lyrik des Expressionismus, Tübingen (Niemeyer) 1990, S. 46

Wolfram von Eschenbach 87
- Parzival, 86, 87

übertragen von Karl Simrock, München (Georg Verlag) 1922

Wulf, Dieter
- Die Wörtersammler 244

In: Frankfurter Allgemeine Zeitung vom 19.11.2007

Wyss, Urban
- Labyrinth 109

In: Friedrich G. Hoffmann; Herbert Rösch: Grundlagen, Stile, Gestalten der deutschen Literatur, Frankfurt a.M. (Hirschgraben) 1979

„Zellenstaat" und „Leukozytentruppen" 185
Metaphern und Analogien in medizinischen Texten des 19. und 20. Jahrhunderts
In: Der Deutschunterricht, 5/2003, verf. von Heinz-Peter Schmiedebach

Zuckmayer, Carl
- Aufruf zum Leben 361

In: Deutsche Literatur im Exil 1933–1945, Texte und Dokumente, hrsg. von Michael Winkler, Stuttgart (Reclam) 1977, S. 419 ff.

Zur Verunsicherung des K. ... 432

In: Deckname Lyrik. Eine Dokumentation von Reiner Kunze, Frankfurt a.M. (Fischer) 1990

Zweig, Stefan
- Declaração (Erklärung). 1942 361

In: Deutsche Literatur im Exil 1933–1945, Texte und Dokumente, hrsg. von Michael Winkler, Stuttgart (Reclam) 1977, S. 418 © S. Fischer Verlag, Frankfurt

Bildquellenverzeichnis

© A1PIX/JAL: 134 o.l. – Aus: Dichter und Richter. Die Gruppe 47 und die deutsche Nachkriegsliteratur, hg. von der Akademie der Künste, Berlin 1988, S. 82: 389 l. – akg-images: 22, 43 u., 44 m., 80 u., 89 l., 112 m., 100, 103 o., 132 r., 135 o.l., 143, 150 (alle), 153 o., 156 o.+u., 157 u., 170, 176 o., 190 (alle), 193, 199, 204 m.u.l., 209 u., 211, 229, 230 (alle), 232, 235 (alle), 239, 241 o., 242 l., 243 u., 247 r., 251 o.r., 258 o., 268, 287, 288 r., 302, 306, 307, 308 (alle), 313 o., 316, 318 l. (beide), 321, 329, 358, 359, 360 u., 361 r., 368 (b), 387, 413 o., 446 o.r., 446 u.r., 447 m.r. – akg-images//Bruni Meya: 345 – akg-images/Rabatti – Domingie: 24 – © Gustavo Alàbiso: 51 – Anthony, Beuerberg: 210 (a) – AP, Frankfurt: 465 u.r. – AP Photo/Douglas Martin: 493 (a) – AP Photo/Nick Ut: 493 (b) – Arche Verlag: 214 l. – argum/Bert Bostelmann: 195 o. – argus/Mike Schroeder: 487 – Arthaus Musik GmbH 1984: 147 (alle) – artothek/Westermann: 298 r. – Robert Merle: Der Tod ist mein Beruf, Aufbau Verlag: 403 u.r. – Autorenfoto privat: 379, 385 u. – Hans-Jörg Bär, Karlsruhe: 204 o.l., 205 u. – Bayerische Staatsgemäldesammlung, München: 296f. – © Bayerische Staatsbibliothek: 114 – BBC Films/Newmarket Films/ Kobal Collection: 195 m.r. – Aus: Martin Bircher, Deutsche Schriftsteller im Porträt – Das Zeitalter des Barock, Beck Verlag, München 1979: 111 – Eike Christian Hirsch, Gnadenlos gut, becksche Reihe, 2004: 121 u. – Mit freundlicher Genehmigung der BSR Berliner Stadtreinigungsbetriebe und der Heymann Schnell Werbeagentur AG: 118 (e) – Aus: Fontane, Effi Briest, mit 52 Illustrationen von Gerhard Ulrich, Bertelsmann Verlag: 282 r. – Bildagentur-online: 119 m. – Bildarchiv Foto Marburg: 250 o.l. – © bilderlounge/F1 ONLINE: 440 m.l. – Thomas Billhardt, Camera Work, Berlin: 415 – Thomas Billhardt / © Gustav Kiepenheuer Verlag GmbH, Leipzig 1999: 465 o.r. – © Blauel/Gnamm/ARTOTHEK: 275 l. – © Gerd Böh: 398 – Foto: Robert Bost: 122 u. – bpk, Berlin: 44 o., 78f., 132 l., 158, 194, 234, 260, 277 r., 298 l., 301 r., 339, 344, 360 r., 413 o., 446 u.l. – bpk/Teich-Hanfstaengl: 161 u. – bpk/SBB: 282 l. – bpk/SBB/Dietmar Katz: 233 – Bildarchiv Preußischer Kulturbesitz (bpk), Berlin / Hans Hubmann: 323 – BRIDGEMANART.COM: 123, 134 u., 178 – Aus: Theodor Fontane: Effi Briest, mit Zeichnungen von Kurt Heiligenstaedt, Verlag Buch und Volk, Leipzig 1944: 284 – Buena Vista/Cinetext: 466 – Bundesarchiv Koblenz: 465 u.l. – © Canmore Rafting Centre: 10 m.l. – © Castor/mediacolor's: 277 u.l. – Centraltheater & Skala Schauspiel Leipzig: 149 – Cesa, Marburg: 80 o. – Foto: Jana Chiellino: 46 m. – © Jürgen Christ: 389 r. – Cinetext Bildarchiv: 289 (a + d) – Cinetext/Constantin Film: 289 (e) – C/M Fragasso/VISUM: 217 – Constantin Film: 290 (alle), 292 (alle), 293 o. (2 Bilder) – Cordon Art B.V, Baarn, Holland – fotografiert von Dr. Cochran, Chica: 134 o.2.v.l. – Aus: Fokus Biologie, Bd. 3, Cornelsen 2007, S. 54: 186 l. – Courtesy of the Fogg Art Museum, Harvard Univ. Art Museum, Bequest-Collection of Maurice Wertheim, Class of 1906, Cambridge/Mass.: 320 o. – © Decla-Bioscop/Kobal Collection: 317 (alle) – © defd: 54 l., 356 – defd Deutscher Fernsehdienst: 289 (b + c) – Deutsche Literaturlandschaft: 214 m. – Deutscher Taschenbuch Verlag 1985; Umschlaggestaltung Balk & Brumshagen: 21 – Umschlagillustration von Celestino Piatti zu dem Band dtv 295 von Alfred Döblin „Berlin, Alexanderplatz" © 1965 Deutscher Taschenbuch Verlag, München: 353 l. – Primo Levi, Ist das ein Mensch?, Deutscher Taschenbuch Verlag 1995: 403 o.m. – Ruth Klüger, weiter leben, Deutscher Taschenbuch Verlag 1997: 403 u.m. – Christa Wolf: Was bleibt. Erschienen 1994 Deutscher Taschenbuch Verlag, München.: 464 o. – Ingo Schulze: Simple Storys © für das Umschlagfoto: Edgar Höfs 1999 Deutscher Taschenbuch Verlag, München: 470 o. – Deutsches Filminstitut, Frankfurt a.M.: 344 u. – © Deutsches Literaturarchiv, Marbach: 319 u. – Alfred Andersch: Die Kirschen der Freiheit. Ein Bericht. Copyright © 2006 Diogenes Verlag AG Zürich: 409 2.v.r. – Bernhard Schlink, Der Vorleser, Diogenes Verlag: 403 o.r. – Dodo Press: 281 m. – dpa, Frankfurt: 30, 44 u., 45 m.+u., 53 (Elsner), 176 u., 182, 204 m.u.r., 210 (c), 278, 300, 319 o., 353 r., 361 u., 362, 364, 392, 395 (beide), 400, 407 o. (Markus Beck), 432 o. (Ursula Düren), 464 u., 471, 486 – Aus: Emil Nolde, DuMont Verlag Köln: 407 u. (beide) – Ursula Edelmann/ARTOTHEK: 195 u.r. – Foto: Mara Eggert: 164 o. – Eichborn Verlag: 20 o. – © Archiv S. Fischer Verlag: 50 o. – Fischer Verlag: 337 u., 409 r. – Aus: Deckname „Lyrik". Eine Dokumentation von Reiner Kunze, Fischer, Frankfurt a.M. 1900: 432 u., 433 l. – Aus: Reiner Kunze, Materialien zu Leben und Werk, Fischer, Frankfurt a.M. 1987, Heiner Feldkamp: 433 r. – Fitzwilliam Museum, Cambridge: 303 – Folkwangmuseum, Essen: 237 – aus: Henning Rischbieter, Weiss, Friedrichs Dramatiker des Welttheaters, Band 45, Friedrich Verlag, Velber 1974, Freie Volksbühne Berlin: 401 – Foto: Gerhard Gäbler: 16 o. – Gemäldegalerie Dresden: 247 l., 248 r. – Gerstenberg Verlag: 222 (alle) – Photographie Giraudon, Paris: 228 o. – © Cecilia Gläsker: 271 (alle) – Goethe-Museum Düsseldorf: 154 – Goethe-Nationalmuseum/Bestand Kunstgewerbe: 156 m. – Aus: Ibsen-bilder ved Mentz Schulerud, Gyldendal Norsk Forlag: 76 o. – Aus: Unsere Erde ist vielleicht doch ein Weibchen. 99 Sudelblätter von Robert Gernhardt zu 99 Sudelsprüchen, Haffmanns Verlag, Zürich 1999: 138 u. (2 Bilder) – Eike Hannemann (Bühnenrealisation)/Michael Baumann (Filmrealisation)/Frederik Zeugke (Dramaturgie): 274 (alle) – Heinrich-Heine-Institut, Düsseldorf: 254 – © Frank Hentschel: 14 – Burckhard Garbe, Goodbye Goethe, Herder Verlag 2007: 121 o. – Burkhard Spinnen, Gut aufgestellt, Herder Verlag, 2008: 121 m. – Herzog August Bibliothek, Wolfenbüttel: 110, 134 u.l. – Hessische Landesbibliothek, Darmstadt: 84 – Jeanette Holler/spiele & verspieltes: 180 – Foto: Nathalie Huet: 252 r. – Insel Verlag: 221 – Interfoto Pressebild Agentur München: 112 l. – Foto: Günther Janßen: 122 o. – Jürgens Ost und Europa Foto: 216 – © KAGE/mediacolor's: 214 r. – A. Kaiser/GAFF: 456 o.l. – Keystone: 361 m. – A. Kiefer, Buchen: 396 (beide) – Foto: Klassik Stiftung Weimar: 488 – Klett Verlag: 214 u. – Copyright: Kompetenzcenter Marketing NRW: 185 r. – Konrad-Adenauer-Stiftung e.V.: 428 – Barbara Köppe: 385 o. – © Maurice Korbel: 54 r., 58, 59, 60 (2 Bilder), 61 (alle), 63, 64, 65, 67, 71 (alle), 73, 76 u. (2 Bilder), 161 m., 163 o.l.+r., 164 u. – Cyprian Koscielniak / FAZ Nr. 38 vom 14./15.2.2009: 124 u. – Kunstsammlung Weimar: 152 o. – Kunsthalle zu Kiel: 246 – Kunsthalle Mannheim: 340 – Künstlerpostkarte von Unbekannt: 161 o. – Kunstmuseum Sprengel, Hannover: 312 – R.v. Marle, Iconographie de l'art profane au Moyen-Age et à la Renaissance et la décoration des demeures, Allégories et Symboles, Vol. II, La Haye 1932: 129 l. – Landesmedienzentrum Baden-Württemberg: 15 – Foto: Markus Lehmann: 205 u. – aus: DADA, Eine internationale Bewegung 1916-1925, Limmat Verlag, Zürich 1993, S. 122: 330 – Aus: Heinrich Heine, Buch der Lieder, Leipzig, Verlag der Literaturwerke „Minerva", um 1900, S. 62: 251 u. – © L & M SERVICES B.V. Amsterdam 990607: 313 u. – © Lonely Planet Images/Gareth McCormack: 10 o.l. – Lübbe Verlag: 281 r. – Manessische Liederhandschrift, Heidelberg: 87, 90, 93 (beide), 95 – Mannheimer Nationaltheater: 206 (c) – Marburger Haus der Romantik e. V.: 250 u. – mauritius images/imagebroker: 119 o. – © mediacolor's: 210 (b) – Foto: Roger Melis; Quelle: Robert-Havemann-Gesellschaft: 425 – © Roger Melis: 430 – Metropolitan Museum of Art, New York City: 108 o. – © Moura/Alpaca/Andia.fr: 196 – © Werner H. Müller/Helga Lade Fotoagentur: 197 – Musée EDF Electropolis, Mulhouse: 135 o.r. – Museum der Bildenden Künste Leipzig: 152 u., 249, 301 o. – Museum of Fine Arts, Boston: 224f. – Nationalgalerie Berlin: 238, 243 o. – Nationalgalerie, Staatl. Museen Preußischer Kulturbesitz, Berlin, Foto: Jörg P. Anders: 314 u. – Spencer Platt/Getty Images: 492 – Österreichische Nationalbibliothek, Wien: 128 u., 131 – © picture-alliance/akg-images: 103 u., 107, 115, 136, 138 o., 141 u., 157 u., 188f., 198, 227 r., 248 l., 250 o.r., 252 m., 253, 288 l., 326, 368 (c), 399, 446 o.l., 447 m.l. – © picture-alliance/akg-images/Erich Lessing: 60 o., 88, 98f., 109 o., 159 o., 442 – © picture-alliance/Bildagentur Huber: 10 o.r., m.r. – © picture-alliance/Copyright KPA Archivalcollection: 46 o. – © picture-alliance/dpa: 52, 177, 206 (a +b), 204 m.o.r., 252 l., 368 (e), 420 o., 427, 484 – © picture-alliance/G Enness/Spectrum: 299 u. – © picture-alliance/HB Verlag: 277 u.r. – © picture-alliance/IMAGNO/: 447 u. – © picture-alliance/IMAGNO/Austrian Archives: 204 m.o.l., 280 – © picture-alliance/MAXPPP: 179 – © picture-alliance/OKAPIA: 10 u.r. – © PARAMOUNT/Kobal Collection:

Bildquellenverzeichnis

223 – © picture-alliance/Sven Simon: 440 o.r., 485 – © picture-alliance/united archives: 322 – © picture-alliance/united-archives/mcphoto: 83 r. – © picture-alliance/ZB: 85 (alle), 89 m.+r., 240, 241 u., 404 o., 435 – Patmos Verlag: 195 m.l. – Yüksel Pazarkaya: 46 u. – © Photri Inc./OKAPIA: 181 – Aus: Dieter Franck, Jahre unseres Lebens 1945 – 1949, Piper Verlag, München, Zürich 1982: 416 – Presse- und Informationsamt der Bundesregierung / Bundesbildstelle: 368 (d) – © Rainer Werner Fassbinder Foundation: 293 u. (2 Bilder) – Coverillustration nach Hanns-Josef Ortheil, Faustinas Küsse, erschienen im btb Verlag, München, in der Verlagsgruppe Random House: 25 – Coverillustration nach Tadeusz Borowski, Bei uns in Auschwitz, erschienen im btb Verlag, München, in der Verlagsgruppe Random House: 403 u.l. – Coverillustration nach Sarah Kirsch, Sämtliche Gedichte, erschienen in der Deutschen Verlags-Anstalt, München, in der Verlagsgruppe Random House: 429 l. – Coverillustration nach Sarah Kirsch, Beim Malen bin ich weggetreten, erschienen in der Deutschen Verlags-Anstalt, München, in der Verlagsgruppe Random House: 429 r. – Reclam Verlag: 204 o.r. – Foto: Mark Redkin © (bpk), Berlin: 391 – Reiss-Engelhorn-Museen Mannheim, Theater- und Musikgeschichtliche Sammlungen: 163 u. – © Pellegrino Ritter: 120 – © Sonja Rothweiler: 272 (alle) – © Nina Rothfos und Patrick Gabler, Hamburg, unter Verwendung einer Memory-Idee von Alexander Penndorf und Fotografien von Alexander Penndorf und Bettina Francke: 470 u. – Daniel Kehlmann, Die Vermessung der Welt, Copyright © 2005 by Rowohlt Verlag GmbH, Reinbek bei Hamburg: 20 u., 173 – Rolf Dieter Brinkmann, „Rom, Blicke", Copyright © 1979 by Rowohlt Taschenbuch Verlag GmbH, Reinbek bei Hamburg: 26 – Peter Weiss, „Die Ermittlung. Oratorium in 11 Gesängen" Copyright für das Cover © by Rowohlt Taschenbuch Verlag GmbH, Reinbek bei Hamburg: 402 – Copyright © by Rowohlt Verlag GmbH, Reinbek bei Hamburg: 403 o.l., 409 l. – Scala, Florenz: 83 l. – Sammlung Georg Schäfer, Schweinfurt: 275 r. – Schapowalow/Novak: 119 u. – Schiller Nationalmuseum/Deutsches Literaturarchiv Marbach am Neckar: 159 u., 349 – Michael Schnegg/Thomas Schweizer: Die soziale Struktur der Simple Storys, www.uni-koeln.de/phil-fak/voelkerkunde/doc/simple: 475 – Mein Heimatland. Die schönsten Volkslieder, hrsg. von Ludwig Andersen, B. Schott's Söhne, Mainz o.J.: 37 o. – © Science & Society: 228 m.l. – © Seitz/Bioskop/Hallelujah / Kobal Collection: 408 – Sipa-Press, Paris: 461 – SPIEGEL 34/1995: 27 – SPIEGEL 40/2006: 124 o. – Aus: Spiegel special: 1945 – 1948, Nr. 4, 1995, S. 57: 384 u. – Sprengel Museum Hannover, Verlags AG Die Arche Zürich: 332 – Staatliche Museen Preußischer Kulturbesitz (Kupferstichkabinett), Berlin: 129 r. – Staatliche Ermitage, St. Petersburg: 227 l. – Staatsgalerie Stuttgart: 450 (d) – © Stadtarchiv Zürich, Schauspielhaus-Archiv. Foto: René Haury: 420 u. – Stadtgeschichtliches Museum Leipzig, Frontispiz: 384 o. (2 Bilder) – Wolfgang Steche/VISUM: 426 – © Steidl Verlag, Göttingen 1993, © Günter Grass 1961, (Erstausgabe bei Luchterhand: September 1961): 435 – © Steidl Verlag, Göttingen 2006: 467 – Thea Sternheim: 320 u. – © Hans Peter Stiebing: 434 – Süddeutscher Verlag Bilderdienst: 404 u. – © Suhrkamp Verlag, Frankfurt am Main: 336, 337 o., 409 2.v.l. – Illustration Uwe Tellkamp © Suhrkamp Verlag: 478 – Max Frisch: Stiller, Originalausgabe 1954, Suhrkamp: 435 – Martin Walser, Ein fliehendes Pferd, Originalausgabe 1974, Suhrkamp: 435 – © Tate, London 2009/© David Hockney: 450 (c) – © TaurusVideo GmbH, Ismaning/München 1991: 355 u. (4 Bilder) – © The Art Archive/Gianni Dagli Orti: 210 (d) – © The Art Archive/Musée des Beaux Arts Nantes/Alfredo Dagli Orti: 256f. – Erentrud Trost OSB, Abtei Varensell: 43 o. – ullstein bild: 45 o., 276, 314 o.l. – ullstein bild-AISA: 135 u.m. – ullstein bild-Granger Collection: 135 u.l.+r., 141 o., 242 r., 368 (a) – ullstein bild-Meller Marcovicz: 394 – ullstein bild-Reuters: 493 (c) – ullstein bild-Schirner Pressefoto: 386 – Universitätsbibliothek Bonn: 258 u. – Aus: Literaturkartei „Die Leiden des jungen Werther", Verlag an der Ruhr: 153 u. (2 Bilder) – Verlagsarchiv Schöningh/Wolfgang Aleker: 36 u. – Verlagsarchiv Schöningh/Susanne Baumann: 118 (a), 209 o. – Verlagsarchiv Schöningh/Matthias Berghahn: 134 o.r. – Verlagsarchiv Schöningh/Hans-Martin Blitz: 377, 380 – Verlagsarchiv Schöningh/Cornelia Blochmann: 16 u. – Verlagsarchiv Schöningh/Joachim Held: 299 o. – Verlagsarchiv Schöningh/Kirsten Krebsbach: 108 u., 168f. (alle), 500 (beide) – Verlagsarchiv Schöningh/Elfriede Kuntz: 50 u., 128 o. – Verlagsarchiv Schöningh/Josef Proksch: 266, 267 (alle), 169 – Verlagsarchiv Schöningh/Klaus Roth: 441 o. – Verlagsarchiv Schöningh/Günter Schlottmann: 118 (c) – Verlagsarchiv Schöningh/Martin Schnarr: 215 (alle) – © VG Bild-Kunst, Bonn 2009: 126f., 305, 314 r., 328 l., 334f., 342 (beide), 386f., 440 o.l., 441 u., 449, 454f. – Paul Klee, Segelschiffe den Sturm abwartend, 1971,89, Aquarell, Gouache und Bleistift auf Papier auf Karton, 14 x 21,2 cm, Privatbesitz, USA © VG Bild-Kunst, Bonn 2009: 8f., 77 – Paul Klee, Angelus novus, 1920,32, Ölpause und Aquarell auf Papier auf Karton, 31,8 x 24,2 cm, The Israel Museum, Jerusalem © VG Bild-Kunst, Bonn 2009: 411 – © The Munch Museum / The Munch Ellingsen Group / VG Bild-Kunst, Bonn 2009: 318 r., 440 m. + u.r., 450 (a + b) – © Succession Picasso / VG Bild-Kunst, Bonn 2009: 355 o., 453 – Vitalis Verlag: 281 l. – © Wagenbach Archiv: 447 o. – Wolfgang Borchert Archiv, Hamburg: 390 – www.teachsam.de: 36 o. – Die Zillertaler: 37 u. – zis-Stiftung: 11 – weitere: Verlagsarchiv Schöningh

Sollte trotz aller Bemühungen um korrekte Urheberangaben ein Irrtum unterlaufen sein, bitten wir darum, sich mit dem Verlag in Verbindung zu setzen, damit wir eventuell notwendige Korrekturen vornehmen können.

Mit Fachbegriffen arbeiten: Poetische Mittel der Lyrik

(Rhetorische Figuren vgl. vorderen Buchdeckel)

1. Metrum und Rhythmus: Das Metrum ist im Deutschen die regelmäßige Abfolge von stark betonten Silben (= Hebungen) und schwach betonten bzw. unbetonten Silben (= Senkungen). a. *Die wichtigsten Metren (= Taktarten):*	
– *Der Jambus, die Jamben* (< gr. iambos = der sog. Steiger): gelehrt (x x́), Verbot (x x́) Bekannte jambische Versmaße: Der *Blankvers* (fünffüßig, ungereimt); *Vers commun* (fünffüßig, gereimt); *Alexandriner* (sechsfüßig mit Mittelzäsur); der *Knittelvers* (auch Knüttelvers) ist ein vierhebiger Vers mit Paarreimen, z.T. jambisch, oft mit freier, unregelmäßiger Senkungsfüllung.	J.W. Goethe: *Willkommen und Abschied* x x́ | x x́ | x x́ | x x́ | x ∧ Es schlug mein Herz, geschwind zu Pferde.
– *Der Trochäus, die Trochäen* (< gr. trechein = der sog. Faller): Leben (x́ x), Rose (x́ x)	F. Schiller: *Das Lied von der Glocke* x́ x | x́ x | x́ x | x́ x | Fest gemauert in der Erden [...]
– *Der Anapäst, die Anapäste* (< gr. anapaistos = der sog. Doppelsteiger): Litanei (x x x́) (Anapäst-Verse gibt es im Deutschen so gut wie gar nicht.)	F. Hölderlin: x x x́ x x x́ Wie mein Glück, ist mein Lied [...]
– *Der Daktylus, die Daktylen* (< gr. daktylos = sog. Doppelfaller): Königin (x́ x x), Neulinge (x́ x x)	F. Hebbel: *Die Weihe der Nacht* x́ x x | x́ x ∧ | x́ x x | x́ x ∧ Nächtliche Stille Heilige Fülle [...]
– *Das Distichon* (< gr. dis = doppelt, stichos = Vers) ist ein Doppelvers aus daktylischem *Hexameter* (< gr. hex = sechs, metron = Maß) und *Pentameter* (< gr. pente = fünf) in regelmäßigem Wechsel.	F. Schiller: *Das Distichon* Im Hexameter steigt des Springquells flüssige Säule, / Im Pentameter drauf fällt sie melodisch herab.
b. *Der Rhythmus, die Rhythmen* (< gr. rhein = fließen): Der nach bestimmten Maß- und Tonverhältnissen geregelte Sprachfluss in Versen und Prosa. – *Rhythmische Mittel* sind der Akzent (Wort- und Satzbetonung), die Pause, das Tempo und die Klangfarbe oder Sprachmelodie (z.B. helle oder dunkle Vokale, weiche oder harte Konsonanten), die Syntax (Parataxe oder Hypotaxe) und das Metrum. Erst im Zusammenspiel aller rhythmischen Mittel entsteht die rhythmische Gestalt. – Die rhythmische Einheit bis zur Pause nennt man das *Kolon* (Plural: die Kola). Fallen syntaktische Einheit und Versende zusammen, so spricht man von *Zeilenstil*. Das Enjambement (frz. = Überschreitung) führt zum sog. *Hakenstil*. Dabei reicht eine rhythmische Einheit über die Vers- oder Strophengrenze hinaus. Deshalb unterscheidet man *Vers- und Strophen-Enjambement* (= Zeilen- und Strophensprung).	Oskar Loerke: *Blauer Abend in Berlin* [...] Gemengt, entwirrt nach <u>blauen</u> Melodien. *(Chiffre)* Wie eines Wassers Bodensatz und Tand Regt sie des Wassers Wille und Verstand *(Vers- und Strophen-Enjambement)* Im Dünen, Kommen, Gehen, Gleiten, Ziehen. Die Menschen sind wie grober bunter Sand Im linden Spiel der großen Wellenhand. *(Zeilenstil)*
– *Freie Rhythmen* sind reimlose, im Metrum nicht gleichmäßig gegliederte, aber durch Akzent, Tempo, Pausen und Klangfarbe rhythmisch bewegte Verszeilen von unterschiedlicher Länge.	J.W. Goethe: *Prometheus* Bedecke deinen Himmel, Zeus, Mit Wolkendunst [...]
2. Der Reim von Vers (= Gedichtzeile) und Strophe (= Versgruppe): a. *Die Alliteration* (< lat. littera = Buchstabe), der sog. *Stabreim*, ist ein Anfangsreim durch gleichlautenden Anlaut betonter Stammsilben.	Bei **W**ind und **W**etter spielen. Mit **M**ann und **M**aus untergehen. Z.B. *Hildebrandslied*, Vers 49: **w**elaga nû, **w**altant got // **w**êwurt skihit. (**W**eh nun, **w**altender Gott // **W**ehgeschick geschieht!)